Johann Mattheson

Der vollkommene Capellmeister

Bärenreiter
Studienausgabe

Johann Mattheson

Der vollkommene Capellmeister

Studienausgabe im Neusatz des Textes und der Noten

Herausgegeben von
Friederike Ramm

Bärenreiter
Kassel · Basel · London · New York · Prag

Die Deutsche Bibliothek – CIP-Einheitsaufnahme

Mattheson, Johann:
Der vollkommene Capellmeister / Johann Mattheson. Hrsg. von Friederike Ramm. –
Studienausg. im Neusatz des Textes und der Noten. –
Kassel ; Basel ; London ; New York ; Prag : Bärenreiter, 1999
ISBN 3-7618-1413-5

© 1999 Bärenreiter-Verlag Karl Vötterle GmbH & Co. KG, Kassel
Umschlaggestaltung: Jörg Richter, Bad Emstal-Sand
Texterfassung: Iris Hennig, Freiburg
Notensatz: Anja Kleinschnittger, Oftersheim
Innengestaltung und Satz: Dorothea Willerding, Kassel
Druck und Bindung: Wiener Verlag, A – Himberg
ISBN 3-7618-1413-5

Inhalt

Zu dieser Ausgabe 1

Der vollkommene Capellmeister (Hamburg 1739) 3

Zuschrifft 7
Vorrede 9
»Elegia« 39
Inhalt 44

Erster Theil: Von der wissenschafftlichen Betrachtung
der zur völligen Ton-Lehre nöthigen Dinge 47
1. Von einem allgemeinen Grund-Satze der Music 48
2. Von den Dingen, die man nothwendig vorher einsehen, und zum Grunde legen muß,
   ehe zur Sache geschritten wird 50
3. Vom Klange an sich selbst, und von der musicalischen Natur-Lehre 57
4. Von der eigentlichen musicalischen Gelehrsamkeit, Litteratur und Geschichts-Kunde 73
5. Vom Gebrauch der Music im gemeinen Wesen 83
6. Von der Geberden-Kunst 90
7. Vom mathematischen Verhalt aller klingenden Intervalle 101
8. Von der Kunst die Melodien aufzuschreiben 120
9. Von den Ton-Arten 126
10. Von der musicalischen Schreib-Art 136

Zweiter Theil: Von der wircklichen Verfertigung einer Melodie,
oder des einstimmigen Gesanges samt dessen Umständen und Eigenschafften .. 169
1. Von der Untersuchung und Pflege menschlicher Stimme 170
2. Von den Eigenschafften eines Music-Vorstehers und Componisten,
   die er ausser seiner eigentlichen Kunst besitzen muß 177
3. Von der Kunst zierlich zu singen und zu spielen 190
4. Von der melodischen Erfindung 203
5. Von der Kunst eine gute Melodie zu machen 219
6. Von der Länge und Kürtze des Klanges, oder von Verfertigung der Klang-Füsse ... 253
7. Von der Zeit-Maasse 267

8. Vom Nachdruck in der Melodie 271
9. Von den Ab- und Einschnitten der Klang-Rede 279
10. Von den zur Melodie beqvemen Reim-Gebänden 296
11. Von dem Laut der Wörter 302
12. Vom Unterschiede zwischen den Sing- und Spiel-Melodien 306
13. Von den Gattungen der Melodien und ihren besondern Abzeichen .. 315
14. Von der Melodien Einrichtung, Ausarbeitung und Zierde 347

Dritter Theil: Von der Zusammensetzung verschiedener Melodien,
oder von der vollstimmigen Setz-Kunst, so man eigentlich Harmonie heißt 361
1. Von der Viel- und Vollstimmigkeit überhaupt 362
2. Von der Bewegung der Stimmen gegen einander 366
3. Von den Consonantzien insgemein, nach ihrem Gebrauch 370
4. Vom Unisono in der Zusammenstimmung, und seinen Gängen 379
5. Von den Tertzien und ihrer Folge, in der Zusammenstimmung 385
6. Von den Qvinten und ihrer Folge 396
7. Von den Sexten 401
8. Von der Octave 408
9. Vom unharmonischen Qveerstande 413
10. Von den Dissonantzien überhaupt 423
11. Von den Secunden ins besondre 429
12. Von den Qvarten 435
13. Von den Septimen 446
14. Von den Nonen 452
15. Von der Nachahmung 462
16. Von zwostimmigen Sachen 471
17. Von dreistimmigen Sachen 477
18. Von gebrochenen Accorden 487
19. Von vier- und fünfstimmigen Sachen 493
20. Von einfachen Fugen 505
21. Von Circkel-Gesängen oder Kreis-Fugen, sonst Canones genannt .. 537
22. Vom doppelten Contrapunct 560
23. Von Doppel-Fugen 574
24. Von Verfertigung und Beschaffenheit der Instrumente, absonderlich der Orgeln ... 607
25. Von der Spiel-Kunst 623
26. Von der Regierung, An- Auf- und Ausführung einer Musik 637

Register über die Vorrede 645
Register über das Werck 647
P. S. 667
Neues Verzeichniß bisheriger Matthesonischer Wercke 670

Korrekturverzeichnis 673

Zu dieser Ausgabe

Die vorliegende Studienausgabe, die erstmals den originalen Text von Johann Mattheson »Vollkommenem Capellmeister« in moderner Schrift und Notation bringt, ist insbesondere für diejenigen gedacht, die sich bislang durch das historische Schrift- und Notenbild von einer ausgiebigeren Lektüre haben abschrecken lassen. Sie soll daher die Faksimile-Ausgabe (Kassel ⁶1995) nicht ersetzen, sondern eine neue, breitere Leserschaft für dieses zentrale Werk gewinnen, mit dem Mattheson – in klarer Darstellung und bewußt einfacher Unterrichtssprache – gerade auch dem »Unerfahrnen«, dem »wir doch zu Liebe arbeiten« (S. 456), das musikalische Wissen seiner Zeit vermitteln wollte. Dem heutigen Leser, dem das Lesen von Frakturschrift und alten Schlüsseln nicht mehr selbstverständlich ist, wird die Auseinandersetzung mit diesem Kompendium erleichtert, das von den Grundbegriffen »musicalischer Gelehrsamkeit« bis zur ausgefeilten Satzlehre, vom Versuch einer Gattungssystematik bis zu Detailinformationen über den Orgelbau alles enthält, was dem Autor für die Ausbildung eines »vollkommenen Capellmeisters« unabdingbar schien.

Ziel unserer Neuedition war es, eine Ausgabe zu schaffen, in der Text, Schrifttypen und Paginierung des Originals nachvollziehbar bleiben.

- So wurden die originale Rechtschreibung, Zeichensetzung und Grammatik mit all ihren Unregelmäßigkeiten beibehalten, die zum Teil auch die unterschiedlichen Gepflogenheiten verschiedener Setzer spiegeln (etwa die Schreibweisen »bequem« neben »beqvem«, »Uberschrifft« neben »Uiberschrifft« u. a.). Lediglich die in der Fraktur des Originals nicht unterscheidbaren Großbuchstaben »I« und »J« wurden nach der heute üblichen Schreibweise wiedergegeben bzw., soweit erkennbar, der internen Rechtschreibung angepaßt (also »Ieder«, »Iedoch« etc.), da eine konsequente Schreibung als »I« (Ia, Iean, Iünger) zu befremdlich schien. Die Abbreviatur ꝛc. bzw. &c. wurde aufgelöst (etc. bzw. *etc.*). Ungewöhnliche Buchstaben im Griechischen sind an die heute übliche Schreibweise angeglichen.
- Eingearbeitet wurden die im Anhang des Originals aufgelisteten »Emendanda«, die neben Textkorrekturen auch zahlreiche Verbesserungen der Notenbeispiele enthalten; darüber hinaus wurden lediglich einige auffällige Druckfehler verbessert. Alle Korrekturen sowie einige Leseunsicherheiten werden im Anhang dieser Ausgabe (S. 672) nachgewiesen.
- Die verschiedenen Schriftarten des Originals bleiben auch in der Studienausgabe nachvollziehbar:
  - Fraktur: Grundschrift
  - Fraktur fett: **Grundschrift fett**
  - lateinische Schrift: *Grundschrift kursiv*
  - lateinische Schrift kursiv: **kontrastierende Schrift** (bzw. *diese Schrift* bei Notenbeispielen, in denen aus technischen Gründen eine andere Grundschrift verwendet werden mußte, z. B. *in ratione* multiplici)
- Die Notenbeispiele wurden modern geschlüsselt, aber sonst so weit wie möglich in ihrer originalen Notation belassen (Setzung der Akzidentien, Wiederholungszeichen etc.); das betrifft auch die diversen Markierungsarten, mit denen auf bestimmte Phänomene hingewiesen werden sollte (', *, †). Auch hier wurde auf Korrekturen (abgesehen von den eingearbeiteten »Emendanda«) fast vollständig verzichtet. Einige Ergänzungen, die an verderbten Stellen nötig wurden, stehen in eckigen Klammern; der Nachweis aller Korrekturen findet sich im

Anhang. Lediglich die kurzen »Normbögen« des Originals, die den Noten oft nur ungenau zugeordnet sind, wurden stillschweigend in »passende« Bögen verwandelt.
- Die originalen Schlüssel wurden wie folgt umgesetzt:
  – der Sopranschlüssel c1 als Violinschlüssel
  – der Tenorschlüssel c4 als oktavierender Violinschlüssel
  – der Altschlüssel c3 meist als Violinschlüssel, bei tiefer Stimmlage auch als oktavierender Violinschlüssel; nur in Ausnahmefällen (z. B. in Zitaten aus Ouvertüren) wurde er beibehalten. Andere Schlüssel (c2, F3) finden sich nur im Einzelfall und wurden ihrer Lage entsprechend umgesetzt.
- Die Gesangstexte sind in der Vorlage den Noten nur in Ausnahmefällen genau zugeordnet, meistens sind sie einfach fortlaufend unterlegt und entsprechen dem musikalischen Verlauf daher nur bedingt. Wegen des anderen Größenverhältnisses von Noten und Schrift wurde in der vorliegenden Ausgabe jedoch eine etwas genauere Zuordnung nötig. Um aber nicht eine exakte Textunterlegung zu suggerieren, die bei Mattheson so nicht vorgegeben ist, wurde auf eine Silbenaufteilung verzichtet; stattdessen sind ganze Wörter bzw. Satzteile dem jeweiligen Melodieabschnitt zugeordnet.
- Da der Umbruch innerhalb der Notenbeispiele des öfteren vom Original abweicht, wurde auf die Setzung der Custodes an diesen Stellen generell verzichtet. Beibehalten wurden sie hingegen immer am Ende der Beispiele.
- Das Layout entspricht weitgehend der Vorlage, doch wurden behutsame Angleichungen vorgenommen; eine exakte Übernahme war wegen der anderen Größenverhältnisse nicht möglich und schien auch nicht nötig, da die originale Aufteilung unsystematisch und offensichtlich vor allem von dem Wunsch nach Platzersparnis diktiert worden war.
- Wegen des neuen Seitenumbruchs wurden die originalen Fußnotenzeichen (*, **, †, ††) nicht übernommen, sondern durch Numerierungen (je Kapitel) ersetzt.
- Die originalen Seitenzahlen sind am Seitenrand vermerkt, der alte Seitenumbruch, sofern er innerhalb eines Absatzes stattfand, wurde im Text mit dem Zeichen | markiert.
- Die Register beinhalten die originalen Seitenzahlen.

Kassel, im Mai 1999   Friederike Ramm

Der Vollkommene Capellmeister,

Das ist
Gründliche Anzeige
aller derjenigen Sachen,
die einer wissen, können, und vollkommen inne haben muß,
der einer Capelle
mit Ehren und Nutzen vorstehen will:

Zum Versuch entworffen

von

MATTHESON.

Hamburg,
Verlegts Christian Herold, 1739.

Dem
Durchlauchtigsten
Fürsten und Herrn,
HERRN,
Ernst Ludwig,
Landgrafen zu Hessen,
Fürsten zu Herßfeld,
Grafen zu Catzenelnbogen, Dietz, Ziegenhain,
Nidda, Schaumburg, Isenburg
und Büdingen etc. etc.

Meinem gnädigsten Fürsten
und Herrn.

Durchlauchtigster Landgraf,
Gnädigster Fürst und Herr!

Die kürtzeste Entschuldigung pfleget die beste zu seyn. Was würde auch wol zu einer gnugsamen Rechtfertigung meines Unterfangens dienen können, dafern diese Arbeit, welche hiemit **Ew. Hochfürstl. Durchl.** demüthigst gewidmet wird, **wegen ihres vortrefflichen Unterwurffs selbst**, nicht einen günstigen Fürstenblick verdiente? Es sey mir daher vergönnet, hiebey auszuruffen:

> Glück zu! du heilge Kunst, von obenher entsprossen;
> Der Freuden güldne Kron; das Labsal trüber Zeit;
> Dadurch sich Himmels-Lust von Seel' in Seel' ergossen:
> Du bleibst der Selgen Sprach in alle Ewigkeit.
> *Divum Hominumque voluptas.*

Kunst, Kron, Labsal, himmlische Sprache, Lust der Götter und Menschen reden mir also hier das Wort.

Doch sind, nächst dem, verschiedene andere Umstände vorhanden, die mir fast nicht erlauben, an einer gnädigen Aufnahm zu zweifeln. Denn, zu geschweigen, daß es vieleicht das lezte mahl seyn dürffte, da meine Feder sich mit dergleichen Lehr-Wercken beschäfftiget, so sind **Ew. Hochfürstl. Durchl.** nicht nur der beste Kunstrichter und genaueste Kenner, sondern auch einer der mächtigsten Beschützer und höchsten Beförderer harmonischer Wissenschafften: Daher ich denn die Freiheit desto getroster genommen habe, durch Vorsetzung **Ew. Durchl.** geheiligten Nahmens, das vermuthliche Ende meiner musikalischen Bestrebungen, dieser Art, recht gut zu machen.

Ferner hat mich zur unterthänigsten Zuschrifft ungemein aufgemuntert das gnädige, statt eines angenehmen Befehls dienende Wolgefallen, welches **Ew. Hochfürstl. Durchl.** über solches mein Vorhaben nicht undeutlich zu bezeugen haben geruhen wollen: insonderheit, da, bey der letzten Durchreise des hiesigen Königlichen Gros-Britannischen Herrn Abgesandtens durch Hanau, **Ew. Durchl.** Sich gegen Demselben, gantz unverdienter doch unschätzbarer Weise, seit einer fast dreißigjährigen Entfernung von hier, (da ich offt die Ehre hatte, **Höchst Dieselbe**, beym Singen, mit dem Clavier zu *accompagniren*) meiner annoch in vielen sonderbaren Gnaden erinnert, und, durch Entbietung derselben, auch in solchen geringen Dingen gnugsam erwiesen haben, daß SIE ein ausnehmendes Muster eines über alle maassen gütigen, aufrichtigen, rechtschaffenen und **grundredlichen** Fürstens sind.

Ich weiß nicht, ob es nöthig seyn wird, zu einer Zeit, da die **Teutsche Redlichkeit** fast nicht mehr unter die schmeichelnde Ehren-Titel grosser Herren gefunden wird, dieses letztern Ausdrucks halber um Verzeihung zu bitten. So viel aber ist bekannt, daß angesehene Frantzösische Scribenten sich ehmals nicht wenig damit gewust, wenn sie ihren *Louis XIV. un Roi honnete Homme* nannten: ob sie gleich darunter nur die äusserliche Wolanständigkeit eines feinen höflichen Betragens verstunden. Ich aber will weit mehr damit sagen.

Zuschrifft.

Gewiß ist wol, daß **Ew. Hochfürstl. Durchl.** Unterthanen, so wie vor Alters die Würtenbergischen von ihrem **Eberhard**, fragen mögen: **Wenn GOtt nicht GOtt wäre, wer sollte billiger GOtt seyn, als unser Fürst?** Worauf denn David, aus **Dero** Munde, antworten würde: **HErr, mein Hertz ist nicht hoffärtig.** Ein seltenes Fürsten-Wort!

Noch ein dritter Umstand ist vorhanden, darauf ich gleichfalls etwas baue, gegen und wieder den heutigen heuchlerischen Gebrauch, da sich die kriechende Verfasser selbst nur darum desto mehr erniedrigen, verächtlich und klein machen, ie höher, geehrter und grösser sie gerne seyn wolten. Denn kriechen und klimmen braucht einerley Leibes-Beugung. Ich wage es nehmlich, unter **Ew. Hochfürstl. Durchl.** verhoffentlicher Genehmhaltung, zu sagen, daß ich wircklich bey der Ausarbeitung dieses Buchs mein möglichstes gethan habe, nicht nur einen vernunfftmäßigen, allgemeinen, sondern vornehmlich **Ew. Hochfürstl. Durchl.** höchstgültigen Beifall zu erlangen, mittelst Darlegung und Erläuterung derjenigen wahren Grundsätze melodischer Dinge, welche auch manchem berühmten Künstler unbekannt, oder doch bisher von niemand wissenschafftlich und systematisch untersucht worden sind.

Zwar ist meine vornehmste Absicht, bey diesem **Versuch**, nur mit ei|ner ungeschmückten, natürlichen Schreibart (wie es das Lehren erfordert) vorgetragen, und ich dringe auch auf dergleichen Setzart in der Musik. Aber eben diejenige Schreib- und Setzart, welche vielen, beym ersten Anblick, nicht sonderlich edel, sondern etwas einfältig vorkömmt, behauptet dennoch ihren Vorzug nachdrücklich: so wie der gemachte Adel von dem angebohrnen leicht übertroffen wird. *Le stile le moins noble a pourtant sa noblesse*, sagt *Boileau*. Wie weit ich es nun hierin gebracht habe, überlasse **Ew. Durchl.** zu entscheiden; bekümmere mich übrigens wenig um andrer Urtheile, wenn nur der **tapffre, gerechte und leutselige Landgraf von Hessen-Darmstatt** etwas nützliches an meiner Arbeit findet.

Daß **Ew. Hochfürstl. Durchl.** bey **Dero** glorwürdigem Alter in dem Hause des HErrn gepflantzet stehen, in den Evangelischen Vorhöfen unsers GOttes, wo dessen klingendes Lob zu hören, fernerhin beständig grünen, blühen und frisch seyn mögen, zur grossen Ehre des **Römischen Reiches**, zur höchsten Glückseligkeit **Dero Hochfürstl. Hauses**, ja, zur kräfftigen Stütze löblicher Künste und Wissenschafften, absonderlich der **Musik**, solches soll mein unaufhörlicher Wunsch seyn, der ich in tiefster Verehrung ersterbe

Ew. Hochfürstl. Durchl.

Hamburg, im May 1739.

unterthänigst-gehorsamster Diener
JOHANN MATTHESON.

Vorrede
zum
Vollkommenen Capellmeister.

ERASM. in Adagiis, p. 140.
Pleraeque res sunt, quas si facias acriter, plurimum conducunt; sin ignaviter, officiunt. Velut ea, quae mediocritatem non recipiunt, quod genus est Musica Poeticaque. Sunt rursus quaedam, quae degustasse sit satis.

I.

Wer diesen finden will, mag ihn in Utopien suchen. So werden diejenigen sprechen, die das Wort, **vollkommen**, nach der Schärffe nehmen. Andre aber, denen die verschiedene Stuffen der Vollkommenheit nicht unbekannt sind, bescheiden sich schon eines bessern, und verlangen von Menschen nichts himmlisches.

Es ist auch ein Verfasser deswegen keines Hochmuths zu beschuldigen, der sich äusserst angelegen seyn läst, eine oder andere schöne Wissenschafft zur möglichen Vollkommenheit zu bringen; so lange er sich selbst nicht, sondern nur seinen Entwurff zum Versuchs-Muster angiebt. Man kann vielmehr dencken, als thun.

In solcher guten Absicht haben auch andre, und zwar löbliche **Wercke** dergleichen Aufschrifft geführet; absonderlich aber des berühmten **Wicqueforts**, und nach ihm des **Cunniga** sogenannter **vollkommener Abgesandte**, der in der Staatsklugen Welt bekannt seyn wird, gleichwie die Kriegs-Erfahrnen von ihrem **vollkommenen Feldhauptmann** zu reden wissen, u. d. g. **Seneca** gestehet von seinem stoischen Weisen, **Cicero** von seinem **vollkommenen Redner**, andre von andern Vollkommenheiten, daß dergleichen noch niemals in der Welt anzutreffen gewesen; dennoch haben diese Verfasser, worunter auch der Herr Hofrath **Wolf** zu zehlen, ihre Sachen und Personen nach dem vollkommensten Begriff, den sie davon gehabt, vorgestellet.

Das will ich auch, mit GOttes Hülffe thun. Nicht, als ob meine Schilderey keinen fernern Zusatz leiden könte, noch, daß iemals ein Capellmeister den höchsten Gipffel in seiner Wissenschafft erstiegen hätte, oder erreichen werde; sondern, damit man wenigstens ein festes Ziel vor Augen habe, nach welchem einer streben, und der verhasten Mittelmäßigkeit absagen möge: denn weder Musik noch Poesie leiden dieselbe. In Franckreich sagt man:

> *Un Air, un vers passable*
> *Ne valent pas le Diable.*

Gründlich-Gelehrte sind durchgehends darin einig, es sey unmöglich, daß ein einziger Mensch auch nur eine einzige, gewisse Art der Wissenschafften zur Vollkommenheit bringe; sondern, solche zu erhalten, sey unumgänglich nöthig, daß viele Gelehrte ihre Kräffte zusammen setzen, einander hülfliche Hand bieten, und gemeinschafftlich arbeiten. Wie denn auch die Erfahrung zeiget, daß man es disfalls nicht ehe nur zu etwas gebracht habe, als bis die Sache auf solche vereinigte Weise angefangen worden.[1] Ob es in der musikalischen Gelehrsamkeit iemals dahin

---

1 T. *Acta crudit.* 202. Th. *pp. 730. 731.*

kommen, und wie der Vorschlag einer zu errichtenden Gesellschafft gerathen werde, stehet dahin. So viel bleibet gewiß, daß auf der Welt nichts vollkommenes ist: (*n'en deplaise au Sr. P. H.*) und wenn wir etwa diesen Nahmen einer Sache beilegen, so geschiehet solches doch nur Vergleichungs-weise mit andern Dingen von derselben Art, oder in Gegenhaltung der Unvollkommenheit, die sich in den letztern finden läst. Daher heissen wir denjenigen einen rechtschaffenen Mann, der redlicher handelt, als die Menschen insgemein thun.[2]

Halbschertzend muß ich inzwischen dem unpartheyischen Leser klagen, daß meine arme musikalische Critik nun schon zweimahl bey lebendigen Leibe hat spucken müssen, und zwar unter der Verkleidung eines Domino, zur Verbergung ihres schönen Geschlechts. Das magere Gespenst aber meines gegenwärtigen **vollkommenen Capellmeisters** kam noch vor dessen Geburt angestochen: denn es ist wohl ein Jahr und länger in der Welt erschienen, ehe dieser noch das Licht erblicket hat; aber auch auf einmahl wieder verschwunden. Das sind seltsame Titel-Abentheuer!

Bey dem ersten ließ man sich gar nichts mercken: die Wiederkunfft geht eben so stille zu; ob ich gleich, auf Erblickung und äusserliche Betrachtung des sogenannten **critischen Musicus**, schier schwören mögen, ich hätte ihn selbst gemacht. Aber man wolte so gar, auch auf Erinnern, meines Vorgangs nicht einmahl | gedencken, sondern verfuhr wie Budäus mit dem Erasmo.[3] (Doch ohne Vergleichung.) Bey dem andern Kram hergegen kam, zum guten Glück, ein Geständniß des beiderseitigen Misbrauchs heraus. Das war noch höflich und aufrichtig.

Doch will ich diese gute Schatten bitten, ins künfftige blöden Leuten keine fernere Furcht einzujagen: Und wenn sie ja die Rolle der Popantze spielen wollen, solches nicht unter einer mir gehörigen Maske zu thun. Ich will ihnen lieber auf die Fastnacht eine andere und gantz neue schencken, die sie weit besser kleiden soll, als die entlehnte.

Ey! Hat denn nun ein Mensch nicht mehr so viel eigenes, als die Auffschrifften seiner Bücher? Daß ich des Inhalts geschweige. Vor Jahren eröffnete ich einem seynwollenden Freunde, wie ich gesinnet, einige Oratorien, unter der Benennung des **klingenden Gottesdienstes**, herauszugeben. Was geschah? Es währte nicht lange, da zeigte sich ein Notenwerck im Druck, das hieß: **Der harmonische Gottesdienst**. Und so kam ich auch unschuldig um solchen Titel, ehe ich ihn noch einmahl selbst gebraucht hatte. Es ist aber doch ein anderer, und besserer, noch im Vorrath, davon niemand was vorher wissen soll. Schertz bey Seit! Es kömmt gar viel auf die Rubrik eines Buches an: bisweilen mehr, als auf das Nigrum. Daher ist dergleichen Wegfischung eben nicht so gar angenehm; ob ich sie mir gleich für eine Ehre nehme, und deswegen nicht böse bin. *Dantur enim honores molesti.*

II.
Schätzbarkeit der Harmonie.

Was der vortrefflich-gelehrte Staats-Mann, der Freiherr von **Spanheim**, in der Vorrede seiner *Cesars de l'Empereur Julien*, ehemals von der Müntz-Wissenschafft gesaget hat, solches darff man wol hier füglich, mit einer kleinen Veränderung, auf die Musik deuten. „Wir wollens rund heraus bekennen, (heißt es) das Unglück hat bisher gewollt, daß die gelehrtesten und grössesten

---

2 *En ce monde il n'y a rien qui soit parfait, & s'il y a quelque chose à la quelle nous donnons ce nom, ce n'est qu'en la comparant avec d'autres de la même espece, ou avec les imperfections qui s'y trouvent melées. C'est ainsi que nous appellons un homme de bien celui qui l'est plus, que les hommes le sont ordinairement.* TEMPLE, sur *l'affliction*.
3 *Guillaume Budé* wollte des *Erasmi* in seinen Schrifften keine Erwehnung thun, ob dieser gleich darum bat.

Leute von der **Musik** nichts gewust haben, oder aber, daß die wenigsten Musikbefliessenen gelehrt gewesen sind: jenen hat es an der Gelegenheit gefehlet, oder an der Zeit, oder am rechten Berichte von der Würde und dem großen Nutzen, den man, bey allen andern Wissenschafften, aus der Musik ziehen kann;[4] diese hergegen, nemlich die Musici, oder vielmehr Musikanten, haben sich vergnügt, ein niederträchtiges Handwerck, einen blossen Marckt-Kram, einen Nahrungs-Handel, ja wohl gar eine Prügel-Zunfft, und weiter nichts, aus der Sache zu machen."

Das Gleichniß hincket destoweniger, weil viele Leute Medaillen sammlen, damit sie nur für neugierig, oder vielmehr für altgierig, angesehen werden. Hierin ahmen ihnen diejenigen nach, welche gern allerhand schöne, musikalische Instrumente, absonderlich gemahlte, und fein lackirte Clavicimbel in ihren Häusern haben, nur damit es heisse: **Das sind rechte Liebhaber.** Andere vermeynen, die Medaillen dienten zu nichts, als zur Schau, von welchem Worte sie im Teutschen ihren Nahmen herführen. So auch glaubt fast iedermann, die Tonkunst, ob sie gleich Grabelieder hervorbringt, sey nur zur Ohrenlust und zum Zeitvertreib in die Welt gekommen. Die dritte Art sammlet endlich Müntzen und Schaupfennige, um sie wieder zu verhandeln. Gleichergestalt lernen die meisten Leute Singen, Spielen und Setzen, entweder etwas damit zu gewinnen, oder auch, daß sie mit der Zeit etwas zu vergessen haben.

Alle diese sind auf unrechten Wegen begriffen. Denn die ächten Kenner und Schätzer beider Wissenschafften sind vielmehr überzeuget, daß die Nummi der Historie und den Alterthümern ihr schönstes Licht, die Harmonien aber GOtt das klügste Lob,[5] wie auch der Seele die angenehmste Erquickung, sowol in diesem, als in jenem Leben bringen. Das erweget kein Ungelehrter: dazu gehört rechtschaffener Fleiß und tiefes Nachsinnen. Laßt uns vernehmen, was **Steel**[6] von solcher Schätzbarkeit hält. Wir wollen es aus dem Engländischen, wie obiges aus dem Frantzösischen, verteutschen.

„Nichts ist zu finden (schreibt dieser weise Mann) das die Seele mehr einnimmt, und entzücket, als die Harmonie: und daß eben darin eine von den ewigen Glückseeligkeiten bestehe; solches haben wir zu glauben hohe Ursache, wenn wir die in heiliger Schrifft aufstossende Beschreibungen der himmlischen Freuden betrachten. Kann nun die menschliche Seele so wunderbarlich durch diejenigen musikalischen Künste beweget werden, welche nur die Geschicklichkeit dieser Welt hervorzubringen fähig ist; wie vielmehr wird sie durch solche Wirckungen vergnüget und erhaben werden, in denen die gantze Krafft der vollkommensten Uibereinstimmung herrschen muß. Die Sinnen sind Seelen- nicht Leibeskräfte, ob sie gleich, währender Vereinigung mit dem Körper, nicht ohne dazu bequeme, leibliche Werckzeuge ge|braucht werden können. Warum solten wir denn das Vergnügen diese Kräfte und herrlichen Eigenschafften ausschliessen, da wir von ihnen ja aus der Erfahrung wissen, daß die der Seelen, als Thüren und

---

4 Daß man z. E. nicht nöthig hat, aus der *Trompette Marine* eine Marien-Trompete zu machen, noch **das Choral** zu sagen, wenn es **der Choral** heissen soll, u. d. g. Bey der See-Trommete, welche vormahls häuffiger, als itzund, auf Schiffen zur Lust gebraucht wurde, ist zu mercken, daß sie bisweilen 2. bisweilen gar 4. Saiten hat, wie aus dem Glarean, auch aus dem Athenäo und Platone, am besten aber aus dem Prätorio zu ersehen ist. Ein solches Instrument lautet von ferne, auf stillem Wasser, wie ein Chor Trompeten. Die Welschen nennen es *Tympanischiza*. Das ist ein albernes, aus dem verdorbenen Teutschen, **Trummelscheit**, entlehntes Wort. Es heißt aber gar nicht Trummelscheit, und hat nicht das geringste mit einem Trommel- oder Pauckenholtz zu thun. Denn vorzeiten sagte man, statt Trompete, Trommete, oder **Trummet**, daher kam Trumscheit, weil es, wie gesagt, von ferne klingt, als wenn 2. 3. oder 4 Trumten, i. e. Trommeten, mit einander geblasen werden. Diese Anmerckung kann zum Waltherschen Wörter-Buche dienen.
5 Nach den Worten des Psalmisten: Lobsinget ihm **kläglich.** *Ps. 47,8.*
6 Der Mitarbeiter am *Spectator*, No. 580. Daß Magister **Bernd** von dem *Spectator* so liederlich urtheilet, zeigt ein verstöhrtes Gehirn an.

Eingänge, zur Freude dienen? Warum, frage ich, sollten wir sie doch von denjenigen Ergetzlichkeiten ausschliessen, die unsere Glückseeligkeit in jenem Leben recht vollkommen machen? Warum sollten wir zweifeln, daß unser Gehör und Gesicht nicht alsdann mit solchen Gegenständen, die ihnen am allerangenehmsten sind, werden begünstigt werden, und deren sie in dieser Unterwelt nicht völlig theilhafftig werden können?"

III.
Ursprung des Gesanges.

Ein vernünfftiger Mann hat billig Ursache, sich höchstens zu verwundern, wenn er von diesem Ursprunge bey nicht wenigen, klug-vermeynten, alten und neuen Schrifftstellern so viel ungereimtes Zeug antrifft, daß es nicht zu dulden ist. Diejenigen, welche gewissen, sterblichen Menschen die Erfindung der Musik zuschreiben, machen schon einen ziemlichen Hauffen aus; sie haben aber meistentheils ihren Glauben verlohren.

Andere, die es weit besser zu treffen gedencken, und biß diesen Tag keinen geringen Beifall erhalten, kommen mir noch weit unrichtiger vor, als die ersten: indem sie, mit dem **Lucretz**, als ihrem Anführer, die unvernünfftigen Vögel zu Urhebern der göttlichen Tonkunst zu machen sich nicht entsehen. Einer von diesen[7] darff deswegen wol gar schreiben, **daß die ersten Erfinder der Vocal-Musik Affen gewesen sind, weil sie dieselbe Kunst den Vögeln nachgeäffet haben;** woran aber der gute Mann, meines Erachtens, wahrhafftig sehr affenmäßig handelt. Denn wer nichts gründliches zu sagen weiß, was hat der nöthig zu schelten.

Ein gantz neuer, ungenannter Verfasser scheinet beide angeführte Meynungen von Menschen und Vögeln solchergestalt zu vergleichen, daß er zwar die Eva, als eine Erfinderin der ersten abgemessenen Klänge vorstellet, doch dabey gleichwol nicht unterlassen kann, die lieben Vöglein, als anmuthige Vorgänger, anzugeben, deren holdseeliges Gepfeiffe bey der Mutter des menschlichen Geschlechts eine solche Eifersucht erreget haben soll, daß sie dadurch zu Versuch ihres Kehlgens bewogen worden.[8]

Ein dritter, wohlbenahmter und sehr berühmter Mann, den wir billig alt und neu heissen mögen,[9] schreibet hergegen so von diesem Ursprunge, mit Ausschliessung der geflügelten Kunstpfeiffer: **Der Mensch hat einen weit vortrefflichern Lehrmeister gehabt, als die Vögel sind, und demselben allein muß er seine Danckbarkeit dafür bezeigen: denn die Musik ist ein Geschenk GOttes.**[10]

Ob nun dieses zwar überhaupt seine Richtigkeit hat, so hindert es doch nicht, daß GOtt sein Geschencke und Gaben nicht durch gewisse Mittel und Werckzeuge austheilen sollte. Hiezu nun scheinet der Engel-Dienst weit herrlicher und bequemer zu seyn, als der Menschen und Vögel Belehrung: welches aus GOttes Wort, aus der gesunden Vernunfft, und, solchen zu Folge, aus dem vortrefflichen Buche des unvergleichlichen **Miltons**, so er das **verlohrne Paradies** nennet, gar hell und deutlich in die Augen fällt.

---

7 *Jac. Fridr. Reimman. Histor. literar. antediluv. p. 117.*
8 *L'aimable compagne du premier mortel fut l'inventrice des premiers son mesurés. Dès qu'elle eut entendu les gracieux Accens des oiseaux, devenuë leur rivale elle essaya son gosier. Disc. sur l'Harmonie, à Paris 1737. p. 5.*
9 Alt ist dieser brave Mann von Jahren, und wegen der alten Geschichte, die er vortrefflich beschreibet; neu aber, wegen seiner noch jüngst herausgekommenen Wercke.
10 *L'Homme a eu un plus excellent maitre, auquel seul il doit faire remonter sa reconnoissance. La Musique est un present de Dieu etc. Rollin, dans son Hist. anc. T. XI. p. 160. Paris 1737.*

„Die beste Nachtigall pfeifft immer einerley, und bringt nichts, als undeutliche, unverständliche Klänge hervor, welche einmahl wie das andere lauten, und doch, nach menschlicher Bemerckung, nichts ausdrucken; sie sind ohne Seele, ohne Leben, ohne Geist: und ob sie zwar den Ohren einiger maassen gefallen, können sie doch unsern Verstand, unser Hertz nicht rühren, noch irgend eine Gemüthsbewegung, an und für sich selbst, verursachen: sie bleiben auch unfähig solcher durchdringenden Beugungen und abwechselnden Zusammenstimmungen, welche die harmonische Wissenschafft herbeizuführen weiß, als die da allemahl was neues und schönes, was fremdes und verschiedenes hören läßt, **wobey ieder Klang** *NB.* **auch eine Gedancke ist.**"[11] So lautet es vom Farinell der Vögel.

Dem Stande der Unschuld, da Adam und Eva im Paradiese gelebet, wollen die meisten Gottesgelehrten nur etliche wenige Stunden[12] beilegen, wie unter andern der Talmud solches thut. Viele geben vor, es habe dieser Stand, wo nicht länger, doch wenigstens vom Freitage biß auf den Sonnabend, gewähret, das war denn der Sabbath.

Es ist aber solches sehr zweifelhafft, und zwar aus diesen Gründen: weil GOtt dem Menschen, da er noch unbeweibet war, zuvörderst alle und iede Geschöpffe gezeiget und vorgeführet, deren ieglichem er, der Mensch, eine besondere Benennung hat geben müssen:[13] wozu gewißlich, auch nur menschlicher Weise zu reden, keine kurtze Zeit erfordert wird, wenn wir die gar grosse Menge und Verschiedenheit aller | Thiere auf dem Felde, Vögel in den Lüfften, und Fische in dem Wasser recht bedencken.[14] Nach dieser beträchtlichen Verrichtung ist Adam in einen tiefen, das ist, in einen langen Schlaf gefallen, worauf das Weib erschaffen worden, und ihm förmlich zugesellet ward. Das will auch nicht in einem Augenblick gethan seyn: Denn die Schrifft selbst bezeuget, daß Adam über eine solche neue und wichtige Sache erst eine sonderbare Betrachtung angestellet habe.

Und ob zwar alles dieses nur mit wenigen Worten erzehlet wird, hat es doch seine gehörige Zeit erfordert. Nächst dem ist erst das Verbot des Baums erfolget, da denn vorher die Menschen ohne Zweifel das gantze Paradies wenigstens einmahl werden durchwandert haben, (denn, was einer **bauen** und **bewahren** soll, muß er doch wol selbst in Augenschein nehmen) um den Unterschied zu bemercken von allerley Bäumen, **die lustig anzusehen und gut zu essen waren**; ingleichen die daselbst entspringende, merckwürdige vier Hauptströme zu betrachten. Nun gehet aber die gemeinste Meynung von der Gegend des Paradieses dahin, daß es in Mesopotamien gegen Armenien gelegen habe, also, daß durch Eden das Land verstanden wird, welches sich, zwischen dem Euphrat und Tigris, bis an das Armenische Gebürge erstecket. Gewiß eine gute Ecke! Aller Muthmassungen nach werden auch Adam und Eva die Früchte der andern Bäume genossen haben, ehe endlich die Unterredung mit der Schlange erfolget, und die Vergreiffung an dem Verbotenen vorgenommen worden.

---

11 *Toujours uniforme le Rossignol n'a que les mêmes sons inarticulés, sons sans expression, sans ame & sans vie: il sçait plaire; il ne peut pas toucher ni passioner; incapable de ces inflexions penetrantes & de cette varieté des Accords que l'Harmonie sçait conduire avec tant d'Art, toujours differente d'elle meme & toujours belle, chacun de ses sons est un sentiment. Disc. sur l'Harm. p. 85.*
12 *Parerius, in Genesin, Lib. VI. quaest. I.*
13 *Gen. II, 19. 20.*
14 Was meynt unser einer wol, wie viel Zeit müste er haben, auch nur das Gewürm und Ungeziefer, will nicht sagen von neuem zu benennen, sondern nur so zu berechnen, daß nichts daran fehlte? Sollen doch allein 153. Arten eßbarer Fische seyn, der Wall- und anderer Raubfische zugeschweigen. Wie denn auch die *Saxatiles, Crustacei, Testacei etc.* hierunter noch nicht begriffen sind.

Daher scheinet es wol, nach natürlicher Lebensart zu urtheilen, unmöglich zu seyn, daß alles dieses, von einem blossen Menschen, in drey oder vier Stunden hätte können verrichtet werden. Welchemnach die Meynungen des **Calvisii** und anderer nicht zu verwerffen sind, daß nemlich der Mensch zehn Tage (noch kurtz genug) in seiner Unschuld verharret habe, und im Paradiese geblieben sey. Man findet auch Scribenten, welche demselben Stande 40. Tage beilegen, ja etliche verlängern ihn gar auf 33½. Jahr.[15]

Thun nun einige hierinn zu viel; so kann es gar wohl seyn, daß andere hergegen der Sache zu wenig thun. Was gewisses ist davon nicht zu sagen, nemlich Zeit und Stunden anzuberahmen. Man kann jenen sehr gute Einwürffe machen, die besagten Stand der Unschuld nur auf einige Tage oder Stunden gelten lassen wollen; aber es mögen diesen, die ihn auf viele Wochen und Jahre ausdehnen, noch viel stärckere Gründe entgegen gesetzet werden.[16]

Uiberhaupt ist wol zu glauben, und sehr wahrscheinlich, daß die ersten Menschen Zeit genug werden gehabt haben, ihren mit göttlichem Lichte erfüllten Verstand, Willen und Trieb, samt den köstlichen und künstlichen Gliedmaassen ihres Leibes, zum höchsten Lobe des Schöpffers, als **dem einzigen Zweck der Schöpffung**, und zu dessen Verherrlichung, wozu absonderlich die Kehle gemacht ist, mit allen Kräfften anzuwenden, und es ihren Vorgängern oder Anführern, den heiligen Engeln, **die niemahls aufhören GOtt mit Klingen und Singen zu ehren und zu preisen**,[17] nach- und gleichzumachen; es habe nun so lange gewähret, als es wolle. Wir können, wie gesagt, keine gewisse Zeit bestimmen; denn vor GOtt sind auch tausend Jahr, wie der Tag, der gestern vergangen ist, und die Englischen Tage sind Jahre, wie den Gottsgelahrten bekant seyn wird.[18]

Daß inzwischen die Fürstenthümer und Herrschafften im Himmel, die Gewaltigen und die Kräffte, wie die Engel genennet werden, vor der Erschaffung dieser sichtbaren Welt lange gewesen sind, solches wird von verschiedenen Kirchen-Vätern mit desto besserm Rechte behauptet, ie deutlicher es auch die heilige Schrifft selbst[19] zu verstehen giebt. Die Engel, ob sie gleich Geister sind, können doch Leiber annehmen, Werckzeuge gebrauchen, und sich, wie ihr Michael, in Fleisch und Blut kleiden, so offt und so viel sie wollen. Und da auch wir erlösete Menschen ihnen dereinst in jenem Leben, **mit Leib und Seele gleich seyn werden**,[20] so ist hieraus bald zu schliessen, was es mit denselben himmlischen Musikanten von je her, im Artickel der Harmonie, für herrliche Beschaffenheit gehabt haben müsse.

Also fällt es weg, daß die singende Musik **eigentlich** und **ursprünglich** älter seyn sollte denn die spielende: sintemahl auch den Engeln und Heiligen in der Bibel allerhand Instrumente, absonderlich Harffen und Posaunen, als besaitete und blasende Werckzeuge, beigeleget werden, und sie gewißlich eben sowol gespielet, als gesungen haben, ehe denn Adam erschaffen worden. Bey den Menschen hat es zweifelsfrey eine andere Bewandniß in diesem Stücke, daß nemlich die singende Musik eher, als die spielende gewesen, wie solches bereits an seinem Orte[21] angemerckt worden ist.

---

15 *Cornelius a Lapide, in Genesin, Cap. III. v. 23.*
16 *On peut faire d'assez bonnes objections à ceux qui ne font durer que quelques heures l'état d'innocence; mais on en peut faire de beaucoup plus fortes à ceux qui le font durer des semaines ou des années. Bayle, Diction. sub voce, ABEL.*
17 *Opus eorum est Hymnus IRREMISSUS.* D. i. der Engel Werck bestehet in einem unaufhörlichen Lobgesange. *Athanas. & ex illo Mithob. in Psalmodia Christiana, p. 212.*
18 *vid. Luther in Daniel.*
19 *Iob. Cap. XXXVIII.*
20 *Matth. XXII. 30.*
21 In der Vorrede des **Kerns** melod. Wissensch. §. 22.

Würden wir nun gleich alle dem Adam sonst beigemessene Gelehrsamkeit für eine leere Erdichtung halten, wie sie es vermuthlich ist; so könnte man doch nicht wohl läugnen, daß, da der allervollenkommenste | Schöpfer ein **Ihm selbst** gleiches Bild gemacht, diesem nicht auch, in eben demselben Augenblicke, mittelst Göttlichen Einflusses, die schönsten, vornemlich aber die zum unmittelbaren Preise und Dienste des Höhesten von seiner Weisheit selbst erkohrne Wissenschafften, durch der Engel Beispiel und Muster, ohne ordentliche lange Erlernung mitgetheilet, und dieselbe von den Menschen zur Verherrlichung GOttes, gleich den Nachahmungswürdigen Engeln, im Stande der Unschuld auf das trefflichste ausgeübet und bewerckstelliget seyn sollten.

Daß inzwischen die Sterblichen, nach dem Fall, sehr viel von dieser anerschaffenen Vollkommenheit müssen verlohren, ja, daß sie die, solchergestalt, erhaltene Geschicklichkeiten und deren Beispiele grössesten Theils werden vergessen haben, folglich auch etwa nur ein blosses Schattenwerck desjenigen vortrefflichen, harmonischen Wesens, so sie im Paradiese gefunden und getrieben hatten, übrig geblieben sey, ist der Vernunfft eben so gemäß, als daß die saure Arbeit des Ackerbaues, auf dem wilden, wüsten Felde, ungemein weit von der Edens-Lust, da Gott selbst Pflantzer gewesen, unterschieden oder entfernet seyn müsse. Ie reiner und dünner die Lufft ist, ie heller klingt alles.

Da nun im Paradiese (des *coeli aquei*, als der Engel eigentlichen Wohnung, zu geschweigen) die lauterste und feinste Lufft gewesen, daher auch der unvergleichlichste Klang gehöret worden seyn muß: so ist leicht zu erachten, daß ausserhalb des Gartens Eden, und bey verfluchter Erde, dieser Klang ein unbeschreibliches, bloß des Ortes wegen, verlohren, und der Mensch auch selbst, bey dem Schweisse seines Angesichtes, destoweniger Lust oder Anreitzung zum vergnüglichen Singen oder Klingen empfunden haben werde. Wie wir denn täglich erfahren, daß alles bey der Nacht oder in einer scharffen Frost-Lufft weit besser klinge, als bey Tage, in der Hitze oder im Nebel. Welches den Unterscheid und die Krafft des *Vehiculs* sattsam darleget.

Es haben dannenhero diejenigen, unter welche auch **Bayle** gehört, eben kein grosses Recht, welche dem Menschen, nach dem Fall, noch immer dieselbigen Kräffte oder Eigenschafften in Wissenschafften und Künsten beilegen wollen, die er vorhin gehabt haben mag, aus der Ursache, weil selbst die bösen Engel, nach ihrer Stürtzung, nichts an ihren tausend-Künsten verlohren haben sollen. Wenn dieser Vorwand sonst in allen Stücken richtig wäre, müste es doch nothwendig mit der Musik, worauf ich eigentlich nur gehe, gantz und gar nicht zutreffen: denn es haben gewißlich die verdammten Geister GOtt ehemahls in schönster Ubereinstimmung gelobet, nunmehro aber werden sie solches nicht mehr thun können, sondern ihre vorige liebliche Harmonien in ein iämmerliches Geheule verwandeln, und, wo nicht in dem Wissenschafftlichen, doch allerdings in dem ausüblichen Theile, vereinigter Weise, erbärmlich verkehrt seyn müssen.

Was hindert uns denn zu dencken, daß die ersten Menschen, im Stande der Unschuld, GOtt weit mehr, und tausendmahl besser, mit Gesang und Klang gelobet haben, als nach dem Fall? Was hindert uns mit **Milton** zu erzehlen, „wie man niedergekniet, angebetet, und alle Morgen das schuldige Danckopffer, immer auf veränderte Art und Weise, dem Schöpffer gebracht habe? wie es an dieser abwechselnden Geschicklichkeit zu reden, zu singen, zu spielen eben so wenig, als an heiliger Entzückung und Begierde, GOtt aus allen Kräfften zu preisen, gefehlet; wie alles, ohne vorher darauf zu sinnen, auf die beredteste Manier ausgedruckt oder abgesungen worden; welche fertige und hertzbewegende Harmonien aus den Lippen geflossen, sowol in gebundenen, als ungebundenen Worten, die so schön geklungen, und so lieblich erschallet, daß Lauten und Harfen die Anmuth nicht vermehren können?" Sind **Miltons** Worte, die ich einigen Liebhabern zu gefallen, welche zwar Engländisch verstehen, aber dieses vortrefflichen Dichters Wercke nicht gelesen haben, unten, nach dem Original, beifügen will.[22]

Welch Unrecht thun wir, wenn wir mit vorbesagtem Verfasser, die göttliche Feier des siebenden Tages, woran Adam gantz gewiß Theil genommen, und deren Umstände gewust haben muß, also beschreiben? „Daß zwar der Schöpffer an solchem Tage von allen seinen Wercken geruhet; aber ihn nicht mit Stillschweigen geheiliget habe. Die Harffe hat müssen arbeiten, und nicht unbespielet bleiben; die prächtigsten mit güldnen Saiten bezogene Instrumente, auch die vom Winde getriebene, als Orgeln, Flöten, Dulcianen, haben klingen, und einen auserlesenen Sing-Chor begleiten müssen, der sich in folgenden Worten hat hören lassen: Groß sind deine Wercke, Jehova, unendlich ist deine Macht etc."[23]

[13]
[14]

Das merckwürdigste hiebey ist, daß **Milton** den Engel **Raphael** einführet, der dieses alles, sowol was vor, als nach der Schöpffung des Menschen geschehen, dem Adam erzehlen, ihn dessen erinnern, und in den auserlesensten Worten vorsingen muß, mit dem Beschluß, Befehl und der angehängten Ursache, daß er es seinen Nachkommen desto besser bedeuten und kund thun soll, wie man nemlich gesungen und geklungen, daß es bis in den dritten Himmel (*in coelum empyraeum*) ertönet habe, auch schon lange ehe und bevor er, Adam, in die Welt gekommen sey.[24]

Sagt uns nicht GOttes Wort selbst, daß die Engel zum Dienst, Schutz, und Unterricht der Menschen bestellet sind? Solchen Dienst, Schutz und Unterricht aber hatten ja die ersten Menschen am meisten nöthig. Daher ist des **Miltons** poetische Erzehlung und heilige Erdichtung in Göttlicher Schrifft und Wahrheit sehr wohl gegründet.

---

22 *Lowly they bowed adoring, and began*
   Their Orisons, each Morning duly paid,
   In various Style: for neither various Style
   Not holy Rapture wanted they to praise
   Their maker. In fit Strains pronounced or sung,
   Unmeditated, such promt Eloquence
   Flow'd from their Lips in Prose or numerous Verse,
   More tuneable than needed Lute or Harp
   To add more Sweetness. And they thus began etc.   Milton, Parad. lost, B. V. v. 144. 151.

23 *Now resting bless'd and hallow'd the seventh Day,*
   As resting on that Day from all His Work.
   But not in silence holy Kept. The Harp
   Had Work and rested not, the solemn Pipe
   And Dulcimer, all Organs of sweet stop
   All Sounds on Fret by String or golden Wire
   Temper'd sofft Tunings, intermixed with Voice
   Choral or unison, Of Incense Clouds
   Fuming from golden Censers hid the Mount.
   Creation and the six Days Acts the sung:
   Great are thy Works, Jehova, infinite
   Thy Power etc.   Id. ibid.

24 *So sung they, and the Empyrean rung*
   With Hallelujahs. Thus was Sabbath Kept,
   And thy Request think now fullfilled, that ask'd
   How first this World and Face of Things began
   And what before thy Memory was done
   From the Beginning: That Posterity
   Inform'd by thee might Know'. If else thou seek'st
   Ought, not surpassing human Measure, say!   at the End of the VII. B. of Parad. lost.

Sagt uns nicht wiederum GOttes Wort ins besondere, daß die heiligen Engel bestellte Musici und Sänger des Allerhöchsten sind? Esaias hörte ihre Musik: warum sollte sie Adam nicht auch gehöret haben? Jener weiß zu erzehlen, wie die himmlische Capelle ihr *Sanctus* mit grossem Gepränge angestimmet habe. Der eine Chor sang: **Heilig!** der andere antwortete: **Heilig!** hernach fielen beide Chöre zusammen ein, (wie etwa bey uns die Orgel samt allen Instrumenten) und liessen das **Heilig ist GOtt der HErr Zebaoth!** laut, einmüthiglich und kräfftigst erschallen.[25]

Bey dem Evangelisten Luca[26] musiciren die Engel das **Gloria**: in der Offenbahrung Johannis singen sie das Hallelujah.[27] Jenes haben die Hirten auf dem Felde; dieses hat der Apostel gehöret. Wie sollte denn doch der gute Adam, zumahl in seinem beglückten Unschulds-Stande, weniger, als die nach ihm lebende, begünstiget worden seyn? da ihn GOtt zum **Herrscher** der Welt machte. Weil endlich niemand zweifeln darf, Adam habe GOttes Stimme gehöret, warum sollte iemand läugnen, er habe auch der Engel Musik gehöret? Mit dem der HErr spricht, mit dem sprechen die Diener gerne. So viel hievon.

IV.
Beweis, daß ein erniedrigter Grundklang die Ton-Art hart, ein erhöheter aber dieselbe weich macht.

Von einer natürlichen Ordnung sind keine andere Ursachen anzugeben, als die aus den übereinstimmenden und wohlabgewechselten **physicalischen Verhältnissen** hergleitet werden. z. E. In den sieben diatonischen Klang-Stuffen sind erstlich zwo weiche Tonarten, hernach zwo harte, drittens wiederum zwo weiche, und endlich eine harte. Solches zeigt eine schöne Gleichförmigkeit und Einrichtung an, ob wir schon nicht wissen können, warum sie so, und nicht anders sey. Es heist auch hievon, wie dort[28] von Sonn, Mond und Sternen: **GOtt ordnet sie, daß sie nicht anders gehen müssen.**

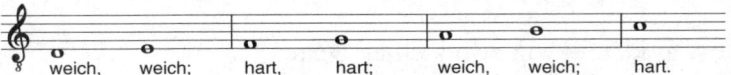

Kein Mensch wird streiten, daß *D* und *E* nicht die kleine Tertz, *F* und *G* die grosse, *A* und *H* wiederum die kleine; *C* aber die grosse, ursprünglich und eigentlich zu sich nehmen; wiewol sie sich alle, auf künstliche Weise, verändern lassen, nachdem es die Zufälle und Umstände erheischen. Ich sage, kein Mensch wirds streiten, der die Musik verstehet.

Diese sieben Stuffen oder Grundklänge lassen sich alle und iede wiederum sowol erniedrigen, als erhöhen, woraus denn die drey Geschlechter entspringen. z. E.

Zeichen sind Noth- und Hülffs-Mittel; schaffen oder machen aber nichts: sie deuten nur etwas an, das bereits geschaffen, gemacht und in der Natur vorhanden ist. Kreutze (♯♯) und *be be* (♭♭) sind in der Schreib-Musik solche Zeichen, welche die Erhöhung und Erniedrigung um einen halben Ton bemercken, wenn sie **vor** der Note stehen.

---

25 *Es. VI, 3.*
26 *Luc. II, 14.*
27 *Apocal. XIX, 1. 6. etc.*
28 *Ps. CXLVIII, 6.*

18   Vorrede.

Nun habe ich, zum mercklichen Behuf der Lernenden, gesagt und für wahr befunden: **daß ein solches vorgesetztes Kreutz ♯ allemahl die weiche, und hergegen der Buchstab ♭ die harte Tertz in der Harmonie erfordere**; wenn sonst kein Zeichen, das die Tertz andeutet, über einer solchen Grundnote stehet. Das hilfft im General-Baß.

Dieser Satz wird, ohne Absags-Brief, öffentlich angefochten. Die tägliche Erfahrung aber vertheidiget ihn: Die Vernunfft kanns auch thun. Mit der letzten wollen wirs hier versuchen.

Grosse Tertzen können, bey guter Vollstimmigkeit, in kleine, so wie kleine in grosse verwandelt werden. Aber aus kleinen macht man keine kleinere, noch aus grossen grössere, bey besagter wohlklingenden Verfassung.

Zufällige Dinge entlehnen immer ihre Eigenschafften von den wesentlichen. Das sind ein Paar unläugbare Sätze, die geben folgende Schlüsse an die Hand:

a) Wenn bey einer weichen Tonart, durch Erniedrigung ihres Grundklanges, die sonst kleine Tertz, zufälliger Weise, groß wird, so entstehet ohnfehlbar eine Härte aus der Erweiterung des Intervalls. Erhöhet man aber besagten Grundklang, so muß nothwendig das oberste Ende der Tertz zugleich mit erhöhet, und die ordentliche weiche Tonart beibehalten werden: Warum? Darum, weil das Intervall sonst zu enge, und gar keine Tertz mehr bleiben würde, die doch unaussetzlich zum Dreiklange gehöret.

b) Wenn hergegen bey einer harten Tonart, durch Erhöhung ihres Grundklanges, die sonst grosse Tertz, zufälliger Weise, klein werden muß, so entstehet daraus nothwendig ein weicher Modus, weil das Intervall enger zusammen gezogen wird. Erniedrigt man aber sothanen Grundklang, so muß allerdings das oberste Ende der Tertz zugleich erniedriget, und die ordentliche harte Tonart beibehalten werden: Warum? Darum, weil das Intervall sonst zu groß werden, und sein Tertzien-Maaß überschreiten würde. W. z. E. w.

Demjenigen, der es widersprochen hat, lieget ob, das Gegentheil darzuthun.

V.
Etwas kleines von zwo kleinen Sexten.

Eben des Schlages sind noch verschiedene andere Beurtheilungen, critische Recensionen und vermeynte Grundsätze dieses Opponenten: absonderlich da es heist: **Daß zwey (zwo) unmittelbar auf einander folgende kleine Sexten, einen gantzen Ton fortgerückt, nicht wohl klingen soll.** Hier stehet ein Exempel, und man kann deren eine Menge finden oder geben, da dergleichen Intervalle, sowol hinauf, als herunter, einen gantzen Ton unmittelbar fortgerücket, auch in den allerverwehntesten Ohren sehr wohl klingen müssen:

Es sey inzwischen hiemit einmahl für allemahl gesagt, ich will durchaus keinen solchen Notenstreit unterhalten, noch mich über alle und iede Kleinigkeiten, die meistentheils in falschen Meynungen bestehen, öffentlich einlassen. Wem meine Lehren nicht gefallen, der bringe bessere auf die Bahn: oder, so sich was erhebliches findet, werden meine Freunde so gut seyn, mir solches schrifftlich anzuzeigen; da ihnen denn alle Gnüge geschehen soll.

VI.
Von der musikalischen Mathematik.

Der Satz: **Daß die Mathematik bey der Musik nichts helffe**, ist unrichtig, und bedarff einer guten Erläuterung. Die Mathesis ist ja in den meisten Wissenschafften, absonderlich bey ihrer Oberherrin, der Naturkunde, eine fleißige, arbeitsame Gehülffin, und nutzliche, unverdrossene vornehme Bedientinn.[29] Sie ist eine weit um sich greiffende[30] Instrumental-Disciplin, und thut in der Harmonik, als einem Theil der Musik, auch in der Semeiographie, bey der Geltung und Zeitmaasse, ingleichen bey Verfertigung allerhand Instrumente, zur Verstärckung des Schalls und Wiederschalles, (wovon die 24ste Betrachtung des Musicalischen Patrioten *p. 200.* Erwehnung thut,) so viel die äusserliche Form betrifft, fast solche Dienste, als etwa die Buchdruckerey in der allgemeinen Gelehrsamkeit. Das ist kein geringes; obwol in Betracht des gantzen, nur ein kleines.

Allein, zu glauben, und andere lehren wollen: daß die **Mathematik der Musik Hertz und Seele sey**; daß alle Gemüths-Veränderungen, so durch Singen und Klingen hervorgebracht werden, bloß in den verschiedenen äusserlichen Verhältnissen der Tone ihren Grund haben, solches ist noch viel ärger und irriger, als obiger Ausspruch. Man macht ein grosses Wesen von Verhältnissen, und niemand weiß, oder denckt nur so viel nach, daß sie nothwendig gantz verschiedener Art seyn müssen.

Meines Begriffs giebt es viererley: **natürliche, moralische, rhetorische** und **mathematische** Verhältnisse. Diese letztere theilen sich wiederum in geometrische und arithmetische, so wie die erstern ebenfalls, iede Art für sich, ihre besondere Gattungen unter sich haben; wovon aber hier zu reden unnöthig, auch der Ort nicht ist. Man muß solche Dinge nicht vermischen. Wer wohl unterscheidet, lehret wohl.

Weil ich inzwischen vielleicht der erste bin, der diesen Unterscheid öffentlich bemercket, ungeachtet derselbe in der Vernunfft und Erfahrung auf das stärckste gegründet ist; so muß ich ihn wol, wegen der jüngern, mit einigen Beispielen erläutern und begreifflich machen. **Natürliche** Verhältnisse giebt uns demnach das erschaffene Wesen, zu welchem auch die Klänge gehören, sattsam an die Hand. Z. E. Daß die Sonne 166 mahl grösser seyn soll, als die Erde. Ich sage: **seyn soll**. Denn ihre strahlende Flammen verhindern, daß man ihre Grösse nicht eigentlich erforschen kann. Andere Hinderungen treffen wir bey andern natürlichen Verhältnissen an, so,

---

29 Daß Baco von Verulam (wie aus dessen *L. IV. de augm. Scient. c. 2.* im forschen Orchester angeführt worden,) die gute Mathematik zweimal mit einer Magd vergleichet, würde so gar verächtlich nicht ausgeleget werden können, wenn nur eine solche Bedientinn mit ihrer Aufführung nicht über die Schnur hauete. Wir haben ein schönes geistreiches Buch von dem ehmaligen vortrefflichen Doctor der Gottsgelahrheit, Daniel Featley, sonst *Fairclough* genannt unter der Aufschrifft: *Ancilla pietatis*, welcher Titel dem Wercke zu keinem Nachtheil gereichet, weil sich dieses Mägdgen allemal sehr wohl gehalten hat.

30 Darum hat sie auch bey den Frantzosen im Nahmen die mehrere Zahl; *Les Mathematiques*, deren Vorwurff ist die Grösse, das Maas und die Berechnung; nicht das Wesen der Dinge. Die Natur hat, so zu reden, das *Jus monetae*; die Mathematik ist der Waradein, oder will es doch seyn.

daß man mit den besten Instrumenten nur was ungewisses und das wenigste davon entdecket, auch nimmer zu Ende, oder zu was rechtes kömmt, das vollständig, und unwidersprechlich wäre. Denn wo das Systema der Welt dreierley ist, da kann man keine Meynung für gewiß halten.

Dafern nun ein Unterscheid ist zwischen Natur und Moral, woran kein Zweifel, so ist gewißlich auch einer zwischen natürlichen und **moralischen** Verhältnissen. Ein Exempel des letztern mag seyn: daß iede Tugend zwischen zweien Lastern mitten inne, folglich von dem einen so weit, als von dem andern entfernet seyn muß. Wer kann das messen? Und doch ists wahr.

Rhetorische Verhältnisse treffen wir z. E. in den sechs Theilen einer Rede, und sonst verschiedentlich in der guten, sowol gemeinen, als musikalischen Schreibart an, in Predigten, in Gedichten u. s. w. Dieser Dinge keines läst sich mit mathematischer, das ist, mit unumschränckter Gewißheit, abmessen, und man erkennet doch ihren guten Verhalt gnugsam.

Wenn ich aber z. E. sage: Der Raum zwischen zwo Säulen muß nicht mehr, als 7. und nicht weniger, als fünfmahl die Dicke der Säulen ausmachen, so ists eine **mathematische** Verhältniß, die sich auf das genaueste zehlen und messen läst; doch mit der Natur, Moral und Rhetorick eigentlich nichts zu thun hat: welches ein ieder begreiffen wird. Wer nun hierinn keinen Unterscheid zu machen weiß, der kann unmöglich recht urtheilen.

Die Verhältnisse der Klänge und Tone, welche die Mathematik gar nicht, sondern die Natur selbst hervorbringt und ordnet, geben, mit ihrer **Abbildung** durch Zahlen und Linien, nur blosse Werckzeuge ab, die ihren Nutzen so haben, als etwa Wörter in Schrifften und Reden. Wir finden z. E. daß **Tod** ein widriges; **Leben** hergegen ein angenehmes Wort sey, nach dem man nicht nur widrige und angenehme Begriffe, sondern auch viele dahin gehörige Umstände damit verknüpffet. Sonst gölten die Wörter gar nichts. So wie die blossen Klänge.

Wenn man hergegen spricht: Der **Tod** ist verschlungen; oder das **Leben** ist abgesprochen, alsdenn verändern sich, mit den Umständen, die vorigen Begriffe gantz und gar, und es verliehret ienes Wort schon viel von seiner Bitterkeit, so wie dieses von seiner Anmuth. Die Deutung ist leicht auf die angebene Verhältnisse der Klänge und Tone, ihre Vorstellung, Umstände, Begriffe, Eindrücke und Wirckungen zu machen.

Des Hertzens Bewegung hat demnach ihren Grund, d. i. ihre Ursache, ihren Ursprung nimmermehr in den blossen Klängen und Wörtern, wenn wir die singende und sprechende Beredtsamkeit betrachen, wie sie da, an und für sich selbst, abgemessen, eingetheilet, hingesetzt und geschrieben werden; sondern in den sehr verschiedenen Begriffen, die das Gemüth, den vielfältigen Umständen nach, mit ihnen verbindet. Wer wird aber wol sagen, daß solche geistige Begriffe mathematisch sind?

Denn die Seele, als ein Geist, wird empfindlich gerühret. Wodurch? wahrlich nicht durch die Klänge an und für sich, noch durch ihr Grösse, Gestalt und Figur allein; sondern hauptsächlich durch deren geschickte, immer neuersonnene, und unerschöpfliche Zusammenfügung, Abwechselung, Anwendung, Mischung, Eigenschafft, Ab- und Einführung, Erhöhung, Tiefe, Schritte, Sprünge, Verweilung, Beschleunigung, Wendung, Stärcke, Schwäche, Hefftigkeit, ordentliche und ausserordentliche Bewegung, Besänfftigung, Aufschub, Stille und tausend andre Dinge mehr, die kein Cirkel, kein Linial, kein Maasstab, sondern nur der edlere, innerliche Theil des Menschen begreiffen und beurtheilen kann, wenn ihn **Natur und Erfahrung** unterrichtet und belehret hat.

Diese Sachen haben zwar auch ihren ordentlichen Verhalt, und brauchen eine gewisse Maas; aber sie entspringen nicht aus ihrer Abmessung; sie bestehen nicht **darin**; sie gründen nur das **Bild ihrer Grösse** und Figur, nicht ihr **Wesen darauf**. Die unausgemachte, wenige Verhältnisse hergegen, die der arithmetische Klangmesser abstechen will, verschwinden hiebey, und machen nicht den tausenden Theil der Klänge in der Natur, ja kaum eine Handvoll Haar am Leibe der Musik aus. Gleichwol ficht man für solche Verhältnisse, nachdem sie blindlings mit andern vermischet worden, so kühnlich, als wären sie was rechtes, ohne einmal dabey zu sagen oder zu begreifen, was denn endlich daraus werden, oder zu welchem Zwecke sie dienen sollen.

Wir setzen inzwischen dieses Dilemma. Zum ersten wird gefraget: ob einer, der ein tüchtiger Musikus seyn will, durch die Mathematik dazu gelangen müsse? Zum andern: ob man, ohne gründliche Wissenschafft der Meß-Künste, nichts vortrefliches componiren und musiciren könne? Sagt nun iemand zu der ersten Frage ja, zur andern nein, so widerspricht er der alten und neuen Erfahrung, ja, seinen eignen Augen, Ohren und Händen, den vereinigen Sinnen aller Menschen, und verschliest die einzigen Thüren, durch welche der Verstand empfängt, was er hat. Sagt er hergegen zur ersten Frage nein, und zur andern ja, so kan die Mathematik unmöglich der Musik **Hertz und Seele** seyn.

Das *Cui bono* muß hier, wie allenthalben, den Ausschlag unsers Bestrebens geben, ob nemlich dasselbe vernünfftig sey, oder nicht? Sonst ist unser Speculiren vergeblich und schädlich. Ich muß wissen, wozu es dienet, was es für Früchte bringet.

Last uns demnach bey den Verhältnissen, nach obigem deutlichen Unterscheid, allemahl *secundum quid* urtheilen, und niemahls vom allgemeinen, so einfältig und gröblich, auf das besondere schliessen. Denn es folgt nicht. Die **vorgegebene** Wahrheiten, an und für sich selbst, befriedigen unser Gemüthe keinesweges, man schmücke sie, wie man wolle; sondern die **Beweise** der Wahrheiten thun es, wenn sie sich in der Erfahrung, Anwendung und Ausübung äct und ehrlich halten. Denn sonst kann sie keiner für Wahrheiten schätzen, wenn sie es auch gleich von ungefehr wären.

Das liebe Monochord vermag keine einzige **musikalische** Wahrheit darzuthun; wol aber einige **harmonikalische** von mittelmäßiger Wichtigkeit, davon noch immer ans Gehör appellirt wird. Man muß diejenigen *Terminos* nicht verwirren, deren ieder einen besondern einfachen Begriff mit sich führet: denn sonst verwirret man auch diese, und damit hat die Welt-Weisheit einen Anstand, und mercklichen Stoß bekommen.

Beiläufig zu erinnern, könnte es wol nicht schaden, in solchen Schrifften, die auf Beurtheilungen der Wissenschafften gerichtet sind, mit den Ausdrücken, und absonderlich mit den Einschaltungen unrichtiger Gedancken eines andern, dem man die *Cour* machen will, etwas behutsamer zu verfahren, als annoch geschehen ist. Da z. E. vom Verhalt der **Klänge** die Rede seyn soll, und man das Wort **Ton** dabey gebrauchet, welcher allezeit zween Klänge haben muß etc.

Eine Cantate von zwo Personen heist eigentlich kein **Duett**: Eine einzige Aria von zwo Stimmen heißt wol so. Vielweniger nennet man ein Cantate von drey Personen ein **Trio**. Die erste nennet man, *Cantata a due*; Die andere *Cantata a trè*, und verzeichnet dabey die Stimmen *Soprani, Contralti etc.* Auch wenn ein Paar mit einander (singend) reden, nennen es die Musici kein **Duett**, sondern *Dialogo*. Das sollte billig von einem seyn wollenden Tonrichter angemercket werden: Denn sonst giebt es, bey Verkehrung der Namen, auch verkehrte Begriffe, die der Jugend schädlich sind, und dem Alter keinen Vortheil bringen.

Wir lesen: daß der **Neid** von einer männlichen Stimme vorgestellet werden soll; da er doch immer in weibischen Seelen wohnet. Eben also ist es auch mit dem Zorn beschaffen: denn wo ist er wol hefftiger, als unter den Weibern? zumahl wenn er sich durch das kleine Glied ausläßt, das grosse Dinge anrichtet, und die Lippen mit Napellenfarbe zieret. Der **Stoltz** läßt ein gleiches Urtheil zu: warum soll ihn denn nothwendig ein tiefer Baß herbrummen, da er doch hoch hinaus will. Und auf die Frage: Ob die Jahres-Zeiten durch lauter Männer aufzuführen sind? antworten alle vernünfftige Mahler und gelehrte Iconologi, ohne Bedencken, nein, und führen ihre Ursachen aus der Lateinischen und Griechischen Kunstwelt her. (Nun wieder in die Gleise!)

Alles, was in der Musik vorgehet, gründet sich ungefehr auf die mathematischen Verhältnisse der Intervalle so, wie etwa die Schiffahrts-Kunst auf Ancker und Tauen. Aber der Compas ist doch ein | gantz andrer, und edler Wegweiser im Seegeln, als Masten und Wand. Des Steuermanns sogenanntes **Gissen** thut ihm viel wichtigere Dienste, als seine Astrolabia und was ihnen anhängig ist, die bey der Meeres-Länge noch immer zu kurtz kommen.

Wer nun eher keine Reise antreten wolte, als bis er die vermeinten Häcklein und Handhaben am Magnet und Eisen mathematisch bewiesen haben würde, der dürffte in seinem Leben schwerlich die Linie paßiren. So bald man aber anfangen wird, den Uiberschlag des Weges zur See in feste Regeln zu verwandeln, und gültige Ursachen anzugeben, warum es so, und nicht anders, mit Wind und Wetter zugehe, alsdenn möchte man auf Anstalt gedencken, aus den puren Grössen oder klingenden Intervalle sittliche Wahrheiten, und unfehlbare Lehren von Gemüthsbewegungen und deren Erregung herauzuziehen: welche gewislich nicht unnützlich seyn könnten; dafern sie nur unumstöslich wären. Lange Erfahrung, genaue Anmerckungen und natürliche Gründe geben, mittlerweile, in beiden Wissenschafften weit wichtigere, physicalische Regeln an die Hand, als alle Quadranten und Cirkel.

Man bestimme die mathematischen Verhältnissen der Klänge mit ihrer Quantität wie man wolle, es wird sich doch in Ewigkeit kein rechter Zusammenhang mit den Leidenschafften der Seele daraus allein abnehmen lassen. Denn hiezu gehören, nebst der Natur-Lehre und geläuterten Welt-Weisheit, noch gantz andre Künste, moralische und rhetorische Verhältnisse.

Künste nenne ich sie, zum Unterscheid der Wissenschafft, Lehre und Weisheit; ich meyne aber die practischen Ubungen, und was bey denselben vortrefliches zu finden ist. Last uns hierüber einen sonst übelgesinnten Zeugen rufen und hören, dem doch auch zu seiner Zeit ein wahres Wort entfahren ist.

Andreas Papius heist der Mann, welcher so schreibt: „**Die blosse Erkänntniß des Verhalts** eines Tons, halben Tons, eines Commatis, der Consonantzen etc. wird keinem den Nahmen eines Virtuosen oder Kunstfürstens zuwege bringen, sondern vielmehr die, **nach den Natur-Gesetzen** angestellte, genaue Untersuchung der verschiedenen Wercke, welche von grossen Künstlern ans Licht gestellet werden: daraus mögen wir begreiffen, was ein ieder Verfasser, nach seiner Art, für einen **Geist** hat, auf was Weise, und wie weit einer vor dem andern, durch seine besondere Arbeit, sich der menschlichen **Gemüther und Neigungen** bemeistert, welches der **höheste Gipffel musikalischer Wissenschafft** ist. Hierinn nun bestehet die wahre Theorie, die eines solchen grossen Namens und Ansehens recht würdig ist."[31]

Man sage, was man wolle; der ungelehrten, musikalischen Quacksalber, oder erfahrnen Marckschreier Arbeit kömmt mir demnach vor, wie ein von aussen ansehnliches, und von innen bequemes wohlgeziertes Haus, ungeachtet es auf einen Sand gebauet, und nicht dauerhafft ist. In London bauet man Häuser, mit der ausdrücklichen Bedingung, daß sie nur 10. 20. oder 30 Jahr, und nicht länger stehen sollen. Darnach richtet sich der Preis.

---

31 *Neque hoc (nomen principis in arte) dabit toni, semitonii, commatis, aut consonantiarum proportionis sola notitia, sed multo magis diversorum operum, quae edent artifices, curiosa ad naturam examinatio, ut quis cujusque sit auctoris genius, quomodo & quatenus singula opera in affectus hominum sese insinuent, (quae Summa est musica facultatis) intelligat. Atque haec est vera illa Theoria, tanto nomine atque auctoritate digna.* Andr. PAPIUS *de Consonant.* L. I. c. 4. p. 21. Ich habe einen *Commentarium* über das Buch dieses Quartheldens zu schreiben angefangen, und bin damit bis auf das 14te Capitel der ersten Theils gekommen. Wäre iemand damit gedienet, ich wolte die Arbeit fortsetzen. Das Papische Werck ist nicht mehr zu haben.

Hergegen die vermeinten Fundamente der lautern Algebraisten sehen, in ihrer nebelichten Gegend, wircklich denjenigen verfallen, mit ungewünschtem und freiwilligem Grase bewachsenen Grundlagen ähnlich, die vor vielen Jahren schon durch saure Arbeit in tiefe Gruben eingemauert sind, und elendiglich vermodern müssen, ehe das geringste wohnbare Gebäude darauf zu stehen kömmt, weils am Gelde, oder sonst an etwas mangelt. Jene nutzen noch eine Zeitlang; diese nimmermehr.

Was aber alle andre Dinge in der Welt betrifft, die man mit Gewalt der Mathematick unterwerffen will, weil doch weder Thron noch Kantzel, weder gemeine noch klingende Wohlredenheit der Proportion müßig gehen können, ja, weil geistliche und weltliche Wissenschafften,[32] Staats- und Krieges-Klugheit, Rechts-Gelehrsamkeit, Artzney-Kunst, Weltweisheit, Dichterey, Sonn, Mond, Sterne, samt unsrer eignen menschlichen Bildung, eine gewisse Beobachtung ihrer Stücke und Theile, im breiten, bey der Musik ausgeschlossenem **Verstande** erfordern: so werden hinführo verhoffentlich Regenten, Geheime Räthe, Generale, Prediger, Juristen, Weltweise, Redner, Aertzte und Poeten einmüthiglich dahin trachten, daß sie wenigstens die drey besten Theile ihrer Lebenszeit auf die bis 20 und 30. sich erstreckende Haupt- und Neben-Schulen der Matheseos wenden, ehe sie iemahls an eine Regierung, Pfarre, Proces, Cur, Tugend, Rede[33] Gedicht oder Heirath sich wagen. So schließt ein Mathematicus, der den Unterscheid der Verhältnisse nicht zu machen weiß: er muß so schliessen und dencken; ob ers gleich nicht entdecket. Das gäbe denn eine artige Ordnung. Auf solche Weise würde aus der Hagar eine Sara, und Petrus zum Kammerherrn, der doch die Schlüssel nicht als ein Herr, sondern nur als ein Diener hat.

In dergleichen weiten und breiten Verstande, da natürliche, moralische, und rednerische Verhältnisse, unphilosophischer Weise, über einen mathematischen Leisten geschlagen worden, möchte man zwar gewisser maassen, mit den Naturkündigern, wol zugeben, daß die **Qualitäten** oder innerliche Eigenschafften der Thier- Ertz und Pflantzen-Reiche aus einer, wiewol unbegreifflichen und ungemessenen, Mischung solcher Dinge **entstehen**, die eine gewisse **Quantität** oder äusserliche Grösse und Form haben, wovon ich sehr viele Beispiele, absonderlich in Gewächsen und ihren Farben, geben könnte. Aber, die wahre Weltweisheit sowol, als die ihr und der Natur unterworffene Meßkünste werden hoffentlich zugeben, daß auch diese Dinge, an und für sich selbst, gegen ihre Ausdehnung gerechnet, wie *ens* und *accidens* angesehen und unterschieden werden mögen.

Vor einigen Jahren gab *M.* David Gottlob **Dietz** ein Programma *de Mundi Consensu ex Harmonia musica* heraus, von welchem, wo mir recht ist, die *Acta Lips. Academ. P. XII. p. 175.* also urtheilten: **Die Gedancken des Herrn Magisters verrathen ihn nicht wenig; daß er die Mathematik allzusehr mit der Philosophie zu vermischen pflege. Man darff sich also nicht wundern, wenn er die philosophischen Qualitäten offters mit der mathematischen Elle auszumessen kein Bedencken trägt.** Solche Vorwürffe stossen vielfältig auf.

Eine vollkommene Erkenntniß der menschlichen Gemüthsneigungen, die gewiß nicht mit der mathematischen Elle auszumessen sind, ist bey der Melodie und ihrer Verfertigung von viel grösserm Gewicht, als die deswegen doch unverachtete Erkenntniß der Tone: zumahl, da man zu behaupten trachtet, daß kein Ton in Ausdrückung der Leidenschafften vor dem andern was voraus habe; welches aber bald hernach widerruffen wird.[34] Inzwischen stehet dieses fest: Nicht

---

32 Das himmlische Jerusalem *Apocal. XXI.* wollen einige auch hieher ziehen.
33 *Vult mathematicam condere Grammaticam*, sagten und schrieben einst gewisse Studenten ans schwartze Bret von ihrem unlateinischen Rectore, der seines Handwercks ein *Professor Matheseos* war.
34 Musikal. Bibliotheck 6tes Stück *p. 3. & 69.*

so sehr auf einen guten **Verhalt**, als vielmehr auf einen geschickten **Gebrauch** der Intervalle und Tonarten, kömmt in der Melodie und Harmonie das schöne, rührende und natürliche Wesen an. Die Klänge, an sich, sind weder gut noch böse; sie werden aber gut und böse, nachdem man sie gebraucht. Diesen Gebrauch lehret keine Meß- oder Zahl-Kunst: Wenn auch der Verhalt dem Gehör recht seyn soll, muß die mathematische Richtigkeit allemahl nachgeben. Was will sie denn?

Ich bin also im Grunde noch eben der Meynung, als ich vor 18. Jahren war, daß nehmlich in der Rechenkunst[35] kein Schein des musikalischen Fundaments stecket. Die Zeit hat nur so viel bey mir geändert, daß meine damahlige Gedancken, dem Wesen nach, mit sehr reiffen Erfahrungs-Lehren, ie länger ie mehr, bekräfftiget worden sind. Was ich demnach **im Kern melodischer Wissenschafft**, und nunmehro in diesem gegenwärtigen Buche davon sage, hebt meinen Satz im forschenden Orchester gar nicht auf: er bleibt, so viel insonderheit die Arithmetik betrifft, (die Plato und Lycurgus in keiner Republick leiden wollten) in aller seiner Krafft, und gilt immerdar. Ich werde auch niemahls so albern seyn, die Form oder das Bild eines Dinges, zumahl bey dessen bekannter Unförmlichkeit, für das selbständige Wesen, oder den Knochen für das Fleisch zu halten.

Im Reiche der Wissenschafften trägt die Theologie Scepter und Kron als Monarch; die Natur-Lehre ist Königin; die Musik Erbprintzeßin;[36] die Jurisprudentz verwaltet das Reichs-Kantzler-Amt; die Medicin, und was dazu gehöret, macht den Geheimen und andern Rath aus; die Weltweisheit ist Ober-Kammerherr; die Mathematik Schatzmeister, der die Reichs-Kleinodien zwar verwahret, aber sich selbst nicht damit schmücket. In der Kammer giebt es viele Beamte, die unter dem Schatzmeister stehen, bey denen es billig richtig zugehen sollte. Unter andern ist die Arithmetik[37] Ober-Rentmeister, dem sein Lob gebühret, so lange ihm nichts anklebet, oder die Kronsucht plaget, wie Jothams Dornbusch. Die Historie führet das Archiv u. s. w.

Die Natur[38] bringt den Klang, und alle seine, auch die grössesten Theils noch unbekannte Verhältnisse hervor. Das ist eine unstreitige Wahrheit. Der Mathematicus hat sich von ie her viele Mühe gegeben, diesen Klang und dessen Verhältnisse in Ordnung und Rechnung zu bringen, welches aber bis dato noch gar nicht völlig geschehen ist, auch vermuthlich in dieser Welt nimmer geschehen wird, weil es mit den Klängen ins Unendliche fortgehet.[39] Der Musikus hergegen beurtheilet und verbessert diese mangelhaffte, und gewisser maassen ohne Wirth gemachte Rechnung, und weiß sich so wohl damit zu behelffen, daß er seine Klänge zu einer wunderbaren Wirckung bringet. Wo steckt nun das *Principium*,[40] der Ursprung, das Fundament und der Grundsatz aller Musik?

Intervalle müssen wir haben. Wer tantzen will, muß Schritte und Springe thun können. Aber wer die Intervalle nach ihrer Circkel-Grösse, und die Schritte nach ihrem Fußmaas am allerbesten ken|net, weiß darum noch lange nicht, wie er geschicklich mit den ersten umgehen, und

---

35 Die *Arithmetica* ist mit Zahlen geschäfftig, und hierinn dienet sie der Musik, als welche diese Zahlen in gewisse Classen der Harmonie setzet, nicht anders als eine Magd ihrer gebietenden Frau. **Kuhnau im musikal. Quacks.** *p. 391.*
36 Die Musik ist nahe der Theologie, ich gebe nach der Theologie der Musik den nächsten *Locum*, und die höchste Ehre. **Luther. Tom. VIII. Altenb. p. 411. sqq.**
37 *Aridissimam ac maxime avulsam a sensibus*, nennet **Donii** die analytische Rechen-Kunst: d. i. ein **ausgedorretes**, und von den Sinnen am meisten **abgerissenes** Wesen.
38 Natur ist die einem ieden Dinge beiwohnende Krafft, welche dasselbe, auf GOttes Befehl hervorbringt, und unterhält.
39 *Sonorum potestates infinitae sunt*. Aristid. Quinctil. L. I. de Mus.
40 Unter dem Namen eines *Principii* wird nichts anders verstanden, als eine allgemeine Wahrheit, welcher man gewiß versichert ist, und daraus andre und besondere Wahrheiten fliessen. Das reimet sich zur Rechen-Kunst, wie eine Faust aufs Auge.

etwa durch Hülffe der andern, ein Frauenzimmer, auf angenehme Art, führen soll. Das ist die Haupt-Sache! Da ist die rechte Insel Rhodus! Es tantze nun, wer tantzen kann!

Alle Mahler brauchen Pinsel und Farben: diese sind zwar an sich unterschieden, und es kömmt schon etwas darauf an; aber gebt einem Klecker die allerbesten, deren sich Apelles bedienen möchte, und sehet zu, was herauskommen wird. Wir rühmen nicht den Pinsel; sondern den Mahler. Auf solche Farben- und Pinsel-Art würde denn die Meß-Kunst auch so gar in der Liebe ihre Dienste anbieten können; aber wenn eine Person gleich alle richtige Verhältnisse in den Gesichtszügen und Leibestheilen hat, so daß man sie **mathematisch-schön** nennen möchte, kann sie doch dabey ohne Reitz und Rührung seyn.[41]

Man dencke der Sache nach. Doch, das wills auch allein nicht thun. Man setze sich dabey in der Welt um, und frage sein eigen Hertz. So viel thun die geschäfftigten Meß-Künste, sie entdecken und verbessern, nach Vermögen, einige handgreifliche Ordnungen und Unordnungen. Ich spreche ihnen diesen Dienst gar nicht ab: wol aber die Herrschafft über die Liebe, über die Musik, und über die Natur. Menschliche Gemüther sind gleichsam das Papier. Mathesis ist die Feder. Klänge sind die Dinte; aber die Natur muß der Schreiber seyn. Was nutzet eine silberne Trompete, wenns am tüchtigen Trompeter fehlet? der Diamant ist besser als seine Einfassung. Der Stab Elisä gielt in seiner Abwesenheit nichts: noch Scanderbegs berühmtes Schwerd etwas, ohne seinen Arm: Wenn kein Wind wehet, was helffen die aufgezogenen Seegel? die schönste Orgel, ohne Organisten, dient nur zum hinderlichen Zierrath.

Geschickte Bildhauer wusten vorlängst die **äuserlichen Verhältnisse** menschlicher Gliedmassen ziemlich wohl anzugeben. Das hatten sie, durch ihre Augen und Hände, aus dem grossen Buche der Natur abgenommen, denn es sind sicht- und fühlbare Dinge. Hernach hat man das bereits bekannte mit Circkeln und Linien etwas genauer abgemessen; allein der Ursprung, das **Hertz und die Seele** menschlicher Geschöpffe und Schönheit, steckt deswegen nimmermehr in dergleichen mathematischen Abmessungen; sondern in derjenigen Krafft, die GOtt in die Natur geleget hat.

Ich habe viele Portraits machen, aber niemahls einen Maasstab dabey brauchen gesehen. Es giebt unzehlbare **innerliche Verhältnisse**, die sich von grossen Künstlern mahlen, aber von niemand messen lassen. Ich meyne, des Menschen Gemüthsbewegungen, welche sich in den allerfeinsten Gesichtszügen und geringsten Wendungen der Augen, Muskeln, Linien etc. unbegreifflicher Weise verrathen und verändern.[42] Da hört die Mathematik gantz auf, und da fängt die wahre Schönheit erst recht an. Die Anwendung aller dieser Gleichnisse ist leicht zu machen. Mit einigen derselben ist der Zahl- und Meß-Kunst noch zu viel zugestanden. Doch wir wollen großmüthig seyn.

Einem ieden lassen wir indessen seine Meynung: wem unsere nicht anstehet, der folge immer einer andern, die er für besser hält. Ich will darüber mit niemand streiten; sondern nur dieses bewähren: daß ein Componist, ohne **sonderliche** mathematische Künste, gar wohl fortkommen kann. Ihrer viele, die fast den Gipfel der Tonkunst erstiegen haben, wissen wol schwerlich alle Theile der Mathematik zu nennen, oder zu verdolmetschen; geschweige ein mehrers. Davon liegen die Beispiele am hellen Tage. Aber der allerbeste Mathematicus, als solcher, könnte, wenn er was setzen wolte, dasselbe mit der blossen Logistik unmöglich gut bewerckstelligen.

Es sey noch einmahl, und zwar für allemahl, gesagt: Die guten mathematischen Verhältnisse machen nicht alles aus: es ist ein alter, eigensinniger Irrthum. Aus ihnen entspringet gar nicht alle

---

41 *Non è bello ch'è bello; mà quello che piace.*
Nicht das schöne; was gefällt,
Das ists, was den Preis erhält.
42 *Evocat in vultus animi conanima pictor.* **Mattheson.**

Schönheit in allen Dingen, wenn gleich die Meßkunst eine leibliche Mutter der äusserlichen Verhältnisse wäre, und sie in die Welt gebracht hätte; da sie doch nur eine Bedientin derselben und ein Werckzeug, ein blosses Werckzeug der Königlichen Natur ist: Die unendliche, unbegreiffliche, unermeßliche Mischung; die gescheute und geübte Anwendung; die ungenannte angebohrne und nie zu erlernende Anmuth; das ich weiß nicht was; die innerlichen, natürlichen und moralischen Verhältnisse, samt derselben hertzrührendem Gebrauch, enthalten die wahren Kräffte melodischer und harmonischer Wirckungen, zur Erregung des empfindlichsten Wohlgefallens.

In der Physik oder Naturkunde liegen demnach die ersten, aufrichtigen Gründe der Musik. Ein Verfechter der Mathematik gestehet selbst, **daß die Tonkunst aus der Natur gewisse Grundsätze herleitet.** Der sich zu diesen wahren Worten im Druck bekannt hat, wird sich ihrer leicht erinnern: und ob gleich hier, bey deren Anführung, einige Zwischenwörter, Kürtze halber, ausgelassen sind, bleibt doch der Verstand und das Geständniß ohne Abbruch so: **daß die Tonkunst aus dem Brunnen der Natur ihr Wasser schöpffet; und nicht aus den Pfützen der Arithmetik.** Die Musik werde nun theoretisch oder practisch betrachtet, so trifft diese Wahrheit beständig ein.

In der Mathematik hergegen finden sich nur einige wenige, mangelhaffte und müßseelig-entdeckte **Elemente**, gar keine **Fundamente**. Wer ein Buch findet, hat der dasselbe gemacht? Die Natur ist gleichsam das Buch selbst; die Mathesis bemühet sich die Buchstaben darinn zu erkennen; kann aber noch bis diese Stunde nicht weit damit kommen; denn sie sind grössesten Theils unleserlich. Nur die sogenannten *Experimenta*, oder Erfahrungs-Versuche, erläutern hier manchen schweren Text, man muß sie aber selbst, und nicht durch andere, anstellen. Ein Rechenmeister, der ohne grosse und lange musikalische Erfahrung von der Tonkunst reden will, ist wie ein Physicus ohne Experiment. Beide urtheilen wie Blinde von der Farbe.

Physica (damit wir sie beschreiben) ist die allgemeine und besondere Haupt-Kenntniß aller und ieder natürlichen Körper, ihrem Wesen, Ursachen und Eigenschafften nach, die sowol auf oder in der Erde und im Meer, als am Firmament befindlich sind, so fern sie nehmlich eine Natur (d. i. eine Krafft etwas zu thun, zu vollbringen, sich zu bewegen, zu ruhen, etwas zu leiden und zu dulden) in sich haben. **Mathesis** hergegen ist eine Neben- und Hülffs-Kunst, die durch vernünftige *Demonstrationes* und **bekannte Grund-Lehren**[43] andere unbekannte Dinge zu erforschen trachtet, und betrifft das Stern-Gucken und **Deuten**;[44] die Uhren; das Rechnen; die Regel Coß; die Dreiecke; das gekünstelte Anschauen entlegener Dinge, mittelst durchsichtiger, Spiegel und Fern-Gläser; das Messen des Klanges und anderer Sachen; Die Grösse der Erdkugel;[45] die Zeitkunde; allerhand Handwercks- und Hebe-Zeuge; Gewichte und Waagen; Bauen und Seefahrt. Nützliche Sachen.

---

43 Der Unterwurff oder das Fundament aller mathematischen Künste bestehet demnach unstreitig in **bekannten Grundlehren**: wie können sie denn einen **zureichenden Grund** für andre abgeben, weil sie dessen ja selbst bedürffen, und von andern empfangen! Die bekannten Gründe sind es ja, darauf die unbekannten sollen erbauet werden. Daher muß schon ein zureichender Grund vorhanden seyn, ehe sich die Mathematik melden darff.

44 Das betriegerische Wahrsagen und Gotteslästerliche Wettermachen werden auch wol Stücke von **Hertzen** und von der **Seele der Musik** seyn: denn sie sind Stücke der Mathematik. Saubere Bislein!

45 Die Beschreibung der Erdkugel (Geographie) ist dreyerley: **physicalisch, historisch** und denn erst **mathematisch**. Die erste handelt von der Erdkugel Natur, Theilen und Eigenschafften, und untersucht die Ursachen derselben; die andre gehet durch alle Reiche, Länder, Städte, Meere etc. lehrt ihre Namen, Lage, Eintheilung und Merckwürdigkeiten; die dritte nur hat mit der Grösse, Gestalt und Ausmessung dieser Kugel zu thun, und betrachtet sie zugleich als einen Planeten. Dieses Beyspiel zeiget an, daß die Naturkunde und historische Wissenschafften auch hiebey das meiste ausmachen, wovon man leicht auf die übrigen Theile der Mathematik schliessen kann.

Da sind die Beschreibungen von beeden Wissenschafften, damit sich der teutsche Leser einen klaren Begriff davon machen könne. Wir mögen gewisse, natürliche Kräffte wol einiger maassen zur Mathematik **hinbringen**; aber nimmermehr daraus **herholen**: so ist dannenhero gar kein Ursprung der Verhältnisse zumahl der natürlichen, moralischen und rhetorischen, die in der Musik das meiste zu sagen haben; vielweniger ist sie das **Hertz und die Seele** der Tonkunst, welches sehr lächerlich herauskömmt, und weit ärger ist, als **Schwerdt und Waage**. Sie ist nur eine unvollkommene Abbildung einiger groben Stücke und handgreiflichen äusserlichen Theile, die erst, und lange vorher, in die Sinne fallen müssen, bevor sie auf das mathematische Papier, als in die dritte Hand kommen.

Wenn die guten Rechenmeister des berühmten **Derhams** Wercke, und eines neuern ungenannten *Spectacle de la nature* so fleißig, als den **Euclid**, lesen wollten, ach! wie bald würden sie über ihre ohnmächtige *Demonstrationes* erseuffzen, und sich, in tiefester Verwunderung, vor dem Schöpffer, wie Adam und Eva, verkriechen. Er **zehlet** die Sternen, und **nennet** sie alle mit Nahmen. Ps. 147,4. Wer hat solche Dinge erschaffen, und führet ihr Heer bey **der Zahl** heraus? der sie alle mit **Nahmen** ruffet. Es. 40, 26.

Mathesis ist eine menschliche Kunst; Natur aber eine Göttliche Krafft. Denn GOttes unsichtbares Wesen, das ist, **seine ewige Krafft und Gottheit**, wird ersehen, so man des wahrnimmt an den Wercken, nehmlich, an der Schöpffung der Welt.[46] Sind nachdrückliche und nachdenckliche Worte.

Das Ziel der Musik nun ist, durch Gesang und Klang, GOtt auf das schönste, thätlich und mündlich zu loben. Alle anderen Künste, ausser der Theologie und ihrer Tochter der Musik, sind nur stumme Prediger. Sie bewegen auch lange die Hertzen und Gemüther so starck nicht, noch auf so vielerley Art. Die dazu benöthigte Wissenschafft gründet sich auf die Naturlehre, sättiget sich an ihren mütterlichen Brüsten; ohne allezeit zu wissen, wie es zugehet: und ehret den König, ihren Vater.

Wer solches alles durch mathematische Hülffsmittel allein thun, oder auch nur das bisherige bewundernswürdige, entzückende Bestreben vortrefflicher Meister, durch Zahlen, Circkel und Linien, verbessern kann, dem wollen wir es alle unendlichen Danck wissen. Es stehet aber zu befürchten, daß wir lange genug warten mögen, ehe wir uns dieser Pflicht zu entledigen Gelegenheit finden. Es ist hiemit eben so beschaffen, als mit dem Worte GOttes und der Vernunfft. Die Musik ist **über**, aber nicht **wider** die Mathematik. Kann diese was, so gilt sie was. Laßt sehen!

Ich treibe ja, weltkündiger maassen, schon über ein halbes Jahrhundert, die Tonkunst mit grossem Ernst und Eifer, sowol practisch, als theoretisch: mir sind auch, in dieser nicht geringen Zeit, viele gelehrte *Mathematici* aufgestossen, die, aus ihren alten, logistischen Schrifften, neue musikalische Wunder zu **thun** vermeynten; aber sie sind, weiß GOtt! allemahl jämmerlich in den Brunnen gefallen. Hergegen habe ich gantz gewiß offt und vielmahl erlebet, daß kein eintziger berühmter Spieler, Sänger, Setzer, nicht nur zu meinen, sondern allen mir innerlichen Zeiten, davon ich gelesen oder gehört habe, auch nur eine eintzelne Melodie, die was nutzen sollte, auf den schwachen Grund der Rechen- und Meß-Künste hat erbauen, vielweniger, durch solche untaugliche Mittel, obige allgemeine, löbliche Absicht im geringsten erreichen können, wenn ers gleich offt gern gewünschet hätte, und ich mit ihm: weil wir den grossen Vortheil vor jenen hatten, eine starcke Praxin mit diesen Beschaulichkeiten zu verbinden. Was ins künfftige noch geschehen wird, muß man erwarten.

[21]

---

46 *Rom. I, 20.*

[22]   Dieses sind und bleiben demnach meine ersten und letzten Gedancken von der Sache. Man zwacke mich und meine Schrifften nur deswegen nicht ferner so unbillig an. Ich bitte sehr darum. Wenn es nicht **Hertz und Seele** beträffe, hätte ich gerne schweigen wollen. Denn es ist schon genug im dritten[47] Orchester davon gehandelt worden. Aber Hertz und Seele, wenn sie fälschlich angegeben werden, erfordern gewislich, daß man sich ihrer rechtschaffen annehme. Ich werde jedoch ferner keine Sylbe mehr disfalls schreiben; sondern hiemit jedem seine Wahl lassen. Wehle, musikalische Welt, wehle, was dir wohlgefällt.

VII.
Von der Melodie und Harmonie.

Daß die Melodie aus der Harmonie entspringen soll, ist ein falscher, verführischer und schädlicher Satz, welcher wohl der Mühe werth war, daß er wiederlegt wurde: denn nicht nur einer der berühmtesten Tonlehrer in Franckreich, samt seinen jesuitschen Anbetern, (die leider! itzund an der Regierung sind) ist damit auf das äusserste eingenommen, und hat ihn öffentlich im Druck vertheidigen wollen; sondern auch ein gar grosser Mann bey uns, der mich für einen **gewaltigen Sprecher hält**,[48] hänget ihm dergestalt an, daß er, meines Wissens, noch durch keine vernünfftige Vorstellung auf andere Gedancken zu bringen stehet. Viele Leute lieben das *Noli vinci*; und dencken doch anders.

Solch Vorgeben aber verleitet die angehende Componisten, für die man mehr, als für die Meister, sorgen muß: Jene werden nehmlich dadurch gerne und willig dahin gebracht, daß sie die alte Moteten-Regel: *Harmonia est Domina,* (d. i. die Vollstimmigkeit muß herrschen) wieder aufwärmen, und alsobald mit vielen Stimmen darauf losarbeiten, ehe sie noch wissen, oder einmahl wissen wollen, was eine gute Melodie mit einer eintzigen Stimme sey, und worin sie bestehe.

Ach! ihr lieben Leute! es haben weder die allerschlechtesten Musikanten, die wider der Minervä Willen componiren wollen, noch auch die besten Contrapunctisten, als **solche**, so viel gelernet, daß sie erst die Haupt-Melodie (deren sie keine verlangen noch brauchen) hersetzen,[49] und denn die Harmonie dazu machen solten; sie schmieren vielmehr, absonderlich in Kirchen-Sachen, ihren Harmonischen Kleister fein dick und starck auf das elende Gewebe, und bekümmern sich gantz und gar um keinen feinen ebenen Faden, um keine rechte Melodie, die sie niemahls suchen, und auch daher niemahls finden: sie kennen das Ding nicht. Was wollten sie doch suchen? was wollten sie doch finden?

Es sind inzwischen wahrlich! keine kleine Geister allein dadurch widerlegt worden, daß wir im Kern behaupten, die Harmonie komme aus der Melodie her. Geringe Notenklecker sind hiedurch nicht hochmüthig worden; grosse Lichter sinds, von selbsten hochmüthig genug, so

---

47 Man lese doch den gantzen ersten Theil des dritten Orchesters mit neuer Andacht durch:
      sunt certa *piacula* quae re
      TER PURE *lecto poterunt recreare libello.*   HOR. *L. I. Ep. I.*
48 Es geschiehet mir hiemit gar zu grosse Ehre, wenn ich betrachte was *Matth. VII, 29.* stehet.
49 Auf das **Hersetzen** kömmts auch nicht an; es läßt sich allemahl die Ordnung nicht halten. Offt muß ja eine untere oder Mittelstimme erst hergesetzet werden, und nicht die obere oder Haupt-Stimme, zumahl, wenn eine gewisse Absicht dabey vermacht ist. Selbst die Haupt-Melodie muß sich nicht selten unterbrechen, vertheilen und verwechseln lassen: kann also nicht immer so, wie der Hut auf den Kopff, hergesetzet werden. Sagen und Thun ist sehr unterschieden. Ich dringe allzeit aufs letzte, indem ich gewohnt bin, mehr zu thun, als zu sagen. Mancher setzt wohl eine **vermeinte** Haupt-Melodie zuerst her, und macht doch nichts nutz aus derselben, weil ihm die Harmonische Künsteley zu sehr im Gehirne spielet. Die Fälle sind mancherley. Erfahrung nur lehrt sie unterscheiden.

gar, daß sie keines Zusatzes fähig, und bey deren Putzung auch der beste seine Zeit nicht übel anwenden kann, wenn er Gelegenheit und Kräffte dazu hat.

VIII.
Von den Eigenschafften der Melodie.

Wegen meiner Abtheilung musikalischer Schreibarten bringe ich, in folgenden Wercke, zu **deren Vertheidigung**, im zehnten Hauptstück des ersten Theils S. 6-33. etwas ausführliches, doch unmaßgebliches an. Aber von den Eigenschafften einer guten Melodie, und von ihrem Unterschiede, will ich hier ein Paar Worte sagen, weil man sie in eine Brühe zu werffen suchet.

Ich wende gegen solche Vermischung folgendes ein: 1) daß zum **deutlichen** weit mehr, als zum **leichten** gehöret. Alles leichte fällt nicht gleich deutlich in die Sinne. Eine Sache kann an sich selbst leicht, und der Vortrag doch, unnöthiger Weise, undeutlich seyn. Leicht ist eine Rede, so lange sie keine schwere Figuren, Wörter, Räthsel und Zweideutigkeiten hat; fehlt es aber auch nur bloß an Ein- und Abschnitten, am gewissen Augenmerck, an der rechten Ordnung (andrer wichtigern Umstände zu geschweigen) so ist sie gleich undeutlich. Ein Menuet ist eine leichte Melodie; sie kann aber, nur durch die eintzige Hindansetzung oder Verwirrung der Klangfüsse, undeutlich genug werden. Daher sind diese Eigenschafften sehr verschieden.

Wenn ferner 2) in einem Antrage nichts vorhergehet oder nachfolget, das mit demselben zierlich verknüpffet ist, so kann er nicht **fliessend**, ob wol **leicht** und **deutlich**, heissen. Seneca, Salomon, Sirach beweisen es gnugsam mit ihrem Spruchstyl.

Die **Lieblichkeit** endlich, als die vierte Eigenschafft einer guten Melodie, hat 3) gantz was eignes und absonderliches vor den übrigen dreien. Tausend Dinge können leicht, deutlich, fliessend, und doch nicht angenehm oder lieblich seyn. Z. E. Was ist **leichter**, als in die Octav zu fallen, und darin, auch wohl gar in der Quint, mit der Gemeine fortzusingen? Was ist **deutlicher**, als Stuffenweise zu verfahren? Was ist **fliessender**, als die Wiederholung? Doch dennoch ist jener Fall nicht lieblich, auch ausser dem Choral nicht, ob er gleich, den Umständen nach, ein Ding deutlich ausdrucken kann. Die Grade, ohne Abwechselung, werden unangenehm, und die öfftere Wiederholung bringt Eckel. Alles dieses ist nicht lieblich, ob gleich leicht, deutlich und fliessend.

IX.
Von Perioden.

Wir sind völlig überzeuget, daß Demosthenes und Cicero durch gantz was anders, als durch ihre bisweilen gar zu lange Perioden, zu derjenigen Ehre gelanget sind, darin sie stehen. Meine Absicht aber, bey der verlangten Kürtze, gehet im **Kern** eigentlich auf die Klangreden, und auf die dazu bestimmten Worte. Man hat noch nie gehöret, daß oberwehnte Redner der Musik insbesondere obgelegen haben. Daher halte ich unmaasgeblich, in diesem Stücke, mehr von des Quintilans, Isidors und Puteans Vorschrifften, weil diese drey Spanier,[50] bekanntermaassen son-

---

50 Ich rechne den Eryc Putean in so weit mit unter die Spanier, weil er im Spanischen Geldern zu Venlo gebohren, und auch Königl. Spanischer Geschichtschreiber gewesen ist. Er hat ein Buch von der Musik geschrieben, welches 1599. *Pallas modulata*, 1602. aber *Musathena* hieß, von dem eins und anders zu erinnern wäre, wenns der Raum litte. Isidor von Carthagena, Bischof zu Sevilien, hat in seinen *Originibus Lib. 3*. neun Haupt-Stücke von dieser Wissenschafft eingeschaltet. Und *M.* Fab. Quintilian von Calasorra handelt *Lib. I. c. 17. Institut. orat*, von der Musik. Mich deucht, das gibt ihnen disfalls ein grosses Gewicht vor andern.

derbare Musikverständige Scribenten und Redner gewesen sind, als von der dreifachen Athemholung jener grossen Männer in einem Periodo: mit dessen Länge sie uns doch ja keine Regel, keine Kunst-Schnur, so wie gleichwol die andern drey mit ihrer Kürtze, haben geben wollen.

Wenn endlich die Verfasser solcher Lufftlosen Sätze, die zum Singen bestimmet sind, auch alle, wie Demosthenes und Cicero, in den übrigen Stücken beschaffen wären, so könnte man ihnen einen unmäßigen Periodum noch ehender zu gute halten. Gemeiniglich aber leidet der Verstand, bey ungemeiner Länge eines Satzes, eben sowol sein Theil, als das Gehör; es mögen Instrumente oder Menschenstimmen dazu gebraucht werden. Den erstern siehet man vieles nach, das bey den andern so leer nicht hingehen kann. Aber Gunst ist kein Gesetz.

X.
Vom Worte *Aria*.

Diejenigen Sprach-Weisen, welche nicht glauben, noch für wahrscheinlich halten wollen, daß *Aria* von *Aër* herkomme, werden dienstlich gebeten, uns mit ehistem eine bessere Ableitung des Wortes mitzutheilen; oder solange, ohne Wiederspruch, mit der unsrigen fürlieb und willen zu nehmen. So viel stehet fest, daß *Aria* ein Welsches Wort ist, welches beydes Lufft und Lied bedeutet. Was will man mehr?

Eben solche Beschaffenheit hat es auch mit dem Französischen Worte, *Air*, welches noch dazu einen dritten Begriff enthält: und zwar so geschiehet solches in beeden Sprachen ohne einige Versetzung der Buchstaben, und ohne Mühe. Aber es gibt Leute, die immer Schwierigkeiten suchen, und nichts gut heissen, als was weit hergeholet ist. Aller Gesang und Klang ist eine Wirckung der bewegten Lufft. *Causa pro effectu* ist, als eine *Metonymia*, bekannt genug, oder sollte es doch seyn.

Quid immerentes hospites vexas? - - HOR. L. V. Ode 6.

XI.
Von Recitativ-Regeln.

Bey meiner neunten und zehnten Regel des Recitativs im **Kern**, (die auch herhalten müssen) rede ich gar nicht von der verdorbnen, unnatürlichen Schreibart, deren sich einige Sonderlinge, die nur von unerfahrnen gerühmet werden, heutiges Tages auf das abgeschmackteste bedienen. Ich stelle den Styl des Recitativs nicht vor, wie er insgemein, sowol im Ausschweiffe, als im Mangel, beschaffen ist, sondern wie er billig seyn sollte.

Die Vorrede meines sogenannten **Blutrünstigen Kelter-Treters** (eines Paßions-Oratorii) enthält im 19. §. folgende Worte. „Im Recitativ, mit welchen etliche *melorhaptae* schändlich und lästerlich verfahren, habe mir etwas mehr, als gemeine Mühe gegeben. Und halte gäntzlich dafür, daß es dieser Styl vor andern wohl verdiene, auch vielmehr Kunst und Geschicklichkeit erfordert werde, einen eintzigen *recit*, noch seine Affecten und Einschnitten, wohl zu setzen, auch *NB*. wohl zu singen, als zehn Arien, nach dem gemeinen Gebrauch, zu machen und herauszubringen."

Unter der **eingeführten** Schreib-Art des Recitativs, verstehe ich also im **Kern** nichts anders, als die Clausuln, die bekannten Clausuln, sie mögen sich bey Künsteleien, oder in guten, natürlichen Sätzen befinden. Der gebräuchlichsten werden etwa 4. oder 5. seyn; wiewol man auch hierinn etwas neues und ein mehrers, doch ohne Zwang, anbringen kann.

Und wenn ich hinzuthue, daß die Veränderung und Abwechselung in den Gängen, Schlüsseln und Tonarten so gesucht werden müsse, als käme sie **von ungefehr**, wird eben damit, auch sonst an vielen an|dern Orten, mein grosser Abscheu vor allen Nagelneuen, gezwungenen, ungewöhnlichen und dabey offt sehr närrischen Disparaten, Ausschweiffungen und Ungereimtheiten gnugsam an den Tag geleget, daß nicht nöthig gewesen wäre, mir deswegen die geringste, geschweige öffentliche, gedruckte Vorstellung zu thun.

Es kann auch niemand auf dergleichen Gedancken gerathen, als einer, der mich nicht recht verstehet. Aber der sollte denn zuvor eine Erläuterung einholen. Das wäre *honnette*. Wenn ichs anders meynte, wie ichs hier auslege, so würden die zwo obbesagte Regeln, duch die im **Kern** vorhergehende dritte und vierte nicht nur **sehr** geringe, (wie es heißt) sondern gantz und gar nichts nutz seyn. Sie sind aber, mit Erlaubniß, nicht geringe, wenn man sie ohne Geringachtung ansiehet.

XII.
Von Einrichtung der Cantaten.

Ich wollte eine ziemliche Anzahl Cantaten, sehr guter Art und Wirckung, aufbringen, (wenns der Mühe lohnte) die mit einem Recitativ schliessen, und eben deswegen einen mercklichern Eindruck, als sonst, in den Gemüthern der Zuhörer, auch selbst dem Verstande sehr viel zum Nachdencken hinterlassen. Besager Eindruck hat mit demjenigen keine geringe Verwandtschafft, der am Ende einer gemeinen Rede, *ex abrupto*, zu entstehen pflegt. Der es wiederspricht, muß sehr wenige Erfahrung von dergleichen Dingen besitzen.

In einer auserlesenen Sammlung der besten Cantaten-Stücke, die ehemahls einer Hochgräfl. Person zum besondern Vergnügen gedienet, treffe ich den Augenblick, unter sechs, schon zwo Cantaten an, die mit einem Recitativ endigen. Ich will die Einrichtung derselben zur Probe hersetzen.

    1. *LA CERCATA.*   *Rec.*   *Aurora, dove sei? Idolo del mio core. etc.*
                                    Aria.   *Se compare nel Cielo l'Aurora,*
                                                   Della notte s'enfugge l'Horror. etc.
                                    Rec.   *Aurora, dove sei?*

        LA LONTANANZA.   *Rec.*   *Nel bel volto gradito. etc.*
                                      Aria.   *Sù, Pupille, sù, sù!*
                                                   Deh! volgere il guardo a me. etc.
                                    Rec.   *Mà, misero, a chi parlo. etc.*
                                    Aria.   *Sei lontana, e sei presente,*
                                                   Filli bella, nel mio cor, etc.
                                    Rec.   *Goditi dunque, - - -*
                                                   Mentre io, per ritrovar al Sen la Pace,
                                                   Stempro la Cetra, e la mia lingua tace.

Unser unvergleichlicher Herr **Brockes** hat in seinem irrdischen Vergnügen eine Cantate, der **Käfer** genannt, welche mit einem Recitativ anhebt, mit einer Aria vermittelt, und wieder mit einem Recitativ beschlossen wird. Man könnte, wenns der Raum litte, und die Sachen alle gedruckt wären, noch viele beibringen, die eben also eingerichtet, und von grossem Nachdruck sind.

Aber, haben wir nicht gantze Opern, schöne Wercke, die sich mit einem Recitativ endigen? Wer wollte denn solches in Cantaten verbieten? Wer wollte einem solchen ungültigen Machtspruch thun: Eine *Cantata* muß **niemahls** mit einem Recitativ aufhören? Zum Exempel will ich nur des Singspieles **Nero** gedencken, welches vor 16 Jahren hier in Hamburg aufgeführet worden, und eines der besten ist, auch in jedermanns Händen seyn kann, weil es gedruckt worden.

Agrippina wird daselbst in dem letzten Auftritt auf ihres Sohns Befehl ermordet, und redet vorher rührende Worte, die sich so anheben:

> [51] Da steh ich nun, und seh' ein gresliches Gesicht,
> Das meine Parce hat auf mich allein gericht.
> Ihr Hencker, kommt, ich fürcht' euch nicht, etc.

Der Schluß ist endlich dieser:

> Ach! Nero, möchte meine Todes-Pein
> Die letzte Probe nur von deinem Lastern seyn!   (damit fiel die Decke.)

Uber ein solches Ende wurden die Zuhörer bestürtzt; einer sahe den andern verwundernd an; und ieder ging tiefsinnig davon, wie es in Trauerspielen seyn soll. Es wäre gut, wenn die Richter, welche dergleichen, etwas seltene und sonderbare, Schönheiten für Fehler ausschreyen, sich erst ein wenig besser, ich will ni,cht sagen in *Corneille*, sondern nur, von *Carissimi* und *Cesti* an bis auf *Marcello*, in den besten Welschen Sing-Gedichten umsähen, ehe sie solche *praeclusa* ergehen liessen.

[24]
[25]

Die allerersten Cantaten, mit dem heutiges Tages üblichen Recitativ, hat der berühmte Capellmeister am Teutschen *Collegio* zu Rom, *Giacomo Carissimi* ums Jahr 1650. gesetzt; und zwar *NB.* nur geistlichen Inhalts. Es findet sich unter denselben eine vom jüngsten Gerichte, die mit dem Recitativ: *Suonerà l'ultima Tromba etc.* anfängt, und auch mit dergleichen Satze schliesset.

Cesti ist des *Carissimi* Schüler gewesen: der hat die Cantaten (wie gesagt wird) gleichsam entheiliget, sie zu weltlichen Sachen angewandt, und auf den Schauplatz gebracht, so, daß zu seiner Zeit die Römischen Opern fast aus lauter Cantaten, **ohne Instrumente**, bestanden. Wie es denn die unsrigen auch thun; doch das unendliche Geigen und Blasen dabey zulassen.

Wer will nun die Auftritte zehlen, die sich, als Cantaten, mit Recitativen endigen? *Cesti* hat, unter sehr vielen andern, auch eine besonders schöne Cantate gesetzt, die sich mit den Recitativ-Worten anhebt: *O cara Libertà, chi mi ti toglie? etc.* Sie schließt, wo mit recht, auch mit einem Recitativ.

Diese Nachricht ist meistens aus einem Briefe des berühmten Capellmeisters, Johann Valentin **Meder**, genommen, den derselbe aus Riga am 21. May 1708. geschrieben hat. Ich werde in meiner **Musikalischen Ehrenpforte**,[52] daran nunmehr, unter GOttes Beistand, bey seltnen mü-

---

51 Dieser Satz wurde zwar **accompagnirt**; allein deswegen ist und bleibt er doch ein Recitativ. Hiebey fällt mir die dreifache Bedeutung des Worts *Accompagnement* ein. Die erste ist allgemein, wenn nehmlich Singstimmen von allerhand Instrumenten in allerhand Arien und Melodien, auf gebrochne und unterbrochene, abwechselnde Art, begleitet werden. Die zwote ist sonderbarer, doch am üblichsten, und gehet allein auf den General-Baß. Die dritte aber ist am allersonderlichsten, und zeiget einen Recitativ an welchen lauter Geigen, mit lang auszuhaltenden oder gezogenen Noten und Accorden, ohne Unterbrechung, gantz sanffte und gleichsam nur säuselnd begleiten. Diese letzte Bedeutung ist von grossem Gebrauch, und noch von niemand, mit gehörigen Unterschiede, berühret, vielweniger erkläret worden. Sie hat verschiedene Gattungen, die sich, ohne Exempel, nicht wohl beschreiben lassen.

52 Bey Gelegenheit eines Spötters, der die Musikos des Kaisers Maximilians I. mit den Erdschwämmen oder Pfifferlingen verglich, die von einem eintzigen Regen hervorschiessen, gedencket der gelehrte Herr von **Seelen**, in seinem *Principe Musico p. 14.* daß jener **Spieshammer** ein Verzeichnis der ihm bekannten Kaiserl. Hofmusikanten hätte schreiben wollen, wenn er sich nicht vor der Grösse des Wercks gescheuet hätte. Dabey stehet diese Rand-Glosse: *non metuit vastitatem operis Cl. Matthesonius, qui parat Vitas Musurgorum, at non omnium, sed saltem maxime illustrium.* Vor 24. Jahren habe ich hiebey ein *NB.* gemacht, und alles wohl verstanden. Geborgt ist nicht geschenckt. Ich bin wirklich darüber, mein Wort zu halten, und dasjenige in Ordnung zu bringen, was ich gesammlet habe, und hiezu dienlich seyn kann.

ßigen Stunden, gearbeitet wird, ein mehres von dieser Materie, unter dem Namen **Meder**, anführen.

XIII.
Nativität dieses Buchs.

Siehe! die unerbetene Vorurtheile erstrecken sich so gar über zukünfftige Dinge. Das vorhabende Prognosticon, welches zum zweiten Stück der Mathematik gehöret, lautet so: **Es sey kein Zweifel, der vollkommene Capellmeister werde alle meine musikalische Gelehrsamkeiten in sich fassen.**

Mein lieber Leser, was ich in folgendem Wercke vortrage, ist (auf das bescheidenste zu sagen) nur ein **Versuch**, wie der Titel solches ergiebt, darinn ich lange nicht alles beigebracht habe, was mir etwa noch von musikalischer Einsicht beiwohnen, oder aufstossen möchte. Es stehet immer noch ein Spies hinter der Thür. Seit dem 7. Jul. 1738. da ich das Werck zum Druck geliefert habe, sind mir sehr viele Dinge eingefallen, die der Einschaltung wohl werth gewesen wären.

Ja, ich dürffte schier sagen: weil man doch täglich mehr lernet und erfährt, zehen dergleichen Bände, wie dieser Band, würden zur völligen Ausführung seines Inhalts nicht gnug seyn. Die Sache wird hier gar nicht ungebührlich vergrössert. Wer nur gegenwärtigen Versuch mit Aufmercksamkeit durchgehet, muß der Wahrheit leicht Raum geben. Das vermuthliche Ende meiner musikalischen Bestrebungen **dieser Art** dürffte sich hier finden; aber man hat sie auch von **andrer Art**, und die dazu erforderte Gelehrsamkeit läßt sich in keine Schrancken fassen, sondern führet das *plus ultra* zur beständigen Losung.

Wollte ich nur bloß alle Gattungen der Melodien, auf die Art der Menuet, Exempels-Weise zergliedern, wie ich wohl Vorhabens gewesen bin, und gerne gethan hätte; welchen starcken Zuwachs würde dieser eintzige Artickel nicht zuwege gebracht haben? Man schliesse also von den übrigen, und urtheile nicht zu spöttisch. Bisher verfahre ich nur noch *defensive*. Ich kann aber auch von mich stossen, wenn ich will.

XIV.
Von den sechs Redetheilen.

Marcello hat freilich, bey Verfertigung der im **Kern** aus ihm angeführten Aria, so wenig, als bey seinen andern Wercken, wol schwerlich an die 6 Theile einer Rede gedacht, von welchen man doch gestehet, daß ich **gar wahrscheinlich**[54] gezeiget habe, wie sie in der Melodie vorhanden seyn müssen. Das ist genug. Gewiegte Meister verfahren ordentlich, wenn sie gleich nicht daran gedencken. Man kanns im täglichen Schreiben und Lesen wahrnehmen, da niemand auf das Buchstabiren sinnet.

Aber es folget daher keinesweges, daß Lernende sothane Anzeige und ihre Erläuterung sogleich für verwerfflich ansehen mögen, und keinen Vortheil daraus ziehen können. Dahin gehet die vornehmste Absicht, wenn die erreichet wird, so ist es gut. Wir gehen auf unsern Wegen ordentlich, und thun abgemessene Schritte, ohne unsre Gedancken darauf zu richten. Es geschehe nun

---

53 *Non cessavi neque cesso libros scribere.* ANON.
54 Gleich darauf heißt es: meine disfalls gegebene Erläuterungen der Marcellischen Arie wären **nicht wahrscheinlich**. Ich will aber alsofort beweisen, daß, was ich **gar wahrscheinlich gezeiget**, auch **gar wahrscheinlich erläutert habe**.

mit, oder ohne Bedacht; so ists gut, wenn wir dadurch nur an Ort und Stelle kommen, wo wir zu seyn verlangen.

Wider den Zwang in diesem Stücke ist der fünffte Absatz des siebenden Hauptstücks im **Kern** dermaassen ausdrücklich und eigentlich gerichtet, daß es gewißlich eine grosse Pedanterey seyn würde, wenn einer die angeführten Theile alle, und in eben der Ordnung, bey ieder Melodie ängstiglich suchen und anbringen wolte. Das ist gar die Meynung nicht. Wir sind weit davon entfernet.

Aber, mit Erlaubnis, ich habe doch gleichwol auch nicht (wie man mich ferner beschuldiget) einen und denselben Satz solchergestalt zum Eingange, zur Erzehlung, und zum Vortrage gebraucht, daß eine und dieselbe | Sache, einerley Art und Weise behalten hat. Denn erstlich sind die angefochtenen Sätze wie **weich** und **hart** unterschieden; zum andern geben ihnen die **Versetzung** und der **Wiederschlag** eine gantz fremde Gestalt. Hoch und tief ist nicht einerley. Das läst sich nach einer gemeinen Rede, wo dergleichen Dinge keine Statt finden, nicht beurtheilen.

Die Mittel und Wege der Ausührung und Anwendung sind in der Rhetorik lange so verschiedentlich und abwechselnd nicht anzutreffen, als in der Musik, wo man sie viel öfterer verändern kann, obgleich das Thema gewisser massen dasselbe zu bleiben scheinet. Eine Klangrede hat vor einer andern viele Freiheit voraus, und günstigere Umstände: daher bey einer Melodie der Eingang, die Erzehlung und der Vortrag gar gerne etwas ähnliches haben mögen, wenn sie nur durch die Tonarten, Erhöhung, Erniedrigung und andre dergleichen merckliche Abzeichen, (davon die gewöhnliche Redekunst nichts weiß,) von einander unterschieden sind.

Ich gestehe selbst, im **Kern**, daß die Erzehlung in unsrer Aria dem Eingange derselben fast gleichlautend sey; doch befindet sich jene im höhern Ton, und mit untergelegten, deutlichen Worten versehen, welche bis an eine Cadentz zum völligen Verstande hinausgeführet werden: das hat ja der Eingang nicht gethan; er wird gespielet, die Erzehlung wird gesungen: jener im Baß, diese im Sopran; abermahl ein doppelter Unterscheid: er, der Eingang, ist im Ton, in den **Worten**, in der Ausführung, in den **Werckzeugen** und **Stimmen** von der Erzehlung, auf fünffache Art, unterschieden, und also gar nicht einer und derselbe Satz, gar nicht eine und dieselbe Sache. Aehnlich ist ja nicht einerley. Auch wenn zween ein Ding thun, ist es eben so wenig einerley.

Der eigentliche Vortrag, welcher auf die Erzehlung folgt, ist noch mehr von dieser, und vom Eingange, unterschieden, indem er eine gantz neue Krafft durch die empfindliche Versetzung, nicht allein aus der Tiefe in die Höhe, sondern aus einem **weichen** in einem **harten** Ton[55] gewinnet, und dazu im Baß allein geschiehet; ungeachtet das Thema immer beibehalten wird. Denn ein solcher Hauptsatz ist hier gleichsam der Text oder die Materie zur Melodie; er ist der einzige Unterwurff, davon man auch in einer gemeinen Rede, nach ihrer Art, nicht leicht weit abzugehen pfleget. Ich frage nur: ob in einer Fuge (die doch eingeschränckter ist, als eine Aria) der Führer und sein Gefährte deswegen eine und dieselbe Sache sind, weil sich ihr Thema, dem Ansehen nach, nicht verändert? Einem Nachdenckenden kann das schon genug seyn.

Man möchte vielleicht mit besserm Rechte sagen: der Schluß sey mit dem Eingange gäntzlich einerley. Denn es ist wircklich wahr. Da findet sich eine und dieselbe Sache, ein und derselbe

---

55 Wenn es dahin kommen sollte, daß grosse und kleine Tertzien, weiche und harte Tonarten für eine und dieselbe Sache gehalten würden, wo bliebe denn die in der Natur gegründete Regel: **Daß grosse Intervalle die Lebensgeister erweitern; kleine hergegen dieselbe zusammen ziehen?** Das sind ja wider einander lauffende Dinge, und können nimmer mehr einerley seyn

Satz in einer und derselben Stimme. Aber, wie denn? Macht es nicht David im achten und 103ten Psalm eben so? und gibt es nicht Leute, welche des Königlichen Dichters Wohlredenheit der Demosthenischen und Ciceronischen weit vorziehen, wenn sie absonderlich auf des Propheten musikalische Gaben ihre Augen richten?

XV.
(Mit Urlaub zu sagen)
Vom Mi und Fa in Fugen.

Warum endlich in dem Hauptstücke von Fugen, welches im **Kern** das achte und letzte ist, kein grosses Wesen vom verweseten *Mi, Fa,* gemacht worden, das können die guten Leute nicht errathen. Es müssen ihnen also die Ursachen mit wenigen angezeiget werden. Da sind sie!

Erstlich habe ich vermeynet, und vermeyne es noch mit gutem Grunde, es sey gnug davon gesagt, daß man alle Intervalle, bey dem Wiederschlage, so gleich und ähnlich machen müsse, als nur immer möglich ist. Was ist das anders, als daß das Mi dem Fa antworten soll, wo sichs thun läst? Denn sehr offt gehet es nicht an.

z. Exempel

Zum andern schreibe ich ausdrücklich, daß, wenn ja irgend ein Intervall vertauschet werden soll und muß, man wohl zusehe, daß es keinen halben Ton treffe, (verstehe im Diatonischen Geschlechte,) weil solcher am empfindlichsten ins Gehör fällt. Da ist nicht nur die bekannte, sondern auch die bisher unbekannte Lehre vom Mi Fa vorgetragen, nemlich warum? Kein Solmisator hat noch diese Ursache berühret. Und also kann es auch hier heissen. Es nimmt uns Wunder, daß man nicht schon lange darnach gefraget.

Drittens wiederhole ich noch zum Uiberfluß, daß die Vertauschung eines grossen Intervalls lange so mercklich nicht ist, als eines kleinen. Weil nun das Mi Fa in besagtem Geschlechte das kleinste ist, so zielen meine Worte am meisten darauf, ob ich gleich den unnützen Plunder, eben auch darum nicht gern nennen mag, weil er so bekannt, als unnütz ist; weil die vermeinte Lehre davon, im zweiten Theil der Orchesters *p. 211.* wegen der Fugen, ihre Abfertigung bekommen hat; und weil ich diese Todten vor 22 Jahren schon ins Finstre gelegt habe, *l. c. p. 375. Cum mortuis non nisi larvae luctantur,* mit den Todten kämpffen nur Gespenster. *PLIN.* Eine Tabelle, die in diesem Wercke vorkömmt, wird hoffentlich hierüber, nemlich über die Materie vom Wiederschlage in Fugen, als die schwerste, mehr Erläuterung geben.

XVI.
Erwegung bisheriger Vorwürffe.

Ob sich nun der Ausspruch hieher schickt: daß man von dem, was berühmte Leute sagen, just das Ge|gentheil vertheidigen müsse, wenn man sich berühmt machen will, das weiß ich so eben nicht. **Terentz** sagte sonst: *his nunc praemium est qui recta prava faciunt. Phorm. Act. V. sc. 2. v. 6.* So viel aber weiß ich noch wol, daß mein Zweck von ie her gewesen, der Harmonie mit allen Kräfften aufzuhelffen: nicht nur durch fleißiges recommandiren der Mathematik, woran sogleich im Anfange des **Kerns**[56] *p. 2. §. 5. p. 10. §§. 30. 31. etc.* merckwürdige Worte zu finden sind; sondern vornemlich und vielmehr durch solche Lehren und Erfindungen, womit jungen Leuten, in ihrem musikalischen Bestreben, gedienet seyn möchte. Es stehet gleichwol zu besorgen, daß die Mathematik hiebey einen Blossen schlagen werde, so fleißig ich ihr auch das Wort rede.

Dem ungeachtet werden wir doch in solcher Absicht getrost fortfahren, und die Hände nicht sincken lassen, oder in den Schooß legen; falls es GOtt und wichtigere Geschäffte nur vergönnen. Ruhm und Gewinn, deren ich so viel habe, als mir dienet, sind mir nicht ans Hertz gewachsen, aber das gemeine Beste, auf mehr, als bloß musikalische Art. Daher kann ich endlich wol von gelehrten Leuten, die es mir zuvorthun, Widerspruch vertragen, wenn derselbe uns allen zum Nutzen gereicht; und werde mich mit aller Bescheidenheit, selbst gegen die Unbescheidenen, einmahl für allemahl verantworten, **wo es nöthig ist**. Lob verlange ich wahrhafftig nicht; aber auch keine unnöthige Anzwackung und Aussetzung.

Ein einziger Wunsch und Wille beglückt doch nicht iedermann. Mir ist es eine Freude, eine grosse Freude, daß ich die Zeiten endlich erlebe, da sich andere geschickte Männer bemühen, (absonderlich der ruhmwürdige critische Musicus, in seinem dreißigsten Stücke, welches ich für eine wohlausgearbeitete Copey meiner Original-Gedancken erkenne,) mit mir an einem Joche zu ziehen, an welchem sie mich nun so lange gantz allein, wie Kinder in ihren Banden mit unbarmhertzigen Augen haben zappeln gesehen.

Ieder trage denn das seine fernerhin treulich und unpartheyisch bey, mit Behutsamkeit, nach seinem Maas. Nur last keinen verhasten Streit, keinen anzüglichen, spitzigen Federzwist unter uns einschleichen. Auch kein störrisches Verschweigen und angestelltes Vorbeigehen solcher, die uns vorgearbeitet, und aus deren Brunnen, wir geschöpffet haben. Die Danckbarkeit erfordert ein anders. Es gehet anders ohne Verdruß nicht ab, und auf die zwote oder dritte Hand kommts bald herum. Man muß einem ieden das Seinige geben, und Recht wiederfahren lassen. Gar zu viele *Emulation* verletzet. Vereinigte Kräffte sind die stärcksten.

Nolite sinere per vos artem musicam
Recidere ad paucos. Facite ut vestra auctoritas
Meae auctoritati fautrix adjutrixque sit. TER.   Hacyr. Prol. v. 46.

Mich dünckt, (wenn nur mein Rath Platz fände) wir dürfften unser Ziel ehender, und mit mehr Vergnügen treffen, wenn man sich unter der Hand ein wenig besser verstünde, nicht auf alle Kleinigkeiten vergeblich hackte, sondern über gewisse bedencklich scheinende Dinge, **wenn sie von der Würde sind**, vorher eine Erklärung einholte, ehe das End-Urtheil abgefaßt, und der Welt vor Augen geleget würde. Es sind noch lange nicht 18. Jahr; es sind nur einige Monat verflossen, da solches abgeredet, und mit folgenden Worten versprochen wurde: *certes, je ferai comme vous le demandez.* Nun aber ist erwiesen, daß diese Worte schon nicht mehr gelten. Adjeu Schatz! Jenem Schotländer wurde gesagt: *On se moque de vous*; er antwortete: *Et je me moque d'on.*

---

56 Der offt-erwehnte **Kern** dieses Wercks ist vielen so widerlich im Geschmack vorkommen, als ob er aus Spanischen Citronen und Italiänischen Pomerantzen ausgeklaubet wäre. Was wills denn nun werden, da sie die gantze Frucht mit dem sauren Safft und derben Fleisch, ja mit den bittern und herben Schalen selbst geniessen sollen? Aber, ihr Leute, laßt euch nicht grauen. Diese Säure kühlet eure unzeitige, febrilische Notenhitze; und diese Bitterkeit erwärmet und stärcket euren schleimichten Windmagen. Sie erfrischen das gejagte musikalische Geblüt, und befördern die Compositions-Dauung. Der **Kern** hatte nur eine concentrirte, oder in seinem Mittelpunct zusammengezogene Krafft; welche sich aber hier in den gesundesten Säfften und fettesten Schalen, zu eurem grössern Vortheil, weiter ausdehnet, und, unter andern heilsamen Mitteln, nicht nur ein treffliches Oel, zur Erweichung der steinernen Midas-Hertzen, die ihren Pan dem Phöbo vorziehen, sondern auch eine durchdringende Essentz für die verstopfften Nasutulos bey sich führet.

XVII.
Wie der Musik zu helffen.

Die harmonische Wissenschafft muß auf grossen und hohen Schulen von ordentlichen, tüchtigen Lehrern öffentlich vorgetragen werden, wie vor Alters hin und wieder in Spanien, in Italien, in Franckreich, in Teutschland geschehen ist, auch noch in Engeland geschiehet. Das nützliche lehrreiche Opernwesen sollte ebenfalls nicht nur wiederhergestellet, sondern mercklich von allem ärgerlichen Misbrauch gesäubert werden. Ehe es dahin geräth, haben wir noch wenig ausgerichtet.

In des *Antonii bibliotheca Hispana,* in *Peregrini Biblioth. Hispaniae T. III. p. 568.* auch im gelehrten *Lexico* findet sich Nachricht vom *Francisco de Salinas,* welcher *Professor Musices* zu Salamanca gewesen, und ohne Zweifel sowol Vorgänger als Nachfolger gehabt. *Conf. Teissier Eloges des Savans, it. Hoffman. Lexicon univers.*

In den *Menagianis T. II. p. 184.* lese ich, daß aus dem Lebenslauffe des heil. *Odonis,* Abts von Clüny, erhellet, was maassen zu seinen Zeiten, ums Jahr 912. nicht nur die *Logica,* sondern auch die *Musica Divi Augustini* zu Paris öffentlich gelehret worden. *On voit,* heissen die Worte, *par la vie de St. Ode de Cluny, qu'on enseignoit à Paris de son tems la Logique & même la Musique de St. Augustin.* In den Wercken dieses Kirchenvaters finden sich nehmlich drey Bücher, *de Musica,* über welche damals in Frankreich, auf der hohen Schule zu Paris, gelesen worden. De St. Odone vid. **Königs** Biblioth. vet. & nov. Oldoini Athenaeum roman. **Sigebert.** de Scriptor. eccles. Cavei histor. liter.

Gesner, in seiner *Biblioth. univ.* G. I. **Vossius** *de Mathesi L. III. c. 22.* und andere gedencken des *Franchini Gafurii* oder *Gafori,* eines berühmten *Prof.* zu *Brescia* im Venetianischen. In seinen Büchern hat er sich abbilden lassen, wie er auf dem Lehrstuhl stehet, und den Zuhörern von der Musik Unterricht giebt. S. *Catal. Bibl. Thuanae,* Thomas Hyde, *Catal. Biblioth. Bodlejan. Glareani Doderach. Draudii Biblioth. class.* **Printz** *Mus. Histor. c. 11.*

Besagter **Printz** meldet im 13 Cap. daß Joh. Georg **Ebeling** *Professor Musices* des *Gymnasii Carolini* zu Stettin gewesen. Und obzwar Herr **Walther** in seinem Wörterbuche aus mündlichem Berichte, solches für irrig halten will, schreibet doch Georg **Motz** in seiner abgenöthigten Fortsetzung der wider M. Christian **Gerber** vertheidigten Kirchen-Musik ausdrücklich in der Vorrede p. 7. diese Worte: **zu Stettin in Pommern wird an dem Königl.** *Gymnasio Carolino* **ein besonderer** *Professor Musices,* **der die Jugend unterrichtet, gehalten.** Ich selber besitze ein *Autographum M. Joachimi Fabricii, in Ducali (nunc Regio) Paedag. Stetin. Musices Professoris,* welches derselbe mit solchem Titel, am 27. *Jun.* 1644. in ein Stammbuch gesetzet hat: wie es bereits *Orch. III. p. 204.* erinnert worden. Ein gut Lied singt man wol zweymahl.

Im Jahr 1732. den 2. *April.* starb *D.* Joachim **Meyer**, welcher 1686. zu Göttingen erstlich als Cantor, hernach als *Professor Musices* gestanden. Daraus denn abzunehmen ist, daß es so wenig in Teutschland, als in Spanien, Franckreich und Italien etwas neues gewesen sey, öffentliche Lehrer der Musik auf grossen und hohen Schulen zu bestellen.

Guy Miege giebt uns so gar die besondere Kleidung eines *Doctoris Musices* auf den Engländischen Universitäten, in seinem Grosbritannischen Staat, zum besten. Zu Cambridge ist ein *Lector Musices,* so wie im *Collegio Greshamensi* zu London. In Oxford aber ein ordentlicher *Professor* bis diesen Tag. Die Doctor-Würde kostet 100 Pfund. *D.* Crosts, *D.* Green, *D.* Pepusch, *D.* Turner etc. sind bekannte und berühmte Glieder dieses Ordens.

Ich wollte, meines Theils gerne etwas, zur Stiftung eines musikalischen Professorats in Leipzig, testamentlich vermachen, wenn nur einige Gehülffen da wären. Könnte in meiner Vaterstadt etwa ein *Lector* auf diese Weise am *Gymnasio* bestellet werden, würde mirs zehnmahl lieber seyn. Ich wüste auch wol zu beiden Vorschlägen ein paar gute *Subjecta* - - - -

Aber, aber, hier in Hamburg ist die Tonkunst längst vom Schauplatz verjaget; wo doch sonst ihr bester Pflantzgarten seyn müste, sollte und könnte, wenns recht angefangen würde. Von den Kirchen wird sie auch mit der Zeit ihren Laufzettel wol erhalten. Der Dom hat schon über Jahr und Tag einen exemplarischen Anfang damit gemacht, und den klingenden Gottesdienst gäntzlich aufgehoben. Bald nach unsern Zeiten werden die andern Chöre, die nur auf schwachen Pfeilern ruhen, ebenfalls sincken; dafern es obige Mittel nicht verhindern. Man dencke an mich.

Canaan, des ältesten Teufels jüngster Sohn, weiß mit grosser List und Gleißnerey das musikalische Lob GOttes, nicht auf einmahl, sondern nach und nach, gantz unvermerckt, und gleichsam schleichend zu dämpfen. Denn wo mit Andacht musicirt wird, da hat er keine bleibende Stelle. **Satan ist der Musik sehr feind, er harret ihrer nicht**, sagt Luther, *Tomo 8. Altenb. p. 411. & sqq.* Die Hermenevtik dieses verdammten Geistes giebt den klaren Befehlen, z. E. die Christen **sollen** loben GOttes Nahmen im Reigen; mit Paucken und Harffen **sollen** sie ihm spielen, Ps. 149. einen gantz mystischen Verstand. Sein Blendwerck heißt: Das Hertz betet, das Hertz singet, das Hertz spielet. O du schönes, scheinheiliges Hertz!

Rechtschaffene Capellmeister, wenn ihnen dergleichen ἱεροσυλια in die Augen leuchtet, sollten wenigstens das Maul besser, als Eli, aufthun, und GOttes Ehre nicht so schändlich unter die Füsse treten lassen; sondern mit Davidischen Muthe, aus dem dritten Psalm fragen: **Lieben Herren** (d. i. ihr grossen Hansen, und was etwas gelten will, nach Luthers Auslegung) **wie lange soll meine Ehre geschändet werden**? Meine Ehre, sagt abermahl Luther im 108. Psalm, das ist, mein Saitenspiel, da ich GOtt mit ehre. Merckts wohl! Reissende Wölffe und stumme Hunde haben einerley Gericht zu erwarten. Siehe, ich habs euch gesagt.

XVIII.
Beschluß.

Der, wegen seiner untergeschobenen Jüdischen Geschichts-Beschreibung, nicht unbekannte Rabbi, Gorionides, bemerckt vier Arten von Leuten, die Bücher lesen. Die ersten, welche den **Schwämmen** gleichen, und alles, ohne Unterschied, an sich ziehen. Die andere betrachtet er, wie **Stundengläser** oder Sanduhren, die eben so geschwind das gelesene wieder aus dem Gedächtnisse lassen, als sie solches hineingebracht haben. Die dritten kommen ihm vor, wie solche **Seigebeutel**, welche nichts, als die Grundsuppe, oder das abgenutzte Gewürtz behalten; das gute aber unten auslauffen lassen. Die vierten, endlich, sollen einem **Siebe** ähnlich seyn, welches nur das beste für sich behält und darleget.

So waren die Leser; so sind sie noch beschaffen; und so werden sie auch bleiben. Ich wünsche mir viele aus der vierten Classe, absonderlich unter denen, die sich zu Tonrichtern aufwerffen, und deren Sieblöcher etwas enge sind. Zu den übrigen spreche ich: Gehabt euch wohl!

Cajus Lucilius hat pflegen zu sagen: er wunsche weder von den allerungelehrtesten, noch von den allergelehrtesten gelesen zu werden: weil jene nichts von seinen Schrifften; diese aber vielleicht mehr davon verstünden, als er selbst. Mein Leser, bist du einer von den erstgenannten, so stehet dein Bescheid im Sirach XVIII, 19. Gehörest du aber in die kleine Zahl der andern, so bitte ich dich, siehe etwas in die Gelegenheit mit meinen Fehltritten. Die vielen Ubersichten grosser und grundgelehrter Scaliger oder Salmasen dienen den kleinen Lichtern zu keiner geringen Entschuldigung. Unter diese letzten gehört auch

Geschrieben in Hamburg, auf Ostern, 1739.   Der Verfasser.

AD V. C.
IO. MATTHESONIVM,
QVVM
DE CHORI MVSICORVM SVMMO PRAEFECTO
COMMENTARETVR,
ELEGIA.

*H*actenus humanas sonuerunt carmina sortes,
    Nunc animat chordas celsior aura novas.
Phoebus adest, exsultat apex, delubra tremiscunt,
    Praesentesque refert tibia docta Deas.
Non hic nervus iners, non rauca moratur avena,
    Charta potens numeris statque placetque suis.
Lusus adest cithara, distinguunt cymbala cantus
    Consona, & in patriis canna triumfat agris.
Scilicet instructas MATTHESONIA Musa Camoenas
    Excitat, & pigrum dissipat una chaos.
Salveto, mundi streperas exosa cicadas,
    A saecli Phrygio, Musa, remota modo.
Inde coaxantes tenuere silentia rana,
    Increpat & propriam crassa Minerva chelyn.
Atria CONTINVI BASSI,[1] PATRIOTA CANORVS,[2]
    Divinis animos detinuere sonis.
Mox ORCHESTRA[3] fides modulis attemperat altis,
    Et signo claret buccina plena novo.
Vocalis faciles DIGITOS[4] testatur arundo,

---

1   Vid. Cl. MATTHESONII **Grosse General-Baß-Schule**, Hamb. 1731. *4to. Curis secundis edita, quum ibid. Ao.* 1719. *4to. sub Tit.* **Die Organisten-Probe im General-Baß** *primum prodiisset. Add. EIVSD.* **Kleine General-Baß-Schule**, Hamb. 1735 *4to. Impensis Kisnerianis. Vid.* **Nieders Nachrichten** 1731. *8vo No.* 8. 20. 30. *etc. It.* M. Lor. **Mizlers** Musikalische Bibliotheck, IV. Theil, Leipz. 1738 *8vo No.* 4. *p.* 45. *sqq.*
2   **Der Musikalische Patriot**, Hamb. 1728. *4to. Sumptibus Auctoris. Vid.* **Deutsche Acta Eruditorium**, zwölfftes Zwölfftel, *p.* 650. *sq. it.* Hamburgische Auszüge 12. Th. *p.* 832-837. Des Herrn *D.* **Heumanns** Zeugniß vom 1. Oct. 1730. lautet hievon also: „Die Lesung des Musikalischen Patriotens hat mich ungemein vergnüget, absonderlich, da ich gefunden, daß Ew. Hochedelgeb. die Musik wollen angewendet wissen *ad glorificationem divini nominis*, und zur Entzündung *piorum affectuum*. Meine wenige Gedancken *de Musica artificiali Templorum* sollen zu rechter Zeit in der *Poecile* erscheinen" Herr P. **Rhönne**, Prediger zu Drontheim, schrieb den 13. *Dec.* 1738, **folgendes:** „*Musicae congratulator de Tali Vindice, Tali Ultore, Tali Propagatore. Perge, excellentissime Patriota, machinas obscoenitatis, stupiditatis, ignorantiae, malevolentiae destruere. Si quis recte philosophatur, Te inter principes collocare non dubito.*"
3   **Orchestre**. Erste Eröffnung, Hamb. 1713. *12mo.* Zwote Eröffnung, *ibid.* 1717. *12mo.* Dritte Eröffnung, *ibid.* 1721. *12mo. Ex Bibliopolio Kisneriano. De his vid* **L. N. Z.** von gelehrten Sachen 1717. 19. *Jun.* 1718. 24. *Dec. Speciatim* den **Holsteinischen Correspondenten**, 1721. 16. *Maj.*
4   **Die Fingersprache**, Hamb. 1735. *P. II.* 1737. *in forma folii majoris. Sumptibus auctoris.* Herrn **Händels** Zeugniß vom 19. *Jul.* 1735. aus London gesandt, ist dieses: „*Il y a quelque tems que j'ai reçu une de vos obligeantes Lettres; mais à present je viens de recevoir votre derniere avec votre ouvrage. Je vous en remercie, Monsieur, & je vous asseure, que j'ai toute l'estime pour votre merite. Je souhaiterois seulement que mes circonstances m'etoient plus favorables pour vous donner des marques de mon inclination à vous servir. L'Ouvrage est digne de l'attention des connoisseurs, & quant à moi je vous rends justice etc.*" *De digitis & chordis loquentibus occurrunt haec:*

Attentaeque MANVS Symbola tota patent.
Restat opus CRITICES[5] *hinc Artis gloria crevit,*
Hinc calami dociles ERVDIERE[6] *scholas.*
Adsiduus plures, MATTHESONI, surgis in ausus,[7]
Miraturque Tuos serva Thalia choros.
Quid canimus? melior Scriptorem Suada loquatur,
Quam serus Vates, serus ametque Nepos.

      Purpurae MATTHESONIANAE, pannum hunc attexebat
      I. C. KRVSIKE, A. M. & V. D. M.

[29]
[30]

Ja, theurer **Mattheson**, Dein Neides-werther Fleiß
Erjagt, erhält, verdient den allergrößten Preiß.
Du hebest die Musik. Dein rühmliches Bemühen
Weiß sie der Barbarey mit Nachdruck zu entziehen.
Die Wahrheit, die Vernunfft, die Reitzung mit Verstand
Gewinnen nun durch Dich die weise Oberhand.
Du ordnest, Du ergründst der Tonkunst wahres Wesen;
Du schliessest bündig, fein, Du denckest auserlesen.
Du rühmst, was rühmenswerth; Zeigst aber auch dabey
Was falsch, was scheltenswerth, was schlechte Schmiererey,
Was solche Fehler sind, die Unvernunfft im Dichten,
Der Weisheit zum Verdruß fast immerdar verrichten.
Wenn sonst ein strenger Zwang Gehör, Vernunfft, Natur
Den Zahlen unterwirfft, zeigst Du die rechte Spur,
Die Ordnung der Natur, ihr Wesen zu ergründen,
Und was die Sinnen rührt am sichersten zu finden.

 VIRGIL. Obloquitur numeris septem discrimina vocum.
 SERVIVS ibi: Chordarum expressit laudem, quas dicit verbis locutas.
 TIBVL. Nunc te vocales impellere pollice chordas, nunc precor etc.
  (Eodem sensu & digitos psallentis dicebant vocales sive locutios, e. g.)
 ID. At postquam fuerant digiti cum voce locuti.
 MANIL. Et quodcunque manu loquitur, flatuque monetur.
 APVL. Citharam jubet loqui.

5 Critica Musica. Tom I. Hamb. 1722. 4to. Tom. II. ibid. 1725. 4to. Sumptibus Auctoris. Instar omnium prodeat & hic Cl. Heumannus, in Programmate, de Minerva Musica, 1726. 4to. p. 8. sic scribens: „Ausim huncce titulum, Professoris nempe Musices, hodie tribuere inclito illi Hamburgensium Musico, qui per aliquot annos, novo plano exemplo, Criticam Musicam edens praestat se profecto Professorem Musices eruditissimum.

6 De eruditione Musica. Schediasma epistolicum, quod nomini meo inscribere Vir clariss. voluit. Hamb. 1732. 4to. Impensis viduae Felgineriae. Vid. de hac Dissert. **Niedersächsische Nachrichten** von gelehrten Sachen. A. 1732. n. 76. p. 658 sqq. it. M. Laur. Mizleri **Musikalische Bibliothek**, dritter Theil, Leipz. 1737. 8vo. N. 11. p. 6. sqq.

7 Huc spectat: Kern melodischer Wissenschafft, Hamb. 1737. 4to, apud Heroldum, de quo vide sis ejusd. Mizleri Biblioth. sechster Theil, 1738, it. **Den Hamburg. Correspondenten**, 1737. 11. Nov. nec. non **Gültige Zeugnisse Aristoxeni junioris**, Hamb. 1738. 4to. N. 2. p. 16. Sonata per il Cembalo, ibid. 1713. Harmonisches Denckmahl, London 1714, fol. major. **Der brauchbare Virtuose**, Hamb. 1729. fol. ap. Kisnerum, & alia. Vid. **Neues Verzeichniß bisheriger Matthesonischer Wercke**, Hamb. 1739, fol. n. 6. 9. 10. 15. 16. 18. 19. 20. 22. 30. 33. 36. 42. 47. 49.

O! folgten alle die, die sich der Tonkunst weyhn,
Den Regeln, die Du giebst, ausdruckend, starck und rein,
Leicht, lieblich, fliessend, frey; kurtz, mit Verstand zu schreiben;
So würden wir befreyt von so viel Stümpern bleiben.

Welch Werck hast Du vollführt, **gelehrter Mattheson!**
Wenn man nur daran denckt, bewundert man Dich schon.
Du hast die Alten längst an Einsicht übertroffen;
Was läßt Dein neues Werck uns nicht für Nutzen hoffen?
Gewiß, da Dein Verdienst rein und vollkommen ist,
Den eitlen Wahn verwirfft, und alles wohl ermißt:
Wird auch Dein neues Buch, durch manche kluge Lehren
Der Tonkunst Trefflichkeit vollkommen wohl erklären.

Du aber, tolle Zunfft, die nur die Faulheit liebt,
Die sich schon Meister nennt, bevor sie sich geübt,
Die zwar viel schreiben will; doch aber niemahls denckt,
Der Thorheit Tag und Nacht, der Welt die Noten schencket,
Ein zärtliches Gehör so schrecklich martert, plagt,
Daß es aus Eckel fast der Tonkunst sich entsagt,
Wirff Kiel und Blat von dir, kehr in dich selbst zurücke,
Und untersuche dich; schau mit bemühtem Blicke
Die Schrifften **Matthesons** und Seine Lehren an:
Hast du erst dis gesagt, und diesen Sprung gethan:
So fahre weiter fort, dich recht genau zu kennen,
Du wirst am Ende dich selbst dumm und thöricht nennen.
Allein, bethörtes Volck, ich mühe mich zu viel:
Die Wahrheit hassest du, die Thorheit ist dein Ziel.
Du lachst, wenn man dich lehrt, verachtst die Ehrenbahne,
Du spottest der Vernunfft, und bleibst auf deinem Wahne.

Ihr aber, deren Witz mit Zahl und Zirckel prahlt,
Die Tön auf Holtz und Blatt in tausend Theilchen mahlt,
Die ihr, statt Harmonie, ein unklangbares Wesen
Zum falschen Gegenwurff von eurem Fleiß erlesen,
Proportionen liebt, die Ohren aber kränckt,
Die Töne ziemlich stimmt, doch nicht zu rühren denckt,
Erwegt einmahl den Zweck von eurem tieffen Wissen,
Werfft Stab und Zirckel weg, und seyd vielmehr beflissen,
Den Endzweck der Music recht gründlich einzusehn,
Ihr werdet mir alsdenn die Wahrheit selbst gestehn:
Verstand und Hertz und Ohr mit Nachdruck zu ergetzen,
Muß man die Kunst verstehn, ein rührend Stück zu setzen.

Music, die nicht ans Hertz, nicht an die Seele dringt,
Aus Tönen zwar besteht, doch nur die Ohren zwingt,
Der nicht Natur und Kunst Klang, Anmuth, Krafft gegeben,
Ist nur ein todtes Werck, es fehlt ihr Geist und Leben.

Das hat Aristoxen und Aristid erkannt,
Itzt thut es **Matthesons** durchdringender Verstand.
Doch Er thut mehr, als sie. Wer hat so viel verrichtet?
Er singt, Er spielt, Er setzt, Er lehrt, Er schreibt, Er dichtet.

Wer Tugend, wer Vernunfft, und wer die Wahrheit kennt,
Die Weisheit billig preist, die Thorheit Thorheit nennt,
Wer Wissenschafften ehrt, die den Verstand verbessern,
Und täglich mehr erhöhn, und unser Glück vergrössern,
Und wer die Tonkunst liebt, ihr Wesen überlegt,
Was Du für sie gethan im mindsten nur erwegt,
Der wird auch Dein Verdienst, Dein Ehrenvolles Leben,
Das uns so nützlich ist, mit Ruhm und Lob erheben.

Wie schön ist nicht ein Ruhm, den man sich so erwirbt,
Der grünt und bleibet stets, obschon der Cörper stirbt,
Den Grufft und Erd und Wurm und Fäulniß bald verzehren,
Ihn frist kein Moder nicht. Der Glantz von solchen Ehren
Erhält sich unverrückt, trotzt der Vergänglichkeit,
Er ist was göttliches, drum schwächt ihn keine Zeit.

Wer sich mit Ernst bemüht, die Wahrheit zu ergründen,
Der Weisheit nachzugehn, den rechten Grund zu finden,
Das falsche frey entdeckt, nur auf die Wissenschafft
Und ihren Nutzen sieht, in immer-neuer Krafft
Der Welt zu dienen sucht, den eitlen Wahn ersticket,
Der offt den klügsten Kopff der Ewigkeit entrücket,
Der, der ist Lobenswerth, des Ruhm bleibt ewig stehn.
Drum wird, o **Matheson**, Dein Ruhm auch nicht vergehn.
Die Wahrheit wird Dir selbst, durch Deine weise Schrifften
Bey später Nachwelt noch ein ewig Denckmahl stifften.

> Bey Herausgabe des vollkommenen Capellmeisters schrieb dieses dem unvergleichlichen Herrn Verfasser, dem berühmten Herrn Capellmeister **Matheson** zu Ehren, desselben verbundenster Diener.
>
> Johann Adolph Scheibe.

Pessimum inimicorum genus laudantes. TACIT. *in vita Agricolae c. 41.*

Bittre Klage
über den
Vollkommenen Capellmeister,
und dessen Vorläuffer.

Grausamer **Mattheson**! was hat Dich doch bewegt,
Daß Du den Musicis so viel hast auferlegt?
Es ist ja, seit der Zeit, da wir **den Kern** gelesen,
Das Melodien-Werck fast niemahls recht gewesen.
    Die Noten suchten uns; ietzt gehn wir ihnen nach:
    Wir flogen Himmelan; ietzt thun wir gantz gemach.
Doch zehlen wir uns noch zum Musicanten-Orden,
Und sind mit Widersinn nur deine Schüler worden. (Puf!)

BABYS und *CONNA*   [31]

Inhalt
Des
Vollkommenen Capellmeisters.

Es handelt
Der erste Theil
Von der wissenschafftlichen Betrachtung
der zur völligen Ton-Lehre nöthigen Dinge.

Dessen

Cap. 1.	von einem allgemeinen Grund-Satze der Musik	**Blat** 1
2.	von den Dingen, die man nothwendig vorher einsehen und zum Grunde legen muß, ehe zur Sache geschritten wird	3
3.	vom Klange an sich selbst, und von der musikalischen Natur-Lehre	9
4.	von der eigentlichen musicalischen Gelehrsamkeit, Litteratur und Geschichts-Kunde	20
Cap. 5.	vom Gebrauch der Music im gemeinen Wesen	**Blat** 28
6.	von der Geberden-Kunst	33
7.	vom mathematischen Verhalt oder klingenden Intervalle	41
8.	von der Kunst die Melodien aufzuschreiben	56
9.	von den Ton-Arten	60
10.	von der musicalischen Schreib-Art	68

Der zweite Theil
Von der wircklichen Verfertigung einer Melodie,
oder des einstimmigen Gesanges samt dessen Umständen und Eigenschafften.

Betrachtet

Cap. 1.	eine Untersuchung und Pflege menschlicher Stimme	94
2.	die Eigenschafften eines Music-Vorstehers und Componisten, die er ausser seiner eigentlichen Kunst besitzen muß	99
3.	die Kunst zierlich zu singen und zu spielen	109
4.	die melodische Erfindung	121
5.	die Kunst eine gute Melodie zu machen	133
6.	die Länge und Kürtze des Klanges, oder die Verfertigung der Klang-Füsse	160
7.	die Zeit-Maasse oder der Tact	171
Cap. 8.	den Nachdruck in der Melodie	174
9.	die Ab- und Einschnitte der Klang-Rede	180
10.	die zur Melodie bequeme Reim-Gebände	195
11.	den Laut der Wörter	200
12.	den Unterschied zwischen den Sing- und Spiel-Melodien	203
13.	die Gattungen der Melodien und ihre besondern Abzeichen	210
14.	die Einrichtung, Ausarbeitung und Zierde der Melodien	235

Der dritte Theil
Von der Zusammensetzung verschiedener Melodien,
oder von der vollstimmigen Setz-Kunst, so man eigentlich Harmonie heist.

Untersucht

Cap. 1.	die Viel- und Voll-Stimmigkeit überhaupt	245
2.	die Bewegung der Stimmen gegen einander	249
3.	die Consonantzien insgemein, nach ihrem Gebrauch	252
4.	den Unisonum in der Zusammenstimmung und seinen Gängen	260
5.	die Terzien und ihre Folgen in der Zusammenstimmung	264
6.	die Quinten und ihre Folge	274
7.	die Sexten	279
8.	die Octaven	284
9.	den unharmonischen Queerstand	288
10.	die Dissonanzien überhaupt	296
11.	die Secunden ins besondre	302
12.	die Quarten	307
Cap. 13.	die Septimen	317
14.	die Nonen	322
15.	die Nachahmung	331
16.	die zwostimmige Sachen	338
17.	die dreistimmige Sachen	344
18.	die gebrochenen Accorde	352
19.	die vier- und fünfstimmige Sachen	357
20.	einfache Fugen	366
21.	die Circkel-Gesänge oder Kreis-Fugen, sonst *Canones* genannt	393
22.	den doppelten Contrapunct	415
23.	die Doppel-Fugen	427
24.	die Verfertigung und Beschaffenheit der Instrumente, absonderlich der Orgeln	457
25.	die Spiel-Kunst	470
26.	die Regierung, An- Auf- und Ausführung einer Musik	479

[Seitenzählung der Originalausgabe]

Des Vollkommenen Capellmeisters Erster Theil.

Welcher die wissenschafftliche Betrachtung der zur völligen Ton-Lehre nöthigen Dinge begreifft.

Erstes Haupt-Stück.
Von einem allgemeinen Grund-Satze der Music.

§. 1.
Wer reisen will, thut sehr wol daran, daß er sich, mittelst einer guten Land- oder See-Karte, denjenigen Weg, welchen er zu nehmen gedencket, in etwas vorher bekannt macht: und die Oerter, worauf er zustossen muß, nach ihrer Lage und Beschaffenheit, so wie sie einander folgen, überhaupt in Erwegung ziehet; ehe er den Fuß aus der Stelle setzet.

§. 2.
Eben also handelt ein Lehrbegieriger klüglich, der willens ist, in dieser oder jener Wissenschafft mit gutem Glücke fortzuschreiten, wenn er sich die zu seinem Endzweck nöthigen Stücke, in einem allgemeinen Entwurff, zum voraus dergestalt bemercket, daß er einen so richtigen, als kurtzen Begriff von der gantzen Sache auf einmahl erlangen, und seinen Lauff desto gewisser vollenden möge.

§. 3.
Da wir nun dergleichen mit der musicalischen Setz-Kunst, und was derselben anhängig, im Sinne führen, folglich alle Zugänge solcher Wissenschafft gerne kennen wollen; so wird sehr dienlich seyn, ihr gleich Anfangs ein wenig in die Karte zu gucken, und, so zu reden, iedes Nacht-Lager und ieden Haven auf dieser vorhabenden Reise in Gedancken zu besehen.

§. 4.
Was demnach die Einrichtung des gantzen Wercs betrifft, so werden wir vornehmlich drey Theile darinn antreffen: deren erster die zur blossen **Wissenschafft** der Ton-Lehre erforderten Dinge enthält; die beiden andern aber zeigen, wie die **Kunst**, eine **Melodie** zu verfertigen, und sodann auch eine **Harmonie** oder Vollstimmigkeit zu machen, ausgeübet werden müsse.

§. 5.
Wobey sich denn alsofort die Wissenschafft von der Kunst dadurch unterscheidet, daß jene eigentlich die Sache, aus ihren Gründen, nur im Verstande erkennet und fasset; diese aber daneben die Hand in der That ans Werck leget, und als eine unzertrennliche Gefehrtin mitarbeitet.

§. 6.
Wir halten demnach unmaaßgeblich dafür, daß der allgemeine[1] Grund-Satz der gantzen Music, auf welchem die übrigen Schlüsse dieser Wissenschafft und Kunst zu bauen sind, in folgenden vier Wörtern bestehe:
   Alles muß gehörig singen.

§. 7.
Unter dem Wörtlein **gehörig**, als worauf die meiste Stärcke dieses allgemeinen Grund-Satzes ankömmt, begreiffen wir hieselbst, wie leicht zu ermessen, alle angenehme Umstände und wahre

---

1 Ein Grund-Satz giebt den Begriff, wie eine Sache thunlich, und **warum** sie so ist, wie sie ist.

Eigenschafften des Singens und Spielens, sowol in Ansehung der Gemüths-Bewegungen, als Schreib-Arten, Worte, Melodie, Harmonie, u. s. w.

§. 8.

Wenn, z. E. in Mittel-Parteien viele künstliche Manieren und Verbrämungen angebracht werden wollten, so **gehörte** sich solches von Natur nicht, sondern würde dem vornehmsten Satze, alles Singens ungeachtet, mit Unrecht Eintrag thun. So ist auch von den übrigen Erfordernissen zu urtheilen.

§. 9.

Auf sothanem Haupt-Grund-Satze beruhet der gantze Zweck des musicalischen Wesens, und es fliesset daraus, gleichsam als aus der reinen Qvelle, alles folgende nothwendig. Nehmlich:

Daß man zu solchem Singen einen vorgängigen Unterricht von dem Wesen der Ton Lehre haben, und

Daß der Klang, nach seiner Natur, untersuchet werden müsse.

Daß es dabey nöthig sey, die Geschichte der Music einzusehen;

Ihren Gebrauch und Nutzen im gemeinen Wesen,

Die dazu erforderliche Leibes-Stellungen,

Die Intervalle, nach ihrer Maasse oder Gestalt,

Die Zeichen der Klänge,

Die Ton- und

Die Schreib-Arten der Setz-Kunst wol zu verstehen.

§. 10.

Es folgt, daß man sehr wol unterrichtet seyn müsse

Von der Pflegung menschlicher Stimme;

Von den besondern Eigenschafften eines Music-Vorstehers;

Von der eigentlichen, zierlichen Singe-Kunst;

Von der Erfindung eines Gesanges;

Von der Melodie und deren Verfertigung;

Von des Klanges Länge und Kürtze;

Von der Zeit-Maasse;

Vom Nachdruck im Gesange;

Von dessen Ab- und Einschnitten;

Von den zur Melodie beqvemen Reim-Gebänden;

Von der Wörter Eigenschafft und Laut;

Vom Unterschied der Sing- und Spiel-Melodien;

Von den Gattungen derselben;

Von ihrer Einrichtung, Ausarbeitung und Zierde.

§. 11.

Ferner sol man auf das gründlichste kennen

Die Harmonie;

Die Bewegung der Stimmen;

Die Consonantzen nach ihrem Gebrauche;

Den Einklang, in der Zusammenstimmung;

Die **Tertz** und ihre Folge;
Die **Qvint** samt ihrer Folge;
Die **kleinen** und **grossen Sexten**, in eben dem Verstande;
Die **Octave**;
Die **Dissonantzen**, mit ihren Auflösungen;
Die **unharmonischen Qveer-Stände**;
Die **Secunde**, ins besondere;
Die **Qvarte**;
Die **kleine Qvinte**, } iede nach ihrem mannigfaltigem Gebrauch.
Die **Sept**;
Die **None**
Die **Nachahmung**, und wie umzugehen sey
Mit **zwo-stimmigen** und
Mit **drey-stimmigen Sätzen**;
Mit **gebrochenen Accorden**;
Mit **vier-** und **fünfstimmigen Sachen**;
Mit **Fugen**;
Mit **Circkel-Melodien**;
Mit dem **doppelten Contrapunct** und
Mit den **Doppel-Fugen**. Endlich auch soll man wissen, was da gehöre
Zum **Orgel-Bau**;
Zum **Instrument-Spielen** und
Zur **An- Auf- Ausführung und Vollziehung einer Music**.

§. 12.
Dieses zwar kurtz-gefaßte doch allerwichtigste Haupt-Stück wird zugleich eine richtige Einleitung zum gantzen Wercke abgeben.

Zweites Haupt-Stück.
Von den Dingen, die man nothwendig vorher einsehen, und zum Grunde legen muß, ehe zur Sache geschritten wird.

§. 1.
Diese Dinge werden sonst mit ihrem Kunst-Nahmen *Praecognoscenda* genannt, und ich werde mir die Freyheit ausbitten, allemahl wo es nöthig scheinet, den einen Vortrag durch den andern zu erläutern.

§. 2.
Wer nun die Musik lernen will, muß doch wol zum wenigsten gern verstehen wollen, was denn Music **heisse**, was sie **sey**, und wie sie **eingetheilet** werde. Das erste, nemlich der Nahme und dessen Bedeutung, gehöret zur **Wortforschung**; das andere zur richtigen **Beschreibung**; das dritte aber zur gründlichen **Unterscheidung**: sonst *etymologia, definitio & distinctio* genannt.

§. 3.

Wir lesen fast in allen Unterrichts-Büchern, daß Music so viel heisse, als die **Singe-Kunst**; welches aber niemahls ein Genüge geben kan. Einige verteutschen es durch die Ton-Kunst, und zwar noch mit besserm Recht; allein auch diese Benennung hat gar keine wörtliche Gemeinschafft mit dem Nahmen **Music**. Unter andern abgeschmackten Dingen schreibet ein gewisser[1] Verfasser, das Wort Music komme her von **Musse**, *otium*, und zwar, seiner Einbildung nach, mit grösserer Wahrscheinlichkeit, als vom Ebräischen oder Griechischen. Da kan man sich des Lachens kaum enthalten.

§. 4.

Indessen ist gewiß, daß das Hebräische Grund-Wort מַעֲשֶׂה, welches durch verschiedene Mund-Arten endlich von den Griechen in **Musa** verändert worden ist, sowol seinem Ursprunge nach, als in der Abwandlung, nichts anders bedeutet, denn überhaupt ein vortrefliches, vollenkommenes, unverbesserliches Werck, das vornehmlich GOtt zu Ehren erdacht und erfunden[2] worden. Wie denn auch Mose, oder Moyse, als ein Auszug oder Ausbund in Künsten und gelehrten Sachen, in aller Weisheit der Egypter[3] seinen Nahmen daher zu haben scheinet: ingleichen die künstliche sogenannte Mosaische oder Musaische eingelegte Arbeit; obwol gemeiniglich das erste auf den Auszug aus dem Wasser gedeutet werden will. Es kan auch beides zugleich statt haben: jenes figürlich, dieses natürlicher Weise.

§. 5.

Weil es iedoch in Wortforschungen ohne eine kleine Weitläufftigkeit schwerlich abgehen kan, muß ich um Erlaubniß bitten, denjenigen meiner Leser, die im Hebräischen gantz unerfahren sind, mit wenigen zu berichten, daß des obigen Wortes erster Buchstab (von hinten) ein *mem* oder *m* ist; der zweite ein *ajin*, d. i. ein sonderbares mit einem starcken Hauch (*spiritu forti*) auszusprechendes *h*, von welchem die Sprach-Lehrer sagen, daß wir heutiges Tages nicht wissen, wie dieser Buchstab klingen müsse, und daß wir ihn unbillig mit dem gemeinen *h* vermischen; der dritte ist ein *schin*, oder *s*, mit dem darüber zur Lincken stehenden Punct, der kein so starckes Zischen erfordert, als wenn er zur Rechten stünde, *sin* genannt wird: und aus dem *sch* ein gelindes *s* machet: Und der letzte Buchstab ist das *he finale*, oder Endigungs-*h*, welches niemahls ausgesprochen wird. Die unter gesetzten Striche und Puncte bedeuten die *Vocales* oder selbstlautende Buchstaben, weil die Ebräer unter ihren Buchstaben keine Selbstlautende haben, sondern solche entweder drunter oder drüber setzen: Das unter dem *mem* befindliche wird *patach* genannt, und bedeutet ein kurtzes *a*; das unter dem *ajin* ist ein gantz kurtzes *a*, (*a brevissimum*) dessen Nahme *cateph-patach*; die als ein Dreieck unter dem *sin* gesetzten Puncte bedeuten das *saegol*, so als ein *ae* ausgesprochen wird, und ein kurtzes *e* anzeigt: Daß also *Maasae* herauskommen würde. Man verzeihe mir diese kurtze Wort-Critic; ich dencke sie sobald nicht wieder vor die Hand zu nehmen.

§. 6.

Da nun die Bedeutung dieses Nahmens so ausbündig ist, und so viel in sich begreifft, haben die Griechen nicht nur eine iede Wissenschafft, Zucht-Lehre und Kunst mit dergleichen Musen-

---

1 Reimman. Histor. literar. antediluv. p. 117.
2 Origine ebrea vox est Μοῦσα, vel aeolica dialecto Μοῖσα. Est enim idem quod ebraeum מַעֲשֶׂה compositio & opus perfectum & absolutum, in gloriam Dei excogitatum & inventum. Derivatur à vocabulo עָשָׂה hoc est invenit, fecit, composuit. Inde voces Μοῦσα vel Μοῖσα scaturiginem habent. Mich. Praetor. Synthagm. mus. T. I. p. 38.
3 Act. VII. 22.

Benennung versehen, sondern dieselbe derjenigen Geschicklichkeit, die sich durch Klänge und Stimmen äussert, vorzüglich widmen wollen.

§. 7.

Denn obgleich der Künste viel sind, so ist doch besagter Nahme unsrer vorhabenden zierlichern[4] Wissenschafft, als einer Kunst aller Künste, vor andern darum angediehen, weil sie die allerälteste und vornehmste: auch, in weitem Verstande genommen, unentbehrlich ist, und alle andere in sich fasset, welches aus den Schrifften der Alten zur Gnüge erwiesen werden kan: wie es denn bereits von uns an einem andern Orte[5] vorlängst geschehen ist.

§. 8.

Es haben dannenhero auch die ersten gelehrten Griechen, nach Maaßgebung des Dreiklanges, nicht mehr, als drey Musen,[6] welche **Hypate**, **Mese** und **Nete**, d. i. Baß, Mittel- und Ober-Stimmen genennet worden, in die Rechnung gebracht, deren Anzahl hernach auf neun, gleich den itzigen musicalischen Stimm-Zeichen, angewachsen ist.

§. 9.

Es hat aber mit sothaner Benennung keine andre Absicht, als etwa mit dem **Virgil**, der den Nahmen des Poeten schlechtweg führet, und wie mit dem **Johann Damascen**, dem zu seiner Zeit der ausnehmende Titel, μελῳδὸς, *cantor*, oder Sänger, Vorzugs-weise beigeleget wurde; unangesehen der Dichter und Sänger mehr sind.

§. 10.

Was ferner die grundrichtige umschränckte Beschreibung der Music betrifft, an welcher Definition nichts fehlen, auch nichts übrig seyn muß; so wollen zwar einige, die das Spielen mit zum Singen rechnen (wie es denn gantz vernünfftig ist) mit ihrer Singe-Kunst dennoch die gantze Sache allein heben. Allein sie erwegen nicht, daß das vornehmste Stück der Music nicht im blossen Singen und Spielen, sondern eigentlich im Setzen bestehe, und es also zu wenig gesagt sey, wenn man **die Kunst wol und geschickt zu singen** für eine hinlängliche Beschreibung hält.

§. 11.

Es kan ja mancher sehr gut singen und spielen, der doch keinen Gesang selbst zu verfertigen weiß. Es gibt gute Leser, die keine Verfasser sind. Und ob es gleich in Welschland dahin gerathen ist, daß ein Sänger *Musico*, und ein Instrument-Spieler *Suonatore* heisset, der Verfasser aber mehrentheils das wenigste bey seinem Wercke zu sagen hat; so bleibt ihm doch der Nahme *Maestro* unwiedersprechlich.

§. 12.

Was nun einige hierin zu wenig sagen, das thun andere in Ubermaasse, und treffen also beiderseits die rechten Schrancken einer ordentlichen und gründlichen Beschreibung keines weges; woran doch sehr viel bey der Lehr-Art lieget. Die letztern machen die Music zu einer solchen mathematischen Wissenschafft, dabey alle Zahlen, Linien, Maassen, Gewichte, ja alle Rechnemeister und Landmesser ins Gewehr und Spiel kommen müssen. Uberdies thun sie mit ihrer

---

4 *Disciplinam elegantiorem* nennet sie *Hechtius, in Germania sac. & liter. p. 59.*
5 *Supplem. Orchest. I. p. 308. sqq. conf. Aristid. Quintil. de Mus. L. II. p. 65. it.* **J. K. Lorbers** Lob der edl. Mus. p. 26. 27. etc.
6 *Eryc. Putean. Musath. c. III.*

Wünschel-Ruthe der Ton-Lehre noch den Schimpf an, und machen sie dem mächtigen **Einmahleins** gar unterwürffig, so daß sie wol gar der **Regel Coß** nach den Händen sehen soll.

§. 13.

Da findet man nun von dergleichen Beschreibungen die Menge bey den gelehrtesten Leuten, welche sich gar nicht zur Music reimen, sondern vielmehr zur blossen Harmonic gehören, die doch nur ein kleines, obgleich nöthiges Glied des gantzen Leibes ausmacht, etwa den funfzigsten Theil: wovon wir hernach Gelegenheit zu reden finden werden.

§. 14.

Eine iede Beschreibung ist keine Definition. Diese muß ordentlich, in so wenig Worten, als nur möglich ist, Materie, Form und Zweck vor Augen legen. Sehr viele grosse Männer haben es hierin so wenig getroffen, daß bis diesen Tag fast nichts schwerer zu machen scheinet, als eine richtige Grund-Erklärung, die allen anstehe und alles begreiffe. Ieder lobet die seine, und verfasset sie nach der Ab- und Einsicht, die ihm beywohnet.

§. 15.

Die rechte gründliche Beschreibung der Music, daran nichts mangelt, und nichts überflüßig ist, möchte demnach also lauten:
Musica ist eine Wissenschafft und Kunst, geschickte und angenehme Klänge klüglich zu stellen, richtig an einander zu fügen, und lieblich heraus zu bringen, damit durch ihren Wollaut GOttes Ehre und alle Tugenden befördert werden.

§. 16.

In diesen Worten zeigen sich die Materie, die Form und der Endzweck unsrer gantzen Ton-Lehre. Man kan also ohne Mangel oder Unnutzen nichts davon noch dazu thun, welches das wahre Wesen einer umschränckten Beschreibung ist. Wir wollen solches ein wenig erläutern.

§. 17.

Mit der Wissenschafft ist es allein nicht ausgerichtet; die Kunst wird gleichfalls dazu erfordert. Niemand kan lieblich singen oder spielen, wenn sein Gesang nicht vorher klüglich verfertiget und gleichsam abgemessen worden, es geschehe in Gedancken oder auf dem Papier. Also sind zwar geschickte und angenehme Klänge die **Materie**; aber sie müssen künstlich angeordnet und aufs beste heraus gebracht werden, worin eigentlich die **Form** bestehet. Weil auch der Wollaut das wahre **Ziel** niemahls erreichen wird, dafern er nicht auf GOtt und Tugend gerichtet ist, so machen diese hier den eigentlichen Endzweck aus.

§. 18.

Mancher dürffte dencken, **geschickte und angenehme Klänge** enthielten etwas überflüßiges. Allein es kan ein Ding angenehm seyn, und sich doch nicht füglich schicken, als wie eine fröliche Melodie zu traurigen Worten. Hergegen können viele Sachen geschickt seyn, und doch an und für sich selbst eben keine Anmuth haben, als wie die Dissonantzen.

§. 19.

Hieraus erhellet leicht, daß diejenige Wissenschafft und Kunst, mittelst welcher man die geschicktesten und annehmlichsten Klänge klüglich zu stellen, an einander zu fügen, und so wol Sängern als Spielern zur Ausübung und Vollziehung deutlich vorzuschreiben lehret (insgemein die Composition oder Setz-Kunst genannt) das vornehmste Stück der Ton-Lehre, und einer eignen absonderlichen, gründlichen Vorstellung wol werth sey.

§. 20.

Sie heisset aber mit ihrem Griechischen Kunst-Nahmen *Melopoeia, Melothesia,* oder, welches ich lieber wählen mögte, *Melodica,* und ist **eine wirckende Geschicklichkeit in Erfindung und Verfertigung solcher singbaren Sätze, daraus eine Melodie erwächst.** *(vid. Aristid. Quint. p. 29.)*

§. 21.

Nun kömmt die Reihe an die Eintheilungen der Music, deren Nahmen und Wesen wir im vorhergehenden gnugsam untersuchet haben. Den alten Weltweisen muß man bey dieser Gelegenheit so gewogen seyn, daß ihnen ihr Unterschied *inter musicam mundanam, humanam & instrumentalem,* ohne den geringsten Abbruch, erb und eigen verbleibe.

§. 22.

Durch die erste Art, nehmlich die so genannte **Welt-Music,** verstunden sie die Zusammenfügung aller sichtbaren himmlischen Cörper: Sonne, Mond, Sterne etc. die Vermischung der Elementen, ja, den gantzen Welt-Bau. Die zweite Art, nehmlich die **Mensch-Music,** bedeutete die Vereinigung menschlicher Seelen und Leiber; die Verhältnisse eines Gliedes mit dem andern; die Ordnung und Kreis-Kette aller Wissenschafften und Künste, aller Reiche, Stände, Staaten u. s. w. Die dritte Art endlich, nehmlich die **Werck-Music,** war eben dasjenige, warum sich Tonweise, Sänger und Spiel-Künstler noch itzo bemühen, das klingende und vornehmlich das singende Wesen, dessen Untersuchung unsrer vorhabenden Arbeit zum Unterwurff dienet, welches der Sinn des Gehörs, und durch denselben die Vernunfft begreifft, einfolglich wovon diese letztgenannte ihr Urtheil fällt, in so weit es mit dem Sinne übereinkömmt. Denn es ist gar nichts im Verstande, was nicht vorher in die Sinne gefallen ist.

§. 23.

Da nun weder von der oberwehnten **Welt-Music,** noch von der angeführten und erklärten **Mensch-Music** das geringste in die Ohren fällt; so haben wir in diesem Stücke oder Buche nichts damit zu schaffen, sondern halten uns einig und allein an die so genannte wirckliche oder **Werck-Music.**

§. 24.

Wir wollen demnach bloß zeigen und lehren, wie eine solche Music zu verfertigen, und in die Ausübungs-Wege zu richten sey, die dem Sinn des Gehörs, das in der Seelen wohnet, durch die Werckzeuge der Ohren gefalle, und das Hertz oder Gemüth tüchtig bewege oder rühre. Hiezu brauchen wir keiner andern Eintheilung, als der **theoretischen** und **practischen;** deren erste nur mit innerlichen Betrachtungen und Erwegungen zu thun hat; die zweite aber Hand anleget, und das erwogene äusserlich ins **Werck** setzet.

§. 25.

Diesem zu Folge theilet man die Music am besten so ein: erstlich in diejenige Wissenschafft, welche die Klänge für sich selbst untersuchet, und mittelst gewisser Regeln, zum Wollaut einrichtet. (Das ist ein Stück der Theorie.) Hernach in diejenige Kunst, dadurch man solche Klänge entweder mit dem Halse oder mit klingenden Werckzeugen ausdrücket. (Das ist die Praxis gewisser massen.)

§. 26.
Ich folge hierin dem **Putean**[7]. Bey ihm scheinet es, als ob das Setzen oder Componiren zur Betrachtung (Theorie) gerechnet werde, welches auch, in engerm Verstande, endlich wol angehen mag; überhaupt aber gehört es doch eben so nothwendig zur Vollziehung, als etwa die Schrifften eines gerichtlichen Anwalds hiesiger Orten, der sich den Nahmen eines *practici* nicht wird nehmen lassen, ob er gleich nur mit der Feder in seinem Cabinet arbeitet, und nicht öffentlich zum reden auftritt.

§. 27.
Diejenige Art der Erwegung oder Theorie ist inzwischen aller andern vorzuziehen, welche sich nicht so sehr in leeren, innerlichen Betrachtungen vertieffet, daß sie darüber der That vergißt; sondern ihre Haupt-Absicht alsofort auf den wircklichen Gebrauch und Nutzen richtet. Und in solchem Fall hat auch ein ieder Kunst-Verwandter (geschweige ein Componist) seine eigene Theorie und Betrachtung anzustellen. Wer sich beide Theile wol zu Nutz machen will, der muß sie nimmer trennen, sondern wie Leib und Seele fest bey einander halten, und alsofort, nach reiffer Uberlegung, zur Ausübung und Vollziehung schreiten: oder wenigstens, im Lehren, die Sache so deutlich vortragen, daß man die wirckliche Anwendung von selbsten leicht machen kan.

§. 28.
Nach Maaßgebung des vorhergehenden Satzes muß also bey iedem besondern Lehr-Stücke die Ausführung und Vollziehung mit der Erwegung auf gewisse Weise von Rechts wegen genau verbunden seyn. Denn selbst die abgesonderte Beschaulichkeit hat ihre eigene Ubung: und die That hinwiederum ebenfalls ihr eigenes Bedencken.

§. 29.
Nun sollte man zwar wol vernünfftiger Weise ein Ding vorher betrachten, überlegen, erwegen und bedencken, ehe es angegriffen oder ausgerichtet wird; allein mit Lehr-Sätzen hat es offt eine gantz andere Beschaffenheit, als mit sittlichen Sachen, so, daß man offt in jenen gleichsam von hinten anheben muß: welches mit dem Beispiel aller Kunst-Regeln in der Welt zu erweisen stehet.

§. 30.
„Ich habe nunmehro vielfältig erfahren und richtig befunden, daß man in der Music so wol, als in den Sprachen, die Grund-Sätze nicht so sehr zur Vorbereitung, als zur Bekräfftigung dessen, so sich in der Ausübung wahr befindet, gebrauchen müsse[8]."

§. 31.
Weiter in unsern Eintheilungen fortzufahren, so ist bekannt, und eben nicht unrecht gehandelt, daß man die *practische* Music unterscheidet *in compositoriam vel poëticam* (in die Setz-Kunst oder

---

7 *Musicam divido in eam, quae sonos investigat, & cum ratione* quadam *disponit ad concentum. Et in eam, quae eos ipsos sonos aut assa voce exprimit, aut voce facta & adficta, sive per instrumenta expressa.* Eryc. Putean. Musathena c. IV. p. 21.
8 Sind Worte *Ottonis Gibelii, in Seminario Modulatoriae vocalis, praefat. p. 37* Wer diesen Mann und den obangezogenen **Lorber** nicht kennet, der kan in **Walthers** Musical. Wörterbuche Nachricht von ihnen finden.

Composition) & *executoriam* (in die Ausführung selbst). Es werden hiebey der ersten die Gattungen des *Choral-* und *Figural* Gesanges, der zweiten Art aber die *Vocal-* und Instrumental-Sachen, als ein paar Glieder, unterworffen. Allein, wenn wirs genau einsehen, gehet diese Eintheilung fast mehr auf die Personen, als auf die Dinge.

§. 32.

Zu einer ieden Vollziehungs-Music werden gemeiniglich zweierley Leute erfordert. Erstlich solche, die ein Werck erfinden, setzen, machen, verfassen oder vorschreiben, (*compositeurs*) und hernach solche, die es mit Singen oder Klingen vortragen *(executeurs)*. Jene verfassen nicht nur *Choral*-Lieder und *Figural*-Stücke, sondern auch *Vocal*- und Instrumental-Sachen. Diese wiederum, ob sie schon überhaupt nur singen und spielen, können solches gleichwol auch theils *choralisch*, theils figurmäßig verrichten. Die ersten sind Urheber; die andern Leser oder Vorleser von einerley und allerley Melodien.

§. 33.

Uberdies ist der eigentliche *Choral* Gesang mit Recht keine Music zu nennen: denn diese erfordert eine geschickte Vereinigung **verschiedener und ungleicher, doch zusammenstimmender Klänge**[9]. Nun finden sich aber solche gar nicht bey dem eintzeln Kirchen-Liedern: und wenn gleich noch so viele Instrumente mit darein spielen, wird doch nichts anders daraus; so lange nicht zum wenigsten ein besonderer Baß, ein ordentlicher Tact, und eine verschiedene Geltung der Noten hinzu kommen. In solchem Fall nimmt auch der allereinfältigste Psalm alsobald die Eigenschafft des figürlichen Gesanges an sich.

$\frac{7}{8}$

§. 34.

Weil aber heutiges Tages fast keine Choral-Gesänge, ohne Beitritt eines vielstimmigen Orgel-Wercks gehöret werden (es wäre denn an selbst-erwählten Buß-Tagen, wo man dieses Haupt-Instrument mit Unrecht schweigen heißt, oder in gar geringen Land-Kirchen) so hat es mit der angeführten ehmaligen Eintheilung sehr wenig mehr zu bedeuten.

§. 35.

Aller Gesang ist zwar Melodie, so wie sie es denn auch ist; alle Music ist Melodie, und muß auserlesene Melodie seyn; aber alle Melodie ist keine Music. Denn es gibt auch unförmliche, doch darum nicht undienliche Sang-Weisen. Gemeine Lands-Knechte, oder Militz, sind keine ordentlich-geübte Krieges-Leute, ob sie gleich Dienste mit thun.

§. 36.

Daher sind Melodie und Music einiger maassen so unterschieden, als Materie und Form. Jene kan ohne diese nach ihrer Art bestehen; diese aber nicht ohne jene.

§. 37.

Fürs andre ist so wol der *Choral-* als *Figural*-Gesang allerdings der *Vocal*-Music unterworfen, welche letztere allhie viel eher ein Geschlecht, als eine Gattung, abgeben könnte. Weil auch drittens die Instrumental-Music nichts anders, als eine blosse Nachahmung menschlicher Stim-

---

[9] *Musica est plurium & disparium apta sonorum concordia.* Eryc. Putean. Musath. p. 19.

men seyn kan; so wäre sie, in Ansehung dessen, nicht sowol eine Mit-Art, (*conspecies*) als vielmehr der *Vocal*-Music nachzusetzen und von ihr abhängig.

§. 38.

Ob es nun gleich einer Seits an dem ist, daß auch viele Musiken bloß mit Instrumenten, ohne Sing-Stimmen aufgeführet werden; so ist doch, andrer Seits, das Singen ohne Instrumente grössesten Theils abgeschafft: daher mancher dencken mögte, es wäre diesen Falls die Eintheilung vergeblich, weil heutiges Tages bey den Menschen-Stimmen (dafern es was rechtes heissen soll) immer ein oder anders Instrument erfordert werden will: denn, weil die Menschen-Stimme viel unbeständiges im Ton an sich hat, einsam klinget, und dazu in enge Schrancken geschlossen ist, so trifft die *Vocal*-Music nicht wenig Beqvemlichkeit und Unterstützung bey den Instrumenten an, wie **Lippius**[10] gar recht urtheilet.

§. 39.

Allein dieselbe Anmerckung hätte nur etwa, und kaum, auf die Helffte ihre Richtigkeit: maassen die Instrumente, um eine Music zu machen, gar nicht unumgänglich mit Sing-Stimmen vergesellschafftet seyn dürffen; ob gleich diese gerne allemahl Instrumente zum Gefolge und zur Beihülffe verlangen. Ja, was noch mehr ist, weil bey der Herrschafft menschlicher Stimmen, ungeachtet hundert Instrumente dazu spielten, es dennoch eine *Vocal* Music heißt und bleibt, indem die Benennung von dem mächtigsten, vornehmsten oder besten Stück herzuleiten ist, auch alle Grund-Regeln daraus genommen werden müssen, wie im ersten Haupt-Stück erwiesen worden.

§. 40.

Man schlage und zwinge die Instrumente so künstlich und lieblich, als nur möglich ist, darin bin ich mit dem **Putean**[11] völlig einig, daß, wenn sich nur die Sing-Stimmen hören lassen, ihnen alles gleich zufalle, und iedermann denselben so Preis als Sieg von Rechts wegen beilege.

Drittes Haupt-Stück.
Vom Klange an sich selbst, und von der musicalischen Natur-Lehre.

§. 1.

In den meisten Büchern, welche von der Ton-Kunst handeln, wird ein grosses Wesen gemacht von Zahlen, Maassen und Gewichten; vom Klange aber, und von dem sehr beträchtlichen **physiologischen** Theil dieser Wissenschafft sagt man fast kein Wort, sondern fährt so geschwind darüber hin, als wenn er wenig oder nichts zu bedeuten hätte.

§. 2.

Da nun aber solches Verfahren ein ganz verkehrtes Wesen ist, indem der Klang der eintzige Unterwurff (*subjectum*) der Music bleibet, so wie das Gehör derselben Gegenstand (*objectum*);

---

10 *Non nihil commoditatis & perfectionis videtur accedere vocali ab instrumentali Musica, propter vocis humanae inconstantiam, solitudinem & terminos exiguos.* M. Lippii Disput. II. de Mus.
11 *Instrumentorum quicquid ars dedit cogas licet & pulses, si concentus ille vocum adsit; haud dubie hinc pendebis coronamque ei merito adscribes & triumphum.* E. Putean. Musath. p. 27.

die Zahlen hergegen und was ihnen anhängig, nur in der Harmonicalischen Meßkunst blosse Handlanger und Nothhelffer abgeben, mit deren Beistand wir die äusserliche Beschaffenheit und Grösse der Intervallen einigermaassen betrachten und begreiffen können: als wird es höchst nöthig seyn, uns über des Klanges Natur ein wenig breiter zu erklären.

§. 3.

Schlägt man die besten und ältesten musicalischen Scribenten auf, so findet sich, daß sie den Klang beschreiben **als einen**[1] **Vorfall, da die zum Singen beqveme Stimme sich nur einmahl ausdehnet; oder, als den kleinesten Theil der zum Singen geschickten Stimme**; und dergleichen. Woraus aber gar keine Erbauung zu schöpffen ist, weil solche Beschreibung die eigentliche Natur des Klanges im geringsten nicht berühret, und man sich billig verwundern muß, wenn absonderlich bey dem **Aristoxeno**[2] mit grossen Buchstaben darüber stehet: *Definitio Soni*.

§. 4.

Wir könnten eine Menge solcher unzulänglichen Beschreibungen, aus dem **Aristotele**, **Boethio**, **Ptolemäo**, und vielen andern hieher setzen, wenn es zu etwas nützte, nur des **Kircher** seine, wegen der ungemeinen Verwirrung, wollen wir in den Anmerckungen[3] anbringen, und hier nur so viel feststellen, **daß der Klang sey eine gewisse, geschwinde Bewegung und Zusammenschlagung der feinesten Lufft-Theilgen, die empfindlich ins Gehör dringen.**

§. 5.

Hiernächst muß man etwas naturmäßiger von der Sache reden, wenn der Leser von dem Wesen des Klanges und seiner eigentlichen Bildung einen deutlichen Begriff haben soll: Denn das ist viel nützlicher, als die Zeit mit häuffigen Rechne-Künsten und logistischen Grillen zu verderben.

§. 6.

Wenn alles unbeweglich wäre, müste auch alles todtstill seyn, so daß man keinen Klang, ja, nicht einmahl das geringste Geräusche, vielweniger eine wol-lautende Zusammenstimmung vernehmen würde: daraus zu schliessen stehet, daß aller Klang, Gesang und Schall von nichts anders herrühren könne, als von der Bewegung, nachdem, durch ihr Zuthun, die sich allenthalben befindliche Lufft mittelbarer Weise gerühret, zertheilet, getrieben, geschlagen und gestossen wird. Wobey es dreierley zu betrachten gibt, nehmlich dasjenige so da rühret, als ein *agens*; dasjenige so gerühret wird, als ein *patiens*, und das Mittel, wodurch sich die Wirckung dieser Bewegung dem Gehör mittheilet, als ein *vehiculum*.

§. 7.

Wie nun das erste, z. E. der Finger, das andre die Saite, und das dritte allemahl die Lufft ist; so hat es freilich seine Richtigkeit, daß auch Wasser den Klang fortführen kan, wenn man erweget, welchergestalt dieses Element, ja das Feuer selbst, nothwendig eine feine Art der Lufft haben

---

1 *Vocis casus, cantui aptus, in unam tensionem.* Euclid. Introd. harmon. p. 1. *Vocis cantui aptae pars minima.* Aristid. Quintil. L. I. de Mus. p. 9. *Vocis concinnae casus in unam tensionem.* Bacch. sen. Introd. Art. Mus. p. 2. etc.
2 *Harmonic. element.* L. I. p. 15.
3 *Sonus est qualitas passibilis successiva ex aëris vel aquae interceptione, elisioneque, sonantium corporum collisionem insequente, producta, sensum auditus movere apta.* Kirch. Musurg. T. I p. 2. Ein mehrers hievon lese man im *Crousaz*, *Traité du Beau*, Chap. XI. im dritten Theil des *Orchestres* an vielen Orten, die das Register anzeiget, und in der zweiten Auflage der Organisten-Probe *p. 158. sq.*

müsse. Die Lufft aber im Wasser ist, wegen der Dicke des Cörpers, ungemein subtil, weil sie sonst durch die festen Gänge desselben schwerlich dringen könnte. Die grobe Lufft nennet man *Aërem*, und die allergröbste ist in der Erde, welche deswegen von keinem Klange weiß, die feinere heisset *Aether*, welche letztere sich nicht nur im Wasser, sondern allenthalben befindet, auch daselbst, wo sich keine grobe Lufft mit ihr vermischen kan, und dringet durch Glas, Holtz, Steine, Eisen etc. Daher kan auch allenthalben, doch mit Unterscheid, durch ihre Bewegung ein Klang, ein Schall, ein Knall oder wenigstens ein Krachen und Geräusch entstehen.

§. 8.
Solches geschiehet auf viererley Weise. Zum ersten, wenn **zween harte Cörper** auf einander treffen, als z. E. der Hammer und Ambos, die Glocke und der Kleppel, welche einen gar starcken **Klang** verursachen, weil die in ihnen befindliche feineste Lufft auf das gewaltigste zerschlagen wird, und sich in solchen harten Metallen nicht, wie in andern weichern Materien, verschleichen kan.

§. 9.
Fürs andre läßt sich entweder ein grosses Getön, oder, nach Beschaffenheit des Unterwurffs, ein hefftiges **Krachen** hören, wenn ein **fliessender Cörper auf einen festen stösset**: z. E. Wenn der Wind einen Baum umwehet u. d. g.

§. 10.
Drittens, und im Gegentheil, wenn ein weiches und **fliessendes** Wesen mit Ungestüm **von einem harten** und festen zertheilet und gewaltsamer Weise zertrennet wird: z. E. Wenn man die Lufft mit einer Schwangruthe durchschneidet, da vernimmt das Ohr ein **Gepfeiffe**, wenn die Ruthe die Lufft durchstreichet.

§. 11.
Endlich und zum vierten thut sich ein **Knall und Schall** hervor, wenn **zween weiche** und fliessende Cörper, als zum Exempel zween **stürzende** Wasser-Fälle, gegen einander **tobende** Winde, oder ein Feuer, das die Lufft **mit Macht** forttreibet etc. im Streit begriffen sind, welches zwar erschrecklich kracht und **brüllet**, aber wegen **der übermäßigen Gewalt**, beyder Theile Flüssigkeit, und ihrer weichen, nachgebender Eigenschafft, selten bey dergleichen Hefftigkeit einen vernehmlichen und rechten Klang gibt: wie solches, unter andern an Abfeurung des groben Geschützes zu erkennen, da Feuer und Lufft (nicht Pulver und Kugel) **durch ihre hefftige Zusammenstossung und gewaltige Bewegung**, den entsetzlichsten Schlag verursachen. Wo es aber sanfft hiemit zugehet, ist die Wirckung gantz anders: wie bald erhellen wird.

§. 12.
Um nun diese Sätze näher auf die eigentliche Ton-Lehre anzuwenden, wird ohnschwer zu begreiffen seyn, daß zu der obgedachten ersten Bewegungs-Art alle besaitete Werckzeuge gehören, die mit Nägeln, Federn, Bögen, Fingern u. s. w. gerühret werden: ingleichen alle diejenigen, wo Schlägel und bespannte Felle sich begegnen, und also zween dichte Cörper auf einander treffen, die den grössesten Gebrauch in der Music ausmachen: denn ob gleich die Härte derselben unterschiedlich ist, da man z. E. einige Federn von Metall, andre aus Raben-Flügeln macht, so sind und bleiben es doch eben so wol, als die Haare an den Bögen, und die Ballen an den Fingern, mehr oder weniger dichte Cörper.

§. 13.
Zur zweiten Art zehlen wir, mit kurtzen zu sagen, alle Wind- und Blase-Instrumente, da ein dünnes flüßiges Wesen, nehmlich der Athem, an ein dichtes und festes stösset: es sey nun von Holtz, Silber, Meßing etc.

§. 14.
Der dritten Art sind wiederum nur diejenigen klingenden Werckzeuge, deren gespannte Saiten die Lufft zertheilen, wobey denn allemahl ein harter Cörper auf einen weichen wircket.

§. 15.
Nichts lieblichers oder angenehmers aber mag gehöret werden, als wenn die eine **sanffte** | Lufft die andre auf das **gelindeste** und **künstlichste** zertheilet, welches die menschliche Stimme allein in höchster Vollkommenheit zu thun vermag, **und aus diesem Grunde ihren gantzen Vorzug hernimmt**: indem bey dem Singen, nach der vierten Bewegungs-Art, zween weiche Cörper einerley Geschlechts, **ohne gewaltsames Treiben**, lieblich mit einander zu schaffen haben.

§. 16.
Es entstehet aber der Schall nicht nur allein, vorgedachter Maassen, aus einer Zusammenstossung, da eins **an das andre** schlägt; sondern auch im Gegentheil, wenn etwas zerbrochen oder **von einander** gerissen wird, das sonst zusammen gehöret: da es denn, **nach Beschaffenheit der Cörper**, entweder nur ein Geräusche, oder einen rechten Klang von sich wirfft. Das erste kan man sich an der Spaltung eines Stückes Holtzes, oder an der Zerreissung eines Tuchs; das andere aber an der Zerspringung einer Saite vorstellen, als bey welchen Fällen die Sache auf eine Zurückprallung der Lufft ankömmt.

§. 17.
Gleichwie nun, wenn ein Stein ins Wasser geworffen wird, augenblicklich ein Circkel entstehet, welcher sich mit seiner Grösse nach der verursachten Bewegung richtet, und wie dieselbe geringer wird, ebenfalls ermüdet, sich einziehet und zuletzt gar aufhöret; also gehet es auch mit dem Klange in der Lufft zu, die eben einen solchen Circkel zuläßt, als das Wasser, der sich denn so weit erstrecket und ausbreitet, als es die Krafft der Bewegung erfordert, wodurch die Ohren der umstehenden, falls sie in solchem Kreise mit begriffen sind, alle gerühret werden.

§. 18.
Die Circkel des Wassers, ie grösser sie werden, oder ie mehr sie sich ausbreiten, ie weniger sichtbar fallen sie: weil sie sich von ihrem Mittel-Punct immer weiter entfernen. Desgleichen geschiehet auch mit dem Klange, welcher das Gehör um so viel schwächer berühret, ie weiter dieses von ienes Ursprunge entlegen ist. Und wenn endlich die Drehung, Bewegung und Ausdehnung der Lufft-Circkel aufhöret, alsdenn, und in eben der Maasse, höret auch der Klang auf.

§. 19.
Geschiehet es etwa von ungefehr, daß sothane Circkel im Wasser einen Wiederstand antreffen, daß sie sich nicht gnungsam ausbreiten können, ob sie gleich Kräffte genug dazu hätten; so kehren sie alsobald wiederum zurück, umd finden ihr Ende, wo ihr Anfang gewesen ist.

§. 20.
Eben also verhält es sich auch mit der Lufft: wenn ihren Circkeln etwas im Wege stehet, wenden

sie sich den Augenblick wiederum zum Ursprunge ihrer Bewegung. Und von dieser Zurückprallung entstehet, auf gewisse Weise, in unsern Ohren ein Laut, welchen man das Echo oder den Wiederhall nennet.

§. 21.

Nachdem es also wol eine ausgemachte Sache ist, daß aller Klang aus der Bewegung entstehet, so kan man leicht erachten, daß auch die menschliche Stimme, wenn sie einen Hall oder Schall hervorbringt, solches mittelst bewegter Lufft thue, und dazu zween künstliche, doch angeschaffene und natürliche Werckzeuge gebrauche, nehmlich die **Lunge und die Kehle**: deren erste gleichsam der Blasebalg ist, welcher die auswendige Lufft einziehet und ausläßt; die andre hergegen ein wunderbare Röhre, welche den herausgehenden Athen, mittelst ihrer Ringe und andrer Theile, so zu zwingen, zu drucken und geschickt zu bilden weiß, daß er zum Klange wird.

§. 22.

Ob nun gleich von der Bewegung dieser Werckzeuge vielerley Laut, der nicht allemahl ein rechter musicalischer Klang ist, entstehet; wie denn gar grosse Bewegungen in der Natur vorgehen, die darum nicht klingen: so folget doch daraus, daß nicht iede Bewegung einen Ton verursacht, und daß hingegen, wo dieser vernommen wird, derselbe eine gewisse förmliche Bewegung der Lufft zur unwiedersprechlichen Mutter habe.

§. 23.

Weil inzwischen diese Bewegungen (andrer Umständen und Eigenschafften zu geschweigen) theils langsam, theil geschwind geschehen können, so ist daher zu wissen, daß von den langsamen die tiefen Klänge, und von den geschwinden die hohen entspringen, wie solches die Erfahrung beweiset. Denn wenn wir auf einem besaiteten Instrument mit den Fingern, oder auf andre Art, eine Bewegung machen, so wird sich finden, daß die groben, langen Saiten seltenere Schläge thun, und später nachsummen; dahingegen die feinere und kürtzere Saiten, wenn man sie rühret, eine geschwindere Bewegung annehmen, aber auch eben darum den Klang desto ehender verlieren.

§. 24.

Die Ursach dessen ist, weil eine dicke und schlaffe Saite die Lufft nur schwächlich zertheilet, und also den Klang desto mehr verlängert, aber zugleich desto undeutlicher macht, ie langsamer die Bebungen von Statten gehen; da andern Theils eine dünne, kurtz- und steiff-gespannte Saite die Lufft stärcker und hurtiger durchschneidet, so daß der Klang keine sonderliche Dauer haben kan, ob er gleich schärffer und vernehmlicher in die Ohren dringet, weil ihn eine geschwindere Bewegung hervorbringt.

§. 25.

Es ist dieses eine solche Materie, die vor allen andern zur melodischen Wissenschafft gehöret, und von grosser, ja, fast von der allergrößesten Wichtigkeit ist. Wenn wir die Aristotelischen Schrifften durchsehen, so findet sich auch unter andern darin ein eigenes Buch, von dem[4], was das Gehör betrifft. Solches macht den ersten Punct unsrer musicalischen Natur-Lehre aus.

---

4   Περὶ ἀκουστικῆς, *de Acustica*.

§. 26.
So viel nun einem Ton-Meister von der eigentlichen Bildung des Ohrs zu wissen nöthig ist, findet er bereits in der acht und dreißigsten Betrachtung des musicalischen Patriotens; will er aber noch gerne weiter gehen, so können ihm **Cassebohms** fünff Abhandelungen vom menschlichen Ohr, 1735. zu Hall gedruckt, hierunter ferner dienen. **Lohenstein**[5] sagt: das Gesicht, der Geruch, der Geschmack und das Fühlen dienen dem Leibe; der einige Sinn das Gehörs aber ist unsrer Seele und unsern Sitten bestimmet und vorbehalten. Ein Ausspruch, der zur tiefern Einsicht aufmuntern kan.

§. 27.
Zu unsern Zeiten ist dieses Stück der Natur-Lehre des Klanges durch zween geschickte und gelehrte Frantzosen, die Herren **Saveur** und **Dodart**, Mitglieder der Königl. hohen Schule der Wissenschafften, sehr wol behandelt, und es sind ausnehmende Proben davon in den Geschicht-Büchern derselben Academie anzutreffen, worauf wir uns, Kürtze halber, beziehen. So viel vom Klange an sich selbst, als dem ersten Artickel.

§. 28.
Der zweite Punct, welchen ein musicalischer Physiologus, oder Natur-Beflissener in der Klang-Lehre zu untersuchen hat, bestehet in den **Eigenschafften der klingenden Cörper**, und hat also nicht nur einen wichtigen Einfluß in die mechanischen Künste der Instrumentmacher; sondern es kan auch ein Componist, wenn er diese Eigenschafften wol inne hat, sonst aber nicht, begreiffen, warum z. E. ein eintziger und derselbige Klang (als etwa das so genannte eingestrichene c) verschiedentlich lautet, nachdem es entweder von verschiedenen Stimmen gesungen, oder von verschiedenen Instrumenten hervorgebracht wird? Es lassen sich aus diesem Grunde viele nützliche Anmerckungen machen, die uns aber zu grosser Weitläuftigkeit Anlaß geben würden, wenn wir ihrer gedencken sollten.

§. 29.
Nur die vorhergehende eintzige Frage zur Probe aufzulösen, stehet zu wissen, es rühre der Unterschied daher, daß z. E. ein Baßist, wenn er gedachten Klang c' bilden will, den Hals enge, ein Knabe oder Discantist aber denselben weit machen muß: und daß eine Trompete vielen oder völligen, eine Basson hergegen weniger oder gepreßten Wind dazu erfordert.

§. 30.
Woraus ein Nachdenckender leicht schliessen wird, wie fern sich dergleichen Lehr-Sätze erstrecken können, die sowol in der Instrumental- als Vocal-Music sonderbare Dienste thun, und uns zeigen, wie wir eine iede Stimme und ein iedes Instrument **in der rechten Krafft** gebrauchen oder anbringen sollen: wovon es vielleicht in den practischen Abtheilungen dieses Wercks mehr Gelegenheit zu handlen geben dürffte.

§. 31.
Der dritte Punct gehet auf die Sympathie, oder natürliche Beistimmung, vermöge welcher ein Cörper mit dem andern zur Vereinigung angetrieben wird. Wir spüren solche absonderlich an |

---

5 Im *Arminio P. II. p. 90.*

den freien klingenden Saiten, und untersuchen die Ursache, warum z. E. eine entfernete und von keinem sichtbaren Werckzeuge gerührte Saite, durch den Klang einer andern, die mit jener in gleichem Verhalt oder nur in genauer Verwandtschafft stehet, wircklich beweget und zum Getön veranlasset wird: dabey man denn die flüchtigen und feinesten Lufft-Theilgen für die vermittelnde Kräffte am sichersten zu halten guten Grund hat.

§. 32.
Es ist auch fast kein Cörper zu nennen, in welchem nicht dergleichen natürliche Freund- oder Feindschafft mit andern anzutreffen seyn sollte. Bey den Menschen sind wol die Ausdünstungen des Leibes ein ungezweifeltes Mittel zur Beförderung der Geneigtheit und des Wiederwillens, davon man offt, ohne sich einander zu kennen, ja, ohne zu wissen warum, deutliche Empfindungen verspüret.

§. 33.
Es läßt sich auch diese Bei- oder Abstimmung, Sympathie und Antipathie, mit ihrer Wirckung, in andern klingenden Cörpern, die eben nicht musicalisch sind, als z. E. in Trinckgläsern, nicht nur hören, sondern gar sehen und fühlen: wovon der berühmte **Morhoff** eine artige und bekannte Abhandlung[6] geschrieben hat. Denn, ob es zwar wol an dem ist, daß ein solches Glas von dem starcken Geschrey und von der hefftig anprallenden Lufft in solche Erschütterung geräth, daß es endlich in Stücken springen muß; so ist doch sehr glaublich, daß dazu ein gewisser Ton gehöre, der mit dem Klange des Glases (ich wollte lieber sagen in Feind- als) in Freundschafft stehet.

§. 34.
Diese Materie dienet inzwischen nicht etwa bloß zu Beschaulichkeiten, wie mancher meinen mögte; sondern es kan sich ein Componist, in der Ausübung seiner Wercke, einen ansehnlichen Vortheil daraus ziehen, wenn er, vornehmlich bey Instrumental-Sachen, solche Saiten fleißig ins Spiel bringet, die, mittelst der natürlichen Beistimmung, andre ihres gleichen verstärcken, sich im Klange vereinigen, und den Wollaut, unvermerckter Weise, verdoppeln.

§. 35.
Wir ziehen ferner hieraus den Beweis des wahren Satzes[7], **daß kein eintziger Klang allein, und ohne seine Vollstimmigkeit, seyn könne**; ob diese gleich von unserm Gehör nicht iederzeit vernommen werden mag.

§. 36.
Auf dicken Darm-Saiten, absonderlich auf besponnenen, läßt sich mit gantz gelinden Bogenstrichen eine deutliche Probe davon machen, und unter andern darthun, daß ein ieder zur Melodie geschickter Klang bereits seine Harmonie bey sich führet: denn, gemeiniglich melden sich die Octav und Qvint, gleichsam heimlich, dabey an.

§. 37.
Eben aus diesem von der Natur selbst an die Hand gegebenen harmonischen Haupt-Grunde haben die ersten verständigen nicht ungelehrten Orgel-Bauer ihre so genannte Mixturen her-

---

6 Sie führet den Titel: *Stentor hieroclastes I. de scypho vitreo voce humana fracto.*
7 *Nullum sonum esse desolatum.*

geleitet, wobey einem ieden Tast der völlige Accord, theils einfach, theils vielfach, nach der Grösse des Wercks, zugeleget wird: welches Register zwar für sich allein heslich lautet; wenn es aber von andern stärckern Stimmen bedecket wird, der Vollstimmigkeit die meiste Krafft und den grössesten Nachdruck gibt.

§. 38.

Diese Sympathie trifft man auch in allen Pfeiffen und Werckzeugen an, die geblasen werden, woselbst, bey erforderter Erhöhung oder Erniedrigung einer Octav, das Instrument keine Veränderung in seiner Lage, äusserlichen Gestalt, oder sonst beköммt, sondern sich, durch Vermittelung des blossen Athems oder der Lufft, zwei bis dreimahl am Klange versetzen läßt: welches gewißlich anzeiget, daß ein Ton schon in dem andern auf verborgene Weise enthalten sey.

§. 39.

Nicht nur die Octaven, sondern auch die Qvinten und Tertzen geben sich bey den Flöten an, wenn sie durch Uberblasung dazu genöthiget werden, in den Trompeten aber geschiehet solches ungezwungener Weise, und gleichsam von selbsten; indem sie den richtigen und gewöhnlichen Accord gantz natürlich, und sonst ohne Kunst oder Zwang keinen eintzigen andern Klang recht rein von | sich hören lassen, der nicht seinen Grund in einem der unterliegenden, als Consonantz, habe: welches eine Anmerckung ist, dadurch vieles zu erörtern stehet, das man bisher für ein Geheimniß, ja, für ein Wunder hat halten wollen. Wie denn **Werckmeister** in seinen Schrifften sehr viel mit diesen Dingen zu thun findet, ohne das rechte Fleckgen zu treffen.

§. 40.

Man darff aber nicht wähnen, ob sey die Menschen-Stimme von dergleichen sympathetischen Eigenschafften des Klanges gantz entblösset. Denn, zu geschweigen aller so genannten Falsetten oder Fistul-Stimmen, welche nichts anders sind, als in richtigem Octaven-Verhalt erhöhete Klänge, ingleichen der Exempel bey mutirenden Knaben, denen nicht nur die Stimme sehr offt, wieder ihren Willen die Qvint überschlägt, sondern auch, wenn aus dem Discant ein Alt wird, in eben dem Verhalt einer vollenkommenen Consonantz ihren Sitz nimmt: so hat man unter andern an einem noch lebenden wackern Capellmeister und vortrefflichen Sänger wahrgenommen, daß er mit seiner gesetzten holen Stimme zu gleicher Zeit zween Klänge im Octaven-Verhalt hören lassen, auch damit einige Stuffen auf- und niedersteigen können.

§. 41.

Ob nun zwar alle und iede Kählen dergleichen Beschaffenheit nicht aufweisen mögen, und eine eigene Einrichtung der zum Singen gehörenden Werckzeuge dazu erfordert wird, welche mancher haben kan, ohne daß er es wisse; so erhellet doch gnugsam aus erwehnten Umständen, daß gedachte Werckzeuge des menschlichen Halses ebenfalls geschickt sind, solche natürliche Anverwandtschafft der Klänge darzulegen.

§ 42.

Weil übrigens bey allen Naturkündigern gewiß ist, daß die Ton-Kunst durch ihre natürliche Bei- oder Abstimmung nicht selten die Stelle der Artzney vertreten kan; so lieget einem zukünfftigen, oder bereits im Amte stehenden Capellmeister billig ob, alles hiehergehörige in reiffe Betrachtung zu ziehen, und durch wirckliche Versuche oder Prüfungen das wahre von dem falschen abzusondern.

§. 43.
Vor einigen Jahren stand in einer gewissen Wochen-Schrifft[8], ein Rondeau in Noten, welches wieder den Biß der Tarantulen probat seyn soll. Daß ich aber dieser Spinnen-Cur, des Sauls, des Königes Erichs und vieler andern abgenutzten Geschichte nicht gedencke; so erweisen gantz neue Schrifften[9], die sehr glaubwürdig sind, daß es noch heutiges Tages Exempel gibt, krancken Leuten durch die Music zur Gesundheit zu helffen, indem[10] erzehlet wird, daß des Verfassers Vater einen schwermüthigen, bey dem sonst alles vergeblich war versuchet worden, mit der Music zu recht gebracht habe.

§. 44.
In dem so genannten Dänischen Correspondenten fand sich 1734. im Jenner eine Nachricht aus Stockholm, daß ein Lautenschläger, dessen Instrument mit 38. Saiten bezogen gewesen, daselbst fast eben die Wunder verrichtet habe, welche Timotheus von Milesien am grossen Alexander erwiesen.

§. 45.
Den 20. Julii 1737. erhielt ich einen Brief von besonders-guter Hand, mit der Nachricht, daß die Königin von Spanien ihrem Gemahl einen Geschmack an der Music beigebracht, und ihm dadurch alle schwartze Melancholie, darein er sonst unfehlbar wieder gefallen seyn würde, gäntzlich aus dem Geblüte und Gemüthe vertrieben hätte: also daß alle Abend um zehn Uhr bey Hofe *Concert* gehalten würde, ehe man zur Tafel ginge. Ja, die Königin soll es so weit gebracht haben, daß der König selbst Hand anleget und die Music lernet.

§. 46.
Die Gesundheit ist so musicalisch, daß alle Kranckheiten aus nichts anders, als aus lauter Mishelligkeiten und Dissonantzen bestehen: wie denn vom **Arion** und **Terpander**[11] verzeichnet worden, daß sie solche bey vielen Ioniern und Lesbiern glücklich mit Singen aufgelöset haben. | **Ismenias** hat mit der Flöte das Hüfftweh curiret, welches **Theophrastus** im neunten Buch bekräfftiget, und den Phrygischen Liedern solche Krafft zuschreibet. **Asclepiades** hat die Music wieder die Unsinnigkeit, und **Democritus** wieder viele andre Krandkheiten bewährt gefunden.

§. 47.
Die Thebaner bedieneten sich, zu den Zeiten *M. Antonini*, gemeiniglich der Instrumental-Music bey verschiedenen Kranckheiten: ja, die meisten heutigen Americaner brauchen kein ander Mittel, als ihre ob wol etwas rauhe Spiel-Art, damit sie bisweilen schwere Leibes-Gebrechen und Schmertzen, wo nicht heilen, doch dämpffen und lindern: wie solches alles der fleißige **La Mothe**[12] mit mehrern anführet.

---

8 *Quintessence des Nouvelles 1727. no. 18.*
9 *Observations de Medicine sur la maladie, appellée convulsions par un Medecin de la Faculté de Paris, à Paris 1732. 12. pag. 32.*
10 *Leipziger Zeitungen von gelehrten Sachen, 1733. p. 626. sqq.*
11 *Plutarch. de Musica.*
12 *La Mothe le Vayer, T. I. p. 521.* Seine Gewährs-Leute sind **Boeth.** *L. I. de Mus.* **Aulus Gellius,** *L. 4.* **Apolonius Dyscolus** *Hist. com. c. 49.* **Champlain, Sagard** *etc.*

§. 48.

In des **Veritophili** Beweis-Gründen, so 1717. mit meiner Vorrede heraus gekommen, handelt das sechste Capitel nicht uneben von dem Nutzen der Music in leiblichen Kranckheiten: und der unlängst, als Professor zu Göttingen, verstorbene Doctor J. W. **Albrecht** hat verschiedenes[13], das hieher gehöret, absonderlich aber viele Zeugnisse beigebracht, die der Music heilsame Wirckung bey allerhand Glieder-Schmertzen behaupten, wobey er, **weil der Klang auf die Spann-Adern des menschlichen Leibes starck arbeitet,** gar artig erweiset, daß z. E. alle Schweißtreibende Arzeneien und Täntze oder Bewegungen ohne Music lange das nicht ausrichten, was sie mit der Music thun. So viel von unserm vierten Punct.

§. 49.

Das fünffte Stück von der Natur-Lehre des Klanges, welches mit dem vorhergehenden vierten eine grosse Verknüpffung und Gemeinschafft hat, in so weit die Leibes-Schwachheiten sich sehr viel nach der Gemüths-Beschaffenheit richten, ist das vornehmste oder wichtigste von allen, und untersuchet die Wirckungen der wol-angeordneten Klänge, welche dieselbe an den Gemüths-Bewegungen und Leidenschafften der Seele erweisen.

§. 50.

Dieses ist, wie leicht zu erachten stehet, eine nicht weniger nützliche als grosse und weitläuffige Materie, welche einem *practico* fast unentbehrlicher zu seyn scheinet, als einem *theoretico*, ob sie gleich hauptsächlich mit lauter Betrachtungen zu thun hat.

§. 51.

Die Lehre von den Temperamenten und Neigungen, von welchen letztern **Cartesius**[14] absonderlich deswegen zu lesen ist, weil er in der Music viel gethan hatte, leisten hier sehr gute Dienste, indem man daraus lernet, die Gemüther der Zuhörer, und die klingenden Kräffte, wie sie an jenen wircken, wol zu unterscheiden.

§. 52.

Was die Leidenschafften sind, wie viel derselben gezehlet werden, auf was Weise sie in den Gang zu bringen und rege zu machen, ob man sie ausrotten oder zulassen und ihrer pflegen soll? das sind, dem Ansehen nach, solche Fragen, die einem vollkommenen Weltweisen mehr, als einem eigentlichen Capellmeister zu erörtern oblíegen; so viel aber muß dieser dennoch unumgänglich davon wissen, daß die Gemüths-Neigungen der Menschen die wahre Materie der Tugend, und diese nichts anders sey, als eine wol-eingerichtete und klüglich-gemäßigte Gemüths-Neigung.

§. 53.

Wo keine Leidenschafft, kein Affect zu finden, da ist auch keine Tugend. Sind unsere Passiones kranck, so muß man sie heilen, nicht ermorden.

---

13 Unter dem Titel: *Musica medicatrix, in Tractatu physico effectibus musicis in corpus animatum, p. 128.* Wir bedauren hiebey, daß nicht mehr Aertzte die Music so anwenden, und so wenig Musici die Krafft ihrer Kunst in diesem Stücke kennen.

14 *de passionibus animae.*

§. 54.
Zwar ist es an dem, daß diejenigen unter den Affecten, welche uns von Natur am meisten anhangen, nicht die besten sind, und allerdings beschnitten oder im Zügel gehalten werden müssen. Das ist ein Stück der Sitten-Lehre, die ein vollkommener Ton-Meister auf alle Weise inne haben muß, will er anders Tugenden und Laster mit seinen Klängen wol vorstellen, und dem Gemüthe des Zuhörers die Liebe zu jenen, und den Abscheu vor diesen geschickt einflössen. Denn das ist die rechte Eigenschafft der Music, daß sie eine Zucht-Lehre vor andern sey.

§. 55.
Die Natur-Kündiger wissen zu sagen, wie es mit unsern Gemüths-Bewegungen eigentlich, und so zu reden cörperlich zugehe, und es ist einem Componisten ein grosser Vortheil, wenn er auch darin nicht unerfahren ist.

§. 56.
Da z. E. die Freude durch **Ausbreitung** unsrer Lebens-Geister empfunden wird, so folget vernünfftiger und natürlicher Weise, daß ich diesen Affect am besten durch **weite** und **erweiterte** Intervalle ausdrücken könne.

§. 57.
Weiß man hergegen, daß die Traurigkeit eine **Zusammenziehung** solcher subtilen Theile unsers Leibes ist, so stehet leicht zu ermessen, daß sich zu dieser Leidenschafft die **engen** und **engesten** Klang-Stuffen am füglichsten schicken.

§. 58.
Wenn wir ferner erwegen, daß die Liebe eigentlich eine **Zerstreuung** der Geister zum Grunde hat, so werden wir uns billig in der Setz-Kunst darnach richten, und mit gleichförmigen Verhältnissen der Klänge (*intervallis n. diffusis & luxuriantibus*) zu Wercke gehen.

§. 59.
Die Hoffnung ist eine **Erhebung** des Gemüths oder der Geister; die Verzweiflung aber ein gäntzlicher **Niedersturtz** derselben: welches lauter Dinge sind, die sich mit den Klängen, wenn zumahl die übrigen Umstände (absonderlich die Zeitmaasse) das ihrige mit beitragen, sehr natürlich vorstellen lassen. Und auf solche Art kan man sich von allen Regungen einen sinnlichen Begriff machen, und seine Erfindungen darauf richten.

§. 60.
Alle und iede Gemüths-Bewegungen her zu zehlen dürffte freilich zu langweilig fallen; nur die vornehmsten derselben müssen wir unberührt nicht lassen. Da ist nun die Liebe wol billig unter allen oben an zu setzen; wie sie denn auch in musicalischen Sachen einen weit grössern Raum einnimt, als die andern Leidenschafften.

§. 61.
Hiebey kömt es nun hauptsächlich darauf an, daß ein Componist genau unterscheide, welchen Grad, welche Art oder Gattung der Liebe er vor sich findet, oder zu seinem Unterwurff erwehlet. Denn die oberwehnte Zerstreuung der Geister, daraus diese Gemüths-Neigung überhaupt und

vornehmlich entstehet, kan sich auf sehr verschiedene Weise begeben, und alle Liebe kan unmöglich auf einerley Fuß behandelt werden.

§. 62.

Ein Verfasser verliebter Sätze muß seine eigene Erfahrung, sie sey gegenwärtig oder verflossen, allerdings hiebey zu Rathe ziehen, so wird er an sich, und an seinem Affect selber, das beste Muster antreffen, darnach er seine Ausdrücken in den Klängen einrichten könne. Hat er aber von sothaner edlen Leidenschafft keine persönliche Empfindung, oder kein rechtes lebhaftes Gefühl, so gebe er sich ja nicht damit ab: denn es wird ihm eher in allen andern Dingen glücken, als in dieser gar zu zärtlichen Neigung.

§. 63.

Ein possierliches Liebes-Exempel, samt der dazu beqvem vermeinten Erfindung, gab uns ehemahls der berühmte **Heinchen**, in der Vorrede der ersten Auflage seiner Anweisung zum General-Baß *p. 13.* alwo auch einiger wenigen *locorum topicorum* Erwehnung geschah, und über die Worte: *Bella Donna che non fà?* fünfferley Erfindungen an die Hand gegeben wurden. Die Ubersetzung: **Was thut ein schönes Frauenzimmer nicht**, ist Wortrichtig, doch nicht Verstandmässig, indem der Sinn hier eigentlich auf die Krafft der Schönheit gehet, als wollte man sagen: **Sie vermag alles.** Und nach solcher Auslegung würde der Satz eben so gar unfruchtbar nicht seyn, wie man meinet; sondern wir würden das herrschende Wesen der Schönheit zum Haupt-Zweck haben: die reitzende Blicke hergegen als Mittel- u. neben-Dinge zu betrachten finden.

§. 64.

In der neuern und sehr angewachsenen Auflage obbelobten Wercks, unter dem Titel: **General-Baß in der *Composition***, sind andre Beispiele, welche mehr, als 8. Bogen in der Vorrede betragen, beigebracht, und zwar (wie die Worte daselbst lauten) in etlichen **seichten Texten und truckenen Arien**, um auch dadurch den Reichthum musicalischer Erfindungen, nach der Natur-Lehre des Klanges, zu zeigen, nicht nur in rasenden, zanckenden, prächtigen, | ängstlichen, spielenden, streitenden; sondern ebenfalls in vereinigten, glücklichen, flüchtigen, leidbringenden, **verliebten**, feurigen, lechzenden, seufzenden, tändelnden und so gar **schattenreichen** Umständen, welche des Lesens wol werth sind.

§. 65.

Die Begierde läßt sich zwar von der Liebe nicht trennen, ist aber von derselben darin unterschieden, daß diese auf das gegenwärtige, jene hergegen auf das künfftige siehet, und an sich selbst bisweilen mehr Hefftigkeit und Ungedult heget. Alle Sehnsucht, alles Verlangen, Wünschen, Trachten und Begehren, es sey gemässiget oder ungestüm, gehöret hieher, und nach deren mannichfältigen Beschaffenheit, so wol als in Ansehung der natürlichen Eigenschafft dessen, so man verlanget und wünschet, muß auch die Erfindung und Zusammenfügung der Klänge geordnet werden.

§. 66.

Die Traurigkeit besitzet kein geringes im Lande der Affecten. In geistlichen Sachen, wo diese Leidenschafft am heilsamsten und beweglichsten ist, gehöret ihr alles zu, was Reu und Leid, Busse, Zerknirschung, Klage und Erkenntniß unsers Elendes in sich hält. Bey solchen Umständen ist denn **Trauren besser, als Lachen.** (*Eccles. 7.*) Sonst gibt ein bereits angeführter Schrifftsteller[15] eine artige Ursache, warum die meisten Menschen lieber traurige, als freudige Music hören, nehmlich: **weil fast iedermann misvergnügt ist.**

§. 67.

In zeitlichen, da die Traurigkeit zwar nichts nutzet, gibt es dennoch unendliche Gelegenheit zu dieser tödlichen Gemüths-Bewegung, auch verschiedene Stuffen und Mischung derselben, wie bey allen andern, deren iede nach ihrem Maaß, durch die vielfältige Zusammenziehung der Klänge und Intervalle, zu besondern Erfindungen und Ausdrückungen Anlaß geben kan.

§. 68.

Nächst der Liebe muß einer, der die Traurigkeit im Klange wol vorstellen will, selbige vielmehr, als die übrigen Leidenschafften, fühlen und empfinden; sonst werden alle so genannte *loci topici* (örtliche Stellen der Rede-Kunst) in den Brunnen fallen. Die Ursache ist, daß traurig seyn und verliebt seyn zwey gantz nahe mit einander verwandte Dinge[16] sind.

§. 69.

Zwar müssen auch die andern Gemüths-Bewegungen, wenn sie natürlich vorgestellet werden sollen, grössesten Theils von dem Verfasser nachdrücklich empfunden werden; allein, weil diese zeitliche Traurigkeit dem Zweck der menschlichen Erhaltung höchst zuwider läufft, **indem die Traurigkeit der Welt den Tod wircket; Sorge im Hertzen kräncket; wenns Hertz bekümmert ist, auch der Muth fällt; ein betrübter Muth das Gebeine vertrocknet; die Traurigkeit viele Leute tödtet; die Kräffte schwächet**[17] etc. obgleich der Mensch offtermahls seine unlustige Lust daran zu finden denckt: so braucht es freilich mehr Zwanges damit, wenn man sich derselben Neigung theilhafftig machen soll, und sie doch in der That eben nicht bey sich verspüret.

§. 70.

Die Freude hergegen ist viel natürlicher, als die Traurigkeit: und eben deswegen, weil sie eine solche Freundin des Lebens und der Gesundheit ist, beqvemet sich das Gemüth vielleichter zu ihrer Vorstellung und Annahm. Dennoch thut ihr Misbrauch bey ruchlosen Leuten unersetzlichen Schaden.

§. 71.

Den grössesten Nutzen einer recht freudigen Music sollen wir billig (doch ohne Ausschliessung erlaubter Ergetzlichkeiten) im Lobe GOttes und im stets-frolockenden Dancken für seine umbegreifliche und unzehliche Wolthaten suchen. Wir haben dazu täglich ja stündlich hohe Ursachen und reiche Materie oder Gelegenheit, diese Ausbreitung unsrer Nerven-Geister und Anspannung der Zäser zu bewerckstelligen; mögen dannenhero das freudige Singen und Klingen in der Kirche oder in den Häusern zu GOttes Ehren und Preise (wenn es mit geziemender Bescheidenheit vergesellschafftet ist) allen andern vorziehen, und, nach den apostolischen[18]

---

15 *La Mothe le Vayer T. I. p. 550.*
16 *Qui dit amoureux, dit triste. Bussy Rabut. Memoir.*
17 *2 Cor. VII. Prov. XII. XV. XVII. Sir. XXX, XXXVIII.*
18 *1 Tim. V. Philip. IV.*

Worten, **allezeit frölich seyn, uns allewege in dem Herrn freuen, und abermahl freuen.** GOtt will gar | keine traurige Opffer[19] haben, und weiß seinem Volcke die Fröligkeit[20] nicht genug anzurühmen.

§. 72.

Der Stoltz, der Hochmuth, die Hoffart u. d. g. pflegen auch mit eigenen Farben in Noten und Klängen abgemahlet oder ausgedruckt zu werden, wobey sich der Verfasser meistentheils auf ein kühnes, aufgeblasenes Wesen beziehet. Man bekömt dadurch Gelegenheit, allerhand prächtig klingende Figuren anzubringen, die eine besondre Ernsthafftigkeit und hochtrabende Bewegung erfordern; niemahls aber viel flüchtiges und fallendes zulassen, sondern immer steigen wollen.

§. 73.

Das Gegenspiel dieser Gemüths-Neigungen ist in der Demuth, Geduld etc. welche man mit einer erniedrigenden Art im Klange behandeln, und ja nichts erhebendes dabey einschalten muß. Doch kommen die letzterwehnten Leidenschafften darin mit dem vorigen überein, daß sie eben so wenig scherzendes und tändelndes vergönnen, als der Hochmuth selbst.

§. 74.

Eine eigene Stelle unter den zur Klang-Rede beqvemen, und zu Erfindungen behülfflichen Affecten verdienet die Hartnäckigkeit, welche man durch verschiedene so genannte *capricci*, oder seltsame Einfälle schön vorstellen kan, wenn nehml. in der einen oder andern Stimme solche eigensinnige Klang-Gänge angebracht werden, die man sich fest vornimt nicht zu ändern, es koste auch was es wolle. Bey den Welschen ist eine Art des Contrapuncts bekannt, welchen sie *perfidia* nennen, und der gewisser maassen hieher gehöret; wiewol seiner weiter unten, am rechten Ort, nicht vergessen werden soll.

§. 75.

Was den Zorn, den Eifer, die Rache, die Wut, den Grimm, und alle denselben anverwandte gewaltige Bewegungen des Gemüths betrifft, so sind sie wircklich viel geschickter allerley Erfindungen in der Ton-Kunst an die Hand zu geben, als die sanfftmüthigen und angenehmen Leidenschafften, welche weit feiner behandelt seyn wollen. Doch ist es auch eben nicht genug, wenn man bey jenen nur tüchtig hineinrumpelt, groben Lerm macht und tapffer raset: es will hier nicht bloß mit vielgeschwäntzten Klang-Zeichen ausgerichtet seyn, wie mancher denckt; sondern eine iede dieser herben Eigenschafften erfordert ihre besondere Weise, und will, des starcken Ausdrucks ungeachtet, doch mit einer geziemend singenden Art versehen seyn: wie solches unser allgemeiner Grund-Satz, den wir nie aus den Augen lassen müssen, ausdrücklich erfordert.

§. 76.

Mit der lieben Eifersucht hat sowol die Klang- als Dicht-Kunst immer sehr viel zu thun: und weil diese Gemüths-Verstellung wol aus sieben andern Leidenschafften zusammen gesetzet ist, unter welchen doch die brennende Liebe obenan stehet, Mistrauen, Begierde, Rache, Traurig-

---

19 *Deuter. XXVI. 14.* mit Luthers Anmerckung.
20 *Deuter. XVI. 11. 14–15. etc. Ps. C.* Dienet dem Herrn mit **Freuden**, komt vor sein Angesicht mit **Frolocken**. etc.

keit, Furcht und Schaam aber nebenher gehen; so kan man leicht gedencken, daß häuffige Erfindungen in der Ton-Ordnung daraus hergeleitet werden können, welche gleichwol alle, der Natur nach, auf etwas unruhiges, verdrießliches, grimmiges und klägliches ihre endliche Absichten richten müssen.

§. 77.

Die Hoffnung ist eine angenehme und schmeichlende Sache: sie bestehet aus einem freudigen Verlangen, welches mit einer gewissen Hertzhafftigkeit das Gemüth einnimt. Daher denn dieser Affect die lieblichste Führung der Stimme und süsseste Klang-Mischung von der Welt erheischet, denen das muthige Verlangen gleichsam zum Sporn dienet; doch so, daß obgleich die Freude nur mäßig ist, die Hertzhafftigkeit doch alles belebet und ermuntert, welches die beste Fügung und Vereinigung der Klänge in der Setz-Kunst abgibt.

§. 78.

Was der Hoffnung gewisser maassen entgegen zu stellen ist, und folglich zur wiedrigen Einrichtung der Klänge Anlaß gibt, nennet man Furcht, Kleinmüthigkeit, verzagtes Wesen. etc. Hieher gehöret auch das Schrecken und Entsetzen, welche, dafern man sie recht einnimt und sich starcke Sinnbilder von ihrer natürlichen Eigenschafft macht, gar beqveme und mit dem Zustande der Gemüths-Bewegungen übereinkommende Klang-Gänge hervorlocken.

§. 79.

Denn das musicalische Geschäffte, ob es gleich zu seinem Zwecke hauptsächlich die Anmuth und das Wolgefallen haben sollte; dienet doch auch bisweilen mit seinen Dissonantzen, oder hartlautenden Sätzen, in gewisser Maasse und mit den dazu geschickten klingenden Werckzeugen, nicht nur etwas wiedriges und unangenehmes, sondern gar etwas fürchterliches und entsetzliches vorzustellen: als woran das Gemüth auch bisweilen eine eigene Art der Behäglichkeit findet.

§. 80.

Die Verzweifflung, gleichwie sie der äusserste Grad und Rand ist, dahin uns die grausame Furcht bringen kan, so stehet leicht zu ermessen, daß uns diese Leidenschafft in unsern Klängen, um sie natürlich auszudrücken, auf sonderbare *Extremitaeten* von allerley Gattung, ja auf das äusserste leiten, und daher zu ungemeinen Fällen und seltsamen ungereimten tollen Ton-Fügungen bringen kan.

§. 81.

Noch ist übrig das Mitleid, welches in der klingenden Wissenschafft deswegen von keiner geringen Wissenschafft ist, weil es aus zwo Haupt-Neigungen zusammengesetzt wird, nehmlich aus Liebe und Traurigkeit, deren eine schon genug wäre, unsre Klänge auf das beweglichste anzustellen.

§. 82.

Ob ich aus der Gelassenheit eine Gemüths-Neigung machen darff, daran trage einigen Zweiffel: denn ein gelassenes und ruhiges Hertz ist vielmehr von allen ausserordentlichen Bewegungen befreiet, still und in sich selbst vergnügt. Dennoch da diese Beschaffenheit ihr besonders Abzeichen führet, und auf das allerartigste mittelst einer sanfften Einstimmigkeit natürlich vorgestellet werden mag; so hat freilich ein Ton-Meister verschiedenes darin zu bemercken und zu thun:

darff ihr derohalben, es sey unter welcher Benennung es wolle, wo nicht den ersten, wenigstens auch eben nicht allemahl gar den letzten Platz in seiner klingenden Natur-Lehre anweisen; ob sie ihn gleich alhier (aus Gelassenheit) gerne einnimt.

§. 83.

In eine weitere Ausführung dieses Haupt-Stückes vom Klange an sich selbst, von der musicalischen Natur-Lehre, den dahin gehörigen Gemüths-Bewegungen, und welcher Gestalt derselben genaue Erkenntniß einem Setzer dienlich seyn könne, wollen wir uns diesesmahl nicht einlassen: anerwogen es mit den Affecten insonderheit eben die Bewandniß hat, als mit einem unergründlichen Meer, so daß, wie viel Mühe man sich auch nehmen mögte, etwas vollständiges hierüber auszufertigen, doch nur das wenigste zu Buche gebracht, unendlich viel aber ungesagt bleiben, und der eignen natürlichen Empfindung eines ieden anheimgestellet werden dürffte.

§. 84.

Inzwischen wäre nicht zu tadeln, wenn iemand seine Gedancken und guten Grund-Sätze bey dieser Materie etwa mit einigen Ausübungs-Exempeln erläutern wollte, wozu vor einigen Jahren schon, wie im musicalischen Patrioten *p. 372.* berichtet worden, Herr **Georg Abraham Thilo**, der Zeit eines Ehrwürdigen Predig-Amts *Candidat* zu Grosburg unweit Breslau, eine artige Probe abgeleget hat, die zwar noch im *M S.* oder in der Handschrifft des Verfassers lieget, doch an solchen Ort von mir gesandt ist, nehmlich an den Verfasser der musicalischen Bibliothec, Herrn *M.* **Mizler**, in Leipzig, wo sie vermuthlich dereinst das Licht der Welt erblicken dürffte. Er betitelt solche Schrifft: *Specimen pathologiae Musicae,* d. i. **Ein Versuch, wie man durch den Klang die Affecten erregen könne**.

§. 85.

Das erste Haupt-Stück dieses erwehnten Versuchs handelt von den Gründen der Gemüths-Neigungen, und von Erwegung derselben überhaupt. Das zweite von den Leidenschafften ins besondere, und deren Ausdrückungen durch die Music: dabey von der Liebe, von der Freude, von der Hoffnung, von der Traurigkeit, von der Furcht und vom Zorn gewisse Beispiele in Noten vor handen sind. Weiter ist der Verfasser dieses Versuchs nicht kommen.

§. 86.

Mein weniger Rath gehet zum Beschlusse dieses Haupt-Stückes, welches die Natur-Lehre des Klanges mit der Affecten-Lehre einiger und nöthiger Maassen verknüpft, dahin: Man suche sich eine oder andre gute, recht gute poetische Arbeit aus, in welcher die Natur lebhafft abgemahlet ist, und trachte die darin enthaltene Leidenschafften zu unterscheiden. Denn es würden | manchem Setzer und Klang-Richter seine Sachen ohne Zweifel besser gerathen, wenn er nur bisweilen selbst wüste, was er eigentlich haben wollte.

§. 87.

Allein es fehlet hieran so viel, daß die Leute ihren eignen Willen nicht kennen, ihr Vorhaben niemahls untersuchen, und daß die meisten Sing- und Spiel-Sachen, auch wol bey großseynwollenden Meistern (ich hätte bald gesagt bey gewaltigen Sprechern) ohne Absicht, ohne moralische und löbliche Absicht, hingeschrieben werden, als wenn die Tartarn einen Pfeil in die freie Lufft hinschiessen: dabey man sichs genug seyn läßt, wenn der Klang nur den Ohren wolgefällt, er reime sich zu der Natur- und Sitten-Lehre wie er immer wolle.

§. 88.

Es ist aber, und zwar nach dem Ausspruche eines grossen[21] Kirchen-Vaters, für den iedermann Hochachtung heget, er sey wes Glaubens er wolle, im Singen und Spielen, d. i. im Klange an sich selbst, sehr viel unnützes Zeug: ob es gleich die Ohren behaget. Denn wo die Natur- und Sitten-Lehre, welche ich hier die Stelle eines Duetts vertreten lassen, zu kurtz kommen, da kan sich weder Vernunfft noch Weisheit ergetzen. Der kahle Witz hat den Vortantz.

§. 89.

Das heisset nun nichts anders, ob es gleich, dem äusserlichen Ansehen nach, schöner als die Venus wäre, denn ein feiner, niedlicher Leib, ohne eine verständige Seele; es sind angenehme Noten, liebliche Klänge, ohne hertzrührenden Gesang. Ist es demnach ein Wunder, daß bey so gestalten Sachen, da die wahre Natur-Lehre des Klanges, samt der dahin gehörigen Wissenschafft von den menschlichen Gemüths-Bewegungen, gäntzlich unter der Banck lieget, den armen einfältigen und sich viel-dünckenden Zuhörern nur die blossen Ohren gekitzelt, nicht aber gehöriger Maassen das Hertz und Nachdencken rege gemacht werden. Es sind, nach dem Ausspruch des **Horatz**, *nugae canorae*, und nach **Pauli** Worten klingende Schellen: auf gut Frantzösisch, *des niaiseries harmonieuses*, welches ich mich nicht zu verteutschen unterfange, aber wol verstehe.

---

21 *Multa in canendo & psallendo, quamvis delectent, vilissima sunt. S. Augustin. L. I. de Mus.* Aber wozu führe ich das Buch an? Unsre Gottesgelehrten kennen es nicht; die übrigen noch weniger; die Musicanten am wenigsten.

Das vierte Haupt-Stück.
Von der eigentlichen musicalischen Gelehrsamkeit, Litteratur und Geschichts-Kunde.

§. 1.

Dieses Stück, in so weit es zu unserm Vorhaben gehöret, ist von solcher Weitläuffigkeit, daß nicht nur eine eigene öffentliche Versammlung der Lernenden auf hohen Schulen darüber zu halten, sondern auch ein eigner Lehr-Orden daraus zu machen wäre.

§. 2.

In vorigen Zeiten haben sich gewisse überaus gelehrte Leute, die ich alle nennen könnte, dieses starcken und ansehnlichen Astes des klingenden Baumes bisweilen mit gehörigem Ernst angenommen; ietzund aber, wie beträchtlich er auch seyn, und wie liebliche Früchte er tragen mag, liegt er doch fast gantz, wo nicht unter die Füsse, doch tief zur Erden gebogen.

§. 3.

Zum Beweise dessen frage man heutiges Tages nur bey grossen und kleinen *Componisten* und Ton-Meistern nach (wenns auch Hof-*Compositeurs* wären) ob sie in ihrem Unterrichts-Vorrath auch das philologische[1] Capitel von den hiehergehörenden Erfindern, Zeiten, Geschichten, |

---

1 *Historicam sive philologicam partem ad examen revocabimus, ad quam videlicet pertinent omnia, quae de inventoribus offeruntur, tum vita ac res gestae professorum, tum aetatum successione ac temporum quibus quaeque contigisse dicuntur, notatio. Ioan. Bapt. Donii, de Praestant. Mus. veter. L. II. p. 76.*

Leben, und Thaten etc. aufzuweisen haben? so wird bey den klügesten ein tiefes und beschämtes Stillschweigen, bey den meisten aber wol gar ein hönisches und albernes Gelächter entstehen.

§. 4.
Doch halt! es thut sich etwas dergleichen, eben wie ich dieses Werck ins reine bringe, in dem angenehmen Leipziger Lehr- und Musen-Sitz hervor, da der bereits ruhmwürdig erwehnte Herr Magister, **Lorenz Christoph Mizler**, nicht nur in einer[2] Einladungs-Schrifft, die vom Nutzen und Vorzuge der Weltweisheit in den dreien bekannten Lehr-Orden (*Facultaeten*) handelt, unter andern academischen Vorlesungen berichtet, daß er dergleichen gelehrte Versammlung über mein Neueröffnetes Orchester halten wolle; sondern auch in einer[3] besondern Abhandlung, **daß die Music eine eigne Wissenschafft und ein Theil der Gelehrsamkeit sey**, sowol, als in einer monatlichen oder Qvartal-Schrifft, genannt: die **Musicalische Bibliothec**, davon der erste Theil im October 1736. heraus kam, angefangen hat, ein höchst-löbliches Werck über sich zu nehmen, dessen glücklichen Fortgang wir von Hertzen wünschen.

§. 5.
Damit nun gleichwol ein gescheuter Leser wissen möge, wie er diese Sache eigentlich anzusehen, und davon zu urtheilen habe, so wird es der Mühe werth seyn, die Stücke und den grossen Nutzen der vorhabenden philologisch-musicalischen Wissenschafft wenigstens überhaupt und mit einigen Exempeln anzuzeigen: nicht, als eine vollständige Abhandlung oder Ausarbeitung, die uns viel zu weit aus dem Wege führen würde; sondern nur als einen blossen ersten Entwurff, als die Grund-Risse und Haupt-Züge, (wie dieses gantze Werck ist) aus welchen hernach ein gelehrterer, (denn der wird dazu erfordert) nach seiner Gelegenheit und Lust, in Zukunfft schon was rechtes und unverbesserliches machen kan. Hier geschiehet nur eine Anzeige; doch eine ausführliche und gründliche.

§. 6.
Es ist demnach gegenwärtiges Stück, so wir das **philologische** nennen, im Grunde nichts anders, als vornehmlich der historische Theil, welcher mit seinen Gehülffen alles untersuchet, was sowol die Erfindung der zum musicalischen Wesen gehörigen Dinge, als die Begebenheiten, Schriften, Personen, Zeiten u. s. w. betrifft.

§. 7.
Diese allgemeine Beschreibung hat drey Glieder, welche wiederum mit verschiedenen Gelencken versehen sind. Das erste Haupt-Glied in der Ordnung begreifft die **Zeit-Rechnung**, und lehret uns, seit wenn die Music getrieben, zu welchem verschiedenen Endzweck sie gebraucht worden, wie sie bald ab- bald zugenommen habe, und endlich durch welche Mittel sie zu uns gekommen sey.

§. 8.
Das zweite Haupt-Glied müste auf die Personen und ihren Lebenslauff gerichtet seyn, die sich sonderlich, es sey durch Schrifften oder andre löbliche Verrichtungen, in der Music hervorgethan.

---

2 *De usu atque praestantia Philosophiae in Theologia, Jurisprudentia, Medicina, breviter disserit, simulque recitationes suas privatas indicat* M. **Laurentius Mizlerus**. *Lipsiae. d. 24. Oct. 1736.*
3 *Dissertatio quod musica scientia sit & pars eruditionis philosophicae etc.* Diese Schrifft kam zum andern mahl mit einer neuen Vorrede 1736. heraus.

Beiläuffig zu gedencken, so meldet **Stolle**[4] von dem berühmten **Struv**, daß er sein Leben selbst beschrieben, und zwar aus der Ursache, weil der bescheidene Mann besorgte, es mögten, wenn ein andrer den Aufsatz machte, einige Schmeicheleien mit unterlauffen. **Marperger** hat es auch in der Absicht gethan. Vieleicht, ich sage **vieleicht**, weigern sich einige grosse Ton-Künstler dergleichen zu thun, eben aus Mangel solcher klugen Bescheidenheit.

§. 9.

Das dritte Glied könnte die Werckzeuge vornehmen, die zum Spielen erfordert werden, aus welchen allen denn endlich ein völliger Geschichts-Cörper der Music erwachsen würde. Wer in einer Wissenschafft weit gekommen ist, die Geschichte derselben aber nicht weiß, das ist zu sagen, wenn er sich nicht wol und gründlich inne hat, der ist wie ein reicher Mann, welchem das Herkommen und die Gründe seiner Einkünffte unbekannt sind, daher ihm nothwendig vieles entzogen wird, und die Gelegenheit fehlt, sein ordentliches Einkommen auf vielfältige Weise zu verbessern.

§. 10.

In Untersuchung des letzterwehnten Gliedes mit seinen Gelencken liesse sich noch wol die meiste Beihülffe und Nachricht antreffen. Denn es haben sich ehmahls eine Menge gelehrter Leute die Mühe gegeben, von ie her bis auf ihre Zeiten, die musicalischen Kling-Zeuge verschiedener Völckerschafften fleissig zu beschreiben, und ihre Abbildung vor Augen zu legen: wiewol alles dieses hin und wieder sehr zerstreuet lieget, so daß die Sammlung und ordentliche Einrichtung keine geringe Arbeit erfordern würde[5]. Hergegen äussert sich bey dem zweiten Punct ein grosser Mangel; und bey dem ersten wircklich der allergrösseste.

§. 11.

Was der ehrliche Wolfgang Caspar **Printz** hierunter für Dienste, in seiner historischen Beschreibung der edlen Sing- und Kling-Kunst, ehmahls geleistet hat, ist zwar bey weitem nicht zureichlich; doch hat er bisher die Ehre, unter den Teutschen der eintzige gewesen zu seyn, der hierin einen allgemeinen, obwol kleinen und mangelhafften Versuch gethan hat.

§. 12.

Unter den Welschen hat Johann Baptist **Doni** hin und wieder in seinen verschiedenen sehr gelehrten Schrifften vieles angebracht, das schon der Aufmercksamkeit werth ist, und hätte man ein mehres von ihm erwarten können, wenn alle seine Wercke zum Vorschein gekommen wären.

§. 13.

Joh. Andr. Angelini **Bontempi** hat zwar 1695. einen Folianten, der ziemlich rar ist, zu Perugia, in seiner Vater-Stadt, drucken lassen, unter dem Nahmen *Historia musica*; aber er berühret die Sache, als etwas heisses, gleichsam nur mit den äussersten Fingern, und gibt mit vielen Worten wenig Genüge. Nur des Titels zu gedencken, so kan den Nahmen *Historia musica* eine iede musicalische Begebenheit führen; eine andre Sache aber ist *Historia della Musica*. Eine musicalische Geschicht ist nicht die Geschicht der Music.

---

4   *Histor. liter. p. 43.*
5   Es müste auch eine beträchtliche Vermehrung vorgenommen werden. z. E. Der so genannte Pantalon, **Silbermanns** *Cembalo d'Amore*; **Kriegers** Glocken-Clavier, und dergleichen neuere Erfindungen musicalischer Werckzeuge gehören hieher, mit ihren vollständigen Beschreibungen und Vorbildern.

§. 14.

Unter den Frantzosen verdienet allerdings **Bonnet** eine Stelle alhier mit seiner *Histoire de la Musique*, so 1715. zu Paris, hernach aber zu Amsterdam mit einem alten Zusatz ohne Jahrzahl und Nahmen, nach listiger Buchführer Art, herausgekommen; ob er gleich bey weitem kein Genüge gibt, und die zu einem solchen Unternehmen gehörige Gelehrsamkeit nicht besitzet.

§. 15.

Sebast. **Brossards** *Dictionaire* ist bekannt und sehr gut. Joh. Georg **Walthers** musicalisches Wörter-Buch aber viel besser, und wird hoffentlich an Vollkommenheit ie länger ie mehr zunehmen. Uns soll allzeit lieb seyn, etwas dazu beizutragen.

§. 16.

In den so genannten *Menagianis*[6] wird eines gelehrten Dom-Herrns von Tours, Nahmens *Ouvard*, gedacht, der eine Geschicht von der Music geschrieben hat, die zwar noch ungedruckt, aber von dem ersten Ursprunge an bis auf das Ende des siebzehnten Jahrhunderts gehen soll, und worin man viele schöne, sonderbare und gelehrte Fragen aufgelöset finden dürffte, indem der Verfasser den Ruhm hat, der Music sowol, als der Mahlerey, mit seinen Beiträgen aufgeholffen zu haben.

§. 17.

Es wäre der Mühe werth, dieses von so guter Hand angepriesenen Wercks halben, das etwa in einem Bücher-Vorrath zu Paris noch verborgen steckt, genauere Nachfrage anzustellen. Die Fortsetzung könnte leicht aus derjenigen Schrifft mit genommen werden, die am 25. August 1735. den academischen Preis gewonnen hat, unter der Aufschrifft: *Les progres de la musique sous le Regne de Louis le Grand.*

§. 18.

Wenn man behaupten will, wie es denn gantz recht ist, daß die Historie der Music zur Theorie derselben vor allen andern Stücken gehöre; und wenn daraus ferner gantz billig gefolgert wird, daß keiner ein guter practischer Musicus seyn könne, der die Theorie nicht verstehet; so mögte man wol mit dem historischen Glauben, z. E. bey Gelegenheit der Zeit-Rechnung, als des eintzigen Leitfadens in der Geschichts-Kunde, sowol als in Betracht der Qvellen, daraus wir schöpffen, der Völckerschafften, der Personen, nehmlich der Erfinder, Verfasser, berühmter Meister etc. etwas behutsamer zu Wercke gehen, als bisher geschehen ist.

§. 19.

Hiebey kan ich nicht umhin, derjenigen Zeit-Ordnung zu gedencken, die ein gewisser wackrer Mann, Herr Christoph **Raupach**, Organist in Stralsund, schon seit vielen Jahren, auf meine Veranlassung, vorgeschlagen hat.

---

6 *L'Abbé Nicaisse (mort 1702.) a dit, qu'il esperoit, qu'on verroit bientôt l'Historie de la Musique du savant Mr. Ouvard, Chanoine de Tours, son bon & ancien Ami; qu'il le sollicitoit tous les jours à publier; qu'il y parleroit de son Origine jusqu'à nous, & qu'il y mêleroit mille belles questions curieuses & savantes sur de bel Art, & qu'ainsi on lui auroit Obligation d'avoir contribué aux deux plus excellens ouvrages qu'on ait vû de nos jours, sur la Peinture & sur la Musique.* Menag. T. I. p. 302. 303.

§. 20.

Er setzet nehmlich drey Periodos oder Abschnitte zum Voraus fest, deren erster vom Ursprunge[7] der Music bis auf das fünffte u. sechste Jahrhundert nach Christi Geburt: eine Zeit von 4000. Jahren, welche darum so lange genommen wird, weil die alten Zeiten dergestalt unbekannt sind, daß man wenig davon aufgezeichnet findet, und weil in diesem Periodo die gantze alte Music der Juden, Griechen und Römer genau enthalten ist: so dann auch, weil bey dessen Schluß die Music sowol, als andre Wissenschafften, durch den Einfall allerhand barbarischer Völcker ins Römische Reich einen fast unersetzlichen Schaden gelitten hat.

§. 21.

Der zweite Abschnitt gehet an mit dem siebenden Jahrhundert, oder von der Zeit Pabstes Gregorii des Grossen, und währet bis 1600, gantzer tausend Jahr: aus Ursachen, weil die Music schwerlich iemahls in einem elendern Stande gewesen seyn kan, als damahls; da die Mönche in dieser Zeit mit ihr das *monopolium*, d. i. den Auf- und Vorkauff gleichsam getrieben, und weil mit dem Schlusse solcher Jahre eine dermaassen merckwürdige Veränderung in der Music vorgegangen, daß wir die Früchte davon bis auf diesen Tag bewundern.

§. 22.

Der dritte Zeit-Verlauff erstreckte sich denn endlich von 1600. bis anitzo, und würde zwar die wenigsten Jahre begreiffen; aber doch so viel Stoff an die Hand geben, daß die beiden ersten Periodi dabey nur geringe aussehen dürfften.

§. 23.

Wenn nun, z. E. in dem Artickel der Zeit-Rechnung, iemand behaupten wollte, daß der bekannte Streit, wegen des Gehörs und Maaß-Stabes zwischen dem **Aristoxeno** und **Ptolemäo** geführet worden: so wäre ein solcher Vortrag nicht richtig, indem **Pythagoras** der eigentliche Urheber der Gewicht- und Circkel-mässigen *rationis praeter rationem*; **Aristoxenus** aber ein Wiedersprecher derselben; und **Ptolemäus** nur ein vermeinter Mittler gewesen.

§. 24.

Es kan auch der besagte Streit unmöglich bis auf den **Boethius** fortgesetzet worden seyn, wie vorgegeben wird, nicht weil ihn Ptolemäus, sondern **Didymus** längst zuvor, als ein ausbündiger Schiedes-Mann beigeleget, und Ptolemäus den Didymus, etwa ein Paar hundert Jahr später, gantz zerstümmlet aus- und nachgeschrieben hat. Das muß einer wissen und sagen, der in der musicalischen Geschichts-Kunde recht beschlagen seyn will; sonst macht er sich verdächtig.

§. 25.

Boethius gedenckt zwar des Handels: das thun wir auch. Wie denn von dem Unterschiede zwischen der Harmonic und Harmonie, dahin diese Dinge zu ziehen sind, ingleichen von der so genannten *ratione* schon seit 16. Jahren, im dritten Theil des Orchesters ausführlich gehandelt, und besagter Unterschied daselbst zum erstenmahl öffentlich entdecket worden ist. Das sollte man billig nicht verschweigen, wenn von Circkeln und Linialen geredet wird: zumahl da es noch

---

[7] Hieher gehöret auch Joh. Alb. **Banni** Werck, *Deliciae musices veteris*; ingleichen seine Abhandlung von der Music Natur, Ursprung, Fortgang und von der besten Art sie zu studiren. Die letztere findet man in *Gerh. Joh. Vossii & aliorum Dissertationibus de studiis bene instituendis. Traj. ad Rhen. 1658.*

bis diese Stunde einige wiewol sehr wenig Leute gibt, die dergleichen Zeug für Wage und | Schwert halten; aber man kan darum nicht sagen, der alte Streit vom Gehör und Zahl-Brett währe immerfort.

§. 26.

Ein Verzeichniß derjenigen Schrifft-Steller, zwischen des Aristoxenos und Didymus Zeiten, die sich **fast alle**, mit der berührten Zwietracht, und zwar bey einer Menge solcher Scheltwörter, deren man sich noch schämet, beschäfftiget haben sollen, wäre in der That was werth. Natürliche Mängel, oder zufällige Leibes-Gebrechen wüste man doch nicht, daß sie einander im Druck vorgeworffen hätten, wie heutiges Tages bey einigen die unedle und gottlose Mode aufgekommen ist.

§. 27.

Aristoxenos hat zu den Zeiten des grossen **Alexanders**, *Ao.* 3630. der Welt, folglich über dreihundert Jahr vor Christi Geburt, gelebet; Ptolemäus aber etwa 138. Jahr nach derselben, und Boethius 522. solchemnach würden sich, wenn obiger Vorwand wahr wäre, die Zänckereien auf 8. *Secula* erstrecken; welches nicht seyn kan.

§. 28.

Didymus, der muthmaaßlich ein Paar hundert Jahr[8] vor Ptolemäo, d. i. fünf oder sechs Jahrhunderte vor Boethio, geschrieben, hat die Sache wircklich geschlichtet, wie solches **Porphyrius**, **Salinas**, **Corvinus**, **Neidhardt** und andre erweisen: da ihn der letzt-erwehnte insonderheit, und mit grossem Recht, *Medicum musicum*, einen musicalischen Artzt, nennet, der ein wunderbares Stück der göttlichen Weisheit entdecket hat.

§. 29.

Weil denn auch **Printz** in seiner *Histor. mus.* ausdrücklich meldet, es habe dieser Zwist nur 468. Jahr gewähret, nehmlich, nach seiner Meinung, die doch zu weit gehet, bis auf den Ptolemäus, so kan das Ding ja unmöglich bis auf den Boethius gezogen werden, der bey nahe 400. Jahr jünger ist, als Ptolemäus. **Printz** rechnet so: Aristoxenus, der den Streit wieder die Pythagoräer erhub, lebte vor Christi Geburt etwa 330. Jahr; der vermeinte Schiedesrichter, Ptolemäus, nach Christi Geburt 138. Jahr: da kommen denn just 468. heraus, die ich um 200. verkürtze, wegen der Nachricht vom Didymo.

§. 30.

In neuern Dingen gehet es sowol mit der Zeit-Rechnung, als mit den Qvellen, Völckerschafften und Personen nicht besser zu. z. E. Den **fantastischen** Welschen hat bereits ihr eigner, kluger Landsmann, der grosse Ton-Meister und edle Venetianer, **Benedetto Marcello**, in seinem artigen Büchlein, so er *il Teatro alla Moda* nennet, einen tüchtigen Text gelesen: wie denn auch vor 24. Jahren schon im ersten Theil des **Orchesters** die Ausschweiffungen und Thorheiten dieser Leute sattsam abgefertiget worden sind.

§. 31.

Weil inzwischen doch das gantze musicalische Wesen sein grössestes Ansehen unstreitig den geistlichen und weltlichen Singe-Bühnen schuldig ist, auch gantz gewiß zerfallen muß, wo diese

---

8 Daß er 38. Jahr vor Christi Geburt floriret habe, bezeuget **Hederichs** *Notit. Auctor. antiqu. p. 315.*

übel bestellet sind; so kan den **gescheuten** Italienern, welche gleichwol die Sing-Spiele lange vor dem angegebenen **Cesti** in Ruf gebracht haben, keinesweges die Ehre der Erfindung und Ausarbeitung der dramatischen Ton-Kunst streitig gemacht werden; unangesehen diese Wissenschafft nach und nach dem allergrössesten Misbrauch hat herhalten müssen. Auch an Feinden muß man die Tugend rühmen.

§. 32.

Die Bekräfftigung dieses Satzes stehet unter andern in der obangeführten Bonnettischen Music-Historie[9], des Inhalts, daß Francesco **Beverini**, ein gelehrter Musicus, unter der Regierung des Pabstes **Sixti** IV. im Jahr 1480. schon ein Singe-Spiel, oder eine Oper, von der Bekehrung Pauli vorgestellet, und daß seit der Zeit kein Carneval verstrichen, darin man nicht dergleichen theatralische Stücke, ja offt sehr ansehnliche Opern, in Rom aufgeführet habe.

§. 33.

Wenn nun unser einer schreiben wollte, **Cesti** wäre die Qvelle der Opern, dazu er doch viel zu jung ist, würde derselbe nicht seine Seichtgelehrsamkeit in der musicalischen Geschichts-Kunde ziemlich verrathen? Der Pater Marcus Antonius **Cesti** war ein Mönch aus dem Kloster zu Arezzo, und des Kaiser Ferdinands III. Capellmeister. Seine erste Oper, **Orontea**, ließ sich 1649. über 160. Jahr nach des erwehnten Beverins Zeiten, zu Venedig hören, und unter den fünf Sing-Spielen, die er in allem gemacht hat, war eine, *la Dori* genannt, die in dem Buche *Glorie della Poesia e Musica di Venezia*, ein grosses Lob erhält.

§. 34.

In Ansehung der Völckerschafften findet unsre Geschichts-Kunde abermahl ihre Mängel hin und wieder. Von den Alten nur etwas zu gedencken, so hat man bisher dem **Cornelius Nepos** zu gefallen glauben wollen, daß die Music bey den Römern in Verachtung gewesen. Gleichwol treffen wir bey vielen nicht weniger glaubwürdigen Schrifftstellern das Gegentheil an: indem nicht nur **Appius Claudius**, **Gabinius**, *M.* **Cäcilius**, **Licinius Crassus** und andre vornehme Römer gute Saitenspieler gewesen, sondern selbst der alte ernsthaffte **Cato** Censorius die Singe-Kunst für gar nichts knechtisches gehalten[10].

§. 35.

Plinius der jüngere[11] rühmet eine Verwandtin, die in seinem Hause erzogen, daß sie seine Gedichte sehr lieblich singe, und auf der Cythar dazu spiele: ihr Lehrmeister, sagt er, sey der beste auf der Welt, nehmlich die Liebe zur Music und zu ihm. Eben derselbe berühmte Römer rühmet seinen krancken Freigelassenen, der **Zosimus**, daß er mit grosser Geschicklichkeit, und besser, als es ein theatralischer Musicus nöthig habe, auf allerhand Instrumenten spielen könne. An einem andern Orte redet er abermahl von seinen Gedichten, und freuet sich, daß man sie in die Music zu bringen würdig geschätzet habe, und an vielen Orten aufführe: so gar daß auch die Griechen, welche daraus ihr Latein lerneten, solche Verse, mit allerhand musicalischen Instrumenten begleitet, absingen liessen.

---

9 *T. I. p. 256.*
10 *vid. Alex. ab Alex. L. II. c. 25.*
11 *L. IV. Ep. 19. Lib. V. Ep. 19. & L. VII. Ep. 4.*

§. 36.

Die alten Römer, schreibt[12] **Majoragius**, wandten viel Fleiß auf die Music: denn wie **Valerius Maximus** versichert, musten ihre ältesten Söhne bey den Gastmahlen die berühmten Thaten der Vorfahren poetisch absingen und mit Flöten dazu spielen[13]. Gedichte und Gesänge, fährt er fort, haben grosse Krafft, und sind daher vom **Numa**, dem gelehrtesten Römischen Könige, nicht hintangesetzet worden; wie solches aus den bey ihren Gastmahlen gebräuchlichen Saiten-Spielen und Flöten, auch aus den Salischen Versen selbst abzunehmen ist[14]. Der geehrtesten Männer Lobsprüche hörte man nicht nur von den Rednern, sondern auch von den Sängern und Instrumentalisten[15].

§. 37.

Aus welchen Zeugnissen, deren mehr aufzutreiben stehen, und die der musicalischen Geschichts-Kunde keinen geringen Zuwachs geben können, sattsam erhellet, daß die vornehme Römer, weder unter ihren Königen, noch Bürgermeistern, noch Kaisern der Music abhold gewesen, oder sie für etwas verächtliches gehalten haben. Der geitzige **Vespasian** selbst hat viel darauf gewandt, wie **Sveton** in dessen Lebens-Lauffe berichtet.

§. 38.

Wir lesen in dem bekannten *Journal des Scavans*[16], daß ein gewisser bestallter Academicus der schönen Wissenschafften drey oder vier Griechische Lieder in Noten entdecket hatte, welche derselbe auch in einer öffentlichen Versammlung von der hohen Schule der Aufschrifften aufführen lassen, und bey denen man bemercket, daß sie dem hohen Begriff lange nicht nahe kommen, den man ihnen sonst von der alten Music hat beibringen wollen.

§. 39.

Hier muß man sich verwundern, daß die Herren Verfasser des erwehnten Tage-Buchs die Zeiten nicht besser unterscheiden, und den so nöthigen Leitfaden aus der Acht lassen. Denn der gute Mann, welcher etwa ein Paar Lob-Gesänge von **Dionysio** (welches die eintzigen sind, die wir in Griechischen Noten kennen) und die im vierten Jahrhundert zur Zeit **Constantini** des Grossen, verfertiget worden, hat hervorbringen wollen, vieleicht gantz was anders ausgerichtet hätte, wenn es in seinem Vermögen gewesen wäre, nur ein eintziges Stück von den Zeiten des **Pythagoras**, **Lasus Herminäus**, **Epicles**, **Cimon** u. s. w. mit der gehörigen Annehmlichkeit dieser Alten aufzuführen, als welche gantzer neun hundert Jahr vor Constantin gelebet haben, und deren Arbeit sich nicht nach des Dionysii Armseeligkeit beurtheilen läßt, dessen Oden *Ao.* 1672. in Noten gedruckt worden.

§. 40.

Wie es nun mit den Zeiten und Völckerschafften in diesem Stück bewandt ist, so haben auch die Personen und Bücher ihr Theil an dem Abgange der musicalischen Litteratur. Man berichtet uns, daß der römische Raths-Herr **Boethius** in seinem Buche *de Consolatione* auch von der

---

12 *Orat. 23 de Musica, p. 474.*
13 *vid. Cic. Tuscul. Quaest. L. I.*
14 *Id. de Orat. L. III.*
15 *Id de Leg. L. II.*
16 *du Mois de Sept. 1726. p. 67.*

Music ausführlich handelt. Boethius aber war nicht nur ein blosser Raths-Herr, sondern *Ao.* 522. zum drittenmahl wircklicher Bürgermeister in Rom. Er hat in seinem Wercklein *de consolatione philosophiae*, vom Troste der Weltweisheit, gar nicht von der Music, geschweige ausführlich davon gehandelt. Wol aber hat er solches gethan in fünf andern, und gantz besondern Büchern, welche viel älter sind, als jenes, indem sie nicht nur ehender verfertiget, sondern auch bereits 1491. zu Venedig, die übrigen seiner Schrifften aber erst 1546. samt diesen, zu Basel gedruckt worden. Das Büchlein *de Consolatione* hat also nichts mit der Music zu thun.

§. 41.

Noch eins, das diesem nicht gar ungleich lautet. Otto **Gibelius**, ein ehmahls berühmter Cantor in Minden, führet den **Svidam** und **Cedrenum**, in seinem kurtzen doch gründlichen Bericht von den musicalischen Sylben *p. 18* zu Gewährs-Leuten an, daß **Damascenus**, dessen wir oben gedacht haben, ein Kaiserlicher Schreiber gewesen, und zu Damasco ein Münch geworden sey.

§. 42.

Der gute Gibel aber irret sich hierin, eben sowol als sein Nachschreiber im musicalischen Wörter-Buche. Denn Johann **Damascen** war ein wircklicher geheimer Rath des Saracenischen Fürsten zu Damasco, welcher ihm, wegen beschuldigter Verrätherey, die rechte Hand abhauen ließ, worauf er sich nach Jerusalem in ein Kloster begab, und daselbst, unter andern, viel Fleiß auf die Music wandte, wie in bessern Schrifften[17] zu lesen ist, als im seichten Svida und kahlen Cedren.

§. 43.

Es hatte dieser Damascen einen Schüler, der schrieb ihm so eigen nach, daß es der Meister selbst für seine Handschrifft muste erkennen; ob es gleich Betriegerey war. Und damit brachte es der ungetreue Lehrling so weit, daß dem unschuldigen Lehr-Herrn obiges Urtheil gefället ward[18].

§. 44.

Wo es an historischer Einsicht fehlet, da schreibt man offt einem *Cajo* zu, was ein Titius verfertiget hat. Wir machen wol gar den blossen Ubersetzer eines Wercks zu dessen wircklichem Verfasser, wie unlängst bey Erwehnung der Oper, **Sancio**, geschehen, und doch nicht recht ist.

§. 45.

Das vor zehn Jahren auf die hamburgische Schau-Bühne gebrachte Singe-Spiel, *Sancio*, ist eine ausländische Frucht, die seit *Ao.* 1703. und also vor etlich dreißig bis viertzig Jahren in Venedig gewachsen ist. Der rechte Nahme heißt: *il miglior d'ogni Amore per il peggior d'ogni Odio*: an der Zahl die 379ste Oper, so daselbst auf dem Theatro St. Cassiano im Herbst aufgeführet worden. Man hat also dieses erhabne Muster dramatischer Dicht-Kunst niemand anders, als dem berühmten venetianischen Abt, Francesco **Silvani**, zu dancken: denn es ist das 18te Stück seiner Arbeit dieser Art, davon er 1716. schon 37. Proben aufzuweisen hatte. Ich meine, solche Umstände geben einen deutlichen und wahren Begriff in der musicalischen Geschichts-Kunde. Wir müssen uns hierin wol vorsehen. Denn, so bald man eine Zeile drucken läßt, unterwirfft man sich dem allgemeinen Urtheil.

---

17 *vid. Acta Sanctor. it. Casim. Oudini Supplem. ad Scriptor. ecclesiast.*
18 **Herberger** in der Hertz-Postill am Fest-Tage des H. Gregorii.

§. 46.
Auf welche Art ich nun gerne die Sammlungen zu diesem Artickel, absonderlich in den Lebens-Beschreibungen berühmter Männer eingerichtet hätte, das will ich mit dem Exempel eines itziger Zeit sehr hochgeschätzten Welschen erweisen.

§. 47.
Farinelli, der vortreffliche Welsche Sänger[19], hatte kaum vor einem Jahr alhier (in England) seine güldene Erndte zurückgeleget, da er sich zu einer reichen parisischen Nachlese einiger tausend Louisd'or entschloß, und seine Sachen auch wol ausrichtete. Am 9ten *Julii* 1737. stellete er sich aufs neue zu Versailles ein, der Hoffnung, bey der vermuthlichen Geburt eines Herzogs von Anjou, abermahlige Ausbeute zu machen. Da ihm aber solches fehlgeschlagen, wird er sich nach Madrid begeben, und alda bis nähesten Winter einsamlen. Wornach ihn sodan die trächtigen Engländischen Beutel in London von neuem mit Schmertzen erwarten, damit er sie in etwas erleichtere, und, nächst seiner ordentlichen Besoldung, an Geschencken und Einkünfften, wenn eine Oper zu seinem Behuf gespielet wird, wenigstens 5000 Pfund Sterling des Jahrs erhebe.

§. 48.
Der Spanische Hof[20] hat dem Sänger, **Farinelli**, ein jährliches Gehalt von 14000 Reichsthaler (Stück von Achten) zugestanden, und ihm eine Kutsche gegeben, welche der König bezahlt, um ihn zu bewegen, daß er in Spanien bleiben möge. In einer Engländischen Zeitung war die Summa gar auf 18000 Thaler gesetzt; und wäre gleich dabey eine Nulle zu viel, so würde doch der beste Teutsche lang zu thun haben, ehe er es, auch mit Abdingung derselben, so weit brächte.

§. 49.
Die Bekräfftigung dieser Vorfälle erfolgte bald darauf mit einem Zusatze[21] folgender Gestalt: Der König von Spanien hat den berühmten **Farinelli** nicht nur zum Ritter geschlagen, und ihm einen jährlichen Gehalt ausgemacht, sondern auch sein Bildniß demselben geschenckt, welches mit Diamanten besetzet, und auf 5000 Thal. geschätzet ist. Die Königin hat ihm dazu eine güldne Tabacks-Dose verehret, auf deren Deckel zween grosse Diamanten befindlich sind, und worin ein Wechsel von 500 Pistolen geleget war. Der Printz von Asturien hat ihm einen Diamanten Knopff und eine dergleichen Schleufe am Hut von grossem Werth gegeben: wie denn auch gesaget wird, daß er Königl. Kammer-Juncker geworden sey.

§. 50.
Weil Ehre und Reichthum (denen die Wollust selbst unterthan ist) eigentlich die beiden Haupt-Köder sind, dadurch sich alle Welt anlocken läßt, so wollte ich wünschen, daß einer, der die Lebens-Beschreibungen der berühmten Ton-Meister zur Ausarbeitung erwehlte, sich am meisten solche Muster sammlete, die hierin vor andern was ausnehmendes haben. Und derowegen haben wir hier sowol von den Mängeln in der musicalischen Geschichts-Kunde, als von der Art und Weise, wie dieselbe in einigen Stücken einzurichten sey, zur Probe etwas beibringen wollen.

---

19 So schrieb man aus London den $\frac{7}{18}$ *Jul.* 1737.
20 Im Hamb. Correspondenten, von Madrid den *7. Sept. 1737.*
21 *St. James's Evening Post* No. 4383. *Sept. 1737.*

Von der musicalischen Geschichts-Kunde.

§. 51.

So unentbehrlich nun einem Gotts- Rechts- Artzeney- und Welt-Gelehrten ist, die Kirchen- Rechts- Heilung- und Staats-Begebenheiten zu wissen; eben so unumgänglich muß ein rechtschaffener und vollenkommenseyn-wollender Capellmeister die Geschichte der Music inne haben. Und das mag genug seyn, den grossen Nutzen dieses bisher auf das äusserste versäumten Haupt-Stückes, mittelst einer zwar kurtzen, doch ordentlichen und gründlichen Anzeige, darzuthun.

Fünfftes Haupt-Stück.
Vom Gebrauch der Music im gemeinen Wesen.

§. 1.

Wenn nach Aristotelis Ausspruch die Politic oder Regierungs-Wissenschafft billig eine Ober-Aufsicht über alle andre Wissenschafften führet, Künste und Künstler in ihren Schrancken hält, und denselben bürgerliche Gesetze vorschreibet; so ist leicht zu erachten, daß sich auch die Music und derselben Beflissene der obrigkeitlichen Ordnung in ihren Verrichtungen, hingegen die Regenten und Staats-Leute sich des daraus entspringenden Vortheils und Vergnügens in ihrem Stande zu erfreuen haben.

§. 2.

Polybius, ein vernünfftiger und richtiger Geschicht-Schreiber, der aller Welt Glauben verdienet, macht[1] der Music, in Ansehung des gemeinen Wesens, eine solche Lob-Rede, daß ein berühmter Frantzose[2] davon das Urtheil fällt, er wisse nicht, ob es möglich sey in dem gantzen Alterthum etwas zu finden, das derselben beikomme. Der letzte setzt hinzu: die Music mache die wilden Geister zahm; erweiche das harte und rohe Wesen der Gemüther; polire die Sitten; mache die Leute fähiger zur Zucht-Lehre; verbinde die menschlichen Hertzen auf eine süsse und angenehme Art mit einander, und bringe einen Abscheu zu wege vor allen solchen Lastern, die zur Strenge, Unmenschlichkeit und Frechheit führen.

§. 3.

Weil wir doch hier in das Loben und Rühmen einer Sache gerathen sind, die nicht gnungsam gelobet und gerühmet werden mag, so wird mir erlaubet seyn, aus einer[3] Schrifft, die bey weitem nicht so bekannt, noch in iedermanns Händen ist, einige schöne Stellen hier zu verdolmetschen: um so mehr, da die wenigsten Staats-Leute in ihren Anschlägen Staat auf die Music machen, wie sie doch billig thun sollten.

§. 4.

„Die Einigkeit der Bürger (so fängt der Ungenannte an) ist der Thronen Grund, das Siegel der Monarchien; die Stütze der Kronen. Die stärcksten Reiche, ehe sie von fremden Kriegen umgekehret worden, waren anfänglich durch innerliche Unruhen erschüttert, durch anarchische

---

1 *Lib. IV. p. 289-291.*
2 *Rollin, T. XI. de son Hist. anc. p. 169.*
3 *Discours sur l'Harmonie d'un Anonyme, p. 60-65. à Paris, 8.1737.*

Händel und bürgerliche Spaltungen zerrüttet, da eben diejenigen den Fall des Regiments selbst beförderten, die solches doch billig hätten erhalten, und demselben zur Brust-Wehr dienen sollen. Nein, das Vaterland hat keine schädlichere Feinde, als uneinige Bürger.

§. 5.

Ist aber wol ein undurchdringlicherer Schild wieder die Pfeile der Mishelligkeit zu finden, als die ruhige Harmonie? der Friede, mit seinem Oel-Zweige in der Hand, gehet selber vor ihr her; die Freundschafft führet sie an der Hand; die Lust gehet ihr zur Seiten, die Einträchtigkeit folget ihr auf dem Fusse nach, und die eroberten Hertzen fliegen rund um sie her.

§. 6.

Ist sie es nicht, welche die Bürger mit liebreichen Bindungen vereinbaret, die sie in Ordnung stellet, mit einander vergleichet, und unter die Gesetze einer angenehmen Gesellschafft bringet? Bey ihr ist alles still, freundlich und in gutem Vernehmen; bey ihr höret man weder die Stimme der Zwietracht, noch den Lerm des Pöbels, noch das ungestüme Schul-Gepolter, noch das ungezähmte Heulen der Lehr-Bäncke, noch das Geschrey der Gerichts-Stuben; sondern nur lauter liebliche Ubereinstimmungen und sanfften Beifall.

§. 7.

Hat wol iemahls die Harmonie ein Feuer angezündet, das dem Staat seinen Untergang gedrohet hätte? weiß sie etwas von jenen Verwirrungen, Meinungs-Gefechte, Blendwercken, Irrthümern, vom sophistischen Wiederbellen, dadurch erdichtete Dinge wahr werden sollen, von den gelehrten Spaltungen, die mehr zur Bestreitung der Wahrheit, als zu ihrer Vertheidigung | dienen? weiß sie das geringste von den Zänckereien, da sich die eine Rotte gegen die andre, unter verschiedenen Panieren, auflehnet, von den Trennungen und Feindseligkeiten, die als Misgeburten im Schoosse der andern Wissenschafften ausgebrütet werden, woraus offtmahls unruhige, aufrührische und schädliche Mitbürger entstanden sind, die von der Zwietracht, vom falschen Eifer und vom Abfall in den Finsternissen der Einöden ernähret worden, und sonst um nichts in die Welt gekommen, als den Frieden derselben zu stören?

§. 8.

Die Geschichte, als treue Zeugen der Zeit, halten unsrer friedfertigen Wissenschafft, davon die Rede ist, nicht die geringste dergleichen Unthaten vor. Welches Jahrhundert, welches Land hat sich iemahls über die Harmonie beklaget? Was hat sie für Blut vergossen? Ihre Untergebene, welche nimmer gefährliche Nachbarn gewesen sind, haben allezeit den Ruhm gehabt, daß sie sich gutherzig, gesellig und artig erwiesen, als wären sie zu angenehmen Pflichten recht eigentlich gebohren: welches ein der Ruhe des gemeinen Wesens so nöthiges Abzeichen ist, und eine Eigenschafft, die man von andern ernsthafftern Wissenschafften so wenig erhalten kan, daß sie uns vielmehr gar offt durch solche benommen wird.

§. 9.

Mein GOtt! was ist doch für ein grosser Unterschied der Sitten zwischen dem eigentlich-gelehrt-genannten Hauffen, und den ächten Liebhabern der Harmonie? Laßt uns einmahl in diese dunckele Winckel hinein dringen, deren Thüren von lauter Verdrießlichkeiten bewachet werden, in die Hölen, wo das Lächeln keinen Zugang findet, woselbst das unbewegliche und leidtragende Wissen herrschet, weit vom Lichte entfernet und in tiefem Stillschweigen.

§. 10.

Da, da, werden wir Leute gewahr, die mit schwartzer Galle geplaget, ungesellig, und so beschaffen sind, daß niemand mit ihnen umgehen kan: Krause, runtzlichte Stirnen, auf welchen dicke Nebel liegen, und die mit einem immerwährenden Trauer-Schleier behangen sind; miltzsüchtige Menschen-Feinde; aus eigner Wahl unglücklich; thörichte Schlacht-Opffer willig-schlafloser Nächte; Märtyrer eines zum vergnügten Leben undienlichen Entwurffs; die in einem verworrenen Grillen-Klumpen grau geworden, und mit den Huld-Göttinen auf ewig über dem Fusse gespannet sind.

§. 11.

Da gibt es frostige und schwerfällige Bücherschreiber, schwache Wiederschalle des Alterthums, die zwar unter einem unordentlichen Hauffen zweifelhaffter Begriffe ihr Grab finden, aber des wahren Geschmacks beraubt leben, dahero auch der Zärtlichkeit des Verstandes, des Feuers im Geiste und der Scharfsinnigkeit in den schönen Künsten gantz unfähig sind.

§. 12.

Es wäre der Mühe werth, daß man sie einst aus ihren Trauer-Hütten herausrisse, und nur einen Augenblick ins Land der Lebendigen brächte, da würden sie ausser sich selbst, stumm, verwirrt, ja fast abwesend seyn, und bey iedem Schritte fallen. Immer stossen sie wieder den Wolstand an, beobachten keine Höflichkeit, sondern handeln wieder alles, was sich wol schicket; es währet nicht lange, weil sie andern und sich selbst verdrießlich fallen, auch zum freundlichen Umgange gar nicht aufgeleget sind, so lauffen sie davon, und kehren wieder um zu ihrem unvernehmlichen **Lycophron** und schwermüthigen **Salmasius**.

§. 13.

Da stecken sie denn alsobald bis über die Ohren im griechischen und lateinischen Staube, als in ihrem wahren Elemente, gleich denen traurigen Nacht-Vögeln, die weit vom Sonnen-Glantz und von der Gemeinschafft mit anderm Geflügel verstecket liegen. Das sind denn wol schöne und nützliche Glieder einer Republick! die werden dem Vaterlande zu ihren Zeiten herrliche Dienste leisten.

§. 14.

Aus dem Vortheil, der von ihnen zu ziehen ist, kan man leicht von dem Nutzen derjenigen Wissenschafften urtheilen, denen sie ergeben sind. Ach! wie würde die menschliche Gesellschafft schlecht bestellet seyn, wenn alle Leute in der Welt dergleichen Gelehrte wären? Ist ein solches Leben wol was anders, als eine Art von Nichts? Laßt uns aber diese finstern Gewölber verlassen, darin wir uns nur gar zu lange aufgehalten haben; laßt uns hergegen in die lustigen Vorhöfe, in die grünen Sommer-Lauben hineingehen, dahin uns die reitzende Stimme der Harmonie rufet.

§. 15.

Hier ergetzet alles unsern Anblick, ich sehe lauter Stirnen, die der Lustbarkeit offen stehen; lauter lächelnde und mit Auffrichtigkeit erfüllte Augen; lauter geübte und geschmückte Sinnen, reich an hellleuchtenden Bildern der Dicht-Kunst und lehrvollen Fabel, lauter wahre Mitbürger, die geliebet und liebenswerth sind; dienstfertig und erkenntlich; einig und glücklich. Da regieren in stiller Musse die heimliche Gleichförmigkeit, die treue Freundschafft, die unverfälschte Liebe; das grösseste Verdienst daselbst ist, sich angenehm zu machen; die vornehmste Wissenschafft, vergnügt zu leben; und alle Gemüths- oder Leibes-Gaben heissen nichts, wenn sie nicht auf Ergetzen, Einigkeit und Wolfahrt abzielen."

§. 16.

Solche Gedancken sind der Music wahrlich viel rühmlicher, als wenn man noch bey heutiger aufgeklärten Welt den Fall der Mauren zu Jericho, als eine Wirckung des Posaunen-Schalles angeben will, da er doch mit etwas mehr Vernunfft dem entsetzlichen Feld-Geschrey noch ehender beizulegen wäre. Nützliche Wunder[4] mag die Harmonie, als ein Mittel verrichten, schädliche nimmer. Mose schlug den Felsen zweimahl, in Meinung, es käme auf sein Schlagen an. Gehasi dachte, die Krafft, todte Leute lebendig zu machen, stecke in seines Herrn Stock. Die eherne Schlange war in gar zu grossen Ehren, darum muste Hiskias sie zerstossen. Man mache die Anwendung.

§. 17.

Gleichwie nun eines Theils die Anstössigkeiten schier unzehlig sind, welche man wieder dasjenige, so in der Music recht und billig ist, nicht nur in geistlichen und bürgerlichen, sondern auch in häuslichen und sittlichen Dingen findet; so müssen die göttlichen, allgemeinen und besondern Rechte, nebst der Wolanständigkeit, unsre Schieds-Richter seyn: nach deren Ausspruch allem Misbrauch gesteuret, das gute befördert und das böse gestraft werde. Daraus denn gnugsam abzunehmen, wie unentbehrlich es einer Regiments-Person, geschweige Kirchen-Häuptern und Vorstehern sey, diese Wissenschafft auf eine politische Art inne zu haben, um von den dahin gehörigen Sachen und Vorfällen ein gesundes Urtheil zu fällen. Denn wie kan einer Richter seyn in solchem Handel, davon er nichts verstehet?

§. 18.

Es theilet sich demnach die politisch-musicalische Lehre von selbst in drey Theile, welche sehr viele Sprossen von sich werffen, und sind auch von verschiedenen gelehrten Leuten vor alters auf diese Weise mehr untersuchet worden, als mancher heutiger Staats-Mann meinen sollte, wovon die Zeugnisse herzusetzen gar zu weitläuffig fallen würde. Plato[5] wuste sehr wol, daß auch in der Music, zur Erhaltung des Staats, etwas nützliches stecke. An einem andern Orte[6] ist schon ein mehrers hievon beigebracht worden, worauf wir uns Kürtze halber beziehen.

§. 19.

Itzund aber liegt dieses Wesen fast gantz unter der Banck, und will niemand seine politische Gedancken auf die Music wenden, weil dadurch dem Kammer-Gute nichts zuwächst, und nur bloß einigen grossen Kleinigkeiten dadurch zu helffen seyn würde, als z. E. dem Lobe des Höchsten in der Kirche; der abgängigen Zucht und Erbarkeit in Schauspielen und öffentlichen *Concerten*; ingleichen den guten Sitten im gemeinen Leben und Wandel. Denn wer bekümmert sich darum? wenn wir nur lange beten und predigen; wenn wir nur eine Menge Zuschauer und Zuhörer bekommen; wenn wir nur von aussen fein höflich scheinen. Das andre mag gehen wie es will.

---

4 Der Jesuit Martin **Martini** erzehlet eine artige Historie von einer durch die Music erretteten Stadt. *Sin. Hist. L. VII. p. 263.*
5 *Haud ignarus in harmoniis aliquid inesse ad rempublicam conservandam utilitatis.* **Plutarch. de Mus.**
6 Im musical. **Patrioten**, *p. 28. 51. 130.*

§. 20.
Der erste Punct, den wir hiebey zu erwegen haben, gehöret unaussetzlich zum geistlichen Regiment, *ad politiam Sacram*, und es lieget einem ieden im Amte stehenden Gottes-Gelehrten, vielmehr dem höchsten Bischofe, *summo Episcopo*, d. i. Regenten und Fürsten, allerdings ob, solche Music und Meister derselben im Hause GOttes zu bestellen, solche Melodien und Sätze gut zu heissen, die den heiligen Zweck nicht entweihen, oder desselben gar verfehlen; sondern die Ehre, so daselbst wohnet, mit Ernst und Lust ausbreiten.

§. 21.
Wollen wir einen grossen Gottesgelehrten haben, dessen Ausspruch dahin gehet, daß unter den Vorboten der Reformation in Teutschland, ohne Zweifel, die eingeführte Verbesserung der Music mit zu zehlen sey, so finden wir denselben am[7] **Wernsdorff** und andern. Verlangen wir einen ausbündigen Rechts-Gelehrten, der die Kirchen-Music für einen beträchtlichen Theil des öffentlichen Gottes-Dienstes hält, so gibt uns **Brunnemann**[8] Bescheid.

§. 22.
Wie soll aber ein Geistlicher hievon urtheilen, wenn er selbst nichts von der Music weiß? Denn ein ieder handelt nach dem Maasse seiner Wissenschafft. Ja, man mögte schier sagen, es sey eine politische Schuldigkeit, keine Diener des göttlichen Wortes zuzulassen, die der Music unerfahren sind: zumahl solche, die es in öffentlichen Schrifften selbst zu bekennen nicht die geringste Scheu tragen, sondern sich vielmehr groß damit halten. Denn, nach dem Zeugnisse des H. **Augustini**, fällt[9] die Unwissenheit in der Music dem rechten Verstande in Erklärung der Schrifft sehr hinderlich.

§. 23.
Ein belesener, und durch seine Schrifften nicht unbekannter Pastor wollte mir einst, auf einer öffentlichen Bibliothec, nicht zutrauen, daß **Augustin** drey Bücher von der Music geschrieben hätte; sondern lachte mich, sowol als der dabeystehende Bibliotecarius, weidlich damit aus; bis ich ihnen beiden den Glauben in die Hand gab. Vieleicht haben diese Herren, deren einer Magister, der andre aber gar Doctor war, nicht wenig ihresgleichen.

§. 24.
Hieher gehöret die Prüfung und Annehmung der Capellmeister, Dirigenten, Cantoren, Organisten, Sänger, Instrumentspieler, Chor-Knaben etc. wovon ein gewisser Preußischer[10] Superintendens, in einer Abhandelung von dem prophetischen Chor, verschiedenes geschrieben hat; wiewol hin und wieder, aus Mangel sattsamer musicalischer Einsicht, etwas irriges mit eingeflossen ist.

§. 25.
Der zweite Theil dieser Lehre begreifft das öffentliche weltliche Musiciren, welches gewiß und wahrhafftig einer grossen obrigkeitlichen Ausbesserung bedarff, falls dasselbe gute Bürger und

---

7   *Non dubitat summe reverendus Wernsdorffius, inter omnia emendandae religionis referre cultiorem Musices in Germaniam invectae usum.* Hecht. in Germ. Sacr. & litter. p. 636.
8   *Musica ecclesiastica est integralis pars cultus ecclesiastici.* Brunnem. de Jure eccles. L. I. cap. 6. membr. 8 No. 1.
9   *Musicae ignoratio Scripturae intellectum impedit.* S. August. T. III. Lib. II. de Doctr. Christi.
10 D. Gottfr. Pauli, *de Choro prophetico.*

tugendhaffte Einwohner machen, und nicht vielmehr zu allerhand Aergerniß, Uppigkeit, sündlicher Galanterie und Verschwendung Anlaß geben soll. Unsre Federn sind zu kurtz; die lange Hand muß es thun.

§. 26.

Die Griechen und Römer, denen wir es doch in der Kunst, Land und Leute zu regieren, nachmachen wollen, waren in diesem Stücke gantz anders gesinnet, als unsrer Regenten einige: denn sie stellten nicht nur weit prächtigere Schauspiele und musicalische Ubungen an, sondern hielten auch darin eine solche vortreffliche Ordnung und Zucht, daß die allervornehmsten Regiments-Personen sich es für eine Ehre rechneten, die Aufsicht darüber zu führen, und alle dazu gehörige Kunst und Arbeit so wol nach den Regeln der gesunden Vernunfft, als auch im höchsten Grad nach den Richtschnüren der Wissenschafft zu untersuchen und zu beurtheilen.

§. 27.

Vor wenig Jahren stand der Hertzog von Neucastle, welcher annoch einer der Ober-Staats-Secretaren von England ist, als Haupt bey den Opern in London, die den Nahmen der Königl. hohen Music-Schule führen. Zween andre Hertzoge, drey Grafen, drey Freiherrn, und dreizehn auserlesene Glieder der Ritterschaft, worunter Obersten, Brigadiers und Generale, lauter Music-Verständige, zusammen 21 Personen, regierten das gantze Wesen[11] rühmlichst. Die Frantzosen sind hierin auch zu loben.

§. 28.

Bey uns Teutschen hergegen sieht sich selten eine obrigkeitliche Würde nach solchen Dingen um, woraus lauter ungezäumte Freiheit und Verwirrung entstehet, und eine an ihr selbst recht gute nützliche Sache, die wahre hohe Schule der Music, im Grunde verdorben, gemisbraucht, verächtlich und fast stinckend gemacht wird. Wir haben Schauspiele[12] ohne Verstand, ohne Geschicke, ohne gute Sitten; zu keinem andern Ende, als unsre Vernunfft an den Nagel zu hängen, oder sie zu schänden.

§. 29.

Hiebey, falls man gesinnet wäre, dem Unwesen zu steuren und eine bessere Ordnung einzuführen, könnten alle Bücher Dienste thun, die Schau- oder Sing-Spielen, von Vermählungen, Begräbnissen und andern feierlichen Begehungen handeln, deren keine ohne Music seyn kan. Wir wollen einige Verfasser solcher Wercke[13] hier unten nahmhafft machen.

§. 30.

Wegen der bey hohen Trauerfällen so unbillig verbotenen Kirchen- und Hochzeits-Musiken sind zwar schon am andern Orte die politischen Reformations-Gründe angezeigt worden; sie haben sich aber seit dem gemehret, und ich will mir die Freiheit ausbitten, dieselbigen alhier kürtzlich zu summiren. 1) GOttes Ehre leidet. 2) der Wolstand desgleichen. 3) Sirach[14] redet nirgend von

---

11 *Treatise of Musick by Alexander* **Malcolm**. *Dedication.*
12 *Operas without skill or Conduct, to no other pur pose, but to suspend or vitiate our Understandings,* Spectat. *n. 552.*
13 *Aubignac, Bertouch, Bacheron, Boursault, Boindin, Bulenger, Brumoy, le Brun, Despreaux, Gallucius, Racine le fils, Scaliger, Stolle, Vitruvius, Porée etc.*
14 *Sir, XXXVIII. Num. XX. Deut. XXXIV.*

einem gantzen Trauer-Jahr, sondern nur von einem paar Tagen, nimt auch die Ursache bloß aus dem Wolstande, und setzt derselben gleich eine wichtigere entgegen. Aaron und Mose wurden 30 Tage beklaget. 4) Die Kunst verlischet. 5) Die Orgel-Wercke verderben. 6) Man kan ja traurig genug musiciren: so wie die Glocken zu Leid und Freude dienen, es braucht deswegen keines Schweigens. 7) Traurigkeit selbst erfordert Aufmunterung und Trost. 8) Mehrentheils ist die Trauer zum Staat, eitel und erdichtet. 9) Kein Mensch hat Nutzen davon. 10) Die Musici verlieren an ihren Einkünfften und Ubungen ein merckliches, und werden hernach desto untüchtiger. 11) Den Hochzeitern ist es eine Tyranney: sie sollen Freude haben; man beraubet sie aber dessen, was GOtt selbst ihnen hertzlich gerne gönnet und gibt. 12) Es läufft wieder den Gebrauch aller Völcker. 13) In hohen Fällen auch wieder die Ehrerbietigkeit, so man dem Nachfolger schuldig ist, über welchen man sich, wenn er gut ist, mehr Ursache zu freuen, als über den verstorbenen lange zu betrüben hat.

§. 31.

Das letzte Stück dieser Lehre ist hiebey wol das wichtigste, weil es nicht nur überhaupt und allein das Wolseyn des gemeinen Wesens, sondern auch eines ieden Mitgliedes Schuldigkeit und gute Aufführung betrifft. Denn, wer einen gantzen politischen Cörper recht in Ordnung bringen will, der muß ohne Zweifel bey den Gliedmaassen anfangen.

§. 32.

Wenn wir die pythagorischen, platonischen und aristotelischen Zeiten ansehen, ja, wenn wir nur die heutigen klugen Chineser[15] betrachten, so finden wir, wie die weisen Leute beider Arten sich in ihrem Haus-Leben, mittelst der Music so trefflich erbauet haben, noch erbauen, belehren und zu allen feinen Sitten aufmuntern. GOtt hat uns, auch unter andern, darum die Music geschencket, daß wir, nächst seinem Lobe, unser Gemüth und dessen Bewegung damit mässigen, und den Leib bezwingen oder in steten Schrancken halten sollen.[16]

§. 33.

Plato hat gemeinet, die Sitten der Menschen änderten sich mit der Music, wenn nehmlich dieselbe verändert würde; **Cicero** aber stand in den Gedancken, wenn die Sitten anders würden, so bekäme auch die Music eine andre Gestalt. Zu unserm Zweck kan beides dienen, und keines ist unrecht. Man ändre Sitten und Music zugleich, daß diese jene, und jene diese nicht verderben. So ist es politisch. **Voßius**[17] hielt dafür, es sey zwar nicht sehr zu befürchten, **doch auch nicht gar aus der Acht zu lassen.**

§. 34.

Es stehet übrigens höchst zu bedauren, daß itzund kein Mensch bey uns zu finden ist, der auch nur wisse, was *Musica moralis* für ein Ding sey. Wenn die Ethic, oder Tugend-Lehre, welche den innerlichen Menschen betrifft, nur wol bestellet wäre; so würde es sich mit der Moral, oder Sitten-Lehre, die auf das äusserliche gehet, auch besser anlassen, und man nicht nöthig haben,

---

15 *Vid. Christian. Wolffii Orat. de Sinar. philosophia, it. Journal des Sçavans, Aout, 1727, p. 443.*
16 *Concessa est Musica nobis à Deo, ad domandum corpus, temperandum animum, & Deum laudandum. Marsil. Ficin. L. I. Epistol.*
17 *Ego autem nec valde timendum, nec plane contemnendum puto. Cum Musica immutatos voluit mores Plato; cum moribus Musicam maluit Cicero. Ger. Ioan. Voss. de Art. popul. C. IV. §. 46.*

die Wissenschafft und Aufführung der grössesten Ton-Meister in solcher mitleidenswürdigen Uneinigkeit zu sehen, daß man die groben Fehler bey der blossen Haushaltung auf eine gantze Mandel berechnen kan.

§. 35.

Aristides Qvintilian und **Theon** von Smyrna sind ein paar Schrifftsteller, welche diese Materie unvergleichlich behandeln: der eine von sich selbst, der andre als ein platonischer Jünger; beide wol werth, daß man sie übersetze, und mit Anmerckungen, die sich auf unsre Zeiten schicken, fleissig und natürlich erläutere: denn sie lassen eine vollkommene Anwendung zu. Mir ist genug, solches angezeiget zu haben.

§. 36.

Und hiemit wäre in aller Kürtze nur der Grund-Riß von derjenigen Staats-Wissenschafft zu Papier gebracht, die mit der Music in allen Ständen, auch so gar im Kriege, zu thun hat. Weit läuffiger zu seyn ist unsers Vorsatzes nicht, obgleich Stoff dazu genug vorhanden ist: indem dieses wenige schon einen gründlichen und deutlichen Begriff von einem wichtigen Stück der Haupt-Sache gibt, der wir hiernächst immer näher treten müssen.

Sechstes Haupt-Stück.
Von der Geberden-Kunst.

§. 1.

Bey Erblickung dieser Uberschrifft dürffte mancher fragen: Wie kommst denn du hieher? So gehet es gemeiniglich, wenn ein Vortrag geschiehet, davon man sonst niemahls was vernommen hat. Wird nicht alles nach dem gewöhnlichen Leisten zugeschnitten, so machen die Leute grosse Augen. Indessen ist die vorhabende Lehre von den Geberden, mit ihrem Kunst-Wort, **Hypocritica** genannt, nicht nur sehr alt, sondern so uralt, daß sie gantz neu zu seyn scheinet.

§. 2.

Cassiodorus[1] schreibet hievon also: Unsre Vorfahren haben die Geberden-Kunst mit dem Nahmen der stummen Music beleget, weil man bey geschlossenem Munde nur die Hände und gewisse Leibes-Stellungen solche Dinge für sich reden läßt, die kaum mit der Zunge, oder mit geschriebenen Worten so deutlich gegeben werden mögten.

§. 3.

Ob nun gleich die **Pantomimen**, welches Leute waren, die alles durch blosse Geberden, ohne Singen oder Reden, vorstelleten, nicht mehr gebräuchlich sind; so siehet man doch hieraus, daß die Stellungs-Kunst allerdings mit zur Music gehöret, und sowol noch heutiges Tages, als vor Alters, ein Haupt-Stück derselben ausgemacht hat und noch ist: unangesehen man sie bey uns mit Gesang und Klang ausübet und vergesellschafftet.

---

1 *Hanc partem Musicae mutam nominavere majores, quae ore clauso manibus loquitur, & quibusdam gesticulationibus facit intelligi, quod vix narrante lingua aut scripturae textu possit agnosci.* Cassiodor. Lib I. Variar. Epist. 20. de Pantomimis. conf. Luc. de Penna, in l. si qua in public. 4. cap. spectacul. l. u.

§. 4.

Die Beschreibung dieser Hypocritic (welche Fab. **Qvinctilian** die Chironomie, d. i. die Wissenschafft der Hand-Geberden nennet) oder vielmehr ihre Zergliederung gibt uns der gelehrte **Doni** sehr genau und ausführlich; nicht zwar, was ihre Nahmens-Bedeutung oder die blosse Wortforschung betrifft, sondern was sie eigentlich für Theile in sich fasset, wenn er[2] saget: Sie sey, so zu reden, ein abgeleiteter Zweig und Gesencke von der Rhythmic oder abgemessenen Bewegungs-Kunst, woraus drey andre entspringen, nehmlich die rednerische Sprosse, welche die Leibes-Wendungen anweiset; die histrionische, welche zu den Schauspielen gehöret, und weit stärckere Geberden erfordert als jene; und die Tantz-mäßige, welche von allerhand Schritten und Sprüngen handelt.

§. 5.

Was aber die eigentliche Bedeutung des Wortes Hypocritic, welches mehr, als Chironomie, begreifft, alhier betrifft, so kan man dieselbe leicht aus folgendem Satze abnehmen. *Hypo* heisset unter, und *Crisis* eine Beurtheilung, da einer seine Gedancken unter anständiger Leibes-Stellung zu beurtheilen gibt. Wenn aber Hypocrisis überhaupt eine Verstellung andeutet, so nehmen wir dieselbe hier in gutem Verstande, nicht als eine übelgemeinte Anmaassung oder Heucheley, sondern als eine geschickte Leibes-Stellung, die mit artigen anständigen Geberden und Minen zu thun, **unter** welchen offt die grösseste **Urtheils**-Krafft stecket, und ohne welche keine eintzige Verrichtung in der Welt recht Art, oder einen gehörigen Nachdruck haben kan. Denn alles, was geredet wird, ist nur ein Schatten der That, und die Action behauptet den ersten, mittlern und dritten Platz in der Rede[3].

§. 6.

Demosthenes und **Cicero**, die beiden grössesten Redner, haben sich eigene Lehr-Meister in dieser Geberden-Kunst gehalten, indem der erste bey dem **Satyro, Andronico** und seinem Spiegel, der andre aber bey dem **Roscio** und **Aesopo**, als Schauspielern, in die Schule gegangen. **Socrates** selbst hielt die Chironomie hoch, und **Plato** zehlte sie unter die bürgerlichen Tugenden. Sie hat auch wircklich mehr Nachdruck als alle Worte. Die unerfahrnesten, der gemeine Mann, die Ausländer werden dadurch beweget. Worte rühren niemand, der die Sprache nicht verstehet; scharffsinnige Sprüche schicken sich nur für scharffsinnige Köpffe; aber wolangebrachte Minen begreiffet iedermann, auch die zarten Kinder, bey welchen weder Worte noch Schläge so viel ausrichten, als ein Blick. Die Lateiner nannten solches die **Action**, und das obgenannte beste Muster lateinischer Beredsamkeit[4] sagt, sie herrsche gantz allein in der Rede-Kunst; ohne sie gelte der höchste Redner nichts, und wer nur mittelmässige Wissenschafft von der Action habe, könne offt die stärcksten Redner übertreffen, und es ihnen zuvorthun. Und welch Wunder ist es? Worte haben nur die Zunge zum Werckzeuge; Geberden aber haben ihren Beistand an allen Theilen des Leibes.

---

2 *Hypocritica est Rhythmicae quodammodo tradux, ternas in species propagata; oratoriam nempe, quae corporis flexiones ac gestus ostendit; histrioniam quae actuosior est, & orchesticam s. saltatoriam quae saltationum omnes species tractat. I. B. Doni de Praestant. Veter. Mus. p. 79.*
3 *Efficaciae multo majoris est quam ulla vox esse possit. Pancirol. de Actione.*
4 *Tertio de Oratore. Conf.* **Talaeus** *in praeceptis rhetoricis, Christoph* **Milaeus** *L. IV. univ. Histor. it. Pancirol. de reb. deperd. L. I. p. 136-139. Plutarch, de liber. educ. it. de 10. Orator.*

§. 7.

Wir lassen billig ungesagt, was aus obigen dreien Sprossen oder Abtheilungen der Hypocritic für ein Werck erwachsen würde, falls man alles vorbringen wollte, was dahin gehöret. Meines wenigen Erachtens begreiffen sie eine gantz grosse, nützliche und schöne Wissenschafft, so daß dieselbe (ob sie gleich von einigen für verlohren gehalten werden will) wol ein eignes Buch zur Wieder-Aufsuchung verdiente.

§. 8.

Dieses Orts werden wir inzwischen nur so viel davon in die Rechnung bringen, als zu unserm vorgesetzten Zweck dienlich ist: Denn, wer eben kein Redner, kein Schauspieler, kein Täntzer von Profession werden will, darff zwar dergleichen Lehren nicht als ein Hauptwerck ansehen; doch wird niemand wiedersprechen können, daß nicht, wenn man es reifflich erweget, ein grosses Stück der Music, die ja eine Klang-Rede ist, darin stecke, und daß, wer nur immer den Nahmen eines wahren Ton-Meisters behaupten will, wo nicht mehr, wenigstens überhaupt einen deutlichen Begriff davon haben müsse; er mag als ein Liebhaber, um wol zu urtheilen, oder als ein Künstler, um wol zu spielen, zu singen und zu setzen, angesehen werden wollen.

§. 9.

Wie offt geschiehet es nicht, daß z. E. ein Componist, der des Schau-Platzes, der Spieler | und Täntzer Eigenschafften nicht kennet, für welche er doch was setzen will oder muß, durch üble Einrichtung seiner Arbeit dem Acteur nicht nur sehr wenig Gelegenheit zur Action gibt (welches doch die Haupt-Sache ist) sondern ihm dieselbe Gelegenheit, aus lauter Unwissenheit der Geberden-Kunst, wol gar abschneidet? Ein gleiches und ein mehres kan man auch von den übrigen sagen.

§. 10.

Etwas weniges demnach von obigen dreien Abtheilungen anzuführen, dürffte also nicht undienlich seyn, und da setzen wir zum Grunde, daß nicht leicht iemand die nahe Verwandschafft zwischen der Ton- und Rede-Kunst in Zweifel ziehen werde. Die alten Redner haben auch ihre besten Regeln aus der Music hergenommen, sowol in Ansehung der Geberden, als in Erhöhung und Erniedrigung der Stimme, wovon **Qvinctilian** allein Zeugnisse genug gibt. Ich will aber doch, als etwas sonderliches, ein kleines Verzeichniß[5] solcher Urschreiber unten anhängen, die von diesem Zusammenhange in ihren Wercken hin und wieder gehandelt haben.

§. 11.

Nun scheinet es zwar, daß sich in der Kirche nur die Herren Prediger den Artickel *de gestibus* allein ausbedungen haben; würde es aber so schlimm seyn, wenn auch die singende oder spielende Chor- und Concert-Redner ihren Worten, durch anständige Leibes-Stellungen, einen Nachdruck zu geben wüsten? Ohne Geberden kan man doch nichts thun, wie gesagt worden, und wol

---

5   *Aristides Quintil. L. I. c. 3. de Mus. Aristoteles L. IV. de part. anim. c. 10. Arnobius L. II. contra gent. Athenaeus L. I. Dipnosoph. Cassiod. L. I. Variar. Cicero L. III de Oratore. Diomedes Gram. L. III. Euclides, Bacchius etc. de Harmon. Homerus in hymno ad Apoll. Juvenalis Sat. V. VI. cum not Grangaei. Martial. L. V. ep. 80. Meletius Piga in epistol. Christoph. Milaeus L. IV. univ. histor. Nazianz. c. 8. Philostrat. in Icon. Pindarus Ode IV. Plutarch in Vit. 10. Orator. F. Quinctilianus, P. I. Instit. c. 10. Seneca L. III. de ira, Audom. Talaeus in praecept. rhetor. Val. Max. L. II.*

zehnmahl gesaget zu werden verdienet; obgleich nicht eben allemahl Hände und Füsse dabey bewegt werden dürffen.

§. 12.

Es wäre zu wünschen, daß wenn ja keine rechte geschickte *gestus*, übel eingeführter Gewohnheit halber, Statt finden wollten, nur zum minsten keine gantz-ungeschickte und übelanständige, oder kaltsinnige und gleichgültige Minen dabey vorfallen mögten: woran es leider! so wenig fehlet, daß offt die ernsthafftesten und heiligsten Sachen mit einer frechen Stirne plaudernd, lächelnd, tändlend abgesungen und hergespielet werden, so, daß sich andächtige Zuhörer sehr daran ärgern.

§. 13.

Ich habe mancher, mancher Passions- Trauer- und Begräbniß-Music mit beigewohnet, da es zu meinem grössesten Verdruß lauter Schertz und Gelächter gesetzet hat; auch hinwiederum manchem erfreulichen Danck-Feste, da es auf Zanck, Zorn und Wiederwillen ausgelauffen ist. **Abraham von St. Clara**[6] vergleicht solche ungeberdige Sänger und Spieler, die im Hause GOttes ohne Verstand, ja ohne Ehrfurcht, zu Wercke gehen, mit Simsons Löwen, der seinen Honig nie schmeckte. **St. Bernhard**[7] aber lieset ihnen einen schärffern Text, wenn er einen solchen Un-Leviten folgender Gestalt redend einführet.

§. 14.

„Mit dem Leibe bin ich auf dem Chor; mit dem Hertzen habe ich andre Geschäffte vor; das göttliche Wort singe ich zwar daher; aber auf den Sinn desselben gebe ich gar keine Acht; mein Gemüth flattert hin und her, die Kleidung hängt los am Leibe als wenn sie darauf geschlagen wäre; die wilden Augen werffe ich bald hie bald dort hin, um alles auszuspähen was geschiehet. Ach! wehe mir, daß ich eben an dem Orte sündige, wo ich die Sünde büssen und bereuen sollte." So viel von den geistlichen Acteurs.

§. 15.

Gehen wir aus der Kirche in die Kammer, so finden sich da gleichfalls bey den *Concerten* sehr wunderliche und allerhand ungeziemende Stellungen, die bisweilen nicht die geringste Gemein|schafft mit den Sachen oder Worten haben. Trifft man noch bey dieser oder jener Person das Ding an, welches die Frantzosen *le bon air* nennen, so ist es ein sonderbares Glück; Das andre aber, welches *le bon gout* heisset, suchet man mehrentheils vergeblich. Sie kommen mir vor, wie Leute, denen es nur um die Füllung des Magens, und nicht um den niedlichen Geschmack zu thun ist.

§. 16.

Kan wol ein aufmercksamer Zuhörer zum Vergnügen beweget werden, wenn man ihm beständig einen Lerm mit dem Tactschlagen, es sey der Füsse oder der Arme, erreget? Wenn er ein Dutzend Geiger vor sich siehet, die keine andre Verdrehungen des Leibes machen, als ob sie böse Kranck-

---

6 Im dritten Theil des so genannten **Ertz-Schelms** *p. 103.*
7 *Cap. XXXIII. de interno dono: In choro sum corpore, & in aliquo negotio sum corde; aliud canto, aliud cogito; psalmodiae verba profero, & psalmodiae sensum non attendo, sed mente vagus, habitu dissolutus, oculis attonitus, huc & illuc prospiciens, quaecunque ibi geruntur, perlustro & perspicio. Vae mihi! quia ibi pecco, ubi peccata emendare debeo.*

heiten hätten? Wenn der Clavierspieler das Maul krümmet, die Stirne auf und nieder ziehet, und sein Antlitz dermaassen verstellet, daß man die Kinder damit erschrecken mögte? Wenn viele bey den Wind-Instrumenten ihre Gesichts-Züge so zerreissen oder aufblehen (wobey die Lippen zur Qveer-Flöte nicht auszuschliessen sind) daß sie solche in einer halben Stunde hernach mit Mühe wieder in die rechten Falten und zur natürlichen Farbe bringen können?

§. 17.

Wie denn eben diese Blase-Zeuge das Unglück haben, daß sie dem Angesichte schlechten Vortheil schaffen: Darum auch von der **Minerva** gedichtet wird, daß sie die Pfeiffe oder Flöte weggeworffen; und vom **Alcibiades** ist aus den Geschichten bekannt, ob er gleich sonst ein ungemeiner Liebhaber der Music gewesen, daß er dennoch, aus angeführter Ursache, das Flötenspiel gehasset habe. Die Viol da Gamba hätte ihm vermuthlich besser gefallen sollen: Denn es ist doch, nächst der Laute, wol kein Instrument, dabey man eine feinere Leibes-Stellung machen könnte. Darum lieben auch die Frantzosen beide Werckzeuge vor allen andern, indem ihre starcke Neigung zum *bon air* offt so weit gehet, daß der Zwang sie lächerlich macht. So leicht kan man hierin zu wenig und zu viel thun.

§. 18.

Kommen wir vom Spielen ans Singen, o! da geht der Jammer erst recht an. Man betrachte die Frantzösischen Sänger und Sängerinnen, mit welcher Inbrunst sie ihre Sachen vorbringen, und fast allemahl dasjenige wircklich bey sich zu empfinden scheinen, wovon sie singen. Daher kömmt es auch, daß sie die Leidenschafften der Zuhörer, zumahl ihrer Landsleute, sehr rege machen, und durch ihre Geberden und Manieren ersetzen, was ihnen sonst an gründlichem Unterricht, an Festigkeit, oder an der Stimme abgehet.

§. 19.

Die Welschen treiben es hierin noch weiter, als die Frantzosen; ja, bisweilen gehen jene ein wenig gar zu weit: Wie sie denn schier in allen ihren Unternehmungen gern über die Schnur hauen und das äusserste lieben. Indessen findet man doch bey ihnen offtmahls das Wasser in den Augen, wenn sie etwas wehmüthiges vorbringen; und hergegen, bey erfreulichen Dingen, lachet ihnen gleichsam das Hertz im Leibe: denn sie sind sehr zärtlich von Natur.

§. 20.

Von der ehmahls berühmten italienischen Sängerinn, **Leonora**, wird[8] berichtet, daß sie gesungen *avec une pudeur asseurée, avec une genereuse modestie & avec une douce gravité*, d. i. mit einer gesetzten Schamhafftigkeit, großmüthigen Bescheidenheit und angenehmen Ernsthafftigkeit. Ihre Seuffzer hatten nichts lüsternes, ihre Blicke nichts unverschämtes; sondern alle ihre Geberden waren der Wolanständigkeit eines keuschen Frauen-Zimmers deutliche Merckmahle.

§. 21.

Nur allein die kaltsinnige Teutschen, ob sie gleich durch drey wichtige H. nehmlich **Händel**, **Heinichen** und **Hasse**, den Welschen ihr grosses musicalisches Vermögen vor Augen geleget haben, setzen einestheils ihr grössestes Verdienst darin, daß sie bey kläglichen sowol, als bey

---

8 *Traités divers de l'hist. moral. d'eloquen. Paris. 8. 1672. sous le titre: Discours sur la Musique d'Italie etc. par Mr. Maugars.* Dieser war *Prieur de St. Pierre de Nac, Interprete du Roi en Langue Angloise etc.*

frölichen Gemüths-Neigungen, davon etwa ihr Gesang handeln mag (wenns noch am besten bestellet ist) einmahl just so wie das andere fein steiff und unbeweglich aussehen, ihre Cantate, als eine Cantate, als ob es ihnen gar kein Ernst um den Inhalt wäre, gantz ehrbar und stramm daher singen, und sich um den Ausdruck oder die rechte Meinung derselben nicht das geringste bekümmern, ja die Absicht der Worte das zehntemahl kaum verstehen oder recht einnehmen: wie die Exempel davon bey Mei|stern und Schülern täglich auffstossen. Es ist noch eine Gnade, wenn sie nicht, andern Theils, bey vorwährenden Pausen, mit ihren Nachbarn schwatzen, tändeln oder spotten; sollte auch die Materie, wovon sie singen, der höchsten Aufmercksamkeit würdig seyn. Und daher kömmt es unter andern, daß die Music ihrer Krafft und Wirckung beraubet wird.

§. 22.

Die Meinung mit dieser gantzen Wissenschafft zielet dahin, daß Geberden, Worte und Klang eine dreifache Schnur machen, und zu dem Ende mit einander vollkommen übereinstimmen sollen, daß des Zuhörers Gemüth beweget werde: denn wer eine Uberschrifft über das Bildniß der Ton-Kunst verlangte, dem könnte man fürs erste keine bessere, als diese geben: *Laudando & Commovendo.* d. i. Was GOtt ein Lob erregt, und unser Hertz beweget. Zum musicalischen Patrioten-Pfennige diente die Erfindung schon, wenn auf der andern Seite eine Apollos-Harffe mit den Worten stünde: *Discordia Concors.* d. i. Verschiedenheit in Einigkeit, wie auf dem Titel dieses Wercks zu sehen.

§. 23.

Der Schau-Platz gibt uns noch ein viel grösseres Feld voller dienlichen Betrachtungen hierüber an die Hand: denn die Sing-Bühne in den Opern ist der eigentliche Sitz und die rechte hohe Schule für allerhand Geberden: Daher auch *hypocrita* eigentlich einen Schauspieler im Grunde bedeutet, als der eine gewisse andre Person, die er selbst nicht ist, vorstellig macht; woraus hernach, im bösen Verstande, ein Heuchler mit eben demselben Nahmen beleget worden: weil dieser im Ernst so handelt, als jener zur Lust.

§. 24

Zur Tantz-Kunst ist die Hypocritic so unentbehrlich, als die Füsse selbst es sind. Ein Componist, der von Täntzen nicht zu urtheilen weiß, ob sie z. E. dem choraischen oder hyporchematischen Styl angehören, deren Unterschied[9] mehr in den Stellungen, als in den Schritten, Wendungen oder Sprüngen bestehet, wird dabey sehr zu kurtz kommen: Denn er muß mit seinen Noten fast den ersten Anlaß, entweder zu poßierlichen oder zu ernsthafften Geberden geben. Und zwar zu allerhand Arten derselben.

§. 25.

Deswegen denn auch in dramatischen Sachen die Tantzmeister gerne selber ihre Melodien machen, wie solches von einem gründlichen Meister[10] in seinem hievon recht gut geschriebenen

---

9 S. *Orchestr. II. p. 126. 131. 136.* ingleichen *Calliach. de ludis scenicis p. 90.* Die Nahmen weisen selber, daß unter den choraischen **gemeine** Reihen-Täntze, unter den hyporchematischen hergegen **hohe** und künstliche Ballette zu verstehen sind.
10 **Gottfr. Tauberts** rechtschaffener Tantzmeister. *p. 1004. sq.* woselbst auch vorher *p. 299. & 375.* von hohen und niedrigen Täntzen, *de la haute & basse Danse*, sehr wol gehandelt wird.

Buche selbst gestanden wird; oder sie entlehnen auch einige dazu, die bereits von andern gemacht und gut befunden worden sind: weil es die wenigsten heutigen Componisten, aus Mangel hypocritischer Wissenschafft, recht treffen können.

§. 26.

Vom **Lully** lesen wir, daß er alle seine Acteurs, Actricen, Täntzer und Täntzerinnen in dieser Geberden-Kunst, d. i. in der Action selber unterrichtet, und damit gnugsam bezeiget habe, daß es zu dem Amt und Wesen eines vollkommenen Capellmeisters mit gehöre, hierin was rechtes zu verstehen. Mir selbst ist ehmahls, bey meiner funfzehnjährigen dramatischen Arbeit, aufgetragen worden, einige Personen in diesem Stücke zu belehren, welches noch vieleicht etlichen erinnerlich seyn dürffte.

§. 27.

Wir haben oben, im Haupt-Stücke von der Geschichts-Kunde, und auch bereits vor einigen Jahren im musicalischen Patrioten, eines artigen[11] Büchleins gedacht, so den Nahmen führet: *il Teatro alla Moda*, der allemodische Schau-Platz, oder das neugebackene Opern-Haus. Aus demselben wollen wir ein Paar hieher gehörige Stellen verteutschen, und dereinst die völlige Übersetzung sothaner satyrischen und nützlichen Schrifft auf eine oder andre Art zu befördern beflissen seyn.

§. 28.

„Die Action, heißt es, mag der Schauspieler nach seinem eignen Dünckel nur einrichten, indem doch der heutige Virtuose nicht das geringste von dem Sinn der Worte verstehen darff, und sich daher überall um keine anständige Geberden oder Bewegungen des Leibes zu bekümmern nöthig hat; dafern er bloß seinen Auf- und Abtritt an derjenigen Seite nimt, da die vornehmste Sängerin sich sehen läßt.

§. 29.

Soll er einen Gefangenen oder Sclaven vorstellen, so muß er sehr geschmückt erscheinen, ein trefliches Feier-Kleid, hohen Federhut, einen Degen an der Seite, und doch dabey lange glänzende Ketten tragen, die er offt hin und wieder zu rütteln und zu schütteln wissen wird, um die Zuschauer zum Mitleiden zu bewegen.

§. 30.

Muß er sich auf dem Schau-Platz in einen Zwei-Kampff einlassen, und bekommt etwa eine Wunde im Arm; so schadet es doch nichts, wenn er gleich mit dem verwundeten Arm, in aller Freiheit, seine Geberden fein lieblich fortsetzet: und sollte es das Spiel mit sich bringen, daß irgend Gifft trincken müste, so singe er nur getrost seine Arie mit dem Becher in der Hand immer weg, kehre denselben so offt und vielmahl um, als er will, ungeachtet die Leute wol sehen, daß nichts darin ist.

§. 31.

Er lege sich auf etliche gewisse, besondere Drehungen, es sey mit der Hand, mit dem Knie oder

---

11 Es enthält 72. *Octav*-Saiten, ist in Venedig, doch ohne Nahmen und Zeit gedruckt; der Verfasser hat es dem Verfertiger zugeschrieben; wiewol ich unter der Hand versichert worden, daß es von dem berühmten **Marcello** herrühre.

mit dem Fusse, deren er sich Wechsels-Weise in iedem Schauspiel, einer nach der andern, ordentlich bis zu Ende bedienen kan.

§. 32.

Soll er sich erstechen, und derjenige, der es hindern muß, käme nicht zu rechter Zeit, mag er ihn getrost herbey ruffen und mit dem Stoß so lange warten, bis er anlanget. Zögert aber jener, so stehet diesem frey, einen guten Fluch darauf zu setzen, und Scheltworte zu gebrauchen.

§. 33.

Soll er sich zu Pferde setzen, so nehme er ja in Acht, daß er zur rechten Seite aufsteige, und wie die Achsa vom Esel, zur lincken wieder herunter purtzle. Wer verliebt seyn soll auf dem Theatro, der sehe ja fein gravitätisch drein; und wer zornig werden muß, der lege die Hände in den Schoß, oder nehme sich in die Arme, so wird iedermann sehen, daß es ihm nicht ums Hertze, sondern daß er viel zu fromm sey" etc. etc.

§. 34.

Daß nun die Music nicht nur den singbaren Klang, sondern auch die Aussprache der Rede und die dabey nöthigen Geberden von ie her unter ihrer Beherrschung und unter ihrem Vorsitz[12] gehabt habe, und noch haben muß, ist bereits dargethan, und kan mit dem **Plato**, **Macrobius**, **Livius**, **Lucian**, unter den neuesten aber mit den klugen Schrifften des **Rollins**, bestätigt werden.

§. 35.

Der letztgenannte sagt hievon also: Zur Music gehöret auch die Geberden-Kunst[13], welche die Schritte und Stellungen sowol des eigentlichen Tantzens, als des gewöhnlichen Ganges, samt den Stellungen, die man bey einer öffentlichen Rede zu gebrauchen hat, anzeiget und lehret. Kurtz, die Music begriff die Kunst, gantze öffentliche Rede-Ubungen, die mit dem Singen nichts zu thun hatten, in Noten zu bringen und aufzuschreiben, damit durch solche schrifftliche Noten sowol der Klang der Stimme im Reden, als die Zeit-Maasse und Bewegung der Geberden eingerichtet würden: welches eine bey den Alten sehr gebräuchliche Kunst war, die uns aber gäntzlich unbekannt ist. So weit **Rollin**.

§. 36.

Solche Geberden anzuordnen und in Noten zu bringen, nannte man auf Griechisch *Orche|sin*, und *Saltationem* auf Lateinisch. **Plato**[14] bekräfftiget, daß diese Kunst in der Nachahmung aller Geberden und Bewegungen bestanden, die nur von Menschen ersonnen werden können. Daher muß man das Wort *Saltatio* hier nicht auf das blosse Tantzen einschräncken; sondern es viel-weiter ausdehnen, nehmlich auf die Einrichtung aller und ieder Geberden sowol bey den Schauspielern, als Rednern und andern Personen, die etwas vortragen, sie haben Namen wie sie wollen.

---

12 *Corporis motui sua quaedam tempora – non minus saltationi quam modulationibus adhibet RATIO MVSICA numeros.* Quinctil. l. c.
13 *L'art du geste, qui enseigne les pas & l'attidude, soit de la Danse proprement dite, soit de la marche ordinaire, & les gestes qui doivent être employés dans la Declamation: enfin la Musique renfermoit l'art de composer & d'ecrire en notes la simple Declamation, pour regler par ces notes tant le son de la voix que la mesure & les mouvemens du geste, art fort usité chez les anciens, & qui nous est absolument inconnu.* Rollin Hist. anc. T. XI. p. 159.
14 *Lib. VII. de Leg. p. 814.*

§. 37.

Es waren ehmahls eigene Schulen dazu bestellet, wo die Jugend in solchen Geberden mit grossem Fleisse unterrichtet wurde: nicht darum, daß sie wie Tantzmeister oder Gauckler sich auffführen; sondern nur eine angenehme Stellung und ein ungezwungenes Wesen bey allerhand Verrichtungen und Vorfällen an sich nehmen sollten. **Qvinctilian** berichtet, daß dieser Gebrauch sehr alt und noch, bis zu seinen Zeiten, ohne Tadel im Schwange gewesen sey.

§. 38.

Wenn ein Comödiant zu Rom nur eine eintzige Mine machte, die keine Art hatte oder sich nicht schickte, lachte und pfiff man ihn aus. Eben hauptsächlich wegen dieser Minen-Wissenschafft bekam der berühmte **Roscius** jährlich einen Gehalt, der sich auf 25000 Thaler[15] belieff: Ja, er machte sich dadurch so beliebt, daß er täglich 500 Marck[16] (nach Lübeckischem Gelde zu rechnen) allein für seine Person empfing, ohne daß er seinen Gehülffen das geringste davon abgeben durffte. **Aesopus**, mit dem Zunahmen **Clodius**, gewann damit solchen Reichthum, daß er seinem Sohn zwo Millionen[17] und fünffmahl hundert tausend Marck nachließ: grössesten Theils, weil er es in der Geberden-Kunst vor allen hoch gebracht hatte, ohne welche niemand ein guter Redner, geschweige denn ein Operist seyn kan.

§. 39.

Man achtete dieselbe Geschicklichkeit so hoch, daß sie auch ohne Worte die Zuschauer rührte, wie aus vielen Exempeln, da ein Schüler die Worte ausgesprochen, und sein Meister die Leibes-Stellungen dazu gemacht, ingleichen mit den Pantomimen zu erweisen stehet, als welche ebenfalls mit zur Music gehörten; obgleich eben nicht auf die löblichste oder nützlichste Weise.

§. 40.

Diese Ertz-Nachahmer, die Pantomimen, redeten kein Wort, liessen auch kein Wort durch andre dazu sprechen oder singen; sondern spielten allerhand Stücke, gantze Geschichte und Handlungen mit blossen Geberden, daß iedermann sie verstehen konnte: offt mehr als zu wol, denn sie machten es zu grob. Unter dem Kaiser **August** kamen dieselben Künstler zuerst auf, und sollen sie viel zur Verderbung der reinen römischen Sitten beigetragen haben. Ihr Gesicht war immer verlarvet; aber an ieder Finger-Spitze hatten sie gleichsam eine eigne[18] Zunge.

§. 41.

Die Zuschauer wurden offt dadurch zum Weinen[19] beweget; man muste sie aber endlich aus Rom[20] verbannen: weil das Volck gar zu sehr in sie verliebt war, und aus ihren Versammlungen Gelegenheit zu allerhand Aufwiegelungen nahm. Solche Vertreibung der Pantomimen geschah unter **Tiberius**: hernach kamen sie zwar wieder; musten iedoch abermahl unter **Nero**, und einigen andern Kaisern die Stadt räumen: wiewol nur auf kurtze Zeit. Z. E. **Domitian** jagte sie fort; **Nerva** ruffte sie zurück, ob er gleich einer von den klügsten Kaisern war, und es dem Volcke zu Gefallen that.

---

15 *Plin. Lib. VII. c. 39.*
16 *Macrob. Saturn. L. II. c. 10.*
17 *Id. ibid.*
18 *Cassiodor. variar. Lib. IV. Epist. 51.*
19 *Lucian. in Orchesi.*
20 *Tacit. Annal. L. IV. c. 14.*

Von der Geberden-Kunst.

§. 42.

Was hierüber alles beizubringen wäre, solches fassen unsre Blätter diesesmahl nicht: daher es fürs erste bis zu einer beqvemern Gelegenheit versparet werden muß. Unsre vorgesetzte Schrancken und bevorstehende ziemlich weitgreiffende Arbeit lassen nicht zu, dieses sonst artige Thema weiter auszuführen, und insonderheit zu zeigen, wie die Erkenntniß der Minen bey den vorzu|stellenden Personen offtmahls eine Mutter guter musicalischer Erfindungen seyn könne, wovon vieleicht weiter unten, wenn von der Erfindung eigentlich gehandelt werden wird, noch eins und anders vorkommen dürffte.

§. 43.

Denn gleichwie die Mahlerey, deren fünfftes oder vornehmstes Wesen die Stellung ist, für ein stummes Gedichte, nach dem Ausspruche des **Horatz**, **Plato**, **Aristoteles** etc. genug thut; *(mutum est pictura poema)* also müssen hergegen alle Sing-Gedichte redende, ja klingende Gemählde seyn: dabey die Worte statt der Zeichnung, die Tone aber als ein **Coloris** dienen.

§. 44.

Damit auch der Leser nicht dencken möge, es wären lauter alte Historien (und was ist doch besser) mit der Geberden-Kunst; es sey dieselbe, wie **Pancirollus** und sein Ausleger, der Syndicus **Salmuth**, vorgeben, gantz und gar verlohren: so müssen wir, wegen des letztern, einem ieden diesen Unterschied hiemit zu Gemüthe führen, daß zwar die Notirung, wodurch sothane Kunst in Zeichen und Schrifften ehmahls verfasset worden, heutiges Tages in der alten Gestalt nicht mehr, die Sache aber selbst annoch in ihrer Natur in voriger und unvergänglicher Krafft auf solche Weise vorhanden ist, daß wer sich nur auf diese recht befleissigen wollte, jene leicht wieder zum Stande oder zu Papier bringen könnte.

§. 45.

Wegen des erstern, da man das Alterthum verächtlich beschuldigen will, kan man der Welt solche gantz neue Wercke unsrer besten und berühmtesten Ton-Meister[21], dafür die neidischen Welschen selbst viel Hochachtung haben, vor Augen legen, darin Gänge, Schritte, Blicke und Gegenblicke, als lauter natürliche Handlungen und persönliche Geberden, bald auf eine ergetzliche Art, doch natürlich, und zum Gesange Erfindungs-reiche Weise, bald mit mehr Ernsthafftigkeit dermaassen nachdrücklich und geschickt vorgebildet werden, daß sie immer neue Gelegenheit zum musicalischen Ausdrucke geben können. Und zwar Trotz allem so hochgepriesenen Alterthum! Ja, so gar die unvorsichtige, flatternde Lichtmücke, wovon sonst die Italiener sehr viel halten, darff mit ihren sonderbaren Drehungen oder Wendungen, so wie in ihrem gantz kurtzen Leben, auch in diesem Geberden-Stück bey einem Componisten gar nicht müssig seyn: worüber ein Nachdenckender schon weitere Betrachtungen anzustellen wissen wird.

§. 46.

Conti, der grosse, aber auch **unglückselige** Ton-Künstler, ehmahls Kaiserl. *Vice*-Capellmeister, ein in seiner Wissenschafft vortrefflicher Mann, von dessen *Fatalitaeten* ich bey dieser Gelegenheit einige glaubwürdige Nachricht zu geben nicht umhin kan, war in solchen Abbildungen der Geberden durch musicalische Noten (wo ist denn der Kunst-Verlust?) ungemein erfahren, und

---

21 Z. E. **Heinichen** in seiner alten und neuern Anweisung.

seine Einfälle führen auf dem blossen Papier fast eben die ergetzliche Wirckung mit sich, als ob man mit Augen allerley lächerliche, lebendige Posituren vor sich sähe.

§. 47.
Die Hochachtung, so ich für dieses ungemeinen Virtuosens Verdienste, als Ton-Meister, trage, und die ein ieder, der solche Verdienste recht einsiehet, mit mir hegen wird, samt dem hertzlichen Mitleiden, so ich über sein Unglück und grosse Sitten-Schwachheit empfinde, werden mich entschuldigen, daß ich hier einschalte den folgenden

§. 48.
Auszug eines Briefes aus Regensburg, vom 19. *Oct.* 1730.
„Am 10. September ist zu Wien der Kaiserliche *Compositore di Musica*, *Francesco Conti*, vermöge des, von dasigem *Consistorio* über ihn erkannten Kirchen-Bannes, vor die Thür der Cathedral-Kirche zu St. Stephan gestellet worden. Es hatten zwar Ihro Kaiserl. Maj. aus angebohrner höchsten Milde, das dreimahlige Stehen auf eines gesetzet; nachdem sich aber der Mann das erstemahl, im Gesichte vieler hundert Personen, sehr übel aufgeführet, als ist derselbe den 17. Sept. zum andernmahl, vor obgedachte Kirch-Thüre, in einem langen, härenen Rock, so man ein Buß-Kleid nennet, zwischen zwölff Rumor-Knechten, die einen Kreis um ihn geschlossen, mit einer brennenden schwartzen Kertze in der Hand, eine Stunde lang gestellet worden; desgleichen auch am 24. *dito* geschehen soll. Seine Speise ist Wasser und Brodt, so lange er unter der geistlichen Obrigkeit stehet; nach Ubergebung aber an die weltliche soll derselbe **dem von ihm geschlagenen Geistlichen** 1000 Gülden Schmertzen-Geld, und noch alle Unkosten bezahlen, sodann vier Jahr auf dem Spiel-Berge sitzen, und nachgehends auf ewig aus den Oesterreichischen Landen verwiesen werden: dieweil er, als er zum erstenmahl vor der Kirch-Thüre gestanden, eine so grobe und ärgerliche Unverschämtheit gebraucht. (d. i. dieweil er seine **Geberden-Kunst** auf das ärgste angewandt hat). Vorgemeldter **Hoff**-*Compositeur* ist darum zu solcher Straffe verurtheilet worden, daß er an einen **weltlich-Geistlichen** gewaltthätige Hand geleget, und selbigen mit vielen Schlägen übel tractiret hat. Es ist folgendes Epigramma auf ihn gemacht worden:

> *„Non ea Musa bona est, nec Musica, composuisti*
>   *Quam* Conti, *tactus nam fuit ille gravis:*
> *Et Bassus nimium crassus, neque consona clavis:*
>   *Perpetuo nigras hinc geris ergo Notas."*

§. 49.
Für solcher schäd- und schimpflichen Geberden-Kunst wird sich ein ieder Componist auf das beste vorzusehen haben; doch sich inzwischen nicht die Rechnung machen, ob gehöre diese Materie allein zu theatralischen Dingen: denn es bleibt einmahl für allemahl dabey, daß alles, was in der Welt einen Nachdruck haben soll, gewisser maassen auf theatralischen Regeln beruhen müsse. Man mercke dieses wol, weil auch so gar die Bestrafung der übelangewandten Geberden-Kunst, oder so genannten blauen Schrifften, das völlige Ansehen eines Schau-Platzes bey obiger Geschichte gewinnet.

§. 50.
Und endlich, wenns um und um kömt, so wird es derjenige, welcher sich nicht auf einem guten musicalischen Schau-Platz, d. i. in auserlesenen Opern-Auffführungen, recht tapffer umgesehen

hat, nimmer in der Setz-Kunst hoch bringen. Man glaube dem, der es vor Jahren mehr, als ihm lieb ist, hat erfahren.

Siebendes Haupt-Stück.
Vom mathematischen Verhalt aller klingenden Intervalle.

§. 1.

Dieses Stück harmonicalischer Wissenschafft und Beschaulichkeit wird mit seinem Kunst-Nahmen **Canonica** genennet. *Canon* aber, davon das Wort herkömt, heisset eine Regel oder Richtschnur, in Griechischer Sprache. Wir wollen es die Eintheilungs-Lehre der Klänge nennen.

§. 2.

Es ist aber diese Eintheilung bloß nach dem äusserlichen Maasse und Verhalt zu verstehen, den ein Klang mit dem andern hat, und man bedienet sich dabey, als Hülffs-Mittel, der Zahlen und Linien, in Vorbildung der verschiedenen Klänge, nach ihrer abgemessenen Grösse; überläßt aber dem Gehör einig und allein, von deren Wol- oder Ubel-Laut ein Urtheil zu fällen.

§. 3.

Der Raum nun, welcher sich solcher Gestalt zwischen zweien oder mehr Enden abgemessener Klänge befindet, die einen gewissen Verhalt mit einander haben, heisset eigentlich ein **Intervall**. Wovon weiter unten eine weitere Erklärung vorkommen wird. §§. 39 *sqq*.

§. 4.

Die in Zahlen oder Linien vorgebildete Intervalle sind also hier die Materie; ihre abgemessene Grösse ist die sichtbare Form, und der Wol- oder Ubellaut ist der canonische Zweck: von welchem die *Canonic* aber selbst nichts wissen oder fest setzen kan. Wenn iedoch dieses Ziel auf eine und andre Art erhalten worden, so heißt es die[1] **Harmonic**, und das Gehör bleibt immer der Richter in den mannichfältigen Stuffen des Wol-Klanges oder Mis-Lauts.

$\frac{41}{42}$

§. 5.

Weil ferner solche Eintheilung und Abmessung auf einem gewissen dazu erfundenen und bestimmten Werck-Zeuge, oder einsaitigen Instrumente, vorgenommen wird, welches auch ein *Canon* heisset, so beköm̃t die *Canonic* eine desto grössere Wurtzel ihres Nahmens.

§. 6.

Ein Verhalt ist diejenige Beschaffenheit, welche die Enden und *termini* verschiedener gemessenen Klänge gegen einander aufweisen, die man auch sonst *rationem* nennet. Die Enden sind so zu reden die Gräntz-Puncte eines Intervalls, bey welchen man solches abzumessen anfängt und

---

[1] *Nobilior ac potior portio Harmonica, cui Canonicam adjungemus, quae arcta illi affinitate conjuncta est. I. B. Doni de Praest. vet. Mus. p. 77. Harmonica est illa, quae discernit inter sonos gravem & acutum. Beda in Mus. quadr. s. Mensur.* Die Harmonic ist der edelste Theil canonicalischer Wissenschafft, indem sie, nebst den Klängen und Intervallen, auch die Klang-Geschlechter und Ton-Arten, samt andern dahin gehörigen Dingen, begreifft und erweget.

aufhöret, sie mögen gesetzet werden, wie und wo sie wollen. Wenn aber das eine Intervall mit dem andern verglichen wird, das sollte nur eigentlich eine Proportion, ein Verhalt genennet werden; dahingegen sich die *ratio* von den beiden Enden eines eintzigen Intervalls sagen läßt. z. E. Wie sich verhält 1 gegen 2, so verhalten sich 2 gegen 4 u. d. gl. das ist eine Proportion. Wenn ich aber spreche: die Octave bestehet, nach ihrer Form, in 1 = 2, das ist *ratio*, oder Maasse.

§. 7.

Demnach sind hiedurch diese vier Dinge deutlich unterschieden: ein Intervall oder Zwischen-Raum; die Termini oder Enden desselben; eine Proportion oder Verhältniß; und eine Ration oder Maaß: welche bisher häuffig unter einander geworffen, und in der Lehr-Art mit einander vermischet worden.

§. 8.

Sothane Intervalle, ihre Enden, ihr Verhalt und Maaß, lassen sich nun in der Harmonic nicht besser abbilden oder vorstellig machen, als durch Zahlen und Linien: weil jene bey Darlegung einer ieden Grösse unentbehrlich sind; diese aber eine sonderbare Gleichheit mit den Saiten haben. Und darin bestehet, meines Erachtens, der **grösseste** Nutz und **vornehmste** Gebrauch solcher Hülffs-Mittel in der Ton-Kunst, nehmlich: daß sie zu erkennen geben, wie sich die Klänge, wenn man sie sehen könnte, in ihrer Form und Gestalt gegen einander verhalten würden.

§. 9.

Ich bemercke hier mit Fleiß den **grössesten** Nutzen und **vornehmsten** Gebrauch der Zahlen und Linien in unsrer vorhabenden Wissenschafft: denn die Linien dienen auch, bekannter maassen, zum Notenschreiben; die Zahlen aber in der Rhythmopöia und Rhythmic, wovon weiter unten; sie dienen zu einigen Beschaulichkeiten; zur Eintheilung und Stimmung gewisser klingenden Werckzeuge; zum äusserlichen Unterschiede der Klang-Geschlechter und Ton-Arten, samt dessen mathematischem Beweise; gegen und wieder diejenigen, welche desfalls auf dem unrechten Wege sind; und endlich dienen die Zahlen nicht wenig zur Bezieffrung des General-Basses, welcher Dienst nicht zu verachten ist.

§. 10.

Dazu dienet die Canonic, Logistic, Harmonic, Auflösungs-Kunst etc. Dazu sind diese mathematischen Hülffs-Mittel in der Music nöthig und nützlich; aber sie machen kaum den funfzigsten Theil der völligen, rechten und ächten melodischen Wissenschafft und Setz-Kunst, welche eigentlich gantz und gar nichts mit der[2] Harmonic zu thun hat: denn diese ist eine Bedürffniß der Orgel- und Instrumentenmacher; kein Grund der Sing- Spiel- oder Setz-Kunst. Die genauesten *Canonici* geben gemeiniglich die elendesten Sänger, Spieler oder Setzer ab, indem sie sich nicht scheuen, Circkel und Linial für Schwert und Wage in der Composition auszugeben, welches eine rechte mathematische Abgötterey ist: zumahl in Ansehung der strengen Themis.

§. 11.

Kurtz: die gantze harmonicalische Rechne- und Meß-Kunst, wenn wir auch gleich die Algebra mit einschliessen, kan allein nicht einen eintzigen tüchtigen Capellmeister hervorbringen; dahingegen unsre allerbesten Componisten schwerlich iemahls, ihrer schönen Arbeit halber,

---

2 *Ad Harmonicam proprie Symphoniurgia non spectat. I. B. Doni, de Praest. vet. Mus. p. 121.*

einen **Maaß-Stab in die Hand genommen haben werden**. Das kan ein ieder festiglich glauben: ohne mich deswegen einen **gewaltigen Sprecher** zu nennen.

§. 12.
Nachdem wir also das Wesen samt dem Nutzen der klangmessenden Kunst kürtzlich und aufrichtig vor Augen geleget haben, wird derselben Anwendung und Ausübung uns erstlich zu betrachten geben, daß eine Linie oder Zahl, die mit einer andern verglichen werden soll, in Betracht derselben entweder auf **gleichem**, oder **ungleichem** Verhalt beruhen müsse.

§. 13.
Ist die Verhältniß **gleich**, so fällt weiter nichts dabey zu erinnern vor: denn die Gleichheit braucht keiner Eintheilung. Ist sie aber **ungleich**, so thun sich unzehliche Gattungen solcher Ungleichheit hervor; davon wir doch, zu unserm Vorhaben, nur drey gebrauchen: nehmlich die **reine**, die **übertheilige** und **übertheilende** Verhältnisse der Ungleichheit.

§. 14.
Der **reine Verhalt** wird *ratio multiplex* genannt, und zeigt sich, wenn z. E. eine grosse Zahl, die mit einer kleinern verglichen wird, dieselbe kleinere nicht nur einmahl, sondern **vielmahl gantz** in sich fasset, nehmlich zweimahl, dreimahl, viermahl u. s. w. Daraus entstehen die Benennungen: doppelt, dreifach, vierfach etc. Und wenn eine Zahl, Linie, Saite oder Figur sich gegen einer andern auf solche Weise verhält, so ist es ein[3] **reiner Verhalt**. Man betrachte folgende Linien, deren eine dreimahl so lang ist, als die andre: so hat man ein Beispiel in diesem Stücke. Sie können auch wie 2-1 halbirt werden.

```
                         2.
3. |_____|_____|_____|
              1.
1. |_____|
```

§. 15.
Der **übertheilige Verhalt** (*ratio superparticularis*) hergegen ist, wenn eine gewisse Linie oder Zahl, indem sie mit einer kleinern verglichen wird, solche kleinere **einmahl gantz**, und noch darüber einen **besondern** Theil derselben in sich fasset. Nach der Grösse nun dieses besondern Theils bekömt sodann der Verhalt seinen **übertheiligen**[4] Zunahmen. Macht der **Ubertheil** just die Helffte aus, so heißt es *ratio sesquialtera*, d. i. (wenn ich so reden darff) die anderthalbe Maasse; hat der **Ubertheil** nur ein Drittel vom Gantzen, so ist es *ratio sesquitertia*; enthält er nur ein Viertel, so wirds *ratio sesquiquarta* u. s. w.

§. 16.
Man sehe folgende Linien zum Beispiel an, da ist die obere **anderthalbmahl** so lang, als die untere, und macht *rationem sesquialteram*:

```
3. |_____|_____|_____|

2. |_____|_____|
```

---

3 Er heisset deswegen **rein**, weil, wenn man eine Zahl durch die andre theilet, nichts übrig bleibet, sondern alles **rein** aufgehet.
4 Er heißt deswegen so: weil nach angestellter **Theilung, ein Theil überbleibet**.

hingegen ist von den nächsten beiden Linien die obere nur um ein **Drittel** länger, als die untere: woraus *ratio sesquitertia* entstehet:

4. |————|————|————|————|

3. |————|————|————|

Wenn aber die obere Linie, oder Saite, nur um ein **Viertel** länger ist, als die untere, so thut sich derjenige **übertheilige** Verhalt hervor, dessen Gattung *sesquiquarta* genannt wird, wie hier zu sehen ist:

5. |————|————|————|————|————|

4. |————|————|————|————|

§. 17.

Die dritte vorhabende Haupt-Verhältniß heisset die **übertheilende**[5], (*ratio superpartiens*) und bestehet darin, daß die lange Saite die kleinere **gantz**, und noch dazu **etliche Theile** derselben, begreiffe. Als z. E. wenn man 15 mit 9, oder 5 mit 3 vergleichen will, ist | es *ratio super bis partiens tertias*, weil die $\frac{3}{9}$ gantz, und noch **darüber zwey Drittel** von $\frac{3}{9}$, nehmlich $\frac{2}{6}$, in der Zahl oder Linie $\frac{5}{15}$ stecken.

$\frac{43}{44}$

15. |————|————|————|————|————|————|————|————|————| 5.

9. |————|————|————|————|————|————| 3.

Zu mehrer Deutlichkeit wollen wir noch eine Gattung dieser **übertheilenden** Verhätnisse hersetzen, und zwar nur in den Wurtzel-Zahlen, die ein ieder leicht weiter ausdehnen kan, und das soll die *ratio super tri partiens quintas* seyn, damit man sich einen Begriff von diesen kauderwelschen mathematischen Benennungen mache: sintemahl, wenn wir 8 mit 5 vergleichen wollen, die 5 gantz, und noch **darüber drey Fünfftel**, in der 8 befindlich sind; das bedeuten die Worte: *tri quintas*. Und so mit den übrigen.

8. |————|————|————|————|————|————|————|————|

5. |————|————|————|————|————|

§. 18.

Diese Eintheilungen erstrecken sich sonst, wie leicht zu erachten, bis ins Unendliche hinein; aber nicht bey unsrer Klang-Maasse: denn die hat ihre gesetzte Schrancken, wie wir bald sehen werden. Und da bisher nur von zehlen und messen die rede gewesen ist, unsre Absicht aber dennoch auf die wircklichklingenden Intervalle gerichtet bleibet, so wollen wir hiernächst zum sinnlichen Beweise, das ist, zu einer gewissen Ausübungs-Art schreiten, und obige so genannte *rationes*, samt ihren Angehörigen, durch das Urtheil nicht nur der Augen, sondern vornehmlich der Ohren bekräfftigen.

---

[5] Sie wird deswegen so genennet, weil nach der Theilung **mehr, als ein Theil übrig bleibet.**

§. 19.

Denn, wenn man sich die Mühe nimmt, einen Versuch herüber anzustellen, so können alle nur ersinnliche klingende Intervalle, nach Maaßgebung obiger drey allgemeiner Verhältnisse, deren Gattungen alle, auf solche Art hier zu verzeichnen, viel zu weitläuffig fallen würde, nicht nur deutlich und handgreifflich vor Augen geleget, sondern auch, mittelst wircklicher Berührung der Saiten, dem Richter-Spruch des Gehörs unterworffen werden.

§. 20.

Hiezu bedienet man sich eines gewissen Werckzeuges und Klang-Messers, von den Frantzosen *Sonometre*, sonst **Monochordon** genannt, d. i. **der Einsaiter**, weil es eigentlich nur eine eintzige Saite erfordert, welche man, nach allen benöthigten Verhältnissen, eintheilet und abmisset. Zwar werden bisweilen mehr Saiten aufgezogen, damit man einen gantzen Arcord machen könne; allein wir nehmen sie nur für eine an, so lang sie alle, wenn sie bloß oder frey sind, nur einerley Klang führen.

§. 21.

Dieses hölzerne Gefässe, so etwas zween Fuß lang und einen halben breit (auch wol grösser) seyn kan, wird theils als ein plattes Bret, theils als ein holes Kästlein verfertiget, und auf seiner obern Fläche mit Papier beklebet, worauf man die Verhältnisse abzeichnet und eintheilet. Dazu gehören einige kleine Steglein oder Unter-Sätze von Holtz, oben mit einem dünnen Messings-Drat beleget, die an Ort und Stelle, wo die Theilung seyn soll, unter die Saiten gesetzet, und allenthalben nach Erfordern hin und hergeschoben werden können, als wodurch dieselbe gleichsam so lang oder so kurz, als man will, abzumessen sind, und den gesuchten Verhalt im Klange hören lassen, wenn man sie anschlägt, es sey mit dem Finger oder einem Feder-Kiel.

§. 22.

Wollen wir demnach erfahren, was es eigentlich heisse und bedeute, wenn gesaget wird, es verhalte sich der **Einklang** wie 1 gegen 1, nehmlich in gäntzlicher **Gleichheit**, so theilen wir die Saite des Klangmessers (wenn deren nur eine vorhanden) mit dem Circkel und setzen ein Steglein, mit seinem Kunst-Nahmen **Magas** genannt, in zween gleiche Theile auf den Mittelpunct der Theilung, unter die Saite, so daß selbige darauf, als etwa eine Brücke auf ihrem Joche, beqvem ruhe und fest anliege; alsdenn ist die Absonderung dadurch schon geschehen, und wenn man die solcher Gestalt getheilte Saite auf beiden Seiten des erwehnten Stegleins anschläget, wird die eine Helffte eben solchen Klang von sich geben, als die andre. Da ist die völlige **Gleichheit**, und gar kein Intervall oder Zwischen-Raum vorhanden.

Unisonus, in ratione *aequali* 1-1. 2-2. 3-3. etc. etc.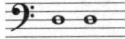

$\frac{44}{45}$

§. 23.

Was also von mangelhafften und übermässigen *Unisonis* hin und wieder vorgebracht werden will, ist ein Wiederspruch mathematischer Wahrheiten. Denn wo kein Intervall ist, da kan weder Vergrösserung noch Verkleinerung statt finden. Weil nun der **Ein-Klang** keinen Zwischen-Raum kennet, so ist er auch des Mangels sowol, als der Ubermaasse[6], gantz unfähig.

---

6 S. die kleine General-Baß-Schule *p. 220. sq.*

§. 24.
Alle Intervalle aber, die sich nur möglicher Weise zwischen dem *Unisono* und der Tertz erdencken oder *notiren* lassen (wie wir denn dergleichen nur zwischen oder innerhalb den Gräntzen des grossen halben Tons allein über ein gantzes Dutzend zu Papier bringen können) sind, überhaupt zu reden, lauter Secunden, obgleich verschiedener Gattung, und gehören zu den Intervallen. Nun verführt aber die Notenschreiberey, nehmlich die Linien und ihre Räume, manchen, der nicht weiter denckt, als er sieht: da doch diese Zeichen oder Noten deswegen kein Gesetze in der Harmonic geben können, weil sie nur **Mittel** sind, unsre Gedancken auszudrücken, nicht aber **Gründe**, die etwas beweisen sollten. *Argumenta*, heißt es bey guten Vernunfftlehrern, *non a mediis, sed a principiis deducenda sunt.* D. i. Man muß seinen Beweis nicht von den Mitteln, sondern aus den Grund-Sätzen herholen. So viel vom **gleichen Verhalt**, welcher sonst in dem Klang-Messen keinen andern Nutzen hat, als bey Betrachtung des **Ein-Klangs**: der eigentlich keines andern Messens bedarff, als nur in so ferne ein Ding in zween gleiche Theile zerleget wird.

§. 25.
Unter den **reinen Verhältnissen** stehet die **doppelte** oben an, und dienet gleichfalls nur zur Abmessung eines eintzigen und des vollkommensten Intervalls. Denn in ihr sehen wir ein Bild der Octav oder des[7] Acht-Lauts, der sich in seinen Enden oder Gräntz-Puncten verhält wie 1 gegen 2.

§. 26.
Will ich nun sehen und hören, ja greiffen und fühlen, wie sich das **doppelte** Wesen im reinen Verhalt hervor thue, und den Acht-Klang zu wege bringe; so läßt sich die Probe davon (wie von allen andern) auf dem Monochord nach zweierley Art machen, nehmlich entweder mit einer, oder mit zwo Saiten. Hat man nur eine Saite, so wird dieselbe hiebey in **drey** Theile abgesondert. Denn 1 und 2 geben drey, welches als eine Ursache dieser Abtheilung angeführt wird, und bey den übrigen ebenfalls, nach Maaßgebung der zusammen genommenen Wurtzel-Zahlen, Statt findet. Zween von diesen Theilen läßt man frey, das Stegelein aber wird an dem Ort, wo der dritte Theil anfängt, unter die Saite geschoben. Schlage ich nun die zwey Drittel der Saite gegen das eine Drittel derselben an, so läßt sich das gesuchte Intervall hören.

§. 27.
Sind aber zwo Saiten da (welches allemahl besser ist) die in einerley Stimmung stehen, alsdenn lasse man die eine derselben ungetheilet, trenne hergegen die andre durch das Stegelein recht in der Mitte, so wird eine iede Helftte dieser letzten, gegen jener gantzen und blossen Saite, die Octav angeben; doch im tieffern Ton, als bey dem vorigen Versuch mit einer eintzigen Saite.

§. 28.
Wie sich inzwischen 1 gegen 2 verhält, so verhalten sich auch 2 gegen 4, 4 gegen 8 u. s. w. Das heißt eigentlich eine Proportion oder Vergleichung. Und das ist auch der gantze Nutz der *rationis multiplicis*, oder des **reinen** Verhalts in der *Canonic*. Denn bey Untersuchung der doppelten, drey- und vierfachen Octaven, darff man nur 1 gegen 4: 1 gegen 8: 1 gegen 16 halten und

---

[7] Also genannt, weil die zwischen den beiden äussersten diatonischen Klängen befindliche Sechs mit jenen Acht ausmachen.

Vom Verhalt der Intervalle.

abmessen, so findet sich alles richtig und **rein**. Daher ist der Acht-Klang das allervollenkommenste Intervall, und leidet, ohne Mislaut, keinen Abbruch, wie doch alle andere (den kleinen Ton ausgenommen) durch die Temperatur thun: eben um den Mislaut zu vermeiden. Hier gehet alles **rein** auf und bleibt kein Bruch übrig. Daß aber die Octaven mit ihrem griechischen ursprünglichen Kunst-Nahmen **Diapason**, d. i. über alle, genennet werden, und daß hiernächst die doppelten, drey- und vierfachen Intervalle dieser Gattung, Disdiapason, Trisdiapason etc. heissen, wird hiebey zu bemercken nicht undienlich seyn; wiewol man von den drey- und vierfachen | Octaven deswegen kein griechisches Ansehen aufweisen kan, weil sich die Klang-Leiter damahls noch nicht mit so vielen Stuffen versehen befand.

$\frac{45}{46}$

Octava, in ratione multiplici, 1-2. 2-4. etc.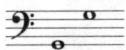

§. 29.

Der nächste Zusammen-Klang, so in der Maaß-Ordnung vorkömmt, heisset eine Qvint, d. i. ein **Fünff-Klang**, wegen der drey zwischen beiden Enden liegenden und mit denselben fünff ausmachenden Tone. Dieses Intervall ist schon im **übertheiligen Verhalt** befindlich, nehmlich wie anderthalb gegen ein Gantzes, oder wie 3 gegen 2. Will ich nun hievon auf einer eintzigen Saite den Beweis hören, so nehme ich 2 und 3 zusammen, und theile meine Saite in eben so viel, d. i. in fünff Theile, lasse zween dieser Theile auf der einen, und drey auf der andern Seite des am gehörigen Ort fest untergeschobenen Stegeleins, so gibt die grösseste Länge den Grund, die kürtzere aber den Ober-Ton des Fünff-Lauts an, nehmlich eine reine und völlige Qvint. Ich sage wolbedächtlich von einer reinen und völligen Qvint; denn wenn alle Qvinten in der Ausübung rein und völlig gestimmet werden sollten, so würde alles unrein und gebrechlich klingen.

§. 30.

Nimmt man zwo Saiten, welches ich immer rathen will, so bleibet deren eine bloß, frey und ungetheilt, da sie denn für drey gerechnet wird; von der andern Saite ziehet man hergegen, mittelst des auf den abgemessenen Punct untergeschobenen Stegeleins, ein Drittel ab, als etwas, so für diesesmahl nicht gebraucht wird, läßt denn darauf die zwey übrigen Drittel gegen jene gantze Saite hören; so stellet sich ebenfalls eine Qvint ein; wiewol im gröbern Ton, weil die Saiten länger sind, als beym vorigen Versuch. Nach diesem Maaß wäre denn die Qvint rein; aber, wie gesagt, nach der Temperatur kan sie es nicht seyn. Und so hat man von den übrigen zu urtheilen.

§. 31.

Wie wir nun angefangen haben, die Kunst-Wörter der Intervalle bey den Octaven anzudeuten, so wird am besten seyn, daß wir damit fortfahren, so weit als sie nehmlich reichen. Denn die wenigsten unsrer heutigen Intervalle haben ursprünglich-griechische Benennungen. Die Qvint heisset inzwischen deswegen **Diapente**, d. i. **über fünf**, weil sie fünf diatonische Klänge begreifft, davon die beiden äussersten, als Enden, hauptsächlich vernommen werden.

Quinta, in ratione superparticulari. n. sesquialtera. 2-3.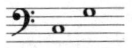

§. 32.

Wie sich nun 2 gegen 3 verhalten, so verhalten sich auch 4 gegen 6 u. s. w. Daher man bey Untersuchungs-Proben der doppelten und mehrfachen Qvinten nur 2 gegen 4; --2 gegen 8 etc.

halten und abmessen darff. Welches hier zum Uberfluß noch einmahl erinnert: künfftig aber, um nicht weitläuffig zu verfahren, unterbleiben wird.

§. 33.

Wir betrachten hier die klingenden Intervalle mehr nach ihrer äusserlichen Gestalt und Grösse, als nach ihrer innerlichen Eigenschafft und Tugend: daher soll es unverfänglich seyn, wenn wir gleich den Wol-Laut und Gebrauch derselben etwas hintan setzen, und bloß nach der Meß-Ordnung mit der Qvart alhie fortfahren. Wem beliebt, der mag dieses Intervall den **Vier-Klang**[8] nennen; ich bediene mich dieser Wörter nur zu mehrer Deutlichkeit.

§. 34.

Der Qvarten-Verhalt ist wiederum **übertheilig**, wie $1\frac{1}{3}$ gegen 1, oder wie 3 gegen 4, alwo die erste Grösse von der andern nicht nur völlig, sondern noch um ein Drittel mehr begriffen wird. Solches nun auf dem Klang-Kasten zu zeigen, und zwar mittelst einer eintzigen Saite (indem der | Verhalt noch ziemlich deutlich ist) theile man sie in so viel Theile, als 3 und 4 zusammen machen, nehmlich in sieben; lasse vier zur lincken, und drey zur rechten Hand des Stegeleins, oder umgekehrt, alsdenn wird, wenn der Grund-Klang etwa *g* seyn sollte, der obere ohnfehlbar *c* seyn.

§. 35.

Will ichs mit zwo Saiten versuchen (dabey man doch allzeit versichert bleiben muß, daß sie beede gantz genau in einem Tone stehen, und gleiche Länge haben) so rechne ich die eine gantze Saite für vier, steche auf der andern, oder vielmehr unter derselben, drey solcher Theile mit dem Brücklein ab, so werden diese drey und jene vier eine richtige[9] Qvart angeben; man schlage sie zugleich oder bald hinter einander an. Das letzte ist das beste, und eben darum haben wir die Ausdrückung der Intervalle in Noten auch lieber auf solche Weise hier anstellen wollen. Die Griechen nannten diese Qvart **Diatessaron**, *per quatuor sc. chordas*, durch vier Saiten gehend.

Quarta, *in ratione* superparticulari, *n.* sesquitertia, 3-4.

§. 36.

Unser Vorsatz führet uns nun auf die Tertzen, und zwar erstlich auf die grosse, welche **Ditonus** heisset und sich ebenfalls im **übertheiligen** Verhalt befindet, iedoch in einer andern Gattung desselben, nehmlich wie $1\frac{1}{5}$ gegen 1, oder wie 4 gegen 5. Solche Beschaffenheit der Klänge nun, man schlage sie mit- oder nach einander an, auf einer Saite vorzustellen, theile man dieselbe in neun Abschnitte, lasse vier davon zur rechten Hand des Steges, und fünf zur lincken, berühren, oder umgekehrt; so läßt sich die grosse Tertz deutlich vernehmen.

---

8 Dieses neuen Worts, und einiger vorhergehenden wegen sollte ich zwar billig um Verzeihung bitten, wenn gleich ein Vier-Fürst sich meiner Sache annehmen wollte; allein ich sehe nicht, warum uns dergleichen, in wissenschafftlichen Dingen zu machen mehr, als andern Völckern, insonderheit den Engländern verdacht werden könne, die da schlechtweg sagen: *the Fifth etc.* so lange man weiß, was dadurch angedeutet werde.

9 Dieser Verhalt 3--4 bleibt immer derselbe, es mag die Qvart bedeckt, als Consonantz, oder bloß, als Dissonantz angesehen werden: denn von diesem Unterschiede wissen Circkel und Linial gar nichts; die Augen eben so wenig; nur die Ohren alleine thun hiebey den Ausspruch.

Vom Verhalt der Intervalle.

§. 37.

Will ichs auf zwo Saiten versuchen, so muß die blosse oder freie für 5 Theile angesehen werden, und den Grund-Klang oder das untere Ende des Intervalls darstellen; auf der andern Saite aber steche ich ein Fünfftel, als dieses mahl unbrauchbar, davon ab, daß nur vier nachbleiben, die angeschlagen werden: alsdenn geben diese **vier** Theile zu jenen **fünfen** der gantz blossen Saite auch eine grosse Tertz zu vernehmen: so daß, wenn beide Saiten z. E. ins *c* gestimmet wären, die durch das Stegelein um ein Fünfftel verkürtzte nothwendig wie *e* klingen müste.

Tertia major, in ratione superparticulari, sesquiquinta. 4-5.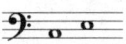

§. 38.

Die kleine Tertz hat die nächste Stelle in der Zahl-Ordnung, und ist, in den Verhältnissen dieses **übertheiligen** Geschlechts, nach der canonicalischen Meß- und Rechne-Kunst, das letzte Intervall, dessen beide Enden sich zeigen wie $1^{1}/_{6}$ gegen 1, oder wie 5 gegen 6. Wer diese klingende Verwandtschafft mit einer eintzigen Saite beweisen wollte (welches schon mühselig und mislich wäre) müste 11 Theile daraus machen, nehmlich 5 und 6 zusammen genommen: welches hier doch zum letztenmahl erinnert werden soll. Sechs blieben denn etwa zur lincken, als in der Tiefe, und fünf zur rechten, als in der Höhe. Wiewol solches gleichviel gilt, und wir auch offt die Zahlen vertauschen; nicht ohne Ursach.

§. 39.

Will es iemand auf zwo Saiten versuchen (wie wir denn bey dieser beqvemsten Weise fernerhin bleiben wollen) der nehme oder halte die blosse Saite für 6 Theile, und ziehe von der andern gleich-langen und gestimmten, durch Unterstellung des Steges, ein Sechstel ab, daß daselbst nur fünf zum Anschlage übrig bleiben, so gibt die gantze, freie Saite das untere Ende, *sonum vel terminum gravem*; die verkürtzte aber das obere Ende, *sonum vel terminum acutum*, einer kleinen Tertz zu vernehmen, und das heissen wir die beiden Enden eines klingenden Intervalls oder **Zwischen-Raums.** z. E. *a-c*

Tertia minor, in ratione superparticulari, sesquisexta. 5-6.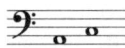

§. 40.

Daß diese kleine Tertz, von den Lateinern, **Semiditonus** genannt wird, beweiset schon aus dem Zwitter-Nahmen, daß die alten Griechen nichts von ihr gewust haben, indem ihr Verhalt nur kurtz vor Christi Geburt vom **Didymo** entdecket worden. Und hiemit würde sich unser Griechisch gar endigen; wenn nicht noch ein Paar kleinere Intervalle, die billig vorhergehen sollten, hinten nach kämen.

§. 41.

Indessen haben wir hier nicht nur einen Anfang gemacht, unsrer Zusage, so im dritten §. dieses Haupt-Stückes befindlich, eine Genüge zu leisten; sondern wir wollen dieselbe, betreffend die weitere Erklärung eines Intervalls, hiemit zu Ende bringen: weil sich doch die **übertheilige** Verhältnisse der klingenden Stuffen nicht weiter erstrecken, als auf 8 Intervalle, Qvint, Qvart, grosse und kleine Tertz, gantze und halbe Tone; welches ich hier desto ehender bemercken muß, weil es sonst noch niemand gethan hat, und weil es, nebst dem folgenden, einen klärern Begriff von der *Canonic* gibt.

§. 42.

Solchemnach ist offt angeführter Zwischen-Raum, sonst Intervall genannt, auf Griechisch **Diastema**, eine Stimmweite, genannt worden, weil dadurch angedeutet wird, wie weit die eine Klang-Stuffe von der andern entlegen ist. Wenn aber alle und iede gebräuchliche Intervalle in ihre richtige Ordnung gebracht, oder verzeichnet waren, hieß man es ein **Systema**, d. i. einen wolverfaßten Zusammenhang: wie man denn noch immer dieses Wort von allen Staats- und andern Sachen, die eine abgemessene Einrichtung haben, und einen völligen Plan darlegen, häuffig gebraucht.

§. 43.

Die zwischen den beiden Enden eines solchen Intervalls liegende Klang-Stuffen werden zwar allemahl mitgezehlet; aber nicht allemahl mitgehöret; sondern offt **über**hüpffet; daher ich auch das *dia* lieber durch **über**, als durch irgend ein anders Wort, habe übersetzen wollen. Nimmt man die Zwischen-Stuffen aber mit, im Singen oder Spielen, nach der Reihe, so werden daraus zusammen gesetzete Intervalle, als da sind: *octava composita, bis, vel ter etc.* welches diejenigen zu ihrem Unterricht wol mercken mögten, die ein **verdoppeltes** Intervall von den **zusammengesetzten** nicht zu unterscheiden wissen, weil sie in der *Canonic* unbeschlagen sind.

§. 44.

Man sollte nicht glauben, wie viel Aufmercksamkeit zu diesen Dingen erfordert wird, wenn man bey ihrem Vortrage nichts auslassen, nichts überflüßiges hinsetzen, und dennoch auch nicht undeutlich werden will.

§. 45.

Wie nun zu der **reinen** Verhältniß-Art oder Geschlecht kein anders Intervall, als die eintzige Octave, mit ihren Töchtern gehöret, und zu der **übertheiligen**, wie gesagt, nur die Qvinte, Qvarte und beide Tertzen samt den Tonen und halben Tonen gezogen werden können; also zehlet man die noch übrigen zwey wolklingende mit allen andern hartlautenden Intervallen, oder Dissonantzen, in Ansehung ihrer Form, zur dritten Classe in der Zahl-Lehre, nehmlich zu dem **übertheilenden** Verhalt, *ratio superpartiens* genannt, wo der Uberschuß mehr, als einen Theil, beträgt. Nur, wie gesagt, die Secunden ausgenommen.

§. 46.

Die grosse Sext hat hier den Vortritt; ihr Verhalt ist **übertheilend**; den Tertzen, Qvarten und Qvinten nicht gleich; von einer solchen Art, wie $1^2/_3$ gegen 1, oder wie 3 gegen 5. Bey solcher Bewandtniß nimmt man seine blosse Saite für fünf Theile an, sticht auf der andern drey Fünfftel ab, schlägt denn diese drey gegen jene fünff an: so ist die Sache klar. Denn ich setze den Fall, daß die gantze Saite ins *c* gestimmt wäre, müste denn nicht die um zwey Drittel verkürtzte, und sonst in allen Stücken gleiche, nothwendig wie *a* klingen? Versucht es!

Sexta major, in ratione superbispartiente tertias: 3-5.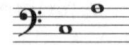

§. 47

Hier höret unsre alte Nomenclatur auf, oder nimmt vielmehr nur einen Anstand, weil sie hernach noch wieder zum Vorschein kömt. Das Wort *Hexachordon*, womit sich einige Verfasser schleppen, ist viel zu jung, und reicht nicht an die Jahre ihrer Väter oder Vorfahren. Es ist nach

Aretins Zeiten, oder vieleicht von ihm selbst neu gebacken worden, und man verstund | dadurch den verderblichen Plan[10] der sechs Sylben. Die alten Griechen nannten iedoch die Sexten Diatessaron mit dem Ditono, oder Diapente mit dem Ton, welches Flickwerck genugsam weiset, daß sie nur die grosse, nicht aber die kleine Sexte brauchten, weil ihnen die Natur des Tones oder der Secunde vor **Didymo**, einfolglich auch die Gattungen der Tertzen, unbekannt waren.

§. 48.

Das letzte unter den wol-lautenden Verhältnissen ist endlich die kleine Sext; ihre Maasse ist **übertheilend**, wie der vorhergehenden grossen Sext und aller nachfolgenden Intervallen, deren etliche gar hart lauten, und beweisen, daß die innerliche Beschaffenheit dieser Dinge sich nicht nach der äusserlichen Gestalt beurtheilen lasse, und daß alle canonicalische Ursachen hier nicht zureichen. Die Form des Verhalts bey der kleinen Sext ist wie $1^{2}/_{5}$ gegen 1, oder wie 5 gegen 8: da die achte Zahl die fünffte gantz, und noch drey Fünfftel darüber begreifft. Man nehme nun hiebey seine blosse Saite für acht Theile an, und ziehe von den andern drey solcher Achtel richtig ab, daß ihrer fünf nachbleiben, so müssen diese 5 gegen jene 8 eine deutliche kleine Sext angeben.

Sexta minor, in ratione supertripartiente quintas, 5--8.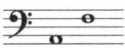

§. 49.

Wenn wir nun fortfahren, und eben aus Achtung für die Grössen, Linien und Zahl-Lehre, nach ihrer bestmöglichsten Ordnung, die kleine Septime, weil sie einen deutlichern d. i. **in wenigern Theilen bestehenden** Verhalt hat, als die grosse Septime (wie diese denn auch herber klinget, als jene) billig vorangehen lassen; so stehet dahin, ob die Zieffer-Herren nicht vieleicht uns, und ihren eignen Regeln, hiebey wiedersprechen dürfften: denn sie setzen gemeiniglich die grosse Septime oben an, 8–15; ungeachtet 5–9, als der kleinen Verhalt, einen leichtern Begriff geben, und also vorgehen müssen. Hergegen kehrt sichs, wie wir bald sehen werden, bey den halben Tonen just um, falls wir die harmonicalische Reihe einigermaassen beibehalten. Diese sieht so aus:

§. 50.

„1-2. 2-3. 3-4. 4-5. 5-6. So weit gehts gut. Nun flicken sie, aus Liebe zu den Zahlen, 6-8 hinein; welches doch ein Verhalt ist, der mit 3-4 völlig übereinkömmt. Weiter folgen 3-5. 5-8. 5-9. (8-15.) 8-9. Hier hinckts wieder, und wenns geändert werden sollte, müste die grosse Septime 8-15 heraus, und weiter hinunter, zwischen den gantzen und halben Tonen eingeschaltet werden, die sich verhalten wie 8-9 und 9-10. Endlich schliessen diese Reihe 15-16 und 24-25. Woraus man siehet, wie wenig auf solcher Ziefer-Ordnung zu bauen ist; zu welchem Ende wir es auch, und sonst zu keinem andern, anführen."

§. 51.

Es verhält sich demnach die kleine Septime auf diejenige **übertheilende** Art, wo eine grosse Saite die kleinere gantz, und noch vier Fünfftel von derselben in sich faßt, wie $1^{4}/_{5}$ gegen 1; oder wie 5 gegen 9. Da schätze ich nun, bey der Probe, meine gantze blosse Saite für neun Theile, und von der andern nehme ich **vier** solcher Neuntel durch das Stegelein ab, so daß nur **fünff** davon zum

---

10 *Sciendum autem est, haec Hexachorda recentiorum eadem esse cum Tetrachordis–additis inferne vocibus duabus, ex quibus & quatuor illorum sex voces, quas musicales vocant, originem traxerunt. Franc. Salinas Lib. IV. de Mus. p. 193.*

Anschlage übrig bleiben. Wenn denn die lange Saite z. E. *G* klinget, muß die verkürtzte unfehlbar *f* angeben.

Septima minor, in ratione *super quadru partiente quintas*, 5-9.

§. 52.

Die grosse Septime hergegen bestehet in einer nicht so leicht begreifflichen **übertheilenden** Verhaltungs-Art, da sich $1^7/_8$ gegen 1, oder 8 gegen 15 melden. Wenn der Beweis erfolgen soll, wird die eine und gantze Saite für 15 Theile gerechnet, und die andre macht man um **sieben** solcher Funfzehntel kürtzer, so bleiben ihrer **acht** zum verlangten Klange übrig, welche denn, gegen jenen 15, die gesuchte grosse Septime zum Gehör bringen, z. E. *c-h*. Wobey wir nur kürtzlich bemercken, daß es mit dem Nahmen, *Heptachordon*, so man diesen Septimen beileget, eben die Bewandniß habe, als mit dem *Hexachordo*.

Septima major, in ratione *superseptupartiente octavas*, 8--15.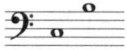

§. 53.

Mit dem grossen Ton (eigentlich so genannt) hat es wiederum, oberinnerter maassen, in Betracht der Zahlen-Ordnung, eine andre Beschaffenheit, als mit der grossen Septime. Denn gleichwie, von Maaß wegen, diese den Rang nach der kleinern haben muß; so gehöret hergegen dem grossen Ton alhier der Vorzug vor dem kleinen. Er soll ihn auch bekommen.

§. 54.

Aber es ist noch eine wichtige canonicalische Anmerckung hiebey zu machen, nehmlich, daß wir mit dem grossen und kleinen Ton keines Weges in der logistischen Classe des bisherigen **übertheilenden** Verhalts bleiben können; sondern in die **übertheilige** wieder zurück springen müssen, welches keine geringe Unordnung ist.

§. 55.

Will man sagen, wir hätten den Ton und seine Verwandten den Sexten vorziehen sollen; so muß erst dargethan werden, daß eine Dissonantz besser sey, als eine Consonantz. Denn auf den Wol- oder Mislaut gehet doch endlich unser vornehmster Zweck, und es ist allemahl besser, den innerlichen Gehalt, als den äusserlichen Verhalt, zu beobachten. Man muß um dieses willen jenen nicht vergessen.

§. 56.

Der grosse Ton, d. i. die erste Secunde, stehet demnach im **übertheiligen** Verhalt, eben sowol als die Qvinten, Qvarten und Tertzen, iedoch in einer undeutlichern Maasse, nehmlich wie $1^1/_8$ gegen 1, oder wie 8 gegen 9. Wer es auf dem Klangmesser versuchen will, obs auch wahr sey, der nehme die blosse Saite für **neun** Theile, und ziehe der andern ein solches Neuntel, als einen Uberfluß ab, damit nur **acht** davon angeschlagen reden, so meldet sich die grosse Secunde, mit ihrem griechischen ursprünglichen Nahmen *Tonos* genannt, d. i. eine Grad-Weise angestellte **Dehnung** des Klanges, z. E. *c--d*.

Tonus major, in ratione *superparticulari*,[11] *sesquioctava*, 8--9.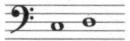

---

11 S. den 15. §. dieses Haupt-Stücks.

§. 57.

Eben des Geschlechts ist auch der kleine Ton, nehmlich eines solchen **übertheiligen** Verhalts, als $1^1/_9$ gegen 1, oder wie 9 gegen 10; da die grössere Zahl die kleinere gantz, und noch ein Neuntel darüber in sich faßt. Wer sich nun dieses Intervall mit zwo Saiten vor die Augen und Ohren legen will, der muß die blosse Saite für **zehn** Theile und für einen Grund-Klang annehmen, der andern hergegen ein Zehntel abkürtzen, daß nur **neun** zum Anschlage kommen; alsobald wird er den kleinen Ton, d. i. die zweite Secund, z. E. *d-e* hören, sehen und fühlen, folglich auf das allerdeutlichste dadurch begreifen, daß es bey weitem nicht einerley seyn könne, aus dem *c* oder aus dem *d* zu musiciren. Man ziehe nur, grösserer Uberzeugung halber, vier gleichgestimmte Saiten von einerley Länge und Beschaffenheit auf ein Monochord, und messe auf dem einen Paar den grossen, auf dem andern aber den kleinen Ton nett ab, so wird man sich über den Unterschied verwundern, obgleich der Grund-Klang eben derselbe bey beiden ist

Tonus minor, in ratione superparticulari, sesquinona, 9-10.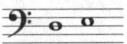

§. 58.

Hieher gehören denn die halben Tone noch, sowol der grosse, als der kleine: denn ihr beiderseitiger Verhalt ist **übertheilig**, und sie sind diesenfalls, obgleich sehr hart zusammenschlagende Intervalle, ihrer Abmessung nach, nicht viel unedler, als die vornehmsten Geschlechter der Qvinten und Tertzen, die so schön klingen. Aber die Scepter-Würde des Circkels gibt nur den Schein, nicht das Wesen dieses Klang-Adels. Es wird demnach die äusserliche Form des grossen halben Tons, d. i. der dritten Secund, an demjenigen **übertheiligen** Verhalt erkannt, wo $1^1/_{16}$ gegen 1, oder 15 gegen 16 in Betracht kommen. Der den Klang diesfalls messen will, rechne nur seine freie Saite für **sechszehn**, und steche eines von solchen Sechszehnteln auf der andern Saite zurück, so höret er den Zusammenklang des grossen halben Tons, z. E. *e-f*, mit seinem aufrichtigen griechischen Nahmen

Hemitonium majus, in ratione superparticulari sesquidecimaquinta, 15-16.

§. 59.

Der kleine halbe Ton verhält sich wie $1^1/_{25}$ gegen 1, oder wie 24 gegen 25. Man nimmt hiebey die gantze blosse Saite für **fünf und zwantzig** Theile an, ziehet von der andern ein solches Fünfundzwanzigtel ab; so läßt sich bey dem Anschlagen der übrigen **vier und zwantzig** Theile der kleine halbe Ton gegen den Grund-Klang hören, als z. E. *c–cis*. Die vierte Secunde.

§. 60.

Was nun bey den Tonen, wegen des merckwürdigen Unterschieds, angegangen ist, das kan auch bey den halben Tonen mit grossem Nutzen bewährt erfunden werden, und dienet unter andern zum unumstößlichen Beweise, daß bey keiner Versetzung die Stuffen, Grade oder Gänge eben so bleiben, wie sie gewesen sind.

Hemitonium minus, in ratione superparticulari sesquivigesima quarta, 24-25.

§. 61.

Noch wollen wir hier beiläuffig gedencken, daß der kleine halbe Ton allemahl in den Noten das Abzeichen habe, daß er sich mit seinen beiden Enden auf einerley Raum, wie oben, oder auf einerley Linie befinde, welches zu dem Irrthum der überflüssig-vermeinten Ein-Klänge Anlaß gegeben hat; da hingegen der grosse halbe Ton, im Aufschreiben so Linie als Raum erfordert.

§. 62.

Die Ordnung des grossen und kleinen Tons, wie sie itzund auf unsern *Claviaturen* oder Griff-Bretten befindlich, da *c-d* ein grosser, *d-e* ein kleiner, *f-g* ein grosser, *g-a* ein kleiner, und *a-h* wiederum ein grosser Ton, das heißt, wie ein grosser Ton gestimmet ist, will **Hänffling**[12] zum Theil umgekehrt haben, und *c-d* soll bey ihm als ein kleiner, *d-e* aber als ein grosser Ton eingerichtet oder abgemessen werden: damit die unterste Qvart der Octav mit der obersten gleiche Intervalle bekomme. Es liesse sich schon hören, wenn daraus ein grosser Nutz zu hoffen, und wieder die eingeführte Gewohnheit etwas gutes auszurichten wäre. Vom kleinen Ton ist noch, als etwas besonderes, zu mercken, daß er der Temperatur (davon bald ein mehres) nirgend unterworffen ist.

§. 63.

Noch sind drey vortreffliche und im täglichen Gebrauch (worauf am meisten zu sehen) höchst-nützliche, unentbehrliche Intervalle zu betrachten, ehe wir zu den seltenern, übermässigen und mangelhafften schreiten; die iedoch lange nicht von solcher Wichtigkeit sind, ob sie gleich fast zur Mode werden wollen. Diese drey Intervalle sind die **liebe** kleine Qvint, die **durchdringende** grössere Qvart, und die **bewegliche** kleinere Septime.

§. 64.

Itztbesagte feine Zusammenstimmungen verdienen eine eigne, ansehnliche und vornehme Stelle in der *Canonic*, und erweisen sich in der besten Harmonie viel zu schön, daß sie von der Harmonic den übermässigen und mangelhafften beigezehlet werden sollten. Vielmehr sind sie in der That vor allen andern eines grossen Vorzugs werth, und der Rang, den sie diesesmahl hier einnehmen, soll ihrer Gültigkeit nicht den geringsten Abbruch thun. Octaven, Qvinten, Tertzen, ja, so gar die Qvarten haben zwar eine äusserliche mathematische Gestalt, die leichter abzumessen ist; aber sie haben bey weitem nicht die herrlichen, innerlichen Eigenschafften, als obgenannte drey rührende Günstlinge, oder Favorit-Intervalle.

§. 65.

Der tägliche Gebrauch und ihr ungemeiner Nutz hat die süsse kleine Qvint schier zu einer vom Gehör unwiedersprechlichen Consonantz gemacht, wovon bereits im dritten Orchester *p. 489. it. p. 773. sqq.* vier trifftige Gründe beigebracht worden sind, dazu seit der Zeit noch die fünffte gekommen ist, dieses Inhalts: weil die kleine Qvint an tausend Orten viel besser klinget, als die gewöhnliche Qvint selbst[13].

§. 66.

Der Verhalt dieser kleinen Consonantz ist **übertheilend**, wo nehmlich die höchste Zahl von beiden Enden die niedrige gantz, und noch neunzehn Fünfundviertzigtel dazu in sich begrifft, | d. i. wie 45 gegen 64. Bey dem Versuch des Beweises auf dem klangmessenden Werckzeuge, läßt man also die leere Saite für 64 hingehen; benimmt aber der benachbarten **neunzehn** solcher

---

12 *Vid. Miscell. Berolin. Vol. I. p. 289.*
13 Ein Exempel dessen, aus dem **Zarlin** stehet im ersten Bande der Musical. *Crit. p. 29.*

Theile, damit deren nur 45 zum Anschlage übrig bleiben: alsdenn wird, wenn alles seine Richtigkeit an der Länge, Stimmung u. s. w. hat, die freie lange Saite etwan ein *H*, die verkürtzte und mit dem Stegelein unterstützte aber gantz gewiß, wie das *f* klingen[14].

Hemidiapente (auch ein neues Griechisches Wort) *in ratione super novendecim partiente quadragesimas quintas,* **45-64**.
d. i. recht barbarisch Latein.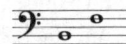

§. 67.

Die grosse Qvart, als die letzte mit einem wahren griechischen Nahmen versehene Zusammenstimmung, bestehet gleich dem vorigen Intervall, auch im **übertheilenden** Verhalt, da nehmlich auf dem Monochord die lange Saite, von 45 Theilen, ihre auf 32 verkürtzte Nachbarin gantz, und darüber noch dreizehn solcher zwey und dreißig Theile ausmacht, d. i. wie 32 gegen 45. Zum Beweise dessen dürffen wir nur von der einen Saite 13 Fünfundvierzigtel zurück stechen, daß ihrer mehr nicht, als 32, zum Anschlage übrig bleiben: alsdenn werden sich diese **zwey und dreißig** gegen die gantze Saite, welche für **fünf und vierzig** stehet, wie eine grössere Qvart hören lassen, so daß, wenn z. E. die blosse Saite ins *f* gestimmet wäre, die durch das Stegelein auf obige Art richtig verkürtzte nothwendig das *h* angeben müste.

Tritonus, in ratione super tredecim partiente trigesimas secundas, **32-45**.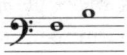

§. 68.

Von der kleinern Septime, die sonst fälschlich die falsche genennet wird, wüste ich weder eine urkündliche noch unächte griechische Benennung aus bewährten Schrifften zu geben: so unbekannt mag ihr Gebrauch gewesen seyn, der doch heutiges Tages unsrer Vollstimmigkeit sowol, als unsrer blossen Melodie, einen ausnehmenden Schmuck beileget. Ihre **übertheilende** Form ist ziemlich unförmlich, und wer sie mit Augen und Ohren zugleich betrachten will, das ist zu sagen, wer ihren Verhalt mit Händen abmessen und begreiffen will, der muß eine Saite für 128 Theile rechnen, die andere aber mit Wegnehmung 53 auf 75 abkürtzen, so wird er, wenn der tieffe Klang z. E. ins *Gis* gestimmet ist, an dem höhern das *f* wahrnehmen.

Septima diminuta, in proportione super quinquaginta tres partiente quadragesimas quintas, **75-128**.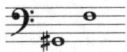

§. 69.

Also haben wir betrachtet **einen eintzigen** Zusammenklang, der doch kein Intervall macht, nehmlich den Unison, in **gleichem** Verhalt; **ein eintziges** Intervall, nehmlich die Octave, mit ihren Verdoppelungen, im **reinen** Verhalt; **acht** Intervalle, nehmlich die Qvint, Qvart, beide Tertzen, und vier Secunden, im **übertheiligen**; und endlich sieben Intervalle, nehmlich drey Septimen, beide Sexten, die kleine Qvint und grosse Qvart im **übertheilenden** Verhalt, worin sich auch alle andre mangelhaffte und übermässige Zusammenstimmungen befinden, die aus einem tiefen und hohen Klange zusammen gesetzet sind, von welchen wir weiter unten ein kleinen Verzeichniß, nur zum Muster, geben wollen.

---

14 Es muß einem heutigen erfahrnen Ton-Künstler wol sehr lächerlich vorkommen, wenn er berichtet wird, daß die alten Solmisators dieses angenehme Intervall *mi contra fa*, oder den Teufel in der Music genannt haben. Ich glaube, es sey zu den Hexen-Zeiten geschehen.

116   I. Theil.   Siebendes Capitel

§. 70.

So weit mögte es endlich noch mit der logistischen Lehr-Art in der Klangmaasse einige Richtigkeit haben, und mancher meinen, es läge ein sonderbarer Grund darin verborgen; wenn wir nicht wüsten, daß ihr die Natur längst vorgearbeitet, und ohne Circkel, Maaß-Stab, Linien oder Zahlen, alle diese Intervalle (nur die kleinere Sept, nicht im Klange, sondern in obigem Verhalt, ausgenommen) nach viel schönerer Ordnung, vom Anfange bis zu Ende, in **unabgetheilte** Cörper, in **unbesaitete** Klang-Messer geleget hätte, darüber man billig höchst erstaunen und bekennen muß, daß die Rechne-Künste, mit ihren sauren Erfindungen, in so fern man solche den Zahlen und Gewichten ursprünglich zuschreiben will, viel zu spät in die Welt gekommen sind.

$\frac{52}{53}$

§. 71.

Denn, des edlen Waldhorns zu geschweigen, darauf sich vor einiger Zeit ein Blindgeborner in Hamburg hören ließ, der mehr Klänge hervorbrachte, als eine Orgel hat, wiewol ohne Schwert und Wage der *Mathematic*; so überhebt uns der Sprengel einer unabgezehlten Trompete vieler Mühe: wovon zwar der redliche **Werckmeister** zu seiner Zeit, und nach seiner Art, eins und anders gemerckt, aber das Ding, weil er an den Zahlen hing, lange nicht tief genug eingesehen, vielweniger ins völlige Geschicke gebracht hat. Das soll nun hiemit geschehen, und zwar auf solche Weise, daß wir nicht einmahl nöthig haben, alle Klänge mitzunehmen oder herzusetzen, die man auf der Trompete in der Höhe findet, alwo sich bekannter maassen die kleinern Intervalle viel häuffiger hervorthun, als in der Tiefe.

§. 72.

Zwar hat man gemeinet, es würde an verschiedenen Intervallen auf diesen heroischen und Geheimniß-vollen Werckzeugen mangeln; weil es aber eine längst-ausgemachte Sache ist, daß sich zum Exempel auf der Trompete das zweigestrichene *fis* viel leichter und reiner anblasen läßt, als selbst das zweigestrichene *f*; so wird durch sothane Zweifertigkeit nicht nur der vermeinte Abgang reichlich ersetzet, sondern auch gar ein Uberfluß zu Wege gebracht, und der gantze Entwurff aller Intervalle, in besagtem ungekünstelten Cörper, ohne allen Zwang, also erscheinen:

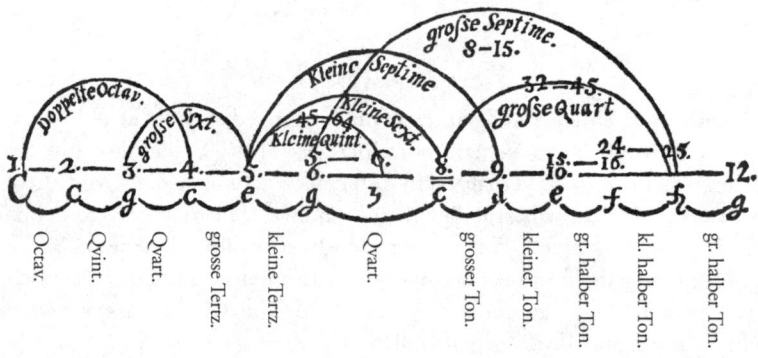

§. 73.

Eine kleine Schwierigkeit muß hiebey gehoben werden. Wir sagen, *c--d* sey ein grosser Ton; *d--e* ein kleiner u. s. w. Nun ist gleichwol *c--cis* ein kleiner halber Ton, und *cis-d* ein grosser; so wie *d--dis* auch einen kleinen, und *dis--e* einen grossen halben Ton ausmacht: welches eine gleiche

Beschaffenheit beider gantzen Tone anzudeuten scheinet. Daraus entstünde die Frage: warum denn, bey einerley Bewandniß, der eine Ton groß, der andre hergegen klein, heissen müsse?

§. 74.

Die Antwort ist: Daß die Gleichheit der Theile zwar, dem äusserlichen Ansehen nach, Statt habe, und man sich auch in der allgemeinen Benennung darnach richte; daß aber der innerliche Gehalt und die wahre richtige Abmessung hierin einen mercklichen Unterschied verursache: Denn, da sind wol *c-cis* und *d-dis* von einerley Grösse, 25--24; doch *cis--d* ist ein so genanntes grosses **Limma**, 25--27; und *dis-e* dagegen ein grosser halber Ton, 16--15. Weiter so verhält sich *f-fis* wie 128--135, und ist ein kleines **Limma**; *g--gis* aber wie 25--24, und ist ein gewöhnlicher kleiner halber Ton: welchem nach der kleine Ton, als *g-a* etc. allenthalben, in Ansehung des grossen, den Abgang eines Commatis leidet, es mag die Benennung der halben Tone ausfallen wie sie will.

§. 75.

Dieses beliebe man absonderlich bey dem vorhergehenden Systemate der Trompete anzumercken, alwo *f--fis* ein kleiner halber Ton, mit 24-25 bezeichnet ist, da mir doch nicht unbewust, daß sich dieses Intervall eigentlich wie das kleine **Limma**, 128--135 verhalte. Was Limma aber sey, erkläret die grosse General-Baß-Schule, nebst vielen andern hieher gehörigen Dingen *p. 89. 101.*

§. 76.

Wir nehmen nun, versprochener maassen, noch 9 bis 10 ausserordentliche Intervalle vor uns, und müssen dieselbe, wiewol nur auf das kürtzeste, hier anführen, weil sie zum **übertheilen|den** Verhalt gehören, und die Zahl in dieser Classe bis auf siebenzehn vergrössern. Als z. E. die übermäßigen und mangelhafften **Octaven**, welche doch, sowol in der Beschaulichkeit, als Ausübung, nichts anders, denn versetzte Secunden sind, von welchen, und von den folgenden an einem andern Ort[15] mehr Nachricht zu finden seyn wird. Dieser Octaven Nutz ist nur geringe:

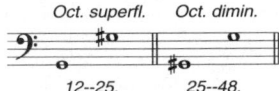

§. 77.

Die übermäßigen und mangelhafften Sexten thun hergegen eine viel bessere Wirckung, wenn sie am rechten Ort und nicht zu häuffig angebracht werden. Sie dienen gleichwol mehr in der Harmonie, als in der Melodie.

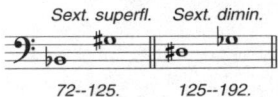

§. 78.

Die übermäßigen **Qvinten** und mangelhafften **Qvarten** sind schon üblicher und brauchbarer, als obige Intervalle, und dienen sowol in der Melodie, als Harmonie, mit gutem Nutzen.

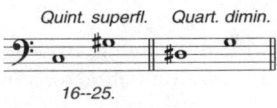

---

15 *Critic. Mus. T. I. p. 14--17.*

§. 79.

Es haben sich neulich einige Ton-Künstler in eine gewisse **unmäßige** und aus allen Schrancken schreitende **Qvart** verliebt, die doch im Grunde auf eine blosse Licentz, ja auf einen kleinen Muthwillen hinausläufft, keine eigene, annoch bekannte, harmonicalische Maaß hat, und nur, wenn die mangelhaffte Qvart der kleinen Ton-Arten eine Grund-Note ist, darüber zum Vorschein kommen kan.

§. 80.

In der Natur sind vielmehr, ja unzehlich-mehr Klänge und Intervalle vorhanden, als iemahls Zeichen zu ihrer Ausdrückung erfunden werden mögen. Die Unendlichkeit der ersten verursacht immer einige anscheinende Neuigkeiten in der eingeschränckten Art des Noten-Schreibens. Aber dieser Schein läßt sich leicht, durch eine kleine Versetzung, auf das wahre Wesen zurückbringen.

§. 81.

Wenn z. E. in der weichen Ton-Art, *A*, ein ♭*d* zum Grund-Klange gesetzt würde, und die neuvermeinte **unmäßige Qvart**, mit diesem Zeichen, 4++, darüber geschrieben stünde, könnte man leicht abnehmen, daß ♭*d* eine gantz fremde, und zur vorhabenden Ton-Art gar nicht gehörige Saite sey, die eigentlich und natürlicher Weise, als ein blosses *d* angesehen werden muß, wodurch denn die unmäßige Qvart wegfällt, und zum ordentlichen Triton wird. 4+.

§. 82.

Wir fahren fort, und betrachten die überflüßigen und mangelhafften Tertzen, deren behutsame Anwendung mehr in der Harmonie, als in der Melodie, erfordert wird, und hat absonderlich die mangelhaffte in der Melodie ihren nicht geringen Nutzen.

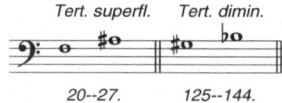

§. 83.

Die übermäßige **Secund** hat beides in der Harmonie und Melodie heutiges Tages einen ziemlich starcken Gebrauch, der gewisse Dinge sehr wol ausdrücket. Das **Comma** aber, welches hier mit schlentern mag, und ungefehr den neunten Theil eines Tons ausmacht, indem es wie 80 gegen 81 im **übertheiligen** Verhalt stehet, läßt sich eben so wenig in Noten vorstellig machen, als die so genannten **Schismata**, deren 18 auf einen Ton gehen sollen.

§. 84.

Und so bin ich endlich mit Linien, Zehlen, Buchstaben und Noten durch diese Gesencke und Gebrüche so weit hindurch gekommen. Wem die darin, aus guten Ursachen, erwehlte Ordnung nicht anstehet, der mache sich immer eine andre: meinen Willen hat er dazu vollkommen.

§. 85.

Man kan die Intervalle noch wol in kleinere Abschnitte[16] bringen: aber wozu? Es mögte vieleicht iemand antworten: die kleinesten Theilgen dienten doch zur **Temperatur** und ihrer tiefern

---

16 *Semper minora intervalla possent dari: verum ad quid? Lipp. Disput. II. de Mus.*

Einsicht. Wolan! wir müssen von dieser Sache auch noch etwas gedencken: denn sie gehört zur Harmonic, dem edelsten Theil canonicalischer Wissenschafften.

§. 86.

Die Temperatur ist demnach eine solche Abmessung der Intervalle **auf dem Clavier**, dadurch dem einen von seiner Richtigkeit was abgenommen, dem andern aber was zugeleget wird, damit sie alle zusammen in möglichster Eintracht bleiben mögen. Man nimmt also die Temperatur des **Claviers** aus Noth zur Hand, weil sich auf diesem Instrument weder mit dem Athem, noch mit den Fingern die geringste Mäßigung treffen läßt; welches hingegen die menschliche Stimme und alle andre klingende Werckzeuge, nach ihrer Art, gar wol zu lassen.

§. 87.

Den Ohren will die gantz genaue Abmessung der canonicalischen Richtschnur nimmermehr anstehen, wie solches in einer halben Stunde aus dem Umkreise der Qvinten, wenn sie auf das reineste gestimmet werden, dermaassen bewiesen werden kan, daß der Circkel nicht wieder zu seinem Anfangs-Punct kömmt, sondern in unendliche Abweichungen geräth. Nur bloß die Claviere und Harffen allein, als abgetheilte und abgemessene Spiel-Zeuge, sind dieser Schwierigkeit unterworffen, daß man bey ihrer Stimmung seine Zuflucht zur Temperatur nehmen muß, wovon in vielen Büchern ein solches Wesen gemacht wird, als ob der gantzen Welt Wolfahrt am eintzigen Clavier läge. Denn die menschlichen Stimmen, die geblasene, gestrichene etc. brauchen dieses Flickwercks so wenig, daß sie durch den Athem, oder durch die Finger und andre natürliche Hülffs-Mittel, ohne den geringsten künstlichen Circkel-Stich, das rechte Fleckgen treffen können.

§. 88.

Da kan man nun leicht erachten, daß ein ieder Clavier- Orgel- oder Harffen-Stimmer diese Temperatur, wie es etwa seine Ohren so oder anders gewohnt sind, nach seinem Sinn einrichtet: denn die wenigsten unter diesen Leuten wissen Ursachen und Gründe anzuzeigen, Red und Antwort zu geben, wie oder warum sie etwas thun. Man pfleget sonst zu sagen: Wir **reden** mit dem gemeinen Mann; allein hier mögte es wol heissen: Wir **hören** mit dem gemeinen Mann. Die gemeinste Art aber der Temperaturen, welche endlich noch, auf das gröbste zu reden, so mit gehet, beruhet auf folgenden dreyen Sätzen:

    1 **Die Octaven, kleine Sexten und kleine Tertzen müssen allenthalben rein seyn.**
    2 **Den grossen Sexten und den Qvarten gibt man etwas zu.**
    3 **Den Qvinten und grossen Tertzen aber nimmt man etwas ab.**

§. 89.

Wie viel oder wie wenig nun dieses **etwas** seyn soll, das ist eine andre Frage, davon die wenigsten Instrument-Stimmer etwas wissen. Inzwischen ist dieses angeführte ihr gewöhnlicher Weg, und schon viel, wenn ihrer etliche denselben kennen: er hat dennoch seinen Grund überhaupt in der *Canonic*; ob derselbe gleich manchem unbekannt ist, der sich seiner bedienet.

§. 90.

Was aber die genauere Temperatur betrifft, so haben davon, vor andern, gründlich und mühselig geschrieben: **Andreas Werckmeister, Johann Georg Neidhardt, Johann Arnold Vockerodt,** Christoph **Albert Sinn** etc. die ein Liebhaber bey Gelegenheit zu Rathe ziehen kan, und worauf wir uns Kürtze halber beziehen müssen; absonderlich lasse man sich den zweiten wol empfohlen seyn.

§. 91.

Endlich gehören auch hieher die drey Klang-Geschlechter, das **diatonische, chromatische** und **enharmonische**, davon die grosse General-Baß-Schule gnugsamen Unterricht ertheilen kan. Zur Wiederholung dürffte nicht schaden, wenn wir erwehnten, was maassen das diatonische Geschlecht in seiner Octav (von welchem Geschlecht dieses Intervall auch seinen Nahmen hat, und ihn in beiden andern behält) nur **acht** Klänge führet; dahingegen das chromatische | Geschlecht **zwölff**, und das enharmonische **zwey und zwantzig** aufweiset. Warum aber dieses nicht 24 hat, solches rühret daher: weil man das tiefeste oder gröbeste Intervall, eben wegen seiner Tiefe, zu theilen nicht für rathsam oder angenehm erachtete.

§. 92.

Von den Ton-Arten selbst zu handeln, wollen wir uns, bis ins neunte Haupt-Stück, vorbehalten, diesesmahl von den mathematischen Verhältnissen Abschied, und was anders vor die Hand nehmen.

Achtes Haupt-Stück.
Von der Kunst die Melodien aufzuschreiben.

§. 1.

Das erste, wozu man greiffet, wenn eine Melodie verfertigt werden soll, ist dieses: daß man seine Einfälle, Gedancken, Gänge und Gesänge, mittelst bekannter und erforderlicher Kunst-Zeichen abfasse, nach der rechten Geltung und Zeitmaasse alles einrichte, und ohne Anstoß hurtig zu Papier bringe.

§. 2.

Dieses heissen wir eigentlich[1] *Semeiographiam*. **Aristoxenus** nennet es *Parasemanticen*, auf Teutsch: die Notirungs-Kunst. Nicht wird hierunter verstanden, die blosse Arbeit oder Bemühung eines Noten-Abschreibers, vielweniger die eigentliche Anweisung, oder der nöthige Unterricht zur Zeichen-Lehre, wovon bereits in einem andern Wercke[2] ausführlich gehandelt worden ist.

§. 3.

Wir verstehen vielmehr dieses Ortes, mit Voraussetzung besagten Unterrichts, diejenige sonderbare Geschicklichkeit, vermöge welcher man alle und iede Melodien, sie seyn nun von andern, oder von uns selbst ersonnen, aus freier Faust, und ohne Vorschrifft richtig in die Feder fassen kan.

---

1 *Graec.* σημειογραφία
2 In der kleinen General-Baß-Schule *p. 74-114.*

§. 4.
Es ist gleichsam die musicalische Grammatic, Sprach- Schreib- und Lese-Kunst, in ihrem eigentlichen Verstande genommen: denn diese unsre Semeiographie hat sowol, als die gemeine Grammatic, ihre Rechtschreibungs-Regeln, oder orthographische Schrancken, und auch zugleich den Fehler mit derselben, daß man sich noch nicht durchgehends darüber vergleichen kan, ob z. E. ein einfaches Kreutz, oder ein zweifaches, oder ein wiederholtes zweifaches gewissen Noten vorgesetzet werden soll etc.

§. 5.
Der Eigensinn gewisser Componisten findet offt ein sonderliches Behagen daran, daß einerley Zeichen unterschiedene Klänge andeuten muß, weil nehmlich solche Klänge auf dem lieben Clavier nicht mehr, als einen eintzigen Tast haben, welches ein Mangel ist. Damit verwirret man diejenigen, welche eben nicht mit dem tiefsten Nachsinnen begabet sind. Als wenn z. E. das so genannte *dis* ein paarmahl wie ♭*e* vorgewesen ist, und hernach unvermuthet in eine fremde Ton-Art getreten wird, da das also bezeichnete *dis* eigentlich die Krafft eines ♯*d* annehmen muß. Vor 50 Jahren bedienten sich die Welschen schon dieser und vieler andern Streiche von derselben Art, welches einer von ihren gründlichsten Ton-Lehrern[3] bezeuget. Es sind leere Noten-Spiele! verächtliche Rätzel und niederträchtige Künsteleien!

§. 6.
Unsre Noten-Kunst hat ferner ihre eigene Wort-Forschung oder Etymologie: (wenn ich so reden darff) denn die Klänge sind der Music Worte, und der Gesang ist eine Klang-Rede. Hiebey untersuchet man die dazu gehörigen Qvellen und Erfindungen, als z. E. der griechischen Stimm-Zeichen, davon **Alypius** und andre handeln; der aretinischen Solmisation, welche zwar eine schlechte und nichts werthe Erdichtung[4] seyn mag, die man aber doch kennen muß, eben darum und alsdenn, wenn sie gründlich verworffen werden soll; man untersuchet ferner das belgische oder niederländische **Bocedigalomani**, sonst die **Bobisation**[5] genannt, die Teutsche und Welsche Tabulatur, samt deren Historien und Gründen.

§. 7.
Endlich weiset auch die Semeiographie eine ansehnliche Accent-Lehre, oder Prosodie auf an den gesungenen und gespielten kurtzen oder langen Klängen, und deren beqvemen Abtheilung. Nicht minder finden wir bey ihr die nöthige Füg-Ordnung oder Syntaxin, wie leicht zu erachten stehet, und iedermann in die Augen fällt, der nur Noten kennet.

§. 8.
Hat einer nun nicht gleich von selbsten den erforderlichen Vorrath hiezu im Kopffe, daß er eine Art der Melodie aus eignem Gehirn ersinnen kan, so lasse er sich anfänglich, zur Probe, die Einfälle und Lieder eines andern vorsingen oder vorspielen, und versuche, ob er solche aus sothanem Vorsange abnehmen und hurtig aufschreiben könne: denn es gehört eine eigene Ge-

---

3 *Angelo Berardi* in seinen *Documenti armonici. L. I. Doc. 28,* wo allerhand solche Seltenheiten vorkommen, und zwar unter andern *p. 70* mit dem Beisatz: *l'artificio in tutto consiste d'ingannar l'Occhio,* d. i. Man betrieget die Augen, und darin bestehet diese gantze Kunst.
4 *Triviale & nullius pretii commentum. Isaac. Vissius de poemat. cantu. p. 9.*
5 S. Ot. **Gibels** von den *Voc. Mus. p. 27.*

schicklichkeit dazu, seine oder eines andern Gedancken nett in die Feder zu fassen. Mancher Redner gäbe viel darum, daß seine Aufsätze eben den Nachdruck hätten, als seine Worte; so wie hergegen auch mancher auf dem Papier weit besser, als auf dem Lehr-Stuhl, wircket.

§. 9.

Man muß, bey Ausführung dieses Vorschlages insonderheit beflissen seyn, alle und iede Ton-Arten durchzugehen, damit einem z. E. das *cis* und dessen Gänge, wenn es zum Haupt-Ton dienet, eben so geläuffig im Aufschreiben werde, als das *c*: denn es findet sich bey diesen Ton-Arten ein grosser Unterschied im *notiren*, und wer sich nicht im Anfange dazu gewöhnt, dem wird es hernach sauer ankommen.

§. 10.

Finden wir nun gleich nicht aus allen und ieden Modis gefällige Stücke bey den Verfassern, so muß die Versetzung oder Transposition das beste bey dieser Ubung thun, woraus disfalls ein grosser Vortheil zu erwarten stehet, indem besagte Versetzung hier eben diejenigen Dienste leistet, als ursprünglich so gesetzte Sachen.

§. 11.

Wenn etwa iemand in den bezeichneten Schlüsseln nicht gar zu fest wäre, dem kan mehrerwehnte Versetzung auch sehr behülfflich seyn, wenn er sich in geheim fleissig darin übt, seine Stücke aus einem Schlüssel in den andern überträgt, und sie doch mehrentheils in derselben Ton-Art bleiben läßt, in welcher sie anfänglich gestanden sind: denn die Unfertigkeit hierin macht offt grosse Hinderniß, wenn was starckes mit fünff oder sechs Stimmen zu Papier gebracht werden soll, und die ersonnene Harmonie entweder mangelhafft entworffen, oder doch so viel Zeit damit zugebracht werden muß, daß manchem die Haupt-Absicht und der gefaßte Vorsatz darüber entfähret.

§. 12.

Endlich ist auch höchstnöthig keine eintzige Tact-Art hiebey zu vergessen, und in den Abschnitten der Zeit-Maasse ungeirret zu verfahren, solcher Gestalt, daß uns diese Dinge aus anderer Meister Arbeit geläuffig werden muß, ehe und bevor wir unsern eignen Erfindungen zusprechen, mit welchen es hernach desto hurtiger hergehen wird, ie weniger ihnen beym notiren im Wege stehet.

§. 13.

Dergleichen Versuche durch alle Ton- und Tact-Arten ordentlich und fleissig anzustellen, ist zwar etwas mühselig, und wer sich sonst, wie jene Ziege, ohne Leiter zu helffen weiß, darff sich an meine Vorschrifft eben nicht kehren; wer es aber nöthig hat und die Arbeit nicht scheuet, dem wird dieselbe durch den daraus entstehenden ungemeinen Nutzen und die erlangte Fertigkeit reichlich belohnet werden.

§. 14.

In meiner Jugend wartete ich offt einem vornehmen Reichs-Grafen und Kaiserlichen Bottschaffter auf, der überaus artige Einfälle, aus freiem Sinn, auf dem Clavier hervor brachte: aber die Gabe nicht hatte, selbige in die Feder zu fassen. Demselben diente ich unter andern dazu, daß ich alles, was er mir nur vorspielte, auf das hurtigste zu Papier zu bringen trachtete, es auch zuletzt durch die stete Ubung so weit brachte, daß es fast so geschwind aufgeschrieben, als gedacht und gespielet war. Der Herr fand hierin kein geringes Vergnügen; und ich einen grossen Vortheil.

§. 15.

Man kan, bey Anhörung einer ieden Music, mehr oder weniger, allemahl etwas mit seinen Gedancken ergreiffen und ins Gedächtniß drücken, das zu diesem Zwecke dienlich ist, wenn auch nur das Thema, der Haupt-Satz einer Arie (der sich gemeiniglich sehr offt vernehmen läßt) bemercket und solcher Gestalt gefasset wird, daß man ihn hernach notiren könne. Gibt es denn Gelegenheit dasjenige, was auf diese Weise aufgeschrieben worden, mit dem Original zusammen zu halten, oder einem Lehr-Meister zur Untersuchung darzureichen, so wird leicht erhellen, worin es getroffen oder gefehlet ist. Und das gibt in der That einen trefflichen Unterricht, bringet auch seine eigene Lust mit sich.

§. 16.

Die Sache ist wahrlich wichtiger, als mancher dencken sollte, und wenn wir uns nicht fest vorgesetzet hätten, von allen zu diesem Wercke gehörigen Stücken nur allgemeine und doch grundrichtige Anzeigen zu thun, könnte die vorhabende Materie viel weiter ausgeführet werden, wie leicht aus obigem Zusammenhange zu urtheilen stehet.

§. 17.

Doch müssen wir mit wenigen erinnern, daß die Semeiographie auch zu geheimen Schrifften[6] gebraucht wird, welche niemand auflösen kan, der keine vollkommene Wissenschafft von jener besitzet; daß ein gewisser, Alterthums-Kündiger und berühmter Scribent[7] uns lehret, es habe **Jacob von Sanlecqve** die ersten Druck-Noten und musicalische Zeichen in Franckreich aufgebracht; und daß selbst die eigensinnigsten Verfechter der uralten und mittlern Zeiten unsrer heutigen Notirungs-Art vor allen andern den Preis einer klugen Erfindung beilegen müssen.

§. 18.

Von dem **Sanlecqve** stehet zu gedencken, daß es nicht der Vater, sondern der eben so genannte Sohn gewesen, welcher auf allen musicalischen Instrumenten spielen kunnte, ohne daß er von iemand darin unterrichtet worden war. Er befliß sich Formen zu allerley Klang-Zeichen zu machen, und starb von übermässigem Fleisse zu Paris 1660 im 46sten Jahre seines Alters. Ins musicalische Wörter-Buch verdient er mit gesetzet zu werden.

§. 19.

Es ist übrigens zu bewundern, daß sich einige Leute so viel vergebliche Mühe nehmen, die so künstlich-eingerichtete und durchgehends beliebte Zeichen-Lehre der so genannten Welschen Tabulatur oder Noten, davon hier die Rede ist, von oben bis unten zu ändern, und in eine gantz neue Form zu giessen: ohne zu bedencken, was in den übrigen viel wichtigern Stücken der Ton-Kunst für grosses Unheil daraus entstehen könne.

---

6   *Vid. J. B. Friderici Cryptograph.*
7   *Characteres typosque musicos primus usurpare docuit in Gallia* Iacobus de Sanlecques, *ut notat* Vignolius Marvillius *T. I. Miscellan. p. 81 & ex illo I. A. Fabricius in Bibliographia antiqu. p. 632.*

§. 20.

In der kleinen General-Baß-Schule[8] ist einer von dergleichen Verbesserern angeführet worden; ein andrer aber, der seinen Schatz bereits zehn Jahr zuvor in England hatte drucken lassen, ist mir der Zeit nicht beigefallen. Er heißt *John Francis de la Fond*, und scheinet dem Nahmen nach ein Frantzose zu seyn. Ob er heut oder morgen auch einen kleinen Raum in obbesagtem Wörterbuche finden werde, stehet dahin. Sein Buch aber nennet er: *a new system of Musik, 1725. 8. London.*[9] Das kömmt eben so heraus, als wenn einer die Hebräische | Grammatic anfechten, oder wieder die Accente der Grund-Sprache etwas aufbringen, und sich einbilden wollte, er schreibe wircklich ein *Systema Theologiae*, oder den gantzen Zusammenhang und Inbegriff der Gottesgelahrheit.

§. 21.

Der Verfasser hatte sonst im lateinischen und frantzösischen Unterricht gegeben, und verspricht die Liebhaber der Music, die sich zu ihm wenden werden, in diesen beeden Sprachen zu unterhalten. Er schätzet seine Vorschläge für gantz vernünfftig, zu einer Zeit, da nichts unvernünfftigers erdacht werden mag: denn was kan ungereimter seyn, als wenn man in wissenschafftlichen Anfangs-Regeln, die nur Lesen und Schreiben betreffen, gerade wieder den Strohm der gantzen Welt schwimmen will? Wie soll man an einem Schnee-Ball das Licht anzünden? Feine nachsinnende Leute, die nicht allen Gänsen-Köpffen folgen, die sich in **guten** Büchern umzusehen, und eines heilsamen Raths zu erholen wissen, hält man billig in Ehren. Allein die Sonderlinge gehören hieher nicht.

§. 22.

Ihnen träumet, es müste die Erlernung der Klang-Zeichen oder Noten dadurch um ein grosses erleichtert werden, wenn Statt *c, cis, d, dis etc.* die blossen Zahlen 1. 2. 3. 4. etc. eingeführet würden, eben so, als wenn aus Kaiserlichem Macht-Spruch Schisma weiblichen Geschlechts werden sollte: und bedencken nicht, daß ieder Tast (denn das ehrliche Clavier, so gut ich ihm auch bin, ist ihr Abgott, und nicht der meine) auf zweierley Art notiret und gebraucht werden muß, welchem nach man auch zweierley 1. 2. 3. 4. etc. haben müste, ohne daß dabey ein eintziges Intervall, als ein Zwischen-Raum erkannt, vielweniger dessen Natur und Verhalt oder Vergleich gegen und mit andern, durch sothane seichte Mittel, begriffen werden könnte, wenn z. E. aus der Qvint eine acht, und aus der Octav die dreizehnte Zahl gemacht werden sollte.

§. 23.

Frantz de la Fond sagt auf dem Titel seiner Fibel, daß sein Plan nicht mathematisch sey. Wir glaubens ihm gerne zu. Aber ein solcher Feind von der Meß-Kunst ist kein fünfsinniger Mensch, daß er ihre Sätze in Dingen, die eine Eintheilung und örtliche, richtige Ordnung erfordern, nicht annehmen und gebührlich achten sollte.

---

8   p. 122. sqq.
9   Der gantze Titel, mit dessen wunderbaren Buchstabirungs-Art, heißt so: *a new system of Music, both theorical and practical, and yet not mathematical, written in a manner intirely new, that is to say in a style plane and intelligible, and calculated to render the Art more charming, the teaching not onely less tedious, but more profitable, and the learning easier by three Quarters. All which is done by tearing off the Veil, that has for so many Years hung before that noble science. London, printed for the Autor 1725.*

§. 24.
Das seltsamste ist, daß diese eingeschränckte Noten-Klecker, so wol als die ausschweiffenden mathematischen Ton-Klauber, (welche man über einerley Kamm scheeren muß, ob sie gleich der schönsten Wissenschafft auf verschiedene Weise Schaden zu thun beflissen sind) selbst aufrichtiglich gestehen müssen, daß mit ihren sauren Erfindungen der Setz-Kunst oder Composition, die doch das Haupt-Wesen ist, nicht das geringste gedienet sey, worin sie auch grosses Recht haben, und in Ewigkeit behalten sollen.

§. 25.
Dem ungeachtet wollen insonderheit die ersten ihre Grillen bey dem General-Baß für eine treffliche Sache ausgeben; nicht erwegen, daß eben dieser allgemeiner Baß selbst schon eine Setz-Kunst ist. Sie reden von zwölff Klängen, denen sie so viel Zahlen, Statt der Kennzeichen, beilegen wollen, und wissen oder erwegen nicht, daß, bey unsrer überall-eingeführten Chromatisch-enharmonischen Octave, der verschiedenen Klänge im Grund 24 sind; obgleich das in diesem Stücke dürfftige Clavier nur 12 Tasten aufzuweisen hat: indem z. E. ♯c ein gantz andrer Klang ist, als ♭d; u. s. w. Die Temperatur muß hier aus der Noth helffen. Was sollte sie auch nutzen, wo keine Noth vorhanden wäre? Diese Nothwendigkeit kan man auf dem Griff-Brett nicht mit Augen unterscheiden, daß z. E. ♭e ein andrer Klang in der Natur ist, als ♯d, die doch nur einen Tast ausmachen; aber mit den Ohren, in der Kähle, und auf allen andern Instrumenten kan solches gar genau geschehen. Auf dem Monochord am besten.

§. 26.
Die obgedachten untüchtigen Neulinge bilden sich ferner ein, mit gäntzlicher Verwerffung der Klang-Schlüssel ein grosses gewonnen zu haben; bringen dahingegen mit unter- und übergezogenen Linien einen solchen Labyrinth zur Welt, daraus sich kein Gelehrter, geschweige ein erstlernender, mit Ariadnes Faden ziehen kan. Denn die Vielheit der Linien gibt in musicalischen Lesen die allergrösseste Verwirrung: es müssen ihrer, die fest stehen nicht weniger, auch nicht mehr, als fünff seyn. Warum nicht? wird man fragen. Und weil es was ist, das noch von niemand, meines Wissens, ausgemachet worden, so können ein Paar Worte darüber mehr Vortheil bringen, als Unkosten verursachen.

§. 27.
Wir wollens gantz kurtz machen. In fünf Linien, die heutiges Tages von aller Welt für die beqvemste Stimm-Gräntzen, um die Noten darauf zu schreiben, angenommen sind, ist nicht nur die völlige Octave und noch ein Klang darüber, sondern es sind auch zwo Qvinten, als vollkommene Consonantzen, über einander liegend, darin enthalten, welche beide Qvinten, nach ihrer Länge und Nachbarschafft, durch die mittelste der fünf Linien, als durch einen genauen Mittel-Punct, gantz gleich getheilet werden.

§. 28.
In sechs Linien aber würde diesenfalls ein solcher Uberschuß seyn, der die gerade Theilung hinderte, daß sie gantz und gar nicht in die Augen fiele. Ich sage billig **in die Augen**; denn alle diese bisher angebrachte Lehren, vornehmlich aber die gegenwärtige Notirungs-Kunst haben gar nichts unmittelbares mit den Ohren zu thun, ob sie gleich als Mittel, Zeichen und Knechte dienen, die Vergnügung des Gehörs, wohin der eintzige Zweck gehet, zu erwecken, und dadurch die Seele zu erfreuen. Das muß man niemahls aus der Acht lassen.

§. 29.

Erwegen wir endlich den mangelhafften Plan der ehemahls gebräuchlichen vier oder noch weniger Linien, worauf unsre Vorfahren der mittlern Zeiten ihre Noten schrieben, so kan weder die Octave, noch sonst eine beqveme Theilung Platz finden: zumahl bey itzigen Zeiten, da man den Sprengel einer ieden Stimme ie länger ie mehr zu erweitern sucht. Vormahls bey den guten Gregorianischen Kirchen-Gesängen mögten es wol zwo Linien verrichten. Auf die Theilung kömmt hier das meiste an, nach dem bekannten Grund-Satz sowol in der ächten Meß-Kunst, als in den andern Künsten, daß, was sich leicht theilen läßt, auch leicht zu begreiffen ist; absonderlich in sichtbaren Dingen.

§. 30.

Eine iede vortreffliche Wissenschafft hat ihre bestimmte Schwierigkeit, die man weder vergrössern muß, noch vermeiden kan; dafern nicht lauter elendes Flickwerck und erbärmliche Stümperey heraus kommen soll. Und wer unsre so genannte Welsche Tabulatur, **die doch auch ihre Knoten hat**, (man nenne die Noten, an und für sich selbst, wie man wolle) recht mit Ernst erweget, der wird wahrlich ein solches tieffsinniges Meister-Stück darin antreffen, daß ihm die Lust zu reformiren bald vergehen dürffte; es wäre denn, daß er, als **Johann Ballhorn**, der das *ABC* verbessern wollte, muthwillig nach Schimpf und Schande rünge, sich mit einer Affter-Noten-Fibel einen lächerlichen Nahmen machen, und aller Welt zu erkennen geben wollte, daß er im Wercke selbst und in der melodischen Ausarbeitung ein barmhertziger und seichter Tropff seyn müsse: wenn er auch eine nagelneue Rechtschreibung im Kauffe gäbe.

Neuntes Haupt-Stück.
Von den Ton-Arten.

§. 1.

Eine Ton-Art nennen wir den Umfang, die Gräntzen, Ausdehnungen, Lage, Ordnung, Beschaffenheit und Umstände derjenigen erwehlten Octaven-Gattung, darin eine Melodie angefangen, fortgeführet und geendiget werden soll.

§. 2.

Wollten wir von dieser Sache alles alte und neue anführen, so würde solches allein ein ziemliches Buch ausmachen. Iedoch, obgleich hier nur auf das kürtzeste damit zu verfahren erlaubet ist, indem wir gleichsam nur einen Auszug desjenigen machen werden, so einem Capellmeister von dieser Sache zu wissen obliegt, ginge unser Rath dennoch dahin, daß ein fleißiger Untersucher alles, was etwa hin und wieder in den Büchern, die wir ihm vorschlagen wollen, von dieser Ma|terie enthalten ist, wolbedächtlich mitnehmen und nicht obenhin betrachten möge: weil viele merckwürdige Dinge unter solchem Titel, nehmlich *de modis*, vorkommen.

§. 3.

Wem aber alte **Urschreiber**, und nebst andern der **Glarean**, Conrad **Matthäi** etc. nicht in die Hände fallen sollten, der kan sich zur Noth aus **Brossards** und **Walthers** Wörterbüchern, aus den beiden ersten Eröffnungen des **Orchesters**, und aus der grossen **General-Baß-Schule** einigen Unterricht holen, welchen hieher zu schreiben man nicht begehren kan. Im zweiten

Theil gedachten Orchesters sind *p. 401 sqq.* der hieher gehörigen Verfasser sonst eine ziemliche Reihe nahmhafft gemacht worden, denen man noch den **Doni**[1] beifügen kan.

§. 4.

Die Anzeige soll in diesem Stücke so ausführlich seyn, als nur ersinnlich ist, dazu kan man sich verlassen; die völlige Ausführung aber des Angezeigten kan unmöglich in diese Blätter gefasset werden: welches auch von allen übrigen und vorhergehenden zu verstehen ist.

§. 5.

Weil im diatonischen Klang-Geschlechte die eine Ton-Art, in Ansehung der Endigungs-Note, von ihrer Nachbarin ordentlich so weit entfernet lieget, als das Intervall eines gantzen oder grossen halben Tons ausmacht; so bekommen sie alle 24 daher die Benennungen der Tone oder Ton-Arten. Modi aber heissen sie, weil in ihnen eine gewisse eigene Art und Weise, Maaß und Richtschnur enthalten, wie weit und mit welchen Klängen in ieder Octaven-Gattung verfahren werden soll. **Tropi** und **Nomi** wurden sie von den Griechen genannt. Ein solcher systematischer Tropus[2] hatte die Bedeutung, daß der Gesang, wenn er seine vorgeschriebene Höhe oder Tieffe erreichet, selbige nicht überschreiten, sondern wieder **um oder zurück kehren** muste. Das andre Wort, Nomos, welches ein Gesetz bedeutet, wurde in dem Verstande genommen, daß die Melodie nach den **Gesetzen** der Kunst einzurichten sey.

§. 6.

Wir werden auch glaubwürdig[3] berichtet, daß ehmahls bey den klugen Römern ihre vornehmsten Gesetze, die sie aus Griechen-Land geholet hatten, und *leges duodecim tabularum*, d. i. Gebote der zwölff Tafeln hiessen, mit heller Stimme auf das zierlichste abgesungen worden: damit sie das gemeine Volck desto besser im Gedächtniß behalten mögte. Und wer wollte daran zweifeln, daß nicht solcher Gebrauch bey verschiedenen andern wolgesitteten Völckern gleichfalls im Schwange gegangen, und die Gesänge daher den Gesetzmäßigen Nahmen bekommen, wenn wir erwegen, daß dergleichen noch heutiges Tages in unsern Evangelischen Kirchen klingend und singend mit den heiligen Zehn Geboten, oder mit dem göttlichen Gesetz der zwo Tafeln, von gantzen Gemeinen geschiehet.

§. 7.

Diese Ton-Arten haben in ihrer Ordnung, Anzahl und Ubung viele und mancherley Zufälle oder Abwechselungen erlitten; Denn die uralten griechischen Ton-Künstler, die ersten bekannten Erfinder dieser Einrichtung, sahen die Sache mit gantz andern Augen an, als die lange nach ihnen unterrichtete Lateiner; und wir behandeln sie abermahl auf einem verschiedenen Fuß. Also sind hauptsächlich drey besondere Meinungen und Lehren von diesen Ton-Arten, nach und nach, zur Welt gebracht, die wir kürtzlich, und zwar auf eine natürlichere Weise, als bisher von iemand geschehen, anführen wollen, um einen theoretischen Begriff davon zu geben.

§. 8.

Die erste und alleräteste Meinung ging gewißlich dahin, daß man die drey Ton-Arten (denn damahls waren ihrer mehr nicht im Gebrauch) nehmlich die dorische, phrygische und lydische,

---

1 *Trattati sopra i Tuoni o Modi veri, e sopra Tuoni o Armonie degl'Antichi. Roma. 1640. 4.*
2 Von τρέπω, *verto*, ich kehre um.
3 *Cic. L. de Legibus.*

§. 9.
Es ist bekannt, daß von der lydischen Art bey uns gar keine alte Kirchen-Lieder vorhanden sind; aber so viel ich weiß, hat noch niemand die Ursache dieses Mangels entdecket. Es komt derselbe nehmlich daher, weil man diese Ton-Art nicht so, wie die alten Griechen gethan, ausübet, sondern mit der neuersonnenen Lage des halben Tons verhudelt, und den Popantz, *mi contra fa* hinein geflicket hat.

§. 10.
Damahls war nun z. E. der lydische Gesang (*F* nach unsrer Redens-Art) um einen halben Ton höher, als der phrygische (*E*); dieser hergegen übertraff an Höhe den dorischen (*D*) um einen kleinen gantzen Ton unsrer Rechnung, welcher dorische Gesang also der tiefeste war. Die glaubwürdigsten Scribenten[4] beweisen deutlich, daß z. E. der dorische Ton vom phrygischen **in keinem andern Stücke** (*nulla alia re*) unterschieden sey, als nur darin, daß der gantze Zusammenhang des letztern um einen Grad höher klinge, als der erste.

§. 11.
Hierin folgten die weisen Griechen der blossen Natur: maassen es glaublich, daß die Dorier eine gröbere, männlichere Sprache und tiefere Stimme gehabt haben, als die Phrygier, und daß hergegen die Lydier feiner und weiblicher gesungen, als die andern. Denn die Dorier sind ein bescheidenes, sittsames und stilles Volck gewesen; Die Phrygier hergegen haben mehr Geschrey als Vorsichtigkeit gebraucht; die Lydier aber, Vorfahren der Toscanier, werden allenthalben als wollüstige Leute beschrieben.

§. 12.
Von den Phrygiern sind noch ein paar Sprich-Wörter vorhanden, die nicht gar zu vortheilhafft lauten. Das eine heisset: *Sero sapiunt Phryges*, auf Teutsch: wenn die Schafe fort sind, wird der Stall zu spät geschlossen. Das andre: *Phryx plagis emendatur*, ohne Schläge geht kein Esel. Von den Lydiern sind noch schlimmere Denckmahle vorhanden, z. E. *Lydi mali*, d. i. an keinem Lydier ist was gutes; *Lydio more* heißt so viel, als nach weibischer Art, und *Lydius in meridie* zeiget einen Faulentzer an etc. Aber von den Doriern lieset man lauter gutes.

§. 13.
Man bemercket inzwischen solche Umstände sowol der Sitten, als der mit denselben gemeiniglich übereinkommenden Sprachen und Stimmen, noch heut zu Tage an verschiedenen Völckern und Geschlechtern mit Grund der Wahrheit. Denn zu geschweigen, was jener gelehrte Florentinische Edelmann[5] allein von den Welschen anführet, wie nehmlich die Lombarder viel gröber oder tiefer reden und singen, als die Toscaner oder Florentiner, seine Lands-Leute; welche doch hergegen, an Zärtlichkeit der Stimme von den Liguriern oder Genuesern wiederum weit übertroffen werden, ob sie gleich ziemlich nahe Nachbarn sind: so können wir täglich erfahren, daß

---
4   *Boeth. Cassiodor. Zarlin. Praetor. & al. permult. vid. prae caeteris M. Meibom. Not. in Euclid. p. 46. 47.*
5   *Vincenzo Galilei, nel Dialogo della Musica antica e moderna, p. 71.*

Teutschland überhaupt mehr Baßisten und Tenoristen; Italien aber mehr Altisten und Diskantisten hervorbringet, denn alle andre Länder: wozu bey den Teutschen, nebst der rauhern Lufft-Gegend und Lebens-Art, auch das Biertrincken; bey den Welschen aber das Gegentheil in beiden Stücken, und noch über dies die häuffige Verschneidung das meiste beiträgt.

§. 14.

So ist auch gewiß, daß z. E. in England lange nicht so viel gute ausgedehnte Stimmen sind, und in Franckreich iedermann mehr aus der Kähle und nicht aus der Brust singet, als in Italien, wo die Stimmen holer, klärer, reiner und umfänglicher sind.

§. 15.

Der Streit, den die Römer und Frantzosen, wegen des Singens, zu Caroli M. Zeiten gehabt, wo den letztern vorgeworffen wurde, daß sie die Triller, lauffende Figuren und gebrochene Noten nicht recht herausbringen könnten, indem sie mit ihren von Natur heisern Stimmen die Klänge mehr in der Gurgel zerdrückten, als aus der Brust heraufführten,[6] dieser Streit, sage ich, verdienet hiebey einen kleinen Platz: dieweil auch daraus unter andern erhellet, daß die Feinigkeit und das biegsame Wesen im Singen nicht allenthalben zu Hause gehöre, sondern fast bey ieder Völkerschafft darin, hauptsächlich aber was die Höhe und Tiefe der Stimmen betrifft, ein mercklicher angestammter Unterschied verspüret werde, welcher allerdings oder doch grössesten Theils der Gegend des Landes, den Sitten, der Erziehung, der Nahrung, und daher entstehenden Bildung der Werckzeuge des Leibes und Halses zuzuschreiben ist.

§. 16.

Damit wir aber wieder zu unsern alten Griechen kehren, so ist unter andern merckwürdig, daß nach eingeführten obigen dreien Ton-Arten, womit es bis etwa 600 Jahr vor Christi Geburt bestellet worden, die Erfindung der vierten (nehmlich des sogenannten *modi mixolydii, G,*) einem Frauenzimmer, der berühmten Poetin **Sappho**, zugeschrieben wird, und zwar, weil derselben, zur Absingung ihrer Verse die lydische Ton-Art für ihre gar zärtliche Stimme und enge Kähle noch zu tief, und also ein gantzer erhöheter Ton nöthig war, solche Gesänge herauszubringen.

§. 17.

Es hat wiederum dieses ebenfalls seine gantz natürliche Ursachen bey einer jungen wollüstigen Wittwe gehabt, weil die Erhitzung auf die Länge gewisse Röhren dürre macht und zusammenziehet, daß sie, absonderlich im Halse, wegen ermangelnder sattsamer Feuchtigkeit, sich nicht gnugsam ausdehnen und einen tiefen Klang angeben können. Doch ist hiebey die seltene Bescheidenheit zu bewundern, daß diese Dichterin ihre neue Ton-Art nicht etwa nach ihrem Nahmen, **Sapphisch**, sondern mixolydisch genannt, und damit angedeutet hat, daß eine ziemliche Verwandtschafft mit der lydischen Octav-Gattung darin befindlich sey, welches auch wahr ist.

§. 18.

Gantzer 1400 Jahr nach der Sappho ist es in Europa bey obigen vier Ton-Arten, bis auf die Zeiten des Pabstes, **Gregorii** M. und des Kaisers, **Caroli** M. in der christlichen lateinischen Kirche geblieben, deren erster A. 604, der andre aber 814 gestorben, nachdem er etwa zehn oder

---

6 *Tremulas vel tinnulas, sive collisibiles vel secabiles voces in cantu non poterant perfecte exprimere Franci, naturali voce barbarica frangentes in gutture voces potius, quam exprimentes.* Io. Launoius de Scholis, p. 4. & 5.

elf Jahr vorher die Sing-Art einiger neuern Griechen eingeführet, und die acht Kirchen-Tone daraus zusammen setzen lassen, von deren Armuth weiter unten etwas vorkommen wird.

§. 19.

Ubrigens zehlten jene alte Griechen ihre Klang-Stuffen allemahl von oben an, d. i. von der Höhe, so daß die feineste Saite bey ihnen die erste hieß; welches die lateinischen Nachkommen, und wir mit ihnen, gerade umgekehret haben. In einigen Umständen scheinet dieses; in andern aber jenes eben nicht unrecht zu seyn.

§. 20.

Mit der Zeit haben die Aölier und Ionier das ihrige hiezu auch beigetragen, indem die ersten eine Ton-Art beliebet, die sich höher (A), die andern aber eine solche, die sich tiefer (C) erstrecket, als obige vier. Alle diese Völker wohneten in dem eintzigen, eigentlichen Natolien, oder, wie es unsre Handels-Leute itzt nennen, in der Levant, d. i. im kleinen Asien, und zwar nur etwa in dessen fünfften Theil, wohin sich damahls die Music, als in einem Schutz-Winckel der Welt, gleichsam verkrochen hatte: die Ionier hielten sich in der Gegend auf, wo itzt Smyrna lieget; die Dorier um Halicarnaß; die Phryger um Troja herum; die Lydier hatten Philadelph und Sardus inne, die Aeolier aber diejenige Landschafft, wo itzt Foya lieget.

§. 21.

Was es also mit diesen Ton-Arten von Anbeginn für eine Haupt-Bewandtniß gehabt hat, die hat es noch, dem Nahmen und der Sache nach, bis gegenwärtige Stunde: so daß unter vernünfftigen und belesenen Leuten eben so wenig Streit darüber entstehen kan, als z. E. über die Schmiede, Peltzer, Brauer, Knochenhauer etc. welche hier in Hamburg noch heutiges Tages in eben denselben vor viel hundert Jahren, nach ihren Handwercken benannten Gassen wohnen, und das Sprichwort vom Nahmen mit der That wahrmachen.

§. 22.

Und ob auch gleich diese einen andern Ort erwählen mögten, so müssen doch unsre Klänge immer in derjenigen Lage bleiben, worin sie die Natur selbst einmahl vor allemahl gesetzt hat. Das ist die lautere Wahrheit. Weil auch unsre Kirchen-Lieder, die Choral-Gesänge, noch beständig Dorisch, Phrygisch, Ionisch, Aeolisch etc. heissen, so ist ja noch an der Sache so wenig, als am Nahmen Mangel, wenn schon kein Ionier oder Dorier mehr in der Welt wäre; die mühselichen Klauber und Grillenfänger der mittlern Zeiten mögen so viel daran verdrehet und verkünstelt haben, als sie wollen.

§. 23.

Darauf kommen wir denn zu der mittlern Meinung, welche die ärgste und verwirreteste Lehre von den Ton-Arten behauptet, die man iemahls hätte erdichten können. Denn obgleich der dreimahlige Römische Bürgermeister, **Boethius**, welcher im 71 Jahr seines Alters A. 524 oder 26 zu Pavia aus Staats-Ursachen enthauptet wurde, der erste und ansehnlichste unter den La|teinern, so von der Music geschrieben, nachdem er 18 Jahr zu Athen studiret hatte, mit keiner Sylbe der angedrungenen Lage des halben Tons[7] in seinen fünf Büchern gedencket, zum unwiedersprechlichen Zeugniß, daß weder vor ihm, noch zu seiner Zeit, etwa ums Jahr Christi 500, kein

---

7 S. die grosse General-Baß-Schule p. 55. 59. etc.

Mensch den Unterschied der Ton-Arten in etwas anders, als in der Höhe und Tiefe des Klanges, gesucht hatte; so that sich doch gantzer tausend Jahr nach ihm, nehmlich A. 1514, ein gewisser Mayländer und bestallter Professor der Music zu Brescia im Venetianischen, Nahmens[8] **Franchinus Gaforus**, hervor, und wollte durchaus in den boethischen Music-Büchern, die etwa 20 Jahr vorher gedruckt waren, Dinge suchen, die doch gar nicht darin stehen, noch stehen sollen.

§. 24.

So schlecht es dem guten Professor nun auch gerathen mogte, wovon die zwote Eröffnung des Orchesters und die grosse General-Baß-Schule an vielen Orten Zeugen, und Zeugnisse beibringen, fand sich doch fast zu eben der Zeit in Franckreich ein weitgelehrter Doctor ein, nehmlich **Faber** Stapulensis, der schier auf eben die Art über des Boethii Werck stolperte. Keiner aber hat es so grob gemacht, als **Glarean**, welcher 20 Jahr[9] arbeitete, damit er nur in dieser Lehre von den Ton-Arten ein eben so schädliches Ding, als **Aretin** in der Singe-Fibel gethan, zur Welt brächte.

> So schwer fiels diesem Paar, den Nachruhm zu erwerben,[10]
> Daß sie allein geschickt, die Ton-Kunst zu verderben.

§. 25.

Ist es nicht zu bedauren, daß eben diejenigen Leute der Music den Hals umdrehen, die doch das Ansehen haben wollen, ihr auf die Beine zu helffen? Man mögte denn sagen, sie thäten es aus lauter Liebe, wie der Affe seine Jungen erdrücket. Und das wäre zugleich eine Entschuldigung für einen gewissen bereits erwehnten Verfasser, wenn er die Musicos, aus Lust oder Muthwillen, für Affen d. i. für seine Jungen hält. Die unbändige Begierde, den Preis einer übermäßigen Gelehrsamkeit davon zu tragen, sollte die Leute nimmer so weit verführen, daß sie ihre Träume und Grillen als lauter neue Wahrheiten in die Welt hinein schrieben. Zu **Fabers, Gafers** und **Glareans** Zeiten ließ es sich noch eher ungestrafft thun; denn die Welt war so beschaffen, daß sie fast von nichts wuste. Itzund aber werden Bücher gemacht von dem, was der Verfasser selbst nicht weiß.

§. 26.

Zarlin, der ehrliche Mann, bekennet selbst, daß man zu seiner Zeit die Ton-Arten auf eine gantz andre, und **von dem alten Gebrauch sehr unterschiedene Weise**[11] behandelt habe. Ey! desto schlimmer war es! Damit geben sie ja eben zu verstehen, daß die wahren Alten aus den Augen gesetzet worden, und daß diese von solchen Verwirrungen und unnöthigen Verkünstelungen nichts gewust noch gehalten haben.

§. 27.

Dem Zarlin stimmen hierin viele andre bey, z. E. Mich. **Prätorius** in seinem Syntagmate, Conrad

---

8 Im Waltherschen Wörterbuche lesen wir, **Gafor** sey von **Laon** in Franckreich gebürtig gewesen, welches aus dem Bey-Nahmen *laudensis* geschlossen wird. Nun heisset aber Laon auf lateinisch *Laudanum*, von dem nimmer *laudensis* herkommen kan; hingegen führet ein gewisses Gebiet im Mayländischen, **Lodesano**, dessen Käse sehr berühmt sind, auf lateinisch den Nahmen: *laudensis ager*, und der vornehmste Ort darin heisset **Lodi**, auf lateinisch *Laus Pompea*. Daraus denn leicht abzunehmen, daß **Franchin** kein Frantzose, sondern ein Lombarder gewesen; wie er denn auch, als Cantor, an einer Mayländischen Kirche gestanden, und seine Wercke in Mayland gedruckt sind.

9 **Doni** beklaget, daß der Glarean auf solche unnütze Arbeit so lange Zeit verschwendet hat. *Inutiles Glareani lucubrationes* nennet er sie, *in quibus doleo sane totos viginti annos ab eo consumtos. Don. d. Praest. vet. Mus. p. 23.*

10 *Facit indignatio versum: Tantae molis erat cantantem perdere gentem.*

11 *Hora usiamo li modi in un'altra maniera molto differente dall'Antica. Zarl. Vol. I. p. 398.*

Matthäi in seinem Berichte von den *Modis musicis*, welcher gar mit der Thür ins Haus fällt, wenn er p. 63. hinzusetzt, **die Alten hätten gar nichts von den Gattungen der Octaven** (nach der Lage des halben Tons unterschieden) gewust. Hab Danck dem Spruch! | Was will man mehr? So ist es ja eine neue in den mittlern, ungelehrten Zeiten ausgeheckte Grille, die darum desto weniger taugt, weil sie neu seyn sollte.

§. 28.

Ich will doch kürtzlich erzehlen, wie das Ding zugegangen ist. Die guten Leute waren damahls vornehmlich in demjenigen Haupt-Stücke der Ton-Kunst gantz und gar unwissend, welches wir die Harmonic, mit ihrer Zubehör, nennen. **Franchin** war bloß ein Sänger und Instrumentalist nach seiner Art; hatte aber in den gründlichen Betrachtungen der zur Music gehörigen Wissenschafften wenig oder nichts gethan; kannte fast keine Vehältniß recht, und fehlete bald hie bald da.[12] Sein Buch ist voller barbarischen Wörter: *Placalis, Ptholomeus, Prohemium etc.* daß man wol siehet, er sey kein tüchtiger Lateiner, vielweniger ein Grieche gewesen.

§. 29.

Dennoch wollte dieser **Gafor** den Boethium, der so lange in Griechenland studiret, und selbst des **Aristoxeni** Schrifften, in einigen Dingen, wiederleget hatte, mit aller Gewalt meistern.

§. 30.

Faber von Etaples war zwar ein gelehrter Frantzösischer Theologus, und erkannte die Evangelische Wahrheiten einigermaassen; allein seine musicalische Einsicht taugte nicht viel, und eben solche irrige Grund-Sätze in der Theorie hielten ihn ab, die Hand anzulegen, oder seine falsch-abgetheilten Tertzen und Sexten in die Ausübung zu bringen. Denn, wie ist es in der Welt möglich, ohne solche Intervalle und ihre Richtigkeit das geringste zu berwerckstelligen?

§. 31.

Heinrich Loritz, der gelehrte Pickelhering von Glaris, war geschickter, auf einem Esel in den öffentlichen Lehr-Saal hineinzureiten, und andre ungesaltzene Possen zu treiben, als etwas tüchtiges in der Ton-Kunst zu schreiben: deswegen kostete ihm auch sein Dodecachordum 20 Jahre, ein Buch daran nichts so schätzbar ist, als die darauf verwendete Zeit. Was die andern *placalis* nannten, das hieß dieser gar *modus plagius*. Ey! so plage dich.

§. 32.

Der vortreffliche **Salinas**[13] berichtet uns, daß sich Glarean vom Gafuro habe verführen, betriegen, und sowol in der Moden-Lehre als in viel mehren Dingen verleiten lassen: da denn freilich ein Blinder dem andern nicht hat helffen können.

§. 33.

Diese Männer qvälten sich entsetzlich, die wolklingenden Intervalle in eine rechnemeisterische Form zu bringen; vermogten es aber nicht. Von den dreien Klang-Geschlechten wusten sie kein Wort, sondern nur von einem eintzigen: und hielten alle diejenigen für Ton-Ketzer, die sich

---

12 S. grosse General-Baß-Schule *p. 77.*
13 *Deceptus in hac modorum tractatione a Franchino Laudensi -- quem in his & multis aliis secutus est, & utrumque videtur decepisse vulgaris de Modis traditio.* Salin. L. IV. de mus. c. 12.

einer andern, als ihrer diatonischen Leiter bedieneten. Es war dannenhero, was sie setzten und lehreten, nicht nur ein pur-lauteres, unrichtiges, sondern höchstschädliches Wesen, davon die Fustapffen, noch heutiges Tages an tausend Orten hervorragen.

§. 34.

Sebastian **Virdung**, der um eben die Zeit, da **Franchin** geschrieben, zu Amberg in der Ober-Pfaltz Priester gewesen, lieset dergleichen unwissenden Ton-Meistern, denen die Klang-Geschlechter nicht bekannt sind, einen lesenwürdigen Text, der in unsrer grossen General-Baß-Schule *p. 81* zu finden ist.

§. 35.

Der erste falsche Tritt, den sie thaten, war, daß sie die acht[14] erdichtete Kirchen-Tone von den zwölff griechisch-vermeinten Modis trenneten, da sie doch alle einerley Grund und Ursprung haben, und in einer eintzigen Abhandlung Platz finden könnten und müsten.

§. 36.

Fürs andre sollte mit lauter Gewalt das verzweifelte *mi fa*, der berüchtigte halbe Ton, welcher in ihrer armseligen Octave nur zweimahl vorkam, da ihn doch die Natur siebenmahl darin gepflantzet hat, den neuen Unterschied der Ton-Arten anzeigen.

§. 37.

Drittens wurden sie genöthiget, auch so gar den siebenden diatonischen Klang, welchen man *h* nennet, mit allem seinem Anhange und Stuffen-Wercke, für unächt, als einen Huren-Sohn, *pro Spurio*, zu erklären und zu verwerffen, weil sie, entweder aus grober Unwissenheit[15], oder aus thörichtem Aberglauben und Schulfüchsischen Eigensinn, demselben Grund-Klange die Qvinte, *fis*, nicht zustehen durfften, einfolglich auch dem vierten klingenden Grade, *f*, seine natürliche Qvart, *b*, kurtzum versagten. Da hätte wol ein Prophet aus dem Seneca sprechen mögen: Es wird die Zeit[16] kommen, da sich die Nach-Welt verwundern muß, daß wir solche offenbare und in die äusserliche Sinne fallende Dinge nicht erkannt haben.

§. 38.

Wie nun die Sache vielen Anstössigkeiten unterworffen war, so daß noch heutiges Tages der nach solcher Weise gelehrteste Moden-Theoreticus offt zweiffeln, oder etwa eine lahme Entschuldigung ausdencken muß, wenn er von manchem Choral-Liede eigentlich sagen soll, aus welchem Ton es gehe: als ersonnen unsre halbe Alten, die verführten Verführer, gewisse Heilungs-Mittel, die doch ärger waren, denn die Kranckheit selbst, nehmlich: eine harmonische und auch eine arithmetische Theilung der Octaven; deren erste durch die Qvint, die andre aber durch die Qvart vorgenommen wurde, und machten solcher Gestalt aus den vier uralten Ton-Arten acht mittel-neue, und wiederum zwölff aus sechs.

---

14 *Commentitios Octo Tonos* nennet sie mit Recht *Donius, de Praest. vet. mus. p. 23.*
Pulchellus ille Octonarius modorum numerus. Glar. Dodecach. p. 60.
15 *Non ardivano* (sie hatten das Hertz nicht) *nel Secolo a dietro servirsi di tal spetie h: - fis, quasi che non sapessero con ajuta d'un corda pellegrina formarvi la Quinta; o non volessero per una certa superstitione o Stitichezza servirsene: poiche in quel tempo poco o niente s'usavano le corde accidentali (lequali reputavano cromatiche) e queste misture di Tuoni diversi. Don. sopra i Tuoni, p. 125.*
16 *Veniet tempus, quo posteri nostri tam aperta nos nescisse mirentur. Senec. Natur. Quaest. L. VII. c. 25.*

§. 39.

Die ersten nannte man Tone, schlechtweg; die andern aber Moden. Man zanckte sich auch fein darum, wie aus dem **Salina** zu ersehen ist. Uberdis musten diese Kinder noch einen besondern Zunahmen haben, und damit wurde man endlich auch fertig. Die zur harmonischen Theilung gehörigen Ton-Arten hatten das Glück, daß sie selbst-ständige, *authentici*; die andern aber den Schimpff, daß sie entlehnte, *plagales*, geheissen wurden.

§. 40.

Wie ungereimt Ludewig **Zacconi** dieses letztere Wort *a placando* herleitet, solches ist an einem andern Ort[17] zu lesen, und leicht daraus zu schliessen, was von dergleichen seichten Moden-Krämern und ihrem Verlage zu halten sey. Das Wort selbst, aufs beste genommen, ist barbarisch, und gehöret bey keinem reinen Lateiner zu Hause. Man kan es auch schwerlich vom Griechischen #### herführen, denn es würde auf lauter blaue Schrifften hinauslauffen; sondern es kömmt vielmehr vom *plagio* und *plagiatio* her.

§. 41.

Zarlin[18] und andre jüngere Schrifftsteller haben diese Benennungen, ob sie gleich nicht viel nutz sind, und vor Gafors Zeiten gar nicht gebräuchlich gewesen, dennoch beibehalten. So viel ist gewiß, daß bey solcher Eintheilung nichts vollstimmiges hat gemacht werden können, wo sie nicht diese zwölff Ton-Arten wieder auf sechs verringern lassen musten, und da lag das gantze kostbare Gebäude des Dodecachordi über einen Hauffen.

§. 42.

Es war aber hiemit lange nicht alle: denn der blosse Sprengel einer Ton-Art, oder ihr *ambitus* wollte allein die vielen Schwierigkeiten ihrer Erkenntniß nicht heben: dannenhero erdachte man noch ein Paar andre Kunstgriffe, nehmlich die Beobachtung der Endigungs-Note, der förmlichen Schlüsse, *clausulae formales* genannt, und der übrigen Cadentzen oder Ruhe-Stellen im Gesange, samt dem Wiederschlage eines Fugen-Satzes, welcher sonst *repercussio* heißt.

§. 43.

Von dem letztern wird es an seinem Ort Gelegenheit geben, ein mehres anzuführen; die Schlüsse und Absätze aber wurden wiederum getheilet in die vollkommenste, vollkommene, weniger vollkommene, cantisirende, altisirende, tenorisirende und bassirende Schlüsse. Von der Endigungs-Note sagt[19] Donius, in Betracht der mangelhafften[20] Melodien selbiger Zeiten, es sey das seltsamste Ding in der Welt iemand darauf zu vertrösten, und eben so viel, als wenn man

---

17 **Musical. Critik**, zweiter Band, *p. 98.* S. auch Orchest. zweite Eröffn. *p. 392.*
18 *il Zarlino e gl'altri hanno accettato questi termini, benche poco necessarii e non usati avanti al Gaffuro.* Doni, Annotaz. *p. 1.*
19 *Mi risponderà, che bisogna guardare alla Cadenza finale. Or questa si ch'è una delle più strane cose del mondo, e proprio come dire, che per discernere un Lione da un Cavallo bisogni guardarli la Coda; che se al povero animale sarà stata tagliata, non si potrà connoscere di qual specie sia. E se alla modulatione mancherà l'ultima nota, non s'ha poter discernere di qual modo è composta. Infelici modi!* I. B. Doni. dell'inutile *Osservanza de' Tuoni hodierni p. 237.* Durch das Wort *hodierni* meinet er eben die halb-veralteten Ton-Arten der mittlern Zeiten, davon wir itzund reden, und die damahls noch sehr starck im Schwange gingen.
20 Es überhebt uns das löbliche Waltherische Wörterbuch der Mühe, Exempel von solchen Gesängen dieser alten Ton-Arten, deren etliche in unsern teutschen Kirchen-Liedern ohne Schwantz sind, hieher zu setzen: weil deren verschiedene daselbst, *sub voce modus*, befindlich.

spräche, wer einen Löwen von einem Pferde unterscheiden wollte, müste ihnen den Schwantz besehen. Gesetzt aber, fährt er fort, der Schwantz wäre dem armen Thier abgehauen, woran sollte man es denn erkennen? So auch könne ja niemand wissen, aus welchem Ton ein Lied ginge, falls demselbigen die letzte oder Endigungs-Note etwa fehlte. O ihr unglückseligen Ton-Arten! Bis hieher Donius.

§. 44.

Noch nicht verwirrt genug. Das beste kam zuletzt. Es musten auch eigene, verwandte und fremde Schlüsse in die Rechnung gebracht werden. Und weil diese letzte Eintheilung derjenigen Entdeckung fast gleich siehet, welche die Chymisten machen, wenn sie, Statt des gesuchten Goldes, etwa von ungefehr eine und andre Artzney Tropffen finden; so führet uns solcher Umstand unvermerckt auf die dritte Meinung und jüngere Lehre von den Ton-Arten, welche doch, **im Grunde**, mit der allerältesten einerley und so alt ist, als die Natur selbst. Sie kömmt, **auch in den Umständen**, viel besser mit den ächten griechischen Vorträgen (z. E. in den Klang Geschlechten u. s. w.) überein, als mit den wunderlichen verworrenen Lehren der lateinischen mittlern Zeiten, wie wir aus folgenden leicht sehen werden.

§. 45.

In einem Stück aber hat die heutige Lehre von den Ton-Arten sowol vor der wahren alten, als vor der mittlern, was besonders und hauptsächliches, nehmlich, daß sie ihre vornehmste Absicht auf den Dreiklang, auf die *triadem*, richtet, woraus fast alles gute, so die Melodie und Harmonie hat, hergeleitet werden mag. Von dieser Sache aber wusten weder die ersten, noch die andern (so viel man aus ihren Schrifften urtheilen kan) was rechtes und gründliches, die letzten am wenigsten. Den ersten fehlte es, bis auf **Didymi** Zeiten, an dem richtigen Verhalt einer Tertz, sowol der grossen, als kleinen; denn diese klunge viel zu niedrig, und jene so viel zu hoch, daß man sie ohne den grössesten Eckel nicht anhören[21] konte. Die andern aber vermehrten solchen Mangel mit gäntzlicher Verwerffung des chromatischen (will nicht sagen, auch des enharmonischen) Klang-Geschlechts, wodurch sie sich nicht nur vieler kleinern Intervallen, sondern so gar einiger höchstnöthigen Qvarten und Qvinten fast muthwillig beraubten, und in grosse melodische Armuth geriethen. Warum das? bloß ihren Abgott, den diatonischen Halb-Ton, bey Ehren zu erhalten, als ob ihn Micha und seine Mutter hätten machen lassen.

§. 46.

Weil wir nun, nach solchem Grund-Satze des harmonischen Dreiklanges, aus den zwölff Octaven-Gattungen unsrer diatonisch-chromatischen Klang-Leiter, durch die Abwechselung der Tertzen, vier und zwantzig Ton-Arten[22] herausbringen, deren iede ihr absonderliches und eigenes Wesen, nicht nur in der Höhe und Tiefe, nach alt-griechischer Art, sondern auch in der wundersamen Vielfältigkeit der Verhältnisse darleget; so würde nöthig seyn, von dieser Lehre etwas weitläuffiger alhie zu handeln, wenn solches nicht bereits im zweyten Theil des Orchesters, auch in der grossen General-Baß-Schule umständlich und mit deutlichen Vorschrifften geschehen wäre.

---

21 **Neidhart** in der besten und leichtesten Temperatur *p. 21.*
22 *Dans l'etenduë de notre Octave, composée de douze demi-Tons, nous varions l'Harmonie suivant vingt quatre modes dont il y en a douze majeurs & autant de mineurs. En sorte que nos modes different entre eux plus sensiblement & bien plus essentiellement quant à modulation que ne le pouvoient faire les modes de l'ancienne Musique, lesquels d'entre eux n'avoient d'autre difference que celle d'etre d'un demi-ton plus haut ou plus bas etc. Journal des Scavans Sept. 1726.*

§. 47.
Der Artickel von dem Dreiklange und dessen Gebrauch, wie er nehmlich einfach, oder verdoppelt; vollkommen oder unvollkommen; groß oder klein; weich oder hart; ordentlich oder zertrennet sey, gehöret zum Haupt-Stück von der Harmonie. Der Unterricht aber von den Schlüssen und Ruhe-Stellen im Gesange; von Verwandschafft der Ton-Arten; von ihren Ab- und Ausweichungen; von dem Wiederschlage oder Wiederholung eines Satzes durch andre Intervalle, und endlich von der Natur und Eigenschafft einer ieden Ton-Art, ob sie nehmlich lustig, traurig, lieblich, andächtig etc. sind eigentlich Stücke der melodischen Wissenschafft und deren Ausübung, davon der zweite Theil diese Wercks, so wie der dritte von der Vollstimmigkeit handeln wird.

§. 48.
Wiewol auch von den berührten Eigenschafften der Ton-Arten bereits in besagten Büchern von uns sattsame Meldung geschehen ist, worauf wir uns diesen Falls beziehen, und nur noch schließlich hier beifügen wollen, daß von solchen Eigenschafften nichts unumstößliches zu sagen sey, weil keine Ton-Art an und für sich selbst so traurig oder so lustig seyn kan, daraus man nicht das Gegentheil setzen mögte. Das übrige soll an seinem rechten Orte schon vorkommen.

Zehntes Haupt-Stück.
Von der musicalischen Schreib-Art.

§. 1.
Weil die besondre Anwendung und Zusammenfügung gewisser Wörter, Redens-Arten, Ausdrücke und Formalien, sowol in heiliger Schrifft, als im Gericht, bey Hofe, in Kantzeleien, auf Lehr-Stühlen, in Briefen und täglichem Umgange einen mercklichen Unterschied des Styls, es sey im reden oder schreiben, hervorbringt: so stehet leicht zu erachten, daß die Ton-Kunst, da sich ihr Nutz und Gebrauch über Gottes-Häuser, Schaubühnen und Zimmer erstrecket, nothwendig auch, durch dergleichen Anwendung und Zusammenfügung gewisser Klänge, Gänge, Fälle, Zeit-Ordnungen und Geltungen, in ihrer Schreib- und Setz-Art, sehr verschieden seyn müsse.

§. 2.
So leicht nun einem ieden solches in die Augen fällt, und so sehr es einem Componisten obliegen sollte, diese Sache **vor allen andern** wol zu untersuchen, sich einen deutlichen Begriff davon zu machen, und hernach selbst, mit Verstande und Unterschied, die Ausübung darüber anzustellen; so wenig finden wir, daß diejenigen, welche die Noten-Feder kühnlich zu ergreiffen und zu führen sich gelüsten lassen, hievon den gehörigen Unterricht haben; sondern ohne selbst zu wissen, in welchem Styl sie auch nur arbeiten wollen, alles, wie Kraut und Rüben unter einander hacken: weil dieser Punct in ihren Lehr-Büchern nur gantz sparsam berühret; nirgend aber gehörig aus einander geleget und deutlich ausgeführet worden ist.

§. 3.
Nun ist zwar in der zweiten Eröffnung des Orchesters von gegenwärtiger Materie bereits eins und anders vorgetragen, welches hiebey aufs neue mit zu Rathe gezogen werden kan: allein wir dürffen deswegen doch keinen Anstand nehmen, ein mehres davon, dieses Orts, zu melden.

Von der musicalischen Schreib-Art.

Denn es finden sich noch so viele nöthige Dinge disfalls zu erinnern und die Styl-Wissenschaft ist so wichtig, auch von so wenigen bisher eingesehen, daß nicht leicht zu weitläuffig davon gehandelt werden mag.

§. 4.

Marco Scacchi, ein berühmter welscher Ton-Künstler seiner Zeit, und dreissigjähriger Capellmeister zweer Könige in Polen, Sigismunds I. und Uladislas IV. deren erster auch zugleich Schweden beherrschte, bekräfftiget in einem mit der Feder geschriebenen, ungedruckten Buche, welches auf dem öffentlichen Hamburger Bücher-Saal zu St. Johannis befindlich, und an den damahligen Cantoren in Dantzig, **Christian Werner**, gerichtet ist, daß die Eintheilung aller musicalischen Schreib-Arten in drey[1] Classen, nehmlich in Kirchen- Theatral- und Kammer-Styl nicht nur ihre völlige Richtigkeit habe; sondern auch nothwendig also, und auf keine andre Haupt-Weise, gemacht werden könne noch müsse, ungeachtet man dieselbe drey Schreib-Arten wol auf verschiedene Neben-Arten ausdehnen und betrachten möge.

§. 5.

Damahls aber, etwa vor hundert Jahren, hat der Kirchen-Styl nur vier schlechtunterschiedene Gattungen unter sich begriffen; der Kammer-Styl hatte deren drey, und der theatralische wollte sich noch gar nicht theilen lassen, sondern blieb einfach; daß man also mit Mühe nur acht Neben-Arten berechnete. Man kan nun leicht dencken, daß sich, seit der Zeit, viele Veränderungen in diesen Dingen zugetragen haben, und die Anzahl vermehret worden ist. Ob aber solcher Zuwachs künfftighin noch weiter gehen werde, solches wollen wir der Nachwelt zu erleben gerne überlassen: genug, daß die Haupt-Eintheilung ihren Grund und Gewißheit, ohne allen Zweifel stets behaupten wird, und auch alle neue Neben-Aeste sich vermuthlich leicht auf obige drey Classen beziehen dürfften.

§. 6.

Was inzwischen das so genannte **hohe**, **mittlere** und **niedrige** in allen Schreib-Arten betrifft, so ist solches in dem Verstande **allgemein**, wenn dieses Wort *Commun*, nicht wenn es *General* bedeutet: maassen dergleichen Eigenschafften einem ieden vorausgesetzten Haupt-Styl in der musicalischen Setz-Kunst, nehmlich, dem geistlichen, weltlichen und häuslichen, wie Gattungen ihren Geschlechtern, allerdings angehören. Es sind nur Neben-Dinge und zufällige Ausdrücke, die das hohe, mittlere und niedrige anzeigen; man muß sie bloß als Unter-Theile ansehen, die für sich selbst keinen Kirchen- Theatral- noch Kammer-Styl ausmachen können: Denn alle und iede Ausdrücke, sie mögen was erhabenes, mäßiges oder geringes begreiffen, müssen sich unumgänglich nach obbesagten dreien vornehmsten Geschlechtern der Schreib-Art, mit allen Gedancken, Erfindungen und Kräfften, als Diener nach ihren Herren, ohne Ausnahm richten.

§. 7.

Der Begriff ist falsch, wenn man meinet, das Wort **Kirche etc.** werde hier nur, **in Ansehung des blossen Orts und der Zeit**, zur Eintheilung der Schreib-Arten gebraucht; es verhält sich gantz anders, nehmlich in Absicht auf den GOttes-Dienst selbst, auf die **geistlichen** Verrichtungen und auf die eigentliche Andacht oder Erbauungs-Sachen, nicht auf das Gebäude oder die Wände

---

1 *Primum igitur assero*, sind seine eigentliche Worte, *triplicem omnino stylum in arte musices reperiri: ecclesiasticum, cubicularem & scenicum seu theatralem, quorum singulos diversis etiam modis a peritis considerari oportet &c.*

des Tempels: denn, wo GOttes-Wort gelehret und gehöret wird, es sey singend oder redend, da ist unstreitig GOttes-Haus. Als Paulus zu Athen predigte, da war der Richtplatz, und zu Epheso der Schauplatz seine Kirche.

§. 8.

Eben also ist es auch mit dem Theatro und der Kammer bewandt: weder Ort noch Zeit kommen hiebey besonders in Betrachtung. In einem Saal kan sowol ein geistliches Stück, als ein Tafel-Concert aufgeführt werden: darum ists gut, wenn wir den Kammer-Styl durch das Beiwort, **häuslich**, erklären, im Fall die Absicht auf sittliche Dinge und Materien gerichtet ist, so wie der Sitten-Lehrer, **Sirach**, in eben dem Verstande ein Haus-Lehrer heißt; nicht wegen der Häuser, wegen Zeit und Orts, sondern wegen des besondern oder Privat-Unterrichts in guter Zucht und Sitten.

§. 9.

Auf einer Schaubühne kan ja auch was geistliches vorgestellet werden, und solches ist gar offt geschehen; man mag daselbst eben sowol ein Concert auffführen, als in der Kammer: was wollen denn Zeit und Ort zu dem Wesen der Dinge hiebey thun? Derowegen erläutern wie den dramatischen Styl durch das Beiwort, **weltlich**, wenn nehmlich die Absicht auf weltliche Geschäffte und Geschichte natürlicher sich selbst gelassener Menschen gerichtet ist, die immer unter sich Lust- oder Trauerspiele nach einander vorstellen.

§. 10.

Aber das **Hohe** auf dem Schau-Platz ist doch gantz anders beschaffen, als das Hohe bey einer Tafel-Music u. d. gl. Wiederum muß auch ein heiliger Eifer lange nicht so ausgedruckt werden, als der Zorn eines Tyrannen etc. Die göttliche Majestät, die himmlische Pracht, Wonne und Herrlichkeit sind, mit der dazu freilich erforderten **hohen** Schreib-Art dem geistlichen Haupt-Styl unterworffen. Andacht, Gedult etc. gehören, samt ihrer vermeinten **mittlern** Schreib-Art, eben dahin, nehmlich in die Kirche, d. i. zum GOttes-Dienst. Reue, flehentliches Bitten etc. in der ihnen zukommenden **niedrigen** Schreib-Art, stehen gleichfalls unter eben dasselbige Panier, und diese dreierley Eigenschafften zusammen müssen dem Kirchen-Styl sowol, als dem dramatischen und häuslichen, iedem ins besondere, zu Gebote stehen.

§. 11.

Ich mag, kan und bin verbunden in allen dreien, auf gewisse Weise, das ist, auf solche Weise, wie es Kirche, Kammer, und Saal nach der gegebenen Erklärung vorschreiben, hoch, mittelmäßig und niedrig zu verfahren: welches nur zufällige, und keine wesentliche Umstände des Styls und seines Unterschieds sind; sintemahl aus keiner eintzigen dieser drey Eigenschafften allein weder ein Kirchen-Stück, noch eine Oper oder ein Concert iemahls gemacht werden kan; dahingegen manches gutes Werck, allerhand Art, zum Stande gebracht wird, ohne daß jene zufällige Ausdrückungs Weisen alle drey dabey etwas zu thun finden.

§. 12.

Von der dramatischen Dicht-Kunst wissen wir, seit den Zeiten des **Horatz**, daß bisweilen die Lust-Spiele[2] zur Höhe der Trauer-Spiele hinaufsteigen, und doch ihr eigentliches theatralisches Abzeichen dadurch nicht verlieren. Also machen mehr erwehnte Eigenschafften nimmer einen eintzigen Haupt-Styl aus. Falls aber, wie zu hoffen ist, die gesunde Vernunfft noch was gelten

---

2 *Interdum tamen & vocem Comoedia tollit*, Hor. de arte poet. v. 93.

soll, so stehet wol fest, wenn drey Dinge unter einem begriffen werden können, daß alsdenn dieses eine für das grösseste, vornehmste und Haupt zu achten sey.

§. 13.

Ob wir nun gleich den Rednern gerne ihre Ordnung[3] lassen, und eben keine genaue Untersuchung anstellen wollen, wie fest sie mit ihren hohen, mittlern und niedrigen Stylen in der **wahren Abtheilungs-Kunst** gegründet sind; so können doch unsrer musicalischen Schreib-Art aus solchen rednerischen Vorschrifften keine unwiedersprechliche Befehle erwachsen: indem die Ton-Kunst viel mehr Theile hat, als die Dicht- und Rede-Kunst. Daher gantz gewiß eine andre Rechnung herauskommen würde, wenn man alles reiflich erwegen und genau zerlegen wollte.

§. 14.

Zum Tantzen gehöret die hohe, und mittlere Schreib-Art eben sowol, als die niedrige: dem Schau-Platze, der Kirche, der Kammer, in rechtem Verstande genommen, sind sie, wie wir betrachtet haben, alle drey unterworffen, gewidmet und bedienet, einfolglich nur in solcher Bedeutung allgemein, indem diese drey Knechte zur Zeit dreien Herren gehorchen müssen; sie herrschen aber nirgend, als Meister, sondern müssen dem Winck der vorhabenden Materie, Leidenschafft, Verrichtung etc. sie mögen geistlich, weltlich oder häuslich seyn, allemahl nachleben. Kirche, Schau-Platz und Kammer richten sich nimmer nach den hohen, mittlern oder niedrigen Ausdrückungen; diese aber sollen und müssen sich nach jenen beständig beqvemen, thun es auch gerne, wenn man sie nicht durch irrige Meinungen verleitet.

§. 15.

Die meisten Eigenschafften einer Melodie, daß sie nehmlich neu, lebhafft, **nachdrücklich**, den vorzustellenden Sachen oder Gemüths-Bewegungen ähnlich sey etc. werden nicht nur im hohen, sondern auch in den beiden übrigen Schreib-Arten oder Unter-Stylen erfordert, und geben also kein besonderes Kenn- oder Abzeichen, keinen eigentlichen Character. Alle und iede Vorträge müssen im Verstande und Klange, im Sinn und in den Worten, nothwendig mehr oder weniger **nachdrücklich** seyn; sonst gelten sie gar nichts. Dannenhero mag der **Nachdruck**, weil er allenthalben hervorragen muß, eben so wenig ein eigenes Zeichen des hohen, als der übrigen beiden Schreib-Arten abgeben: denn er gehöret allenthalben zu Hause.

§. 16.

In den **gewöhnlichsten** Tantz-Arten, so wie überall, muß, nebst dem bekannten und deutlichen, was neues, lebhafftes, nachdrückliches und mit dem vorhabenden Affect übereinstimmendes gefunden werden. In den **vornehmsten** Täntzen äussert sich auch bey ihren Melo|dien selbst die **Pracht und Majestät**; ja in den **allergeringsten** Menuetten darff doch weder Schönheit noch Anmuth fehlen.

§. 17.

So verhält sichs durchgehends, und es kömmt die Haupt-Eintheilung der Schreib-Art gar nicht auf das hohe, mittlere und niedrige an; sondern diese Eigenschafften sind, wie wir erwiesen haben, den geistlichen, weltlichen, und häuslichen Verrichtungen oder ihren Vorstellungen unterthan. Was sich demnach einem andern zu Gefallen beqvemet, wie das hohe, mittlere und

---

3   Diese findet sich bey dem Verfasser des Buches *ad Herennium*, und ist sehr alt.

niedrige im Ausdruck sich unausseztlich nach unsern dreien Haupt-Classen richten muß, das kan ja zu keinem **generalen** Unterwurff gebraucht werden; wol aber zu einer Beihülffe: es kan kein Grund-Satz heissen, weil es nur ein Mittel ist, darnach sich das gantze Gebäude nicht ein- oder austheilen läßt: weil es seine eigene Lage hat.

§. 18.

Ich will ein Gleichniß wagen. Man hat schwere, geistige und leichte Weine, das sind aber keine Lands-Arten, sondern nur gewisse Gattungen und Eigenschafften, die fast allenthalben hervorgebracht werden: sie machen bloß eine Neben-Theilung, keine solche Haupt-Ordnungen und Geschlechter, als Madera, Champagne und Mosel-Gewächse.

§. 19.

Mit dem eintzigen Worte, **natürlich**, wird übrigens in der Abhandlung von Stylen fast alles gesagt, was deren Eigenschafften betrifft, und man bedarff keiner andern Haupt-Abtheilung, als in Kirchen- Theatral- und Kammer-Styl, so wie wir sie hier erkläret haben: denn diese müssen dem **natürlichen** Wesen allemahl zum Grunde untergeleget werden, weil sie wircklich, und nach dem innern Zustande der Sache selbst, allgemein d. i. general, und dabey einfach sind, wie ein ieder Grund-Satz seyn muß.

§. 20.

Wenn nun eine **hohe** Schreib-Art in der Ton-Kunst **natürlich** seyn soll, so muß sie prächtig klingen. Eine **mittlere** kan nicht **natürlich** seyn, falls sie nicht fliesset. Und eine **niedrige** voller künstlicher Ausarbeitungen wäre **unnatürlich**. Das hohe, mittlere und niedrige steckt also zusammen in dem **natürlichen** Wesen, und in den Sachen selbst; ist also nicht einfach. Diese aber stecken nicht in jenem.

§. 21.

Wenn also die Schreib-Arten mit den vorzustellenden Personen, Dingen, Gedanken und Verrichtungen nicht übereinkommen, so ist deren keine eintzige **natürlich**; die **schwülstige** am allerwenigsten; **wo sie solcher Beschaffenheit halber nicht gute Ursachen vor sich hat**, welches gar wol seyn kan. Da muß ich nun wissen, was Schwulst und Schwülstigkeit bedeuten, nehmlich eine Erhebung und Erhöhung an solchem Orte, wo sie nicht seyn sollten, sondern schädlich fallen, in eigentlichem Verstande; im verblümten, wenn man geringe Sachen ungemein aufpuzet, das wesentliche aus den Augen setzet, nichtswürdige Dinge mit vieler unnützer Pracht, oder mit verwerfflichen Zierrathen beleget.

§. 22.

Unter denjenigen Gemüths-Bewegungen, die man gemeiniglich dem hohen Styl unterwirfft, sind ihrer viele, die gar nichts hohes, im guten Verstande, verdienen. Denn, was kan niederträchtiger seyn, als Zorn, Schrecken, Rache, Verzweiffelung etc. Pochen, prahlen, schnarchen ist ja wol keine rechte Hoheit. Der Hochmuth[4] selbst ist nur eine Aufblähung der Seele, und erfordert

---

4   Vor dem hamburgischen Rath-Hause ließ sich, nicht gar lange her, ein gewisser Mensch täglich sehen, der sich einbildete, er sey der König von Spanien. Sollte man nun dessen Affter-Hoheit in Worten oder Klängen vorstellen, so würde sie vermuthlich dem niedrigsten Narren-Styl sehr nahe kommen. Der Satan ist ein Fürst der Welt und trachtet dem allerhöchsten Regimente nach; man wird ihm aber schwerlich, wegen dieser falschen Hoheit, was prächtiges oder majestätisches beilegen.

wircklich im Ausdrucke mehr **schwülstiges**, als hohes: nun sind aber die allerhoffärtigsten unfehlbar die allerzornigsten, in deren Gemüthern sich eine Schwachheit nach der andern ans Ruder setzt. Denn, obzwar der Zorn den **Schein** haben will, als ob er die Wirckung eines grossen Geistes sey, so entspringt er doch in der **That** aus einem weibischen Hertzen: man müste denn einen sonderbaren, heiligen und gerechten Amts-Zorn darunter verstehen, welcher gleichwol, ohne alle Entrüstung, strafen und züchtigen sollte.

§. 23.

Grosse und hertzhaffte Gemüther sind gedultig; kleine und blöde Geister können nichts leiden. Leichtsinnige Leute lassen sich sehr bald in den Harnisch jagen, und sind so schnell zum Zorn zu bewegen, als die Wetterhäne oder Wind-Fähnlein auf den Dächern zum umdrehen. Summa der Zorn ist eine recht-närrische Gemüths-Bewegung. Das klingt niedrig genug, und braucht keiner hohen Vorstellung.

§. 24.

Furcht und Schrecken sind ja wol die allereinfältigsten Leidenschafften von der Welt, und verdienen eigentlich nichts weniger, als etwas hohes in ihrem Ausdruck. Diese unglückliche Regungen findet man leider! bey allen Geschöpffen, auch bey denen, die sonst keine Empfindung zu haben scheinen und verachtet sind. Nichts kan aber niedriger seyn, als die elende Menschen-Rache, welche so wenig hohes an sich hat, daß sie nur in den allerverworffensten Hertzen ihren Sitz aufschlägt.

§. 25.

Kommen wir auf die Verzweiflung, so ist dieselbe ja eben das äusserste Ende, wohin die Furcht sich verlauffen kan: einfolglich müste man sie auf den höchsten Gipffel der Traurigkeit setzen, wenn sie ja was hohes haben sollte. Die Welschen nennen dannenhero mit Recht alle boshafftige und gefährliche Leute *Huomini tristi*, deren Seele gantz niedergeschlagen und verlohren ist.

§. 26.

Ich will inzwischen nicht in Abrede seyn, daß diese und dergleichen Leidenschafften, wenn man sie in der Ton-Kunst recht ausdrücken will, etwas starckes, wildes, hitziges und schwärmendes erfordern; wie denn die Gemüths-Bewegungen der Rache, des Hochmuths etc. so beschaffen sind, daß sie, nach Unterschied der Personen, zwar den Schein eines hohen stoltzen Wesens haben, ob sie gleich die Krafft desselben verleugnen. Wobey man auch zustehen muß, daß diese angemaassete Hoheiten in der Rede- und Ton-Kunst (doch mit grossem Unterschied von den wahren) zuweilen etwas erhabenes erfordern; aber das ist noch lange nichts prächtiges, majestätisches etc.

§. 27.

Im Zorn und Zanck schickte sich ein Meckern und Gekreische; im Schrecken eine ungleiche, unterbrochene, entsetzliche, zitternde Schreib-Art; bey der Rache etwas vermessenes; bey der Verzweiflung etwas rasendes; bey dem Hochmuth etwas schwülstiges sehr wol; wenns nur nicht **gar zu natürlich** heraus käme, und einen Eckel erweckte: aber alles das ist nichts hohes.

§. 28.

Wer hergegen Andacht, Gedult, Fleiß, Begierde etc. zur mittlern Schreib-Art verweisen wollte, den mögte mancher wol nur für etwas mittelmäßig-andächtig, sittsam, gedultig, fleißig und begierig halten. Es kömmt ja mit der höhesten und nachdrücklichsten Gemüths-Bewegung auf und ausser der Welt, nehmlich mit der **Liebe**, die Begierde in sehr vielen Dingen überein, wie mag ihr denn die Mittel-Strasse angepriesen werden? Es ist wahr, nach Beschaffenheit der begehrten Sache ist die Begierde auch klein oder groß, hoch oder niedrig, und so weiter; allein so ist es fast mit allen Regungen bewandt.

§. 29.

Der Fleiß kan eines Theils viel erhabnes, andrer Seits etwas geringes zum Zweck haben. Im letzten Fall wäre es gewisser maassen eine Arbeit im finstern, (*obscura diligentia*) und verdiente nicht einmahl in der Mitte, sondern gar unten an zu stehen. Bey der Gedult ist zwar nichts hochtrabendes, aber allzeit was edles: und von der Andacht weiß ein ieder, daß sie dazu dienet, die Seele empor zu ziehen.

§. 30.

Endlich müsten ja die armen Tantz-Lieder, entweder alle, oder doch die meisten, was bettelhafftes, sclavisches, feiges, trostloses, niederträchtiges, bäurisches, dummes und grobes an sich haben, wenn diese Eigenschafften des niedrigen Styls in ihnen anzutreffen wären. Niedrig und niederträchtig sind aber sehr unterschieden, und wenn wir ja die albernesten Bauren- nicht die sinnreichen Land-Täntze, *Country-Dances*, davon ausnehmen sollten, so würde dennoch wol niemand in einem lebhafften Menuet die Bettler, in einem freudigen Rigaudon die | Sclaven, in einer heroischen Entree die feigen Memmen, in einer lustigen Gavote die trostlosen, oder in einer prächtigen Chaconne die niederträchtigen Seelen suchen.

§. 31.

Trinck- und Wiegen-Lieder, Galanterie-Stücklein etc. darff man eben nicht immer ohne Unterschied läppisch nennen: sie gefallen offt besser, und thun mehr Dienste, wenn sie recht natürlich gerathen sind, als großmächtige Concerte und stolze Ouvertüren. Jene erfordern nicht weniger ihren Meister nach ihrer Art, als diese. Doch, was soll ich sagen? Unsre Componisten sind lauter Könige; oder doch von Königl. Stamme, wie die Schotländischen Ackers-Knaben. Um Kleinigkeiten bekümmern sie sich nicht.

§. 32.

Daß aber, wie man sagt, die elendesten Melodien, wenn sie wol heraus gebracht werden, schön ins Gehör fallen sollten, ist der Natur und Wahrheit ungemäß. Mancher Liebhaber bunter Noten und Verbrämungen siehet irgend eine ungekünstelte Melodie für elend an; die es doch nur vor elenden Augen und im Grunde nicht ist. Ein böser Baum kan keine gute Früchte tragen, man verpflantze ihn wie man wolle. Die gescheuteste Bewerckstelligung thut hiebey nur so viel, als ein geschickter Gärtner, der ein gesundes Gewächs durch fleißige Pflege zwar verbessern, wenns aber an ihm selbst untauglich ist, nimmer zu etwas rechtes bringen kan. Die schönsten Melodien zu verderben, dazu wissen einige Spieler und Sänger bald Mittel; die elendesten aber schön zu machen, ist ihnen, und auch aller Welt Künstlern, unmöglich.

§. 33.

Ich will meine hier angeführte Gedancken über die Schreib-Arten in der Music niemand aufdringen, sondern sie nur als eine Kunstübung darlegen; iedem aber seine Meinung gerne lassen; nur habe mir die Freiheit genommen, was ich von der Sache halte, unmaaßgeblich an den Tag zu legen, ohne deshalben den geringsten Streit zu suchen, vielweniger fortzusetzen.

Von der musicalischen Schreib-Art.

Vom Kirchen-Styl besonders.

§. 34.

Will nun iemand wissen, wie es mit dem **gebundenen**, einstimmigen und eigentlich-sogenannten Kirchen-Styl, welcher nicht etwa von einer zierlichen Klang-Bindung, sondern von den damahls gebräuchlichen an einander gefesselten ungeheuren Noten-Zeichen den Nahmen hat, beschaffen sey, und auf was Art man mit demselben umgehen müsse, der darff nur ein Paar Meß-Bücher betrachten, die sonst *Missalia*[5] genannt werden, worin die Kirchen-Gebräuche, oder Ordnungen, des äusserlichen Gottes-Dienstes stehen, und die, nach den Gregorianischen erdichteten acht Ton-Arten abgefassete Eingänge, Gegen-Gesänge, Epistel- und Stuffen-Lieder, samt den Beantwortungen des Chors etc. auf suchen, so wird er seine Begierde bald stillen können.

§. 35.

Ich will doch das leidlichste und kürtzeste Exempel, das vieleicht zu finden ist, denen zu gefallen hieher setzen, die kein solches **Missale** gesehen, noch fürs erste durchzublättern Gelegenheit haben. Es könnte wol geschehen, daß ich dergleichen Muster mehr, bey einem oder andern Vorfall, einschaltete; aber von allen kan man es nicht begehren, ob es gleich thunlich wäre, wenn das Werck nicht dadurch gar zu weitläuffig würde.

§. 36.

Der Schlüssel ist ein Tenor, und das Zeichen deutet *f* an, welches auf der zweiten Linie stehet, also, daß es der dorische Modus ist. Dieses heißt ein Eingangs-Vers oder *Introitus*. Die Gegen-Gesänge nennet man *Antiphona*; die Stuffen-Lieder *Gradualia*; die Beantwortungen *Responsoria*, worüber man die Auslegung sowol, als von den damahligen Ligaturen, in den Wörter-Büchern zu Rathe ziehen kan. Bey den Evangelischen sind noch einige Uberbleibsel dieses Styls vorhanden, als die in hohen Fest-Tagen gebräuchlichen *Praefationes*, die Collecten am Sonntage und in den Vespern, die Absingung der Einsetzungs-Worte, das *Gloria*, das Vater-Unser etc. welche vor dem Altar gehöret werden; bey den Catholischen aber trifft man in ihren Stifftern die Menge davon an, absonderlich die 7 Bet- und Singe-Stunden in den Dom-Stifftern, *Horae canonicae* genannt, die in den musicalischen Wörter-Büchern wol einer kleinen Erklärung bedürfften.

§. 37.

Wegen einiger Verwandtschafft und Verbindung wurde dieser gebundene Styl, der, wie gesagt, nur einstimmig ist, vor Alters von einigen auch der Capell-Styl benahmet, wenn nehmlich über einen solchen einfachen gebundenen Gesang, der fest und unbeweglich von der Tenor-Stimme oder von einer andern fortgeführet wurde, die andern Capell-Stimmen mit vieler bunten Geschicklichkeit ihre vermeinte Kunst bewiesen: denn dabey war man ebenfalls an gewisse

---

5 *Missel, livre qui sert à dire la messe. Diction. de Boyer.* Lateinisch *Missale, Dict. de Veneroni.* Dieses setze deswegen hieher, weil weder im **Brossard**, noch im **Walther** das Wort vorkömmt.

Schlüsse, enge Schrancken und gesperrte Intervalle gebunden. z. E. die Absätze in die Tertz und Qvart musten sich ausmustern lassen; die Gräntzen der **geborgten** Ton-Arten wurden gewissenhafft von den **selbständigen** unterschieden; es durffte sich in dem Haupt-Gesange kein Sprung in die Sext melden, und was dergleichen Zwang mehr war. Man mag solches mit gutem Rechte eine gefesselte Setz-Art nennen; wenn gleich noch so viel Zierrathen und Künsteleien dabey vermacht wären.

§. 38.

Wir können inzwischen heutiges Tages auch Psalmen und geistliche Lieder machen, GOtt damit zu ehren, zu loben und in der Gemeine zu preisen, Andacht und Erbauung zu erwecken: wie denn das eigentliche Abzeichen aller Kirchen-Music und ihre eintzige Vollenkommenheit darin bestehet, daß sie zur Gottesfurcht auf eine vernünfftige, bedachtsame, einmüthige, edle und ernsthaffte Weise anreitze; aber wir richten uns nicht nach dem gebundenen Styl, und wissen seiner, auch in dem Choral-Gesange, gar wol zu entbehren, indem wir dergleichen geistliche Oden nach der melismatischen Schreib-Art einrichten, welche, Statt der[6] gebundenen, bey uns eingeführet ist.

§. 39.

Wollen wir nun weiter gehen und betrachten, was der **Moteten-Styl** für Eigenschafften habe, so darff man nur **Hammerschmidts**, und seines gleichen, Wercke zur Hand nehmen. Ich will dieses aber gar nicht spöttisch gesagt, vielweniger damit zu verstehen gegeben haben, als ob etwa nicht viel schönes, absonderlich in Ansehung der Vollstimmigkeit, in mancher Motete von diesem ehmahls berühmten Mann, vom **Orlando Lasso** und andern, enthalten, auch kan ich nicht leugnen, daß noch bis itzo vieles daraus zu lernen sey. Man mag billig von ihnen sagen: sie haben Musicam gelernet und geistliche Lieder gedichtet: sie sind alle zu ihren Zeiten löblich gewesen, und bey ihrem Leben gerühmt, und haben ehrliche Nahmen hinter sich gelassen.

§. 40.

„Was die Ehre Gottes betrifft, hat **Hammerschmidt** darin mehr gethan, als tausend Operisten nicht gethan haben, noch hinfüro thun werden. Er ist auch, welches das höchste Stück seines unsterblichen Ruhms, derjenige, welcher die Music fast in allen Dorff-Kirchen (der Lausitz, des

---

6 Es ist kaum glaublich, wie viel Bücher von diesem *stylo ligato* geschrieben sind. Ich will nur dem Alterthum zu Ehren zwey paar Schrifft-Steller beibringen, nehmlich: **Dionysius von Halicarnaß**, in seinen 22 Büchern musicalischer Kunst Ubungen; **Angelo Pellatis**, in seinem kurtzen Begriff vom festen Gesange; **Ayguino** in seinem erleuchteten Schatz; **Pietro Aron** in seinem Lucidario. Der erste lebte A. 118 nach Christi Geburt, und muß von seinem berühmtern Nahmens-Verwandten, Landsmann und Vorfahren, dem Geschicht-Schreiber und Critico, nicht nur durch den Zusatz des jüngern, sondern auch damit unterschieden werden, daß er **Aelius**, und Vorzugsweise der **Musicus** hieß. Man kan zugleich anmercken, daß sein Vaterland, Halicarnaß, in der Gegend lag, wo die so sehr beliebte Ton- und Sing-Art der Dorier herrschete. Seine Schrifften sind griechisch; aber meines Wissens noch versteckt oder verlohren. Es sollen unter denselben 36 Bücher von der Music-Historie gewesen seyn; und die wären mir die liebsten. Der zweite war ein Franciscaner und Organist zu Treviso im Venetianischen, dessen **Zacharias Tevo**, ein Sicilianischer Mönch eben desselben Ordens, in seinem *Testore* oder Noten-Weber p. 79, als seines Vorwesers, A. 1705 gedenckt. Seine Arbeit und der beeden folgenden ihre ist Italiänisch. Alles, was von dem dritten zu sagen ist, stehet in der ersten Auflage der Organisten-Probe S. 120. Von dem vierten, sowol als auch von obigen dreien, besehe man das offtgelobte Waltherische Wörter-Buch. Weil unter hundert Ton-Künstlern wol kaum 5 seyn mögen, die von diesen Urschreibern iemahls gehöret haben, so wird man mir nicht übel nehmen, daß ich hier einen kleinen Bericht von ihnen und ihrer Bemühung im gebundenen und Capell-Styl habe einfliessen lassen.

Thüringer, Sachsen-Landes und daherum) bis auf den heutigen Tag erhalten. Dieser Punct soll ihm billig, als ein unverwelckliches Lorber-Blat, in den Krantz seines immergrünenden Nachruhms eingeflochten[7] werden."

§. 41.

Allein die itzigen Zeiten lassen dergleichen Schreib-Arten, in ihrem ehmaligen Zusammenhange, nicht mehr zu. Es litte sowol der Wort-Verstand, d. i. der Sinn des Textes, als auch die rechte, natürliche Führung einer angenehmen Melodie, bey diesem Moteten-Styl gar zu sehr. Sonst läßt er viel buntes, verbrämtes, mit Fugen, Allabreven, Contrapuncten u. s. w. durchwircktes künstliches Wesen zu, dabey iedoch nur wenig Worte zum Grunde geleget werden: so daß er auch daher vermuthlich den Nahmen bekommen hat, nehmlich von dem welschen **Motto**, so ein **Wort**[8] bedeutet; nicht aber, wie **Kircher** mit schlechter Urtheils-Krafft lehret, vom **bedecken**, *moteticus a tegendo*, weil er mit lauter Künsten bedeckt ist. Andrer ungereimter Herleitungen zu geschweigen.

§. 42.

Daß dem Moteten-Styl aber der canonische deswegen unterworffen seyn sollte, weil auch bisweilen Canones in den Moteten vorkommen, solches folget gar nicht: in dem sowol in Kammer- als Theatralischen Sachen ebenfalls dergleichen Kunst-Stücke, ja, mehr als in Kirchen-Stücken angebracht werden, ohne daß sich sonst das geringste Motetenmäßige dabey meldet.

§. 43.

Obgedachter **Scacchi** sagt in dem angeführten Manuscript: es müsten die Sätze in diesem Styl mit solcher Geschicklichkeit verfertiget werden, daß sie weder der Schaubühne, noch der Kammer zu nahe kämen, sondern gleichsam die Mittel-Strasse hielten: ingleichen daß man bey den Italiänern seiner Zeiten die Moteten-Art in den Oratorien zu gebrauchen pflegte. Unsre heutigen Oratorien aber haben keine Spur davon. Die Verwunderung, den Schmertz und andere Gemüths Bewegungen hat der Moteten-Styl ausdrücken sollen; und er ist doch, wegen Abgangs einer edlen Einfalt und nothwendigen Deutlichkeit, gewißlich am allerunbeqvemsten dazu.

§. 44.

Fugen sind gerne zu leiden und wol zu hören; aber ein gantzes Werck von lauter Fugen hat keinen Nachdruck, sondern ist eckelhafft: und aus solchen Fugen, oder Fugenmäßigen Sätzen bestunden die ehmaligen Moteten, ohne Instrumente, ohne General Baß; wiewol man in den jüngern Zeiten nicht nur den General-Baß zugelassen, sondern auch eben dasjenige, was die Stimmen singen, durch allerhand Instrumente verstärcket, und mit zu spielen für gut erachtet hat. Doch machen hiebey die Spielende keine Note mehr, anders, oder weniger, als die Sänger, welches ein wesentlicher Umstand der Moteten ist.

§. 45.

Nach damahliger Eintheilung des gesammten Kirchen-Styls machten die Missen, Moteten und dergleichen Gesänge von 4, 5, 6 bis 8 Stimmen, ohne Orgel, die erste Gattung desselben aus; die

---

[7] Sind Worte aus Joh. **Beerens musical. Discursen**, im 22. Capitel.
[8] *C'est une composition sur une Periode fort courte, d'où lui vient selon quelques uns le nom de Motet, comme si ce n'etoit qu'un mot. Brossard.*

zweite bestund in eben denselben Stücken mit der Orgel und verschiedenen abwechselnden Chören: die dritte lieferte geistliche Concerten, und die vierte eine damahls neue Art der lieben Moteten. Schlechter Unterschied!

§. 46.

Es ist noch nicht gar lange, da man dieser letzten Art des Moteten-Styls, wo nehmlich allerhand Instrumente zu den Stimmen in gleichen Intervallen und Umständen mit arbeiten, fast den Vorzug vor allen andern in der Kirche hat beilegen wollen: ohne zu bedencken, oder auch zu wissen, wie sehr er selbst in gar alten[9] Zeiten, da es viel ernsthaffter, kürtzer und ungeschminckter damit zuging, heruntergemacht, ja, für so verächtlich und entheiligend gehalten worden, daß er sich kaum durffte blicken lassen. Wie denn um ihrentwillen die Music einmahl durch das tridentinische *Concilium* bald gar aus der Kirche wäre verbannet worden: wenn der ehrliche **Pränestin** nicht hurtig andre Saiten aufgezogen hätte[10].

§. 47.

Stephan Baluzius, der noch nicht 20 Jahr todt ist, und die Wercke des H. **Agobardus**, Ertz-Bischofs zu Lion, welcher *Ao.* 840 verstorben, mit gelehrten Anmerckungen heraus gegeben hat, worunter sich auch eines von dem göttlichen Psalmen-Singen, *de divina Psalmodia* befindet, belehret uns, was dieser Prälat, bey einer hieher gehörigen, die Verwerffung der Music aus den Kirchen betreffenden Stelle, für Gattungen geistlicher Gesänge meine, nehmlich[11] **solche geringe Gedichte und schlechte Verse, wie diejenigen sind, so man heutiges Tages Moteten nennet.** Zu dessen Beweis führet **Baluzius** aus dem **Wilh. Durand** folgende Worte an: „ Es würde[12] sehr wol gethan seyn, wenn die unandächtigen und unordentlichen Gesänge der Moteten und ihres gleichen sich in der Kirche nicht hören lassen dürfften."

§. 48.

Itzund erstreckt sich die Bedeutung des Moteten-Styls fast auf alle, vorzüglich aber auf lateinische Kirchen-Stücke in ungebundener Rede überhaupt: indem wol gantze lange Psalmen, von Ort zu Ende, nach dieser Art, mit beständigem Fugiren, und allerhand Instrumenten durchgearbeitet worden. Es kan auch dieser Styl gar wol, und muß billig in geistlichen Sachen, zum Theil, beibehalten werden; dafern man nur die nach demselben eingerichteten Sätze kurtz abfaßt, mit andern klüglich umwechselt, zu rechter Zeit anbringt und das Ding nicht allzubunt macht: denn wir mögten sonst einen neubelebten **Pränestin** nöthig haben.

§. 49.

Wenn wir von den besondern Gattungen der Melodien weiter unten handeln werden, soll sich schon Gelegenheit finden, ein mehrers hierüber, nicht ohne Nutzen, beizubringen. Denn wir betrachten hier nur die Schreib-Arten der Componisten überhaupt; an einem andern Orte aber

---

9   Die wenigsten Verfechter des Alterthums wissen gründlich, was das wahre Alterthum sey: sie unterscheiden die Zeiten nicht recht.
10 S. den Vorbericht zur **kleinen General-Baß-Schule** p. 23.
11 *Levia carmina & faciles versus, cujusmodi sunt, quae Moteta hodie dicimus.* Steph. Baluzius in Psalmod. St. Agobardi.
12 *Videtur valde honestum esse, quod cantus indevoti & inordinati Motetarum & similium non fierent in Ecclesia,* Guil. Durandus, L. II. de modo general. Concilii celebr. cap. 19. Durand starb 1296.

Von der musicalischen Schreib-Art.

wird man die darnach eingerichtete Stücke ins besondere ansehen. Indessen dürffte manchem heurigen Ton-Beflissenen, der vielleicht sein Tage keine ächte alte Motete erblicket hat, und deren ich viele kenne, mit einem kleinen Beyspiel hier nicht wenig gedienet seyn. Wir wollen ihm ein kurtzes aussuchen. Da ist es!

Dreistimmige Motete.

§. 50.

Ich habe deswegen ein nur dreistimmiges Exempel hergesetzt, damit ein Kunstverständiger, oder ein blosser Noten-Kenner sehe, wie schön und harmonisch die alten, lieben Leute zu Wercke gegangen sind, auch in so wenig Stimmen; welches eben die grösseste Kunst ist. Aber Kunst ist nicht Natur. Wenn dieser Styl dahin gedeien könnte, daß er die Leidenschafften und den wahren Sinn der Worte ausdrückte, so wäre seines gleichen nicht, und die Halbgelehrten sollten sich die Finger bald daran verbrennen. Doch wir müssen weiter gehen.

§. 51.

Die beiden angeführten Gattungen der klingenden Schreib-Art haben nun nirgend anders Platz, als in der Kirche, oder an solchem Orte, da man GOtt mit Sang und Klang dienen will: es sey auch wo es wolle. Die folgende dritte Art aber, nehmlich der **Madrigal-Styl**, gehöret sowol dort, als auf der Schaubühne, und in Sälen oder Zimmern zu Hause. Ja, er will zu diesen Zeiten fast alles in allem seyn. Oratorien, sogenannte Paßiones, Selbst-Gespräche, Unterredungen, Cavaten, Morgen- und Abend-Musiken, (*aubades & serenades*) Cantaten, Arien, und insonderheit die Recitativen (welche im Grunde das eigentliche madrigalische Wesen an sich haben) alles hat dieser Styl unter seiner Gewalt. Ja, die Opern selbst sind lauter historische Madrigale.

§. 52.

Wir dürffen also seinentwegen das späte Alterthum nicht viel bemühen: denn die sogenannten Madrigalen, als ein gewisses Reim-Gebände sind, was die dazu gehörige Music betrifft, eben so grau noch nicht; indem **Donius**[13] ihre Erfindung ums Jahr 1400 setzet, dem ich es auch gerne zuglaube. Und obzwar die wenigsten poetischen Einrichtungen dieser Art zur heutigen Setz-Kunst geschickt sind, werden sie doch bisweilen viel zur Anmuth eines Singe-Stückes beitragen, wenn sie nicht offt, noch allein, sondern in stärckerer Gesellschafft andrer Reim-Gebände vorkommen.

§. 53.

Die Sing-Spiele, sagt **Morhoff**[14] mit grossem Recht, sind fast durchgehends Madrigalen, und werden von den Componisten mit dem Recitativ ausgedrückt. Die Italienische Schauspiele, schreibt **Walther**, sind fast durchgehends Madrigale. Beide Aussprüche sind wahr; nur dem

---

13 *Trattato delle Melodie p. 97.*
14 Im dritten Theil von der teutschen Poeterey, *cap. 12 p. 586.*

letztern muß man hinzufügen, daß nicht allein die Welschen, sondern alle andre Singspiele eben so beschaffen sind. Und dem ersten ist der Beifall bloß darin zu versagen, daß er unter dem Recitativ damahls noch unmöglich einen Unterschied hat machen können: Denn er wurde zu seiner Zeit tactmäßig, wie itzo unser Arioso, oder Obligato, gesungen, und schickte sich daher auch fast besser zu einem förmlichen Madrigal; absonderlich in der Kirche. Es bleiben noch die Frantzosen, so viel ich weiß, in ihrem Recitativ, bey einer abgemessenen Zeit; welche hergegen bey den Italienern, und denen, die ihnen folgen, längst abgeschaffet ist, ausser was in geistlichen *Accompagnemens* billig Statt hat.

§. 54.

Was sonst den Ursprung des Wortes oder Nahmens, **Madrigal**,[15] betrifft, worüber sich viele den Kopff vergeblich zerbrochen haben, deren Einfälle grössesten Theils in der zweiten Eröffnung des Orchesters angeführet worden; so ist mir, seit der Zeit, eine bessere Deutung aufgestossen, die ich mitzutheilen nicht umhin kan. Die Madrigale, heißt es,[16] wurden anfänglich von den welschen Land-Dichtern, nach ihrer etwas weichen Aussprache, **Madrials** genannt, weil man sie nehmlich zu **material**-Sachen, d. i. zu täglichen und allgemeinen Vorfällen, zu geringen und groben **Materien** fast immer gebrauchte. Und solches, sagt der genannte Verfasser, **Doni**, ist die wahre Herleitung des Wortes; alle andre sind nur bey den Haaren herbey gezogen.

§. 55.

Von den Beschreibungen aber der Madrigale gefällt mir noch keine besser, als **Caspar Zieglers** seine[17], die so lautet: **Ein Madrigal ist bey den Welschen ein kurtzes Gedicht, darin sie, ohne einige, gewisse Reim-Maasse, etwas scharffsinnig fassen, und gemeiniglich dem Leser ferner nachzudencken geben.** Es hat, wo nicht mehr, 11 bis 15 auch wohl weniger Zeilen, die bald kurtz bald lang gerathen, allemahl uneben sind, damit eine derselben keinen Reim bekomme, und der Vortrag mehr einer ungebundenen Rede, als einem Gedichte ähnlich sehe. Die ersten Erfinder derselben Schreib-Art sind gewesen: *Anselmo da Parma, Marchetto Padoano, Prosdocimo Baldimandi, Fisifo da Caserta*, und dergleichen; obgleich *Giosquino, Montone, Gombert* und andre sie erst lange hernach zur Vollkommenheit gebracht haben, wobey den Welschen, als *Zarlino, Marentio, Gio. Luigi Prenestino, Pomponio Nenna, Tommaso Pecci* und dem Fürsten von Venosa, der seine Madrigalien von fünf Stimmen 1690 herausgegeben, ihr Ruhm allerdings gebühret.[18]

§. 56.

Solche Madrigale wurden mit vielen Singe-Stimmen *concertirend* gesetzt: und wenn man heutiges Tages dergleichen hundertjährige Arbeit ansiehet, kömmt sie uns gantz seltsam vor: denn sie reimen sich gar nicht zum itzigen Geschmack. Weil nun in den damahligen Welschen Oratorien kein Madrigal-Styl gebraucht worden, so müssen auch diese eine gantz andre Beschaffenheit gehabt haben, als unsre heutige Oratorien, darin sich die besagte Schreib-Art beständig meldet,

---

15   Bey dem Donio wird es *matrialis & scoliasma* genannt: *de Praestant. Veter. Mus. p. 58.*
16   *Madrigali poco leggiadramente furono prima da' Provenzali chiamati* **Madrials***: perche in cose materiali, ciò è humili e vili communemente s'usavano. La quale è la loro vera etimologia, e non altre stiracchiate che recano alcuni. Doni, delle Melodie, p. 113.*
17   In seiner absonderlichen Dissertation von Madrigalen *p. 2.*
18   *v. Compendio del Trattato delle Melodie di Doni, p. 97.*

obgleich nicht nach der alten Weise, vielweniger in der rechten poetischen Form einen Madrigals; maassen diese Art der Reim-Gebände bey itziger musicalischen Schreib-Art und Setz-Kunst gar selten mit Manier angebracht werden kan. Eines Theils lassen sich die Recitative nicht allemahl in die poetische Schrancken eines Madrigals sperren; und andern Theils würde ein förmliches Madrigal viel zu lang an Worten fallen, wenn man eine gewöhnliche Aria daraus machen wollte: andrer Umstände zu geschweigen; die sich doch heben lassen.

§. 57.

Ein Componist, der einen guten musicalischen Dichter bey der Hand hat, oder selber ein Poet ist, kan indessen schon ein förmliches Madrigal in einer gantzen Cavata dann und wann anbringen; doch muß dabey allemahl mehr redendes und fliessendes, als gedehntes, hochtrabendes oder durchbrochenes, mehr nachdrückliches und deutliches, als gezwungenes und verblümtes; mehr natürliches und zärtliches, als gekünsteltes und geschmücktes vernommen werden. Es kan ein solches Madrigal gar wol von einer Stimme gesungen, und mit verschiedenen Instrumenten, theils im Einklange, theils als eine bescheidentliche, vollstimmige, doch sanffte Begleitung, durch und durch, ohne sonderbare Wiederholungen versehen werden, so wird es keine schlimme Wirckung thun, wie ich selbst dessen einige Proben habe.

§. 58.

Es läßt sich natürlicher Weise in dieser Schreib-Art nicht viel Aufhaltens oder Pausirens machen, aus zwoerley Ursachen: erstlich weil die Worte eines Madrigals insgemein an sich selbst schon eine ziemliche Länge aufweisen, welche durch vieles Einhalten, Wiederholen und Absetzen endlich eckelhafft werden müste; zum andern, weil ein solches Gedicht von Rechts wegen den völligen Verstand und das nachdenckliche Wesen nicht eher, als am Ende aufzuweisen hat, und sich der Zuhörer nur auf den Schluß des Vortrages spitzet.

§. 59.

Wolgedachter **Hammerschmidt** hat, beynahe vor hundert Jahren, geistliche Madrigale mit 4 bis 6 Singe-Stimmen drucken lassen, unter der Aufschrifft **musicalischer Andachten**: die theils gar keine Verse, sondern blosse Sprüche Heil. Schrifft und kurtze Stoß-Gebetlein, theils auch kleine Sätze aus bekannten Kirchen-Liedern enthalten; aber nirgend ein Madrigal, in poetischer Gestalt, darlegen. Die biblischen Sprüche schicken sich sonst nicht übel in der Setz-Kunst zu diesem Styl, wegen der Ungleichheit ihrer Abschnitte und verschiedenen Sylben-Maasse; doch können sie darum noch lange keine Madrigale heissen. Man siehet also, daß unsre liebe Vorfahren eine iede kurtze, *concertirende* Zusammenstimmung für ein Madrigal gehalten, aber daran Unrecht gethan haben: weil weder das Reim-Gebände, noch das nachdenckliche oder scharffsinnige, am wenigsten aber die Eigenschafft der dazu dienlichen Materien von ihnen beobachtet worden: indem sie so gar Gebete und Vorbitten daraus gemacht.

§. 60.

Ob nun gleich die Welschen, als Urheber dieses Styls, weit besser damit umgegangen sind, so finde ich doch nicht, daß bey einem Madrigal voriger Zeiten Instrumente, ausser der Orgel oder dem Clavier, gebraucht worden; da doch solches bey den Moteten zur Verstärckung geschehen, wie oben erinnert worden. Allein die Madrigale haben hergegen alle ihren eignen General-Baß, der immer vom Anfange bis zum Ende durchgehet, unangesehen der Singe-Baß offt pausiret, von dem er sich also hiemit unterscheidet. In Moteten thut man solches nicht.

§. 61.

Scacchi, in dessen *Cribro*[19] ein Paar feine Madrigale, nach damahliger Art, der Länge nach stehen, und vier Bogen ausmachen, nennet diesen Styl einen **neuern** (*recentiorem*) und unterscheidet ihn vornehmlich von der Motetischen Schreib-Art auch dadurch, daß, in den Madrigalen, die Worte Herren und keine Knechte sind, d. i. man müsse darin mehr auf den Inhalt des Wort-Verstandes, und der Affecten, als auf das künstliche Klang-Gewebe der Noten sehen; welches bey dem Moteten-Styl just umgekehrt war, und schon eine artige Anmerckung ist, die uns zugleich Ursache zu glauben gibt, daß die Madrigale und der General-Baß ein Paar Erfindungen seyn mögen, die ungefehr zu einer Zeit ihre Vollkommenheit erhalten haben. Eine kleine Probe kan nicht schaden.

Madrigale a 4. del Scacchi.

---

19 *Cribr. Music ad Triticum Siferticum, Venet. 1643, a pag. 169. ad 184.*

§. 62.

Da nun dieses Exempel schon etwas aufgewecktes und gleichsam tändelndes weiset, wiewol der Verfasser meldet, er habe darin die bey seinen Lands-Leuten Beifall-findende gar zu grosse Munterkeit mit Fleiß vermieden, weil ihm wol bekannt, daß nicht iedermann fähig, von dergleichen allzufrischen und hurtigen Gesängen ein bescheidenes Urtheil zu fällen; so wollen wir doch auch, Unterschieds halber, uns die Erlaubniß ausbitten, ein kleines Fleckgen von einem viel ernsthafftern ja recht traurigem Muster dieser Schreib-Art alhier einzuschalten, und darauf fürs erste von ihr Abschied zu nehmen. Das vorige zielet auf eine schöne und kunstreiche Sängerin, die ohne Mühe, ohne Fackel, ohne Pfeile, die Hertzen listiglich mit den Augen, so wie die Ohren mit der Stimme zu gewinnen weiß. Das folgende hergegen enthält eine bittere Klage über die Trennung von dem Geliebten, und das scharffsinnige ist die Vorstellung eines unsterblichen Todes.

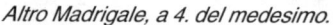

§. 63.

Die vierte Schreib-Art, so zum Kirchen-Styl gehöret, beziehet sich auf die Instrumente, und wird *stylus symphoniacus* genannt. Weil nun die **Instrumental-Music** nichtes anders ist, als eine **Ton-Sprache** oder **Klang-Rede**, so muß sie ihre eigentliche Absicht allemahl auf eine gewisse Gemüths-Bewegung richten, welche zu erregen, der Nachdruck in den Intervallen, die gescheute Abtheilung der Sätze, die gemessene Fortschreitung u. d. g. wol in Acht genommen werden müssen.

§. 64.

Gleichwie nun ein iedes Instrument seine eigene Natur hat, so theilet sich dieser Styl fast in eben so viele Neben-Arten, als es Werckzeuge gibt. Auf Violinen, z. E. setzet man gantz anders, als auf Flöten; auf Lauten nicht so, wie auf Trompeten etc. wozu schon eine grosse Einsicht, Handanlegung und Erfahrung gehöret. Und obgleich bey Instrumenten mehr Freiheit zu seyn scheinet, als bey Sing-Stimmen; so ist doch solche einem unwissenden Setzer mehr schäd- als nützlich, und gibt demjenigen, der seinen wilden Einfällen den Zügel läßt, nur desto grössern Anlaß zu allerhand Misgeburten und unförmlichem Geklängel, falls er nicht vorher durchs Singen gefaßt hat, worin das wolgestalte und förmliche Wesen der Melodie bestehet.

§. 65.

Alles Spielen ist nur eine Nachahmung und Geleite des Singens, ja, ein Spieler, oder der für Instrumente was setzet, muß alles, was zu einer guten Melodie und Harmonie erfordert wird, viel fleißiger beobachten, als ein Sänger, oder der für Sing-Stimmen componirt: dieweil man bey dem Singen die deutlichsten Worte zum Beistande hat; woran es hergegen bey Instrumenten allemahl fehlet.

§. 66.

In so weit nun der Instrument-Styl mit in die Kirche gehöret (ob er wol, gleich dem vorhergehenden Madrigal-Styl, sich der Schaubühne und Kammer auch reichlich mittheilet) in so weit erfordert er, bey den in geistlichen Stücken gebräuchlichen Sonaten, Sonatinen, Symphonien, Vor- Zwischen- und Nach-Spielen, seine besondere Festigkeit, und ein im Gange wolgegründetes, ernsthafftes Wesen; damit es nicht nach einer losbändigen Ouvertür schmecke: denn in göttlichen Materien muß diese Schreib-Art ehrbar, wolbedeckt und kräfftig; nicht schertzend, nackt und ohnmächtig seyn, maassen sie eben deswegen bis diesen Tag aus des Pabstes Capelle verwiesen worden, woselbst keine andre, als die zur Verstärckung der Grund-Stimmen höchst-nöthige Orgel und Baß-Instrumente zu gebrauchen erlaubt sind.

§. 67.

Iedoch darff man deswegen nicht aller Lebhafftigkeit, ohne Unterschied, bey dem Gottes-Dienst entsagen, da zumahl die vorhabende Setz-Art offt von Natur mehr freudiges und muntres erfordert, als irgend eine andre, nachdem nehmlich die Vorwürffe und Umstände Anlaß dazu geben. Ja, der Instrument-Styl dienet vornehmlich dazu, daß er eben dasjenige über sich nehmen und heraus bringen soll, was den Sing-Stimmen nicht allemahl anständig ist, oder beqvem fällt. Faul, schläfrig, lahm, ist nicht ernsthafft, prächtig oder erhaben und majestätisch. Freude verwirfft keinen Ernst; sonst müste alle Lust im Schertz bestehen. Ein aufgeräumtes Gemüth reimet sich am schönsten zur Andacht; wo diese nicht im Schlummer oder gar im Traum verrichtet werden soll. Nur muß die nöthige Bescheidenheit und Mäßigung bey dem freudigen Klange der Clarinen, Posaunen, Geigen, Flöten etc. niemahls aus den Augen gesetzet werden, noch der bekannte Befehl den geringsten Abbruch leiden, da es heißt: **Sey frölich; doch in Gottes Furcht.**

§. 68.

Wer den **Canonischen** Styl unter seinen Moteten und andern Sachen aus der Schule, als aus seinem wahren Element, mit in die Kirche bringen will, der gehe behutsam und selten damit um; brauche ihn mehr auf Instrumente in Sonaten oder sonst, als in Singe-Stimmen; suche, letztern Falls, solche Stellen und Worte dazu aus, wobey der Verstand sein Recht nicht verlieret, und verfahre, im Wiederschlage oder nachahmenden Satze, lieber mit der Qvint oder Qvart, als mit dem Einklange und der Octave: alsdenn wird diese, sonst leicht ermüdende, periodische Leyer einer ungebundenen Fuge ähnlicher sehen, und mehr Beifall erwecken. Wiewol man auch die Canones auf gewisse Art verwechseln und versetzen kan, da sie eine gute Wirckung thun, wenn sie gleich den Einklang oder die Octave zum Wiederschlage brauchen: wovon an seinem Orte ein mehres. Sie gehören inzwischen, eben wie die beiden kurtz-vorher beschriebenen Style, sowol zur Kammer, als zur Schaubühne, ob sie wol auf dieser am wenigsten gelten, und doch in drey oder vierstimmigen Sätzen, absonderlich wenns lauter Discänte oder Tenöre sind, recht gut ausfallen: wovon wir vormahls in den Opern, und unter andern im **Narcissus**, artige Exempel gehabt haben.

§. 69.

Bey Einführung der Kirchen-Gesänge in die geistlichen Stücke oder Oratorien, deren etliche,[20] in ihrer gewöhnlichen und iedermann bekannten Choral-Melodie, von selbsten sehr gute canonische Gänge an die Hand geben, sind solche keines weges aus der Acht zu lassen, sondern auf Orgeln oder auf dem Chor klüglich anzubringen. Wie man aber in diesem canonischen Styl seine, nützliche Ubungen[21] anstellen könne, und welche Vortheile dabey zu gebrauchen sind, solches wird weiter unten umständlicher gezeiget werden. Und das wären denn die Erklärungen der fünf besondern Schreib- und Setz-Arten, die zum allgemeinen Kirchen-Styl gehören. Nun

Vom Theatralischen Styl besonders.

§. 70.

Der theatralische Styl, ob er gleich unsern Vorfahren nur einfach vorgekommen, hat doch zum wenigsten eben so viele Gattungen unter sich, als der Kirchen-Styl, ja, wol mehr. Denn, zu geschweigen, was wir oben schon von der weitreichenden Herrschafft des Madrigal-Styls bei|gebracht haben, läßt die Schaubühne noch fünf andre Schreib-Arten zu, bey denen die eigentliche **Dramatische** billig obenan stehet: deren Abzeichen ist, daß sie so singen lehre, als ob man nur rede; und wiederum so zu reden wisse, als ob man singe[22].

---

20   z. E. Ach GOtt und HErr etc. GOtt des Himmels und etc. Hertzlich thut mich verlangen u. d. gleichen.
21   S. *Orch. II. p. 133-138*, vor allen aber den ersten Band der musical. *Critic, p. 235.* bis zu Ende: ingleichen *Giov. Mar. Artusi, dell'arte del Contrapunto, in Venet. 1589. fol.* wo ein grosses Wesen vom Canone gemacht wird. Die *Documenti Armonici del Angelo Berardi* können auch hierunter dienen.
22   *Ut cantus colloquendo, & colloquia canendo perficiantur.* Scacch. in MS. supra cit. Ist sehr wol gesagt.

§. 71.

Drama ist ein Griechisches Wort, und bedeutet auf Teutsch ein Gedicht, oder eine solche Vorstellung, darin gewisse Personen und Verrichtungen, obgleich erdichteter Weise, recht nach dem Leben aufgeführt werden. Daher denn die Welschen ihre Opern nur Drame oder Melodrame, auch wol *Drame per musica* nennen. Kurtz, es ist diejenige Schreib-Art, die in Sing-Spielen gebraucht wird, welche heutiges Tages mehr als zu bekannt, von den wenigsten aber recht begriffen wird.

§. 72.

Denn eben dieser Styl erfordert mehr Geschicklichkeit im Setzen, als sich der meiste Hauffe einbildet, indem nicht nur sein *Recitativ*, sondern auch seine Arien, Chöre und übrigen Theile das natürlichste Wesen von der Welt, und gar nichts gezwungenes oder weitgesuchtes haben wollen: sie müssen allerdings von denjenigen Recitativen und Arien, die sich im gewöhnlichen Kammer-Madrigal-Styl, als in Cantaten, Abend- und Tafel-Musiken befinden, auch von den geistlichen Madrigalen und Dialogis dadurch unterschieden werden, daß alles im Dramatischen viel leichter, singbarer, freier, ungebundener, und durchgehends so beschaffen sey, als ob es ohne studiren oder auswendig-lernen, gleichsam aus dem Stegreiff hervorkäme: welches eine Anmerckung ist, die, nebst vielen andern hieher gehörigen, von etlichen Opernmachern, absonderlich Teutschen, in ihrer Noten-Arbeit gar zu geringe geschätzet, auch vieleicht von den meisten überall niemahls erkannt worden ist; da sie doch auf das vornehmste Wesen des Dramatischen Styls gehet, zur lebhafften Ausdrückung der Gemüths-Bewegungen unumgänglich nöthig ist, und den Stellungen oder Geberden der Schauspieler, die der Componist hiebey beständig vor Augen haben muß, ungemein zu Hülffe kömmt. Alles dieses hat man in dem übrigen madrigalischen Wesen gar nicht nöthig zu beobachten. So viel hievon.

§. 73.

Der **Instrument-Styl**, in so fern er der Schau- und Singbühne sehr starck dienet, ist hier wiederum, in Ansehung der Vorwürffe und Umstände, gantz andrer Natur, als in Kirchen-Musiken. Man darff nur, solchen Unterschied recht augenscheinlich zu erkennen, eine kräfftige und tonreiche Kirchen-Sonate von **Rosenmüller**, mit einer hüpfenden und leicht-bekleideten Opern-Intrada von **Kaiser** zusammen halten. Der erste setzte selten weniger, als zwölff reine und besondere Stimmen, z. E. vier bis fünf Posaunen[23], eben so viel hohe und tiefere Geigen, ein Paar Cornetten oder Oboen samt zugehörigen Bässen; der andre nahm selten (in Opern-Sachen) mehr, als vier, und arbeitete mit denselben häuffig in Octaven und Einklängen, daß die meiste Zeit nur zwo oder drey, offt aber nur eine Stimme, doch auf vielerley Instrumenten, hervorgebracht wird. Er that daran recht und wol; jener auch: denn in ihrer Art sind sie beide vortrefflich. Es ist nur um den Unterschied des Styls zu zeigen, daß wir von ieder Sorte ein Paar Proben hersetzen wollen. Sie kommen mir vor, eines Theils, als frische, blaue **Elb-Lächse**, und andern Theils, als im Rauch vergüldete **Fläck-Heringe** aus der Ost-See: diese kitzeln die Zunge, und ihr derbes Wesen erwecket Lust zum Trunck; jene hergegen sind ansehnlich, und voller milden, safftigen Fleisches; obgleich nicht so reitzend.

---

23 Ich kan mich nicht satt wundern, warum man diese prächtig-klingende Instrumente itzo nicht mehr braucht.

§. 74.

Den Instrument-Styl in Kirchen und Opern desto besser zu unterscheiden, folget hier der **Anfang einer geistlichen Sonate von Rosenmüller.**

§. 75.

Ich kan mich nicht entbrechen, bey diesem reinen, fünffstimmigen Satze die schöne Sing-Art in ieder besondern Stimme zu bewundern. Die Ober-Partie könnte schwerlich besser einhergehen, wenn sie auch als ein Solo da stünde. Die zwote hat absonderlich in den letzten Tächten so viel artiges und modernes, als wenn sie diesen Tag erst verfertiget, und ohne die geringste Absicht auf die übrigen vier zu Papier gebracht worden; da sie doch über funfzig Jahr alt ist. Nichts aber kan eine angenehmere und beweglichere Melodie führen, als hier der Alt thut, und zwar von derjenigen Note an zu rechnen, über welcher das Sternlein stehet. Was endlich den Tenor und Baß betrifft, so zeiget ihre freundliche Gegenbewegung die grösseste Bescheidenheit an, so man verlangen mag, ohne Zwang, Verbrämung und Künsteley gantz natürlich, gar nicht höltzern. Hier mögte man zu manchem sagen: Gehe hin, und thue desgleichen.

§. 76.

Anfangs-Noten einer Opern-Intrade von Kaiser.

---

24 Der Raum hat nicht zulassen wollen, etwas vollstimmigers herzusetzen: es fehlet sonst nicht daran; aber wir können hier so viele Systemata nicht auf eine Columne bringen, als zu zwölff oder mehr Stimmen erfordert werden.

§. 77.

Man siehet wol, daß der Verfasser hier, ohne Zuthun der wesentlichen Trompeten und Paucken, mit den andern Instrumenten eine sehr lebhaffte Nachahmung solcher kriegerischen Instrumente hat vorbringen wollen, und daß er es sehr löblich bewerckstelliget hat. An dem Orte, †), wo die Vierstimmigkeit eintritt, ist auch alles, was man wünschen kan. In dem, was die Melodie betrifft, herrschet die Ober-Partie, und die andern richten sich nach ihr, als in einer Monarchie. Es ist alles munter, anlockend, und fällt vernehmlich ins Gehör. So viel von diesem handgreifflichen Unterschiede des Instrument-Styls.

§. 78.

Es kan seyn, daß auch in theatralischen Sachen manches Vorspiel mit Instrumenten aufstößt, das ernsthafft genug aussieht und klinget; wie denn **Lully** in dem Instrument-Styl seiner Opern überaus fleißig und starck gewesen ist: Allein es wird doch nicht den **Reichthum** haben, noch diejenige innerliche Wichtigkeit besitzen, die demselben Styl in der Kirche eigen sind. Wiederum kan es auch gar wol geschehen, daß in geistlichen Dingen manche Symphonie vorkömt, die einen sehr fröhlichen Muth gibt, nachdem es die Worte und Umstände mit sich bringen, dazu man vorspielen läßt, als z. E. **Singet frölich GOtt** u. d. gl.; allein es muß doch nicht die Ausgelassenheit und das wilde Wesen haben, die man dem Schauplatz zu gute hält.

§. 79.

Man bedarff auch dergleichen Gründlichkeit bey den theatralischen Sätzen eben nicht; ja, es läufft, so zu reden, einiger maassen wieder die Eigenschafft und Absicht der Schauspiele, deren Abzeichen doch iederzeit etwas spielendes und erdichtetes bleibet, welches keinen grossen, ernstlichen Eindruck; sondern nur eine nützliche und dabey mehr ergötzende, vorübergehende, als lange einnehmende Vorstellung zu Wege bringen soll: damit zwar die Gemüther, durch Anfüllung der Augen und Ohren, gerühret und beweget, doch nicht im Ernste gantz aus ihrem Sitze gebracht, und allerhand offt wiedrigen Leidenschafften aufgeopfert werden. Die Empfindungen, so die Schaubühne ertheilet, sind bisweilen nicht unangenehm; aber sie währen nur einen Augenblick, und können keinen beständigen Eindruck verursachen: weil ein ieder weiß, daß die Sache erdichtet ist. Hiebey kan ein Aussenschein, oder etwas glätzendes und funckelndes, obs gleich kein Gold ist, mehr ausrichten, als etwas dichtes, festes und ein mühsames Wesen.

§. 80.

Die hohe Tantz-Kunst auf Schaubühnen hat, in den dazu geschickten Melodien und Sätzen ihren gantz eignen Styl, nehmlich den **hyporchematischen**, der die Chaconnen, Passagaglien, Entreen und andre grosse Täntze liefert, welche sehr offt nicht nur gespielet und getantzet, sondern auch in gewisse Verse gebracht und mit vielen angenehmen Abwechselungen zugleich gesungen werden[25]. In Erkenntniß dieser Schreib-Art thun einige ausgesuchte Französische Sachen mehr Dienste, als alle Welsche: denn Franckreich ist und bleibet doch die rechte Tantz-Schule und dessen, so dazu gehöret.

---

25 *Hyporchema est Melos quod canitur ac saltatur,* **Canzone a Ballo, Ballata.** *Don. de Praest. Vet. Mus. p. 253.* Sing-Täntze nennet sie Er. **Francisci,** in der Vor-Unterredung seines Lufft-Kreises *p. 209.*

§. 81.

Geschickte Täntzer, die der Schaubühne nützen wollen, müssen diesen Styl aus dem Grunde kennen, eben sowol, als ein theatralischer Componist. Bey den grössesten Höfen in Europa ist der Beweis und die Bekräfftigung meiner Gedanken darin anzutreffen, daß die Opern- und andre starcke Ballette allemahl gern durch einen besondern, in sothanem Styl vor andern wolerfahrnen Meister verfertiget werden: ich meine nicht die Schritte und Wendungen; sondern bloß die Melodien. **Lully** war in allen Sätteln gerecht, und schrieb nicht nur den Täntzern, sondern allen andern Personen auf dem Schau-Platz tüchtige Gesetze vor.

§. 82.

Aber eine Schwalbe macht keinen Sommer. Denn wenn z. E. **Conti** die Music zur Oper, **Crösus**, macht; so muß ein andrer, nehmlich **Matteis**, die Melodien zu den Täntzen verfertigen. Jener war Kaiserl. Kammer-Compositeur; Dieser aber Director der Kaiserl. Instrumental-Music. Wir haben nicht alle einerley Gaben. **Sirita**, ein also genanntes schönes Singspiel, wurde vor einigen Jahren zu Wien aufgeführt, und zwar noch vor dem **Crösus**. | **Anton Caldara**, der Kaiserl. Vice-Capellmeister, setzte es in die Music; aber zu den Täntzen muste obgedachter **Matteis** gleichfalls die Melodien hergeben.

§. 83.

Daraus siehet man, daß wir eben den Herren Tantzmeistern in diesem Stück nicht alles aufbürden und den Kopff aus der Schlinge ziehen müssen; vielweniger stehet zu behaupten, daß sonst keiner, als ein Tantz-Meister, den hyporchematischen Styl recht zu führen wisse: angesehen es gar ein nothwendiges Ding bey einem Opern-Componisten ist, daß er sich auf alle hohe Tantz-Arten wol verstehe und die dazu beqveme Weisen ersinnen könne; ob er gleich selber nicht tantzet.

§. 84.

Mancher erhält mit solchen geringscheinenden (nicht seynden) Sachen bisweilen einen grossen Nahmen, absonderlich an Höfen, wo offt eine Sing- Spiel- und Tantz-Chaconne, dabey auch vornehme Standes-Personen mit machen können, mehr ausrichtet, als Centnermäßige Contrapuncte: und mir sind Leute bekannt, die sich mit irgend einer *Entrée grotesque*, d. i. mit einem poßierlichen theatralischen Tantz, besser in Gnaden gesetzet haben, als ein andrer mit einem gantzen Folianten voller Fugen; die doch im Grunde weit schätzbarer waren.

§. 85.

Nun sollten wir doch auch wol sagen, worin denn eigentlich diese hyporchematische Schreib-Art bestehe. Ob bey den alten griechischen Schauspielern in solchen hohen Täntzen allerhand menschliche Begebenheiten ausgedruckt worden, das läßt man dahin gestellet seyn, und gehöret zur Geberden-Kunst, zur Chironomie, welche zwar auch bey den Lateinern *saltatio* hieß, aber gantz was anders war, als *hyporchema*. Und wo dieses Wort das Reihen-Lied der alten Griechen, darnach sie um den Altar tantzten, bedeutet hat; so ist es demselben nur in Ansehung des erhöheten Ortes beigeleget worden: denn sonst gehören die Reihen-Täntze zum choraischen Styl.

§. 86.

Dasjenige nun was die hyporchematische Schreib-Art von allen andern, als Kennzeichen, absondert, ist: Eine mehr als gemeine Einförmigkeit in den ziemlich-starcken Gliedern der Melodie;

eine genaue Abtheilung der Zeitmaasse; ein langsamer Rhythmus in richtigem Verhalt; eine ebenträchtige, ernsthaffte doch muntere Bewegung; eine gehörige Länge, und die möglichste Vereinigung oder Gleichheit aller Theile.

§. 87.

Zur Untersuchung solcher Eigenschafften und zum fernern Unterricht besehe man, nebst den Frantzösischen häuffig-gedruckten Opern-Partituren[26], auch die gantz kleinen und gemeinen Bücher, worin die neuesten Frantzösischen Täntze heraus kommen und in Holland nachgedruckt werden; denn, obgleich diese letztern mehr auf die niedrigen, als hohen Täntze ihre Absichten haben, so findet man doch bisweilen auch Chaconnen, Passagaglien, Entrees und dergleich darin, die zu Mustern dienen können.

§. 88.

Der phantastische Nahm ist sonst sehr verhaßt; alleine wir haben eine Schreib-Art dieses Nahmens, die wol beliebt ist, und **hauptsächlich** ihren Sitz im Orchester und auf der Schaubühne, nicht nur für Instrumente, sondern auch für Sing-Stimmen behauptet. Er bestehet eigentlich nicht sowol im Setzen oder Componiren mit der Feder, als in einem Singen und Spielen, das aus freiem Geiste, oder, wie man sagt, *ex tempore* geschiehet. Die Italiener nennen diesen Styl *a mente, non a penna*. Wiewol die so genannten: *Fantasie, Capriccie, Toccate, Ricercate etc.* sie mögen geschrieben oder gedruckt seyn, allerdings hieher gehören, der Boutaden und Vorspiele nicht zu vergessen.

§. 89.

Die Welschen Ton-Meister nehmen gar öffters Gelegenheit, ihre Einfälle solcher Gestalt an den Mann zu bringen, und sich dieses Styls, zum besondern Vergnügen der Kenner, zu bedienen; es sey daß die Fantasie wircklich zu Papier gebracht werde, und man also dem Sänger oder Instrumenten-Spieler die Mühe erleichtert; oder, welches allemahl besser, daß der Componist weiter nichts dabey thue, als den beqvemen Ort und die rechte Stelle zu bemercken, wo dergleichen freie Gedancken, nach eigenem Belieben, angebracht werden können. Gemeiniglich geschiehet solches bey einem Schlusse, es sey am Ende, oder sonst irgendwo. Aber es gehören tüchtige Köpffe dazu, die voller Erfindungen stecken, und an allerhand Figuren (bisweilen mehr als gar zu) reich sind.

§. 90.

Andrer Künstler zu geschweigen, so hat der berühmte **Händel** offt, in seinen Schauspielen, solche Accompagnemens gesetzet, dabey das Clavier allein, nach des Spielers Gefallen und Geschicklichkeit, ohne Vorschrifft in diesem Styl hervorragte: welches seinen eignen Mann erfordert, und etlichen andern, die es haben nachthun wollen, nur schlecht von der Faust gegangen ist; ob sie gleich sonst ziemlich Sattelfest waren.

§. 91.

Wir haben zwar oben gesagt, daß dieser fantastische Styl seinen Sitz in den Schauspielen hat;

---

26 *Phaeton, Roland, Perseé, Achille, Europe galante, Triomphe des arts, Proserpine, Amadis, Thatis etc. Contredances de differentes nations del Europe. Le Musicien Maitre de Dance*; absonderlich die Auszüge aus den Balletten: *Psiché, Triomphe de l'amour, Fetes Venetiennes etc.* davon sehr offt neue *Catalogi* bey *Charles le Céne* und *Mortier* herauskommen.

allein, mit dem Zusatze: **hauptsächlich**, indem ihn nichts hindert, auch in der Kirche und in den Zimmern sich hören zu lassen. Wobey er dieses ins besondere hat, daß er allenthalben **einerley** ist; da hingegen die andern Schreib-Arten, wenn sie sich den übrigen Haupt-Stylen mittheilen, in vielen Umständen einer verschiedenen Einrichtung unterworfen sind. Was wollten doch die Herren Organisten anfangen, wenn sie nicht aus eignem Sinn in ihren Vor- und Nachspielen fantaisiren könnten? es würde ja lauter hölzernes, auswendig-gelernetes und steiffes Zeug herauskommen.

§. 92.

Wie offt unterhält nicht ein fertiger Violinist (andrer Instrument-Spieler zu geschweigen) sich und seine Zuhörer auf das allerangenehmste, wenn er nur bloß und gantz allein fantaisiret? Was tag-täglich auf dem Clavier, als dem dazu beqwemsten Werckzeuge, auf der Laute, Viol da Gamba, Qveerflöte u. s. w. geschiehet, ist bekannt; wenn mans nur bedenckt und in seine rechte Classe setzet: und wie die geläuffigen Kehlen der Sängerinnen, absonderlich der Welschen, es treiben, solches kan man bey denen, die mit dergleichen Geschicklichkeit begabet sind, an Höfen und auf Schaubühnen am besten wahrnehmen. Nur Schade, daß keine Regeln von solcher Fantaisie-Kunst vorhanden!

§. 93.

Denn dieser Styl ist die allerfreieste und ungebundenste Setz- Sing- und Spiel-Art, die man nur erdencken kan, da man bald auf diese bald auf jene Einfälle geräth, da man sich weder an Worte noch Melodie, obwol an Harmonie, bindet, nur damit der Sänger oder Spieler seine Fertigkeit sehen lasse; da allerhand sonst ungewöhnliche Gänge, versteckte Zierrathen, sinnreiche Drehungen und Verbrämungen hervorgebracht werden, ohne eigentliche Beobachtung des Tacts und Tons, unangesehen dieselbe auf dem Papier Platz nehmen; ohne förmlichen Haupt-Satz und Unterwurff, ohne Thema und Subject, das ausgeführet werde; bald hurtig bald zögernd; bald ein- bald vielstimmig; bald auch auf eine kurtze Zeit nach dem Tact; ohne Klang-Maasse; doch nicht ohne Absicht zu gefallen, zu übereilen und in Verwunderung zu setzen. Das sind die wesentlichen Abzeichen des fantastischen Styls.

§. 94.

An die Regeln der Harmonie bindet man sich allein bey dieser Schreib-Art, sonst an keine. Wer die meisten künstlichsten Schmückungen und seltenste Fälle anbringen kan, der fährt am besten. Und wenn gleich dann und wann eine gewisse geschwinde Tact-Art sich eindringet, so währt sie doch nur einen Augenblick; folgt keine andere, so hat die Zeit-Maasse gar Feierabend. Die Haupt-Sätze und Unterwürffe lassen sich zwar, eben der ungebundenen Eigenschafft halber, nicht gantz und gar ausschliessen; sie dürffen aber nicht recht an einander hangen, vielweniger ordentlich ausgeführet werden: daher denn diejenigen Verfasser, welche in ihren Fantaisien oder Toccaten förmliche Fugen durcharbeiten, keinen rechten Begriff von dem vorhabenden Styl hegen, als welchem kein Ding so sehr zuwieder ist, denn die Ordnung und der Zwang. Und warum sollte sich denn eine Toccate, Boutade oder Caprice gewisse Ton-Arten erwehlen, worin sie schliessen müste? darff sie nicht aufhören, in welchem Ton sie will; ja muß sie nicht offt, aus einem Ton in den andern gantz entgegen stehenden und fremden geführet werden, wenn ein Regelmäßiger Gesang darauf folgen soll? Dieser Umstand wird im Aufschreiben eben so wenig, als der vorige beobachtet, und gehöret doch allerdings zu den Kennzeichen des fantastischen Styls.

Von der musicalischen Schreib-Art. 161

§. 95.
Ein Paar kleine Beispiele, denen zu Liebe, die bey itzigen Zeiten Mangel an Exempeln der aufgeschriebenen Sätze dieser Art haben mögten, (wie denn unsre Vorfahren mehr Fleiß daran gewendet haben, als die heutigen Setzer) will ich doch hier einschalten: und zwar nur was den blossen Anfang betrifft: denn weil es Clavier-Sachen sind, lassen sich die unter und in einander geflochtene Noten mit unsern Druck-Schrifften nicht füglich darstellen.

Anfang einer Toccate von Froberger.

Anfang einer Fantaisie von eben demselben.

§. 96.
Man pfleget sonst bey dergleichen Sachen wol die Worte zu schreiben: *ceci se joue à discretion*, oder im Italienischen: *con discrezione*, um zu bemercken, daß man sich an den Tact gar nicht binden dürffe; sondern nach Belieben bald langsam bald geschwinde spielen möge. Ausser **Froberger**, der zu seinen Zeiten sehr berühmt gewesen und absonderlich in dieser Schreib-Art viel gethan hat, finden sich noch ein Paar fleißige Fantasten, im guten Verstande genommen, die ihre Styl-Früchte, vor mehr als hundert Jahren, nicht nur schlechthin gedruckt, sondern in dem saubersten Kupffer-Stich hinterlassen haben, den man nur mit Augen sehen kan. Sie verdienen wahrlich beide, daß man ihre Nahmen nicht in Vergessenheit begraben seyn lasse.

§. 97.

Der eine heisset Claudio **Merulo** (nicht Merula) von Correggio[27], Organist bey dem | Hertzoge von Parma. Des andern Nahme ist: **Michel Angelo Roßi**[28]: von dem wir sonst bis hieher nichts anders wissen, als daß aus dem Barberinischen mit dem Cardinals-Hut bedeckten Wapen, so dem Wercke vorgesetzet, muthmaaßlich abzunehmen, er habe ums Jahr 1635 zu des **Doni** Zeiten gelebet. **Merulo** hat seine Arbeit in zwey Bücher getheilet, deren erstes 1598, das andre aber erst 1604, sechs Jahr hernach, in Rom durch Simon **Verovio** gestochen worden. Hier finden wir 5 Linien für die rechte Hand, mit dem niedrigen Discant-Schlüssel, und acht für die lincke, mit Alt und Baß über einander bezeichnet. **Roßi** hergegen hat der rechten Hand 6 Linien gegeben; mit der lincken aber eben die Weise gehalten. **Froberger** schrieb der rechten sechs, der lincken sieben Linien zu, welche letztere mit Baß- und Tenor-Schlüsseln bezeichnet sind.

§. 98.

Man wird mich desto weniger verdencken, daß ich dieser arbeitsamen Künstler, bey gegenwärtiger Gelegenheit des von ihnen trefflich-ausgeübten fantastischen Styls, in Ehren gedacht habe: ie weniger man sonst etwas umständliches von ihnen auftreiben kan. Nun weiter!

§. 99.

Noch eine besondere Schreib-Art gehöret nicht nur gewisser maassen in die Kirche, wie oben bey Erklärung des gebundenen Styls berühret worden, in dessen Stelle er getreten ist, sondern vornehmlich, doch auf mäßigere Weise, d. i. in geringerm Gebrauch, zum Theatro: nehmlich der **melismatische** Styl, welcher dort alle ernsthaffte, gemeine Choral-Gesänge mit Haufen, hier aber alle lustige Lieder und solche schertzende, wenige Arietten begrifft, die verschiedene auf einerley Melodie zu singende Gesetze, Strophen oder Abschnitte haben.

§. 100.

Die Welschen halten ihre Schau- und Sing-Spiele für viel zu vornehm, daß sie dergleichen Canzonetti oder Oden dahinein bringen sollten; es mögte denn bisweilen in Venedig ein und anders melismatisches, den dasigen Boots-Leuten zu Gefallen, mit unterlauffen. Wiewol auch die *Intramezzi* oder Zwischen-Spiele bey den Italienern den Abgang dieses melismatischen Wesens in der Haupt-Handlung, an vielen Orten, absonderlich zu Wien, so reichlich ersetzen, daß man es schwerlich niederträchtiger und Gassenmäßiger erdencken kan. Die Frantzosen und Engländer haben es zwar gerne, daß diese Schreib-Art sich bisweilen in Absingung ihrer häuffigen weltlichen Lieder hören lasse; aber von abgeschmackten Hanreis- und Pickel-Possen halten sie nichts. Es wäre gut, wenn man diese Bescheidenheit auch von den Teutschen zu rühmen hätte: wozu die in Halle 1737 auf das sauberste herausgekommene **Sammlung verschiedener und auserlesener Oden** schon einen guten Anfang gemacht hat.

§. 101.

Wenn z. E. in einer Oper ein Hauffen Scheerenschleiffer eingeführet werden, die unter andern, folgendes Melisma zum besten geben:

---

27 Der Titel des Wercks lautet so: *Toccate d'Intavolatura d'Organo, di Claudio Marulo da Correggio, Organista del Sereniss. Sig. Duca di Parma & Piacenza etc. in Roma, appresso Simone Verovio 1598. fol.*
28 Seine Arbeit hat diese Auffschrifft: *Toccate e corente d'Intavolatura d'Organo e Cimbalo di Michel Angelo Rossi.* groß Fol. oder klein Median, ohne Ort, Zeit oder Kupfferstechers Nahme.

Von der musicalischen Schreib-Art.

so kan solches wenig Erbauung bringen. **Ariadne**, worin dieses Exempel befindlich, ist zwar ein ziemlich-altes Singspiel; hat aber grossen Beifall gefunden, ist *Ao.* 1722 wieder verjüngert worden: und, wenn die neuern Proben nicht verhaßt wären, könnte man ihrer auch einige beibringen. Doch genug hievon!

Vom Kammer-Styl.

§. 102.

Endlich kommen wir zum Kammer-Styl, und wollen davon auch eine kurtze, doch ordentliche und gründliche Nachricht geben. Da man nun bey den vorigen Haupt-Abtheilungen, und zwar bey ieder derselben fünf oder mehr Neben-Style wahrgenommen hat; so werden hier wenigstens eben so viel zu betrachten aufstossen.

§. 103.

Der **Instrument-Styl**, dessen bereits bey geistlichen und theatralischen Wercken, wiewol bey iedem auf eine sonderbare Art des Gebrauchs, Erwehnung geschehen, kömmt hier wiederum zum Vorschein; doch so, daß er eine neue und dritte Gestalt gewinnet. Denn ob man gleich in Sälen und Zimmern auch wol Kirchen-Sachen und dramatische Dinge auffführen kan; so werden doch durch die Veränderung des Ortes die Schreib-Arten eben so wenig verändert, als eine Predigt, die nimmer zum Gedichte wird, ob man sie gleich im Cabinet hält.

§. 104.

Dannenhero ist leicht zu schliessen, es müsse der Instrument-Styl, in so weit derselbe zur Kammermäßigen Schreib-Art gehöret, alwo er zumahl bey Tafel-Musiken viel stärcker regieret, als die übrigen, von gantz andrer Beschaffenheit seyn, als jene beide. Weil sich aber diese Eigenschafften nicht so genau beschreiben, als aus Gleichnissen und Beispielen ersehen lassen; so hat man sich diesfalls an die häuffig vorhandene *Sonate da Camera, Concerti Grossi, Suites* u. d. gl. zu halten, welche Licht genug hierin geben werden.

§. 105.

Wobey ich iedoch absonderlich die Einsicht der **Correllischen Wercke**, ihres Alters ungeachtet, zum trefflichen Muster angepriesen haben will, deren wo mir recht fünf, und in Amsterdam zu bekommen sind. Die unvergleichliche Geschicklichkeit dieses Verfassers in der zum Kammer gehörigen Instrumental-Schreib-Art hat so was ausnehmendes, daß ich so gar in den Holländischen Kirchen, wiewol ausserhalb der zum Gottes-Dienst bestimmten Zeit, nehmlich in den Vespern, oder nach deren Endigung, seine Sonaten nicht nur von dem Organisten allein, sondern auch von einem Violinen-Concert, welches zur Ubung der Kunstbeflissenen offt angestellet wird, ehmals mit vielem Vergnügen gehöret habe.

§. 106.

Es erfordert sonst dieser Styl in der Kammer weit mehr Fleiß und Ausarbeitung, als sonst, und will nette, reine Mittel-Partien haben, die mit den Ober-Stimmen beständig, und auf eine angenehme Art gleichsam um den Vorzug streiten. Bindungen, Rückungen, gebrochene Harmonien, Abwechselungen mit *tutti* und *solo*, mit *adagio* und *allegro* etc. sind ihm solche wesentliche und eigene Dinge, daß man sie meistentheils in Kirchen und auf dem Schau-Platz vergeblich sucht: weil es daselbst immer mehr auf die Hervorragung der Menschen-Stimmen ankömmt, und der Instrument-Styl nur ihnen zu Gefallen und zur Begleitung oder Verstärckung da ist; wogegen er in der Kammer schier die Herrschafft behauptet; ja, wenn auch gleich die Melodie bisweilen ein wenig darunter leiden sollte, will er doch daselbst allemahl aufgeputzt, verbrämt und sprudelnd erscheinen. Das ist sein Abzeichen.

§. 107.

Auf den **canonischen** Styl wieder zu kommen, als der auch in Zimmern und Sälen, nach seiner Art, ja offtmahls beym Trunck was zu sagen haben will, wenn er mit den Gästen bekannt ist, oder vielmehr wenn diese ihn kennen, so werden davon in guten musicalischen Schul-Büchern zwar etwas bejahrte, aber doch wol ausgearbeitete Exempel anzutreffen seyn, sowol als in Lobsprüchen und Glückwünschungen vor gedruckte Schrifften. Auch gibt sich noch zuweilen ein und ander Liebhaber die Mühe, canonische Sonaten zur Kammer-Music, über gewisse feststehende Sätze (*canto fermo*) zu verfertigen, welche wahrlich nicht so grosse Ergetzlichkeit bringen, als sie Arbeit erfordern.

§. 108.

Mehr Lust wird eine auserlesene Music-verständige Gesellschafft verspüren, wenn etwa 3 oder 4 Personen ihres Mittels sich befleißigen, in der canonischen Schreib-Art, die man billig Laconisch nennen mögte, weil sie kurtz ist, allerhand Sitten-Sprüche auf die Bahn zu bringen, und dieselbe bey guter Laune herum zu singen. Ich muß wol gestehen, daß mir solche Bemühung vormahls manche fröliche Stunde gebracht hat, indem es wahrlich der beste Nutz ist, den man von der canonischen Arbeit erwarten kan. Die Frantzosen sind grosse Liebhaber von solchen Runde-Gesängen in ihren Lust-Versammlungen; sonst aber nicht, weder in der Kirche, noch auf der Schaubühne. In Engländischen Noten-Büchern traf man auch vor diesem nicht wenige hiehergehörige und recht artig eingerichtete Sachen an.

§. 109.

Es ist leicht zu erachten, daß die canonische Schreib-Art bey theatralischen und häuslichen Vorfällen mehr muntres und freies Wesen in der Melodie erfordere, als wenn sie zu geistlichen Materien gebraucht werden soll. Wenn iemand z. E. die Worte: **Nicht uns, HErr, nicht uns, sondern deinem Nahmen gib Ehre**, in einen Canon bringen wollte; so müste er seine melodischen Gänge viel bescheidener, ernsthaffter und andächtiger einrichten, als wenn es auf dem Theatro heissen sollte: **Phöbus bricht nicht eh herein, bis Narcissus öffnen wird seiner holden Augen Schein**, oder in einer vergnügten Gesellschafft: **Iß dein Brot mit Freuden, und trinck deinen Wein mit gutem Muth**. Daraus man denn auch einiger maassen die zufällige Verschiedenheit dieses Styls abnehmen kan.

§. 110.

Der dritte zur Kammer-Music gehörige Styl ist der gewöhnlichen und gebräuchlichen Tantz-Kunst eigen, von dem man gnugsame Vorschrifften bey Ballen, Masqveraden, Engländischen, Frantzösischen, Polnischen und Teutschen Tantz-Ubungen haben kan. Diese **choraische** Schreib-

Art theilet sich in so viele Gattungen, als es Arten von Täntzen in Zimmern, Sälen und grossen Gemächern gibt, woraus eine ziemliche Reihe erwächset, die einer reiffen Untersuchung mehr werth ist, als man meinet, wenn der grosse Gebrauch und sonderbare Nutz betrachtet wird.

§. 111.

Die Polnische Gattung des choraischen Styls hat vor andern seit einiger Zeit so viel Beifall gefunden, daß man sich nicht gescheuet, die ernsthafftesten Worte und Sing-Gedichte mit Melodien nach Polnischer Weise (*à la Polonoise*) zu versehen. Es hat auch in der That diese Weise oft eine recht fremde und angenehme Wirckung, die iedoch niemand, ohne sattsame Kundschafft vom choraischen Wesen zu besitzen, zu Wege bringen kan.

§. 112.

Sehen wir ferner einen Schottländischen Land-Tantz an, davon gantze Bücher voll gedruckt sind, so wird sich gewiß in der Schreib-Art desselben viel gefälliges und neues, wo nicht was seltsames hervorthun, das hin und wieder nicht nur zum Tantzen allein, sondern auch zu vielen andern Sachen, sowol auf dem Schau-Platz als in Gemächern, gut anzubringen und nachzuahmen ist; iedoch mit geziemender Behutsamkeit, sonderlich für Singe-Stimmen.

§. 113.

Man betrachte endlich alle Frantzösische Tantz-Lieder und Melodien, so klein als sie auch seyn mögen, bis auf die Menuetten, die eben sowol, als die grössesten Ouvertüren, ihre eigne Schreib-Art erfordern; man betrachte sie, sage ich, mit Aufmercksamkeit, welche feine Ordnung, Gleichförmigkeit und richtige Abschnitte darin zu finden sind, ich weiß gewiß, man wird erfahren, daß eben diese Tantz-Style (den hyporchematischen bey dem choraischen mit eingeschlossen) voller ungemeinen Reichthums sind, und allerhand schöne Erfindungen im Setzen an die Hand geben. Ich kenne grosse Componisten, die aus diesem choraischen Styl mehr, als aus allen andern Schreib-Arten gesammlet, und häuffige Einfälle daraus geschöpffet haben.

§. 114.

Er führet seinen Nahmen vom Chor oder Reihen, wo ihrer viele zusammen tantzen, und die Glieder der choraischen Melodie sind zwar etwas schwächer, als der hyporchematischen, doch dabey von gleicher Einförmigkeit nach ihrer Art; die Rhythmi oder Klang-Füsse sind hurtiger, die Bewegung ist lustiger und die gehörige Kürtze hilfft mit zum Abzeichen.

§. 115.

Was oben von den **Madrigal**- und **melismatischen** Stylen angeführet worden ist, solches kan auch alhier, gewisser maassen, gelten, zumahl was den ersten betrifft, der allenthalben einerley bleibt. Der andre aber mögte einen kleinen Unterschied hier erfordern: denn ob er sich schon von ie her zu geist- und weltlichen Oden hat beqvemen müssen, bis ihn die madrigalische Arien und Recitative in die Enge getrieben haben; so kan man doch eins Theils auch wol traurige Melismata machen, wovon **Kircher**[29] selbst ein Exempel gibt, wiewol sie immer was niedriges an sich behalten; andern Theils gibt es noch heutiges Tages gewisse artige Jäger- Hochzeit- Straff- und Schertz-Oden dieses melismatischen Styls, welche sich zur Lust sehr wol hören lassen, und

---

29 *Musurg. T. I Lib. V c. 16, p. 321*, wo ein Ding stehet mit der Uberschrifft: *Melisma, sive Aria Tragica*. Und *Lib. VII c. 6 p. 615* siehet man auch ein *Melisma Ecclesiasticum*.

nicht allemahl auf blosse Gassenhauer hinauslauffen, auch bisweilen auf Schaubühnen gebraucht werden. Man sucht aber das erhabene vergeblich darin.

§. 116.

Johann **Sebastiani**, ehmaliger Churfürstl. Brandenb. und Preußischer Capellmeister, kan hievon einige Proben[30] geben, darin zwar nichts unbescheidenes, doch viel kriechendes vorkömmt, das der Noten kaum werth wäre, wenn sich nicht gleich und gleich gesellten. Ein kleines Fleckgen davon herzusetzen, kan nicht schaden, um denjenigen einen Begriff von der melismatischen Schreib-Art zu geben, welche ihren Unterschied von den Arien und Madrigal-Styl nicht recht zu machen wissen. Sonst hat die melismatische Arbeit noch dieses Abzeichen, daß sie auf dem Theatro nicht so viel Strophen, und mehr Verwandtschafft mit dem madrigalischen Wesen, zuläßt, als in Kirchen und Zimmern.

§. 117.

Damit wäre also die Materie, betreffend die musicalischen Schreib-Arten, für diesesmahl zu Ende gebracht. Die Ausübung beruhet nun auf die Untersuchung guter Vorschrifften und Muster, daran kein Mangel ist, wer sie nur wehlen und sich anschaffen will. Man muß sich von iedem Haupt-Styl, nach angeführten Grund-Sätzen, einen festen, deutlichen und reinen Begriff machen, gute Ordnung darin halten, die Ein- und Ausdrücke nicht ungebührlich mit einander vermischen, noch seine Mannschafft unter ein fremdes Fähnlein stellen.

§. 118.

Vorhin dachte ich, es mögten die Gattungen dieser Schreib-Arten wol dereinst vermehret werden: denn, wer auch nur anitzo Lust hätte, könnte nicht allein die Neben-Zweige sehr weit ausbreiten; sondern es würden sich schon andre Aeste angeben, und vornehmlich der Feld- oder Krieges-Styl dabey in nicht geringe Betrachtung kommen. Denn obgleich die Marsche und dergleichen mannhaffte Melodien zum hyporchematischen Styl gehören; so hat doch die eigentliche martialische Music in vielen Stücken was besonders an sich, welches zu untersuchen nicht undienlich seyn dürffte.

§. 119.

So dachte ich vorhin; nun aber, da alles wol erwogen worden, mögte schier eine ganz wiedrige Beisorge bey mir aufstossen, daß nehmlich von diesen Stylen und ihren Gattungen mit der Zeit vieleicht nur wenige, oder auch wol gar kein eintziger, in seiner Reinigkeit und mit den ihm gehörigen Ab- oder Kennzeichen übrig bleiben dürffte. Denn es ist bereits bey vielen selbstgewachsenen Componisten ein solcher Mischmasch in der Schreib-Art anzutreffen, als ob alles in einen ungestalten Klumpen verfallen wollte. Und ich glaube, daß man ihrer eine Menge

---

30 Parnaß-Blumen, oder geist- und weltliche Lieder, welche bey müßiger Abend-Weile abgebrochen Gertraudt **Müllerinn**, gebohrne **Eifflerinn**, und in Melodeyen übersetzt von Johann **Sebastiani** etc. verlegt in Hamburg und gedruckt in Wolffenbüttel 1672. Erster Theil N. 55. *fol.* der andre Theil, wo die Verfasserin eine Kaiserl. gekrönte Dichterinn und unter den Blumen-Genossen **Mornille** heißt, kam 1675 zu Stande.

fünde, die, auf Befragen, in welchem Styl sie dieses oder jenes setzten, mit der Antwort sehr verlegen sein würden.

§. 120.

Solchem Unwesen, wo möglich, vorzubeugen, habe ich mir die Mühe gegeben, diese Lehre aufs neue und vermehrter vorzutragen. Ich weiß gar zu wol, wie viel daran gelegen ist, und hoffe, niemand, der GOtt und seinen Dienst liebet, werde übel nehmen, daß ich in diesem Haupt-Stück von den Schreib-Arten, weil doch alles darauf ankömmt, etwas weitläuffig gewesen bin: indem meine wahre Absicht auf die Verherrlichung und Ehre des allerhöhesten Wesens in seinem Tempel, auf die Sittsamkeit der Schaubühne und auf die Vergnügung des Gemüths in Zimmern und Sälen gerichtet ist; von welchen Dingen man schwerlich zu viel sagen kan, wenn man sie zu befördern vermögend ist. Nun bedaure ich, daß mir bisher fast niemand in diesen Bestrebungen die Hand hat bieten wollen, und man mich allein vor dem Riß stehen läßt.

Ende des Ersten Theils des vollkommenen Capellmeisters.

Des
Vollkommenen Capellmeisters
Zweiter Theil.

Darin die wirckliche Verfertigung einer Melodie,
oder des einstimmigen Gesanges, samt dessen Umständen
und Eigenschafften, gelehret werden.

Erstes Haupt-Stück.
Von der Untersuchung und Pflege menschlicher Stimme.

§. 1.

Wir haben im vorhergehenden Theil mit solchen Anfangs-Gründen zu thun gehabt, welche mehr auf die innerliche Betrachtung, als auf die äusserliche Bewerckstelligung der Ton-Kunst gegangen sind; ob sie wol auch zur eigentlichen Ausübung die Bahne nicht wenig gebrochen haben.

§. 2.

Die **Phonascia** aber macht nunmehro den Anfang zum Singen in der That, und ist eine Wissenschafft, die da lehret, die menschliche Stimme und ihre Werckzeuge wol zu kennen; sie in einen guten Stand zu setzen, auch in solchem Stande zu erhalten; sodann den sinnlichen oder empfindlichen Unterschied der klingenden Intervalle, mit ihren Eigenschafften im Halse, auf eine natürlichere Weise, als vorhin, zu bemercken und anzustimmen.

§. 3.

Wobey man leicht wahrnimmt, daß ein ziemliches Stück dieser Phonascie zur Natur-Lehre mit gehöret: in so weit dieselbe zur wircklichen Singe-Kunst gebraucht und angewendet werden soll. Denn, wer Sachen setzen will, die sich gut singen lassen, der muß entweder selbst wol singen können, wol gesungen haben, oder wenigstens, wenn ja die Stimme abgehen oder von Natur kein gut thun wollte, eine gründliche Wissenschafft vom Singen besitzen: da es denn viel besser ist, wenn Können und Wissen, Erwegung und Vollziehung zusammen stehen, als wenn es an einer oder der andern fehlet. Wer aber wol singen will, der muß nothwendig alles, was zur Stimme gehöret, mit Fleiß untersuchen, ihrer schonen und warten, sie üben, lencken, regieren, zwingen und unterhalten; zumahl wenn er einer Capelle tüchtig vorstehen, und in derselben gute Sänger oder Sängerinnen haben will.

§. 4.

Viele Stimmen sind in der Jugend schön; verändern sich aber, absonderlich bey dem männlichen Geschlechte, mit dem Anwachs der Jahre dergestalt, daß sich alles biegsame, geschmeidige und gelenckige Wesen darüber fast gar verlieret: welches man **Mutiren** heisset, und eine zu wissen unentbehrliche Bedeutung des Wortes: *mutatione*, ist, die bisher in den Wörter-Büchern fehlet.

§. 5.

Daher gibt es keine beständigere Sopran-Stimmen, als im weiblichen Geschlechte, welches diesen Falls wunderbarlich Stand hält, ob man es gleich sonst Wanckelmuths beschuldigen will. Woher es aber komme, daß die Knaben, wenn sie Jünglinge werden, ihre Stimmen so sehr verändern; die mannbaren Mädgen und Frauen hergegen nicht, davon gibt Kircher[1] diese unzu|längliche Ursache an: **weil die Saamen-Gefässe der Töchter den Werckzeugen der Stimme nicht so nothwendig unterwoffen sind, als der Söhne ihre**; da doch vielmehr die Wahrheit ist, daß bey den letztgenannten die starck-zunehmende Wärme und Feuchtigkeiten überhaupt alle Gänge

---

1 *Quod vasa spermatica in foeminis non tam necessariam dependentiam habeant cum organis vocalibus.* Musurg. L. I. Anatom. c. 14. corollar. 2.

und Röhren des Leibes erweitern und auftreiben, denen iedoch kein solcher heilsamer Abgang bestimmet ist, als sich bey dem weiblichen Geschlechte um dieselbe Zeit äussert.

§. 6.

Bey Verschnittenen wird, wie leicht zu erachten, der natürlichen Wärme und Säffte Anwachs und Ausbruch, einfolglich auch die Erweiterung der Röhren und Gänge in der Kehle, als wovon die Erniedrigung des Tones unwiedersprechlich herrühret, durch frühzeitige Beraubung derjenigen Gliedmaassen verhindert, denen alle fruchtbare Feuchtigkeiten hauptsächlich bestimmet sind: und zwar, ehe die ausdehnende Krafft dieser letzten sich meldet.

§. 7.

Andre Stimmen, die man in der Jugend fast gar nicht gebrauchen kan, werden hernach offt die stärcksten, geschicktesten und hohlesten, bey zunehmendem Alter des männlichen Geschlechtes, welches bey der Mutation, von der sogenanten Discant-Stimme gemeiniglich auf einen Tenor, und vom Alt auf den Baß fällt: indem die Natur auch hierin ordentlich, auf Octaven-Weise, verfähret, und die Gefässe der Lufft-Röhre im doppelten Verhalt ausdehnet, ohne sich dabey eines Circkels zu bedienen.

§. 8.

Gleichwie man aber sonst in allen Dingen der Natur durch die Kunst **etwas** zu Hülffe kommen kan, also gibt es auch gewisse, äusserliche und innerliche Mittel, die Stimmen zu pflegen, ihnen das rauhe Wesen der überflüßigen dicken Feuchtigkeiten zu benehmen, sie glatt zu machen, zu mäßigen, zu stärcken und zu erhalten. Solche Wissenschafft war in alten Zeiten von der Erheblichkeit, daß man eine eigene Profeßion daraus machte. Itzo kennen viele Ton-Meister kaum den Nahmen, geschweige dessen rechte Bedeutung; obgleich die Welschen Sänger, und zwar, so viel mir wissend, dieselben schier allein, noch ein wenig davon beibehalten, und bisher gewisser maassen, nicht ohne Nutzen, gebraucht haben. **Farinelli** wird es bestätigen.

§. 9.

Unter den Teutschen Sängern habe ich keinen grössern Phonascum gekannt, als den berühmten Capellmeister **Bimmler**, welcher, wenn er des Abends singen sollte, sich des Tages der gewöhnlichen Mittags-Mahlzeit enthielt, von Zeit zu Zeit etwas Fänchel, wie einen Thee, zu sich nahm, und inzwischen bey dem Clavichordio, mit gemähliger und gelinder Durchsingung seiner Partie sich stets übte, auch solchen Fleiß darauf wandte, daß er sie allemahl auf eine neue Art, mit veränderten wolgewehlten Zierrathen herausbrachte. Es war auch vor einigen Jahren ein Engländischer Sänger, Nahmens **Abel**, in vieler Hochachtung, und ließ sich sowol in Holland, als Hamburg etc. mit grossem Beifall hören: derselbe besaß einige Geheimnisse, seine zärtliche und natürliche Alt-Stimme auf das reineste bis ins späte Alter zu bewahren, wozu die ungemeine Mässigkeit und Wahl im Essen und Trincken sehr viel halff. Es wird seiner in den Büchern, die mir bekannt sind, nirgend gedacht, ausser in des **Rogers** *catalogue de musique*, wo gleich im Anfange *Les Airs d'Abel pour le Concert du Doule* vorkommen.

§. 10.

Es wird belesenen Leuten nicht unbekannt seyn, daß die ehmahligen Griechen und Römer eigene geschickte Meister dazu gehalten haben, welche, ohne vom Volck gesehen zu werden, mittelst eines kleinen leisen Pfeifleins, nicht nur die öffentlichen Redner, sondern vornehmlich die theatralischen Personen erinnerten und warneten, wenn sie die Stimme erheben oder verstärcken, und wenn sie dieselbe mäßigen oder sincken lassen sollten, samt Anzeige der Fehler in den übrigen Bewegungen, die zur Sprache oder zum Singen gehören. Vieleicht kömmt daher die Gewohnheit noch, daß die Zuhörer demjenigen pfeiffen, der es nicht recht macht; so wie das Klatschen auch vom alten römischen *plaudite* seinen Ursprung hat, und den Beifall bezeiget.

§. 11.

Jene Anzeige mit dem künstlichen Pfeifflein war denn unter andern auch ein Stück der Verrichtung oder des Amts eines Stimm-Pflegers, dessen sich die grössesten Sänger und Redner bedienten, um den Ton und die Aussprache nach den Gemüths-Bewegungen recht einzurichten; nicht aber sich einhelffen oder zusagen zu lassen, wie die heutigen Einblaser oder *Souffleurs* in Opern und andern Schauspielen thun. Wir lesen vom Kaiser **Nero**, daß er niemahls aufs Theater ge|treten sey, ohne einen Phonascum hinter sich zu haben, und das geschah in den fünf löblichen Jahren seiner Regierung.

§. 12.

Was nun die Werckzeuge der Menschen-Stimme betrifft, so bestehet die Lufft-Röhre aus verschiedenen Knörpeln, die wie Ringe oder Reifflein über einander herliegen, und durch dünnhäutige bewegliche Bände an einander gefüget sind. Die Knörpel selbst sind etwas geschmeidig, weicher als Knochen, doch härter als Sehnen. Zweene von ihnen, die kleiner als die übrigen, und oben auf dem ersten Ringe der Lufft Röhre befindlich sind, machen mit ihrer Zusammenschliessung den Rand oder das Haupt derselben Röhre, und führen den Nahmen *Glottis*, d. i. Zünglein, aus dessen Spalte, mittelst überaus subtiler Oeffnungen und Bewegungen, der Klang hervorgebracht wird.

§. 13.

Dieses so genannte Zünglein vergleichet man, der Gestalt nach, mit der Mündung eines Gieß-Kännleins, doch nach sehr verjüngtem Maaß-Stabe, und nennet daher solchen zusammengefügten Knörpel auch *cartilaginem guttalem*, von *guttus*, ein Tropffe. Uber demselben befindet sich noch ein anders, etwas grösseres Ober-Zünglein, *epiglottis*, dessen Substantz aber viel weicher seyn mag, etwa wie ein Pergament. Die Gestalt der *epiglottis* ist fast einem dreieckigten, gewölbten Blätlein ähnlich, nach dem Munde zu runderhaben, auf der andern Seite aber ausgehölet.

§. 14.

Daß nun auch sothanes Oberzünglein zur feinern Bildung und zärtlichern Einrichtung des Klanges, absonderlich was die Triller, Mordanten etc. betrifft, ein grosses und vieleicht mehr, als der Zapffen im Munde zur gemeinen Aussprache, beitrage, solches ist wol ausser Zweifel wahr; dennoch aber thut die Glottis selbst gantz gewiß das meiste und vornehmste dabey: und ist also weder die Lunge, noch die Zunge, weder die Gurgel, noch der Gaumen die rechte Ursache des Tones; vielweniger sind es die Zähne und Lefzen, welche alle keinen weitern Antheil daran haben, als daß die erste den Wind hergibt, die andern aber, nachdem der Schall durch die Spalte des Zünglein oben an der Lufftröhre, mittelst dreizehn Muscheln gezeuget worden, fein hohl, vernehmlich, richtig, und ungehindert heraus lassen.

§. 15.

Es ist also die eintzige menschliche Glottis das klangreicheste, angenehmste, vollenkommenste und richtigste Instrument, oder besser zu sagen, sie ist das eintzige und allein richtige Instrument unter der grossen Menge klingender Werckzeuge, sie mögen durch Kunst verfertiget, oder von der Natur hervorgebracht werden; denn alle diese vom Winde getriebene oder mit Saiten bezogene Instrumente, nur die Geigen ausgenommen, sind mit einander falsch, gegen die menschliche Stimme zu rechnen, und wenn sie auch auf das beste gestimmet wären. Diese Worte[2] eines grundgelehrten Mathematici bestätigen zugleich meine anderswo[3] geführte Gedancken, daß nehmlich die Menschen-Stimme das schönste Instrument sey.

§. 16.

Es haben zwar einige dafür gehalten, daß der allererste Schritt zur Ubung im Singen nicht füglicher gemacht werden könnte, als vermittelst der Lieder in der Kirche: indem man daselbst Gelegenheit hat, nicht nur die Stimme rechtschaffen auszuschreien, welches nothwendig geschehen muß; sondern auch die etwa sich hervorthuende Fehler, unter die Menge der mitsingenden zu verstecken. Weil aber eine solche Neben-Absicht bey dem Gottes-Dienste dem wahren Zwecke desselben entgegen zu lauffen scheinet, so mögte ich lieber andre Mittel dazu vorschlagen, deren sich ausserhalb der Kirche sonst genug antreffen lassen.

§. 17.

Man gehe z. E. an einsame Oerter aufs Feld, grabe eine kleine doch tiefe Grube in die Erde, lege den Mund darüber, und schreie die Stimme da hinein, so hoch und so lange, als nur immer ohne grossen Zwang geschehen kan: dadurch oder durch dergleichen öffters-anzustellende Ubungen werden die Werckzeuge des Klanges, absonderlich bey mutirenden, überaus glatt und rein, wie ein Blase-Instrument, das desto anmuthiger klingt, ie mehr es gebraucht und durch die Lufft gesäubert wird.

§. 18.

Wir erfahren es auch gar merklich an besaiteten Instrumenten, daß sie alle, so lange sie noch neu sind, etwas rauhes und hartes im Klange an sich haben; mit der Zeit aber, und durch stetigen Gebrauch ie länger ie lieblicher werden, welchen Gebrauch man das **Ausspielen**, und bey den Menschen-Stimmen junger Leute das **Ausschreien** nennet. Und eben daher kömmt es, daß alte Lauten und Geigen, wenn sie sonst gut sind, den neugemachten weit vorgezogen werden, ob diese gleich mit grösserm Fleiß verfertiget seyn mögten. Eben so verhält sichs auch mit der menschlichen Stimme, und es würden wahrlich die guten Sänger, absonderlich die Altisten, bey uns so rar nicht seyn, wenn dieses Mittel des sogenannten Ausschreiens nicht aus Unwissenheit oder aus Trägheit verabsäumet würde.

§. 19.

Ist nun die Gelegenheit gefunden, da man seinen Gesang auf die Probe stellen, und den Werckzeugen der Lufft-Röhre was rechtes zu thun geben kan; so muß die nächste Sorge dahin gerichtet seyn, mit gemässigter Stimme immer in einem Athem so lange wegzusingen, als nur ohne Beschwerlichkeit möglich ist. Denn ob es wol scheinet, ob käme dieses mehr auf die

---

2 *La seule Glotte de l'homme est le plus sonore, le plus agreable, le plus parfait & le plus juste des instrumens, ou pour mieux dire le seul juste dans ce grand nombre des instrumens, soit artificiels, soit naturels. Car tous les autres soit à vent soit à cordes, sont faux, en comparaison de la voix, meme les instrumens les mieux accordés, excepté le violon seul.* Dodart, *Memoir de l'Acad. Roy. des Sciences, l'An 1700 p. 338.*
3 *Orchest. I. p. 254.*

Beschaffenheit und gute Einrichtung der Lunge, als auf unsern Willen an; so kan man doch durch fleissige Ubung den Vortheil zu Wege bringen, daß der Athem länger aushalte, als gewöhnlich, wenn die eingezogene Lufft nicht auf einmahl, oder nicht zu häuffig, sondern auf das sparsamste, nur nach und nach, wieder heraus gelassen wird, indem man sie mit grosser Aufmercksamkeit in etwas zurück und wol zu Rathe hält. Dieses ist eine Kunst, durch welche ein Sänger vor andern trefflich hervorragen kan, und worauf sich die Welschen Ton-Künstler meisterlich verstehen; andre Völcker aber wenig oder gar nicht sich legen.

§. 20.

Die dritte werckthätige Absicht der Stimmpflege gehet dahin, daß ein Sänger sich befleissige, bisweilen mit gantz leiser, sodann mit halber und mittelmäßiger Stimme, welches die Italiener *sotto voce* nennen; und endlich durch verschiedene Stuffen, mit stärckerer und gantz starcker Stimme zu verfahren, um dadurch seine Kräffte kennen zu lernen: denn die Grade der Schwäche und Stärcke menschlicher Stimmen sind unzehlich, und ie mehr einer davon zu finden oder zu treffen weiß, ie mehrerley Wirckungen wird er auch in den Gemüthern seiner Zuhörer zu Wege bringen: welches einem ieden, als eine unumstößliche Wahrheit, natürlicher Weise begreifflich seyn wird; ob ich gleich noch niemahls einen Sang-Meister hiesiger Orten angetroffen habe, der seine Untergebene zu dieser Ubung und zu den beeden vorhergehenden anzuführen Lust oder Wissenschafft gehabt hätte.

§. 21.

Eben so wenig bekümmert man sich in unsern Sing-Schulen auch viertens darum, daß der Klang nicht mitten in der schnarrenden Gurgel, mittelst der Zunge, oder zwischen den Backen und Lippen seine Form bekommen möge, welches die Frantzosen *chanter de la gorge* nennen, und sehr hassen; sondern wenn erstlich gnugsamer und völliger Athem von unten herauf aus der Brust und Lunge in die Lufftröhre geholet und gesammlet worden, alsdenn mit wolabgemessener Austheilung desselben, durch die Glottis selbst und ihre zarte Spalte, dem Ton seine rechte Gestalt gegeben werde, welchem hernach, wenn er bereits wolgebildet worden, die Höle des Mundes, samt dessen gnugsamer Oefnung, nur einen vortheilhafften Durchgang verstattet.

§. 22.

Die Frantzosen heissen solche Aushölung der Stimme *le creux de la voix*, und es kömmt damit eines Theils auf die Beschaffenheit und weite Auftreibung der Lufft-Röhre vornehmlich an, nachdem dieses Magazin viel oder wenig Vorrath an Athem in sich fassen kan; andern Theils auch auf die geschickte Formirung des Klanges in dem Unter- und Ober-Zünglein, dafern es diesen Werckzeugen am gehörigen Nachdrucke nicht mangelt; und drittens auf die gleichfalls verschiedene Wölbung des Obergaumens, dabey Zähne und Lippen auf alle Weise Raum machen, und im geringsten nicht im Wege stehen müssen; denn sie haben hiebey sonst keine Verrichtung, als nur, daß sie fein bescheidentlich auf die Seite treten.

§. 23.

Wie nun die Verbesserung und Ausarbeitung der Stimme hauptsächlich durch das Singen selbst geschiehet; so kömmt ihr auch hiernächst eine gute Tisch-Ordnung sowol, als einige **sehr wenige** Artzney gewisser maassen mit zu Hülffe. Das erste mögte man zwar eines ieden natürlicher Leibesbeschaffenheit und Bescheidenheit; das andre erfahrnen Aertzten überlassen.

§. 24.
Weil es aber einmahl wol den meisten Menschen an gehöriger Erkenntniß ihres Cörpers, und, welches das ärgste ist, an der nie genug zu preisenden Mässigkeit zu fehlen scheinet; so will ich ihnen nur vor der Hand so viel sagen, daß ein vollgepfropter Bauch bey dem Singen eben so nützlich ist, als bey dem Studiren, davon die Schul-Knaben das *plenus venter* wissen werden. Ferner, daß ein Glas Wein, oder Pauli Nössel, den feinen Stimmen weniger, als den gröbern schadet, indem die Uibermaasse desselben, zumahl ohne einen kleinen Zusatz gesunden und gekochten Wassers, die Röhren mit der Zeit enge macht, und sonst allerhand Unheil in der Brust verursacht. Weiter, daß ein reines, wolausgegohrnes Bier, zur Stärcke, nicht zur Lust getruncken, den männlichen Stimmen mehr, als den Sopranisten und Altisten nütze; daß endlich gar zu fette, klebrichte Speisen, auch unter andern der ölichte Schnuptoback, ja alle sehr nahrhaffte Sachen zu vermeiden sind, und was etwa dergleichen **Verhütungs-Anmerckungen** viel mehr seyn mögen: welche zwar eigentlich die Sänger, und nicht den Componisten, als solchen, betreffen; diesem aber dennoch zu wissen nöthig sind, weil sie nicht nur hauptsächlich mit zur allgemeinen Einsicht, sondern auch zur Berathung, Unterhaltung und Belehrung guter Sänger in einer Capelle, ja zu denselben tauglicher Besetzung, unumgänglich gehören. Ein guter Feldherr dencket nicht nur auf das Befehlen, sondern auch auf das Wehlen seiner Soldaten.

§. 25.
Betreffend die Artzeneien, deren sich einige vornehme so genannte Virtuosen, beiderley Geschlechts, zur **Erhaltung** ihrer schönen Stimmen, bedienen, so wolte ich rathen, daß man solcher Mittel sich so wenig gebrauchte, als nur immer möglich wäre: und zwar thun alle reinigende oder abführende Sachen hier die besten Dienste; keinesweges aber die Juleppe und süsse Schmierereien, die man insgemein, doch irriger Weise, gut für die Kehle hält. Denn alle diese Dinge bringen zwar eine Glätte, doch eine schleimige zähe und unreine Schlüpfrigkeit zu Wege, die niemahls eine gute Wirckung im Singen thun kan; sondern so wol der Lunge selbst, als der Lufftröhre, die ein Theil der Lunge ist, lauter dumpffe und verdickende Säffte zuführet.

§. 26.
Ein wenig zweigebacknes Brot, oder wol gar ein Löffel voll Eßigs sind hier weit rathsamer, vornehmlich das erste: indem sie reinigen, schärffen kühlen und abtrocknen: wie ich denn ein Paar grosse Sängerinnen gekannt habe, deren eine nur Biscuit, und die andre ein wenig saures, von Citronen oder dergleichen zu sich nahm, wenn der Hals recht sauber seyn und sich hören lassen sollte. Viele, die hierin eines andern Glaubens waren, und sich lieber an Rosinen oder Zucker-Werck ergetzten, verwunderten sich über solche unanständige Mittel, wollten es, absonderlich mit der Säure, nicht nachmachen, und kamen immer dabey zu kurtz. Es hat auch in diesem Stücke ein ieder billig die Umstände und Eigenschafften seines Temperaments zu prüfen, und was ihm nicht dienlich ist, auszusetzen. Hier gilt die Mäßigkeit sowol in Vorbeugungs- als Hülffs-Mitteln sehr viel; aber in der Kunst nichts.

§. 27.
Letztlich und zum sechsten trägt auch die äusserliche Stellung des Leibes, die Wendung des Gesichtes, die Tragung des Hauptes, die Bewegung der Hände, und wenn vom Papier gesungen wird, die Haltung desselben nicht wenig zum Vortheil und zur guten Wirckung der Stimme eines Sängers bey, dem es selten und in allen Fällen so wol von Statten gehen wird, wenn er auf

einem Stuhl sitzet, als wenn er gerade aufrecht stehet, sich weder vorne noch hinten überbieget oder krümmet, vielweniger von einer Seite zur andern wancket, wie ihrer viele thun.

§. 28.

Wiewol wegen des Sitzens, wenn man sich nicht gar zu gemächlich zurücklehnet, sondern fein empor hält, und die Arme stützet, ist mir, in Ansehung des Athems, eine kleine Ausnahm eingefallen: indem ich ehmahls selbst, durch Erfahrung gelernet habe, daß sich die Lufft dabey mercklich sparen läßt. Der Leib ist ruhiger und hat weniger Bewegung im sitzen, als im stehen: man kan daher viel länger in einem Ton, ohne Lufft zu schöpffen, aushalten, **im Fall** es eigentlich darauf angesehen ist. Doch muß die Unterstützung auf dem Arm-Stuhl nicht mit dem Ell|bogen, sondern mit den Händen geschehen, und man muß, wie ein Kutscher auf dem Bock sitzen. Wir habens versucht, auch von andern versuchen lassen, und siehe man hat es bewährt befunden.

§. 29.

Mancher wendet das Gesicht im Singen so weit zur rechten Hand, daß ihn die Zuhörer auf der lincken Seite gar nicht vernehmen. Ein andrer kehret es um. Denn es gehet hiemit eben so zu, wie mit dem stehen: beide Beine und Füsse ruhen natürlicher Weise niemahls zugleich, entweder der rechte oder lincke Fuß trägt zur Zeit die Last des Leibes; durch Kunst aber kan man es ändern.

§. 30.

Einige werffen bey dem Singen das Haupt im Nacken, wodurch der Klang in die Höhe steiget, da kein Zuhörer ist; andre neigen es fast auf die Brust herunter, singen im Barte, wie man sagt, und verfehlen ebenfalls des wahren Zwecks dadurch, sie mögen sonst so fähig seyn, als sie wollen. Viele können die Hände nicht still halten, welches wol, bey dem Abgange guter Geberden, am besten wäre; sondern müssen, wenn sie ja sonst keine alberne Bewegung damit machen, den ungebetenen Tact auf eine und andre Art führen: welches doch eine Sache ist, die den Weg zu der Zuhörer Hertzen nimmermehr bahnen wird. Die meisten aber halten die Charteke, entweder aus Ubersichtigkeit, welche zu entschuldigen, oder aus Gewohnheit, die zu tadeln, so nahe am Munde und vor die Augen, daß sich die Stimme daran stösset, und von niemand, als dem singenden selbst, absonderlich in grossen Kirchen, deutlich vernommen werden kan.

§. 31.

Diese kurtze Vorstellung einiger wichtigen, zur Phonascie oder Stimm-Pflege gehörigen Dinge, mag hinreichen, einen Begriff von dem Vortrage zu geben, wie nöthig und nützlich es iedermann sey, der sich Hoffnung zum vollkommenen Capellmeister macht, auch in dem Haupt-Stücke von der menschlichen Sing-Stimme einigen Unterricht zu haben, und demselben weiter nachzusinnen. Denn es ist lange nicht alles hier vorgebracht, was davon gesagt werden kan. Doch zu dem Ende genug, daß einer, dem daran gelegen, wo nicht für seine selbst-eigne Person, doch wenigstens für seine gegenwärtige oder künfftige Untergebene, etwas fruchtbarliches daraus abnehmen, dasselbe weiter fortpflantzen, vermehren und ins Werck stellen möge.

Zweites Haupt-Stück.
Von den Eigenschafften eines Music-Vorstehers und Componisten, die er ausser seiner eigentlichen Kunst besitzen muß.

§. 1.

Zu der eigentlichen Kunst rechnen wir auch die Wissenschafft der Temperatur, und der mathematischen Hülffs-Mittel in der Harmonic.

§. 2.

Die erste Frage wird sonst wol darauf ankommen: **ob ein rechter Capellmeister** (ich will des neuen abgeschmackten Titels, **Hof-Compositeurs**, schonen) **wenn er einer Königl. oder Fürstl. Music-Gesellschafft vorgesetzet werden, und sie regieren soll, nothwendig müsse studiret haben?** Wir brauchen das Wort **regieren** mit dem Unterschiede, daß ein Capellmeister zwar nicht eigentlich seiner Untergebenen Richter in andern, aber doch in musicalischen Sachen sey. So hat auch das liebe Studiren vielerley Bedeutung; hier nehmen wir es aber für einen Fleiß auf hohen Schulen, und was demselben in Erlernung guter Wissenschafften gemäß ist.

§. 3.

Von solcher Frage, deren Meinung wir vorgängig zu erklären nöthig befunden haben, handeln unter andern **Beerens**[1] Discurse, und sagt dieser Verfasser, welcher gerne disputirte, theils ja, theils nein[2] dazu: er schreibt, es sey diese Frage manchem ein Dorn, der sich mit den Studien nicht rechtfertigen könne, und schließt endlich, es sey die Kunst, ohne *judicio*, ein seidener Strumpf über ein krummes Bein, überzogene Pillen, die da sehen wie Zucker, aber schmecken wie Galle; oder auch gar gleich einem mit der Löwenhaut bedeckten Müller-Pferd.

§. 4.

Ein ungenannter Frantzösischer Schrifftsteller[3] meldet ausdrücklich: ein Componist werde nimmer in seiner Kunst hervorragen, falls er keine Gelehrsamkeit besitze. Ein Mahler kan wol ein Künstler seyn; ist er aber kein Historicus, so wird er zwar ein künstliches Bild, doch nicht die Gemüths-Bewegungen, welche es, nach dem Inhalt der Geschicht, haben sollte, ausdrücken. Ein gleiches verstehe man von einem Componisten; seine Arbeit kan endlich das Stück eines fleißigen Meisters heissen; weil es ihm aber an der Gelehrsamkeit mangelt, hat er die Natur des Textes, wie der Mahler die Leidenschafften seines Bildes, nicht in Acht nehmen können. **Beer** setzt hinzu: Ein anders sey künstlich im Pinsel; ein anders künstlich im Ausdruck. Und darin hat er kein Unrecht.

§. 5.

Wann inzwischen die niedrigen Schulen keinen eigentlich-sogenannten Studenten machen; so machen auch warhafftig die höchsten Schulen an sich selbst keinen Gelehrten: denn es ist eine längst ausgemachte Sache, daß Weisheit und Einsicht an keinen Ort, an keine Universität gebunden werden mag, zumahl wenn man ein Ding demonstrativ einsehen will, welches im Grunde

---

1 Joh. **Beer** (Bähr) weiland hochfürstl. weissenfelsischen Concert-Meisters, musicalische Discurse. Nürnberg 1719, *8vo.* im 41. Capitel.
2 Nehmlich *secundum dici simpliciter, & secundum quid.*
3 *Un compositeur n'excellera jamais dans son metier à moins qu'il n'ait de l'erudition.* Hist. *de la Mus.*

Gelehrsamkeit heisset, und ohne systematische Welt-Weisheit nicht wol erlanget werden mag; sondern daß ein ieder, der Lust hat was rechtes zu lernen, solches sowol daheim, oder an einem gleichgültigen Orte, unter gescheuter Anführung, mit eben dem Nutzen verrichten könne, als auf einer hohen Schule, deren Besuch, ob er gleich die Mittel der Gelehrsamkeit samt der Gelegenheit reichlich an die Hand gibt, dennoch von verschiedenen grossen Leuten, aus vielen trifftigen Ursachen, nicht angepriesen werden will; wenn sie den Vortheil und den Schaden auf die Wagschale legen.

§. 6.

Ob nun zwar die Wissenschafften eben so wenig an Sprachen, als an Universitäten gebunden seyn wollen, so ist es doch höchstnöthig, daß ein Componist sich der griechischen, oder wenigstens der lateinischen Sprache in so weit bemächtige, daß er die Bücher, welche häuffig in solchen Mund-Arten von der Music geschrieben sind, verstehen möge. Denn daß einer nach Jesuiter Art eine Menge Latein daher plappere, und dabey glaube, er habe aller Gelehrsamkeit den Kopff abgebissen, solches ist lächerlich. Es folget gar nicht: dieser oder jener redet und schreibet Latein, *ergo* hat er studiret, oder sich aus einer höhern Wissenschafft an wesentlichen Sachen einen wichtigen Vorrath gesammlet. Gleichwie nicht alle Leute klug sind, die Teutsch reden können; also sind nicht alle gelehrt, die Griechisch, Hebräisch oder Latein reden. Ist also die Sprache verstehen, und in der Sprache gelehrt seyn, zweierley. Im ersten Fall gilt *non occides* so viel, als du solst nicht tödten; im andern aber auch, daß man seinen Nähesten beym Leben erhalten, schützen und vertheidigen müsse. So schreibt **Beer** am besagten Orte.

§. 7.

Sprachen sind schöne Hülffs-Mittel zur Gelehrsamkeit, und wenn die vornehmsten Bücher deutlich übersetzt wären, oder gut verteutschet werden **könnten**, so gäbe auch selbst die Nieder-Sächsische, oder eines iedes Muttersprache ein solches Hülffs-Mittel ab: weil es aber noch hieran, zumahl im Teutschen, um ein grosses fehlet, auch schwerlich, nicht nur wegen der vielen Kunst-Wörter, sondern hauptsächlich wegen des darin enthaltenen, eigentlichen Verstandes und Urtheils, dergleichen vollkommene Ubersetzungen der **Lehr-Bücher** zu hoffen stehen; so machet dieser Umstand das Latein fast unentbehrlich: obzwar die Frantzosen hierin schon löbliche Vorgänger sind, die bereits den grössesten Theil der Wissenschafften in ihrer eigenen Sprache studiren können.

§. 8.

Gleichwie es einem Poeten höchstnöthig ist, zur Dicht-Kunst gebohren zu seyn; also kan mit Wahrheit solches von einem Melopoeten auch gesagt werden: indem derselbe nicht nur ein gewisses, angebohrnes Wesen, seine Melodie zu dichten, mit auf die Welt gebracht haben, sondern vornehmlich in denjenigen Theilen der Weltweisheit nicht schlecht bewandert seyn muß, ohne welche niemand weder selbst ein rechtschaffener Dichter seyn, noch von andrer Poeten Fähigkeit richtig urtheilen kan. Denn wenn ich einen Dichter nenne, so nenne ich mehr, als einen grossen Weltweisen, mehr als einen Sitten-Lehrer, mehr als einen Vernunfft-Lehrer, mehr als einen Meß-Künstler etc.

§. 9.

In alten Zeiten waren die rechten Ton-Meister zugleich Poeten, ja wol gar Propheten. Es ließ sich auch damahls leichter thun, als itzo, weil die meisten Wissenschafften gleichsam nur noch in der Wiege lagen, itzt aber, bey ihrem männlichen Alter, iede für sich einen eignen und ganzen Menschen erfordern.

§. 10.

Ob es nun zwar an dem ist, daß einer gar wol angebohrne musicalische Gaben haben kan, ohne einen besonders-grossen poetischen Geist zu besitzen; so muß dennoch ein Componist in der eigentlichen Dicht-Kunst und ihren Grund-Sätzen, so viel immer möglich, **bewandert** seyn: weil fast alles, was ihm unter Händen kömmt, in gebundener Rede bestehet: er muß zulänglichen Unterricht von allen Vers-Arten haben, damit, wenn etwa sein Textmacher in der Music (wie gewöhnlich) wenig oder gar nichts gethan hätte, und doch ein Sing-Gedicht verfertigen sollte, einer dem andern die hülffliche Hand bieten, ihm auf die Sprünge helffen, und bey der Sinn-Geburt, so zu reden, eine philosophische Hebamme abgeben könne.

§. 11.

Derowegen wird es allerdings und hauptsächlich erfordert, daß ein Componist sich selber, wenigstens auf dem Nothfall, einen guten Vers machen könne, oder doch einen solchen poetischen Geschmack habe, daß er klüglich zu wehlen und von musicalischen Gedichten zu urtheilen wisse. Dazu ist nun eben nicht nöthig, daß er seines eigentlichen Handwercks auch ein Poet sey; aber wol, daß er die Sache demonstrativ einsehe, d. i. auf eine beweisliche Art, und durch überzeugend-gründliche Schlüsse inne habe und begreiffe.

§. 12.

Verstehet einer nun Latein und Poeterey, in besagtem Verstande, so soll er sich drittens befleißigen, die Frantzösische, vornehmlich aber die Welsche Sprache auf solche Maasse zu fassen, daß er sie verdolmetschen könne. Und da es auch billig, daß ein Capellmeister ein *galant homme* sey, so ist nicht leicht abzusehen, wie diese Eigenschafft, heutiges Tages, ohne beide gedachte Sprachen behauptet werden möge. Iedoch wollte ich das Italienische, in diesem Fall, für das nothwendigste achten, und derjenige, welcher die beiden ersten Erfordernisse in gehörigem Grade besitzt, wird zu dieser letzten desto eher gelangen können.

§. 13.

Wenn man einem seynwollenden Capellmeister welsche oder frantzösische Worte zu componiren aufgäbe, wie denn insonderheit das erste täglich geschiehet, und er verstünde die Sprachen nicht, wie würde der gute Mann bestehen? Verstünde er nun gleich die Sprachen einigermaassen, doch nicht die Prosodie, vielweniger die Schreib- Rede- und Vernunfft-Kunst, so würde er lange Sylben kurtz, kurtze hergegen lang machen; wieder die Einschnitte, den Verstand und den Zweck des Vortrages anstossen: folglich schön Zeug an den Tag bringen. Da nun zu unsern Zeiten in Gemächern und Schauspielen fast alles auf Welsch gesungen wird, braucht es keines fernern Beweises, die Nothwendigkeit dieser Sprache bey einem Melodien-Setzer und Chor-Regenten darzuthun.

§. 14.

Es setzet z. E. Cajus eine Aria, mit einer Stimme und dem General-Baß: dieser läßt sich gewöhnlicher Weise, vorher hören, und führet einen Satz von neun Täcten im Vier-Viertel ein. Darauf singet die Stimme folgendes: *Con dolce aurato strale, un volto vezzosetto, vezzosetto.* Wir schreiben die Commata so her, wie sie in der Melodie stehen; obschon mit Unfuge: desgleichen den Punct.

101
102 Hiernächst pausiret der Sänger drey gantze Täcte, die der Baß abferti|get. Wenn solche vorbey, werden eben dieselbigen Worte, mit eben derselben Melodie, weil sie so schön war, noch einmahl wiederholet, ehe was weiters kömmt.

§. 15.

Nun fragt sich, ob das verständig, oder nur verständlich heissen könne? Die gantze Sprachkündige Welt spricht nein: denn es ist nicht einmahl ein *Comma*, vielweniger ein *Sensus* vorhanden, als welcher erst aus den nächsten Worten, die also lauten, abzunehmen ist: *si vago nel mio petto scolpir sapesti, o Amor!* Auch hier ist der Wort-Verstand nur halb, und kan dieser Zusatz mit dem vorigen keinen förmlichen Schluß, vielweniger ein *Da Capo* abgeben: sintemahl des Poeten Meinung dahin gehet, **die Liebe habe ihm ein so schön-geschnitztes Bild in die Brust gesetzet, daß es die Sonne nie schöner beschienen.** Solches erhellet aber erst aus den übrigen Worten, welche, ohne die vorhergehende so wenig, als diese ohne jene, einen richtigen Begriff geben können, und so klingen: *Che mai bellezza uguale, con tante grazie e tante, non vide il bel sembiante il sol col suo splendor.*

§. 16.

Wobey noch zu erinnern, daß es wol heissen müsse: *il bel sembiante del sol*: welches, daß es kein Fehler des Abschreibers, sondern des Notenverfassers sey, der zwar in Welschland gewesen, und doch kein Italienisch kan, die sechsmahlige Wiederholung des Wortes, *il sol*, gnugsam bewähret.

§. 17.

Sehen wir auf die Melodie, so gucket die armselige Monotonie, das ist die Einthönigkeit, wenn nehmlich immer einerley Leier gehöret wird, zu allen Löchern heraus. Die abgenützten Tiraten, von welchen bald ein mehres erwehnet werden sol, finden sich auf solchen Ausdrücken, deren Meinung gar nicht dahin gerichtet ist. In zwo Arien einerley Gesang sechsmahl, deucht mich ein wenig zu offt, der doch weder mit dem Inhalt, noch mit dem Haupt-Satze die geringste Verwandtschafft hat. Besagter Haupt-Satz mögte sich auch eher zur Strangulirung eines Groß-Veziers, als zu einem Liebes-Bilde, oder zu der in obigen Worten steckenden Gemüths-Bewegung reimen.

§. 18.

Alles dieses entspringet aus Unwissenheit der Sprache: lauter abgeschmacktes, albernes Wesen; sonderlich-vermeinte Einfälle, die sich in wunderlichen Ausschweiffungen endigen; erzwungene Dissonantzen, die gar zu offt herhalten müssen, und unerlaubte Freiheiten, die dem Verstande schaden, und einer Katzen-Cantate ähnlich sind[4].

§. 19.

Auf die Frage: ob ein Mensch, der kaum lesen oder schreiben kan; der den Catechismum und den Donat nicht verstehet; der weder Sprachen noch gute Sitten gelernet hat, einer solchen Beschäfftigung und Wissenschafft, als die Music und ihre Direction ist, gewachsen seyn könne? erhielt ich vor einiger Zeit von einem Componisten und Directore, welcher Gras wollte wachsen hören, zu meiner höchsten Erstaunung, die Antwort mit einem deutlichen: **Ja**.

---

4 *Les disparates de la Musique, ses prétendues faillies, qui tournent souvent en extravagances, ses detonations affectées & trop souvent repetées & les licences dont elle est chargée, qui sont une Musique de goutieres.* Recueil de Perrin, Lettre du 30. d'Avril. 1659.

§. 20.

Es wurde hinzugesetzt, die ersten drey Fehler fänden sich, bey itzigen Schaaren Evangelisten, nur im Norden, etwa unter Finnen und Lappen: Donat und Sprachen wären nichts nothwendiges; gehörten zur Theorie; und an guten Sitten sey kein Mangel, als nur bey Zöllnern und Sündern; die Knechtschafft in der Kunstpfeifferey, der **übelgesittete** Director und die Handwercks-Regeln benähmen der Sache nichts; was dumm sey, müsse geprügelt werden; Setz-Kunst könne ohne General-Baß bestehen, sey auch älter als dieser, welcher mit seinen kahlen Zahlen nicht einmahl werth, daß man ihn bey starcken Musiken mit nähme; das Clavier sey nur ein Polter-Kasten u. s. w. welches alles mit den auserlesensten Grobheiten, die nach sclavischer Erziehung schmeckten, als: *bruta, pecora*, Bärenhäuter und dergleichen, auch mit raren neuen Wörtern und Redens-Arten durchflochten war, z. E. *philauticus, Cathechismus, Cantataen, Serenata, Corn. per forc., Voces & Cembalo*, (d. i. Schreihälse und Polterkasten) *2 Cor grosso, Bassono, Violono, altern. le Trio en quatre, Rigadon, Polonoisse, Slissato, Ho\boe e Traversiere, Aria di Choro, per Posto, Subson, relator, en particulier en general* zu schliessen, *Stampo, à bon gout, ou livre ouvert, col Violinis*, einen *theologum* aufwarten, etwas *apodictice* annehmen etc.

§. 21.

Das wesentliche der dabey angeführten, vermeinten Gründe muß ich doch bey dieser Gelegenheit, der gemeinen Sache zum besten, mit kurtzen Sätzen ablehnen: ohne iemand zu nennen, oder im geringsten zu beschimpffen. Daher sage ich so:

§. 22.

Es gibt dreierley Fehler: der Erziehung, die hernach nicht zu ändern, und eben darum desto gefährlicher; des Verstandes, die nicht strafbar; und des Willens, die schwerlich zu verzeihen sind. Aus Verstand und Willen bestehet die Vernunfft, welche offt, so zu reden, mehr als gesund seyn, und für eine Vollblütigkeit angesehen werden mag, da nehmlich aus dem Uiberfluß der besten Säffte die ärgsten entstehen. Was nun bey der leiblichen Vollblütigkeit die Abführung, Ausdünstung und Bewegung verrichten, das muß, bey der Vernunfft, die Beugung des Willens und die Schleiffung des Verstandes bewerckstelligen: solches kan aber unmöglich ohne Wissenschafften geschehen.

§. 23.

Alle Wissenschafften und Künste hangen Ketten- oder Glieder-Weise in einem Kreise an einander. Wer nur allein sein Handwerck weiß, der weiß nichts, sondern ist ein Pedant, wäre er auch gleich ein Feldherr.

§. 24.

Die Music ist ein ansehnlicher Theil der Gelehrsamkeit, und eine der Theologie am nähesten tretende Wissenschafft, wie Luther behauptet: sie kan daher der Schule keines Weges müßig gehen. Der Donat, das Lesen und Schreiben sind so unentbehrlich, und gehören in solcher Maasse zur Ausübung, nicht zur blossen Betrachtung, in allen und ieden Wissenschafften, daß ein Tag eher ohne Sonne, als der geringste Künstler ohne diese geringste Hülffs-Mittel bestehen mag.

§. 25.

Dennoch sind auch, bey diesen Zeiten der vermeinten Evangelisten, andrer Stände zu geschweigen, solche Leute Schaar-Weise anzutreffen, die eigenhändig beweisen, daß es Chor-Regenten und Componisten gibt, welche weder lesen noch schreiben können, wie sichs gebühret. Lesen ist wahrlich eine grössere Kunst, als Schreiben: man frage die Engländischen Prediger darum. Auch gibt es ein gewisses musicalisches Lesen, welches die wenigsten Musicanten recht verstehen.

§. 26.

Nach Norden hin, absonderlich in Finnland, treffen wir sehr gelehrte Leute, absonderlich aber zu Abo eine berühmte hohe Schule an, woselbst man gantz gewiß den Catechismum besser zu buchstabiren weiß, als wir oben gesehen haben. Buchstabiren aber gehört in die niedrigste Fibel-Schulen. Lapland[5] selbst hat elf Kirchen, darin die Lehrer wol so viel gelernet haben daß, **ein Ding** *apodictice* **behaupten**, eine gute theologische Redens-Art; **ein Ding aber** *apodictice* **annehmen**, gar nicht gebräuchlich sey: ingleichen daß Mängel keine Zubehör heissen können. Man findet auch bey den Lapländern schöne Perlen und Christallen, die andrer Orten vergeblich gesuchet werden.

§. 27.

Wer den Donat und die Sprachen für kein nothwendiges Wesen hält, der sollte sich vor allen Dingen des kühnen Gebrauchs fremder Wörter erhalten, und solche nicht zerstümmlen.

§. 28.

Zöllner und Sünder haben im Evangelio eine solche selige Gesellschafft, daß man sich einer grossen Entweihung schuldig macht, ihrer Spott-Weise zu gedencken. Und das gehöret unstreitig zu den unvergeblichen Fehlern des Willens, als etwas recht muthwilliges.

§. 29.

Wer in der Ton-Kunst vor sich, in der Sittenlehre aber rückwärts gehet, hält einen Krebsgang, und verfehlet des wahren Zwecks. Wer nicht sprechen kan, der kan noch vielweniger singen; und wer nicht singen kan, der kan auch nicht spielen.

§. 30.

Natürliche Dummheit oder angebohrne Einfalt gehöret zu den Fehlern des Verstandes, die niemand mit Recht und Fug bestrafen, obwol beklagen oder aufs höchste belachen kan. Mit Prügeln die Jugend klug machen wollen, ist nicht nur vergeblich; sondern gottlos. Viele Exempel bezeugen, daß Schläge noch zehnmahl dümmere Köpffe machen, als sie vorhin gewesen. Es ist und bleibt ein Klufftmäßiger Unterschied in der Erziehung, fast bey einer ieden Zunfft und Genossenschafft.

§. 31.

Freie Künste leiden keine Handwercks-Fessel, und die Schulstuffen der Gelehrten sind von gantz andrer Art, als Weber-Spulen und Hobel-Bäncke. Viele liederliche, ärgerliche Gebräuche hat man auch nunmehro von hohen Schulen verbannet, als da sind die Pennal-Jahre, das Deponiren etc.

---

5 Es ist A. 1674. zu Oxford eine historische Beschreibung von Lapland herausgekommen, deren Verfasser **Johann Scheffer** heißt, und ein Strasburger gewesen ist. Mit Dingen, die man nicht versteht, soll keiner seinen nüchternen **Schertz** treiben.

§. 32.
In Welschland, Franckreich, England u. s. w. wissen die *Academici filarmonici* und andre musicalische Genossenschafften, die doch in schönster Ordnung leben, von keiner solchen Sclaverey und Prügel-Probe, als in dem Kunstpfeiffer-Reiche. Und gleichwol hört man nicht, daß jene in ihren Pflantz-Gärten um etwas verlegen sind.

§. 33.
Daß man aber die Vorgesetzten einer Kirchen-Music nur so dürre weg **Tactprügler**, den General-Baß einen **kahlen Zahl-Unterricht**, das Clavier einen **Polter-Kasten** u. s. w. nennet, das dürffte die Fehler der Erziehung und des Willens schwerlich bessern.

§. 34.
Präludien und Fugen gehören zu Hand-Sachen, wie Hüte und Schue zur Kleidung: denn alles, was auf dem Clavier gespielet wird, theilet sich nur in zweierley Arten: in Hand-Sachen und General-Baß; wer aber diesen tüchtig spielen will, der muß aus dem Stegreiffe componiren können. Die Setz-Kunst kan nicht ohne General-Baß seyn, sie schließt ihn unausgesetzt mit ein und er ist eben so alt, als die Harmonie. Die lutherische Lehre war vor **Luther**, und der General-Baß vor **Viadana**. Eine ausgezogene, bezieferte Stimme oder Partey, ohne harmonische Wissenschafft, daher zu dreschen, ist eines Uhrwercks Verrichtung.

§. 35.
Es spielet mancher einen guten General-Baß, und ist doch auf der Orgel nicht sonderlich; aber er wird sich solcher viel leichter bemächtigen, als die besten Duodetz-Organisten, wenn sie im General-Baß ungewiegt sind. Daraus wäre endlich zu schliessen, daß dieser doch bey starcken Musiken auch des Mitnehmens nicht so gar unwerth seyn. Bey Chören von mehr als 50 Personen kan ieder Accord, in einer dreitausend Mannfähigen Kirche vernommen werden; wenn eine tüchtige Faust auf den Flügel kömmt. Das hat man erfahren.

§. 36.
Doch, was ist solchen Leuten ferner zu sagen? Sie verneinen die bekannten und erkannten Grund-Sätze, ja, sie haben und kennen den wahren, einigen Haupt-Grund-Satz, daraus alles fliesset, noch vielweniger, als unsre grosse, unphilosophische Noten-Künstler, denen ich längst[6] geprediget habe, daß es uns allen noch an rechter demonstrativen Einsicht, d. i. an Form der Kunst fehle.

§. 37.
Also ist kein Wort-Streit mehr nütz: sie wollen unbelesen heissen, d. i. sie stellen sich so, und sind auch so; dennoch urtheilen sie vermessentlich von Sachen, die zur Gelehrsamkeit gehören; fahren mit Schelt- und Schimpf-Worten heraus, die nichts beweisen, als eine blutschlechte Erziehung; wollen sich mit Briefen abgeben, die gantzen Abhandlungen an der Grösse (sonst an nichts) ähnlich sehen, und wissen nicht einmahl eine rechte Aufschrifft zu machen; können ihre eigene Kunst-Wörter nicht buchstabiren, und suchen sich doch zur Unzeit mit den Brocken

---

6 S. unter andern die Ode auf **Heinichen**, so vor seinem letzten Wercke stehet, in der sechsten Strophe. Was ich aber hiebey noch mit wenigen im dritten Theil dieses Buches erinnern werde, ist nicht aus der Acht zu lassen.

fremder Sprachen ein nichtiges und lächerliches Ansehen zu machen. So viel hievon. Wir betrachten nun die vierte Eigenschafft eines Vorstehers der Music.

§. 38.

Es gibt viele Componisten, die entweder aus Nachläßigkeit ihrer Anführer, oder aus Ab|gang der Stimme, nicht zum **Singen** gehalten worden sind; wie sehr sie aber dabey zu kurtz kommen, und wie sauer ihnen ihre Geburten werden müssen, das kan man leicht ermessen.

§. 39.

Gemeiniglich, wenn sie es am besten machen wollen, fallen solche Setzer, aus Mangel guter Melodie, auf vollstimmige Sachen, auf künstliche Contrapuncte und auf allerhand Fugen-Arbeit: weil sie theils durch das Geräusch der Instrumente, theils durch ihren sauren Schweiß ersetzen wollen, was der Lieblichkeit ihres Gesanges fehlet. Die tägliche Erfahrung aber bezeuget, daß auf solche Art kein gescheuter Zuhörer zu etwas anders beweget werde, als zu sagen: es klinge gantz gut, lasse sich wol hören, und stimme fein zusammen.

§. 40.

Wenn nun gleichwol die Bewegung der Gemüther und Leidenschafften der Seele von gantz was anders, nehmlich von der geschickten Einrichtung einer verständlichen, deutlichen und nachdrücklichen Melodie abhänget; so kan diesen Zweck niemand erreichen, der nicht in der **Singe-Kunst** wol erfahren ist. Die alten Teutschen pflegten zu sagen, man könne es einer Sau gleich anmercken, wenn sie sich einmahl an eine Schul-Wand gerieben hat. So auch kan man bald sehen, ob ein Componist singen könne, oder nicht. Wer diesen Vortrag so obenhin ansiehet, sollte gedencken, er sey überflüßig: denn ein Musicus müsse ja wol ohne Zweifel singen können; aber die Sache verhält sich gantz anders.

§. 41.

Alle Stimmen und Parteyen, sowol oben und unten, als in der Mitte einer Harmonie, müssen, **nach ihrer gebührenden Art**, ein gewisses *Cantabile* aufweisen, und so beschaffen seyn, daß sie sich füglich, ohne Zwang und Wiederwärtigkeit, obwol nicht alle in gleicher Schönheit, singen lassen: und wenn die Sätze auch nur blossen Instrumenten gewidmet wären.

§. 42.

Wenn sichs denn in einigen Mittel-Stimmen nicht allezeit so genau thun lassen wollte, so müssen doch die herrschenden Ober- und Unter-Stimmen, nach ihrer *Weise*, in feiner Melodie einhergehen und hervorragen. Geschiehet dieses nicht, so ist, in gewissem Verstande, etwas mishelliges darin, es klingt lahm, undeutlich, nicht natürlich, abgeschmackt und höltzern; wenn auch gleich aller Trompeten und Waldhörner Consonantzen auf einem Klumpen da lägen, und gar keine eigentliche Dissonantz dabey befindlich wäre.

§. 43.

Indessen, wenn ein Componist eben keine schöne Stimme hätte, so muß er doch nichts destoweniger die Natur und das rechte Wesen des Singens gründlich verstehen, und allemahl beim Setzen in Gedancken moduliren: welches auch so gar ein guter Abschreiber nicht vermeiden kan, wenn er schon wollte: so sehr und so vorzüglich ist dem Menschen das Singen angebohren.

§. 44.

Kan aber ein Setzer selber gut singen, und weiß seiner etwa mittelmäßigen Stimme mit angenehmen Manieren zu Hülffe zu kommen; so ist er desto glücklicher, und wird seine Zuhörer weit besser vergnügen, als alle andre, die ohne dergleichen Hülffs-Mittel blosser Dings ihren Grillen folgen, und nach den vorgeschriebenen Setzungs-Regeln auf das arbeitsamste zu Wercke gehen; wenn sie auch zehn Bogen in einem Tage fülleten. Wenn **Hasse** kein Sänger wäre, und keine Sängerin zur Frau hätte, es würde ihm im Setzen bey weitem nicht so glücken. Dahergegen wenn mancher Hof-Compositeur gleich alle Künste und Kräffte anspannet, wird er es doch nie dahinbringen, daß man von seinen tiefsinnigen Sätzen im Hertzen gerühret werde: warum? er kan nicht singen. So viel von dem vierten Stück, das hauptsächlich von einem Vorsteher der Music, ausser seiner eigentlichen Kunst, erfordert wird.

§. 45.

Gleichwol ist es mit dem blossen Singen noch nicht ausgemacht; ein Componist muß sich auch des Spielens befleißigen, und so viel möglich, nicht nur sein Clavier, oder anders Haupt-Instrument, sondern auch andre gebräuchlichste Kling-Zeuge in der Macht haben, oder wenigstens ihre Stärcke und Schwäche vollenkommen kennen. Man siehet es gleich, wenn iemand ein Solo für die Violin setzet, der die Beschaffenheit der Geige nicht inne hat, und solche Dinge hinschreibt, die sich gar nicht beqvemlich darauf spielen lassen. An den Bässen nimmt man es insgemein wahr, wie weit es der Verfasser auf dem Clavier gebracht hat. Wenn iemand eine Sonate für die Qveerflöte aus dem *b* oder *dis* setzet, so merckt man alsofort, daß er des Instruments keine | Kundschafft habe. Wer bey Trompeten und Waldhörnern ihren Umfang oder Sprengel nicht kennet, noch ihnen zu rechter Zeit das Pausiren angedeien läßt, der wird sich gantz gewiß bloß geben. Diese Anmerckungen gehen nur auf die gröbsten Umstände; die feinern, wenn wir sie insonderheit mit Exempeln erläutern sollten, würden uns gar zu weit vom Wege führen. Doch fehlt es auch an denen nicht, die es in den allergröbsten Stücken versehen.

§. 46.

Vor allen Dingen soll man sich das Clavier, als ein Haupt-Instrument, bestens lassen empfolen seyn, und solches täglich bey der Hand haben: es ist das besondere Componisten-Werckzeug, und wer darauf nichts ausnehmendes gethan hat, oder noch thut, der wird es in der Composition schwerlich hoch bringen. Doch muß es nicht so verstanden werden, als ob man alle seine Sätze von diesem Instrument herzuholen, und sich keines andern bey dem Componiren zu bedienen habe; sondern nur, daß es einen weit deutlichern Begriff vom harmonischen Bau geben könne, als die übrigen, wenn auch der Kasten oder die Maschine gar nicht vorhanden ist, sondern nur in blossen Gedancken vorstellig gemacht wird: denn die Lage, Ordnung und Reihe der Klänge ist nirgends so deutlich und sichtbar, als in den Tasten eines Claviers, das doch ebenfalls seine Gebrechen hat.

§. 47.

Dem ungeachtet soll man sich auch mit allen andern gebräuchlichen Instrumenten überhaupt wol bekannt machen, deren Eigenschafften genau bemercken, und wenns füglich seyn kan, sich auf diesem oder jenem (die Laute nicht ausgeschlossen) so viel üben, daß man sein Schul-Recht thun könne. Solches wird wiederum desto leichter geschehen können, wenn vorher im General-Baß ein guter Grund geleget worden ist: es wird auch in den bezeichneten Klang-Schlüsseln sonderlichen Nutzen schaffen, daß einem dieselbigen geläuffig werden, damit es beym Setzen nicht nöthig sey, sich lange zu besinnen, wie die Linien und Räume in diesem oder jenem Schlüssel heissen: denn das würde viel Zeit verderben, wie mancher offt erfährt.

§. 48.

Da nun in einem Concert selten mehr, als ein eintziges Clavier vorhanden; viele andre Instrumente aber doppelt und dreifach erfordert werden: so hat man die beste Gelegenheit sich in allen Gewehren zu üben, und wenns auch in Mittel-Partien wäre, aus deren Betrachtung, rechter Einsicht und Ausübung sich kein geringer Vortheil ziehen läßt, zumahl wenn die Sachen von gründlichen Meistern und melodisch gesetzet sind, woraus man sich eher, als aus vielen Ober-Stimmen erbauen, und im Spielen gute Exempel abnehmen kan, wie und mit welcher Geschicklichkeit die Vollstimmigkeit zu wege gebracht werden müsse. Man verachte diesen Vorschlag und schäme sich nicht, eine Arm-Geige zu ergreiffen, wie die meisten thun, und dadurch mehr thörichten Ehrgeitz, als Lehr-Begierde an den Tag legen.

§. 49.

Was sechstens erfordert wird, solches läßt sich nicht durch Müh und Fleiß erlangen, wie die andern Eigenschafften, d. i. wo es nicht vorhanden ist, da kömmt es nicht. Gaben der Natur sind es, unter dem bekannten Nahmen eines guten Naturels oder angebohrnen Triebes und Geistes. Wie ist aber am besten dahinter zu kommen und zu erfahren, ob bey diesem oder jenem dergleichen musicalische Natur-Gaben vorhanden sind, oder nicht? Da weiß ich nicht besser zu rathen, als daß ein ieder in seinem eignen Busen greiffe, und fühle, wie ihm ums Hertz sey; ob er sich wol unterstehen könne, was neues aus seinem Gehirn zu ersinnen; oder ob er sich mit lauterm Flicken und Stücken, mit lauter bald hie bald da aufgerafften, und mühsam zusammengebettelten Lappen behelffen wolle?

§. 50.

Wir bringen zwar nichts mit uns auf die Welt, als eine gute oder üble Einrichtung des Gehirns und der thierischen Geister im Geblüte, worauf das meiste anzukommen scheinet, und müssen alles, was wir wissen wollen, vornehmlich durch die beeden Haupt-Röhren der Augen und Ohren empfangen; der Unterschied aber, mit welchem das gesehene und gehörte nach verschiedener Beschaffenheit der Gemüths-Kräffte, angenommen, gefasset und genutzet wird, ist so groß als Tag und Nacht.

§. 51.

Etliche Gemüther sind wie ein Wachs; andre wie ein Stein. Ob nun zwar dasjenige, | was in einen Stein gehauen wird, am längsten dauret; so ziehen wir doch in der Ton-Kunst ein Gehirn, das gleichsam wächsern ist, dem steinern vor: weil es leichter annimmt, und ein biegsames Wesen hat.

§. 52.

Man prüfe sich nur bey dem Fantasiren auf dem Clavier, auf der Geige, Laute etc. locke seine Einfälle heraus, ermuntre den Geist, und lasse seinen eignen Gedancken den freien Zügel im Singen oder Spielen; man entschlage sich alles Zwangs, alles Verdrusses, und erhebe das Gemüth aufs beste; oder wo man traurig und gekränckt ist, so suche man durch betrübte Ausdrückungen dem Herzen Lufft zu machen; wenn alsdenn nichts artiges zum Vorschein kömmt, noch die melodischen Adern fliessen wollen, so ist es kein gutes Zeichen.

§. 53.

Viele Leute besitzen die Gabe, aus freiem Geiste und stehenden Fusses tausenderley gute Einfälle hervor zu bringen: denn sie sind mit einer starcken Einbildungs-Krafft versehen. Hergegen wenn die Feder angesetzet werden soll, so ist der Meister nicht zu Hause, weil ihr Nachdencken nicht tief genug gehet. Andre setzen unvergleichlich wol; und haben doch dabey nicht das geringste Vermögen, etwas aus dem Stegereiffe, ohne Bedenckzeit, zu vollstrecken. Diejenigen, so ihre Gedancken erst mit Fantasiren entdecken, wenn es auch auf eine noch so wilde Art geschähe, und beqvemen sich allgemach zu gründlichen Dingen, weisen das meiste Feuer, und sind wircklich die allerbesten. Auf diese und dergleichen Art kan man die verschiedenen Gaben, die ein ieder von Natur hat, gegen einander halten und überlegen, wie am füglichsten mit ihnen umzugehen sey.

§. 54.

Hat einer nun gleich keinen Geist von der ersten Grösse, so darff er deswegen nicht alsobald die Hände sincken lassen, sondern kan zufrieden seyn, wenn er nur, bey Gedult und Fleiß, im andern oder dritten Range eine Stelle behauptet: denn Ertz und Eisen, so viel den Gebrauch betrifft, ist eben so nöthig, wo nicht nöthiger in der Welt, als Silber und Gold.

§. 55.

Das siebende, was erfordert wird, ist, daß ein Componist und Vorsteher der Music eines muntern, aufgeräumten, unverdrossenen, arbeitsamen und thätigen Wesens sey; doch auch ordentlich dabey: woran es offt bey den allerlebhafftesten fehlet. Der Müßiggang muß, wie ein Teufel, gehasset werden, weil es dessen Ruhebanck ist. Langes Schlafen taugt hier nicht; vielweniger die Uibermaasse in Tafel-Lüsten, oder ein sonst üppiges[7] Leben.

§. 56.

Es will hie keine Ungedult, noch fliegende Hitze gut thun. Wenn einer nicht solche Lust oder recht innigliche Liebe zur Sache hat, daß er manchen Verdruß darüber verbeissen kan, und sich von seinem löblichen Vorhaben keine Wiederwärtigkeit abwendig machen läßt; so ist er zur Ausübung dieser Wissenschafft und des dazu gehörigen Amts gar nicht geschickt.

§. 57.

Es werden einem ja, bey der Music und ihrem Betriebe, die wenigsten Rosen in den Weg geleget; vielmehr suchen Personen von Ansehen und Vielgütigkeit, wiewol mit Unfug, das gantze Wesen auf das möglichste zu unterdrucken und zu verkleinern, und zwar offt eben diejenigen, die es nach äussersten Kräfften befördern und anfrischen sollten, wie GOtt und die Vernunfft befehlen. Bey dergleichen Umständen und Anfällen muß nun ein Vorgesetzter seiner Hertzhafftigkeit zusprechen, andern ein munteres Beispiel geben, und in sich selbst so viel Vergnügen aus dieser edlen Beschäfftigung zu schöpffen wissen, daß er iederzeit im Stande sey, aller Hindernisse ungeachtet, seine grösseste Ruhe in der Harmonie zu finden, und seinen Geist zu erqvicken.

§. 58.

Viele hätten wol Lust zur Sache: es stehet ihnen trefflich an, wenn sie hören, daß hin und wieder berühmte und tüchtige Leute von Kaisern, Königen und Fürsten hochgeachtet, auch mit

---

[7] Ich habe schon vor einigen Jahren den rohen Entwurff zu einer Moral-Music verfertiget, und sattsamen Vorrath von dreißig Haupt-Stücken dazu gesammlet: ob Leben und andre Geschäffte hinreichen werden, die heilsame Absicht auszuführen, das stehet bey GOtt; nöthig wäre es wol!

ansehnlichen Geschencken, Besoldungen und Ehren-Zeichen versehen werden: den güldnen Wagen verlangten sie zwar auch, aber das Ringen darnach stehet ihnen nicht an: der Preis, das Kleinod gefält ihnen sehr gut; die Arbeit aber, das Lauffen in den Schrancken, der Fleiß, das beständige Nachdencken und Studiren ist ihres Thuns nicht. Da ist der achte Punct.

§. 59.

Und gleichwie man bisweilen herrliche Köpffe antrifft, bey denen es nimmer genug zu beklagen ist, daß es ihnen an rechtschaffener Lust und Liebe fehlet, so ist nichts seltener wahrzunehmen, als der erforderte Fleiß, und die nothwendige, unermüdete Arbeitsamkeit, nebst den beiden Stücken, dem Naturell und der gehörigen Lust: weil gemeiniglich bey den angebohrnen Gaben und Begierden nicht wenig Faul- und Trägheit, Wollust, Gemächlichkeit und dergleichen vermacht zu seyn pfleget.

§. 60.

Ein sogenanntes Naturell, ohne Lust und Liebe, ist wie ein vergrabener Schatz; Lust, ohne Bestreben und Wirckung, ist wie ein verliebter Greiß; Fleiß, ohne Lust, ist gleich einem Karn-Gaul, der vom Morgen bis an den Abend ziehet, doch aus lauter Zwang und mit tiefen Seufzen. Lust und Fleiß, ohne Naturell, ist schier das allerärgste: denn es gleichet eine solche Vermischung demjenigen Menschen, der gerne reich seyn wollte, auch weder Mühe noch Gefahr scheuet seinen Zweck zu erreichen; aber durch lauter unnatürliche, unerlaubte Mittel und Wege, weil er keine rechtmässige antreffen will oder kan.

§. 61.

Also sind diese drey letzt-erwehnte Stücke, nehmlich: das **Naturell**, die **Lust**, und der **Fleiß** einem Componisten und Vorgesetzten auf unzertrennliche Art höchst-nöthig und erforderlich: da denn unter dem Artickel des Fleisses **das Schreiben** billig obenan stehen mag: es sey nun abschreiben, umschreiben, aufschreiben oder nachschreiben.

§. 62.

Ob das Reisen, und vor allen die Besuchung Italiens, hiebey erfordert werde, wie ihrer viel der Meinung sind, kan ich schwerlich schlechthin bejahen: nicht nur deswegen, weil offmahls Gänse in Welschland hineinfliegen, und Gänse wieder heraus kommen; sondern weil diese verreisete Gänse sich auch gerne mit vielen thörichten Schwanen- oder Pfauen-Federn, ich will sagen, mit grossen, geborgten Schwachheiten und unsäglichem Hochmuth zu bestecken und zu schmücken pflegen.

§. 63.

Zu dem gibt es die Erfahrung, daß ihrer viele, die Welschland mit keinem Fusse iemahls betreten haben, nicht allein andre, welche da gewesen sind, sondern zuweilen gebohrne Italienische Virtuosen selbst übertreffen. Wer sich inzwischen die Gelegenheit und seine Reisen wol zu Nutz machen kan, auch was tüchtiges aus fremden Ländern zu holen weiß, wozu er wahrlich auch was rechtes hinein bringen muß, dem wird es allemahl ein grosser Vortheil seyn. Unumgänglich nothwendig ist es nicht; offt gar unnöthig und unnützlich[8].

---

8   *Voy. Les Oeuvres de la Mothe le Vayer Tome II. Lettre VII, de l'inutilité des voyages.*

§. 64.
Was noch neuntens und zuletzt erfordert werden mögte, ist hergegen eines der nothwendigsten Stücke, daß nehmlich ein Componist und Director, nebst seinen andern Studien, auch hauptsächlich die gereinigte Lehre von den Temperamenten wol inne habe. Denn niemand wird geschickt seyn, eine Leidenschafft in andrer Leute Gemüthern zu erregen, der nicht eben dieselbe Leidenschafft so kenne, als ob er sie selbst empfunden hätte, oder noch empfindet.

§. 65.
Zwar ist das keine Nothwendigkeit, daß ein musicalischer Setzer, wenn er z. E. ein Klagelied, ein Trauer-Stück, oder dergleichen zu Papier bringen will, auch dabey zu heulen und zu weinen anfange: doch ist unumgänglich nöthig, daß er sein Gemüth und Hertz gewisser maassen dem vorhabenden Affect einräume; sonst wird es ihm nur schlecht von statten gehen.

§. 66.
Andern Theils muß er auch die Gemüths-Beschaffenheit seiner Zuhörer, so viel immer möglich ist, erforschen. Denn ob es gleich wahr bleibet: So viel Köpffe, so viel Sinne; regieret dennoch bey den vernünfftigsten und aufmercksamen Zuhörern gemeiniglich eine gewisse Neigung, ein gewisser Geschmack vor allen andern. Z. E. in Kirchen, wo die Haupt-Absicht auf Andacht gerichtet ist, wird man selten das Ziel treffen, dafern diese Andacht nicht durch solche Mittel gereizet wird, die zu ihrer Zeit und in ihrem Maasse allerhand Temperamente rege machen können. Ein andächtiges Stück zu setzen (wie es gemeiniglich verstanden wird) ist was mittelmäßiges, und damit ist der Zuhörer noch lange nicht gerühret, daß man ihm eine ehrbare, ernsthaffte Harmonie vorträgt; son|dern es hat die Andacht sehr viele Stücke, muß auch immer erneuret, ermuntert und gleichsam angefachet werden, sonst folget der Schlaf darauf.

§. 67.
Bey grossen Herren und an Höfen ist es viel leichter, etwas gefälliges hören zu lassen, als bey grossen Gemeinen; denn man darff nur das Temperament der Herrschafft untersuchen, und die weiche Seite derselben angreiffen, so richtet sich alles übrige nach dem Geschmack der vornehmsten.

§. 68.
Diese Anmerckungen könnten sich über gantze Völckerschafften erstrecken, denen man gar wol überhaupt und in gewissem Verstande ein allgemeines Temperament beilegen, und daraus abnehmen kan, daß z. E. in Franckreich nicht so, wie in England, in Welschland anders, als in Polen und Teutschland zu Werck gegangen werden müsse; wenn man die Gemüther, nach ihrer Lands-Art, bewegen will.

§. 69.
Worin nun eigentlich die verschiedene Mittel und Arten bestehen, das kan allein aus der Erfahrung abgenommen, und durch fleißige Untersuchung geprüfet werden. Deswegen wir uns auch mit dieser Materie nicht länger aufhalten, sondern in GOttes Nahmen weiter gehen wollen; wenn wir unserm Anwerber zum Beschluß des Haupt-Stückes noch diese kleine, doch was grosses in sich schliessende Regel gegeben haben: **daß er viel hören, aber wenig nachahmen müsse.**

Drittes Haupt-Stück.
Von der Kunst zierlich zu singen und zu spielen.

§. 1.

Hier zeigt die Uiberschrifft von selbsten schon an, daß diejenige Wissenschafft, wovon anitzo gehandelt werden soll, und die mit ihrem Kunst-Nahmen *Modulatoria* heisset, zweierley in der Anwendung ist, nehmlich: in so fern sie erstlich ihre Absicht auf menschliche Stimmen, und fürs andre auf Werckzeuge und Instrumente richtet. Das nennet man denn *Modulatoriam vocalem & instrumentalem*.

§. 2.

So nöthig auch diese Eintheilung im Lehren seyn mag, so wenig findet man doch bisher einige Nachricht davon in solchen Büchern, da man sie zu suchen Recht hat: und **Printz** ist noch, meines Wissens, der eintzige, welcher des Unterschieds kürtzlich[1] gedencket. In den Wörterbüchern findet sich weder der Nahm noch die Theilung der Kunst zierlich zu singen und zu spielen.

§. 3.

Weil es nun eine ausgemachte Sache ist, daß niemand ein Instrument zierlich handhaben könne, der nicht das meiste und beste seiner Geschicklichkeit vom Singen entlehnet, indem aller musicalischen Hände Werck nur zur Nachahmung der Menschenstimme[2] und zu ihrer Begleitung oder Gesellschafft dienet: so stehet die Kunst, zierlich zu singen, zwar billig oben an, und schreibet dem Spielen viele nützliche Regeln vor; es läßt sich aber hergegen auch vieles gar füglich spielen, das im Singen nicht die geringste gute Art haben würde. Daraus erhellet sodann die Nothwendigkeit und der Nutz dieses Unterschiedes.

§. 4.

Was inzwischen in diesem Haupt-Stücke vorkömmt, das läßt sich sowol bey der Spiel- als Singe-Kunst gebrauchen; was aber bey der erstgenannten noch mehr oder besonders zu beobachten seyn mögte, davon wird der Leser im dritten Theil, in so fern es sich schickt, eins und anders am gehörigen Orte antreffen, wenn von der Kunst auf Instrumenten zu spielen besonders gehandelt werden soll.

§. 5.

Wir wenden uns also vorzüglich zu der eigentlichen und rechten Wissenschafft[3] eines geschickten Sängers, welche lehret, **wie man seine Stimme zierlich und auf das angenehmste führen soll**. Ich sage von einem **geschickten** Sänger: denn, richtig nach vorgeschriebenen Noten und Tacte zu singen, das gehöret in die niedrigsten Schulen, deren es in Welschland eben so viel zum Singen, als bey uns zum Lesen gibt. Hier haben wir nicht mehr mit den blossen Anfangs-Gründen, die Zeichen zu kennen und die Intervalle zu treffen, sondern mit gantz andern Dingen zu thun.

---

1 In seinem *Compendio Musicae signatoriae & modulatoriae vocalis p. 34.*
2 Daher die Redens-Arten: *cantare tibiis, cantare fidibus etc.* ihren Ursprung haben: denn alles muß singen, d. i. auch das gespielte selbst muß singen.
3 Ὠιδικὸν *Graeci vocant, quod Cantatoriam sonat, quae variis ornamentis modulari docet. Don. de Praestant. Mus. veter. p. 78.*

§. 6.

Zwar wird nicht erfordert, daß ein Sänger, als solcher, seine Melodien selbst mache oder setze, wohin ihrer viele das Wort, **Moduliren**, deuten wollen; sondern daß er eine bereits verfertigte Melodie sowol ohne den geringsten Anstoß nach der Vorschrifft, als insonderheit daß er dieselbe anmuthig, geschmückt und künstlich herauszubringen wisse: das erste ist **schlecht lesen**, das andre **mit Nachdruck und guter Art lesen.**

§. 7.

Dieses Stück gründet sich mehr auf das Werck oder auf die Ausübung selbst, auf den Geschmack und auf die mit Vernunfft eingeführte Manier[4], als auf gewisse Regeln und sonderbare Vorschrifften; wiewol man doch auch von diesen letztgenannten überhaupt eines und anders lehren kan, welches zu seiner Zeit und am rechten Orte schon gute Dienste thut.

§. 8.

Es sind dergleichen Zierrathen nicht nur grössesten Theils mancher Veränderung, Mode und Neuerung unterworffen; sondern auch, nach dieser oder jener Landes-Art, so wie die Stimmen und deren Führung, an sich selbst sehr verschieden. Daher vieleicht das partheyische und ohne Zweifel von einem eigenlobenden Gallier erfundene Sprichwort[5] entstanden; **die Teutschen bölcken; die Welschen blecken; die Spanier heulen; nur die Frantzosen allein singen.**

§. 9.

Ehe wir nun den Schmuck, der sowol eine grosse Fertigkeit als Bescheidenheit des Sängers erfordert, vor uns nehmen, wollen wir vorher die Fehler in der *Modulatoria* ein wenig besehen, welche sich zwar leichter beschreiben und ausmärtzen, als die Vollkommenheiten zeigen und lehren lassen; doch aber auch nothwendig aus dem Wege geräumet werden müssen, ehe und bevor etwas zierliches zu Marckte gebracht werden kan.

§. 10.

Die Vielheit der Mängel und Gebrechen im Singen sollte mich von dieser Arbeit fast abschrecken;

---

4 Die sogenannte Manieren in der Ton-Kunst hiessen vormahls mit ihrem Kunst-Nahmen Coloraturen oder Figuren, wurden auch nicht gar unrecht in einfache, zusammengesetzte und vermischte getheilet, welches, wenn man ein eigenes Werck davon schreiben wollte, ebenfalls zu beobachten stünde.

5 *Germani boant; Itali balant; Hispani ejulant; Galli cantant.* Die guten Engländer müssen später, als andre Völcker, zum Singen gekommen seyn; man würde ihrer sonst in dem Ausspruche dieses Gasconiers nicht verschonet haben. **Hermann Finck**, ehmahliger Capellmeister des Königes Sigismundi I. in Polen, der auch August I. heißt, nennet den erwehnten Großsprecher, im fünften Buche seiner zu Wittenberg 1556, 4 gedruckten Practischen Music, recht artig: *nescio quem parum nostrae genti aequum censorem.* Bey Gelegenheit dieses sehr alten Buchs und dessen Verfassers stünde zu erinnern, daß derjenige **Finck**, dessen **Herberger**, und nach ihm **Walther** gedenckt, **Heinrich** geheissen habe, ein Oheim des **Hermanns**, folglich viel älter gewesen, und schon beim Könige **Johann Albert**, nachgehends aber beim **Alexander** in Diensten gestanden sey, da denn dieser letztere mit ihm, wegen seines Nahmens und Gehalts, also geschertzet: **wenn ich eine Fincke ins Gebäurlein setze, die singt mir durchs gantze Jahr, und kostet kaum einen Ducaten.** Daß es Schertz gewesen sey, ist daraus zu schliessen, wie sonst König **Alexander**, wegen seiner fast gar zu grossen Freigebigkeit von allen Geschicht-Schreibern, auch selbst von unserm **Hermann Finck**, sehr gerühmet wird. Es gedenckt Conrad **Matthäi**, in der Vorrede seines Berichts von den *Modis* mit keinem Worte der *Practicae Musicae*, sondern setzet nur bloß den Nahmen, **Hermann Finck**, mit unter diejenigen Schrifftsteller, deren er sich zu seiner Arbeit bedienet hat. Ein mehres kan man aus der Zueignungs-Schrifft obbesagter Practischen Music ersehen, deren von uns hier angeführtes fünftes Buch eben unsre vorhabende Materie behandelt, nehmlich, *artem eleganter & suaviter cantandi*, und um dessentwillen desto eher diese Stelle verdienet.

dennoch will ich die vornehmsten derselben so kurtz und bündig zusammen fassen, als nur möglich ist. Der erste und wichtigste Uibelstand im Singen mag wol seyn, wenn durch gar zu öfteres und unzeitiges Athemholen die Worte und Gedancken des Vortrages getrennet, und die Läuffe unterbrochen oder zerrissen werden. Fürs andre, wenn man schleifet, was abgestossen; und abstösset, was geschleifet werden sollte. Das sind ein paar grosse Fehler.

§. 11.

Drittens, wenn man die Stimme in allen Klängen, ohne es zu wissen oder zu mercken, entweder ein kleinwenig über sich ziehet, oder unter sich sincken läßt, und also falsch anstimmet, welchem Unwesen, das aus übler Beschaffenheit des musicalischen Gehörs entstehet, diejenigen Völcker mehr, als andre, unterworffen zu seyn scheinen, denen der Ursprung des oberwehnten Sprichworts zugeschrieben wird.

§. 12.

Viertens, wenn man den Text gleichsam in sich schlucket; die Laut-Buchstaben dergestalt verändert, daß aus dem *a* ein *o* wird, und so weiter: samt vielen andern Mängeln, die sich absonderlich in der Aussprache hervorthun. Ein gewisser Cantor hatte die üble Gewohnheit aus der Lese-Schule mitgebracht, daß er kein S ohne vorgesetztes ä aussprechen konnte. Wie er nun einst die Worte: **Sollen wir mit dem Schwerdt drein schlagen**, im Chor mit sang, hieß es so: ä sollen wir mit dem ä Schwerdt darein ä schlagen, und kamen also drey Sylben mehr zum Vorschein, als erfordert waren: daher denn nothwendig der Tact, bey öfterer Wiederholung, grausam gezerret werden mußte, und der gute Mann sich hefftig erbosete, in Meinung die Schuld läge an den andern.

§. 13.

Fünfftens, wenn durch die Nase, mit zusammengebissenen Zähnen, gar zu sehr aufgesperrtem Maule[6] und dergleichen garstigen Umständen gesungen wird: daraus nicht nur ein sichtbarer Eckel bey den Zuhörern, sondern auch eine Unvernehmlichkeit im Verstande entstehet.

§. 14.

Sechstens, wenn die Stimme starck angegriffen wird, wo sie sanfft verfahren sollte; und wenn sie hergegen matt klingt, wo sie eigentlich frisch und helle lauten müste. Denn gleichwie die Phonascie oder Stimm-Pflege lehret, **wie und auf was Weise** man starck oder gelinde singen soll; so weiset hergegen die Modulatorie, **wo und an welchem Orte** sich solches am besten schickt: welches die meisten Sänger aus der Acht lassen, ja offt gar umkehren.

§. 15.

Man muß sich billig verwundern über die kluge Regel, welche schon ein Paar hundert Jahr gegolten hat, **daß eine iede singende Stimme, ie höher sie gehet, desto mehr gemäßiget und gelindert; in der Tiefe aber, nach eben dem Maaß, verstärcket und völliger oder kräfftiger**[7] **heraus gebracht werden soll.** Wir haben uns aber noch mehr zu verwundern, daß solche vernünfftige und erlesene Sätze bey itziger lüsternen Welt fast nichts mehr zu sagen haben.

---

6 *Ore distorto & hiante*, hieß es vor hundert und etlichen achzig Jahren beym **Hermann Finck** *l. c.*
7 *Quaelibet vox, quo magis intenditur, eo submissior & dulcior sonus usurpetur; quo autem magis descendit, eo sonus sit plenior. Id. ibid.*

§. 16.
Siebendens entstehet eine grosse Verwirrung, wenn Figuren oder Manieren, es sey im Singen oder im Spielen, angebracht werden, die entweder mit den andern Stimmen gantz uneins sind; oder auch, nach der verdorbenen Welschen Zwang-Art, dergestalt ausschweifen, daß sie die Melodie im Grunde zerrütten, und von einem sehr üblen Geschmacke zeugen.

§. 17.
Alle diese Fehler, und andre mehr, haben ihre eigne Fächer und Nahmen, womit wir iedoch dem Leser hiesiges Orts beschwerlich zu fallen Bedencken tragen, indem es besser seyn wird, annoch mit wenigen der gebräuchlichsten und beständigsten Anmuthigkeiten und Zierrathen zu gedencken, die ein Sänger oder Spieler zu beobachten höchst nöthig hat: wenn nur überhaupt bemercket worden, daß dergleichen Mängeln, als den Kranckheiten des Leibes, im Anfange sehr leicht, bey eingerissener Gewohnheit aber schwerlich, auch wol nimmermehr abzuhelffen sey.

§. 18.
Von den eigentlichen Manieren im Singen und Spielen läßt sich eben nicht sehr viel gewisses sagen. Denn gleichwie es vor Alters schon hieß, und zwar mit Wahrheits-Grunde, **daß die Sache nicht bloß auf Regeln, sondern vielmehr auf den Gebrauch, auf grosse Uibung und Erfahrung**[8] ankomme: so heißt es noch bis diese Stunde; ausser daß man überhaupt den gescheutesten Welschen, doch ohne Zwang und Uibermasse, von Zeit zu Zeit, am meisten und vor andern hierin zu folgen Ursache findet.

§. 19.
Heinichen schreibt hievon folgendes: „Die Manieren oder musicalische Zierrathen sind unzehlich, und verändern sich nach dem Geschmack (**eines iedweden**) und (**eigner**) Erfahrung. Weil es nun hierin nicht sowol auf Regeln, als auf die Uibung und (**vieles** *judicium* d. i.) gute Beurtheilung ankömmt, so können wir in diesem engen Raum (das Buch hält bis sechs Alphabete) weiter nichts thun, als einige *prima principia* (oder erste Anfangs-Gründe) und kurtze Anleitung geben. Das übrige müssen wir der *ocularen Demonstration* (dem augenscheinlichen Beweise) eines Lehrenden, oder dem eignen Fleisse und der Erfahrung eines Lernenden[9] überlassen." So stimmen alte und neue Verfasser diesen Falls überein, ohne daß einer von dem andern was gewust hat.

§. 20.
Damit wir aber dennoch gewisse besondre Zierrathen, die noch so ziemlich Stand halten, und eben nicht auf eines **jedweden eigene** Erfahrung und Geschmack lediglich ankommen, alhier anführen, so mercke man sich: Erstlich den so genannten **Accent**, welcher bey einigen der **Vorschlag**[10], und in Franckreich *le port de voix*[11] heisset, **da die Stimme, ehe die folgende vorge-**

---

8 *Non solis praeceptis, sed verius usu, multa tractatione, longaque experientia comparatur Ars eleganter & suaviter canendi.* Herm. Finckius l. c.
9 S. **General-Baß in der Composition** p. 522 §. 3. Die ersten eingeschlossenen Worte (nach eines iedweden Geschmack, und **eigner** Erfahrung) verursachen billig ein Bedencken; die andern sind unsern Teutschen zu Gefallen hergesetzet.
10 In wolgedachten **Heinichens** Wercke wird der Vorschlag *p.* 525 beschrieben, **daß er sey, eine den** *Incipienten* (Anfängern) **bekannte Manier, und könne von** *exercirten* (geübten) **Leuten in allen Intervallen angebracht werden.** Die andern Beschreibungen sind fast durchgehends eben so gründlich und vernehmlich.
11 *Le port de voix consiste à nommer une Note sur une partie de celle qui la precede, par anticipation de valeur & de son, ou par anticipation de son seulement, avant que de la porter au son qui lui est naturel.* J. Rousseau, Methode pour apprendre à chanter p. 56. Das sind wunderliche *Definitiones*.

schriebene Note ausgedruckt wird, den nächst darüber oder darunter liegenden Klang vorher gantz sanfft, und gleichsam zweimahl sehr hurtig berühret.

§. 21.
Es sind also die Accente theils auf- theils absteigend, einfach und doppelt: bey den einfachen wird von der nächstfolgenden Note nur ein weniges, bey den doppelten aber die Helffte der Geltung genommen, so daß die accentirende Note desto länger, und mit einer angenehmen Verzögerung gehöret wird, als worin offt die beste Lust bestehet. In Clavier-Sachen erfordert überdis die Verdoppelung der Accente zwo Stimmen oder zween Finger, die beide zu gleicher Zeit diese Manier anbringen. Die erste der beiden hiezu erforderten Noten nenne ich die **accentirende**; die letzte aber die **accentuirte**; welches um mehrer Deutlichkeit willen erwehne; ob mir gleich nicht bewust, daß sich iemand vor diesem solcher schier nöthigen Ausdrücke bedienet hätte.

§. 22.
Es muß aber der Accent, absonderlich im Halse, so gelinde gezogen und geschleiffet werden, daß die beiden Klänge, davon wir reden, gantz genau an einander hängen, und fast wie ein einziger Klang herauskommen mögen.

§. 23.
Der neueste, und heutiges Tages starck eingeführte Gebrauch dieses Accents aber ist, daß er sowol im Spielen als im Singen offt **springend**, von der Qvart an bis in die Octav, auf und unterwärts Dienste thun muß: als wodurch insonderheit etwas spöttisches, sprödes, freches und hochmüthiges sehr natürlich ausgedruckt werden kan; wenn solches erfordert wird. Und auf solchen Gebrauch hat ohne Zweifel **Heinichen** gesehen, wenn es bey ihm heißt, es könne der Accent bey allen Intervallen angebracht werden.

§. 24.
Von den Stuffen-Accenten, die ich deswegen so nenne, weil sie mit Secunden zu thun haben, und den springenden dadurch entgegen gesetzet werden, finden sich Beispiele genug in gedruckten Unterrichts-Büchern, zum Behuf der Lehrenden und Lernenden: weil aber von den Sprung-Accenten, meines Wissens noch nichts rechtes, zu ihrer Erläuterung, in Noten-Exempeln zu sehen ist, ungeachtet die fallende dieser Art täglich im Recitativ gehöret werden, nehmlich bey einigen Schlüssen desselben, will ich immer ein Paar steigende und fallende Proben davon hiehersetzen. Wenn die Vorschrifft nun so ist:

und man findet für gut, steigende Accente in der Qvart und Qvint anzubringen, muß es ungefehr gespielet oder gesungen werden, wie folget:

§. 25.
Ich sage, **ungefehr**, denn so eigentlich lassen sich die Manieren mit Noten schwerlich ausdrücken; die lebendige Stimme des Lehrers muß allemahl das beste dabey thun: doch gibt die schrifftliche

Vorstellung schon einen ziemlichen Begriff. Daher wollen wir ferner den Fall setzen, daß die Vorschrifft etwa diese Gestalt hätte:

und iemand wollte, bey zulassenden Umständen, fallende Accente in der Qvart, Qvint und Sext hiebey anbringen, würde es in der Ausübung ungefehr so herauskommen müssen:

§. 26.

Eine noch unberührte Lehre von Accenten, die man billig **Uberschläge** heissen könnte, so wie man jene **Vorschläge** nennet, muß ich doch hier mit Stillschweigen nicht vorüber gehen lassen. Es bestehen dieselbe Accente oder Uberschläge darin: wenn ein Fall in die Qvart, Qvint oder weiter herunter geschehen soll, daß alsdenn das erste Ende solcher Intervalle einen feinen und kurtzen Anhang oder Zusatz[12] von dem nächst **überliegenden** Klange beköммt, der nicht zu Buche stehen darff, sondern willkührlich ist, wie alle andre Manieren, und absonderlich in Sätzen, die was klagendes oder demüthiges haben, sehr artig zu hören ist. Z. E. der aufgeschriebene Satz wäre dieser:

Ich will mich dem Schicksal beugen, ich will mich dem Schicksal beugen etc.

die berühmte Madame **Keiser** hat dieses **beugen** einst in der hiesigen Doms-Music so nachdrücklich herausgebracht, daß es fast sichtbar schien, und die Augen voller Ohren wurden; nur durch folgenden kleinen Zusatz und überschlagenden Accent:

Ich will mich dem Schicksal beugen, ich will mich dem Schicksal beugen etc.

§. 27.

Der **Tremolo**[13] oder das Beben der Stimme ist weder der so genannte **Mordant**, wie ihrer viele meinen, noch irgend eine auf andre Art aus zween Klängen bestehende Figur, nach **Printzens** irrigem[14] Angaben und ungültigem Exempel; sondern die allergelindeste Schwebung auf einem eintzigen festgesetzen Ton, dabey meines Erachtens das Oberzünglein des Halses, (*epiglottis*) durch eine gar sanffte Bewegung oder Mäßigung des Athems, das meiste thun muß: so wie auf Instrumenten die blosse Lenckung der Fingerspitzen, ohne von der Stelle zu weichen, gewisser maassen eben das ausrichtet, absonderlich auf Lauten, Geigen und Clavichordien, die gnungsam beweisen, daß mehr nicht, als ein eintziger Haupt-Klang, dazu erfordert wird.

---

12 Das Wort **Zusatz** schickt sich übel zu dieser Manier, indem das Wort **Accent** fast eben das sagen will, welches von *ad* **zu**, und *canere*, **singen**, zusammengesetzet ist, der Meinung, als hiesse es ein **Zugesang, Zugabe, Zusatz**.

13 *Tremolo n'est pas un bon mot Italien; Tremolante seroit bien meilleur. Brossard, p. 191*, woselbst er zum Beispiel die *Trembleurs* (wie man itzund die Qväker nennet) aus der Lullyschen Oper *Isis* anführet.

14 *Mus. modulator. p. 47.*

§. 28.
Wer die Tremulanten in den Orgelwercken kennet, wird wissen, daß bloß der zitternde Wind daselbst die Sache ausmacht, und kein andrer, weder über- noch unterliegender Tast auf dem Clavier dabey berühret wird: denn es ist ein solcher Tremulant nur eine Klappe in der Windröhre auf den Orgeln, welche ein Schweben im Spielen verursacht, so offt man es haben will. Auf Geigen kan dergleichen Zittern auch mit den Bögen[15] in einem Strich, auf einem Ton bewerckstelliget werden; ohne daß man dazu einen zweiten nöthig hat.

§. 29.
Es läßt sich also dieser **Tremolo** nicht eher in Noten deutlich vor Augen legen, als bis gewisse Zeichen des Windes und der Fingerspitzen erfunden worden: denn ob man gleich sagen wollte, daß auch die geringste Bewegung, sie geschehe mittelst des Windes oder der Fingerspitzen einen andern Klang hervorbringe, so ist solches zwar mathematisch zu reden, nicht ohne; aber dergleichen feine Klang-Eintheilung kan niemand beschreiben, noch messen; vielweniger mit gebräuchlichen Abzeichen vorstellig machen. Man kan wol andeuten, an welchem Orte ein solches Zittern oder Schweben geschehen soll, aber wie es eigentlich damit zugehe, kan weder Feder noch Circkel zeigen: das Ohr muß es lehren.

§. 30.
Man muß also den **Tremolo** im geringsten nicht mit dem **Trillo** und **Trilletto** vermischen: wie fast alle alte Lehrer in ihren Schrifften gethan haben: denn die letztgenannten Zierrathen **bestehen in einem scharffen und deutlichen Schlagen zweener zusammenliegender oder benachbarter, und mit einander auf das hurtigste unverwechselnder Klänge**; wie denn auch das Trillo von dem Trilletto sonst in keinem Stücke unterschieden ist, als in der Länge und Kürtze ihrer Dauer, die bey dem letzten nur sehr klein ist.

§. 31.
Daher denn abermahl der gute **Printz** auf einem fahlen Pferde gefunden wird, da er das **Trillo** für ein blosses Zittern in einer Clave angibt. Trillo, sagt er[16], **ist ein Zittern der Stimme** (das pflegt man sonst einen Bocks- oder Schafs-Triller zu nennen) **in einer Clave über einer grossen Noten, mit einem etwas scharffen, doch lieblichen und manierlichen Anschlagen.** Georg Falck singt aus eben demselben Ton, in seiner *idea boni cantoris*, und viele andre seines Gelichters; ohne Wiederspruch: das ist zu sagen, ohne daß ihnen noch von iemand wäre wiedersprochen worden. Wenn ichs nicht thäte, sowol in diesem Fall, als in andern, handelte ich wieder Pflicht und Gewissen: da ich doch den gebührenden Ruhm einem ieden sonst gerne lasse. Aber in wissenschafftlichen Dingen muß man der Wahrheit nicht schonen, und so bald iemand eine Zeile drucken läßt, unterwirfft er sich gutwillig dem allgemeinen Urtheil: seiner Ehren | im übrigen unverfänglich. Meine eigene Schrifften müssen ebenfalls ihre Gefahr stehen. Es kan nicht schaden, wenn ich dieses gleich mehr, als einmahl sage.

§. 32.
Die Frantzösischen Sänger, sonderlich die Sängerinnen, lieben ein etwas langsames Anschlagen der beeden zum Triller gehörigen unwechselnden Klänge: es gibt auch solches Verfahren, unter

---

15 **Brossard** nennet es am angezeigten Orte: *faire sur le même degré plusieurs notes d'un seul coup d'archet, comme pour imiter le Tremblant de l'Orgue.*
16 *Mus. modulator. p. 51.*

andern ein Zeugniß, daß die Werckzeuge der Kehle, oder vielmehr des Oberzüngleins sehr wol beschaffen sind, ja es klingt vernehmlich und rein, obwol etwas matt.

§. 33.

Die Welschen hergegen schlagen ihre **gemeine** Triller sehr geschwind, starck und kurtz, fast wie Trilletten; ausser dem Fall, wenn etwa auf einem oder andern Ton lange auszuhalten ist, welches sie eine **Tenuta**, und die Frantzosen *tenuë* nennen: alsdenn müssen sie nothwendig ein wenig bedächtlicher und nicht so schnell zu Wercke gehen, um den Athem zu sparen, der im hurtigen Trilliren auch desto hurtiger entgehet, und bald gebricht.

§. 34.

Bisweilen werden auf solchen **Tenuten** auch wol langsame Triller mit geschwinden untermenget und abgewechselt; wozu aber eine mehr als gemeine Geschicklichkeit und biegsame oder geschmeidige Beschaffenheit der Werckzeuge im Halse gehöret.

§. 35.

Wie nun nichts so sehr eine gute Melodie zieret, als ein wolangebrachtes **Trillo**, das von ziemlicher Geschwindigkeit und gehöriger Länge ist: so bringet hergegen desselben überhäuffter Gebrauch, wie die Ausschweiffungen in allen Zierrathen thun, eine grosse Unanständigkeit, Geringachtung und Eckel bey gescheuten Zuhörern zu Wege.

§. 36.

Dieses ist zwar von den übrigen Ausschmückungen des Gesanges und Klanges gleichfalls zu verstehen; doch weil die Triller[17] iedermanns Werck, auch allenthalben zu Hause gehören wollen (obgleich manchem Singenden die Natur an reinem Anschlage hinderlich fällt); so hat sich ein Componist oder Capellmeister desto mehr in Acht zu nehmen, daß er einem etwa Trillsüchtigen Sänger oder Spieler nicht gar zu öftere Gelegenheit in seinen Sätzen dazu gebe: denn man schreibt gemeiniglich so, wie man selber gerne singet, und aus dieser Ursache muß nicht nur ein Sänger, sondern vornehmlich ein Vorgesetzter der Music unsre modulatorische Kunst gründlich inne haben.

§. 37.

Eine unsern Vorfahren vermuthlich-unbekannte Art von Anbringung der Triller kömmt heute zu Tage nicht selten zum Vorschein, da nehmlich, bey Stuffen-Weise aufwärts steigenden Noten, eine iede derselben ihr Trillo führet; die sich aber alle, ohne Unterbrechung, an einander schliessen müssen, als wäre es nur ein eintziger, der offt fünf, sechs, oder mehr Grade fortwähret; doch niemahls herunter, sondern, so viel ich weiß, allemahl empor gehet. z. E.

Cadena di Trilli.

---

17 Das Wort scheinet teutscher Abkunfft zu seyn, vom **Drehen**: woraus endlich **Drillen**, oder **trillen** entstanden: welches, wie bekannt, eine in Wendungen und Drehungen bestehende Krieges-Uibung ist. Diejenige Leinwand, so man **Drell** nennet, kömmt ebenfalls vom **Drehen** her, und unsre **Triller** oder **Driller** sind nichts, als abwechselnde Wendungen und Drehungen der Klänge.

Wir haben uns, in Ermanglung eines Vorgängers, die *onomato*-poetische, oder Nahmen machende Freiheit genommen, diese Zierrath so lange *Cadena di Trilli*, d. i. eine **Trill-Kette** zu nennen, bis bessere Zeitung einläufft, und was füglichers erdacht wird.

§. 38.

Die ehemaligen Sangmeister machten viel Wesens von einer Ausschmückung, welche sie **Groppo** hiessen. Nach meiner Verteutschung ist das so viel, als ein **Knauff in Trauben-Gestalt**, und ich kan nicht begreifen, wie es möglich sey, daß dieses Wort, **Groppo**, im Welschen eine Waltze oder Kugel bedeuten könne; ob es gleich **Printz**, **Walther** und viele andre in ihren | Büchern so auslegen. Es kömmt gantz gewiß her von *Grappo,* eine Traube, die im Frantzösischen und Engländischen *Grape*[18] heißt, und bezeichnet alles dasjenige, sowol im eigentlichen als figürlichen Verstande, was wir im Niedersächsischen und Engländischen (als Alt-Teutschen) ein **Kluster** nennen, nehmlich z. E. viele kleine Beeren oder andre Dinge, die dicht zusammen gefüget sind oder sich häuffen: wie hier, bey dieser Manier, die an einander geschlossene Schreib-Noten thun.

§. 39.

Man brachte diesen Trauben-Zierrath gemeiniglich bey den Schlüssen der Melodie an: wie denn noch heutiges Tages die meisten Ausschmückungen des Gesanges ihre Stelle am Ende, gleich den Abschieds-Complimenten, zu behaupten suchen: daher solche Figuren auch Vorzugs-Weise Cadentzen gennenet werden: nicht weil sie es selber sind, sondern weil sie sich dabey einfinden.

§. 40.

Wir dürffen uns in diesem Stücke eben an den Ort nicht binden, sondern können die Groppen theils ausserordentlich, teils einen blossen zufälligen Zierrath, theils förmlich oder wesentlich gar wol mit in die Melodie bringen, und gantze Läuffe daraus bilden: welche keinen geringen Wol-Laut mit sich führen, falls die Leidenschafft, so man ausdrücken will, dergleichen Dreh- und Wendungen vergönnet.

§. 41.

So wenig als es nun oben nöthig gewesen, von Trillern und ihrer eigentlichen Form ein Muster in Noten beizubringen: weil nicht nur die Beschreibung gar deutlich, sondern auch die Sache selbst sehr bekannt ist; so erforderlich dürffte es doch scheinen, die Groppen in Noten darzustellen: weil sie etwas fremder sind, als die Triller, und sich schwerer mit Worten begreifflich machen lassen.

---

18 In der Mahlerey nennet man es *Groupe, c'est à dire, un Assemblage de plusieurs Corps les uns auprès les autres.*

Vom zierlichen Singen und Spielen.

§. 42.

Der sogenannte Halb-Circkel, *Circolo mezzo*, ist fast eben dieser Art; doch etwa um die Helffte kleiner, als der Groppo, wenn die Gestalt der Noten, die gleichsam einen halben Circkel vor Augen stellet, betrachtet wird. Eigentlich ist es eine solche Figur, dadurch aus wenigen Grund-Noten gewisser maassen ihrer mehr, und kleinere[19] gemacht werden. Meines Bedünckens hat ein solcher Halb-Circkel seine beqvemste Stelle im Schlusse, oder in einem Absatze des Gesanges; wiewol auch sonst, absonderlich wo der Einklang etlichemahl nach einander folget, Gelegenheit dazu aufstossen kan.

§. 43.

Nun kommen wir zur **Tirata**, welche bey itzigen Zeiten auf gewisse Weise einen stärckern Gebrauch hat, als die vorhergehende Manier, und eigentlich einen Schuß oder Pfeilwurff, nicht aber, wie die meisten Ausleger wollen, einen Zug oder Strich bedeutet, weil die Stimme nicht bloßhin gezogen oder gestrichen wird, sondern mit Macht herauf oder herunter schiesset, und ein gar schnelles Schleuffen, gemeiniglich in **Pans** Qvint, auch wol in die Octav, doch seltener anstellet.

§. 44.

Daher ich denn das gemächliche Auf- und Niederziehen der Sing-Leiter (Scalae) in lauter halben Schlägen mit diesem Tiraten-Nahmen unmöglich belegen kan, wie **Brossard**, und einige seiner Jünger thun, ohne ihn zu nennen: indem dabey weder schleuffen noch lauffen, weder Zug noch Strich, vielweniger etwas, das einem Spieß-Schuß, Pfeil-Wurff oder dergleichen ähnlich wäre, sondern ein gantz spanischer Gang, Fuß vor Fuß, zu erblicken ist. Nun folgen Muster von rechten Tiraten; wobey sich von ungefehr auch ein Halbcirckel meldet.

---

19 Man nennet dergleichen Zierrath durchgehends: *Diminutionem Notarum*; In der Pöbel-Sprache: eine **Variation**.

§. 45.

Vor kurzer Zeit war man so schrecklich verliebt in diesen Zierrath, daß die Componisten nach der neuesten Mode fast keine Arie oder Symphonie machten, in welcher sie dergleichen Männgen nicht häuffig und ausdrücklich hinsetzten; da sie es doch der Wahl des Sängers oder Spielers, und deren Bescheidenheit vielmehr überlassen sollten: denn auch diese müssen etwas sparsam mit dergleichen Dingen umgehen, wofern sie keinen Eckel erwecken wollen. Ich sage so viel: wenn ein Zoll, zum Behuf des Kirchen-Chors, auf folgendes Cläuselgen, oder dessen gleichen geleget, und mir die Einforderung dieser musicalischen Mauth aufgetragen würde, es sollte den Evangelischen Leviten schon was rechtes abwerffen:

Misgebrauchte Tiraten, in Menge.

§. 46.

Die sogenannten **Schleuffer**, welche aus der Tertz entweder hinauf oder herunter gezogen werden und tagtäglich vorkommen, sind nichts, als **kleine Tiraten**. Z. E.

das waren *Tirate piccole* hinauf oder herunter, kleine Schüsse oder Tertzen-Würffe; gehen sie aber in die Octav, so kan man sie mit allem Recht *Tirate maggiori* oder grosse Tiraten nennen.

§. 47.

Die *Ribattuta* ist endlich noch wol werth, daß man ihrer mit wenigem gedencke: sie bestehet in einer punctirten und bedächtlich-abgestossenen Umwechselung zweener neben einander liegenden Klänge, dabey man immer auf den untersten, und längsten, als einen Ruhe-Punct, wiederkehret und Fuß fasset. Das Wort bedeutet eine Zurückschlagung, und braucht keiner weitern Auslegung; findet sich aber weder in musicalischen Wörterbüchern, noch in andern gewöhnlichen Unterrichtungs-Schrifften für Sänger, deren ich eine ziemliche Anzahl durchgelesen habe; ausser in einigen mit der Feder geschriebenen und ungedruckten Anweisungen.

§. 48.

Die **Tenuta**, deren wir oben erwehnet, wird gar füglich mit einer **Ribattuta** angefangen, welche, nachdem sie allmählig etwas geschwinder schläget, sich endlich in ein förmliches langes Trillo endiget, etwa auf folgende Art:

Tenuta   Ribattuta

Vom zierlichen Singen und Spielen.

§. 49.

Der werthe **Heinichen** gedencket eines **Durchganges** (*transitus*) in die Tertz, der mit einem Triller begleitet wird. Wir wollen dieser artigen und wolbekannten Manier solchen Nahmen gerne gönnen; ob derselbe gleich in vielen andern Fällen auch Statt findet, und also verschiedene Dinge dadurch bedeutet und dunckel gemacht werden. **Durchgang** wird bey sehr vielen Lehrern für *Passaggio* genommen; oder wenigstens legen sie das Wort *Passaggio* von einem Durchgange gantz natürlich aus.

§. 50.

Transitus heißt auch sonst, wenn einige in den Ober-Stimmen vorkommende Klänge mit dem Basse nicht wol übereinstimmen und dennoch mit durchlauffen. Bey unsrer vorhabenden Materie ist der vermeinte Durchgang gantz was anders, und findet sich in den Grund-Noten der aufgeschriebenen ordentlichen einstimmigen Melodie, alwo er nur mit einem schnellen Triller und einer hurtigen Drehung gezieret wird. Es ist ein solcher unentbehrlicher Zierrath, daß man ohne denselben schier keine Melodie annehmlich spielen oder singen kan. Z. E.

§. 51.

Weil iedoch dieser Schmuck allemahl in **aufsteigenden** Noten erscheinet, und noch in unsern gedruckten Anweisungen oder Lehr-Büchern kein Beispiel eines solchen manierlichen Durchganges | herunterwärts vorhanden ist, wo er eben keines Trillers braucht, will ich mir die Erlaubniß ausbitten, damit zu dienen:

§. 52.

Da denn hiebey zu mercken stehet, daß es in den beiden ersten Täcten des schlechten Ganges oder blossen Satzes der Grund-Noten allerdings nöthig sey, kurtze Triller auf die mit dem obstehenden Sternlein bezeichneten durchgehenden Klänge anzubringen; welches aber bey der Schmückung überflüßig fallen dürffte, weil ein kleiner Vorschlag daselbst bessere Wirckung thut. Beiläuffig haben wir auch im ersten Tact Gelegenheit zu einer Tirate in die Septim geben wollen, damit man sehe, daß die Zierrathen fein an einander gehänget werden können: wie denn beim Schluß auch ein Halbcirckel Statt findet.

§. 53.

Der **Mordant** mögte manchen erschrecken, wenn man einen **Beisser** daraus machen wollte. Der eine sagt, es liesse, als würde durch solche Beisser etwas hartes, z. E. eine Nuß, von einander gebissen und getheilet; ein andrer aber stehet in den Gedancken, es gehe Hünermäßig damit zu, indem sich die Klänge auf dem Kamm bissen. Das sagen sie in lauterm Ernst, und man muß desto lustiger darüber werden. **Gasparini** aber[20] schreibt: dieser Mordant hätte nur deswegen den Nahmen vom beissen, weil er, **wie ein gantz kleines Thier**, kaum anfasse, und ohne Verwundung alsobald wieder loslasse. Das geht noch hin, und hat weder mit dem Nußbeissen, noch mit den Hahnen-Kämmen Gemeinschafft[21].

§. 54.

Es ist inzwischen der sogenannte Mordant nicht nur eine auf Instrumenten allein gebräuchliche Manier, wie die meisten, oder vieleicht wol alle Schrifftsteller vorgeben; sondern er kan auch im Halse der Sänger Raum finden: in welcher letztern singenden Eigenschafft dennoch keiner bisher dieses Zierraths, nach guter Lehr-Art, gedacht hat. Der liebe Mordant hat auch wircklich mehr auf sich, als mancher glaubt; läßt sich aber nicht so leicht beschreiben und lehren, als vorschreiben und hören.

§. 55.

Im Spielen kan dieser Zierrath auf verschiedene Weise angebracht werden; im Singen hergegen nur auf einerley Art: **indem man den vorgeschriebenen Klang zwar erst, den unterliegenden halben oder gantzen Grad aber, nach Maaßgebung der Ton-Art, auf das schnelleste hernach, als obs zu einer Zeit geschähe, berühret, und darauf mit eben solcher äussersten Geschwindigkeit wieder empor kömmt, so, daß diese drey Anschläge gleichsam einen eintzigen Schall verursachen, der sich nur ein klein wenig zu zögern, an etwas aufzuhalten, oder sanfft zu stossen scheinet.** Woraus gnugsam erhellet, daß der Mordant nichtes zu theilen, vielweniger von einander zu brechen hat; sondern daß er vielmehr die Klänge zusammen füget und vereinbaret.

§. 56.

Im Singen wird fast kein eintziger Accent **aufwärts** gemacht, dabey nicht zugleich ein kleiner Mor|dant mit vorkömmt. In Noten mögte man die Gestalt dieser Manier, wiewol ziemlich unvollkommen, also vorbilden, wobey die viermahl gestrichene Noten, wegen ihres geringen Gehalts, nicht mit in die Tact-Rechnung gebracht sind:

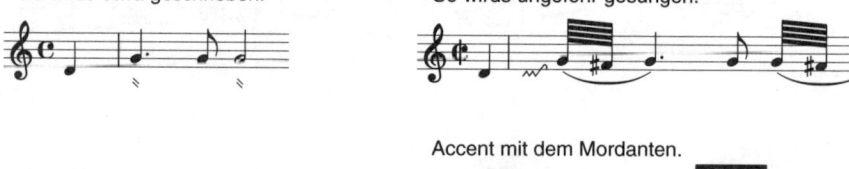

---

20 *L'Armonico Prattico al Cembalo di Franc. Gasparini, Venet.* 1708, 4 p. 91.
21 Wenn das gantz kleine Thier davon bleiben könnte, so wollte ich das Wort doch lieber von einem verliebten Kuß herleiten.

§. 57.
Die **Acciacatur** ist endlich noch übrig, davon **Gasparin**, und aus ihm **Heinichen**, gewißlich mehr Wesens machen, als das Ding wircklich werth ist; zumahl wenn weit nöthigere und wichtigere Sachen darüber zurück gesetzet, oder aus der Acht gelassen werden: indem diese Manier weiter nichts, als der Mordant im gantzen Grad; sonst nirgend, als auf dem Clavier im General-Baß bey vollen Griffen gebräuchlich; und offt an vieler Unreinigkeit in der Harmonie des Spielens Ursache ist.

§. 58.
Obbelobter Teutscher Verfasser ist der Meinung, das Wort *Acciacatura* komme her vom **Zermalmen** und **zerqvetschen**. Behüte Gott für beissenden, zermalmenden Manieren! **Walther** hergegen schreibt, es entstehe von *Acciacco*, welches überflüßig oder übrig heisse. Es ist ein selbst-gemachtes Kunst-Wort, und findet sich in keinem **Veneroni**; wie mich denn deucht, daß der gantze Zierrath, in so fern er was eignes seyn soll, samt den angeführten seichten Wortforschungen, sowol einer Seits viel überflüßiges, als andern Theils nicht wenig mangelhafftes darlege.

§. 59.
Warum soll man aber das Ding so weit herholen? Heißt nicht *Accia* ein Bindfaden, und kan nicht *Acciacatura* mit besserm Rechte eine Verbindung bedeuten, als eine Zerqvetschung oder einen Uberfluß? da nehmlich mittelst eines solchen Mordants die Vollstimmigkeit der Clavier-Griffe desto fester und näher verbunden, oder so zu reden mit einander verknüpffet wird.

§. 60.
Was etwa von dergleichen Sachen noch rückständig seyn mögte, insonderheit wenn die Zier-Figuren fein groß und lang werden, als da sind die *Passaggi, Bombi, Mistichanze* u. s. w. solches ist eigentlich des Setzers, nicht des Sängers Werck: und es dürffte vieleicht unten, im dritten Theil (wie gesagt ist) Gelegenheit aufstossen, eines und andres beiläuffig davon zu erwehnen.

Viertes Haupt-Stück.
Von der melodischen Erfindung.

§. 1.
Das ist ein herrlicher Titel, wird mancher dencken: da muß es lauter schöne Einfälle regnen! aber ich fürchte, wer keine natürliche Eigenschafften mit sich bringet, dürffte wenig Trost aus diesem Unterrichte schöpffen; ungeachtet wir uns die Mühe gerne nehmen wollen, alle ersinnliche Hülffs-Mittel vorzuschlagen.

§. 2.
Die Erfindung lässet sich leichter beschreiben, als lehren und lernen. Der gelehrte **Donius** nennet sie: **Eine Ersinnung oder Erdenckung solcher Sang-Weise, die den Ohren angenehm fällt**[1]. Und dabey wollen wir auch lassen.

---

1 *Est excogitatio modulationis auribus gratae. Don. de Praest. Vet. Mus.*

§. 3.
Das meiste kömmt auf eine angebohrne Gemüths-Beschaffenheit und glückliche Einrichtung der Fächer im Gehirne an. Es liegt auch nicht wenig an der Zeit, und an der guten Laune, wenn einer etwas rechtes erfinden soll.

§. 4.
Bey unsern Willen, wäre er auch unverbesserlich, kömmt es nicht allemahl zu: man denckt offt, ein Ding soll trefflich wol gerathen, und setzet sich fest vor, etwas ausnehmendes zu Papier zu bringen; da es offt wieder Vermuthen am schlechtesten ausfällt.

§. 5.
Hingegen kömmt bisweilen, ohne grosses Nachsinnen, gantz unschuldiger und natürlicher Weise ein Einfall, der unvergleichlich ist. Solchen Augenblick muß man alsdenn nicht vergeblich vorbey streichen lassen, sondern sich denselben wol zu Nutz machen.

§. 6.
Ein grosses kan auch zu guten Erfindungen beitragen, wenn man durch Ehre, Lob, Liebe und Belohnungen angefrischet und aufgemuntert wird: sintemahl selbst die allermuthigsten Pferde dann und wann einen Sporn nöthig haben.

§. 7.
In Ermangelung dieser Anlockungen werden bey uns Teutschen viele gute Köpffe niedergeschlagen und unterdrücket, daß ihnen die Flügel schwer werden, und die Geister sich nicht so frey erheben dürffen, als sie wol könnten und gerne wollten.

§. 8.
Ob nun gleich, besagter massen, die Erfindung nicht leicht zu lehren noch zu lernen, einfolglich mit Mühe in eine Kunstform zu bringen seyn mögte; so kan manchem doch, auf dem Nothfall, unter die Arme gegriffen, und der Weg auf gewisse Weise also gezeiget werden, daß er seinen beiwohnenden Gaben die hülffliche Hand biete, und mit denselben auf die rechten Sprünge komme.

§. 9.
Ich habe einen Capellmeister gekannt, welcher eine Anleitung zur Erfindung so gar in dem Glocken-Spiel auf hiesigem St. Peters Thurm zu suchen wuste, welches zu gewissen Stunden nur ein Tetrachordon, oder einen Qvarten-Gang, mittelst eines Uhrwercks, hören läßt.

§. 10.
Etliche ziehen die bekanntesten Abend- Morgen- und andre Lieder zu Rathe, ich meine die Melodien solcher geistlichen Gesänge, daraus sie bald hie bald da einen Satz entlehnen, und denselben offt glücklich ausarbeiten. z. E.

Von der Erfindung.

§. 11.
Die unerschöpfflichen Qvellen der Erfindungen trifft man allenthalben in einem ieden, auch in dem geringsten Dinge an, und sind gar nicht zu zehlen; wiewol doch bald gemercket wird, ob einer ihr achtet, sie suchet und findet; ingleichen wenn etwas erzwungenes mit unterläufft, das nicht aus dem Geiste geflossen, sondern bey den Haaren herbey gezogen, oder aus einem fremden Brunnen geholet ist.

§. 12.
Wiederum kan es auch manchesmahl von ungefehr kommen, daß einer auf gewisse Gänge geräth, die schon vorher hie und da anzutreffen sind, auf solche Wege, die bereits andre Leute betreten haben; ohne daß jener seine Gedancken darauf gerichtet, oder sich dieselbigen Sätze ausdrücklich erlesen hätte.

§. 13.
Wenn nun hier eine fernere lehrreiche Betrachtung von der Erfindungs-Kunst angestellet werden soll, so wird zuvörderst nöthig seyn darzuthun, daß dieselbe Kunst drey unzertrennliche Gefährten haben müsse, ohne welche auch die allerschönsten Einfälle von schlechter Würde sind. Diese drey heissen: *Dispositio, Elaboratio & Decoratio,* d. i. die geschickte **Einrichtung**, fleißige **Ausarbeitung** und gescheute **Schmückung** des melodischen Wercks: wovon im vierzehnten Capitel dieses zweiten Theils; von der *Execution* aber, d. i. von der wircklichen Auf- und Ausführung im allerletzten Haupt-Stücke des dritten Theils gehandelt werden soll.

§. 14.
Das erste, was bey einer musicalischen Erfindung in Betracht gezogen wird, bestehet hiernächst in diesen dreien Dingen: *Thema, Modus, Tactus;* d. i. Haupt-Satz, Ton-Art, Zeitmasse, die müssen vornehmlich wol erwehlet und festgesetzet werden, ehe man an etwas weiters gedencken darff; es mag auch die Absicht sonst gehen, worauf sie will.

§. 15.
Bey dem Themate oder Haupt-Satze, welcher gleichsam in der melodischen Wissenschafft dasjenige vorstellet, was bey einem Redner der Text oder Unterwurff ist, müssen gewisse **besondere Formuln** im Vorrath seyn, die auf **allgemeine** Vorträge[2] angewandt werden können. Das ist zu sagen: Der Setzer muß an Modulationen, kleinen Wendungen, geschickten Fällen, angenehmen Gängen und Sprüngen, durch viele Erfahrung und aufmercksames Anhören guter Arbeit, hie und da etwas gesammlet haben, welches, ob es gleich in lauter eintzeln Dingen bestehet, dennoch was allgemeines und gantzes, durch fügliche Zusammensetzung hervorzubringen vermögend sey. Wenn ich z. E. folgende drey unterschiedene und abgebrochene Gänge im Sinn hätte:

und aus denselben einen an einander hängenden Satz machen wollte, könnte derselbe etwa so aussehen:

---

2 *Specialia ad generalia ducenda* nennen es die Redner.

§. 16.
Denn, obgleich der eine oder andre dieser Fälle und Wendungen bereits von verschiedenen Meistern gebraucht seyn mögten, und mir, ohne auf die ersten Verfasser zu dencken, oder sie zu kennen, nur so wieder einfielen, gibt doch die Zusammenfügung dem gantzen Satze eine neue Gestalt und Art: so daß er für eine eigne Erfindung schon mitgehen kan. Unnöthig ist es auch, solches mit Vorsatz zu thun; es kan von ungefehr kommen.

§. 17.
Diese Specialien müssen aber nicht so genommen werden, daß man sich etwa ein Verzeichniß von dergleichen Brocken aufschreiben, und, nach guter Schulweise, daraus einen ordentlichen Erfindungs-Kasten machen müste; sondern auf dieselbe Art, wie wir uns einen Vorrath an Wörtern und Ausdrückungen bey dem Reden, nicht eben nothwendig auf dem Papier oder in einem Buche, sondern im Kopffe und Gedächtniß zulegen, mittelst dessen hernach unsre Gedancken, es sey mündlich oder schrifftlich, am bequemsten zu Tage gebracht werden können, ohne deswegen allemahl ein Lexicon um Rath zu fragen.

§. 18.
Zwar wem es anstehet, und den die Noth dazu treibet, der mag sich immerhin eine solche schrifftliche Sammlung anschaffen, worin alles, was ihm etwa hie und da an feinen Gängen und Modulirungen aufstößt oder gefällt, ordentlich unter gewisse Haupt-Stücke und Titel zu finden sey, damit er, erfordernden Falls, Rath und Trost daraus holen könne. Allein es wird vermuthlich ein lahmes und geflicktes Wesen herauskommen, wenn einer vorsetzlicher und mühsamer Weise aus solchen Lappen, wären sie auch von silbern und güldnen Stücken, sein Machwerck zusammenstoppeln wollte.

§. 19.
Wie nun dergleichen vorräthige und besondere *moduli* zur Bildung eines allgemeinen Haupt-Satzes, davon hier die Rede ist, gute Hülffe leisten; so führen uns auch gegenseits gewisse **allgemeine** Dinge in der Erfindungs-Kunst zu **besondern**: da man nehmlich aus mancher gewöhnlichen und bekannten Sache eine sonderbare Anwendung machen kan. z. E. Cadentzen sind was **allgemeines**, und in iedem musicalischen Stücke anzutreffen; sie können aber zu **besondern** Haupt-Sätzen gleich im Anfange Gelegenheit geben, da sie sonst zum Schlusse gehören.

§. 20.
Alles dieses betrifft die Erfindung eines guten Thematis, welches wir den Haupt-Satz nennen, und die meiste Kunst oder Geschicklichkeit erfordert; dahingegen die Ton-Art und der Tact, ob sie gleich auch mit guter Wahl erkohren werden müssen, keinen solchen weiten Umfang haben. Wir wollen also zwar von diesen letztern ebenfalls weiter unten einigen Unterricht ertheilen; itzo aber noch etwas mehres bey dem Haupt-Satze anmercken: da denn die bekannten *loci topici* (ob ich gleich selbst, meines Orts, keinen grossen Staat darauf mache) bisweilen **ziemlich artige** Hülffs-Mittel zum Erfinden, eben sowol in der melodischen Setz-Kunst, als im Dichten und Reden, an die Hand geben können.

§. 21.

Was diese *loci*, nach **Heinichens** Erachten, der Fantasie eines Componisten für **vortreffliche Hülffe** leisten sollen, lieset man in dessen neuen und gründlichen Anweisung *p. 30* bis *88* mit vielen Umständen; wobey iedoch klüglich erinnert wird, daß sie einem übelgebohrnen Componisten keine wesentliche Erfindungen geben können. Man besehe auch von diesen *locis*, welche lieber dialectisch als topisch heissen mögten, die Vorbereitung zur Organisten-Probe *p. 1*. Sie werden sonst **Erfindungs-Qvellen** genennet, und von **Weissenborn**[3] nur elf der gewöhnlichsten von ihnen in Rechnung geführet; sonst aber viele gute Dinge ihrentwegen beigebracht.

§. 22.

Bey vielen, die durchaus nichts leiden wollen, was die geringste Verwandschafft mit der Schule hat, scheinen mehrgedachte *loci* sehr verachtet zu seyn; unangesehen sie doch im Grunde bey verschiedenen Sachen nicht so gar ohne Nutzen und Vortheil gebraucht werden mögen: absonderlich wenn die Materien selbst unfruchtbar, und die Gemüther zu freien Gedancken nicht sonderlich aufgeräumet sind. Es darff sich also niemand ein Gewissen machen, auf dem Nothfall seine Zuflucht zu den hiernächst verzeichneten funfzehn Erfindungs-Mitteln lieber, als zum melodischen Diebstahl zu nehmen. Wer ihrer nicht bedarff, hat deswegen keine Ursache, andern ein Verbot aufzulegen.

§. 23.

Sie heissen inzwischen: *Locus notationis; descriptionis; generis & Speciei; totius & partium; causae efficientis, materialis, formalis, finalis*[4]*; effectorum; adjunctorum; cir|cumstantiarum, comparatorum; oppositorum*[5]*; exemplorum, testimoniorum*: die wir erklären wollen.

§. 24.

Ob nun gleich mancher dencken dürffte, es würde grossen Zwang erfordern, alle diese Dinge zur musicalischen Setz-Kunst hinzuziehen; so wird doch die Folge einen ieden überführen, daß solches nicht nur gantz natürlicher Weise geschehen könne, sondern daß es auch in der That bey der Erfindungs-Lehre so seyn müsse: ungeachtet es noch von niemand ordentlich versuchet worden, noch auch ein ieder dialectischer *locus* eben mit gleicher Geschicklichkeit und Wichtigkeit dazu versehen ist, so wie hergegen der erste und andre vor allen übrigen wol einen grossen Vorrath daran haben.

§. 25.

Der erste Ort, nehmlich *notationis*, gibt fast die reicheste Qvelle hier ab. Wie nun *notare* **bezeichnen** heißt, so verstehen wir alhie durch *notationem* die äusserliche Gestalt und **Zeichnung** der Noten: wie denn auch in der Rede-Kunst die Buchstaben eines Nahmens oder Dings darunter begriffen werden, als welche zu sehr vielen Einfällen Anlaß geben können. Eben also, ja, noch wol mit besserm Fortgange und Fug, führen uns auch die Gestalt und Stelle der Noten, als Klang-Buchstaben, zu schier unzehligen Veränderungen, bey welchen man sich insonderheit diese vier Wege belieben läßt: 1) durch die Geltung der Noten; 2) durch die Verkehr- oder Verwechselung; 3) durch die Wiederholung oder den Wiederschlag; und 4) durch die canonischen Gänge.

---

3 S. *M.* Christoph **Weissenborns** gründliche Einleitung zur Teutschen und Lateinischen Oratorie etc. *p. 223.*
4 Aus diesen vieren machen einige nur einen *locum causarum* überhaupt.
5 Auch dieser *locus* wird bisweilen zum vorhergehenden mit gerechnet.

§. 26.
Was dieses für eine weites Feld sey, ist kaum zu glauben; und doch gewiß wahr. Denn die Geltung der Noten ist die eintzige sichtbare Wurtzel einer wolgelittenen Art obligater[6] Bässe, welche theils aus einerley, theils aus verschiedenem Noten-Gehalt zusammen gesetzet werden.

§. 27.
Wenn ich zum Exempel mein Thema, meinen Haupt-Satz, ohne mich sonst an einen gewissen Gang zu binden, entweder in lauter Vierteln, oder in lauter Achteln u. s. w. ausführe, wobey noch gar keine verschiedene Klang-Füsse (*rhythmi*) vorkommen: dazu verbinde ich mich. Nehme ich mir hergegen vor, zwey- oder mehrerley Noten, in Betracht ihrer Geltung, anzubringen, so gibt solches wiederum neue Veränderung, zumahl wenn noch Tact- und Ton-Arten hinzukommen. Es kan auch dabey die Verwechselungs-Kunst (*ars combinatoria*) nach Belieben Dienste thun: wovon in der **Rhythmopöie** ein mehres zu sagen seyn wird: wiewol ich der besagten Kunst keine grosse Wunderwercke zutraue; obgleich iedem seine mechanische Meinung deswegen unbenommen bleibt.

§. 28.
Die Umkehrung, so mit ihrem Kunst-Nahmen *evolutio* oder *eversio* heißt, da nehmlich die Noten sonst nichts, als nur ihre Stelle verwechseln, hat keine Veränderung aus der Noten-Gestalt oder Geltung zu holen nöthig; sondern bestehet, **diesen Falls**, bloß darin, daß man die aufgehende Noten zu heruntersteigenden, die sinckende zu erhebenden, die rechtgängige zu rückgängigen u. s. w. mache: woraus offtmahls artige Erfindungen kommen können. Was sonst die *evolutio*, **in andern Fällen** noch für Bedeutung habe, soll an seinem Orte nicht ungemeldet bleiben. Inzwischen hat dieser Weg die **zweite** Erfindungs-Stelle.

§. 29.
Der **dritte** Weg, darauf uns diese Notations-Qvelle der Erfindung führt, begreifft die Wiederholungen, mit ihrem Kunst-Worte *clausulae synonymae* genannt, oder was man sonst in fugirten Sachen den Wiederschlag nenne, d. i. wenn ich einen gewissen Satz in andre Höhe oder Tiefe versetze.

§. 30.
Durch dieses Hülffs-Mittel werden sehr viele hübsche Themata oder Haupt-Sätze, nicht nur zu Fugen, sondern vornehmlich zu andern Sachen erfunden, und sehr geschickt durch- oder ausgeführet: zumahl wenn die eine Modulation durch etliche zwischenkommende abgelöset, und hernach wiederum so geschickt angebracht wird, daß es läßt, als ob sie gerufen käme.

§. 31.
Der Wiederschlag heisset *repercussio*, wenn eine Stimme der andern nicht in blosser Wiederholung derselben Klänge, sondern in verschiedenen, entweder höhern oder tiefern, mit einer Gleichförmigkeit antwortet, und kan solches auch in einer eintzigen Stimme geschehen. Das Gehör hat fast nichts liebers, als dergleichen angenehme Wiederkunfft eines schon vorher vernommenen lieblichen Haupt-Satzes: insonderheit wenn derselbe auf eine gescheute Art versetzet wird, und an solchem Orte zum Vorschein kömmt, wo man ihn fast nicht vermuthet. Das heißt Natur: und alle empfindliche Ergetzlichkeiten haben natürlicher Weise fast eben diese Beschaffenheit.

---

6   Ein obligater Baß ist, der allzeit, oder meist immer gewisse vorgesetzte Noten hören zu lassen **verbunden** ist.

§. 32.
Der **vierte** Weg, auf welchen uns der vorhabende Notirungs-Ort leitet, ist aus der canonischen Schreib-Art hergenommen, und von ungemeiner Würde; **wenn man sich nur nicht zu sehr dabey einschränckt**. Worin eigentlich dieser Styl bestehe, ist schon im ersten Theil zur Nothdurfft berichtet worden; was die Canones aber zu bedeuten haben, wie vielerley dieselben sind, und wie sie müssen gemacht werden, solches wird der dritte Theil breiter anzeigen.

§. 33.
Hier, bey der Erfindungs-Lehre, haben wir eben nicht mit einem förmlichen Canon zu thun; sondern nur mit einer gewissen canonischen Nachahmung, da eine Stimme der andern, in dem was sowol die Geltung der Noten, als die Intervalle betrifft, zwar richtig, doch mit solcher Freiheit auf dem Fusse folgt, daß sie sich eben allemahl an den Ton nicht bindet.

§. 34.
Das wäre denn auf das kürtzeste die Erklärung des ersten dialectischen Ortes, oder der ersten Erfindungs-Qvelle und ihrer vier Oeffnungen oder Röhren, wodurch die blosse Notation einen Haupt-Satz nicht nur an die Hand geben, sondern ihn ziemlich weit ausführen kan.

§. 35.
Es wird aber nicht undienlich seyn, ein kleines Beispiel von ieder Art dieser vier Wege zu geben. Damit man ein Muster vor sich habe, wie mit den übrigen *locis* zu verfahren sey. Denn ein vernünfftiger Leser kan leicht erachten, daß es einen dickern Band, als diesen gegenwärtigen, erfordern würde, wenn wir nur mit allen funfzehn eine gleiche Erläuterung anstellen wollten.

§. 36.
Erfindung eines Haupt-Satzes.

Mit Noten einerley Gehalts:

Von verschiedener Geltung:

Durch Umkehrung:

§. 37.

Auf diese Art kan man fast alle Sachen umkehren, und viele fremde Einfälle herbeylocken; doch muß kein tägliches Handwerck daraus gemacht werden: weil es leicht auf ein gezwungenes Wesen hinauslauffen kan.

§. 38.

Was die Nachahmung oder den Wiederschlag betrifft, so wird demjenigen, der sich nur ein wenig in Notenschrifften mit Verstand umsiehet, nicht unbekannt seyn können, welche angenehme Dienste dieselben der Erfindung leisten. Man findet der Exempel zehn für eines. Wir wollen uns indeß an folgendem begnügen.

§. 39.

Alles was hieran gefällig ist, steckt bloß in der Nachahmung der ersten fünff Noten, die einmahl durch die Secund, und das andremahl durch die Tertz eine gewisse Art des Wiederschlages und artige Synonymie oder Gleichförmigkeit darlegen.

§. 40.

In baßirenden Sätzen hat dieses Hülffs-Mittel noch grössern Nutzen, als in Ober-Stimmen; in Ausführung der Fugen aber ist es, so wie bey allen melodischen Arten, kurtzum unentbehrlich, und muß sich ein recht gutes Thema fast durch alle Intervalle versetzen lassen können, wenn der Gesang fein zusammenhangen und ein Glied mit dem andern in angenehmem Vertrauen stehen soll.

§. 41.

Hier darff man sich, wie gesagt, nicht so genau an den **förmlichen Wiederschlag** binden, wie bey ordentlichen Fugen, sondern kan willkührlich, bald auf diese, bald auf jene Art, vornehmlich aber was den Ton betrifft, davon abgehen: als geschähe es zur Lust und gleichsam von ungefehr, um was bessers hervorzubringen, sintemahl die gezwungene und zu offt auf einerley Weise vorkommende Wiederschläge dem Gehör fast mehr verdrießlich, als anmuthig vorkommen.

§. 42.

Von dem vierten Wege mag folgendes ein Muster abgeben, nehmlich von der canonischen Nachfolge in den Gängen zwoer oder mehr Stimmen: denn wie wir gesehen haben, finden die Nachahmungen und Wiederschläge auch in einer eintzigen Stimme Platz, das canonische Wesen aber muß mehr Stimmen begreiffen. Und damit soll denn die Erläuterung des *loci notationis* beschlossen werden, weil er uns sonst gar zu sehr aus der Gleise bringen würde.

Von der Erfindung.

Bey *No.* 1) gehet man von der canonischen Folge ab; 2) ist ein Wiederschlag in seiner rechten Ordnung; 3) eine canonische Folge im Einklange; 4) eine Annäherung dieser Folge, sonst *appropinquatio thematis* genannt; und 5) eine *Ribattuta*, die sich mit einem Triller endiget.

§. 43.

Der zweite Erfindungs-Ort in der Reihe, nehmlich *locus descriptionis*, gibt uns zu bemercken, daß er zwar, nächst dem ersten, die reichste Qvelle, ja gar, meines wenigen Erachtens, die sicherste und wesentlichste Handleitung zur Invention darlege, indem hieher das unergründlich-genannte Meer von den menschlichen Gemüths-Neigungen gehöret, wenn diese in Noten **beschrieben** oder abgemahlet werden sollen; allein, eben wegen der Menge und Beschaffenheit solcher vielfältigen und vermischten Leidenschafften lassen sich von diesem Beschreibungs-Orte lange nicht so viele deutliche und besondere Regeln geben, als von dem vorigen.

§. 44.

Es ist indessen von den Gemüths-Bewegungen im ersten Theil, und zwar in dessen dritten Haupt-Stück bereits das benöthigte angeführet worden, welches man hiebey aus der Natur-Lehre des Klanges wieder nachschlagen, und auf die Erfindungs-Kunst anwenden kan.

§. 45.

Wer aber in den Gedancken stehen mögte, es käme mit dem vorhabenden *loco* wol meistentheils auf die Bewandtniß einiger gewissen zur Music bestimmten Worte an, der hätte zwar nicht sonderlich gefehlet; angesehen der so genannte Text in der Vocal-Music hauptsächlich zu den **Beschreibungen** der Affecten dienet. Allein, man muß doch hiebey wissen, daß auch ohne Worte, in der blossen Instrumental-Music allemahl und bey einer ieden Melodie, die Absicht auf eine Vorstellung der regierenden Gemüths-Neigung gerichtet seyn müsse, so daß die Instrumente, mittelst des Klanges, gleichsam einen redenden und verständlichen Vortrag machen.

§. 46.

Hievon schreibet gar artig der berühmte Neidhart in der Vorrede seiner Temperatur, mit diesen Worten: **der Music Endzweck ist, alle Affecten, durch die blossen Tone und deren** *rhythmum*, **trotz dem besten Redner, rege zu machen.** Und das gehört zum Beschreibungs-Orte der Erfindung.

§. 47.

Bey Instrumental-Sachen (die doch auch auch sonst überhaupt ihre Abzeichen haben) mag sich bisweilen der Componist eine besondere Leidenschafft selbst ersinnen und machen; bey Singe-Stücken in Versen thut es mehrentheils der Dichter, wenn er kan. Woraus unter andern mein bewuster Grund-Satz eine neue Bekräfftigung erlanget, wenn es heißt: **daß es leichter sey, etwas gutes für die Sänger, als für die Spieler zu setzen.** Denn es gehöret weit mehr Sinnlichkeit oder Empfindung dazu, seine Neigung aus freien Stücken in den Gang zu bringen, als solche, auf eines andern Veranlassung, rege zu machen.

§. 48.

Die noch übrigen *loci*, als da sind *generis & speciei, totius & partium* u. s. w. haben zwar auch ihren Nutzen bey der musicalischen Erfindung, wie wir bald sehen werden; doch ist derselbe so gar groß nicht, als ihn die beeden vorhergehenden Qvellen bringen.

§. 49.

Dannenhero ist es keine gute philosophische Lehr-Art, wenn man, bey dieser Sache, die *Notation* und *Description* gar nicht anführet, sondern sich nur auf dasjenige, was vorgehet, begleitet und nachfolget, (auf *antecedentia, concomitantia & consequentia*) lediglich beziehet: denn zu geschweigen daß diese Dinge eigentlich gar keine *loci topici* sind, man müste sie denn zu den wirckenden Ursachen, zu den Umständen und zum Endzweck (*ad causas efficientes, circumstantias & causam finalem*) rechnen; so thun die beiden oberwehnten *loci* zehnmahl mehr Dienste bey | der Erfindung, als jene drey vermeinte Qvellen: ja der geringste Ort von den übrigen 13 kan in seiner Ordnung mehr Vortheil schaffen, als dieselben.

§. 50.

Der Contrapunct z. E. ist ein *genus*, oder gantzes Geschlecht in der Setz-Kunst; die Fugen aber sind *Species*, Arten oder Gattungen. Ein *solo* ist ein *Genus*; ein *Violino solo* eine *Species* etc. Da kan mir denn dieses oder jenes Geschlecht, nachdem es mit den Worten oder mit der Absicht überein kömmt, auf eine allgemeine Art, behülfflich seyn; auch kan mich diese oder jene Gattung der Melodie schon auf eine genauere oder besondere Weise zur Erfindung leiten.

§. 51.

Alle musicalische Stücke sind aus verschiedenen Theilen zusammen gefüget. Wenn ich nun meine Erwegung darüber anstellen will, so betrachte ich, ob die Worte oder die Absicht des vorhabenden Wercks sich zu einem **Solo**, zu einem **Tutti**, zu einem **Chor**, welcher aus vielen Gliedern bestehet, oder zu einem **Duett**, zu einem Trio etc. am besten schicken. Ist es so bewandt, daß ein Tutti daraus werden muß, so fragt sichs, was für Stimmen oder Theile es haben soll? als da sind: *C. A. T. B. etc.*

§. 52.

Die Erfordernisse, *requisita*, als allerhand Instrumente, mit ihrer gehörigen Anwendung, sind ebenfalls dem *loco partium* anhängig: und gibt so denn eine iede Stimme, ein iedes Instrument, oder, wie man redet, eine iede **Part**, nach ihrer Art, sofern sie einige Aehnlichkeit mit der vorzutragenden Materie aufweisen, auch einen eignen Anlaß zur Erfindung.

§. 53.

Die wirckende Ursach (*causa efficiens*) in einer Rede, wenn nehmlich eine Geschicht oder Handlung dabey Platz findet, gibt ein vierfaches Hülffs-Mittel zur Invention an die Hand: denn sie ist entweder eine Haupt-Ursache, oder ein Werckzeug, oder ein Antrieb, oder endlich ein Zufall[7]; welche Beschaffenheit sich aber allezeit besser in einem ausgearbeiteten Text, mit Beibringung der musicalischen Sätze, als hier in der Kürtze mit blossen Lehr-Worten und Beschreibungen vorstellen läßt. Jenes würde uns zu weit führen, und dieses ist zum Unterricht, zur Anzeige, schon genug.

§. 54.

Die Materie (*causa materialis*) ist dreierley: **woraus, worin**, und **womit**. (*Ex qua, in qua & circa quam.*) Um dieses mit wenigen zu erläutern, ist für bekannt anzunehmen, daß unsre musicalische Materie überhaupt und insgemein der Klang sey; wenn schon kein Unterwurff von Worten, auch eben allemahl keine ausdrückliche Absicht auf irgend eine besondere Leidenschafft in Betracht gezogen werden sollte.

§. 55.

Wenn ich mir nun z. E. vornähme, eine Vollstimmigkeit aus lauter Consonantzen zu machen, und die Dissonantzen alle mit einander davon auszuschliessen, so würde gantz gewiß die Materie, **woraus** mein Satz bestünde (*ex qua*) etwas gantz eigenes, und eine besondere Erfindung[8] abgeben können.

§. 56.

Andern Theils, ob man zwar nicht aus lauter Dissonantzen etwas wolklingendes machen kan, so ist es dennoch thunlich, dieselben so häuffig anzubringen, daß sie gleichsam über die Consonantzen herrschen, und es schier das Ansehen gewinnet, als wären diese gantz dabey aus der Acht gelassen worden.

§. 57.

Man kan z. E. seinen Baß so führen, daß die Singe-Stimme bey iedem neuen Satze, nach einer Pause, in der Secund, oder umgekehrt, daß nach iedem Absatze des Basses und eines kleinen Einhalts, die Sing-Stimme so geführet werde, damit der Baß allemahl in einer Qvart oder Sext anhebe: welches so artig, als fremd herauskömmt, und zum Ort der Materie **woraus** gehöret.

§. 58.

Man kan ferner gantz entsetzliche oder gräuliche Dinge mit den Dissonantzen vorstellen, und seine Invention *ex loco Materiae* herholen. z. E. eine *Symphonie terrible*, bey Gelegenheit poetischer Gedichte von höllischen Furien, Plagen etc. da auch nichts so arg erdacht werden mag, daß nicht, **in solchen Fällen**, zur Erfindung gut und beqvem wäre.

---

7 *principalis, instrumentalis, impulsiva & accidentalis causa.*
8 Zu gewissen Zeiten und bey besondern Umständen thun dergleichen Sätze die beste Wirckung von der Welt. Der Capellmeister **Hasse**, mein Freund nicht von gestern, hat offt bewiesen, daß die wahre Annehmlichkeit am wenigsten im Gebrauch der Dissonantzen bestehe.

§. 59.

Und wie nun aus herrschenden Consonantzen oder Dissonantzen solche Einfälle fliessen können; also ist leicht zu schliessen, daß aus den mannichfaltigen künstlichen, und mit gewisser Abwechselung versehenen Mischung der Con- und Dissonantzen unter einander wiederum auf andre Art verschiedene Erfindungen hergeholet werden mögen.

§. 60.

Materia in qua, oder die Materie, **worin** man arbeitet, gehöret zum Theil dem Unterwurff, dem Text, oder der besondern Leidenschafft zu, die einer sich zur Vorstellung erwählet hat, und behauptet demnach mit dem Beschreibungs-Orte einige Verwandtschafft, auch, wie leicht zu erachten, einige Ausnahm von demselben.

§. 61.

Materia circa quam, **mit** welcher oder um derentwillen die Gedancken eines Setzers sich bey seiner Arbeit beschäfftigen, sind Stimmen und Instrumente, Sänger, Spieler und vornehmlich die Zuhörer, als welche, nach ihrer verschiedenen Geschicklich- und Fähigkeit, die Erfindung eines Componisten ungemein herauslocken, und derselben fast mehr, als alles andre, behülfflich seyn können.

§. 62.

Zehn gute Setzer sind offt nicht im Stande, einen eintzigen guten Sänger zu machen; aber ein eintziger guter Sänger, absonderlich eine schöne und kunstreiche Sängerin, vermag leicht zehn gute Componisten zu erwecken: so daß diese bisweilen nicht wissen, woher ihnen die verwunderungswerthe Einfälle kommen. Die Liebe trägt hiezu nicht selten das meiste reichlich bey, indem sie von ie her, auch ohne viel Regeln zu gebrauchen, die beste Lehrmeisterin[9] in der Music gewesen ist.

§. 63.

Derowegen ist die Materie *circa quam* iederzeit für eines der stärckesten Hülffs-Mittel zur Erfindung anzusehen, indem es einen Setzer ungemein aufmuntert und anlocket, wenn er bey seiner Arbeit weiß, daß sie durch diese oder jene grosse Virtuosen, durch trefflich-geschickte Leute herausgebracht und bewerckstelliget werden soll, nach denen er sich zu richten für die grösseste Lust und Freude hält.

§. 64.

Es ist hiebey zu beklagen, daß offt mancher junger Mensch und hurtiger Kopff durch alte Neidhämmel dieser unschätzbaren Erfindungs-Qvelle beraubet, und an der Aufführung seiner Arbeit, ob er gleich nichts dafür verlanget, unbilliger Weise gehindert wird: wovon man in gewissen Concerten neulicher Zeit einige hämische Proben erlebet hat, dadurch angehende Componisten wenig Aufmunterung zur Fortsetzung ihres Fleisses bekommen; andre aber ihre unverantwortliche Selbst-Liebe gar zu deutlich an den Tag legen; die doch ein rechtschaffner Liebhaber und Beförderer der Music gäntzlich aus seinem Hertzen verbannen sollte.

§. 65.

Hiernächst weiset auch die **Form** und Norm eines ieden Wercks, einer ieden Melodie, solche Wege an, daraus leicht abzunehmen, wie man seine Gänge erfinden und klüglich einrichten soll:

---

9 Nach dem wahren Sprich-Wort: *Amor docet Musicam.*

wozu die beiden Haupt-Stücke, vom Unterschiede der Sing- und Spiel-Melodien, ingleichen von den Gattungen und Abzeichen derselben weiter unten ausführliche Handleitung geben werden, wenn man sie auf die vorhabende Erfindungs-Lehre recht anwenden, und als **förmliche Ursachen** (*causas formales*) mit selbiger zusammenhalten will.

§. 66.

Der **Endzweck** unsrer musicalischen Arbeit ist, nächst GOttes Ehre, das Vergnügen und die Bewegung der Zuhörer. Habe ich nun etwa bey einem Fürstlichen Hofe zu thun, so gibt mir der Zustand desselben schon gute Gelegenheit, auf etwas zu sinnen, das mit dem daselbst herrschenden Geschmacke übereinkomme, dessen reife Erwegung viele Erfindungen herbey locken kan: zumahl, **da auch die Noth selbst für eine Mutter derselben** gerechnet wird.

§. 67.

Haben wir hergegen eine Kirche in dieser oder jener grossen Stadt vor uns, so ist die Absicht schon andrer Art, und muß der Sinn des **auserlesensten** Volcks vielen andern Betrachtungen, in so weit selbige auf die Zuhörer gerichtet sind, billig vorgehen. Also herrschet an beiden Orten ein gewisses, unterschiedenes Vorurtheil.

§. 68.

Wer aber fürs Theater arbeiten will, der bedarff, mehr als andre, die gesunde Vernunfft zu Rathe zu ziehen, und sich an keinen Leithammel zu kehren: denn daselbst muß billig nichts anders herrschen, als der **gute** Geschmack, und allen Vorurtheilen gute Nacht gesaget werden. Ich deute dieses nur auf den Endzweck der Composition, und überlasse den Herren Dichtern das ihrige dahin treulich beizutragen, daß einmahl die ehrliche Schaubühne von allen Thorheiten, so viel möglich, gereiniget, und als eine wahre Sitten-Schule angesehen werde; es verdriesse wen es wolle.

§. 69.

Man kan es überhaupt seinen Zuhörern bald abmercken, ob ihnen der Geschmack verdorben ist, und ob sie mit gutem Recht an andern Gerichten ein besseres Vergnügen finden mögten. Diejenigen Erfindungen nun, die dazu helffen, muß man vor andern erkiesen, und sich ihrer mit Bedacht gebrauchen.

§. 70.

Hieher gehöret auch der *locus effectorum*, wenn wir z. E. bemercken, wie dieser oder jener Satz eine vortreffliche Wirckung in Zimmern oder Sälen habe; der doch hergegen seine Krafft in der Kirche gar verlieret. Auch umgekehrt. Hier ist die Erfahrung eine unvergleichliche Lehrmeisterin der Erfindung.

§. 71.

Der *locus adjunctorum* findet hauptsächlich in der Setz-Kunst Statt bey Vorstellung gewisser Personen (als in Oratorien, Opern, Cantaten etc.) und pflegt man dabey auf dreierley zu sehen, nehmlich auf die Gaben[10] des Gemüths, des Leibes und des Glückes.

§. 72.

Wenn nun einer meinen mögte, es liessen sich ja diese Sachen in der Music nicht wol vorstellen; so kan man ihn versichern und überführen, daß er sich nicht wenig betriege. Es hat der berühmte

---

10 *Adjuncta animi, corporis & fortunae.*

Joh. Jac. **Froberger**, Kaisers **Ferdinand III**. Hof-Organist, auf dem blossen Clavier gantze Geschichte, mit Abmahlung der dabey gegenwärtig-gewesenen, und Theil daran nehmenden Personen, samt ihren Gemüths-Eigenschafften gar wol vorzustellen gewust. Unter andern ist bey mir eine Allemande mit der Zubehör vorhanden, worin die Uberfahrt des Grafens von Thurn, und die Gefahr so sie auf dem Rhein ausgestanden, in 26 Noten-Fällen ziemlich deutlich vor Augen und Ohren geleget wird. Froberger ist selbst mit dabey gewesen.

§. 73.

Buxtehude (Dietrich) der gleichfalls hochgeschätzte, ehmaliger Lübeckischer Organist, hat dergleichen auch mit gutem Beifall seiner Zeit zu Papier gebracht, und unter andern, die Natur oder Eigenschafft der Planeten, in sieben Clavier-*Suiten*, artig abgebildet. Es ist Schade, daß von dieses braven Künstlers gründlichen Clavier-Sachen, darin seine meiste Krafft steckte, wenig oder nichts gedruckt ist.

§. 74.

Kan solches nun einigermaassen auf einem blossen Instrument allein geschehen, wie viel mehr und besser wird es mit lebendigen Stimmen auszurichten seyn. Doch muß darin gute Maasse gehalten werden: denn, wer das Ding, ohne sonderbare Bescheidenheit, gar zu weit treiben wollte, dürffte es leicht dahin bringen, daß viel gezwungenes, lächerliches und pedantisches mit unterlauffen müste; woran es denn auch bey den Wercken unserer lieben Vorfahren, in unsern Augen, eben nicht fehlet.

§. 75.

Der ehmahls nicht weniger, als obbemeldete, berühmt gewesene Organist zu S. Jacob in Hamburg, **Matthias Weckmann**, hat einst die Worte aus dem 63 Cap. Esaiä so nachdrücklich, dem *loco adjunctorum* gemäß, *componiret* und aufgeführt, daß der bekannte Juden-|Bekehrer Licenciat Edzardi ihm das Zeugniß gegeben: **Er habe im Sing-Basse den Messiam so deutlich abgemahlet, alswenn er ihn mit Augen gesehen hätte.**

§. 76.

Dergleichen Erfindungen schöpffet man aus der vorhabenden Qvelle, mittelst einer scharffen Einbildungs-Krafft, wenn man sich z. E. vorstellet, wie einer **geschmückt einhertrete**, und sage: **Ich bins, der Gerechtigkeit lehret; Ich trete die Kelter alleine** etc. Wenn ich etwa in einem Passions-Wercke diese, dem Pilato zugeeignete Worte:

> **Bäume, die mit ihren Zweigen**
> **Wollen in die Lüffte steigen,**
> **Kürtzet man bey Zeiten ab.**

in die Music bringen, und mir sonst nichts aufstossen wollte, weil eben kein sonderbarer Affect aus den Worten hervorblicket, dürffte ich nur meine Gedancken auf die Glücks-Güter des Pilatus richten und in Betracht ziehen, daß er ein grosser Staats-Mann und Landes-Regent gewesen sey: dabey denn gleich etwas hochmüthiges und regiersüchtiges zum Vorschein kommen müste, welches Gelegenheit geben würde, die Gemüths-Bewegung der Herrschsucht und des majestätischen Wesens auszudrücken. Zwar gäbe auch das **Steigen in die Lüffte** manchem eine Erfindung her; aber innerliche Regungen sind allezeit edler, als äusserliche, wörtliche Zeichen.

§. 77.

Der folgende *locus circumstantiarum* ist eben der Gattung, als der vorige; doch mit dem mercklichen Unterschied, daß die **Umstände** der **Zeit**, des **Ortes**, der **vorhergegangenen, begleitenden, folgenden** und andrer Sachen dabey in Erwegung gezogen werden müssen: welches alles, der Länge nach, durchzugehen ein eignes Buch erfordern, und hier viel zu weitläuffig fallen würde; wenn wir uns besinnen, welchen Raum der dritte Theil dieses Wercks, der ohne häuffige Exempel nicht bestehen kan, annoch erfordert.

§. 78.

Auf diesen Umstands-Ort allein scheinet **Heinichen** seine gantze Erfindungs-Lehre und Absicht gerichtet zu haben, wenn er bloß auf die *antecedentia, concomitantia & consequentia* vorträgt; die doch nur Theile eines eintzigen *loci* aus funfzehn sind.

§. 79.

Hiernächst haben wir den *locum comparationis*, oder der Vergleichung, da ähnliche Dinge mit den unähnlichen, kleine mit den grossen, und so umgekehrt, zu vergleichen stehen: wohin denn auch die Erdichtungen und Prosopopöien gehören, da man z. E. Gleichnißweise aus dem Tage, oder aus der Nacht, und andern Dingen, eigene Personen macht, die da reden und singen können. **Ein Tag sagts dem andern etc.**

§. 80.

Ferner kömmt der *locus oppositorum,* d. i. der **Gegensätze**, auch in kein geringes Ansehen, und hat nicht nur einen grossen Nutzen in der Music überhaupt, sondern gibt vornehmlich vielerley Mittel an die Hand, sich mit guten Erfindungen hervorzuthun: denn, wenn ich nur die verschiedene Tact-Arten, die gegen einander lauffende Bewegungen, das hohe und niedrige, das langsame und geschwinde, das gelinde und hefftige, samt vielen andern **Gegensätzen** recht erwege, so entspringen daraus fast unzehlige Erfindungen, sowol bey gegebenem Anlasse der Worte als ohne dieselben.

§. 81.

Der *locus exemplorum* könnte wol in diesem Fall auf eine Nachahmung andrer Componisten gedeutet werden, wenn nur feine Muster dazu erwehlet, und die Erfindungen bloß imitiret, nicht aber nachgeschrieben und entwendet würden. Wenn endlich alles um und um kömmt, wird aus dieser Exempel-Qvelle, so wie wir sie hier nehmen, wol das meiste hergeholet: es ist auch solches nicht zu tadeln, wenn nur mit Bescheidenheit dabey verfahren wird. Entlehnen ist eine erlaubte Sache; man muß aber das Entlehnte mit Zinsen erstatten, d. i. man muß die Nachahmungen so einrichten und ausarbeiten, daß sie ein schöneres und besseres Ansehen gewinnen, als die Sätze, aus welchen sie entlehnet sind.

§. 82.

Wer es nicht nöthig hat und von selbst Reichthum gnug besitzet, dem stehet solches sehr wol zu gönnen; doch glaube ich, daß deren sehr wenig sind: maassen auch die grössesten Capitalisten wol Gelder aufzunehmen pflegen, wenn sie ihre besondere Vortheile oder Beqvemlichkeit dabey ersehen.

§. 83.

Aus den letzten *loco testimoniorum* ist in der Music der beste Nutz zu machen, wenn man ein von andern verfertigtes Lied, das sonst fast iedermann bekannt ist, so wie zum Exempel die

218 II. Theil. Viertes Capitel

Kirchen-Gesänge etc. auf gewisse Weise an- und einführet, daß es der vorhabenden Materie zum Zeugnisse oder zur Bekräfftigung, als ein *citatum* oder *allegatum* diene; welches denn bisweilen von besonders-schönem Nachdruck ist, und für eine gute Erfindung mitgehen kan, zumahl, wenn dergleichen angezogene Sätze gleichsam gerufen kommen, und dabey mit Fleiß und Nachdencken ausgearbeitet werden.

§. 84.

So weit reichet auf das kürtzeste die Anzeige oder der Versuch, welchergestalt die bekannten *loci topici* oder Erfindungs-Qvellen, in so fern sie aus der Redekunst genommen sind, auch der musicalischen Setz-Kunst ungemeine Hülffe leisten können.

§. 85.

Doch ist noch eine besondre Erfindungs-Art übrig, welche man eine unvermuthete, unerwartete und gleichsam ausserordentlich-eingegebene nennet, (*inventio ex abrupto, inopinato, quasi ex enthusiasmo musico*) und dazu hilfft:

1) Wenn man eines vortrefflichen Componisten Arbeit, zumahl dafern derselbe etwa einerley Materie mit der unsrigen behandelt hat, vorher wol ein- und ansiehet.
2) Wenn man sich eine Leidenschafft fest eindrückt, und sich gleichsam darin vertiefft, als wäre man in der That andächtig, verliebt, zornig, hönisch, betrübt, erfreuet, u. s. w. dieses ist gewiß der sicherste Weg zu gantz unvermutheten Erfindungen.
3) Kan man auch in einer eintzigen Melodie verschiedene Erfindungen anbringen, und so zu reden fast augenblicklich, auf unerwartete Art, mit denselben abwechseln: welches die Zuhörer vergnüglich überraschet; wenn nur sonst dem Zusammenhange oder der Haupt-Absicht dadurch nicht zu nahe geschiehet.

Exempel eines Hohn-Spruchs, der in unvermuthete Freude ausbricht.

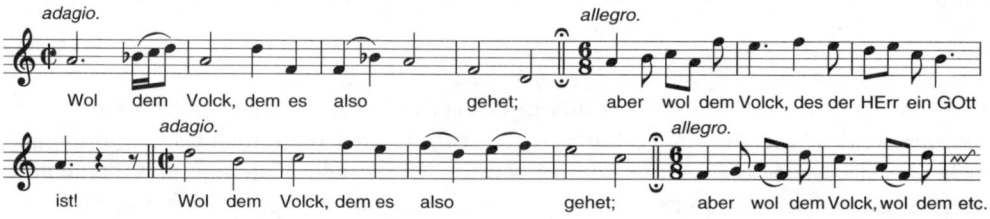

Verschiedene abwechselnde Erfindungen.

Fünfftes Haupt-Stück.
Von der Kunst eine gute Melodie zu machen.

§. 1.

Die Melopöie ist eine wirckende Geschicklichkeit[1] in Erfindung und Verfertigung solcher singbaren Sätze, daraus dem Gehör ein Vergnügen entstehet.

§. 2.

Diese Kunst, eine gute Melodie zu machen, begreifft das wesentlichste in der Music. Es ist dannenhero höchstens zu verwundern, daß ein solcher Haupt-Punct, an welchem doch das grösseste gelegen ist, bis diese Stunde fast von iedem Lehrer hintangesetzet wird. Ja man hat so gar wenig darauf gedacht, daß auch die vornehmsten Meister, und unter denselben die weitläuffigsten und[2] neuesten, gestehen müssen: **es sey fast unmöglich, gewisse Regeln davon zu geben**, unter dem Vorwande, weil das meiste auf den guten Geschmack ankäme; da doch auch von diesem selbst die gründlichsten Regeln gegeben werden können und müssen: im eigentlichen Verstande frage man nur geschickte Köche; im verblümten die Sittenlehrer, Redner und[3] Dichter.

§. 3.

Also legen jene Verfasser ihre Schwäche und schlechte Einsicht, betreffend das allernothwendigste Stück melodischer Wissenschafft, mehr als zu viel an den Tag. Andre hergegen, die doch sonst alles wissen wollen, handeln in diesem Fall noch etwas klüger, indem sie in ihren grossen Büchern lieber gantz und gar still davon schweigen.

§. 4.

Ich dringe demnach noch immer, **vorzüglich**, auf eine eintzelne, saubere Melodie, als auf das schönste und natürlichste in der Welt, und bin unstreitig der erste, welcher öffentliche Beschreibungen und regelmäßige Anleitung dazu gibt: vieleicht dienen sie, wie meine übrigen Eisbrüche, heute oder morgen auch dazu, daß sich ein andrer breit damit mache, und des Urhebers gar nicht erwehne. Niemand hat sonst, meines Wissens, mit Vorsatz und Nachdruck von der Melodie geschrieben. Es fällt alles gleich auf die Vollstimmigkeit, und den allergeübtesten Setzern fehlet es bisweilen in ihrer Arbeit an nichts so sehr, als an der Melodie: weil sie bey ihren Bemühungen die Pferde immer hinter den Wagen spannen, und mit vier bis zehn Stimmen darauf los schreiben; ehe sie noch gelernet haben, einer eintzigen ihr Recht zu thun, oder derselben die wahre Anmuth zu ertheilen.

§. 5.

Wir legen hergegen die Melodie zum Grunde der gantzen Setz-Kunst, und können gar nicht begreiffen, warum man den deutlichen Unterschied zwischen der ein- und mehrfachen Harmonie, dessen in meinen Schrifften vorlängst aus guten Gründen erwehnet worden, niemahls in

---

1 *Melopoeia est facultas, vel habitus effectivus conficiendi cantum.* Aristid. Quintil. L. I de Mus. p. 28, 29.
2 Als *Monsieur Rameau* und die seines Gelichters sind. Ich habe neulich etwas von dessen Noten-Arbeit fürs Clavier gesehen, das mir weit besser gefallen hat, als seine unbegreiffliche Beschaulichkeiten. Aus jenen mercket man, daß er ein guter Organist, aus diesen, daß er ein gezwungener Componist seyn müsse: wiewol die Jesuiten itzo Wunder von ihm machen. *Traité de l'Harm.* p. 142.
3 S. **J. U. Königs** Untersuchung vom guten Geschmack.

gehörige Betrachtung ziehet, wenn z. E. wieder alle Vernunfft behauptet werden will: **daß die Melodie aus der Harmonie entspringe**[4], **und alle Regeln der ersten von der andern hergenommen werden müssen.**

§. 6.

Die Melodie aber ist in der That nichts anders, als die ursprüngliche wahre und **einfache Harmonie** selbst, darin alle Intervalle **nach, auf** und **hinter einander** folgen; so wie eben dieselbe Intervalle und keine andre[5], in vollstimmigen Sätzen **zugleich, auf einmahl,** und **mit einander** vernommen werden, folglich eine **vielfache** Harmonie[6] zu Wege bringen. In beiden muß freilich der gute Geschmack regieren; sonst sind sie keiner Bone werth.

§. 7.

Diese gründliche Unterscheidung und Auslegung hebet vermuthlich allen Streit hierüber auf: weil iedermann zugeben muß, daß die ersten Elemente, woraus eine Vollstimmigkeit gezeuget wird, in den blossen Klang-Stuffen bestehen, so wie sie hinter einander folgen, und denn, daß in der Natur-Lehre, die ein tüchtiger Musicus inne haben muß, der Satz unumstößlich wahr bleibet, **daß das Einfache eher gewesen, als das Zusammengesetzte, folglich dessen Ursprung oder Wurtzel sey.**

§. 8.

Wer nun eine richtige Theilung anstellen will, der muß vorher den gantzen Zusammenhang in allen Stücken wol betrachten und begreiffen. Dieser Ausspruch kan keinem Zweifel unterworfen seyn; daher ich ihn folgender Gestalt anwende: Kein Mensch wird wissen, was eine Tertz, Qvint, Octav u. s. w. bedeute, der nicht zuvor getastet, gehöret, gesehen und wahr befunden hat, daß die erste aus dreien, die andre aus fünfen, und die dritte aus acht Klängen bestehe, als aus so vielen einfachen Elementen, und wesentlichen melodischen Grund-Stücken, die sich durch gewisse ordentliche Stuffen an einander schliessen.

§. 9.

Solche Fügung der Klang-Stuffen heisset eigentlich und vorzüglich *Harmonia, Compages*: welches mit den rechten alten Griechen zu beweisen stehet, die fast alle ihre musicalische Wunder mit der einfachen Harmonie thaten.

§. 10.

Es kan demnach niemand die Theilung einer Saite oder nur einer Octav anstellen, ehe und bevor er die gantze Klang-Leiter, in ihrem natürlichen Wesen und Zusammenhange, Tritt- und

---

4   S. *Traité de l'Harmonie par M. Rameau, L. II Ch. 19 p. 139, Ch. 21 p. 147*. Das artigste ist, man schreibt, die Harmonie werde zuerst **gezeuget**. Ich gebe es zu: denn was gezeuget wird, muß Eltern haben.
5   Also ist es sehr abgeschmackt, wenn man zwischen harmonischen und melodischen Intervallen einen wesentlichen Unterschied erdichten will. *id. ibid.*
6   *Zarlin. Institut. P. II c. 12 p. 96 sq. ejusd. Sopplem. L. 8 c. 2 p. 279*, wo er lehret: *qual appresso gli Antichi fusse l'Harmonia, NB. terza Parte della Melodia.* S. *Ioh.* **Magiri**, eines sehr gelehrten Predigers und vortrefflichen *Musici, Art. Mus. etc. L. 2 c. 24 p. 98 de Harmonia simplici*, ingleichen *cap. 27 p. 105 de Harmonia composita.* Meine Auflage dieses Buchs ist von 1592, nach der Zuschrifft zu rechnen: wiewol der Titel fehlet: welches ich deswegen erinnere, weil im Waltherischen Wörter-Buche stehet, die erste *edition* sey 1596 herauskommen. *Plato* handelt auch von dieser einfachen Harmonie, *L. 3 de Republ.* und die wahren Alten wusten von keiner andern.

Schrittweise, Grad vor Grad, ohne die geringste Uiberhupffung betrachtet, begriffen, besungen oder bespielet hat. Und das ist schon Melodie.

§. 11.

Wie denn folgende Beispiele zur Gnüge darlegen und augenscheinlich beweisen sollen: daß in der melodischen Leiter alle und iede Vollstimmigkeit stecke; daß die vielfache Harmonie ihre Regeln aus der Melodie ziehe; daß ein eintzelner Gesang auch ohne Begleitung gar wol bestehen könne, eine so genannte Harmonie aber ohne Melodie nur ein leerer Schall und gar kein Gesang sey; daß alles klingende Wesen, ohne Nachahmung, wenig oder nichts bedeute, diese Nachahmung aber sich auf eintzelne Melodien gründe, es sey in Fugen, Concerten oder andern Gattungen; daß ein iedes Thema allezeit eine blosse Melodie führe, auf welche, als auf den Grund, hernach die mehrfache Hamonie ihr Gesticke und Gebräme verfertiget, auch sich entweder gantz, oder doch zum Theil nach solcher richtet; daß ein ieder seine Part vorher allein lernen müsse, ehe er im Chor mit singen kan; und endlich, daß es dem ungeachtet bey Anfängern noch hart genug hält, in der Harmonie, wo viele verschiedene Melodien sind, nicht zu fehlen, ob sie gleich ihre eigene sonst ziemlich wol treffen können. Aus diesen allen folget, daß jenes, in gewissem Verstande, schwerer sey, als dieses.

§. 12.

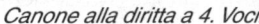

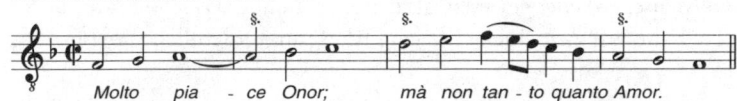

Hier macht die blosse diatonische Klang-Leiter, durch ihre in gerader Schnur auf- und niedersteigende Stuffen, bey gantz natürlichem Zusammenhange schon eine solche einfältig-edle Melodie, daß darin die völlige vierstimmige Harmonie, mit den ersinnlichen Consonantzen, ohne eine eintzige Note zu verändern, nebst allen gehörigen kleinen und grossen Intervallen, Secunden, Tertzen, Qvarten, Qvinten, Sexten, Septimen und Octaven richtig enthalten.

§. 13.

Ich setze ferner diesen Scotländischen Tantz, und frage, wie elend der Baß dazu ausfallen würde, wenn er sich nicht nach der Haupt-Melodie nachahmend richtete? und wie gut hergegen auch eine nur zweifache Harmonie geräth, wenn die begleitende Stimme von der herrschenden gleichsam ein Muster nimmt, und ihr auf das freundlichste fast in allen denselben melodischen Gängen und Fällen nach- oder entgegen spielt. Alles was diese Harmonie hat, rühret unstreitig aus der Melodie her, die von jener nachgeahmet und für ein Original gehalten werden muß.

§. 14.

Fraget doch rechtschaffene Tantzmeister: *s'ils commencent leurs leçons par des entrechats, ou par la Demarche de la Danse?* ob sie ihren Schülern erst Kreutz-Cabriolen, hernach aber einen tactmäßigen Gang beibringen? Man kan ja von niemand geschickte Sprünge mit beiden Füssen zugleich fordern, ehe er recht gehen gelernet hat: so wenig als iemand den dritten Theil eines Dinges heraus zu geben vermag, der vom ersten und zweiten nichts weiß. Eines beziehet sich hier unumgänglich auf das andre.

§. 15.

Mein nächster, unleugbarer Satz lautet so: **Natürliche Muster verursachen die künstlichen.** Die Kunst ist eine Dienerin der Natur, und zu ihrer Nachahmung bestellet. Zu viel Kunst benebelt die Schönheit der Natur. Wenns auch möglich wäre, getrennte Tertzen, Qvinten etc. wissentlich und willkührlich zu treffen, oder zu theilen, ohne die zwischen ihren Enden liegende Klänge zu kennen, zu zehlen, zu messen und zu untersuchen; so ist doch das natürliche Singen bey dem Menschen (ich sage bey dem Menschen) eher gewesen, als das Spielen, und das schöne angeborne Werckzeug der Kehle gibt doch nur zur Zeit einen eintzigen Klang an. Ordentlicher weise.

§. 16.

Wenn derowegen von Intervallen die Rede ist, muß man darunter vorzüglich denjenigen Gebrauch verstehen, da ihre Enden sich nach einander hören lassen, und nur auf einmahl einen eintzigen Laut oder einfachen Klang hervorbringen; nicht aber, wie sie das Ohr zugleich rühren, | und ein zusammengesetztes Wesen ausmachen: Denn jenes kan durch einen Menschen ordentlicher Weise eintzig und allein geschehen, und stehet also deswegen oben an, weil der blosse melodische Gesang einfacher, und von Natur älter ist, als die Vollstimmigkeit[7]; dahingegen diese mehr Personen, oder nachahmende Werckzeuge erfordert.

§. 17.

Die stärckesten und schärffesten Regeln der mehrfachen Harmonie gründen sich auf die obgedachte Mitzehlung und heimliche Berechnung der zwischenliegenden Grade und Klänge, bey springenden Intervallen. Denn, warum ist es unrecht und hart verboten, so zu setzen?

wahrlich aus keiner andern Ursache, als weil die, zwischen diesen Sprüngen liegende Klang-Stuffen melodischer Leiter, welche man immer dabey im Sinne hat, ob sie gleich nicht förmlich hingeschrieben sind, die verdeckten Qvinten und Octaven verrathen. Kömmt nun dieses Erkennt-

---

7 *Quia cantus simplicior concentui & prior natura.* G. J. Voss. *de nat. & Constit. Poeseos,*

niß aus der Harmonie, oder aus der Melodie? Da haben wir denn auch eine Probe von harmonischen Regeln, die aus der Melodie fliessen; und dergleichen gibt es vielmehr.

§. 18.

Wir brauchen demnach alle und iede Intervalle bey der Melodie natürlicher, so wie bey der Harmonie künstlicher und zusammen gesetzter Weise. Wir können ja in der Vollstimmigkeit durch lauter Octaven, oder durch lauter Tertzen, Qvarten u. s. w. eben so wenig ausrichten, als in der Melodie oder in dem eintzelnen Gesange; es wäre auch ein solches Verfahren in der vielstimmigen Harmonie eben so albern, ja, noch viel thörichter, als in der Melodie: doch nimmt man ein einseitiges und sehr seichtes Argument daher. Die Secunden gehören vornehmlich zu beiden, und die Abwechselung in allen bringet das grössesste Ergetzen.

§. 19.

Aus den angeführten zween Grund-Sätzen folgt also unwiedertreiblich der Schluß, **daß der rechte Anfang zum componiren nothwendig mit der lautern Melodie gemacht werden müsse**: maassen in allen Unterrichtungen nur eine eintzige gute Methode oder Lehr-Art Statt findet, nehmlich, daß man von den einfachen Dingen zu den doppelten, und von den bekanntern zu den unbekanntern fortgehet.

§. 20.

Wiewol wem allerhand durch einander gemischte Speisen gefallen, der weiß nicht, wie gut ein einfaches Gericht schmeckt, so sehr es auch die Gesundheit und der mäßige Horatz[8] anpreisen. Warum denn schmeckt ihnen solches nicht? Antw. Sie nehmen kein safftiges Fleisch zur Speise, welches allemahl seine Brühe in sich selbst hat; sondern setzen böse Fische auf, die viel Würtze, viele Dissonantzen, fressen.

§. 21.

Es gibt eine Art von Köchen, die zwar gantz gerne im Druck bekennen, **daß auch offt die schönste Harmonie, ohne Melodie, abgeschmackt sey**[9]; derowegen ich ihnen eben alhier ein Gleichniß vom Geschmack und von Speisen gebe: sie gestehen aus eignem Triebe, daß fast alle Krafft der Gedancken, Leidenschafften und deren Ausdrücke keinem andern Dinge, als der lautern Melodie unterthan sind; versprechen auch kühnlich mit Titeln und Uberschrifften, mit dürren und deutlichen Worten, in ihren Büchern und Haupt-Stücken **alles** zu lehren, was nur immer eine Music **vollenkommen** machen könne: und wenns klappen soll, wird die liebe **Unmöglichkeit**, Regeln von der Melodie zu geben, vorgeschützet; da sie doch selbst nicht in Abrede seyn können, eben diese Melodie sey die Haupt-Sache und der höchste Gipfel der musicalischen **Vollenkommenheit**.[10] Sie bitten dabey um Vergebung, ein solches Geheimniß entdecket zu

---

8 — — —   *Variae res.*
  Ut noceant homini credas, memor illius escae
  Quae simplex olim tibi sederit.   Hor. L. II sat. 2.
9 Rameau l. c. p. 142.
10 *La Melodie n'a pas moins de force dans les expressions que l'Harmonie – mais il est presque impossible de pouvoir en donner des regles certaines, en ce que le bon gout y a plus de part que le reste: ainsi nous laisserons aux heureux genies le plaisir de se distinguer dans ce genre, dont depend presque toute la force des sentimens, & nous esperons que les habiles gens, pour qui nous n'avons rien dit de nouveau, ne nous sauront pas mauvais gré d'avoir declaré des secrets, dont ils auroient peutêtre souhaité être les seuls depositaires, puisque notre peu de lumiere ne nous permet pas de leur disputer ce dernier degré de perfection, sans lequel la plus belle Harmonie devient quelques fois insipide, & par où ils sont toujours en etat de surpasser les autres. Rameau l. c. p. 142.*

haben, gestehen ihr Unvermögen in der Melodie, und erkennen sich für überwunden. Was will man mehr?

§. 22.

Noch ein Paar Fragen, ehe ich weiter zum Wercke schreite, bitte mir dienstlich aus. Die erste ist, ob denn eine nach gewissen, selbst erdichteten harmonischen Regeln eingerichtete Music immer gut seyn könne, unangesehen sie, wenns hoch kömmt, wieder die Ordnung der Melodie, des Gesanges, der Zeitmaasse, der Geltung, des feinen Geschmacks etc. anstösset[11]? Die andre ist: Ob eine solche Lehre, wie diese, indem sie beyde von **Rameau** kommen, mit der obigen vom Vorzuge der Melodie, wol bestehen und übereinstimmen könne? Wenn diese zwo Fragen gründlich mit Ja erwiesen, und meine vorhergehende Vernunfft-Schlüsse (der übrigen angeführten Erfahrungs-Gründe zu geschweigen) richtig mit Nein wiederleget worden sind: alsdenn will ich der Melodie zu Liebe mein Tage kein Wort mehr verlieren.

§. 23.

Unter den Gelehrten hat zwar der eintzige **Donius** im vorigen Jahrhundert angemerckt, daß es Leute bey Dutzenden gäbe, die keinen rechten Unterschied zwischen Melodie und Symphonie zu machen, noch die Melopöie von der Symphoniurgie abzusondern wüsten. Er sagt: obgleich die Vollstimmigkeit ein grosses Vermögen hat, die Klänge entweder zu vermehren oder zu vermindern, so ist doch dieses eine Sache, die gantz fremd, und der Ton-Arten Natur nicht eigen ist: weil man solche im Grunde bey einer blossen einfachen Sing-Melodie betrachten muß, und wenn solches geschehen, mag man alsdenn erst vom Zusammenklange reden. Seine eigne Worte verdienen, unten ihren Platz zu finden[12].

§. 24.

Allein der gut **Doni**, ob er gleich einen eignen Tractat von den Melodien geschrieben hat, der aber einen gantz andern[13] Zweck führet, als unsre vorhabende Arbeit, hat das Uibel zwar eingesehen, und doch demselben damit gar nicht abgeholffen; vielweniger Mittel und Wege an die Hand gegeben, durch welche iemand zur Setzung angenehmer Melodien gelangen könne.

§. 25.

Es ist einmahl unmöglich, daß bey **vielen Stimmen** zugleich **viel Melodie**, und zwar **recht gute** gefunden werden möge: weil die letztere sich gar zu sehr vertheilen lassen muß, und darüber in die Länge allen geschickten Zusammenhang verlieret. Ich sage in die Länge: denn mit kleinen Sätzen ginge es noch eher an, wenn ein tüchtiger Harmonicus darüber kömmt, und zwar bevorab in Instrument-Sachen. Aber wo Worte zu singen sind, da werden sie unvernehmlich, wenn alle

---

11 *id. ibid. p. 137.*
12 *Musici da Dozzina, che non sanno distinguere la Melodia della Sinfonia & la Melopoeia della Sinfoniurgia: perche se bene il Concento ha gran forza d'accrescere o diminuire la proprietà dei Modi; tuttavia, come hò detto tante volte, quella è cosa estrinseca alla natura loro, i quali s'hanno dà considerare fondalmente in una semplice Aria, e poi parlare delle Consonanze. Doni, sopra i Tuoni o Modi veri p. 123.*
13 *Discorso sopra la Perfettione delle Melodie, (de' Concenti* stehet auf dem General-Titel) *als ein Anhang zum Compendio del Trattato de' Generi e Modi etc.* beträgt 4 Bogen, deren Anfang schon einen Begriff vom Inhalt gibt, mit diesen Worten: *Non è mio intendimento di trattare in questo luogo che cosa sia propriamente Melodia, e quante le sue specie, ----- mi son proposto solamente, di scoprire alcuni miei pensieri intorno le Musiche a una voce sola ----- e quelle che di più voci si compongono etc. p. 95, 96.*

Stimmen mit gleicher Ausarbeitung versehen seyn sollen: die Melodie der Haupt-Stimme, sie sey an welchem Orte sie wolle, wird undeutlich, und der Zwang macht selbst die Vollstimmigkeit wiederlich.

§. 26.

Das Gehör empfindet hergegen offt grössere Lust an einer eintzigen wolgeordneten Stimme, die eine saubere Melodie in aller natürlichen Freiheit führet, als an vier und zwantzig, bey denen dieselbe, um sich allen mitzutheilen, dermaassen zerrissen ist, daß man nicht weiß, was es heissen soll. **Die blosse Melodie beweget mit ihrer edlen Einfalt, Klarheit und Deutlichkeit die Hertzen solcher Gestalt, daß sie offt alle harmonische Künste übertrifft**: sind Worte eines sehr gelehrten, ehmaligen Straßburgischen[14] Theologi.

§. 27.

Will man aber nur etwa einer oder zwoen Stimmen allein den Vorzug und feinen Gesang zueignen, wie es denn bey gewissen Umständen und Gattungen gantz recht ist, so müssen die andern unumgänglich dabey etwas zu kurtz kommen, und was jene gut machen, das verabsäumen diese gesamter Hand. Es gehöret schon ein Meister dazu, drey bis vier Stimmen mit geschickten Gängen und Führungen der Klänge zugleich wol zu versehen: und wie kan solches eben derjenige thun, der noch nie gelernet hat, eine eintzige Stimme recht melodisch einzurichten?

§. 28.

Die Harmonie ist einmahl nichts anders, oder sollte von Rechtswegen nichts anders seyn, als eine Zusammenfügung verschiedener Melodien; ob diese gleich nicht alle im höchsten Grad vollkommen schön seyn können. Die Griechen nannten deswegen ihre Composition nur eine **Melopöie**, d. i. die Verfertigung der Melodie: darin bestund bey ihnen fast die gantze Music; damit thaten sie grosse Wunder, wie wir glaubwürdig berichtet werden; ob sie gleich wenig von der Vollstimmigkeit hielten, oder doch gewiß keine solche gebrauchten, als heutiges Tages bey uns üblich ist.

§. 29.

Wenn wir nun fein ordentlich verfahren wollen, müssen wir diese Melodie erst gründlich und umschränckter Weise beschreiben, daß sie nehmlich sey:
Ein feiner Gesang, worin nur eintzelne Klänge so richtig und erwünscht auf einander folgen, daß empfindliche Sinnen dadurch gerühret werden.

§. 30.

Es sind also nicht bloß hohe und niedrige Klänge; (denn die gehören auch gemeinschafftlich zur Vielstimmigkeit) sondern eigentliche **eintzelne** Klänge die rechte Materie der Melodie ins besondre.

§. 31.

Fürs andre bestehet die erwünschte Folge solcher Klänge, als die Form der Melodie, nicht nur in Schritten oder in einer Fortschreitung; sondern auch in gewissen Sprüngen, die eine richtige

---

14 *Nuda Melodia tantopere corda commovet simplicitate, luculentia & perspicuitate sua, ut nonnunquam artificium vincere harmonicum aestimetur. Jo. Lippius, in Disputat. Mus. III.*

Verwandschafft mit einander haben: welches eben unsre einfache ist, als die wahre Qvelle aller vielfachen Zusammenstimmung, in welcher Eigenschafft sie zwar wol in der Erläuterung, doch nicht in einer umschränckten Beschreibung Platz findet.

§. 32.

Drittens, wenn dasjenige, was empfindliche Sinnen rühren soll, vor allen Dingen **leicht, deutlich, fliessend und lieblich** seyn muß: so kömmt bey diesem Endzweck das natürliche und erhabene sowol, als das abgemessene Wesen in Betracht. Denn nichts kan deutlich seyn, was keine Ordnung hält; nichts kan fliessen, was unnatürlich ist u. s. w.

§. 33.

Sothane Absicht aber, in Rührung empfindlicher Sinnen, kan und muß die Melodie allerdings führen und treffen; ob sie es gleich nicht immer allein, in solcher Maasse, mit solcher Pracht und Stärcke thun mögte, als wenn ihr die Vollstimmigkeit zu Hülffe kömmt: dadurch sodann auch wol Gemüther, die sonst von zärtlichen Dingen wenig wissen, und deren Anzahl ohne Zweifel die grösseste ist, offt beweget werden.

§. 34.

Alte und neue Geschichte, tägliche Erfahrung, Natur und Vernunfft bezeugen, daß die blosse Melodie gantz allein gewisse Gemüths-Neigungen treflich wol erwecken, ausdrücken und aufmercksame Zuhörer rühren könne.

§. 35.

Weil aber diese Bewegungen selbst nicht alle einerley Art sind, so werden sie auch, durch die Verknüpffung der Harmonie mit der Melodie gantz anders aufgebracht, als wenn diese letzte nur allein ohne Beistand wircket: maassen eine schöne Begleitung, wenns auch nur ein Baß ist, vielmehr eine Vollstimmigkeit, dasjenige absonderlich mit grösserm Nachdruck vorzustellen hilfft, was z. E. zu einer freundlichen Begegnung, holdseligen Umarmung, hertzlichen Vereinbarung, zum Lust- und Wett-Streit, zur Pracht, Hoheit u. d. g. gehöret; Dahingegen die einfache Melodie wircklich alle zärtlichere Neigungen, als Liebe, Hoffnung, Furcht etc. in gewissen Umständen sehr wol gantz allein erregen kan.

§. 36.

Womit thaten doch die alten gelehrten Griechen ihre musicalische Wunder? Was rührte des Augustins Hertz in der Ambrosianischen Gemeine? Was drang bey der Evangelischen Reformation so tief in die Seele? Was ist es noch heutiges Tages, das vielen Leuten in grossen Kirchen bald die Thränen aus den Augen presset, bald aber die Zunge zum Frolocken reitzet? Womit bringt man die Säuglinge in den Schlaf? Was kömmt einem Vogel an; und was zwinget ihn gleichsam, demjenigen nachzuahmen, der ihm etwas vorpfeiffet? war und ist es wol anders, als blosse eintzelne Melodie?

§. 37.

Eine von den allerstärckesten und Erstaunens-werthen Wirckungen dieser Melodie ist wol das Tantzen, wobey sich die wenigsten bekümmern, ob auch nur ein Baß dabey sey, oder gar keine Begleitung: ja, die erfahrnesten Tantz-Meister entbehren solcher Begleitung gerne, und die Engländer sagen von ihren Country-Täntzen, daß eine Zweystimmigkeit zwar zierlich dabey klinge, aber der Haupt-Sache wenig Nachdruck gebe, und daß die Mittel-Partien, oder vollstimmigen

Von der Melodie.

Sätze vielmehr aller Tantz-Lust im Wege stehen würden; da hergegen eine blosse Melodie, wenn sie fünf oder sechsmahl besetzet, an einem eintzigen Violoncell, zur Anständigkeit, schon mehr als genug habe.

§. 38.

Leuten, die nun solche grosse Wirckungen der eintzeln Melodie nicht empfinden, mögte man billig die bekannten Schrifft-Worte vorhalten: Wir haben euch gepfiffen, und ihr habt nicht getantzt. Es fehlet eben an dergleichen Gemüthern nicht; aber sie werden gemeiniglich den rauhesten beigezehlet, und können der Krafft des eintzelnen Gesanges nichts, ihnen selbst aber wol die daraus zu schöpffende Vergnügung gäntzlich benehmen.

§. 39.

Ich erinnere mich hiebey einer Arie, die ich selber ehmals auf der Schaubühne, in der Person eines Träumenden gesungen habe, und so anfing: **Erscheine mir doch bald etc.** ingleichen einer andern über die Worte: **Alles, alles ist vollbracht,** in einer Paßion, welche beide ohne die geringste Begleitung, mehr Aufmercksamkeit oder Bewegung verursachten, als wenn sie mit den besten harmonischen Sätzen versehen gewesen wären. Es gehören aber auch solche Sänger dazu, die keiner sonderlichen Instrumental-Larve brauchen.

§. 40.

Ein gewisses Air aus einem der neuesten Parisischen Ballette, mit den Anfangs-Worten: *Les tresors de la Fortune ne font pas un parfait bonheur,* wurde unlängst von einem vornehmen Herrn, ohne eintzige Begleitung, mit solcher Anmuth gesungen, daß es die Zuhörer fast entzückte, und zwar solche, die sehr wol gewohnt sind, was vollstimmiges zu preisen; hernach spielte derselbe Herr eben diese Melodie auf einer Alt-Qveer-Flöte: welches in Wahrheit so klagend und beweglich heraus kam, daß es bey den Umstehenden eine rechte Betrübniß verusachte. Da sind Exempel aus allen Stylen.

§. 41.

Da auch endlich die Music aus Melodie und Harmonie bestehet; jene aber bey weitem das vornehmste Stück, und diese nur eine künstliche Versammlung oder Verbindung vieler melodischen Klänge ist: so kan dem einfachen Gesange wenigstens sein beträchtlicher Antheil an der nachdrücklichen Bewegung empfindlicher Gemüther, auch nach den Vorschrifften guter Vernunfft, wol nimmermehr mit Recht abgesprochen werden.

§. 42.

Was die Erfindung betrifft, von welcher der Anfang[15] aller Gesänge, Klang- und übrigen Reden, die verfertiget werden sollen, iederzeit gemacht werden muß (wie sie denn gleich das erste oder zweite Haupt-Stück in den Rhetoriken einzunehmen pfleget) so hat dieselbe in unsrer obigen Beschreibung der Melodie keine Statt, sondern vielmehr ein eigenes Capitel gefunden, weil sie eigentlich zur Erklärung der Melopöie gehöret. Wie aber diese von der Melodie unterschieden ist, solches lehret uns der beste Griechische[16] Melo-Poet.

---

15 S. *Orchestr. I p. 40, 202.*
16 *Aristid. Quintil. p. 29: Differt Melopoeia a Melodia: quod haec sit cantûs indicium; illa habitus effectivus.*

§. 43.

Zu bewundern ist es indeß, daß noch keiner, der von der Music geschrieben, so viel vor Ausfertigung des melodischen Kerns bekannt war, uns eine rechtschaffene umschränckte Definition der Melodie gegeben hat. Es ist ein grosser Unterschied ein Ding überhaupt zu begreiffen, und ins besondere gründlich zu beschreiben. In der Lehr-Art will es damit nicht ausgerichtet seyn, daß wir meinen: **Was Melodie sey, dürffe man einem Musico wol nicht sagen**[17].

§. 44.

Und wenn ja etwas dergleichen zum Vorschein gekommen seyn mag, ist es entweder um die Materie, Form und um den Endzweck systematischer Weise nicht richtig gewesen, indem es bald an diesem, bald an jenen gefehlet hat; oder es sind auch solche ungebundene Vorträge daraus geworden, die man mit langen Ellen kaum ausmessen kan, und doch in vielen Worten sehr wenig, ja gar nichts festes sagen, sondern sich zu mehr, als einer Sache reimen.

§. 45.

Ich hatte zwar längst Gelegenheit in der musicalischen Critic hievon gründlich zu handeln, und damahls war der vollkommene Capellmeister bereits in der Arbeit; aber ich wollte diesem solche ihm eigentlich zugehörige Materie nicht gerne entziehen, und hoffte, es würde mit dessen Ausfertigung etwas hurtiger hergehen: Nun es inzwischen daran bisher gefehlet hat, sind auch seit der Zeit einige Gedancken noch etwas reiffer geworden, und kömmt demnach kein Unterricht zu spät, so lange er was gutes bringet.

§. 46.

Aus obiger richtigen Beschreibung und deren Erläuterung allein kan also schon ein guter Grund zu brauchbaren melodischen Regeln abgenommen, und die eingebildete Unmöglichkeit derselben leicht gehoben werden. Denn, wenn man nur fürs erste die vier Eigenschafften: **leicht, deutlich, fliessend** und **lieblich**, recht ansiehet, und zur weitern Untersuchung vor sich nimmt, so ergeben sich von selbst vier Classen oder Abtheilungen sothaner Regeln.

§. 47.

Betrachten wir fürs andre, das **bewegende oder rührende Wesen**, als worin erst die wahre melodische Schönheit bestehet, und dem die vier obgemeldten Eigenschafften nur bedienet und behülfflich sind; so haben wir die gantze Lehre von den natürlichen Gemüths-Neigungen vor uns, und wird gar kein Mangel an guten Regeln verspüret werden; vieleicht aber an deren klüglichen Anwendung. Hier ist der Ort nicht, dieses letztere Stück, welches sowol zur Weltweisheit als zur Natur-Lehre ins besondre gehöret, auszuführen, sondern nur die beregten vier Eigenschafften mit Fleiß durchzugehen.

§. 48.

Solchem nach kan folgendes bey denen aus der **Leichtigkeit** fliessenden Regeln einen guten Grund-Satz abgeben:

Wir können keine Vergnügung haben an einem Dinge, daran wir gar keinen Theil nehmen. Natürlicher Weise ziehet man hieraus sieben Regeln:

---

17 **Heinichen** *p. 543* seiner neuern Anweisung. Wenn dieses **getadelt** heissen soll, so ist es doch **vernünfftig getadelt**. Man mercke es an im Register.

Von der Melodie.

1. Daß in allen Melodien etwas seyn muß, so fast iedermann bekannt ist.
2. Alles gezwungene, weitgeholte schwere Wesen muß vermieden werden.
3. Der Natur muß man am meisten, dem Gebrauch in etwas folgen.
4. Man setze die grosse Kunst auf die Seite, oder bedecke sie sehr.
5. Den Frantzosen soll hierin mehr, als den Welschen, nachgeahmet werden.
6. Die Melodie muß gewisse Schrancken haben, die iedermann erreichen kan.
7. Die Kürtze wird der Länge vorgezogen.

§. 49.

Man gibt dem Frantzösischen Geschmack im Punct der Leichtigkeit darum den Vorzug, daß er einen aufgeräumten lebhafften Geist erfordert, der ein Freund wolanständigen Schertzes, und ein Feind alles dessen ist, was nach Mühe und Arbeit riecht[18]. Wiewol auch gescheute Italiener, als **Marcell** und seines Gleichen, derer doch nicht gar viele seyn dürfften, die unzeitige Schwierigkeiten verächtlich halten.

§. 50.

Mit der **Deutlichkeit** wird viel gesagt, und es erfordert dieselbe auch mehr Gesetze, als die übrigen Eigenschafften. Wir wollen nur zehn zur Probe anführen.

1. Sollen die Ein- und Abschnitte genau in Acht genommen werden: nicht nur in Singe- sondern auch in Instrument-Sachen.
2. Muß man sich allemahl eine gewisse Leidenschafft zum Augenmerck setzen.
3. Muß keine Tact-Art, ohne Ursach, Noth und Unterlaß verändert werden.
4. Soll der Täcte Anzahl einen Verhalt haben.
5. Soll wieder die ordentliche Theilung des Tacts kein Schluß vorkommen.
6. Soll der Wort-Accent wol in Acht genommen werden.
7. Muß man die Verbrämung mit grosser Behutsamkeit meiden.
8. Sich einer edlen Einfalt im Ausdrucke befleißigen.
9. Die Schreib-Art genau einsehen, und unterscheiden.
10. Die Absicht nicht auf Wörter, sondern auf deren Sinn und Verstand richten: nicht auf bunte Noten, sondern auf redende Klänge sehen.

§. 51.

Die Erkenntniß des Sprengels einer ieden Ton-Art ist dem **fliessenden Wesen** unentbehrlich. Was dieses Wort **Sprengel** alhier für eine Bedeutung habe, lehret das Orchestre[19]. Hauptsächlich kömmt das meiste auf die Cadentzen, Ruhe-Stellen und Absätze an, die man sonst nicht mit Unrecht Clauseln heißt. Wenn nun durch öfftere Aufhaltung eine Melodie ihre fliessende Eigenschafft nothwendig verlieret, so versteht sich von selbst, daß man Ursache habe, dergleichen Einhalt nicht häuffig anzubringen. Acht Regeln dienen hiezu:

1. Man soll die Gleichförmigkeit der Ton-Füsse oder Rhythmen fleißig vor Augen haben.
2. Auch den geometrischen Verhalt gewisser ähnlicher Sätze, nehmlich den *numerum musicum*, d. i. die melodische Zahl-Maasse genau beibehalten.

---

18 *La superiorité du gout françois & ce genie vif, ami d'un badinage gracieux, ennemi de tout ce qui porte l'air du travail. Discours sur l'Harmonie p. 82.*
19 Erste Eröffnung *p. 106*, unter dem Nahmen *etenduë*, ingleichen *p. 147*, unter der Benennung des *Ambitus*. Einige nennen es die Ausdehnung.

3. Ie weniger **förmliche** Schlüsse eine Melodie hat, ie fliessender ist sie gantz gewiß.
4. Die Cadentzen müssen ausgesucht, und die Stimme wol herum geführet werden, ehe man zu den Ruhe-Stellen schreitet.
5. Im Lauf oder Gange der Melodie müssen die zwischen kommende wenige Ruhe-Stellen mit dem, was darauf folget, eine gewisse Verbindung haben.
6. Das gar zu sehr punctirte Wesen ist **im Singen** zu fliehen; es erfordere denn solches ein eigner Umstand.
7. Die Gänge und Wege nehme man ja nicht durch viel harte Anstösse, durch chromatische Schrittlein.
8. Kein Thema muß die Melodie in ihrem natürlichen Fortgange hindern oder unterbrechen.

§. 52.

Was nun hiernächst die **Lieblichkeit**[20] betrifft, könnte man ihr mit diesen acht Regeln zu Hülffe kommen:
1. Grade und kleine Intervalle sind disfalls grossen Sprüngen vorzuziehen.
2. Mit solchen kleinen Stuffen soll man gescheut abwechseln.
3. Allerhand unsingbare Sätze zusammen tragen, um sich vor dergleichen zu hüten.
4. Wolklingende hergegen zu Mustern auserlesen und sammeln.
5. Den Verhalt aller Theile, Glieder und Gliedmassen wol beobachten:
6. Gute Wiederholungen, doch nicht zu offt, anbringen.
7. Den Anfang in reinen, mit der Ton-Art verwandten Klängen machen.
8. Mäßige Läuffer oder bunte Figuren brauchen.

§. 53.

Wer nun das geringste Nachdencken hat, kan leicht begreiffen, daß diese Regeln noch einen grossen Zusatz leiden könten, wenn man sich vorgesetzt hätte, ihre Anzahl von 33 noch zu vermehren. Mir sind sie schon zu viel, und ich habe den allerersten Versuch thun wollen, auch die Bahne in dem festen Vertrauen hiemit gebrochen, daß derjenige, welcher die angeführten Grund-Sätze der Melodie wol inne hat, schon mit der Zeit mehr nützliche Folgen daraus ziehen, und wenn er die Erfahrung billiger maassen zu Hülffe nimmt, die Sache ie länger ie weiter zu ihrer kunstmäßigen Vollenkommenheit treiben könne.

§. 54.

Die Menge der Regeln machen eine Wissenschaft schwer; wenige und gute machen sie leicht und angenehm. Gar keine Regeln dräuen den Untergang. Und weil es gleichwol auch damit noch lange nicht ausgemacht ist, wenn man die blossen kurtzgefaßten Regeln weiß, sondern zu deren Ausübung höchsterforderlich seyn will, eine Erläuterung darüber mitzutheilen; so will ich sie nach der Reihe durchgehen, und so kurtz, als möglich, aus einander legen.

§. 55.

Was solchem nach den Voraus-Satz betrifft: **Daß in einer guten Melodie ein etwas seyn müsse, ein ich weiß nicht was, welches, so zu reden, die gantze Welt kennet:** so ist hiemit gar nicht gesagt, daß man nur fein viele abgenutzte Dinge und alte verbrauchte Förmelgen anbringen

---

20 In der Lieblichkeit oder schmeichelnden Setz-Art haben die Welschen den Vorzug vor den Frantzosen, nach dem eigenen Geständniß der letztern.

dürffe; durchaus nicht. Sondern wir meinen vielmehr dieses, daß man nicht gar zu weit mit seinen neu-gebackenen Erfindungen fahre, kein Sonderling werde, und darüber seine Melodie nicht nur fremd, sondern auch schwer und verdrießlich mache.

§. 56.
Das Gehör will immer **etwas** haben, das es schon einiger maassen kennet, es sey so wenig, als es wolle; sonst kan ihm keine Sache **leicht** vorkommen, vielweniger gefallen. Ie seltener man inzwischen dergleichen bekannte Gänge betritt, und ie mehr man sie mit andern fremdern doch geschickten Fällen zu vermischen weiß, ie besser wird die Arbeit gerathen.

§. 57.
Die zweite Regel der **Leichtigkeit** entspringet aus der ersten: Denn, gleichwie man eines Theils alles bekannte nicht gäntzlich auf die Seite setzen darff; so muß auch hinwiederum andern Theils, alles **gezwungene, angemaaßte und gar zu weit geholte Wesen mit Fleiß vermieden werden**. Was hiemit gesaget ist, kan man füglicher aus der Arbeit affectirter Componisten ersehen und hören, als mit Worten beschreiben. Diesenfalls sind die Exempel verhaßt; sonst könnten derselben nicht wenig beigebracht werden.

§. 58.
Gemeiniglich wenn es den guten Leuten an artigen Erfindungen und am Geiste fehlet, dabey sie doch nicht gerne andre Setzer handgreifflich ausschreiben oder bestehlen wollen, pflegen sie rechte Sonderlinge zu werden, und ihre Zuflucht zu lauter eigensinnigen Grillen zu nehmen: suchen also den Abgang natürlicher Fruchtbarkeit mit wunderlichen Seltenheiten zu ersetzen. So schwer nun solches den Verfassern werden mag, so verdrießlich gehet es auch den Zuhörern ein: etliche wenige Stutzer ausgenommen, die das Ansehen haben wollen, als ob sie was rechtes davon verstünden.

§. 59.
Die dritte Regel, **daß man der Natur am meisten, dem Gebrauch aber nur in etwas folgen soll**, fliesset ebenfalls aus den vorhergelegten Gründen, und hängt richtig mit ihnen zusammen. Das natürliche Lallen eines in der Wissenschafft unerfahrnen wird die beste Melodie abgeben, und zwar um so viel mehr, weil sie von allen künstlichen Zwangs-Mitteln entfernet, und nur dem Gebrauch in etwas verwandt ist; allein ein solcher muß sein Tage viel gutes gehöret haben, und eine angebohrne Fähigkeit besitzen.

§. 60.
Nichts kan **leichter** und beqvemer seyn, als was uns die Natur selbst an die Hand gibt, und kein Ding wird schwer fallen, das der Gebrauch und die Gewohnheit gut heissen. Daher muß sich ein Componist bisweilen bey Verfertigung seiner Melodien, wenn sie **leicht** seyn sollen, als ein blosser Liebhaber aufführen, und diesem das natürliche Wesen, welches er vergebens in **grosser Kunst** suchet, gleichsam ablernen.

§. 61.
Wenn wir, viertens, **die Künsteley verwerffen**, so soll damit der wahren Kunst nicht zu nahe geredet seyn; diese aber geschicklich anzubringen, und bescheidentlich zu verdecken oder zu bekleiden, das ist eben der so schwere Punct. Mein Rath ginge dahin, daß sich auch der

allerkunstreicheste Setzer eben so wenig auf die eigentlichen Weber-Streiche verliesse, als ein geübter Fechter auf seine Finten.

§. 62.

Da uns die fünffte Regel zu den Frantzosen weiset, und **denselben mehr, als den Welschen, in der melodischen Leichtigkeit zu folgen** anräth: so kan man nicht besser thun, als des **Lully** Wercke, und einiger kurtz nach ihm berühmter Setzer Arbeit vorzunehmen: denn die neuern Frantzosen äffen zum Theil den Italienern gar zu viel nach, und wollen, trotz ihrem Naturell, grosse Künstler seyn; verderben aber dadurch die ihnen sonst unstreitig-beiwohnende und angebohrne **Leichtigkeit**, wodurch sie denn sowol andern, als sich selbst, die Sache unnnöthiger Weise schwer machen. Solches hat ihnen gar deutlich und nachdrücklich ihr eigner Landsmann, der ungenannte Verfasser *de l'Histoire de la Musique*, in seinen beiden letzten Bänden, die nicht vom **Bonnet** herrühren, zu verstehen gegeben.

§. 63.

Der geschickte aber auch ungenannte Verfasser einer bereits angeführten Schrifft[21] spricht hievon also: „Wenn wir an der welschen Music eine Nebenbuhlerin finden, müssen wir sie darum nicht also bald **ins traurige Elend verbannen**; aber auch nicht **thörichter Weise hervorziehen**, sondern alles äusserste vermeiden und uns **mit ihren Sätzen bereichern**. Denn ob wir Frantzosen gleich bisweilen, wegen der hohen Kunst, italienische Lehren annehmen, so mögen doch die Welschen hergegen, wegen der Anmuth und Lieblichkeit, auch offt die Harmonie unsers Landes zu Rathe ziehen, um der lieben Natur desto näher zu kommen: diese ist allzeit einfach, allzeit wahrhafftig, und findet da keine Schönheit, wo der Zwang regieret, keine Zärtlichkeit, wo die Kunst den Meister spielt."

§. 64.

Allzu grosse und gezwungene Kunst (ich kan nicht zu viel davon sagen) ist eine eckelhaffte Künsteley, und benimmt der Natur ihre edle Einfalt. Wenn die Natur gleich viele Dinge höchst ungestalt zu liefern scheinet, so betrifft diese vermeinte Heslichkeit doch nur das äusserliche Ansehen; nicht das innerliche Wesen. Es mangelt der Natur niemahls an Schönheit, an nackter Schönheit, sie verbirgt dieselbe nur zuweilen unter einer züchtigen Decke oder spielenden Larve. Unsre Steinschneider können den Diamant poliren; aber ihm damit keinen andern Glantz, kein ander Wasser geben, als was er schon von Natur hat. Die dienstbare Kunst schenckt also der Natur gar keine Schönheit, vermehret sie auch nicht um ein Härlein; sondern stellet sie nur, durch ihr Bemühen, in ein wahres Licht: welches gantz gewiß mehr verdunckelt, als erhellet werden muß, wo eine despotische Kunst zu befehlen hat.

§. 65.

Es trägt auch ein grosses zur **Leichtigkeit** bey, wenn man, zu Folge der sechsten Regel, seiner Melodie **gewisse Schrancken** setzet, die iede mäßige Stimme beqvem erreichen kan. Denn,

---

21 *Si l'Ausonie nous offre une Rivale, sans la proscrire tristement, sans la proferer follement, fuyant tout extrême, enrichons nous de ses beautez. Et si pour le sublime de l'Art nous ecoutons quelques fois ses leçons, que pour le gracieux de la belle Nature, elle consulte souvent l'Harmonie de nos bords: celle-ci toujours simple, toujours vraie, ne trouve point la beauté où regne l'Affectation, ni la tendresse où regne l'Art. Discours sur l'Harmonie p. 80.*

wenn ein Gesang entweder gar zu hoch oder gar zu tief gehet, wird er dadurch vielen Leuten **schwer**, und muß sich bald so, bald so, versetzen lassen, welches lauter Uibelstand verursacht. Was gute Sänger sind, die werden wenigstens, eine Octav zu erreichen, keine Schwierigkeit finden; doch weiß ich nicht, welch ein sonderbarer Vortheil offt darin steckt, wenn man sich diese Gräntzen noch enger, etwa auf eine Sept oder Sext stellet: denn iemehr ein Componist sich hierin versteiget, ie mehr gewöhnet er sich zu schlecht an einander hangenden, zerstreuten und getrennten Modulirungen. Da schwärmet man herum, unter einer angemaaßten Freiheit, und bringt nichts heraus, das wolgefügt oder *concinne* ins Gemüth dringe.

§. 66.

Ich rede hier nicht von solchen geübten Setzern, die der Melodie Meister sind, fähige Leute zur Ausführung vor sich finden, und sich ihrer Freiheit am rechten Orte zu gebrauchen wissen, denen kan man keine so genaue Schrancken setzen; aber einem angehenden Melodienmacher wollte ich rathen, daß er sich fürs erste den Bezirck der Sext oder Octav zur Gräntze wehlte; doch so, daß es der Landmann eben nicht merckte. Gewiß, es wird sehr viel beitragen, seine Melodien **leicht** und **beqvem** zu machen. Denn was ist mir sonderlich damit gedienet, daß nur diese oder jene Person allein geschickt ist, eine Arie, die sich z. E. über zwo Octaven erstrecket, herauszubringen? ich wollte, gerne auch nur in Gedancken, mit singen, darin bestehet das grösseste Vergnügen; das wird mir aber nicht zugelassen: der Satz ist mir zu weitläuffig.

§. 67.

Die letzte Regel dieser ersten Abtheilung ist nicht die schlechteste, nehmlich: **daß man die Kürtze der Länge vorziehen soll**. Es braucht dieselbe aber desto weniger Erläuterung, ie mehr wir begreiffen können, daß eine kurtzgefaßte und nicht zu weit ausgedehnte Melodie **leichter** zu behalten sey, als eine lange und gereckte.

§. 68.

Womit iedoch nicht gesaget wird, daß eine kurtze Arie auch **leichter** zu machen sey: denn bey der Kürtze schliessen wir auch die Güte mit ein. Das **leichte** gehet hier nur den Zuhörer an; nicht den Setzer: wiewol jenem selten ein Ding leicht **düncken** wird, das diesem, in gewissem arbeitsamen oder mühseligen Verstande, recht schwer geworden ist.

§. 69.

Ich sage: **Düncken**. Denn es gibt gewisse Verfasser, deren gantze Arbeit, Mühe und Ausbesserungen eigentlich nur dazu dienen, daß sie alles entfernen, was nicht eine **ungemeine Leichtigkeit anzeiget**, oder den Schein derselben hat: und ie mehr sie solcher Gestalt ihre Wercke nachsehen, oder durch die Musterung gehen lassen, ie mehr natürliches und leichtes bringen sie denselben offt zu Wege. Aber diese Geister sind selten anzutreffen, und sie mögen bey ihren Bestrebungen das italienische Sprichwort mit allem Recht gebrauchen: *Questo facile quanto è difficile!* **Wie wird uns dieses leichtscheinende Wesen so schwer!** Wir müssen es so fein machen, als wäre es nur ein Spiel-Werck[22]; ob uns gleich offt ein heimlicher Schweiß dabey ausbricht, den gleichwol niemand merken muß; sonst schwitzt er zur Gesellschafft mit, wie jener Sybarit, der einen Hudler in saurer, unbesonnener Arbeit antraff.

---

22 *Ludentis speciem dabit; & torquebitur.* Hor. A. P. v. 124.

§. 70.

„Ich verstehe demnach nicht die **Leichtigkeit** des Setzens, die kan offt glücklich, muß aber immer verdächtig seyn. Ich verstehe nur die Leichtigkeit, welche ein Zuhörer in solchen Wercken findet, die bereits gemacht, und dem Verfasser so schwer, als was von der Welt, angekommen sind. Man mögte sie mit denjenigen künstlichen Gärten vergleichen, die von Rasen und Gras-Plätzen zusammmen gesetzet werden, deren Kostbarkeit man nicht spüret, sondern sie für was ungefehres und für ein blosses Natur-Werck ansiehet; ob sie gleich mit Millionen erkauft worden."[23]

§. 71.

Ich habe neulich einen Meister-Schluß gelesen, der so lautet: **Wozu ich es selbst, durch Fleiß und Uibung habe bringen können, dazu muß es ein ander, der nur halbwege Naturell und Geschicke hat, auch bringen.** Dabey dachte ich, wenn das wahr wäre, wie könnte denn ein solcher Meister der eintzige in der Welt seyn, und ihm keiner gleich kommen? Stücke, die schwer zu spielen sind, lassen sich zwar wol auf andre Art entschuldigen[24]; aber weil gleichwol in der That den meisten wo nicht der Wille, doch das liebe Naturell und Geschicke dazu **gantzwege** fehlet, so wird dergleichen schwere Arbeit den wenigsten nutz. Das ist unumstoßlich wahr, und durch nachtheilige Erfahrung bekräfftiget.

§. 72.

Die zwote Haupt-Eigenschafft einer woleingerichteten Melodie ist die **Deutlichkeit**: bey derselben hat die erste Regel, **daß man die Einschnitte der Rede genau bemercke**, mit wenig Worten sehr viel gesagt. Es ist fast nicht glaublich, wie auch die grössesten Meister hierin so offt verstossen: maassen sie insgemein alle ihre Kräffte anwenden, mit brausenden und rauschenden Figuren die Ohren zum Aufstande zu bringen; dabey der Verstand doch keinesweges vergnüget wird, vielweniger das Hertz was rechtes empfinden kan.

§. 73.

Das wunderlichste ist, iedermann stehet in den Gedancken, man bedürffe zur Instrumental-Music keiner solchen Anmerckungen; aber es soll weiter unten hell und klar erwiesen werden, daß alle, sowol grosse als kleine Spiel-Melodien ihre richtige *Commata, Cola,* Puncte etc. nicht anders, sondern eben so, als der Gesang mit Menschen-Stimmen haben müssen: weil es sonst unmöglich ist, eine **Deutlichkeit** darin zu finden.

§. 74.

Zu solcher Deutlichkeit gelanget man auch nimmermehr recht, wenn nicht die folgende Richtschnur beobachtet wird, mittelst welcher wir uns **bey einer ieden Melodie eine Gemüths-Bewegung** (wo nicht mehr als eine) **zum Haupt-Zweck setzen müssen**.

---

23 *Je n'entens pas la facilité de composer, elle peut quelques fois etre heureuse; mais elle doit toujours etre suspecte. J'entens la facilité que les Auditeurs trouvent dans les compositions deja faites, qui a eté souvent pour l'Auteur une des plus difficiles choses du Monde: de sorte qu'on pourroit la comparer à ces jardins enterrasses, dont la depense est cachée, & qui, apres avoir couté des millions, semblent n'etre que le pur ouvrage du hazard & de la Nature. Pelisson, dans la Preface des Oeuvres de Savvazin.*

24 Z. E. Alle vortreffliche Dinge haben ihre gewisse Schwere; aber alle schwere Dinge sind darum nicht vortrefflich: it. Dinge, dabey keine Schwierigkeit ist, dienen nicht zur Probe u. s. w.

§. 75.
Gleichwie ein gescheuter Mahler allzeit nur die eine oder andre seiner Figuren (wo deren viele vorkommen) mit besonders erhabenen Farben versiehet, damit sie unter den übrigen Bildern mercklich hervorrage; also muß auch der Componist in seinen melodischen Sätzen unausßetzlich und **vernehmlich** auf eine oder andre Leidenschafft seine Absicht richten, und dieselbe so bemercken oder ausdrucken, daß sie weit mehr zu bedeuten habe, als alle übrige Neben-Umstände.

§. 76.
Wir mögen bey Gelegenheit der Mahlerey noch dieses bedencken, daß eines geschickten Künstlers Vorhaben nicht etwa bloß dahin gehe, ein Paar schwartze oder blaue Augen, eine erhabene Nase, und einen kleinen rothen Mund zu mahlen; sondern er trachtet immer in solchen Gesichts-Zügen eine oder andere innerliche Regung vorzustellen, und wendet alle seine starcke Gedancken dahin an, damit z. E. der Zuschauer sage: in den Augen steckt was verliebtes; an der Nase ist was großmüthiges, und am Munde recht was hönisches.

§. 77.
Eben so wenig muß sich denn auch ein melodischer Setzer damit begnügen, daß er nur feine bunte Noten hinmahle, seine Intervalle und übriges Geräthe fleißig auskrame, und noch dazu alles mit den herrlichsten Beiwörtern schmücke; sondern er muß sich wircklich dahin bestreben, daß in seinem Machwerck eine ausnehmende Gemüths-Bewegung herrsche. Heget er diese nun selber nicht, oder weiß sie nicht natürlich nachzuahmen, wie ist es möglich, daß er sie bey andern rege mache?

§. 78.
Wenn aber nichts dergleichen in einer Melodie ausgedruckt wird, so hat sie wenig oder fast gar nichts **deutliches**, und der aufmercksamste Zuhörer kan nichts anders daraus machen, als ein leeres Gesänge und Geklänge. Diese Regel nun schreibt uns nur die höchste Nothwendigkeit einer solchen vorzustellenden Leidenschafft vor, und zeiget die dringende Ursachen an; wie man es aber damit angehen müsse, das gehöret an einen andern Ort.

§. 79.
Inzwischen ist zu bewundern, daß man bey Sachen, die bloß zum Lehren eingerichtet seyn sollen, die Ernsthafftigkeit, den grössesten Nachdruck und den genauesten Ausdruck der Worte, die Harmonie, Kunst, und das concertirende Wesen vorzüglich anpreiset, und vielmehr den Lehren | und starcken Gedancken einen Zusatz geben, als mit Gemüths-Bewegungen und Leidenschafften zu thun haben will.

§. 80.
Der grösseste Nachdruck, starcke Gedancken, und die genaueste Beobachtung der Worte, d. i. des in den Worten steckenden Verstandes rühren ja ursprünglich von den Gemüths-Bewegungen und Leidenschafften her, und können eben so wenig ohne dieselbe bestehen, als ein Wagen ohne Räder: hat er diese nicht, so ists ein Schlitte oder eine Schleufe. Man mache die Anwendung aus rechter und langer Erfahrung, so wird sichs weisen.

§. 81.
Was thun unsre Lehrer auf den Kantzeln; entrüsten sie sich nicht, freuen sie sich nicht; weinen sie nicht; klappen sie nicht in die Hände; dräuen sie nicht? Wer will sagen, daß dieses vielmehr zum

blossen kaltsinnigen Unterricht, als zu den lebhafften Gemüths-Bewegungen gehöre? Wer kan Paulo und David hierin widersprechen? Wenn man den starcken Gedancken und Lehren einen Zusatz, und noch dazu einen erhabenen Zusatz geben will, so kan solches nicht laulich zugehen.

§. 82.

Eben die Ernsthafftigkeit selbst ist eine gar wichtige Neigung, und ein solches Völcker-Abzeichen, welches ein Spanier nicht für aller Welt Gut entbehren würde. Summa, alles was ohne löbliche Affecten geschiehet, heißt nichts, thut nichts, gilt nichts: es sey wo, wie, und wenn es wolle. Lehren, ohne Gemüths-Bewegung sind von der Art, die jener so besang:

> Ich lobe mir die guten Lehren,
> Und so thut iedes Mutter-Kind,
> Das eben so wie ich gesinnt:
> Sie können trösten und bekehren.

§. 83.

Das einfältigste Kinder-Spiel ist nimmer ohne Paßion, nicht nur beiläuffiger, sondern vorzüglicher Weise: kein Säugling kan davon frey gesprochen werden. Und wenn z. E. ein Lehrer keine **Begierde** hat, seinem Untergebenen etwas tüchtiges beizubringen; oder wenn dieser keine **Freude** daraus empfindet, daß er was rechtschaffenes lerne: wozu nutzen sie denn beide? Sind aber Begierde und Freude keine Gemüths-Bewegungen, und zeiget der aufgesperrete Mund eines Lernenden kein Verlangen an? Doch weiter!

§. 84.

Wenn die Frantzosen in ihrem **Recit**, auch sehr offt in den **Airs**, fast in ieder Zeile den Tact verändern, so nehmen sie sich damit zwar eine fast vergebliche Mühe, und könnten es mit wenigern Kosten den Welschen hierin nachthun, wenn es ihre ungleiche Aussprache leiden wollte: maassen die Italiener nebst uns gar keinen abgemessenen Tact im singenden Recitativ beobachten; es wäre denn in einem gebundenen Satze. Inzwischen ist es fast einerley Ding, überall keine Zeitmasse, oder alle Augenblick eine neue zu haben.

§. 85.

Weil aber der Recit eigentlich keine Melodie heissen kan; hergegen in den melodischen Sätzen, dafern sie **deutlich** seyn sollen, die gar zu öfftere Tact-Veränderung zu meiden ist: so erhellet hieraus, daß die **Seele der Melodie**, nehmlich die Zeitmasse, **nur eintzeln seyn müsse**. Und das war die dritte Regel zur Beförderung der Deutlichkeit. Erfordert aber das Reim-Gebäude oder ein unvermutheter Affect die Veränderung des Tacts, so hat Noth zwar kein Gebot; doch sollte meines Erachtens, der Dichter sein Sylben-Maaß in einer Arie nicht leicht mercklich ändern, es wäre denn, daß er auch zugleich eine andere Leidenschafft unerwarteter Weise (*ex abrupto*) rege machen wollte.

§. 86.

Die vierte Regel der **Deutlichkeit** beruhet auf der **Anzahl der Abmessungen im Tact**, welche man sonst Mensuren nennet. Ob nun gleich derselben Verhalt in grossen und langen Sätzen nicht so leicht von iedermann erkannt werden mag, wird doch ihre beqveme und begriffliche Einrichtung dem Gesange nicht wenig **Deutlichkeit** geben, ungeachtet mancher nicht weiß, woher sie kömmt; in kurtzen und lebhafften Melodien hergegen (*airs de mouvement*) ist solche

Vorsicht unaussetzlich nöthig, weil sonst eine muntere Sang-Weise kein andres Geschicke bekömmt, als etwa ein Paar Arme, deren einer zwo, der andre aber drey oder mehr Hände hätte.

§. 87.

Nun ist es zwar nichts schweres, die eigentliche Anzahl dieser Mensuren in gewissen Schreib-Arten, als z. E. in der Hyporchematischen und choraischen, einiger maassen festzustellen; in andern Stylen aber fällt es desto schwerer. Wo viel Bewegung ist, da muß das Melos die allergrösseste Richtigkeit der Abtheilung in diesem Stücke aufweisen; wo es hergegen träge und schleppend, oder auch nur ernsthafft und langsam hergehet, da läßt sich, wegen der Gleichförmigkeit, mehr Ausnahme machen, weil ihr Abgang nicht so mercklich ist.

§. 88.

Gemeiniglich thut man am besten, auch in dem grössesten *Adagio*, daß man die gerade Zahl der Täcte vor der ungeraden wehlet. So viel ist gewiß, daß ein hurtiger Gesang **niemahls** eine ungerade Anzahl der Mensuren haben sollte; und eben alle diese *airs de mouvement* mögen wir hiebey gar sicher zum Grunde legen, und als Muster ansehen: denn sie sind, wie gesagt, unter allen Arten der Melodien, wegen dieses Stücks, die richtigsten und **deutlichsten**.

§. 89.

Die Beobachtung der ordentlichen Theilung eines ieden Tacts, nehmlich der sogenannten **Cäsur**, gibt uns die fünffte Regel der **Deutlichkeit**. Solche Theilung fällt immer entweder in den Nieder- oder Aufschlag, wenn die Mensur gerade ist, niemahls in das andre und letzte Viertel. Im ungeraden Tact aber geschiehet diese Theilung nirgends, als nur allein im Niederschlage: oder besser zu reden, es hat vielmehr gar keine Theilung statt, weil die Cäsur bloß auf der ersten Note des Abschnittes lieget.

§. 90.

Wieder diese Natur der Zeitmaasse einen Schluß, oder sonst einen mercklichen Fall und Absatz der Stimme anzubringen, ist in der Setz-Kunst eben ein solcher Fehler, als wenn ein lateinischer Dichter die Sylben-Füsse mit den Worten endiget, und also die Cäsur hängen läßt: welches nur am Ende eines Verses geschehen mag.

§. 91.

Die Haupt-Ursache dieses häuffig-aufstossenden Uibelstandes entstehet in der melodischen Setz-Kunst wol am meisten daher, daß man den gewöhnlichen Vier-Viertel-Tact, mit dem, der nur zwey halbe erfordert, unvorsichtiglich vermischet. Jener hat augenscheinlich vier verschiedene Glieder, dieser aber nur zwey, welche in beiden Arten mehr nicht, als zween Theile austragen, einfolglich auch eben so viel Schlüsse oder Absätze in der Melodie zulassen, nehmlich bey iedem Theile, nicht bey iedem Gliede, wenn ein Theil deren mehr hat, als zwey: denn in solchem Fall muß nur auf dem ersten und dritten, wo die Theile anheben, nicht aber auf dem zweyten und vierten, wo sie aufhören, abgesetzet werden. Ein mehres hievon stehet im ersten Bande der **musicalischen Critick** *p. 32 sq.*

§. 92.

Folgendes Exempel eines sonst guten Meisters weiset an, wie leicht man sich hierin versehen kan. Es wird zugleich dabey gezeiget, wie leicht auch dergleichen Fehler verhütet werden mögen, und zwar gleich im Anfange: denn sonst wältzen sie sich immer weiter fort, und nehmen zu, wie Schneebälle.

§. 93.

Eine kleine Ausnahm ist hiebey zu machen nöthig, daß nehmlich in einigen choraischen und melismatischen Dingen auch bisweilen, bey ungeraden Täcten, das letzte Glied gewisser maassen zum Abschnitt dienen muß: wenn eine sonderliche Gleichförmigkeit darin gesucht und durchgehends so fortgeführet wird. Solches geschiehet aber mit Fleiß, und nicht von ungefehr, oder aus Unwissenheit der Regel. z. E.

§. 94.

Gleichwie der **Accent** in Aussprechung der Wörter eine Rede deutlich und undeutlich machen kan, nachdem er am rechten oder unrechten Orte angebracht wird; also kan auch der Klang, nachdem er wol oder übel accentuiret wird, das Melos deutlich oder undeutlich machen: und daraus entstehet die sechste Regel der Deutlichkeit.

§. 95.

Beide Accents-Arten, sowol der Rede, als des Klanges, muß ein Componist genau inne haben, damit er in Vocal-Sachen nicht wieder der Sylben Länge und Kürtze, noch in Instrumental-Stücken wieder die Ton-Prosodie anstosse. Was aber diese für Bedeutung, und dessen gescheute Anwendung für Nutzen habe, kan am berührten Orte der **Critick** mit mehrern erlernet werden.

§. 96.

Hieher rechnen wir billig auch den eigentlichen **Nachdruck**, oder die **Emphasin**: weil dasjenige Wort, das mit solchem versehen ist, allemahl eine gewisse Art des musicalischen Accents erfordert. Nur kömmt es darauf an, daß einer richtig zu urtheilen wisse, welche eben diese nachdrückliche Wörter sind. Und da ist kein besserer Rath, als daß man allerhand Vorträge untersuche, absonderlich in ungebundener Rede, und das rechtschuldige Wort zu finden trachte, etwa durch folgendes Mittel.

§. 97.

Wenn ich z. E. wissen wollte, wo in diesem Satze der Wort-Nachdruck stecke: **Unser Leben ist eine Wanderschafft**; so dürffte ich nur den Antrag in Frage und Antwort bringen, nehmlich: **Was ist unser Leben? eine Wanderschafft.** Also entdeckt sich hier, daß die Emphasis auf dem Worte **Wanderschafft** liege: und wenn der Componist solches Wort, auf eine oder andre ungezwungene Weise durch seine Klänge hervorziehet, wird er **deutlich** seyn.

Von der Melodie.

§. 98.

Weil ein grosses hierauf ankömmt, werden noch ein Paar Proben niemand misfallen. z. E. **Wer hier auf der Welt in stiller Ruhe zu sitzen vermeinet, ist sehr betrogen.** Da wird es denn die Einrichtung der Frage ausmachen, welche meines Erachtens so lauten müste: Ist nicht derjenige betrogen, der auf der Welt vermeinet in stiller Ruhe zu sitzen? Antw. **Sehr!** Also fiele auf das *adverbium intendens,* und sonst auf keines, der wahre Nachdruck; in Entstehung aber dieses Zuworts müste das Zeitwort, **betrogen,** die grösseste Emphasin führen. Wobey zu mercken, daß eben diese *adverbia* in der Rede offt das meiste zu sagen haben, und der Nachdruck nicht selten auf ihnen lieget, insonderheit wenn sie eine Grösse, Eigenschafft, Ausdehnung, Vergleichung, Darlegung u. s. w. andeuten.

§. 99.

Noch eins: **Der Weg zum Himmel ist mit Dornen bewachsen.** Da wird gleichsam gefragt: **Womit ist der Weg zum Himmel bewachsen?** und geantwortet: **Mit Dornen.** Denn, wenn dieses eintzige Wort weggenommen wird, bleibt gar kein Verstand übrig, oder der Vortrag sagt nicht, was er sagen will: welches ein Abzeichen ist, dabey man ebenfalls den Ort des Nachdrucks mercken mag.

§. 100.

Bisweilen scheinet die Stelle zweideutig zu seyn, so daß die Emphasis bald offt mehr, als ein Wort, treffen kan, nach Gelegenheit der Meinung. Z. E. **Mein Engel, bist du da?** Hier wird entweder nach der Person, oder nach dem Orte gefraget, und also in der ersten Absicht der Nachdruck auf **du,** und in der andern aber auf **da** geleget. Der Zusammenhang muß den Ausschlag darüber geben. Solcher Gestalt kan sich ein ieder selbst hierin weiter üben, und seinen Verstand schärffen.

§. 101.

Die siebende Regel der **Deutlichkeit** lehret uns, **alle Verbrämungen und Figuren mit grosser Behutsamkeit anzuwenden.** Was aus Hintansetzung dieses Gebots der melodischen Schönheit für entsetzliche Pflästerlein ins Gesicht geklebet werden, weiset die tägliche Erfahrung. Ein Ungenannter schrieb neulich also: „Die Arien sind so bunt und so kraus, | daß man ungedultig wird, ehe das Ende kömmt. Der Componist ist zu frieden, wenn er nur unsinnige Noten setzt, welche die Sänger, durch tausend Verdrehungen, noch abgeschmackter machen. Sie lachen bey der betrübtesten Vorstellung, und ihre italienischen Ausschweiffungen kommen immer am unrechten Ort. Die Arien, welche der vortreffliche T. gesetzet hat, sind viel zu ordentlich: man füllet ihre Stellen allemahl mit solchen Rasereien aus, die sich für lächerliche Kehlen, nicht aber für die Vernunfft schicken."

§. 102.

Dergleichen gestickte Arbeit, es bringe sie ein am Geschmack verderbter Setzer, oder eine üppige Stimme hervor, gemahnen mich nicht anders, als eine gar zu reiche Liberey für Edel-Knaben oder Trompeter, wobey alles mit güldenen und silbernen Schnüren dermaassen bedeckt ist, daß man weder Tuch, noch Tuchs-Farbe daran erkennen kan. Diese Vergleichung ist noch viel zu gut. Da aber solche Uibermaasse in den Zierrathen billig nicht seyn sollte, so findet ein vernünfftiger Setzer desto mehr Ursachen, sich davor zu hüten, ie leichter aus dem verdorbenen Geschmack bey manchem eine böse Gewohnheit oder Mode werden kan.

§. 103.

Das sind eben die verderblichen Uippigkeiten, davon **Qvinctilianus**[25] schon zu seiner Zeit ein Liedlein zu singen wuste, indem er ausdrücklich bekannte, daß er gantz und gar nicht billigen könne, was mit der Music damahls auf der Schaubühne vorgenommen würde, alwo nehmlich **die weibische und geile Sing-Art** nicht wenig beitrug, was noch etwa männliches oder tugendhafftes in einigen Gemüthern vorhanden, gantz zu unterdrücken und zu ersticken.

§. 104.

Nun kommen wir auf die kluge **Einfalt**, von welcher die achte Regel der **Deutlichkeit** handelt: die aber nicht als etwas dummes, albernes oder gemeines; sondern vielmehr als etwas edles, ungeschmücktes und recht sonderbares zu verstehen ist. Diese Einfalt macht den allerwichtigsten Punct, sowol im Schreiben und Reden, als im Singen und Spielen, ja im gantzen menschlichen Umgange aus: und wenn iemahls angeborne Eigenschafften Statt haben sollten, wäre gewiß hie der rechte Ort für sie.

§. 105.

So viel ist wol ausser Streits, daß die Menschen, einer vor dem andern, auch in diesem Stücke etwas voraus haben, darnach des Leibes Bau und die Mischung der Säffte ordentlich oder unordentlich eingerichtet, folglich zum Eindruck fähig oder unfähig sind. Edle Gedancken haben immer eine gewisse Einfalt, etwas ungekünsteltes, und nur ein eintziges Augenmerck. Wer sich nun dergleichen ohne allen Zwang, nach den blossen Natur-Gesetzen vorstellet, der wird am besten fortkommen.

§. 106.

Will man Muster und Vorbilder haben, so darff nur die alte Mahlerey, Bildhauer- und Müntz-Arbeit angesehen werden. Welche starcke Züge, majestätische Gesichter und nachdrückliche Stellungen trifft man da nicht an? wobey doch fast nicht der allergeringste, überflüßige Zierrath vermacht ist, sondern vielmehr die schönste Einfalt und angenehmste Blösse hervorragen. Aber diese Blösse ist nicht armselig, sondern edelmüthig und bescheiden; nicht eckelhafft, sondern entzückend: weil sie in ihrem wahren Lichte stehet. Eben also sollte es auch diesfalls mit unsern Melodien beschaffen seyn.

§. 107.

Nun haben wir noch zwo Regeln von der Deutlichkeit zu erklären übrig: die neunte, welche gebietet, **die Schreib-Arten wol von einander zu unterscheiden**. Das will kürtzlich so viel sagen, man soll die Sing- und Spiel-Arten in der Kirche, auf der Schaubühne und in der Kammer nicht mit einander vermischen; eine Supplic hinsetzen, wo ein Recept stehen soll; der Stimme nicht zumuthen, Dinge zu machen, die sich für Geigen schicken; die Werbe-Stücke nicht mit Lauten besetzen, und dergleichen mehr, wovon schon oben etwas erinnert worden.

§. 108.

Die zehnte Regel der **Deutlichkeit** ist zwar hier von ungefehr die letzte; aber dem Inhalt nach fast die wichtigste. Denn wenn wir, derselben zu Folge, **unsre Haupt-Absicht nicht auf** | **die**

---

25 *Apertius profitendum puto, non hanc musicam a me praecipi, quae nunc in Scenis effoeminata & impudicis modis fracta, non ex parte minima, si quid in nobis virilis roboris manebat, excidit. Quinctil. Instit. L. I. c. 10.*

Wörter, sondern auf den Verstand und auf die darin enthaltene Gedancken richten wollen, so gehöret hiezu keine geringe Einsicht des Affects, der in solchen Worten steckt, wovon an einem andern Orte ausführlicher zu handeln nöthig seyn wird.

§. 109.

Es hat sonst diese Regel zwey Glieder, deren eines auf die Menschen-Stimmen, das andre aber auf die Instrumente gehet, und uns zu mehrer **Deutlichkeit**, redende Klänge, nicht der bunten Noten Menge, auf das beste empfielet. Denn, daß keine eintzige Melodie ohne Verstand, ohne Absicht, ohne Gemüths-Bewegung seyn müsse, obgleich ohne Wörter, wird hiedurch, und durch die Gesetze der Natur selbst festgestellet. So viel von der zweyten Classe zur Erläuterung unsrer melodischen Grund-Regeln.

§. 110.

Die dritte Eigenschafft einer guten Melodie war demnach, daß sie **fliessend** seyn muß. Dazu hillft erstlich, daß man die rhythmische Ubereinstimmung und richtige Abwechselung des arithmetischen Verhalts gewisser Klang-Füsse stets vor Augen habe. Es ist hiemit nicht gesagt, daß man etwa einerley *rhythmum* beibehalten müsse, als welches einen Uibelstand und Eckel verursachen würde; man muß vielmehr nothwendig verschiedene Klang-Füsse mit einander verwechseln, eben wie solches in der lateinischen Dicht-Kunst, nach ihrer Art, geschiehet. Aber in der Melodie müssen diejenigen *rhythmi*, so an einem Orte vorgewesen, am andern und rechten wiederum erscheinen, daß sie gleichsam einander antworten, und die Melodie fliessend machen.

§. 111.

Die Ordnung, welche in solcher Anführung und Abwechselung der Klang-Füsse beobachtet wird, nennet man einen geometrischen Verhalt: denn, wie der arithmetische diese Füsse, worauf die Melodie gleichsam einhergehet, an und für sich selbst betrachtet; so weiset hergegen der geometrische Verhalt, wie sie zusammengefüget werden, und ihre Absonderungen richtig angeben müssen. z. E.

a, ist ein gewisser Klang-Fuß von dreyen Noten, die am Gehalt unterschieden sind. *b*, ist wiederum einer von eben der Zahl, aber einerley Geltung: Da ist in iedem derselben eine besondere arithmetische Beschaffenheit; *c* und *d* hergegen, beide zusammen genommen, stellen die ordentliche Abwechselung voriger Füsse dar, und machen daraus einen gantzen geometrischen Absatz.

§. 112.

Bey dieser Gelegenheit darff sich niemand schämen, die Prosodie zur Hand zu nehmen, und sich ein Verzeichniß von allen Füssen in der Dicht-Kunst zu machen, um solche mit den melodischen zu vergleichen: Worunter sich sodann viele angeben werden, die in der Poesie Fremdlinge sind, weil die Music es ihr an Reichthum hierin zuvorthut, und auch alles, was jene hat, aus dieser ursprünglich herrühret: Eigentlich gehöret diese Materie zur Rhythmopöie, welche einen eigenen Fleiß erfordert, wenn man sie Kunstmäßig treiben will. Im folgenden Haupt-Stück wollen wir sie durchgehen.

§. 113.

Die dritte Regel zur Beförderung des **fliessenden** Wesens in der Melodie betrifft sowol, als die vierte, die Cadentzen oder Schlüsse: Denn weil es natürlicher Weise fest stehet, daß viele Schlüsse und Absätze den Lauff des Gesanges hemmen; so ist leicht zu erachten, daß ein rechtfliessendes Melos nur wenig, nur wenig förmliche Cadentzen haben müsse.

§. 114.

Zwar ist es an dem, daß bisweilen Themata vorkommen, die kurtz auf einander clausuliren, und ausdrücklich eine gute Absicht darunter führen: ingleichen daß unsre Choral-Lieder, deren einige doch sehr schöne Melodien haben, ob sie gleich offt kaum die Gräntzen der Qvint erreichen, (wie das Teutsche Gloria) fast in lauter Cadentzen bestehen: aber davon, nehmlich von der Eigenschafft des Styls in Fugen und Oden, ist hier die Rede nicht; sondern von der Armseligkeit, die sich darin bloß gibt, wenn man in andern Sachen nichts, als Cadentzen, vorzubringen weiß. Selbst in Fugen müssen sie vermieden oder bedeckt werden.

§. 115.

Das ärgste hiebey ist, wenn gegen und wieder die vierte Regel sothane Schlüsse noch dazu sehr übel gewehlet sind, und der Gesang schon zur unzeitigen Ruhe schreitet, ehe er noch die geringste Wendung verrichtet, oder einige Ursache zur Müdigkeit haben kan. Gut, artig und schön ist es, wenn gleich im Anfange ein Haupt-Schluß in die Endigungs-Note vernommen wird. z. E.

Denn dadurch erhält der Zuhörer alsobald Nachricht von der gantzen Ton-Art, und von der Weise, auf welche der Setzer weiter fortzuschreiten gedencket; wenn er erst einen solchen festen Fuß gesetzet hat: das ist angenehm. Aber dergleichen Absicht führen die unzeitigen Schluß-macher gar nicht; bey weichen Tonen fallen sie augenblicklich auf eine Cadentz in die Tertz, und bey harten in den Qvinten-Schluß: denn die liegen ihnen am nähesten zur Hand. Damit ist es alle, hernach wissen sie schier nicht mehr, wo aus noch ein.

§. 116.

Zu dieser Erläuterung kan man auch den Vortheil rechnen, welcher einer Melodie in ihrem **fliessenden** Wesen daraus erwächst, wenn sich bald im Anfange der getheilte Drey-Klang, auf eine geschickte Art hören läßt: denn daraus erlangt der Zuhörer eine noch grössere Fähigkeit zu urtheilen, in welchem Bezirck seine Ohren werden herum geführet werden. Das Vorherwissen und das Urtheilen hat ein ieder sehr gern: darum gefällt dergleichen Verfahren.

§. 117.

Wenn auch das gar zu sehr punctirte Wesen, absonderlich in Sing-Sachen, wenig oder nichts **fliessendes** mit sich führen kan, so räth uns die sechste Regel, solches diesen Falls zu verwerffen. Im präludiren und fantasiren, wo eben keine ordentlich-fliessende Melodie erfordert wird, darff man es so genau nicht nehmen; in der gantzen Instrumental-Music, überhaupt davon zu reden, auch nicht; ja in Entreen und dergleichen hohen Täntzen, so wie zuweilen in Ouvertüren, wird es ausdrücklich nöthig seyn, viel punctirtes anzubringen: es klingt sehr frisch und lebhafft, druckt verschiedene, muntere, auch einige hefftige Gemüths-Bewegungen sehr wol aus; aber es **fliesset** doch nirgend.

Von der Melodie.

§. 118.

Der Zusammenhang oder die geschickte Verbindung hilfft ein grosses zum Fliessen in der Melodie: daher hat man fünfftens, absonderlich bey gewissen Absätzen oder Schlüssen dahin zu sehen, daß nicht mit der Thür ins Haus gefallen, sondern alles ohne langen Auffenthalt, vermittelst bequemer Zugänge und Fortschreitungen, in einander gepasset und gefüget werde, wie in einer guten Rede *per transitiones* geschiehet. Die Frantzosen treiben dieses fast gar zu starck in ihrer Music, und geben dadurch ihren Sätzen viel leierhafftes. Derowegen muß auch hierin Maasse gehalten werden: denn was allzufliessend ist, wird schlüpffrig und entwischet leicht.

§. 119.

Das ewige Ziehen und Schleppen durch die halben Tone und Dissonantzen, darein mancher so sehr verliebt ist, hat zwar seine Zeit und seinen Ort, nachdem es die Umstände leiden oder erfordern; allein wer was **fliessendes** setzen will, darff solche krumme, chromatische Wege nicht suchen. Wo diese Absicht aber nicht ist, hat ein ieder hierin freie Hände. Ich will sie niemand binden.

§. 120.

Wie nun der gute, ungezwungene Zusammenhang, dabey man nicht zu ängstlich verfähret, einen Satz mit seinem folgenden durch die Verbindung nicht wenig **fliessend** macht; so entstehet hergegen eine grosse Hinderniß bey dieser Eigenschafft, wenn man etwa einem oder andern Themati zu Gefallen, den Gesang, das singende Wesen, in seinem natürlichen Lauff, mit ungeschickten Pausen unterbricht, und die Melodie in ihrem Fortgange zurück hält: denn da kans ja unmöglich **fliessen**.

§. 121.

Das Thema aber verstehen wir hier von einer Grund- oder Neben-Stimme; nicht von einem Haupt-Satze in einem fugirten Stücke: das ist zu sagen, wenn sich etwa der Baß oder die Violinen sonderlich in einer Arie hervor thun wollten, so daß darüber die vornehmste oder Sing-Stimme leiden und zurück stehen müste, nur damit jene das Thema (es sey beschaffen, wie es wolle) auch ergreiffen mögten; welches wieder alle Vernunfft läufft, und doch täglich geschiehet.

§. 122.

Die Classe der **Lieblichkeit** ist beträchtlicher, als die drey vorhergehenden; so wie diese hergegen nothwendiger sind. In sofern nun die davon ertheilte acht Regeln einer kleinen Erläuterung bedürffen, zielet die erste dahin, daß man mehr Grade oder Schritte und überhaupt mehr kleine Intervalle, als grosse Sprünge gebrauchen müsse, wenns **lieblich** klingen soll.

§. 123.

Wer hievon Exempel aufzusuchen und in Ordnung zu bringen Lust hat, kan dieselbe wie *locos communes* unter gewisse allgemeine und besondre Titel setzen, von welchen kein geringer Nutz zu hoffen stehet. Wir wollen einen kleinen Entwurff machen, und dem fleißigen Nachforscher dadurch anzeigen, wie er sich in diesem Fall etwa zu verhalten hätte:

Erster allgemeiner Titel, vom steigenden halben Ton, mit auserlesenen Beispielen versehen:

Versüsse meinen Schmertz etc.

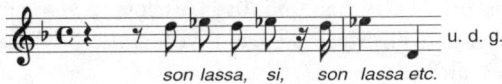
son lassa, si, son lassa etc.

Zweiter allgemeiner Titel, vom fallenden halben Ton, mit erkohrnen Exempeln:

Welchen beiden anzuhängen wären: **Zween besondre Titel von den kleinen halben Tonen,** sowol steigenden, als fallenden. z. E.

Dritter allgemeiner Titel, worin ausgesuchte Proben, von der steigenden kleinen Tertz, enthalten:

Vierter allgemeiner Titel, von der fallenden Tertz, und so weiter, bis an die Qvart.

§. 124.

Wenn wir nun gleich die vorige Regel in acht nehmen, und zur Beförderung der **Lieblichkeit** einer Melodie, mehr durch Schritte als durch Sprünge, verfahren, so erfordert doch der folgende Grund-Satz: **daß man auch mit solchen Graden und kleinen Intervallen gescheut abwechsele,** das ist zu sagen, man sol nicht lauter Schritte thun, lauter Tertzen, vielweniger lauter Qvarten, auch nicht viele von einerley Art in steter Folge hinsetzen; sondern | das Gehör mit öfterer Abwechselung belustigen, wodurch demselben der Gesang am **allerlieblichsten** wird.

§. 125.

Von halben Tonen z. E. werden schon drey oder vier hinter einander, wenn sonst keine eigene Absicht darunter verborgen ist, zu viel seyn, absonderlich von kleinen. Fünff bis sechs Grade sind auch etwas eckelhafft, zumahl diatonische; es wäre denn, daß die Worte oder Umstände, oder wie gesagt, ein besonders Vorhaben, ein Thema, ein Lauff u. d. gl. ausdrücklich mehr erforderten. Wir reden hier nur von der **Lieblichkeit** einer Melodie überhaupt; nicht von sonderbaren Fällen, dabey eine iede Regel ihre Ausnahm leidet.

§. 126.

Von Tertzen kan man zwo bis drey, und nicht mehr einerley Art, ohne Abbruch der **Lieblichkeit,** auf einander folgen lassen: von Qvarten aber selten mehr, als zwo, wenn sie accentuiret sind. Der Nieder- und Aufschlag des Tacts machen hier zwar einiges Bedencken; doch ist es nicht von der Wichtigkeit, die Regel an und für sich selbst zu vernichten, oder sie zu entkräfften. Wer sich die Mühe geben will, Musicalien mit Verstande, in dieser Absicht, durchzugehen, der wird die Wahrheit finden. z. E.

Von der Melodie.

Diese 3 Qvarten würden nicht lieblich klingen: Diese zwo aber wol:

§. 127.
Hiedurch werden wir unvermerckt auf die dritte Regel der **Lieblichkeit** geführet, vermöge welcher man sich **unmelodische oder unsingbare Fälle mit Fleiß aufsuchen soll**, solche unter gewisse Haupt-Stücke zu bringen, ihren Uibel-Laut, worin er bestehe, zu bemercken; die Ursachen desselben zu erforschen, und dergleichen vorsichtiglich zu meiden.

§. 128.
Man darff solche Dinge zwar nicht weit holen, weil das Böse gemeiniglich häuffiger aufstösset, als das Gute; aber bey denen, die aus Contrapuncten ein Handwerck machen, trifft man vor andern einen sonderbaren Schatz unartiger und wiedriger Gänge an: da kan einer aus ihren Fehlern schon ziemlich klug werden.

§. 129.
Wenn z. E. iemand folgendes setzte:

müste iedermann, der nur irgend einen Begriff von **lieblicher** Melodie hätte, gerne gestehen, daß eine solche steigende kleine Tertz h-d, auf welche noch ein steigender, accentuirter halber Ton folget, gar nicht natürlich, geschweige **angenehm** klingen könne.

§. 130.
Nun dörffte einer sagen: ich höre solches wol; weiß aber keine Ursach dessen anzugeben: dem dienet zur Nachricht, daß die beiden Enden h-dis, eine harte Dissonantz, nehmlich eine verkleinerte Qvart machen; daß sie beide accentuirt sind, und durch das vermittelnde d, wegen der unförmlichen Theilung, noch schlimmer lauten, als sonst. Darin steckt die Ursache.

§. 131.
Denn wenn die Zwischen-Note, d, weg bliebe, und aus dem h ein halber Schlag gemacht würde, merckte man den Mislaut bey weiten so starck nicht, weil das h alsdenn einen Absatz oder Auffenthalt bekäme, und desto leichter vergessen werden mögte. Es thäte auch die Zusammenfügung besagter steigenden verminderten Qvart keine so schlimme Wirckung, ob sie schon in kürtzern und gleichgeltenden Noten vorkäme; dafern nur beide Enden keinen Klang-Accent hätten; sondern sich eines von ihnen, als das vierte Glied des Tactes darstellte. z. E.

Doch würde auch hiebey in der Vollziehung eine gewisse Zierlichkeit, der Schleuffer, welchen wir mit Puncten angezeiget haben, zur Bedeckung erfordert; deren man hergegen nicht brauchte, wenn die mangelhaffte Qvart, an statt zu steigen, herunter fiele.

§. 132.

Unter dem Artickel von gescheuter Abwechselung mit den Intervallen könnte folgendes unmelodische Exempel mit in der bösen Reihe stehen:

Hier aber ist die Ursache in keiner Dissonantz, sondern in dem unzeitigen leeren Sprunge der grossen Tertz, b-d, welche weder mit dem vorhergehenden noch mit dem folgenden einige Gemeinschafft hat, und sich also zur Abwechselung gar nicht schicket.

§. 133.

Es halten nehmlich die Intervalle eine seltsame Ordnung: zween steigende Grade; eine grosse steigende Tertz und ein steigender halber Ton. Daß diese Intervalle alle vier steigen, mögte mancher dencken, ist ja was einförmiges und gutes; aber wir antworten: das Steigen wird in solchen ungleichen Schritten verrichtet, daß eben dadurch die vorgeschützte Einförmigkeit gantz weg fällt, und der lieblichen Abwechselung eine Hinderniß gemacht wird. Wenn die Tertz nur ausgefüllet wäre, ginge es schon an; noch besser aber, wenn statt der steigenden, eine fallende Tertz angebracht würde; also:

§. 134.

Bey sothaner genauen Untersuchung übel-eingerichteter Gänge werden unfehlbar viele sonderbare Regeln erwachsen: davon wir itzo nur eine kleine Probe geben wollen: Nach obiger Anleitung stehet fest:

1. Daß ein steigender halber Ton, darauf eine steigende grosse Tertz mit noch einem steigenden halben Ton folgt, keine gute Melodie mache.
2. Daß zwo steigende Qvarten, wenn sie accentuirt sind, vielweniger ihrer drey, schwerlich gut klingen können, denn es kömmt in der Melodie eine übelvermittelte Septime heraus.
3. Daß eine Tertz und Secund, wenn sie folgender Gestalt auf einander kommen:

sehr viel lahmes und unmelodisches haben. Ob es auch hiebey die Accente eines, oder die Puncte andern Theils viel besser machen können, daran stehet fast zu zweifeln. Die Ursache ist, daß unsre Ohren, nach der fallenden Tertz und steigenden Secund, gerne noch ein grösseres Intervall herunter, und nicht ein kleineres hören wollen, indem jenes die Lebens-Geister erweitern würde, welche durch die Secunden eingeschränckt werden, z. E.

§. 135.

Eben solche natürliche Ursachen haben auch bey dem §. 129 angeführten Exempel statt: nehmlich, daß die Erweiterung angenehm ist, wenn eine Enge vorhergehet. Also:

Von der Melodie.

Wird diese Folge umgekehrt, so wirckt sie auch das Gegentheil; d. i. Alle Einschränckung betrübet desto mehr, wenn eine Erweiterung vorher gegangen ist. Besser ist es demnach, man hüte sich für solchen Gängen; es wäre denn im ungeraden Tact, mit einem gewissen Anhange, der eine Verbindung oder hübsche Manier mit sich brächte, z. E.

alwo das im 134 §. angegebene unmelodische Exempel durch den Accent, ingleichen durch den Nieder- und Aufschlag, so wie durch die Brechung der Noten und Manieren eine gantz andre Gestalt gewinnet. Bey allen dergleichen Sätzen aber kömmt dasjenige, was vorgehet und nachfolget, in nicht geringe Betrachtung.

§. 136.

Wir wollen noch ein Paar Anmerckungen oder Regeln von **unlieblichen** Gängen hinzuthun, nehmlich:

4. Zwo Secunden, mit einem leeren Zwischen-Raum, werden nach einander, weder hinter sich noch vor sich, nichts liebliches ausrichten, auf diese Weise:

denn, nach vernommenem Ton, g-f, wollte man gerne eine Fortsetzung dieser diatonischen Art Grade zum Heruntersteigen hören; oder eine Erweiterung aufwärts vernehmen; es folget aber hier eine Lücke, die Melodie reißt ab, und wird unsingbar. Hier ist nun nicht zu helffen, als mit der Ausfüllung des Ritzes.

5. Eine fallende Qvart, worauf eine grosse steigende Tertz folget, bringt viel unangenehmes mit sich: die Ursachen sind eine üble Theilung, und der Accent, samt der gleichen Geltung dieser drey Klänge: wie aus deren besseren Zerlegung, richtigern Accent, und verschiedener Geltung zu ersehen ist:

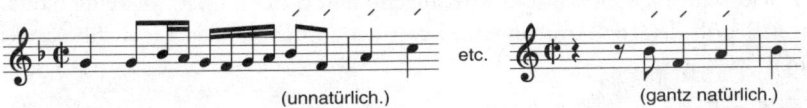

(unnatürlich.)   (gantz natürlich.)

§. 137.

Gleichwie man nun die bösen Gänge zur Vermeidung, und zur Untersuchung ihrer Ursachen fleißig aufsuchen muß, so hat man hergegen die **wolklingenden zu Mustern anzumercken**, welches die vierte Regel ist, wodurch man seiner Melodie eine Lieblichkeit zu Wege bringen kan.

§. 138.

Bononcini, der jüngere, ist ein lieblicher Setzer; **Telemann** desgleichen: und wollte ich diese beide wol, ohne iemand zu nahe zu treten, einem Lehrbegierigen absonderlich vorschlagen, um aus ihren weltbekannten Wercken die **anmuthigsten** Gänge heraus zu ziehen, und darüber, nach genauer Untersuchung, gewisse Anmerckungen zu machen. Wir finden z. E. in des erstgenannten Cantaten diese artige Clausul:

§. 139.

Daraus könnte man sich etwa folgende Regel stellen: **Ein Dactylus in der kleinen Tertz herunter; eine Qvint hinauf und wieder herab springend** thun eine schöne Wirckung, | absonderlich wenn, wie hier, die Endigungs-Note dreimahl; die Tertz und Qvint iede einmahl, und der untenliegende zierliche Klang des halben Tons auch einmahl vernommen worden: denn so hat man gleich einen vollkommenen Begriff von der gantzen Ton-Art.

§. 140.

Kömmt nun hernach dieser Satz, mittelst des Wiederschlages, in der Tertz des Haupt-Tons abermahl vor, so wird die Lieblichkeit desselben verdoppelt, und zwar aus obiger natürlichen Ursache, vermöge welcher die Erweiterung angenehm fällt, wenn eine Engigkeit vorhergegangen ist. Oben war die Tertz klein; hier ist sie groß.

§. 141.

Hiebey könnte, nebst andern, eine neue, besondre Regel von **lieblicher** Führung des Gesanges Platz finden, des Inhalts, daß auf dergleichen drey und mehr Qvinten-Sprünge gerne und mit Lust viele Grade, aus Liebe zur Abwechselung, gehöret werden mögen: wie solche denn auch folgen.

§. 142.

In den Telemannischen Wercken trifft man einen herrlichen Vorrath solcher schönen Gänge an, davon wir nur zur Probe den blossen Anfang einer Arie hersetzen wollen, deren Worte die himmlische Pracht sehr majestätisch und wolklingend ausdrücken, da in so wenig Noten nicht nur ein völliger Begriff der Ton-Art, sondern, nebst der ausnehmenden **Lieblichkeit**, viel erhabenes zu spüren ist:

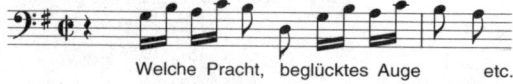

Welche Pracht, beglücktes Auge   etc.

§. 143.

Man siehet hier, wie artig die Grade und Sprünge mit einander abwechseln, wie das Fallen, Steigen und Gehen so klüglich vermischet ist. An gewissen Stücken dieses Haupt-Setzers habe ich mich in langer Zeit nicht müde singen können: insonderheit hat er den Choral: **Ach! GOtt vom Himmel sieh darein**, mit einem Basset, für die Orgel so Melodie-reich ausgeführt, daß nichts darüber gehet. Man findet diesen Choral in Hrn. **Telemanns** gestochenen kleinen Wercken, und ich darff wol sagen, ohne ein gewaltiger Sprecher zu seyn, daß einem Organisten, der ihn nicht kennet, eine grosse Freude fehlet.

§. 144.

Die fünffte Regel der **Lieblichkeit** bestehet in genauer **Beobachtung des richtigen Verhalts aller Theile einer Melodie gegen einander.** Unsre vorige Absicht ging nur auf den Verhalt der Intervalle, welchen man von diesen letztern, da die Theile selbst zusammen gehalten werden, gar wol unterscheiden muß.

§. 145.

Gegenwärtige Regel zielet nicht allein dahin, daß z. E. der zweite Haupt-Theil einer Arie mit dem ersten, so zu reden, im Bunde oder in gutem Vernehmen stehe; sondern daß auch die andern kleinern Neben-Theile ihre erforderliche Gleichförmigkeit darlegen. Hierwieder nun handeln die meisten galanten Componisten dergestalt, daß man offt meinen sollte, der eine Theil ihrer Melodie gehöre in Japan, der andre in Marrocco zu Hause.

§. 146.

Zwar darff niemand eben so scharff hierin verfahren, daß er Circkel und Maaß-Stab dabey zur Hand nähme; aber auch die grosse Ungleichheit und der wiedrige Verhalt in den Theilen thun der **Lieblichkeit**, ja bisweilen der nöthigen **Deutlichkeit** selbst, eben solchen Abbruch, als ein grosser Kopff und kurtze Beine der Schönheit des Leibes. Wenn z. E. im ersten Theile dieser Modulus vorgewesen wäre:

So müste es angenehm lauten, wenn im zweiten Theile etwa folgender Gestalt darauf geantwortet, das gute Verständniß fortgeführet, und die Verwandtschafft beider Theile also unterhalten würde:

§. 147.

Die sechste Regel der **Lieblichkeit** erfordert, daß man angenehme Wiederholungen und Nachahmungen, doch nicht gar zu häuffig, anstelle. Gemeiniglich haben die eigentliche Wiederholungen im Anfange einer Melodie mehr statt, als in deren Fortsetzung: denn dort folgen sie offt unmittelbar, und auch ohne Versetzung, auf einander; hier aber tritt immer etwas dazwischen.

§. 148.

Von dem Wiederschlage, wie derselbe zur geschickten Verhältniß der Theile ein grosses beitrage, haben wir schon oben geredet, und wissen also, was damit gesaget sey. Wenn wir zu den Fugen kommen, wird die Sache noch mehr erläutert werden. Hier mercke man sich nur den Unterschied, daß die blosse Wiederholung einerley Klänge zum Grunde setzet; der Wiederschlag aber, und die Nachahmung bald höher, bald tieffer, angebracht werden. Von der ersten kan dieses wenige ein Muster, und zwar, wegen der letzten fallenden Note, ein recht gutes abgeben:

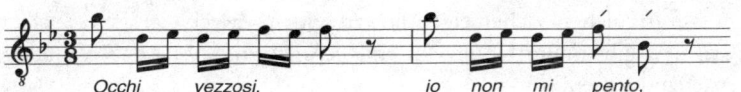

Es würde so artig nicht seyn, wenn die Stimme, mit dem Worte *pento*, die genaue Wiederholung beibehielte, und den Fall wegliesse. So viel kan offt an einer eintzigen Note liegen, welches der Aufmercksamkeit wol werth ist.

§. 149.

Nicht nur im letzten Haupt-Theil einer Melodie, wenn wir ihn gegen den ersten halten, wird es lieblich herauskommen, den Wiederschlag geschickt anzubringen; sondern auch in den Gliedern und Gelencken eines ieden Theils vor sich klingt es sehr angenehm, wenn die Vernunfft und Bescheidenheit dabey zu Rathe gezogen werden.

§. 150.

Im vorhergehenden ist überhaupt vom Verhalt gantzer Theile einer Melodie gelehret worden; in diesem Absatz hergegen und im folgenden untersuchen wir ins besondere ein Paar Hülffs-Mittel und Umstände, die ein grosses dazu beitragen. Denn fürs erste ist zu mercken, daß die Wiederholungen im Anfange einer Arie, nicht aus Mangel oder Armut, sondern der **Lieblichkeit** und Anmuth halber vorgenommen werden: welche desto mercklicher sind, wenn etwa, wie oben, die eine oder andre Note, gleichsam zufälliger Weise, und doch mit gutem Vorbedacht, verändert wird. Ein ieder könnte wol zu den Worten: *io non mi pento*, etwas neues setzen; aber es würde lange so lieblich nicht in die Ohren fallen, als die Wiederholung.

§. 151.

Hiernächst klinget es auch sehr schön, wenn sowol im Anfange, als bey Fortsetzung der Melodie die Wiederholungen mit den Wiederschlägen wol vermischt werden: und davon will ich folgenden Auszug zum Muster vorstellen. Der Anfang ist so:

Buononcini:
Piu vaga e vezzosetta

Darnach führet der Verfasser die Melodie fort, und macht einen Schluß in die Qvint; pausirt ein paar Täcte; nimmt darauf die **Wiederholung** des Anfanges vor; nachdem er dem Wort-Verstande schon ein völliges Genügen geleistet, und schreitet zum Ende des ersten Theils. Den andern hebt er mit dem **Wiederschlage** an, und bringt ihn auf zweierley Art zum Vorschein; erstlich durch die Sext, hernach durch die Tertz, welches alles sehr **lieblich** lautet: zumahl da sich die Wörter noch dazu reimen, denn niemahls klingt ein **Wiederschlag** besser, als bey dergleichen Umständen, *vezzosetta, semplicetta*.

non vedi, o semplicetta

und weiter hin:

§. 152.

Es wird keinem, der Lust zu studiren hat, an allerhand Sachen und auserlesenen Exempeln, bey dem itzigen Noten-Reichtum der Welt fehlen können; aber daran fehlt es wol am meisten, daß nicht ein ieder weiß, was er in solchen Sachen eigentlich zu seinem Zweck dienliches suchen und untersuchen soll. Dazu nun gibt dieser Unterricht einige Anleitung, ohne daß es nöthig seyn wird, die Bcispiele ferner zu häuffen.

§. 153.

Viele alte und neue Componisten mögen mirs heimlichen Danck wissen, daß ich von ihren Schätzen nicht so viel unter die Leute bringe, als ich oben, bey Erwehnung unmelodischer Sätze, leicht hätte thun können; von den güldenen Gefässen aber werde bey Gelegenheit mit solcher Enthaltung zu reden, wie wol eher geschehen ist, weder Ursache noch Willen haben.

§. 154.

Daß aller Anfang einer guten Melodie mit solchen Klängen gemacht werde, welche entweder die Ton-Art selbst vorstellen, oder ihr doch nah verwandt sind, solches erheischet die siebende Regel der **Lieblichkeit**. Wir dürffen abermahl nach Exempeln nicht weit suchen; sondern nur das eben vorhergehende betrachten, in welchem gleich die vier ersten Noten den völligen Accord des Tones, und ein übriges hören lassen.

§. 155.

Dieses geschiehet nun zwar besagten Orts in lauter Sprüngen, und klinget nicht so sittsam, als wenns in Schritten vollbracht würde; doch kan solches, der Materie wegen, nicht allemahl beobachtet werden, und man muß nicht nur der Liebe zur Veränderung vieles nachsehen, sondern auch unterscheiden, ob der Sinn in den Worten frisch und munter, oder ob er leidend und ruhig sey. Ein Beispiel des letztern gibt folgendes an die Hand, wo die Bedeutung des Leidens in Gedult sehr natürlich, durch lauter Grade, und zwar kleine Intervalle, ausgedruckt wird; dennoch aber dabey die Ton-Art gnungsam entdecket.

§. 156.

Das schäumende, tändelnde und üppige Wesen hat heutiges Tages in der melodischen Setz-Kunst mehrentheils den grössesten Beifall, und auch den meinigen, in so weit, daß ich niemand leicht rathen wollte, wieder den Strom zu schwimmen. Wer nun diese Absicht, dem grössesten Hauffen zu gefallen, heget, und sonst keine, der muß bisweilen die Anmuth und andre wesentlichere Eigenschafften des Gesanges gewisser maassen auf die Seite setzen. Ich kenne etliche, die | ihren Mantel diesen Falls ziemlich nach dem Winde zu tragen wissen; doch schwingen sie sich zuletzt immer wieder in den Sattel, und halten dem guten Geschmacke Stand.

§. 157.

Die letzte unsrer melodischen Regeln wird seyn, daß man zur Beförderung der **Lieblichkeit nur mäßige Melismos oder lauffende Figuren gebrauche**. Hier untersuchen wir nicht die Stellen oder Wörter, worauf dergleichen Zierrathen sich wol oder übel schicken: denn das gehöret zum nothwendigsten Stück der bereits-abgehandelten Verständ- und Deutlichkeit. Anitzo betrachten wir nur die blosse Form der Melodie, ohne sonderbare Absicht auf deren verschiedenen Unterwurff, in Beobachtung solcher Ausschmückungen, und sagen demnach, daß die Melismi, wenn sie unmäßig angebracht, oder zu weit gerecket werden, die **Lieblichkeit** hindern und Eckel erwecken. Dieses Exempel ist gut:

252 II. Theil. Fünfftes Capitel

Wiederschlag.

§. 158.

In Gegentheilen und unlieblichen Läuffen ist wol eben kein Mangel; doch will ich vor aller Gefahr eines hersetzen, das sowol, als jene, von **Buononcini** herrühret: denn grosse Leute fehlen auch.

a te più non verrà — — — — — — — —
— — — — — a te più non verrà.

§. 159.

Ich habe bey dem letzten Exempel die nichts sonderliches bedeutende, und gar keines solchen Firlefantzes werthe Wörter mit Fleiß darunter gesetzt, und glaube, es sey hier einer von denjenigen Fällen vorgekommen, deren §. 156 erwehnet worden.

§. 160.

Man kan übrigens bey den Wiederschlägen noch anmercken, daß dieselbigen in Fugen oder Kirchen-Sachen allemahl, wenns recht zugehen soll, mit grossen Ton-Arten auf grosse, mit kleinen hergegen auf kleine antworten müssen, welches in der madrigalischen und dramatischen Schreib-Art, in Cantate, Arien etc. willkührlich ist, wie aus obigen Exempeln zu sehen.

§. 161.

Ein Componist hat bisweilen Sänger und absonderlich Sängerinnen vor sich, denen er entweder gerne so viel zu thun geben will, als sie verrichten können, d. i. er will ihnen, weil sie Geschicklichkeit dazu besitzen und seine Günstlinge sind, auf alle Weise einen Vorzug vor andern zu Wege bringen; oder aber sie plagen, zerren und qvälen ihn so lange, bis er ihrem thörichten Begehren ein Genüge leisten, und nicht selten Dinge hinschreiben muß, die er selber misbilliget, weil sie wieder die Vernunfft lauffen; nur damit er sie bey guter Laune erhalte und verhindere, daß sie nicht aus ihrem eigenen Gehirn etwas daher hacken, das zehnmal ärger ist, ihm seine Arie vor die Füsse werffen, und sagen, sie sey nicht nach ihrem Halse gesetzt.

§. 162.

Daher geschiehet es denn wol, daß man in den Wercken, die den Nahmen eines grossen berühmten Meisters tragen, offtmahls *passaggi* oder lauffende Figuren antrifft, welche so wenig | von der lieblichen Mäßigkeit haben, daß sie mit allem Recht haupt-üppig, wo nicht was ärgers heissen können.

§. 163.

In beiden Fällen muß man hievon bescheidentlich urtheilen, wenn sich sonst Proben von gutem Geschmack des Verfassers finden; niemand hat aber nöthig, das Ding nachzuthun, wenn sich nicht eben dergleichen Bewegungs-Gründe bey ihm einstellen, die iedoch mehrentheils bey den Italienern zu Hause gehören. Denn ein Frantzmann wird, wegen der Eigenschafft seiner Untergebenen, in sofern es Lands-Leute sind, schier niemahls zu solchen Weitläuffigkeiten von ihnen genöthiget werden: weil von Natur den Galliern die welsche Biegsamkeit und das geschwinde Wesen der Kehle nicht bescheret ist. Wiewol es unter den neuesten Componisten in Franckreich einige gibt, die sich hierin selbst übertreffen wollen, aber auch nur desto lächerlicher machen, ie mehr sie ihr sonst zur Lieblichkeit geneigtes Naturel zu solchen Ausschweiffungen nöthigen. Vieleicht wird es weiter unten Gelegenheit geben, ein mehrers hievon zu gedencken.

§. 164.

Inzwischen soll hiemit das Eis ein wenig gebrochen seyn, indem wir unsern bisherigen Regeln von der Melodie einige Erläuterungen angehänget haben, die zum Theil der Instrumental-Music dienen können; am meisten aber für die Singe-Stimmen gehören, als worin der Ursprung und die Wurtzel alles melodischen Wesens zu suchen ist: so daß es nunmehro ein leichtes seyn dürffte, diese Abhandlung weiter auszuführen, eines von dem andern noch genauer zu unterscheiden, mit mehren Beispielen zu versehen, und den erfundenen Dingen einen Zusatz zu geben.

Sechstes Haupt-Stück.
Von der Länge und Kürtze des Klanges,
oder von Verfertigung der Klang-Füsse.

§. 1.

Was ein **Rhythmus** sey, solches lehret uns die Prosodie, oder diejenige Anweisung in der Sprach-Kunst, mittelst welcher festgesetzet wird, wie man die Accente recht anbringen, und lang oder kurtz aussprechen soll. Die Bedeutung aber des Worts **Rhythmus** ist nichts anders als eine **Zahl**, nehmlich, eine gewisse Abmessung oder Abzehlung, dort der Sylben, hier der Klänge, nicht nur in Betracht ihrer Vielheit; sondern auch in Ansehung ihrer **Kürtze und Länge**.

§. 2.

Was die Füsse in der Dicht-Kunst bedeuten, solches stellen die Rhythmi in der Ton-Kunst vor, deswegen wir sie auch Klang-Füsse nennen wollen, weil der Gesang gleichsam auf ihnen einhergehet. Die Zusammenfügung aber und übrige Einrichtung dieser Klang-Füsse heisset mit ihrem Kunst-Worte **Rhythmopöie**, und davon handelt gegenwärtiges Capitel.

§. 3.

Die Krafft des Rhythmi ist in der melodischen Setz-Kunst ungemein groß, und verdienet allerdings einer bessern Untersuchung, als sie bisher gewürdiget worden. Die Componisten haben in diesem Stücke, sowol, als in vielen andern nicht weniger wichtigen Dingen der melodischen Wissenschafft, mit ihrer gantzen Uibung noch nichts mehr erhalten, als einen verwirrten oder

254   II. Theil.   Sechstes Capitel

undeutlichen Begriff, *scientiam confusam*, keine Kunst-Form: so wie der Pöbel rhetorische Redens-Arten braucht, ohne sie, als solche, zu kennen.

§. 4.

Einige, doch sehr wenig Gelehrte haben sich die Mühe gegeben, der Poesie zu Gefallen diese Materie etwas tiefer, als andre, einzusehen, und **Gerhard Johann Voß** hat ein eigenes Wercklein von den rhythmischen Kräfften, *de viribus rhythmi*, geschrieben, welches hiebey gute Dienste thun kan.

§. 5.

Bey der gegenwärtigen Gelegenheit, will ich doch, ehe wir weiter gehen, mein an einem andern Orte[1] gegebenes Versprechen richtig halten, und mit deutlichen, iedermann bekannten und in die Sinne fallenden Exempeln beweisen, wie man, vermittelst der blossen Klang-Füsse und deren Veränderung, ohne den Gang der Melodien an ihm selbst, noch den Ton oder Klang im geringsten zu vertauschen, aus Kirchen-Liedern allerhand Täntze[2], und wiederum aus diesen lauter Choral-Gesänge[3] machen könnte, wenns nöthig und nützlich wäre. Das Experiment ist neu, und wir machen es in keiner andern Absicht, als die ungemeine Krafft der Rhythmopöie darzulegen, um dadurch zu weiterm Nachdencken Anlaß zu geben.

A.
Wenn wir in höchsten Nöthen etc.

B.
Wie schön leuchtet etc.

1   Im Göttingischen **Ephoro** *p. 73.*
2   *A. B. C. D. E.*
3   *F. G.*

Von den Klang-Füssen.

Gavotte.

C.
HErr JEsu Christ du höchstes etc.

Sarabanda.

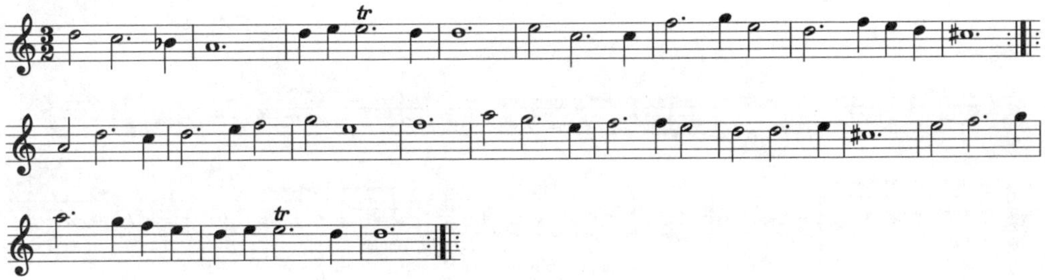

D.
Werde munter mein etc.

Bourée.

E.
Ich ruf zu dir etc.

256 II. Theil. Sechstes Capitel

Polonoise 1.

Polonoise 2.

F.

Menuet.

da Capo.

Choral.

Von den Klang-Füssen.

G.

§. 6.
Wir wollen also zur Sache schreiten, einige Vers-Füsse aus der Prosodie hersetzen, und sehen, wie sie in Klängen oder Noten vorgestellet werden können.

Zwosylbige Füsse.

§. 7.
Der **Spondäus**, welcher aus zween gleich-langen Klängen bestehet, hat billig unter allen *rhythmis* die Ober-Stelle, nicht nur wegen seines ehrbaren und ernsthafften Ganges; sondern auch weil

er leicht zu begreiffen ist. Diese Anmerckung gäbe schon Anlaß zu einer guten Erfindung, wenn man etwas andächtiges, ernsthafftes, ehrerbietiges und dabey leichtbegreiffliches setzen wollte.

§. 8.

Es hat auch darum der **Spondäus** seinen Nahmen von dem griechischen Worte σπονδὴ, *libatio*, ein Tranck-Opfer, weil man sich von ie her, in geistlichen Musiken, bey Schliessung feierlicher Bündnisse u. d. g. seiner bedienet hat: wie denn auch diejenigen Pfeiffer, so bey dem heidnischen Götzen-Dienste spielten[4], **Spondaulä** hiessen.

§. 9.

Die heutigen Welschen setzen bisweilen gantze Arien, darin die Sing-Stimme und der Baß vorzüglich auf diesem Klang-Fusse stehen und gehen; wobey aber die Violinen und andre begleitende Werckzeuge, im Zwölff- oder Sechs-Achtel-Tackt, allerhand Zierrathen und Figuren durch und durch anbringen.

§. 10.

Unsre meisten Kirchen-Lieder haben diesen Spondäum durchgehends, und wer seinen Untergebenen ordentlich anführen will, der lasse ihn vor allen Dingen den ersten Versuch damit thun.

§. 11.

Der **Pyrrichius** bestehet aus zween Klängen, die von gleicher Kürtze sind. Den Nahmen hat er, wie einige wollen, von dem Epirotischen Könige **Pyrrhus**, der ein Liebhaber oder Erfinder desselben gewesen, und gewisse kriegerische Täntze, nach dieser Klang Maasse eingeführet haben soll. **Seneca**[5] und aus ihm *La Mothe le Vayer*[6] setzen diesen König ausdrücklich mit unter die vornehmen Täntzer; **Plutarchus** aber, der dessen Lebenslauff ziemlich umständlich beschrieben hat, gedencket nichts davon. Es kan auch wol seyn, daß man bey Benennung solcher hitzigen Fechter-Sprünge mehr auf die Geschwindigkeit, als auf irgend eine Person gesehen habe: indem sie doch beide einerley Ursprunges sind, und von πῦρ, welches Feuer und Hitze bedeutet, herkommen.

§. 12.

Athenäus[7] ist wenigstens der Meinung, daß der Nahme des pyrrhichischen Fusses von der schnellen oder feurigen Bewegung herkomme, und sagt, es sey eine Tantz-Art junger bewaffneter Soldaten[8] gewesen, die auf das hurtigste und hefftigste angestellet worden: denn die Umstände des Krieges lassen keine Saumseligkeit zu, weder im Fliehen noch Verfolgen der Feinde. **Pyrrhus** selbst heißt ein rothhäriger, weil das Feur dergleichen Farbe hat. Von den Frantzo|sen aber wird zu diesen Zeiten eine solche Kämpffer-Melodie *les Combattans* genennet, und sie hat niemahls bessere Art, als wenn der **Pyrrhichius** häuffig darin hervorraget.

---

4   *Salmas. in not, ad Vopisci Carin.*
5   *Lib. I de Tranquillitate cap. ult.*
6   *Tome I de ses Oeuvres p. 94 de l'instruction de Monseigr. le Dauphin.*
7   *Concitatae saltationes Pyrrhichae vocatae sunt. Athen. Dipnosoph. L. XIV c. 12.*
8   *Pyrrhicha, militaris saltatio, quam pueri armati saltabant, velocitate exercetur. Opus est autem in rebus bellicis velocitate, & ad insequendum & ad fugiendum. Id. ibid.*

Von den Klang-Füssen.

§. 13.

Der **Jambus** hat seinen Nahmen von stachelichten, anzüglichen Gedichten, *quasi ab* ἰὸν βάζειν, *jacula loqui*, weil man sich seiner bey den Satyren zu bedienen pflegte: wie man denn scharffe Worte offt mit Spiessen und Schwerdtern vergleichet. Er bestehet aus einem kurtzen Klange, worauf ein langer folget, und hat den ungeraden Tact gleichsam zu seinem besondern Eigenthum; wiewol er auch in der geraden Zeitmaasse, vornehmlich im Sechs- und Zwölf-Achtel-Tact kein Fremdling ist.

§. 14.

Es ist dieser **Jambus** vor allen in den Menuetten gerne mit dem folgenden trochäischen Fusse vermischet, und daselbst häufig anzutreffen: wie denn auch die Polnischen und Teutschen Täntze niemahls Mangel daran leiden, zumahl die so genannten **Proportionen**, wovon wir oben in den beeden Polonoisen §. 5. ein Exempel gegeben haben. Die Teutschen nennen dergleichen rhythmische Veränderung aus einem geraden Tact in einen ungeraden, **Vortantz** und **Aufsprung**. Daß **Brossard** aber meinet, die Italiener nennten alle Tripel-Arten nur dem allgemeinen Nahmen: *Proportioni*, braucht einer guten Erklärung. Wie nun in den Vortäntzen der **Spondäus** ziemlich regiert; so hat hergegen der **Jambus** in den **Aufsprüngen** das meiste zu sagen.

§. 15.

Wenn wir weitläufig seyn wollten, könnte von ieder Art ein vollständiges Beispiel hergesetzet werden, und es würde auch eben nicht schaden; allein wo wollten wir mit dem grossen Buche endlich hin, wenns so fortgehen sollte. Doch zur Probe mag dieses wenige dienen. Wer seinen Untergebenen nach unsern unmaaßgeblichen Vorschrifften abrichten will, dem wird hiemit der Weg schon gnungsam gewiesen seyn.

Vortantz.

Auffsprung.

§. 16.

Zu der Neapolitanisch- oder Sicilianischen Sing- und Spiel-Art muß der **Jambus** unaussetzlich gebraucht werden, wie man denn offt gantze Arien findet, darin er grössesten Theils herrschet. Z. E.

del R. Cesare.

§. 17.

Die Eigenschafft des **Jambi** ist mäßig lustig, nicht flüchtig oder rennend. Der rechte Sicilianische Styl hat was sehr zärtliches und eine edle Einfalt an sich. Ein gleiches sollte man billig bey den wahren Menuetten und deren Verfertigung in Acht nehmen, wie solches von **Lully** auch klüglich geschehen ist; und nicht mit so vielen schwärmenden Füssen und hüpffenden Figuren darin herum jagen, als heutiges Tages von vielen Componisten geschiehet, die niemals vom Rhythmo gehöret haben mögen.

§. 18.

Noch ein kleines Exempel, zur Rettung der Menuetten, hierüber zu geben, muß ich mir ein Räumlein ausbitten: und damit soll es alle seyn:

§. 19.

Der **Trochäus** oder **Choräus**, wovon wir oben gesagt, und so eben auch erwiesen haben, daß er sich in den Menuetten gerne mit dem **Jambo** vermische, hat seinen ersten Nahmen vom Lauffen, und den zweiten vom Tantzen und Singen[9]. Er drückt, im melodischen Verstande, mit den Klängen nicht viel spitziges und sprödes aus, und wird bey den wenigsten Gelegenheiten häuffig oder unvermischt gebraucht. Die Schwedischen Thal-Bauern tantzen trefflich gerne darnach; zu Spanischen Canarien-Giqven, ingleichen zu Wiegen- oder Schlaf-Liedern[10] schickt er sich am besten, hat dabey zwar was satyrisches, doch ziemlich-unschuldiges an sich, nichts ernsthafftes noch beissendes.

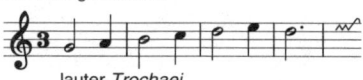

§. 20.

Man siehet hieraus, daß die erste Note dieses choraischen Klang-Fusses lang, die zwote aber kurtz, und er also diesen Falls ein umgekehrter **Jambus** ist. Gescheute Componisten werden hin und wieder Gelegenheit genug finden, diesen Rhythmum wol anzubringen; absonderlich aber in ungerader Zeit-Maasse, auch mehr mit Instrumenten zur Begleitung, als mit Sing-Stimmen. Um aber die Natur eines solchen Klang-Fusses recht kenntlich zu machen, muß man ihn gleich im Anfange eines Satzes hören lassen: weil sich die *pedes* in der melodischen Folge starck vermischen, und gleichsam zweideutig werden. Wir gehen nun weiter, und bemercken

---

9 Τροχάω, *curro*: Χορὸς, *coetus canentium & saltantium*.
10 Man darff eben nicht dencken, daß Wiegenlieder oder Abend- und Schlafgesänge verächtliche Dinge sind: denn der grossen Vergnügung zu geschweigen, welche die lieben Kinder daraus ziehen, sind dieselbe sowol in Serenaten als Schauspielen, und Kirchen selbst bey vielen Gelegenheiten von grossem Nutzen und Gebrauch; erfordern auch ihren eignen Meister. Z. E. bey diesen Worten: **Es hört mein Geist die Engel lieblich singen! bey diesem Klang schlaf ich gemählig ein u. d. gl.**

§. 21.

Dreisylbige Füsse:

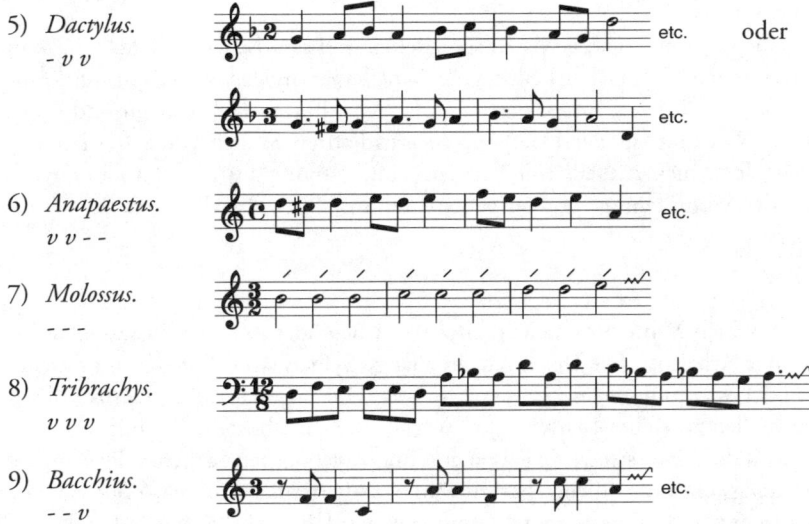

5) *Dactylus.*
   – v v

6) *Anapaestus.*
   v v –

7) *Molossus.*
   – – –

8) *Tribrachys.*
   v v v

9) *Bacchius.*
   – – v

§. 22.

Der **Dactylus**, welcher seinen Nahmen vom Finger hat[11], weil seine drey Theile, deren einer groß, zween aber klein sind, mit den Gelencken der Finger einiger maassen übereinkommen, ist ein sehr gemeiner Rhythmus: denn er schickt sich in der Music sowol zu ernsthafften als schertzenden Melodien, nachdem die Bewegung eingerichtet wird.

§. 23.

Wir haben zwey Exempel von diesem Rhythmo gegeben, aus folgenden Ursachen: das erste, wobey die Vor-Note richtig zweimahl so lang ist, als eine iede der beeden andern, stimmet mit dem Prosodischen Fusse in der Dicht-Kunst überein; bey dem zweiten Exempel aber siehet man schon, daß die Music unzehliche melodische Füsse hervorbringen könne, die in der Poesie keinen | Raum finden, indem hier die langen und kurtzen Klänge, an ihrem Verhalt, so sehr unterschieden sind, als 3. 1. 2: wobey der letzte oder dritte im Tact, ob er gleich dem äusserlichen Ansehen nach zweimal so lang scheinet, als der zweite oder mittlere: dennoch an seiner innerlichen Geltung, wegen des Aufschlages im Tact, eben so kurtz ist. Für die Dicht-Kunst wäre dergleichen Sylben-Maasse wol ein wenig zu fein.

§. 24.

Diejenigen Reim-Gebände der Teutschen Poeten, die man dactylische nennet, verbinden eben den Componisten nicht, daß er auch in seiner Melodie dabey lauter Dactylos gebrauche: der **Tribrachys** und andre melodische Füsse thun offt bessere Dienste in solchem Fall. Diese Anmerkung gilt schier durchgehends von allen; wie wir denn bereits oben gesehen haben, daß die Worte: *Non mi dite etc.* aus **Jambis** bestehen, und doch die Noten den **Trochäum** aufweisen.

---

11 Das griechische Wort δάκτυλος bedeutet auf Lateinisch *digitum*, auf Teutsch einen Finger.

Man hat also gar nicht nöthig, sich mit den melodischen Füssen allemahl nach den prosodischen zu richten.

§. 25.

Der **Anapästus** hat seinen Nahmen von gewissen spöttischen und satyrischen[12] Gedichten, dazu ihn ehmahls die griechischen Versmacher fleißig gebraucht haben mögen: er ist sonst ein umgekehrter **Dactylus** von zwo kurtzen Noten und einer langen; thut aber in lustigen und fremden Melodien bessere Wirckung als der **Dactylus**. In ernsthafften Sachen hat der Anapästus auch grossen Nutzen, doch mehrentheils mit Untermischung andrer Füsse. Man kan davon, sowol ohne, als mit der Vermischung, Proben geben und anstellen. Hier leidet es der Raum unmöglich.

§. 26.

Der **Molossus**, welcher seinen Nahmen von einer schweren Arbeit oder von einer[13] Feld-Schlacht, dabey wol keine geringe Arbeit ist, herführet, hat drey lange Sylben oder Klänge, und drücket eine Schwierigkeit, oder was mühseliges ziemlich wol aus. Die majestätischen Schritte dieses Fusses können auch füglich zu einem Marsch oder Aufzuge dienen, absonderlich mit Paucken. In andern Vorfällen wird der Molossus wenig gebraucht, und zu lebhafften Sachen, oder Täntzen schickt er sich am wenigsten; desto mehr aber zu sehr ernsthafften, betrübten, oder gar bey schwermüthigen Umständen. In Instrumental-Concerten wird derselbe Klang-Fuß offt mit kurtzen Sätzen, zwischen einem **Allegro** und **Presto**, zur Abwechselung eingeschaltet; doch nur gantz sparsam, in wenig Täcten, *Staccato*[14], d. i. da die Bogen-Striche der Geigen wol von einander **abgesondert** werden müssen, als ob Pausen zwischen den Noten stünden: zu welchem Ende man auch diese Noten so bezeichnet, wie oben §. 2, No. 7 zu sehen ist.

§. 27.

So wenig nun der **Molossus** zum Vorschein kömmt, so starck nimmt man hingegen heut zu Tage den **Tribrachyn** mit, welcher seinen Nahmen von **drey** und **kurtz**[15] hat, weil er aus **dreien kurtzen** Sylben oder Klängen bestehet.

§. 28.

Der Gebrauch dieses Rhythmi ist grössesten Theils in Giqven, und was mit denselben verwandt ist: wiewol er auch in ernsthafften Sätzen, bey Gelegenheit der lauffenden Figuren, mit einer Art Noten, die man **Triolen** nennet, offt vorkömmt. Es gelten bey sothanen Noten drey Sechszentel nur ein Achtel, und drey Achtel nur ein Viertel, welche Verkürtzung durch die darüber oder darunter geschriebene 3 angedeutet wird. Da mag man denn einen Versuch anstellen, erstlich mit einer Giqve[16] im Zwölff- oder Sechs-Achtel-Tact; hernach mit einer Sing-Arie, welche kleine aus besagten **Triolen** bestehende Melismos haben kan, die alle zusammen, mit Unterschied, zum Tribrachy gehören. Z. E. in einer Stimme:

---

12 ἀναπαίζω, *illudo*, ich spotte.
13 Μόλος, *labor, pugna*.
14 Auf Frantzösisch *detaché*, das getrennet ist, und nicht an einander hängt. Das Wort *taccare* heißt nicht kleben, sondern klecken; beflecken; welches beym kleben gewisser maassen geschiehet. *Staccare* aber bedeutet hier **Absondern**.
15 Τρὶς, *ter*. βραχὺς, *brevis*.
16 §. 21. n. 8. stehet schon hiervon eine Probe.

Von den Klang-Füssen.

§. 29.

Der **Bacchius** hat seinen Nahmen vom **Baccho**, dem Wein-Götzen, weil man sich dieses Rhythmi, welcher gleichsam was hinckendes oder taumlendes an sich hat, bey den Opffern desselben am meisten zu bedienen pflegte. Er bestehet aus einer kurtzen und zwo langen Sylben, und hat in heutiger Melothesie keinen geringen Nutzen: absonderlich in Fugen von verschiedenen Subjecten oder Haupt-Sätzen: wie wir an seinem Orte sehen werden.

§. 30.

Es würde viel zu langweilig fallen, und vollkommen einen viertel-jährigen Unterricht erfordern, wenn wir diese Materie, der Länge nach, durchgehen, und alle übrige Rhythmos nicht nur auf obige Art, sondern mit völliger Aus- und Handanlegung zur Uibung bringen, folglich durch zulängliche Beispiele erläutern wollten. Indessen gibt das bisher angeführte dem Nachdenckenden schon Anleitung und Nachricht genug, wie und welcher Gestalt mit den nachfolgenden zu verfahren und guter Vortheil daraus zu ziehen sey.

§. 31.

Wir wollen also die übrigen melodischen Füsse nur auf das kürtzeste berühren; damit doch gleichwol nichts wesentliches fehle, und ein ieder sehe, was für ein ungemeiner Vorrath an Erfindungen und Ausdrücken in allen diesen Dingen stecke, wenn man sie recht zu gebrauchen weiß.

§. 32.

Mehr dreisylbige Füsse.

10) *Amphimacer, - v -.*
Von den Feldschlachten und Gefechten also genannt, weil er auf kriegerischen Instrumenten Dienste gethan hat, und solche auch noch zu thun fähig ist: ab ἀμφὶ, *circum*; & μάχομαι, *pugno*. Hat eine lange, eine kurtze und wiederum eine lange Sylbe.

§. 33.

11) *Amphibrachys, v - v.*
Von ἀμφὶ, *circum*, & βραχὺς, *brevis*, weil eine lange Sylbe hier mit zwo kurtzen umgeben wird, welches itzo die höchste Mode ist. Er wurde von der Insel Creta auch **Creticus** genannt.

12) *Palymbacchius*, - - v.

Von πάλιν, *rursus*; und βάκχιος, d. i. ein umgekehrter **Bacchius**: denn er führet zween lange und darauf einen kurtzen Klang; so wie jener **Bacchius** einen kurtzen und zween lange hat.

§. 34.

§. 35.

Viersylbige Klang-Füsse.

13) *Paeon*, der erste, - v v v.

Von παιὼν, *hymnus*, weil er den Lobgesängen gewidmet war. Uns dienet er in Ouvertüren und Entreen. Er bestehet aus einer langen und drey kurtzen Noten.

§. 36.

14) *Paeon*, der andre, v - v v.

Dessen erster Klang ist kurtz, der zweite lang, und die beiden letzten sind wiederum kurtz.

§. 37.

15) *Paeon*, der dritte, v v - v.

Dessen beide ersten Klänge kurtz, der dritte lang, und der letzte wieder kurtz.

§. 38.

16) *Paeon*, der vierte, v v v -.

Hat erst drey kurtze, und zuletzt einen langen Klang. Diese vier Päones sind alle zu Lobgesängen gebraucht worden; taugen auch noch sehr wol dazu.

§. 39.

17) *Epitritus*, der erste, v - - -

τρέπω, *verto*, & ἐπί, *super*: weil man **über** seinen vier Sylben auch vier **Umkehrungen** anstellet. Dieser bestehet aus einem kurtzen, und dreien darauf folgenden langen Klängen.

§. 40.

18) *Epitritus*, der zweite, - v - -.

Hat erst einen langen, darauf einen kurtzen, und zuletzt zween lange Klänge.

Von den Klang-Füssen.

§. 41.

19) *Epitritus,* der dritte, - - v -.
Bestehet aus zween langen Klängen, so dann einem kurtzen und endlich einem abermaligen langen Klange.

§. 42.

20) *Epitritus,* der vierte, - - - v.
Ist aus dreien langen und einem kurtzen zusammengesetzet.

§. 43.

21) *Ionicus, a majori,* - - v v.
Ist ein nach der Landschafft Ionien bekannter und zum Tantzen sehr beqvemer Klang-Fuß. Der Zusatz *a majori* bedeutet, das die beeden langen Sylben vorangehen und die beeden kurtzen folgen.

§. 44.

22) *Ionicus, a minori,* v v - -.
Da gehen die beiden kurtzen Klänge voran, und die beiden langen schliessen. Solches bedeutet der Zusatz: *a minori,* und ist also die Umkehrung des vorhergehenden Fusses.

§. 45.

23) *Antispastus,* v - - v.
Von σπάω, *traho,* und ἀντὶ, *contra,* weil die Sylben oder Klänge gleichsam **gegen** einander **gezogen** werden: deren erste und letzte kurtz, die mittlern aber lang sind.

§. 46.

24) *Choriambus,* - v v -.
Vom **Choräo** und **Jambo** zusammengefüget, dabey die ersten und letzten Klänge lang, die mittlern aber kurtz sind.

§. 47.

25) *Proceleusmaticus,* v v v v.
Von κελεύω, *jubeo,* deutet ein befehlendes, aufmunterndes Geschrey der Schiffleute an, *clamorem hortatorium nautarum.* Es bestehet dieser Fuß aus vier kurtzen Klängen.

§. 48.

26) *Ditrochaeus,* - v - v.
Ein doppelter **Trochäus**, so wie der **Dijambus** und **Dispondäus** nur verdoppelte **Jambi** und **Spondäi** sind, die wir eben darum nicht mit in die Rechnung bringen. Der **Ditrochäus** erscheinet in dessen hier auf andre Art, als der einfache oben §. 6 No. 3, wenn er verdoppelt wird.

§. 49.
Es können alle diese Rhythmi noch auf verschiedene andre Arten ausgedruckt werden; so daß unsre beygefügte Noten die Sache bey weitem nicht erschöpffen: denn die Länge und Kürtze des Klanges hat viele Stuffen in der Ton-Kunst, davon die Dicht-Kunst nichts weiß, zu welchen noch mehr Veränderung kommt, von den mannichfältigen Tact-Arten etc.

§. 50.
Das wären also nur 26 rhythmische Klang-Füsse, welche in ihrer Verwechselung und Vermischung fast unendliche Veränderungen hervorbringen. Es hat aber die Ton-Kunst noch weit mehr Rhythmos, und gibt ein Merckmahl, daß die Poesie von ihr herstamme[17]; nicht nur die erwehnte verschiedene Grade der Länge und Kürtze, sondern auch die Anzahl der Klänge, da nehmlich sieben und mehr auf einen Fuß gehen, die abermahl durch Versetzung der Länge und Kürtze vermehret werden können, beweisen solches ziemlich deutlich und im Uiberfluß: andrer Umstände zu geschweigen.

§. 51.
Es kan nicht schaden, wenn wir zum Beschluß dieses Haupt-Stückes die Art und Weise erwegen, mit welcher die Verwechselungs-Tabellen[18] zu verfertigen sind, um zu erfahren, wie viele Veränderungen mit gewissen Zahlen und Klängen zu Wege gebracht werden mögen. Ein eintziges Ding kan sich gar nicht verwechseln lassen; zwey mögen zweimahl; drey aber sechsmahl, und vier gar vier und zwantzigmahl eine andre Stelle bekommen. Die Regel dabey ist, daß ich die Zahl der Dinge mit dem **Product** der vorigen Versetzungen multiplicire, z. E. 4 sey die **Zahl** der Klänge, und ich will wissen, wie offt sie zu versetzen sind, so multiplicire ich sie mit 6, welches der **Product** der vorigen 3 war, (denn drey Dinge lassen sich sechsmahl versetzen, wie gesagt worden) alsdenn kommen 24 heraus. Wenn ich nun auf solche Weise fortfahre mit 5, als dem **Nummer**, und multiplicire solchen mit dem **Product** der 24 (fünffmahl vier und zwantzig machen 120), so offt kan ich denn fünff Dinge versetzen, nehmlich hundert und zwantzig mahl. und so weiter.

§. 52.
Daraus folgt, daß sich 24 Klang-Füsse 620448401733239439360300 mahl versetzen lassen. Nun berechne iemand die Stuffen der verschiedenen Länge und Kürtze in iedem Rhythmo, samt den Tact-Arten, so wird er hohe Ursach haben sich zu wundern, das unendliche Wesen gleichsam in einem Spiegel zu verehren, und zu fragen: **Wer kans begreiffen oder zehlen?**

---

17 *Conf. J. Alb. Banni Dissertatio epistol. de Musicae natura,* §. 1. *Poesin esse rem ingeniosam ac Musicae subalternam.*
18 *Tabulae combinatoriae.*

Siebendes Haupt-Stück.
Von der Zeit-Maasse.

§. 1.

Wir haben im vorhergehenden Haupt-Stücke von der Rhythmopöie, oder von derjenigen Kunst gehandelt, mittelst welcher man allerhand Klang-Füsse oder Glieder einer Melodie zu machen angewiesen wird. Itzund erfordert die Ordnung, daß wir auch lernen, wie aus solchen Gliedern gewisse Theile des Cörpers zusammen gefüget werden können: damit die Zeit und Bewegung der Klang-Füsse ihre rechte Maasse und Grösse bekommen. Denn darin besteht eigentlich die **Rhythmic**, welche wir alhier vornehmen, und ihr Unterschied von der Rhythmopöie.

§. 2.

Die **Rhythmic** ist demnach eine Abmessung und ordentliche Einrichtung der Zeit und Bewegung in der melodischen Wissenschafft, wie langsam oder geschwind solche seyn soll; da hingegen die **Rhythmopöie** nur die Länge und Kürtze der Klänge untersuchet. Mit einem Worte, es ist der Tact, nach gemeiner Redens-Art, welche vom Sinne des Gefühls (*a tactu*) ihren Ursprung nimmt.

§. 3.

Denn es hat keine Melodie die Krafft, eine wahre Empfindung, oder ein rechtes **Gefühl** bey uns zu erwecken; falls nicht die Rhythmic alle Bewegung der Klang-Füsse dergestalt anordnet, daß sie einen gewissen wolgefälligen Verhalt mit und gegen einander bekommen.

§. 4.

Daher ist auch der Choral- und allgemeine schlechte Kirchen-Gesang nur in so weit zur Music zu rechnen, als er mit einigen blossen Klängen und singbaren Gängen zu thun hat; dabey er iedoch die Rhymopöie eben so wenig, als die Rhythmic selber kennet oder berühret. Es komme denn eine kunstmäßige Hand darüber.

§. 5.

Es hat demnach der Figural-Gesang allein den Vortheil des Tacts, welcher ihn gleichsam beseelet und begeistert, so daß er eben deswegen viel tieffer ins Gemüth dringen kan, als der unabgemessene Choral-Gesang.

§. 6.

Die Ordnung aber dieser Zeitmaasse ist zweierley Art: eine betrifft die gewöhnlichen mathematischen Eintheilungen; durch die andre hergegen schreibt das Gehör, nach Erfordern der Gemüths-Bewegungen, gewisse ungewöhnliche Regeln vor, die nicht allemahl mit der mathematischen Richtigkeit übereinkommen, sondern mehr auf den guten Geschmack sehen.

§. 7.

Die erste Art nennet man auf Frantzösisch: *la Mesure*, die Maaß, nehmlich der Zeit; das andre Wesen aber: *le Mouvement*, die Bewegung. Die Italiener heissen das erste: *la Battuta*, den Tactschlag; und das andre zeigen sie gemeiniglich nur mit einigen Beiwörtern an, als da sind: *affettuoso, con discrezione, col spirito* u. d. g. Da es den wol von solchen Merckzeichen heissen mag: es werde mehr dadurch verstanden, als geschrieben.

§. 8.

Der Unterschied beeder Arten läßt sich zwar überhaupt und auf das gröbste durch langsam und geschwind andeuten; allein es finden sich auf allen Seiten sehr viel feine Neben-Eintheilungen, mit deren Vergleichung wir wenigstens einen kleinen Versuch anstellen müssen.

§. 9.

Das Haupt-Wesen des Tacts kömmt einmahl für allemahl darauf an, daß eine iede Mensur, ein ieder Abschnitt der Zeit-Maasse nur zween Theile und nicht mehr habe. Diese nehmen ihren Ursprung oder ihren Grund aus den Pulsadern, deren Auf- und Niederschläge bey den Arzeney-Verständigen **Systole** und **Diastole** genennet werden.

§. 10.

Sothane Eigenschafften des menschlichen Leibes haben nun sowol die Ton-Künstler als Dichter für ein Muster angenommen, und die Zeitmaasse ihrer Melodien und Verse darnach angeordnet, die Nahmen aber des Niederschlages und Aufhebens im Tact **Thesin** und **Arsin** geheissen.

§. 11.

Da man nun bald befunden, daß sich dergleichen Auf- und Niederschlag nicht allemahl gleich verhalten könne, ist aus solcher Anmerckung die Eintheilung in den geraden und ungeraden Tact entstanden; und das sind die beiden eintzigen und wahren Grund-Sätze der Rhythmic oder Zeit-Maasse.

§. 12.

Aus Unwissenheit dieser so natürlichen, als leichten und einfältigen Anfangs-Lehren entspringen in der Ton-Kunst mehr Fehler, als man meinen sollte. Wieder das erste *principium* stossen nehmlich diejenigen an, welche vier Theile in einem geraden, und drey in einem ungeraden Tact suchen: wodurch sie zu lauter Verwirrung Anlaß geben.

§. 13.

Wer aber obige Sätze zum Grunde leget, den lehret selbst die Natur, daß keine musicalische Zeit-Maasse mehr, als zween (obwol nicht allemahl gleiche) Theile haben könne, und daß alles in *Thesi & Arsi* bestehe: er lernet ferner hieraus, daß keine gerade Zahl der Glieder einen sogenannten[1] Tripel-Tact abgeben könne; sondern daß die gantze Rhythmic sich in gerade und ungerade Zahlen theile, ohne darauf zu sehen, ob jene sich durch diese auflösen oder zergliedern lasse.

§. 14.

Die gerade oder gleichgetheilte Mensur hat entweder 2, 4, 6, 12, oder wol gar 16, bis 24 Glieder, welche man iedoch mit ihren kleinern Gelencken oder *articulis* nicht vermischen muß.

§. 15.

Die ungerade oder ungleichgetheilte Zeitmaasse hergegen, so viel ihr heutiger Gebrauch annoch ausweiset, hat niemahls mehr, als drey Glieder: denn, ob wir schon die Tact-Arten der Neun-Viertel und Neun-Achtel gebrauchen, so sind doch dieselben **neun** nur kleine Gliedmaassen und

---

1 Man besehe hiebey die **kleine General-Baß-Schule**, *p. 93--124.*

keine gantze Glieder: sie sind nur *Articuli* und keine *Membra*. Drey der ersten gehen auf eines der letzten.

§. 16.

In allen gibt es funfzehn gewöhnliche Tact-Arten: Neun gerade, und sechs ungerade. Die erste Eröffnung des **Orchesters** hat sie bereits alle 15 verzeichnet, woselbst man sie, sowol als in der **kleinen General-Baß-Schule**, weiter nachsehen kan.

§. 17.

Obbesagter arithmetischer oder mathematischer Theil der Rhythmic, nehmlich die Mensur, läßt sich nun endlich noch wol weisen und lernen; obgleich die Ausübung das beste bey der Sache thun muß: indem die Erfahrung bezeuget, daß viele Köpffe so[2] unharmonisch zusammengesetzet sind, daß sie an einer harmonischen Ordnung keinen Geschmack finden, folglich auch ihr Lebtage keinen richtigen Tact halten können. Die Harmonie erstreckt sich nicht nur auf den Klang, sondern auch auf dessen Seele, den Tact.

§. 18.

Aber das zweite und geistigere[3] Stück, da jenes cörperlicher ist, ich meine das *Mouvement*, läßt sich schwerlich in Gebote und Verbote einfassen: weil es auf die Empfindung und Regung eines ieden Setzers hauptsächlich, und hiernächst auf die gute Vollziehung, oder den zärtlichen Ausdruck der Sänger und Spieler hier ankömmt.

§. 19.

Diejenigen, welche solcher Schwierigkeit mit vielen Flick-Wörtern abzuhelffen gedencken, schlagen einen blossen. Alles *allegro, grave, lento, adagio, vivace,* und wie das Register ferner lautet, bedeuten zwar freilich Dinge, die zur Zeitmaasse gehören; aber sie schaffen der Sache keinen Wandel.

§. 20.

Hier muß ein ieder in seinen Busen greiffen und fühlen, wie ihm ums Hertze sey: da denn nach Befindung desselben unser Setzen, Singen und Spielen auch gewisse Grade einer ausserordentlichen oder ungemeinen Bewegung bekommen wird, die sonst weder der eigentliche Tact, an und für sich selbst, noch auch die **merckliche** Auffhaltung oder Beschleunigung desselben, vielweniger der Noten eigene Geltung ertheilen können; sondern die von einem **unvermerckten** Triebe entstehet. Die Wirckung merckt man wol, weiß aber nicht, wie es zugehet.

§. 21.

Ich sage **mercklich**: denn im Grunde wird doch die Melodie mehr oder weniger in ihrer feinern Bewegung verändert, daß sie entweder lebhaffter oder träger herauskömmt; aber dem Tact und der Noten-Geltung wird nichts merckliches weder benommen, noch hinzu gethan. Die Sänger und Spieler können hiebey viel helffen, wenn sie verstehen und empfinden, was sie vortragen; aber der Setzer selbst muß ihnen die meiste Gelegenheit dazu geben: offt auch der Poet.

---

2 *Non est harmonice compositus, qui Harmonica non delectatur.* Marsil. Ficin de Relig. Christ. & fidel. pietate. L. VI. c. 37.
3 *Les mouvemens differens sont le pur esprit de la Musique, quand on y sait bien entrer.* Rousseau, dans sa methode pour apprendre à chanter, p. 86.

§. 22.

Jean Rousseau, den wir so eben wegen des geistigen Wesens im Tact angezogen haben, ein frantzösischer Sänger und Violdigambist, hat ein Wercklein geschrieben, das schon zum viertenmahl aufgeleget worden und den Titel führet, *Methode claire, certaine & facile pour apprendre à chanter la Musique*, d. i. **deutliche, gewisse und leichte Anweisung zur Singe-Kunst.**

§. 23.

Die Absicht dieses Büchleins gehet nun zwar hauptsächlich auf die siebensylbige Solmisation, und gehöret also mit zu denjenigen Schrifften, welche die aretinische Plage verwerffen, wie recht und billig ist; allein der Verfasser hat gantz am Ende eine sonderbare Frage angehänget, die von unsrer vorhabenden Materie so eigentlich handelt, daß wir nicht umhin können, eins und anders davon zu verteutschen: sintemahl unsers Wissens sonst noch niemand so artig hierüber geschrieben hat. Die Frage lautet so.

§. 24.

„**Was ist für ein Unterschied zwischen dem Tact und der Bewegung?** Antwort: die Mensur ist ein Weg; dessen Ende aber die Bewegung. Gleichwie nun ein Unterschied zu machen ist zwischen dem Wege selbst, und dem Ende dahin der Weg führt: also ist auch ein Unterschied zwischen Mensur und Mouvement. Und wie die Stimme oder der Gesang sich von der Mensur muß leiten lassen, also wird hinwiederum der Tact von der Bewegung geführt und belebet.

§. 25.

Daher kömmt es, daß bey einerley Tact die Bewegung offt sehr verschieden ausfällt: denn bisweilen wird sie munterer, bisweilen matter, nach den verschiedenen Leidenschafften, die man auszudrücken hat.

§. 26.

Also ist es nicht genug zur Aufführung einer Music, daß man den Tact, nach seinen vorgeschriebenen Zeichen wol zu schlagen und zu halten wisse; sondern der Director muß gleichsam den Sinn des Verfassers errathen: d. i. er muß die verschiedenen Regungen fühlen, welche das Stück ausgedruckt wissen will. Woraus denn folget, daß wenig Personen recht zu dirigiren vermögen, indem es nur der Verfasser selbst, und zwar allein am besten thun kan: weil der die Absicht und Bewegung am besten inne haben muß.

§. 27.

Hier dürffte mancher vieleicht wissen wollen: wobey das wahre *Mouvement* eines musicalischen Stückes zu erkennen sey? allein, solch Erkenntniß **gehet über alle Worte**, die dazu gebraucht werden könnten: es ist die höchste Vollkommenheit der Ton-Kunst, dahin nur durch starcke Erfahrung und grosse Gaben zu gelangen stehet.

§. 28.

Wer inzwischen ein Stück anhöret, das von verschiedenen Personen heute hie, morgen dort, aufgeführet wird, deren diese das wahre *Mouvement* treffen, jene aber dessen verfehlen, der kan leicht sagen, welches von beiden recht sey."

§. 29.

So weit **Rousseau**, und so viel für diesesmahl von der äusserlichen und innerlichen Beschaffenheit der Zeitmaasse: zumahl da die letzte sich nicht in die Feder fassen lassen will.

Achtes Haupt-Stück.
Vom Nachdruck in der Melodie.

§. 1.
Die **Emphatic**[1], welche vom Nachdruck der Gedancken, Klänge und Wörter handelt, denselben erläutert und deutlich vor Augen leget, erfordert ein reiffes Nachsinnen und hat hauptsächlich mit folgenden vier Betrachtungen zu thun.

§. 2.
Erstlich erweget man die eigentliche **Emphasin**, d. i. den Ton und Nachdruck der Wörter, an und für sich selbst: davon schon oben in dem Haupt-Stücke von der Melodie eins und anders berühret worden ist, welches nunmehro alhier weiter ausgeführet und auf den Klang angewendet werden muß.

§. 3.
Zum andern kömmt diejenige lange oder kurtze Aussprache der Sylben hiebey nothwendig in Erwegung, welche man den Accent nennet.

§. 4.
Drittens ist der Artickel von den Passaggien, oder zierlichen Läuffen im Gesange zu untersuchen.

§. 5.
Viertens beobachtet man die Wiederholungen nicht nur der Wörter, sondern auch der Klang- und Sang-Weisen, der Gänge, Fälle und Führungen in der Melodie, in so fern in denselben und in den vorigen Umständen ein gewisser Nachdruck erfordert wird. Dieses alles gehöret zur Emphatic.

§. 6.
Ehe wir aber ein iedes Stück ins besondre vor uns nehmen, muß mit wenigen gewiesen werden, welcher Gestalt die eigentliche Emphasis von dem Accent zu unterscheiden sey.

§. 7.
Hier bedeutet der Accent nur den ausnehmenden Laut der Sylbe eines Worts; da wir hergegen oben gesehen haben, daß er in der Modulatorie einen Zierrath oder eine Manier vorschreibet. In der Dicht-Kunst heißt er: *Accentus metricus*, ein Reim-Fall, in der Music: *Accentus melicus*, ein Singe-Fall.

§. 8.
Erwehnter Unterschied bestehet demnach vornehmlich in folgenden Eigenschafften. Erstlich fällt die Emphasis immer auf ein gantzes Wort, nicht nach dem Klange desselben, sondern nach dem darin enthaltenen Bilde des Verstandes; der Accent hergegen hat nur mit blossen Sylben, nehmlich mit deren Länge, Kürtze, Erhebung oder Erniedrigung im Aussprechen zu schaffen.

---

1 *Ab* ἐν, *in*; & Φάσις, *apparitio, dictio*: Die Lehre von den sonderbar hervorscheinenden Wörtern einer Rede. *Emphasis est, cum vocabulum adhibitum singularem habet vim & efficaciam*: so lautet die Beschreibung der Redner, welche man leicht auf den Klang deuten kan.

§. 9.

Fürs andre hat ein iedes Wort von mehr als einer Sylbe seinen Accent, wenigstens einen, wo nicht mehr; aber ein iedes Wort hat keine Emphasin. Hingegen fehlt es den einsylbigen Wörtern mehrentheils am rechten Accent, die doch gar offt eine Emphasin haben können.

§. 10.

Dritens richtet der Accent seine Absicht bloß auf die Aussprache; die Emphasis hergegen | zeiget gleichsam mit Fingern auf die Gemüths-Neigung, und beleuchtet den Sinn oder Verstand des Vortrages. Hierin steckt der Unterschied.

§. 11.

Zum Versuch obiger vier zur Emphatic überhaupt gehöriger Eigenschafften, kan man zuerst die klingende und singende Emphasin allein, in einer gantz kurtzen Melodie, vorstellig machen, und dabey dieses zur Haupt-Regel geben, daß sothane Emphasis fast allemahl eine Erhöhung, und zwar eine empfindliche, obgleich nicht grosse Erhöhung der Stimme im Singen erfordere; (denn ein halber Ton kans offt am besten verrichten) unerachtet die nachdrückliche Note nicht allemahl accentuirt seyn darff.

§. 12.

Wir nehmen z. E. folgende Worte vor uns:

> *Il Ciel ti fè si bella,*
> *Leggiadra Pastorella,*
> *Perchè tu sia pietosa, non cruda al tuo Pastor*[2].

§. 13.

Hier finden sich drey Emphases: auf das Wörtlein *si*, auf *pietosa*, und auf *non*[3]. In Noten mögten sie etwa so ausgedruckt werden.

---

2 Teutsch: Der Himmel hat dich **so** schön gemacht, angenehme Schäferin, daß du deinem Schäfer **Mitleid, nicht** Grausamkeit erweisen sollst.

3 Das *si* ist ein *intendens*, es treibet die Schönheit höher; *pietosa* ist das Wort, worauf der gantze Satz ankömmt, und *cruda* würde demselben wiedersprechen, wenn es das *non* nicht hinderte. Das sind die Ursachen, warum der Nachdruck auf besagte Wörter fällt; wo ihn wol mancher schwerlich suchen würde.

-chè tu sia pietosa, non cruda, non cruda al tuo Pastor.

§. 14.
Die Artigkeit eines wolangebrachten Accents kan nicht besser beleuchtet werden, als wenn man einen übelangebrachten daneben hält: denn aus Betrachtung des Gegentheils ist im Lehren und Lernen iederzeit der grösseste Vortheil zu ziehen.

§. 15.
Es machts nun hier die Länge oder Kürtze der Sylben nicht allemahl aus; maassen offt unter zwo langen Sylben nur die eine den Accent, die andre aber gar keinen erfordert: insonderheit bey drey- oder viersylbigen Wörtern.

§. 16.
Inzwischen muß doch der Wort-Accent unumgänglich auf einen accentuirten melodischen Klang angebracht werden: und da thut es zwar nicht viel, ob die Note sonderlich erhöhet wird, wie bey der Emphasi; dafern man sie nur nicht im Wiederspiel gar zu sehr erniedriget.

§. 17.
Die allgemeine Regel, so man bey dem Accent zu beobachten hat, ist diese: **daß die dazu gehörige Note lang oder anschlagend seyn müsse.** Wobey anzumercken stehet, daß sich die Emphasis daran nicht bindet; sondern auch auf kurtze und durchgehende Noten statt findet, wenn sie sonst nur was ausnehmendes haben.

§. 18.
Zur Erläuterung dieser Regel ist nothwendig zu sagen, daß weder die Erhöhung, noch auch die äusserliche Geltung allein eine Note, in gegenwärtigem Verstande, lang oder anschlagend machen könne; sondern daß der innerliche Gehalt und der singende Accent hierin den Ausschlag geben.

§. 19.
Worin nun dieser Gehalt und Sing-Accent bestehen, davon hat die **musicalische Critic** *p.* 40, 41 und 42 und 43 zulängliche Nachricht gegeben, wohin der geneigte Leser hiemit gewiesen wird, damit wir nicht über die Gebühr weitläuffig seyn dürffen. Es ist hier sonst fast eben so, wie bey den Müntzen beschaffen, die auch einen äusserlichen und innerlichen, offt weit unterschiedenen Gehalt haben.

§. 20.
Laßt uns, wegen schlechtangebrachten musicalischen Accents ein Beispiel hersetzen, und fragen, auf welcher Sylbe in dem Worte **zweiffelhafft** sich der Sprach-Accent befinde? und ob er folgender Gestalt in den Noten am rechten Ort angebracht sey?

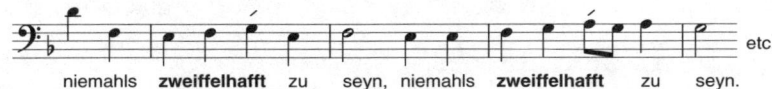
niemahls **zweiffelhafft** zu seyn, niemahls **zweiffelhafft** zu seyn.

§. 21.
Da raget beides mahl die dritte Sylbe **hafft** sonderlich und doppelt, nehmlich sowol an der Höhe

als innerlichen Geltung hervor; welches doch nur die erste von Rechtswegen thun sollte. Und denn würde es ohne Zweifel so stehen müssen.

§. 22.

Das wäre eine kleine Accent-Probe aus einer ordentlichen Arie. Der Uibelstand äussert sich aber noch vielmehr und öffter im Recitativ: daher wollen wirs uns nicht verdriessen lassen, auch hierüber etwas weniges beizubringen, und, so zu reden, schwartz gegen weiß zu halten.

No. 1.

§. 23.

Ein ieder siehet leicht, daß es hier auf die Zahl-Wörter, **vier** und **ein** ankömmt, als auf wel|chen der Accent samt der Emphasi liegt, und nicht auf das Wort **Theil**. Wenn nun dieser Fall weder durch Erhöhung, noch durch innerliche Geltung, ausgedrückt worden, indem die Noten beidesmahl kurtz und ungültig, auch nicht erhaben sind, so würde der Satz wol dahin zu ändern stehen:

§. 24.

Noch ein Paar dergleichen:

No. 2.

da fällt der Sprach-Accent gar deutlich auf das Wörtlein **zu**; welches aber der Componist alhier niedrig, kurtz und ohne Geltung abgefertiget hat: Mögte demnach, emphatischer Weise, besser also heraus gebracht werden:

§. 25.

No. 3.

---

4 Mir ist nicht unbewust, daß die gewöhnliche Notirungs-Art alhier die beiden letzten Noten ins *c'* setzet, allein ich habe es diesesmahl so geschrieben, wie es gesungen wird.

In dem Worte **abgenommen** ist der Accent unstreitig auf der ersten Sylbe; nicht aber auf der mittlern, wie es diese obige Noten haben wollen: dannenhero stünde es wol richtiger also:

§. 26.

No. 4.

Hier kan weder auf die Sylbe **weil**, noch auf den Artickel **das** ein Accent gesetzet werden; sondern bloß auf **Grab** und insonderheit, emphatischer Weise, auf **nahe**:

§. 27.

Bey *No.* 1. ist zugleich die Emphasis und der Accent an einerley Stellen, nehmlich auf **vier** und **eins**: daher entstehet aus dem Gegentheil ein doppelter Fehler. Bey *No.* 2. ist ein zusam|mengesetztes Wort **zusichnehmen**, welches in der dritten Person getrennet wird. In solchen Wörtern, sie mögen drey- oder viersylbig seyn, fällt der Accent allemahl auf diejenige Sylbe, die im *infinitivo* vornan stehet, sie mag sich in der Ableitung befinden wo sie will.

§. 28.

Gleiche Bewandtniß hat es auch mit dem *No.* 3. befindlichen Worte: **abgenommen**. Bey *No.* 4. kan weder die letzte Sylbe in die**weil**, noch auch, ja vielweniger der Artickel **das**, einen Anschlag oder Nachdruck haben. Wenn **das** ein *pronomen demonstrativum* abgibt, wird es zwar offt accentuiret; niemahls aber als ein Artikel. Hergegen liegt hier der Accent auf **Grab**, nebst demselben aber auch die Emphasis auf **nahe**.

§. 29.

Bey zwosylbigen Wörtern stünde noch zu mercken, daß, wenn beide Sylben sonst lang sind, nur die erste, nicht die zwote den Sing-Accent haben müsse. Daher würde es unrecht seyn:

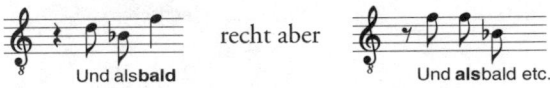

Die Ursache ist, daß die erste unter zwo gleichen Sylben immer den Vorzug haben muß: als *prima inter pares*.

§. 30.

Indem nun bey den teutschen zwosylbigen Wörtern der Accent auch sonst gemeiniglich auf die erste Sylbe fällt, daher denn die zwote mehrentheils kurtz ist oder gemacht wird, findet in melodischen Sätzen diese eintzige Ausnahm Statt: **daß fast alle Schluß-Noten im Gesange anschlagend, oder mit dem Accent versehen seyn müssen, obgleich die dazu gehörige letzte Wort-Sylbe an ihr selbst kurtz wäre.**

§. 31.

Ich sage **fast alle**, d. i. fast eine iede letzte Note der Melodie, und verstehe dadurch öffentliche und förmliche Cadentzen: denn man höret nicht selten unvermuthet auf; und da ists ein anders. Vormahls beobachtete niemand diesen Wolstand im Setzen, sondern schloß also:

itzund aber:

§. 32.

Die Sache kömmt darauf an: Wo in dem Text ein Sprach-Accent befindlich ist, da muß sich auch unfehlbar allemahl ein Sing-Accent melden; wo aber die Sylben keinen Accent führen, da kan man dem ungeachtet gar offt in der Melodie einen Anschlag gebrauchen. Das ist eines von den melodischen Vorrechten.

§. 33.

Hiernächst kommen wir zu den Passaggien, und können gleich, bey den Worten Pilati aus der Paßion, fragen: Ob eine Melodie dadurch emphatisch oder nachdrücklich werde, wenn iemand z. E. setzen wollte: **Weist du nicht, daß ich Macht habe etc.** und brächte ein Melisma von 28 Sechszehnteln auf das Wort **habe** an? Ich glaube schwerlich, daß die Frage bejahet werden dürffte, wenn man sie auch dem Verfasser selber vorlegte: denn er würde dencken, wie David, Nathans Schaafs-Geschichte ginge ihn nicht an.

§. 34.

Mit dem **habe** mögte es doch noch eher angehen, als wenn man auf das Wort **Kind**, und zwar in der ersten Strophe einer Ode, da uns niemand die Hände bindet, folgende Noten zu Marckte brächte:

§. 35.

Was für ein weites Feld würden wir hier vor uns finden, wenn dergleichen Dinge untersucht und verzeichnet werden sollten? Es stehet zu hoffen, daß vernünfftige Setzer hinfüro bedächtlicher verfahren, statt des Nachdrucks die Music nicht zur Unterdrückung bringen, und wenn sie ja, aus einer oder andern Ursache, dergleichen Zierrathen, bey vorfallenden unfruchtbaren Worten, anbringen wollen, sollen und müssen, doch nicht so gar ungeschickte dazu erkiesen werden.

§. 36.

Wegen der Wiederholung, in soweit sie vielen Dingen einen Nachdruck gibt, nach dem wahren Sprich-Wort: *repetitio habet emphasin*, stehet endlich zu erinnern, daß deren Vielheit oder

Uibermaasse, diesen und allen Falls, mehr schäd- als nützlich sey, absonderlich wenn eintzelne, oder auch solche Wörter damit gemartert werden, die unschuldig sind, und an sich selbst keinen Verstand machen. z. E. **Will die Welt die Frommen hassen has - - - - - - - - - sen, will die Welt die Frommen hassen, die Frommen hassen.** Da ist zugleich mit der lauffenden Figur, und auch mit der Wiederholung, gröblich gefehlet.

§. 37.

Es muß zwar nothwendig ein Eckel erfolgen, wenn man einerley schlechte nichtsbedeutende Worte offt zehn- und mehrmahl nach einander hören soll; dennoch kömmt andern Theils, die Energie[5], die Krafft und Stärcke des Vortrages, mercklich zu kurtz, wenn gewisse nachdrückliche und vielsagende Wörter gar nicht wiederholet werden. Hier gilt die kluge Vorschrifft des **Horatz**, welche er bey einer andern Gelegenheit gibt: **daß man der Sache**[6] **weder zu viel noch zu wenig thun soll.**

§. 38.

Inzwischen sind diese Wiederholungen in der Setz-Kunst nicht nach einer gemeinen Rede zu beurtheilen, als woselbst sie nur selten, oder schier gar keine Statt finden; sondern bloß in Ansehung der Melodie, die bey ieder nachdrücklichen Wiederholung den Worten, die es verdienen, ein fast neues Kleid anleget, es sey durch die veränderten Klänge, durch deren Stärcke oder Schwäche, durch Länge und Kürtze, durch Manieren, Zierrath, Schmuck etc.

§. 39.

Es mögen demnach Worte von Erheblichkeit sehr wol drey bis viermahl, wenn sonst die Umstände solches leiden wollen, mit guter Art wiederholet werden, um dem Vortrage einen desto stärckern Nachdruck zu geben: denn das muß iederzeit die vornehmste Ursache seyn.

§. 40.

Ich sage billig, wenn es die andern Umstände leiden wollen: denn in einer Monodie, d. i. wo nur eine eintzige Stimme ohne Baß gehöret wird, ginge es schon nicht so gut an, als bey einer Vielstimmigkeit, wo die Freiheit auch noch wol grösser ist.

§. 41.

Doch muß in beiden Fällen der rhetorische Verstand des Antrages schon vernommen worden seyn, ehe und bevor die Wiederholung füglich angestellet werden mag: wovon der zweite Band **musicalischer Critic** völligen Unterricht ertheilet.

§. 42.

Wir wollen hiebey das Zeugniß und die gesunden Gedancken des **Doni** nicht aus der Acht lassen, wenn er[7] so schreibt: **Was die Wiederholungen betrifft, so bin ich der Meinung, man könne sie nicht füglich in unsrer Sprache, es sey auch welche Vers-Art es wolle, sonstwo gebrauchen, als in den Fällen, da der Verstand vollkommen ist, und aufs höchste nur dreimahl. Amen!**

---

5 Ἐνέργεια, *ab in, &* ἔργον, *opus, efficacia.*
6 *Neu desis opera neve immoderatus abundes. Hor. Lib. III. Sat. V.*
7 *Quanto alle repliche non mi pare, che si possono convenientemente usare, ne meno in nostra lingua in alcuna sorte di Poesia, se non in Clausole di Senso perfetto e fino a trè volte al piu. Don. Dicors. sopra le Melod. p. 113.*

§. 43.

Wie aber kömmt doch dieses **Amen** hier so gerufen? Es erinnert uns billig derjenigen vornehmen und kunstreichen **Amenbrüder**, die das liebe Wort 35 mahl in 24 Täcten mit dem Beisatze: *presto moderato*, anzubringen wissen. Wie sie es mit dem **Alleluja** machen, will ich nicht gedencken. Was aber für Nachdruck darin stecke, kan ein ieder leicht dencken. Doch sind auch Sterne der ersten Grösse nicht davon befreiet, und fürchten die Presse nicht.

§. 44.

Gleichwie nun aus einer gescheuten und nicht überhäufften Wiederholung der Melodie keine geringe Stärcke zuwächst, so thut solches nicht weniger die sogenannte melodische **Analysis** oder **Auflösung**, wovon in der **musicalischen Critic**, *p. 18* und *24* des dritten Bandes die erste Erinnerung geschehen ist.

§. 45.

Man nehme z. E. diese Worte:

> **Träufle doch in dieses Hertze,**
> **GOtt, bey allem Sünden-Schmertze,**
> **Nur einen Tropfen Christi Blut.**

Die lassen sich nun auf fünfferley Weise vortragen, und auflösen, wenn sie zuvor einmahl in ihrer rechten Ordnung vernommen sind. 1) Träufle doch, o GOtt etc. 2) Nur einen Tropffen in dieses Hertze. 3) Träufle doch Christi Blut in dieses Hertze. 4) Bey allem Sünden-Schmertze, in dieses Hertze. 5) O GOtt! nur einen Tropffen.

§. 46.

Diese Figur hat den meisten Nachdruck an solchem Orte, wo der Wort-Verstand ziemlich weit zu holen, oder etwas verworffen ist, oder auch, wo es, wie hier, drey oder vier Abschnitte gibt, ehe man ihn ergreiffen kan: denn daselbst hilfft nicht nur unsre Analysis der Deutlichkeit, und ist fast nothwendig; sondern gibt auch eine ausnehmende Schönheit und einen unvermuthlich bewegenden Nachdruck.

§. 47.

Man kan iedoch nichts desto weniger, in ein Paar Worten, offt ebenfalls dergleichen Versetzungen, mit guter Manier, anbringen. als z. E.

> **Ist das Paradies nun offen?**
> 1) Ist es offen? 2) Das Paradies?
> **Erschallet ihr hellen Lüffte!**
> **Ertönet, Zions Klüffte!**
> 1) Helle Lüffte erschallt! Zions Klüffte ertönt!
> 2) Ertönt, erschallt! erschallt, ertönt!
> **Sprich für mich, mein JEsus gut.**
> 1) Sprich gut für mich, mein JEesu. 2) Mein JEsu, sprich gut für mich.
> **Wer will uns verdammen?**
> 1) Wer will verdammen? 2) Wer? Wer? 3) Wer will es thun?
> **Ecce, quomodo moritur justus, & nemo percipit corde.**
> Auf viererley Art versetzet: *1) Justus quomodo moritur! 2) Corde nemo percipit. 3) Moritur, moritur: ecce, ecce, quomodo! 4) Nemo, nemo percipit, nemo corde percipit etc.*

Neuntes Haupt-Stück.
Von den Ab- und Einschnitten der Klang-Rede.

§. 1.

Diese Lehre von den Incisionen, welche man auch *distinctiones, interpunctationes, posituras* u. s. w. nennet, ist die allernothwendigste in der gantzen melodischen Setz-Kunst, und heißt auf Griechisch[1] **Diastolica**; wird aber doch so sehr hintangesetzet, daß kein | Mensch bishero die geringste Regel, oder nur einigen Unterricht davon gegeben hätte: ja man findet nicht einmahl ihren Nahmen in den neuesten musicalischen Wörterbüchern.

§. 2.

Vor etlichen Jahren hat ein grosser Teutscher Dichter, als etwas sonderbares, entdecken wollen, daß es mit der Music in diesem Stücke fast eben die Bewandtniß habe, als mit der Rede-Kunst. Welch Wunder! Die Ton-Meister, insonderheit diejenigen, welche andre in der Setz-Kunst unterrichten wollen und sollen, mögen sich wahrlich schämen, daß sie hierin so säumselig gewesen sind: denn obgleich hie und da einer oder ander von ihnen, aus dem blossen Lichte der Natur, auf gesunde Gedancken gekommen seyn mag: so sind die guten Herren doch nur am Rande geblieben, und haben nicht bis auf den Mittelpunct durchdringen, vielweniger die Sache in ihre gehörige Kunst-Form, weder öffentlich noch heimlich, bringen können.

§. 3.

Um nun diesem Mangel, wie vielen andern, auch einiger maassen abzuhelffen, müssen wir uns die Mühe geben, die liebe Grammatic sowol, als die schätzbare Rhetoric und werthe Poesie auf gewisse Weise zur Hand zu nehmen: denn ohne von diesen schönen Wissenschafften vor allen die gehörige Kundschafft zu haben, greifft man das Werck, ungeachtet des übrigen Bestrebens, doch nur mit ungewaschenen Händen und fast vergeblich an.

§. 4.

Ich zweiffle keinesweges, es stecke wol die rechte Ursache der bisherigen Verabsäumung dieser Dinge in keinem andern Winckel, als in der groben Unwissenheit und Ungelehrsamkeit der heutigen Componisten (und wenns auch königliche Capellmeister wären) die offt kaum drey Zeilen in ihrer Muttersprache rechtschreiben können, und doch vom Morgen bis an den Abend Noten mahlen, oder andre unterrichten, ja mit übelbuchstabirtem Italienischen und Frantzösischen sich breit machen wollen.

§. 5.

Ieder Antrag, er geschehe mündlich oder schrifftlich, bestehet demnach in gewissen **Wort-Sätzen**, oder Periodis; ein ieder solcher Satz aber wiederum in kleinern Einschnitten bis an den Abschnitt eines Puncts. Aus sothanen Sätzen erwächst ein gantzer **Zusammensatz** oder Paragraphus, und aus verschiedenen solchen Absätzen wird endlich ein Haupt-Stück oder Capitel. Das ist aufs kürtzeste der stuffenmässige Entwurff oder **Climax** alles dessen, so ordentlich geredet, geschrieben, gesungen oder gespielet werden mag.

§. 6.

In der Melodie, als in einer Klang-Rede, brauchen wir aufs höchste zur Zeit nur einen Para-

---

1 Von διαστολὴ, *distinctio, differentia. Divisiones vel distinctiones ipsas Graeci* θέσεις *vocant, Diomede Grammatico teste.*

graphum, gantzen **Zusammen-** und **Absatz**, welcher gemeiniglich die Schrancken einer Arie einnimmt, und, wie gesagt, aus verschiedenen kleinern **Sätzen** oder kurtzen Vorträgen, wenigstens aus zween bestehen und an einander gefüget seyn muß. Wiewol es im Lehr-Styl bisweilen seine Ausnahm leidet, im Fall die Deutlichkeit solche erfordert.

§. 7.

Wieder die nothwendige und natürliche Eigenschafft eines zur Music bestimmeten Satzes oder Arie stossen nun diejenigen grossen Herren Poeten (sie nehmen mirs nicht übel) häuffig an, die z. E. in einer Cantate folgende Zeilen für einen Paragraphum d. i. für eine Arie oder gantzen Absatz ausgeben; da doch nicht mehr, als nur ein eintziger Periodus darin enthalten ist, welcher, seiner Weitläuffigkeit halber, eine Peribole oder ein Periodicum genannt wird:

> Wesen, das nicht nur die Zeiten
> Und die Ewigkeit erfüllet;
> Nein, aus des Vollkommenheiten
> Selbst das Meer der Ewigkeiten,
> Wie ein kleines Bächlein, qvillet;
> Und des Grösse doch nur Güte:
> Dich verehret mein Gemüthe.

§. 8.

Da sind sieben Zeilen; sieben Einschnitte, und ist doch nur ein eintziger viergliedrigter Satz oder Periodus, der, wegen seiner Länge und vielen Distinctionen, wie ein reiches Gewand aussiehet; und doch, seiner innerlichen grossen Schönheit der Gedancken ungekränckt, gar nicht musi|calisch ist: weil er keinen gantzen **Zusammen-Satz** oder Paragraphum ausmacht: der gleichwol **deswegen** unumgänglich zu einer Arie erfordert wird, damit die Melodie irgendwo ein wenig ruhen könne, ehe und bevor sie ihr gäntzliches Ende erreicht. Zu einem **Arioso**, oder ausserordentlichen gebundenen Vortrage würden sich solche Worte sehr gut schicken; aber zu einer Arie dienen sie nicht.

§. 9.

Ein Periodus aber, damit wir ihn in seiner Ordnung als einen Wort-Satz beschreiben, ist ein **kurtzgefaßter Spruch, der eine völlige Meinung oder einen gantzen Wort-Verstand in sich begreifft**. Was nun dieses nicht thut, sondern weniger hält, das ist kein Periodus, kein **Satz**; und was mehr leistet, ist ein Paragraphus, **Ab-** oder **Zusammensatz**, der aus verschiedenen Periodis bestehen kan, und von Rechtswegen soll.

§. 10.

Wir haben also oben festgesetzt, daß ein eintziger Periodus keinen musicalischen Paragraphum machen kan, weil er die zu einer Arie gehörigen Theile nicht besitzet; obgleich bekannt, daß ausser der Music solche kurtze Sätze besonders unterschieden, und willkührlich von dem übrigen Zusammenhange (als ein unvollkommener Paragraphus) getrennet werden, dazu ein ieder, absonderlich aber ein Lehrender, seine gute Ursache haben mag: Das Gegentheil wird die Regel noch besser erläutern.

§. 11.

Wir wollen einen Antrag aussuchen, der eben so viel Zeilen, und fast eben so viel Einschnitte hat, als der obige, §. 7 befindliche; der aber dabey drey Periodos beträgt. Die singende Person stellen wir uns vor, als sässe sie am Ufer eines Flusses, und liesse sich so heraus:

Klarer Spiegel meines Leidens,
    Nimm auch meine Zähren an.
Laß die lispelnde Crystallen
Sanffte, sanffte niederfallen!
Daß zu deinen Silber Wellen
Sich mein Thränen-Thau gesellen,
    Und zu Perlen werden kan.

§. 12.

Ob nun gleich diese fliessende Worte, an Vortrefflichkeit der erbaulichen Gedancken, jenen das Wasser nicht reichen; (denn davon handeln wir ietzo nicht) so sind sie doch sonst sehr artig und singbar, haben anbey die melodische Eigenschafft eines vollkommenen Paragraphi oder **Zusammensatzes**: welches zu zeigen und zu lehren unser Vorhaben dieses Orts ist. Wir sind also weit davon entfernet, daß wir hiemit iemands löblicher Arbeit im geringsten zu nahe treten wollten.

§. 13.

Wenn nun viele Arien auf diese Weise, mit untermischtem Recitativ, nach und aufeinander folgen, so wird daraus eine Cantate, ein Auftritt etc. welches denn ein musicalisches Capitel oder Haupt-Stück heissen mag. Eine Anzahl aber solcher Capitel zusammen genommen, wie in einem Oratorio, in einer Paßion, oder in einer theatralischen Handlung, machen ein Buch und so weiter.

§. 14.

Die Erkenntniß eines Periodi verbindet mich, ehender keinen **förmlichen** Schluß in der Melodie zu machen, als bis der Satz aus ist. Die Erkenntniß aber eines Paragraphi verbietet mir irgend sonstwo, als am Ende desselben, einen **gäntzlichen** Schluß anzubringen. Beide Schlüsse sind **förmlich**; der erste aber ist nicht **gäntzlich**.

§. 15.

Mit verschiedenen Periodis (den allerletzten ausgenommen) kan ich auch in verschiedenen anverwandten Klängen oder Tonen **förmlich** absetzen und stille halten; der Paragraphus aber will endlich allein nur den **gäntzlichen** Endigungs-Schluß haben: das ist zu sagen, wenn der letzte Periodus auch zum letztenmahl vorkömmt. Sonst, wenn er noch wiederholet werden soll, hat er eben die Freiheit, als seine Vorgänger. Inzwischen hindert mich dieses keines Weges, daß ich nicht auch an andern Orten, als am Ende, in dem Haupt-Ton schliessen mögte: es geschiehet solches offt gleich im Anfange mit guter Art.

§. 16.

Zur Andeutung beider Einschnitte (des Periodi und Paragraphi) in den Worten dienen nicht nur die Puncte, wiewol am meisten; sondern auch bisweilen die Frag- und Ausruffungs-Zeichen, welche eben sowol, als der Punct, einen Satz, ja nicht selten einen gantzen Zusammensatz unvermuthlich schliessen können. Doch muß bey ihnen zugleich ein vollkommener Wort-Verstand mit eintreffen, wie §. 11 zu sehen, oder es muß auch eine rednerische Figur darunter stecken, wenn mit Fleiß nichts weiter hinzugethan, und die Rede abgebrochen werden soll.

§. 17.

Qvinctilian will den Periodum oder Satz so eingerichtet haben, *ut sensum concludat, ut sit aperta*

& intelligi queat; non immodica, ut memoria contineri queat. Auf Teutsch: daß er den rhetorischen Wort-Verstand vollende; deutlich und vernehmlich; nicht unmäßig lang sey; auf daß man ihn im Gedächtniß halten könne. **Putean** setzt hinzu: *ut decore pronunciari queat,* d. i. der Satz soll so eingerichtet seyn, daß man ihn mit guter Anständigkeit aussprechen könne.

§. 18.

Isidor will, (und ich glaube **Putean** hat es auch so gemeinet) kein Periodus soll länger seyn, als daß er in einem Athem ausgesprochen werden möge; wol aber kürtzer. Seine eigne Worte lauten so: *Longior esse non debet, quam ut uno spiritu proferatur.* Das lasse sich ein melodischer Setzer und musicalischer Poet gesaget seyn: es werdens ihnen, dafern sie es in der Arbeit beobachten, sowol Sänger, als Zuhörer, dancken. Die Sänger werden es thun wegen der Erleichterung ihres Geschäfftes; die Zuhörer und Leser aber wegen der Deutlichkeit.

§. 19.

Der Kaiser **August** und sein guter Freund **Horatz** waren eben dieser Meinung, und hatten wol nicht einmahl musicalische Absichten dabey. Der erste[2] ermahnete die **Agrippine**, sie sollte sich ja vorsehen, daß ihr Styl nicht zu weitläuffig oder verdrießlich würde. Der andre spricht[3] ausdrücklich: man müsse kurtze Vorträge machen, damit die Sprüche hurtig fliessen, und nicht mit lästigen Worten die Ohren ermüden. August und Horatz sind ein Paar Nahmen, die bey iedem im Artickel der Schreib-Art viel gelten müssen.

§. 20.

Wir wollen aber, nachdem überhaupt von dem Paragrapho und Periodo fürs erste genug gesaget worden, zu den kleinen Einschnitten schreiten, und mit dem geringsten, nehmlich mit dem Commate oder Gelencke[4], als bey welchem ein grosses zu bemercken ist, den Anfang machen. Das Zeichen desselben wird also (,) in Schrifften gemacht: wie bekannt seyn wird.

§. 21.

Das *Comma* wird vom **Isidor** genannt *particola sententiae,* ein Theilgen des Satzes: denn *sententia* und *periodus* sind hier gleichgültige Wörter. Dagegen heisset er das *Colon, membrum,* ein Glied; den Periodum aber *ambitum,* einen Umfang, *sive circuitum,* einen Bezirck.

§. 22.

Lipsius drückt ihre Krafft so aus: *Comma sustinet,* das *Comma* macht einen kleinen Einhalt;

---

2 *Opus est dare te operam ne moleste scribas.* Sueton. Octav. c. 86. Tacit. Annal. 4.
3 *Est brevitate opus, ut currat sententia, neu se*
  Impediat verbis lassas onerantibus aures. Hor. L. 1. Sat. 10.
4 Κόμμα *graec. segmen, a* κόπτω, *caedo, scindo,* ich haue oder schneide: Teutsch, ein Abschnitt, Spänlein, Splitter, dem auch die Gestalt des *commatis* in unsern Schrifften gleichet. Ich nenne es ein **Gelencke**, dieweil in Ermangelung des *commatum* alle Vorträge steiff, starre, unverständlich und ungelenckig sind, und sehe damit mehr auf die Bedeutung der Sache, als des Worts. Was die beiden berühmten Spanier, **Qvinctilian** *in instit. orat.* und **Isidor** *in originibus* geschrieben haben, ist ziemlich bekannt. Vieleicht aber weiß nicht iedermann, daß die beiden gelehrten Niederländer: **Lipsius** eine *Epistolam de distinctionibus,* und **Putean** ein *Syntagma* von eben denselben hinterlassen haben, welche erstere dem letztern beigedruckt worden ist, und ein Paar nützliche Schrifften sind. Daß dieser **Putean** (Erycius mit Vornahmen) ein grosser Kenner und Freund der Music gewesen, einfolglich seine Einschnitts-Lehren wol anzuwenden gewust habe, bezeuget seine *Musathena.* Lipsius aber, dessen Nachfolger im Professorat zu Löwen **Puteanus** war, gab sich hergegen selbst den schlechten Ruhm: er habe *ingenium docile & capax; excipio Musicam; vid. Lips. Epistol. Miscell. Centur. III. Epist. 87.*

Colon suspendit, das *Colon* schiebet länger auf; *Periodus deponit*, der Satz bringt zur Ruhe. Kurtz, das *Comma* ist ein Stücklein des Satzes, dadurch die Rede einen kleinen Einschnitt bekömmt; ob gleich noch in den Worten kein rhetorischer, sondern nur ein grammatischer und unvollkommener Verstand ist: denn es erfordert sehr offt ein eintzelnes Wort sein eignes Comma.

§. 23.

Selten wird man finden, daß unerfahrne oder übelunterrichtete Componisten ein Comma in der Rede überhüpffen; obs gleich gescheutere auch im Schreiben vielmahl mit gutem Bedachte thun. Aber nur gar zu häuffig machen jene einen Absatz oder Einhalt, eine Pause und Ruhe-Stelle, wo kein Comma zu hören noch zu sehen ist. Die Exempel hievon sind so zahlreich, daß ich besorge, man mögte die Anführung eines eintzigen für eine Seltenheit halten. Wenn indessen grosse Capellmeister in öffentlichem Druck so verfahren:

> **Wol diesem, den der Sünden Grösse**   (eine Pause)
>   **Nicht mehr mit ihren Centnern schreckt:**
> **Dem unser Hort der Fehler Blösse**   (wieder eine Pause)
>   **Mit seinem Purpur-Mantel deckt etc.**

so kan man wol nicht umhin, sich daran zu spiegeln, und auf die Vermeidung solcher groben Schul-Fehler mit Fleiß bedacht zu seyn.

§. 24.

Es kan nicht schaden, wenn wir gleich obigem, einfältigen, teutschen Exempel ein nicht weniger albernes, obgleich Welsches, zum Gefährten geben. Ein guter Freund setzet nehmlich eine Aria, die sich mit diesen Worten anfängt:

> *Posso con questo cor*

und pausirt darauf einen gantzen Tact: wenn solcher vorbey, werden dieselben Worte, mit eben derselben Melodie, noch einmahl wiederholet, ehe was weiters kömmt. Nun ist hie nicht einmal ein Comma, vielweniger ein rhetorischer; ja so gar kein grammatischer Verstand vorhanden, als welcher erst aus der Folge zu erwarten stehet. Auch ein seyn-wollender königlicher Capellmeister!

§. 25.

Wir wollen doch einen Hochfürstlichen dazu setzen, dessen Wercke, dahin unser Auszug gehöret, gedruckt sind, und aller Welt vor Augen liegen, eben wie beide vorhergehende Seltenheiten:

> *Qual pensier tormentoso*
> *D'ogni mia speme il bel serens imbruna?*
> *E à turbarmi il Riposo*   (Cadentz und drey viertel Pausen).
> *Gravi Timor, fieri Sospetti aduna.*   (Bindung, die sich künfftig löset).
> *E più mi Fè*   (Lange Note, mit einer Pause).
> *Non cura,*
> *Se ben sereni a me*   (lange Note, mit einer Pause).
> *Non volgi i Rai etc.*

§. 26.

Ich mag anitzo nicht weitläuffiger hierin verfahren, und will es bey diesem Trio bewenden lassen; habe aber noch einen guten Vorrath dergleichen schlechter Meisterstücke von verschiedenen

§. 27.

Das beste ist, sich ein Muster von solchen Worten auszusuchen, wo lauter vollkommene | *Commata* anzutreffen sind, die einen rechten grammatischen Einhalt erfordern, und dieselbe, fürs erste ohne Baß, in eine blosse Melodie zu bringen: da denn an den wenigsten Stellen Pausen nöthig seyn werden: indem alles gar füglich durch gewisse natürliche Stimm-Fälle auszudrucken stehet; und viel besser ist, als wenn man allenthalben, bey iedem Gelencke, kleine Seuffzer hinsetzen wollte.

§. 28.

Man wird z. E. in folgendem Exempel fünf vollenkommene Gelencke antreffen, bey deren keinem die geringste Pause vorhanden ist, und doch Gelegenheit genug zum Athemholen gegeben, auch bey Endigung des Satzes ein förmlicher Schluß in einem verwandten Klange gemacht wird.

§. 29.

Darauf soll nun ein anders folgen, mit dreien Einschnitten, so durch Pausen ausgedruckt sind: damit einer die Wahl habe. Das *Comma*, nach dem Worte **getrost**, im vorhergehenden Exempel, ist *pendulum*, oder unvollkommen; das *Comma* aber, nach dem Worte **schauet**, im folgenden Satze, kan zwar sowol *pendulum*, als *perfectum* seyn; doch das letzte mehr, als das erste.

---

5 Ich bezeuge hiebey einmahl für allemahl vor GOtt und auf mein Gewissen, daß ich diese und dergleichen Dinge niemahls angeführt, itzo berühret habe, oder ins künfftige ihrer gedencken werde, einen Menschen in der Welt zu beschimpffen; sondern allein in der Absicht, die melodische Wissenschafft, soviel an mir ist, zu verbessern und auf das nachdrücklichste zu befördern: welches unmöglich ohne Beispiele geschehen kan.

Von den Einschnitten.

§. 30

Ein gewisser gründlicher Theoreticus will die *Commata* lieber im Baß, oder in der begleitenden Grund-Stimme, als in der Haupt-Melodie ausgedruckt wissen, und zwar alle durch Cadentzen. Das setzet er fest.

§. 31.

Ob es nun gleich so weit seine Richtigkeit hat, daß man die *Commata* nicht unfüglich, durch solche Baß-Clauseln, die auf eine unvollkommene Art steigen oder fallen (*per clausulas imperfecte ascendentes & descendentes*) zur Noth und Veränderung wol andeuten kan: so stehet doch solches um so viel weniger zu rathen, ie schlechter und armseliger eine Melodie bey so vielen Baß-Cadentzen werden dürffte, und ie zerrissener dieselbe herauskommen würde, weil sie sich nach denselben ja allerdings richten und zwingen lassen müste.

§. 32.

Dahingegen sind tausendmahl mehr Ursachen vorhanden, warum sich die Grund-Stimme nach der Ober-Melodie, der Knecht nach dem Herrn, oder die Magd nach ihrer Frauen zu richten habe. Mein Rath ist deswegen schon im 27 §. dahin gegangen, den begleitenden Baß fürs erste gantz und gar wegzulassen, wenn man eine Uibung diesen Falls anstellen will; sintemahl ich wol weiß, wie man insgemein demselben auch immer gern etwas zu thun geben will, und darüber bisweilen das nöthigere verabsäumet. Was hat auch der Baß mit der Melodie zu schaffen? er gehöret zur Harmonie. Man muß diese beiden Dinge nicht so vermischen.

§. 33.

Inzwischen sehen die *Commata* des wolgedachten Theoretici in einem Manuscript also aus:

Clausula imperfecte ascendens.   Clausula imperfecte descendens.

§. 34.

Weil aber hieraus ein schlechter Trost zu holen ist, und denn nicht eben eine iede, durch die Rechtschreibung eingeführte Andeutung der Gelencke im Reden (geschweige im Singen) einen absonderlichen Einhalt erfordert: so kan man leicht gedencken, daß ein Unterschied zu halten, und nicht nur diejenigen *Commata*, so in der Aussprache schier ungültig, obgleich im Schreiben nöthig sind, sondern auch noch viele andre derselben in der Melodie, so zu reden, überhüpffet werden können und müssen. Daher denn die in der **musicalischen** Critic ehmahls gemachte *distinctio inter comma perfectum ac pendulum*, d. i. der Unterschied zwischen einem vollkommenen und unvollkommenen Gelencke der Rede, wol zu mercken ist.

§. 35.

Weil wir nun von dem vollkommenen *Commate* oben schon ein zweifaches Muster, sowol ohne, als mit Pausen beigebracht haben, wird hier nöthig scheinen, von dem unvollkommenen auch eine eigene, kleine Probe zu geben. Man lasse sich aber vorher nur gesagt seyn, daß die zweifelhaffte oder schwebende *Commata* theils nur einen sehr kurtzen, theils aber, und am meisten, fast gar keinen förmlichen Einhalt leiden.

§. 36.

Das erste, nehmlich der kurtze Einhalt, hat Statt, wenn eine traurige Ausrufung (*exclamatio*) oder ein solches gebietendes Wort (*imperativus*) vorhanden, die wircklich einen Aufschub andeuten, oder ein Nachdencken erfordern. Als z. E.

Ach! daß die Hülffe aus Zion über Israel käme.
oder
Halt! Erschlag ihn nicht. Es ist der König u. d. g.

§. 37.

Bey den eingeschalteten *Vocativis* aber, wie auch bey den *Imperativis*, d. i. wo irgend ein Ruf oder Befehl vorhanden, die eine Hitze oder hefftige Regung ausdrücken; ingleichen bey den zweimahl auf einander folgenden Zuwörtern oder *Adverbiis*[6], **ach! ach! nein, nein! ja, | ja!** u. s. w. wird alles, wegen des dringenden Eifers, noch mehr im Singen, als im Reden überhüpffet. Wir dürffen hievon kein Exempel in Noten geben; sondern können es mit den blossen Worten bestellen.

Lösche, Cupido, dein schmeichelndes Licht!	(*punctum.*)
Phlegeton, schencke mir funckelnden Schwefel!	(*punctum.*)
Gebt mir, ihr Sterne, Medusens Gesicht,	(*comma perf.*)
Daß ich bestrafe den schändlichen Frevel!	(*punctum.*)
Laß mir, o Himmel, die Freude geschehn,	(*comma perf.*)
Rache zu sehn!	(*punctum.*)

§. 38.

Hier sind, ausser den vier Puncten oder Sätzen und zween vollkommenen Gelencken, noch sieben schwebende *Commata*, nehmlich die vier eingeschaltete Vocativi: **Cupido, ihr Sterne, o Himmel, und Phlegeton**, die **herbeigeruffen** werden, und drey hitzige **Befehls-Wörter**, oder Imperativi: **Lösche, gebt mir, laß mir**; die alle zusammen, nehmlich die sieben letzt-erwehnte, gar nicht als Einschnitte in der Melodie geachtet werden. Und so kan man von den übrigen ihres gleichen urtheilen.

§. 39.

Da nun ein *Comma* in der Rede dasjenige vorstellet, was am menschlichen Leibe der *Articulus* oder das Gelencke ist: so bedeutet das *Colon* hergegen ein *membrum*, ein **gantzes Glied**, wie der Griechische Nahm selbst mit sich bringet; das Semicolon aber (;) nur ein **halbes**. Wir wollen hier von dem letzten zuerst handeln, und sagen, daß es ein solcher **Einschnitt** sey, **der die Mittel-Stelle zwischen einem *Commate* und *Colo* vertritt**. Dieselbe Stelle findet sich bey *disjunctivis, oppositis, relativis*, d. i. bey solchen Ausdrückungen, die eine Absonderung, einen Gegenstand, oder etwas bedeuten, das sich auf was anders beziehet: absonderlich wenn solche Umstände in wenig Worten enthalten sind.

§. 40.

Hiernächst hat das Semicolon noch ein eigenes Abzeichen, nehmlich dieses, daß es offt Platz

---

[6] Man wird leicht bemercken und bester maassen entschuldigen, daß ich mir die Mühe gebe, die grammatischen Kunstwörter, samt andern, so viel möglich, durch gleichgeltende Teutsche zu erklären: denn ich besorge leider! daß viele unter meinen sonst notenreichen Lesern sind, denen es schwer zu sagen fallen würde, was eigentlich eine *exclamatio*, ein *Imperativus, Vocativus, Adverbium etc.* heisse oder bedeute. Es verdrießt mich, daß ich Ursache habe, diese Anmerckung zu machen.

nimmt, ehe noch die grammaticalische Wortfügung vollendet ist; welches hingegen bey dem *Colo* nicht geschiehet, indem dasselbe einen förmlichen Sinn nach der Grammatic erfordert. Wobey iedoch die völlige Meinung des gantzen rhetorischen Vortrages oder Zusammensatzes noch ausgesetzet bleibt.

§. 41

Die *disjunctiva* haben zwar eine Absonderung oder Trennung; aber keinen Gegensatz oder Wiederspruch zum Grunde, und können dannenhero in der Melodie mit solchen Klängen, die etwas von einander entfernet sind, füglich ausgedruckt werden. z. E. Bey diesen Worten: **dich hab ich mehr geehrt; ihn aber mehr geliebt.** Ingleichen: **Ich muß den Leib dir überlassen; doch fordre nicht das Hertz von mir.** Da sind zwar in dem ersten Satze Ehre und Liebe von einander unterschieden; aber darum keine Gegenstände. Hertz und Leib werden im andern Satze gleichsam getrennet; ohne iedoch einander zuwider zu seyn.

§. 42.

Also muß in solchen Fällen die Melodie zwar einen mercklichen Unterschied machen: es muß sich das eine Glied der Klang-Rede von dem andern, auf gewisse Art, absondern oder trennen; doch darff man eben nichts gegenseitiges einführen, es sey in Klängen oder Intervallen, wenn sie an oder für sich selbst betrachtet werden. Das ist zu sagen: ich darff eben nichts wiederstrebendes aus den Intervallen erzwingen, eine grosse Tertz nehmen, wo eine kleine gewesen ist u. d. g. noch auch in den blossen Klängen etwa steigende gegen fallende, und umgekehrt, anbringen; sondern ich verändere nur die Ton-Art mit guter Manier, und trete in eine andere nächstgelegene und verwandte. z. E. in einem Recitativ aus dem *A* ins *C*.

In einer **Ariette**, aus dem *D* ins *F*.

§. 43.

Dasjenige, wornach sich die Melodie bey dergleichen Umständen am meisten richtet, kommt auf den Nachdruck, auf die Emphasin an, welche im ersten Satz die Vornenn-Wörter **dich** und **ihn** hauptsächlich; hiernächst aber auch, wiewol nicht so starck, die Werckwörter **geehrt** und **geliebt** betrifft. In dem zweiten Satz ist der stärckste Nachdruck auf das Beiwort **nicht** anzutreffen; etwas schwächer aber auf das Nennwort **Hertz**. Inzwischen ist nicht immer ein förmlicher Schluß, wie hier, dabey nöthig.

§. 44.

Wenn ausdrückliche Gegensätze vorkommen, so verhält sich die Sache gantz anders. Denn der Worte Wiederstand erfordert daselbst auch ein gleiches in den Klängen, und es sind solche streitende Vorträge sowol in Recitativ, als in den Arien etc. bestermaassen in Acht zu nehmen.

Doch alles ohne Zwang. z. E. im melismatischen Styl:

> **Da sagt man zu mit Mund und Hand,**
> **Kein Wort sol seyn gesprochen;**
> **Doch, wenn der Rücken nur gewandt,**
> **Ist schon das Wort gebrochen.**

da sind deutliche Gegentheile! Worthalten und Wortbrechen: derowegen mag man auch diese widrige Handlungen durch solche Gegenbewegungen in den Intervallen und Klängen ausdrükken, die dem Gehör eine Vorstellung davon geben.

§. 45.

Ich sage, man mag, oder man kan es thun; nicht daß es eben eine unumgängliche Nothwendigkeit sey, ohne welche die Melodie, als Melodie, nicht bestehen würde. Deutlicher ist dennoch deutlicher. Es helffen auch solche Anmerckungen einen auf die Sprünge der Erfindung: denn Gegensätze können auf verschiedene Weise im Gesange ausgedruckt werden, es sey durch gewisse Klänge, die ihren Gang umkehren; durch Intervalle, die einander zuwieder lauffen; durch plötzliche Veränderung der Ton-Art, des Tacts etc. Zur Vermeidung der Weitläuffigkeit wollen wir nur von der ersten Gegenbewegung eine Probe geben:

§. 46.

Mit den *Relativis* (wohin auch alle kurtze auf einander folgende Beschreibungen gehören) hat es wiederum eine eigene und sonderliche Bewandtniß: denn da soll billig nichts streitiges oder wiederwärtiges, sondern vielmehr eine gewisse Gleichheit und Aehnlichkeit in den Klängen oder Intervallen angebracht werden; doch nicht so sehr in den Klängen, als welche nothwendig ihre Verschiedenheit und Abwechselung gewisser maassen beibehalten müssen. z. E.

> **Unzehlbar ist der Sternen Heer;**
> **Unzehlbar ist der Sand am Meer;**
> **Doch weichen sie der Menge meiner Schmertzen.**

Da sind in den beiden ersten Zeilen ein Paar Sätze, ein Paar Vergleichungen, die sich auf einander beziehen, und durch gleichförmige Modulos ausgedrückt werden müssen; dahingegen die dritte Zeile einen Gegen-Satz enthält, und also auch eine gewisse Gegen-Bewegung in den Klängen und Ton-Arten erfordert, wie folgt:

§. 47.

Wenn sichs bey dem Einschnitt des Semicoli so trifft, daß die Sätze, welche sich auf einander beziehen (*Relativa*), auch eine gewisse Aehnlichkeit des Reimes und seines Gebändes haben, oder daß dergleichen in einem oder andern Satze absonderlich vorfällt, z. E.

    Laß nur alle Liebes-Zeichen
        von dir weichen;
    Laß der Treue Bande schwinden,
        die dich binden.

alsdenn gibt es leichte und artige Versetzungen in Ansehung der *Relativorum*; und gute Wiederholungen in Betracht der Reime.

§. 48.

Von den sogenannten kleinen Beschreibungen wird man in Arien wenig antreffen, weil sie lange Vorträge machen; doch stellen sie sich offt im Recitativ ein, und thun gute Wirckung, wenn man sie klüglich behandelt. Wir wollen eine in vielen kleinen oder **halben Gliedern** (*Semicolis*) bestehende Vorstellung eines Verzweiffelnden hieher setzen:

    Unsäglich ist mein Schmertz; unzehlbar (sind) **meine Plagen;**
    Die Lufft beseufftzt, daß sie mich hat genehrt;
    Die Welt, dieweil sie mich getragen,
    Ist bloß darum Verbrennens werth;
    Die Sterne werden zu Cometen,
    Mich Scheusal der Natur zu tödten;
    Dem Cörper schlägt die Erd ein Grab,
    Der Himmel meiner Seel den Wohnplatz ab:
    Was fang ich dann,
    Verzweiffelter, verdammter Mörder an?
    Eh ich mich soll so unerträglich kräncken,
    Will ich mich hencken!

§. 49.

Diese auserlesene, und nach ihrer Art, sehr schöne Beschreibungen liessen sich etwan in Noten so vorstellen:

§. 50.

Der Raum leidet es nicht, die Aehnlichkeit, so ein iedes dieser obigen vier bis fünf halben Glieder mit dem andern hat, zu untersuchen. Wer den Zusammenhang oder gantzen Paragraphum recht ansiehet, wird schon finden, daß ein gewisser Fall der Stimme allemahl das **Semicolon** bemercket; daß der Baß nicht säumet, das seine auch zu den **Einschnitten**, absonderlich zur Unterscheidung eines neuen Satzes beizutragen, und zwar auf keine wiedersetzliche, sondern gleichförmige Weise; daß bey den fünff **Gelencken** oder Commaten gantz anders verfahren wird, und sich die Grund-Stimme nicht einmahl zu einer vollkommenen Clausel nahet; daß hergegen, wo das gantze Colon oder **Glied** kömmt, sich ein **förmlicher** Schluß mit Pausen zur fernern Uiberlegung einstellet; daß die Folge darauf aus einem andern Ton gehet; daß die **Frage** sich abstichet; und daß endlich mit dem Ausrufungs-Punct ein Endigungs-Schluß erscheinet.

§. 51.

Bisweilen findet sich auch eine Antithesis, ein Gegensatz zwischen dem ersten und andern Theil einer Arie: da denn das daselbst am Ende des ersten Theils stehende Semicolon, weil es hernach bey der Wiederholung von vorn nothwendig in einen Punct verwandelt werden muß und den Endigungs-Schluß macht, allerdings eine gäntzliche Cadentz in die Final-Note erfordert. Wir geben davon in folgenden Worten ein Beispiel:

Soll ich ein andre lieben?
  Die Ehrsucht saget ja;
Doch trag ich fast ein Grauen,
  zu schauen,
Wie die es wird betrüben,
  Die mich mit Gunst ansah.
  (von vorn).

§. 52.

Ausser diesem eintzigen Fall, welchen ich doch lieber, mittelst einer zweifachen Ausarbeitung des *da Capo*, vermeiden wollte, muß das Semicolon niemahls eine förmliche, vielweniger eine gäntzliche Cadentz haben. Auch darff man sich nicht immer an die Poeten kehren, die offtermahls von ihren Einschnitten gar wenig Grund anzuzeigen wissen: weil es eine seltene und etwas heisse Sache darum ist. Einige lassen sie lieber weg, und brauchen nur *Commata* und Puncte.

§. 53.

Das meiste muß bey einem Setzer auf einen gesunden Verstand, und auf einen deutlichen Begriff der Rechtschreibung ankommen; wenn auch der Versmacher lauter *Commata* und Puncte gebrauchte, um sich nicht zu verrathen, daß er nicht wisse, an welchem Orte ein Colon oder Semicolon[7] stehen müsse. Jenem soll durch diese kleine Anleitung vermuthlich geholffen werden; falls er sich nur helffen lassen will: um die andern bekümmere ich mich itzo nicht. Sie sind mir auch viel zu klug.

§. 54.

Nun kommen wir an das *Colon* selbst (:), welches schon mehr zu bedeuten hat, als die vorigen Einschnitte, indem es **einen grössern Theil der Rede begreifft, und einen vollkommenen grammaticalischen Verstand hat**; obgleich ein ieder wol mercket, daß noch ein mehres folgen soll, zur Erfüllung des rhetorischen Antrages. Und eben aus dieser letztangegebenen Ursache kan das *Colon* zwar keine gäntzliche Endigungs-Cadentz, aber wol einen Aufschub, eine verlangende Ruhe, *clausulam desiderantem*, in der Melodie leiden.

§. 55.

Es hat dieses Glied seine Stellen bey Anführung einer Ursache, einer Wirckung, einer Erzehlung, eines Beispiels, einer Folgerung, eines Gleichnisses, einer Uiberschrifft, der Worte eines andern, und dergleichen. Die **Ursachen** fangen sich gemeiniglich an mit den Zuwörtern, **weil, denn** etc.; die **Wirckungen** mit dem Wörtlein **durch**; die **Folgerung** mit dem **daraus, dahero** etc.; das **Gleichniß**, und zwar bey dessen Anwendung, mit dem **also, auf solche Weise** etc.; Die **Erzehlungen, Exempel, Uiberschrifften, eines andern** oder sonst merckwürdige **Worte** binden sich an keine Form, und sind auch viel leichter, als jene, an ihrem Inhalt zu erkennen.

§. 56.

Wenn man von allen diesen Anzeigen poetische und melodische Beispiele anbringen wollte, würde ein eigenes Haupt-Stück dazu erfordert werden. Wer nur ein gutes, wolgeschriebenes Buch aufschlägt, absonderlich von unsern besten Teutschen (obgleich wenigen) Poeten, der wird

---

[7] Dieses halbe Glied wird auch von einigen *Colon minus* genannt: und war den Alten, wie viele andre Dinge unbekannt.

Exempel genug antreffen, wenn er sie vorher aus dieser Anleitung, mittelst eines Blicks auf die Setzkunst, hat kennen lernen. Denn sonst dürffte mancher die zum Auf schlagen angerathene Bücher, wie die Kuh das neue Thor, ansehen.

§. 57.

Nur das nothwendigste, so dieserhalben bey einer Melodie zu beobachten vorkömmt, kan alhier unberührt nicht bleiben. Und da ist zu wissen: daß man bey den **Ursachen** zwar inne halten; doch nicht wol cadentziren kan, nehmlich vorher, ehe die Ursache angeführet wird. Wenn aber eine Erzehlung folgen soll, muß die Melodie gleichsam im Zweifel gelassen werden: welches gemeiniglich durch die Qvint des Haupt-Tons mit 76 geschiehet: oder auch auf andre Weise. Und alsdenn hat **Lipsius** recht, wenn er sagt: *Colon suspendit,* das *Colon* will einen Aufschub machen.

§. 58.

Bey **Exempeln** gewinnet es eben dasselbe Ansehen; nicht aber bey einer **Folgerung**, als welche dergleichen verlangende Clausel gar nicht braucht. Die **Gleichnisse** können zwar eine vorhergehende Cadentz leiden; die **Uiberschrifften** hergegen keinesweges, und müssen dieselbe durch eine Monotonie, d. i. wo einerley Klang offt hinter einander gebraucht wird, fast nach Art des gebundenen Kirchenstyls ausgedruckt werden. Endlich, wenn die **Worte eines andern**, oder sonst **nachdenckliche Sprüche**, Anzugs-Weise vorkommen, da muß nicht nur die Melodie etwas unterbrochen, sondern auch die Ton-Art verändert werden.

§. 59.

Weil nun der mannigfältige Gebrauch eines ieden Einschnittes für sich selbst sattsam hieraus erhellet, so mag ein Vernünfftiger leicht urtheilen, ob die Sache damit ausgemachet sey (zumahl da das *Colon* allein sechs bis sieben Weisen hält), wenn ein sonst berühmter und gelehrter königlicher Capellmeister sein *Colon* und Semicolon unter eine eintzige Regel zu bringen gedencket, und beide durch den blossen Gang des Basses, ohne weitere Untersuchung, auf folgende Art abgefertiget wissen will:

§. 60.

Ich gestehe gerne, man käme auf solche Art am kürtzesten davon: sowol im Lehren als im Lernen. Dergleichen Irrthümer aber haben drey starcke Qvellen, die einer tüchtigen Verstopffung benöthiget scheinen, damit sie von dem Lehr-Stuhl nicht weiter unter die Sitz-Bäncke einreissen, und alles überschwemmen. Die vornehmste dieser Qvellen ist der pedantische Hochmuth, der ihm nicht einsagen lassen, sondern immer Recht haben will: die andern heissen Mangel an Nachdencken, und Mangel an Melodie und ihrer Wissenschafft.

§. 61.

Die Fragen in der Klang-Rede, so mit dem bekannten Zeichen (?) im Text angedeutet werden, folgen nun in ordentlicher Betrachtung, und sind entweder eigentlich oder verblümt. Viele Setzer stehen steiff in den Gedancken, es müsse das Fragzeichen nothwendig allemahl im Singen, durch eine oder andre Erhöhung der Stimme, ausgedruckt werden; aber man darff solchen Ausspruch keines Weges für unfehlbar halten.

Von den Einschnitten.

§. 62.

Zwar ist in gemeiner Rede und Aussprache die Erhebung der Stimme iederzeit bey einer Frage mehr oder weniger vermacht; allein in der Melodie gibt es viele Umstände, die hierunter eine Ausnahme nicht nur zulassen, sondern offt erheischen. Uiberdis trifft man viele figürliche Fragen in Versen an, dabey gar kein Zweifel vorwaltet, obs so, oder anders sey. Der **Zweifel** aber ist das wahre Kennzeichen einer **eigentlichen** Frage. Derohalben muß ein melodischer Setzer die eine von der andern billig wol unterscheiden, und darnach seine Noten einrichten. Wenn z. E. gefraget wird:

> Kan ich Arzeney gewehren?
> Da ich selber soll vergehn?

So ist der Verstand dieser: **daß niemand einem andern beizuspringen vermögend sey, der selber Hülffe bedarff.** Und das ist im Grunde ein Vortrag der ausser allem Zweifel wahr ist. Darum denn darff man sich, bey so gestalten Fragen, so genau nicht an die gewöhnliche Form binden; ob es gleich einem gescheuten Componisten deswegen unverboten bleibt, mit solchen und dergleichen Worten eine geschickte melodische Auflösung, durch nachdrückliche Versetzung, Fragweise anzustellen.

§. 63.

Wie aber eine rechteigentliche und ordentliche Frage, dabey noch einiger Zweifel vorzufallen scheinet, **ohne Erhebung der Stimme**, in Noten anzustellen sey, daß dennoch die Unschlüssigkeit deutlich vernommen werde, davon ist schon oben, *§. §. 49 & 50* eine beiläuffige Probe gegeben worden, welcher alhie noch beizufügen stehet: **daß die unvollkommenen Consonantzen am geschicktesten dazu sind**, wenn die Frage z. E. in eine Sext schließt; man gerathe nun steigend oder fallend darauf: das macht es nicht allemahl aus, absonderlich im Recitativ.

§. 64.

In einer Arie setzt **Gasparini** die Frage: **Warum glaubst du nicht?** wie *No.* 1 hierunten angezeiget wird, nehmlich fallend, und in der Sext aufhörend. An einem andern Orte braucht er die tägliche Formel, *No.* 2, und höret in der Qvint auf. Es ist auch gut, und wir wollen solches keines Weges tadeln; aber es kan doch auch so angehen, wie *No.* 3 steht, durch die Sext, und ist nicht so gemein, als jenes.

§. 65.

Sollte nun wol iemand meinen, daß, gleichwie in den Fragen ein zweifacher Unterschied ist, also in den Ausrufungen ein dreifacher wäre? welches sich doch, bey der Untersuchung, gantz richtig befindet, und den Componisten allerdings verpflichtet, sothane Ausbrüche auch auf eben so vielerley Weise zu bearbeiten, obgleich nur einerley Zeichen (!) dazu gebraucht wird. Die erste Art begreifft eine **Verwunderung**, einen freudigen **Zuruf**, oder einen aufmunternden **Befehl**. z. E.

> 1. Monarch!
>   Großmächtigster! Du bist der unbesiegte Held!
> 2. Vivat! Vivat! ewig lebe,
>   Ewig blüh Hammonia!
> 3. Knalle, donnerndes Geschütz!
>   Krache, mit beflammtem Blitz!

Und hiebey spielt die Freude allemahl Meister; sie ist die herrschende Leidenschafft: Daher denn lauter lebhaffte und hurtige Klangführungen dabey gebraucht werden müssen; absonderlich aber grosse und weite Intervalle.

§. 66.

Die zweite Art der Ausbrüche oder Exclamationen hält alles **Wünschen** und hertzliches **Sehnen** in sich; alle **Bitten, Anrufungen, Klagen**; auch **Schreckniß, Grauen, Ent|setzen** etc. Die letztern erfordern eine melodische Hefftigkeit, so am besten durch geschwinde oder doch hurtige Klänge auszudrücken stehet; das **Sehnen** aber und die übrigen Eigenschafften haben die Betrübniß allemahl zur Mutter. z. E.

> Himmel! hast du für mich Armen
>   noch Erbarmen,
> Ach! so steh mir itzo bey.

Da müssen, nach Befinden der Umstände, bald grosse, doch nicht gemeine, bald kleine und ausserordentliche Intervalle angebracht werden. Die Zärtlichkeit herrschet darin vorzüglich.

§. 67.

Die dritte Art der Ausruffungen gehet auf ein rechtes Geschrey, so aus äusserster Bestürtzung, Erstaunung, aus schrecklichen, gräulichen Vorfällen entspringet, die den höchsten Gipffel der Verzweiffelung offt ersteigen. Wenn nehmlich ein Cain so rufend vorgestellet wird:

> Eröffne dich, Rache, der schmauchenden Höle!
>   Reiß mich zu deiner Glut hinein!
> ich liefre dir meine verzweifelte Seele! etc.

§. 68.

Zwar würde ich, für meine Wenigkeit, willig meine Stimme dazu geben, wenn dergleichen gar zu greßliche, fürchterliche Vorstellungen gar aus der lieben Music ausgemustert werden sollten; wenn sie aber doch aufstossen, muß man gleichwol mit ihnen recht umzugehen wissen. Das meiste kömmt auf die verschiedene Gemüths-Bewegungen und deren Kundschafft an. Hier ist nun lauter desperates Wesen, und darff man also auch lauter verworrene Intervalle, die eine unbändige Eigenschafft wieder einander haben, als grosse und kleine Tertzen zusammen etc. auf die Bahn bringen, und zu dem ruchlosen, lästerlichen Geschrey, ein wütendes Getümmel, Gegeige und Gepfeiffe zur Begleitung wehlen, dazu die Pyrrhichischen Klang-Füsse sich wol schicken.

§. 69.

Gleichsam *par parenthese* ein Paar Worte von der Parenthesi selber zu machen, dürffte sich hier vieleicht, zum Beschluß dieses Haupt-Stückes, nicht übel schicken. Dieser Einschnitt ist ein **Zwischen-Satz**, da gewisse Worte, die von den übrigen gleichsam durch einen solchen **Einschluß**

Von den Einschnitten.

( ) abgesondert sind, den Lauff des Zusammenhanges im Vortrage ein wenig unterbrechen. Das Ding ist eben nicht sehr musicalisch, und mögte meinentwegen gerne aus der melodischen Wissenschafft Urlaub haben. Weil es aber doch bisweilen in Arien, mehr und öffters aber im Recitativ mit besserm Fuge, vorkömmt, so darff derjenige, der mit solchen eingeschlossenen Worten richtig verfahren will, nur erwegen, ob sein vorhabender **Zwischen-Satz** viel oder wenig von dem Hauptzweck der Rede abweichet: maassen die Melodie nach solchen Umständen auch wenig oder viel unterbrochen werden muß.

§. 70.

Zum Beispiel einer solchen **Einschaltung**, die sich ziemlich weit von dem rechten Wege des Vortrages zu entfernen scheinet, mag folgendes dienen; wiewol es nicht zur Music gemacht ist, eben so wenig, als das zweite Exempel.

> **Wie leicht ists dem, der so mit Raupen handelt,**
> **Daß er auch unsern Staub (da ohne dem (dies) bekannt,**
> **Daß nichts zu nichtes wird) zu seinem Ruhm verwandelt.**

Sollte solches gesungen werden, so müste wol der Gesang so weit herunter treten, als etwa aus der Mitte des Soprans in die Mitte des Alts, wenigstens eine Qvart oder Qvint, als wenns eine andre Stimme wäre.

§. 71.

Ein zweites Muster merckwürdiger **Schalt-Worte**, das nicht so weit geholet ist, steckt hierin:

> Um deine Gnade nun, o GOtt, recht zu ermessen,
> Und der vergangnen Noth so bald nicht zu vergessen:
> So leite mir (daß ich der Kranckheit Jammer-Stand,
> Und der Gesundheit Schatz recht bilde) selbst die Hand!

§. 72.

In einer Ode:

> **Dieser ungeheuren Gründe**
> **(Die doch in sich selber leer)**
> **Grund- und Grentzen-lose Schlünde**
> **Schlagen, wie ein wallend Meer etc.**

Und in einem Arioso:

> **Er will (o Wunder-Huld!) für alle seine Gaben,**
> **Für die so herrlichen unzehlichen Geschencke,**
> **Nichts, als daß man nur Sein gedencke,**
> **Nichts, als ein frölichs Hertze, haben.**

In einer Arie auf Christi Geisselung:

> **Dem Himmel gleicht sein buntgestriemter Rücken,**
> **Den Regenbögen ohne Zahl,**
> **Als lauter Gnaden-Zeichen schmücken:**

Die (da die Sündflut unsrer Schuld verseiget)
    Der holden Liebe Sonnenstrahl
In seines Blutes Wolcken zeiget.

§. 73.

Wenn nun die Zwischen-Sätze noch solchen ziemlichen Zusammenhang mit dem übrigen Vortrage haben, oder kurtze Ausrufungen enthalten, so darff man auch die Melodie zu keiner sonderbaren Trennung nötigen; sondern nach der natürlichen Ausrede verfahren. Pausen und Ruhestellen schicken sich gar nicht dabey: Denn sie hindern den Fortgang und schaden dem Gebände der Reime sowol, als den Klängen in ihrem Lauf, weit mehr, als sie dem Verstande nutzen können.

§. 74.

Ich glaube, wer frey und aufrichtiglich der Wahrheit Raum zu geben Lust hat, wenns auch der allergrösseste Dichter unsrer Zeiten wäre, wird gestehen müssen, daß es mehrentheils mit diesen **Einschlüssen** und **Zwischen-Sätzen** ein gezwungenes Wesen sey, welches sehr offt, nur des Reimes halber, herhalten muß. Niemand aber, der die geringste Einsicht in melodische Wissenschafften hat, wird in Abrede seyn, daß alle Schalt-Worte im Gesange wenig oder nichts nutzen, und daher sehr sparsam damit umzugehen sey.

§. 75.

Damit wir aber doch ein Davidisches Muster geben, auf welche Weise eine Parenthesis am besten in der Music angebracht werden könne, so setze man im 124 Psalm die Worte: **Wo der HErr nicht bey uns wäre**, mit dem gantzen Chor; lasse darauf eine Stimme allein singen: (**So sage Israel!**) und hernach wiederum das *Tutti* einfallen: **Wo der HErr** etc. alsdenn wird diese und dergleichen **Einschaltung** eine schöne Wirckung haben.

§. 76.

Wie nun der Punct (.) alles beschliesset, so soll dessen Betrachtung auch den Anmerckungen dieses Haupt-Stückes anitzo ein Ziel setzen. Und ob er gleich unter den Einschnitten der Klang-Rede der grösseste ist, fällt doch in der Melodie das wenigste dabey zu beobachten vor: denn man hat weiter nichts zu thun, als an dem Ort, wo der Punct befindlich ist, eine förmliche Cadentz, eine rechte vollkommene Clausel, und letzlich einen gäntzlichen **Endigungs-Schluß im Haupt-Ton** anzubringen.

Zehntes Haupt-Stück.
Von den zur Melodie beqvemen Reim-Gebänden.

§. 1.

Im sechsten Haupt-Stücke dieses Theils haben wir von der Mutter, nehmlich von der **Rhythmic** geredet, in diesem zehnten soll nun auch der Tochter, d. i. der **Metric** mit wenigen gedacht werden: denn so verhalten sie sich gleichsam gegen einander. Was jene in der Dichtkunst zu sagen hat, rühret alles aus der Tonkunst her; was diese aber dem Gesange für Gesetze gibt, das

Von den Vers-Gebänden.

gehöret eigentlich in der Dichtkunst zu Hause. Wir werden nur so viel davon anführen, als zu unserm melodischen Zweck dienet.

§. 2.

Ein Metrum oder Reim-Gebände ist die **ordentliche Verknüpffung verschiedener, auch wol einerley Sylben-Füsse, mittelst welcher sie in gewisse Schrancken eingeschlossen und abgemessen werden.** Daraus folget, daß die Melodien sich in einigen Stücken nach den Reim-Gebänden richten, und auch dergleichen Gräntzen setzen müssen. Doch nimmer einerley.

§. 3.

Daher es denn einem Componisten allerdings oblieget, die Natur und Eigenschafft der Metric, samt allen dahin gehörigen Dingen, fleißig zu untersuchen. Sonst wird seine Arbeit offt hincken, oder über die Schnur hauen.

§. 4.

Die Dichter haben ein Sprichwort: *Metra parant animos*, d. i. **durch Verse werden die Gemüther ermuntert.** Solches sagen sie mit gutem Recht: denn es dringt doch nichts so sehr ins Hertz, als ein wol eingerichtetes Reim-Gebände, zumahl wenn es durch eine angenehme Melodie begeistert wird.

§. 5.

Wir mercken diese Wahrheit am meisten, wenn gebundene und ungebundene Vorträge Wechselsweise gesungen werden: da denn jene allemahl weit mehr, als diese gefallen müssen. Die Ursache steckt darin, daß eine ungebundene Rede immer eine wunderliche Vermischung der Sylben-Füsse führet, und sich keine abgemessene, gleichförmige Schrancken setzet, durch welche dem Gehör eine Sache leicht begreifflich, bekannt und gewiß vorkömmt.

§. 6.

Hergegen bringt die Ordnung der Füsse in der Dicht-Kunst und die wolbestellte Abwechselung der Gebände, wenn schon kein Reim da wäre, den Ohren gleich im Anfange so was gewisses und deutliches, in der Folge aber so was bekanntes bey, daß sich das Gemüth eine heimliche Freude aus der Abmessung macht, und den Vortrag desto leichter annimmt.

§. 7.

Man siehet bald, daß diese gantze metrische Lehre eigentlich in die Poeterey gehöret. Es kan aber wahrlich kein Ton-Künstler was rechtes setzen, der nicht gewisser massen das seine auch in der Dicht-Kunst gethan hat, wie bereits oben mit mehren dargethan worden ist.

§. 8.

In alten Zeiten waren diese beide Künste, Music und Poesie, samt allen, was die Klänge und Worte betrifft, gleichsam unzertrennlich: und sie solten es von Rechtswegen auch noch seyn. Es zeige mir aber einer in diesen unsern Jahren nur eine musicalische Einleitung oder Anweisung, darin etwas anzutreffen wäre, das sich hierauf beziehen könte.

§. 9.

Zwar ist es an dem, daß anitzo alle Wissenschafften und Künste (wenn man das Alterthum dagegen hält) eine gantz andre Gestalt gewonnen, und so zu reden ihre männliche Jahre erlanget haben, wodurch eine iede derselben so weit gedehnet und aus einander geleget ist, daß sie nothwendig einen eigenen Menschen haben will, der sie allein und vorzüglich treibe: wie bereits oben bey einer andern Gelegenheit erinnert worden ist.

§. 10.

Dennoch ist damit nicht gesagt, daß man andre verschwisterte Wissenschafften oder Disciplinen so gar dabey an die Seite setzen, und ihrer weder mit Wercken noch mit Worten pflegen soll. Es kan keine Kunst ohne der andern Beihülffe bestehen: sie bieten einander die Hand. Aber das Augenmerck muß nur auf einen eintzigen Haupt- oder Mittel-Punct gerichtet seyn.

§. 11.

Niemand wird von einem Componisten oder Capellmeister eben fordern, daß er ein Poet erster oder zweiter Grösse sey. Denn in beiden Stücken, nehmlich in der Ton- und Dicht-Kunst gleiche ausnehmende Verdienste zu besitzen, mögte man schier für ein Wunderwerck halten.

§. 12.

Inzwischen muß doch ein Melopoet von allen und ieden Vers-Arten guten Unterricht haben; wenn es auch sonst zu nichts diente, als den häuffigen unmusicalischen Reimschmieden bessere Wege zu zeigen. Wie kan aber einer dem andern auf solche Wege helffen, die er selbst nie gegangen ist, oder gar nicht kennet?

§. 13.

Noch mehr, ein Melopoet muß sich zur Noth selber einen guten Vers setzen können, oder doch wenigstens so davon zu urtheilen wissen, daß er sich was gutes erwehlen könne. Wer nun nicht einmahl die **Metric**, geschweige ein mehres von der Dicht-Kunst verstehet, der vermag weder eines noch das andre zu thun.

§. 14.

Nun sollten wir hier billig alle metrische Gattungen durchgehen, deren Ursprung anzeigen, und ihre Anwendung in der Ton-Kunst oder Melodie vor Augen legen. Allein es würde uns nur gar zu viel Zeit kosten, und auch keinen geringen Raum einnehmen. Inzwischen hat man die Prosodien vor sich, und kan überhaupt auf die darin berechnete **neun Geschlechter** der Reim-Gebände seine Absicht richten.

§. 15.

Griechische Metra wird man wol so bald keine Gelegenheit haben hiesiger Orten an den Mann zu bringen. Wiewol noch neulich die Herren Frantzosen so verwehnt geworden sind, daß sie sich hierin, auch so gar in griechischer Sprache, auf dem Schauplatz hervorgethan haben.

§. 16.

Mr. Niel, ein Componist in Franckreich, hat ein *Ballet des Romans*[1] unlängst verfertiget und aufgeführet. Darin heisset der zweite Aufzug *La chevalerie*, und weiset *p. 120--134* in der Partitur, die sauber gestochen ist, eine Ode, eine griechische an die Liebe gerichtete Ode auf.

---

1   Unten bey Anführung der Melodien-Gattungen wollen wir eine kleine Beschreibung dieses Ballets mittheilen.

§. 17.

Der Anfang dieser Ode lautet also: *Ted emera tis ouden melpestai, men abra, gelason etc.* welches folgender maassen übersetzet ist: *Que chacun dans un si beau jour ne songe qu'à chanter & à rire etc.* d. i. **An solchem schönen Tage sey niemand auf was anders bedacht, als auf singen und lachen!**

§. 18.

Ich führe es desto williger an, weil es recht was neues und eine solche Sache ist, die man in einem Galanterie-Wercke schwerlich suchen sollte. Zudem ist es nicht iedermanns Ding, sieben Thaler für acht weitläuffige Bogen zu geben. Will man doch kaum so viel Marck an eben dergleichen wenden, da die Noten auf das engeste zusammen gesetzt sind.

§. 19.

Zu den lateinischen Reim- oder Vers-Gebänden dürffte noch wol mancher genöthiget werden. Man kan ja, ohne Erkenntniß der lateinischen Reime nicht einmahl von den Kirchen-Stücken der Frantzosen, Welschen und andrer Völcker ein vernünfftiges Urtheil fällen; geschweige etwas rechtes auf solche Worte selber setzen. Dennoch klingen sie sehr gut. z. E.

Exultate, jubilate,
Coelestes Chori!
Honores date,
Animae gratae,
Deo Redemptori.

§. 20.

Inzwischen müssen wir doch wol unsre meisten und vornehmsten Gedancken auf die Teutschen Gebände richten, deren einige vier, als das **Jambische**, **Trochäische**, **Dactylische** und **Anapästische** Geschlecht; andre aber weniger zehlen, und den Unterschied in der Vorsylbe suchen. Sie scheinen dessen auch guten Grund zu haben: wodurch denn die Jambi und Trochäi nur ein Geschlecht; die Dactyli und Anapästi das andre ausmachen, nehmlich mit Zuthun oder Weglassung der sogenannten Vorsylbe.

§. 21.

Von den jambischen und trochäischen Reim-Gebänden hat man **siebzehn** Gattungen, nehmlich von zwo bis sechszehn Sylben in einer ieden Zeile, die mehrentheils alle eine besondere Obacht in der melodischen Setz-Kunst erfordern; doch mit dieser Ausnahm, daß sich weder die zwosylbigen, noch die gar zu langen Metra, insonderheit sofern sie die achte Sylbe weit überschreiten, in der Melodie zum besten gebrauchen lassen. Also ist disfalls auch die Mittelstrasse die sicherste und beqvemste.

§. 22.

Wir wollen ein paar Proben davon geben. Das jambische Geschlecht von dreien Sylben trifft man gemeiniglich mit andern Geschlechtern vermischet an: weil es sonst allein, auf die Länge, gar zu tändelnd oder etwas kindisch lauten, auch im Setzen sowol, als im Reimen, grossen Zwang erfordern dürffte. z. E.

Erschüttert,
Erzittert,
Ihr Pforten der Hölle!

§. 23.

Ein solcher Satz wäre nun wenigstens auf viererley Art in die Music zu bringen. Wol zu verstehen in Betracht des Reimgebändes allein: denn sonst kan es auf mehrerley Art geschehen. Es ist um einen Versuch zu thun, wie es zweimahl in gerader, und zweimahl in ungerader Zeitmaasse damit gehalten werden könne:

§. 24.

Wir wollen uns eben hier an die Eigenschafft der Wörter nicht sonderlich kehren: zumahl da auch das **Erschüttern** und **Erzittern**, wenn es starck ausgedruckt werden soll, sich besser in die begleitenden Instrumente, als für die Sing-Stimme schicken dürffte. Man betrachtet diesesmahl nur allein die verschiedene Art und Weise, womit die Metra in der blossen Melodie behandelt werden können, und welche Fügung der Klang-Füsse sich zu diesem oder jenem Reim-Gebände am besten schickt.

§. 25.

Dergleichen Veränderungen bereichern die melodische Setz-Kunst ungemein, weil sie schier allenthalben Platz finden, und aus demjenigen Vortheil entspringen, mittelst wessen die musicalische Rhythmi ihrer Länge und Kürtze verschiedenes zusetzen und abbrechen können, nachdem es der Setzer für gut befindet. Wer nun diesen Vortheil begreifft, so wie er hier deutlich und teutsch angezeiget worden ist, kan seiner Sache mercklich dadurch zu Hülffe kommen.

§. 26.

Die welsche Sprache läßt die kurtzen Vers-Zeilen eher zu, als die teutsche; und sie sind auch sehr häuffig in den italienischen zur Music bestimmten Gedichten anzutreffen. Es könnte aber nicht schaden, wenn dergleichen von unsern Lands-Leuten mehr gebraucht, und die langen Metra lieber dafür gesparet würden.

§. 27.

Apostolo Zeno, der kaiserliche Poet und Geschichtschreiber, ist ein Meister und Muster solcher kurtzgefaßten Reim-Gebände. z. E.

È debolezza,
È Frenesia,
Finger Fermezza
Per Albagia etc.

§. 28.

Die jambischen Verszeilen von vier Sylben stossen im Teutschen noch ziemlich häuffig auf, und schicken sich insonderheit wol zu frischen muntern Dingen, als:

> **Auf! tapffrer Muth!**
> **Auf, Auf! zur Wut.**

§. 29.

Und so kan man sie alle nach der Reihe untersuchen, bis auf die siebensylbigen, welche mit puren trochäischen Füssen etwas ernsthafft und nachdenckend, mit jambischen aber viel lebhaffter einhergehen. z. E.

> **Zarte Blätter, meine Lust,**
>   **Ruh und Sonne**
> **Strahlt auf eure frische Brust.**

>   * * *

> **Weg, unbekannte Schmertzen!**
> **Ihr bleibt aus meinem Hertzen**
>   **Auf ewiglich verbannt.**

§. 30.

Das dactylische Geschlecht, ob es sich gleich auf verschiedene Art fassen läßt, scheinet doch alsdenn zur Music am beqvemsten zu seyn, wenn es nur vier bis sechs Sylben in ieder Reim-Zeile aufweiset: denn die kürtzesten Gebände sowol dieser, als der andern Vers-Geschlechter, sind immer die besten zur melodischen Setz-Kunst. Die Ursach ist unter andern, weil sie den Spondäum alsdenn öffters, nehmlich am Ende der Zeilen, bey weiblichen Reimen zulassen und einschieben, und also der Melodie mehr Veränderungen an die Hand geben: welche sich noch vergrössern, wenn die Trochäi, etwa Zeile um Zeile, oder sonst nach Gelegenheit, mit den Jambis in männlichen Reimschlüssen abwechseln.

§. 31.

Die alten Meister-Sänger, welche gerade hinter einander ohne Zierrath wegsungen, wollten doch in einer Vers-Zeile nicht mehr, als aufs höchste dreizehn Sylben wissen: weil mans, wie ihr Ausdruck lautete, am Athem nicht wol haben kan, mehr Sylben auf einmahl auszusingen; sonderlich wenn eine zierliche Blum im Reim soll vernommen werden[2]. Kein welscher Poet wird über 11 Sylben in eine zum Singen bestimmte Zeile bringen.

§. 32.

Die gemeinesten dactylischen Metra sind auch von 11 bis 12 Sylben; die kürtzesten von 5 bis 6. Ein Beispiel, darin sie beide, samt der oberwehnten Abwechselung vorkommen, mögte folgendes seyn:

> **Jauchzet nun freudig, ihr kriegrischen Schaaren!**
> **Die Augen, die selber dem Himmel gefallen,**
>   **Erscheinen euch allen:**
> **Drum lasset das Jauchzen auch Himmelan fahren.**

---

[2] *vid.* **Wagenseil** *de Noriberg, notabil. p. 525.*

(Ein kürtzeres):

Lebt alle vergnüget!
   Die himmlische Macht
Hat dieses gefüget,
   Wies keiner gedacht:
Ihr habet gesieget,
Drum lebet vergnüget!

§. 33.

Wie nun diese Metric, wenn man sich Zeit und Weile dazu nimmt, einem Componisten, der etwa an Erfindungen ein wenig Mangel leidet, unglaublich auf die Beine helffen könne, wäre hier weiter auszuführen. Allein der Raum muß, wegen des dritten Theils des Wercks, nothwendig gesparet werden.

§. 34.

Doch wird aus dem wenigen, was gesaget worden, nicht nur die Wahrheit vom Nutzen solcher metrischen Wissenschafft zur Gnüge erhellen; sondern auch Anlaß zum fernern Nachdencken und zur völligen Ausübung von denen genommen werden können, die etwa nach unserm Vorschlage und Versuch ihren Unterricht anstellen wollen. Noch eines aber mag hiebey unerinnert nicht bleiben, nehmlich folgendes.

§. 35.

Wir können mit den Noten-Puncten, mit den Bögen, die das eine Klang-Zeichen an das andre binden, folglich mit den auf das genaueste eingetheilten, vielfältigen Geltungen, allen metrischen Lücken leichtlich abhelffen; wobey die Componisten der mittlern Zeiten so viele Schwierigkeit fanden, wenn die Metra am Ende der einen, und bey dem Anfange der andern Zeile nicht immer mit einerley Füssen forttrabeten: denn, daselbst machten sie allerhand beschwerliche Rückungen und flickten vieles an unnöthigen Pausen in ihre Gesänge hinein.

Elftes Haupt-Stück.
Von dem Laut der Wörter.

§. 1.

Gleichwie die Lehre von den Leidenschafften oder Gemüths-Neigungen[1] die **vornehmste** in der melodischen Wissenschafft; die von den Einschnitten der Klang-Rede[2] aber die **nothwendigste** ist: So darff man hergegen das vorhabende Stück, welches die Eigenschafft und den Laut der Wörter, die zu einer Melodie gebraucht werden sollen, wenn man sie an und für sich selbst, doch in Ansehung der Sang-Weise erweget, kühnlich für den **geringsten** Punct halten. Daher wollen wir auch nur wenig Worte davon machen.

---

1 S. Das dritte Haupt-Stück des ersten Theils.
2 S. Das neunte Haupt-Stück dieses zweiten Theils.

Vom Laut der Wörter.

§. 2.

Da mögte mancher fragen: wenn dem so ist, warum wird denn ein eigenes Haupt-Stück aus dieser **geringen** Sache gemacht, und dieselbe förmlich vorgetragen? Antwort: Eben darum, weil darin der gemeine und grosse Irrthum der meisten Componisten steckt, die sich an solcher Eigenschafft der Wörter, und an dem blossen Laut derselben gerne vergaffen; sich dabey zur Ungebühr aufhalten; gezwungene, unzeitige Nachahmungen darüber anstellen, und Dinge einführen, davon der Verstand nichts weiß, keinen Theil daran hat, ja, die demselben offt schnur gerade zuwieder lauffen. Was wir also hier lernen, ist, daß wir das ungereimte ablernen.

§. 3.

Wer nun solches wol einsiehet, dergleichen Klippen vermeiden kan, und den wenigsten Staat von besagten Eigenschafften und kahlen Wörter-Laut zu machen weiß, der hat dieses kleine Haupt-Stück schon recht und auf eine allgemeine Weise begriffen. Damit wir aber das Ding noch ein wenig deutlicher und sonderbarer vor Augen legen, sollen einige ungerathene Beispiele zur Eröterung sowol, als zu Warnung dienen.

§. 4.

Es setzte einer z. E. die Worte: **Zwölf Jünger folgten JEsu nach etc.** und meinte am besten zu thun, wenn er, nicht nur mit den Instrumenten, sondern auch mit der Sing-Stimme ein langes, langes Gefolge anstellete, so, daß zwölff Parteien, auf canonische Art, hinter einander herschlenterten. Nun fraget sichs, ob hierin eine besondere Klugheit stecken würde? Ich sollte schier nein dazu sagen, und vielmehr was gezwungenes und armseliges, ungeachtet aller Kunst, dabey antreffen: denn der Wort-Verstand und sein Zweck beziehen sich hier gar nicht auf das **Nachfolgen**; sondern auf dessen Wiederspiel, nehmlich, auf das **Verlassen**, da alle Jünger den Heiland zuletzt gar allein und im Stiche liessen, daß nur der eintzige Joseph sich seines Leichnams endlich annehmen muste.

§. 5.

Zwar ist nicht zu misbilligen, wenn gleich bey einer solchen oder andern Gelegenheit, etwa ein kleines Klang-Spiel (*lusus sonorum*) als von ungefehr im Accompagnement vorkömmt; aber es muß sehr bedeckt und heimlich zugehen; man darff kein Haupt-Werck daraus machen; vielweniger den Zuhörer solche Kindereien, als etwas rechtes, anpreisen und aufdringen.

§. 6.

Es gibt im Reden und Schreiben gewisse Wort-Spiele, die sehr albern und schulfüchsisch herauskommen, und die ein vernünfftiger Verfasser oder Redner wie die Pest vermeiden wird. z. E. es wollte iemand den Nahmen *Villars* durch *multipodex* latinisiren u. d. gl. Ebenermaassen finden sich auch im componiren offt solche leere Klang-Spiele, die fast auf eine unleidliche Art abgeschmackt sind, als wenn einer das **zitternde Gläntzen der sprudlenden Wellen**, mit folgenden Noten ausdrücken würde:

304 II. Theil. Elftes Capitel

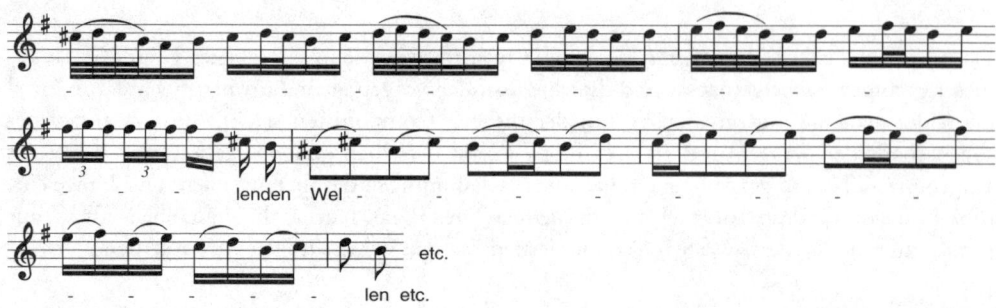

so würde es manchem verdorbenen Geschmack, als etwas vortreffliches vorkommen; da es doch nicht nur was über- und unmäßiges ist, sondern auch, wegen des hi, hi, hi, und hu, hu, hu, im **Zittern** und **Sprudlen**, sehr wiederlich klinget, und, mit einem Wort, recht gezwungen herauskömmt: indem sich dergleichen Neben-Dinge besser für Instrumente, als für Singe-Stimmen schicken, anerwogen das **zittern**, **gläntzen**, **sprudeln** hier nur *epitheta* oder Beiwörter, nicht aber solche Ausdrücke sind, darauf der Verstand des Vortrages beruhet. Daher sie denn auch solcher Achtung nie würdig geschätzet werden sollten.

§. 7.

Hergegen sind wol andre Wort-Spiele, die gewiß artig und viel werth sind. *Augustinus* und *Bernhardus* waren sehr glücklich darin, und von dem ersten fällt mir eben eines bey, das so lautet: *si modo credis, quae vides, quid est tua fides? Cicero* hat sich bisweilen, und zwar in gantz ernsthafften Dingen, nicht nur mit einem blossen Wortspiel, sondern wol gar mit lateinischen Reimen, als ob sie von ungefehr kämen, in ungebundener Rede belustiget. Ich erinnere mich, daß er an einem Orte sagt: *ad quam legem non nacti sed facti, non instituti sed imbuti sumus.*

§. 8.

Also ist es auch löblich und gescheut, wenn iemand eine Arie, die von der Flüchtigkeit handelt, mit solcher Begleitung versiehet, daraus diese Eigenschafft mehr, als aus der Melodie selbst, abzunehmen ist. z. E. von Telemann:

§. 9.

Eben so wenig ist es zu tadeln, wenn vom Steigen und Fallen vornehmlich die Rede ist, daß der melodische Setzer solche Haupt-Umstände, mit Bescheidenheit und ohne sonderbaren Zwang, in seinen Noten nicht aus der Acht lässet: z. E von eben demselben:

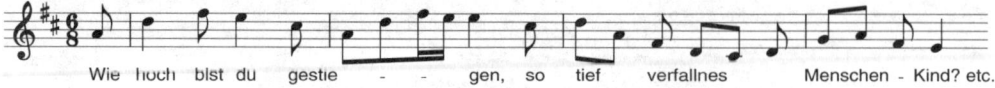

§. 10.

Aber wenn man die Wörter: tief, hoch, Himmel, Erde, Schertz, Leid, Freude, fallen, steigen, Thränen und tausend dergleichen, in der Melodie ohne Nachdencken nimmer paßiren lassen will, dafern sie nicht ihre besondere Figuren und Melismos aufweisen; ungeachtet die Vernunfft solches gar nicht gut heisset: so macht man ein Affen-Spiel aus der Music. Ich sehe nicht, was für Ursache vorhanden seyn möge, die Hoheit in diesen Worten: **Trachte nicht nach hohen Dingen**, vorzüglich auszudrücken. **Den Himmel verlieren, und die Erde gewinnen**, ist ein Antrag, der gar nicht räumlich, oder eigentlich, sondern figurlich verstanden wird, auch daher keiner besondern Erhebung oder Erniedrigung braucht. **Das Auge von den Thränen retten**, zeiget mehr tröstliches, als weinendes an; dienet also zu keiner Wehklage. Die Worte: **Ich schweige der Freuden**, und **mir ist kein Lachen zu Muth**, würden übel klingen, wenn man auf **Freuden** und **Lachen**[3] Läuffe oder hüpffende Noten zu Marckte bringen wollte. Die Bitte: **Laß mich in Sünde nicht fallen**, darff eben nicht durch den Fall der Stimme angedeutet werden, und was dergleichen Anmerckungen mehr seyn könnten, die nicht auf die Wörter, sondern auf ihren Verstand zielen.

§. 11.

Ich darff wol sagen, es sey schier kein musicalisches Werck, ja, fast keine Arie anzutreffen, darin sich nicht dergleichen schwache und schlechtbeurtheilte Künste hervorthun; absonderlich wenn der Poet tapffer dazu hilfft, und, an Statt gesunder Gedancken, mit einem blossen Wort-Schalle handelt.

§. 12.

Wie nun mit den **Eigenschafften** besondrer Wörter offt so wiedrig verfahren wird, daß der Sänger schier zu lachen scheinet, wo er lieber weinen sollte, und umgekehrt; also hat auch der blosse **Klang**, **Laut** oder **Schall** in gewissen Sylben seine eigne Last, und wird nicht leicht ein doppelt-lautender Buchstab mit gantzer Haut davon kommen, daß er nicht elendiglich zerhackt, und in viele **ha ha ha, he he he, ei ei ei etc.** zerrissen werde.

§. 13.

Was ist es nöthig, auf dem **al** in **alles** vier bunte Täcte zu verordnen? Warum muß die erste Sylbe in **Erde** 24 Noten haben, ehe die zwote gehöret wird? Der **Tod**, ob er gleich ein fürchterliches Ding ist, verdienet doch wol schwerlich ein Kräuseln von 5 Täcten, und hernach noch eines von 6 bis 7. Wie kömmt die erste Sylbe in dem Worte **Schlangenkopff** zu so vielen krummen Wendungen, daran doch der Schwantz dieses Thiers mehr Theil hat? **Eilen** ist ein unglückliches Wort, es muß sich immer martern lassen. Wer sonst Eil hat, pflegt nicht lange zu zaudern. **Gehasi** durffte weder grüssen noch dancken; unsre eilfertige Componisten aber, da man dencken sollte, sie wären längst an Ort und Stelle, weil offt schon ein artiges Bisgen dazwischen gegeiget worden, siehe, so sind sie noch da, kommen wieder, und fangen von neuen zu ei - - - - len an, womit sie sich doch nur ie länger ie mehr aufhalten: Hier wird das Niedersächsische Sprichwort wahr: **Ie mehr Hast, ie minder Spood**. Neulich habe ich auf dem Wörtlein **stets** eine Blume von 40 Blättern, ich meine Noten, angetroffen: was soll das? **Väterlich** hatte dabey einen Lauff von 6 bis 7 Tact. ä ä ä ä ä.

---

[3] Ich sprach zum Lachen, du bist toll; und zur Freude, was machest du? Dieses Worte in Noten zu bringen, könnte zur Probe eines angehenden Componisten dienen: er müste aber von unserm vorhabenden Capitel nichts wissen.

§. 14.

Ja, wenns noch allezeit so gut wäre, daß ein **a**, **e** oder **o**, zum Vorwande solcher Zierrathen dienete; aber da wird des **i** und **u** eben so wenig geschonet. **Kugel** und **Basilisken** müssen Passagien haben. Und ach! welch ein weites Feld hätte man hier, zum beurtheilen und mit Recht zu bestrafen, vor sich? Es läßt sich aus diesem wenigen schon abnehmen. Wer ein mehres zu wissen verlanget, kan die **musicalische Critic**, und zwar deren zweiten Band zu Rathe ziehen, absonderlich wenn er im Register die Titel aufschlägt, die von *Neuma, Melisma, Passaggio,* Worten, Texten, Wort-Aeffung, Zerreissung u. s. f. handeln.

§. 15.

Was ist viel davon zu sagen? Es wird zuletzt gar heissen: die Music sey nichts als ein leerer Schall, eine klingende Schelle: *Vox, praetereaque nihil;* dafern wir nicht einmahl die Vernunfft wieder hervorsuchen, und den Kern statt der Schalen erkiesen.

§. 16.

Noch eines. Ist es nicht eine grosse Schwachheit, wenn ich aus den Worten der Hohenpriester Luc. 23,5: **Damit daß er gelehret hat hin und her im gantzen Jüdischen Lande**, eine solche Tändeley mache, und im Chor mit dem **hin und her, her und hin,** ein Gespiele treibe, daß nicht nur die Zuhörer lachen; sondern auch ich weiß nicht auf welche unanständige Gedancken gerathen müssen? Das kömmt alles aus einem falschen Begriff von der Wörter Eigenschafft her. Davor warne ich hiemit treulich und wolmeinend.

§. 17.

Mein Leser kan indeß versichert seyn, so gewiß dieses Haupt-Stück das allerkleineste in gegenwärtigem Buche ist, so gewiß könnte es das allergrösseste werden; wenn ich mich nicht mit Fleiß enthielte, alles herzusetzen, was hierüber täglich, und aufs neue, zur Welt gebracht wird, und im höchsten Grad, mit Vernunfft, tadelns würdig ist. Allein, es mag diesesmahl hiebey sein Bewenden haben; wir können doch die Zeit und den noch übrigen Raum viel besser anlegen.

Zwölfftes Haupt-Stück.
Vom Unterschiede zwischen den Sing- und Spiel-Melodien.

§. 1.

Alles Musiciren geschiehet entweder Singend, oder Spielend, und zwar das letztere auf gewissen dazu geschickten Werckzeugen, welche, Vorzugs-Weise, **Instrumente** heissen. Wie denn auch die Menschen-Stimme ihre eigene **natürliche** Werckzeuge hat; welche aber von den **künstlichen** unterschieden sind: diese sind **gemacht**, jene **angebohren**. Hieraus folgt, daß hauptsächlich zwo verschiedene Classen der Melodien seyn müssen, die man Vocal und Instrumental nennet. Denn mit Sachen, die durch Kunst gemacht sind, muß man anders umgehen, als mit natürlichen und angebornen.

§. 2.

Nun finden sich zwar Leute genug, die da meinen, eine Melodie sey eine Melodie, sie werde gesungen oder gespielet. Es ist auch in so weit wahr, wenn man bereits verfertigte Melodien auf das gröbste ansiehet, und dabey erweget, daß die zum Singen bestimmte viel leichter gespielt, als die den Instrumenten gewidmete gesungen werden können; aber die Frage ist hier von solchen Melodien, die noch erst gemacht werden, und von dem Unterschiede, welchen wir dabey gebrauchen sollen.

§. 3.

Andre sprechen wol gar: es sey sonst kein Unterschied nöthig, als den die Instrumente selbst, wegen ihrer Einrichtung, an die Hand geben; und damit ist der Sache treflich geholffen. Die dritten mercken endlich wol, daß diese Ausflucht nichts hilfft, und daß freilich der Unterschied in andern Dingen mehr stecken müsse; wissen ihn aber nicht zu finden. Diesen nun muß man Licht geben, welches hiemit geschehen soll.

§. 4.

Der **erste** Unterschied, deren es siebzehn gibt, zwischen einer Vocal- und Instrumental-Melodie, bestehet demnach darin, **daß jene, so zu reden, die Mutter, diese aber ihre Tochter ist.** Eine solche Vergleichung weiset nicht nur den Grad des Unterschiedes, sondern auch die Art der Verwandtschafft an. Denn wie ein Mutter nothwendig älter seyn muß als ihre natürliche Tochter; so ist auch die Vocal-Melodie sonder Zweifel eher in dieser Unter-Welt gewesen, als die Instrumental-Music. Jene hat dannenhero nicht nur den Rang und Vorzug, sondern befielet auch der Tochter, sich nach ihren mütterlichen Vorschrifften bestmöglichst zu richten, alles fein singbar und fliessend zu machen, damit man hören möge, wessen Kind sie sey.

§. 5.

Aus dieser Anmerckung können wir leicht abnehmen, welche unter den Instrumental-Melodien ächte Töchter, und welche hergegen gleichsam ausser der Ehe gezeuget sind, nachdem sie nehmlich der Mutter nacharten, oder aber aus der Art schlagen. Andern Theils da die mütterliche Eigenschafft viel sittsames und eingezogenes erfordert, so wie bey der kindlichen hergegen mehr muntres und jugendliches statt findet, kan auch hieraus geschlossen werden, wie unanständig es sey, wenn sich die Mutter etwa mit dem Putz der Tochter behängen; diese aber die Verhüllung einer Matrone wehlen will. Ein iedes an seinem Ort hat die beste Art.

§. 6.

Aus sothanem Grund-Satze fliesset von selbsten der **zweite** Unterschied zwischen den Sing- und Spiel-Melodien, nehmlich **daß jene vorgehet, und diese nachfolget.** So natürlich auch diese Regel aussiehet, ja, so billig sie ist; so ordentlich wird ihr doch fast allemahl entgegen gehandelt. Denn wer macht wol den Anfang in der Setz-Kunst, wenn er andre unterrichten soll, mit einer Vocal-Melodie? Greifft nicht ein ieder erst zu allerhand Spiel-Sachen, zu Sonaten, Ouvertüren etc. ehe und bevor er einen eintzigen Choral recht zu singen und aufzuschreiben, geschweige künstlich auszuarbeiten weiß.

§. 7.

Ich bin selber so angeführt worden; ungeachtet man mich fast zu gleicher Zeit im Spielen und im Singen unterrichtet hatte. Aber im Componiren wurde eine andre und verkehrte Ordnung gehalten. Nun ist ja alles gespielte eine blosse Nachahmung des Singens, wie es denn auch schon erinnert worden, daß es heisse: *tibiis, fidibus, canere,* weil die Menschen vermuthlich den Gebrauch ihrer Kehle ehender gehabt, als sie Instrumente darnach machen können. Kan denn aber auch iemand gute Copien verfertigen, der nie ein rechtes Original vor sich gesetzet hat?

§. 8.

Nächst obiger natürlichen Ursache gibt es noch vier andre, warum man in der melodischen Setz-Kunst vom Singen anfangen soll, welche Bewegungs-Gründe, ob sie wol eine lange Untersuchung litten, hier nur kürtzlich berühret werden dürffen. Der erste Grund ist, daß es viel schwerer auf Instrumenten etwas zu setzen, das rechte Art habe, und guten Beifall finde, d. i. die Gemüther der Zuhörer zu dieser oder jener Leidenschafft bewege: weil dabey keine Worte, sondern nur eine blosse Tonsprache vorhanden. Denn, daß ein Geräusche und auch eine Harmonie gehöret werde, daraus kein Mensch schliessen könne, ob es Fisch oder Fleisch sey, das macht die Sache nicht aus.

§. 9.

Die zweite Ursache ist, daß man durch die grosse Freiheit bey Instrumenten zu lauter unförmlicher Melodie gewehnet wird, und von der wahren Sing-Art endlich so weit gerät, daß es hernach fast unmöglich fällt, den vorigen und ersten Geschmack aus dem neuen Topf herauszubringen. Dieses werden wir täglich an solchen Componisten gewahr, die entweder von der Geige, oder von einem andern besondern Instrument ihr Handwerck machen, daß nehmlich alle ihre Sing-Sachen nach solchen riechen, und mehr oder weniger melodiöses haben, nachdem das beliebte oder erwehlte Instrument mehr oder weniger zur Sing-Art beqvem ist.

§. 10.

Die dritte Ursache finden wir darin, daß man bey dem gewöhnlichen Instrumenten-Styl die so nöthigen Eintheilungen keinesweges erlernet; sondern seine Einfälle zu Gesetz-Gebern annimmt: Darüber denn hernach, wenn Worte in die Music gebracht werden sollen, der Verstand sehr zu kurtz kömmt. Daß aber die Instrumental- eben sowol als die Vocal-Melodie ihre Einschnitte richtig, ja fast richtiger, denn diese, haben müsse, wird weiter unten erhellen.

§. 11.

Viertens hat man, bey solchen Instrumental-Sachen, als da sind Symphonien, Concerten, Ouvertüren etc. seine Absicht fast allemahl mehr auf die Harmonie, und auf das geschickte Gewebe der Parteien, als auf eine fliessende aneinanderhängende Modulation gerichtet; da doch diese allenthalben der eigentliche Zweck seyn sollte. Das sind denn die vier Ursachen, warum von der Sing-Music im Lehren und Lernen der Anfang gemacht werden muß: so fern solches die Composition betrifft.

§. 12.

Gleichwie nun ein junges Frauenzimmer natürlicher Weise mehr Feuer heget, und auch zuweilen blicken läßt, als eine ernsthaffte Mutter; so siehet man jenem auch mehr Freiheit nach, als dieser. Und daraus fliesset der **dritte** Unterschied unsrer Melodien, **daß nehmlich die Instrumental-Melodie durchgehends mehr Feuer und Freiheit habe, als die Vocal.** Man siehet die Wahrheit dieses Satzes nirgend klärer ein, als wenn wir irgend eine Sing-Arie, die ihre besondere Begleitung hat, auf einem Oboe, oder andern beqvemen Instrument moduliren, von den übrigen aber ermeldte Begleitung dazu spielen lassen. Absonderlich will der Violinen-Styl nicht viel schläfriges, es sey denn zur Abwechselung, leiden, sondern fast immer eine gewisse lebhaffte Bewegung haben; dahingegen der Sänger, überhaupt zu reden, sich lieber mäßig darin verhält.

§. 13.
Dieser allgemeine Grund-Satz bringet deren verschiedene besondre hervor. Unter andern zeiget sich denn ferner der **vierte** Unterschied auch darin, daß die **Sing-Melodie keine solche Sprünge, als die spielende zuläßt**. Man halte z. E. *Vivaldi* seine Concerten, insonderheit sein sogenanntes *Estro armonico* mit den Cantaten des *Buononcini* zusammen, so wird in diesem Stücke nicht der geringste Zweifel mehr übrig bleiben.

§. 14.
In Ermanglung besagter Verfasser können viele andre Wercke den Ausschlag geben; nur sind die benannten Componisten, der eine im Springen, der andre in sittsamen melodischen Gängen ausnehmend starck. Sie haben auch in beiden Eigenschafften, ieder vor sich, eine grosse Vollkommenheit: Denn *Buononcini* setzet viele lebhaffte, sprudlende Begleitungen mit Instrumenten zu seinen bescheidenen Sing-Melodien, und weiset also offt mit einer eintzigen kleinen Arie diesen Unterschied der Sätze gleich im ersten Anblick handgreifflich. *Vivaldi*, ob er gleich kein Sänger ist, hat doch aus seinen Sing-Sachen die Geigen-Sprünge so weit zu verbannen gewust, daß seine Arietten manchem geübten Vocal-Componisten ein rechter Stachel in den Augen geworden sind.

§. 15.
Wenn wir hierauf das Singen und Spielen an ihm selbst betrachten, so treffen wir gleich diesen **fünfften** Unterschied an: **daß bey der Vocal-Melodie die Beschaffenheit des Athems beobachtet werden muß**; welches bey den Instrumental-Sachen lange so viel nicht zu sagen hat. So gering auch dieser Punct manchem scheinen mögte, so unbedachtsam wird doch von solchen Componisten dawieder angestossen, die zur Instrumental-Arbeit gewohnt sind, und was singendes setzen sollen; da sie dem Sänger das Leben sauer machen, und ihm nicht füglich Lufft zu geben wissen.

§. 16.
Die meisten derjenigen Organisten, so selber keine Sänger gewesen, liegen in diesem Spital kranck, und wissen offt nicht einmahl, was die Ursache des Uibels sey: sie dencken, was auf ihrer Orgel mit zehn Fingern und zween Füssen angehet, das lasse sich auch in dem eintzigen engen Röhrlein der Kehle wol thun; und bemercken also diesen Unterschied ihrer Melodien gar schlecht.

§. 17.
Es ist unsers Vorhabens hier nicht, solchen Setzern zu zeigen, wie oder wenn sie dem Sänger die Arbeit erleichtern sollen: denn auf solche Weise würde ein ieder Abschnitt dieses Capitels ein gantzes Haupt-Stück betragen müssen. Wir wollen nur kürtzlich darthun, daß auch diesfalls in den Melodien ein grosser Unterschied stecke.

§. 18.
Ein ieder wird ja dazu sagen, wenn ich zum **sechsten** Abzeichen folgendes setze: **daß einige Wind Instrumente ebenfalls ihre eigene Ersparung des Athems erfordern**, und daß die Spiel-Melodien auch hierin mercklich von den singenden abgehen. Alle Leser werden es begreiffen, die nur die Sprache verstehen; aber iedermann wird es hiebevor vielleicht nicht bemercket haben.

§. 19.
Wer nur immer von solchen Instrumenten was weiß, die angeblasen werden müssen, und erweget, daß z. E. kein Trompeter vermögend ist, mit einem Oboe oder Bassono auszudauren; daß

dannenhero die Melodie des ersten kurtz gefast, hin und wieder etwas unterbrochen, einfolglich in den dahin gehörigen vielen Stücken, von allen andern sowol, als von der Vocal-Melodie unterschieden seyn müsse, der wird bey weiterer Untersuchung desto weniger Mühe finden.

§. 20.

Was wir oben überhaupt bey dem Feuer und bey der Freiheit in Instrumental-Melodien zum Grunde gesetzet, und daraus eine besondre Regel gezogen haben, gibt uns deren noch mehr an die Hand, die den vorhabenden Unterschied darlegen, insonderheit: **daß die Vocal-Melodie kein solches reiffendes, punctirtes Wesen zulasse, als die Instrumente.** Und das wäre der **siebende** Unterschied.

§. 21.

Wenn die Frantzosen, die ich, eben wegen ihrer angebornen Lebhafftigkeit, für grosse Meister in Instrumental-Sachen halte, sich der Puncte bey den Noten begeben sollten, würden sie wie Köche ohne Saltz bestehen. Gewiß ist es dennoch, daß dergleichen geschärffte und spitzige Klang-Füsse, so schön und munter sie auch bey den Instrumenten fallen, im Halse eines Sängers selten eine artige Wirckung thun, und gewisser maassen für Fremdlinge in der Sing-Music zu achten sind, auch als solche, nur dann und wann, mit grosser Mäßigkeit erscheinen dürffen.

§. 22.

Betrachtet man hiernächst den Bezirck oder Sprengel der Menschen-Stimme, die sich selten weit über eine Octav in gleicher Stärcke erstreckt, so folgt der **achte** Unterschied richtig: **daß die Gräntzen bey Instrumenten nicht so enge sind, als bey Sängern.** Dieses verhält sich fast wie 2 gegen 1, ja in etlichen Werckzeugen gar wie 3 gegen 1, wenn man die Menschen-Stimmen mit ihnen vergleichet.

§. 23.

Es können und mögen also auf solchem weiten Raum gantz andre Sprünge, Läuffe und Wendungen vorgenommen werden, als in den engen Schrancken der Lufft-Röhre: folglich gehören gantz andre Melodien dazu. Der *ambitus* macht diesen Unterschied sehr beträchtlich, und wer ihn nicht in Acht nimmt, wird wo nicht bey den Zuhörern, doch bey den Mitwirckern wenig Danck verdienen.

§. 24.

Ferner geben auch die verschiedene Ton-Arten der Sache ein verändertes Ansehen, **indem die sonst so sehr eingeschränckte Vocal-Melodie keine Schwierigkeiten bey irgend einer Ton-Art, die Instrumental-Melodie aber deren gemeiniglich sehr viele und grosse findet.** Denn ob ich einem Sänger sein Stück aus dem *cis* oder aus dem *c* setze, das gilt ihm gleichviel: der eine Ton ist ihm eben so leicht, als der andre. Bey Instrumenten aber mit nichten: welches nicht nur ihre Eigenschafft, sondern auch gar offt der Spielenden Unerfahrenheit wahr macht.

§. 25.

Wenn z. E. eine Flöte den Modum *gis mol* und seines gleichen verabscheuet, so hat der Spieler die Schuld nicht; aber, wenn ein Organist davor stutzet, so ist er zu verdencken. Demnach muß auch in Erwehlung der Ton-Arten, nach Maaßgebung der Natur eines ieden Instruments, dieser **neunte** Unterschied gemacht werden, welchen man bey der Vocal-Melodie zu beobachten nicht nöthig hat.

§. 26.

Was **zehntens** die künstlichern Melodien betrifft (in so fern sie Melodien heissen können) so zeigen dieselbe ebenmäßig den Unterschied des Singens und des Spielens an, und zwar darin, **daß die Instrumente mehr Kunstwercke zulassen, denn die Singe-Stimmen**. Die vielgeschwäntzte Noten, die Arpeggie und alle andre gebrochene Sachen, ingleichen die harmonicalische Kunststücklein der Contrapuncten, Fugen, Canonen u. s. w. sind auf Instrumenten wol anzubringen; erfordern aber grosse Behutsamkeit, wenn man sie mit Menschen-Stimmen aufführen will: denn da müssen die Haupt-Sätze bedächtlich eingerichtet werden, und sich in solche Schrancken fassen lassen, daß Führer und Gefährten in einer kleinen Weite Raum finden, welches bey Instrumenten nicht nöthig ist. Andrer Umstände, die man leicht nachdencken kan, zu geschweigen.

§. 27.

Ursprünglich zwar sind die Fugen, Contrapuncte, Canones etc. nur für Sing-Knaben in Schulen, zu ihrem Unterricht gebraucht worden; die Spieler haben auch noch heut zu Tage lange so viel damit nicht zu schaffen, als gewisse singende Personen, bey gegebener Gelegenheit. Mit den meisten übrigen Kunstwercken aber ist es so bewandt, daß sie sich gar nicht zur Vocal-Music schicken; sondern vielmehr den Instrumenten eigen sind, und also einen Unterschied erfordern. Als da sind: die Partite und andre künstliche Sachen fürs Clavier; die Corrente und Gige für die Violin; die sogenannten Subjecte für die Bein-Geige; die Solos für die Flöte u. d. gl.

§. 28.

Weil inzwischen, bey heutiger Art zu setzen, die Menschen-Stimmen fast immer eine Gesellschafft an den Instrumenten haben wollen, so bestehet sonderlich ihr **elffter** Unterschied diesen Falls darin: **daß, wenn beide zusammen arbeiten, die Instrumente nicht hervorragen müssen.** Die Meinung ist hier nicht, als ob die Instrumente sich bey so gestalten Sachen niemahls mit einiger Ausnahm hören lassen dürfften; sondern nur, daß sie, wenn die Singstimmen zugleich mit ihnen gehen, eine Stuffe herunter treten, sich nicht so laut machen, jene erheben, nicht aber sich selbst empor schwingen sollen.

§. 29.

Sonst dürffen die Instrumente, bey solchen Abwechselungen, wo die Singstimmen inne halten, auch gar wol nach ihrer Art sich hervorthun; doch so, daß es der Haupt-Absicht keinen Nachtheil bringe. Manch schönes Gemählde wird dadurch gleichsam verdunckelt, daß es in einen güldenen, geschnitzten Rahm eingefasset ist, welcher die Augen allein an sich ziehet, und dem Bilde Abbruch thut, absonderlich bey denjenigen Anschauern, die eben kein tiefsinniges Gehirn haben. Die Anwendung ist hier leicht zu machen, und ein ieder Kenner der Mahlerey, wird lieber einen schwartzen, als bunten Rahm wehlen. So auch mit den Instrumenten.

§. 30.

Der allerbekannteste und **zwölfte** Unterschied zwischen unsern Sing- und Spiel-Melodien ist wol dieser: **daß die Instrumentalisten mit keinen Worten zu thun haben, wie die Sänger.** Allein hiebey ist etwas sehr unbekanntes, oder wenigstens unbemercktes anzutreffen. Nehmlich, **daß die Spiel-Melodie zwar der eigentlichen Worte, aber nicht der Gemüthsbewegung entbehren kan**. Wie unsre meisten heutigen Concertmacher und Noten-Väter auf diesen Punct antworten wollen, das weiß ich nicht. Sie werden die Grund-Sätze verläugnen, und den wahren Zweck der Music lieber verrücken, als hierin nachgeben: welches sie zwar *practice*, doch nimmer *theoretice* thun können.

§. 31.

Weil inzwischen das rechte Ziel aller Melodie nichts anders seyn kan, **als eine solche Vergnügung des Gehörs, dadurch die Leidenschafften der Seele rege werden:** so wird mir ja niemand dieses Ziel treffen, der keine Absicht darauf hat, selber keine Bewegung spüret, ja kaum irgend an eine Leidenschafft gedenckt; wenn es nicht etwa eine solche ist, die sich wieder seinen Willen im Beutel hervorthut. Wird er aber auf eine edlere Art gerühret, und will auch | andre mit der Harmonie rühren, so muß er wahrhafftig alle Neigungen des Hertzens, durch blosse ausgesuchte Klänge und deren geschickte Zusammenfügung, ohne Worte dergestalt auszudrucken wissen, daß der Zuhörer daraus, als ob es eine wirckliche Rede wäre, den Trieb, den Sinn, die Meinung und den Nachdruck, mit allen dazu gehörigen Ein- und Abschnitten, völlig begreiffen und deutlich verstehen möge. Alsdenn ist es eine Lust! dazu gehöret viel mehr Kunst und eine stärckere Einbildungs-Krafft, wenns einer[1] ohne Worte, als mit derselben Hülffe, zu Wege bringen soll.

§. 32.

Nun dürffte man schwerlich glauben, daß auch so gar in kleinen, schlecht-geachteten Tantz-Melodien die Gemüths-Bewegungen so sehr unterschieden seyn müssen, als Licht und Schatten immermehr seyn können. Damit ich nur eine geringe Probe gebe, so ist z. E. bey einer Chaconne der Affect schon viel erhabener und stöltzer, als bey einer Passacaille. Bey einer Courante ist das Gemüth auf eine zärtliche Hoffnung gerichtet. Ich meine aber keine welsche Geigen-Corrente. Bey einer Sarabande ist lauter steife Ernsthafftigkeit anzutreffen; bey einer Entree geht der Zweck auf Pracht und Eitelkeit; bey einem Rigaudon auf angenehmen Schertz; bey einer Bouree wird auf Zufriedenheit und ein gefälliges Wesen gezielet; bey einem Rondeau auf Munterkeit; bey einem Passepied auf Wanckelmuth und Unbestand; bey einer Giqve auf Hitze und Eifer; bey einer Gavotte auf jauchzende oder ausgelassene Freude; bey einem Menuet auf mässige Lustbarkeit u. s. w.

§. 33.

Bey der jauchzenden Tantz-Freude fällt mir ein, daß die klugen Spartaner, damit sie ihren Kindern einen Abscheu vor der Unmäßigkeit beibrächten, bisweilen lauter trunckene Sclaven vor ihren Augen tantzen und jauchzen[2] liessen: welches ein Nutz[3] der Tanz-Kunst und ihrer Melodien ist, der wol werth, daß man ihn in besondere Obacht nehme, indem dadurch gewisse garstige Leidenschafften und Laster verhaßt; andre löbliche Gemüths-Bewegungen und Tugenden hergegen rege gemacht werden.

§. 34.

Bey Untersuchung grösserer und ansehnlicherer Instrumental-Stücke wird sich sowol diese ungemeine Verschiedenheit in Ausdrückung der Affecten, als auch die Beobachtung aller und ieder Einschnitte der Klang-Rede, noch viel deutlicher spüren lassen, wenn die Verfasser rechten

---

1 *L'Harmonie sçait exprimer, personnifier, articuler tout, & même sans le secours des paroles. Discours sur l'Harmonie, p. 76. à Paris, 1737.* Woraus man siehet, daß auch die klugen Franzosen hierin meinen Gedancken beipflichten: als wenn wirs abgeredet hätten.
2 Wie ein Starcker jauchzet, der vom Wein kömmt. Ps. 78, 66.
3 *Enfin, la Danse elle meme qui, au premier coup d'oeil, ne paroit qu'un plaisir, cache aussi d'utile leçons. Disc. sur l'Harm. p. 79.* Allwo der Zorn, die Wut, die Verzweiffelung, die Weichlichkeit, Wollust und Üppigkeit auch durchs Tantzen vorgebildet werden.

Schlages sind: da z. E. ein⁴ Adagio die Betrübniß; ein Lamento das Wehklagen; ein Lento die Erleichterung; ein Andante die Hoffnung; ein Affettuoso die Liebe; ein Allegro den Trost; ein Presto die Begierde etc. zum Abzeichen führen. Es habe nun der Componist darauf gedacht oder nicht, so kan es doch eintreffen, wenn sein *genius* recht wircket; welches sehr offt ohne unser Wissen und Zuthun geschehen kan.

§. 35.

Höre ich den ersten Theil einer guten Ouvertür, so empfinde ich eine sonderbare Erhebung des Gemüths; bey dem zweiten hergegen breiten sich die Geister mit aller Lust aus; und wenn darauf ein ernsthaffter Schluß erfolget, sammlen und ziehen sie sich wieder in ihren gewöhnlichen ruhigen Sitz. Mich deucht, das ist eine angenehm abwechselnde Bewegung, die ein Redner schwerlich besser verursachen könnte. Wer Achtung darauf gibt, kan es einem aufmercksamen Zuhörer in den Gesichts-Zügen ansehen, was er dabey im Hertzen empfindet.

§. 36.

Vernehme ich in der Kirche eine feierliche Symphonie, so überfällt mich ein andächtiger Schauder; arbeitet ein starcker Instrumenten-Chor in die Wette, so bringt mir solches eine hohe Verwunderung zu Wege; fängt das Orgelwerck an zu brausen und zu donnern, so entstehet eine göttliche Furcht in mir; schließt sich denn alles mit einem freudigen Hallelujah, so hüpfft mir das Hertz im Leibe; wenn ich auch gleich weder die Bedeutung dieses Worts wissen, noch sonst ein anders, der Entfernung oder andrer Ursachen halber verstehen sollte: ja, wenn auch gar keine Worte dabey wären, bloß durch Zuthun der Instrumente und redenden Klänge.

§. 37.

Ob man nun wol eben nicht sagen kan, daß ein melodischer Setzer seine Abschnitte und Ruhestellen misset oder zehlet, noch auch allemahl vorher bedacht ist, ob er hie ein musicalisches Comma, dort ein *Colon* u. d. gl. anbringen soll, welche Umstände dennoch zur Deutlichkeit und Erregung der Leidenschafften unentbehrlich sind; so ist doch wol gewiß, daß es recht gewiegte und glückliche Meister, schier ohne darauf zu studiren, also treffen, wie es wircklich seyn muß, und im zierlichen Reden oder Schreiben iederzeit mit grossem Fleisse gehalten wird. Einem Lehrling aber zündet man kein geringes Licht an, wenn ihm, wie hier geschiehet, Anlaß gegeben wird, solche Dinge in ihrer Kunstform anzumercken, und sich, wiewol ohne Zwang, einen deutlichen Begriff von der Nothwendigkeit solcher Theile, zugehörigen Dinge und **Unterschieden** der Melodien zu machen.

§. 38.

Es wird im nächsten Haupt-Stücke, bey Anführung der Gattungen und Arten aller oder doch der meisten Melodien, mehr Gelegenheit aufstossen, hievon zu handeln. Und daß ichs demnach hier nur kurtz fasse, so ist denn auch, wie wir gesehen haben, die Instrumental-Melodie darin hauptsächlich von Singe-Sachen unterschieden, daß jene, ohne Beihülffe der Worte und Stimmen, eben so viel zu sagen trachtet, als diese mit den Worten thun. So viel vom **zwölften Unterschiede**.

---

4 Es wird bekannt seyn, daß diese Beiwörter, welche die sonderbare Bewegungen in den Melodien anzeigen, offt als wirckliche Nennwörter gebraucht werden, um die Sätze zu unterscheiden.

§. 39.

Alle Worte, in gebundener oder ungebundener Rede haben ihre Sylben-Füsse, ihre Maasse auch ausser der Dichterey und Vers-Verfassung: und diese *pedes* sind von der grössesten Krafft, sowol im Reden, als im Singen und Spielen. Nur die Metra oder Reimgebände sind in ungebundener Rede nicht vorhanden, d. i. die Abmessung gantzer ordentlicher Verse, Zeilen, Reimschlüsse etc. Und hierin weiset die Sing-Melodie einen abermahligen, und zwar den **dreizehnten** Unterschied von der Instrumental-Melodie, **weil bey dieser die metrische Music nicht so zu thun hat, wie bey jener, die treflich gerne Verse leiden mag.**

§. 40.

Man mögte sagen, es verstünde sich ja von selbsten, daß die Instrumente, weil sie keine Worte brauchen, auch keiner Verse benöthiget seyn können. Das ist richtig. Allein, weil alle Verse aus Sylben-Füssen zusammen gesetzet sind, und unsre Instrumente die Materie, obgleich nicht die Form brauchen, so ist dieser feine Unterschied wol gegründet. Wiederum, unangesehen das rhythmische Wesen nirgends eigentlicher zu Hause gehöret, als eben in Instrumental-Melodien, woselbst fast das meiste darauf ankömmt; so haben diese dennoch in den Metris keine Schrancken, sondern die höheste Freiheit, d. i. sie dürffen sich an keines derselben binden, wie grössesten Theils die Sing-Melodien thun müssen.

§. 41.

Hingegen setzen wir den **vierzehnten** Unterschied darin, **daß eine Vocal-Melodie ihre geometrische Fortschreitungen lange nicht so genau beobachten darff, als die Spiel- absonderlich die Tantz-Melodien thun.** Diese Fortschreitungen und ihre Bedeutung werden theils aus dem zweiten Orchester, theils aus dem was bereits oben im Haupt-Stücke von der Melodie deswegen erinnert worden, bekannt seyn.

§. 42.

Alhier dienet nur noch so viel zum Unterricht, daß darin gleichsam der **metrische** Verhalt aller Instrumental-Melodien bestehet, als welchen sonst, wie wir so eben vernommen haben, die Singestimmen eigentlich und in gewissen Stücken für sich selbst behalten. Also kan man sagen: die geometrischen Fortschreitungen dienen den Instrumenten an statt eines Meters.

§. 43.

Wenn oben von nothwendiger Empfindung und Ausdrückung der Gemüths-Neigungen bey den Spiel-Melodien geredet worden; so stehet leicht zu erachten, daß auch die Lehre vom **Nachdruck** hieher gehöre, nur mit dem Unterschiede: **daß die Sing-Melodie diesen Nachdruck aus den Worten, die Spiel-Melodie aber denselben aus dem Klange hernimmt.** Und das ist der **funfzehnte** Unterschied. Es scheinet gar eine niedliche Sache zu seyn. Wer sich aber nur die Mühe nicht verdriessen lassen will, gewisse hervorragende Klänge in guten Französischen Instrumental-Stücken auszuklauben, der wird bald finden, wo der Knote zu lösen sey, und wie er seine Klänge auch mit gutem Nachdruck redend machen könne. Gemeiniglich steckt dieser klingende Nachdruck vorzüglich im steigenden halben Ton. z. E.

§. 44.

Es ist was merckwürdiges, daß die kleinen Intervalle überhaupt viel öffter, als die grossen, zu dergleichen nachdrücklichen Dingen dienen müssen: fast eben so, wie wir bey den gering-scheinenden Zuwörtern oben gesehen haben. Auch stehet hiebey zu betrachten, daß nicht ieder melodische Accent einen Nachdruck enthalte; sondern daß dieser gleichsam einen doppelten Accent führe. In den angeführten wenigen Noten sind wol 8 accentuirte, und doch hat eine nur den rechten Nachdruck, da der Asteriscus stehet.

§. 45.

Untersuchen wir die musicalischen Schreib-Arten, so wird sich alsobald finden, daß auch aus denselben ein ansehnlicher Unterschied, welcher der **sechzehnte** seyn mag, entstehet. Ein ieder Leser kan sich solches mit leichter Mühe aus dem zehnten Haupt-Stücke des ersten Theils vorstellig machen, und die Style in gehörige Ordnung bringen.

§. 46.

Endlich geben auch die Arten oder Gattungen der Melodien selbst den allerhandgreifflichsten Unterschied zum **siebzehnten** zu erkennen, so, daß die Vocal-Melodie gantz andere Gesang-Geschlechter erfordert, als die Instrumental-Melodie. Man vermische dieses aber nicht mit den Schreib-Arten: denn in einerley Styl kommen sehr viele Gattungen der Melodien vor. Wir haben also desto weniger nöthig, an gegenwärtigem Orte weitläuffiger hievon zu handeln, da den besagten Gattungen das nächste Haupt-Stück gäntzlich gewidmet ist.

§. 47.

Es wäre nicht schwer, die angemerckten Verschiedenheiten noch weiter auszuführen; allein, weil ein ieder aus dem, was gesagt worden ist, schon gnungsam siehet, was für eine Wissenschafft in dergleichen **Absonderungen** enthalten, und wie nöthig sie einem Musico sey, der sich hervorthun will: so wird das übrige dem weitern Nachdencken der Kunstbeflissenen für diesesmahl billig anheimgestellet.

Dreizehntes Haupt-Stück.
Von den Gattungen der Melodien und ihren besondern Abzeichen.

§. 1.

Gleichwie es in der Ton-Kunst drey Haupt Style und Schreib-Arten gibt, die ihre Neben-Theile und Untergebene haben, nach Inhalt des zehnten Haupt-Stückes im ersten Theile dieses Wercks; also finde ich wenigstens etliche dreißig Gattungen der Melodien, die in sothanen Schreib-Arten verfasset werden, deren sechzehn dem Singen, zwey und zwantzig aber zum Spielen, gehören, und fast durchgehends gewisse Abkömmlinge in sich begreiffen.

§. 2.

Weil nun die Anzeige der Ordnung und Einrichtung solcher Gattungen eben so viel zum Vortheil eines Componisten und zum deutlichen Begriff seiner Wissenschafft beitragen muß, als | die Unerfahrenheit in diesem Stücke Verwirrung und Hinderniß mit sich bringet; so wollen wir oberwehnte Gattungen, samt ihrer Zubehör, kürtzlich durchgehen: nicht zwar, als ob damit alles gehoben und vollendet wäre; sondern nur damit ein gewisser Leitfaden ergriffen werden möge, durch dessen Hülffe man hernach weiter kommen könne. Denn ich verlange hiedurch der Anzahl dieser Gattungen so wenig Schrancken zu setzen, daß ich vielmehr mit Freuden vernehmen werde, wenn iemand sich des Rechtes der Vermehrung gebrauchen sollte. Zu wenig kan ich wol davon sagen; aber nicht zu viel.

§. 3.

Die Wege der Natur führen von der Unvollkommenheit zur Vollkommenheit. Wir wollen in ihre Fußstapffen treten, welches uns niemand in Lehrsachen verdencken kan, und von dem leichtesten Gesange, von der bekanntesten Melodien-Gattung den Anfang machen. Ist demnach die vornehmste, obwol einfältigste Art aller Sing-Stücke:

1. **Der Choral**, *cantus choralis planus, gregorianus* etc.
   demselben rechnet man zu
   { *Recitativum ecclesiasticum s. stilum ligatum* z. E. die *Collecten* vor dem Altar etc.
   Antiphonam, den Wechsel-Gesang.
   Canticum, das Lied oder die Ode.
   Psalmum, den Psalm.
   Hymnum, den Lob-Gesang etc.

§. 4.

Wie es vor Alters damit zugegangen, nehmlich mit dem Choral-Gesange überhaupt, da weder Tact noch Geltung der Noten, sondern nur ein gewisser kleiner Sprengel der Klänge dabey gebraucht worden, einfolglich lauter unvollkommenes Wesen entstanden, solches gehöret in die Geschichte der Music. Heutiges Tages sind unsre Choräle mehrentheils rechte und schlechte Oden oder Lieder, mit verschiedenen Gesetzen oder Strophen, und richten in dem, was die Melodien betrifft, ihre Absicht weiter auf nichts, als auf eine gewisse gezwungene Ton-Art, ohne sonderbare Betrachtung der Einschnitte oder andrer musicalischen Umständen, und auf die Leichtigkeit.

§. 5.

Die Schönheit aber, so sich dem ungeachtet bey etlichen unserer Choral-Melodien auf eine Hertzrührende Weise hervorthut, übersteigt auch die grösseste Kunst, und wäre allein zureichend, unsre so offt entdeckte vortheilhafte Meinung von der **edlen Einfalt** zu bestärcken. Die Hymni, welche lauter Lobsprüche und grosse Thaten Gottes begreiffen, die Cantica etc. waren Anfangs, bey ihrer Einführung in die Kirche, nur zum blossen Singen, so wie die Altars-Recitative und Wechsel-Gesänge zwischen dem Priester und dem Chor noch sind, angeordnet. Heut zu Tage erstrecken sich die erstern etwas weiter; die Psalmen brauchten aber Instrumente.

§. 6.

Nach und nach sind die Oden, wenn wir sie als eine Melodien-Gattung betrachten, so geistlichen als weltlichen Inhalts, durch die sogenannte Arien fast einigermaassen aus der Music vertrieben worden: und zwar nicht unbillig, weil die verschiedenen Lieder-Gesetze auch verschiedene Vorträge darlegen, und dannenhero schwerlich, mit Beibehaltung der Vernunfft, auf einerley Melodie, zumahl in der madrigalischen Schreib-Art, gesungen werden können.

§. 7.

Denn, was kan wol ungereimter seyn, als wenn in der einen Strophe das Wort **versiegt** ein klägliches Gezerre von 7 oder 8 Noten beköммt; welches hernach in der andern Strophe auf das

Wort **beschleunigt** fällt: oder wenn eben der Lauf von 4 Täcten, welchen die **Wasserwogen** herbeilocken, weiter hin auf das Wörtlein **plötzlich** herhalten muß? Und unzehlige mehr dergleichen. Es würde, meines Erachtens, kein Capellmeister solche kindische Fehler begehen, wenn er wüste, was der melismatische Styl wäre, zu dem die Oden gehören; und nicht zur madrigalischen Schreib-Art.

§. 8.

Das Geschlecht der Arien ist sehr groß und weit ausbreitend: ja, es beziehet sich bey heutiger Setz-Kunst fast alles darauf, und also betrachten wir

II. Die **Aria**, zum Singen, wohin vornehmlich gehören
{ *Arioso, Arietta,*
Arie, con e senza Stromenti,
- - col Basso obligato etc. etc. }

§. 9.

Das Wort Aria kömmt Zweifels frey von der Lufft her, nicht nur, weil aller Klang sein Fuhrwerck darin antrifft; sondern auch, weil eine schöne Melodie mit nichts angenehmers, als mit einer süssen, frischen Lufft zu vergleichen ist, und eben solche Erqvickung, wo nicht eine grössere mit sich führt. **Salmasii** wortforschende Meinung, als ob Aria von *aera* herkomme, scheinet zuweit geholet zu seyn: zumahl da es nur eine Zahl bedeuten soll. *Aera* kommt von *aes*, Metall, her; und das läst sich noch eher auf was klingendes deuten, als der Werth einer Müntze. Doch iedem hierin seine Meinung.

§. 10.

Es ist sonst die Arie, damit wir sie ordentlich beschreiben, **ein woleingerichteter Gesang, der seine gewisse Ton-Art und Zeitmaasse hat, sich gemeiniglich in zween Theile scheidet, und in einem kurtzen Begriff eine grosse Gemüths-Bewegung ausdruckt.** Bisweilen wird mit Wiederholung des ersten Theils, bisweilen auch ohne dieselbe geschlossen. Im ersten Fall heißt es *Da capo*, d. i. von vorn, oder eigentlich vom Kopffe, welches schon ein alter davidischer Gebrauch ist, welches unter andern der achte Psalm[1] bezeuget.

§. 11.

Das **Arioso** hat nur mit der Aria ein gleiches *mouvement*, oder einerley Bewegungs-Art; sonst aber weder dieselben Schrancken oder Theile, noch dieselbe Absicht: denn es kan eine blosse Erzehlung, oder sonst ein nachdencklicher lehrreicher Spruch, ohne **sonderbare ausdrückliche Gemüths-Bewegung**, darin enthalten und verfasset werden. Ich trenne hiemit die Gemüths-Bewegung gar nicht von der Erzehlung, oder von dem nachdencklichen Spruch. Eine gute Erzehlung, eine wichtige Lehre kan so wenig ohne Leidenschafft des Zuhörers, als des Vortragenden seyn. Ich will nur so viel sagen, daß gemeiniglich der Ausdruck bey solchen Dingen nicht so starck und rührend ist, als bey andern, die ihre eigentliche Absicht darauf richten. Ein Redner muß sich höher schwingen, als ein Geschichtschreiber. Dieser kan durch die derbe Vorstellung der Wahrheit und Sache; jener durch den Schmuck seiner ausgesuchten Worte bewegen.

---

1 Bes. den *Ephorum Goettingens. p. 104.* wo eine ziemlich Reihe stehet: der man noch beifügen kan den 57. Ps. im 6. und 12. Vers; den 92, 10; den 93, 3; den 116, 14. 18; den 118, 10. 11. 12. 13. 16. 1. 29; den 130, 9. 16, den 144, 7. 8. 11.

§. 12.

Man nennet das Arioso auch wol deswegen **Obligato** oder gebunden, weil es sich vom Recitativ und dessen Affecten nur darin unterscheidet, daß es nach dem Tact gesungen seyn will.

§. 13.

Arietta ist das Verkleinerungs-Wort von Aria, und hat alle Eigenschafften ihres Stammes; nur die Länge und Ausführlichkeit nicht. Offtmahls leidet eine Ariette auch solche Wiederholungs-Theile, als die Tantz-Melodien, und ist übrigens so eingerichtet, daß sie leicht zu fassen stehet. **Graupner** hat sich ehmahls sonderlich in Arietten hervorgethan.

§. 14.

Mit einem Wort, alle gute kurtzgefaste Melodien sind, in gewissem Verstande, Arien oder Ariet-ten, und dieser Nahme mag iedem geschickten Kinde beigeleget werden; Doch behalten ihn diejenigen, so vor andern an Gestalt, Wachsthum und zierlicher Grösse wolgerathen sind, gleich-sam Vorzugs-Weise zu eigen.

§. 15.

Es gibt offt bey den Dichtern solche Sätze, die wegen der vielen Gedancken und dazu erforderli-chen Menge der Worte, die Gräntzen einer gewöhnlichen Arie weit überschreiten, und da ist mancher unter ihnen, aus Abgang musicalischer Wissenschafft, augenscheinlich verlegen, wohin er solche starcke Sätze rechnen, oder wie er dieselbe benennen soll. Bald schreiben sie darüber **Arioso**; bald **Affettuoso**; bald, und zwar am allerübelsten: **Aria**, wie ich davon sehr viele Exempel, wenns nöthig wäre, anführen könnte. Bey so gestalten Sachen stehet denn des Componisten Verstand offt still, und er weiß eigentlich nicht, was er daraus machen soll.

§. 16.

Ein Satz von zwölf Zeilen, der noch dazu die sechs ersten von vorn an wiederholet, und | also achtzehn ausmacht, obgleich mit grossen Buchstaben *Aria* darüber stehet, dünckt dem melodi-schen Setzer etwas seltsames zu seyn. Ein andrer Satz von eben der Länge mit der Uiberschrifft: *Arioso*, scheinet ein mehres zu begreiffen, als der Titel verspricht, welches sonst in Büchern nicht schlimm ist. Ein dritter Satz von 15 Zeilen, mit dem Worte: *Affettuoso*, versehen, beschreibet die Beschaffenheit der Sache vor der Sache selbst. Wie ist da heraus zu kommen? Also:

§. 17.

Es gibt eine besondere Gattung der Melodien, die mit ihrem rechten Nahmen heißt:

III. *Cavata*,
    zu derselben gehören die
- Madrigale,
- Aufschrifften,
- Kling-Gedichte u. d. gl.

Eine solche Cavata nun ist ein **Gesang mit**[2] **Instrumenten, der keine solche Eintheilungen, dabey aber einen weitern Begriff hat, als die Arien, und mehr auf eine scharfsinnige Betrach-tung, als einen starcken Affect siehet.**

---

2 Wenn man sonst keine Instrumente haben kann noch will, so mag man dem unentbehrlichen Clavier bey einer Cavata leicht was ausserordentliches zu thun geben: denn dieses Werckzeug muß offt die Stelle aller andern vertreten. Warum nicht auch hier?

§. 18.

Was oben §. 11 wegen der Leidenschafften erinnert worden, gilt auch hier, und es werden dieselbe weder vom **Arioso** noch von der **Cavata** ausgeschlossen; sie sind nur in diesen beiden Stücken nicht so ausnehmend, als in andern. Es kömmet hier bloß auf das mehr oder weniger an.

§. 19.

Die Cavata will allemahl eine reiche Begleitung haben, und kan unmöglich in wenig Worten bestehen; ob sie gleich von Rechts wegen nur einen eintzigen Satz oder Paragraphum ausmachen sollte. Sie muß was **ausnehmendes**, nicht nur in demjenigen Umstande aufweisen, daß sie vom Recitativ, vom Arioso, und von einer Arie unterschieden ist; sondern auch darin daß sie sehr wol **ausgearbeitet** werde; welches sich hergegen bey einem kurtzen **Arioso** gantz anders verhält.

§. 20.

Hieher gehören demnach solche Sätze, die weder den Bezirck noch die Eintheilung einer Aria haben, sich mit ihren Erwegungen weit über den gemeinen Recitativ erheben, und vielmehr, als ein Arioso, sagen wollen. Cavaten sind es, die wir in des unvergleichlichen Herrn **Brockes irdischem Vergnügen** *p.* 47. 59. 95. 97. 104 und 107.[3] lesen: lauter vortreffliche Gedancken und nach Wunsch gelungene Ausdrücke; Meister-Stücke, die alles übertreffen. Sie halten von 10 bis 14 oder 15 Zeilen, und könnten zu rechten Madrigalen dienen, weil gemeiniglich der scharffsinnigste Ausspruch zuletzt kömmt.

§. 21.

Wir kommen nun zu einer besondern Gattung des Singens, welche eigentlich keine gewöhnliche oder förmliche Melodie hat; aber ihren eignen Styl gantz allein erfordert, nehmlich zum

IV. *Recitavo*, welcher zweierley ist: { ohne und mit Instrumenten: im letzten Fall heißt er, Vorzugs-Weise, ein *Accompagnement*, eine Begleitung.

§. 22.

Diese Art zu singen hat, wie bekannt, die Freiheit, daß sie sich ziemlich nach der gemeinen Ausrede richtet, und mit allerhand Ton-Arten ungebunden spielet, darin herum wandert, anfängt oder schliesset, wie und wo sichs am besten schickt. Der Recitativ hat wol einen Tact; braucht ihn aber nicht: d. i. der Sänger darff sich nicht daran binden. Wenn es aber ein *Accompagnement*, eine Begleitung mit verschiedenen Instrumenten ist, so hat man zwar, um die Spielende im Gleichgewicht zu halten, noch etwas mehr Achtung für die Zeitmaasse, als sonst; iedoch muß solches im Singen kaum gemerckt werden. Dieses verstehen wir vom welschen Recitativ, und von solchem teutschen, der nach welscher Art gesetzet wird.

§. 23.

Die Frantzosen hergegen nehmen in ihrem einländischen *Recit* fast alle Tact-Arten eine nach der andern vor, und meinen durch solche Veränderung den Wort Füssen, die sehr ungleich ausfallen, zu Hülffe; anbey ihrer natürlichen Aussprache desto näher zu kommen: allein es scheinet sie irren sich, und machen sothanen Gesang nur desto gezwungener und unvernehmlicher, weil sie in ihrer Sprache fast gar keine Länge oder Kürtze der Sylben, auf eine kunstmäßige

---

3 Nach der Auflage von 1721.

Art, beobachten; daher sie desto weniger nöthig hätten, ihren *Recit* nach dem Tact, oder vielmehr nach allerhand Tächten und deren genauer Führung abzusingen.

§. 24.

Indessen ist es keine so geringe Sache um einen guten Recitativ, wie mancher wol meinet; denn seine seltene Eigenschafften sind diese:

1. Er will überall nicht gezwungen, sondern gantz natürlich seyn.
2. Der Nachdruck muß ungemein wol dabey in Acht genommen werden.
3. Der Affect darff nicht den geringsten Abbruch leiden.
4. Es muß alles so leicht und verständlich in die Ohren fallen, als ob es geredet würde.
5. Der Recitativ dringt weit schärffer auf die Richtigkeit der Einschnitte, als alle Arien: denn bey diesen siehet man bisweilen der angenehmen Melodie etwas nach.
6. Eigentlich gehören keine Melismata oder öfftere Wiederholungen in den Recitativ; ausser bey einigen gar sonderlichen, doch seltenen Vorfällen.
7. Der Accent ist keinen Augenblick aus der Acht zu lassen.
8. Die Cäsur des Tacts, ob dieser gleich selbst feiret, muß dennoch im Schreiben ihre Richtigkeit haben.
9. Die eingeführte Schreib-Art muß, mit allen ihren bekannten Clauseln, beibehalten werden, und doch immer was neues und unbekanntes in der Abwechselung mit den Tonen darlegen. Dieses ist der wichtigste Punct.
10. Die ersinnlichste Veränderung in den Gängen und Fällen der Klänge muß, absonderlich im Baß, gesucht werden; doch so, als kämen sie von ungefehr, und ja nicht wieder den Sinn der Worte.

Kurtz, durch nichts verräth sich und seine Ungeschicklichkeit ein Componist mehr, als durch einen preshafften und hanebüchenen Recitativ, sowol als seine Thorheit durch einen gar zu sehr gekünstelten. Das ist eine offtbewährte Wahrheit.

§. 25.

Aus Arien, Recitativen, Arietten, Ariosen etc. erwächst die fünffte Gattung unsrer Sing-Stücke, nehmlich:

V. Die *Cantata*, welche zweierley seyn kan:
1. Wenn sie mit einer Arie anfängt und schließt.
2. Wenn sie beides, oder auch das Anfangen nur mit einem Recitativ verrichtet.

Ferner können die Cantaten, dem Inhalt nach, geistlich oder weltlich seyn: so wie alle Cavaten, besondere Arien und Recitative. Wenn sich aber eine Cantate mit dem Recitativ endiget, hat es eben die beste Wirckung nicht; es geschähe denn in besondern Fällen, da man gantz unvermuthlich abbrechen, und eben dadurch die Zuhörer auf eine angenehme Art überraschen wollte.

§. 26.

Die wahre Natur der Cantaten leidet keine andre Instrumente, als das Clavier und die Bässe. Ihre übrige Einrichtung aber erfordert mehr nettes und künstliches, als die theatralische Arbeit überhaupt: denn, weil diese auswendig gelernet werden muß; die Cantaten hergegen vom Papier abgesungen und zum Kammer-Styl gerechnet werden, so siehet ein ieder die Ursache leicht.

§. 27.

Es müssen dannenhero die Cantaten sowol an Arien, als Recitativen fleißig, reinlich und bedächtlich ausgearbeitet werden; einen saubern, ausnehmenden und merckwürdigen General-Baß führen; lauter ausgesuchte, nachdenckliche Erfindungen aufweisen, und nicht zu lange währen. Diejenige Einrichtung der Cantaten, woselbst mit **einer** Arie angefangen, mit der **andern** das Mittel erfüllet, und mit der **dritten** geschlossen wird, ist die gefälligste. Die Untermischung des Recitativs verstehet sich. Wiewol auch ein anfangender Recitativ, wenn er nachdrücklich geräth, bisweilen mehr Aufmercksamkeit verursacht. Am Ende thut er aber, wie gesagt, nur auf eine gewisse Art, gute Wirckung.

§. 28.

Wer iemahls eine Opern-Mahlerey von **Kamphusen**, **Qveerfeld** oder **Fabris** bey Tage gesehen, und zugleich eine Landschafft von **Berghem**, **Potter**, **Mirefeld** oder **Verdion** dagegen gehalten hat, der kan sich ein gutes Bild des Unterschieds zwischen dramatischen Auftritten und Kammer-Cantaten machen. Die ersten sind gut in der Ferne, und erfordern eigene Künste; die andern aber gefallen in der Nähe. Die Pinsel sind sehr ungleich; doch ieder nach seiner Art löblich.

§. 29.

Wenn man die Cantaten unter die so genannten ordentlichen Kirchen-Stücke zehlet, werden sie nicht nur mit allerhand Instrumenten gesetzt, sondern auch mit Chören, Chorälen, Fugen etc. so starck untermischet, daß sie dadurch ihre rechte Eigenschafft grössesten Theils verlieren: Denn die wahre Natur einer Cantate leidet keines von diesen Dingen. So bald die Singe-Stimmen in der Kirche den Beistand derjenigen Instrumente bekommen, die nicht zu den Bässen gehören, so bald wird aus solchen vielstimmigen Sätzen der neue Moteten-Styl. Chöre und Fugen richten sich nach der Schreib-Art alter Moteten: Choräle sind Oden, und von Cantaten weit entfernet; wenigstens der Form nach.

§. 30.

Will einer nun alle diese Dinge mit Arien und Recitativen durchflechten, so mag eine solche Vermischung wol angenehm und voller Veränderung seyn; Allein sie macht in einer Haupt-Eintheilung der Schreib-Arten keine eigene, geschweige besonders-vornehme und ordentliche Gattung; vielweniger ist es eine Cantate, sondern ein aus viererley Schreib-Arten zusammen gestoppeltes Wesen. Das Cantatenmäßige, so darin vorkömmt, gehört zum Madrigal-Styl; Die vielstimmigen Chöre und Fugen zur Moteten-Styl; die Begleitungen und Zwischen-Spiele zum Instrumenten-Styl; und endlich die Choräle zum melismatischen. Bey solchem Verfahren werden wir wenig systematisches aufweisen können.

§. 31.

Bisher haben wir mit solchen Gattungen der Melodien zu thun gehabt, die für eine Stimme allein gesetzet werden, und die man **Solos** nennet. Nun gehen wir weiter und betrachten

VI. Das *Duetto*[4], { *senza stromenti* / *con stromenti etc.*

Dieses ist zwar auch eine Arie; aber gantz andern Schlages, als die Solos: denn sie siehet, nebst einer angenehmen Melodie, auf ein fugirtes oder concertirendes und sonderbar-harmoniöses

---

4 S. den ersten Band der musicalischen Critic *p. 131.*

Wesen. Dazu nun gehöret Kunst und Arbeit. Das Duetto, oder die Arie mit zwo Sing-Stimmen wird entweder auf welsche, oder auf frantzösische Art eingerichtet. Wir wollen von ieder Art einen kleinen Begriff geben.

§. 32.

Die frantzösischen *Airs à deux* lieben den **gleichen** oder **geraden** Contrapunct vorzüglich, das ist zu sagen, wo die eine Stimme eben die Worte, zu **gleicher** Zeit singet, als die andre, und wobey entweder gar nichts, oder nur hie und da etwas weniges **ungerades** oder concertirendes, das hinter einander herschleicht, anzutreffen ist. Es lassen sich dergleichen *Duo*, absonderlich in Kirchen, wol hören: sie sind vornehmlich andächtig und begreiflich.

§. 33.

Der welschen Art gehet nun zwar bey ihren Duetten viel an den erwehnten guten Eigenschafften der Andacht und Deutlichkeit, durch das fugirte, gekünstelte und in einander geflochtene Wesen ab; sie erfordern aber einen gantzen Mann, und sind sowol in der Kammer, als Kirche (vormahls, zu Steffani Zeiten, auch auf dem Schau-Platz) den musicalisch-gelehrten Ohren eine grosse Lust, wenn sich fertige, sattelfeste Sänger dazu finden lassen: woran es uns anitzo weniger, als an solcher Arbeit selbst, mangelt. Besagter **Steffani** hat sich in dieser Gattung vor allen andern, die ich kenne, unvergleichlich hervor gethan, und verdienet bis diese Stunde ein Muster zu seyn. Denn solche Sachen veralten nicht leicht.

§. 34.

Noch eine kleine Neben-Art welscher Duetten, worin nur gefraget und geantwortet wird, | wie in einem Gespräche, will heut zu Tage fast, zumahl auf den Opernbühnen, einigen Vorzug behaupten. Ich habe davon, und von Duetten insgemein, an einem andern[5] Orte bereits meine Gedancken zur Genüge entdecket, und kan deswegen hier desto kürtzer verfahren.

§. 35.

Von den zwostimmigen Singesachen leitet uns die Ordnung auf die dreistimmige und da erscheinet:

VII. Das *Terzetto, Trio* oder die *Aria a trè Voci.* { *senza e con Stromenti, con diverse Voci.*

Es pflegen nun gemeiniglich die zu einem solchen **singenden Trio** gewidmeten Worte auch dreierley unterschiedene Meinungen mit sich zu führen, und dem Setzer zu eben so vielen Subjecten oder Fugenmäßigen Sätzen Gelegenheit zu geben. In solchem Fall erfordert das Terzetto noch mehr Kunst und Geschicklichkeit, als das Duetto: wiewol auch dieses streitige Gedancken, doch nur zweierley, hegen kan.

§. 36.

Wo aber ein solcher Umstand des Wiederspruchs nicht ist, kan man, zumahl in der Kirche, den geraden Contrapunct dazu wehlen; auf der Schaubühne aber muß es wol etwas bunter hergehen; doch in einem besondern Concert am allerkünstlichsten. Die Sache will einen Meister haben, dem die Fugen wol fugen.

---

5   S. den zweiten Band besagten Wercks *p. 23. 28. 43. 48. 51.*

Von den Gattungen und Abzeichen der Melodien.

§. 37.

Ein Qvatour, oder vierstimmiger Gesang, verliert schon einiger maassen den Nahmen einer Arie, und wird gemeiniglich daraus

VIII. Ein **Chor**, *Coro*, *Tutti*, welcher auch dreierley seyn kan:
 { im gleichen Contrapunct,
 mit Abwechselungen,
 mit Fugen oder concertirend.

Wiewol auch manche vierstimmige Arie ohne Instrumente so eingerichtet werden mag, daß sie einem Chor, der bey heutiger Weise immer accompagnirt seyn will, nicht so gar ähnlich siehet.

§. 38.

Wir lernen inzwischen aus obiger Eintheilung, daß die Chöre von dreierley Art seyn können. Einmahl wenn sie in geraden Schritten einher gehen, und keine Stimme was macht, das den andern nicht gewisser maassen gleichkömmt; absonderlich in den Worten. Zweitens, wenn ein Wechsel-Gesang vorfällt, da eine Stimme allein die übrigen zur Nachfolge anführet; oder da die eine fragt, und die andern darauf antworten; auch wol umgekehrt, da viele fragen und nur eine Stimme Antwort gibt; oder aber, wenn verschiedene wolbesetzte Chöre oder Singbühnen zugleich anstimmen, und an drey oder vier Orten einer geraumen Kirche mit einander abwechseln; welches die grösseste Lust[6] von der Welt ist. Drittens, wenn ein solcher vollstimmiger Satz oder ein solches *Tutti* Fugen-Weise ausgeführet wird; es sey nun in der Kirche, oder sonstwo. Wiewol man, wegen der Schwierigkeit solche Fugen auswendig zu lernen, ihrer bey der dramatischen Schreib-Art lieber müßig gehet.

§. 39.

Die Italiener halten in ihren Singespielen gar zu wenig; die Frantzosen hergegen fast gar zu viel von Chören: wenn bey jenen etwa einer vorkömmt, z. E. am Ende einer Oper, so machen sie alsobald ein Tantz-Lied daraus und wischen hurtig darüber hin; diese aber concertiren und imitiren tüchtig und majestätisch in ihren starckbesetzten Chören. Doch tasten die Frantzosen nicht leicht eine förmliche Fuge an. Die Teutschen entlehnen inzwischen in diesem Fall von dem einen und andern Volcke, was ihnen anstehet.

§. 40.

Unter den weltlichen[7] Vocal-Sachen hat ausserhalb des Schau-Platzes billig den Vorzug

IX. Die *Serenata*, oder Abend-Music
 { *a Voce sola*,
 di più Voci, sempre con Stromenti.

Nirgend läßt sich eine solche Serenate besser hören, als auf dem Wasser bey stillem Wetter: denn da kan man allerhand Instrumente **in ihrer Stärcke** dabey gebrauchen, die in einem Zimmer zu hefftig und übertäubend klingen würden, als da sind Trompeten, Paucken, Waldhörner etc.

---

6   S. den ersten Theil des **Orchesters**, *p. 158. sq.*
7   Es fällt mir ein, daß zu Lübeck um die Weihnacht-Zeit gewisse Abend-Musiken in der Kirche gemacht werden: da denn solchen Falls die Serenaten auch mit zur geistlichen Schreib-Art gehören, und von einem Kinde handeln, dem die gantze Welt Zärtlichkeit und Liebe schuldig ist.

§. 41.

Der Serenaten Haupt-Eigenschafft muß allemahl die Zärtlichkeit, *la tendresse*, seyn. Ich sage die Haupt-Eigenschafft: denn es gibt bey dieser Gattung noch sehr viele Neben-Umstände. Die Cantaten nehmen, iede für sich, allerhand Regungen und Leidenschafften an; doch nur eine zur Zeit, und stellen dieselbe auf eine historische Art, Erzehlungs-Weise, vor. Die Serenaten hergegen wollen alle mit einander vornehmlich von nichts anders, als von zärtlicher und starcker Liebe, ohne Verstellung, wissen, und muß sich der Componist allerdings, sowol als der Poet, bey denselben darnach richten, wenn er ihr rechtes Wesen treffen will. Es ist keine Melodie so klein, und kein Stück so groß, ein gewisses Haupt-Abzeichen muß vor andern, und über andre, darin herrschen, und sie von den übrigen deutlich unterscheiden: sonst heißt es wenig oder nichts.

§. 42.

Es läufft demnach wieder die eigentliche Natur der Serenate, wenn man sich ihrer, so zu reden, ausser ihrem Element (ich meine den Affect) bey Glückwünschungen, öffentlichen Geprängen, Beförderungen auf hohen Schulen u. s. w. bedienen will. Staats- und Regiments-Sachen sind ihr fremd: denn die Nacht ist keinem Dinge mit solcher innigen Freundschafft zugethan, als der Liebe und dem Schlaf. Jenen Händeln dienen die Oratorien und Aubaden oder Morgen-Musiken allerhand Art, und führen eine prächtige hochtrabende ermunternde Eigenschafft, in weltlichen Materien, zum besondern Abzeichen, die sich zur Zärtlichkeit und geheimen Regung des Hertzens schlecht reimet. Derowegen haben auch die Oratorien mehr Stimmen nöthig; da es hergegen bey den Serenaten gar wol ein Solo, oder nur ein paar Sänger bestellen können; welches ein abermahliges gutes Abzeichen ist.

§. 43.

Die kleineste theatralische *piece* soll vorangehen, und ist dieselbe

X. Das *Balletto*;

worunter wir aber mehr, als den also genannten kleinen Tantz verstehen. Es ist nehmlich dieses Ballet ein kurtzes, zur blossen Lustbarkeit ersonnenes Schauspiel, welches von Rechts wegen nur aus einer eintzigen Handlung bestehen sollte, und darin fast mehr getantzt als gesungen wird[8]. Wiewol, was die Handlungen anlanget, sich dabey grosse Ausnahm und Freiheit findet: denn sie können darnach seyn.

§. 44.

Das Abzeichen des Ballets ist lauter Freud und Wonne, und sonst keine Haupt-Leidenschafft, die nicht in Lust und Ergetzlichkeit bestehet. Der Componist eines Ballets muß im Hyporchematischen Styl über die Maassen wol gewieget seyn, oder sich nach einem musicalischen Tantzmeister, zur Beihülffe, umsehen; sonst wird er ausgelacht.

§. 45.

Das neueste Stück dieser Art, so aus Paris bisher zu uns gekommen, und daselbst vor ein Paar Jahren aufgeführet worden, heisset: *Les romans, Ballet heroique*. Es hat ein Vorspiel von zween Eintritten. Das Wercklein selbst ist in keine Handlungen, sondern nur in drey Aufzüge, die nicht zusammen hangen, eingetheilet. Der erste Aufzug stellet das verliebte Hirten-Leben; der

---

[8] *Denominationem habet a potiori.*

Von den Gattungen und Abzeichen der Melodien.

andre den irrenden Ritter-Stand; der dritte aber die Nymphen-Zauberey vor: sofern die Romanen sich auf solche Dinge beziehen. Hiezu ist noch ein vierter Aufzug, vom Wunderbaren, gekommen, davon die Partitur doch nicht mit den übrigen im Kupffer gestochen worden. Der Componist heißt *Niel*, und hat gewiß mehr gründliches in diesem Spielwerck angebracht, als man vermuthen sollte, und mancher seichter Italiener daran wenden würde; wenn er gleich könnte. Wir haben seiner schon oben im Capitel von der Metric, bey Gelegenheit der griechischen Ode gedacht.

§. 46.

Die Arien und der Recitativ eines solchen Ballets haben auch, in Vergleichung mit andern ein grosses Abzeichen darin, daß sie nur galant und natürlich, nicht aber sehr künstlich und ausgearbeitet seyn dürffen. Die Arietten finden ihren Platz häuffig; das Arioso aber fast nimmer: es ist solches zu ernsthafft, welches kein Ballet leidet, das allzeit etwas freies, muntres und ergetzliches haben will. Kurtz, ein Ballet dieser Art erfordert viel Leben, Geist und Artigkeit: ist demnach eben kein Werck eines gelehrten Componisten oder eines tiefsinnigen Meisters, als eines solchen; sondern eines aufgeweckten Kopffes, der gar feine, natürliche und dabey durchdringende Verstands-Gaben hat, die Welt kennet, und der Erfahrung seine meiste Geschicklichkeit schuldig ist.

§. 47.

Das erste Ballet, so auf dem hamburgischen Schauplatz aufgeführet worden, war auf des Kaisers Leopoldi Nahmens-Tag, und gefiel iedermann besser, als eine förmliche Oper. Hernach folgte ein Königlich Preußisches Ballet, mit nicht wenigerm Beifall; ob es gleich nicht so wol, als jenes, gerathen war. Das sogenannte Carnaval von Venedig ist aus dem Frantzösischen übersetzt und 1707 hier gespielt, auch unzehlige mahl, mit Vergnügen der Zuschauer, wiederholet worden. Hernach sind die abgeschmackten *Intermezzi* und Zwischen-Spiele Mode geworden; der lebhaffte Frantzösische Geist aber hat sich fast gantz vom Theater verlohren. Itzund, wie ich dieses schreibe, ist das Opern-Haus den teutschen Comödianten eingeräumet, die wenigstens was vernünfftigers, obgleich nicht singend, zu Marckte bringen, als die - - - - - - - - (ich mag sie nicht bey ihren rechten Nahmen nennen).

§. 48.

In Franckreich haben sich diese kleinen, angenehmen Schauspiele, ich meine die Ballette, länger, als sonstwo, im Besitz und in dem besten Ruf von der Welt erhalten: sind auch bis diese Stunde hochgeschätzt. *Le Triomphe de l'Amour* von **Lully**; *L'Idylle de Paix*, von eben demselben, so er nur bloß ein *Divertissement* betitelt; *Le Ballet des Saisons* von **Colasse**; *L'Aricie*, von **Charais**; *L'Europe galante*, das allerliebste Stück, von **Campra**; *Les Fêtes galantes*, von **Desmarets**; *Le Carnaval de Venise* von **Campra**; *Le Triomphe des Arts* von **de la Barre**; *Arethuse* von **Campra**; *Les Fragmens de Lully, Ballet*, auch von **Campra**; *Les Muses* von eben demselbigen etc. etc. sind lauter ausnehmende Meister-Stücke dieser Gattung, welche ich darum anführe, weil sie viel natürlicher fallen, als gantze, lange Opern; nicht so viele verliebte Händel und Staats-Sachen entweihen; keine Zotten zulassen; alles so eingerichtet wissen wollen, daß es ohne Zwang fast von selbsten singe, spiele, tantze; und dahero einer öfftern Nachahmung höchstwürdig sind.

§. 49.

Diejenigen, so da meinen, alle diese Gattungen hätten nur in den Umständen, zufälligen Dingen und in der wörtlichen Einrichtung ihren Unterschied, nicht aber in der musicalischen Setz-Kunst, irren sich sehr: Denn, ob es zwar alles, grössesten Theils, und auf das gröbste zu reden, aus Recitativen und Arien bestehet; so haben doch auch diese ihren wesentlichen Unterschied in den Haupt-Abzeichen oder Characteren, da nehmlich

XI. Ein *Pastorale*,   { *tragique*, heroisch
     oder Schäfer-Spiel   { *comique*, Landmäßig,

nicht im Frolocken und Jauchtzen, nicht in prächtigen Aufzügen; sondern in einer **unschuldigen, bescheidenen** Liebe, in einer ungeschminckten, angebornen und angenehmen Einfalt (naïveté) ein rechtes vornehmstes Kennzeichen findet, nach welchem sich alle Arten und Theile desselben richten müssen: Die Melodien insonderheit.

§. 50.

Zwar ist es freilich wol an dem, daß die wenigsten unter den heutigen Ton-Gelehrten solche abstechende Eigenschafften beobachten, darum man ihnen auch hiemit den Weg zeigen, und Anlaß zu weiterm Nachdencken geben will: Denn sie halten fest dafür, eine Arie sey eine Arie, ein Recitativ ein Recitativ, als wenn einer sagen wollte, alle Bücher wären nichts, als nur lauter Buchstaben; Sie bestünden ja alle aus dem Alphabet; ein Buch sey ein Buch.

§. 51.

Daher denn auch andre Leute, die jenen an Tiefsinnigkeit wenig nachgeben, scheinbare Ursachen genug finden, alles über einen Leisten zu schlagen. Es ist aber beyderseits übel gethan, absonderlich von denen, die der Music obliegen, und so linck davon urtheilen. Diesem Uibel mögte vieleicht diese Einsicht in die Gattungen und Abzeichen der Melodien einiger maassen zu steuren das Glück haben. Wir wollen es versuchen!

§. 52.

Wer demnach ein Pastoral mit gutem Beifall in die Music bringen will, der muß sich überhaupt solcher Melodien befleissen, die eine gewisse Unschuld und Guthertzigkeit ausdrücken: er muß dabey so viel verliebtes selbst empfinden, oder sich dessen annehmen, als ob er die Haupt-Person im Schäferspiel vorstellte. **Kaisers** erste Oper, **Ismene**, so alt sie auch ist, giebt ein gutes Muster ab. Vieler andern dieses Schlages von eben dem berühmten Verfasser zu geschweigen.

§. 53.

Die heroischen Schäfer-Spiele, wo Könige und Printzen unter verstellter Tracht, ingleichen Gottheiten und Lufft-Wagen eingeführet werden, erfordern freilich einen erhabenern Styl in denen dahin gehörigen Vorträgen und Umständen. Aber der besagte Haupt-Punct muß doch über alle andre hervorragen. Und wenn sich ein Fürst wie ein Schäfer stellet, muß er auch wie ein Schäfer singen.

§. 54.

Zwar haben auch die Hirten sowol ihre Lustbarkeiten, als andre Leute; sie sind aber einfältiger, kindischer und dem Land-Leben gemässer. Die Pastorale haben auch Aufzüge und öffentliche Spiele; aber sie sind nicht prächtig, sondern nur artig. Dahero müssen die Melodien dazu diesen Eigenschafften, so viel möglich, ähnlich seyn.

§. 55.

Endlich erscheinet unter den theatralischen Gattungen die vornehmste, oder doch die stärckeste, so da ist

XII. Die **Opera**, samt ihrem Anhange: { *Tragoedia*, das Trauer- / *Comoedia*, das Lust- / *Satyra*, das Straf- } Spiel.

Diese fasset gleichsam einen Zusammenfluß von allen übrigen Schönheiten des Schau-Platzes in solcher Maasse in sich, daß es bisweilen zu viel wird. Die Liebe regieret fast allemahl so hefftig, und mit solchen verwirrten Händeln darin, daß kaum andre Gemüths-Bewegungen, es wären denn Kinder dieser offt unartigen Liebe, Raum darin finden: welches meines Erachtens eine eckelhaffte Sache ist, die weder Noth noch Grund hat. Wir müssen diese Dinge inzwischen so nehmen, wie sie sind; nicht wie sie seyn sollten, oder seyn müsten.

§. 56.

Es hat also derjenige, welcher eine Oper mit Melodien versehen will, auf nichts so sehr sein Augenmerck zu richten, als auf die lebhaffteste Ausdrückung der vorkommenden Leidenschafften: denn obgleich, wie gesagt, die gewaltige Liebe fast immer der Haupt-Affect ist, so erreget sie doch unfehlbar einen Hauffen Unruhe und Bewegungen mit der Eifersucht, Traurigkeit, Hoffnung, Vergnügung, Rache, Wut, Raserey etc. Ich hätte wahrlich grosse Lust den vornehmsten Character einer Oper in der **Unruhe** selbst zu suchen, wenns mir nicht verdacht werden wollte.

§. 57.

Ist die Absicht eines Sing-Spiels tragisch, so muß sich der Gesang darnach richten, und müssen lauter majestätische, ernsthaffte, klägliche Melodien, nach Befinden der Umstände, dabey eingeführet werden, absonderlich zuletzt. Ist aber das Ende einer Oper comisch und lustig, so kehret man es um, und bedienet sich vornehmlich zu rechter Zeit, freudiger, frölicher und anmuthiger Melodien. Ist endlich der Inhalt satyrisch (wiewol deren wenige seyn werden) so müssen die Sang-Weisen hie und da etwas lächerlich, poßierlich und stachelicht heraus kommen. Exempel der ersten Art können etwa aus einem *Nero*; der zwoten aus einem *Jodolet*, und der dritten aus einem *Don Qui xotte* genommen werden. Operetten sind kleine Opern; weiter nichts.

§. 58.

Nach kurtzgefaßter, doch zu unserm Zweck vermuthlich hinreichenden Betrachtung der weltlichen Sachen müssen wir auch derjenigen nicht vergessen, die eigentlich und ins besondere der geistlichen Ton-Kunst gewidmet sind. Und da erscheinen

XIII. Die *Dialogi*, oder gesungene Gespäche, welche so vielerley Arten, als Materien haben.
Es sind blosse Unterredungen in Noten und auf ungebundene Worte, die gemeiniglich von Schrifftmäßigen Personen geführet, und entweder aus den evangelischen oder andern biblischen Geschichten von Wort zu Wort hergenommen werden. Ihr Styl ist etwas madrigalisch.

§. 59.

Ihr Abzeichen ist historisch und andächtig, wobey verschiedene mit einander sprechende Personen, meistentheils in einem langen Arioso, bald mit, bald ohne Begleitung, eingeführet werden. Da sind weder rechte Recitative noch Arien, sondern es herrscht eine ungestörte Abwechselung des Gespräches, ohne weitere Veränderung, als daß sich die Stimmen im Schluß entweder durch einen Choral, oder andern Satz zu vereinbaren pflegen.

§. 60.

Der vorige Hamburgische wolverdiente Cantor, **Gerstenbüttel**, setzte offmahls solche Dialogos, und erweckte damit bey dem gemeinen Mann eine sonderbare Ehrfurcht für das göttliche gesungene Wort, um so mehr, weil er ausser dem Schluß-Satze die grösseste Deutlichkeit darin spüren ließ. Es ist indessen eine etwas abgebrachte Gattung der Kirchen-Stücke, welche anitzo auf einen andern Fuß gesetzet sind.

§. 61.

Daß auch die Orgeln mit verschiedenen Clavieren, auf gewisse Weise solche Gespräche nachahmen können, ist eine recht artige Anmerckung im **Waltherischen** Wörter-Buche. Es gibt uns solche Vorstellung einen neuen Beweis, daß die Klang-Rede auch auf Instrumenten zu Hause gehöret, und sehr vernehmlich gemacht werden kan.

§. 62.

Obigen Gesprächen hat man denn billig vorgezogen

XIV. Das *Oratorium*, dessen Arten sind
- Die *Passiones*[9] oder Vorstellungen des Leidens Christi.
- *Epithalamia*, Hochzeit-Stücke.
- *Epicedia*, Trauer-Musiken.
- *Epinicia*, Sieges-Gesänge etc. etc.

In denselben werden entweder durch die Prosopopöie oder Persondichtung, da aus Dingen Personen gemacht werden, die sonst keine sind; oder ohne Verblümung, durch Einführung wircklicher Personen, solche Vorträge gethan, die nicht in einem dürren Gespräch, oder in einer Erzehlung allein, sondern in beweglichen Sätzen von allerhand Art, schöne Gedancken und Erwegungen an den Tag legen; die Gemüther sowol zur Andacht und heiliger Furcht, als auch zum Mitleiden und andern Regungen, vornehmlich aber zum Lobe Gottes und zur geistlichen Freude antreiben; durch Choräle, Chöre, Fugen, Arien, Recitative etc. die artigste Abwechselung treffen, und selbige mit verschiedenen Instrumenten, nachdem es die Umstände erfordern, **klüglich** und **bescheidentlich** begleiten.

§. 63.

Ein Oratorium ist also nichts anders, als ein Sing-Gedicht, welches eine gewisse Handlung oder tugendhaffte Begebenheit auf dramatische Art vorstellet. Die Gemüths-Bewegungen sind hier wiederum, wie man siehet, das vornehmste, worauf der Componist Achtung zu geben hat. Es haben aber die Oratorien, wenn sie geistliche Dinge abhandeln, ein anders und höheres zum Vorwurff, als sonst: nehmlich Gott und seine grosse Thaten, die freilich weit ernsthafftere Ausdrückungen und Gedancken geben, auch wichtigere Wirckungen bey den Zuhörern thun, als die verstellten oder gefärbten Affecten des weltlichen Schauplatzes.

§. 64.

„Die Music ziehet den Gottlosen, ja selbst den Gottlosen, zum Tempel; sein Ohr, das vor andern Lehren verstopfft ist, öffnet sich doch den durchdringenden Klängen; bald rühren lauter don-

---

9 Diese haben seit einiger Zeit, vermuthlich auf Veranlassung der Cleri sey, abermahl sehr vieles von den blossen *Dialogis* in hiesigen Haupt-Kirchen wieder angenommen; wiewol die Erzehlungen dennoch mit Arien unterflochten sind. In den Neben-Kirchen sind die *Passiones* poetisch abgefaßt, und nach der rechten oratorischen Weise.

nernde Accorde, welche die Lüffte zitternd trennen, einen solchen unheiligen Menschen, erfüllen ihn mit Furcht und Entsetzen; die strenge Harmonie stellet ihm einen lebendigen, schrecklichen, unvermeidlichen Gott vor, der mit flammender Hand, auf den Flügeln des Ungewitters tönend herabfährt, vor welchem tödliche Blitze herfliegen, und dem der Todes-Engel auf dem Fusse nacheilet. In den dräuenden Tonen vernimmt der Gottlose die fürchterliche Annäherung seines Richters; das Rasseln seiner feurigen Wagen; den Sturtz-Fall der lodernden Pechströme; die Abscheuligkeit des schwartzen Abgrundes, und das unwiederrufliche Urtheil seiner Verdamniß. Bald weiß hergegen eine sanfftere und erqvickende Zusammenstimmung seinem Hertzen die Bangigkeit wiederum zu benehmen, und ein neues Vertrauen zu erwecken: da wird demselben gleichsam in einer Blumen-Wolcke der Vater aller Güte vorgestellet, der bereit zu vergeben ist; dafern der Sünder nur seufzen, und mit Aschen auf dem Haupte durch seine Buß-Thränen das Feuer der sonst ewigen Rache löschen kan."

§. 65.

Ich habe mich nicht entbrechen können, diese schöne Stelle von den Wirckungen der Kirchen-Music alhier, aus dem offterwehnten *Discours sur l'Harmonie*, zu übersetzen und einzuschalten. Uibrigens muß, um zu solcher seligen Wirckung zu gelangen, die Ausdrückung in den Melodien eines Oratorii (welches so viele Abzeichen als Leidenschafften hat) zwar nicht so wild, aber wol so lebhafft, wo nicht lebhaffter seyn, als in Opern: Denn ein Oratorium ist gleichsam eine geistliche Oper und die göttliche Materie verdient es vielmehr als die menschliche, daß man sie nicht schläfrig ausarbeite. Bey Opern ist alles Schertz; In Kirchen ist alles Ernst, oder sollte es doch seyn. Es gibt indessen auch vielerley weltliche Oratorien, die mehr zum Kammer-Styl, als zur dramatischen Schreib-Art gehören, und sich in der Ausarbeitung nach denjenigen Regeln richten, die oben von den Cantaten gegeben worden sind.

§. 66.

Den nähesten Sitz nehmen die so genannten

XV. *Concerti da Chiesa,* { *a 1. 2. 3. 4., etc. Voci,*
    Kirchen-Concerte.   { *con, e senza Stromenti.*

Diese Gattung hat der berühmte **Viadana**, Erfinder des General-Basses, zuerst aufgebracht; Da sonst vor seiner Zeit, etwa vor 130 Jahren, alles verwirrt und verirret unter einander, mit lärmreichen Fugen und polternden Contrapuncten, mit starcken aus vollem Halse schreienden Chören, ohne Unterschied guter oder böser Stimmen, ohne Manier oder Zierlichkeit, ohne Melodie und Verständlichkeit, in den Kirchen getrieben wurde: so daß man auch bedacht gewesen, allen Gesang und Klang gantz und gar vom Gottes-Dienste zu verbannen. Und das verursachten die lieben Moteten.

§. 67.

Gedachter **Viadana** schreibt in der Vorrede seiner zu Franckfurt 1613 gedruckten Wercke, genug von den trifftigen Ursachen, die ihn bewogen, statt der gewöhnlichen Moteten, die Concerte einzuführen, und es beziehen sich die meisten Gründe auf die mir so sehr ans Hertz gewachsene **Deutlichkeit** und Verständlichkeit der Melodien, ingleichen auf ein reines *Accompagnement* mit der Orgel. Der Uiberfluß eckelhaffter Fugen und Contrapuncte; die unzierlichen Cadentzen und ungereimten Concordantzen; die Unterbrechung und Unterdrückung der Worte; die unförmlichen Intervalle, zerstümmelten Harmonien etc. werden alle in besagter Vorrede nahmhafft gemacht, und, wie billig, getadelt.

§. 68.

Man nimmt sonst Davidische Psalmen zu solchen Concerten, auch andre Sprüche aus der H. Schrifft; ohne gleichwol allerhand gute gebundene Texte davon auszuschliessen. Anfangs hatten diese Kirchen-Concerte keine andre Gesellschafft, als die Orgeln, und wurden sehr offt nur mit einer eintzigen Stimme gesetzt, welche sodann mit dem Organisten gleichsam um den Preis stritte. Hernach brauchte man zween, drey bis vier Sänger dazu, und zuletzt fanden sich auch verschiedene Instrumente dabey ein.

§. 69.

Diese Concerte waren übrigens gantz kurtz, etwa von einer Qvart-Seite, zu ieder Stimme gerechnet, und gingen in einem Satze daher, ohne Unterbrechung des General-Basses. Es wurden auch, wo es etwa irgend an diesem oder jenem Sänger fehlte, ihre Parteien bisweilen auf Zincken geblasen, welche damahls die Stelle der Oboen vertraten. Doch hat die Nachwelt in allen diesen sehr viel geändert und gebessert.

§. 70.

Die eigentliche Absicht bey den Concerten war und ist noch diese: die Text-Worte vernehmlich zu machen, und bey einer oder mehr Stimmen dennoch durch Hülffe des General-Basses, eine völlige Harmonie zu Wege zu bringen. Wer nun weiß, was Capell- und Concert-Stimmen heutiges Tages sind, da nehmlich bey den ersten alles was Odem hat, bey den andern aber nur die besten sich hören lassen, der wird sich desto leichter einen Begriff von dieser Melodien-Gat|tung machen können: zumahl wenn er bedenckt, daß der Nahm von *certare*, **streiten**, herkömmt, und so viel sagen will, als ob in einem solchen Concert eine oder mehr auserlesene Sing-Stimmen mit der Orgel, oder unter einander, gleichsam einen Kunst-Streit darüber führten, wer es am lieblichsten machen könne.

§. 71.

Eine gantz andre Beschaffenheit hatte es mit den allerältesten Kirchen-Sachen bey der christlichen Music; denn da waren in grossem Ruf und immer hoch am Brete

XVI. Die *Motetti*,

welches gewisse, mit lauter Fugen und Nachahmungen angefüllte, und über einen kurtzen biblischen Spruch mühsam ausgearbeitete vielstimmige Sing-Stücke sind.

Bey denselben wuste man anfänglich von keinem General-Baß. Wäre dieser bey den Moteten Herkommens gewesen, was hätte **Viadana** nöthig gehabt, seinentwegen und zugleich mit ihm eine andre neuere Gattung der Melodien, nehmlich oberwehnte Concerten, einzuführen? Man muß die Zeiten unterscheiden.

§. 72.

Bey solchen Moteten muste der Organist zwar alle Sing-Stimmen in Partitur bringen, und selbige, wie eine Allemande oder anders Hand-Stück, voller Bocks-Triller und abentheurlicher Toccaten-Schwärmer so fein lieblich daher figuriren; aber das war kein General-Baß. Man wuste bey den Moteten anfänglich von keinem Instrumente, ausser der Orgel auf bemeldte Weise, und die blieb auch offt aus. Man wuste dabey von keinem andern Concertiren, als von derjenigen Jagd, welche mit den unsingbaren und unendlichen Fugen angestellet ward. Alles ging in vollen Sprüngen, *da Capella*, mit der gantzen Schule Feldein, und hauete immer getrost fort, bis ans

Von den Gattungen und Abzeichen der Melodien.

letzte Ende: denn ehe gab man kein Qvartier. Da war keine Leidenschafft oder Gemüths-Bewegung auf viel Meilweges zu sehen; keine Einschnitte in der Klang-Rede, ja vielmehr Abschnitte in der Mitte eines Worts mit nebenstehender Pause; keine rechte Melodie; keine wahre Zierlichkeit, ja gar kein Verstand zu finden: alles auf ein Paar offt wenig oder nichts bedeutende Wörter, als: *Salve, Regina Misericordiae* u. d. g. Dennoch waren es nicht einmahl lauter ordentliche Fugen; sondern mehrentheils nur schlechte Nachahmungen, da eine Stimme die andre gleichsam äffete; und mit solcher Einfalt noch ein grosses Wesen machte.

§. 73.

Solte iemand meinen, wir thäten den lieben Alten hierin zu viel; dem kan man noch gantz neue Wercke von einem der grössesten Meister im Druck zeigen, woselbst alle obige Uibelstände richtig anzutreffen sind: daß man sich wundern mögte, wie verständige Leute und Kaiserl. Capellmeister dergleichen öffentlich für was gutes ausgeben können. z. E.

§. 74.

„*Ave, Maria, gratia plena. Dominus tecum. Benedicta tu in mulieribus. Et benedictus fructus ventris tui.* Ist der bekannte Englische Gruß. Die Ausarbeitung dieser wenigen Wörter begreifft 140 Tact oder 70 *Tempora* im Capell-Styl, und machen also den Gruß ziemlich lang. Ihrer 4 legen ihn ab; obgleich die Schrifft nur von einem meldet. Es trit nach iedem Punct ein andrer Fugen-Satz oder Nachahmungs-Cläuselgen ein; aber man hält nimmer still, und bemercket keinen Absatz in der Zeit-Maasse. Das eintzige *Ave* muß sich einer gefallen lassen über funfzehnmal zu hören; *Maria* neun oder zehnmahl, und das ist gnädig; etc. *Dominus tecum* erklingt eben so offt, mit einer lauffenden Figur und einem langen Aushalten auf dem merckwürdigen Worte *tecum*. Ein gleiches Glück haben die Worte *benedicta tu*, und zwar in folgender Melodie, wo es Melodie heissen kan:

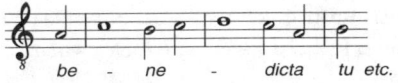 

Zu geschweigen der herrlichen Züge und Ausdehnungen, die bey der dritten Sylbe des Worts *benedicta* vorkommen. Aber dieses ist noch nichts zu rechnen gegen der Ehre, so dem Worte *in mulieribus*[10] wiederfährt, wovon ich nothwendig, obgleich ungern, eine Probe hersetzen muß:

Bey allen diesen führt der Sopran den Gregorianischen hiehergehörigen Gesang auf das steifeste und festeste: nehmlich den hochgeehrten *Cantum firmum*. Das laßt mir ein heutiges Model seyn! Gute Harmonie! Schöne Harmonie! Aber kein Verstand; keine Melodie; keine Gemüths-Bewegung; keine Einschnitte! etc."

---

10 Die Ausdehnungen müssen unter andern auch die Eigenschafft haben, daß die Wörter, darauf sie fallen, auch dem Verstande nach eine Ausdehnung vertragen können. Dem Verstande nach ginge es hier wol nicht an; ein loser Vogel aber mögte meinen, es ginge dem Leibe nach wol an.

§. 75.

Es gehört wahrlich grosse und unermüdete Arbeit zu diesen Sachen. Aber eben das beständige Arbeiten in den alten Wercken des **Pränestins** (welchen man zum Behuf derselben anführet) war die eintzige gefährliche Ursache, daß die Kirche auf ein Haar der Music wäre beraubet worden, wenn besagter Päbstlicher Capellmeister seine Schreib-Art nicht klüglich geändert, und zu rechter Zeit mehr Einfalt angenommen[11] hätte. Die neuern Künsteley-Verfechter mögten es ihm nur immer hierin nachthun. Denn, daß eine iede Stimme ihre eigene, mit den vorigen gantz wol harmonirende Melodie führet, das macht die Sache nicht aus: weil es, auf gewisse Weise, immer geschehen soll und muß; aber wegen des Begriffs der Zuhörer ist es klug gethan, daß solche Melodien nicht in einerley Range und auf gleichförmiger Höhe oder Stuffe[12] stehen, sondern, daß immer bald diese bald jene unter ihnen hervorrage, so wie das Hauptbild in einem Gemählde, welches keinem Menschen gefallen, noch der Natur gemäß seyn kan, wenn alle Posituren darin von gleicher Ausarbeitung sind. Es verdient wol zweimahl gesagt zu werden.

§. 76.

Die heutigen Frantzosen nennen zwar noch bis diese Stunde alle ihre Kirchen-Stücke, fast ohne Unterschied, *des Motets*: Man kan ihnen auch solche Freiheit gerne gönnen: wiewol die Unwissenheit in der Benennung eines Dinges keinen übel gegründeten Argwohn gibt, daß man auch das Ding oder die Sache selbst nicht recht kenne oder verstehe. Es schlägt selten fehl. Allein die Einrichtung der Frantzösischen so genannten Motets ist doch anitzo etwas besser, als sie vor Alters war: Denn es kommen gar offt Abwechselungen darin vor, da nehmlich die eine oder andre ausnehmende Stimme sich etwa allein hören läst und concertirt.

§. 77.

Aus angeführten Umständen ist demnach leicht zu schlüssen, daß zwar die eigentliche Moteten-Art nicht gantz zu verwerffen; Doch aber höchstnöthig sey, dieselbe allenfals mit der Concerten-Art durchzuflechten, und dem Wort-Verstande oder der Vernunfft in keinem Stücke zu nahe zu treten, wenns auch die beste Fuge von der Welt kosten sollte. Es heist hier: Ich habe es wol alles Macht, aber es frommet nicht alles.

§. 78.

Die Verbesserung der Moteten hat den Grund zu den **Missen** geleget, nehmlich zu denjenigen Stücken, welche bey den Catholiken im Anfange des Gottes-Dienstes aufgeführet werden, und sowol aus ein- zwo und drey-Stimmigen Sätzen, als aus vollen Chören und prächtigen Fugen bestehen. Das Kyrie, Credo, Sanctus, Agnus Dei, die Seelmessen etc. gehören hieher. Und so viel sey von den sechszehen Gattungen der Singe-Melodien oder Stücke gesagt; doch ohne hierin Maaß und Ziel zu stecken.

§. 79.

Oben ist schon erwehnet worden, daß bey Instrumental-Sachen alles beobachtet werden müsse, was die Setz-Kunst von den Vocal-Melodien erfordert; ja, offt ein mehres. Solches wird hiemit bekräfftiget, da wir zu den Spiel-Melodien und deren Gattungen schreiten. Denn | da hat man

---

11 *vid.* den Göttinger *Ephor. p. 59.* die musical. Critick im ersten Bande *p. 308. 309. it.* die kleine General-Baß-Schule *p. 23.*
12 Welches in den Moteten geschiehet: da gleichsam ein *pele mele* im höchsten Grade regieret.

erst auf die Gemüths-Neigungen zu sehen, die mit blossen Klängen, ohne Worte, ausgedruckt werden sollen; hernach auf die Einschnitte der Ton-Rede, wobey die Worte uns den Weg nicht weisen können, weil sie nicht gebraucht werden, drittens auf den Nachdruck, auf die Emphasin; viertens auf den geometrischen; und fünfftens auf den arithmetischen Verhalt. Man sehe nur die allerkleineste Melodie an, so wird sichs wahr befinden.

§. 80.

Wie nun in der gantzen Natur und allem erschaffenen Wesen kein eintziger Leib ohne Zergliederung recht erkannt werden mag: so will ich immer der erste seyn, der eine Melodie zerleget und ihre Theile ordentlich untersuchet. Zur Probe solls fürs erste einem Menuetgen gelten, damit iedermann sehe, was ein solches kleines Ding im Leibe hat, wenns keine Misgeburt ist, und damit man von geringen Sachen auf wichtigere ein gesundes Urtheil fällen lerne.

§. 81.

Es hat demnach

I. *Le Menuet, la Minuetta,* sie sey gemacht { zum Spielen, zum Singen, zum Tantzen, } ins besondre

Keinen andern Affect, als eine **mässige Lustigkeit**. Wenn die Melodie eines Menuets nur sechszehn Tact lang ist, (denn kürtzer kan sie nicht seyn) so wird sie wenigstens einige Commata, ein Semicolon, ein Paar Cola, und ein Paar Puncte in ihrem Begriff aufzuweisen haben. Das sollte mancher schwerlich dencken; und ist doch wahr.

§. 82.

An einigen Stellen, wenn die Melodie rechter Art ist, kan man auch den Nachdruck deutlich vernehmen; der Accente, Fragezeichen etc. zu geschweigen, die gar nicht fehlen. Der geometrische Verhalt sowol, als der arithmetische[13] sind unentbehrliche Dinge Bewegungs-voller Melodien, und geben denselben die rechte Maasse und Gestalt. Wir wollen an dem Menuet hievon ein solches Beispiel zeigen, welches bey allen übrigen, als ein Muster, zur Zergliederung dienen kan.

§. 83.

Da ist nun ein gantzer melodischer **Zusammensatz** (*Paragraphus*) von 16 Täcten, aus welchen 48 werden, wenn man sie vollend zu Ende bringt. Dieser Zusammensatz bestehet aus zweien einfachen Sätzen, oder Periodis, die sich, gleich den folgenden Einschnitten, **durch die Wiederholung**, um ein Drittel des gantzen vermehren, und unter ihren Schluß-Noten mit dreien Puncten (∴) bemercket sind; die gäntzliche Endigung aber, als der letzte Punct, mit dem Zeichen ᴗ.

---

13 Man nennet diese sonst *numerum sectionalem* und *rhythmum*.

§. 84.

Es befindet sich in diesem Paragrapho nicht nur ein **Colon** oder Glied; sondern auch ein **Semicolon**, oder halbes Glied: Die man bey ihren gewöhnlichen, unter die Noten gesetzten Zeichen erkennen kan. Man trifft ferner drey **Commata** an, daraus neun werden, und die mit dem bekannten Beistrichlein versehen sind. Die dreifache **Emphasin** aber haben wir mit eben so vielen Sternlein angedeutet. Der **geometrische Verhalt** ist hier, wie durchgehends bey allen guten Tantz-Melodien, 4, und hat so viele Kreutzlein zum Abzeichen. Die **Klang-Füsse** des ersten und zweiten Tacts werden im fünften und sechsten wieder angebracht. Die andern, so sich | hernach im neunten und zehnten Tact angeben, höret man gleich im elften und zwölften noch einmahl, woraus denn die **arithmetische Gleichförmigkeit** erwächst. Und das wäre die gantze Zergliederung in acht Stücken: Deren erstes die 2 Periodos; Das zweite das Colon; Das dritte ein Semicolon; Das vierte die 9 Commata; Das fünfte die Emphasin; Das sechste den geometrischen; das siebende den arithmetischen Verhalt, und das achte endlich den Schluß-Punct ausmacht.

§. 85.

Wer ein Menuet zum Clavier haben will, der schlage nur, sowol dieser, als vieler andrer Ursachen halber, **Kuhnauens**, **Händels**, **Graupners** etc. Hand-Sachen auf, so wird er, um den Unterschied der dreien Menuet-Arten zu finden, nur fragen dürffen, ob sich die daselbst befindliche Melodien dieser Gattung zum Tantzen, oder zum Singen wol schicken? Und der erste Blick wird ihm mit Nein antworten.

§. 86.

Wegen der Sing-Menuetten nehme man weltlich-dramatische Arbeit zur Hand, absonderlich von Welschen und Teutschen Opernmachern, die gar offt setzen: *Aria, tempo di Minuetta*, ob es gleich allemahl keine förmliche Menuetten sind. Die rechten, aufrichtigen Tantz-Melodien dieser Gattung und ihr wahres Kennzeichen kan man nirgend besser antreffen, als bey den Frantzosen, und ihren gescheuten Nachahmern in Teutschland, unter welchen **Telemann** der vornehmste ist: so viel noch bekannt.

§. 87.

Hiernächst betrachten wir

II. Die *Gavotta*,   { zum Singen, *solo*, *tutti*,
    deren Arten ebenfalls   zum Spielen, *da Cembalo, di Violini etc.*
                                zum Tantzen etc. abzielen.

Ihr Affect ist wircklich eine rechte **jauchzende Freude**. Ihre Zeitmaasse ist zwar gerader Art; aber kein Vierviertel-Tact; sondern ein solcher, der aus zween halben Schlägen bestehet; ob er sich gleich in Viertel, ja gar in Achtel theilen läßt. Ich wollte wünschen, daß dieser Unterschied ein wenig besser in Acht genommen würde, und daß man nicht alles so überhaupt **eine schlechte Mensur** nennen mögte: wie geschiehet.

§. 88.

Das **hüpffende** Wesen ist ein rechtes Eigenthum dieser Gavotten; keinesweges das **lauffende**. Die welschen Setzer brauchen eine Art Gavotten für ihre Geigen, darauf sie sonderlich arbeiten, welche offt mit ihren Ausschweiffungen gantze Bögen erfüllen, und nichts weniger, aber wol was anders sind, als sie seyn sollten. Doch wenn ein Welscher es nur dahin bringen kan, daß man seine Geschwindigkeit bewundert, so macht er alles aus allem. Fürs Clavier setzt man auch gewisse Gavotten, die grosse Freiheit gebrauchen; sie treiben es aber doch nicht so arg, als die gefiedelten.

§. 89.

Daß die Frantzosen Gavote und nicht Gavotte schreiben, daran ist ihre Aussprache Schuld, in welcher das Endigungs *e* so wenig gilt, daß das *t* dadurch eine doppelte Krafft gewinnet. Was aber **Menage** von dem Ursprunge des Nahmens Gavote gedenckt, als ob derselbe von einem Bergvolcke in der Landschafft *Gap* herkomme, läßt sich hören. Mich deucht ich sehe diese Bergmänner auf den Hügeln mit ihren **Gapoten** herumhüpffen. Was mehr dabey zu beobachten vorfällt, wird man im ersten Theil des Orchesters, in **Niedts** Handleitung II Theil, im **Brossard**, und endlich im **Walther** zu suchen haben. Wenn aber dieser letzte vermeinet, es sey so was **seltenes**, daß eine Gavot mit einem halben Schlage anfange, darüber könnte man eine Menge wiedersprechender Proben aus welschen Verfassern, absonderlich aus den Wercken des **Steffani**, wiewol nur in Sing-Gavotten und Chören, beibringen: nehmlich im melismatischen Styl.

§. 90.

Eine Melodie, die mehr fliessendes, glattes, gleitendes und an einander hängendes hat, als die Gavotte, ist

III. Die *Bourrée*, { zum Tantzen, vornehmlich.
{ zum Singen, im melismatischen Styl.

Diese Melodien-Gattung hat, meines Wissens, keine solche Neben-Arten, oder, sie ist vielmehr noch nicht so ausgeartet, als die Gavot; obwol bisweilen in theatralischen und andern weltlichen Sachen eine Sing-Arie, *col tempo die Borea*, zum Vorschein kömmt. Wie die Bourreen gebildet seyn, anfangen und aufhören müssen, das stehet schon an mehr, als einem Orte. Doch muß ich hier sagen, daß ihr eigentliches Abzeichen auf der **Zufriedenheit**, und einem **gefälligen Wesen** beruhe, dabey gleichsam etwas **unbekümmertes** oder **gelassenes**, ein wenig nachläßiges, gemächliches und doch nichts unangenehmes vermacht ist.

§. 91.

Das Wort *Bourrée* an ihm selbst bedeutet eigentlich etwas gefülltes, gestopfftes, wolgesetztes, starckes, wichtiges, und doch weiches oder zartes das geschickter zum schieben, glitschen oder gleiten ist, als zum heben, hüpffen oder springen. Hiemit kommen die so eben erwehnten Eigenschafften der Boureen-Melodie ziemlich überein, nehmlich: zufrieden, gefällig, unbekümmert, gelassen, nachläßig, gemächlich und doch artig.

§. 92.

Da man nun einen bekannten Tantz hat, der einer gewissen Braut zu Ehren *la Mariée* heißt, so könnte es gar wol seyn, daß die Biscayer, bey denen die Bourree zu Hause gehöret, und wo es selten feiste niedliche Leiber gibt, etwa einem solchen Frauenzimmer zu gefallen diesen Tantz eingeführet, und so benennet hätten. Er schickt sich wahrlich zu keiner Art der Leibesgestalten besser, als zu einer untergesetzten. Doch sinds nur Muthmaassungen, die mehrentheils mislich zu seyn pflegen.

§. 93.

Wir gehen weiter, und nehmen vor uns

IV. Den *Rigaudon* { zum Spielen, zumTantzen, zum Singen.

Dessen Melodie ist, meines Erachtens, eine von den artigsten. Ihre Eigenschafft bestehet in einem etwas **tändelnden Schertz**. Von Italienern wird der *Rigaudon* offt zu Schluß-Chören in dramatischen Sachen; von den Frantzosen aber zu absonderlichen Oden und ergetzlichen Arietten im Singen gebraucht. Seine Form kan aus dem Orchester abgenommen, dabey aber noch bemercket werden, daß der dritte Absatz gleichsam eine Einschaltung oder *Parenthesin* vorstellen muß, als ob derselbe gar nicht mit zum Vortrage gehörte, sondern nur so von ungefehr dazwischen käme: derowegen auch dieser dritte und kleine Absatz tief am Klange seyn, und keinen rechten Schluß haben muß, damit das folgende desto frischer ins Gehör falle.

§. 94.

Uibrigens ist der Rigaudon ein rechter Zwitter, aus der Gavot und Bourree zusammengesetzt, um mögte nicht unfüglich eine vierfache Bourree heissen. Doch sind die Umstände und Förmelgen, die Eintheilung, der Umfang, die Abwechselung gantz anders beschaffen. Diese Tantz-Melodie hieß vor Alters in welscher Sprache nur *Rigo*, welches einen Fluß oder Strom bedeutet, und ich finde wircklich, daß sie bey den Seeleuten sehr gäng und gäbe ist. Also hat fast ein iedes Element, ja es haben Berge und Thal eigene Melodien. Man hat einen bekannten Schiffer-Rigaudon, der mit diesen Worten anfängt: *Dans nos Vaisseaux etc.* Selbiger ist ein recht gutes Muster. **Richelet** sagt, der Rigaudon komme aus der Provence her: und ich glaube es desto williger, weil das mittelländische Meer daselbst die Gemeinschafft mit Welschland unterhält.

§. 95.

Unsre nächste Betrachtung fällt auf den Marsch, oder

V. *La Marche*, welcher entweder { ernsthafft oder poßirlich ist.

Seine rechte Eigenschafft ist was **heldenmüthiges** und **ungescheutes**; doch nichts wildes oder lauffendes. Daher ist es unrecht gehandelt, wenn man aus allerhand Melodien Marsche machen will. Gemeine Dutzend-Componisten stehen in den Gedancken, ein Marsch könne niemahls lustig genug seyn: traurig, kläglich, jämmerlich und weinend darff man ihn eben nicht machen; doch auch nicht auf den Sprung. Ein Marsch ist eigentlich kein Tantz: und wenn er in Schauspielen gebraucht wird, schreiten die Personen nur gantz langsam daher, ohne tantzen, hüpffen oder springen; doch figuriren sie unter einander, welches wol zu sehen ist, absonderlich von Gewafneten oder Kriegesleuten.

§. 96.

Auch hindert es der Ernsthafftigkeit einer solchen Melodie mit nichten, wie manche wähnen, wenn sie gleich die ungerade Tact-Art führet. **Lully** hat sehr viele Marsche in der ungeraden Zeit-Maasse gesetzet; sich aber stets dabey die stoltzen Abzeichen und das kriegerische Wesen äusserst angelegen seyn lassen. Wie gar zu viel Feuer keinen wahren Held macht; sondern ein gantz unverzagtes, festes Gemüth schier durch nichts beweget, oder aus seinem eigentlichen Sitz gebracht wird, indem es sonst aller klugen Entschliessung gute Nacht saget, und der Hitze den Zügel schiessen läßt; also kan ein melodischer Setzer sich hieraus schon ein Bild machen, nach welchem seine Marsche keinen lodernden Brand, sondern eine muthige Wärme in sich halten müssen.

§. 97.

Nun gibt es zwar Fälle, da auch die Marsche ihre Eigenschafft verändern, und sich nach gewissen Umständen einrichten lassen müssen: denn wenn ich z. E. einen Hauffen Arleqvins oder andre lustige Brüder, mit einer ernsthafften Melodie einführen wolte, würde solches ungereimt herauskommen; ie lächerlicher der Marsch bey solcher Gelegenheit ausfällt, ie besser ist er. Und dazu gehört auch ein eigenes Abzeichen. Habe ich aber nicht mit satyrischen Personen, sondern mit tapffern Soldaten zu thun, so muß mein Marsch was gesetztes und unerschrockenes darlegen.

§. 98.

Mit dem auf Zug und Wachten so nützlichem Spiel hat eine ziemlich-nahe Verwandschafft und doch einen besondern Gattungs-Unterschied

VI. Die *Entrée*.
    Es muß bey derselben das **erhabene** und **majestätische** Wesen allerdings Statt finden; aber sie darff doch so gar hochtrabend nicht einhergehen. Hergegen hat die Entree mehr scharffes, punctirtes und reissendes an sich, als sonst irgend eine andre Melodie; wobey zugleich die Ebenträchtigkeit der Marsche fehlet, oder in etwas abgehet. Ihre herrschende Eigenschafft ist die **Strenge**, und der Zweck, daß sie die Zuhörer zu solcher Aufmercksamkeit reitzet, als ob recht was fremdes oder neues vorgebracht werden sollte.

§. 99.

Die Zwo Abtheilungen, wo man die Sätze wiederholet, können bey einer Entree wol etwas länger seyn, als bey einem Marsch: jene leidet auch die ungerade Anzahl der Täcte, weil ihr Wesen nicht fliessend, sondern etwas störrisch ist; dieser hergegen gibt solches durchaus nicht zu, sondern will einen genauen geometrischen Verhalt haben. Ferner macht man auch gerne die beiden Wiederholungs-Theile der Entree ungefehr von einerley Länge; beym Marsch aber ist gemeiniglich der erste dieser Theile kürtzer, als der andre, und was dergleichen noch nie bemerckter Unterschied mehr seyn mag, welchen die Gegenhaltung beider Melodien, nach dieser Anleitung, desto leichter entdecken wird.

§. 100.

Eine iede Tantz-Melodie heißt zwar sonst bey den Frantzosen mit dem allgemeinen Nahmen eine *Entrée*; voraus wann sie bey Schauspielen zu Aufzügen dienet, und die Banden einführet. Aber im besondern Verstande ist es eine solche hyporchematische Gattung, nach welcher offt auch nur eine eintzige Person, mit der grössesten Kunst, Stärcke und Geschicklichkeit, gantz ernsthafft tantzet.

§. 101.

Noch eines ist hiebey zum Abzeichen und zum erstenmahl anzumercken, daß nehmlich der Anfang einer Entree, um ihre Ansehnlichkeit desto besser zu zeigen, bisweilen mit der Oberstimme gantz allein gemacht, und der Baß erst, wenn er pausirt hat, nachahmend eingeführet wird, fast auf die Weise, wie offt bey Ouvertüren zu geschehen pfleget. Doch muß die Pause des Basses bey beiden nicht über einen Tact betragen.

§. 102.

Diesen ernsthafften Melodien mag nun auch wiederum was frisches und hurtiges folgen, nehmlich

VII. Die *Gique*, mit ihren Arten, welche sind
- die gewöhnliche,
- die *Loure*,
- die *Canarie*,
- die *Giga*.

Die gewöhnlichen oder Engländischen Giqven haben zu ihrem eigentlichen Abzeichen einen **hitzigen und flüchtigen Eifer**, einen Zorn, der bald vergehet. Die *Loures* oder langsamen und punctirten zeigen hergegen ein **stoltzes, aufgeblasenes** Wesen an: deswegen sie bey den Spaniern sehr beliebt sind: die **Canarischen** müssen grosse **Begierde** und **Hurtigkeit** mit sich führen; aber dabey ein wenig **einfältig** klingen. Die welschen *Gige* endlich, welche nicht zum Tantzen, sondern zum **Geigen** (wovon auch ihre Benennung herrühren mag) gebraucht werden, zwingen sich gleichsam zur äussersten **Schnelligkeit** oder **Flüchtigkeit**; doch mehrentheils auf eine fliessende und keine ungestüme Art: etwa wie der glattfortschiessende Strom-Pfeil eines Bachs.

§. 103.

Alle diese neue Anmerckungen haben ihre Absicht nicht sowol ins besondere auf den völligen Begriff der blossen Täntze, als auf die Entdeckung des darin steckenden Reichthums und dessen gescheute Anwendung, bey einer Menge andrer und wichtiger-scheinenden Dinge: absonderlich bey feinen Singsachen und Ausdrückung der Leidenschafften allerhand Art; alwo unzehlbare ja unglaubliche Erfindungen aus diesen unansehnlichen Qvellen hervorkommen. Man dencke dieser Erinnerung nur recht nach.

§. 104.

Da gibt es, so wie von einigen der übrigen Melodien-Gattungen auch Arietten *a tempo di Giga* zum Singen: vornehmlich auf die Art der *Loures*, die keine unangenehme Wirckung thun. Mit der blossen Giqven-Weise kan ich schon vier Haupt-Affecten ausdrücken: den Zorn oder Eifer; den Stoltz; die einfältige Begierde und das flüchtige Gemüth. Die Einfalt der canarischen Giqven wird insonderheit dadurch ausgedruckt, daß alle vier Absätze und Wiederkehrungen immer im Haupt-Ton, und in keinem andern schliessen.

§. 105.

Es ist auch keinesweges hiebey zu vergesen

VIII. Die *Polonoise* oder der Polnische Tantz,
{ in gerader, in ungerader } Tactmaasse.

Man sollte nicht meinen, was für sonderbaren Nutzen diese Melodien-Gattung hat, wenn sie in singenden Stimmen, nicht zwar in ihrer eignen Gestalt; sondern nur auf dem Polnischen Fuß angebracht wird. Doch ist sie, so viel mir wissend, noch von niemand beschrieben.

§. 106.

Zwar ist die Tantzweise der Polen nicht unbekannt; doch dürffte iedermann nicht bemercket haben, daß ihr Rhythmus bey gerader Zeitmaasse **vornehmlich** der[14] Spondäus ist, mit welchem auch so gar geschlossen wird, das sonst mit keiner Melodie in der Welt, zumahl im fortgesetzten Unisono, geschiehet. Bey ungerader Zeitmaasse verändert sich der Spondäus in den Jambum, so daß bey der ersten Art zwo gleich-lange Noten, oder halbe Schläge in einem Ton; bey der andern aber eine kurtze und eine lange, nehmlich eine Viertel und ein halber Schlag, auch in einem Ton regieren. Ich sage vornehmlich: denn diese Klangfüsse werden gleichwol auch mit andern untermischet, wie aus den Exempeln am besten zu ersehen.

§. 107.

Der Anfang einer Polonoise, in genauem Verstande genommen, hat darin was eigenes, daß sie weder mit dem halben Schlage im Aufheben des Tacts, wie die Gavot; noch auch mit dem letzten Viertel der Zeitmaasse eintritt, wie die Bourree; sondern geradezu ohne allen Umschweif, und wie die Frantzosen sagen, *sans façon*, mit dem Niederschlage in beiden Arten getrost anhebt.

§. 108.

Wenn ich etwas zu setzen oder solche Worte in Noten zu bringen hätte, darin eine besondre **Offenhertzigkeit** und ein gar **freies Wesen** herrschte, wolte ich keine andre Melodien-Gattung dazu erkiesen, denn die Polnische: maassen meines Ermessens hierin ihr wahres Abzeichen, ihr Character und Affect beruhet. Selten lässet sich die Natur und Eigenschafft eines Volcks bey desselben Lustbarkeiten und Täntzen verstecken; ob es gleich bey andrer Gelegenheit geschehen mögte.

§. 109.

Wiederum eine sonderbare, zu vielen andern Stücken nützliche Melodien-Gattung, welche zu gantz fremden Einfällen Anlaß gibt, ist

IX. Die *Angloise*, der Engländische Tantz, dahin gehören { Die *Country-Dances*, *Ballads*, *Hornpipes* etc.

Was vortreffliches und dabey seltsames haben diese Tantz-Melodien an sich, welches diejenigen Büchlein bezeigen, die von Zeit zu Zeit in Amsterdam bey **Jeanne Roger** zum Vorschein kommen, und Sammlungen enthalten. Daselbst kan sich ein jeder von der Gestalt solcher Melodien gute Nachricht holen, und erfahren, daß sie nicht eben aus rückenden Noten bestehen, sondern viel weiter um sich greiffen, schöne fliessende Melodien führen; die Klang-Füsse ungemein beobachten; voller starcken Bewegungen stecken, und in der Ton-Kunst recht-artige **Sonderlinge** sind.

§. 110.

Die Haupt-Eigenschafft der Angloisen ist, mit einem Worte der **Eigensinn**; doch mit ungebundener Großmuth und edler Guthertzigkeit begleitet. Wer nun diese Gemüths-Bewegungen, absonderlich die erste vorzustellen hat, der lasse sich die Untersuchung solcher Melodien empfohlen seyn, die ihm dazu Anleitung geben, und den choraischen Styl, wie ihn die besagten *Country-Dances*, zum Grunde legen.

---

14 S. das sechste Haupt-Stück dieses Theils §. 17.

340   II. Theil.   Dreizehntes Capitel

§. 111

Was die **Ballads** betrifft, so siehet man leicht, daß der Nahm vom Ballet, oder vom Tantz insgemein, herkömmt; aber eigentlich sind es in England melismatische Gesänge, Oden oder Lieder, mit vielen Strophen, die zwar vornehmlich zum Singen gesetzt, doch auch bisweilen zum Spielen und Tantzen gebraucht werden, gleich den frantzösischen **Vaudevilles** oder Gassenhauern. Man hat von den so genannten Ballads eine ziemliche Sammlung, unter dem Titel: **Pillen wieder die Traurigkeit**[15]: worin eine Menge solcher Lieder gedruckt stehen.

§. 112.

Die **Hornpipen** sind scotländischer Abkunfft, und haben bisweilen so was ausserordentliches in ihren Melodien, daß man dencken mögte, sie rührten von den Hofcompositeurs am Nord- oder Süd-Pol her. Wer sie indessen zu untersuchen die Mühe nehmen, und, was er daraus begriffen, zu rechter Zeit wol anwenden will, kan auch schon seinen Nutzen daraus ziehen. Man spielet sie in Scotland auf einem Instrument, das unserer Sackpfeiffe einiger maassen ähnlich ist, und von den Frantzosen *Musette* genannt, auch nicht so verächtlich gehalten wird, als man wol meinen sollte. Ich will doch zur Probe etwas weniges von solchem scotländischen Tantze hersetzen, weil man sonst in keinem Buche Nachricht davon findet.

§. 113.

Zu den hurtigen Melodien gehöret noch

X. *Le Passepied*, entweder { in einer Symphonie, oder zum Tantzen.

Sein Wesen kömmt der **Leichtsinnigkeit** ziemlich nah: denn es finden sich bey der Unruhe und Wanckelmüthigkeit eines solchen Passepied lange der Eifer, der Zorn oder die Hitze nicht, die man bey einer flüchtigen Giqve antrifft. Inzwischen ist es doch auch eine solche Art der Leichtsinnigkeit, die nichts verhaßtes oder misfälliges, sondern vielmehr was angenehmes an sich hat: so wie manch Frauenzimmer, ob es gleich ein wenig unbeständig ist, dennoch ihren Reitz dabey nicht verlieret.

§. 114.

Bey den besten Schiffleuten in Franckreich, nehmlich in Bretagne, hat diese Tantz-Melodie ihren Ursprung. Das ist gewiß. Ob aber das wanckende und veränderliche See-Element hiebey seinen Einfluß habe, solches will ich ungesagt seyn lassen.

§. 115.

Diejenige Art der Passepieds, welche offt in weltlichen Symphonien gebraucht wird, gewinnet eine andre Gestalt, durch das vorhergehende und nachfolgende in solchen Instrumental-Stücken, und dienet nur statt eines Allegro oder hurtigen Zusatzes: Denn nicht selten schließt sich dergleichen Symphonie, zumahl bey den welschen Setzern, mit einer solchen Tantz-Weise. Die

---

15 *Pills to purge Melancholly.*

Frantzosen hergegen wenden sie bloß zur Uibung ihrer Füsse an: Uns Teutsche mag nichts hindern, wenn etwa Gemüths-Bewegungen aufstossen sollten, die mit obigen übereinkämen, wenigstens den Rhythmum, wo nicht die Form eines Passepied mitzunehmen.

§. 116.

Was die Sauffhelden ein Runda nennen, muß ja niemand mit derjenigen Gattung unsrer Melodien verwechseln, die man wegen ihrer in die Runde gehenden Wiederkehr

XI. Ein *Rondeau* nennet, solches hat entweder { eine gerade oder ungerade Zeitmaasse,

und stellet dasjenige in der Tonkunst vor, was in der Dichtkunst durch ein eben also genanntes Reimgeschlecht angedeutet wird. Der 136 Psalm ist, nach seiner Art nichts anders, als ein Rondeau. Luther nennet ihn eine Litaney. Aber eine Litaney ist ein **Gebet**; Und der Psalm enthält ein **Lob** der Güte Gottes. Alle Litaneien sind Gebete *en Rondeau*; Aber alle Rondeaus sind keine Litaneien.

§. 117.

Ich wüste nicht, daß diese Art der Melodien, deren Beschreibung in meinem **Niedt** enthalten, sehr offt zum Tantzen gebraucht worden wäre; Wol aber desto mehr zum Singen, und hauptsächlich zu Instrumental-Concerten. Meines Bedünckens regieret in einem guten Rondeau eine gewisse Standhafftigkeit, oder vielmehr ein festes **Vertrauen**: Wenigstens läßt sich diese Gemüths-Beschaffenheit sehr gut dadurch vorstellen.

§. 118.

Anlangend

XII. Die *Sarabanda*, mit ihren Arten { zum Singen, - - Spielen und - - Tantzen:

So hat dieselbe keine andre Leidenschafft auszudrucken, als die **Ehrsucht**; Doch sind oberwehnte Arten darin unterschieden, daß sich die Tantz-Sarabande in engerer und doch dabey viel hochtrabenderer Verfassung befindet, als die übrigen; daß sie keine lauffende Noten zuläst, weil die *Grandezza* solche verabscheuet, und ihre Ernsthafftigkeit behauptet.

§. 119.

Zum Spielen auf dem Clavier und auf der Laute erniedrigt man sich etwas bey dieser Melodien-Gattung, gebraucht mehr Freiheit, ja, macht wol gar Verdoppelungen oder gebrochene Arbeit daraus, welche insgemein Variationes, von den Frantzosen aber *Doubles* genannt werden. Mr. **Lambert**, des **Lully** Schwieger-Vater, pflegte dergleichen[16] Verkleinerungen, wenn ich so reden darff, auch selbst in Sing-Sarabanden anzustellen. Ein ieder bleibe bey seinem Geschmack; meiner wäre es nicht.

---

16 Man heisset sie auf Latein: *Diminutiones Notarum*, wie schon an einem andern Orte erwehnet worden; doch hier auch nicht schaden kan.

§. 120.

Sonst scheinen die bekannten *Folies d'Espagne* auf gewisse Weise mit zu der Sarabanden-Gattung zu gehören; sie sind aber nichts weniger, als Thorheiten, im Ernst gesagt. Denn es ist wahrlich mehr gutes in solcher alten Melodie, deren Ausdehnung nur eine kleine Qvart begreifft, als in allen Mohren-Täntzen, die iemahls erfunden seyn mögen[17].

§. 121.

Iedermann wird wissen, daß es eine Gattung von Instrumental- Tantz- und Sing-Melodien gebe, mit Nahmen

XIII. Die *Courante*, oder *Corrente*. Man hat deren
{ zum Tantzen,
fürs Clavier, Laute etc.
für die Geige, und
zum Singen.

Wenn die Courante getantzt werden soll, findet sie ihre unumstoßliche Regel, die der Componist genau in Acht nehmen muß, wenn er sie aus dem Orchester, aus dem Niedt etc. ersehen hat. Kein andrer Tact, als der Dreihalbe ³/₂ hat dabey Statt.

§. 122.

Soll aber diese Melodie dem Clavier dienen, so wird ihr mehr Freiheit vergönnet; auf der Geige (die Viol da Gamba nicht ausgeschlossen) hat sie fast keine Schrancken, sondern suchet ihrem Nahmen, durch immerwährendes Lauffen, ein völliges Recht zu thun: doch so, daß es lieblich und zärtlich zugehe. Die Sing-Couranten kommen der Tantz-Art am nähesten; ob sie wol eigentlich nur das *tempo di Corrente*, die Bewegung, und eben nicht die gantze Form derselben gebrauchen.

§. 123.

Der Lautenisten Meisterstück, absonderlich in Franckreich, ist gemeiniglich die Courante, worauf man auch seine Mühe und Kunst nicht übel anwendet. Die Leidenschafft oder Gemüths-Bewegung, welche in einer Courante vorgetragen werden soll, ist die süsse **Hoffnung**. Denn es findet sich was hertzhafftes, was verlangendes und auch was erfreuliches in dieser Melodie: lauter Stücke, daraus die Hoffnung zusammengefüget wird.

§. 124.

Weil dieses vieleicht noch kein Mensch gesagt, auch wol schwerlich gedacht haben mag, so wird mancher meinen, ich suchte etwas in diesen Dingen, das nicht darin zu finden, sondern in meinem eignen Gehirn jung geworden sey. Aber ich kans einem ieden fast handgreifflich vor Augen legen, daß obige drey Umstände, einfolglich der daraus bestehende Affect, in einer guten Courante anzutreffen sind, und seyn müssen. Laßt uns eine alte, sehr bekannte Melodie dazu aussuchen: denn die neuen fahren nicht nur aus der Gleise; sondern man mögte auch einwerffen, ich hätte sie selber nach meinem Sinn so gemacht und eingerichtet, nur zur Behauptung des obigen Satzes von der Hoffnung. Ich bin gewiß versichert, wenn die Liebhaber der Laute ihre Couranten untersuchen, sie werden es eben so wahr, als bey folgender, befinden.

---

17 S. den Göttingischen *Ephorum p. 102*.

Von den Gattungen und Abzeichen der Melodien. 343

§. 125.

§. 126.

Bis an die Helffte des dritten Tacts, wo das † stehet, ist was **hertzhafftes** in dieser Melodie, absonderlich gleich im allerersten Tact: Das wird niemand leugnen können. Von da bis an die Helffte des achten Tacts, wo eben dasselbe Zeichen des Kreutzes befindlich ist, äussert sich ein **Verlangen**; bevorab in den drittehalb letzten Täcten, und mittelst der wiederholten Cadentz in die Quint unterwärts; endlich erhebt sich gegen das Ende eine kleine Freude, zumahl im neunten Tact.

§. 127.

Eine ziemliche Anzahl solcher Couranten, darunter viele noch besser, und im geometrischen Verhalt richtiger, sind von mir auf diese Art untersuchet worden; Aber alle von ächten und bewährten Verfassern, die es aus natürlichem Triebe, *par instinct*, ohne Absicht und Vorsatz getroffen haben. Und es hat sich immer die Wahrheit dessen, was ich hier von der Gemüths-Bewegung anführe, darin erwiesen. Ich könnte gar leicht von allen andern Gattungen solche Proben beibringen und aus einander legen; Aber so würden wir die uns gesetzte Schrancken weit überschreiten.

§. 128.

In Clavier- Lauten- und Violdigamben-Sachen gehet

XIV. Die *Allemanda*,

als eine aufrichtige Teutsche Erfindung, vor der Courante, so wie diese vor der Sarabanda und Giqve her, welche **Folge** der Melodien man mit einem Nahmen *Suite* nennet. Die Allemande nun ist eine gebrochene, ernsthaffte und wol ausgearbeitete Harmonie, welche das Bild eines zufriedenen oder **vergnügten** Gemüths trägt, das sich an guter Ordnung und Ruhe ergetzet.

§. 129.

Man hat auch einen sonderlichen Tantz, der mit dem Allemanden-Nahmen beleget wird; ob er wol einem Rigaudon viel ähnlicher siehet, als einer rechten Allemande. Noch eine andre, und zwar die dritte Gestalt gewinnet diese Gattung bey den welschen Componisten für die Violine: Womit sie der teutschen Art wol ein wenig näher kommen, als die Frantzosen; Doch weit vom Ziel schiessen. Der Unterschied läßt sich besser in den Noten-Wercken sehen, als mit Worten beschreiben. **Masciti** und **Händel** können zu Mustern dienen: Jener in den gegeigten, dieser in den Clavier-Allemanden. Ihre Sachen sind gedruckt. Gesungen werden die Allemanden nicht, so viel ich bisher wüste; Wiewol ich selber auf den Allemanden-Tantz ehmahls Worte zum Singen gemacht habe.

§. 130.

Die Instrumental-Music hat ferner eine eigene Gattung der Melodien an der ins besondre so genannten

XV. *Aria*,
    mit und ohne Verdoppelungen, die im Welschen Partite heissen; im Frantzösischen *Doubles*.

Diese Spiel-Arie hat sowol auf dem Clavier, als auf allerhand andern Instrumenten Platz, und ist gemeiniglich eine kurtze, in zween Theile unterschiedene, singbare, schlechte Melodie, die nur mehrentheils darum so einfältig aufgezogen kömmt, daß man sie auf unzehlige Art kräuseln, verbrämen und verändern möge, um dadurch, wiewol mit Beibehaltung der Grund-Gänge, seine Faustfertigkeit sehen zu lassen. Der Affect mögte wol auf eine Affectation hinauslauffen: wiewol in der schlechten und gründlichen Melodie, an und für sich selbst, verschiedene Gemüths-Bewegungen angebracht werden können.

§. 131.

Zu **Frobergers** Zeiten, etwa vor 70 bis 80 Jahren, war dieser Partiten-Geist dermaassen eingerissen, daß nicht nur auf besondere kleine Arien, oder Arietten, z. E. auf ein so genanntes **Lantürlü**-Liedlein, wenigstens ein halb Dutzend Variationen herhalten musten; sondern selbst die Allemanden, Couranten etc. wurden damit angesteckt, und kamen nicht ohne Brüche, krumme Sprünge und vielgeschwäntzte Noten davon. Mir ist es eine Freude, daß dieser Geschmack, sonderlich auf dem Clavier, ziemlich gefallen ist, und **Kuhnau** war, meines Behalts, der erste, der es wagte, eine harmoniöse Arie, wo die Mittelstimmen nicht still sitzen, ohne dergleichen unbeqvemes Gefolge, im ersten Theil seiner Clavier-Uibung No. 63 ans Licht zu stellen.

§. 132.

Noch eine gewisse Gattung, ich weiß nicht ob ich sagen soll der Melodien, oder der musicalischen Grillen, trifft man in der Instrumental-Music an, die von allen übrigen sehr unterschieden ist, in den so genannten

XVI. *Fantasie*, oder *Fantaisies*,[18] { die *Boutades*,
     deren Arten sind   *Capricci*,
                                           Toccate,
                                           Preludes,
                                           Ritornelli etc.

Ob nun gleich diese alle das Ansehen haben wollen, als spielte man sie aus dem Stegreife daher, so werden sie doch mehrentheils ordentlich zu Papier gebracht; halten aber so wenig Schrancken und Ordnung, daß man sie schwerlich mit einem andern allgemeinen Nahmen, als guter Einfälle belegen kan. Daher auch ihr Abzeichen die **Einbildung** ist.

---

18 S. das zehnte Haupt-Stück des ersten Theils §. 88–98.

§. 133.

Die grösseste unter den Tantz-Melodien ist wol

XVII. Die *Ciacona, Chaconne,*   mit ihrer Bruder, oder ihrer Schwester, dem *Passagaglio,* oder *Passecaille.*

Ich finde wircklich, daß *Chacon* ein Geschlechts-Nahm ist, und der Befehlshaber oder Admiral von der spanischen Flotte in America *An.* 1721 *Mr. Chacon* geheissen hat. Mir sollte diese Ableitung besser, als jene vom persischen Schach, die in einem gewissen Wörterbuche stehet, gefallen. Von der *Passe-caille* könnte mans endlich **paßiren** lassen, daß sie so viel bedeute, als *passe-rüe,* wie **Menage** behaupten will.

§. 134.

Die Chaconne wird gesungen und getantzt, bisweilen zu gleicher Zeit, und wenn solche Lustbarkeit wol abgewechselt wird, gibt sie schon ein ziemliches Vergnügen; doch allzeit mehr **Ersättigung** als Wolschmack. Wie ich denn auch kein Bedencken trage, ihren eigentlichen Character mit der erstgenannten Eigenschafft auszudrücken. Man weiß, wie leicht die Ersättigung den Eckel und Abscheu gebieret, und wer diese Gemüths-Bewegungen bey manchem aufbringen wollte, dürffte nur ein Paar Chaconnen dazu bestellen, so wäre die Sache richtig.

§. 135.

Sonst bestehet der Unterschied zwischen der Chaconne und Passecaille in vier Dingen, darüber man eben so leicht nicht hinwischen kan. Diese vier Merckmahle sind folgende: Daß die Chaconne bedächtlicher und langsamer einhergehet, als die Passecaille, nicht umgekehrt; daß jene die grossen Ton-Arten, diese hergegen die kleinen liebet; daß die Passecaille nimmer zum Singen gebraucht wird, wie die Chaconne, sondern allein zum Tantzen, daraus natürlicher Weise eine hurtigere Bewegung entstehet; und endlich, daß die Chaconne ein festes Baß-Thema führet, welches, ob man gleich zur Veränderung, und aus Müdigkeit, bisweilen davon abgehet, doch bald wieder zum Vorschein kömmt und seinen Posten behauptet; da hingegen sich die Passecaille an kein eigentliches Suject bindet, und schier nichts anders von der Chaconne behält, als das blosse, doch um etwas beschleunigte, *Mouvement.* Welchen Umständen nach man billig der Passecaille den Vorzug vor der Chaconne zu geben Ursache hat.

§. 136.

Weil sich die Italiener ungern mit Ouvertüren abgeben, so haben sie, an deren Statt, eine andre Gattung eingeführet, nehmlich

XVIII. Die *Intrada.*

Der Affect, den sie erwecken soll, ist ein **Verlangen**[19] nach mehrem: weil sie gemeiniglich, als eine Einleitung, viel gutes von dem folgenden Wercke verspricht. Ob es allemahl gehalten wird, stehet dahin. Die weitere Beschreibung und Eigenschafft einer Intrade würde nur zum Uiberfluß hier wiederholet werden; **Brossard**, **Walther**, das **Orchester** geben hierüber Nachricht genug.

---

19 Bey den Rednern heißt es: *captatio benevolentiae.*

§. 137.

Eine weit vornehmere Stelle unter den Gattungen der Instrumental-Melodien bekleidet

XIX. Die *Sonata*, mit verschiedenen Violinen oder auf besondern Instrumenten allein, z. E. auf der Qveerflöte etc. deren Absicht hauptsächlich auf eine Willfährig- oder Gefälligkeit gerichtet ist, weil in den Sonaten eine gewisse *Complaisance* herrschen muß, die sich zu allen beqvemet, und womit einem ieden Zuhörer gedienet ist. Ein Trauriger wird was klägliches und mitleidiges, ein Wollüstiger was niedliches, ein Zorniger was hefftiges u. s. w. in verschiedenen Abwechselungen der Sonaten antreffen. Solchen Zweck muß sich auch der Componist bey seinem *adagio*, *andante*, *presto* etc. vor Augen setzen: so wird ihm die Arbeit gerathen.

§. 138.

Seit einigen Jahren hat man angefangen Sonaten fürs Clavier mit gutem Beifall zu setzen: bisher haben sie noch die rechte Gestalt nicht, und wollen mehr gerühret werden, als rühren, d. i. sie zielen mehr auf die Bewegung der Finger, als der Hertzen. Doch ist die **Verwunderung** über eine ungewöhnliche Fertigkeit auch eine Art der Gemüths-Bewegung, die nicht selten den Neid gebieret; ob man gleich saget, ihre eigene Mutter sey die Unwissenheit. Die Frantzosen werden nun auch in diesem Sonaten-Handel, so wie in ihren neuern Cantaten, zu lauter Italienern; es läufft aber meist auf ein Flickwerck, auf lauter zusammengestoppelte Cläusulgen hinaus, und ist nicht natürlich.

§. 139.

Die stärckeste Vollstimmigkeit unter allen erfordert das eigentlich so genannte

XX. *Concerto grosso*, als eine Instrumental-*Piece* von lauter Violinen, deren **Vivaldi**, **Venturini** und andre eine ziemliche Menge in Kupffer haben stechen lassen, wie im Amsterdammischen Music-Verzeichnisse zu sehen ist. Die Affecten des starcken Concerts sind mancherley und abwechselnd, wie in den Sonaten, doch nicht so häuffig: Denn die **Wollust** führet in den Concerten dieser Art das Regiment. Auf die vollständige Besetzung kömmt das meiste an, ja, man treibt sie bis zur Unmässigkeit, so daß es einer reichen Tafel ähnlich siehet, die nicht für den Hunger, sondern zum Staat gedeckt ist. Daß es in dergleichen Wettstreit, davon alle Concerten ihre Nahmen haben, an einer angestellten Eifersucht und Rache, an einem gemachten Neid und Haß, ingleichen an andern solchen Leidenschafften nicht fehle, kan ein ieder leicht erachten.

§. 140.

Eine mäßigere Gattung giebt

XXI. Die *Sinfonia*, *Symphonie*
- *da Chiesa*, in der Kirche,
- *di Camera*, in der Kammer,
- *del Drama*, in der Oper;

welche, ob sie gleich auch eine ziemliche Besetzung von Streich- und Blase-Instrumenten zugleich erfordert, dennoch so verwehnt und üppig nicht seyn darff, als das grosse Concert. Denn, unangesehen die Symphonien den **vornehmsten** Sing-Spielen zur Oeffnung dienen, so wie die Intraden den **geringern**, haben sie doch kein so wollüstiges Wesen an sich. In Kirchen müssen sie noch viel bescheidener eingerichtet werden, als auf der Schaubühne und in Zimmern. Ihre Haupt-Eigenschafft bestehet darin, daß sie in einem kurtzen Begriff und Vorspiel eine kleine Abbildung desjenigen machen, so nachfolgen soll. Und da kan man leicht schliessen, daß die Ausdrückung der Affecten in einer solchen Symphonie sich nach denjenigen Leidenschafften richten müsse, die im Wercke selbst hervorragen.

§. 141.

Endlich soll den Hauffen unsrer Gattungen für dieses mahl schliessen

XXII. Die *Ouverture*,

deren Character die **Edelmuth** seyn muß, und die mehr Lobes verdient, als Worte hieselbst Raum haben. Die Beschreibung stehet im **Orchester** und anderswo.

§. 142.

Das wäre also aufs kürtzeste, ein wenig mehr, als ein blosses Verzeichniß der Melodien-Gattungen und ihrer Abzeichen, iedoch nur der gebräuchlichsten, vornehmsten und bekanntesten, die noch von niemand sonst in rechte Ordnung gebracht, vielweniger ihre Arten, Eigenschafften, Abzeichen und Affecten berühret worden sind. Wenn man nun von ieder Gattung alles dasjenige sagen wollte, was davon zu sagen ist, und dabey deren mannigfältigen Nutzen, auch ausser ihren Kreisen, die Umstände, Misbräuche und Zufälle untersuchen, sodann die Articul mit deutlichen und ausführlichen Beispielen erläuterte (welches eben keine ungereimte oder unnöthige Arbeit wäre, die vieleicht einem andern vorbehalten ist) so würde ein grosses Buch aus diesem einzigen, bereits über die Gebühr angewachsenen, Haupt-Stücke entstehen.

§. 143.

Und da es mit den andern Haupt-Stücken grössesten Theils fast eine gleiche Bewandtniß hat; unsre Absicht aber, vermöge des Titels, nur auf eine **Anzeige** gerichtet ist: so wenden wir uns hiemit weiter, und überlassen dem Lehrbegierigen diese Materie zu weiterm Nachsinnen mit dem Bedencken, daß, gleichwie ein Gottesgelehrter die Bibel viel genauer einsiehet und lieset, als ein Laye, so auch denen eine schärffere Untersuchung der Melodien nöthig sey, die Componisten (bevorab zum Lobe Gottes) seyn wollen, als denen, die nur vom Zuhören Wesen machen. Wozu denn die bereits ernannte Schrifft-Steller oder Verfasser guter Regeln und Anmerckungen zwar eine hülffliche Hand bieten; doch der eigene Fleiß und die ernstliche Betrachtung schöner Notenwercke, absonderlich der Telemannischen, den grössesten Vortheil bringen können.

Vierzehntes Haupt-Stück.
Von der Melodien Einrichtung, Ausarbeitung und Zierde.

§. 1.

Mancher meinet, wenn er etwa ein wenig Vorrath an Erfindungen hat, so sey es mit seiner Composition schon gut bestellet. Es ist aber weit gefehlet, und mit der Erfindung allein nicht ausgerichtet; wiewol sie sicherlich fast die Helffte der Sache begreifft: denn von der Erfindung muß der Anfang gemacht werden. Und wer wol anfängt, hat halb vollendet. Allein es heißt auch wiederum: Ende gut, alles gut. Dazu gehören **Einrichtung, Ausarbeitung** und **Zierde**, die sonst mit ihren oratorischen Kunstnahmen heissen: *Dispositio, Elaboratio & Decoratio*; davon schon oben Erwehnung geschehen, hier aber eine weitere Erläuterung folget.

§. 2.

Viele fangen ein Ding mit solcher Freigebigkeit an, daß sie es zuletzt gar nicht in gleichen Schritten ausführen können: über selbige klagte schon Horatz zu seiner Zeit etwa also: **Ein Zober sollt es seyn; und ward ein Krügelein**[1]. Wir haben nicht wenig Exempel von Ton-Künstlern, die ziemlich reich an Erfindungen sind; denen aber das Feuer bald ausgehet, und die, wegen versäumter guten Einrichtung, daran sie schier niemahls gedencken, kein Sache recht ausarbeiten, noch bis ans Ende verharren. **Marcello** ist gantz anders gesinnet, wie wir bald sehen werden.

§. 3.

Hergegen gibt es andre, die erschnappen gerne eine fremde Erfindung aus derjenigen Noten Menge, die ihnen unter die Hände gerathen, davon doch offt das wenigste ihr eignes ist; sie wissen diese Entwendung aber dermaassen geschickt **einzurichten, auszuarbeiten** und zu **schmücken**, daß es ein Lust ist. Wenn ich nun von beiden eines wehlen sollte, entweder eine glückliche Erfindung, oder eine gescheute Einrichtung etc. nähme ich vieleicht das erste; beide zusammen aber würden sie mir doch lieber seyn. Es ist was seltenes diese Verknüpffung anzutreffen: so wie Schönheit und Tugend in einer eintzigen Person.

§. 4.

Was nun zum ersten die Disposition betrifft, so ist sie eine **nette Anordnung aller Theile und Umstände in der Melodie**, oder in einem gantzen melodischen Wercke, fast auf die Art, wie man ein Gebäude einrichtet und abzeichnet, einen Entwurff oder Riß machet, um anzuzeigen, wo ein Saal, eine Stube, eine Kammer u. s. w. angeleget werden sollen. Unsre musicalische Disposition ist von der rhetorischen Einrichtung einer blossen Rede nur allein in dem Vorwurff, Gegenstande oder Objecto unterschieden: dannenhero hat sie eben diejenigen sechs Stücke zu beobachten, die einem Redner vorgeschrieben werden, nemlich den **Eingang, Bericht, Antrag,** die **Bekräfftigung, Wiederlegung** und den **Schluß**. *Exordium, Narratio, Propositio, Confirmatio, Confutatio & Peroratio.*

§. 5.

Es ist zwar den allerersten Componisten eben so wenig in den Sinn gekommen, ihre Sätze nach obiger Ordnung einzurichten, als den mit natürlichen Gaben versehenen ungelehrten Rednern, solchen sechs Stücken genau zu folgen, ehe und bevor die Wolredenheit in eine förmliche Wissenschafft und Kunst gebracht worden. Es würde auch noch, bey aller Richtigkeit, offt sehr pedantisch herauskommen, wenn man sich ängstlich daran binden, und seine Arbeit allemahl nach dieser Schul-Schnur abmessen wollte. Dennoch aber ist nicht zu leugnen, daß, bey fleißiger Untersuchung sowol guter Reden als guter Melodien, sich diese Theile, oder die meisten davon, in geschickter Folge wircklich darin antreffen lassen; obgleich manches mahl die Verfasser ehender auf ihren Tod, als auf solchen Leitfaden gedacht haben mögen, absonderlich die Musici.

---

1 - - - - - - *Amphora coepit*
  Institui; currente rota cur urceus exit? Hor. A. P. v. 21.

§. 6.

So gar in den allergemeinesten Gesprächen lehret uns die Natur selbst gewisse Tropos oder uneigentliche, verblümte Deutungen der Wörter, gewisse Argumente oder Gründe gebrauchen, und in denselben eine gehörige Ordnung zu halten; unangesehen die Redende niemahls von einer rhetorischen Regel oder Figur das geringste gehöret haben. Und eben aus diesem natürlichen Triebe des Verstandes, der uns locket, alles mit einer guten Ordnung und Zierlichkeit vorzubringen, sind endlich von sinnreichen Köpffen die Regeln entdecket und angegeben worden. Mit der Music allein hat es nun noch bis hieher finster um diese Gegend ausgesehen; wir wollen aber hoffen, daß es sich nach und nach etwas ausklären werde, und unsern Beitrag dazu nicht sparen.

§. 7.

Das Exordium ist der **Eingang und Anfang einer Melodie, worin zugleich der Zweck und die gantze Absicht derselben angezeiget werden muß, damit die Zuhörer dazu vorbereitet, und zur Aufmercksamkeit ermuntert werden**. Mehrentheils, wenn wir einen Satz ohne Instrumente, nur mit der Singstimme und dem Baß betrachten, stehet dieser **Eingang** in dem Vorspiele des General-Basses; wenn eine grössere Begleitung dabey ist, in dem Ritornell. Denn wir nennen auch dasjenige ein Ritornell, was mit Instrumenten vorher gespielet wird: weil es hernach zur **Wiederkehr** dienet, und damit sowol **geschlossen**, als angefangen werden kann.

§. 8.

Die Narratio ist gleichsam ein **Bericht**, eine **Erzehlung, wodurch die Meinung und Beschaffenheit des instehenden Vortrages angedeutet wird**. Sie findet sich gleich bey dem An- oder Eintritt der Singe- oder vornehmsten Concert-Stimme, und beziehet sich auf das Exordium, welches vorhergegangen ist, mittelst eines geschickten Zusammenhanges.

§. 9.

Die Propositio oder der eigentliche **Vortrag enthält kürtzlich den Inhalt oder Zweck der Klang-Rede**, und ist zweierley: einfach, oder zusammengesetzt, wohin auch die bunte oder verbrämte Proposition in der Ton-Kunst gehöret, von welcher die Rhetoric nichts meldet. Solcher Vortrag hat seine Stelle gleich nach dem ersten Absatz in der Melodie, wenn nehmlich der Baß gleichsam das Wort führet, und die Sache selbst so kurtz als **einfach** vorleget. Darauf hebt denn die Sing-Stimme ihre *propositionem variatam* an, vereiniget sich mit dem Fundament, und erfüllet den **zusammengesetzten** Vortrag. Wir wollen weiter unten eine Arie vor uns nehmen, und sie nach dieser Ordnung untersuchen, obs sich also damit verhalte? Dadurch wird alles, was hier gesagt worden, viel deutlicher in die Augen und Ohren fallen; es mag so neu und fremd scheinen, als es immer wolle.

§. 10.

Die Confutatio ist eine **Auflösung der Einwürffe**, und mag in der Melodie entweder durch Bindungen, oder auch durch Anführung und Wiederlegung fremdscheinender Fälle ausgedruckt werden: Denn eben durch dergleichen Gegensätze, wenn sie wol gehoben sind, wird das Gehör in seiner Lust gestärcket, und alles, was demselben in Dissonantzen und Rückungen zu wieder lauffen mögte, geschlichtet und aufgelöset. Inzwischen trifft man dieses Stück der Einrichtung in den Melodien nicht so viel, als die andern an; da es doch wahrlich eines der schönsten ist.

§. 11.

Die Confirmatio ist eine **künstliche Bekräfftigung des Vortrages**, und wird gemeiniglich in den Melodien bey wolersonnenen und über Vermuthen angebrachten Wiederholungen gefunden; worunter aber die gewöhnlichen Reprisen nicht zu verstehen sind. Die mehrmahlige mit allerhand artigen Veränderungen gezierte Einführung gewisser angenehmer Stimm-Fälle ist es, was wir hier meinen, wie hernach aus dem Beispiele erhellen soll.

§. 12.

Die Peroratio endlich ist der **Ausgang oder Beschluß unsrer Klang-Rede**, welcher, vor allen andern Stücken eine besonders nachdrückliche Bewegung verursachen muß. Und diese findet sich nicht allein im Lauffe oder Fortgange der Melodie, sondern vornehmlich in dem Nachspiele, es sey im Fundament, oder in einer stärckern Begleitung; man habe dieses Ritornell vorher gehöret oder nicht. Die Gewohnheit hat es so eingeführet, daß wir in den Arien fast mit eben denjenigen Gängen und Klängen schliessen, darin wir angefangen haben: welchem nach unser Exordium auch alsdenn die Stelle einer Peroration vertrit.

§. 13.

Doch kan ein gescheuter melodischer Setzer auch offt hierin seine Zuhörer artig überraschen, und sowol im Schluß der Sing-Melodien vorzüglich, als auch im Nachspiel beiläuffig, gantz unerwartete Veränderungen anbringen, die einen angenehmen Eindruck hinterlassen, daraus gantz eigene Bewegungen des Gemüths entstehen: und dieses ist die eigentliche Natur der Peroration. Die Schlüsse, womit man plötzlich abbricht, *ex abrupto*, geben hier auch dienliche Mittel zur Gemüthsbewegung an die Hand.

§. 14.

Zum Beweisthum dessen, was bisher berichtet worden, laßt uns eine Arie von **Marcello** untersuchen, nach deren Muster man hernach desto leichter alle andre Melodien, betreffend den Punct der Einrichtung, beurtheilen kan. Denn, obgleich die erwehnten Stücke sich eben nicht allemahl in derselben Reihe befinden oder auf einander folgen sollten; so werden sie doch in guten Melodien fast alle anzutreffen seyn.

§. 15.

Das Exordium oder den Eingang unsrer Arie macht dieser Satz oder dieses Baß-Thema:

Dasselbe wird darauf alsofort ohne weitern Umschweiff, von der Sing-Stimme ergriffen, und weil es schon die gantze Absicht der Melodie entdecket, folgender Gestalt fast gleich-lautend, im höhern Ton nachgemacht:

---

2 Es scheinet, der Verfasser habe sich hiebey die versetzte dorische Ton-Art erwehlet: weil wir aber nicht den gantzen Zusammenhang der Arie hersetzen können, sondern nur die Grund-Risse zeigen wollen; so sind die folgende Systemata mit dem Kreutz nicht bezeichnet, und ist die grosse Sext, oder das *fis*, nur im Lauffe der Melodie beigefüget worden. Man siehet indessen, daß auch die alten Modi noch auf eine galante Art gebraucht werden können.

Und dieses ist eigentlich die Narratio, welche bis an eine Cadentz, mit völligem Wort-Verstande, fortgesetzet wird.

§. 16.

Nachdem nun der Absatz in der Tertz erfolget ist, hebt der Baß den Wiederschlag, und gleichsam erst den rechten Vortrag an, welcher, als *propositio simplex*, so erscheinet:

Denn, obgleich dasselbe Thema beibehalten wird, gewinnet es doch eine gantz neue Krafft durch die Versetzung: und weil solche fürs erste im Basse allein geschiehet, ist es nur ein einfacher Vortrag.

§. 17.

Sodann fällt die Sing-Stimme, mit einer mercklichen Veränderung, also ein, und macht einen *propositionem variatam*.

Wornächst die Melodie noch einige Tact lang, auf dergleichen Art, weiter geführt wird, bis der Wort-Verstand einen abermahligen Einhalt erfordert.

§. 18.

Alsdenn nimmt der Baß das Thema wiederum vor, und zwar so, wie ers im Eingange berühret hat: ehe er es aber vollendet, tritt ihm die nachahmende Singe-Stimme entgegen, gibt dabey der Melodie ein gantz anders Ansehen, und thut in Gesellschafft des Fundaments den zusammengesetzten Vortrag, *propositionem compositam*, folgender Gestalt:

§. 19.

Wiederum, nach Verlauff einiger Täcte, vernimmt man die Confirmation, oder Bekräfftigung dessen, was bereits auf verschiedene Weise vorgetragen worden; iedoch mit einer mercklichen und schönen Veränderung, wie zu sehen:

352   II. Theil.   Vierzehntes Capitel

So weit reichet die Helffte dieser Klang-Rede, welche denn, gewöhnlicher maassen, eben so geschlossen wird, wie sie angefangen worden ist, und damit die Peroration, oder den Schluß macht.

§. 20.

Im zweiten Theil, nachdem der Verfasser seine neue Narration angebracht, und gleichsam eine Apostrophen[3] eingeführet hat, reisset er, so zu reden ein Stücklein von seinem bisherigen allgemeinen Themate ab, und macht ein besonders daraus; arbeitet damit durch Bindungen und Gegen-Sätze (verstehe dissonirende Einwendungen) so lange, bis er die Confutation glücklich hintertreibet, sie artig auflöset und seinen Periodum in die Qvart des Haupt-Tons zur Ruhe bringet, nach Art des Hypodorii. Ich will den gantzen Satz hersetzen, und mit Anmerckungen erläutern:

a) Hier endigt sich die Peroratio. b) Da ist ein *Transitus* oder Uibergang, Krafft dessen das vorige mit dem folgenden an einander gefüget, und von jenem zu diesem herüber getreten wird. c) An diesem Orte gehet die Apostrophe oder *aversio* an. d) Ist der Wiederschlag oder die *repercussio* in die Sext des Haupt-Tons. e) Da treffen die Gegen-Sätze mit ihren Auflösungen ein: *confutatio, rhetoribus dissolutio, nobis resolutio.*

§. 21.

Hiernächst ergreifft der Baß das völlige Thema, mittelst eines neuen Wiederschlages in der Qvarte, drehet es gantz fremd herum, und wird darin von der Singstimme, aber mit abermahliger Verbesserung gefolget: welches fast einer Erweiterung und Bewährung (*amplificationi & argumentationi*) gleich siehet, vermöge deren sich die Melodie der Qvinte nähert.

---

3 Apostrophe ist, wenn sich ein Redner gantz unvermuthlich zu andern Zuhörern zu wenden scheinet.

Von der Einrichtung, Ausarbeitung und Zierde in der Setz-Kunst.

§. 22.

Ferner folgt ein frischer Wiederschlag, oder eine *repercussio* in der Qvinte des Haupt-Tons, welche Figur in der Rede-Kunst, und zwar in den *Figuris dictionis* mit dem Nahmen *refractio seu reverberatio* beleget wird: doch so, daß die Singstimme diesesmahl nicht nachfolget, sondern vielmehr eine Gegen-Bewegung vornimmt. Endlich läßt sich oberwehnte, abgesonderte Clausul zu einer neuen Confutation ein, womit der zweite Satz oder Periodus schließt, und hernach von vorne wiederholet wird.

§. 23.

Das kan mit gutem Recht einen geschickten Riß abgeben, der nicht nur wol **eingerichtet**, sondern auch, bevorab im zweiten Theil, auf das fleißigste **ausgearbeitet** ist, und nebst den sechs vorgeschriebenen Stücken der Disposition, zugleich einige Stellen aufweiset, die den *figuris dictionis & sententiae* beikommen, und die wir, ob sie gleich eigentlich zur **Zierde** gehören, dennoch im Vorbeigehen unbemerckt nicht haben lassen können. Wer Lust hat, wird weiter keinen Umgang nehmen, diese Materie ferner zu untersuchen, und sich wundern, wie fast in allen guten Melodien diese Dinge so deutlich zu finden sind, als ob sie mit Vorsatz dazu bestimmet wären.

§. 24.

Es lieget inzwischen ein grosses an solcher Einrichtung, und kommen alle Verhältnisse der Theile darauf an, die ein Stück aufzuweisen haben mag: worin es denn offt vortreffliche Leute und Erfindungsreiche Componisten sehr zu versehen pflegen. Bisweilen glückt es ihnen; doch nur von ungefehr: weil sie die rechten Grund-Sätze nie untersucht, noch sich die geringste Regel, ausser ihren guten natürlichen Gaben und Trieben, von irgend einer ordentlichen Disposition iemahls gemacht haben.

§. 25.

Der Redner Kunst-Stück ist, **daß sie die stärckesten Gründe zuerst; hernach in der Mitte die schwächern; und zuletzt wiederum bündige Schlüsse anbringen.** Das scheinet gewiß ein solcher Griff zu seyn, welchen sich ein Musicus eben sowol als ein Orator, zu Nutz | machen kan: zumahl bey der allgemeinen Einrichtung seines Wercks. Und wiewol es das Ansehen gewinnet, als ob diese Richtschnur das Verfahren derjenigen billige, die ihren Arien sonst nichts, denn ein ausnehmendes Da Capo zu geben wissen, dabey der Anfang und das Ende gleich starck, das Mittel aber offt jämmerlich aussiehet; so taugt doch eine solche Disposition deswegen nicht, weil sie mehr auf besondre gantze Theile, als auf das allgemeine Wolwesen des Vortrages gerichtet ist: wie denn das erwehnte Kunst-Stück selbst nicht sowol von einer generalen, als vielmehr specialen Einrichtung solcher gestalt zu verstehen ist, daß nehmlich alle Theile überhaupt, ein ieder vor sich, solche drey Stuffen der schwächern, stärckern und stärckesten Gründe zu beobachten hat.

§. 26.

Gleichwol mag auch hierin Maaß und Ziel gesetzet werden, daß man einer Seits der Sache weder zu viel, noch zu wenig thue; andrer Seits aber besagte Regel doch dabey in ihrer Krafft lasse: welches alsdenn geschiehet, wenn man ein Werck vorhero wol eintheilet und gleichsam abzeichnet, ehe zur Ausarbeitung geschritten wird. Die meisten Componisten, wenn nur ein vermeinter guter Einfall da ist, fahren gleich, so zu reden mit ungewaschenen Händen, zur Ausarbeitung; es gerathe nun damit wie es wolle: da doch die kluge Vorsicht unaussetzlich erfordert, in allen Dingen einen ordentlichen Uiberschlag zu machen, ehe man zum Wercke schreitet.

§. 27.

Bey Verfertigung grosser Oratorien pflegt mein Gebrauch zu seyn, den Schluß des gantzen Wercks zuerst vorzunehmen, und denselben, bey noch frischer und unermüdeter Krafft der Geister, iedoch mit einer gewissen Absicht auf das übrige, also **einzurichten**, daß er was rechtes sagen mögte. Ein ieder folge seinem Triebe: ich erwehne dieses nicht aus Eitelkeit, noch zur Vorschrifft; sondern bloß darum, weil ich mich iederzeit wol dabey befunden, und die Zuhörer vor allen Dingen am Ende, wo es auch am nöthigsten ist, ohne Ruhm zu melden, so gerühret habe, daß vieles davon in ihrem Gedächtniß Wurtzel geschlagen hat.

§. 28.

Von dem weltberühmten **Steffani** habe mir ehmahls sagen lassen, daß derselbe, ehe er noch eine Feder angesetzet, die Oper, oder das vorhabende Werck, wie es von dem Poeten abgefasset worden, eine Zeitlang beständig bey sich getragen, und gleichsam eine recht-ausführliche Abrede mit sich selbst genommen habe, wie und welcher Gestalt die gantze Sache am füglichsten **eingerichtet** werden mögte. Hernach aber hat er seine Sätze zu Papier gebracht. Es ist eine gute Weise; obgleich zu vermuthen, daß sich heut zu Tage, wo alles auf der Flucht geschehen muß, wenig finden werden, die Gefallen tragen, solche Uiberlegungen anzustellen: es sey nun Unverstand, oder Gemächlichkeit, oder auch ein alberner Hochmuth Schuld daran.

§. 29.

Wenn inzwischen die Gleichförmigkeit in allen Dingen ein grosses beiträgt, daß dieselbe nicht nur den menschlichen Sinnen **angenehm**, sondern auch eben dadurch an sich selbst **dauerhaffter** werden, wie solches guten Baumeistern wol bewust seyn wird: so ist leicht zu erachten, warum einige Sachen, mit dem Alter, wenig oder nichts an ihrer innerlichen Güte und Festigkeit verlieren, ob sie gleich von aussen einen kleinen Anstoß bekommen mögten, andre hergegen, so sehr sie auch glantzen und pralen, alsobald in der Wiege ihre Grab finden. Das lieget grössesten Theils an der guten oder üblen Einrichtung.

§. 30.

Wer sich also, seiner Fertigkeit im Setzen ungeachtet, der oberwehnten Methode, auf gewisse ungezwungene Art bedienen will, der entwerffe etwa auf einem Bogen sein völliges Vorhaben, reisse es auf das gröbste ab, und richte es ordentlich ein, ehe und bevor er zur Ausarbeitung schreitet. Meines wenigen Erachtens ist dieses die allerbeste Weise, dadurch ein Werck sein rechtes Geschicke bekömmt, und ieder Theil so abgemessen werden kan, daß er mit dem andern eine gewisse Verhältniß, Gleichförmigkeit und Uibereinstimmung darlege: maassen dem Gehör nichts auf der Welt lieber ist, denn das.

§. 31.

Zeit und Gedult wollen dazu gehören, wer die nicht hat, der wird geschwinder davon kommen, wenn er nur so vor der Faust wegschreibet, wie die meisten thun, welche sich weder um das allgemeine noch besondre **Einrichtungs-Wesen** im geringsten bekümmern: daher es denn auch manchesmal im Ton, im Tact etc. wunderliche und abentheurliche Contrasten gibt, die ohne Verwirrung und Eckel nicht angehöret werden mögen. So viel von der **Einrichtung**.

§. 32.

Die **Ausarbeitung** selbst ist, nach gemachtem Uiberschlage, um die Helffte leichter, als sonst: braucht dannenhero wenig Unterricht. Denn man trifft einen bereits gebahnten Weg an, und weiß schon gewiß, wo man hinaus will. Von niemand wird inzwischen die Elaboration geringer geschätzt, als von solchen, die sich mit vielen Erfindungen schmeicheln; welche doch mehrentheils auf leere und seltsame Grillen hinauslauffen. Wo man weder an die Einrichtung, noch an die **Ausarbeitung** eines Wercks recht denckt, da ist auch die beste Erfindung wie eine verlassene Ariadne: artig, hübsch, schön; aber ohne Beistand, Schutz und Schirm.

§. 33.

Leuten, die keine taugliche Disposition machen wollen, wird hernach die **Ausarbeitung** desto saurer, und kostet ihnen viel Zeit und Arbeit: das schreckt die gemächlichen und wollüstigen Herren ab; die Arbeit insonderheit will ihnen gar nicht anstehen; sie meinen, ihre ausschweiffende Fratzen müsten schon eben so gut seyn, als eine wolgegründete Erfindung, die klüglich eingerichtet, und hernach eben so leicht **ausgearbeitet**, als mit Lust angehöret wird. Nach den Gedancken solcher Post-Componisten stehet ein anhaltender Fleiß und eine genaue Beobachtung nothwendiger Vorschrifften nur staubigten Schulfüchsen und niederträchtigen Sclaven an. Wer wollte sich denn fesseln lassen, und so viel Zeit auf die Ausarbeitung wenden? Ein feiner Schmuck, ein künstlicher Zierath, eine reiche Verbrämung etc. können dasjenige vollkommen ersetzen, was etwa an einer gründlichen Zuschneidung oder an einer festen Nath abgehet. Meine Meinung ist so:

> Zwar frey; iedoch in steter Pflicht:
> Gebunden; aber knechtisch nicht.

§. 34.

Nun ist es freilich an dem, daß die hurtigsten und feurigsten, anbey zur Music und den dahin gehörigen schönen Wissenschafften beqvemsten Gemüther selten an Gedult und Zeit einen Uiberfluß haben. Mancher kan nichts setzen; es geschehe denn in der Eile, oder wie es in den Briefen lautet: *raptim!* Andre hergegen, ie länger sie einem Dinge nachsinnen, ie mehr sie wegstreichen und einschalten, ie stumpfer werden sie; und ie künstlicher sie ihr Werck gern **ausarbeiten** wollten, ie schlechter und gezwungener geräth es offt: weil sie nehmlich alles ohne vorhergangene Uiberlegung angreiffen. Das erste ist eine Vermessenheit, die mit dem Fall in naher

Verwandtschafft stehet; das andre thut die Furcht, als eine einfältige Leidenschafft, die sich auch bey Austern und Muscheln befindet, wenn ein Messer zwischen ihre Schalen eindringet. Und hier sollte es heissen: *Nec tumide, nec timide.* Man traue sich selbst weder zu viel, noch zu wenig.

§. 35.

Ein ieder prüfe sich nun hiebey, wie er in diesem Stücke geartet sey, und richte sich, desfalls mit gewisser Mäßigung, nach seinem angebornen Triebe. Denn es ist doch allemahl besser, wenn mans nicht ändern kan, mit anständiger, natürlicher Art einen kleinen Kunstfehler zu begehen, als denselben, durch ängstliches Bemühen und gezwungenen Fleiß, zu vermeiden oder zu bemänteln. Ein solcher kummerloser Schnitzer ist einer mühseligen Richtigkeit vorzuziehen; wenns nicht gar zu grob gemacht wird. **Man muß seiner Neigung etwas nachgeben.**

§. 36.

Allein, es will auch nicht allemahl mit hefftigen Trieben ausgerichtet seyn: bisweilen geräth es; sehr offt mislinget es. So viel ist gewiß, daß keine gute **Ausarbeitung** ohne vorgängige Einrichtung, auf dem Stutz erfolgen könne; sondern Zeit und Gedult erfordert. Hat es aber mit der Uiberlegung seine Richtigkeit, so braucht man desto weniger Zeit und Gedult. Wenn ich dieses auch gleich mehrmal sagte, würde es doch niemand schaden.

§. 37.

Die Erfindung will Feuer und Geist haben; die Einrichtung Ordnung und Maasse; die **Ausarbeitung** kalt Blut und Bedachtsamkeit. Man sagt: Gut Ding will Weil haben. Das verstehe ich mehr von der Disposition, als Elaboration: denn wo es mit dieser träge, langsam und schwer hergehet, da wirckt sie in den Gemüthern der Zuhörer eben desgleichen, nehmlich träge, langsame und schwere Begriffe. Das lasse sich einer nur für die gewisse Wahrheit gesaget seyn.

§. 38.

Was hergegen in der Eile gemacht ist, und doch gut ausfällt, hat deswegen vor andern | Wercken nichts voraus. Wiederum ist es auch unbillig, daß man einem Künstler vielmehr die Zeit, als die Arbeit bezahlen soll. Doch hat die Natur nicht gewollt, daß eine grosse Sache, die zum Lobe Gottes und zur Bewegung menschlicher Hertzen abzielet, auf der Flucht geendiget werden soll; sondern sie hat einem ieden herrlichen Wercke auch eine besondre Schwere zugetheilet. So lauten des ehrlichen **Schuppii** Worte, im **ungeschickten Redner**.

§. 39.

Endlich sind weder alle Personen, noch auch alle Zeiten und Stunden zu einer guten **Ausarbeitung** geschickt: und da hat mancher heute zu etwas Lust, davor ihm morgen grauet. Selten trifft man einen Erfindungs-reichen Meister an, der seine Sachen tüchtig **ausarbeitet**; hingegen sind die muhseligsten Künstler gemeiniglich die armseligsten Erfinder. Kurtz! wer wol disponirt, hat halb elaborirt: es kostet ihm nur wenig Zeit und Aufmercksamkeit; keine grosse Arbeit. Wo sich diese zu starck blicken läßt, ist es weit schlimmer, als wenn sie gar zu Hause geblieben wäre.

§. 40.

Wenn wir endlich noch ein Wort von der **Ausschmückung** machen müssen, so wird hauptsächlich zu erinnern nöthig seyn, daß solche mehr auf die Geschicklichkeit und das gesunde Urtheil eines Sängers oder Spielers, als auf die eigentliche Vorschrifft des melodischen Setzers ankömmt.

Von der Einrichtung, Ausarbeitung und Zierde in der Setz-Kunst.

Etwas Zierath muß man seinen Melodien beilegen, und dazu können die häuffigen Figuren oder Verblümungen aus der Redekunst, wenn sie wol angeordnet werden, vornehmlich gute Dienste leisten.

§. 41.

Bey Leibe aber brauche man die Decorationes nicht übermässiglich. Die[4] Figuren, welche man *dictionis* nennet, haben eine grosse Aehnlichkeit mit den Wandelungen der Klänge in lange und kurtze, in steigende und fallende etc. Die *Figurae sententiae* aber betreffen gantze Sätze, bey ihren Veränderungen, Nachahmungen, Wiederschlägen etc. etc. Die so genannten **Manieren** verderben manche schöne Melodie im Grunde, und kan ichs den frantzösischen Tonkünstlern, so hertzlich gut ich auch ihrem Instrumentstyl bin, nimmermehr erlassen, wenn sie ihre Doubles dermaassen kräuseln und verunzieren, daß man schier nichts mehr von der wahren Schönheit der Grund-Noten vernehmen kan. Bey solchen Spruch-Figuren verschwinden alle Wörter-Figuren, die doch in der Ton-Kunst, da wir Klänge für Wörter nehmen, die besten sind, und vor andern empor-steigen sollten, selbst bey aller Versetzung und Veränderung der Sprüche, d. i. der Gänge oder Förmelgen.

§. 42.

Von dem berühmten **Josqvin** erzehlet **Printz**[5] folgendes hieher gehöriges: „Als **Josqvin**[6] noch in Cambray war, und einer in seinen musicalischen Stücken eine unanständige Coloratur machte, die **Josqvin** nicht gesetzet hatte, verdroß es ihn dergestalt, daß er zu ihm sagte: du Esel, warum thust du eine Coloratur hinzu? wenn mir dieselbe gefallen hätte, würde ich sie wol selbst hingesetzet haben: wenn du wilst recht componirte-Gesänge corrigiren, so mache dir einen eignen, und laß mir meinen ungehudelt."

§. 43.

Wir verachten darum die Zierathen nicht. Wolangebrachte Manieren sind keines weges geringe zu schätzen, es entwerffe sie der Componist selber, wenn er ein geschickter Sänger und Spieler ist, oder es bringe sie der Vollzieher aus freiem Sinne an. Wir tadeln aber den Misbrauch aufs höheste, und sowol die Frechheit der Singenden und Spielenden, welche sich solcher aus-schweiffenden Schmückungen, aus Mangel eines guten Geschmacks, ja, einer guten Vernunfft, zur Unzeit und ohne Bescheidenheit anmaassen; als auch die ärgerlichen Schwärmereien einiger gar zu fantastischen Componisten mit ihren tollen Einfällen, welche sie selbst für lauter Edelsteine und Perlen halten, unangesehen es gemeiniglich nur geschliffenes und überzogenes Glas ist. Die erzwungene und allzu offt wiederholte Abweichungen mit den übelstimmenden Intervallen, samt der vielen ungebührlichen Freiheit, der sich diese Sonderlinge gebrauchen, bringen endlich eine aufrichtige Hottentotten-Music zu Marckte.

---

4 Wörter-Figuren, dabey die Ausdrückungen geschickt und angenehm in die Ohren fallen, bestehen in Wiederho-lung solcher Wörter, die fast einerley, oder auch einen gantz wiedrigen Laut haben. Ihrer sind 12 und lassen sich leicht auf eintzelne Klänge anwenden. Spruch-Figuren, dabey der gantze Spruch eine gewisse Gemüths-Bewegung enthält, kommen entweder ausser, oder bey der Unterredung vor. Ihrer sind 17, die man in den Rhetoricken nachschlagen und fast alle in der Melodie brauchen kan.
5 In seiner histor. Beschreibung der Sing- und Kling-Kunst, 10 Cap. §. 33.
6 Es ist merckwürdig, daß die grössesten Capellmeister in Franckreich aus der Fremde dahin berufen worden. **Josqvin** war ein Niederländer; Lasso auch; **Lully** war ein Welscher etc. etc.

358   II. Theil.   Vierzehntes Capitel

§. 44.

Die gescheutesten unter den ächten welschen Setzern hegen hiebey gantz andre Gedancken, als einige ihrer fantastischen Vorfahren und wilden Mitbrüder. Sie lieben ein ungeschmincktes, reines und einfaches Wesen weit mehr, als alles flinckernde Puppenwerck, zumahl in Singsachen. Und wenn sie ja ihren Einfällen den Lauff nicht allemahl hemmen können, so lassen sie lieber die Decorationen den Instrumenten über, welches sehr wol und klüglich gethan ist, wenn z. E. die Singstimmen in zierlich-schlechter Melodie einhergehen, daß alsdenn die Instrumente dazu und dazwischen gewisse lebhaffte Modulos und Ausputzungen mit guter Art anbringen. Von solchen Setzern rede ich, als der vor einiger Zeit in England blühende *Buononcini* war, welcher gar genau wuste, wo die Zierathen ihren eigentlichen Sitz haben müssen, wenn sie ein Setzer verordnet.

§. 45.

Der Raum und unsre Absicht vergönnen es nicht, sonst könnte man hier leicht die 12 Wörter-Figuren, samt den 17 Spruch-Figuren einführen und sehen, wie viele und welche sich unter ihnen zur Auszierung einer Melodie schicken. Denn, was ist z. E. gewöhnlicher, als die musicalische Epizeuxis oder *Subjunctio*, da einerley Klang mit Hefftigkeit in eben demselben Theil der Melodie wiederholet wird?

§. 46.

Was ist wol gebräuchlicher, als die Anaphora in der melodischen Setz-Kunst, wo eben dieselbe Klang-Folge, die schon vorgewesen ist, im Anfange verschiedener nächsten Clauseln wiederholet wird, und eine *relationem* oder Beziehung macht.

Die Epanalepsis, Epistrophe, Anadiplosis, Paranomasia, Polyptoton, Antanaclasis, Ploce etc. haben solche natürliche Stellen in der Melodie, daß es fast scheinet, als hätten die griechischen Redner sothane Figuren aus der Ton-Kunst entlehnet; denn sie sind lauter *repetitiones vocum*, Wiederholungen der Wörter, die auf verschiedene Weise angebracht werden.

§. 47.

Betreffend die Spruch-Figuren, da das Absehen in der Music auf gantze Modulos zielet, wer weiß nicht vom Gebrauch der Exclamationen, die wir schon oben[7], als einen Abschnitt der Klang-Rede, auf dreierley Art betrachtet haben? Wo ist die Parrhesia grösser, als in der melodischen Setz-Kunst? Die Paradoxa, welche was unvermuthetes vortragen, kan man fast mit Händen greiffen. Die Epanorthosis oder der Wiederruf hat fast in allen Gegenbewegungen Statt. Die

---

7   Im neunten Haupt-Stücke dieses Theils, §. 65.

Paraleipsis, Aposiopesis, Apostrophe etc. gehören alle mit einander, auf gewisse Weise, in der Music zu Hause.

§. 48.

Viele werden hiebey dencken, wir haben dergleichen Dinge und Figuren nun schon so lange angebracht, ohne zu wissen, wie sie heissen oder was sie bedeuten: können uns auch forthin wol | damit behelffen, und die Rhetoric an den Nagel hängen. Diese kommen mir noch lächerlicher vor, als der bürgerliche Edelmann beym **Moliere**, der vorher nicht gewust hatte, daß es ein Pronomen sey, wenn er sagte: **ich, du, er;** oder daß es ein Imperativus gewesen, da er zu seinem Knechte gesprochen: **Komm her!**

§. 49.

Ich mag auch, die Wahrheit zu sagen, diesesmahl mit Fleiß nicht weitläufftiger hierin seyn: theils, wie ein ieder gescheuter Leser bereits aus obiger Anzeige die Richtigkeit meines Satzes finden wird; theils auch, weil ich nicht als ein Neuling angesehen werden, noch die Sache auf einmahl gar zu weit treiben mag.

§. 50.

Vor Zeiten haben unsre gelehrte Musici gantze Bücher in ordentlicher Lehr-Art, von blossen Sing-Manieren (die ich *Figuras cantionis*, so wie die vorhergehenden *Figuras cantûs* nenne) zusammen getragen, welche mit den obangeführten gleichwol keine Gemeinschafft haben, und mit denselben nicht vermischet werden müssen. Unter andern finden wir eine Probe davon an der Arbeit des ehmaligen Nürnbergischen Capellmeisters, **Andreas Herbst**, ingleichen an **Printz**, wovon das dritte Haupt-Stück dieses Theils gehandelt hat.

§. 51.

Allein, da sich die Sachen fast jährlich ändern, und die alten Manieren nicht mehr Stand halten wollen, eine andre Gestalt gewinnen, oder auch neuern Moden Platz machen; so siehet man solche Vorschrifften zum Theil mitleidend an, und würde sich, wenn man schon dergleichen nach heutiger Weise entwerffen wollte, in ein Paar Jahren vieleicht eben so bloß stellen müssen, als jene. Indessen gibt es doch einige Manieren, als z. E. die Accente, die Schleuffer, die Vorschläge etc. von ziemlicher vorwährenden Dauer, über welche, so weit sie das Clavier betreffen, **Kuhnau** in der Vorrede seiner Suiten eins und anders beigebracht hat, das nicht sonder Nutzen gelesen werden mag. Solche Zierathen gehören zwar zur Sing- und Spiel-Kunst; aber ein melodischer Setzer muß doch Gelegenheit dazu geben.

§. 52.

Noch eins ist zu erinnern, daß nehmlich unter die grossen Erweiterungs-Figuren, deren etliche dreißig seyn werden, und die mehr zur Verlängerung, Amplification, zum Schmuck, Zierath oder Gepränge, als zur gründlichen Uiberzeugung der Gemüther dienen, nicht mit Unrecht zu zehlen ist das bekannte und berühmte Kunst-Stück der **Fugen**, worin die Mimesis, Expolitio, Distributio samt andern Blümlein, die selten zu reiffen Früchten werden, ihre Residentz, als in einem Gewächs-Hause, antreffen. An seinem Orte wird davon mehr Unterricht folgen.

Ende des zweiten Theils des vollkommenen Capellmeisters.

Des
Vollkommenen Capellmeisters
Dritter Theil.

Welcher von der Zusammensetzung verschiedener Melodien,
oder von der vollstimmigen Setz-Kunst,
so man eigentlich Harmonie heißt,
Nachricht gibt.

Erstes Haupt-Stück.
Von der Viel- und Voll-Stimmigkeit überhaupt.

§. 1.

Wer bisher gelernet hat, was zur Verfertigung einer eintzeln Melodie gehöret, wie solches im vorigen Theile hoffentlich zur Genüge angezeiget worden ist; und wer dabey in einer ieden Melodien-Gattung einen kleinen Versuch, mit Hülffe seines Anführers, gemacht hat; der kan nun bedacht seyn, diesen Theil der zusammengesetzten oder vielfachen Harmonie anzugreiffen. Er muß solches aber nicht eher thun, als bis er sich in allen obigen Stücken ziemlich befestiget haben wird. Denn sonst wäre die Arbeit eben so verkehrt, als wenn iemand die Knöpffe und Schnüre, nebst andern Ausstaffirungen seines Kleides, zuerst anschaffen, und hernach das Tuch kauffen wollte.

§. 2.

Mein Rath wäre, man machte den Anfang mit einer kleinen singenden Melodie, fürs erste ohne Baß, wobey sowol, als bey den übrigen Gattungen, immer **Achterley** zu bemercken sind: der Affect, die Ton-Art, die **Begleitung**, der Tact, die Einschnitte, der Theile Verhältniß, die Auszierung und endlich der Wörter Eigenschafft. Man schreite von den kleinesten zu den grössesten Sing-Sachen, und halte es hernach mit den Instrumental-Stücken auf gleiche Weise. Der dritte Punct von obigen Achten bleibt so lange zurück, bis der Baß zum wenigsten mit ins Spiel kömmt.

§. 3.

Die vollstimmige Setz-Kunst, Symphoniurgie, oder Harmonie im breiten Verstande[1], ist der knechtischeste Theil[2] von der Music, und erfordert die meiste äusserliche Arbeit. Die Melopöie hergegen behauptet allezeit die[3] Herrschafft auf das sinnreichste. Das ist die Meinung des **Doni**, und er hat, unsers Erachtens, völlig Recht darin. Die Melodie ist der Leib, der Tact oder die Bewegung ist die Seele, und die Harmonie dienet an statt der Kleidung.

§. 4.

Weil es aber nicht gnung ist, den Vorzug der einen vor der andern zu behaupten; sondern auch nöthig seyn will, eine Beschreibung oder Definition der Symphoniurgie zu geben, so sagen wir, daß sie sey: **Eine Kunstmässige Zusammenfügung verschiedener mit einander zugleich erklingender Melodien, woraus ein vielfacher Wollaut auf einmahl entstehet.**

§. 5.

Dieses Stück der Setz-Kunst gilt eigentlich bey den meisten musicalischen Lehrern so viel, als die gantze Composition; aber mit Unrecht: denn dadurch wird die Art und Weise einer Sache eher gelehret, als die Sache selbst, welches verkehrt ist. Man heist solches in der gelehrten Sprache: *docere modum rei ante rem.* Es soll einer vier und mehr Stimmen über einander hinsetzen, ehe ihm noch einmahl vorher gewiesen worden, wie er eine eintzige Stimme gut führen

---

1 *Concentuum componendorum rationem seu contrapunctum* nennet sie **Donius** *de Praestant. vet. Mus. p. 78.*
2 *La Parte la più servile. Id. sopra i Tuoni p. 128.*
3 *Signoreggia in questa Facoltà. Id. ibid.*

oder einrichten müsse; welches, wo mir recht ist, gar wol heissen kan: Die Pferde hinter dem Wagen spannen.

§. 6.

Zwar, wie es fast in der Welt eine Gewohnheit geworden ist, daß das Kleid den Mann mache, und ein ieder fast mehr auf dasjenige, was eine Person um und an hat, als auf einen wolgebildeten, gesunden, geraden Leib und edle Seele siehet, da den Mängeln des ersten sehr offt durch ein reiches Gewand die ansehnlichste Decke bereitet wird: so ist auch ein verkehrter Gebrauch entstanden, daß man in der Setzkunst fast mehr auf eine gekünstelte Vielstimmigkeit, als auf eine liebliche, fliessende, wolgestalte Melodie seine Absicht zu richten pfleget.

§. 7.

Die **gescheutesten** Welschen sind schon vorlängst anders Sinnes geworden, und diejenigen unter uns Teutschen, welche Gaben dazu besitzen, daß sie jenen in **guten** Dingen nachfolgen, legen sich gleichfalls nach gerade mehr auf eine saubere Melodie, als auf eine mühselige Harmonie. Ich will iedoch hiemit den licht- und dichten Schmierwercken einiger heutigen, seichten Notenmahler das Wort nicht geredet haben, die da vermeinen, wenn sie nur über ihre grüne und unreiffe Feder-Früchte mit grossen Buchstaben schreiben: **VNISONI**, so sey alles wol bestellet, und recht galant ausgeführt.

§. 8.

Diese armen Leute verabscheuen die Vollstimmigkeit nicht etwa aus der Ursache, daß sie eine desto geschicktere und beweglichere Melodie zu Wege bringen wollen; sondern weil sie untüchtig sind, einen reinen Fortgang der Accorde anzustellen, und sich, da sie das Ding nicht bey dem rechten Ende anzugreiffen wissen, lieber der Harmonie gantz und gar enthalten; ohne höchste Noth nicht über drey Stimmen nehmen; ja, gar nicht einmahl eine Altviole, oder Braccio mit anbringen; und dennoch, bey aller ihrer genommenen Freiheit, ein lauteres Nichts, ein Flickwerck und geradbrechtes Wesen hinschmadern, so daß man beides Melodie und Harmonie vergeblich sucht.

§. 9.

Solcher dünn-besponnenen Arienmacher Anwald begehre ich keines Weges zu seyn; vielmehr gehet mein hertzlicher Wunsch dahin, daß Melodie und Harmonie, so viel immer ohne Abbruch der erstern geschehen kan, bey einander gefunden werden mögen; welches denn, alles Einwendens ungeachtet, viel besser in wenigen, und fast füglicher in drey bis vier Stimmen erhalten werden mag, als in 12 bis 24. Bey gesunder Vernunfft kan es wol nicht geleugnet werden.

§. 10.

Die Symphoniurgie wird sonst, mit einem barbarischen Nahmen, der **Contrapunct** genannt, weil Punct gegen[4] Punct, Note gegen Note über einander zu stehen kommen. Dieser Contrapunct leidet sehr viele Eintheilungen, als nehmlich in den **gleichen** und **ungleichen**; in den **schlechten** und **figürlichen**; in den **doppelten** und **mannigfältigen**, welches die vornehmsten sind, und alle andre unter sich begreiffen.

---

4 Die ehmaligen Mönchs-Noten hatten nur Köpffe, und keine Stiele, so, daß sie den Puncten ähnlich sahen; daher hat der Contrapunct seine Benennung.

§. 11.

Nachdem nun die Kunst so hoch hinausgewollt hat, daß, unter vielen Stimmen, eine iede derselben gleichsam ihre eigene Zeit über die andern zu herrschen haben muste, so ist aus dem gleichen Contrapunct nicht nur der ungleiche; sondern aus dem schlechten der figürliche oder geschmückte, aus dem doppelten der drey- und vierfache entstanden, samt allen, die dahin gehören. Ja, es ist so gar eine eigene Art des doppelten und vielfachen Contrapuncts aufgekommen, welcher sich diesen Nahmen Vorzugs-Weise beilegen läßt, dessen an gehörigem Orte mit mehren gedacht werden soll.

§. 12.

In dem schätzbaren Waltherischen[5] Wörter-Buche werden zwar viele Contrapuncts-Benennungen und Arten angeführet; doch nicht die **gleiche** und **ungleiche** Art besonders, welche daselbst mit dem **schlechten** Contrapunct vermischet werden: unangesehen ein grosser Unterschied zwischen gleich und schlecht ist, wie ich mir die Erlaubniß zu zeigen ausbitten will.

§. 13.

Im **gleichen** Contrapunct sind alle über einander stehende Noten von **einerley** Geltung, und haben keine Dissonantzen. Aber das ist deswegen kein **schlechter** Contrapunct. *Eguale non è semplice.* Dem **schlechten** Contrapunct ist der **ungleiche**, sowol mit seiner verschiedenen Geltung, als mit den Dissonantzen, ja, alles übrige, was nicht doppelt und mehrfach ist, samt den gewöhnlichen Fugen selbst, unterworffen. Hier bedeutet das Wort **schlecht** so viel, als einfach; und wird nur dem doppelten oder vielfachen entgegen gesetzt. Daher kan der schlechte Contrapunct kein gleicher heissen: der gleiche kan auch kein schlechter heissen: denn im **gleichen** Contrapunct weiß man von keinem Themate, von keinem Subjecto, wie im **schlechten**. Hingegen sind alle andre Contrapuncte, sie mögen so verblümt seyn, als sie wollen, **ungleich**: d. i. sie haben verschiedene Noten, und mischen Consonantzen mit Dissonantzen unter einander.

§. 14.

Bey dieser Gelegenheit kan ich nicht umhin, meine Gedancken darüber anzuzeigen, daß wol nothwendig zwischen einem Themate und Subjecto ein Unterschied zu machen sey. Ein Fugen-Satz kan zwar beides Thema und Subjectum heissen; doch das erste vielmehr: allein im Contrapunct besonders hat nur das Subjectum statt, und kan solches eigentlich kein Thema genannt werden, denn es fehlet ihm der Wiederschlag und ist ein fester Gesang. *Canto fermo.*

§. 15.

Die figürlichen oder geschmückten[6] Contrapuncte sind nicht nur solche, da iede Stimme Noten hat, die ihr gefällig sind; sondern durchgehends alle Gegensätze, und zur Umwendung oder Verkehrung geschickte Kunst-Stücke dieser Art. Dahin gehören denn die doppelten und vielfachen, mit allen ihren Gattungen: in Schritten; in Hüpffungen; in der Tertz, Qvart, Qvint etc.; in einerley Zahl und Bewegung; in Fugen; in Bindungen; in Verbindungen; in Sprüngen; in Rückungen, oder worin sie sonst bestehen. Dabey mercke man, daß alle Fugen mit grösserm Recht, als eine iede harmonische Zusammenfügung, Contrapuncte sind; aber daß alle Contrapuncte keine

---

5 Wenn der beste critische Musicus nebst mir alle Pferde angespannet hätte, würden wir ein solches Wörterbuch, ohne die Weymarsche Bücherey nicht zu Wege gebracht haben, als dieser löbliche Organist gethan hat.
6 *Contrapunto fiorito, figurato,* lat. *floridus, coloratus,* ist alles einerley, und hat keinen wesentlichen Unterschied.

Fugen sind. Ein anders ist ein doppelter Contrapunct; ein anders eine doppelte Fuge oder Doppel-Fuge. Diese hat Themata, die sich im ordentlichen Wiederschlage hören lassen; jener nur ein verkehrliches Subjectum, nebst andern Umständen, davon die Fuge nichts weiß.

§. 16.

Die hiebey vorfallenden Kunstwörter, welche ich zu verteutschen mir die Freiheit genommen habe, brauchen einer kleinen Erklärung. In **Schritten** will so viel sagen, als, *alla diritta*, d. i. wo die Noten des dem Subjecto entgegen gestellten Satzes, ohne den geringsten Sprung zu machen, nur gerades Weges auf- und niedersteigen. In **Hüpffungen**, *alla zoppa*, auf hinckende Art, wo z. E. erst eine Viertel-Note, hernach ein halber Schlag, sodann abermahl ein Viertel den Tact füllen, nach Art desjenigen dreisyllbigten Klang-Fusses, der Amphibrachys heißt. Doch geschiehet solches Hincken mehrentheils in lauter grossen Intervallen, welches wol zu mercken stehet.

§. 17.

Ein Contrapunct in der **Tertz, Qvart, Qvint** u. s. w. bedeutet eine solche Weise, wo der Gegen-Satz in dem angegebenen Intervall beginnet, wenn man solches gegen die erste Note des Subjects hält. *Alla Terza, Quarta, Quinta* etc. bis *Dodecima*; oder auch, wo sich ein solcher Gegensatz hernach bey der Verkehrung, wenn das untengewesene Subject oben kömmt, in einem dergleichen Intervall anbringen läßt. **Einerley Zahl, Figur, und Bewegung** *d'un sol passo*, ist, wo die Noten, obgleich nicht einerley Klang, doch immer bey der Wiederholung einerley Zahl, Gestalt und Bewegung behalten.

§. 18.

Contrapunto fugato, bedeutet einen **aus lauter Fugen** bestehenden Contrapunct; welche sonst ordentlicher Weise nicht dazu gehören. Und gewisser maassen kan eine iede Fuge ein solcher fugirter Contrapunct heissen; doch eigentlich alsdenn, wenn ein Subject oder fester Gesang dabey zum Grunde lieget, über welchen man rechte Fugen anstellet. In **Bindungen**, *legato*, ist ein Contrapunct, wo viele Bindungen oder Ligaturen eingeführet werden, und gleichsam darin herrschen. Diese Bindungen aber muß man mit den folgenden Rückungen nicht vermischen: indem jene, unter andern Eigenschafften, wenigstens zwo Stimmen erfordern; da diese hergegen an einer genug haben, wie mit mehren in der musicalischen Critic gelehret worden.

§. 19.

Wiederum ist ein andrer Contrapunct, der in **Verbindungen** bestehet, *obligato, perfidiato, ostinato*, von dessen Gegensatz man gar nicht abgehen darff, sondern gleichsam hartnäckiger Weise daran verbunden seyn muß. In **Sprüngen**, *di salto*, wo nicht ein eintziger Grad oder Stuffen-Gang, sondern lauter Sprünge im Gegensatze des Subjects vorkommen. In **Rückungen**, *sincopato*, wo es immer Rückungen oder Syncopationes gibt, die auch in kleinen Intervallen oder Graden bestehen können: womit sich diese Art, unter andern von dem **hüpffenden** Contrapunct mercklich unterscheidet. Denn das Rücken kan auch wol, im eigentlichen Verstande, sitzend geschehen; das Hüpffen aber nicht. Meines Wissens hat noch niemand dieses bey den Contrapuncten angemercket, worin nehmlich *alla zoppa* und *sincopato* vornehmlich unterschieden sind.

§. 20.

Der ehmalige Domherr und Capellmeister zu Viterbo, *D. Angelo Berardi*, schrieb im Jahr 1687 ein gantzes Buch von dieser Materie der Contrapuncte, welches zu Bononien, (denn so wird

Bologna auf Teutsch genannt) unter dem Titel: *Documenti Armonici*, d. i. **Lehren von der Vollstimmigkeit**, das Licht erblicket hat, und allerdings werth ist, daß man es mehr, als einmahl, lese.

§. 21.

Man erlaube mir, mit wenig Worten hiebey anzumercken, wie ich schwerlich glauben könne, daß das grosse *D*, so vor dem Nahmen des *Berardi* stehet, einen *Doctorem* bedeute; sondern daß es vielmehr einen *Don* oder *Dominum*, einen Edlen Herrn anzeigen solle. In einem, drey Jahr nach besagten *Documenti*, gedruckten Wercklein eben dieses Verfassers, so er *Arcani musicali*, d. i. **musicalische Geheimnisse** betitelt, stehet weiter nichts, als daß sie herrühren, *del Canonico Angelo Berardi*. Es ist ein dem Päbstlichen Vice-Legaten, Philipp **Leti**, zugeschriebenes Gespräch, *Dialogo dedicato all Illustrissimo e Reverendissimo Monsignore Filippo Leti, Vicelegato etc.* welcher auf der folgenden Seite mit eben dem grossen *D*. als *Don*, oder *Dominus*, nicht als *Doctor*, beehret wird. Die Ursache, warum ich dieses erinnere, wird guten Freunden nicht unbekannt seyn.

§. 22.

Wir werden aber weiter unten ausführlicher, und auf eine gar besondere Art, nicht nur vom doppelten Contrapunct, sondern vornehmlich von den Doppel-Fugen, die weit schätzbarer sind, zu handeln keinen Umgang nehmen können, und müssen den geneigten Leser bitten, mit der unaussetzlichen Weitläuffigkeit dieses dritten Theils desto williger in die Gelegenheit zu sehen, ie mehr wir ihm in den vorigen beiden Theilen alle mögliche Kürtze haben angedeien lassen: Zumahl da auch die Beschaffenheit der Harmonie oder Symphoniurgie nothwendig erfordert, daß man sie, nach ihrem sehr weiten Begriff, mit gehöriger Untersuchung, Deutlichkeit, **Unterscheidung**, vollständigen Anzeigen, und, vor allen Dingen, mit Begleitung vieler starcken Exempel handhabe. So viel von der Vollstimmigkeit insgemein.

Zweites Haupt-Stück.
Von der Bewegung der Stimmen gegen einander.

§. 1.

Ein zwar kurtzes, aber zur ordentlichen Lehre nothwendiges Capitel muß hier Raum finden, ehe und bevor etwas weiters mit der Harmonie oder Zusammensetzung verschiedener Stimmen vorgenommen werden kan. Denn, niemand wird wissen, was er bey solcher Fügung für Gänge und Schritte machen soll, falls ihm nicht die Art und Weise vorher bekannt ist, mit welcher alle und iede Bewegung der Stimmen gegen einander angestellet und verrichtet wird.

§. 2.

Die Bewegung aber ist eben dasjenige, was alles in der Welt belebet. Ohne Bewegung kan demnach auch die Harmonie nicht anders, als todt seyn.

§. 3.

Wir reden iedoch hier nicht von der einfachen Bewegung, die eine iede Melodie vor sich selbst hat, sondern von derjenigen, die zwo oder mehr Stimmen gegen und mit einander machen, [...]

motu vocum. Dieselbe Bewegung nun ist viererley. Sie geschiehet erstlich: in **gleicher Weite**; fürs andre: **schräge** oder **abweichend**; drittens: **gerade auf und nieder**; und viertens: **wieder einander**.

§. 4.

Mit ihren Kunst-Wörtern heissen diese vier *Motus* also: *parallelus, obliquus, rectus, & contrarius.* In Linien mögte man die Sache etwa folgender maassen vorstellen:

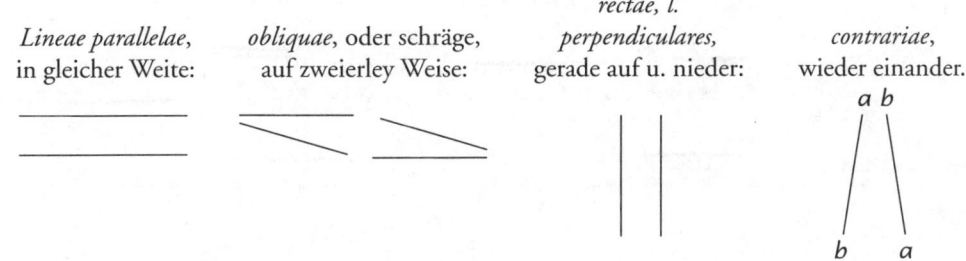

| *Lineae parallelae*, in gleicher Weite: | *obliquae*, oder schräge, auf zweierley Weise: | *rectae, l. perpendiculares*, gerade auf u. nieder: | *contrariae*, wieder einander. |

§. 5.

Man kan sich hoffentlich aus diesen Linien ein Bild der verschiedenen Bewegungen in den Stimmen vorstellen. Die Parallel-Bewegung, wo zwo oder mehr Stimmen in gleicher Weite verfahren, ist die natürlichste, und begibt sich, wenn besagte Stimmen, iede für sich, ihren Einklang mit einander fortsetzen, ohne davon abzuweichen, noch zusammenzustossen: welche Bewegungs-Art, bey heutiger Vollstimmigkeit, so starck gebraucht wird, daß nicht nur alles Zittern, Beben, Schüttern etc. sondern sehr viele andre lebhaffte Verrichtungen und Gedancken dadurch ausgedruckt werden. z. E.

Motus parallelus.

§. 6.

Nun folgt die obliqve, schräge, abweichende Seiten-Bewegung, welche auf zweierley Art geschehen kan, einmahl wenn die Ober-Stimme ihren vorigen Ton oder Klang fortsetzet, es sey anschlagend oder stillhaltend; die andre aber sich dabey auf oder niederwärts beweget, es mag nun gehend oder springend verrichtet werden. Das andremahl, wenn die Unterstimme im Einklange bleibet, und die obere sich beweget. Bey Verkehrung der Stimmen werden aus diesen zween Wegen ihrer viere, wenn mans genau nehmen will. Und wenn das Aushalten mit dem Anschlagen, das Gehen mit dem Springen verglichen wird, ist diese Bewegung gar auf sechs- und mehrerley Art anzustellen.

368 III. Theil. Zweites Capitel

Diese springende Bewegung, wie sie hier aufwärts geschiehet, kan auch, wie leicht zu erachten stehet, niederwärts angebracht, und umgekehrt werden. Die Umkehrung aber ist nur hier von den Stimmen und ihrer Verwechselung zu verstehen; nicht von den besondern Noten und Gängen.

§. 7.

Drittens ist der *Motus rectus*, oder diejenige Bewegung zu bemercken, da beide oder mehr Stimmen einerley Weg einschlagen, es geschehe nun solches steigend oder fallend, mit Sprüngen, oder Gradweise. Und diese Bewegung ist in der Harmonie die gefährlichste, bey welcher immer die meiste Behutsamkeit gebraucht werden muß.

Von der Stimmen Bewegung.

§. 8.

Bey diesen beeden letzten Bewegungen, nehmlich der schrägen und geraden, wird diejenige gleiche Weite, welche zur ersten Parallel-Bewegung gehöret, nicht allemahl beobachtet. Man mag darin willkührlich verfahren, wie sichs am besten schicken will und thun läßt.

§. 9.

Die letzte und allerbeste Bewegung ist endlich die gegenseitige, oder wieder einander lauffende, nehmlich der berühmte *Motus contrarius*, der sonst mehr als einerley Bedeutung in der vollstimmigen Setzkunst hat, davon wir iedoch dieses Orts nur die natürlichste bemercken, so wie sie im schlechten und allgemeinen Verstande genommen wird: denn von der figürlichen Eigenschafft dieser Bewegung werden wir weiter unten Gelegenheit finden mit mehrem zu handeln. Ich nenne die gegenseitige Bewegung deswegen die allerbeste, weil sie sowol angenehm in die Ohren fällt, als auch, weil weniger Gefahr dabey zu besorgen ist, indem durch ihre Vermittelung vielmehr manche Fehler, in der Composition mit verschiedenen Stimmen, vermieden werden können.

§. 10.

Es ist nun leicht zu ermessen, daß bey dieser Gegenbewegung die eine Stimme hinauf arbeitet, wenn die andre zu gleicher Zeit herunter steiget: und daß solches mit mehr, als zwo Stimmen, wenigstens auf die folgende viererley Arten geschehen kan, nehmlich:

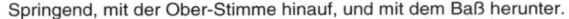

drittens: gehend, mit der Ober-Stimme hinauf und mit dem Baß herunter.

viertens: gehend, mit der Ober-Stimme herunter, und mit dem Baß hinauf.

§. 11.

Wir geben hier nur, Kürtze halber, solche Exempel, die zwostimmig sind, und dabey zu verstehen, daß diese Bewegungen, wenn viele Stimmen vorhanden, zwo gegen zwo, drey gegen drey, auch bald in den Mittel- bald in den äussersten Parteien u. s. w. angebracht werden können, nachdem es die Gelegenheit gibt oder leidet. Es ist nicht möglich, alles auf das genaueste hier zu verzeichnen.

§. 12.

Uibrigens wird man in folgenden Hauptstücken zu ersehen haben, wozu es denn nutze, daß alle diese Bewegungen, ausser welchen keine andre in der Music Raum finden, recht wol verstanden und eingenommen werden, wenn wir erst die Consonantzien und ihre Folge in richtiger Ordnung zu Papier gebracht haben: denn aus sothanen Bewegungen, die erste derselben ausgenommen, entspringen vier uralte Regeln, von welchen ein sehr berühmter Mann und kaiserlicher Capellmeister schreiben darff: es hänge an denselben das gantze Gesetz und die Propheten. Wiewol solches, meines Erachtens, etwas zu milde, ja, wenn ichs sagen darff, zu unheilig geredet ist.

Drittes Haupt-Stück.
Von den Consonantzien insgemein, nach ihrem Gebrauch.

§. 1.

Die eigentliche Materie, womit die Harmonie zu thun hat, bestehet in wol- oder hart klingenden, zugleich anschlagenden Enden der Intervalle, die man Consonantzien und | Dissonantzien nennet. Consonantzien sind, die von selbsten wol lauten; Dissonantzien aber, die es ohne Beihülffe der ersten nicht thun.

§. 2.

Unter den Consonantzien rechnet man, als **vollkommene**: den Einklang, *unisonum*, welchen ich für mehr als vollkommen achte, wenn zwo oder viele Stimmen einerley Klang führen; die Octave; und die Qvint. Als **unvollkommene** aber werden gehalten: die Sext und Tertz. So viel

Von den Consonantzien.

ich vernünfftig und billig schliesse, beiderseits mit allen ihren Angehörigen, sowol was die vollkommenen, als unvollkommenen betrifft. Es sind ihrer vier Geschlechter und nicht darüber: denn der Unison ist kein Intervall, und als Intervalle müssen wir die Consonantzien eigentlich betrachten. Man ziehe die nebenstehende Tabelle zu Rathe.

§. 3.

Zwar will man bey der Qvint die Ausnahm machen, daß weder ihre kleinere noch grössere Schwester mit zum Geschlecht, oder in die Reihe der Consonantzien gehören sollen. Allein mich deucht, daß ihnen zu nahe geschiehet, absonderlich der kleinern, wenn sie gar in die Classe der Dissonantzien verwiesen wird. Denn, daß ich der übermässigen Tertz geschweige, so wüste ich doch die verkleinerte, welche in der Melodie grossen Nutzen hat, und die übermäßige Sext, die so gar zur Auflösung in der Harmonie dienet, nirgend anders, als unter die Consonantzien zu stellen. Warum sollten die Neben-Qvinten auch nicht ihrem Stamme anhangen? Doch der Rang macht nichts, so lange wir im Gebrauch nur einig sind. Aber die Lehr-Art muß doch eine feste Ordnung haben, und die Sache niemahls auf Schrauben setzen.

§. 4.

Es ist indeß an dem, daß die beeden besagten Qvinten, nehmlich die kleinere und grössere, welche sonst *diminuta & superflua* heissen, nicht allerdings für ächt gelten können; man darff sie auch an sich selbst nicht für wolklingender ausgeben, als die Tertzen und Sexten. Aber so viel ist doch gewiß, daß die erste dieser Qvinten, welche der gemeine Mann die **falsche** nennet, der Harmonie weit mehr wolklingende Dienste thut, als die völlige Qvint: daher wir jene immer den Consonantzien mit beizufügen billige Ursache[1] haben.

§. 5.

Das nächste Bedencken bey den Consonantzien entstehet unsrer Seits über die Qvart, welche von den meisten theoretischen Schrifftstellern noch beständ-

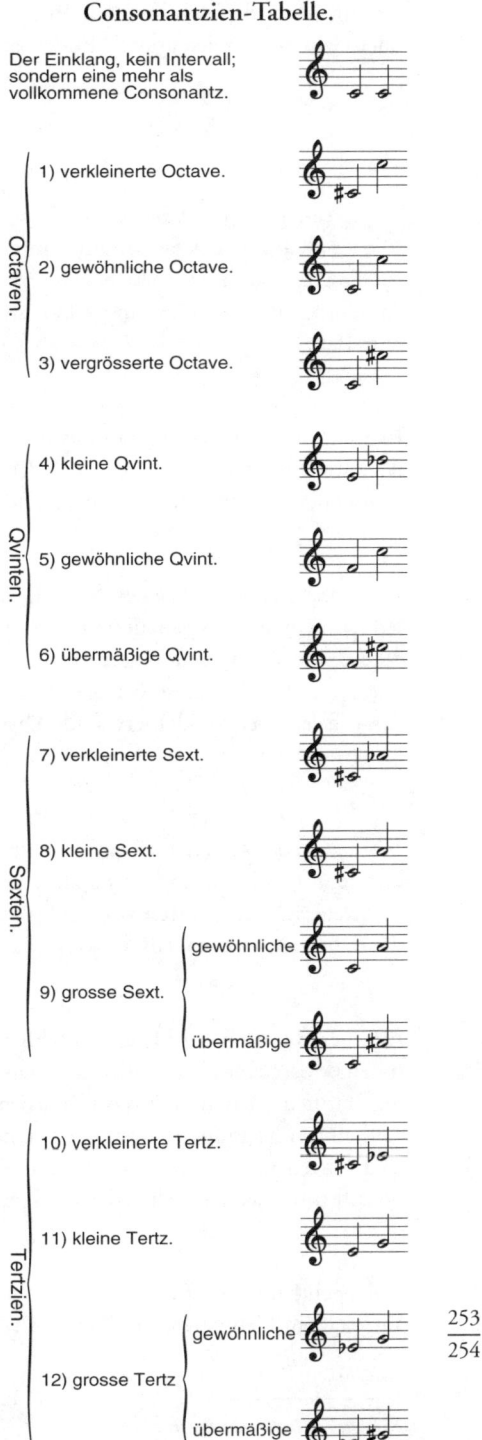

Consonantzien-Tabelle.

Der Einklang, kein Intervall; sondern eine mehr als vollkommene Consonantz.

Octaven.
1) verkleinerte Octave.
2) gewöhnliche Octave.
3) vergrösserte Octave.

Qvinten.
4) kleine Qvint.
5) gewöhnliche Qvint.
6) übermäßige Qvint.

Sexten.
7) verkleinerte Sext.
8) kleine Sext.
9) grosse Sext. { gewöhnliche / übermäßige }

Tertzien.
10) verkleinerte Tertz.
11) kleine Tertz.
12) grosse Tertz { gewöhnliche / übermäßige }

$\frac{253}{254}$

---

[1] *Orchest. III, pp.* 489. 773.

dig mit unter die wolklingende Intervalle gesetzet wird: in sofern diese Lehrer ein **vermitteltes**, oder zwischen zweien andern Enden mitten inne liegendes Intervall daraus machen: z. E.

Vermeinte Qvart.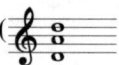

§. 6.

Das nennen sie *Quartam intermediam*, nehmlich die beeden öbersten Noten *a, d*. Man liesse sich solches auch gerne gefallen, wenn nur das hier von oben, und absonderlich von unten bedeckte Intervall eine wahre Qvarte bedeuten, und nicht vielmehr dessen Enden als Qvint und Octav, in Ansehung des Grundes, angesehen werden könnten. Ein mehres hievon kan man anderswo[2] antreffen.

§. 7.

Inzwischen brauchen wir die Qvart durchgehends als eine Dissonantz gegen das Fundament. Alle Intervalle müssen aber, der Vernunfft nach, von der Grund-Stimme abgerechnet und abgezehlet werden: wie die Kinder und Nachkommen von ihrem Stamm-Vater.

§. 8.

Es ist oberwehnter Maassen bekannt, daß wir eine übermäßige Sext haben und gebrauchen, die iedoch niemand im genauesten Verstande für was überflüßiges, sondern vielmehr, sowol als die bereits-angeführte verkleinerte Tertz, am rechten Orte, für was nützliches und artiges hält. Man hat aber noch bis diese Stunde weder vernommen, noch gelesen: daß sie deswegen, weil sie vergrössert oder verkleinert sind, Dissonantzien heissen; ungeachtet sie sonst ziemlich derbe klingen.

§. 9.

Wiederum ist es auch noch wol keinem Menschen in den Sinn gekommen, aus der grossen Qvart, aus dem Tritono, eine Consonantz zu machen; obgleich alle Bücher vom Wolklange der vermeinten, ächten Qvarten voll sind; sondern die grosse ist und bleibt sowol eine Dissonantz, als die richtige Qvart, so daß die Vergrösserung sie nicht aus ihrer Geschlechts-Art vertreiben kan.

§. 10.

Aus diesen Gründen ist leicht zu schliessen, daß der Abgang oder Uiberschuß an der mathematischen Grösse eines Intervalls nur einen zufälligen, obgleich beträchtlichen Unterschied machen; die Natur desselben oder das eigentliche Wesen aber darum nicht gäntzlich ändern möge. Also sind, unsrer Meinung nach, und bey einer ordentlichen Lehr-Art, alle Octaven, Qvinten, Tertzien, und Sexten mit einander Consonantzien, sie mögen vergrössert oder verkleinert werden: das betrifft nur, was wir mehr oder weniger heissen.

§. 11.

Anlangend nun die Regeln von den vollkommenen und unvollkommenen Consonantzien, so kan sich ein Liebhaber derselben in **Printzens** satyrischen Componisten[3] darnach umsehen, und

---

2 *Orch. III. sub voce Quarta Indicis.*
3 *Parte I. Cap. 14.*

finden: daß wenn die eine Consonantz in die andre verändert wird, solches auf zweierley Weise geschehe: 1.) Wenn eine Stimme ruhet, und die andre sich beweget d. i. *in motu obliquo*; 2.) Wenn sie sich beede bewegen, welches auf dreierley Art geschehen kan, *motu parallelo, recto & contrario*, wie im vorigen Hauptstücke gewiesen worden.

§. 12.

Bey dem ersten Fall ist nichts zu erinnern, und wäre dannenhero dieser Unterschied gar nicht einmahl nöthig gewesen. Denn, **Printz** sagt selber: es könne eine iede Concordantz in solchem Fall füglich in eine andre, **ohne Bedencken**, verändert werden. Was braucht es denn einer Regel? aber so waren die lieben Vorfahren geartet. **Printz** setzet zwar hinzu: **wofern es nur die Ungewöhnlichkeit und Ungeschicklichkeit des Intervalls nicht verhindert**. Diese Bedingung aber gehört nicht zur Harmonie; sondern zur Melodie. Woraus beiläuffig zu ersehen, wie man diese beiden Dinge so unverantwortlich mit einander vermischet hat.

§. 13.

Daß wir ferner von einer vollkommenen Consonantz in gerader und gleichmäßiger Bewegung, *motu recto*, sowol, als in einer Gegenbewegung, *motu contrario*, auf eine unvollkommene Consonantz gehen können, ingleichen aus der einen unvollkommenen in die andre; aber nur allein durch die Gegenbewegung aus einer unvollkommenen in eine vollkommene, ist theils überflüßig, theils unrecht gelehret: wenn wir nicht alles mit einander zum gebundenen Styl hinziehen wollen.

§. 14.

Gleiche Beschaffenheit hat es auch mit diesem Satz: daß man von einer vollkommenen Consonantz in eine andre vollkommene sonst nicht, als durch die Gegenbewegung kommen könne. Vielstimmige Sachen und berühmte Meister gaben gleichwol dem guten **Printz** damahls schon ein Paar trifftige Einwürffe, die er auch besagten Orts anführet, und, seiner Meinung nach, wiederleget.

§. 15.

Die gantze Sache kömmt darauf an, daß man zu denen Zeiten die Gedancken geheget, dieses folgende Verfahren *No.* 1. enthalte zwo verdeckte Octaven: wenn es nebenstehender maassen aufgelöset werde. So wie das zweite Exempel *No.* 2. ein Paar Qvinten in sich begreiffen sollte, wenn man sie auf beigesetzte Weise ans Licht brächte.

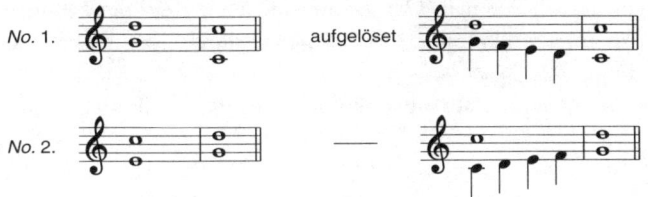

§. 16.

Nun muß man zwar gern zugeben, daß dergleichen Sätze, wenn sie in solchen langen Noten bestehen, lieber die Gegenbewegung erwehlen, und also die übeln Gedancken des Zuhörers, wozu er bey der zögernden Fortschreitung Zeit genug findet, verhindern mögten. Wie es denn auch unstreitig wahr bleibet, daß man die Gegenbewegung aller andern, am meisten aber der geraden, immer vorzuziehen Ursach habe.

§. 17.
Allein, daß solches bey Figural- und heutigen, hurtigen Sachen, da man dem Zuhörer wenig Frist gönnet, etwas widriges in dergleichen Gängen zu suchen, noch für eine Regel gelten sollte, ist wol schwerlich zu glauben: es müsten sonst viel tausend schöne Sätze, ja Millionen gantz gute **Schlüsse**, ausgemertzet werden; und bey vielstimmigen Begleitungen dürffte fast keine eintzige Zeile ohne diese vermeinte Fehler seyn können.

§. 18.
Wahr ist es, wir vermeiden gerne in einer zwostimmigen Harmonie diese und dergleichen Gänge. Die Ursach aber ist nicht sowol, daß ich dadurch den vermeinten Octaven und Qvinten aus dem Wege gehe, als weil in wenig Stimmen die öffters vorkommende, vollkommene Consonantzien, da ich an ihrer Statt füglich andre haben kan, etwas kahl und einfältig klingen.

§. 19.
Dennoch gibt es überhaupt bey den Consonantzien einige allgemeine Grund-Regeln, die man wol mitnehmen, untersuchen und brauchbar machen kan, um die rechten, reinen Sätze daraus zu beurtheilen. Denn die meisten unter den jüngern Componisten machen fast gar zu wenig aus der Sache, ja sie führen, den Alten gleichsam zum Trutz, dieses Feldgeschrey: **Man mische die Consonantzien nach Belieben!** *Misceantur Consona pro lubitu!* wodurch sie denn auf eine mangelhaffte Art, so wie jene auf eine übermäßige Weise, fehlen[4].

§. 20.
Zwischen diesen beiden äussersten Enden muß man ein richtiges Mittel treffen, welches niemand, wegen seiner Schwierigkeit, abschrecket; und auch niemand, wegen gar zu grosser Freiheit, wild macht. Das wollen wir versuchen, und bey dieser Gelegenheit wahrnehmen, was die obige Bewegungs-Lehre für sonderlichen Nutzen habe, indem sich folgende Haupt-Regeln gäntzlich darauf gründen.

§. 21.
Der kaiserliche Ober-Capellmeister, **Fux**, setzet[5] vier Regeln, nach welchen sich die Consonantzien überhaupt zu richten haben, wenn man von der einen in die andre schreiten will. Hier sind sie:
1. Aus einer vollkommenen Consonantz in eine gleichfalls vollkommene gehet man entweder durch die schräge, oder auch durch die Gegenbewegung.
2. Aus einer vollkommenen in eine unvollkommene Consonantz durch alle drey[6] Bewegungen.
3. Aus einer unvollkommenen zu einer vollkommenen Consonantz durch die schräge, oder auch durch die Gegenbewegung.
4. Aus einer unvollkommenen zu einer ebenfalls unvollkommenen, durch alle drey Bewegungen[7].

---

4   *Peccant Neoterici defectu, veteres excessu Regularum.*
5   *Gradus ad Parnassum p. 42.*
6   Er bringet die Parallel-Bewegung nicht mit in die Rechnung; sie gehört aber doch billig hinein.
7   *Cognito triplici hoc motu videndum est, qua ratione in usu practico adhibendus sit; Quae doctrina sequentibus quatuor cardinalibus veluti regulis continetur. Regula prima: De Consonantia perfecta ad perfectam proceditur per motum contrarium, vel obliquum. Regula secunda: De Consonantia perfecta ad imperfectam per omnes tres motus. Regula tertia: De imperfecta ad perfectam per motum contrarium, vel obliquum. Regula quarta: De imperfecta ad imperfectam per omnes tres motus. Ubi animadvertes motum obliquum in omnibus quatuor progressionibus esse licitum. Ab hac triplici motus cognitione usuque recto pendet, ut dicere solemus, Lex & Propheta,* Fux Grad. ad Parn. *p. 42.*

§. 22.
Diese Regeln sind gantz gut, und auch so gar mit ihrem Uiberfluß unschädlich. Wir sehen daraus vor allen Dingen, daß die schräge, und denn die Gegenbewegung allenthalben zuläßig sind; dagegen nur bloß die gerade Bewegung zu vermeiden ist, wenn man aus vollkommenen in vollkommene, oder aus unvollkommenen in vollkommene Consonantzien gehen will. Das ist alles.

§. 23.
Allein, gleichwie hier eines Theils zu viel gesaget worden, da es gar nicht nöthig wäre; so ist andern Theils auch zu wenig in diesen Regeln enthalten, indem sie lange nicht zureichen, alle Sätze und Folgerungen der Consonantzien, ihrer Reinigkeit nach, zu beurtheilen. Solchemnach gehöret eine genauere Untersuchung dazu; absonderlich in Ansehung des Kirchenstyls: denn in vermischter und freier Schreib-Art leidet vieles seine Abfälle, und die Menge der Stimmen[8] bedecket manchen unrichtigen Gang, daß er dem Gehör so nackend nicht vorgestellet wird.

§. 24.
Wir wollen zuerst die berüchtigte Regel von zwoen Octaven oder Qvinten vor uns nehmen, welche mit ihren rechten Worten also lautet:

Zwo vollkommene Consonantzien einer Art sollen niemahls unmittelbar in einerley Stimmen auf einander folgen.

§. 25.
Nun ist die Frage: ob auch die Qvart und der Einklang vollkommene Consonantzien sind? **Printz** und hundert andre seines Glaubens sagen ja dazu: welches man ihnen zu gute halten muß, so lange wir eines andern berichtet sind. Denn was die Qvarten betrifft, in dem Fall, da ihrer zwo nicht auf einander folgen können, so hat solches eine eigene, in gewissen Umständen hieher gar nicht gehörige Ursache; ja, es findet auch öffters das Gegenspiel Statt. Der Unisonus kan diesem Verbot eben so wenig unterworffen seyn, wie er gleichsam eine mehr, als vollkommene Consonantz ist, auch niemahls den geringsten Uibellaut verursachen wird, indem er mit sich selbst unmöglich uneins werden kan.

§. 26.
Hergegen ist die Vermeidung der Qvarten-Folge nicht des Wollauts, sondern des Misklanges halber geboten. Wenns nicht so wäre, könnte man mit gleichem Rechte die Secunden und Septimen auch für vollkommene Consonantzien halten: denn, ordentlicher Weise, darff man ihrer niemahls zwo nach einander setzen.

§. 27.
Es liegt am Tage, daß wol offt ein gantzes Dutzend Qvarten unmittelbar in einerley Stimmen nach einander folgen können: dafern ihre Enden nur, gegen das Fundament gehalten, Tertzien und Sexten ausmachen; welches iedoch bey Qvinten und Octaven nimmermehr angehet. Dahero es unrecht ist, wenn der Einklang, und die Qvarte zu obiger Regel mitgezogen werden.

---

8 *Crescente vocum copia de regularum rigore non nihil remittitur. Id. p. 279.*

§. 28.

Besagte Regel ist gleichwol der rechte Stein des Anstosses bey fast allen Componisten. Das erste, wornach ein nüchterner Federleser suchet, und auch das erste, so er gemeiniglich, wol gar bey Ober-Virtuosen, antrifft, sind etwa ein Paar Octaven oder Qvinten. So bald ein solcher Mausefänger dergleichen Wildbräts ansichtig wird, macht er ein Feldgeschrey, als wäre eine grosse Schlacht gewonnen: und hat er das Glück, diesen Fund gleich Anfangs in einer Partitur zu thun, so begehret er nichts weiter davon zu sehen noch zu hören: sondern spricht dem Verfasser alsobald das musicalische Leben rund ab.

§. 29.

Ich begehre zwar die unvorsichtigen Qvintenmacher keinesweges zu vertheidigen, und habe den gehörigen Eckel vor solchen unreinen Sätzen: will auch den Anfängern alle Behutsamkeit in diesem Stücke empfolen haben. Inzwischen muß man doch auch die Sache mit guter Vernunfft beurtheilen, und nicht alsofort das Kind mit dem Bade ausschütten.

§. 30.

Könnte allenfalls die Menge der irrenden (*multitudo errantium*) zu einiger Ausrede dienen, so sollten mir die allerberühmtesten und glückseligsten Ton-Meister und melodischen Setzer Beispiele genug an die Hand geben. Zu verwundern ist es, wie diese Uibersichten auch den besten, **gar keinen ausgenommen**, bisweilen überraschen können.

§. 31.

„Es redet offt ein Sack-Pfeiffer[9] und Leirenzieher von Roß-Qvinten, Lämmer-Tertzien, Küh-Octaven, und weiß selber nicht, was es für Dinge sind. Einige wissen zwar, daß zwo Octaven und Qvinten in der Folge nicht zuläßig sind; aber sie können sich selber nicht davor hüten. Und sind sie so weit gekommen, daß sie dergleichen Fehler erkennen, so kan keiner mit ihnen rathen. Es sollte aber nicht also seyn: denn es gehöret mehr zu einer rechtschaffenen musicalischen Composition, als die Vermeidung zwoer Octaven und Qvinten. Diese gemeinen Fehler wissen auch viele Knaben; ein geübter Musicus siehet sich nach solchen Dingen nicht viel um, sondern trachtet nach etwas mehrern und wichtigern."

§. 32.

Es ist ein starcker Unterschied zu machen zwischen Unachtsamkeit und Unwissenheit (*inter incuriam & inscitiam*). Leute, die aus lauter Blindheit und Ungelehrsamkeit ins Gelag hineinschreiben, und dabey meinen, es sey nicht zu verbessern, verdienen freilich ein mercklich Abzeichen; andern aber, denen etwa aus Eile oder Uibersicht einmahl dergleichen Ding entfähret, das so hoch verboten ist, und die dabey viele hochschätzbare Gaben in der Melodie und Harmonie, vornehmlich in Ausdrückung der Leidenschafften, sehen lassen, denen wird kein verständiger Mensch aus solchen Mücken Elephanten machen.

§. 33.

Doch dürffen sich die geringern deswegen nichts heraus nehmen, noch gedencken, daß es einerley Ding sey, wenn zwey Leute einerley thun; oder, daß es ihnen gleich nachzuahmen erlaubet sey, wenn sie etwa bey einem berühmten Italiener, oder bey einem sonst weltberufenen

---

9 Sind des ehrlichen **Werckmeisters** Worte in der **erweiterten Orgel-Probe**, *Cap. 32. p. 78.*

Virtuosen, ein paar Qvinten ausspähen. Zeige mir erst eine gleiche Geschicklichkeit; so will ich dir auch in gleichen Mängeln nachsehen.

§. 34.

Die vollkommenen Consonantzien haben Urlaub, sich einander in acht- und mehrstimmigen Sachen mit der Gegenbewegung zu folgen. Mit den Octaven lasse ichs gerne, von Hertzen gerne geschehen, auch in wenigern Stimmen, aber mit den Qvinten nicht so leicht.

§. 35.

Wir gehen heutiges Tages mit den lieben Octaven so vertraulich um, als wenn es lauter Unisoni wären. *Aequisoni* sinds. Wir besetzen unsre Bässe in Octaven, ja in doppelten Octaven. Wir lassen unsre Haupt-Sätze, auch bisweilen in den Ober-Stimmen selbst, mit allerhand Instrumenten, absonderlich mit Flöten, Octaven-Weise durch und durch fortgehen. Und siehe! die Wirckung ist gut. So, daß ich meines Theils die guten Octaven gerne, mit gewissen Bedingungen[10], von obiger Regel ausschliessen wollte.

§. 36.

Aber die liederlichen Qvinten[11] haben bey weitem keinen Anspruch auf ein solches Vorrecht zu machen: denn sie dürffen sich nun und nimmermehr auf dergleichen Art hören lassen. Daraus denn zu schliessen, daß es um die gewaltige Regel von Octaven und Qvinten schier halb gethan sey: weil nehmlich ein Paar Octaven lange keinen solchen Fehler machen können, als ein Paar Qvinten.

§. 37.

Was denn ferner dieser Ausspruch unsrer ehmahligen Lehrer heissen soll: **Vollkommene Consonantzien verschiedener Art können in der Gegenbewegung unmittelbar auf einander folgen**, das kan ich nicht recht begreifen. Dieser Urlaub nutzet ja nichts, wo kein Verbot vorhanden ist. Es vermehren solche Sätze nur die Regeln ohne Noth, und machen die Sache schwer über die Gebühr. Mit eben so viel Verstand könnte man auch verordnen, daß zwo Personen unterschiedenen Geschlechts sich einander bey der Börse wol begegnen mögten.

§. 38.

Eben dergleichen Bewandtniß hat es auch mit folgender Regel: **Ein ieder Klang, der nach seiner innerlichen Geltung lang ist, soll consoniren, oder doch, wenn er gebunden wird, durch eine Consonantz gelöset werden.** Hier wird etwas geboten, das ohne höchste Ungereimtheit nicht anders seyn kan. Eben als wenn ein Tantzmeister seinen Schülern ein Gesetze geben wollte, daß sie ja nicht auf dem Kopffe, sondern auf den Füssen tantzen, und wenn sie fielen, wieder aufstehen müsten.

§. 39.

Es hat auch die vermeinte, innerliche Geltung, ausserhalb der Bindung, sehr offt eine Dissonantz nöthig, wovon Millionen richtiger Proben und unverwerfflicher Exempel in allen verwechselten

---

10 S. den 43 §.
11 Von der Ursache, warum denn die Qvintenfolge so hart verboten ist, gibt es verschiedene Meinungen. Ich habe deren die meisten und vernünfftigsten gesammlet, und man wird sie, samt meinem unmaaßgeblichen Bedencken, im *III Orch. p. 366–475. it. p. 654* antreffen.

Noten (*Note cambiate*) zu finden sind. Eine solche Note nun, oder der durch dieselbe angedeutete Klang darff nicht allemahl eine Consonantz machen; sie verwechselt vielmehr diese gar zierlich mit einer Dissonantz.

§. 40.

Wenn es ferner seine Richtigkeit hätte, daß **diejenigen Klänge, welche ihrer innerlichen Geltung nach lang sind, nur consoniren müssen**: so dürffte einer gedencken, die übrigen deren innerliche Geltung kurtz ist, könnten wol dissoniren. Wie schlecht man aber seine Rechnung dabey finden würde, stehet leicht zu erachten; absonderlich in ungerader Zeitmaasse, wo gemeiniglich zwo kurtze Noten auf eine lange folgen. Die Festsetzung des einen begreifft zwar nicht die Ausschliessung des andern in allgemeinem Verstande; allein in besondern Regeln muß man genauer drauf sehen.

§. 41.

Endlich kan wol nichts unnöthigers noch abgeschmackters zum Unterricht gesaget werden, als **daß eine gebundene Note, die nothwendig dissonirt, durch eine wollautende gelöset werden müsse**. Man hat noch nie gehöret, daß solches in der Setz-Kunst ordentlicher Weise iemahls auf andre Art geschehen sey, oder auch nur geschehen könne.

§. 42.

Gleichen Schlages ist weiter diejenige Regel, welche erfordert, daß, **wenn etliche Stimmen zugleich mit einander lauffen, solches in Concordantzien geschehen müsse**. Denn, wenn die Stimmen einerley Weg nehmen wollen, so verstehet sich von selbst, daß sie nicht mit einander über dem Fuß gespannet seyn dürffen. Es können auch die Concordantzien, ausser sehr wenigen Sexten, keine andre, als Tertzien seyn. Warum denn so rätzelmäßig gesprochen? Sollte aber die eine Stimme hinauf, und ihre Gefährtin herunter lauffen wollen, so mögte ich denjenigen wol sehen, der es mit lauter Consonantzien verrichten könnte. Also ist etwas unnöthiges, und auch etwas unmögliches in solchem Satze enthalten.

§. 43.

Eine Haupt-Regel hergegen von den Consonantzien insgemein ist diese: **Daß in wenig Stimmen der Unisonus und die Octave selten zum Vorschein kommen müssen**. Es ist ein armseliges, obgleich kein lasterhafftes Wesen, und verhindert die Abwechselung oder Veränderung, wenn beide benannte Intervalle gar zu offt in zwo oder dreien Stimmen anzutreffen sind. Iedoch gibt es auch gewisse Fälle, da der Unisonus und die Octave in zwostimmigen Sätzen gar geschicklich, ja lieber, als andre Consonantzien, gebraucht werden mögen und müssen. Ich wollte z. E. folgende drey Discant-Noten mit dem darunter stehenden Baß, von Tertzien und Qvinten, versehen, *No*. 1: so wäre es zwar nicht zu tadeln; aber doch besser, wenn der Baß so eingerichtet würde, daß er den Unisonum und die Octav anbrächte, wie *No*. 2 & 3.

§. 44.

Man muß zwar auch die Umstände und den Zusammenhang der Melodien mit zu Rathe ziehen, und sehen, welches sich am besten schickt: da es denn freilich mehr auf einen guten

Geschmack und rechtes Nachdencken, als auf besondre Regeln ankömmt. Vor allen andern läßt sich über diesen Punct in dreistimmigen Sätzen viel gutes anmercken: zumahl bey hurtiger Mensur, davon Exempel genung in den so genannten Trios anzutreffen seyn werden. Kurtz, eines geschickten Ganges halben hat man mehr auf den Zusammenhang der Melodie in einer ieden Stimme für sich, als auf die ängstliche Beobachtung der harmonischen Vollstimmigkeit zu sehen.

§. 45.
Wenn zwo Stimmen in einer Qvint aufhören, und darauf die dritte Stimme auch in einer Qvint anfängt, so klingt solches, als ob der unrichtige Gang in einerley Stimmen vorkäme; welches denn ebenfalls von Octaven zu verstehen, und nicht recht ist. Ob man aber, wenn eine Wiederholung oder ein Absatz vorfällt, mit gleicher Schärffe darauf sehen soll, falls die Schluß-Noten des Absatzes mit den Anfangs-Noten auch solche Fehler hervorbringen, solches litte, absonderlich in der galanten Schreib-Art, noch wol eine kleine Ausnahm. Das beste ist dennoch, diesen Uibelstand, so viel möglich, zu meiden, und hat man dahero seine Einrichtung gleich beim Anfange darnach zu machen, und lieber, Statt der Octave eine Sext, oder Statt der Qvint eine Tertz zur ersten Baß-Note zu wehlen.

§. 46.
So viel mag von dem Gebrauche der Consonantzien überhaupt genug seyn. Nun wollen wir auch von der Folge einer ieden vollkommenen und unvollkommenen Consonantz in die übrigen Intervalle besonders handeln, und das nothwendigste davon berühren. Wir werden also von dem Einklange oder Unisono anfangen: weil er nicht nur bey den Schlüssen hin und wieder; sondern auch in Bindungen, Durchgängen, bey Fugen u. s. w. seinen vielfältigen Gebrauch hat.

Viertes Haupt-Stück.
Vom Unisono in der Zusammenstimmung, und seinen Gängen.

§. 1.

Das äusserliche Wesen dieser mehr, als vollkommenen Consonantz des Einklanges, nehmlich der mathematische Verhalt, ist bereits im ersten Theile angezeiget worden. Daher wir weder von dieser Zusammenstimmung, die kein Intervall macht, noch auch von den Intervallen selbst dasjenige hier wiederholen wollen, was ihre Gestalt, Maasse und Grösse betrifft.

§. 2.
Printz hat von dem Einklange sowol, als von den wolklingenden Intervallen, gewisse Kunst-übungen[1] ans Licht gestellet, die nicht zu verwerffen, sondern allerdings mitzunehmen sind. Doch hat die so genante Musicalische Bibliothec kein Unrecht, wenn sie[2] verschiedenes daran aussetzet, und insonderheit bey den Regeln vom Unisono ausrufft: **Hilff Himmel! wie ändern sich die Zeiten.**

---

1 *Exercitationes musicas theoretico-practicas curiosas de Concordantiis singulis*, in *4to*. Teutsch. 1687. 1688. 1689.
2 Im zweiten Theil, *p. 47*.

§. 3.

Ja, wol ändern sie sich; mehr, als man meinet. Die Verwunderung darüber wird noch weiter gehen, wenn wir betrachten, daß grosse, berühmte Leute, die iedoch besser componiren, als dencken, so gar einen übermässigen Einklang, (*Unisonum superfluum*), der dennoch nichts anders, als die allerkleineste Secund seyn kan, behaupten und einführen wollen.

§. 4.

Wir handeln hier noch bloß von wollautenden Uibereinstimmungen; und sparen die Dissonantzien bis am rechten Orte, wo wir finden werden, wie man mit denselben verfahren müsse. Was aber den Einklang oder die einstimmigen Klänge betrifft, so stehet vorher dabey zu mercken: daß **einfach** und **einstimmig** hier nicht einerley sey. Denn zu dem letzten gehören diesen Falls wenigstens zwo Stimmen in einem Klange; bey dem ersten hergegen bestellet es eine eintzige. **Einstimmig** gehet nicht auf eine Stimme; sondern auf zwo und mehr, die einerley Ton führen.

§. 5.

Der erste Schritt, welcher demnach aus dem Unisono oder einstimmigen Klange in die wollautende Intervalle oder Consonantzien gemacht werden kan, trifft die kleine Tertz: und man hält dafür, daß solcher Sprung oder Gang (denn es kan beides seyn) auf neunerley Art geschehen können, davon ihrer vier gut, zwo böse, und drey verdächtig seyn sollen. Die guten sehen so aus:

Aus dem Einklange in die kleine Tertz.

§. 6.

Es ist freilich an dem, daß diese Vorschrifften heutiges Tages wenig gelten: denn, unter hundert Componisten kennet oder weiß sie kaum einer; wie sollen sie denn beobachtet werden? Aber es finden sich doch gute Ursachen, **absonderlich bey zwostimmigen Sätzen**, warum man behutsam mit dem Unisono umgehen, alles untersuchen oder prüfen, und das beste wehlen müsse.

§. 7.

Wahr ists, man gehet aus dem einstimmigen Zusammenklange in gerader Bewegung auf alle Intervalle; doch mehr im Fallen als im Steigen: ingleichen, nachdem man sich einen feststehenden Grund-Ton am Unisono erkieset; oder aber von einem andern Ende abzehlet, da es denn im letztern Fall schon gantz anders ausfällt, und doch nicht so leicht, als im ersten, thun läßt.

Vom Einklange. 381

§. 8.
Der lieben Vorfahren Absicht und Bemühung in diesen Vorschrifften war löblich und wolgemeinet zu ihren Zeiten. Wer weiß, ob nun von den unsrigen heut oder morgen so günstig geurtheilet werden mag? Daß die ersten vier Gänge aus dem Einklange in die kleine Tertz gut sind, solches ist ausser allem Zweifel; daß die andern aber theils böse, theils nicht die besten seyn sollen, das müssen wir recht verstehen.

§. 9.
Man läßt die letzterwehnten Gänge, absonderlich die Sprünge, die wegen ihrer Grösse nicht gar zu gut sind, im Kirchen-Styl und in zwostimmigen Sachen, wo man es allemahl besser haben kan, gerne unterwegens; wiewol sie doch auch daselbst schon einen beqvemern Platz finden würden, wenn sie nur nicht in der unangenehmen geraden, sondern in **gegenseitiger Bewegung** angebracht werden. In vielstimmigen Sachen kan es kein Mensch so genau erfordern; und in zwostimmigen Sätzen ist man reich genug, so daß der Einklang, die meiste Zeit über, wol gar zu Hause bleiben kan. So viel hievon.

§. 10.
Die zweite Fortschreitung aus dem Unisono geschiehet in die grosse Tertz, und findet man, daß solches auf achterley Weise geschehen könne: fünff derselben sind unstreitig gut; bey den übrigen dreyen aber wollen einige den Kopff schütteln. Wir müssen sie doch ansehen: denn, man kan schwerlich wissen, was recht ist, wenn man nicht zugleich weiß, was unrecht oder unnöthig ist.

Aus dem Einklange in die grosse Tertz.

§. 11.
Das meiste bey diesen Vorfällen kömmt auf vier Puncte an. Erstlich: daß ich die gerade Bewegung meide. Zweitens: daß ich keinen unharmonischen Gegenstand mache, wovon, nehmlich von der *relatione non harmonica*, weiter unten ein eigenes Hauptstück vorkommen wird. Drittens: daß man sich der ungeschickten Sprünge enthalte, und viertens: sich einer angenehmen Melodie befleisse.

§. 12.
Werden diese vier Grund-Sätze wol in Acht genommen, so hat man fast gar keine unrichtige Gänge, absonderlich keine verborgene oder verdeckte Qvinten zu befürchten. Wer aber sothane

vier Richtschnüre aus den Augen setzet, der verfällt gar leicht in die erwehnte, ja, in noch grössere Fehler. Wir gehen weiter.

§. 13.

Das nächste wolklingende Intervall, worin die dritte Ausschreitung des Einklanges Statt hat, ist die Qvint. Auf siebenerley Weise kan es damit angehen: deren vier gut heissen; drey aber von schlechtem Ansehen befunden werden. Laßt uns dieselben auch betrachten.

Aus dem Einklange in die Qvint.

§. 14.

Daß diese drey letzten Sprünge, so wie sie da stehen, nichts nutz sind, muß auch ein ieder Neuling wol bekennen. Denn, obgleich bey dem ersten die Gegenbewegung vorhanden ist, klingt es doch sehr kahl, wenn man aus der einen vollkommenen, ja, mehr als vollkommenen Consonantz in eine andre vollkommene tritt, und der verlangten Veränderung oder Abwechselung, vornehmlich in einem zwostimmigen Satze dadurch Abbruch thut. Die beiden andern Sprünge aber sind noch verwerfflicher: denn sie enthalten heimliche Qvinten in gerader Bewegung.

§. 15.

Wenn wir ferner aus dem Einklange in die kleine Sext gehen wollen, werden auch ein Paar solcher Schritte und Sprünge, deren fünf sind, nicht gäntzlich für ächt angenommen. Diese sowol, als was in dem Fall gut oder böse seyn soll, zeiget folgende Zeile an.

Aus dem Einklange in die kleine Sext.

§. 16.

Die eintzige Vorsicht, so hiebey gebraucht werden muß, bestehet bloß darin, daß beide Stimmen nicht zugleich unförmliche Sprünge vornehmen. Denn, ob dieselbe gleich in der Gegenbewe-

Vom Einklange.

gung geschehen sollten, ist es doch immer besser, daß die eine Stimme Schrittweise oder durch Grade einhergehe, auch wol offt gar stillstehe, wenn die andre einen Sprung thut. Es hat diese Anmerckung ihre gantz natürliche Ursache, und wer ein wenig nachdenckt, wird gerne darin mit mir eins seyn.

§. 17.

Inzwischen muß niemand hiedurch so sehr gebunden werden, noch sich dermaassen einschräncken lassen, als ob die Regel keine Ausnahm litte. Tausend und abermahl tausend Vorfälle, die recht gut und untadelich sind, könnten alhier zum Einwurffe dienen, wovon die tägliche Erfahrung und Uibung das beste Zeugniß geben werden.

§. 18.

Ich, meines Theils, würde mir gar kein Gewissen machen, aus dem Einklange in die Sext auf die **dritte** und **fünfte** der oben verzeichneten Arten zu gehen; ungeachtet ich, in einem zwostimmigen Satze etwas Bedencken tragen mögte, die **zwote** Folge zu billigen: und zwar aus keinem andern Grunde, als weil sich keine rechte Melodie darin finden kan, man setze auch hinzu, was man wolle. Ist aber der Zusammenhang so beschaffen, wie hier folget, alsdenn stehet nichts daran zu tadeln.

§. 19.

Nun folgt in der Ordnung unsrer Consonantzien die grosse Sext, zu welcher man aus dem Einklange auch nicht ohne Bedacht gehen, sondern ebenfalls einige Erwegung der Umstände dabey anstellen muß. Wir wollen sehen, wie es die ehmahligen Lehrer hierin gehalten haben.

§. 20.

Sechs Wege soll der Einklang nehmen können, in die grosse Sext zu kommen: deren zween für gut, drey für mittelmäßig, und nur einer für unrichtig ausgegeben wird. Da sind sie.

Aus dem Einklange in die grosse Sext.

§. 21.

Die beiden Sprünge, die hier für **gut** ausgegeben werden, könnte man in Wahrheit wol unter die mittelmäßigen mit rechnen; es wäre denn, daß es mit der darauf folgenden Zusammenstimmung etwa auf diese Art heraus käme:

384 III. Theil. Viertes Capitel

1)

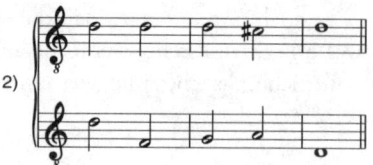
2)

§. 22.

Die erste Fortschreitung unter den dreyen **mittelmäßigen** sollte man lieber für die schlechteste halten; die beiden andern aber können durch die Folge sehr gut werden, wenn sie so geräth:

2)

3)

§. 23.

Mittelst einer geschickten Folge könnte auch der eintzige **nicht gute** Gang leicht verbessert werden. z. E.

1)

§. 24.

Endlich gehet oder springet man aus dem Unisono in die Octave, welches die sechste und letzte Folge ist, auf viererley Art, davon die eine für böse, (wie sie es auch ist); zwo für gut (daran zu zweiffeln), und eine nicht für die beste gehalten wird (die es doch wol ist, wenn in schlechten Dingen die Wahl Platz findet). Man betrachte es nur.

Aus dem Unisono in die Octav.

§. 25.

Die beiden letzten Sätze sind zwar nur umgekehrt, allein der zweite ist deswegen schlimmer, als der erste, weil die Ober-Stimme den grössesten Sprung thut, welches in der Unter-Stimme leidlicher fällt. Die Gegenbewegung und Vielstimmigkeit können die gut genannten entschuldigen; sonst nichts. Was hier **nicht zum besten** heißt, wäre bey mir nicht das schlimmste.

Vom Einklange.

§. 26.
Uiberhaupt von dem Handel zu reden, so klingt es gar dürfftig, aus dem Unisono in die Octave zu gehen; denn es ist fast eben so viel, als ob man den Einklang fortsetzte, welches nur in Mittel-Stimmen, und wo ihrer viel sind, zu geschehen pfleget. Da wird man es so genau nicht nehmen. Gleichergestalt kan auch von den folgenden geurtheilet werden.

Fünfftes Haupt-Stück.
Von den Tertzien und ihrer Folge, in der Zusammenstimmung.

§. 1.
Naechst dem Unison haben wir die kleine Tertz vor die Hand zu nehmen, und zu betrachten, wie aus derselben füglich in andre Consonantzien geschritten werden könne.

§. 2.
Da sollte nun billig zuerst gelehret werden, wie man aus der kleinen Tertz in den Einklang gehe; allein um Weitläuffigkeit zu vermeiden, darff man nur zum Grunde dieses setzen: **Daß ein ieder Gang aus der kleinen Tertz in den Einklang gut sey, wenn die Ober-Stimme keinen grössern Sprung macht, als eine Tertz; übel aber, wenn sie in die Qvart, Qvint und Sext springet.** Es führet **Christopher Bernhardi**[1] Exempel davon an, in seinem bekannten *Msct.* von der Composition, dessen Original der Herr Capellmeister **Stöltzel** in Gotha besitzet.

§. 3.
Bey eben dem berühmten Verfasser trifft man auch die Art und Weise an, mit welcher aus der kleinen Tertz in ihres gleichen gesprungen wird. Es ist dabey zu mercken, daß unter den dahingehörigen Vorfällen nur ein eintziger zu tadeln seyn soll, nehmlich: **Wenn ich mit der Ober-Stimme eine Qvart hinauf steige, mit der Unter-Stimme aber eine Qvint falle.** Alle übrigen Gänge werden gut geheissen. **Bernhardi** hats unterschrieben: **Printz** auch, im Satyr. Compon. Cap. 16. §. 16.

§. 4.
Wenn mir nun erlaubt ist, meine Meinung hievon zu sagen, und den heutigen Gebrauch dabey zu betrachten, so deucht mich, es sey unnöthig, obige eintzige Ausnahm zu machen. Denn, was ist wol natürlicher, als folgender Satz, darin die Ober-Stimme eine Qvart steiget, und die untere eine Qvint fällt, indem sie lauter kleine Tertzien machen; die letzte nicht mit gerechnet, welche groß ist.

---

1 Was dieses für ein braver Mann gewesen, kan man im Waltherischen Wörterbuche lesen. Zu seiner Zeit sind wol diejenigen Musici, welche sich auch in verschiedenen andern Theilen der Gelehrsamkeit umgesehen, so sparsam nicht angetroffen worden, als itzo. Er war eines Schiffers Sohn aus Dantzig; studirte von *stipendiis;* lernete die Singe-Kunst von dem dasigen Capellmeister, **Balthasar Erben** (der im Wörterbuche fehlet); den General-Baß bey **Paul Syfert,** dem Organisten daselbst; die Composition bey dem Dresdnischen Ober-Capellmeister **Heinrich Schütz**; sang einen Alt; besuchte Italien zweimahl; war ein Theologus, Jurist und Politicus; hatte 1100 Th. Besoldung vom Churfürsten zu Sachsen; brachte sein Leben auf 80 Jahr; hinterließ drey Söhne und eine Tochter etc. Diese Umstände, weil sie nicht in **Walther** stehen, habe hier mittheilen wollen. In der Ehren-Pforte g. G. dereinst ein mehres.

386 III. Theil. Fünftes Capitel

§. 5.
Wie man aber aus der kleinen Tertz in die grosse gehen könne, davon findet sich sowol beym **Printz**, als **Bernhard** verschiedenes zur Anweisung dienliches; **wenn nehmlich der Baß sich ändert**, wie im vorigen Exempel, wo die Sternlein stehen. Doch weil wir auch, **bey liegendem Baß**, oder da sich derselbe in einem Klange verweilet und aushält, aus der kleinen Tertz in die grosse kommen können, hätte solches billig von den Lehrmeistern angezeigt werden sollen: zumahl da es in der Führung des Gesanges etwas gewöhnliches ist, und auch bey liegender Ober-Stimme geschehen kan[2].

§. 6.
Auf die erste Weise, wenn sich der Baß ändert, sind alle Sprünge gut, die nicht mit beiden Stimmen zugleich eine Qvint überschritten. Wiewol man in vielstimmigen Sachen auch diesen Falls den Mittel-Parteien ein grosses nachsiehet.

§. 7.
Wie aus der kleinen Tertz ferner in die Qvint zu kommen sey, weiset hauptsächlich die Gegenbewegung. Wenn die eine Stimme durch Schritte; die andre durch Sprünge ihre Sachen verrichtet, so ist auch bey gerader Bewegung kein Fehler zu besorgen. Daher wir denn auch nicht nöthig haben, Exempel von diesen Dingen, die keine Schwierigkeit machen, hieher zu setzen.

§. 8.
Sollten die Stimmen aber beide springen, und zwar die unterste in gerader Bewegung mehr, als eine Tertz, es sey hinauf oder herunter, so ist solches unter die Fehler deswegen mit zu rechnen, weil es alsdenn ohne verdeckte Qvinten nicht abgehen kan. z. E. Da springt die Unter-Stimme eine Sext, und die obere eine Qvart. Umgekehrt ist es eben so toll, und der eintzige Fall, den man vermeiden muß, wenn aus der kleinen Tertz in die Qvint gesprungen werden soll. Wiewol die Vollstimmigkeit auch keine solche Schärffe erfordert.

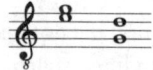

§. 9.
Was die Sprünge der kleinen Tertz in die kleine Sext betrifft, so heißt man sie fast alle gut; doch mit Ausnahm der unförmlichen. **Printz** will nur zweierley Art dieser Folge zulassen, nehmlich: wenn die Ober-Stimme eine Qvint steiget, die untere hergegen eine Secund, d. i. in gerader Bewegung; fürs andre, wenn die obere eine Qvart herunter, und die untere eine Secund hinauf tritt, d. i. in Gegenbewegung.

---

2 Man kan beides antreffen in den Kirchen-Liedern: **Erbarm dich mein o Herre Gott!** und: **Herr Jesu Christ du höchstes Gut**, nahe bey, und nicht weit von dem Anfange ihrer Melodien.

Von den Terzien. 387

§. 10.
Warum aber die andern Fälle auszuschliessen sind, kan man nicht absehen. z. E. da die Unter-Stimme im Unison fortfähret, und die obere eine Qvart hinaufsteiget; ingleichen, da die untere in den halben Ton herab, die obere hergegen eine kleine Tertz aufwärts gehet; wiederum, wenn die Ober-Stimme einen Ton steiget, und die untere eine kleine Tertz fällt; wenn die untere eine Qvart fällt, die obere aber im Unison verharret etc.

§. 11.
Aus der kleinen Tertz in die grosse Sext zu gehen, dabey findet sich, meines Bedünckens, in der That eben so wenig anstößiges, als bey dem vorigen Fall; obgleich **Bernhardi** einen eintzigen Gang aussetzen will, der **nicht allemahl** gut seyn soll. Dieser ist es:

Was aber hieran, nach der Harmonie zu rechnen, **bisweilen** böse seyn könnte, stehet schwerlich zu begreifen; es müsten denn sonderliche Umstände dabey vermacht seyn. Ich sage, nach der Harmonie zu rechnen: denn ob die kleine Qvart in der Ober-Melodie vieleicht ein Bedencken verursachet hätte, gehörte doch solches nicht hieher, und ist auch vergeblich. Des vermeinten, unharmonischen Qveerstandes zu geschweigen.

§. 12.
Endlich sollte man dencken, es brauche wol eben keiner besondern Regeln noch Künste, aus der kleinen Tertz in die Octave zu kommen. Eine Ausnahme will zwar wiederum auch hiebey gemacht werden, als ob folgende Sätze, wegen verdächtiger Octaven, nicht gar zu richtig wären.

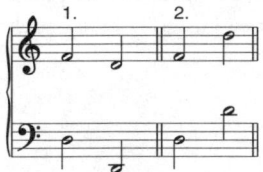

Des letztern könnte man endlich wol in einem zwostimmigen Satze müssig gehen. Allein bey dem | ersten Exempel findet sich wenig Ursache zum Verbot: anerwogen es vielmehr eine Nothwendigkeit, ja gar ein Zierrath ist, selbst in zwostimmigen Sachen, also zu verfahren.

§. 13.
Das zweite Exempel dürffte, wegen seiner Armseligkeit, doch eben nicht gar zum Fehler gemacht

werden: indem viele Vorfälle zu finden, da es allerdings so und nicht anders seyn muß. Selbst in *Biciniis*; doch mehrentheils für Instrumente, auf Art gebrochener Accorde.

§. 14.
Eben wie ich dieses schreibe, bekömmt die Güte und Reinigkeit des nebenstehenden vierstimmigen, d. i. vollstimmigen Satzes, aus der kleinen General-Baß-Schule *p. 143* einen unverdienten Anstoß in dem vierten Theil der musicalischen Bibliotheck *p. 52*.

$$\begin{Bmatrix} d & d \\ a & [...] \\ f & [...] \\ D & G \end{Bmatrix}$$

§. 15.
Es mögen aber **Printz** und **Bernhardi**, welche diesen Falls hoffentlich noch Glauben genug finden werden, den Knoten lösen. Des ersten Worte sind *Cap.* XVI im ersten Theil des *Phryn.* *§ 11* diese: **In vollstimmigen Sachen paßiret sonderlich, wenn** *Motu recto* **die Ober-Stimme aus der kleinen Tertz in die Octave ordentlich, die untere aber springend aufsteiget.** Das geschiehet ja hie.

§. 16.
Bernhardi stimmt mit bey, im sechsten Hauptstück seines geschriebenen *Tractat. Composit. augment. §. 9*, und giebt dieses zwostimmige Beispiel: mit der Unterschrifft: **Gut.**

$$\begin{matrix} g & a \\ E & A \end{matrix}$$

§. 17.
Es wird sich also Herr Magister **Mitzler** geirret, und den Unterschied nicht bedacht haben, daß dergleichen Gänge zwar **absteigend** verboten, aber **aufsteigend** allemahl erlaubet gewesen. Wie dessen unsre obangeführte Altmänner weiter Zeugniß geben. Und hiemit wäre denn auch der kleinen Tertz, was deren Gebrauch und Folge in der Harmonie betrifft, ihr Recht geschehen.

§. 18.
Aus der grossen Tertz kan man mehrentheils sonder Gefahr in den Einklang gehen; falls es nicht ein gar ungeschickter Sprung verhindert. Unsre Vorfahren wollten nicht zugeben, daß es durch einen Qvarten-Fall geschehen sollte, wenn sich ihr zweifaches *mi*[3] dabey äusserte. Es ist auch eben nicht gar zu wol gethan. z. E.

§. 19.
Wie wäre es aber, wenn iemand diesen Gang auf folgende Weise anbrächte? Ich sollte nicht dafür halten, daß es zu tadeln seyn würde. Und doch sind es dieselben Klänge und Fälle, obwol nicht in eben demselben Anschlage: denn hier ist das zweite *mi* nur eine durchgehende Note.

---

3   Das *h* und *e* in unsrer diatonischen Leiter hieß bey den Solmisations-Verwandten *mi*. Was dieses *mi*, wenn ihm das *fa* entgegen stehet, für ein fürchterliches Thier war, und wie es zahm gemacht worden, werden wir unten bey dem Qveerstande wahrnehmen.

Von den Terzien.

§. 20.

Desselbigen Schlages ist es auch, wenn behauptet werden will, daß es nicht gut sey, aus der grossen Tertz in den Einklang zu kommen, wenn die Ober-Stimme eine Qvint, und die untere eine kleine Tertz herunter fällt; z. E.

Wiewol ich nicht in Abrede seyn kan, daß der Unterschied im Styl, in der Noten-Geltung, in den Accenten, in den Manieren u. s. w. der Sache mehrentheils ein gantz anders Ansehen giebt. Aber eben darum wird es erinnert, damit man das Verbot recht verstehen lerne.

§. 21.

Die Ursache aber, warum vormahls solche Sorgfalt hierin gebraucht worden, ist diese: Daß bey dergleichen Sätzen, in der pränestinischen Schreib-Art, bey etwas ernsthaffter Zeitmaasse, gleichsam zween auf einander folgende Einklänge, und also eine schlechte Harmonie wahrgenommen wurde: denn die so genannte Auflösung oder Entdeckung solcher geheimen Einklänge stellte man eben auf dieselbe Weise, als die versteckten oder verborgenen Qvinten und Octaven folgender Gestalt in Noten vor, und nahm den Grund dazu aus der einfachen Melodie her:

§. 22.

Im Kirchen-Styl war es damahls, und ist noch wol eine nothwendige Sache, alles auf das reineste in der Harmonie zu verfertigen; doch sind die Zeiten zu unterscheiden. Heutiges Tages, da sich die Schreib-Art verändert hat, und auch in den andächtigsten geistlichen Stücken der Noten Geltung von dem alten Gebrauch abweicht, müssen wir auch von solchen Dingen einen andern Begriff haben; und doch rein setzen: d. i. wir müssen die guten Grundsätze unsrer Vorfahren mit vernünfftigen Auslegungen versehen, welches eben alhier unsre Absicht ist.

§. 23.

Aus der grossen Tertz zur kleinen stehet, so viel ich weiß, der Paß allenthalben offen, es wäre denn, daß man gar zu wunderliche Sprünge machte. **Printz** will hiebey von keinem grössern, als dem Tertzien-Sprunge wissen; da doch nichts hindert, auch mit beeden Stimmen Qvartenweise auf und nieder zu fahren. Iedoch muß alsdenn die eine Qvart verkleinert werden, welches ein neuer Gebrauch ist.

§. 24.

Aus der einen grossen Tertz in die andre zu gehen, braucht zwar etwas mehr Behutsamkeit, und wollen sich viel Gänge, wegen des unharmonischen Qveerstandes, wenn er unleidlich klinget, nicht anbringen lassen. Was dieser Qveerstand zu bedeuten habe, wird das neunte Hauptstück dieses Theils berichten.

§. 25.

Es war vor diesem ein Gesetz, daß keiner zwo kleine[4] oder zwo grosse Tertzien auf einander folgen lassen, sondern immer die Abwechselung der grossen mit den kleinen beobachten sollte. Itzund hat man zwar dieses Joch abgeworffen, allein es wird doch was seltenes seyn, viele grosse Tertzien, in einerley Stimmen, hinter einander anzutreffen.

§. 26.

Derowegen sagt auch **Printz**: die grosse Tertz werde selten fortgesetzet; und so es ja geschehe, müsse es durch ziemlich grosse Sprünge seyn, welche kaum gut geheissen würden. Allein es ist ein Irrthum, und man hat zehn Exempel für eines, da nicht nur zwo, sondern wol drey bis vier grosse Tertzien, durch ordentliche Stuffen, ohne die geringsten Sprünge vorkommen; doch nicht leicht über vier, wie folgendes ausweiset.

§. 27.

Ich habe mit Bedacht einen dreistimmigen Satz hierzu erwehlet, und die vier Tertzien im Alt, oder in der Mittel-Stimme angebracht. Nicht darum, daß solches in einem *Bicinio* bedencklich falle; sondern, weil es in einem *Tricinio* besser ist.

§. 28.

Wegen der Sprünge auf verschiedene grosse Tertzien nacheinander, doch nicht leicht über drey, hat es eben so wenig Gefahr, sie geschehen gleich in gerader oder wiedriger Bewegung, ohne, daß die Sprünge wegen ihrer Grösse kaum gut geheissen werden sollten. Denn, was hindert mich, daß ich nicht dieses, oder dergleichen mit Beifall setze.

---

4 S. den 4ten §. dieses Capitels, wo 6 kleine Tertzien ohne Bedencken auf einander folgen.

Von den Terzien.

§. 29.

Unrecht soll es seyn: 1) **wenn beede Stimmen ordentlich hinauf oder herunter steigen und grosse Tertzien machen.** 2) **Wenn sie beede in die grosse Tertz hinauf oder herunter springen.** Was das erste anlanget, ist davon schon §. 22 das Gegenspiel gezeiget. Doch **wegen des Heruntersteigens** stünde zu fragen, ob im ersten der folgenden Sätze mit Wahrheit falsche Verhältnisse zu suchen? Ich sollte es schwerlich glauben. Eben so wenig als im andern.

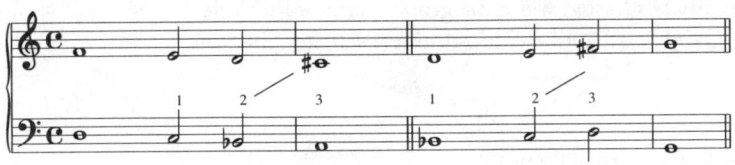

§. 30.

Was aber gleichwol das zweite Glied obigen Verbots betrifft, nehmlich das Springen in die grosse Tertz, so kan man dessen, in einem zwostimmigen Satze, lieber Umgang nehmen, und bey dem Tertzien-Sprung

Doch können auch Vorfälle kommen, da der grosse Tertzien-Sprung gar wol gebraucht werden mag, nehmlich: in gebrochenen Accorden; die aber, ausser gewissen Umständen, nicht singbar sind, und zum Spielen dienen. z. E.

Aber, was will das sagen? Gehört denn das Spielen nicht mit zur Music? Hat es nicht ein grosses bey geistlichen, weltlichen und häuslichen Melodien zu bedeuten? allerdings.

§. 31.

Daraus ziehe ich die Folge, daß es einem Lernenden nützlich, ja nothwendig sey, dergleichen Erläuterung zu haben, damit er keine falsche Verhältnisse an solchen Orten suche, wo deren keine zu finden, vielweniger zu besorgen ist. Denn die eigentliche Ursache des ehmaligen Verbots wegen oberwehnten grossen Tertzien-Sprunges steckt darin, daß die erste Baß-Note mit der zwoten in der Ober-Stimme eine übermäßige Qvint, *c-gis*, ausmacht; worauf man aber im heutigen Instrumenten- und phantastischen Styl, auf obige und andre Weise, nichts achtet. Solche Schreib-Arten darff niemand geringe schätzen, weil sie weder in der Kirche, noch sonstwo zu entbehren sind.

§. 32.

Die Sache kömmt vornehmlich darauf an, daß man in vorigen Zeiten gewisse Gattungen der Dissonantzien zu sehr verabscheuet hat. Nun aber, da man nicht nur die grosse Qvart in Vertraulichkeit, sondern auch die übermäßige und verkleinerte Tertz, die ausserordentlichen Qvarten, Qvinten und Sexten, davon unsre lieben Vorfahren nichts wusten, in ziemlicher Menge mit gutem Beifall gebrauchet, sind sehr viele unharmonisch-vermeinte Qveerstände eingegangen.

§. 33.

In der Ordnung folgt nun der Gang aus der grossen Tertz in die Qvint. Da sagen sie alle: **Es sey ein greuliches Laster, wenn die grosse Tertz, mittelst der Gegenbewegung, in die Qvint tritt, und beide Stimmen schrittweise von einander gehen.**

§. 34.

Viel greuliches ist eben nicht daran zu spüren; ob es wol in einem zwostimmigen Satze etwas kahl klinget. Wo hergegen mehr Stimmen sind, da ist heutiges Tages nichts üblicher noch besser, als wenn dieser Gang, auch so gar in den äussersten Theilen der Harmonie, auf nebenstehende Weise angebracht wird:

§. 35.

Hiernächst fällt, meines unmaaßgeblichen Erachtens, das greuliche Verbrechen abermahl weg, wenn man gleich aus der grossen Tertz in die Qvint, **mit zwo Stimmen**, und in der vielentschuldigenden Gegenbewegung, also treten sollte:

§. 36.

Die Ursache, warum dergleichen Gänge Anfechtung bekommen, soll das liebe Qveer-Holtz der grossen Qvart seyn, mit der wir itzund in dem grössesten Verständniß leben. Am rechten Orte soll ein deutlicher Unterricht von diesen Dingen erfolgen, welche zu unsern Zeiten auf einen gantz andern Fuß stehen, als vor 50 Jahren.

§. 37.

So kan man auch aus der grossen Tertz schier auf alle Art in die Qvint gelangen; wenn es nur durch die Gegenbewegung geschiehet, oder so zugehet, daß die eine Stimme in ihrem Ton ruhet, indeß die andre springt: Das ist, durch die Seitenbewegung, *per motum obliquum*. Denn die gerade Bewegung macht immer verdeckte Qvinten, wie leicht zu erachten stehet, und taugt in *biciniis* diesen Falls nichts.

§. 38.

Nun kömmt die Ordnung an die kleine Sext, was man nehmlich für Nachdencken gebrauchen

Von den Terzien.

müsse, wenn aus der grossen Tertz in eine solche kleine Sext geschritten werden soll. Die Gegenbewegung ist hier wiederum der beste Anführer; doch kan es auch mit der geraden sehr wol bestellet werden, wenn nur die Stimme nicht weiter, als in die Tertz springet.

§. 39.
Dannenhero ist es eine unnöthige Regel oder Einschränckung, den Gang aus der grossen Tertz in die kleine Sext nur auf zweierley Weise zu vergönnen, wie solches den ehmaligen Lehrern der melodischen Setzkunst gefallen hat. Denn es kan auf sehr viele Art so füglich, als billig geschehen, und ist in diesem Fall gar kein Exempel nöthig.

§. 40.
Von dem Gange aus der grossen Tertz in die grosse Sext haben einige Verfasser übele Gedancken, und wollen es für falsch ausgeben, 1) Wenn beede Stimmen hinauf oder herunter springen. 2) Wenn die obere zwar schrittweise, die andre hergegen in die Tertz herunter steigt. 3) Wenn die obere eine Tertz hinauf, die andre aber eine Secund herab tritt.

§. 41.
Zu bejammern wäre es, wenn man gute musicalische Köpffe mit solchen Verboten lange qvälen wollte, das Alterthum ist voll davon, und wer sich, ohne gute Auslegung, darnach richten würde, träffe gewiß seine Last an, die alles Feuer niederdrücken mögte.

§. 42.
Wir wollen inzwischen von obigen dreien Bedingungen Exempel geben, und zwar erstlich einige, dabey die Stimmen zugleich hinauf springen, welche man nur umkehren darff, wenn man sie herunter springend betrachten will.

Aus der grossen Terz in die grosse Sext.

§. 43.
Von diesen Sätzen wäre der erste, *A*, gar nicht zu dulden, wegen des harten Qveerstandes *C-cis*, so aus dem Sexten-Sprunge entstehet. *B*, *C*, *D* aber sind keines weges zu tadeln. Ihre Sprünge

überschreiten auch die Qvinte nicht: denn die Octaven-Sprünge im Basse sind eben so viel, als ob die vorige Note fortgesetzet würde. Und da gilt die Regel: *De octavis idem judicium.*

§. 44.

Man kan auch wol durch einen Septimen-Sprung im Basse aus der grossen Tertz in die grosse Sext kommen, da beede Stimmen zugleich herunter fallen, wenn man sie dem äusserlichen Ansehen nach betrachtet. Allein, es wird aus dem disfals beigefügten Exempel leicht erhellen, daß dieser Baß-Sprung nur eine Versetzung des Secunden-Schrittes, und im Grunde keine gerade, sondern eigentlich eine Gegenbewegung sey. So muß die Ausnahm allzeit bey der Regel stehen.

§. 45.

Bey der zwoten Bedingung, wenn die Ober-Stimme schrittweise hinauf, die Grund-Stimme aber in die Tertz herunter tritt, kan es auch, auf folgende Art, gantz und gar nicht verboten werden, aus der grossen Tertz in die grosse Sext zu gehen, es geschehe nun im Baß durch den Ditonum oder Semiditonum: beides geräth sehr wol, wie wir aus folgenden sehen können:

§. 46.

Drittens, wenn die Ober-Stimme eine Tertz hinauf, und zwar eine grosse; die andre hergegen eine Secund herunter tritt, finden sich unzehlige Exempel, daran nichts auszusetzen, und dabey nichts zu befahren stehet, wenn man sie nachmacht. Zu bewundern ist es, daß **Bernhard** eben diesen Gang gut heisset, den doch **Printz**[5] ausdrücklich für falsch angibt. Es wird genug seyn, ein eintziges Beispiel davon zu geben:

---

5 Satyrisch. Componist, *XVI Cap. §. 9.*

Von den Terzien. 395

§. 47.
Endlich gelangen wir zur Octave. Und da will man der grossen Tertz auch nicht allemahl erlauben in dieselbe zu gehen; sondern setzt ihr die Gegenbewegung zur Richtschnur. Dabey es gleichsam eine Gnade ist, wenn etwa in vollstimmigen Sätzen der nebenstehende mit durchschleichen darff, der eine gerade Bewegung hat. Mancher würde auch in zwo Stimmen keine Schwierigkeit dabey finden:

§. 48.
Weiter soll es nicht recht seyn, aus der grossen Tertz in die Octav zu gehen, wenn die Stimmen zusammen hinauf oder herunter **springen**: ingleichen, wenn die eine Stimme schrittweise, und die andre springend **fällt**. Nach solchen Gesetzen stünde es demnach niemand zu rathen, sich des beigefügten Exempels zu bedienen. Wir wollen es weder loben noch tadeln; sondern einem ieden die Wahl lassen.

§. 49.
Der Unterschied im Styl hat hiebey, und bey allen andern Vorschrifften dieser Art ein grosses zu sagen: welches man einmahl vor allemahl mercken muß. Denn was in einer hurtigen Melodie, in einem *Air de mouvement* angehet, das läßt sich nicht immer bey andern Umständen, absonderlich wo wenig Stimmen sind, so leicht thun.

§. 50.
Zum Beschluß dieses Hauptstücks müssen wir noch der verkleinerten und vergrösserten Tertz[6] mit wenigen gedencken. Die erste hat ihren grössesten Nutzen in der Melodie; von der andern hergegen kan man es noch nicht sagen. Sie mögen iedoch beede in der Harmonie einige Dienste thun, wie die hier angeschlossene Sätze anzeigen.

---

6 Rameau schreibt: es wären viererley Tertzien und Sexten, welches man sonst bey keinem Intervall finde; da es doch der Secunden eben so viel, wo nicht mehr gibt, wie wir an seinem Orte sehen werden. *Traité d'Harm.* p. 165 sq. Im Grunde sinds nur dreierley allenthalben. S. die **kleine General-Baß-Schule** p. 153. §. 6, it. p. 120 sq.

Sechstes Haupt-Stück.
Von den Qvinten und ihrer Folge.

§. 1.

Wir hatten uns zwar Anfangs vorgenommen, von der gewöhnlichen Qvint hieselbst insbesondere und allein zu handeln; die Betrachtung der kleinen und übermäßigen oder gar grossen hergegen weiter unten in einem eignen Capitel anzustellen. Allein es wird, nach reifferer Erwegung, wol am besten seyn, daß wir sie alle zusammen an diesem Orte auf einmahl abfertigen. Nicht nur weil es mit den Tertzien so gehalten worden; sondern auch weil den Sexten ein gleiches wiederfahren soll.

§. 2.

Wie man nun von der rechten Qvint in andre Consonantzien gehen soll, wird zuerst gewiesen werden müssen. Und da kan ein ieder aus derselben durch die **Gegenbewegung** auf allerhand Art und Weise in den Einklang kommen, wenn er sich nur vor grossen Sprüngen, und unsingbaren Fällen hütet: welche sowol bey dieser Folge, als bey allen übrigen zu vermeiden sind. So nöthig hat auch die Harmonie der melodischen Grund-Sätze, daß sie die besten Regeln daraus hernimmt. Das muß niemand umkehren.

§. 3.

Aus der Qvint gehet man ferner in die kleine Tertz, sowol bey gerader, als wiedriger Bewegung. Iedoch allemahl mit itzt-erwehnter Vorsicht, betreffend die unförmlichen Sprünge.

§. 4.

In die grosse Tertz wird gleichfalls aus der Qvint, theils durch die Gegenbewegung, theils auch durch den *motum rectum* füglich gegangen. Nur in einem eintzigen Fall haben es unsre Vorfahren als einen ungemeinen Fehler angeschrieben, wenn die Qvint, der Gegenbewegung ungeachtet, da beide Stimmen ordentlich oder stuffenweise verfahren, in die grosse Tertz verändert wird. Aus der Ursache, daß ein vermeinter unharmonischer Qveerstand des Tritoni darin zu finden seyn soll.

§. 5.

Weil wir aber heutiges Tages mit der grossen Qvart, welche hier der Stein des Anstosses ist, etwas besser daran sind, als die lieben Alten waren, und uns derselben fast unentbehrlichen Dissonantz *in thesi*, d. i. im Niederschlage des Tacts, wo die Noten lang und accentuirt sind, **ohne Vorbereitung**, gantz frey bedienen, so stehet schwerlich zu glauben, daß sich iemand werde abschrecken lassen, folgende Sätze gut zu heissen; ob schon ihres gleichen bey dem **Printz** den Nahmen eines grossen Fehlers, ja gar eines schändlichen *vitii* tragen müssen.

Von den Qvinten.

§. 6.

Aus der Qvint gehet man in die kleine Sext fast ohne Ausnahm; nur daß in gerader Bewegung keine ungeschickte Sprünge vorkommen, wovon das beistehende zum Muster dienen mag, damit dergleichen vermieden werden, zumahl in wenig Stimmen und in den äussersten. Mit gebrochenen Accorden in geschwinden Noten hat es eine andre Bewandniß.

§. 7.

Wenn aber bey einer guten Gegenbewegung verboten werden will, daß, sofern die Ober-Stimme eine Secund herunter treten würde, die untere keine Sext hinauf springen müsse, wie solches unter andern **Bernhardi** erfordert, so dürffte man solches wol für eine überflüßige Vorsorge halten; es wäre denn, daß besondere Umstände einer gewissen Schreib-Art dabey vorwalteten, welches ich allemahl ausgenommen haben will. Inzwischen wird niemand an dem nebenstehenden Satze deswegen was zu tadeln finden, daß der Baß eine Sext hinauf tritt, und die Ober-Stimme aus der Qvint einen Grad herunter gehet:

§. 8.

Wahr ist es, wenn man das Exempel nicht mit dem, was vorgehet und nachfolget, zusammen hält, sondern bloß und allein in zwo lange Noten betrachtet, so gewinnet es ein anderes Ansehen. Der unharmonische Qveerstand einer Septime hat den gar zu vorsichtigen Componisten damahliger Zeiten freilich einiges Bedencken erwecken müssen, wenn iemand etwa zum Anfange eines Capell-Satzes aus der Qvint in die kleine Sext auf nebenstehende Art hat gehen wollen. Denn das könnte ich selber nicht billigen, zumahl da der Baß in die grosse Sext hinauf springt, welche viel härter klingt und aus der Ton-Art weichet, als wenn es die kleine wäre. Allein warum haben die guten Herren ein Ding für gefährlich angegeben, das, ausser einigen wenigen geringen Umständen, sehr gut und natürlich ist?

§. 9.

Wenn alles dasjenige, was solchergestalt einen Schein der Dissonantz, in der so weit-gesuchten unharmonischen Relation, bey sich führet, ausgemustert werden sollte, so könnte niemand eine reine Harmonie von 12 Täcten verfertigen. Derowegen nehmen wir uns die Mühe, den Lehrbegierigen alle diese Dinge auf das beste zu erläutern, und zu zeigen, worin die ehmaligen Vorschrifften recht haben, und worin sie zu weit gehen.

§. 10.

Soll die Qvint weiter in die grosse Sext verwandelt werden, so gehet es mit allen andern wol an, nur diese nebenstehende zween Vorfälle nimmt man davon aus, welche nicht gut seyn sollen:

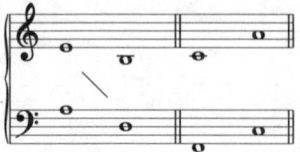

§. 11.

Was den ersten Sprung betrifft, hat es einigen Grund, wenn er bey gewissen Umständen lie|ber verboten, als angerathen wird. Denn die vermeinte falsche *relation* der Secund hat einen Schein des Uibellauts. Aber bey dem zweiten Sprunge ist dergleichen nicht zu spüren. Kurtz, die Sprünge sind mit beiden Füssen ein wenig zu groß, und zerreissen den Zusammenhang sowol der Melodie als Harmonie. Darin steckt die Haupt-Ursache, warum solche Sätze anstößig fallen.

§. 12.

Unrecht soll es auch seyn, wenn die Ober-Stimme einen halben Ton, die Grund-Stimme hergegen eine kleine Tertz herunter tritt; ingleichen wenn jene eine kleine Tertz, und diese einen halben Ton hinauf steiget, um solcher Gestalt aus der Qvint in die grosse Sext zu kommen. z. E.

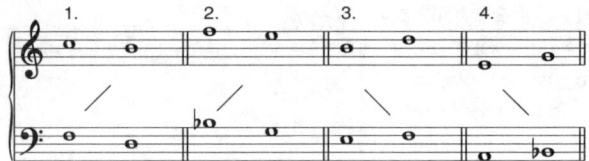

§. 13.

Das erste und andre wäre zu dulden, wenns nur nicht so nackend und *abstracte* da stünde, sondern fein vermittelt, auch mit dem vorgehenden und folgenden verknüpffet würde. Bey dem dritten und vierten fällt schon mehr Bedencken vor. Einen ausnehmenden Zierath, oder eine besondere Schönheit kan man wol in dergleichen Gängen an und vor sich nicht suchen: aber ein richtiges Verbot und Unrecht findet bey ihnen keinen solchen Platz, daß es nicht mit Manier gehoben werden könnte.

§. 14.

Endlich, von der Qvint in die Octave zu gehen, haben wir vor allen Dingen die so nützliche Gegenbewegung, welche ich nicht genug anpreisen kan, in Acht zu nehmen: weil es in langsamer und ernsthaffter Zeitmaasse, sonst immer etwas verdächtig klingt.

§. 15.

Die kleine Qvint, das liebe Intervall, welches so lange hat müssen für eine Dissonantz gehalten werden, als die Qvart für eine Consonantz, scheinet nunmehr ihr Recht eben so sehr wiederum hervorzusuchen und zu behaupten, als es die Qvart verlohren hat. Wiewol sich unlängst ein sonderbarer Anwald hervorthun wollen, der kein Bedencken trägt, eine Appellation wieder diesen Ausspruch einzulegen. Wie weit er damit kommen wird, müssen wir an seinem Orte sehen, nehmlich im Haupt-Stücke von den Qvarten.

§. 16.

Was die kleine Qvint betrifft, welche der musicalische gemeine Mann die falsche nennet, so wurde sie schon zu **Calvisii** Zeiten, länger als vor 130 Jahren, von diesem klugen Tonmeister, sowol als ihre etwas wiederliche Schwester, die übermäßige Qvint, eine Dissonantz *per accidens*, durch Zufall, geheissen. Das war, nach damahligen Jahren, schon leidlich genug, und setzte voraus, daß ihr eigentliches Wesen keinen Mislaut, als nur zufälliger Weise, haben könne. Man wird am Ende der dritten Eröffnung des Orchesters verschiedene Gründe antreffen, warum die kleine Qvint, wenn wir sie gleich als eine mangelhaffte Consonantz ansehen wollen, doch keine eigentliche Dissonantz sey.

§. 17.

Dem ungeachtet braucht doch diese kleine Qvint, als eine von unsern grössesten harmonischen Zierathen, bey gewissen Fällen, d. i. zufälliger Weise, einer anscheinenden Auflösung: so wie die gewöhnliche und völlige Qvint offt selber dergleichen Handreichung von nöthen hat. Denen zu Liebe, die solches nicht glauben wollen, sind wir bereit, ehe wir weiter gehen, dieses Vorgeben deutlich zu beweisen. Es wiederfährt demnach der gewöhnlichen Qvint solche Bindung und Auflösung nicht nur, wenn in einem dreistimmigen Satze die Sext bey ihr ist, mit welcher sie eine Secunde macht; sondern auch wol in einem zwostimmigen Satze, wenn sie gantz allein über dem Basse stehet, wie nebengefügtes Exempel darlegt.

Resolutio Quintae, per 3.

§. 18.

Hier ist eine ordentliche, nach Dissonantzien-Art gebundene volle Qvint, die nothwendig durch die Tertz bey herantretendem Basse gelöset seyn will, und doch darum eine Consonantz bleibet. Man kan die Ober-Stimme gar weglassen, so wird sichs im *Bicinio* eben so, wiewol nicht so geschicklich, verhalten. Es können dergleichen Fälle sehr viele vorkommen, und die besten, anmuthigsten Bindungen daraus entstehen, auf dieses Muster nehmlich: wobey ebenfalls die Ober-Stimme nicht unumgänglich nöthig ist.

alio modo.

§. 19.

Es geschiehet aber die **erste** und zugleich die gewöhnlichste Auflösung der kleinen Qvint, wenn sie vorher gebunden ist, wie sichs versteht, durch die Tertz, in stuffenweise angestellter Gegenbewegung.

1) Resolutio quintae dimin. per 3.

§. 20.

Die **zwote** Lösung[1] der kleinen Qvint verrichtet die Qvart, dem äusserlichen Ansehen nach; aber im Grunde ist hier die kleine Qvint nicht eigentlich gebunden, und wird nur zufälliger Weise, durch die Annäherung des Basses, zu einer Qvart: welche, als eine unstreitige Dissonantz, durch die kleine Qvint nur vorbereitet, und hernach ordentlich in die Tertz aufgelöset wird. Man nenne das Ding nun, wie man wolle, so ist es der zweite Gebrauch, welchen das vorhabende Intervall hat.

§. 21.

Den **dritten** Gang der kleinen Qvint macht oder nimmt sie, zum Zeichen ihrer Freiheit, just in ihres gleichen, nehmlich in eine andere kleine Qvint; ohne Bindung und ohne Lösung, welche sie der folgenden Qvart, als einer Dissonantz, überläßt. Sie schafft sich aber an der kleinen Septime eine Gehülffin, und aus der vier- bis fünfstimmigen Harmonie eine würdige Bedeckung, ohne welche beide Umstände sich die Sache doch so leicht nicht thun lassen würde: sintemahl es, dem ungeachtet, noch Mühe kostet, wo nicht die fünffte Stimme ihren gescheuten Beistand leistet. Man darff sich dessen nicht wundern, weil es etwas ungewöhnliches ist. Ein gantzer Musicus, ja, einer der gelehrtesten unsrer Zeiten, sagte von diesem Satze, über dessen Verfertigung er mich eben antraff: er sey vollkommen schön und neu. Ich will aber so aufrichtig seyn, und gerne gestehen, daß mir der grundredliche **Johann Theile** den ersten Anlaß zu diesen und dergleichen Sätzen ge|geben; wiewol ich in der Art und Form ein merckliches zu ändern für nöthig befunden habe, so daß er eine gantz fremde Gestalt gewonnen.

§. 22.

Wenn sich, **viertens**, die kleine Qvint durch die Sext eine Bahn macht, geschiehet solches auf zweierley Weise. Einmahl mit anschlagenden Noten; das andre mahl mit durchgehenden oder Zwischen-Klängen. Die letzte Art ist im Grunde nur die gewöhnliche Ausweichung in die Tertz; hat aber andre Umstände mittelst des Einwurffs einer oder mehr Noten, die man *interjectiones* nennet.

§. 23.

Zum **fünften** will sich das Intervall der kleinen Qvint die Septime zur Nachtreterin erwehlen, und

---

1 Das Wort Lösung oder *resolutio* wird offt misbraucht, und durch Gewohnheit von iedem Austritt aus einer wahren oder zufälligen Dissonantz in ein anders Intervall genommen und verstanden.

dienet also dieser Dissonantz zu einer Vorbereitung. Wenn wir nun gleich sagen wollten, es sey diese durchgehende Septime nur eine Zwischen-Note oder Interjection *a*); so ist sie doch weiter hin *b*) eine anschlagende und gebundene, die ordentlicher Weise gelöset werden muß.

§. 24.

Die **sechste** und letzte Art, mittelst welcher die kleine Qvint ausweichet, wird durch Verwechselung gewisser Klänge in verschiedenen Stimmen, welche Figur man sonst *heterolepsin*[2] nennet, bewerckstelliget, da z. E. der Alt in des Basses, und dieser hergegen in des Alts Stelle tritt, woraus eine **Octave** zwischen der Ober- und Grund-Stimme entstehet, welches nur ein Tertz seyn sollte, wenn es ordentlich zugienge. Dieses aber ist ausserordentlich, und ausserordentlich gut.

§. 25.

Wegen des sehr artigen Gebrauchs der übermäßigen oder gar grossen Qvint ist schließlich anzufügen, daß sich dieselbe auf zweierley Weise vermittelst der grossen Sext loszuwickeln pfleget. Einmahl wenn der Baß in seiner Stelle verharret, und die Ober-Stimme einen halben Ton steiget, wie *No.* 1 anzeiget: zum andern, wenn die Ober-Stimme ihren Klang behält, und der Baß durch einen halben Ton herunter tritt, *No.* 2; woraus beidesmahl eine grosse Sext wird. Diese übermäßige Qvint lässet sich inzwischen nur allein anbringen, wenn die Melodie in einer weichen Ton-Art geführet wird. Sonst nicht.

Siebendes Haupt-Stück.
Von den Sexten.

§. 1.

Da heißt es nun: Aus der kleinen Sext gehet man niemahls zum besten in den Unison. Wir sind der Meinung auch, und zwar mit dem Zusatz: daß der Gebrauch des Unisoni, in diesem Verstande, nimmer gut thue. Die Armut des Einklanges und der Octaven ist so groß, daß man ohn besondere Ursache und gute Manier, nicht gerne in der Harmonie, absonderlich bey wenigen Stimmen, viel mit ihnen zu schaffen haben mag.

---

2 Von ἑτέρη, *altera* und λῆψις, *acceptio*, so von λαμβάνω, *capio*, herkömmt: bedeutet allhier eine Vertauschung der Stimmen, oder vielmehr eines andern Klanges in verschiedenen Stimmen.

§. 2.

Hingegen kan man füglicher, und mit gar leichter Mühe aus der kleinen Sext in die kleine Tertz gelangen, so wol bey gerader, als Gegen-Bewegung. Doch müssen dabey diejenigen unharmonischen Qveerstände, die wircklich unerträglich sind, auf das beste vermieden werden. Im zehnten Haupt-Stücke wird es auszumachen seyn, was eigentlich in dieser Materie leidlich oder unleidlich ist.

§. 3.

Gleiche Bewandniß hat es auch mit der grossen Tertz: und könnte ich es nicht misbilligen, wie es doch vor diesen geschehen ist, falls iemand aus der kleinen Sext, auf nebenstehende Art, in die grosse Tertz ginge. Es müsten dann sonderliche Umstände ein anders erfordern.

§. 4.

Grössers Bedencken mögte man tragen, aus der kleinen Sext in die Qvint also zu springen, wie *No.* 1 anweiset: weil es in langen Noten ziemlich qvintenhafft klingen muß. Eben der Gattung ist auch das Exempel, *No.* 2, wo die Ober-Stimme stuffenweise, die untere aber eine kleine Tertz hinauf steigt. **Printz** setzet solches wenigstens mit unter die Fehler, ohne Ausnahm; wir aber unterscheiden Styl, Zeitmaasse, Anzahl der Stimmen, Aufschlag, Durchgang, Accent, innerlichen Gehalt u. s. w. wovon unter ein mehres.

§. 5.

Eine wiedrige Beschaffenheit hat es, wenn man das Ding umkehren, und die Ober-Stimme um eine kleine Tertz, die untere aber stuffenweise erniedrigen wollte; denn da kan der Qvinten-Kram nicht so leicht verdeckt oder verbessert werden, wie *No.* 3 zu sehen ist. Eine fallende Tertz in der Ober-Stimme, wenn sie singbar seyn soll, läßt fast iederzeit den zwischenliegenden Klang mit hören, und berühret ihn natürlicher Weise, woraus deutliche Qvinten entstehen; dahingegen eine steigende Tertz im Baß, wie *No.* 2, lange nicht so vieler Gefahr unterworffen ist. Man muß diese Dinge alle wissen: denn sie sind nicht ohne melodischen Grund; ob sie wol grosse Abfälle leiden. Und die müssen wir auch kennen.

§. 6.

Wie hiernächst aus der einen kleinen Sext in die andre ihres gleichen zu gerathen sey, davon lautet es bey den ältern Verfassern harmonischer Regeln also: **Sexta minor wird nicht continuiret motu recto, propter relationem non harmonicam.** Das soll heissen: man gehet nicht in gerader Bewegung aus einer kleinen Sext in die andre, wegen des unharmonischen Qveerstandes.

§. 7.

Wir thun es aber doch, mit Erlaubniß, und zwar eben in der verbotenen geraden Bewegung. Denn, wie solches in einer Gegenbewegung geschehen könne, das hat man in dem vorigen Jahrhundert wol schwerlich versucht. Gute Gänge dieser Art sehen heutiges Tages so aus, wie *No.* 1 und 2.

Von den Sexten.

§. 8.

Böse Gänge aus einer kleinen Sext in die andre gibt es gleichwol auch. Folgendes wenige, *No.* 3 u. 4, mag davon ein Muster geben. Das erste hält die gerade Bewegung; das andre aber das Gegentheil; und ist doch verwerfflich: zumahl in wenigen Stimmen und langsamen Noten.

§. 9.

Im Recitativ werden diese sonst unerlaubte Gänge, bey den neuern guten Componisten nicht selten anzutreffen seyn, und zwar mit völligem Beifall des Gehörs. Ja, es kommen in solcher Schreib-Art noch wol viele mehr vor, die härter lauten, darauf vor 70 oder 80 Jahren niemand gedacht haben mag.

§. 10.

Die alten Contrapuncisten haben zwar keine Erlaubniß, aber doch auch kein Verbot gegeben, betreffend die gleichweiten Sprünge, d. i. wenn zwo Stimmen einen Sprung von gleicher Weite hinauf oder hinunter thun, um von der einen kleinen Sext zur andern zu kommen. Die gantze Vorsicht aber, so dabey zu gebrauchen ist, bestehet darin, daß diese Sprünge nur nicht wieder die Regeln einer guten Melodie lauffen, oder unförmlich seyn: welches sie gar leicht werden können, wenn sie die Qvart oder Qvint überschreiten. Wir wollen vier Beispiele geben, von denen ich das letzte, es wäre denn in wolbedeckten Mittelstimmen, oder auf einen Nothfall, lieber zu Hause lassen mögte. Die andern kan man endlich noch füglicher gebrauchen: insonderheit das dritte.

§. 11.

Daß es inzwischen auch solche Vorfälle gebe, da man durch eine Gegenbewegung aus der einen kleinen Sext in die andre sehr natürlich, und besser, als durch die gerade Bewegung gehen kan; unerachtet solches vormahls nicht geschehen seyn mag: solches will nur mit wenigen alhier erweisen.

§. 12.

Dieser Weg muß unsern Vorfahren muthmaßlich nicht bekannt gewesen seyn; sonst hätten sie nicht ermangelt, Regeln davon zu geben, und zugleich zu bedencken, daß ein Unterschied al|hier Statt finde zwischen dem Nieder- und Aufschlage des Tacts, zwischen dem letzten und ersten Viertel. Denn in *Thesi* dürffte einer mit dergleichen Gegensprüngen von einer kleinen Sext auf die andre nicht so gut ankommen: zumahl in einem zwostimmigen Satze, es geschehe nun in wiedriger oder gerader Bewegung. Unrecht wäre es eben nicht: klingen würde es; aber nicht zum besten, wie das Exempel darleget. B

§. 13.

Aus einer kleinen Sext zu einer grossen gehet man zwar mehrentheils ohne sonderliches Bedencken; am füglichsten aber geschiehet solches mittelst der geraden Bewegung. Wiewol wir die Gegenbewegung deswegen nicht gäntzlich verworffen haben wollen, weil es auch durch dieselbe gar wol geschehen kan. Bey Sprüngen stehet vornehmlich in Acht zu nehmen, wie bereits mehr als einmahl erinnert worden, daß sie nicht zu groß seyn müssen.

§. 14.

Nun ist noch übrig der Gang aus der kleinen Sext in die Octav. Davon gibt uns **Printz** verschiedene Beispiele, die wol erlaubt seyn sollen. Ich, meines Orts, halte fest dafür, daß es immer rathsamer sey, diese Octaven-Gänge, so viel möglich, zu vermeiden: nicht eben darum, weil ein sonderlicher Fehler darunter verborgen, oder, weil etwas nachtheiliges daraus entstehen mögte; sondern vielmehr, weil sehr wenig Vortheil dabey zu finden ist, und die Harmonie gar armselig klinget. Doch nehme ich hievon aus, wenn der besagte Gang den Aufschlag des Tacts trifft, eine gute Folge, oder eine Cadentz sammt der Gegen-Bewegung hat. z. E.

§. 15.

So viel von der kleinen Sext. Nun nehmen wir die grosse vor uns, aus welcher man mit guter Art fast nimmer zum Unison kommen kan; ausgenommen in vollstimmigen Sachen, und etwa zur Noth. Doch hat das Verbot keine andre Haupt-Ursache, als die Armut, welche der schwächern Harmonie daraus zuwächst, wenn man was reichers haben kan. Das heißt auf rein Teutsch: weil es kahl und nackend klinget.

§. 16.
Aus der grossen Sext in die kleine Tertz gehet man beides in gerader und wiedriger Bewegung, nach eignem Belieben; wenn nur keine ungeschickte Sprünge vorfallen. Das Lied kan man nicht zu offt singen.

§. 17.
Kein Gang scheinet angenehmer und natürlicher zu seyn, als wenn eine unvollkommene Consonantz auf eine vollkommene folgt, oder auch in die andre unvollkommene von verschiedener Gattung gehet. Hergegen ist es der Natur gleichsam zuwieder, falls wir aus einer vollkommenen Consonantz in ihres gleichen schreiten wollen, wenn sie schon verschiedener Gattung; wie vielmehr wenn sie von einerley Art sind. Wenn das vollkommene sich zum unvollkommenen füget, erhält es desto grössere Schönheit; wenn mans aber umkehret, wird das unvollkommene noch mehr verlieren. Wir reden hier nicht von einem eintzigen Unterwurff, da alles aus der Unvollkommenheit zur Vollkommenheit steiget; sondern von zweien Dingen, deren eines vorgehet, und das andre nachfolget: und da hat das vollkommene, als eine Königin, den Rang vor ihrer Nachtreterin, dem unvollkommenen. Am Ende wird aus diesen zweien Dingen eines. Es kömmt mir vor, als ob die Ursache darin stecke: weil sich die Unvollkommenheiten allerhand Art offt, aber nicht die Vollkommenheiten verdoppeln oder einander folgen. Denn die Vollkommenheit bedarff dieses Zusatzes nicht, und muß immer etwas hinter oder neben sich haben, das mit ihr streitet.

§. 18.
Ich mercke hiebey noch ferner an, daß **Bernhardi** über den nebenstehenden Gang, da die grosse Sext in die kleine Tertz tritt, sich mit den Worten heraus läßt: **Er sey was seltenes.** Ob nun damit gesagt seyn soll, man müsse es selten so machen, weil es nicht gar zu gut sey; oder aber, man treffe dergleichen Sätze, wegen ihrer Artigkeit nur selten an, das müssen wir unentschieden lassen. Zum letzten wäre ich sehr geneigt.

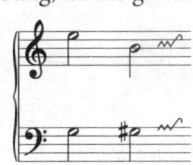

§. 19.
Von der grossen Sext mögen wir auch schier auf allerhand Art und Weise in die grosse Tertz gelangen. Doch muß es, bey wenig Stimmen, mit Vermeidung dieser und dergleichen unangenehmer Qveerstände geschehen. In vielstimmigen Sachen wird es niemand so genau nehmen.

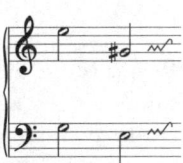

§. 20.
Will ich aber aus der grossen Sext in die Qvint gehen, so fällt ein wenig mehr dabey zu bedencken vor. Einmahl ist es durchgehends so damit beschaffen, und kömmt nicht gar zu natürlich heraus, wenn aus einer unvollkommenen Consonantz, wie die Sext ist, in eine vollkommene, als die Qvint, gegangen wird. Da im Gegentheil lange so viel anstössiges nicht vorfällt, wenn wir aus einer vollkommenen in eine unvollkommene treten. Es hat beides seine natürliche Ursachen, die einem nachdencklichen Geiste nicht schwer zu entdecken seyn werden: zumahl da im 17 §. schon dazu vorgespielet worden ist.

§. 21.
Demnach kan man aus der grossen Sext zur Qvint nur auf solche Weise kommen, daß die eine Stimme in ihrem Einklange verweile, (wiewol es auch die Octave verrichten kan); da immittelst

406   III. Theil.   Siebendes Capitel

die andre einen Grad unter oder über sich tritt, nachdem es die Ober- oder Unter-Stimme trifft. Alle andre Gänge, die zu diesem Zwecke dienen sollen, wobey die Stimmen eine gerade Bewegung halten, führen zwo heimliche Qvinten mit sich.

§. 22.

Es ist iedoch ein besondrer, gewöhnlicher und unverwerfflicher Gang hievon auszunehmen, welchen man zu dieser Zeit, und bey erforderlichen Umständen, gerne gebraucht; ob ihn gleich unsre liebe Vorfahren im Contrapunct mit der Seltenheit bezeichnet haben. Die Sache kömmt hier abermahl am meisten darauf an, daß beide Noten nicht im Niederschlage des Tacts, oder in einer innerlich-langen Geltung erscheinen; sondern daß es vornehmlich mit der zwoten derselben eine gegenseitige Beschaffenheit habe. z. E.

§. 23.

Setzte man es aber folgender Gestalt, oder mit noch langsamern und trägern Klängen, dazu in einem zwostimmigen Satze, so dürffte die Sache leicht ein gantz anders und verwerffliches Ansehen gewinnen. Z. E.

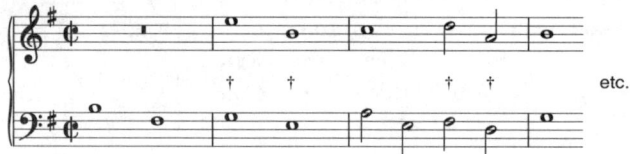

§. 24.

Wenn iedoch dieser Satz dahin geändert würde, daß bey der dritten und fünften Baß-Note, sowol, als bey der vierten Discant-Note ein Punct käme, so wüste ich nichts daran, auch in einem zwostimmigen Contrapunct, auszusetzen, und es würde dem Moteten-Styl ähnlicher klingen, als vorhin.

So viel kan ein Punct thun!

§. 25.

Die grosse Sext gehet in die kleine mehrentheils mit gerader Bewegung und Stuffen-Weise. Es geschiehet solches selten durch Sprünge; noch seltener aber durch eine Gegenbewegung. Man versuche es, so wird sichs weisen. Wir können unmöglich von allen Vorfällen Muster hersetzen;

sondern müssen einem Anführer, der mit lebendiger Stimme lehret, und seinem Untergebenen, auch etwas nachzudencken und auszuarbeiten überlassen.

§. 26.

Von der einen grossen Sext zur andern zu gehen, ist fast eben desselbigen Schlages: und es wird wenig dabey auszusetzen seyn; wenn man nur nicht mit beeden Stimmen gar zu gröblich durch Qvinten und Qvarten herum springet.

§. 27.

Zur Octave endlich gehet man aus der grossen Sext durch die Gegen-Bewegung, oder auch so, daß die eine Stimme in ihrem Ton bleibe, indeß die andre springet, nehmlich durch die Seiten-Bewegung, *per motum obliquum*. Springen sie aber beide, so gibt es gemeiniglich einen verdächtigen Octaven-Klang. So viel wäre denn auch von der grossen Sext und ihrer Folge zu erinnern nöthig.

§. 28.

Nun haben wir noch die verkleinerte und übermäßige Sext zu betrachten. Anlangend die erste und ihren Gebrauch in der Harmonie, (denn in der Melodie hat sie so wenig, als die übermäßige, meines Wissens, noch bishero keinen) gehet man fast eben so mit ihr um, als mit der gewöhnlichen kleinen, wenn eine Qvint darauf folget; sie thut aber in kläglicher Melodie eine gantz andre und empfindlichere Wirckung.

Gebrauch der verkleinerten[1] Sext.

§. 29.

Mit der übermäßigen hergegen verfähret man, als mit der grossen Sext, absonderlich wenn sich die gebundene Septime damit löset, und ist sonst nichts dabey in Acht zu neh-

---

1 Die verminderten Sexten, und vergrösserten Tertzien sind in der kleinen General-Baß-Schule mit Fleiß nicht berühret worden: weil ihr Gebrauch den wenigsten bekannt ist. Wer Lust hat, kan sie daselbst *p. 120 & 121* hinzusetzen. Hier hat man keinen Umgang nehmen können, ihrer zu gedencken.

men: denn in der Melodie hat so wenig diese, als die vorige, den geringsten Gebrauch. Das wunderbarste ist, daß diese übermäßige Sext zur Lösung der Septime dienen muß; da sie doch härter klinget, als jene. Aber deswegen ist sie doch eine Consonantz ihrem Wesen nach.

Ein anders und besseres Exempel.

Achtes Haupt-Stück.
Von der Octave.

§. 1.
Wir haben nun von **den** Tertzien, Qvinten und Sexten in der mehrern Zahl gehandelt; bey **dem** Einklange hergegen und bey **der** Octav hat nur die Einheit Statt, zum Zeichen, daß alles was von mangelhafften und übermäßigen Gattungen dieser fest stehenden unveränderlichen Zusammen-Stimmungen von andern so schlechterdings und eigensinnig behauptet werden will, nur auf die Länge zu vielen Irrungen und Verwirrungen in der Setz-Kunst Gelegenheit geben muß.

§. 2.
In der Mitte eines Systematis, es sey was für ein Zusammenhang es wolle, kan die Verschiedenheit der Theile mit Recht eingeführet werden; aber bey den äussersten Enden ist es wieder die Natur aller Dinge in der Welt, und auch wieder die Regeln der Meß-Kunst, daß man sie zergliedere. Das ist mein Grund: den halte ich für unumstoßlich, weil die Natur und Kunst ihm das Wort reden.

§. 3.
Zwar habe ich mir bisher selbst gefallen lassen müssen, sowol in der Critic als kleinen General-Baß-Schule, auch oben im dritten Haupt-Stücke dieses Theils, von mangelhafften und überflüßigen Octaven zu schwatzen, um nicht auf einmahl wieder den Strom zu schwimmen. Denn in Worten muß man die wenigste Schwierigkeit spüren lassen; wenn wir nur in der That eins sind. Weil aber doch diese Benennungen auf keinem wahren festen Fuß stehen, und ein Tag den andern lehret; so wird man mir erlauben, absonderlich in einem Wercke, das mit Vorsatz von der Setz-Kunst handelt, mich dieser Ausdrückungen ins künfftige so lange zu enthalten, als ich iedem gerne gönne, sich ihrer nach Belieben zu bedienen.

§. 4.
Uiberhaupt haben alle verminderte und vergrösserte Consonantzien nur lahme Beine und ein erbetteltes Gefolge. Ihr gar zu häuffiger Gebrauch macht die Harmonie mehr fremd, als gut: ja, bey den Ausschweiffungen, wozu manche Componisten diese zärtliche und gebrechliche Inter-

Von der Octave. 409

valle zwingen, mögte die gantze Lehre vom unharmonischen Qveerstande lieber auf einmahl Urlaub haben. Im neunten Hauptstück ein mehres hievon.

§. 5.

Nun zum Werck! Unter den Consonantzien kömmt demnach die gesunde und reine Octave hier am letzten zum Vorschein. Aus derselben gehet man sonst nie in den Einklang, als wo doppelte Bässe und viele Mittel-Stimmen sind. Das ist die erste Anmerckung, und die stehet fest.

§. 6.

Zur kleinen und grossen Tertz aber gehet man aus der Octav auf allerhand Art und Weise. Doch soll dabey ein gewisser unharmonischer Qveerstand in zwo oder wenig Stimmen vermieden werden: in so ferne iemand die folgende Gänge mit solcher Unharmonie belegen will; ich bin weit davon entfernet, wenns nur vollstimmiger wäre, welches wol nöthig ist, und leicht geschehen mögte, falls es der Raum vergönnete.

§. 7.

Wenn aus der Octave in die Qvint gegangen werden soll, muß die Gegen-Bewegung das beste thun. Doch darff man sich auch nicht gar zusehr daran binden, wenn die Umstände ein anders billigen. Wollte iemand die folgende, gewöhnliche Schluß-Formul deswegen ausmustern, | weil in gerader Bewegung aus der Octav in die Qvint gegangen wird, so dürffte ich meine Stimme so leicht nicht dazu geben; wiewol der Vorschlag des Trillers alhie den Zweifel hebet, indem er die Sext ehender hören läßt, als die Qvint.

§. 8.

Auch ohne Cadentz, oder was derselben ähnlich ist, mögte sich mancher nicht lange bedencken, nebenstehendes gleich im Anfange einer Melodie anzubringen. Doch kan auch niemand leugnen, daß nicht die Gegen-

---

1 ** Bey diesen Gängen aus der grossen Tertz in die Octav würde sich ein gebohrner Contrapunctist vieleicht auf die im fünfften Capitel dieses Theils, §. 43 angeführte Regel berufen; wir setzen aber alhier eine Vollstimmigkeit darin voraus, und denn erhalten wir Gnade, wie zu hoffen stehet.

bewegung besser sey, zumahl in einem Kirchen- oder Choralmäßigen Moteten-Gesange, bey lauter gantzen und halben Schlägen.

§. 9.

Wundern mögte man sich, daß **Printz**, im ersten Theil des Satyrischen Componistens, im 15 Hauptstücke §. 3 billiget, wenn die Unterstimme einen Grad, die obere aber eine Qvint aus der Octave herabsteiget, und folglich eine zusammenstimmende Qvint ausmacht. *e. g.*

Ich gebe mir sonst einige vernünfftige Freiheit; aber mit halben Schlägen mögte ich dergleichen nicht setzen, wenn auch ein doppeltes *allabreve* dabey stünde, zumahl in einem zwostimmigen Gesange: und würde es einem andern fast eben so wenig zu gute halten, als mir selber.

§. 10.

Hingegen hat wolgedachter Verfasser unter die Fehler mitgerechnet, wenn die eine Stimme aus der Octav durch die kleine Tertz hinauf, die andere aber durch die grosse herunterspringet, da sie wiederum eine zusammenschlagende Qvint, doch in Gegen-Bewegung, hervorbringen. z. E.

§. 11.

Auch findet sich am besagten Orte, unter den ausgemärtzten Gängen der Octave, noch einer, dem ich sonst gern ein Vorrecht gönnen wollte: wenn nehmlich die Ober-Stimme eine Qvart herunter fällt, die untere aber hinauf in die Octave steiget. Es käme mir diesen Falls die bereits erwehnte Regel wol zu statten, da es heißt: **Von Octaven urtheilet man auf einerley Weise**, das ist: Eines richtigen Klanges Octave kan nichts unrichtiges verursachen.

§. 12.

So gut ich aber auch sonst der Gegenbewegung bin, und so wenig ich von der geraden halte, so gerne muß ich doch gestehen, daß es besser seyn würde, den Baß zu diesem letzten Satze auf nebenstehende Weise einzurichten, wenn es die Umstände leiden wollten. Man thue mir aber hierin nicht zu nahe: denn dadurch, daß ich sage, das eine sey besser, verwerffe ich das andre nicht gäntzlich.

§. 13.

Hätten unsre liebe Vorfahren bey ihren Vorschrifften die Schreib-Arten und viele andre Umstände in der melodischen Setz-Kunst fein unterschieden, und die Ausnahm der Regel beigefüget, so würden wir einer grossen Mühe überhaben seyn. Allein eines Theils sind sie nicht in dem Stande gewesen, solches zu thun, und andern Theils muß sowol uns, als unsern Nachkommen, bey der Unendlichkeit aller Wissenschafften, absonderlich der unergründlichen[2] Music, ein grosses zur Untersuchung überbleiben.

---

2   *Res est profunda Musica atque flexilis*

§. 14.

Also liegt klärlich zu Tage, wie die guten Contrapunctisten theils an solchen Orten wirckliche Fehler gebilliget, wo sie keine erkannten, noch vermutheten; theils aber auch, und zwar grössesten Theils, Fehler an solchen Orten gesucht, wo im Grunde der Wahrheit keine von Wichtigkeit zu finden sind: nur damit die Aussprüche ihrer ehmaligen Lehrmeister beibehalten würden. Das war vornehmlich ihre Lust, wenn sie nur fein viele Dinge verdächtig, und andern dasjenige schwer machen konnten, was ihnen nicht leicht angekommen war.

§. 15.

Von der Octav zur kleinen Sext ist ein Gang aus dem vollkommenen in das unvollkommene, und, hat, nach unsrer obigen Anmerckung im siebenden Hauptstücke dieses Theils §. 17, so viel natürliches[3] an sich, daß man ihn nicht bloß auf zwo Bedingungen einschräncken darff: nehmlich, wenn etwa die Unter-Stimme schrittweise steigt, und die Ober-Stimme auf eben die Art fällt; sodann, wenn die Ober-Stimme eine Qvint hinauf, die untere aber eine Secunde abwärts tritt. Dieses ist lange nicht genug.

§. 16.

Man kan ja aus der Octav in die kleine Sext noch füglich auf viele andre Arten gelangen. Zum ersten, wenn die Grund-Stimme ruhet, und die obere eine grosse Tertz fällt. Zweitens, wenn die Ober-Stimme ruhet, und die untere eine grosse Tertz steigt. Drittens, wenn die Unter-Stimme eine Qvart, und die obere einen halben Ton steigt. Viertens, wenn die Ober-Stimme eine Qvart, und die untere einen halben Ton fällt. Zu geschweigen, was noch bey der Gegenbewegung vorfallen mag, da dieses alles nur in gerader und Seiten-Bewegung geschehen kan. Das **Ruhen** bey der Seiten Bewegung verstehen wir iedoch nicht vom Pausiren; sondern von dem Aushalten in einem Klange, von der Fortsetzung desselben, ohne unten oder oben auszuweichen.

§. 17.

Zur grossen Sext wuste man auch vormahls nur rechtmäßiger Weise auf zweierley Art aus der Octave zu kommen. Erstlich, wenn die Ober-Stimme ordentlich, das ist, **schrittweise**, herunter tritt, und die untere auch so hinauf steigt. Fürs andre, wenn die Ober-Stimme eine Qvint hinauf springet, die untere hergegen in die Secund abwärts gehet. Und das ist ein schlechter Vorrath.

§. 18.

Es wird hiebey nicht einmahl erinnert, welches doch nöthig ist, daß es halbe, kleine, und grosse Schritte, nemlich, halbe, kleine und grosse Secunden oder Tone gibt. Wir wollen nur so viel sagen, daß es in beiden erwehnten Fällen kein andrer Schritt, keine andre Secunde thun kan, als der halbe Ton, falls eine grosse Sext daraus werden soll.

§. 19.

Ob es nun gleich eine fast unmögliche, oder doch sehr weitläuffige Sache ist, alle und iede Gänge, dadurch man aus dem einen Intervall, harmonischer Weise, in das andre kommen kan,

---

Invenit & semper novum volentibus
Considerare. Eupolis Comicus, teste Athenaeo, Dipnosoph. L. XIV c. 10.
3   Dieses Natürliche gründet sich auf den ersten Eindruck eines Dinges, welcher macht, daß man die Wirckung des andern kaum empfindet.

so zu verzeichnen, daß gar nichts daran fehle; wird es doch niemand loben, wenn der Sache zu wenig geschiehet, und die Lehrbegierigen zu enge eingeschräncket werden. Solches begibt sich aber handgreifflich, wenn man ihnen zum Ausbruch nur zween Wege zeiget, da deren sechs und mehr vorhanden sind: wie wir bey der kleinen Sext gesehen haben.

§. 20.

Ein ieder kan demnach aus der Octav sehr beqvem auch in die grosse Sext kommen, ohne daß er sich allein nach den §. 17 vorgeschriebenen zween Wegen richten dürffe, nemlich: wenn er erstlich die Unterstimme ruhen; die obere aber eine kleine Tertz fallen läßt. Zum andern, wenn ers umgekehrt anbringt. Und drittens, wenn die Ober-Stimme einen gantzen Schritt; die untere hergegen eine Qvart steiget. Anderer Vorfälle nicht zu gedencken.

§. 21.

Ich weiß zwar wol, daß bey den Seiten-Bewegungen wenig Unheil zu befürchten ist; aber man muß sie doch eben so wenig, als die geraden und Gegen-Bewegungen bey dieser Sache aus der Acht lassen. Fünf Wege geben mehr Wahl, als drey.

§. 22.

Schließlich ist weiter nichts übrig, als aus der einen Octav in die andre zu gehen, und da weiß schon ein ieder, daß diese Consonantzien, in sofern sie eine Harmonie von unterschiedenen Klängen machen sollen, niemahls ordentlicher Weise fortgesetzet werden können. Mit doppelt besetzten Bässen oder Bassetten, in starcken vielstimmigen Sachen, ist es ein anders: denn in jenen läßt man offt mit gutem Fuge eine Mittel-Partey oder Braccio mit der Grund-Stimme, zur Verstärckung, lauter Octaven machen; in diesen aber, nemlich in vielstimmigen Sachen, haben sie bey der Gegenbewegung gute Erlaubniß.

§. 23.

Uiberhaupt sind die meisten Regeln von der Consonantzien-Folge so beschaffen, daß man sich in einer Vollstimmigkeit, sonderlich bey Mittel-Parteien, nicht alzugenau daran binden kan; sondern sie nur vornehmlich in wenig Stimmen, in einigen Schreibarten, und bey gewissen Umständen, wo leicht eine Aenderung zu treffen ist, gelten lassen muß. Ja, auch in *biciniis* gibt es nicht selten solche Fälle, die nothwendig erfordern, daß man sich einige Freiheit nehme.

§. 24.

Und also sind wir durch alle Consonantzien gegangen; haben die mangelhafften und überflüßigen nicht vergessen; die nöthige Vorsicht bey ihrem Gebrauch gutgeheissen; die unnöthige abgesondert; die Unmaasse der Gebote und Verbote bemercket; den Mangel hie und da ersetzet, und einige Bedingungen vorgeschlagen, nach welchen ein billiger Unterschied zu machen seyn wird. Nun weiter!

Neuntes Haupt-Stück.
Vom unharmonischen Qveerstande.

§. 1.

Bey voriger Abhandlung vom Gebrauch und von der Folge einer ieden Consonantz wird man bemercket haben, daß zum öfftern der *relationis nonharmonicae*, als einer Ursache vieler Verbote bey gewissen Gängen, erwehnet worden. Sollte nun der über diesem Capitel stehende teutsche Ausdruck einem oder andern in die Qveere kommen; so kan man bey den lateinischen Wörtern bleiben: welche doch, meines Erachtens, die Sache kaum so deutlich benennen, auch dabey etwas unrömisch klingen.

§. 2.

Weil inzwischen bloß die Consonantzien in ihrer Folge, nicht aber die Dissonantzien hieran Theil nehmen, so wird nöthig seyn, ehe wir zu den letztern schreiten, etwas weniges von dieser Sache beizubringen. Nicht darum, als sey eben so viel daran gelegen; sondern weil gemeiniglich mehr Schwierigkeit daraus gemacht wird, als nöthig ist.

§. 3.

Die Beschreibung solcher falschen Relation wird sonst so gegeben: daß sie sich äussere, **wenn *Mi* gegen *Fa* in ungewöhnlichen Intervallen qveer gegen einander über stehen.** Wir setzen, als etwas nothwendiges, hinzu, daß solches in zwo verschiedenen Stimmen geschehen müsse. Denn daß die Beschreibung sonst gar nicht verständlich seyn könne, wird ein ieder bald mercken können, es sey ihm das Ding bekannt, oder nicht.

§. 4.

Statt einer kleinen Erläuterung will ich ferner sagen: daß besagtes **Qveer gegen einander über** so viel bedeute, als wenn z. E. in der einen Stimme ein Klang gewesen, der sich zu dem, in einer andern Stimme unmittelbar folgenden gar nicht reimen wolle. Alles aber, was sich auf diese Weise nicht zusammen schicken würde, *Mi* gegen *Fa* zu nennen, das wäre sehr dunckel geredet.

§. 5.

Wie wollen also sehen, ob die Sache deutlicher zu geben sey, und setzen desfalls zum Grunde, **daß ein unharmonischer Qveerstand zween solche Klänge, in zwo verschiedenen Stimmen, gleich nach einander hören lasse, die man sonst nicht, ohne ungemeinen Mislaut, zusammen bringen kan.**

§. 6.

Hieraus folget, daß zween Klänge, die ich sonst **wol vereinbaren**, unter oder übereinander zusammen setzen kan, einen unharmonischen Qveerstand zu machen noch nicht ungeschickt genug sind. Denn, was **in diesem Verstande leidlich klinget**, wenns zusammen oder zu gleicher Zeit vernommen wird, kan nach einander und in der Folge schwerlich übel lauten. Und wiederum, was nach einander dissonirt, das kan zusammen nicht gut klingen. Die so genannten ungewöhnlichen Intervalle brauchen auch einer eigenen Erklärung; womit wir uns aber hier nicht aufhalten wollen.

§. 7.

Aus obigem Grund-Satze kan z. E. *c* und *cis*, wenn jenes in der einen Stimme gehöret worden, und dieses in der andern Stimme unmittelbar darauf folget, die beste Wirckung nicht thun, weil man *c* und ♯*c* selten gern zusammen in einer Bindung hören lässet. Wol aber *c* und ♭*d*: denn diese und ihres gleichen lassen sich gut auflösen; die andern nicht so leicht, weil beede Stimmen austreten und von einander weichen müssen; da es sonst mit einer bestellet werden kan.

§. 8.

Ob ich nun gleich in einer eintzigen Stimme nicht selten unmittelbar vom *c* aufs ♯*c* hinauf und wiederum vom ♯*c* aufs *c* zurück gehen kan, ich meine in der Melodie; so lässet sich doch solche Folge und dergleichen in zwo Stimmen, bey oberwehntem Qveerstande, nicht wol anbringen. Weil inzwischen noch niemand eine Haupt-Ursache hievon gegeben hat, so wird mir vergönnet seyn, die folgende anzuzeigen, welche sehr erweislich scheinet.

§. 9.

Wenn ich in einer Ober-Melodie durch ein Paar halbe Tone gehe, so bleibet doch die Grund-Stimme entweder unverrückt, oder ist so beschaffen, daß sie zu beiden Klängen dienen kan. Geschiehet aber dieselbe Folge in zwo verschiedenen Stimmen, so wird der Grund verändert, und dem Gehör dadurch ein Unwille erwecket. Das wäre, deucht mich, die Haupt-Ursache. Eine Neben-Ursache soll noch folgen: man kan ja beede gelten lassen.

§. 10.

Eben diese Frage: warum zween **auf einander folgende** unter sich dissonirende Klänge nicht sowol in zwo verschiedenen Stimmen, als in einer eintzigen zugelassen sind; beantwortet ein edler und scharfsinniger **Scotländer**[1] also: Daß die Grade in einer eintzigen Stimme, nehmlich die Stuffen der melodischen Leiter, durch die aus ihren Gängen entstehende einfach-harmonische Tertzien, Qvinten etc. vermittelt und angenehm werden; dahingegen in zwo verschiedenen Stimmen diese übel-klingende Folge in keine solche Ordnung und Reihe zu bringen stehet, auch solchen Falls die springende Dissonantzien meistentheils unerträglicher im Singen sind, als die Grade oder Secunden-Stuffen.

§. 11.

Laßt uns dieses mit wenigen auslegen! wenn ich singe: *a h c'*, so höre ich eine kleine Tertz, und kehre mich an die beiden Secunden[2], *a h*, und *h c*, nichts. Es harmonirt nach einander. Singe ich weiter: *a h ♯c' c' d*, so macht sowol das ♯*c*, als das *c*, eine Consonantz zum *a*; und das *a* klingt mir da, als eine Qvint zu der Ton-Art *D;* das *d'* hergegen nicht rückwärts, als eine Qvart zum *a*. Uiber diesen Wolklang vergesse ich gleichsam, daß *c* gegen ♯*c*, ♯*c* gegen *d* in der zusammen gesetzten Harmonie dissoniren. In der Reihe und Ordnung der Stuffen merckt man es keines

---

1 **Alexander Malcolm** in seinem *Treatise of Musick,* Edinburg, 1721, *8vo. p. 228,* woselbst er auch *p. 229* meinen Grund-Satz von der Melodie behauptet, daß nehmlich ein iedes harmonisches Intervall von einer gewissen Anzahl der melodischen Grade zusammengesetzet, und folglich darin, als in seinen Elementen, aufzulösen ist. Siehe die Vorrede zu meinem Kern melodischer Wissenschafft.

2 Es ist auch merckwürdig, daß ich in keinem alten Verfasser einen unharmonischen Qveerstand antreffe, der aus der Secunde bestehe.

weges. Singe ich hinunter: *d' c' b a g f e d*, so klingt alles wol; singe ich aber *d' e*, allein im Sprunge, so geht es schon schwerer her, und man merckt den Mislaut der kleinen Septime deutlicher. Doch nicht so deutlich, als im Zusammenschlage zwoer Stimmen. Man kan dieses mit der grossen und kleinen Qvart, mit der verkleinerten und grossen Sept, mit der None, mit den überflüßigen und mangelhafften Intervallen gleichfalls versuchen. Es wird allenthalben richtig eintreffen.

§. 12.

Daher ist es wol eine unstreitige Wahrheit, daß man solche dürre Sätze, wie hier neben verzeichnet stehen, und ihres gleichen, in den äussersten Stimmen absonderlich, und wo derselben nur zwo oder drey sind, anzubringen billig Bedencken tragen sollte. Es sind ihrer noch ein halb Dutzend von dieser Art, die sich durch die Versetzung der Klänge ziemlich vermehren lassen.

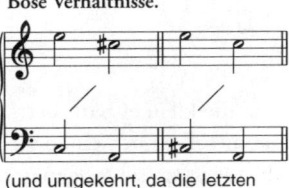

(und umgekehrt, da die letzten Noten die ersten werden.)

§. 13.

Eine andre Bewandniß hat es mit solchen Intervallen, deren Enden oder *termini* gar wol zusammen, oder gerade über einander stehen, und auf einmahl anschlagen können, ob sie schon an und für sich selbst dissoniren, wenn sie nur gehöriger Maassen vorbereitet und aufgelöset werden: als da sind die grosse Qvart, die verkleinerte Septime, die übermäßige Qvint etc. Alle diese werden in Bindungen und Rückungen mit Fug gebraucht, und machen die Uibereinstimmung desto angenehmer, ie klüglicher man mit ihnen umgehet.

§. 14.

Was demnach oben §. 6 vom **leidlichen Klange** und **guter Vereinbarung** gesaget worden, ist nicht so zu verstehen, als wollte man wirckliche Dissonantzien an und für sich selbst wolklingend heissen; sondern es wird damit nur angedeutet, daß sothane Dissonantzien gar wol in gleichem Anschlage vorkommen können, und den Wolklang vergrössern, wenn sie zwischen den Consonantzien in der Mitte stehen.

§. 15.

Wir wollen fürs erste die grosse Qvart ansehen, von welcher bekannt ist, und auch in folgenden gelehret werden soll, daß man zu derselben so gar springend kommen könne; ohne daß sie einer Vorbereitung bedürffe, oder, daß sie weder mit ihrem obersten noch untersten Ende vorher liegen müsse, wie andre Dissonantzien. Kan ich denn solches füglich in einem eintzigen Anschlage bewerckstelligen; so mag ich es ja nach einander, in zwo verschiedenen Stimmen, auch wol thun, und zwar ohne das geringste Bedencken, ohne Beisorge einen unerträglichen unharmonischen Qveer-Stand hervorzubringen.

§. 16.

Es gibt nicht nur erträgliche, sondern gar vortreffliche unharmonische Qveerstände. Die ersten machen den grössesten, die unleidlichen den mittelmäßigen, und die vortrefflichen den kleinesten Hauffen. Wer sie alle vermeiden wollte, der würde wahrlich nicht viel gutes ausrichten. Wer sie aber indessen auch alle, ohne Unterschied, gebrauchen wollte, dem wüste ich nicht zu rathen, wenn seine Sätze bisweilen wunderlich unter einander gingen. Wir haben Proben genug davon bey solchen Componisten, die keine andre Grund-Sätze, als ihre Grillen kennen, und mathematische Wahrheiten leugnen. Nicht mit Worten; sondern mit Noten-Wercken. Die andre für Narren halten, und selbst die grössesten sind.

§. 17.

Also ist es sehr unbillig, wenn man nebenstehende Gänge **keines weges** gestatten will; da sie doch, wo nicht unter die vortrefflichen, wenigstens unter die leidlichen Qveerstände gehören.

§. 18.

Was die kleine Qvint betrifft, die bey dieser Gelegenheit als eine Dissonantz angesehen wird, so hat dieselbe noch einen viel wolklingendern Gebrauch und grössern Beifall in der Harmonie, als alle Qvarten, sie mögen groß oder klein seyn: weil sie, als eine nur verminderte Consonantz, von der Natur der rechten reinen Qvint viel an sich nimmt, und auch ohne die geringste Bindung oder Rückung vorkommen, ja, sehr offt selbst zu einer Auflösung der eigentlichen Dissonantzien dienen kan.

§. 19.

Weil nun solches tag-täglich im Zusammenschlage geschiehet, wie vielmehr muß es im Nachschlage unverwerfflich seyn. Dabey bemercken wir denn abermahl eine noch grössere Unbilligkeit, als bey dem vorhergehenden Exempel, wenn die nebenstehende Gänge, wegen eingebildeter falschen Relation, **kurtzum** verworffen werden.

§. 20.

Mit der übermäßigen Qvint mögte es mehr Schwierigkeit setzen, weil ich auf dieselbe mit guter Manier nicht springend gerathen kan; sondern nothwendig erst derjenige Klang vorhergehen muß, der durch die Rückung ordentlicher Weise das Intervall der übermäßigen Qvint hervorbringe, und sich hernach fein bald durch die Sext auflöse, wie wir im sechsten Capitel §. 25 gesehen haben. Dem ungeachtet fällt doch dieses fremde Intervall sehr offt, mit einem eintzigen **Anschlage**, nicht übel in die Ohren: Dannenhero es auch im **Nachschlage**, da es zertheilet wird, nicht wol verboten werden, noch einen unerträglichen unharmonischen Qveerstand verursachen kan, wie ein ieder aus dem Exempel urtheilen mag.

§. 21.

Selbst die kleine Qvart muß unschuldiger Weise Anlaß zu einer unharmonischen Relation geben. Die übermäßige Qvint sowol, als diese kleine Qvart, halte ich deswegen beide für unschuldig, weil mir kein Merckmahl in den Wercken unsrer nächsten Vorfahren aufgestossen ist, daraus ich hätte schliessen können, daß diese Intervalle von einem eintzigen unter ihnen in den letzten 50 Jahren wären gebraucht, oder auch nur erkannt worden. Weil sie nun nicht wusten, wozu sie gut waren, so verwies man dieselbe, ohne Verhör, ins Elend des Qveerstandes.

§. 22.

Ob nun zwar erwehnte, ungewöhnliche Intervalle auch bey uns nicht gar häuffig erscheinen; so können sie doch, absonderlich in schönen Rückungen und Bindungen, ihr Recht gnugsam behaupten. Wenn wir weiter unten von den Qvarten eigentlich handeln, und den Gebrauch ihrer drey Gattungen vor Augen legen werden, so wollen wir zugleich ein Paar Exempel anbringen, darin die übermäßige Qvint der verkleinerten Qvart Gesellschafft leisten soll. Denn gleich und gleich gesellet sich gern.

§. 23.

Diejenigen nun, welche noch diesen Tag bey der kleinen oder verkleinerten Qvart (denn diese Nahmen gelten hier einerley) eine falsche Qveer-Verhältniß suchen, müssen ohne Zweifel ihre Bindung und Lösung, kurtz, ihren gantzen Gebrauch in der Harmonie niemahls bemerckt, vielweniger selbst ins Werck gesetzet haben. Dennoch schreien sie es für unharmonisch aus, wenn man ein Paar kleine Tertzien nach einander setzt, es sey im Auf- oder Niedersteigen, durch reine halbe Grade, und daraus diese nebenstehende Gänge macht. Ich glaube nicht, daß Diogenes mit seiner Leuchte hierin was unerlaubtes finden dürffte.

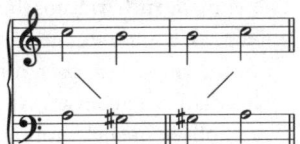

§. 24.

Wenn ichs recht erwege, daß die letzt-angeführte Gänge zwo kleine Tertzien enthalten, die durch halbe Stuffen, in gerader Bewegung steigen und fallen, welches eine Sache ist, die auch von unsern schärffesten Contrapunct-Richtern selbst für gut gehalten[3] worden: so muß ich schliessen, daß sie sich vergessen, und bey der Lehre des Qveerstandes wörtlich wiedersprochen[4] ha|ben; sintemahl dieser Tertzien-Gang von keinem Menschen gebraucht werden dürffte, der sich vor dem unharmonischen Popantz fürchten wollte. Ich mögte wol sehen, wie eine förmliche Cadentz in dreien Stimmen bestellet werden könnte, ohne dergleichen Sätze zu gebrauchen.

§. 25.

Das ärgste ist, die Sache wird nirgend recht erläutert oder aus einander geleget; sondern zusammen in einen Topff gethan. Denn ob man gleich von erträglichen Qveerständen redet, zeiget doch niemand an, welches dieselben sind. Und auch dabey erfordert das Alterthum eine Vollstimmigkeit und Menge der Concordantzien, zur Bedeckung der daraus entstehenden Verdrießlichkeit. Es sey denn, daß eine traurige Gemüths-Regung ausgedruckt werden sollte. Die wird mir einer schön durch zwo kleine Tertzien vorstellig machen! Unten mehr hievon.

§. 26.

Ferner trifft auch die verkleinerte Septime das Unglück, daß ihrenthalben bey dieser Materie eines und anders in die vermeinte Qveer kömmt. Nun ist gleichwol bekannt, daß diese bewegliche Dissonantz viel zu unserm Vergnügen in der melodischen Setz-Kunst beitrage, und daß sie auch solcherwegen ein viel grösseres Vorrecht habe, als die gewöhnliche Sept, welche meist allezeit

---

3 S. das fünffte Hauptstück dieses Theils, wo **Bernhardi** und **Printzens** Beifall wegen der kleinen Tertzien §. 3 angeführet wird: der leztere gibt ihm im *Satyr. Componisten cap.* 16 §. 16. Des ersten Werck ist ungedruckt, doch geschrieben in vielen Händen. Er handelt davon *cap.* 6 §. 4.

4 **Printz** *l. c. c.* 17 §. 2.

vorher daliegen, oder sich so zu reden erst anmelden lassen, und warten muß, ehe sie vorgelassen wird; dahingegen die verkleinerte Sept unangemeldet hereintreten darff, als ob sie den güldenen Schlüssel hätte.

§. 27.

Dem allen ungeachtet will man doch wolbesagte verkleinerte Sept noch auf andre Art verkleinern, und sie zur Wurtzel eines unerlaubten Qveerstandes machen, wenn nebenstehende Sätze mit Unfug verworffen werden. Wir berufen uns aber auf den Ausspruch aller unpartheyischen Ohren, und unterwerffen uns gerne denen, die das musicalische Recht verstehen.

§. 28.

Die ehmaligen harmonischen Gesetzgeber sind dennoch, wie wir oben mit wenigen gesagt, so gnädig, daß sie zwischen einem leidlichen und unleidlichen Qveerstande einen Unterschied zulassen; sie setzen aber diese Erlaubniß dergestalt auf Schrauben, daß man wenig oder gar nichts dadurch gebessert ist. Die Bedingungen lauten also:
1) Soll es in vielstimmigen Sachen nur frey stehen, **leidliche** unharmonische Qveerstände anzubringen; doch nicht in den äussersten Stimmen.
2) Soll es so viel als möglich lieber **gar vermieden** werden. (Kluge Bedingung!)
3) Wenn eine traurige Leidenschafft dadurch ausgedrückt wird, mag es hingehen.
4) Nur im Chromatischen Geschlechte[5] der Klang-Folge.

§. 29.

Bey solchen vier Umständen, deren dritter noch drey andre unter sich hat, daß ihrer sieben herauskommen, ist doch keine grössere Gunst zu hoffen, als daß mans lieber gar bleiben lasse. Wenn dieses das beste ist, warum denn so viele Complimenten gemacht? ist es aber nicht das beste, warum wird uns ein Verbot gegeben? Ich glaube nicht, daß iemand mit der mangelhafften Qvart, mit der übermäßigen Secund, ja gar mit dem kleinen halben Ton: *c* ♯*c, d* ♯*d, e* ♯*e* etc. und dergleichen Intervallen ein Triumph-Lied oder einen Rigaudon, in lauter unharmonischen Qveerständen, zieren wird; wozu dienet denn die Vorschrifft der Traurigkeit?

§. 30.

Printz redet hiebey von einem süssen, annehmlichen, **verliebten** und andächtigen Trauren. Wer solches erregen will, muß gewißlich wol andre Künste gebrauchen, als die aus Einführung oder Verhütung unharmonischer Qveerstände entspringen. So wollte ich auch wol fragen, was das Chromatische Geschlecht bey dem §. 12 angeführten Exempel und einigen folgenden unleidlichen Qveerständen gut macht, da die Klang-Folge solches Geschlechts weder in kleinen noch gros|sen Tertzien bestehet? Wir brauchen beständiglich Chromatische Klänge und Gänge, bald weniger bald mehr; aber nie das gantze Geschlecht, ohne Vermischung mit dem diatonischen

---

5 Es ist von den dreien Klang-Geschlechtern bereits in der Organisten-Probe so viel geredet und gelehret worden, als zu wissen genug seyn mag. Doch will ich die gantze Sache in wenig Worten fassen: Alle überflüßige und mangelhafte melodische Intervalle, wozu zween **nach einander folgende** Klänge gehören, sind dem enharmonischen; die erhöheten und erniedrigten dem chromatischen; die übrigen aber dem diatonischen Geschlechte eigen. **Nach einander folgende** Klänge schliessen zusammenschlagende aus.

Vom unharmonischen Qveerstande.

und enharmonischen. Werden nun die Chromatischen Gänge gebilliget, so hören die meisten Fehler der Qveerstände auf: denn ausser diesen Gängen dürffen sie sich wenig melden.

§. 31.

Ohne Ursache, heißt es, soll ein Incipient nicht leichtlich *relationem non harmonicam* setzen. Ich aber sage so: Weder die Anfänger noch Vollender, weder die Lehrlinge noch die Meister sollen die geringste Note ohne **gute** Ursache setzen. Denn alle Ursachen sind nicht gut. Worin nun die **guten** Ursachen bestehen, das muß ausgemacht werden; sonst hilfft unser Lehren nichts. Ohne Ursache wird kein gescheuter Componist Dissonantzien setzen. So lange nur ein musicalisches Gehör nicht verletzet, sondern vernünfftiger Weise ergetzet wird, (welches unsre erste und letzte **gute** Ursache seyn muß); so lange ist nichts zu tadeln noch zu verwerffen; ob es gleich was fremdes und ungewöhnliches wäre. Desto besser; wenns nicht wieder die gesunde Vernunfft läufft. Und also wird der obige Satz[6] befestiget: **Was zusammen stehen kan, ist auch nach einander unverboten.** Dazu sagen Ohr und Verstand ein förmliches Ja.

§. 32.

Es gibt inzwischen, wie §. 16 erwehnet worden, unter den unharmonischen Qveerständen etliche, welche vortrefflich heissen können. Wenn **Printz** von einer schicklich und wol angebrachten *relatione non-harmonica*, die eine traurige Gemüths-Bewegung ausdrucken soll, mit Recht saget, daß sie höchlich zu loben sey, ein trauriges Stück trefflich ziere, und die aufmercksamen Gemüther gleichsam zwinge etc. so verstehet er hiedurch die excellenten[7] Qveerstände, und redet wie ein rechter musicalischer Printz, dem **Brossard** und einige andre beistimmen. Wir wollen diese Dinge auch nur zu solchen zärtlichen, beweglichen und betrübten Ausdrücken gebrauchen; sonst zu nichts.

§. 33.

Was aber das für vortreffliche *relationes* sind, und welche eigentlich diesen Ehrentitel verdienen, davon hat weder **Printz**, noch **Brossard**, noch **Bernhardi**, noch **Werckmeister**, noch irgend ein andrer, daß ich wüste, sich das geringste entfallen lassen. Sie singen fast alle einerley Lied: ieder variirt es nur ein wenig nach seinem Sinn.

§. 34.

Ich dencke immer, man könne fast alle *relationes* excellentisiren, und dürffe schier keine eintzige davon ausschliessen, wenn das Ding nur bey seinem rechten Zipffel ergriffen würde. Gewisse Vorschrifften darüber zu geben, das läßt sich so leicht nicht thun: angesehen der Fälle so viel und mancherley sind, oder noch seyn werden, daß sie schwerlich alle verzeichnet oder gezehlet werden mögen. Doch wollen wir unten einen kleinen Versuch damit thun, und die Bahn brechen.

§. 35.

Der beste Rath ist hier: Man setze sich diejenige Gemüthsbewegung, welche ausgedruckt werden soll, recht tieff und fest ins Hertz; folge sodann seinem Triebe und übe sich täglich darin; frage auch die Todten, und ersehe aus den besten Wercken der Lebendigen, wie mit dergleichen Qveerständen umzugehen sey; so wird sich bald weisen, was leidlich, was unleidlich, was vortreff-

---

6 S. §. 6 dieses Capitels.
7 *Les excellentes fausses relations sont pour les expressions tristes, tendres, affectueuses etc.* Brossard p. 112 Dict. de Mus.

lich sey. Der Verstand, die Ohren, und die Gemüths-Neigung müssen hier den Ausschlag geben; die Lehre von dem Verhalt der Klänge und alle andre Qveer-Regeln in der Welt kommen sonst dabey zu kurtz.

§. 36.

Ein neuer Frantzösischer Tonkünstler[8], der die bösen, unharmonischen Verhältnisse auch so gar in einer eintzelnen Stimme suchet, und doch der vortrefflichen so wenig, als der leidlichen, gedencket, schreibt, es **sey unmöglich**, mit **zwo Stimmen in falsche** *relationes* **zu fallen, wenn man nur ein vollkommener Meister der Modulation**[9] **ist.** Diese Bedingung scheinet gewiß nicht geringe zu seyn, man verstehe nun unter dem wichtigen Worte, **Modulation,** was man wolle. Falls das *je ne scai quoi* dadurch andeutet werden soll, ist es desto beträchtlicher: denn das kan zwar eine lange und fleißige Uibung bisweilen geben; eine angebohrne Eigenschafft aber offt, natürlicher Weise, ohne Mühe mittheilen. Die Frantzosen nennen es: *le beau chant;* davon unser angeführter Verfasser, eignem Geständniß nach, keine eintzige Regel zu geben weiß, und es auch für fast unmöglich hält, daß es iemand anders in der Welt thun könne.

§. 37.

Letztlich weiß keiner selbst die unleidliche Relation anders zu beschreiben, als daß sie sey ein **Satz, der wieder die Natur derjenigen Gemüths-Bewegung läufft, welche ausgedruckt werden soll, und dem Gehör Verdruß erweckt.** Da kommen wir einander näher. Denn es läufft doch alles wiederum auf das Ohr hinaus, wenn es nehmlich mit der gesunden Vernunfft im Bunde stehet.

§. 38.

Was dem Gehör gefällt, ist gut; so lange der Verstand nicht wieder spricht. Was dem Gehör aber nicht anstehet, ist ausdrücklich und ohne Einwendung böse; wenns noch so verständig wäre. Ohne Vernunfft kan in der Music wenig gutes seyn; aber ohne den Beifall der Ohren noch weniger.

§. 39.

Damit wir iedoch ein Paar andre Beispiele unleidlicher Qveerstände denjenigen beifügen, die oben §. 12 befindlich sind; so will ich mit Fleiß die gröbsten aussuchen, und fragen: ob denn iemand in der Welt solch Zeug wol mit Bedacht hinschreiben könne? Es kan nicht wol in eines Menschen Hertz kommen, wofern solches nicht von dem äussersten Eigensinn besessen ist. Was aber das *No.* 5 in der Oberstimme vorkommende Intervall der übermäßigen Secunde betrifft, so hat solches eben nichts ungeheures an sich; wenn man es allein betrachtet und in der **Melodie** gebraucht, da sichs in gewissen Fällen überaus wol schickt und singen läßt. Aber weil es hier zur **Harmonie**

Unleidliche Qveerstände.

---

8 *Rameau dans son Traité de l'Harmonie Liv. III chap. 37*
9 Das Wort **Modulation** hat, ausser der alten, bey den neuern nicht weniger, als vier Bedeutungen: 1) Im Modo oder in der Ton-Art bleiben. 2) Aus demselben heraus, und füglich wieder hineingehen. 3) Eine Melodie figürlich, zierlich und nachdrücklich setzen. 4) Ein ich weiß nicht was angenehmes und anständiges seinem Satze beilegen. Die alte Bedeutung gehet eigentlich nur auf die Art und Weise, oder die Manier, womit ein Sänger oder Instrumentalist die vorgeschriebene Melodie herausbringet.

Vom unharmonischen Qveerstande.

dienen soll, und doch keine macht; sondern den Mislaut nur verstärcket durch die Octave im Basse; so ist der Satz deswegen verwerfflich, und nicht so sehr wegen des Qveerstandes. Denn *b* und ♯*c* können gar wol über einander stehen; aber nicht so wol *b* und *h*, ♭*e* und *e* etc.

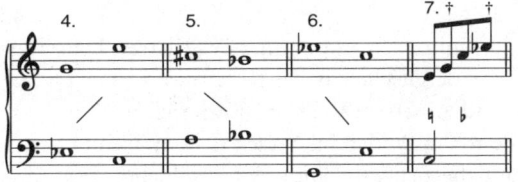

§. 40.

Das letztere niedliche Bißlein *No.* 7 findet sich in der Niedtischen Handleitung[10]: und ich setze es nur deswegen her, weil es das nicht ist, wofür es ausgegeben wird; wie man denn offt gewisse Sätze mit Unrecht für unharmonische Qveerstände ansiehet, deren üble Einrichtung aus gantz andern Qvellen herrühret. In einer eintzelnen Stimme kan keine unharmonische Relation Platz haben, indem eine iede Sache, die sich auf was anders beziehen soll (welches *relatio* heißt) nicht vor sich allein betrachtet oder mit ihren eigenen Gliedern zusammengehalten werden kan, sondern wenigstens einen verschiedenen Gegenstand, ausser und neben sich, haben muß. Und dieser Gegenstand kan hier nicht in den Theilen einer eintzigen Stimme, sondern er muß in verschiedenen Stimmen bestehen.

§. 41.

Es lassen sich auch dergleichen Dinge in einer eintzigen Stimme, mittelst gebrochener Accorden, viel leichter und ungehinderter, zumahl bey liegendem Grund-Klange, der nicht verrückt wird, ohne sonderliche Beisorge falscher Relation anbringen, als in zwo verschiedenen Stimmen, ohne Vermittelung und bey nothwendiger Verrückung des Grundes. Aber darum sind sie kein Haar besser, und es hätten dennoch diese Harffen-Sprünge[11] grosse Ursache zu Hause zu bleiben. Warum? Darum, daß sie der auszudrückenden Gemüths-Bewegung, die hier nicht anders, als ernsthafft seyn kan, mit ihrer Tändeley äusserst zuwieder sind. Man wird einwenden: Wir wollen sie langsam herausbringen. Ich erwiedere aber, wenn das geschiehet, so verlieren alle gebrochene Sachen ihr eigentliches Wesen und ihre gantze Natur, die in lauter Bewegungen bestehet, und die Hurtigkeit immer zum Zweck hat. Also sind *No.* 5 und 7 nicht sowol, und letzteres gar nicht, wegen einiger falschen Relation; sondern aus den angeführten andern Ursachen verwerfflich. Noch mehr!

§. 42.

Ein solcher gebrochner Accord hat das völlige Ansehen, daß er im Grunde vierstimmig und also in diesem Verstande viel schlimmer sey, als alle unharmonische Qveerstände: weil derselbe Satz, wenn er als vierstimmig betrachtet wird, die unleidlichsten Dissonantzien, *e-*♭*e*, **gleichsam** auf einmahl anschlägt; diese aber, nehmlich die falschen Relationes, solches nur fein langsam nach einander thun. Ich sage **gleichsam**: denn von allen Accorden, die zum Zierath gebrochen werden, setzt man natürlicher Weise voraus, daß sie eigentlich und von Rechts wegen **zusammen** anschlagen sollten, und daß sie nur zur Lust getrennet werden. Man sehe nun den Satz *No. 7* als vierstimmig und zusammenschlagend an, oder als einstimmig und nach einander, so kan doch auf keinerley Weise ein Qveerstand daraus gemacht werden.

---

10 **Fried. Erh. Niedts** musicalischer Handleitung zweiter Theil, zweite Auflage *p. 80.*
11 So nenne ich das bißgen Arpeggio hier, mit Erlaubniß derer, die es besser verteutschen können.

§. 43.

So wunderlich als es nun, bey gewissen Umständen, auch scheinen mag, z. E. *f* und ♯*f*, *g* und ♯*g* oder dergleichen in einen harmonischen Qveerstand zu setzen; so artig läßt es sich doch bey andern Umständen ins Werck richten: wenn es etwa auf die nebenstehende Art geschiehet, bey Ausdrückung eines sehnlichen Verlangens, oder einer andern zärtlichen Regung. Wiewol die Mittelstimmen hier nicht undienlich seyn dürfften, zumahl bey dem ersten Satze. In beiden thut die Zeitmaasse und Accentuirung der Noten ein grosses zur Sache, nachdem die letztgenannte auf keinen anstößigen Klang fällt, sondern nur auf richtige Tone.

Vortreffliche Qveerstände.

§. 44.

Viele vertauschen das *excelliren* mit dem *excediren*, gehen weiter, bringen ♭*e* und *e*, samt ihres gleichen nicht etwa in die Qveere, sondern dreist in die Länge, in gerader Linie, unter und über einander zusammen: welches abermahl mehr, als ein unharmonischer Qveerstand ist, und mir in der That ein wenig gar zu galant scheinet. Man sehe das Exempel nur an. Hier schlagen *e* und ♭*e* zwar nicht von Anfang zusammen; aber sie halten mit einander aus: denn das ♭*e* lieget und klinget noch, wenn das *e* im Baß dazu kömmt.

§. 45.

Mir sind Sätze von grossen Meistern bekannt, die es noch härter treiben, und die ich, aus guten Ursachen, hier nicht anführen mag. Sie sind, wo nicht erbärmlich schön, wenigstens an Vermessenheit vortrefflich genug. Vieleicht bekommen wir im folgenden Capitel Gelegenheit, eins und anders vom Misbrauche der Dissonantzien zu erwehnen.

§. 46.

Wiewol auch nicht zu leugnen, daß der Gebrauch dieser Contrasten oder Klang-Zwisten offtmahls sehr ausserordentliche Wirckung thut. Sie müssen aber, am rechten Ort, mit Nachdruck, dem Affect und Umstande gemäß, angebracht werden.

§. 47.

Ich habe bey solchem Klang-Zwist gemercket, daß die Zuhörer, welche einen guten Geschmack hatten, gantz zusammen gefahren sind, und empfindlichen Ohren ein Grausen angekommen ist: da der eine mit leiser Stimme zum andern gesaget hat: **das klingt verteufelt**; der andere aber mit der Antwort nicht faul gewesen, sondern alsobald erwiedert hat: **Ja, freilich, es soll auch verteufelt seyn**. Denn die Symphonie stellte etwas höllisches vor.

§. 48.

Hier gilt der Sprach-Lehrer Macht-Wort: **Daß die im Reden oder Schreiben nicht sündigen, welche es wissentlich und weislich thun.** Man kan zur Ergetzlichkeit die sogenannte *Musique* *du Diable* hiebey nachschlagen, welche zu Paris 1711 gedruckt worden. Daselbst findet sich von der 53sten bis zur 56sten Seite etwas, das bey dieser Gelegenheit angewandt werden mag.

Zehntes Haupt-Stück.
Von den Dissonantzien überhaupt.

§. 1.
Ein mit wol angebrachten Dissonantzien geschmückter Contrapunct oder musicalischer Aufsatz ist aller Ehren werth, und beköммт durch solche Intervalle, wenn ihre Schärffe wol gemäßiget wird, desto grössern Nachdruck: zumahl bey verständigen Zuhörern. Wo sich aber die Misklänge gar zu häuffig und auf eine gezwungene Weise einstellen, da benehmen sie der Melodie und Harmonie ihre natürliche Anmuth, und bringen viel Verwirrung zu Wege.

§. 2.
Derowegen ist es hochnöthig zu wissen, auf welche Art diese harten Zusammenstimmungen am besten angebracht, und klüglich gehandhabet werden mögen. Was sonst ihre Beschreibung und Maaßfähige Verhältniß betrifft, davon ist schon anderswo zur Gnüge gehandelt worden. Hier wollen wir nur ihren Gebrauch und Misbrauch untersuchen.

§. 3.
Die Dissonantzien sind gleichsam das Saltz, Gewürtz oder *Condimentum* der Harmonie, so wie die Consonantzien als Fleisch und Fisch angesehen werden können. Auf diese kömmt es doch immer mehr, als auf jene an, und die wahre Annehmlichkeit muß unfehlbar von dem Wollaut herrühren. Ein ieder weiß, was von versalzenen Gerichten zu halten sey, sowol, als was ein ungesaltzenes für Beifall verdienet. Es gibt Speisen, die z. E. etwas Säure, auch einige, die gar keine oder nur wenig erfordern. Diese sind nicht die schlechtesten: ja, offt die gesundesten. Daher ist hierin mit sonderbarer Behutsamkeit zu verfahren. Die Dissonantzien allein geben keinen Geschmack; sie reitzen ihn nur: und das muß nicht zu viel oder zu starck geschehen.

§. 4.
Der rechte Gebrauch nun ist dreierley: denn, es kommen Dissonantzien vor, erstlich, in hurtiger Fortschreitung der Stimmen, gleichsam unvermerckter Weise; fürs andre, im Durchgange einer eintzigen Stimme; und drittens in Rückungen. Das erste nennet man, mit seinem Kunst-Worte *celerem progressum*, wozu mehr als eine Stimme gehöret; das andre, *transitum*, der in einer eintzigen Stimme Statt findet, doch in Ansehung des Basses oder einer andern Stimme; das dritte, *Syncopationem*.

§. 5.
Der ersten Art sind die sogenannte **Wechsel-Noten**, *Note cambiate* von den Welschen ge|nannt: der zwoten die **durchgehende**, darauf kein Anschlag fällt; und der dritten die **gebundene** oder gerückte. Daß auch bisweilen Dissonantzien im Sprunge vorkommen, solches geschiehet ausserordentlicher Weise. Die durchgehende können alsdenn durchspringende heissen.

§. 6.

Diejenigen Verfasser harmonischer Lehrsätze, welche der verwechselten Noten gar nicht gedencken, machen nur zwo Classen vom Gebrauche der Dissonantzien. Es ist aber viel richtiger und deutlicher, daß man dem Durchgange eine eigene Stelle gönnet, als mit welchem weder die Verwechselung noch die Bindung das geringste zu schaffen hat.

§. 7.

Denn was die durchgehende Noten oder Klänge betrifft, so ist zwischen ihnen und den verwechselten ein grosser Unterschied. Jene kommen nur in einer Stimme zu Zeit vor, sie sey unten oder oben, doch in Vergleichung mit den andern; diese aber müssen allemahl zwo Stimmen haben, die sich beide bewegen, und den Wechsel-Klang ausmachen. Jene, nemlich die durchgehende oder durchspringende, finden sich nur im Anschlage[1] der Zeitmaasse ein, oder wo kein Accent ist; diese aber, die Wechsel-Noten, trifft man im Niederschlage an, oder wo sich sonst ein Accent meldet. Jene sind unkräfftiger, und rühren gar nicht starck; diese aber dringen tieffer ins Gehör. Bey jenen vernimmt man den Mislaut zuletzt; bey diesen zuerst.

§. 8.

Die so genannte cambirte oder Wechsel-Noten bestehen demnach hierin: Wenn eine Dissonantz, ohne Vorbereitung, schrittweise, an Statt einer Consonantz, im Niederschlage oder mit einem Accent bey hurtiger Fortschreitung vorkömmt: welches umgekehrt oder vertauschet ist, da nehmlich die Consonantz sich findet, wo die Dissonantz seyn sollte, und diese hergegen den Ort einnimmt, welchen jene haben müste.

§. 9.

Im General-Baß ist es von sonderbarem Nutzen, diese verwechselten Klänge wol zu kennen. Denn man muß gemeiniglich dasjenige zu einer solchen dissonirend-anhebenden Note greiffen, was eigentlich zu der nächst-folgenden gehöret. Welches wol zu mercken steht.

§. 10.

Es hat aber diese Vertauschung nur, wie gesagt, in einer hurtigen Forschreitung der Stimmen Platz; nicht aber in langen Noten, noch auch bey einem Sprunge auf die Consonantz, wie etwa bey einem Sprunge auf die Dissonantz, *in transitu*. Sie geschiehet also in Schritten, und bey diesen wird man die Verwechselung fast mehr im Absteigen, als im Aufsteigen antreffen, welches zu ihrer Erkäntniß viel, die Betrachtung aber des folgenden Musters ein mehres beitragen kan. Die **Wechsel-Klänge** wollen wir über den Noten in der Oberstimme mit einem Sternlein, im Basse aber unter den Noten mit eben dergleichen (*) bezeichnen. Die **durchgehende** sollen durch ein Kreutzlein bemercket, und die Intervalle, zu mehrer Deutlichkeit, über den Baß-Noten mit Ziefern angedeutet werden.

---

[1] *Thesis & Arsis*, Nieder- und Aufschlag, haben in der Music zwoerley Bedeutung. *Thesia* kömmt von τίθημι, *pono*, und bemercket einen Satz, An- oder Niederschlag in der Zeitmaasse: daher man auch gewisse accentuirte Noten **anschlagende** heisset. *Arsis* entspringt von αἴρω, *tollo, in dubio relinquo*, und bedeutet eine Aufhebung, Wegnehmung etc. wovon die **durchgehende** Klänge ihren Nahmen haben. Dieses ist die richtige Erklärung. Im doppelten Contrapunct aber findet sich noch eine andre Bedeutung, die auf die Stimme Erhöh- oder Erniedrigung zielet, welche doch durch die Gegenbewegung, oder durch das *Roverscio* besser ausgedrucket werden, als durch *arsin & thesin*, die eigentlich nur auf die Zeit gehen, und nicht auf den Ort.

Von den Dissonantzien.

§. 11.
Hier sind acht verwechselte, und acht durchgehende Klänge, von welchen der letzte, mit dem (†) bemerckte springend ist. Ein ieder wird hieraus leicht ersehen, wie es mit diesen beeden Arten des Gebrauchs der Dissonantzien beschaffen ist, wenn sie theils als vertauschte, theils als durchlauffende oder durchspringende Noten vorkommen.

§. 12.
Die dritte Weise nun ist die Rückung, davon in folgenden Haupt-Stücken Exempel genug anzutreffen seyn werden. Die allgemeine Regel dabey pfleget so zu lauten: **Daß eine iede Dissonantz, die solcher Gestalt rückend angebracht wird, vorher gegründet seyn, oder gut liegen müsse, ehe sie angebracht wird.**

§. 13.
Weil aber dieses **Liegen** nur von einem Ende des Mislauts zu verstehen ist, so scheinet es unrecht, oder wenigstens undeutlich gesagt zu seyn, daß die gantze **Dissonantz**, welche doch allemahl aus zweien Enden bestehet, vorher gegründet werden und liegen müsse. Der eine Klang, das eine Ende desjenigen Intervalls, welches man dissonirend anbringen will, darff nur vorher liegen, es sey oben, oder unten, nach Erfordern und Beschaffenheit desselben Klanges. Wiewol es weniger von der Grundstimme, als von dem obersten Ende zu verstehen ist. Und da haben sie auch alle, die Dissonantzien nehmlich, ihre Ausnahm im Liegen, wie wir bey besonderer Untersuchung einer ieden finden werden.

§. 14.
Eigentlich und überhaupt zu reden, sind der Dissonantzien im Grunde eben so viel, als der Consonantzien, wenn man sie als Intervalle betrachtet, nemlich **vier**. Der Einklang ist zwar, wie gesagt worden, eine mehr als vollkommene[2] Consonantz; aber kein Intervall. Daher kommen nur in die Rechnung der wolklingenden Intervalle, diese vier: **Tertz, Qvint, Sext und Octav.** In die Zahl der Dissonantzien setzen wir die **Secund, Qvart, Septime und None.** Denn ob die

---

2 Die Sprachlehrer mögen ihr Kunstwort, *plusquamperfectum*, welches ihnen hier und anderswo abgeborget wird, verantworten.

letztere gleich für eine nur um acht Ton erhöhete Secund angesehen würde, da sie doch im Gebrauch, wovon wir hie handeln, gantz was anders bedeutet, so könnte man diesen Falls auch von der Octave sagen, sie sey nur ein erhöheter Unison; welches eben so wenig angehet.

§. 15.

Diese vier Geschlechter der Dissonantzien haben ein iedes für sich, 3 Gattungen, wie aus nebenstehender Tabelle[3] zu ersehen: so daß in allen ihrer zwölff herauskommen, wenn wir die Nebeneintheilungen der Secunden nicht mit zehlen. Wobey zu mercken stehet, daß es mit den vier Consonantzien eben also bewandt ist, die sich auch in zwölff Gattungen theilen. Kleine, grosse und übermäßige Tertz, Qvint, Sext und Octave[4] zusammen 24, so viel als der Ton-Arten sind: welches keine unangenehme Betrachtung abgibt.

§. 16.

Wir dürffen also hier unsre Ordnung der Qvinten halber nicht unterbrechen: denn obzwar der tyrannische Gebrauch nicht nur die übermäßige, sondern auch die kleine Qvinten mit unter die Dissonantzien gestellet hat, weil sie weder im Schluß noch im Anfange, wie andre Qvinten, vorkommen, und bisweilen, als ob es wirckliche Dissonantzien wären, einer scheinbaren Auflösung gebrauchen; so haben wir doch, was hievon zu halten, absonderlich in Ansehen der kleinen Qvint, anderswo bereits gehöriger maassen erörtert, und werden uns mit einer Wiederholung desto weniger Mühe machen, ie sorgfältiger wir schon gewesen sind, den Gebrauch dieser Qvinten in demjenigen Haupt-Stücke, welches eigentlich von Qvinten handelt, und das sechste in diesem Theile ist, gebührend zu untersuchen.

§. 17.

Wenn auch von keinem eintzelnen Klange der Wol- oder Uibellaut gesaget werden mag, indem sowol zu einer Consonantz, als Dissonantz zween Klänge gehö-

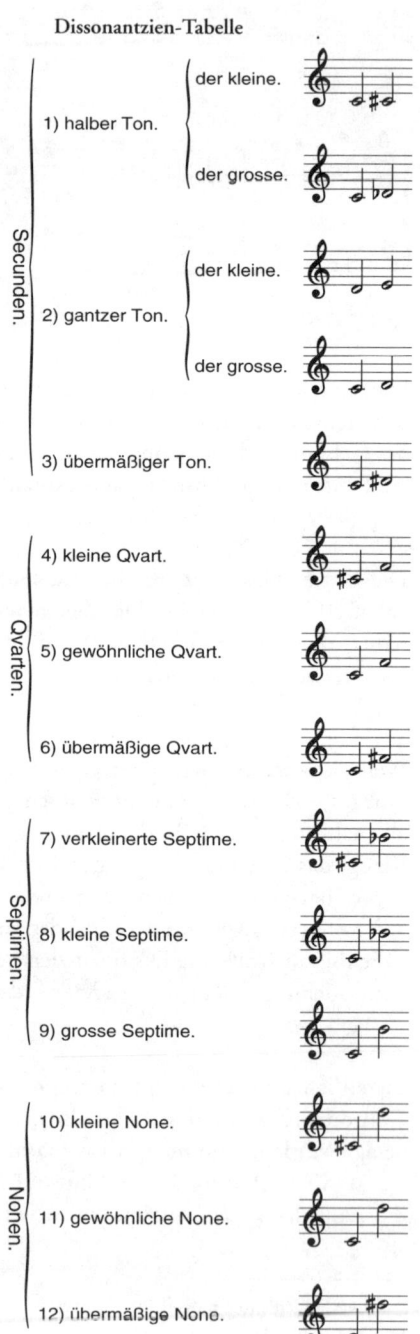

Dissonantzien-Tabelle

Secunden.
1) halber Ton. { der kleine. / der grosse.
2) gantzer Ton. { der kleine. / der grosse.
3) übermäßiger Ton.

Qvarten.
4) kleine Qvart.
5) gewöhnliche Qvart.
6) übermäßige Qvart.

Septimen.
7) verkleinerte Septime.
8) kleine Septime.
9) grosse Septime.

Nonen.
10) kleine None.
11) gewöhnliche None.
12) übermäßige None.

---

3 Es sollten zwar in der vorigen und dieser Tabelle die beiden Klänge über einander, und also auf zehn Linien gesetzt seyn, die das Intervall ausmachen; allein, um den Raum zu sparen, hat man sie neben einander gesetzt. Man wird es doch wol verstehen.

4 Ich bringe hier zu guter letzt noch einmahl dreierley Octaven mit in die Rechnung; habe aber im achten Hauptstücke dargethan, daß es ein ungegründetes und unnatürliches Wesen sey: wovon ich hiemit Abschied nehme.

Von den Dissonantzien.

ren; so ist es Unrecht und ein nichtiges Vorgeben, wenn man viel von einem *Son dissonant* schwatzen, und ausmachen will, ob der unterste oder oberste Klang den Mislaut verursache: indem es ja handgreifflich ist, daß sie beide das ihrige dazu beitragen müssen, und zwar in gleicher Maasse.

§. 18.

Wir haben oben, im achten und neunten Capitel versprochen, von dem Misbrauch der Dissonantzien ein Paar Erinnerungen hier zu geben. Solches kan nun wol nicht besser geschehen, als wenn wir etwa ein halb Dutzend Exempel dazu aussuchen.

§. 19.

Hier sind sie. Doch begeben wir uns dieses mahl gäntzlich dabey eines entscheidenden Ausspruchs, und lassen einem ieden die Wahl, ob er dergleichen fleißig nachahmen, oder behutsamer darin verfahren wolle. Mich deucht, das letzte wäre wol das beste.

§. 20.

Das erste soll seyn eine Verwandelung des *e* mit dem ♭ in ein *d* mit dem ♯, durch einen Gang oder Sprung aus der verkleinerten Septime in die grosse Tertz: sodann eine unbereitete kleine Septime, die mittelst eines abermahligen Sprunges in die grosse Qvart geräth und darin ruhet.

§. 21.

Das zweite Exempel enthält eine vermeinte übermäßige Octave, und ist doch nichts anders, als eine Secunde; die aber so unvermerckt durchschleicht, daß sie einer blossen zufälligen Manier ähnlicher siehet, als einem sonderbaren Vorsatze. Grossen Schaden darff niemand daraus befürchten, wenn sie gleich zweimahl vorkäme, wie hier zu sehen ist: denn es ist ein durchgehender kleiner halber Ton.

§. 22.

Das dritte Beispiel ist ein Contrast dreier oder vier auf einander folgenden streitigen Misklänge: nehmlich eine anfangende verminderte Tertz, darauf eine gebrechliche Secunde, oder vermeinte Octave, eine verkleinerte Septime und ein Paar Qvarten in der Reihe; doch im Recitative. Daher auch der Gang aus der verkleinerten Septime in die grosse Qvart, so vorher gehöret wird, dem Styl gemäß ist.

§. 23.

Das vierte Kunststück ist eine unbereitete None, von einer so genannten mangelhafften Octav begleitet, die sich in eine gute kleine Sext auflöset.

§. 24.

Zum fünften finden wir einen siebenfachen Contrast und Dissonantzien-Zwist, nehmlich dreier Septimen, deren zwo falsch oder vermindert sind, die durch eine mangelhaffte Octave und durch eine kleine None, zu ihrer Zeit gleichsam vermittelt werden, und worauf endlich eine kleine Qvint samt der gewöhnlichen Qvarte folgt, die sich in die kleine Tertz auflöset, da man zuletzt Land siehet.

§. 25.

Ein Intervall, das man die mangelhaffte Octave nennet, soll hier den Schluß machen. Und ob es gleich ein sehr gebrechliches Ding ist, kan es doch das springen nicht lassen. Es währet nicht lange.

§. 26.

Wenn iemand die beiden preshafften Octaven, die kleine und übermäßige Qvinten, die mangelhaffte und ausschweiffende Sexten, die verminderte und gar zu grosse Tertzien, alle zu den Dissonantzien zehlen, sodann die fünff Secunden, die drey Qvärten, (der vierten ungeheuren

---

5 Man pfleget wol mit einem oder andern Ende der Qvart einzufallen, aber dieselbe doch durch die Tertz alsdenn zu lösen. Hier geschiehet es nicht.

nicht zu gedencken) die drey Septimen und die drey Nonen dazu thun wollte; so hätte er eine ansehnliche Reihe Misklänge, nemlich 22 bis 23, und behielte nur etwa 6 oder 7 Consonantzien übrig. Das wäre eine herrliche Sache für manchen affectirten Sonderling, von dem man sagen kan, er sey: *non parcus aceti. Hor. Sat. 2. L. 1.*

§. 27.

Ob ich nun gleich die Dissonantzien eben für keine kostbare Würtze oder arabische Specerey (denn die gehört zur Modulatorie, zu den Manieren im Singen und Spielen) auszugeben, und damit eine Bescheidenheit bey den angehenden Componisten zu erwecken gedencke; so wollte ich doch wol, daß man auch mit dem Saltze und **Eßig** fein bedächtlich in der musicalischen Küche verführe: da ich denn finde, daß der letztgenannte, er werde von Wein oder Bier, von Früchten oder Blumen bereitet, seiner Säure ungeachtet, doch allemahl die Natur desjenigen Wesens behält, davon er durch die Gährung oder *corruption* seinen Ursprung genommen hat. Warum sollten es auch nicht diejenigen sonderbaren Intervalle thun, die von Consonantzien herrühren?

§. 28.

Ich hätte bald Lust eine nähere Vergleichung anzustellen, und zu sagen: Die kleine Qvint | sey wie ein angenehmer Cider-Eßig von Aepffeln gemacht; die übermäßige von weissem Bier; die mangelhaffte Sext von unreiffem Trauben-Safft; die übermäßige von Rhein-Wein; die verkleinerte Tertz von Rosen; die gar zu grosse von rothen Graves-Wein etc. Aber es mögte mir verdacht werden. Wiewol man auch zu meiner Entschuldigung anführen könnte, daß unter dem Bilde des **Italiänischen Eßigs**[6] bey den grössesten Dichtern Schertz- und Stichel-Reden, *italica dicacitas, sales italici* verstanden werden, und also die Vergleichung ihren guten, unverwerfflichen Grund habe, auch nur in so weit **neu** sey, daß man sie auf die scharffen oder herben Dissonantzien, wenn weder Maaß noch Ziel darin gehalten wird, mit Wahrheit zu deuten sich die Freiheit nimmt. Es mögte sich desto besser schicken, weil eben auch **welsche** Ausschweiffungen zu dergleichen Dingen den meisten Anlaß geben.

§. 29.

Einem Gemüth, das an der Wahrheit einen Geschmack hat, und eine neue erfindet, ist solches lieber, als alle sinnliche Lüste. Man hält sich nur offt ein wenig zu lange dabey auf.

Elftes Haupt-Stück.
Von den Secunden ins besondre.

§. 1.

Ehe wir hiemit zum Wercke schreiten, wird dreierley zu erinnern nöthig seyn. Erstlich, daß man sich die Freiheit ausbittet, das Wort **Auflösung**, *resolutio*, nicht allemahl auf das genaueste zu nehmen: absonderlich, wenn von ausserordentlichen Gängen und Sätzen die Rede seyn wird. Wovon weiter unten ein mehres zu sagen ist.

---

6 *Italo perfusus aceto. Hor. Sat. 7. l. 1.*
  Mordaci lotus aceto. Perf. Sat. 5.
  Ecquid habet is homo aceti in pectore. Plautus.

430   III. Theil.   Elftes Capitel

§. 2.

Zum andern: Daß alle Bindungen gewisser maassen Rückungen sind; dahingegen alle Rückungen keine förmliche Bindungen seyn können. Jene, nehmlich die Bindungen darff man nicht wieder den Auf- und Niederschlag der Zeitmaasse anbringen, und erfordern nothwendig Dissonantzien; diese aber, die Rückungen, kan man in iedem Tact-Gliede, wenn die Absicht und Umstände es gut heissen, nicht nur mit Dissonantzien, sondern auch mit Consonantzien bewerckstelligen.

§. 3.

Drittens: Wenn hier von Auflösungen die Rede seyn wird, so verstehe man allcmahl, daß eine Bindung vorgehet, sie sey nun ordentlich oder ausserordentlich. Ist es eine ausserordentliche Bindung, so stehet leicht zu ermessen, daß sich auch die so genannte Auflösung zu derselben reimen, und ebenfalls was ausserordentliches haben müsse. Das sind die Vorbereitungs-Puncte.

§. 4.

Was nun den Gebrauch der Bindungen und Lösungen der Secunden ins besondere betrifft, finden wir derselben, so viel der heutige Gebrauch annoch aufweiset, etwa neun an der Zahl: wovon eine dem kleinen halben Ton gehöret, als etwas ausserordentliches; sechs aber dem grossen halben und den beiden gantzen Tonen, so wie zwo dem übermäßigen Ton zufallen.

§. 5.

Die **erste** Auflösung der Secund, nehmlich des kleinen halben Tons, dessen unterstes Ende allemahl vorherliegen muß, geschiehet sowol durch die grosse, als kleine Tertz, da beede Stimmen von einander zu treten genöthiget werden, und ein zwiefaches Oel zu diesem scharffen Eßig giessen, um den herben Mislaut einiger maassen gut zu machen. Z. E.

§. 6.

Es muß ein absonderlicher Affect oder ein starcker Ausdruck regieren, wenn diese allerkleinste Secunde ihre beste Wirckung haben soll: denn, ordentlicher Weise, sollten sonst *c* und ♯*c*, *f* und ♯*f* nicht zusammen stehen. Ein Tagewerck davon zu machen, wäre eben nicht rathsam; doch darff man diesen Contrast deswegen nicht gäntzlich verwerffen, wie fast alle Verfasser musicalischer Lehren bisher gethan haben, absonderlich die Frantzosen, welche dessen gar nicht, oder nur auf das ärgste gedencken, und damit gnugsam zu verstehen geben, daß ihnen der Gebrauch dieses Intervalls entweder nicht recht bekannt, oder auch nicht anständig sey.

§. 7.

Andrer zu geschweigen, weil sie doch schier alle von dieser Secunde stillschweigen, so schreibt **Brossard** ausdrücklich von dem kleinen halben Ton folgendes: *A l'egard de l'Harmonie, on ne doit jamais se servir de la Seconde diminuée.* D. i. **man soll sich niemahls der verminderten Secunde**

in der Harmonie[1] **bedienen.** Deutlicher kan ein Ding nicht verboten werden. Und doch ist es unbillig, solches so gar schlechterdings zu thun.

§. 8.

Nun folgen die sechs Wege, welche dem grossen halben Ton und den beiden gantzen, sowol kleinen, als grossen, gemein sind. Es geschiehet also die **zwote** Auflösung, und zwar erst des grossen halben Tons, durch die grosse oder kleine Tertz im Baß allein, welcher vorher liegen, und hernach einen gantzen oder halben Grad hinunter treten muß, um die auflösende Tertz hervorzubringen. Z. E.

§. 9.

Es ist merckwürdig, daß sich zwar sowol grosse, als kleine gantze Tone, ohne Unterscheid durch grosse oder kleine Tertzien auflösen lassen; aber der grosse halbe Ton hat darin was eignes, daß er sich nimmer, **ordentlicher Weise**, durch eine grosse Tertz, sondern iederzeit durch eine kleine entbinden läßt. Ausserordentlicher Weise könnte es auf folgenden Schlag endlich wol geschehen:

§. 10.

Der **dritte** Gebrauch, welchen die Secunden haben, geschicht durch eine Tertz, klein oder groß, in der Ober-Stimme, bey liegendem Basse, wenn die Qvart und Sept Gesellschafft leisten, und zwar die letztere in ihrer völligen Grösse: wozu gemeiniglich eine Vierstimmigkeit, wo nicht ausdrücklich, doch *virtualiter* oder der innerlichen Krafft nach, erfordert wird. z. E.

---

1 Hieraus ist zu schliessen, daß man sich dieses verkleinerten Intervalls in der Melodie ohne alles Bedencken gebrauchen könne. Wir wollen eben dergleichen Vergünstigung bey der übermäßigen Secunde hoffen.
2 1. 2. 5. und 6.) sind grosse halbe Tone, 7) ist ein kleiner Ton; 3 und 4) aber sind grosse. Beiläuffig zu erinnern, soll es in der kleinen **Gen. B. Schule** *p. 116 nota r*, so heissen: daß *cis-d, dis-e, fis-g, gis-a* und *h-c* grosse halbe Tone etc.

Weil aber hiebey keine eigentliche Bindung ist, wir mögten denn die gebundene Baß-Noten dafür annehmen, so kan man diese Harmonie und ihren Contrast wol nicht mit zu den rechten Auflösungen zehlen. Und daher nenne ich es auch nur den **dritten Gebrauch** der Secunde, welche dabey immer in einem grossen Ton bestehet.

§. 11.

Der **vierte** Secunden-Gebrauch kömmt dem dritten ziemlich gleich: denn er vergütet den Mislaut ebenfalls durch die Tertzien in der Ober-Stimme allein; da sich die untere gantz stille hält, und jene allein machen läßt. Aber es werden disfalls, weder im Grunde, noch im Ausdruck, die beeden Dissonantzien der Qvart und grossen Septime nothwendig zusammen, vielweniger vier besondere Stimmen erfordert, sondern nur zwo; obwol die Qvart sich selten von der Secunde trennen mag. Wie sie denn auch hiebey, melodischer Weise, anzutreffen ist; doch ohne die Septime. Es ist inzwischen dieses kein blosser Organisten-Griff; sondern ein zierlich-singendes Wesen, und gantz andrer Natur, als der so genannte *Point d'Orgue*. z. E.

§. 12.

So weit reichet die Vermittelung wolklingender Tertzien bey dem Mislaut der **gewöhnlichen** Secunden: welche fünftens durch die grosse oder kleine Sext aufgelöset werden, wenn sich beede Stimmen bewegen, die obere nemlich durch einen Sprung in die Qvart hinauf; die untere hergegen durch einen halben oder gantzen Ton niederwärts, wie folget.

---

3   1) Durch die grosse Terz. 2) durch die kleine.
4   1) und 3) sind kleine Sexten; 2) ist eine grosse.

§. 13.

Die **sechste** Auflösung der Secund befördert man durch die kleine Qvint: wenn nehmlich die Ober-Stimme eine kleine Tertz hinauf springt, indem die untere einen halben Ton zurück tritt, wie hier zu sehen.

§. 14.

Hier klingt nun in der That die kleine Qvint besser, als die volle; doch kan man es mit dieser auch also verrichten, daß die Oberstimme, nach geschehener Bindung, schrittweise aufwärts, der Baß aber einen gantzen Ton unter sich tritt, und die Ton-Art verändert. z. E.

§. 15.

So viel tragen die Qvinten dazu bey. Die **siebende** Auflösung der Secund kan die grosse Qvart, mittelst einer Gegenbewegung, schrittweise verrichten: solche gute Dienste leistet uns der bey den Alten so sehr verhaßte Triton.

§. 16.

Die sechste und siebende dieser Auflösungen gehören schon mit unter die Figuren oder ausserordentlichen Sätze, und werden durch die Anticipation oder **Vorausnahme** vertheidiget: da nemlich die Ober-Stimme billig so lange warten sollte, bis der Baß dem anstößigen Klange ausgewichen wäre, damit sie alsdenn die Qvinten und grosse Qvart nur im Durchgange, und nicht im Anschlage, hören liesse; weil sie aber das nicht thut, sondern diese Intervall gleichsam voraus nimmt, da sie hernach kommen sollte, so entstehet daraus etwas figürliches in obigen dreien Exempeln, die sonst ordentlicher Weise so aussehen würden, wie hier folget, und zu desto

---

5 1) Durch die kleine Qvint **springend**. 2) Durch eben dieselbe **gehend**. Man nehme bey *No.* 1) statt *d* ein *dis*, und bey *No.* 2) statt *f* ein *fis*, so werden diese volle Qvinten greslich lauten.
6 Hier sind *No.* 1 & 2 volle Qvinten, und der Gang sähe einem Noten-Wechsel nicht unähnlich: wenn nur iemand die Diapenten zur Dissonantz machen könnte: bis dahin muß es doch eine rechte Bindung und Lösung bleiben.

grösserer Deutlichkeit beigefüget worden sind, damit das ordentliche oder gewöhnliche von dem ausserordentlichen oder ungewöhnlichern wol unterschieden werden möge.

Das §. 13 befindliche Muster, ohne Figur.

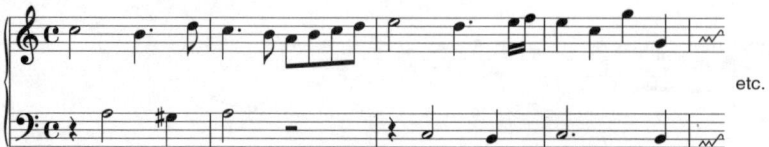

Das §. 14 stehende Exempel, wie es gewöhnlicher Maassen seyn sollte.

Das §. 15 angeführte Beispiel im Grundriß.

§. 17.

Hiedurch wird verhoffentlich die Figur der **Vorausnahm** gnugsam erkläret worden seyn, daß wir also fernerhin nicht nöthig haben werden, dieserhalben etwas zu erinnern: derowegen es auch hier so umständlich hat geschehen müssen. Nun weiter!

§. 18.

Die **achte** Auflösung der Secund, wenn sie nehmlich übermäßig[7] groß ist, wird auf folgende Art, durch Tertzien, in der ausweichenden Unterstimme bewerckstelliget, und die Figur eine **Verzögerung**, *retardatio*, genennet: welche das Gegenspiel von der Vorausnahm, oder *Anticipationis*, hält.

---

7 Daß die übermäßige Secunde in der Melodie sowol steigend, als fallend dienen könne, ist noch, meines Wissens, von niemand gestritten worden. Wir werden solches zum Vortheil der Nonen an gehörigem Orte anzuwenden wissen.

Von den Secunden.

§. 19.

Endlich hat die Secund, und zwar ins besondere diese übermäßige, ihre **neunte** Auflösung durch die Tertz in der Oberstimme, so wie die vorhergehende in der Unterstimme. Daß also die Tertzien das meiste zur Vergütung dieses Mislauts beitragen, nemlich sechsmahl in neun: viermahl bey den gewöhnlichen, und zweimahl bey den ungewöhnlichen Secunden. Da ist ein Exempel der letzten Auflösung!

§. 20.

Wobey zu mercken, daß die Tertzien hier allemahl groß seyn müssen, weil sich keine übermäßige Secund durch eine kleine Tertz auflösen läßt. Die letzte Figur ist eine **Verzögerung**. Was aber diese Figuren oder ausserordentliche Sätze anlanget, absonderlich die obige **Voraus|nahm** und letzt gedachte **Verzögerung**, so machen sie fast bey allen Bindungen das sonderbarste aus: indem die Wirckung einer Dissonantz eigentlich nichts anders ist, als entweder eine *anticipatio* oder *retardatio*, d. i. eine zierliche Vorausnahm des Durchganges, oder geschickte Zurückhaltung der Consonantz, welches denn von den meisten der folgenden Bindungen zu verstehen ist. Wiewol wir auch daselbst noch andre Figuren antreffen werden, die gehöriger Maassen bemercket werden sollen.

Zwölftes Haupt-Stück.
Von den Qvarten.

§. 1.

Nächst den Secunden haben wir die Qvarten zu betrachten, welche auch sehr offt mit jenen Gesellschafft machen. Wenn man die verkleinerte Qvart und die grosse, wie billig ist, mit zehlet, so kommen wenigstens vierzehen bis 15 Wege vor, durch welche diese Dissonantz ihre Sache gut macht: auf neunerley Art thut es die gewöhnliche Qvart; zur verkleinerten finden sich ein oder zween[1], und zur grossen vier Ausflüchte: deren etliche auch wieder unter sich verschieden sind.

§. 2.

Der **ungeheuren** Qvart haben wir schon im ersten Theil dieses Wercks, bey Erwegung der Intervalle nach der Grösse und Gestalt, ihren Bescheid ertheilet. Derowegen wird nicht nöthig seyn, daß derselben ferner gedacht werde.

---

1 Die verkleinerte Qvart wird zwar, wie wir sehen werden, auf zweierley Art gelöset; weil aber deren gemeinste eben so beschaffen ist, wie die Entbindung der ordentlichen Qvart, so hat iederman Freiheit, dieselbe mitzuzehlen oder nicht.

§. 3.

Die ordentliche Qvart hat indessen unlängst einen neuen Anwald an einem berühmten Französischen Tonmeister, dessen wir bereits offt gedacht haben, auf solche Weise gefunden, daß er seinem ehmaligen, vieleicht unbekannten, Vorgänger, dem **Andreas Papius**[2] von Gent, ziemlich nachartet: wobey er auch, wie dieser mit schlechtem Ruhm gethan hat, den braven **Zarlin** nicht unangetastet läßt.

§. 4.

Das folgende Exempel wird weisen, auf welche Art die Qvart eine Consonantz seyn soll. Und ob man gleich die ersten beiden Anschläge und auch den letzten hingehen lassen mögte; ist doch der dritte schwerlich zu entschuldigen: der saubern Qvinten im siebenden Tact zu geschweigen. Und das in einem *Bicinio*.

Allein es macht dieser Verfasser eben solche Anschläge mit der Secunde, ohne daß deswegen eine Consonantz daraus werden will. Man besehe es:

Es soll ein Türkischer Gärtner-Tantz seyn, bey dem sich diese Qvarten und Secunden wie Consonantzen aufführen wollen. Vieleicht gilt hier die Regel: **Ländlich, sittlich**.

§. 5.

Ich würde nun zwar selber kein Bedencken tragen, einen gebrochenen Dreiklang, darin die vermeinte Qvart eigentlich und im Grunde nichts anders, als die wahre Qvint der Ton-Art bedeuten kan, folgender Gestalt, doch ohne Accent, anzubringen:

---

2 Ich habe dessen rare Schrifft *de Consonantiis seu pro Diatessaron libri duo, Antwerp. ex officina Christoph. Plantini, 1581. 8.* durch Vorschub eines Freundes erhalten, und solche in etlichen Bogen, die noch im *MS.* liegen, untersucht; aber sehr seicht befunden. Der ehmalige Cantor in Minden, *Gibelius*, hat mit eigner Hand vorn ins Exemplar ein Gedicht geschrieben, das sich so anfängt: *de mortuis nil nisi bene*; aber, **Papgen, deine liebe Qvarte klingt unserm Ohr zu harte**. Was **Zarlin** dem **Pape** für Unverstand aufrückt, haben wir *III Orch. p. 500* bemerckt; er hat ihn aber noch besser in die Schule geführt *p. 103* seiner *Supplementi*, wo er ihn nennet *non molto modesto scrittore etc.*, ihm auch weiset, daß er gar nichts von der Composition wisse. Das 2. Capitel im ersten Papischen Buche ist gerade wieder Zarlin gerichtet, welches diesem zur Verantwortung Anlaß gegeben.

Aber, wenn mir die Qvart-Advocaten ein gültiges Zeugniß bringen, daß folgende Sätze wol zusammenstimmen, so will ich ihre Dissonantzien alle für Consonantzien annehmen; ehender nicht.

§. 6.

Doch genug hievon! Wir schreiten zu unsern Bindungen, und finden, daß die gewöhnliche Qvart, wenn sie gebunden worden ist, sich durch die Tertz, sowol grosse als kleine, nach Beschaffenheit der Modulation, **zum ersten**, also löse:

I. *Resolutio Quartae per tertiam.*

No. 1.) ist eine Lösung durch die kleine, *No.* 2.) durch die grosse Tertz. Und das sind lauter *retardationes* oder **Verzögerungen**, ohne welche es so stehen würde:

Sine figura.

§. 7.

Etwas fremder klingt es, wenn, mittelst einer wolbedachten Freiheit, diese Auflösung durch einen Sprung geschiehet. z. E.

per saltum.

§. 8.

Die **zwote** und **dritte** Auflösungen der Qvart verrichten ihres gleichen, nehmlich andre Qvarten: bisweilen ist die Figur in der Ober- bisweilen auch in der Unterstimme, wie die folgende Muster ausweisen. Es kan sowol die ordentliche, als grosse Qvart dazu dienen. Im ersten Fall findet sich die **Vorausnahm** oben *No.* 1); im andern unten: *No.* 2)

II. & III. *per Quartam, & Tritonum.*

§. 9.

Wie nun im 6ten §. die Figur der **Verzögerung** mit einem unfigürlichen Exempel erläutert worden; so wollen wir auch mit der **Vorausnahm** alhier eben dergleichen thun: aus welchen beiden Beispielen man leicht von den übrigen Sätzen, wo diese Figuren Statt finden, schliessen kan, ohne daß wir ferner nöthig hätten, ein mehrers hievon anzuführen.

sine figura.

§. 10.

Ohne Figur läßt sich zwar sonst die **vierte** Auflösung der Qvart, durch die kleine Qvint verrichten, wie wir so eben im letzten Exempel *No.* 1) gesehen haben. Allein man kan diese Entbindung noch auf eine andre und figürliche Art bewerckstelligen, da nehmlich der Baß, an Statt seiner rechten Zeit zu erwarten, bis die Oberstimme in die Tertz getreten, einen Sprung unter sich thut, und dadurch eine kleine Qvint hervorbringt: wobey die Mittelstimme nichts verdirbt.

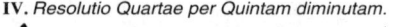

IV. *Resolutio Quartae per Quintam diminutam.*

§ 11.

Wer dergleichen Gänge etwas verdeckter anbringen will, darff nur eine kleine Zwischen-Note im Baß dazu gebrauchen; welche aber die Figur der *Anticipation* so wenig aufhebet, daß sie solche vielmehr vergrössert. z. E.

§. 12.

Die **fünfte** Auflösung der Qvart wird offt durch eine völlige Qvint angestellet; iedoch nicht in zwostimmigen Sachen, auch nicht gar gerne in einem Trio: zumahl wo die äussersten Parteien Theil daran nehmen, weil es sonst sehr qvintenhafft klinget, wenn der Baß eine grosse Tertz und

Von den Qvarten. 439

der Sopran einen gantzen Ton in gerader Bewegung herunter treten: ingleichen, wenn jener eine kleine Tertz, und dieser einen halben Ton dazu braucht. Man kan sich auch hiebey des obigen, im Capitel von den Secunden §. 10 erwehnten Satzes erinnern, da die Qvart als eine Alt- oder Mittelstimme, **bey liegendem Baß**, zweimahl in die Qvint tritt, und einen besondern Gebrauch hat.

V. *Resolutio Quartae per Quintam plenam.*

§. 13.

Man hat aber noch einen andern nicht so sehr betretenen Weg, die Qvart mittelst der folgenden Qvint wolklingend zu machen, etwa auf nebenstehende Weise, dabey der Zierath das beste thun muß. Denn die Rückung ist in so weit uneigentlich[3] weil die Lösung nicht nach der Gewohnheit durch eine Consonantz unterwärts, sondern oberwärts erfolget.

§. 14.

Die **sechste** Befreiung der gebundenen Qvart wircket die grosse oder kleine Sext aus. Dieses kan auf zweierley Art geschehen. Die gewöhnlichste ist, wenn die Oberstimme einen Grad steigt, und die untere einen fällt, er sey nun gantz oder halb *No.* 1); die weniger gewöhnliche, wenn beede Stimmen fallen, die obere einen halben oder gantzen Grad, die untere eine Qvart *No.* 2).

VI. *Resolutio Quartae per Sextam minorem & majorem.*

---

3 *Syncopatio catachrestica* heisset eine solche ausserordentliche Rückung, wenn eine Dissonantz ungewöhnlicher Weise aufgelöset wird: und das kan von verschiedenen figürlichen Gängen gesagt werden, obgleich am meisten von den Qvarten. Das Griechische Wort, κατάχρησις, heißt sonst ein Misbrauch, wovon besagte Syncopation ihren Nahmen hat.

§. 15.

Es ist allemahl besser, wenn bey dergleichen Sätzen eine Mittel- oder die dritte Stimme zugegen ist: maassen die Qvart sonst in zwostimmigen Sachen, auf diese Weise, durchgehends etwas leer klinget; wenn nicht entweder die Secunde, wie im vorigen Exempel, *No.* 1), oder die Qvint, wie *No.* 2) und im nebenstehenden, die Lücke füllet.

§. 16.

Die **siebende** Auflösung der Qvart wird durch die Septime verrichtet, und zwar mittelst einer verwechselten Note, welche hier an statt der Figur dienet, und durch eine nachschlagende Sext gut wird. Man nennet diese Figur sonst *transitum irregularem,* einen nicht regelmäßigen Durchgang. Die Grund-Stimme springet hiebey eine Qvart in die Höhe, die Oberstimme aber tritt schrittweise herunter. z. E.

§. 17.

Auf eine andre Art pfleget man die Sept hiebey auch folgender Gestalt zu vergüten, wenn sie zur Lösung der Qvart behülfflich ist. Doch bringen wir dieses und das vorgehende nicht gern in zwostimmigen Sätzen an. Es folget diesmahl keine Sext auf die Septime, sondern eine Tertz, bey einem Baß, der in die Qvint herunter fällt. Wenn es noch so deutlich beschrieben würde, könnte es doch, ohne Exempel, schwerlich verstanden werden. Da ist es!

§. 18.

Es ist noch mit der Qvart nicht alle. Sie beweiset ihre mislautende Eigenschafft häuffiger, als andre Dissonantzien; wiewol man ihr auch das zustehen muß, daß sie sich viel beqvemer, als ihre Gesellinnen, auflösen läßt. Zum Beweise dessen nimmt sie auch **achtens** mit der Octave zu ihrer Entbindung vorlieb, da der Baß in die Tertz hinauf, die Oberstimme aber Gradweise herunter tritt. Welches doch nur bey gewissen Umständen, vielleicht aus gar zu grosser Vorsichtigkeit, gut geheissen werden will. Im Recitative gibt es noch andre Fälle und Freiheiten, als diese.

Von den Qvarten.

§. 19.

Noch eine, nemlich die **neunte** Auflösung der Qvart ist übrig, da sie sich gar durch die None heraus zu helffen weiß. Das geschiehet mittelst verwechselter Noten, erst in der Oberstimme, hernach im Baß. Die vorige achte Auflösung aber hat eine Figur zum Grunde, welche *Heterolepsis* genannt wird, und wovon im sechsten Capitel dieses Theils, welches die Qvinten behandelt, §. 24 Nachricht gegeben ist. Nachstehendes Exempel kan auch wol bey etwas langsamer Zeitmaasse gebraucht werden, wenn nehmlich, Statt der Achtel, Viertel vorkommen.

IX. *Resolutio Quartae per Nonam.*

§. 20.

Weil wir nun vorhin die 3 Figuren, der *Anticipationis, Retardationis* und des *Transitus irregularis* durch unfigürliche Beispiele begreifflich gemacht haben; so wird nicht undienlich seyn, diese vierte Figur, *Heterolepsin*, ebenfalls auf solche Weise, nach Maaßgebung beider vorhergehenden Exempel, zu erläutern. Es würden demnach sothane Sätze im Grunde die folgende Gestalt gewinnen.

Die dritte Note des Basses im zweiten Tact stand oben §. 18 in der Mittel-Partie, und war also vertauschet. Das ist die Bedeutung der vorhabenden Figur.

§. 21.

So viele Auswege kennet die **eigentliche** Qvart, ob sich gleich alle ihre Auflösungen, oder wie man sie sonst nennen will, auf drey bis vier ordentliche Gänge beziehen, die aber ohne Figur keine so gute Figur machen, und lange nicht die Wirckung thun, als mit derselben. Wenn nur ein Componist weiß, wie dergleichen Freiheiten zu rechtfertigen sind, und was sie für Grund haben, wenn er sie setzt, so sind dieselbe schon gnugsam entschuldiget.

§. 22.

Was die **kleine Qvart** betrifft, so hat dieselbe zwar nur zween Wege vor sich, da sie beides mahl durch die Tertz aufgelöset wird: Doch darff eben der dritten Stimme Beistand nicht zugegen seyn, wie bey einigen Fällen der vorgehenden Bindungen, sondern es können zwo Stimmen die Sache schon allein verrichten. Werden mehr erfordert, so geben die Tertz und Sext alle Vollstimmigkeit nebst der Octave.

§. 23.

Indessen ist der Gebrauch dieser kleinen Qvart sowol, als der übermäßigen Qvint, auch in der Melodie von gutem Nutzen, und ich achte es der Mühe werth, solchen in einigen kurtzen Sätzen beiläuffig vor Augen zu legen, weil es in der Harmonie selbst vieles hiehergehöriges er|leichtert, und auch, meines Wissens, noch ein unberührter Punct ist. Warum ich aber die übermäßige Qvint hier der kleinen Qvart zur Seite setze, soll bald erhellen.

Gebrauch der übermäßigen Qvint und grossen Qvart in einer Melodie.

Wegen der bald folgenden Abhandelung von der grossen Qvart, hat man hier vorher in der Melodie nur eine kleine Probe geben wollen, wie sie daselbst zu gebrauchen und nebst der übermäßigen Qvint singbar zu machen sey; damit ihre Natur desto besser daraus ersehen, und die Anwendung in der Zusammenstimmung desto füglicher eingerichtet werden möge: weil nach unsern Grund-Sätzen nichts in der Harmonie ist, das nicht in der Melodie seine Wurtzeln habe.

§. 24.

Gebrauch der übermäßigen Qvint aufwärts, und der kleinen Qvart unterwärts in der Melodie.

§. 25.

In der Harmonie ist die Auflösung der kleinen Qvart insonderheit ein zierlicher Aufschub, dadurch der gemeine Accord etwas zurück gehalten wird, damit er hernach desto angenehmer falle, wenn man etwas darauf gewartet oder gehoffet hat. Dieser Aufschub nun geschiehet auf zweierley Art. Einmahl im Basse; das andremahl in der Oberstimme, wie das folgende Exempel aufweiset. Die Zögerung in der Unterstimme *No.* 1) ist nicht so gemein, als die andern, *No.* 2) und *No.* 3) welche mit der gewöhnlichsten Qvart-Auflösung überein kommen.

Von den Qvarten.

§. 26.

Weil nun die kleinen Qvarten, wenn man sie umkehret, zu übermäßigen Qvinten werden, so sind diese alhier mit ins Spiel gerathen, um in folgenden Exempeln zu zeigen, wie es damit zu halten sey.

Gebrauch der kleinen Qvart und übermäßigen Qvint; der ersten in der Melodie aufwärts, und beeder in der Harmonie, samt ihrer Verkehrung.

Verkehrung der Ober-Stimme zur untern.

§. 27.

Es gehöret zwar die Materie von der Verkehrung der Stimmen hieher eigentlich nicht, sondern an einen andern Ort, wo ausführlicher davon gehandelt werden soll. Allein, da es mit diesen beiden Intervallen so sonderlich beschaffen ist, daß die kleine Qvart just in der Verkehrung zur übermäßigen Qvint, und diese hinwiederum zur kleinen Qvart wird, so habe es der Mühe werth geachtet, bey Gelegenheit der letztern, solcher Seltenheit hie kürtzlich zu erwehnen: die noch nie bemercket worden ist.

§. 28.

Von der **grossen Qvart** ist etwas mehr zu sagen. Es weiß dieselbe auf viererley Art aus den Banden zu kommen. Und zwar **erstlich** durch die Sexten, wozu sie auf verschiedene Weise vorbereitet werden kan.

1.) Da die Grund-Stimme beliegen bleibet, und die obere einen Schritt, aus der Tertz in die grosse Qvart hinauf tritt, wornächst sie beide eine Gegenbewegung, ohne Sprünge, anstellen. z. E.

1. *Resol. Tritoni per Sext. min.*

2.) Da die Ober-Stimme lieget, und durch den Zurücktritt des Basses die grosse Qvart hervorbringt, deren Auflösung sodann der vorigen gleich ist, man nehme die grosse, oder kleine Sext dazu.

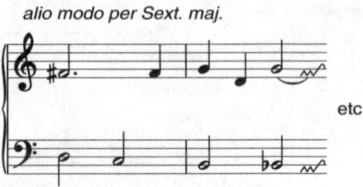

3.) Bey liegendem Basse, wenn die Oberstimme eine kleine Sext herunter springet, und die grosse Qvart macht, mit deren Auflösung es seine geweisete Wege hat. Wir reden hier nur von der Vorbereitung des Tritons, auf deren Verschiedenheit vieles ankömmt.

4.) Wenn keine von beeden Stimmen zuvor lieget; sondern dieselbe zugleich, in gerader Bewegung, doch mit einer gewissen Manier, | zur Verhütung verdächtiger Qvinten, herunter treten: die obere etwan durch eine kleine Tertz, die untere sodann einen Ton. Wiewol es auch auf andre Weise geschehen kan.

§. 29.

So viel Vorbereitungs-Weisen sind mir eingefallen, was aber noch ferner bey der Auflösung selbst durch die Sexten sonderlich scheinet, ist dieses, daß gewisse Zwischen-Noten[4] auf viererley Art dabey angebracht werden können, ehe besagte Auflösung völlig zum Stande kömmt. Wie folgende Vorstellung zeigen wird, deren Erklärung unten zu finden ist.

---

4 Es ist bereits erinnert worden, daß man sie *interjectiones* nennet und vermöge des Durchganges billiget.
5 *No. 1) Interjectio Sextae majoris. No. 2) Tertiae majoris & Quintae. No. 3) Secundae superfluae & Tertiae majoris. No. 4) Quintae superfluae & Sextae majoris.*

§. 30.

So viel von der **ersten** Auflösung der grossen Qvart durch die Sexten. Die **zwote** geschiehet durch die Qvint in einem solchen Satz, der wenigstens dreistimmig seyn muß, und ist eine ziemlich-fremde Verzögerung der Grund-Stimme, die aber gut wircket.

§. 31.

Wir wollen sie beschreiben. Nachdem die grosse Qvart ordentlich gebunden worden, verweilet der Baß noch ein Viertel auf seinem Klange, indeß die Ober-Stimme einen halben Ton steiget, und mit jenem eine Qvint macht, die durch eine Tertz vermittelt wird, und den gewöhnlichen Accord oder Dreiklang zu Wege bringet. Das Exempel, so hierneben stehet, wirds deutlicher machen.

§. 32.

Die **dritte** Auflösung der grossen Qvart verrichtet die Tertz, da nehmlich, nach der Bindung im Baß, ein Schritt hinauf geschiehet, wodurch aus dem Triton eine grosse Tertz wird, und sodann steigen beede Hauptstimmen noch weiter in gerader Bewegung, dadurch sie eine abermahlige Tertz hervorbringen. Die Figur ist eine Heterolepsis, da der Alt alhie des Basses Stelle vertritt und einen Tausch trifft.

§. 33.

Man löset auch wol die grosse Qvart mit einem Sprunge, durch Gegenbewegung in die Tertz auf; doch ist diese Vertauschung der Stimmen weniger gewöhnlich, als die vorhergehende, und erfordert auch in einem *Quatuor* gewisse Absichten, um deren willen es angehen kan. Wir könnten sie inzwischen gar wol mit zehlen; aber sie soll dieses mahl nur zur Zugabe dienen. Hier wird der Discant mit dem Baß vertauscht.

§. 34.

Die **vierte** und letzte Auflösung der grossen Qvart macht man in vierstimmigen Sachen durch die Octav, theils bey springendem Baß und gehender Oberstimme, theils bey springender Ober-

stimme und gehendem Baß. Im ersten Fall sprin-
get der Baß eine Qvart herunter, und die Ober-
Stimme gehet einen halben Ton hinauf. Im andern
Fall springet die Ober-Stimme eine kleine Qvart in
die Höhe, und der Baß fällt einen gantzen Ton.
Dort wird der Tenor mit dem Baß; hier der Dis-
cant mit dem Tenor vertauschet: so daß immer die
Harmonie ihre Völligkeit behauptet.

Dreizehntes Haupt-Stück.
Von den Septimen.

§. 1.

Man hat grosse und kleine, auch verkleinerte, einfolglich dreierley Septimen, wie im zehnten Capitel dieses Theils §. 15 gezeiget worden. Die verminderten und kleinen finden
sich bey den kleinen Ton-Arten; die grossen hergegen bey den grossen *Modis* ein, wovon die
Beispiele hier zeugen werden.

§. 2.

Ehe wir aber weiter gehen, müssen ein Paar Gebräuche der Septimen, Ordnungs halber, angemercket werden, ob sie gleich weder mit Bindungen noch Lösungen diesen Falls zu thun haben,
eben so wenig, als derjenige Gang, den wir schon im elfften Haupt-Stück dieses Theils, bey
Gelegenheit der Secunden, §. 10, wegen der grossen Septime angeführet; und also hier zu
wiederholen nicht nöthig haben.

§. 3.

Der eine Gebrauch bestehet in der bekannten Harmonie, da sich die Qvint mit der Septime
vereiniget. Wobey die letztere, nach Beschaffenheit der Ton-Art, groß oder klein, auch wol
vermindert und mangelhafft seyn kan. Der zweite Gebrauch aber ist eine durchspringende oder
durchgehende Dissonantz. Das Exempel wird *No.* 1 sowol die kleine als verkleinerte Sept, bey
No. 2 die grosse mit der Qvint vergesellschafftet; *No.* 3 aber eine durchspringende, und *No.* 4
eine durchgehende vor Augen legen.

Von den Septimen.

§. 4.
Sonst löset sich die Sept, sie sey groß oder klein, hauptsächlich auf neunerley Art, nehmlich: durch die Tertz, kleine Qvart, gewöhnliche Qvart, grosse Qvart, kleine Qvint, volle Qvint, Sext, Sept und Octave. Von der verminderten Sept aber haben wir sechs Wege verzeichnet, die unten vorkommen sollen.

§. 5.
Daß hier von neun, von vier bis fünf, und vorhin bey iedem Capitel, so wie im folgenden, von einer gewissen Anzahl der Auflösungen oder Wege, so die Dissonantzien brauchen, geredet wird, hat nicht die Meinung, als ob dadurch andre Gänge, sie seyn bereits erfunden, oder noch zu erfinden, ausgeschlossen werden sollten. Wer ihrer mehr weiß, der setze sie getrost hin. Ich behalte mir es selber auch vor. Denn es kan einem unmöglich alles auf einmahl in die Gedancken kommen.

§. 6.
Die erste Art demnach, wo sich die gebundene Sept, sowol durch die kleine, als grosse Tertz löset, hat diese Umstände und Eigenschafften, daß dabey die Ober-Stimme rücken muß; daß der Baß oder die Unter-Stimme eine Qvart hinauf, und eine Qvint herunterspringt, welches auch umgekehrt werden kan, nehmlich erst eine Qvint herunter und hernach eine Qvart hinauf; indeß die Ober-Stimme schrittweise fällt: wie nachstehendes Exempel deutlicher ausweiset.

§. 7.
Die erste Sept ist hier groß, die andre klein. Beide Tertzien sind dabey groß. Die dritte und vierte Septimen sind klein. Die dritte Tertz auch; aber die vierte ist groß. Bey den ersten zwo Septimen springet der Baß so: Qvart hinauf, kleine Qvint herunter, und wiederum Qvart hinauf. Bey den andern aber folgender Gestalt: Qvint herunter, Qvart hinauf, und abermahl Qvint herunter. Auf diese Weise kan man alle folgende Muster untersuchen, ohne daß es nöthig seyn wird, es bey iedem aufs neue zu erinnern, oder der Länge nach herzusetzen.

§. 8.
Fürs **andre** scheinet auch die Sept sich der kleinen Qvart zu bedienen, um von ihrer Bindung loszukommen. Wiewol es im Grunde eine Figur ist, nehmlich der ausserordentliche Durchgang, *transitus irregularis*; dabey die Noten verwechselt werden, welche man, wie bewust, *Note cambiate* nennet.

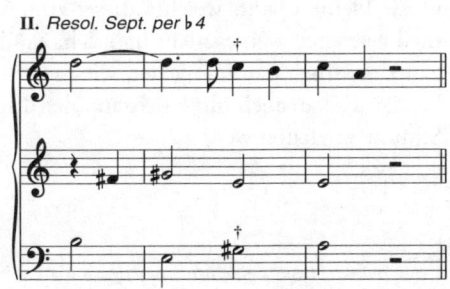

§. 9.

Drittens kömmt die gewöhnliche Qvart der grossen Sept fast auf eben solche Weise zu statten, da nehmlich die durchgehende *Note*, so wie sie vorhin beschleuniget worden, hier etwas aufgehalten wird, und später eintritt, als sie billig sollte. In beiden Fällen springt der Baß eine Tertz aufwärts: dort sowol, als hier eine grosse; doch kan es auch fallend durch eine kleine Sext geschehen, wenn iemand die gerade Bewegung wehlen mögte.

§. 10.

Eigentlich und ohne Figur würde die Oberstimme so stehen müssen, wie hieneben zu sehen:

§. 11.

Die **vierte** Art, womit sich die Sept herauswickelt, bringt die grosse Qvart zu Wege. Und ob wol das Verfahren nichts anders, als die Zertheilung[1] der Grund-Note in sich hält; so kan doch diese Figur, auch bey ziemlich langsamer Zeitmaasse, füglich angebracht werden, und eine gute Wirckung thun. Man mag auch die fünfte Baß-Note gar weglassen, und aus der vierten einen halben Schlag machen; doch muß sodann die Mittel-Partie geändert werden.

§. 12.

Eigentlich würde dieser Baß, ohne Figur, so aussehen:

§. 13.

Fünftens tritt auch die gebundene Sept gar geschicklich aus, durch eine Gegenbewegung in die kleine Qvint: welches dieser zum Vortheil gereichet, weil es nicht figürlich, sondern gantz natürlich damit zugeht, wie hier zu sehen ist. Es kan auch ohne Beistand der dritten Stimme verrichtet werden.

---

1 *Diminutio notae fundamentalis, vulgo*: Variation im Baß.

Von den Septimen.

§. 14.

Es weichet ferner, **zum sechsten**, die Sept offt sehr artig in die völlige Qvint aus, und zwar auf zweierley Art. Einmahl wenn sich die Oberstimme der untern schrittweise, mittelst der Gegenbewegung, nähert: wie im nebenstehenden Satze zu sehen. Hier ist es die kleine Septime.

§. 15.

Das andremahl geschiehet diese Ausweichung der grossen Septime in die gewöhnliche Qvint, wenn die Unterstimme in ihrem Klange aushält, und die obere, mittelst einer Seiten-Bewegung, in die Tertz heruntersprunget. Letztern Falls ist es eine Auslassung oder Verschweigung derjenigen Note, welche die ordentliche Auflösung durch die Sext bestellen sollte. Diese Figur ist oben *Ellipsis*, genannt, und erkläret worden. Ohne dieselbe würde der Gang in der Oberstimme folgende Gestalt gewinnen.

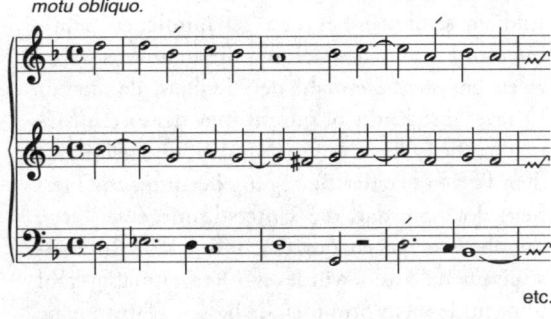

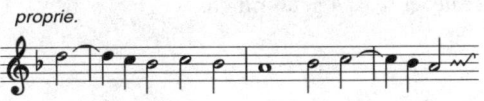

§. 16.

Die allergewöhnlichste und **siebende** Auflösung der Sept wird, bekanntermaassen, durch die Sexten bewerckstelliget, und bedarff keiner andern Erläuterung, als welche nebenstehendes Beispiel gibt. Unter diesen 6 Resolutionen geschehen die 1. 3. 4. und 6 durch die grosse; die 2 und 5 hergegen durch die kleine Sext.

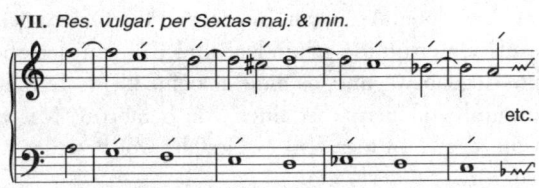

§. 17.

Etwas ungewöhnlicher mögte es manchem vorkommen, wenn diese Auflösung nicht durch die ordentliche Sexten, sondern durch die übermäßige zu wege gebracht wird, wobey die Septimen allemahl groß sind: wie das Muster alhier ausweiset.

§. 18.

Fürs **achte** nimmt sich auch die eine Sept in gebundenen Fällen bisweilen der andern an, so daß auf gewisse Weise diese Dissonantz alsdenn durch ihres gleichen gelöset wird. Der Baß nimmt dabey mehr voraus, und schreitet eher fort, als er sollte. Oben ist schon der anticipirenden Figur Erwehnung geschehen. Das nebengesetzte Exempel wird alles deutlicher machen. Die Septimen sind klein.

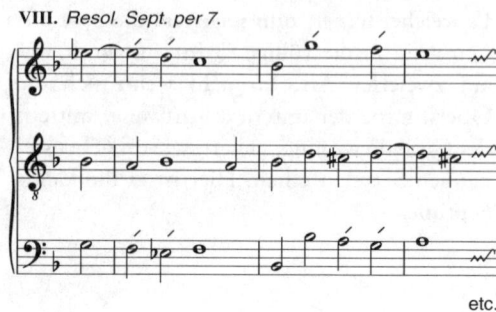

§. 19.

Endlich schliesset bey den gewöhnlichen Septimen und ihrer Ausweichung die **neunte**, so aber zweifach ist, diesesmahl den Reihen, da sie zur Octave[2] ihre Zuflucht nimmt. Bey der ersten Manier ist die Oberstimme gebunden, und gehet mit dem Baß in gerader Bewegung herunter zur Freiheit; doch so, daß die Unterstimme eine Tertz, die obere hergegen nur einen Ton fällt. In zwostimmigen Sätzen würde es Octavenmäßig-kahl klingen. Ie mehr Stimmen, ie besser. Darum habe ich hier lieber 5 als 4 genommen.

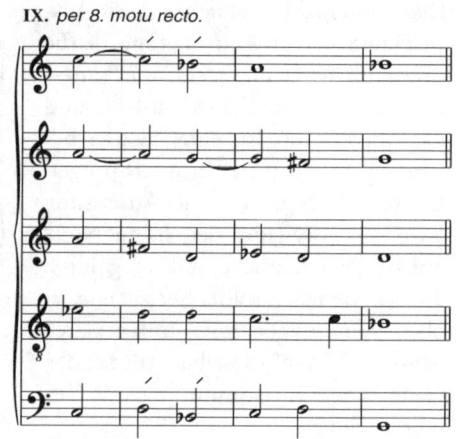

§. 20.

Bey der zwoten Art, wenn die Sept in die Octave gehet, ist die Unterstimme gebunden, und hält mit der obern eine Gegenbewegung, da diese erst eine kleine Tertz hinauf, und jene hiernächst einen Ton herabtritt. Mit vier, ja mit drey Stimmen kan es diesfalls wol bestellet werden. z. E.

§. 21.

Nun kommen wir zur verkleinerten Sept. Es nimmt dieselbe wenigstens sechs Auswege, theils eigentliche, theils figürliche. Der eigentlichen sind drey; der figürlichen eben so viel. Wir wollen sie alle in ein Exempel bringen, das erstlich die gewöhnlichsten; hernach, mit einer kleinen Veränderung, die seltenern Gänge aufweisen soll.

---

2 *Voy. Traité de l'Harmonie par Mr. Rameau p. 118, 119.*

Von den Septimen.

§. 22.

Die natürlichste Auflösung der mangelhafften Sept wird in einer Seitenbewegung durch die kleine Sext befördert, nachdem vorher das oberste Ende dieser Dissonantz ordentlich gebunden worden, wie die Stellen, so mit *a, c* und *d* bezeichnet sind, vor Augen legen. Zum andern gehet es auch ohne Bindung an, und zwar durch die Qvint in einer Gegenbewegung, wenn der Baß einen halben Ton fällt, und wieder so viel steiget; da hingegen die Ober-Stimme eben so steiget und fällt. Der Buchstabe *b* wird es deutlicher machen. Zum dritten, wenn das unterste Ende der Dissonantz vorher gebunden ist, und sich durch die Gegenbewegung in die Qvint löset, die Ober-Stimme fallend, die untere steigend, beede einen halben Ton. (*lit. e.*)

§. 23.

Figürlich aber rettet sich die verkleinerte Sept, wenn sie ohne Bindung mit einem Gegensprunge erscheinet, nicht selten durch die grosse Tertz, welches eine *heterolepsis* oder Verwechselung der Stimmen ist, da der Tenor mit dem Baß und der Alt mit dem Discant vertauschet wird *No. 1.* Zum andern, nach einer Bindung in der Ober-Stimme erfolget die figürliche Lösung der mangelhafften Sept, durch die grosse Qvart, da Unter- und Oberstimmen gegen einander springen: jene eine kleine Qvint hinauf; diese eine mangelhaffte Sept herunter, mittelst Verwechselung des Soprans und Basses *No. 2.* Drittens vertauscht man auch den Discant mit dem Tenor, nach gebundener Ober-Stimme, ebenfalls in Gegensprüngen durch eine grosse Sext, da der Discant eine verkleinerte Sept fällt, und der Baß eine kleine Tertz steiget *No. 3.*

452   III. Theil.   Dreizehntes Capitel

Vierzehntes Hauptstück.
Von den Nonen.

§. 1.

Diese Dissonantz ist die letzte, die wir zu untersuchen haben, und daher wollen wir einige Erinnerungen mit anhängen, von denjenigen Intervallen, die eine iede Dissonantz ins gemein bey der Vollstimmigkeit zu begleiten pflegen. Ob die None gleich, dem Verhalt nach, nur eine erhöhete Secunde ist, und darum in der mathematischen Rechnung keinen besondern Platz findet; so hat sie doch, in ihren Bindungen und Lösungen, davon hier gehandelt wird, gantz andre | Eigenschafften, als die Secunde, und muß billig von derselben unterschieden werden. Ich bin hierin mit **Heinchen** in seiner Anweisung *p. 96, 97* völlig einerley Sinnes[1].

---

[1]   *voy. le Traité de l'Harmonie par Mr. Rameau p. 28, 78,* wo auch die Qvart von der Undecime unterschieden werden will. So weit bin ich noch nicht gekommen. Siehe auch die kl. G. B. Schule *p. 210.*

Von den Nonen.

§. 2.

Wir wissen schon, daß es kleine, grosse und übermäßige Nonen gibt. Der kleinen Nonen Gebrauch erstreckt sich nicht sehr weit, und ihre Bindung, sowol als Lösung, hat mit der grossen Gemeinschafft: daher wir sie, nach Gelegenheit, unter einander mengen werden. Mit der grossen None aber findet man durchgehends mehr zu schaffen. Und was von der **übermäßigen** zu halten sey, wollen wir keines weges hier vergessen; ob es gleich mit Vorsatz in der kleinen General-Baß-Schule geschehen zu seyn scheinet. Ihr Gebrauch hat seit der Zeit ein wenig mehr Kräffte gewonnen, als man daselbst *p. 211* vermeinet hat.

§. 3.

Die Qvart, kleine und volle Qvint, die Sext, Sept, Octave helffen der None aus: ja es thuns auch bisweilen eine andre None selbst und die Decime, welche letztere alsdenn, und bey Gelegenheit der Contrapuncte, mit der Tertz nicht vermischet werden muß. Weil indessen die Lösung der None durch die Octav, so zu reden, die alltägliche und natürlichste ist, auch der kleinen Gebrauch sich dabey am meisten äussert, so soll sie vorangehen, die andern aber werden in obiger Ordnung folgen.

§. 4.

Es läßt sich also beides die kleine und grosse None am gebräuchlichsten, mittelst der Seiten-Bewegung, durch die Octave auflösen, wenn ihr oberstes Ende gebunden ist, der Baß einen Grad steiget, und die Ober-Stimme darauf einen gantzen oder halben Schritt herunter tritt. Die Qvint und Tertz begleiten diesen Accord, welcher dahero nichts anders ist, als eine *retardatio* oder Aufhaltung des gemeinen Dreiklanges, oder vielmehr nur der blossen Octave, die dazu gehöret, als ein Füllstein. 1 und 3 sind kleine; 2 und 4 grosse Nonen.

§. 5.

Zum **andern**, wenn sich die None, und zwar ins besondre die grosse, durch die Qvart heraushilfft, geschiehet solches mittelst eines ausserordentlichen Durchganges, davon schon gnugsam Erwehnung gethan worden, und wobey der Baß eine Qvint hinauf springet; die Ober-Stimme hergegen schrittweise herunter tritt, wie im nebenstehenden Satze zu ersehen.

454   III. Theil.   Vierzehntes Capitel

§. 6.

Drittens findet die None einen Ausweg mittelst der kleinen Qvint, dabey die Stimmen eine gerade Bewegung halten, wenn nehmlich die obere einen Ton, die untere aber eine kleine Qvint abwärts fällt. Es ist eine **Vorausnahm** (*anticipatio*) weil der Baß mit seinem Sprunge ehender kömmt, als er ordentlicher Weise thun sollte. Z. E.

§. 7.

Diese Sätze können zwar auch in zwostimmigen Sachen Dienste thun, und haben eben nicht allemahl nöthig, mit vieren versehen zu seyn. Doch gibt eine Vollstimmigkeit immer mehr Gelegenheit zu geschickten Rückungen, wie hier mit der grossen Sept, im zweeten Tact, zwischen dem Sopran und Tenor; hernach zwischen diesem und dem Baß mit der verkleinerten Sept eben daselbst; sodann ferner zwischen dem Sopran und Alt mit der Secund; und endlich zwischen dem Alt und Baß mit der None, beides im dritten Tact. Das sind, wenn wir die Hauptbindung mit zehlen, ihrer fünf in 3 Täcten: welches zu einer Probe fernerer Untersuchung angeführet wird.

§. 8.

Viertens fällt zu betrachten vor, daß die None, wenn sie ihre Auflösung mittelst einer vollen Qvint anstellet, solches auf zweierley Weise verrichten könne. Einmahl wenn der Baß eine Qvart hinaufspringet, und die Ober-Stimme einen Ton herunter tritt. Das andremahl wenn beide Stimmen Tertzien-weise gegen einander springen. Alsdenn ist die Figur eine Uiberhüpffung[2] der ordentlichen Löse-Note. Das Exempel *A & B* werdens deutlicher machen.

§. 9.

Fünfftens ist die Sext, groß oder klein, der None auch gerne behülfflich, sich von der Bindung zu befreien, wenn nehmlich der Baß eine Tertz hinaufspringet, und die Ober-Stimme, wie gewöhnlich, einen Ton herunter tritt. Ich sage, wie gewöhnlich: denn dieses Heruntertreten der Ober-

---

2   *Ellipsis in parte acuta.* Durch Auslassung der Zwischen-Note *c*.

Stimme wird in allen übrigen Auflösungen der None unumgänglich erfordert, und die Figur ist alhie eine **Vorausnahm** im Baß. Nur das eintzige Beispiel, wo die None aufwärts in die Decime steiget, welches im siebenden Gebrauch derselben vorkömmt, muß von obgedachter Unumgänglichkeit ausgeschlossen werden.

§. 10.

Die **sechste** Art, wenn die None so gar eine Sept zum Beistande rufft, gehöret eigentlich zur zwoten Gattung der obigen vierten Auflösung (*Lit. B.*). Nur daß alhier ein dissonirender Durchgang in beeden Stimmen den Unterschied macht: welchen Durchgang aber die Hurtigkeit, die Vollstimmigkeit, und die darauf folgende reine Qvint, die alles gut macht, sattsam entschuldigen.

§. 11.

Eine andere, und vieleicht etwas bessere Weise, da die None deutlicher, und mittelst einer anschlagenden oder accentuirten Note, die keinen ordentlichen Durchgang macht, sondern vielmehr eine Verwechselung mit ihrer Nachbarin trifft, in die Sept gehet, und so vieler Entschuldigung nicht benöthiget ist, gibt nebenstehender Satz zu erkennen. Wenn die zwote Note im Discant ein Viertel, und die dritte ein halber Schlag wäre, so fiele die Figur der Zögerung hier weg, in so weit sie die Octav betrifft; die aber alsdenn doch eine neue Sept zu wege bringen würde.

§. 12.

Zum **siebenden**, da die None in die **Decime**[3] gehet, findet sie einen gedoppelten Weg vor sich. Einmahl in gerader Bewegung mit beiden Stimmen (*A*). Das andremahl in der Seiten-Bewegung (*B*). Die erste Ausweichung, da der Baß eine Tertz, die Ober-Stimme aber, wie gebräuchlich, einen Ton fällt, gründet sich auf eine **Vorausnahm** im Baß. Die andre gehöret zu den uneigentlichen Fäl-

---

3   Obgleich die Benennung der **Decime** bey einigen keinen Eingang finden will; so erwegen sie doch nicht, daß es nöthig sey, die um eine Octav erhöhete Tertz offt also zu unterscheiden, wenn von ihren benachbarten Intervallen und vom Contrapunct gehandelt wird.

len, deren wir bereits eben einen solchen, im Capitel von der Qvart, bey der fünften Auflösung, angeführet haben.

§. 13.

Denjenigen, die sothanes Verfahren mit der None für etwas fremdes halten, und darum misbilligen mögten, dienet zur Nachricht, daß man ehmahls mit der Secunde eben also zu Wercke gegangen sey, welche auch, bey etlichen der gründlichsten Contrapuncticsten[4] auf obige Arten, sowol durch den Einklang, als durch die Tertz, geborgen wird. Ob das erste zu billigen, oder in welchem Fall es nachzuahmen stehe, lassen wir billig unentschieden. Das letzte könnte doch sehr füglich also verrichtet werden: um so mehr, da sich die Secund also löset, wenn sie die Sept und Qvart bey sich hat.

Resol. Secundae per 3. in parte acuta.

§. 14.

Der Begriff, welchen sich ein Unerfahrner (dem wir doch zu Liebe arbeiten) davon machen würde, wenn man ihm sagte, daß die eine None der andern bisweilen aushelffen, und zur Lösung dienen müsse, würde wol undeutlich seyn, wenn ihn das Exempel nicht erläuterte. Indessen nimmt ein solcher Satz hier die **achte** und letzte Stelle ein, zur Entschuldigung wessen man nur die *Anticipation* der Grund-Stimme beibringen darff, so wird es richtig seyn. In vielstimmigen Sachen, wie denn hier vorsetzlich ein Satz von sechsen dazu erkohren worden, lauten dergleichen Contrasten nicht uneben.

VIII. Resol. Nonae per Nonam alteram.

§. 15.

Wer übrigens mit der None recht wol umzugehen lernen will, der nehme nur getrost des **Corelli** Wercke, so alt und verlegen sie auch manchem Neuling scheinen mögen, vor die Hand. Es hat wahrlich dieser Fürst aller Tonkünstler **in der None** etwas gesucht und gefunden, welches weder vor noch nach ihm keiner gethan hat; er sey auch wer er wolle.

§. 16.

Die übermäßige None hat man bisher nur deswegen nicht für voll erkennen wollen, weil sie sich, wie einige meinen, **natürlicher** Weise in keine Consonantz auflösen läßt. Ohne nun zu

---

4 Als **Johann Theile** und **Zarlin**, ein Paar gültige Zeugen.

Von den Nonen.   457

untersuchen, was hier natürlich oder unnatürlich seyn kan, so stehet doch fest: daß so lange in der Melodie, als in der harmonischen Qvelle, bey gewissen Ausdrückungen (nicht in Triumph- oder Purims-Liedern) eben eine übermäßige Secund, ohne die geringste Grillenfängerey, auf- und niederwärts gebraucht werden kan; so lange mag ich gar wol die übermäßige None in der Harmonie durch die Octave, als den **natürlichsten** Weg, oder auch durch die Tertz auflösen. Wenn sie nur gut angebracht wird, und alles mit solcher Bescheidenheit geschiehet, daß der Misbrauch keinen Raum findet.

§. 17.

Die None behält hiebey stets ihr merckwürdiges Abzeichen auf dreierley Art, nehmlich in der Höhe, in der Bindung und in der Auflösung, von der Secund, und zwar eben durch die Lösung am meisten, wie bereits zur Gnüge im Capitel von den Secunden, und in gegenwärtigem Haupt-Stücke gezeiget worden. Es bedarff auch dabey weder Gespöttes noch Zwanges. Eine Secunde, die um eine Octave oder mehr erhöhet ist, gleichet zwar der None in etwas; aber keine None gleichet der Secunde. Ein gewisser Fantast sagte, der König von Franckreich sähe ihm gleich, und wollte oder sollte doch sagen: er sähe dem Könige etwas gleich. Der mathematische Verhalt gibt hier keinen Ausschlag: er gilt nichts in diesem Stücke.

§. 18.

Weil es denn nun mit der übermäßigen None bisher so still gewesen ist, als mit einem Cardinal, dem der Mund noch nicht geöffnet worden; so wird wol ein melodischer Pabst erfordert, der solches bey diesem Intervall verrichte. Bis zu seiner Erhebung wollen wir *sub spe rati* so viel sagen, daß die besagte None vier Auswege wisse. **Erstlich** durch die Gegenbewegung, da die Ober-Stimme einen gantzen Ton fällt, und die untere einen halben steiget, so, daß zwar eine Octave herauskommt, doch mit genauer Noth (*A*). Zum **andern** sucht sich unsre Dissonantz zu retten durch die gerade Bewegung, da die Ober-Stimme einen halben Ton, die untere hergegen eine mangelhaffte Tertz fällt, die denn zusammen den Semidiston machen (*B*). Diese beiden Gänge sind in Wahrheit nicht die **natürlichsten**; doch ist der letzte dem ersten darum vorzuziehen, weil der Baß sich besser singen läßt. Sie brauchen indeß beide eine gute Bedeckung, wie das Exempel weiset.

§. 19.

Gezwungener Gebrauch der übermäßigen None.

(A)

458 III. Theil. Vierzehntes Capitel

§. 20.

Drittens befreiet sich die übermäßige None, in gerader Bewegung, da die Ober-Stimme eine übermäßige Secund, und der Baß eine kleine Tertz fällt, welches den Semiditon in der Harmonie hervorbringt, und dabey Gelegenheit gibt, die kleine None zu binden, und durch die kleine Sext ordentlich zu lösen.

§. 21.

Viertens geschiehet solches durch eine Seitenbewegung, da der Baß in seinem Ton bleibet und aushält; die Ober-Stimme hergegen, durch die in der Melodie gebräuchliche übermäßige Secund, gantz deutlich und natürlich (wenn wir die Umstände der Worte betrachten) in die Octave schreitet. Und diese Weise ist, meines unmaßgeblichen Erachtens, die allerbeste und ungezwungenste, zumal da sie auch keiner sonderlichen Bedeckung von andern Stimmen bedarff, sondern auf ihren eignen Füssen stehet, nehmlich auf dem §. 16 angeführten melodischen Grunde. Daher wir auch das Beispiel dieser beiden letzten Auflösungen nur zwostimmig in einer halben Arie *con unisoni* vorstellig machen wollen, wie folget.

§. 22.

Ungezwungener Gebrauch der übermäßigen None.

Von den Nonen.

§. 23.
Wir bitten uns nunmehro die Freiheit aus, zum Beschluß dieser Dissonantzien-Materie noch einige nothwendige Erinnerungen ihrenthalben, und wegen der Gesellschafft, so sie gerne haben mögen, beizubringen: damit nicht ein eigenes Hauptstück daraus werden dürffe.

§. 24.
Erstlich dienet zu wissen, daß der mishellige Klang[5] nur in einer, nicht aber in zwo oder mehr Stimmen anschlagen müsse. Dafern es recht und ordentlich zugehen soll.

§. 25.
Zweitens, daß die Löse-Note[6], ungeachtet ihres Wollauts, wenn sie ein grosses Intervall, d. i. eine grosse Tertz oder eine grosse Sext, ausmacht, nur in einer eintzigen Stimme vernommen werden müsse. Ist es aber eine kleine Tertz oder kleine Sext, darin die Auflösung **ordentlicher Weise** geschiehet, so kan sie gar füglich verdoppelt, oder in mehr als einer Stimme angebracht werden.

§. 26.
Drittens hat unter den dreien vornehmsten Dissonantzien, Secund, Qvart und Sept, | die letztere darin was besonders, daß sie am meisten allein, d. i. ohne den Beistand ihrer Mitdissonantzien gebraucht wird; da sich hergegen diese, nehmlich die Secund und Qvart, nicht so leicht mit den Consonantzien zur Gesellschafft einlassen, als die Sept. Iedoch thut es die Qvart mehr, als die Secund: denn diese nimmt kein Intervall lieber zu sich, als die Qvart. Daher ist nöthig, mit wenigen zu berichten, was sich für Consonantzien am besten zu ihnen schicken.

§. 27.
So leiden nun, **viertens**, die Secund und Qvart gerne die Sext neben sich, und weil sich die erste auf vielerley Art, nehmlich durch die **ordentliche Hauptwege** der Tertz, der kleinen Qvint, der Sext etc. zu lösen weiß, hat sie, die Secund, das Vorrecht und die Ausnahm von obiger ersten Anmerckung oder Erinnerung, daß sie, bey liegender Grund-Stimme, wol zweifach oder doppelt gesetzt werden mag.

---

5 *terminus acutus intervalli dissoni.*
6 *Nota vel sonus resolvens.*

§. 28.

Solches aber kan man, **fünfftens**, mit der rückenden Qvarte in der Vollstimmigkeit nicht so leicht ins Werck stellen, als mit der Secunde: indem dieselbe Qvart nur einen eintzigen **ordentlichen** Haupt-Weg durch die Sext, obgleich sonst einen Hauffen Neben-Wege hat, dadurch sie sich löset. Daß inzwischen einige Setzer die Secund, bey häuffigen Stimmen, wol drey bis viermahl in Anschlag bringen, gibt, meines wenigen Ermessens, die beste Harmonie nicht; und mögte man lieber dafür, auch nur in einem fünfstimmigen Satze, die Verdoppelung der Sext oder Octave wehlen; weil ja diese letztere bey weitem nicht so hart ins Gehör fallen, als die Secunden.

§. 29.

Ausser der Sext leidet die Secund auch wol eine Qvint neben sich, zur Gefährtin; aber alsdenn bleibet die Sext gemeiniglich zu Hause. Woraus erhellet, daß die Secund alle Consonantzien, zur Zeit, vertragen kan; nur die eintzige Tertz nicht gern. Mit den übrigen Dissonantzien, der Qvart und Sept, macht sie, wie erwehnet worden, nicht die geringste Schwierigkeit sich zu vereinbaren, und läßt sie offt alle beede zu. Doch hat die Secunde mehr Gefallen an der Qvart, denn an der Sept.

§. 30.

Was die Octave anlanget, so ist unverboten, dieselbe bey dem Secunden-Accord, so wie bey allen andern Sätzen, mitzunehmen, im Fall die Vielheit der Stimmen solches erfordert. Wo mir recht ist, nehmen einige Contrapunctisten den Nonen-Accord von der Octaven-Begleitung aus; man siehet aber nicht, warum sie solches **bey vielstimmigen Sachen** thun sollten: so lange in einem Duet oder Trio nur derjenige Klang, worin die None **unmittelbar** treten muß, in der Neben-Stimme vermieden wird. Und so weit reiche unsre **sechste** Erinnerung.

§. 31.

Die **siebende** mag seyn, daß von dem Fall, da Sept, Qvart und Secund, bey liegendem oder aushaltendem Basse, ohne eigentliche vorhergegangene Bindung zusammen anschlagen, und sich hernach in die Octav, Qvint und Tertz hinaufziehen, zwar in der zweiten Eröffnung des Orchesters, sowol von Sing- als Spiel-Sachen, schon einige Exempel angeführet worden sind; weil aber noch immer ein Tag den andern lehret, so haben sich seit der Zeit sehr viele artige Muster von welschen, ächten Sing-Stücken angegeben, darin dieser Accord etwas mehr als ein gemeiner Organisten-Griff[7] sagen will.

§. 32.

Achtens bemercken wir, daß die Qvart in diesem Stücke einerley Natur mit der Secund hat, indem sie auch alle Consonantzien, ausgenommen die[8] Tertz, bey sich leiden kan, wenn es ordentlicher Weise zugehen soll, wovon hier nur die Rede ist, und von den Bindungen der Dissonantzien, nicht von ungebundenen Sext-Accorden[9]. Denn derjenige Klang, dahin, natürli-

---

7 voy. *Rameau l. c. p. 288.* ingl. *Heinichen p. 392, 948.*
8 Wir haben zwar in der kl. G. B. Schule *p. 224* drey Qvarten-Accorde, denen die Tertzie beiwohnet, vorgestellet, aber auch dabey erinnert, daß sie ziemlich selten und ausserordentlich sind. Auch ist die Qvart daselbst nicht gebunden.
9 *Accords de la petite Sixte* werden sie von den Frantzosen gennennt, und haben nur beiläuffig mit der Qvart eine Gemeinschafft.

cher Weise, bey einer Bindung die Zuflucht genommen werden soll, muß nicht gegenwärtig, sondern zukünfftig seyn. Das ist, er muß nicht zugleich mit anschlagen; sondern folgen. Man nimmt also die Qvint und Qvart, oder die Sext und Qvart zusammen, wobey die Octave mahl Sitz und Stimme behauptet.

§. 33.

Neuntens ist die Sept hierin von der Secund und Qvart unterschieden, daß sie die Octav, Qvint und Tertz, als eine Begleitung zuläßt, ja bisweilen alle drey zusammen annimmt. Nur die Sext muß warten oder passen, weil sie dasjenige Intervall ist, welches der Septime ordentlicher Weise zur Ausflucht dienet. Und wenn sich hernach die Sept durch die Sext löset, so können zwar die Octave und Tertz, als Gespielinnen, Fuß halten; aber denn schickt sich die Qvint nicht mehr dabey.

§. 34.

Zum **zehnten** stehet zu mercken, daß die None eigentlich drey Consonantzien, nehmlich die Sext, Qvint und Tertz, gerne zur Gesellschafft haben mag; jedoch nur ein Paar derselben zur Zeit. Sie, die None, ist die eintzige Dissonantz, ja, das eintzige Intervall in der Setz-Kunst, welches sich mit der Octav, in sofern wir sie beide[10] **genau** nehmen, bey wenig Stimmen nicht gut vertragen kan, eben darum, wie die Lösung der gebundenen None, ordentlicher Weise, in der Octave zu suchen ist. Was nun aber zur Lösung dienen soll, das muß von Natur an der Bindung kein Theil haben. Auf welche Art gleichwol auch diese Erinnerung einzuschräncken und zu verstehen sey, solches ist bereits oben §. 30. gelehret worden.

§. 35.

Wenn **elftens** die Sext und Qvint, gleich einer Bindung, vorkommen, haben sie die Tertz zur Gefährtin, und machen mit dem Baß vier besondre Stimmen aus, ohne Verdoppelung irgend eines Klanges. Will einer fünf haben, so verdopple sich der Grund-Klang und bringe die Octave hervor; will er sechs haben, so mag die Sext, nicht aber die Qvint, zwiefach erscheinen, aus der Ursache, weil die Qvint in diesem Fall gleichsam eine Dissonantz vorstellet, und herunter treten muß, welches die Sexte nicht thun darff, wie bereits oben, im sechsten Capitel dieses Theils §§. 17 und 18, erwiesen worden ist.

§. 36.

Ein mehrers hievon, nehmlich von denjenigen Intervallen, die den Dissonantzien zur Begleitung dienen, wird man gehöriger Orten in **Heinichens** Werck antreffen. Wozu denn auch die kleine General-Baß-Schule dienen kan.

§. 37.

Diejenigen Bindungen nun, samt ihren ordentlichen und ausserordentlichen oder nur vermeinten Auflösungen der Dissonantzien, so in diesen fünf letztern Haupt-Stücken angeführet worden, sowol, als ihre Gesellschafft und Zubehör, müssen nothwendig vorher wol eingesehen, gefasset und reifflich erwogen werden, ehe man ein Stück auszuarbeiten vor sich nimmt. Keiner will sich heut zu Tage solcher Wege bedienen, die gar zu gemein und betreten sind. Iederman

---

10 *Octava & Nona stricte sic dictae.*

bemühet sich vielmehr, allerhand neue Ausweichungen zu ersinnen: es ist auch solches nicht zu tadeln.

§. 38.

Aber man muß nichts unnatürliches, gezwungenes und gleichsam bey den Haaren herzugezogenes mit unterlauffen lassen: wie nur gar zu offt von den neuern Componisten, absonderlich in Ansehung der Dissonantzien geschiehet. Solche nichtige Erfindungen mögen weder die Music noch ihre Beflissene empor bringen. Verbotene Wege sind allemahl abgeschmackt. Was zu sehr ausgekünstelt wird, verliert sein wahres Wesen.

§. 39.

Nicht nur unsre arbeitsame Lands-Leute stossen hierin gar offt an; sondern auch einige Frantzmänner selbst (der ausschweiffenden Welschen zu geschweigen) beginnen anitzo solche krumme Spuren zu suchen, die sie gewiß zum Tempel der Pedanterey führen werden, wenn sie nicht bey Zeiten umkehren, und die ihren Vorfahren so sehr beliebten Steige der Natur und edlen Einfalt wandeln. Wir mögen so viel neues, und unsrer Meinung nach, wunderwürdiges ersinnen, als wir immer wollen, so muß doch alles, es sey zum Gebrauch oder zur blossen Lust bestimmt, auf ordentlichen und natürlichen Gründen beruhen.

§. 40.

Vielleicht sind in dieser unsrer Abhandlung einige sonderbar-vermeinte Auflösungen, die vornehmlich bey hefftigen Gemüths-Bewegungen Nutzen schaffen sollen, und deren man mit der Zeit | immer mehr ausdenckt, vorbey gelassen worden: vielleicht dürffte es auch scheinen, als ob die übermäßigen und verminderten Intervalle nicht gnugsam von den gewöhnlichen abgesondert wären: vielleicht hätte auch der figürliche Gebrauch bey den Dissonantzien wol ein eigenes Hauptstück verdienet, um ihn desto mercklicher von dem allgemeinen zu unterscheiden. Allein wir müssen unsern Nachfolgern auch ihr Theil lassen, welchen sie nun, da die Bahn gebrochen, desto leichter beitragen können. Hier ist nur eine Anzeige des Weges zur Vollkommenheit; nicht die Vollkommenheit selbst.

Funfzehntes Hauptstück.
Von der Nachahmung.

§. 1.

Hat nun einer mit Fleiß abgenommen, wie mit Consonantzien und Dissonantzien umzugehen sey, und weiß dabey, nach Anleitung des zweiten Theils dieses Wercks, wie er eine untadelhaffte und feine Melodie machen soll: der kan alsdenn seine Gedancken auf gute harmonische Sätze richten, und die Hand an vollstimmige Sachen legen.

§. 2.

Solche Arbeit aber muß er niemahls, ohne sonderbare Absicht, angreiffen, welche Absicht vornemlich dahin zu lencken stehet, daß eine Stimme die andre **gleichsam** Gesprächsweise unterhalte, Fragen aufwerffe, Antworten gebe, verschiedener Meinung sey, Beifall erhalte, sich vereinbare, Wiederspruch annehme u. s. w.

§. 3.

Denn, gleichwie eine Unterredung, da zu allen Vorträgen blosserdings Ja oder Nein gesaget, und keine Untersuchung vorgenommen, keine Behauptung angebracht, keine Gegenrede verspüret, kein kleiner freundlicher Streit erreget, ja, gar keine Mühe genommen wird, es einander nach oder auch zuvorzuthun, gar bald schläfrig macht, und schlechte Freude erwecket: also erfordert auch eine iede Harmonie, wenn sie gleich nur aus zwo Stimmen bestünde, eben solche Erörterung, Einwürffe, Beisprüche und Luftgefechte in den Klängen, die man durch kein bessers Mittel, als durch die so genannte **Nachahmung**, welche mit ihrem Kunstworte, *Imitatio, vel potius Aemulatio vocum* heisset, vorstellig machen kan.

§. 4.

Diese Nachahmung nun hat in der Music dreierley zu bedeuten. Denn erstlich finden wir Gelegenheit, dergleichen Uibung mit allerhand natürlichen Dingen und Gemüths-Neigungen[1] anzustellen, worin schier das grösseste Hülfsmittel der Erfindung bestehet, wie an seinem Orte gesaget worden ist. Fürs andre wird diejenige Bemühung verstanden, so man sich gibt, dieses oder jenen Meisters und Ton-Künstlers Arbeit[2] nachzumachen: welches eine gantz gute Sache ist, so lange kein förmlicher Musicalischer Raub dabey mit unterläufft. Drittens bemercket man durch die Nachahmung denjenigen angenehmen Wettstreit[3], welchen verschiedene Stimmen über gewisse Förmelgen, Gänge oder kurtze Sätze **mit aller** Freiheit unter einander führen.

§. 5.

Und von dieser letztern Art der Nachahmung soll hier vorzüglich gehandelt werden; doch ohne die beiden andern gäntzlich auszuschliessen. Es ist also unsre Nachahmung dieses Ortes nichts anders, denn die Bestrebung einer oder mehr Folge-Stimmen, demjenigen melodischen Satz, welcher vorher gehöret worden, auf das beqvemste, und ohne Einschränckung der Intervalle und des richtigen Wiederschlages, einiger maassen ähnlich zu werden.

§. 6.

Da sonst eine rechte Fuge ihre geweisete Wege hat, daß sie auf gewisse Art eben dieselben Intervalle, dieselbe Ton-Art, Geltung der Klänge und andre Umstände, wenigstens bey der ersten Beantwortung in acht nehmen muß, wovon weiter unten gehandelt werden soll; so bedienet sich hergegen die freie Nachahmung des Vorrechts, die Intervalle zu verändern, nach dem es beliebig ist, und an solchem Orte anzufangen, wo sichs am besten schicken will.

§. 7.

Es bindet sich ferner die blosse Nachahmung an keinen besondern Wiederschlag des Haupt-Satzes; verlängert, verkürtzet, und verwandelt vielmehr den Unterwurff nach dem eigenen Gefallen des Setzers. Doch so, daß die Aehnlichkeit nicht aufgehoben werde. Offt folget die eine nachgehende Stimme der andern als im Circul- oder Kreis-Gesange, durch eben dieselbigen Klänge, oder durch Octaven nach: **offt gantz**; offt halb; offt weniger; offt nur in einer; offt in

---

1 *Imitantur res naturales & animi motus. Evocat in Phtongos animi conamina Phrynis.*
2 *Imitatio hujus illiusve Auctoris. Je tache d'imiter le grand Lully, non en Copiste servile, mais en prennant, comme lui, la belle & simple Nature pour modele.* So schreibt *Rameau, Preface des Ind. Galant.* Er heißt auch *Jean Batiste* wie *Lully*, und ich wünsche, daß *nomen* und *omen* übereinstimmen mögen.
3 *Imitationem moduli vel subjecti cujusdam.*

464   III. Theil. Funfzehntes Capitel

mehr Stimmen. Und ist doch kein rechter Wiederschlag: denn das canonische Wesen in der Octav und im Unison hat keine eigentliche Repercußion; es ist keine Risposta, keine Beantwortung, sondern eine solche gezwungene Nachfolge dabey zu finden, da die andre Stimme eben dasselbe, in eben demjenigen Klange, oder in einem gleichmäßigen nachsinget, was die erste vorher gesungen hat. Iederman wird begreiffen, daß hierin kein Wiederschlag seyn könne. Ein anders ist, wenn man im Kreis-Gesange[4] Nachfolgungen in der Qvint oder Qvart antrifft: alsdenn kan es eine Beantwortung heissen.

§. 8.

Von dieser Circul-mäßigen und gebundenen Nachfolge, wie dieselbe auch so gar in einer Bewegungs-vollen Melodie, gantz vom Anfange bis zum Ende, ohne den geringsten Abbruch des Haupt-Wesens, ja vielmehr mit dessen grössestem Vortheil und Wolstande geschehen könne, wird folgendes Beispiel eines bekannten Tantzes kein unebenes Zeugniß ablegen, und nicht unwürdig seyn, einen kleinen Raum, zur Erläuterung dessen, was gesaget worden, einzunehmen.

Probe einer genauen Canonischen Nachahmung.

---

4 Es wird hierunter verstanden der Canon, d. i. *Fuga perpetua*, oder *in consequenza*.

Von der Nachahmung.

§. 9.

Die freie Nachahmung hergegen kehret sich an kein *mi, fa*, an keine Ton-Art, an keinen Sprengel; an keine abgemessene Gleichheit der Sprünge, noch sonst an andre Regeln, die dahin gehören. Wiewol sie sich dennoch, nach allen Ausweichungen, wieder in die rechte Gleise lencken lassen, und zum Ziel legen muß.

§. 10.

Die Nachahmung, sagt ein für mich allzutiefsinniger Frantzmann[5], **könne wol in einer eintzelnen Stimme** (d. i. in einer Monodie) **Statt haben; die Fuge aber müsse ihren Satz in allen Parteien nach einander hören lassen, und darin bestehe ihr Unterschied.** Ob man was armseligers, zur Errichtung eines Unterschiedes, sagen und dencken möge, will ich iedem Leser zu beurtheilen anheimstellen, der da weiß, daß der förmliche Unterschied zwischen einer Fuge und Nachahmung nicht in solchen Nebendingen, sondern hauptsächlich in dem **Wiederschlage** bestehe.

§. 11.

Es muß also die Nachahmung mit der Wiederholung nicht vermischet werden, welches obiger Schrifftsteller gethan hat. Jene erfordert wenigstens zwo Stimmen; diese mag es wol mit einer eintzigen bestellen. Es kan von einem *individuo* schwerlich gesaget werden, daß es sich selbst nachahme; wol aber, daß eben dieselbe Person ihr voriges Thun auf eine oder andre Art wiederhole. Alle Wiederholung ist keine Nachahmung; aber alle Nachahmung ist gewisser Maassen eine Wiederholung. Wenn ich nun in einem zwostimmigen freien Gesange etwas nachahmte, und bald darauf in einer ordentlichen zwostimmigen Fuge (denn die gibt es auch) den Haupt-Satz fein richtig nach einander hören liesse, wer würde mir, aus obigem seichten Grunde, sagen oder unterscheiden können, welches die Fuge oder die Nachahmung sey? Ich spreche, aus obigem Grunde: denn es sind schon andre, daraus mans wissen kan[6].

§. 12.

Wer demnach die Nachahmung in einer eintzeln Stimme behaupten wollte, da doch nur blosse Wiederholungen vorkommen, der könnte auch eben so leicht eine Fuge zum *Solo*, oder ein *Solo* zur Fuge machen, welches was neues wäre. Alle Fugen sind regelmäßige Nachahmungen; die aber alsdenn mehr Gleichheit, als Aehnlichkeit haben.

§. 13.

Wir sind gemüßiget worden, uns bey diesem Vortrage ein wenig aufzuhalten, aus der Ursache, weil nichts in der gantzen Setz-Kunst grössern harmonischen Nutzen hat, als eben die Nachah-

---

5 *L'on distingue la Fugue de l'Imitation en ce que celle ci peut n'avoir lieu que dans une seule partie - au lieu que la Fugue doit etre entendue alternativement dans chaque partie. Ram. Tr. de. l' Harm. p. 163.*
6 *vid. §. §. 6 & 7 huj. cap.*

mung. Niemand kan einen artigen, auch nur zwostimmigen Satz machen, der nicht vorher einen gründlichen Unterricht, und einen deutlichen Begriff davon hat, damit er die Imitation wol anzuwenden wisse. Grillen nützen niemand.

§. 14.

So groß aber auch nun der Nutzen ist; so wenig Kunst braucht doch die Sache: und eben deswegen wünsche ich stets, daß doch die Leute ihre unnützen Künste sparten, solche nehmlich, womit sie alles nur schwer und verwirret machen, nichts recht aus einander legen oder unterscheiden, sondern die Knörpel, statt der Bande, zerschneiden. Man darff nur der Natur folgen, darauf doch so sehr gepochet und so wenig geachtet wird: Man darff nur ohne Zwang verfahren; doch niemahls ohne Absicht auf eine oder andre Nachahmung. Diese scheinet allerdings unentbehrlich: es komme eine Arie, eine Ouvertür, eine Cantate, eine Symphonie, oder sonst was zu setzen vor.

§. 15.

Selbst im Recitativ, wer sollte es dencken? hat die Nachahmung viel zu sagen. Wenn sich z. E. zwischen zwo und mehr Personen eine gewisse Aehnlichkeit der Gedancken[7] an verschiedenen Stellen des wörtlichen Vortrages findet: so schickt es sich sehr wol, eben diese Aehnlichkeit mittelst der Klänge darzulegen. Aber in einer eintzigen Stimme kan solches keine Nachahmung heissen; sondern es ist nur eine bisweilen versetzte Wiederholung. Denn alle Gleichförmigkeit erfordert wenigstens den *Dualem*.

§. 16.

Inzwischen haben die Frantzosen eine andre Art der Nachahmung in ihren Recitativen. Wenn nehmlich die Singestimme vom Donner, Ungestüm und von der Verwirrung handelt, so erhebt sich alsofort im Baß ein Wesen, Poltern und Rollen; dadurch zwar jene Ausdrückungen ziemlich vorgestellet oder nachgeahmet werden; doch nur den Worten, nicht dem Gesange und Gedancken nach.

§. 17.

Wiederum machen einige Gallier so wenig Staat von der Nachahmung in dem allerbesten Verstande, daß ich fast, zum Nutzen des gemeinen melodischen Wesens, gezwungen bin, den offt-in Ehren gedachten berühmten Verfasser des harmonischen Tractats[8] selbst redend hiebey einzuführen, und zugleich darzuthun, daß er die Nachahmung mit der Wiederholung ohne alle Gnade vermischet. Ich frage aber einen Schüler, was das sey, wenn David im ersten Vers des achten Psalms, und wiederum im zehnten Vers singet: **Herr, unser Herrscher, wie herrlich ist dein Nahme in allen Landen?** Er wird sagen: es sey eine Wiederholung. Wenn aber David, eben der David, im 98 Psalm spricht: **Er sieget mit seiner Rechten und mit seinem heiligen Arm** etc. Esaias aber dagegen im 52 Cap. *v.* 10 schreibt: **der Herr hat offenbaret seinen heiligen Arm vor den Augen aller Heiden** etc. so wird mein vernünfftiger Schüler gestehen: Es sey eine Nachahmung.

---

7 *S'il se trouve une conformité des sentimens dans plusieurs endroits des paroles, c'est pour lorsqu'il est à propos de faire rencontrer la même conformité dans le chant dont on se sert pour les exprimer: ce que nous appellons Imitation.* Ram. l. c. p. 163. Hierwieder habe ich nichts einzuwenden.

8 **Heinichen** nennet diesen Tractat gelehrt und *speculativ*. Von dem ersten Prädicat hat sich meiner Einfalt noch nichts offenbaren wollen; von dem andern aber habe mehr als zu viel angetroffen.

Von der Nachahmung.

§. 18.

Im Register des mehr erwehnten Tractats weisen die Worte: *Imitation. Ce que c'est qu' Imitation*, auf obangeführte Stelle, und zugleich auf *p. 332*, alwo ein merckwürdiger Spruch[9] stehet, den ich hier verteutschen will: **Die Nachahmung,** heißt es daselbst, **hat nichts besonders, welches eine Aufmercksamkeit verdiente; sie bestehet nur** *NB.* **in der willkührlichen Wiederholung eines gewissen Stückleins der Melodie, es sey in welcher Stimme es wolle, ohne Beobachtung andrer Regeln.**

§. 19.

Das heißt cavalierisch von einer Sache geredet, die fast alle Schönheit der Harmonie ausmacht. Die Nachahmung ist aller Fugen Ursprung, und verdient weit mehr Untersuchung, als die Fugen selbst, weil sie weit mehr gutes stifftet, nicht so unbiegsam ist, und fast allenthalben zu Hause gehöret. Sie nimmt aber ihre Regeln bloß aus dem guten Geschmack her, den mancher nicht kennet.

§. 20.

Was nun die Arien betrifft, so haben sie heutiges Tages, nachdem die Oden ziemlich aus der Mode gekommen, fast alle einen gewissen Unterwurff oder kurtzen Haupt-Satz, (*Thema, Subjectum*) darin, so viel möglich, schon der gantze Inhalt, Affect und Zweck des Gesanges stecken muß: wie bey der melodischen Lehre dargethan worden ist. Dieser Haupt Satz wird entweder im Baß, oder in den Instrumenten, die eine Singstimme begleiten, und ihre Ankunfft vermelden, bisweilen auch in der Singstimme allein, als wie etwa gewisse, merckwürdige Text-Worte, die ausgearbeitet oder erkläret werden sollen, vorangestellet, und durch die folgende Melodie, wenns auch nur eine zwostimmige ist, bald hie bald da **nachgeahmet** und angebracht: welches dem Gehör so angenehm fällt, daß nichts darüber erdacht werden mag.

§. 21.

Exempel! Exempel! wird man rufen. Wolan! wir wollen aus einem schönen *Oratorio* des berühmten und gelehrten *Francesco Gasparini* einige Proben hersetzen, und denen, die feinerer Aufmercksamkeit fähig sind, Gelegenheit dazu geben.

So hebt der Haupt-Satz in den begleitenden Instrumenten an:

§. 22.

Diesen Haupt-Satz ahmet hiernächst die Singe-Stimme folgendergestalt, doch zu gelegener Zeit, auf solche Weise nach:

---

9 *L'imitation n'a rien de particuliere* (soll heissen *particulier*: mit Erlaubniß, daß der Teutsche einen Frantzmann in seiner Muttersprache ausbessert) *qui merite attention: elle consiste seulement à faire repeter à son gré, & dans telle partie que l'on veut, une certaine suite de chant, sans autre regularité.*

§. 23.

Ein wenig weiter hin stellen die Instrumente samt dem Basse wiederum in einem Zwischen-Spiele, da die Stimme pausiret, die nächste geschickte und versetzte Nachahmung des Haupt-Satzes an:

etc.

§. 24.

Und endlich, nachdem auch im letzten Theile der Arie sothane *imitationes* hin und wieder mit Verstande angebracht worden, nimmt die Singstimme unter andern, auf nachstehende Weise, dergleichen noch einmahl, samt den Instrumenten vor:

etc.

plora — — — — — — — re

§. 25.

Die **Ouvertüren**, sowol im ersten, als andern Theile, haben ihre grösseste Schönheit besagter Nachahmung zu dancken, da es immer eine Stimme der andern gleich zu machen sucht; absonderlich die obere und untere, doch ohne Vergessung der mittlern. Ja, es ist offtmahls das gantze *allegro*, oder der zweite Absatz einer Ouvertür nichts anders, als eine ungebundene oder Schein-Fuge, d. i. eine Nachahmung, welche gemeiniglich eine bessere Wirckung in den Ohren thut, als alle regelmässige **Wechsel-Gesänge**, zumahl wenn diese ihren rechten Meister nicht antreffen. Ich meine die Fugen, weil sie immer mit ihrem Führer und Gefährten, als mit der Frage und Antwort **abwechseln**.

Nachahmung im ersten Theil einer Ouvertür.

Nachahmung im andern Theil einer Ouvertür.

Stefani.

§. 26.

In einer Sonate treffen wir nebenstehendes an, und fast in allen guten Sonaten finden sich dergleichen, ohne daß es mancher bemercket. Gegenwärtiges stehet noch dazu in einer sogenannten Allemande, *Violino solo*. Daher führe ich meinen Beweis, daß einer zuvor die *imitation* untersuchen, kennen und brauchen lernen müsse, ehe er auch nur anfange, einen Baß zur Oberstimme zu setzen.

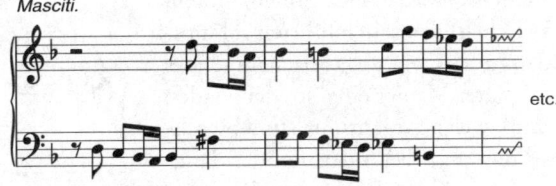

§. 27.

In Cantaten gibt es hin und wieder ausnehmende Sätze, die man mit dem Arioso, auch wol Obligato, und bisweilen gar mit dem Allabreve betitelt, diese müssen fast nothwendig der Nachahmung zu Gebote stehen, und darin die Natürliche (nicht eben künstliche) Geschicklichkeit des Setzers bezeugen. Von solchen hervorragenden Sätzen haben die Cavaten ihren Ursprung, die gemeiniglich nachdenckliche Sprüche oder Gedancken enthalten, und von den Arien unterschieden sind.

§. 28.

In rechten, auf welsche Art ausgearbeiteten Duetten sind die Nachahmungen so häufig anzutreffen, als vormahls die **Fügelein in den Moteten**[10] waren, und noch sind an Ort und Stelle, wo man es nicht besser weiß, oder kein geschmackteres Gericht vorzusetzen hat. Ich will nur, um den Raum zu sparen, ein gantz kurtzes Muster anführen.

§. 29.

In einer Symphonie, in Concerten, Serenaten u. s. w. ist der Nachahmungs-Gebrauch zehnmahl grösser, als der ordentlichen Fugen ihr. Ja, was führen wir mehr an? Es können die allerbesten und künstlichsten Fugen

---

10 Es ist mir neulich das *Laboravi clamans* aus dem 69 Ps. in vier Fügelein hinter, über, unter, und in einander aufgestossen, mit den sehr unbeqvemen Worten: 1) Ich habe mich müde geschrien. 2) Mein Hals ist heisch. 3) Das Gesicht vergeht mir (bey allen diesen dreien Vorträgen singt sichs in Wahrheit blutübel) und 4) Daß ich so lange harren muß etc.

470   III. Theil.   Funfzehntes Capitel

selbst dieser obsiegenden Nachahmung, die ihrer aller Mutter ist, auf keinerley Art und Weise entbehren, wenn sie was nutzen sollen: indem zwischen den eingeführten Haupt-Sätzen allemahl etwas nachahmendes mit guter Manier eingestreuet werden muß, welches nicht nur zur Abwechselung und Veränderung der langweiligen Wechsel-Leier, sondern vornehmlich zur Verbesserung der Har-

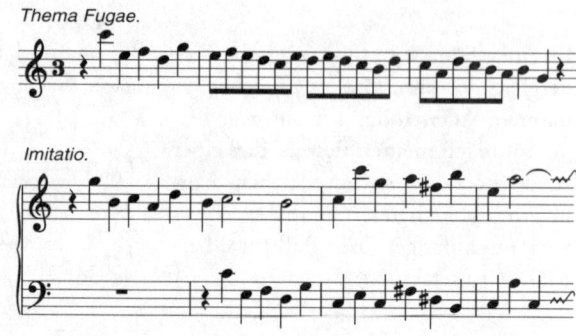

monie dienet, und dem gescheuten Setzer sehr wol zu statten kömmt; maassen er durch dergleichen Beihülffe viele ungebahnte Wege eben machen, und Gelegenheit finden kan, seine verpflichtete Förmelgen zu rechter Zeit, d. i. unvermuthlich wieder anzubringen. Wir wollen von einer Symphonie ein Eckgen; aus einer Serenata eine kleine Probe; den Haupt-Satz einer Fuge, und die daraus hergenommene Erfindung des nachahmenden Zwischenspiels hier neben anfügen, damit ein ieder unsre Meinung desto besser begreiffe.

§. 30.

Ich habe noch schöne Ouvertüren-Sätze und Nachahmungen hinter der Hand von *Mr. Rameau*, aus seinem *Balet: Les Indes galantes*, voller *victoires, chaines, triomphez, fuyez, accourez* etc. vornehmlich aber *volez* über hundertmahl; es verbietet mirs aber die Enge des Raums, sie herzusetzen. Indessen sind die Sachen dieses berühmten Verfassers, wegen der gekünstelten Nachahmungen, iedem aufs beste anzupreisen.

§. 31.

Wer nun sagen wollte, daß die Lehre von der Nachahmung, welche fast alles zur geschickten Aus- und Durchführung beiträgt, **keiner Aufmercksamkeit werth sey**, der würde sich billig verdächtig machen. Man sehe die musicalischen Wercke heutiger Welt, sie mögen seyn, welcher Gattung sie wollen, die Tantz-Music gar nicht ausgenommen, nur mit rechten Augen an, es wird sich deren keines finden lassen, darin die Nachahmung nicht mehr, oder weniger herrsche.

§. 32.

Selbst bey den einfältigsten Kirchen-Gesängen kan ein Organist, im Vorspielen, der Nachahmungen unmöglich müßig gehen, wenn er anders was gefälliges vorbringen will. Mich deucht, das verlohne sich gar wol der Mühe, wo nicht durch Regeln, doch durch Anzeigen und Beispiele zu weisen und zu lehren, wie dergleichen allgemeine und unentbehrliche Haupt-Reitzungen des Gehörs am beqvemsten angebracht, und auf das natürlichste bewerckstelliget werden mögen.

§. 33.

Mir mag es genug seyn, die allerersten Fußtapffen dieses annoch unbetretenen Pfades angewiesen zu haben. Vieleicht macht sich iemand darüber, und läßt solchen Fuß-Steig bis zu einer Heer-Strasse erweitern. Uns soll nichts lieber seyn, als dergleichen löbliches Unternehmen zu befördern; ob mir gleich mancher Ritterdienst bey dieser Arbeit versaget, ja kein eintziger geleistet worden ist: auch nicht auf Begehren und um die Gebühr, bey aufgestossener Leibes-Schwachheit.

Sechszehntes Haupt-Stück.
Von Zwostimmigen Sachen.

§. 1.

Weil alles, was harmonisch ist und heisset, sich nothwendig der Nachahmung unterwerffen muß, wenn es Art haben soll, so muste deren Abhandelung billig vorangehen, ehe auch nur mit einem zwostimmigen Satz unsrer eignen Arbeit einen Versuch zu machen rathsam befunden worden.

§. 2.

Ein zwostimmiger Satz, mit seinem Kunst-Nahmen *Bicinium*, ist demnach der erste Schritt zur Vollstimmigkeit: denn das heisset schon eine Symphonie oder Zusammenfügung der Klänge, wenn zwo ungleiche Stimmen sich zu einem angenehmen Wollaut mit einander vereinbaren[1]. Das *Bicinium* ist gleichsam die Landwehre und Vorschantze der Harmonie, wodurch ihr Nahm und ihre Würde geschützet und vertheidiget werden. Bald erstrecken sich ihre Gräntzen weiter, und kommen ihr drey, vier und mehr Stimmen zu Hülffe[2]. Unter allen Musicalien machen doch die zwostimmigen den grössesten Hauffen.

§. 3.

Anlangend nun die Verfertigung eines solchen zwostimmigen Satzes, so ist einem Anfänger nicht besser zu rathen, als daß er erstlich eine Uibung anstelle und versuche, wie ein geschickter Baß zu einer bereits von iemand anders gemachten Ober-Stimme zu setzen sey. Meines wenigen Erachtens muß hievon der Anfang gemacht werden, bevor man selber zwo verschiedene Stimmen aus eigener Erfindung zu Papier bringen will.

§. 4.

Dieser Vorschlag kan so ausgeführet werden, daß man sich wehle, was nur etwa zum ersten aufstößt, es sey alt oder neu, Choral- oder Figural etc. und dasjenige, was im vorigen Haupt-Stücke erinnert worden, dabey nicht aus den Augen setze. Es wird sich finden, daß auch ziemlich-gewiegte Jünger weit vom Ziel schiessen, wenn das gewehlte oder vorgegebene Stück einen tüchtigen Meister hat, dessen Baß dazu ihnen unbekannt ist und seyn muß.

§. 5.

Wenn ich z. E. eine *Gique* nähme, und setzte zu der Ober-Stimme den hierneben befindlichen gantz guten Baß *A)*; ginge hernach auf eben solche Art mit dem Uiberrest des ersten Theils zu Wercke; machte dann ferner, im zweiten Theil, zu der (*Lit. B*)

---

1 *Symphonia est duarum vocum disparium inter se junctarum dulcis concentus. Censorin. de accent.* welches Werck von dem *de Die natali* unterschieden ist.
2 *Duarum itaque vocum, velut praesidio, nomen dignitatemque Musica tutata est atque defendit: mox fines ulterius etiam protulit, & trium, quatuor pluriumque sonorum potita. Eryc. Putean Musathena p. 19.*

befindlichen, und aus der Mitte herausgenommenen, Modulation auch die darunter gesetzte, untadeliche Grundstimme: so könnte man zu mir sagen:

Das Unrecht ist vermieden;
Doch dir kein Lob beschieden[3].

§. 6.

Es fehlet hier aber an dem Haupt-Wesen. Was ist das? Es ist die Nachahmung, ohne welche alles höltzern klinget. Denn man findet leicht eine Tertz oder Sext, die sich zu der Ober-Stimme schicket; aber das macht die Sache nicht aus. Es muß eine gewisse Absicht in allen Dingen herrschen, die auf etwas mehres, als die blosse Nothwendigkeit gerichtet ist. Und wenn man die vorhabende Exempel nur recht betrachtet, so fliesset die Nachahmung gantz natürlich aus der Melodie selbst, und kan folgender Gestalt angestellet werden (C, D).

§. 7.

Solcher Exempel bediene man sich; setze sie so viel und so lange, bis eine Fertigkeit in diesem Stücke zu wege gebracht werde. Wobey es sich von selbsten schon verstehet, daß einer, der Lust und Nutzen von dieser Uibung haben will, die Bässe des Meisters vor seinen eigenen Augen so lange verborgen und verdeckt halten, auch keine Note eher davon ansehen muß, bis er zuvor sein Heil selbst daran versucht habe.

§. 8.

Dieses sey gesagt, wenn iemand ohne Anführer arbeiten und zu Wercke gehen wollte. Hat er aber einen Lehrer und dessen lebendige Stimme bey sich, so ist es desto besser: denn derselbe wird schon wissen, wie hierin zu verfahren sey, nehmlich: daß die Ober-Melodie allein ausgezogen, und vom alten Baß gar nichts dabey zum Vorschein gebracht werde. Bey der Zusammenhaltung des neuen und alten Basses muß sich denn bald zeigen, wo es unrecht, wo es gut, und auch wo es besser hätte seyn können.

§. 9.

Sehr nützlich dürffte es seyn, sich die nöthigen Gründe und Anmerckungen über eins und an|ders hiebey schrifftlich ertheilen zu lassen. Hat man Gelegenheit dazu, so geräth gewiß der

---

3 - - - - - *Vitavi denique culpam,*
Non laudem merui. Hor. A. P.

Unterricht desto glücklicher, und die Begriffe bekleiben fester, wenn sie von tüchtigen Ursachen unterstützet werden.

§. 10.

Ob nun zwar, wie gesagt, in allen und ieden Sätzen hauptsächlich auf eine geschickte Nachahmung zu sehen ist, so hat man doch daneben noch viererley zu beobachten. Erstlich: daß es nicht genug sey, eine blosse Melodie vorzunehmen, die weiter nichts sagen will, als daß sie sich singen läßt; sondern daß solche Melodien, solche Worte dazu ausgesuchet werden, die allemahl etwas sonderbares bedeuten, und gewisse Vorstellungen thun, oder Leidenschafften ausdrücken. Sonst würde man die Nachahmungen ohne Absicht anbringen, und zwar einen harmonischen, nicht aber einen beweglichen Nutzen von dergleichen Kunst-Uibungen haben.

§. 11.

Fürs andre darff nicht der geringste Zwang bey den Nachahmungen mit unterlauffen, weil solches sehr schulfüchsig herauskommen, und viel besser seyn würde, einen gantz schlechten, ehrbarn Baß allen gekünstelten und gar zu weit geholten Imitationen vorzuziehen: zumahl wenn sich diese gar schlecht zu der Sache, die vorgestellet werden soll, schicken oder reimen. Als wenn z. E. von frölichem Gesange die Rede wäre, und man liesse die Melodie dabey durch halbe Tone gehen, auch hernach den Baß solches nachahmen, wodurch der Gesang nothwendig mehr kläglich, als freudig werden müste; obgleich die Förmelgen sonst gut genug wären.

§. 12.

Drittens muß eine Unter- oder Grund-Stimme eben sowol ihre gute Melodie und singbaren oder angenehmen Gänge, nach ihrer Art, beobachten, als eine hervorragende Ober-Stimme. Doch werden bey jener, das ist zu sagen, bey den Bässen grössere und weitere Intervalle erfordert, als bey dieser, nehmlich bey der Haupt-Partey, insgemein davon zu reden. Die Ursache ist, daß die Klänge, ie tiefer sie sind, ie langsamer und träger sie ihre Bebungen machen, welche bey engen und hurtig aufeinander folgenden Intervallen sich zu sehr verwickeln und verwirren. Daher kömmts, daß unsre geschwinden Bässe heutiges Tages ihre meiste Arbeit in der Höhe vornehmen.

§. 13.

Viertens befleißige man sich sonderlich in den Bässen der Abwechselung des Rhythmi oder Klang-Fusses; ahme nicht immer und ohne Aufhören einander nach; und mache, obiger Ursachen halber, die tiefen Gänge nicht zu bunt oder zu verbrämt; es wäre denn, daß die Materie, der Inhalt oder der regierende Affect ein solches guthiessen.

§. 14.

Was die uneigentlichen Melodien der Recitative betrifft, so wird allerdings nöthig seyn, auch hierüber gewisse Kunst-Uibungen, nach unsrer Vorschrifft, (wenn dieselbe gefällt) anzustellen. Die Recitative sind fast alle lauter *Bicinia*. Und da muß man lernen oder versuchen, wie etwa die Bässe zu solchen Recitativen am beqvemsten einzurichten sind, und was sonst dabey zu bemercken vorfällt: welches nicht wenig ist. Es hat ungemeinen Nutzen, und verdienet wol, mit Fleiß und Musse getrieben zu werden: um so mehr, da diese Schreib-Art heutiges Tages von den meisten flüchtigen Componisten sehr kaltsinnig gehandhabet wird. An Nachahmung der natürlichen Rede, und am rechten Zusammenhange der Worte fehlt es fast immer: auch bey grossen Capellmeistern.

§. 15.

Ist dieses geschehen, so gehe man weiter, und bestrebe sich, zu einem Baß (welcher gemeiniglich durch sein Vorspiel bey den Arien die grösseste Anleitung zum Nachahmen gibt) eine geschickte Ober-Stimme zu erfinden. Da wird es schon etwas härter halten. Man macht es aber hiebey eben wie vorhin, nehmlich, mittelst der Wahl eines oder andern bereits von tüchtigen Meistern verfertigten Stücks, und hält die Ober-Stimme so lange für ein Geheimniß, bis man eine zu dem blossen Basse selbst erfundene Melodie mit jener zusammenhalten kan. Bey ausgezogenen Partien in Kirchen-Sachen findet sich die bequemste Gelegenheit dazu, und man darff endlich wol die über dem General-Baß stehende Ziefern anfangs zu Wegweisern gebrauchen. Sind Worte dabey, so müssen sie besonders abgeschrieben, und wol erwogen werden.

§. 16.

Ob es zwar ein umgekehrtes Wesen zu seyn scheinet, wenn iemand die Grund-Stimme eines Liedes erst gantz hinsetzen, und hernach eine zierliche, singende Melodie darüber verfertigen wollte; so ist doch solches nicht nur zur Uibung sehr nützlich, sondern zum Theil in gewissen Fällen, absonder|lich bey den so genannten obligaten Bässen, fugirten Sätzen, und andern Umständen sehr offt unumgänglich nöthig. Wer sich fleißig übet, ungezwungener Weise Ober-Stimmen zu einem vorher-erwehlten Baß zu machen, der wird bald finden, was für Vortheil daraus zu schöpffen sey, und wie man sich dadurch der Harmonie viel leichter bemeistern könne, als sonst.

§. 17.

Der Anfang muß dazu auf vorbeschriebene Weise gemacht werden. Aber die Sache braucht eine solche Einrichtung, daß nicht eben ein ieder mercke, welche Stimme zuerst oder zuletzt ans Licht gekommen sey. Das behält der Setzer für sich, und läßt den Zuhörer dieser halben immer im Zweifel.

§. 18.

Es liesse z. E. iemand sich die folgende Worte zur Vorschrifft gefallen, weil sie nicht nur lehrreich, sondern auch zur Nachahmung in Sachen, Wörtern und Klängen beqvem sind, ja, weil sie selbst ein Bild vorstellen, das die Natur imitiret.

La Favella ben intendo,		**Ich kan eure Sprach', ihr Nelcken,**
Vago fior, del tuo cader.	Teutsch:	**Wenn ihr abfallt, wol verstehn.**
A la fin da te comprendo,		**Denn, so wie ihr müst verwelcken,**
Che s'envola ogni Piacer.		**Wird all irdsche Lust vergehn.**

§. 19.

Die von einem guten Meister darüber bereits verfertigte Ariette, mit ein Paar Reprisen, gäbe denn fürs erste ihren blossen Baß dazu her, der sein Vorspiel auf folgende Weise verrichtete, nach dessen Endigung aber, ohne sonderliche Auszierungen, fortginge:

§. 20.

Nun bemerckte zwar unser Qvidam den Ort, wo der Asteriscus befindlich ist, und urtheilete, daß daselbst die Singstimme mit einer Nachahmung eintreten, auch sodann weiter bis an das Wiederholungs-Zeichen füglich fortgesetzet werden könne. Z. E.

§. 21.

Er verfehlte aber derselben Nachahmung bey der zwoten Reprise, und drückte sich, an statt der Imitation, auf die hiernächst-folgende Weise aus, No. 1). Das wäre nun schon gut; wenn es nicht, bey der Gegenhaltung des Originals, besser befunden würde, die Nachahmung also fortzusetzen, wie No. 2 ausweiset.

§. 22.

Uibrigens mögten die Ausdrücke: *cader* und *s'envola*, freilich Gelegenheit zur Wörter-Imitation geben. Befände man nun, da der neue Versuch etwa so ausfiele, wie No. 3 und 4 anzeigen: so wäre wol eben nichts unrechtes daran; stünde es aber in der Urschrifft anders, nehmlich wie No. 5 und 6, so würde leicht zu entscheiden seyn, welches das beste wäre.

§. 23.

Anlangend das Wort, *s'envola*, so würde es schwerlich ein venetianischer Teutscher, vielweniger ein allamodischer Welscher, am allerwenigsten ein Frantzmann, ohne lauffende, drehende, sich windende und rollende Figuren von etlichen Tacten, vorbeystreichen lassen; ja, sie würden es noch wol aus der Flucht zurück rufen, und vielmahl wiederholen. Allein eben in solchen und vielen dergleichen Dingen handelt man gerade, wo nicht wieder die Natur, doch wieder den Wolstand: indem es unwahrscheinlich, und sehr abgeschmackt oder gezwungen herauskömmt, eine schnelle Verfliegung mit langen, gekünstelten, mühsamen Noten-Kräuselgen vorstellig zu machen.

§. 24.

Um in dieser Lehr-Art fortzufahren, nehme man ferner einen ausgezogenen, blossen Recitativ-Baß vor, schreibe die dazu gehörigen Worte besonders, und setze denn eine geschickte Ober-Stimme zu dem vorgeschriebenen Baß. Die Verteutschung folgender italienischen Zeilen wäre etwa diese: **In betrübter Einsamkeit beweine ich allemahl meinen Geliebten, der mich doch nicht höret; und in dem grössesten Hertzleide ist mir auch nicht ein eintziger Hoffnungs-Stral übrig blieben.** Zu diesen Worten, und über den aufgegebenen Baß, setzte einer z. E. folgende Sing-Stimme:

Versuch.

§. 25.

Dieser Satz würde in einigen Neben-Dingen zwar bedencklich fallen; doch sollten es wol zehn andre Anfänger kaum so gut treffen. Was aber die Haupt-Sache, nehmlich die Nachahmung, anlanget, so scheinet kaum einmahl daran gedacht zu seyn: maassen die **Betrübniß**, die **Einsamkeit**, der **Schmertz**, der **Hoffnungs-Stral** hier gar zu gleichgültig abgefertiget worden. Daher hielte ich es immer mit dem folgenden Original, welches auch fremdere Fälle und Gänge führet, die dem Recitativ fast das beste Leben geben.

§. 26.
Mesta, sola, doglia, balen sind hier beträchtliche Wörter, deren erstes und anders sehr schön mit der betrübten und einsamen Monotonie, das dritte aber mit den dissonirenden Gängen und Zustimmungen, so wie das letztere durch die unvermuthete Erhebung ausgedruckt und glücklich nachgeahmet werden.

§. 27.
Die Proben, so wir von zwostimmigen Sachen bey dieser Gelegenheit geben, sind nur klein. Wenn man sie aber in den folgenden Haupt-Stücken noch kleiner machen wollte, würde doch ein gar zu grosser Raum dazu erfordert werden, da sich die Stimmen ie länger ie mehr häuffen. Daher es niemand verlangen kan, daß wir diese Lehr-Art auf eben demselben Fuß, und mit einerley Umständen, ausführlich fortsetzen sollten, indem durch den Anwachs der Vielstimmigkeit auch die Capitel nur gar zu sehr anwachsen würden.

§. 28.
Doch muß ich mit wenigen noch einer hieher gehörigen Kunst-Uibung gedencken. Es soll dieselbe darin bestehen, daß man einen obligaten oder gebundenen Baß von einer bereits verfertigten Arie vor sich nehme, und versuche, eine geschickte Melodie darüber zu machen. Es müssen aber lauter Meister-Stücke seyn; ein Meister muß sie aussuchen und vorschreiben; ein Meister muß auch den Versuch beurtheilen, und mit Anmerckungen versehen. Die Selbst-Lehrer sind sehr dünne gesäet. Doch wo sich einer findet, ist ihm unverboten, sein eigner Meister zu seyn. Ein ieder kan aus obigen Beispielen schon abnehmen, was er für einen Weg einzuschlagen habe: bevorab, wenn wir ihm noch immer den Leitfaden in die Hand geben; doch ohne alle Weitläuffigkeit.

§. 29.
Wer aber recht fleißig seyn will, der lasse sich weder an den vorhergehenden, noch an den künftigen Wegweisern begnügen; sondern gehe völlig durch alle Gattungen der Melodien, so viel er deren nur antreffen kan, auf die angezeigte Art und Weise: er wird wahrlich eine grosse Fertigkeit im Setzen erlangen, ehe er noch einmahl nöthig hat, seinen eigenen Erfindungen zuzusprechen. Des ungemeinen Vortheils zu geschweigen, welchen man aus solcher nachdencklichen Zergliederung der erlesensten Muster schöpffen kan, um sich in der Ausarbeitungs-Kunst, mit guter Urtheils-Krafft, festzusetzen.

Siebzehntes Hauptstück.
Von dreistimmigen Sachen.

§. 1.
Es ist bereits an andern Orten[1] dargethan worden, daß in einem Trio mehr Kunst stecke, als in vielstimmigen Sätzen. Jenes erfordert viel mehr Aufsicht, als diese. Und wer mit dreien, ja, mit zwoen Stimmen gut umzugehen weiß, kan sich alles andern leicht bemeistern.

---

1 Orchest. zwote Eröffn. *p. 179, 288.* it. G. M. Buononcini Mus. Pract. *p. 62.*

§. 2.

Die Herren Frantzosen selbst geben uns hierin Beifall, wenn sie[2] gestehen: **Es sey das Trio unter allen am schwersten zu machen, und wolle einen geschickterern Meister haben, als andre harmonische Sätze.** Denn es müssen hier alle drey Stimmen, iede für sich, eine feine Melodie führen; und doch dabey, so viel möglich, den Dreiklang behaupten, als ob es nur zufälliger Weise geschähe.

§. 3.

Ein rechtes Trio ist also das grösseste Meister-Stück der Harmonie, und wenn man mit dreien Stimmen rein, singbar und vollstimmig verfahren kan, so wird es auch mit 24, dafern die Arbeit keine Scheu macht, glücklich angehen, nach dem Ausspruch jenes[3] Gelehrten: **daß dem, der wol mit dreien singt, es auch mit mehren gut gelingt.**

§. 4.

Wenn mans aber recht erwegen, und ordentlich verfahren will, so finden sich hauptsächlich dreierley Arten von dreistimmigen Sachen oder *Triciniis*, die alle ihre besondre Vorsichtigkeit erfordern. Die erste Gattung bestehet in einem concertirenden Wesen, etwa zwischen zweien Instrumenten und ihrem Baß, da es die beiden Ober-Stimmen gleichsam mit einander aufnehmen und um die Wette spielen. Der Unterschied dieser Instrumente thut alhier eine besondere Wirckung, wenn nehmlich eine Violin und Oboe, eine Flöte und Orgel-Stimme etc. den Klang-Streit führen.

§. 5.

Eine gantz andre Gattung hergegen ist das frantzösische Trio, bey welchem die concertirende und welsche Ausarbeitungs-Art nicht so sehr in Betracht kömmt, als eine richtige Harmonie und zierliche Ober-Melodie; es wäre denn, daß man in einer Ouvertür etwas nachahmendes oder | fugenmäßiges anbringen wollte, das sich doch grössesten Theils auf einen gewissen Wiederschlag beziehen müste. Diese Art hat sonst vorzüglich den Nahmen eines Trio. Wenn sie klein sind, und auf welsche Art gerathen, nennet man sie auch wol *Trietti*.

§. 6.

Zur dritten Gattung rechnen wir billig die eigentlich-so genannten Duette von zwo Sing-Stimmen und ihrem Baß, sie mögen nun auf welsche oder frantzösische Weise gesetzet seyn. Vornehmlich aber zehlen wir darunter die wircklichen aus drey Sing-Stimmen bestehenden Arien, wo das Fundament bisweilen ein Bassetgen ist, und mit dem General-Baß übereinkömmt.

§. 7.

Diese, insonderheit die welschen Duette, erfordern weit mehr Künste und Nachsinnen, als ein gantzer Chor von 8 und mehr Stimmen. Es muß hier allezeit ein fugirendes oder nachahmendes Wesen, mit Bindungen, Rückungen und geschickten Auflösungen anzutreffen seyn; **ohne, daß der Harmonie darunter etwas merckliches abgehe.**

---

2   *Le Trio est de toutes les pieces la plus difficile, et celle qui demande le plus d'habileté.* Hist. de la Mus. T. II. p. 69. alwo ein mehres und lesenswürdiges davon zu finden ist.
3   Christoph. Donaverus, in Ott. Siegfr. Harnisch Cantorem St. Blasii Brunsviga: *Crede, tribus bene qui cecinit, bene pluribus ille Noverit harmonico concinuisse sono.*

§. 8.

Um nun auch diesfalls die Sache durch Exempel in ein helleres Licht zu stellen, nicht zwar durch Hersetzung derselben (welches viel zu weitläuffig fallen würde) sondern nur durch Benennung derjenigen berühmten Leute, in deren Wercken die Exempel häuffig zu finden sind, will ich vor andern, was die nach welscher Manier eingerichteten dreistimmigen Instrumental-Sachen betrifft, den weltbekannten **Corelli** zum tüchtigen Muster vorgeschlagen, niemand aber damit ausgeschlossen haben: maassen sich unter den neuern auch der Kaiserliche Herr Ober-Capellmeister **Fux** sehr löblich in dieser Schreib-Art hervorgethan hat.

§. 9.

Was die ächten frantzösischen Trio, sowol zum Singen, als zum Spielen anlanget, ist noch **Lully** immer obenan zu setzen. Denn es gibt unter den jüngern Frantzmännern, die der Music obliegen, sehr viele, dermaassen verwelschte Kräuseler, daß sie zu lauter gezwungenen Sonderlingen werden, und keiner Nachahmung werth sind. Der Herr Capellmeister **Telemann** verdienet solches vielmehr, weil seine Trio, wenn gleich etwas welsches mit eingemischet wird, doch sehr natürlich und altfrantzösisch fliessen. Man siehet von ihm Sachen dieser Gattung, deren sich wahrlich **Lully** selbst, zumahl da er auch seine Landes-Art nicht verbarg, keines weges zu schämen hätte. Ob jener seine Pariser-Reise zum lernen oder lehren angestellet gehabt, stehet im Zweifel. Ich glaube mehr zum letzten, als ersten Zweck.

§. 10.

Was die Duetten betrifft, so werden gewiß des **Steffani** Bemühungen in diesem Stück nicht so leicht veralten. **Attilio Ariosti, Marcello** und **Händel** (dem man neulich eine marmorne Ehren-Säule in den Londonschen Gärten zu Vauxhall aufgerichtet) haben sich auch hierin absonderlich starck erwiesen. **Kaiser** hat ebenfalls einige gute Proben von solchen Duetten abgeleget[4]. Nur ist Schade, daß von den Sachen der zween erstgenannten, meines Wissens, gar nichts hieher gehöriges, von den Wercken der andern aber nur so wenig gedruckt ist, das uns hierunter dienen könnte. Ich kan bey gegenwärtiger Gelegenheit nicht umhin, die schöne Arbeit des **Marcello**, so er in seinen Psalmen angewandt, einem ieden auf das beste anzupreisen. Es ist davon noch ein eintziges Exemplar bey mir in Commißion vorhanden.

§. 11.

Wer inzwischen in seiner Lehr-Art mit den dreistimmigen Sachen richtig zu Wercke gehen will, der lasse sich die folgende sechs Aufgaben nicht umsonst angezeiget seyn:
1) Wie ein Baß zu zwoen Ober-Stimmen zu setzen.
2) Wie eine Ober-Stimme zu zwoen Unter-Stimmen zu machen.
3) Wie man, in Ansehung beider äussersten Stimmen, mit einer Mittel-Partey verfahren müsse.
4) Auf welche Weise ein Baß und eine Mittel-Stimme zur obern eingerichtet werden mögen.
5) Eine Mittel- und Ober-Stimme über den Baß zu setzen.
6) Wie auch, im Nothfall, eine Ober-Stimme und ein Baß zu der blossen Mittel-Stimme zu finden.

---

4   S. dessen *Divertimenti Serenissimi, Fo. obl.* 1713.

480   III. Theil.   Siebzehntes Capitel

§. 12.

Einmahl vor allemahl stehet zu erinnern, daß die im vorigen Haupt-Stücke beliebte Ver|fahrungs-Art auch hier, und fernerhin, beizubehalten nöthig sey. Nehmlich: daß man sich ausgesuchte Sätze wehlen und vorschreiben lasse; diejenige Stimme oder Stimmen aber, so gemacht werden sollen, in dem Original nicht vorher ansehe, sondern das leere Systema, wo sie stehen sollen, selbst ausfülle, und hernach eines gegen das andre halte.

§. 13.

Alles dieses desto leichter zu bewerckstelligen, kan man sich folgender Anmerckungen nach Gelegenheit, bedienen. Zu den dreien ersten Aufgaben erkiesen wir gerne eine Instrumental-Harmonie: weil es diesen Falls, da es keine eintzelne Melodie betrifft, mehr Mühe kosten würde, dergleichen Arbeit mit Sing-Arien vorzunehmen.

§. 14.

Zur allerersten Aufgabe, wie zwo Ober-Stimmen mit einem Basse zu versehen, kan ein gewisser Theil, und zu den beiden andern der Rest eben desselbigen gewehlten Stückes genommen werden. So gibt es einen bessern Zusammenhang, und erleichtert den Versuch um ein grosses.

§. 15.

In einem Trio, wo der Baß auf gewisse Weise mit der Oberstimme gleichsam um den Vorzug streitet, da arbeiten gerne zwo gegen eine. Das ist zu sagen, es halten gemeiniglich die beiden Unterstimmen zusammen, und machen der obern ein Gegengewicht, weil diese schon gnugsam herrschet, und dem Basse, durch eine Verdoppelung der Kräffte, sonst nur zu starck würde. Denn, weil die gröbern Klänge lange so empfindlich nicht in die Ohren dringen, als die feinern, so schickt sich die Verstärckung besser unten als oben. Daß dieses in der Natur Grund habe, wird iedermann begreiffen. z. E.

§. 16.

Wo aber nichts concertirendes nöthig ist, und nur ein ebenträchtiger Gang in der Harmonie erfordert wird, da hat es eine andre Bewandniß. Alsdenn können sich beide Ober-Stimmen gar wol in ihren Bewegungen vereinbaren: denn sie haben auch mit der untersten keinen Streit. Man siehet in des aus itzt angeführten Beispiel zugleich und auf einmahl was dieser Klang-Streit, und was die Vereinbarung der Stimmen zu bedeuten habe.

§. 17.

Es muß ferner in einem reinen Trio auch die Mittel-Stimme wol bedacht, oder beobachtet werden. Denn ehe dieselbe an der ihr **gehörigen**, ziemlichen Melodie Abbruch leiden sollte, mag man lieber dem Dreiklange hie und da etwas weniges entziehen. Ein guter, ordentlicher, singbarer Gang hat allemahl den Vorzug, und darff sich derselbe nicht immer nach der steifen Vollstimmigkeit richten; sondern es muß sich vielmehr, wenns nicht anders seyn kan, diese gewisser maassen nach jenem beqvemen.

§. 18.

Daher es denn geschiehet, daß eine Octave, wenn sie zur Hand lieget, und einen geschickten Gang darbietet, bessere Dienste thut, als eine gar zu sehr erzwungene Aufsuchung des Dreiklanges oder völligen Accords; sollte auch die Qvint selbst darüber Urlaub haben. Damit dieses klärer werde, und man sehen möge, wie die Melodie vor der Harmonie ihre Herrschafft immer behaupte, setzen wir ein kleines Beyspiel, auf dreierley Art, daraus ein Nachdenckender leicht grössere Schlüsse ziehen kan.

§. 19

Im ersten Satze, *A*, wären die *triades* unfehlbar gefunden, aber gar zu ängstiglich gesuchet, und die singende Verbindung, welche der Harmonie das Leben geben sollte, ist nicht dabey vorhanden. Ja, es hat die Mittelstimme, in Ansehung des Basses, eine barmhertzige Melodie. Der zweite Satz, *B*, mögte zur Noth mitgehen, wenn man kurtzum zween volle Accorde haben sollte und müste. Doch ist der letzte Satz, *C*, der allerbeste; obgleich unter dreien Zusammenstimmungen nur eine gantze *trias* vorkömmt.

§. 20.

Hiernächst müssen auch Qvinten- und Octaven-Gänge, samt andern groben Schnitzern der musicalischen Zusammensetzung und Klang-Folgen, vornehmlich in unsern dreistimmigen Sachen mit weit grösserer Sorgfalt, als in allen andern, vermieden werden. Denn wenn auch gleich die schönste Gegenbewegung dieser Fehler Anwald wäre, würden sie doch alhier den Proceß nothwendig verlieren müssen.

§. 21.

Wenn man sich gleich offt bey einer dreifachen Harmonie mit der Sext gerne aushelffen mögte, so ist doch zu mercken, daß diesen Falls, und sonst bey den meisten Umständen, die Qvint der Sext in einem Trio fast immer vorzuziehen sey: zumahl, wenn mans mit Händen greiffen kan, daß die Sext nur als ein Stichblat und Noth-Knecht in der Mittelstimme erscheinet. Ein anders wäre es, wenn die Sext daselbst eine eigne Absicht hätte, und was besonders sagen wollte.

§. 22.

Endlich kan zur allgemeinen Grund-Regel bey dieser dreistimmigen Gattung dienen, daß eine Mittelstimme fein sittsam und ordentlich einhergehen, auch wenig Manieren und Verbrämungen haben müsse. Absonderlich bey solchen Sachen, wo sie nur zur Füllung der Harmonie, nicht aber um hervorzuragen, mitgenommen wird, wie alhier geschiehet.

§. 23.

Eine andre Beschaffenheit hat es mit den concertirenden, oder auch mit gewissen, lauffenden und Bewegungs-vollen Mittelstimmen: bey welchem Umstande die Haupt-Melodie gemeiniglich nur mit einer edlen Einfalt versehen ist, und jener gleichsam Erlaubniß gibt, ihre Zertheilungen und *diminutiones* auf das künstlichste, doch sehr gelinde, anzustellen.

§. 24.

Man findet heutiges Tages solcher ausgearbeiteten, bunten und krausen Instrumental-Mittel-Stimmen, auch wol bey Sing-Sachen, nicht wenig, welche durch und durch, auf eine gebrochene Art, mit geschwinden Noten daher rauschen, und wenn sie auf Alt- oder Tenor-Geigen, *Viole da braccio*, fein rein und sanffte gestrichen werden, dem Gesange zu einer zierlichen Begleitung, ja, bisweilen zu einer nachdrücklichen Vorstellung dienen: falls die Gedancken und Worte des Vortrages damit übereinkommen.

§. 25.

Diese arbeitende Mittel-Stimmen erfordern sonst ihren Meister, und sind so leicht nicht zu machen, als anzuhören, wenn sie fliessend seyn, und rechte Art haben sollen. Eben darum stehet es desto mehr zu bewundern, daß sich so gar die Opern-Componisten so viel Mühe nehmen, und sich damit abgeben: wiewol mir nur **Chelleri** und **Conti** anitzo einfallen, die es gethan haben.

§. 26.

Wer sich aber, bey vielen Stimmen, zwingen wollte, den Alt- und Tenor-Geigen förmlich Haupt-Melodien beizulegen, der würde, ausser obigen und wenig andern Fällen, wieder die Natur der Harmonie handeln. Ich sage vom Zwange: denn wenns ungefehr geräth, daß die Mittelstimmen nach ihrer Art gut singen, so ist es wol und löblich gethan. Sonst wird dadurch den übrigen vornehmern Stimmen so viel Nachdruck weggenommen, daß ihrer keine was eigentliches und auserlesenes behält, welches unverständlich seyn und zuletzt verdrießlich anzuhören fallen muß. So viel zur Erläuterung der drey ersten obigen Aufgaben.

§. 27.

Zur vierten Aufgabe, wie nehmlich ein Baß und eine Mittelstimme zur vorgeschriebenen Haupt- und Oberstimme erfunden werden mögen, damit man auch lerne, zwo Stimmen zu einer dritten zu setzen, da bisher nur die dritte zu zwo aufgegebenen gesuchet worden ist, mögte vieleicht ein welsches Duett, *Soprano, Contralto e Continuo*, dienlich seyn; wenn vorher, zur Erleichterung solcher Arbeit, folgende Hülffs-Mittel angenommen worden.

§. 28.

Der Ort, da die zwote Stimme eintritt, (worauf vieles ankömmt) wird sich in den meisten guten

Von dreistimmigen Sachen. 483

Aufsätzen dieser Art schwerlich eher finden lassen, als nach geendigtem Wort-Verstande, bey der Cadentz, oder kurtz vor derselben. Denn in diesen Duetten fangen die Stimmen nicht (oder doch nicht gern) zugleich an. Im folgenden Prob-Stücke sind ein Paar solcher Oerter und Stellen bemercket, und mit Sternlein unter dem Baß bezeichnet worden.

§. 29.

Eine hievon gantz unterschiedene Natur haben diejenigen Sing-Duetten, welche von kleinen Fragen und noch kleinern Antworten Gesprächs-Weise zusammen gesetzet sind. Diese kommen bey unsern Zeiten häuffig in die Mode, lassen sich auch gar angenehm hören, und haben grosse Deutlichkeit. Wenn nur der Sache nicht zu viel geschähe. Die eine Stimme singt zum Exempel: **Ach! redet ihr Lippen, antwortet!** So frägt die andre. **Und was?** etc. Zu dieser Art wird zwar weniger Kunst erfordert, als zu jener; doch kömmt sie dem Verstande viel natürlicher vor. Und eben darum ist mancher seichter Contrapunctist froh, wenn er mit seinen Duetten so leicht davon kommen kan.

§. 30.

Hat man nun bey einem concertirenden Duett den Haupt-Satz in beiden Stimmen durchgeführt, alsdenn, und noch wol vorher, kan man denselben mit aller Freiheit näher zusammenbringen; davon nach Belieben abbrechen was, und wo man will, aufhören und wieder einfallen, wie mans am bequemsten und artigsten erachtet. Von dergleichen Annäherung etc. besehe man im folgenden Exempel die mit einem Kreutzlein bezeichneten Stellen. Hier ist alles ausserordentlich und desto schwerer, wenns gleichwol dabey eine gewisse gute Ordnung halten soll; denn ausserordentlich muß nicht unordentlich seyn. Die Absätze oder kleinen Schlüsse und Cadentzen müssen hier gleichsam zu Wegweisern dienen: denn bey denselben findet der Einfall des Haupt-Satzes gemeiniglich eine gute Gelegenheit.

§. 31.

Was den Baß betrifft, ob er gleich zur Nachahmung ein wenig vorspielen mag, wie eben das nächste Muster ausweiset, kan derselbe doch in dieser Zusammenfügung selten grosse Sprünge machen, noch sich sonderlich hervorthun. Ein Setzer, wenn er der Sache so gewachsen ist, daß er zu einem künstlichen Duett noch einen eigenen, gebundenen Baß mit im Kauffe geben kan, wird wenig Nachfolger antreffen. Es gehöret ein unermüdeter Teutscher Kopff dazu; der doch wenig mehr damit ausrichtet, als daß man ihn bewundert.

§. 32.

Hier bey unsrer vierten Aufgabe, soll der Baß nur gantz einfältig, doch edel einhergehen, und sich mehrentheils, als ein Gefährte und Geleitsmann, nach den Ober-Stimmen richten. Es wird hiebey zweierley anzumercken seyn. Erstlich, daß der Worte Inhalt auf die Eifersucht und Unversöhnlichkeit gehet, wobey gleich die allererste Note des Haupt-Satzes von grossem Nachdruck ist, ingleichen, daß diese Leidenschafften sich am füglichsten durch solche concertirende und nacheifernde Arbeit vorstellen lassen. Zweitens, daß der Baß dennoch, seiner Gleichgültigkeit ungeachtet im andern, sechsten, siebenden, dreizehnten, vierzehnten, funfzehnten und sechszehnten Tact eine solche Gleichförmigkeit spüren läßt, die sich mit einer gewissen Stelle des Haupt-Satzes | sehr wol reimet. Man sehe nur die drey Noten an, worüber der Bogen zehnmal stehet, so wird es begreifflich seyn.

484 III. Theil. Siebzehntes Capitel

§. 33.

Kurtze Nachahmungen, wettstreitende Rückungen und ungezwungene Bindungen zieren dergleichen Duette vor allen andern Dingen. **Steffani** war hierin unvergleichlich. Ich habe selbst Sachen von ihm in dieser Schreib-Art auf der Schaubühne gesungen, die wol eine Kirche verdienten. Wer es ihm nachthun kan, darff es für keine Schande halten. Aber es gehören Kunstverständige Zuhörer dazu; andern dient es nicht. Nun folget zur Probe der Anfang eines solchen dreistimmigen Satzes, als das

Muster eines schönen Duetts von Fux, nach welscher Art.

Von dreistimmigen Sachen.

§. 34.

Ich achte diese Duetten-Art ohne Instrumenten, wenn sie wol ausgeführt wird, für künstlicher, als wenn man eine starcke Begleitung dazusetzt, wie es heutiges Tages sehr gebräuchlich, und doch offt nur *all'unisono*, oder kaum dreistimmig ist: weil bey jenen Umständen eine tüchtigere Melodie erfordert wird, und man desto weniger Gelegenheit hat, verständige Zuhörer durch allerhand leere Zwischenspiele aufzuziehen.

§. 35.

Wir müssen demnach bey dergleichen Sachen nicht sowol auf die Erfüllung des Dreiklanges, der *triadis harmonicae*, sehen, als darauf, daß die Singstimmen nur artig mit einander streiten, umwechseln und gleichsam eifern: welches besser durch wolbereitete und ordentlich-gelösete Dissonantzien geschehen mag, als durch viele matte Consonantzien, die weiter nichts, als eine Harmonie machen.

§. 36.

So hält auch diesen Falls die Mittel-Partey mit dem Baß niemahls zusammen, gegen und wieder die Oberstimme: maassen der Baß hier nur zu einer zierlichen und festen Grund-Lage gebraucht wird. Es kehren sich die beiden Singstimmen nicht das geringste an den Baß. Daher führet auch diese Gattung den Nahmen der Duette, obgleich in der That eine dreistimmige Harmonie vorhanden ist: gerade, als ob der Baß, weil er nur auf Instrumenten gespielet wird, bloß zur Ziefer da wäre.

§. 37.

Inzwischen muß der Baß auch hiebey deswegen nicht verabsäumet werden, sondern nach seiner Art einen guten, natürlichen Gang führen, denselben zuweilen mit kleinen Pausen, die man Seufzer nennet, unterbrechen, um dadurch desto mehr Aufmercksamkeit zu erregen, und, wie oben §. 32 erwehnet worden, solche Förmelgen hin und wieder anbringen, dadurch er gleichwol beweise, daß er mit zum Wercke gehöre, kein Fremdling, sondern eine Genosse sey. An etlichen

Orten macht der Baß in dieser Schreib-Art eine *Tenuta*, hält eine Zeitlang in einem Tone aus, und wartet gleichsam auf die Singstimmen, bis sie sich gemächlich aus einander gewickelt haben: zum Zeichen, daß er zu ihrer Beförderung alles mögliche beizutragen verbunden sey.

§. 38.

Es lassen sich demnach bey dieser Duetten-Gattung die beiden singenden und concertirenden Ober-Stimmen aus dem blossen hingeschriebenen Baß unmöglich so errathen, daß sie mit dem Original einiger maassen übereinkämen. Wer solches fordern wollte, müste kein Nachdencken haben. Den erwehnten Umständen nach kan der Baß alhier gar keine Gelegenheit oder Anleitung dazu an die Hand geben: dieweil er gäntzlich von ihnen, den Sing-Stimmen, abhänget, und sich nach denselben richten muß. Wenn ich aber iemanden die erste Ober-Stimme eines solchen Duetts hinschreibe, Worte und Anmerckungen dabey füge; so läßt sich gar wol die zwote Sing-Stimme und der Baß dazu erfinden. Der Anführer muß ein **wenig** Vorschub thun, und mit helffen. Ie **weniger** solches geschicht, ie schärffer wird des Lernenden Nachdencken.

§. 39.

Wo nun kein solches wettstreitendes Wesen im ungeraden und gebrochenen Contrapunct, sondern nur ein gewöhnliches Trio, obwol singend, im geraden harmonischen Styl vorhanden ist, da kan man gar leicht aus dem blossen Basse abnehmen, wie die Ober-Stimmen beschaffen seyn müssen, wenn sie auch gleich eine und andre kurtze Nachahmungen anstellen sollten, die doch, weil die Schreib-Art oden-mäßig ist, nicht viel zu sagen haben können. Träffe man auch nun schon die Gänge des Originals hiebey nicht, so könnte es wol geschehen, daß sie bey ihrer Verschiedenheit auch noch wol etwas besser geriethen. Die Proben hievon sind vorlängst an Untergebenen gemacht.

§. 40.

Und also wird hie Zeit und Ort seyn, mit unsrer fünften Aufgabe, wie eine Mittel- und Ober-Stimme über den Baß zu setzen, eine Kunst-Uibung anzustellen. Es werden sich Beispiele genug dazu finden, absonderlich in frantzösischen Sachen, sowol für Sänger als Instrumente. Man treibe es immer mit beiden, und lasse nichts unversucht.

§. 41.

Wenn es nun hiemit seine Richtigkeit hat, und man wendet die dabey vorfallende Anmerckungen auf anderweitige Exempel fleißig an, bringet hernach dieselben samt den vorhergehenden zur Vollziehung, so kan endlich auch die sechste Aufgabe eine kleine Beschäfftigung an die Hand geben, nehmlich, wie im Fall der Noth auch so gar eine Ober-Stimme und ein Baß zu einer vorgeschriebenen Mittel-Partey gefunden werden mögen.

§. 42.

Es ist dieses zwar eine Sache, dabey mancher den Kopff schütteln dürffte, und die sich auch nur bey gewissen Umständen thun läßt, ohne welche es sehr schwer fallen würde, etwas rechtes herauszubringen. Allein in einem concertirenden, vielmehr in einem fugirenden Satz wird schon ein Nachdencker aus der blossen Mittel-Partey eins und anders von den übrigen schliessen, gute Uibungen anstellen und sich versprechen können, daß dieselbe nicht sonder Nutzen abgehen werden. Doch darff sich keiner hiebey länger aufhalten, als es eine solche kleine Probe erfordert, die den Verstand schärffet.

Von dreistimmigen Sachen.

§. 43.

Wer es nicht glauben will, der betrachte nur folgende Zeilen einer Mittel-Partey, und gestehe aufrichtiglich, ob er nicht zum wenigsten daraus schliessen könne, an welchem Orte die andern zwo äussersten Stimmen nothwendig eintreten müssen.

§. 44.

Hat einer das geringste Nachdencken, so wird er alsobald finden, daß der Baß, und nicht der Discant, im dritten *tempore* mit der Final-Note den Fugen-Satz anheben; der Discant aber eher nicht einfallen müsse, als in der letzten Helffte der fünften Zeitmaasse, mit der *Dominante*; und abermahl der Baß nach einer kleinen Pause im andern Theil des siebenden Abschnittes u. s. w.

Achtzehntes Hauptstück.
Von gebrochenen Accorden.

§. 1.

Ehe wir weiter gehen, und uns mit vier- bis fünfstimmigen Sachen abgeben, wird nöthig seyn, die wenig berührte Lehre von gebrochenen Accorden, nach der Kunst zu reden, *de Syzygiarum Fractione*, hier vorzutragen. Die Ursache, warum solches geschiehet, ist, weil diese Accorde und ihre Brechungen den meisten Nutzen nicht sowol in mehr- als in zwo- bis drey-stimmigen Sätzen haben.

§. 2.

Es hat der gelehrte Herr Capellmeister **Neidhardt** in einem lateinischen Manuscript diese Sache ehmals, mathematisch und kurtz, seinen Zuhörern vorgetragen. Er ist auch, meines Wissens, der eintzige, der etwas davon zu Papier gebracht hat. Wir wollen demnach seine Arbeit alhier, mit Erlaubniß, zum Grunde legen; obwol ein ieder, der beiderley Vorträge zusammen hält, bald finden wird, worin der Unterschied steckt, und daß wir ihn nicht ausgeschrieben haben. Doch gebührt ihm billig Danck für gegebene Gelegenheit und Exempel.

§. 3.

Wenn es nun an dem ist, daß bey heutiger melodisch-harmonischer Setz-Kunst oder Composition, der Deutlichkeit halber, nicht so viele **verschiedene** Instrument-Stimmen, als vor diesem gebraucht werden, und dennoch der Harmonie ihr Recht geschehen soll: so ist es eingeführet worden, daß man offt in einer eintzigen solchen Stimme drey bis vier Klänge, im völligen doch gebrochenen Accord, nach einander hören läßt, woran sonst ihrer vier genug hätten, wenn sie auf einem Schlage gehöret würden. Brechen heißt hier, wenn die Klänge einer Zusammen-Stimmung nicht auf einmahl, sondern nach einander vernommen werden.

§. 4.

Hieraus entspringt zugleich nicht nur ein grosser Zierath in besagten Instrument-Stimmen, sondern eine unendliche Veränderung, ja, so zu reden, eine unerschöpffliche Qvelle der Erfindungen. Und das ist der Anlaß oder die Gelegenheit zu diesen Brüchen, nebst deren Gebrauch und herrlichen Nutzen, dessen noch sonst niemand in Schrifften erwehnet hat, sowol in Solis besagter Instrumente, und in ihrem Bestreben die Singe-Stimmen geschickt zu begleiten, als auch in den Singe-Stimmen selber und besonders; obwol mit gehöriger Bescheidenheit.

§. 5.

Die Beispiele müssen das beste zur Verständlichkeit und Vollzichung unsers Antrages thun. Daher ist nichts besser, als daß wir, ohne fernere Betrachtung, zum Wercke schreiten, und mit einem **zwostimmigen** Satze zeigen, wie sich derselbe, auf mancherley Art, in einer einzigen Stimme mit gebrochenen Accorden hören lassen könne. Da ist er!

§. 6.

Wenn ich nun diese beide Stimmen in eine bringen wollte, und zwar durch die Brechung der Accorde **über sich**, so mögte der Satz etwa so heraus kommen:

§. 7.

Sollten aber die Brüche **unterwärts** angebracht werden, dürfften sie folgender Gestalt ausfallen:

§. 8.

Diese aus Vierteln entsprungene Achtel, wenn man sie in Sechzehntel zertheilet, geben fast eine Mandel von Veränderungen, oder so genannten Variationen an die Hand. Wir haben aber nur Raum, die Anfangs-Noten einer ieden Veränderung herzusetzen.

§. 9.

Sothane verdoppelte Brechung kan auf eben so vielfältige Art und Weise durch den gantzen Satz hindurch geführet werden. Laßt uns es nur mit der ersten versuchen, so wird mans von der andern desto leichter glauben.

§. 10.

Will man die Lebhafftigkeit vergrössern, so mag obige doppelte Brechung gar vierfach und also, wie hier folget, angestellet werden.

§. 11.

Ieder wird leicht gewahr, daß es sich auch mit der letzten vierfachen Brechung der Accorde ebenfalls auf obige vierzehnerley Weise thun lasse; welche aber alle der Länge nach herzusetzen, so mühselig, als überflüßig fallen müsse.

§. 12.

Indessen wollen wir untersuchen, wie die Sache mit **dreien Stimmen** gerathen würde, nach Maaßgebung der folgenden schlechten und völlig-zusammen schlagenden Harmonie:

Ordentlicher Satz.

§. 13.

Es gehöret zwar hieher nicht, sondern zum doppelten Contrapunct, was ich itzund sagen will, nehmlich: daß wenn aus der Ober-Stimme die untere, aus der mittlern die obere, und aus der untern die mittlere gemacht wird, alsdenn einige besondre Bindungen und Lösungen sich äussern, welche hieherzusetzen mir die Freiheit ausbitte.[1]

---

1 Man kan diese kleine Digreßion als einen Zusatz ansehen, zum elfften Capitel dieses Theils von den Secunden, und zwar zu Ende desselben, wo die übermäßige Secund mit ihren Bindungen und Lösungen vorkommt.

490 III. Theil. Achtzehntes Capitel

Zufällige Verwechselung der Stimmen.

§. 14.

Ein solcher dreistimmiger Satz nun, wie er §. 12 befindlich, kan auf fünferley Art in einander gezogen, und mit gebrochenen Accorden durchgeführet werden, als

1) Da man die beiden untersten Stimmen in eine bringet, und die obere so mitnimmt, wie sie da stehet.
2) Da die beiden Ober-Stimmen in eine gebracht werden; die untere aber hergegen so bleibet, wie sie ist.
3) Da die Mittel-Stimme nicht geändert wird; die andern beiden iedoch zusammen treten, und nur eine ausmachen.
4) Wenn in zwo Stimmen abgewechselt, und in ihnen die dritte mit eingeschlossen wird.
5) Wenn sie alle drey, mittelst einer eintzigen Stimme, vernommen werden, als worin die Haupt-Sache der gebrochenen Accorde bestehet. Von allen fünf Arten folgen kleine Proben, ohne welche man den Vortrag vieleicht nicht begreiffen würde.

Von gebrochenen Accorden.

Diese letzte und fünffte Brechung heisset eigentlich die **Harffen-Art**, auf Welsch: *Arpeggio*, und wird starck gebraucht.

§. 15.

Bey einem vierstimmigen Exempel finden wir sechserley Wege, die gebrochene Accorde in den Stimmen abzuwechseln. Die Brüche aber an und für sich selbst sind und bleiben unzehlich, ja, unendlich. Hier sind die 6 Arten eines vierstimmigen Satzes!

1) Bringt man die zwo Ober-Stimmen in eine, daß die zwo untersten unverändert bleiben.
2) Drey in zwo, daß nur die untere Stimme so bleibet, wie sie gewesen.
3) Alle vier Stimmen in drey gebrochene zu bringen.
4) Die drey obersten in eine, und die unterste so wie sie war.
5) Alle vier Stimmen in zwo.
6) Alle vier in eine.

§. 16.

Nun wollen wir zuvörderst den ordentlichen, ungebrochenen vierstimmigen Satz vor uns nehmen, und hernach sehen, wie derselbe sich obgedachter maassen sechsmahl in den Stimmen zusammen ziehen und mit gebrochenen Accorden durchführen lasse.

Ordentlicher Satz.

Brechung.

§. 17.

Mit fünf und mehr Stimmen kan man es auch zwar versuchen; Allein es kömmt ein wenig gezwungen heraus. Es braucht schon mir vieren Mühe, wenn der Natur durch die Kunst nicht zu nahe getreten werden soll.

§. 18.

Nur diejenigen Harffen-Brüche gehören noch hieher, die ein ieder practischer Künstler, es sey auf dem Clavier, auf der Geige, Laute etc. nach seinem Belieben macht, wenn sie zuvor von dem Componisten in Gleichförmigkeit desjenigen Instruments eingerichtet sind, darauf sie heraus gebracht werden sollen. Z. E. bey vierstimmigen Brüchen auf der Violin, dabey der Baß die fünffte Stimme ausmacht, ist weiter nichts zu thun, als die Saiten auszusuchen, die sich zugleich greiffen und anstreichen lassen, und die Noten dazu gerade unter einander zu setzen, **wie wir hier aus Noth mit Puncten thun müssen**, welche hernach von dem Spieler willkührlich gebrochen werden.

Neunzehntes Haupt-Stück.
Von vier- und fünfstimmigen Sachen.

§. 1.

Wenn diese beiden Stücke mit vollständigen Exempeln erläutert und ausgeführet werden sollten, so würde ein gantzes Buch daraus werden. Da wir aber dieselbe Materien in ein kleines Hauptstück zu bringen grosse Ursache haben, so wird es freilich an Vorschrifften, deren doch eine Menge bey uns vorhanden sind, fehlen müssen. Allein, wenn sie gleich alle Raum genug fänden, würden sie doch zu nichts sonderliches dienen.

§. 2.

Unsre Lehr-Art ist so beschaffen, daß bey einer dergleichen practischen Aufgabe oder Vorschrifft, wo etwa z. E. ein Baß zur Ober-Stimme gesetzet werden soll, nicht nur drey Systemata[1] oder dreimahl fünf Linien zu ziehen sind, davon eines ausgefüllet wird, das andre aber zur Verbesserung leer bleibet, wol zu verstehen, daß die aufgegebene Ober-Stimme das dritte einnimmt; sondern es müssen ferner über die Ausfüllung solche Anmerckungen gemacht werden, die alsdenn, nach geschehenem Versuch, von ungefehr aufstossen. Und das ist unmöglich im Voraus zu thun.

§. 3.

Was hätte auch einer für Nutzen von seiner eignen Uibung, wenn er bereits dasjenige in einem unverbesserlichen Exempel vor sich sähe, welches er doch erst zu machen lernen muß, oder will? Ie weniger wir aber der Weitläuffigkeit einräumen wollen, ie mehr müssen wir uns doch der Deutlichkeit befleissen. Daher denjenigen, die das Verfahren unsrer Lehr-Art aus der Beschreibung nicht recht begreifen, mit einem Muster alhier gedienet werden soll.

1 Die Aufgabe wäre nebenstehende Ober-Stimme.
2 Noten-Plan zur Ausfüllung des Basses, aus eigner Erfindung.
3 Noten-Plan zur Verbesserung solcher Ausfüllung aus dem Original.

Hiernächst folgten denn die Anmerckungen der Fehler, ihrer Ursachen, die Gründe der Verbesserung u. s. w. So viel Stimmen, als einer nun auszufüllen oder hinzusetzen hat, so vielmahl muß er auch den dazugehörigen Noten-Plan verdoppeln. Macht er einen Baß zu zwo Ober-Stimmen, so hat er 4 Systemata nöthig. Soll es ein Baß und eine Mittel-Stimme zur obern werden, so müssen 5 Plane da seyn. Und so weiter.

§. 4.

Von den dreistimmigen Sachen, darauf zum Theil die vorige Erläuterung zielet, schreiten wir also zu den vier- und fünfstimmigen auf einmahl; geben dazu die benöthigte Anweisung, bleiben bey der einmahl erwehlten, auch längst bewährt-befundenen Lehr-Art, und begnügen uns daran,

---

1 Das Systema bedeutet hier den leeren Noten-Plan der gewöhnlichen 5 Linien, darauf man die Noten schreibet.

daß in den vorhergehenden Haupt-Stücken sowol als hier sattsam gezeiget worden, wie mit den Exempeln in der Ausübung zu verfahren sey.

§. 5.

Uiber einen vierstimmigen Satz schreibet man insgemein *a quatuor, a quattro, un quadro*, oder nennet ihn schlechtweg **ein Qvatuor**, als ob das Zahl-Wort ein selbstständiges (*Substantivum*) wäre. Einige heissen solchen Satz ein *Quatricinium*; wiewol das rechte Kunst-Wort *Tetraphonium* ist.

§. 6.

Was nun dieser vierstimmigen Sätze allgemeine Einrichtung betrifft, so muß es ihnen weder an der Qvint noch an der Tertz in den gewöhnlichen Accorden fehlen, absonderlich hört man sie beide gern beym Schluß des Satzes. Es hat sich aber auch hieran, so viel den Schluß anlanget, niemand knechtisch zu binden, indem offt die Tertz allein genug ist, die weniger entbehret werden kan, als die Qvint. Doch darff jene nicht mehr am Ende groß seyn, wenn sonst die Ton-Art weich oder klein gewesen, wie vor Alters gebräuchlich war, und noch im Choralspielen auf der Orgel von einigen beobachtet wird.

§. 7.

Der Alt läßt sich in einem ordentlichen vierstimmigen Satze (wo kein concertirendes oder fugirtes Wesen ist) wol gefallen, **bisweilen** eine schlechtere Melodie zu führen, als der Tenor etwa hat: weil man gemeiniglich für diese Stimme, wegen ihrer männlichen Stärcke, mehr Achtung heget, als für die weichliche Eigenschafft des Alts. Und damit wir den richtigen Weg zur Uibung zeigen, ist es am besten auf folgende Weise zu verfahren: Man setze nehmlich

1) Zu einer Ober-Stimme und dem Baß die beiden mittlern: wozu 6 Systemata gehören. Das erste und sechste enthalten die Aufgaben; auf das zweite und vierte kömmt die Ausfüllung der beiden Mittel-Stimmen zum Versuch, und das dritte samt dem fünfften bleiben so lange leer, bis die Verbesserung aus dem Original, oder in dessen Ermangelung aus des Lehrenden Anmerckungen darauf gesetzet werden.
2) Man nehme ferner eine Ober-Stimme allein zur Aufgabe, und erfinde die drey mangelnden. Dazu gehören 7 Noten-Plane.
3) Kan sich iemand auch einen verfertigten Baß zur Aufgabe wehlen, und die drey höhern Stimmen zum Versuch dazu setzen. Welches ebenfalls 7 Systemata erfordert.

§. 8.

Solches kan nun zwar mit allerley Sachen geschehen; um aber die vierstimmige Arbeit nicht gleich beym Anfange zu schwer zu machen, darff man nur zuerst einen blossen Choral vor sich nehmen, von demselben die Ober- und Grund-Stimme zur Aufgabe hersetzen, sodann den Alt und Tenor, als zwo Mittel-Stimmen, nur fürs erste im geraden Contrapunct dazu fügen, um die reinen Gänge desto besser von den unerlaubten zu unterscheiden.

§. 9.

Diese Uibung, wobey die Correctur und Anmerckungen des Anführers das beste, ja mehr als irgend einige Vorschrifften thun müssen, kan man so weit treiben, als es beliebig ist, und guten Nutzen davon erwarten. Wir können anfänglich keine bessere Materie dazu nehmen, als eben die auserlesensten Kirchen-Gesänge: sowol ihrer edlen Einfalt halber, als auch wegen der beweglichen Gänge, so in einigen derselben anzutreffen sind.

§. 10.

Damit aber gleichwol eine Abwechselung erfolge, kan ein kleines hurtiges, oder Bewegungsvolles Stückgen, *piece ou air de mouvement*, wenns auch eine menuetmäßige Ariette wäre, ebenfalls hierunter Dienste thun, da zu der eintzigen Ober-Stimme erst ein geschickter Baß, und hernach zwo Mittel-Parteien gesetzet werden. Es sey nun singend, oder spielend: auch wol beides, in der Gestalt eines Chors, dem das Ritornell folget.

§. 11.

Hat man sich nun gnugsam beflissen, zu einer Ober-Stimme drey tiefere zu verfertigen, so wird es umzukehren seyn, nehmlich, daß sich zu einer Grund-Stimme drey höhere beqvemen. Ein ieder Baß aber dürffte hiezu wol nicht dienen können: zumahl ein solcher, der offt durch Pausen unterbrochen wird, und also in die Zahl derjenigen gehöret, die **Bär**[2] nicht für *Bassi continui* erkennen will.

§. 12.

Deswegen suche man sich etwa eine kleine Symphonie aus, bey welcher der Baß recht ehrbar einhergehe, so daß er eine gute, ernsthaffte Grund-Stimme abgibt. Darüber verfertige man erstlich die Ober-Stimme in geschickter Melodie, es sey für die Qveerflöte, oder für die Geige u. d. gl. Zur zwoten Partey wehle man etwa ein Oboe mit zertheilten Noten, *diminutis notulis*, d. i. nach der gemeinen Sprache, mit einer[3] Variation, und endlich eine Arm-Viole, *viola di braccio*, eine Alt- oder Tenor-Geige zur gewöhnlichen Begleitung.

§. 13.

Weil vieleicht ein ieder diesen Vortrag nicht sogleich deutlich verstehen, und also Anstand nehmen mögte, sich mit sothaner Uibung einzulassen; so will ich ein kleines Muster hersetzen, und zeigen, was durch die ernsthaffte Grund-Stimme, durch die geschickte Ober-Melodie, durch die Variation mit dem Oboe u. s. w. gemeinet sey. Wobey man zugleich den beqvemen Octaven-Gebrauch[4] in den äussersten Stimmen gleich Anfangs bemercken kan.

---

2   In seinen musical. Discursen Cap. 3.
3   S. das 17te Haupt-Stück in dieses Theils §. 24.
4   S. das 17te Cap. dieses Th. §. 3. 17, 18 etc.

§. 14.
Es ist zwar der ordentliche Weg in der harmonischen Setz-Kunst nicht dieser, daß ich erst den Baß, und hernach die Ober-Stimme verfertige. Man treibet vielmehr das Gegenspiel; arbeitet vor allen die Oberstimme aus; nimmt hernach den Baß, und zuletzt die Mittelstimmen vor. Es ist auch dieser Gebrauch gantz gut und natürlich.

§. 15.
Daher mögte mancher auf die Gedancken gerathen, als ob wir die Sache vom unrechten Ende anfingen, und man sich von unsern Vorschrifften oder Aufgaben schlechten Nutzen zu versprechen hätte. Hierauf ergehet aber diese vierfache Antwort:

§. 16.
Erstlich stehet zu erwegen, daß alles, was der **Uibung zu gefallen** (*exercitii gratia*) geschiehet, nicht darum gleich als unnöthig oder unnützlich zu verwerffen sey: weil etwa der daraus zu hoffende Vortheil nicht iederman beym ersten Anblick in die Augen fällt.

§. 17.
Zum zweiten wird man in der Arbeit schon finden, daß es sich nicht immer thun lasse, eine Stimme nach der andern so gar ordentlich und nach der erwehnten Reihe hinzusetzen, sondern daß auch im ungekünstelten Contrapunct bald der Baß vorgenommen, bald ein Paar Noten in der Mittel- bald einige in der Ober-Stimme angebracht werden müssen: soll anderst einer ieden Partey ihr Recht geschehen.

§. 18.
Drittens, wenn ich z. E. eine Arie mit dreien Sing-Stimmen machen, und dazu einen verbundenen Baß brauchen will, der entweder gantz durchgehe, oder doch so offt und vielfältig vorkomme, daß sich die Absicht deutlich mercken läßt, so ist wol nichts billiger und nöthiger, als die drey höhern Stimmen auf geziemende Weise nach der untersten einzurichten, einfolglich diese vor den übrigen am ersten festzustellen: es geschehe nun in Gedancken, oder auf dem Papier. Vieler andern Umstände zu geschweigen, da eben dergleichen Verfahren erfordert wird.

§. 19.
Viertens beliebe man nur ein wenig zu erwegen, wie es ungefehr mit der Arbeits-Ordnung beschaffen seyn müsse, wenn es nun damit an ein Fugen-Werck gehen soll. Wird nicht alda unumgänglich nöthig seyn, Ober-Stimmen zu den untersten zu finden, wenn diese das Thema führen, und alles darauf ankömmt? Nicht zu gedencken, wenn der Baß selbst mit dem Fugen-Satze eintritt, und den Trupp führet; wenn verschiedene Subjecte vorhanden sind; wenn auch so gar den Mittel-Parteien zu Liebe sowol Ober- als Unter-Stimmen sich offt ziemlich biegen und krümmen | lassen müssen; und was dergleichen mannigfältige Gelegenheiten mehr sind, bey welchen unsre Verkehrungen oder Umkehrungen unaussetzlich herhalten müssen. Daß einer demnach schlecht fortkommen würde, der sich nicht vorher hierin etwas umgesehen und fest gesetzet hätte. Dieses mag zur Beantwortung des obigen Einwurffs, und zu einer bessern Belehrung genug seyn.

§. 20.
Nachdem man also die Nothwendigkeit, sowol als den Nutzen, bisheriger Lehr-Art, aus angefügten Ursachen, sattsam abgenommen haben wird; so laßt uns ferner getrost darin fortfahren,

und dergleichen Kunstübungen auch in Sing-Sachen fleißig treiben. Hiezu können vornehmlich alle Chöre, von zwo oder vier Text-Zeilen, am beqvemsten dienen. Denn iedes vierstimmiges Stück, absonderlich mit Instrumenten, ist schon einiger maassen ein Chor.

§. 21.

Zwar ist es nicht ohne, daß man einen vierstimmigen Satz machen könne, der eben keinen förmlichen Chor darstellen darff: ingleichen, daß auch andrer Seits drey Sing-Stimmen, wenn sie vielfach besetzet werden, einem ziemlichen Chor schon ähnlich sehen mögen, nachdem bey beiden die Einrichtung geräth. Aber ein rechtes **Tutti** ist doch ein ander Ding, dazu mehr Stärcke, Pracht und Majestät erfordert wird, wenns die Umstände leiden.

§. 22.

Ob es nun gleich unmöglich ist, in einem Chor allen und ieden Parten den rechten Nachdruck der Worte beizulegen; so müssen doch wenigstens die äussersten Stimmen, nehmlich die obere und untere, desfalls wol versehen seyn. In Fugen aber kan der Haupt-Satz so eingerichtet werden, daß er allein den Wort-Verstand, samt dem Affect, richtig ausdrücke; die übrigen Stimmen leiden sodann ein grosses Nachsehen, wie leicht zu erachten, weil doch auch iede von ihnen den Haupt-Satz, zur Zeit, hören läßt.

§. 23.

Was die Vollstimmigkeit im Recitativ betrifft, da zwo bis drey, auch wol vier Stimmen zugleich etwas mehr hersagen, als hersingen, so wäre zu wünschen, daß sie lieber gar zu Hause bliebe, oder in einem andern Styl zum Vorschein käme. Das beste ist, wenn uns ein unbarmhertziger Dichter, wieder Wissen und Willen, damit beschwerlich fallen sollte, daß die Sätze kurtz sind, und bald vorüber rauschen.

§. 24.

In Kirchen-Sachen würde meine unvorgreiffliche Meinung dahin gehen, daß man dergleichen vielstimmigen Recitativ, der ohne dies wieder die Natur der gemeinen Rede läufft, in ein Arioso verwandelte. Aber bey Serenaten und Opern würde solche Verwandelung der Mode Gewalt anthun. Mich deucht gleichwol, daß diese Mode mercklich abnimmt.

§. 25.

Die meiste Schwierigkeit dürffte sich bey den Schlüssen finden, welche billig in ieder Stimme die Schreibart in acht nehmen müsten, die sonst dem Recitativ eigen ist. Da es nun **vornehmlich** mehr nicht, als zweierley Arten dieser Schlüsse gibt; so wird erlaubet seyn, den Alt in einem vierstimmigen Recitativ nach dem nebenstehenden Exempel einzurichten. Wobey zu mercken, daß der Sopran und Tenor die gewöhnliche Weise beibehalten, welche sonst diesem Styl gemein ist, und daß der Baß auch nicht aus der Art schlägt. Eine fünffte Stimme, wenn die zum Uiberfluß dazu kommen sollte, würde noch mehr Freiheit haben. Fürs erste kan man deswegen ohne Sorge seyn.

§. 26.

Die stärckeste Zusammen-Stimmung, so man heutiges Tages bey vielfacher Besetzung insgemein braucht, und womit es auch endlich gnugsam allenthalben bestellet werden kan, bestehet in fünf besondern Stimmen. Man nennet solche *a quinque*, oder mit dem Griechischen Kunst-Worte, ein *Pentaphonium*.

§. 27.

Denn obgleich in Kirchen-Sachen, bey zwey- und mehr-chörigen Stücken, vormahls nicht nur 8 oder 12, sondern wol gar 24 so genannte *Reél*-Stimmen angetroffen wurden, wie insonderheit wegen solcher vielfachen Harmonie der berühmte **Rosenmüller**, und der arbeitsame **Theile**, zu ihren Zeiten sehr glücklich gewesen sind: so ist doch, die Wahrheit zu gestehen, ein solches mühseliges[5] Gewebe mehr zu bewundern, als daß es die Zuhörer, durch den angewandten Fleiß sonderlich rühren oder bewegen sollte.

§. 28.

Man vernimmt dabey eine angenehme, säuselnde, völlige und reiche Uibereinstimmung; aber offtmahls scheinet sich die Melodie, wo nicht gantz und gar, doch sehr mercklich darunter zu verlieren. Die auf solche Weise durch einander klingende und doch zusammenlautende Saiten werden mit den durch einander gehenden Elementen, im letzten Haupt-Stücke des Buches der Weisheit sehr weislich verglichen.

§. 29.

Es ist hiemit auf gewisse Art fast eben so bewandt, als mit einem Gespräche. Wo ihrer viele reden, da höret niemand was deutliches. So auch, wo ein Hauffen Melodien in und untereinander geflochten sind, da vernimmt man keine eintzige recht.

§. 30.

Weil inzwischen das verständliche und lautere Wesen bey einer ieden Music vor allen andern Dingen beobachtet werden muß, und die mitten aus der Kunst hervorragende Deutlichkeit das eintzige Mittel ist, die Hertzen und den Verstand der Zuhörer zu rühren, einfolglich ihre Seelen selbst zu bewegen, als welches der wahre Zweck aller musicalischen Arbeit seyn muß: so kan man leicht erachten, daß diese Absicht durch eine übermäßige Vollstimmigkeit schwerlich erhalten, ja, vielmehr wol gar gehindert werden könne.

§. 31.

Indessen müssen wir aus diesen Anmerckungen keinen Schild der Unwissenheit machen. Ihrer viele thun solches, die sich nicht gern über drittehalb Stimmen versteigen, und noch Mühe genug haben, dieselbe ins reine und feine zu bringen.

§. 32.

Einige Setzer stehen in den Gedancken, weil es etwa die geschickten Italiener und andre tüchtige Meister, aus wolanständiger Freiheit, also machen, um ihren schönen Haupt-Melodien durch die Mannigfältigkeit der vielen Neben-Stimmen nichts zu benehmen, stehe es ihnen auch gar

---

5 Theile ließ 1708 einen *Catalogum* von 51 starcken Kirchenstücken drucken, die er mit Recht nannte: *Studio ac labore indefesso, multaque patientia elaboratum ac editum Opus.*

Von vier- und fünfstimmigen Sachen. 499

wol an, fein kahle, leere Sätze hinzuschreiben, und dieselbe nur drey bis viermahl zu verdoppeln, damit es in der Partitur oder auf dem Papier prächtig in die Augen falle. Da ist denn nun erstlich eine schlechte Harmonie, und fürs andre eine noch schlechtere Melodie zu finden. Wenn diese nur noch gut wäre, könnte man endlich mit jener in die Gelegenheit sehen.

§. 33.

Mein Rath ist also, ein Beflissener der Ton- und Setz-Kunst folge nicht dergleichen seichten Harmonienmachern. Man bestrebe sich vielmehr ernstlich, wo nicht mit 6 oder mehr, doch wenigstens mit 5 Stimmen rein zu arbeiten; sollte es auch offtmahls nur zur Uibung und zur Erlangung grösserer Fertigkeit in der Harmonie geschehen: denn die muß einer so besitzen, daß er mit ihr, ohne grosses Bedencken, schalten und walten könne, weil er sonst zu sehr von höhern Dingen abgezogen wird.

§. 34.

Wer es versuchen will, der lasse seine Absicht auf die natürlichste Austheilung oder Verlegung der Intervalle gerichtet seyn, da bekannt, daß Secunden und Tertzien gern oben, Qvinten und Sexten lieber unten, Qvarten und Septimen in der Mitte, Octaven aber allenthalben seyn mögen: welche Austheilung, die ihren Grund in der Weite und Enge hat, doch nicht ohne Ausnahm ist, auch so wenig seyn kan, als unumgänglich die Abwechselung erfordert wird.

§. 35.

Die Ordnung und Reihe, worin man solche Uibungen anstellen könnte, wird in folgenden Stücken bestehen:

1) Einen Alt und Tenor zu zween Discanten und einem Baß zu setzen.
2) Zween Discänte zu den dreien Unter-Stimmen.
3) Drey Mittel-Stimmen zu den beiden äussersten.
4) Drey Ober-Stimmen zu den beiden tiefern.

§. 36.

Die erste dieser Aufgaben kan in frantzösischen Ouvertüren, welche gemeiniglich fünfstimmig sind, füglich bewerckstelliget werden, zumahl wenn man, wie gewöhnlich, die besonders ausgeschriebene Stimmen vor sich hat, beide Discänte unter einander hinschreibt, zum Alt zwo Zeilen, und zum Tenor eben so viel zur Ausfüllung und Correctur leer läßt, und den Baß beifüget. Da denn aus einigen wenigen Täcten erhellen wird, wie weit der Versuch gelungen sey. Denn man braucht dazu keine gantze Ouvertür.

§. 37.

Haben wir es denn genug damit getrieben, auch verschiedener Verfasser Arbeit dabey zu Mustern gebraucht, um die besten daraus zu wehlen; so ist es Zeit weiter zu gehen, und die zwote Aufgabe vorzunehmen, nehmlich wie auch ein Paar Ober-Stimmen zu dreien tiefern gemacht werden mögen. Und da muß gantz andre Anstalt vorgekehret werden.

§. 38.

Bey der vorigen Probe, in Ouvertüren haben die Mittel-Parteien wol einen kleinen Zwang leiden können, ohne daß dadurch ein sonderlicher Fehler wäre verursacht worden. Allein bey der gegenwärtigen Aufgabe ist es hergegen so bestellet, daß die beiden Discänte, insonderheit der

500 III. Theil. Neunzehntes Capitel

erste, obere und herrschende, nichts weniger als gezwungen seyn wollen; sondern auf das artigste einhergehen und ihre Melodie wol führen müssen.

§. 39.

Ein fugirter Schluß-Chor aus irgend einem guten Oratorio, wie der sattelfeste kaiserl. Ober-Capellmeister, Herr **Fux**, deren verschiedene gemacht hat, könnte hiebey die besten Dienste leisten. Denn, wo keine Fugen sind, dürffte iemand die rechten Gänge der Ober-Stimmen schwerlich treffen.

§. 40.

Mich dünckt aber, wenn ich einem z. E. die nächstfolgenden Zeilen vorschriebe, und damit zeigte, wie die drey Unter-Stimmen auf einander folgen, so dürffte leicht zu errathen seyn, an welchem Orte die beiden Ober-Stimmen ihren verschiedenen Eintritt halten sollten. Denn darauf kömmt bey solchen Sachen das meiste an. Mit den übrigen läßt sichs eher rathen. Und wenns auch nicht allemahl so getroffen wird, wie es in der Vorschrifft stehet; kan es doch wol gut seyn.

§. 41.

Hieraus fliesset zugleich eine unvermerckte Vorbereitung zur Fugen-Arbeit, die man nicht geringe schätzen darff. Wir lesen von **Lully**, daß er in seinen Fugen und Chören nichts, als die blossen Eintritte der Stimmen, da sie das Thema anheben sollten, hingeschrieben: das übrige aber durch seine Untergebene ausfüllen lassen: wodurch sie ohne Zweifel so viel gelernet haben, daß sie hernach selbst diese Eintritte finden können. Man thue desgleichen.

§. 42.

In diesen und dergleichen Sätzen liebet gemeiniglich der zweite Sopran des Altes Gesellschafft, wenn er sich mit seinem Obmann, dem ersten Discant, nicht füglich vergleichen kan; der Tenor hergegen hält es solchen Falls gerne mit dem *Canto primo*, und der Baß bleibt vor sich, wenn alle fünf Stimmen zusammen gehen. Sonst kan die Ordnung wol anders seyn, da sich denn der Baß nach den übrigen zu richten hat, auch mit dem Tenor, wie im obigen Exempel zu sehen, nicht selten Gemeinschafft suchet, wenn sie allein seyn, und es sich schicken will.

§. 43.

So bald demnach der zweite Sopran eingetreten ist, kan er hier mit dem Alt gar füglich das *cantiam* führen, und auch mit ihm stille stehen; wieder zugleich anfangen und fortfahren, (das nennen wir Gesellschafft halten), bis er endlich mit dem ersten Sopran einen Vergleich zu treffen Gelegenheit findet. Hergegen verbindet sich die oberste Stimme vorher mit dem Tenor am bequemsten, setzt aber gegen das Ende von ihm ab, und hält sich zu ihres gleichen. Diese Allianzen und Entsagungen, wenn ich so reden darff, muß man untersuchen und nachmachen.

§. 44.

Die Verdoppelung der grossen Tertz kan und darff nicht allemahl in vier-, vielweniger in fünfstimmigen Sachen vermieden werden: denn, ie mehr Stimmen, ie mehr Freiheit in solchen Dingen[6]. Insonderheit will es fast das Ansehen gewinnen, als ob diejenigen grossen Tertzien, deren unterstes Ende ein ♭ vor der Note führet, durch die Verdoppelung bey weitem nicht so scharff in die Ohren fallen, als die andern, deren oberstes Ende ein ♯ vor der Note hat. Die Ursachen sind gantz gewiß[7] mathematisch, und man findet in der trefflichsten Männer Arbeit, daß diese Ausnahm und Anmerckung vollkommen richtig sey. Ja, man wird von der ersten Art verdoppelter Tertzien auch wol in dreistimmigen Sätzen hundert Beispiele antreffen, ehe ein eintziges von der andern Art aufstösset.

§. 45.

Wir gehen also weiter, und schlagen einen Versuch vor, die dritte Aufgabe bey fünfstimmigen Sachen ins Werck zu setzen, nehmlich, da man bey den vorgeschriebenen beiden äussersten Stimmen, z. E. Baß und Discant, dreien mittlern ein rechtes Geschicke zu geben beflissen ist. Fürs erste und zum Anfange nehme man nur einen geraden Contrapunct zum Muster oder zur Vorschrifft: damit wegen des nachahmenden Wesens keine Schwierigkeit entstehe.

---

6 Der Mitzlerischen musikal. Bibliothek vierter Theil will auf der 53 Seite die Verdoppelung der grossen Terzien bey der übermäßigen Sext in der kl. G. B. Schule misbilligen, und lieber die Qvart anrathen. Ich bin selber kein Freund davon, und habe eben deswegen den daselbst vorkommenden Accord auf **zweierley** Art, sowol mit der Tertz als Qvart, anführen wollen, damit einer die Wahl habe. Daß aber auch so gar die Verdoppelung der kleinen Tertzien in einem vier- oder vollstimmigen Sexten-Satze nicht Statt finden sollte, wäre etwas unbarmhertziges.

7 Ein Zusatz unten ist nicht so mercklich, als ein Zusatz oben; ob die Maaß gleich einerley bleibt.

§. 46.

Zwar könnte es hier wol mit einem Choral-Gesange bestellet werden, wie ich denn abermahl sehr ernstlich die gewöhnlichen Kirchen-Lieder, doch mit kluger Wahl, zur besondern Uibung empfolen haben will. Allein damit doch auch eine Abwechselung die Arbeit erleichtere und belebe, mag gar wol eine vollstimmige Arie dazu erwehlet werden, wo die singende Melodie vier Instrumente und den Baß zur beständigen doch gelinden Begleitung hat. Das Vorspiel einer Arie allein ist hier genug zur Probe, da die Singstimme pausiret: denn sonst, und hernach bey ihrem Eintritt, wird die Harmonie sechsfach; es wäre denn, daß eines von den Instrumenten mit ihr (der Singstimme) im Einklange ginge.

§. 47.

In frantzösischen Wercken trifft man solche fünfstimmige Sätze mehr an, als in italienischen und teutschen. Doch bey den letztern entlediget man sich solcher Arbeit in Kirchen-Stücken nicht gäntzlich. Damit ein ieder desto klärer sehe und begreiffe, wie es hiemit gemeinet sey, will ich ein Eckgen zur Probe hersetzen, und einem gewiegten Lehrmeister rathen, wenn er nicht bald dergleichen Exempel bey andern vorfindet, selber eines zu verfertigen, das zum Muster dienen könne.

Diese drey Stimmen werden zu machen seyn; es müssen aber 6 Systemata, statt drey gezogen werden.

§. 48.

Wer diese Uibung weiter fortsetzen will, kan mit Hinzufügung eines Violoncells gute Veränderung machen, und mit solchem Instrumente die Grund-Noten zertheilen oder variiren. Allein es muß alsdenn die Sing-Stimme nicht mit dem ersten Oboe über einen Leisten geschlagen, sondern iede Partey für sich ausgearbeitet werden; sonst kan es kein *pentaphonium* heissen, indem ein schlechter Baß und ein variirter nur einen ausmachen.

§. 49.

Wir wollen doch auch von diesem Vorschlage ein kleines Muster, zu mehrer Deutlichkeit,

Von vier- und fünfstimmigen Sachen. 503

einschalten, und zwar einen Satz, der mitten aus einer Arie genommen ist: damit man sehe, wie die Nachahmung gerathen sey. Doch soll das Subject oben angesetzet, und der Eintritt derjenigen Stimmen mit einem Punct angezeiget werden, die man auszufüllen haben wird. Ich zweifle nicht, man wird mich verstehen, daß ich hier nur Gleichnisse gebe, und nicht eben diese oder jene Arie, sondern alle und iede, die auf solche Weise eingerichtet sind, zur Aufgabe anpreise. Es werden viele dergleichen zu finden, oder doch zu machen seyn, welches des Lehrmeisters Geschäft ist, wenn man einen guten haben kan.

Diese drey sind zu machen.

§. 50.

Hiernächst wäre die vierte in der Ordnung folgende Aufgabe vorzunehmen: nehmlich, wie zu beiden Unter-Stimmen, drey Ober-Stimmen zu setzen sind. Nun ist zwar davon bereits in vorhergehendem Exempel ein kleines Probstücklein zufälliger Weise gegeben worden; aber dieselbe Aufgabe verdienet dennoch wol, daß sie ins besondre gehandelt werde.

§. 51.

Diese Kunst-Uibung, so wie sie hier genommen wird, kan nicht in allerhand Stücken Platz finden, auch bisweilen nicht einmahl in solchen Fällen, wo nur eine blosse Vollstimmigkeit und Füllung der Accorde, ohne die geringste Nachahmung erfordert wird. Man muß also die Sachen zur Probe wol aussuchen, oder selbst verfertigen.

§. 52.

Am besten ists, eine Sing-Stimme mit ihrem Baß zum Grunde zu legen, wie zuvor; und darüber die drey verlangten Ober-Parteien zu bauen. Doch eben nicht in einer fugirenden oder nachahmenden Weise; sondern in solchem geraden Contrapunct, der weiter keine Schwierigkeit mache. Dieses wird deswegen erinnert, damit niemand dencke, die singende Stimme verliere solcher Gestalt ihr Vorrecht: sie ist und bleibt allemahl, so lange keine andre Sänger dabey sind, die Haupt-Stimme, man setze sie unten, oder oben. Daher eignet sich auch die eintzige Sing-Stimme allemahl die beste Melodie zu.

§. 53.

Weil es aber der Singe-Stimme, so wie der Instrumenten, vielerley gibt, kan das hohe nicht iederzeit eine Ober-Stimme heissen. Und also ist zwischen Haupt- und Ober-Stimme ein grosser Unterschied zu machen. Jene kan auch in der Tiefe seyn; diese aber in der Höhe nur eine Begleiterin oder Gespielin vorstellen. Hierauf nun folgt das Exempel, und nach demselben wird man ein Paar Anmerckungen finden, die das Haupt-Stück schliessen.

Solche Oberstimmen sind nichts anders, als Mittelstimmen.

§. 54.

Man setze hiebey die zwote Stimme nicht zu tief, damit die dritte Raum behalte. Die Arm-Geige muß nicht unter dem Baß gehen etc. Ausser diesem wird wenig übrig seyn, das zur Erleichterung gegenwärtiger fünfstimmiger Arbeit dienen könnte, und nicht schon hin und wieder zur Genüge erinnert worden wäre. **Die** Vorfälle sind so mancherley, daß es sehr schwer, wo nicht unmöglich scheinet, etwas nähers, ohne Erfahrung, Versuch und Handanlegung, hierüber zum voraus beizubringen; so gerne ich es auch thun wollte. Alle Regeln fliessen aus der Praxi. **Und keine Praxis siehet der andern gleich.** Die Anmerckungen eines Lehrers werden hier allerdings erfordert, mit lebendiger Stimme und fliessender Feder.

§. 55.

Wer aber inzwischen mit vieren oder fünfen rein setzen kan, dem wird es nur eine Mühe seyn, und keine Kunst, mit 6, 7, 8 oder mehr besondern, eignen Stimmen seine Melodien zu zieren, und seine Harmonie zu stärcken. Ie weniger Stimmen man braucht, ie genauer muß alles beobachtet werden. Und so umgekehrt. Diese Regel fehlet nicht: sollten auch alle andre ihre Ausnahm haben.

Zwantzigstes Haupt-Stück.
Von einfachen Fugen.

§. 1.

Die Fuge ist ein künstliches Sing- oder Spiel-Stück, oder beides zugleich, mit verschiedenen Stimmen, zwo oder mehr, da die eine der andern in gewissen Schritten nacheilet, und eben denselben Haupt-Satz **wiederschlagend** ausführet.

§. 2.

Solche Kunst-Stücke werden darum Fugen genennet, weil eine Stimme vor der andern gleichsam weg**fliehet**, und auf solcher **Flucht**, welche Lateinisch *fuga* heisset, so lange auf eine angenehme Art verfolget wird, bis sie sich endlich freundlich begegnen und vergleichen.

§. 3.

Es gibt gebundene und freie Fugen. Gebundene sind, wenn sich der Setzer daran bindet, daß alle Noten vom Anfange des Unterwurffs oder Fugen-Satzes, welches man *Thema* nennet, bis zum Ende desselben, ohne Ausnahm, nachgesungen oder nachgespielet werden sollen. Das geschiehet bisweilen mit, am meisten aber ohne Wiederschlag. Das gantze harmonische Kunst-Stück ist dabey lauter *Thema*, und das *Thema* macht den gantzen Gesang aus. Und das sind die Canones, Kreis- und Circul-Melodien, *Fughe legate, in conseguenza* etc.

§. 4.

Freie oder ungebundene Fugen aber sind zwar ihres Nahmens halber nicht so gäntzlich ohne Einschränckung, als etwa die blossen Nachahmungen oder *imitationes;* sondern so beschaffen, daß nur eine gewisse Clausul, von gehörigen Stimmen, in ihrer Ordnung nachgesungen werden darff, und also vieles dazwischen kömmt. Diese *Fughe sciolte*, oder ungebundene Fugen sind wiederum dreierley: **einfache**, **vielfache**, und **Gegen-Fugen**.

§. 5.

Was einfache Fugen sind, ist leicht zu ermessen, nehmlich: wenn nur ein *Subjectum*, ein Haupt-Satz, ein Thema, ohne Verkehrung, oder andre Kunstgriffe, regelmäßig im Wiederschlage durch- und ausgeführet wird. Vielfache Fugen sind, wo mehr *Subjecta*, zwey, drey bis vier, doch ebenfalls ohne Verkehrung vorkommen.

§. 6.

Gegen-Fugen aber haben zwar nur einen eintzigen Unterwurff; doch wird derselbe auf vielfältige Art gehandhabet, umgekehrt und gedrehet. Diese letztern Kunst-Stücke gehören eigentlich zum doppelten Contrapunct; die mittlere Art zu den Doppel-Fugen, die ersten aber, nehmlich die **einfachen**, sind und bleiben die vornehmsten, gebräuchlichsten und leidlichsten, aus welchen hernach alle andre entspringen.

§. 7.

Wir wollen dieser gantzen Fugen-Lehre vier Hauptstücke widmen. In diesem, als dem ersten, nehmen wir die einfachen Wechsel-Gesänge vor; im nächsten ein und zwantzigsten gilt es den Circul- oder Kreis-Melodien. Das zwey und zwantzigste Capitel wird den doppelten Contrapunct, und das drey und zwantzigste die Doppel-Fugen erklären.

§. 8.

Eine iede Fuge hat so zu reden zween Haupt-Kämpffer, welche die Sache mit einander ausmachen müssen. Der eine heißt *Dux*, der andre *Comes*. Es sind aber weder Herzoge noch Grafen. Der anhebende Satz ist der **Führer**, auf italienisch *la Guida;* derselbe muß, wenn die Fuge recht ordentlich und der Ton-Art gemäß seyn soll, entweder im Endigungs- oder im herrschenden Klange, d. i. in der Qvint anheben. Andre Intervalle, als diese beiden vollkommenen, Octave und Qvint, werden sonst nicht dazu gebraucht, es wäre denn **ausserordentlich**, in der Mitte eines Stückes oder Zusammensatzes, nachdem man schon das ordentliche Wesen vernommen und gnugsam gefasset hat. Wiewol dieses ausserordentliche Verfahren offt mehr Gefallen erwecken kan, als das gar zu ordentliche.

§. 9.

Den Anführer, oder *Ducem*, begleitet sein Gefährte, oder Comes. Doch geschiehet diese Nachfolge oder Begleitung in unterschiedlichen Klängen, um dadurch eine gewisse Nacheiferung, eine *aemulationem* oder einen Lust-Streit auszudrücken, als worin fast der gantze Unterschied zwischen dem Führer und Gefährten bestehet. Hat nun jener in seinem Satze den herrschenden Klang zur Anfangs-Note; so nimmt dieser den Endigungs-Ton dazu: und umgekehrt.

§. 10.

Im Frantzösischen *Reponse*, im Italienischen *Risposta*, bedeuten eigentlich eine Antwort. So wird in Fugen und fugirten Sachen derjenige Nachsatz **figürlich** genennet, welcher auf dem Vorsatze folget, und denselben gleichsam beantwortet. Auf lateinisch heisset es *repercussio*, auf Teutsch der **Wiederschlag**.

§. 11.

Daß aber die nur antwortende Stimme, oder ein antwortender Chor in einem blossen Gespräche, **eigentlich** eine *Risposta* heisse, wie im Waltherischen Wörter-Buche stehet, habe vorher nie gehöret: glaube auch, daß die erwehnte **figürliche** Bedeutung dieses Wortes in der Ton-Kunst weit grössern Gebrauch habe, als die vorgegebene **eigentliche**. Daher jene denn wol einer weitern Erläuterung, als diese, bedarff.

§. 12.

Brossard setzet ausdrücklich *Risposta*, und andre Ausdrückungen, unter den Titel *Fuga*; gibt aber von der *Repercussion* keinen deutlichen, sondern einen viel zu weitläufftigen und allgemeinen Begriff. *Reponse* und *Risposta* hat er nirgend absonderlich angeführt, vielweniger erkläret; vermischet hingegen *Reditta, Replica, Consequenza, Imitatione* etc. mit einander, ob er wol hinzusetzet, es sey unter diesen Worten, absonderlich unter Fugen und Imitationen, ein | Unterschied. Man glaubt es ihm gerne zu. *Rameau* braucht das Wort *Reponse*[1] in dem Verstande, darin wir es nehmen, zweimahl.

§. 13.

Wenn man also weiß, mit welchen Klängen ein Thema oder Fugen-Satz anfangen könne; so wird auch nöthig seyn zu sagen, wie dessen Schluß oder Absatz ungefehr beschaffen seyn möge. Ja, man muß sich auch um das Mittel bekümmern, wie gewiesen werden soll.

---

1   *Traité de l'Harmonie p. 336.*

Von einfachen Fugen. 507

§. 14.
Wegen des Abbrechens eines Vorsatzes ist nun eben nicht die beste Weise, daß im Endigungs-Klange, wenn damit angefangen worden, auch das Thema geschlossen werde, und eine förmliche Cadentz im Haupt-Ton erscheine. Zwar geschiehet solches nicht selten mit gutem Beifall, wenn ein rechter Meister der Vollstimmigkeit darüber kömmt, der so zu reden, aus nichtes etwas machen kan. Aber dieses Verfahren schließt dennoch keine solche Verschiedenheit oder Abwechselung ein, als wenn Schluß- und Anfangs-Klänge ungleich sind.

§. 15.
Das allerbeste ist, wenn der Fugen-Satz so eingerichtet wird, daß man die förmlichen Schlüsse lieber gar dabey vermeidet, und die Schrancken desselben so zu setzen weiß, damit kein recht-eigentlicher Absatz erfolge: maassen die Ruhestellen in Fugen und Contrapuncten gar nicht zu Hause gehören; sondern solche Fremdlinge sind, daß sie sich schwerlich eher melden, noch in eigner Gestalt sehen lassen dürffen, als bis die gantze Jagt zu Ende läufft. Ich nehme mit Fleiß ein Gleichniß vom Jagen: weil dasselbe auch wenig vom Ruhen oder Stillhalten weiß. Mein geehrter Freund, **Walther**, sagt, die Fuge habe den Nahmen *a fugando*, weil eine Stimme die andre gleichsam **jaget**.

§. 16.
Wir wollen die Sache wegen der förmlichen, oder uneigentlichen Schlüsse mit einem Beispiel erläutern: da denn, wo das Sternlein über der Note stehet, zwar ein kleiner Einschnitt, etwa wie ein Comma; aber nichts weniger vorhanden ist, als ein Punct, förmlicher und eigentlicher Einhalt.

Fugen-Satz ohne förmlichen Schluß.

Diese Art vermiedener Schlüsse müssen mit den sogenannten *Cadenze Sfughite* nicht vermischt werden. Jene geschehen willkührlich und vorbedächtlich in der eintzeln Melodie; die andern hergegen mit einigem Kunstzwange und fast nothwendig, bey völliger Harmonie. Die ersten dienen zur bequemern, unaufgehaltenen Fortführung des künfftigen Gewebes; die letztern nur zur Ausdehnung, Erweiterung und Verlängerung des alsdenn gegenwärtigen.

§. 17.
In den ordentlichen und gewöhnlichen Fugen heben demnach, erwehnter maassen die Führer und Gefährten das Thema, einer in der Qvint, der andre in der Octave an; oder umgekehrt. Ein anders aber ist, wenn diese Ordnung unterbrochen, und der Satz mit Fleiß und Kunst so zugestutzt wird, daß, nach dem ersten regelmäßigen Wiederschlage, der Gefährte hernach auch in andern Klängen anfangen, und doch mit dem Führer einstimmen kan.

§. 18.
Hiebey pfleget man sich mehrentheils auf drey Wege zu beziehen: durch die Octave, durch die erhöhete Tertz, und durch die erhöhete Qvint; mit ihren Kunstnahmen: *all'ottava, alla decima,*

alla dodecima. Welches eigentlich eine aus dem doppelten Contrapunct entlehnte Erfindung ist, eben so wol, als die einfachen Fugen in der Unter-Octave, Unter-Qvint und Unter-Qvart; *in hypodiapason, hypodiapente, hypodiatessaron.*

§. 19.

Es gibt auch Fugen, darin der Gefährte dem Führer in einem dissonirenden Klange nachfol|get, nehmlich, in der Secund, Sept oder Qvart. Es sind dieses iedoch lauter ausserordentliche Vorfälle; welche man aber unangezeiget nicht lassen muß, indem sie von sonderbarem Nutzen seyn können.

§. 20.

Wie lang etwa der so genannte Führer bey einer Fuge an Tacten seyn möge, ist einiger maassen willkührlich, und wird davon zum Beschluß dieses Haupt-Stücks etwas vorkommen. Doch insgemein hält man dafür, daß, ie ehender und geschwinder ein Gefährte seinem Führer folge, ie besser sich die Fuge ausnehme. Man findet offt die vortrefflichsten Ausarbeitungen über die wenigsten Noten, oder kürtzesten Fugen-Sätze: fast so, wie bisweilen die besten Predigten auf drey oder vier Text-Worte gemacht werden können.

§. 21.

Wer sollte wol dencken, daß diese acht kurtze Noten so fruchtbar wären, einen Contrapunct von mehr, als einem gantzen Bogen, ohne sonderbare Ausdehnung, gantz natürlich hervorzubringen?  Und dennoch hat solches der künstliche, und in dieser Gattung besonders glückliche **Bach** iederman vor Augen geleget: ja, noch dazu den Satz hin und wieder rücklings eingeführet.

§. 22.

Wir kehren uns bey heutiger harmonischen Setz-Kunst zwar nicht mehr an die alten Gebote, da die Fugen, gleich den Tonen, in Haupt- und Neben-Arten, *in authentas & plagales* getheilet wurden, deren erste mit steigenden, die andre mit fallenden Sätzen versehen seyn musten. Aber unsre Vorfahren wollten gerne, daß man bey dem Steigen die Qvint, nicht die Qvart, in Betracht ziehen sollte, wenn der Führer im Endigungs-Klange anhebt. Und das ist auch eine gute, gültige Anmerckung, die wir billig in Theilung der Octave so wenig aus den Augen setzen müssen, als unfehlbar eine grosse Ungewißheit der Ton-Art entstehen würde, wenn man sich gar nicht nach solcher Vorschrifft richten wollte.

§. 23.

Der schwache Sprung in die Qvart des Haupt-Tons, aus dem Endigungs-Klange aufwärts, *debilis ille saltus,* wie er ehmals mit Recht hieß, zumahl wenn er gleich im Anfange eines Fugen-Satzes oder Führers erscheinet, hinterläßt immer einen Zweifel, daß man nicht alsobald wissen kan, aus welcher Ton-Art gespielet oder gesungen werde: welches doch ein grosses zur Lieblich- und Deutlichkeit einer Melodie beiträgt, wie an seinem Orte gemeldet worden ist. Und wenn auch dieser Sprung umgekehret wird, d. i. wenn er gleich in die Qvinte unterwärts vorkömmt, hat er doch eben dieselbe Wirckung. Ein Exempel wird die Sache klärer machen.

§. 24.

Wenn einer nun diesen Fugen-Führer in seinen Anfangs-Noten betrachtet, wird er schier nicht sagen können, ob er aus dem *E* oder aus dem *H* gehe? Daran ist der blosse Fall in die Unter-Qvinte Schuld, welche dem Klange nach nichts anders ist, als die Qvart des Haupt-Tons, in sofern die Anfangs-Note auch zum Final dienen soll.

§. 25.

Man siehet zwar aus der Folge, doch nicht aus der Bezeichnung des Noten-Plans, daß die Ton-Art *H* ist. Es weisen solches auch einem geübten Setzer die wesentlichen Klänge oder *chordae essentiales* derselben Ton-Art, welche sich gleich doppelt und dreifach hören lassen, nemlich *h, d, fis;* und also den Ausschlag geben.

§. 26.

Indessen macht doch die *Quarta Modi* den Zweifel, weil sie gleich im Anfange, ohne Vermittelung vor den andern wesentlichen Klängen eintritt, und daher die Ohren, welchen die Folge noch unbekannt ist, alsobald auf die Ton-Art *E* führet, in welcher auch der Wiederschlag oder Gefährte füglich nachfolgen könnte, ob solches gleich im *Fis* bessere Art hat: und zwar sowol wegen besagter wesentlichen Klänge, als auch wegen des Absatzes oder Schlusses, bey dem der Nachsatz mit dem *fis h* geschicklich folgen kan: welches ihm mit dem *e a* zu thun nicht erlaubt wäre, weil sodann die Gräntzen, darin ein solcher Fugen-Satz billig bleiben muß, überschritten würden.

§. 27.

Ungeachtet aber des erwehnten Zweifels wegen der Ton-Art, welcher bey erster Anhörung dieses Thematis erreget wird, ja, ungeachtet der Satz im Endigungs-Ton anhebet und schließt; gibt er doch sonderbare Gelegenheit zur glücklichen Ausführung, und hat ihn **Händel** auf eine unverbesserliche Weise durchgearbeitet. Die Fuge ist in seinen gedruckten Kupffer-Wercken befindlich. So gewiß ist es, daß keine Regel ohne Ausnahm bleiben kan.

§. 28.

Der Sprung in die Tertz des Haupt-Tons ist allemahl gut, und eben darum viel besser, als der Qvarten-Fall, weil die Tertz zur **Dreistimmigkeit** gehöret. Diese Ursache gibt einen solchen allgemeinen Grund in der Music an die Hand, daß es scheinet, man könne alles andre auf demselben bauen, und daß die harmonische Trias wol zu einem tiefern **Untersatze** melodischer und harmonischer Lehren dienen könnte; wenn nur das zusammengesetzte Wesen zur Unität oder Einheit gebracht werden mögte. Mir gehen dergleichen Betrachtungen ein wenig zu starck in die Meß- und Zahl-Künste hinein: derowegen ich lieber einen practischen Grund-Satz wehle; dem theoretischen unverfänglich; welchen ich iedoch alsobald annehmen will, im Fall er zulänglich demonstriret werden sollte, wie versprochen worden.

§. 29.

Der Anfang und das Ende eines Fugen-Satzes machen wol die meiste Schwierigkeit im Wiederschlage; doch hat auch das Mittel sein Theil daran, wie aus folgenden Beispielen leicht abzunehmen seyn wird. Und eben deswegen verdient die Sache, daß wir nicht so eilfertig darüber hinfahren, sondern sie auf das beste aus einander legen.

§. 30.

Es können auch Themata Dienste thun, die ihren gantzen Bezirck nicht weiter, als auf eine Tertz erstrecken. Da diese nun, im Wiederschlage, die Octave nicht erreichen, oder die gewöhnlichen Schrancken erfüllen; muß man sich solches eben so wenig irren lassen, als wenn gewisse Vorsätze ihren Sprengel bis auf die Sext, welche hernach zur Sept wird, ausdehnen, da es denn einem Gefährten schier unmöglich fällt, sich mit dem Nachsatz in der Octave zu halten: wie davon ein Beispiel aus einem bekannten Kirchen-Liede *No.* 1 weiter unten zu sehen ist. Es läßt sich wol anders machen und einschräncken; aber mit guter Manier nicht.

§. 31.

Daß diese Qvart in die Qvint, so wie diese in jene verändert werde, wenn der Wiederschlag richtig seyn soll, stehet fest: es geschehe nun steigend oder fallend, durch Schritte oder Sprünge. Aber die Tertz mag in keine Qvart, noch in ein anderes Intervall, bey dem Nachsatze verändert werden; sondern muß eine Tertz bleiben.

§. 32.

Man gibt eine Regel: wenn der *Dux* eine Secunde steiget, daß der *Comes* den Wiederschlag durch die Tertz verichten müsse. Diese Vorschrifft ist halb gut. Ich will sie erläutern; und zwar mit dem Zusatze, daß ihr Inhalt nur richtig sey, wenn der Führer in der Qvint des weichen Haupt-Tons anhebt; nicht aber, wenn es in der Endigungs-Note einer harten oder weichen Ton-Art geschiehet. Dort ist diese Secunde nur ein halber; hier ein gantzer Ton. Hebt das Thema in der Endigungs-Note einer weichen Ton-Art an, und steiget auf folgende Weise nur eine Secunde, so muß der Nachsatz viel eher einen halben Grad, als eine Tertz wehlen.

§. 33.

Das Steigen überhaupt entscheidet nichts, wenn hernach noch mehr Noten ebenfalls höher steigen. Es muß nur bloß davon verstanden werden, wenn die Melodie alsobald, nachdem sie in die Secunde hinaufgetreten, wieder herunter fällt. Aus Mangel dieses Unterschieds, und desjenigen, den die weiche oder harte Ton-Art erfordert, welche noch von niemand in ordentlichen, öffentlichen Lehrsätzen angemercket worden sind, verursacht eine solche Regel mehr Verwirrung, als Erleichterung. Ich habe es wol erfahren. Es sind solcher Vorschrifften eine ziemliche Anzahl.

§. 34.

Man wird es mir Danck wissen, wie ich hoffe, wenn ich dieses durch Beispiele bewähre.

1) Fugen-Satz in weicher Ton-Art, wo der Führer in der Qvint anfängt und einen halben Ton steigt.	*ad* 1) Wiederschlag dieses Satzes, durch die kleine Tertz: und so weit hat die obige Regel recht.

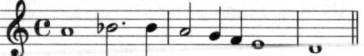   

2) Harte Ton-Art, da der Vorsatz in der Final-Note anhebt, und einen gantzen Ton steiget.

3) Weiche Ton-Art, da der *Dux* im Endklange anfängt, und einen Ton steiget.

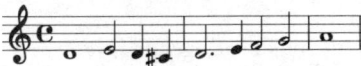

ad 2) Nachsatz des eben so bestellte Gefährten. Da gilt die Regel nicht.

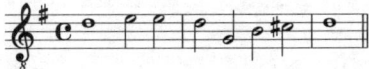

ad 3) Antwort des *Comitis*, da er den halben Ton, statt des gantzen nimmt.

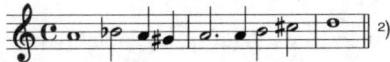

2)

Hiebey kömmt der grosse halbe Ton sehr in Betracht.

§. 35.

Es mag nun der Führer in dem herrschenden Klange einer Ton-Art, d. i. in deren Qvinte, oder im End- und Haupt-Ton anheben; er mag dabey auf- oder niederwärts gehen und springen, so richtet sich doch immer der Gefährte nach ihm, und trifft einen ordentlichen, reinen Wiederschlag, so wie er mit der Ton-Art am förmlichsten übereinkommen mag. Die Beispiele werden es erläutern:

§. 36.

Sätze des Anführers.
No 1. Durch eine herunter**gehende** Qvart.

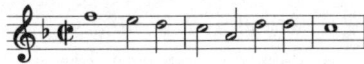

No. 2 Durch eine herunter**springende** Qvart.

No. 3 Durch die **hinauf**gehende Qvart.

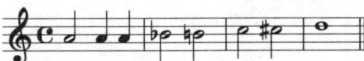

No. 4 Durch die **hinauf**springende Qvart.

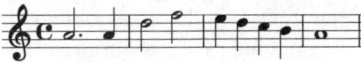

No. 5 Durch die heruntergehende **Qvint**.

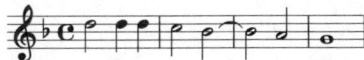

Wiederschläge des Gefährten.
1 Durch eine herunter**gehende** Qvint mit unvermeidlicher Uiberschreitung der Octav.

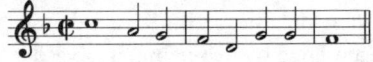

2 Durch eine herunter**springende** Qvint.

3 Durch die **hinauf**gehende Qvint.

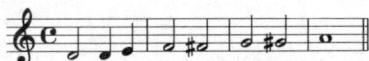

4 Durch die **hinauf**springende Qvint.

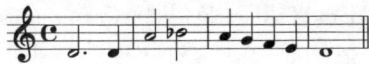

5 Durch die heruntergehende **Qvart**.

---

2 Soll es die eigentliche Dorische Ton-Art seyn, so hat das *h*, an statt das *b*, seinen Gebrauch.

No. 6 Durch die herunterspringende **Qvint**.   6 Durch eine herunterspringende **Qvart**.

No. 7 Durch eine hinaufgehende **Qvint**.   7 Durch eine hinaufgehende **Qvart**.

No. 8 Durch eine hinauf springende **Qvint**.   8 Durch eine hinaufspringende **Qvart**.

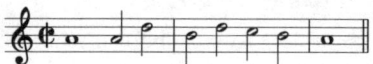

§. 37.

Da siehet man deutlich und in allen Fällen, daß aus der Qvart die Qvint, und aus der Qvint die Qvart, in den ordentlichen Wiederschlägen, werden muß. Das fünffte Exempel weiset noch über dies, daß aus der fallenden Secunde bey dem Gefährten der fortgesetzte Einklang entstehe. Und das siebende Thema zeigt in seinem Nachsatze nicht nur, daß die Schritte sich halbiren lassen, sondern daß ebenfalls daselbst die fallende Secunde zum Unisono werden müsse: es hebe der Führer im herrschenden oder Endigungs-Klange an.

§. 38.

Findet sich nun in den gar zu ordentlichen Wiederschlägen, z. E. wie alhier *No.* 7 und 8, etwas lahmes in der Melodie, so muß man damit, der Ordnung zu Gefallen, das **erstemahl** bey einer regelmäßigen Fuge vorlieb nehmen; aber der Setzer hat **hernach** freie Macht, die Folge so einzurichten, daß sie natürlicher singen und klingen.

No. 7.   *No.* 8.

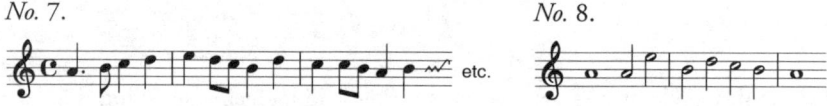

§. 39.

Was nun die weitere Ausführung der Modulation betrifft, und welcher Gestalt die Klänge einander bey dem Wiederschlage antworten müssen, darüber pfleget man sich der untenstehenden Leiter bey Anfängern zu bedienen, als woraus zum Exempel abzunehmen ist, daß an dem Ort, wo der *Dux c* hören läßt, da müsse der *Comes g* oder *f*, nachdem es die Umstände erfordern, angeben; oder, wenn in jenem *d* vorkommt, müsse dieser *a* haben; wenn aber der Führer die Klänge *f* oder *g* berühret, daß ihm alsdenn der Gefährte mit dem *c* antworte u. s. w.

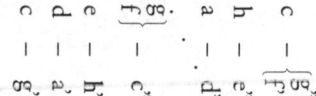

§. 40.

Man hat iedoch in gewissen Fällen eine Freiheit und Ausnahm, wenn nehmlich der *Dux* einen baßirenden Sprung durch die Qvint herunter thut, wie im folgenden Beispiel zu sehen: alwo eben wegen dieses Umstandes das *d* dem *g* antworten muß, welches sonst obiger Leiter entgegen läufft, da es nicht *d*, sondern *c*, thun würde.

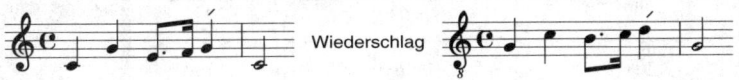

§. 41.

Damit man aber recht eigentlich verstehe, wie mit solcher Stellung der Octaven verfahren werden müsse: so setze man erstlich den völligen vierstimmigen Accord des erwehlten *Modi*, er sey welcher er wolle, auf diese Weise über einander, zur **Richtschnur des Führers**.

Nun sollte diejenige Octave, welche sich der Gefährte zum Sprengel erkieset, mit der Tertz und Qvint gleichermaassen dagegen gesetzet werden, nehmlich *a · c' · e' ·· a'*. Weil aber auf solche Art, der guten *repercussion* und Ton-Art zuwieder, das *e* dem *a* antworten müste, so nimmt man statt *e*, als der Qvinte vom *a*, die Qvarte desselben Grund-Tons, nehmlich *d*. Also:

§. 42.

Hierauf fülle ich die leeren, und mit Puncten bemerckte Stellen beider Octaven aus, und setze sie gegen einander über, so finde ich daran eine **Richtschnur des Wiederschlages**, folgender Gestalt:

d'	a'
c'	g' / f'
h	e'
a	d'
g / f	c'
e	h
d	a

§. 43.

Bis hieher haben wir nur unsre Vorstellungen im diatonischen Geschlechte beibringen wollen: indem doch dasselbige den Grund der Sache darleget. Wer aber alles genauer untersuchen, weiter zum chromatischen Geschlecht gehen, und iede Ton-Art ins besondere, nach ihren zwölff Intervallen, grosse und kleine Tertz in eine Reihe gebracht, zu Wercke setzen und betrachten will, dem kan folgende Tabelle darunter gute Dienste leisten. Da denn zu mercken stehet, daß an allen übrigen Stellen die einander-antwortende Klänge durch den Strich, an den zweifertigen aber, wegen des zwischenkommenden halben Tons, nur durch die Puncte angedeutet werden.

III. Theil.   Zwantzigtes Capitel

§. 44.
Tabelle.
Die den Wiederschlag der Klänge bey den Qvinten-Fugen anweiset.

* Wenn Z. E. vom *g* ins *dis* als in die *Sext* **hinauff**gesprungen oder gegangen wird, so antwortet dem *dis* nicht das gegenüberstehende *gis*, sondern das *b*. Gehets aber **abwärts** vom *g* ins *b* so antwortet dem *b* das gegenüberstehende *f* richtig. Welches hier nur zur *Probe* angeführet wird um andere dergleichen Vorfälle darnach zu beurtheilen.

§. 45.

Es hat die Meinung hiemit nicht, als ob diese Tabelle in allen Fällen, die schier unzehlig sind, gerecht seyn müsse: weil, alles daher gehofften Vortheils und möglichsten Nachdenckens ungeachtet, dennoch viele Schwierigkeiten bey den Wiederschlägen vermacht bleiben. Sie sind aber am leichtesten zu heben, wenn auf eine reine, mit der vorgesetzten Ton-Art wol übereinkommende Vergleichung des Führers und Gefährten gesehen wird. Alle Vorschrifften sind gut; die Urtheils-Krafft des Setzers muß doch immer das meiste thun.

§. 46.

Niemand fähret besser dabey, als ein solcher, der die Umstände und Erfordernisse einer guten **Melodie** wol inne hat, und in der Vollstimmigkeit ein Meister ist, daß er mit der **Harmonie** nach Gefallen spielen könne. Denn ich muß freilich gestehen, daß diese bey Fugen, und andern dergleichen Kunst-Stücken fast mehr Dienste thue, als jene. Wer indessen noch so weit nicht gekommen ist, indem eine grosse Erfahrung dazu gehöret, und die Arbeit bewährter Contrapunctisten zu untersuchen Lust und Gelegenheit hat, dem wird obige Tabelle zum Leit-Faden dienen können.

§. 47.

Die allgemeine und in dreien Gliedern bestehende Fugen-Regel ist diese: **Man soll die Gräntzen der Ton-Art nicht überschreiten, weder unten noch oben; mit dem Gefährten nicht in einem dem Modo zuwiederlauffenden Klange anheben; übrigens aber die Intervalle bey der Versetzung so gleich und ähnlich machen, als nur mit guter Art geschehen kan.** Das erste Glied ist das **wichtigste**, doch leidet es seine Ausnahm. Das zweite ist das **nothwendigste** bey ordentlichen Fugen, nicht bey ausserordentlichen; und das dritte muß am meisten **nachgeben**. Es verdienet auch die Natur der Ton-Art allemahl mehr Achtung, als das übrige.

§. 48.

Wenn man nun die Ton-Art, wie gemeiniglich geschiehet, genau in die Gräntzen einer Octave einschränckt, so hat es folgende Bewandniß damit. Dafern der Führer im Sprengel einer Qvint bleibet, und weder höher noch tiefer gehet; so muß auch der Gefährte in seinem Umfange die Qvarte keines weges überschreiten. Und umgekehrt. Da denn Qvint und Qvart in solchem Verstande die Octave erfüllen. Das ist die Meinung des ersten Gliedes obiger Regel. Dehnt sich aber die Melodie des Vorsatzes weiter aus, so kan der Nachsatz unmöglich die Schrancken der Octave beobachten. Das lehret die gesunde Vernunfft.

§. 49.

In Choral-Gesängen wollen es einige mit dem dritten Gliede der gegebenen Regel so genau nehmen, daß sie auch so gar kein Intervall zulassen; welches nicht richtig mit denen im Anführer befindlichen übereinkomme, und fangen dahero mit dem Gefährten lieber in einem fremden Klange an, damit sie durch dieses klein-vermeinte Uibel ein grösseres, nehmlich die Uiberschreitung der Ton-Gräntzen vermeiden.

§. 50.

Es ist auch nicht bey allen Fugen-Sätzen möglich, die Intervalle im Vor- und Nachsatze gleich zu machen; im Wiederschlage mit dem gehörigen Klange anzufangen; und dabei die Gräntzen der Octave nicht zu überschreiten. Wenn das Thema nur den Bezirck einer Qvarte hat, so gehet es mehrentheils an; doch nicht allemahl. Denn ob es gleich mit den Gräntzen und dem Eintritt wol bestellet wird, fehlt es doch an der Aehnlichkeit der Intervallen. S. §. 55, §. 62. Die Ursache ist, daß iede Ton-Art in diesem Fall, bey der Octaven-Theilung, eine Qvart oben und eine Qvint unten hat, welches ungleiche Intervalle sind, und auch nothwendig ungleiche Gänge oder Sprünge machen müssen. z. E.

§. 51.

Wer nun die Dorische Ton-Art, oder das weiche *D* wehlen, und aus dem ersten Absatze des bekannten Kirchen-Gesanges: **Vater unser** etc. eine Fuge machen, dabey aber sowol die Aehnlichkeit der Intervalle, als den richtigen Anfangs-Klang im Wiederschlage beobachten wollte, der würde dem **wichtigsten** Stücke zu nahe treten, und die Gräntzen der Ton-Art unleidlicher Weise überschreiten müssen.

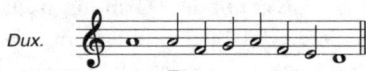 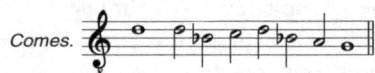

§. 52.

Will er aber dieses, wie billig ist, vermeiden, so muß er entweder in einem fremden Klange (sie sind hier alle fremd, ausser dem Endigungs- und herrschenden Klange) seinen Gefährten also eintreten lassen, daß dieselben Intervalle, als Tertzen, gantze und halbe Tone, beibehalten werden. Und das taugt eben so wenig.

§. 53.

Oder aber, er muß **das Intervall der sinckenden Tertz in eine Secunde verändern**, so behält er die beiden Haupt-Eigenschafften des Wiederschlages, und bricht nur der dritten, als geringsten, nehmlich der genauen Aehnlichkeit seiner Intervalle, etwas weniges an einem eintzigen Orte ab. Dieses Mittel mögt ich lieber erwehlen, und hoffe, die meisten Componisten werden mit mir eins seyn; woraus denn die Bekräfftigung meiner Sätze erfolget.

§. 54.

Bey einigen Kirchen-Liedern, die auf das genaueste nach den alten Modis gesetzet sind, muß man den Unterschied zwischen der selbst-ständigen und geborgten Ton-Art, zwischen den Haupt- und Neben-Modis, *inter modum authenticum & plagalem*, nothwendig mit zu Rathe ziehen: welches die eintzige Gelegenheit seyn mag, wobey dieser Unterschied, heutiges Tages, noch Statt findet. Und da wird die sogenannte geborgte Ton-Art auf solche Weise eingerichtet, daß die Qvint oben, und die Qvart unten stehet, wie wir das Gegenspiel §. 50 in einer selbstständigen Ton-Art angezeiget haben. z. E. dem Hypo-äolio:

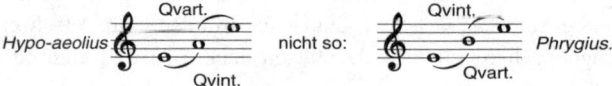

§. 55.

Aus Mangel dieses Theilungs-Unterschieds wissen viele Organisten nicht, wie sie z. E. bey dem Choral: **Christus der uns selig macht** etc. den Wiederschlag anstellen sollen. Vom Vorspielen will ich itzo nichts sagen. Am Ende hat dieser Gesang freilich die Zeichen der phrygischen Ton-Art; aber im Lauf der Melodie ist er so starck mit dem äolischen Neben-Modo versehen, daß billig die meisten Klänge dem Ton seinen Nahmen geben. Nun ist das *h* siebenmahl; das *a* aber dreizehnmahl darin; ja, es wird gar eine förmliche Cadentz im letztern gemacht, und fast immer

Von einfachen Fugen.

in selbigem modulirt, als in *quarta modi*. Wobey iedoch nicht zu leugnen stehet, daß drey Cadentzen, so wie sie denn auch sind, im *h* vorkommen. Daher kan man, bey dem Wiederschlage, gar wol nach der hypoäolischen Art verfahren. Doch wäre es eben, bey itzigen Zeiten, keine Sünde, wenn gleich die *repercussio* also geriethe.

Aber die guten Alten waren nicht nur dem *h* feind; sondern dem darauf solcher Gestalt folgenden *f* noch grämer, und nahmen für das erste lieber ein *a*. Die Ursachen sollten seyn: weil *h* keine reine Qvint bey ihnen hatte; und also auch kein *fis* in der phrygischen Ton-Art vorkommen durffte.

§. 56.

Wenn nun einige Organisten das erste Glied dieses Chorals fugiren wollen oder sollen, so sprechen sie: Der Führer fängt im *e* an, welches auch die Endigungs-Note ist; da muß der Gefährte im herrschenden Klange (worunter sie immer die Qvint verstehen, ob es auch wol nach der alten Moden-Lehre die Qvart seyn kan) nehmlich im *h* nachfolgen. Und wenn endlich die Richtigkeit der Intervalle beobachtet wird, stehet das Ding so zu Buche:

§. 57.

Weil aber bey dieser Einrichtung der Gefährte in einem solchen Klange aufhöret, der überall aus der vorhabenden Ton-Art verbannet ist, nehmlich im *fis*; maassen die Ordnung so aussiehet, $\frac{1}{e}$ f g a $\frac{5}{h}$ c d e, dabey die halben Tone im ersten und fünfften Grade liegen, es mag eine Haupt- oder Neben-Ton-Art seyn, auch die Octave nicht erfüllet wird, welches doch sehr füglich geschehen kan; siehet ein ieder schon, daß es hier am Erkenntniß der Ton-Art fehle: denn dieselbe weiset bald an, wie, mit Beibehaltung aller Aehnlichkeit in den Intervallen, dennoch in einem Ton-gemässen Klange angefangen, und im *e* als der Final-Note geschlossen werden möge. z. E.

§. 58.

Und auf diese oder dergleichen Weise muß man bey andern Choral-Melodien, die eine gewisse Ton-Art nach alter Lehre führen, zu Wercke gehen, wenn Fugen daraus werden wollen. Soll und muß ja irgend ein Intervall vertauscht werden, so hat man vor allen Dingen dahin zu sehen, daß es keinen halben Ton treffe, weil solcher dem Gehör am empfindlichsten fällt.

§. 59.

Es stehet ferner bey dem Fugen-Wesen zu erinnern: daß auch wol zwo bis drey Stimmen, auf canonische Art nach einander, ohne Wiederschlag, alle im Endigungs-Klange, oder alle in der Qvint anheben mögen. Man muß sich zwar im Anfange an die *repercussion* und ihre Ordnung binden, doch darff solches bey Fortsetzung der Arbeit nicht immer geschehen. Dieser Unterschied ist zu mercken.

§. 60.

So ist es auch eben nichts strafbares, wenn man bisweilen zu rechter Zeit den Umfang der Ton-Art, *ambitum modi*, ein wenig aus den Augen setzet, und gleichsam verabsäumet: als welches auch die allerschärfsten alten Contrapunctisten, **Orlando** und seines Gelichters, mit gutem

Wolbedacht gethan, und für keine Sünde gehalten haben. Allein mein Rath bey diesen Freiheiten würde seyn, daß man sich ihrer nicht gerne, ohne Ursache, gleich im Anfange bediente, ehe noch das Thema gewöhnlicher Weise durchgeführet worden. In der Mitte aber, und bey Fortsetzung der Arbeit, darff sich niemand das geringste Bedencken darüber machen: denn es gibt eine artige Abwechselung, grossen Anlaß zur geschickten Ausarbeitung, und gute Melodien (S. §. 38.)

§. 61.

Von dem ersten dieser Freiheits-Puncte mag folgendes eine Probe abgeben, und wird es desto besser herauskommen, wenn die eine Stimme fein bald und kurtz auf die andre eintritt:

Gewöhnliche Weise den Gefährten beym Anfange einer Fuge einzuführen.

Mit anständiger Freiheit in der Mitte einer Fuge.

§. 62.

Von oberwehnter zwoten Erlaubniß, wegen Uiberschreitung der Ton-Schrancken oder ihrer Einkürtzung, findet man die Vorfälle noch häuffiger gebilliget, als von der ersten. Etwa auf diese Art:

§. 63.

Die gewöhnliche, regelmäßige Weise des Wiederschlages nennet man *consociationem Modorum*, die Gesellung der Ton-Arten, weil ich durch Veränderung eines oder andern Intervalls, da nehmlich in obigen beiden Exempeln aus der Secund eine Tertz wird (wie die Zahlen 2 und 3 beiläuffig anzeigen) die Ungleichheit vereinbare: bey welcher Zusammenfügung die Vertauschung eines grossen Intervalls lange so mercklich nicht ist, als eines kleinen, wie bereits §. 58 berühret worden.

Von einfachen Fugen. 519

§. 64.

Die Freiheiten aber, so man sich hiebey nimmt, gehören *ad aequationem Modorum*, weil ich die eine Ton-Art, so viel die Intervalle betrifft, gerade auf eben dem Fuß behandle, als die andre. Woraus denn folget, daß sie beede, in Ansehung solcher Intervalle, gäntzlich **verglichen** bleiben, und keine Ungleichheit darin aufweisen, die zu vereinbaren wäre.

§. 65.

Noch ein Kunst-Wort, nächst obigen zweien, ist hiebey zu betrachten, und zwar um desto mehr, weil in den bisherigen musicalischen Wörter-Büchern alle drey annoch fehlen. Es heißt *Conciliatio Modorum*, da man ein Thema, dessen Schluß etwas ausserordentliches hat, durch einen kleinen Zusatz in die rechte Gleise bringet, und gleichsam mit dem anhebenden Nachsatze versöhnet. Wir werden weiter unten Beispiele hievon antreffen.

§. 66.

Bisher haben wir mit ordentlichen Fugensätzen zu thun gehabt, nehmlich mit solchen, die in der Qvint oder Octav des Haupt-Tons anheben, und die oben §. 44 **Qvinten-Fugen** genannt worden sind. Weil es aber, bey gäntzlicher Durchführung eines Chorals auf Fugen-Art, viele Vorfälle gibt, wo die Sätze gantz ausserordentlich anfangen, so wird auch hiebey verschiedenes zu erinnern seyn: bevorab da die meiste Absicht unsers Unterrichts auf die Kirchen-Music zielet, deren Verbesserung die vornehmste Pflicht eines jeden Tonkünstlers seyn muß.

§. 67.

Wenn demnach ein Thema in der Secund anhebt, und das Vorhaben auf die Endigungs-Note gerichtet ist: so folget der Gefährte auch in einer Secund des versetzten *Modi*. Zielt aber der *Dux* nicht auf die Endigungs-Note, sondern auf den herrschenden Klang; so folget ihm der *Comes* nicht in der besagten Secund, sondern in dem Endigungs-Klange der versetzten Ton-Art.

§. 68.

Z. E. mein *Modus* wäre *G dur*, und der Fugensatz finge im *a*, als in der Secund, an; hörte aber im *g*, als in der Endigungs-Note auf: so wäre der versetzte *Modus* natürlicher Weise *D dur*, und der Nachsatz finge im *e* an, als in der Secund derselben versetzten Ton-Art.

Exempel von anfangender Secund, da man zum Haupt-Ton gehet.

§. 69.

Neiget sich hergegen die Melodie des anführenden Fugensatzes zum *d*, als zur Qvint herunter, so tritt der nachfolgende Gefährte nicht mit der Secunde ein, sondern mit eben dem Qvinten-Klange des Haupt-Tons, welche alsdenn dasselbe *d* ist, darin jener aufhöret.

Von anfangender Secund, da man zur Qvint gehet.

§. 70.

Fängt ein Fugensatz in der Tertz, oder auch in der Sext seines Haupt-Tons an, so erfolgt der Wiederschlag in eben dem Intervall seines versetzten *Modi*, dafern die Melodie sich nach dem Schluß-Klange wendet; gehet sie aber zur Qvinte, so hat es zwar nicht mit der Sext, aber mit der Tertz eine andre Bewandniß: maassen sich dieselbe sodann bey der versetzten Ton-Art in die Secunde verändert, welche im vierten der folgenden Exempel mit 2 bezeichnet ist. Z. B. meine Ton-Art sollte *G mol* seyn.

I. Exempel von der anfangenden Tertz, zum Haupt-Ton.

3 a) *Secunda Chorda Modi G duri.*
  b) *Quinta ejusdem Modi.* Allwo die Beibehaltung des halben Tones dem Widerschlage eine sonderbare Aehnlichkeit gibt, die durch Bögen angezeiget wird. †† *Note cambiate*
  c) Eintritt der vierten Stimme durch die Sext.
  d) Unvermutheter Eintritt der Oberstimme durch die kleine Qvint.

Von einfachen Fugen. 521

II. Von der anfangenden Sext, zur Qvint.

III. Von der anfangenden Sext, zum Haupt-Ton.

§. 71.

In allen diesen macht es keine Aenderung. Aber wenn es gehet

IV. Von der anfangenden Tertz zur Qvint, da wendet sichs:

§. 72.

Was ferner die anfangende Qvart in dergleichen ausserordentlichen Fugensätzen betrifft, so wird sie in der Versetzung durch ein gleichmäßiges Intervall von dem Gefährten beantwortet, und als der herrschende Klang, oder die Qvint angesehen; sie mag sich nun die *dominantem* oder die *finalem chordam* zum Zweck des Thematis wehlen. Die nächsten Exempel werden es erläutern. Hier will ich nur beiläuffig bitten, daß ein Fugen-Liebhaber und Kenner bemercken wolle, welche fremde Gelegenheit dergleichen ausserordentliche Sätze zu den Eintritten der andern Stimmen geben, als worin wahrlich die grösseste Schönheit aller Wechsel-Gesänge bestehet. Das vierte | Beispiel der obigen, wenn es noch einen halben Tact *ad conciliationem* fortgesetzet wird, gibt auch artigen Anlaß dazu.

---

4   Hier kan die dritte Stimme mit der None eintreten, welches eben nicht täglich geschiehet.
5   Hier kan die dritte Stimme auch ziemlich unvermuthet einfallen.
6   Eintritt durch die Sept.

§. 73.

Von der anfangenden Qvart zum Haupt-Ton.

Ein anders, zur Qvint[7].

Die Zahlen 1) und 2) über dem Tenor im ersten, und über dem Alt im zweiten Tact deuten an, daß dem Unisono des Führers durch die Secunde des Gefährten geantwortet wird, um den Qvarten-Sprung aufwärts wol zu bilden.

§. 74.

In der Septime des Haupt-Tons einen Fugensatz anzufangen, das ist schon etwas fremdes, und wenn bey solchem Vorfall auf die Endigungs-Note gezielet wird, so folget der *Comes* in eben demselben Intervall, das ist zu sagen in der Septime des versetzten *Modi*. Neiget sich aber der Führer zur Qvint, so muß der Gefährte nicht in einem gleichmäßigen Intervall, sondern in der Ton-Art anfangen.

§. 75.

Ich setze den Fall, mein *Modus* wäre *B dur*; der Fugensatz finge im *a*, nehmlich in der Septime des Haupt-Tons an, und die Melodie ginge des Weges zum Final-Klange. Alsdenn müste der Gefährte eben auch in der Septime seiner versetzten Ton-Art, d. i. im *e*, die Nachfolge anstellen.

Exempel, von anfangender Septime, zum Schluß-Ton.

---

7   Ich könnte alle diese Exempel aus Kirchen-Liedern nehmen; allein mancher mögte meinen, es liesse sich mit andern Sachen nicht thun. Deswegen habe ich die Beispiele nach verschiedenen heutigen Schreib-Arten eingerichtet.

Von einfachen Fugen.

§. 76.

Lenckt sich aber die Melodie des Führers **unterwärts** zum herrschenden Klange der Qvint, vom *a* zum *f*, so gehets beym Gefährten gantz anders zu. **Oberwärts** zur Qvint bleibt es im *Comite*, wie beym vorigen Exempel; doch werden die folgende Intervalle verändert. Es würde zu weitläuffig fallen, alles herzusetzen. Indessen hebt der Wiederschlag in der Tertz des Haupt-Tons an, wenn der Anschlag das Thema in der Qvint endiget:

Exempel anfangender Septime, zur Qvint.

§. 77.

Es kan dieser Fugensatz kurtz hinter einander hergeführet werden, welches beiläuffig gewiesen, und zugleich bemercket wird, daß solches nur nicht im Anfange eines Stückes geschehen müsse. z. E.

Und da thun die Wechsel-Noten, *note cambiate*, schöne Dienste, wie 1) bey der Septime, und 2) bey der Secund zu sehen ist, da an beiden Stellen die Dissonantz vorgehet, und die Consonantz nachfolget; welches sonst umgekehrt seyn müste.

---

8 Ich bemercke abermahl nur beiläuffig den Eintritt des Basses durch die Sext und kleine Qvint.

524   III. Theil.   Zwantzigtes Capitel

§. 78.

Bisher haben wir von den ausserordentlichen Anfangs-Klängen eines Fugen-Satzes, der nicht nach gewöhnlicher Weise eingerichtet ist, verschiedenes beigebracht; nun wird es auch Zeit seyn, etwas von den ausserordentlichen Schlüssen eines solchen Thematis in die Secund, Qvart, **Qvint**, Sext und Septime zu erwehnen. Zumahl, weil es noch eine unberührte Materie ist, davon meines Wissens niemand geschrieben hat.

§. 79.

Was die in der Secund aufhörende Sätze dieser Art betrifft, so düffen wir nicht weit darnach suchen, oder was eigenes dazu erfinden; sondern nur unsre Choral-Bücher, und in denselben z. E. das bekannte Abendlied: **Werde munter mein Gemüthe etc.** aufschlagen, dessen erster Ab|satz in der Secunde des Haupt-Tons seine Ruhestelle nimmt, und welches ich vor andern wehle, weil verschiedene Gänge dieselbe Melodie führen, wie mir denn aus dem vollständigen Lüneburgischen Gesang-Buche deren etliche zwanzig bekannt sind. Wenn nun ein solcher Absatz zum Vorwurff einer ausserordentlichen Fuge aufgegeben werden sollte, müste der Gefährte dem Führer folgender Gestalt, Note für Note antworten, und sich hernach mit der Ton-Art wiederum vergleichen lassen: weil er gleichsam mit ihr in etwas zerfallen war.

---

9 Hier endiget sich der Haupt-Satz in der Secund seiner Ton-Art.
10 Die weitere Ausführung ist in der wolklingenden Fingersprache zu finden.

§. 80.

Eben in unserm Choral-Buche werden auch Sätze genug aufstossen, die sich in der Tertz endigen. Nur ein Beispiel aus vielen zu erwehlen, nehme man den Buß-Psalm: **Aus tiefer Noth** etc. und verfertige zum ersten Abschnitt seiner Melodie einen Wiederschlag; so wird erhellen, daß sich die Tertz am Ende nicht so leicht, als die Secunde, mit dem Haupt-Ton vereinbaren lasse, welches sonst wieder die gemeine Meinung zu lauffen scheinet.

§. 81.

Ein Thema, das in der Qvart seines Haupt-Tons aufhöret, kömmt bey dem Schlusse des *Comitis* zur Final-Note, und braucht also, wenn Führer und Gefährte alle beide in einer harten oder weichen Ton-Art bleiben, keiner weitern Erläuterung, als dieses folgenden Exempels:

§. 82.

Allein, in alten Choral-Liedern, die sich z. E. nach der Dorischen Ton-Art richten, wo die *Quarta Modi* nicht weicher Natur ist (wie im Aeolischen Gesange); sondern die grosse Tertz zur Vollstimmigkeit erfordert, da hat es die Bewandniß, wie mit dem Psalm: **Durch Adams Fall** etc. und zwar im fünften Absatz seiner Melodie, welche, ob sie gleich das weiche *D* zum Grund-Ton

---

11 Hier endiget sich das Thema in der Tertz des Haupt-Tons.
12 Hier aber in der Qvarte der weichen Ton-Art.

526 III. Theil. Zwantzigtes Capitel

hat, doch daselbst im harten *G* einen Schluß macht, und den Gefährten nöthiget, die Beantwortung durch die Septime, oder im harten *C* zu bewerckstelligen.

Fugensatz in weicher Ton-Art, der in harter Qvart aufhöret.

§. 83.

§. 84.

384 | Hier hat es die *Quarta Modi* mit ihrer grossen Tertz zu thun; da sie hergegen im vorigen
385 | Exempel die kleine brauchte, und also weich war, wie der Haupt-Ton ist. Itzo hat sie aber den harten Accord; obgleich die Ton-Art selbst weich ist. Die Eintritte des Alts und Tenors kan sich ein Liebhaber mercken.

§. 85.

Bey der schliessenden Qvint mögte sich mancher wundern, warum wir dieselbe einer Unordnung beschuldigen, indem alle ordentliche Fugensätze in der Qvint aufhören können, sowol, als in der Octav, oder Final-Note. Aber es geschiehet eben dieses **Aufhören** auf sehr verschiedene Art, wovon in den Wörterbüchern Unterricht zu holen ist, *sub vocibus: Cadenza, Clausula.* Hier nehmen wir nur die so genannte **tenorisirende Cadentz** vor uns, welche zwar nichts unordentliches an sich hat; doch in Fugen, bey der Beantwortung des Hauptsatzes, bisweilen ausserordentliche Schwierigkeit verursacht.

§. 86.

Man darff inzwischen nur bey der gewöhnlichen Versetzung der Intervalle richtig bleiben, und sich nichts daran kehren, wenn gleich der *Comes* in einem fremden Klange **aufhöret**. Denn es kömmt hier auf den Vergleich der Ton-Arten wiederum das meiste an. Folgendes Beispiel wird es weisen.

Fugensatz mit tenorisirender Cadentz.

Von einfachen Fugen. 527

§. 87.

Im achten Tact dieses Exempels gehet der Alt in den fremden Klang *e* ein wenig zur Ruhe, vergleicht sich aber im neunten alsobald wieder mit der rechten Ton-Art, und die dritte Stimme tritt bey eine rückenden None ein. Damit ist alles versöhnet. Ob nun gleich, wenn mans genau nehmen wollte, die *Risposta* also seyn könnte, oder müste;
so gibt es doch keine solche gute Bindungen und Rückungen, welche, so zu reden, die Seele der Fugen sind: zu geschweigen, daß auf diese Weise der halbe Ton des Führers beym Gefährten gar nicht mit in den Anschlag kömmt, der doch ein wesentliches Stück des Wiederschlages ist, und fast so viel zu bedeuten hat, als die Ton-Art selbst. Denn es läßt sich mit einem solchen halben Ton nicht umgehen, als mit andern grössern Intervallen, die dem Gehör nicht so empfindlich sind, wie bereits erinnert worden.

§. 88.

Bey den Sexten, wenn ein Fugensatz darin schliessen sollte, braucht es so viel Mühe nicht zum Vertrage. Man würde schwerlich dencken, daß hievon eine Menge wolausgearbeiteter Proben vorhanden wären, wenn nicht die alten Contrapunctisten so viel Fleiß daran gewandt hätten. Denn sie pflegten von dem lieben *ut, re, mi, fa, sol, la*, welches ein Thema ist, das in der Sext endet, einen *Canto fermo* zu machen, und ihn auf das herrlichste zu schmücken.

§. 89.

Wir wollen, nach unsrer Art, ein Paar kleine Beispiele geben. Das erste derselben geräth springend, das andre gehend in die Sext; beide drücken eine Befremdung oder Verwunderung nicht uneben aus; doch das erste am meisten. Die Ausarbeitung soll den Liebhabern überlassen werden. Man zeiget ihnen nur den Weg.

Fugensatz in die springende Sext.

in die gehende Sext.

§. 90.

Mit einer schliessenden Septime mögte es etwas mehr zu sagen haben, weil der Anfang der zwoten sowol, als der dritten Stimme, wenn diese bey der letzten Note des *Comitis* zugleich eintreten soll, selbst nicht regelmäßig seyn kan. Man muß daher dem Gefährten sowol, als dem Führer einen Zusatz geben, und sie, mittelst desselben, auf einen solchen Klang lencken, der sich zur Ton-Art schicket: wie davon oben, bey andrer Gelegenheit, absonderlich §. 65, etwas erwehnet worden ist. Ein solcher doppelter Zusatz, in zwoen auf einander folgenden Stimmen, macht eine Klufft, oder einen leeren Raum, der eben nicht viel artiges an sich hat. Denn die Näherung gehet der Absonderung oder Trennung, in den meisten Dingen, so die Ton-Kunst betreffen, vornehmlich in Fugenwercken, weit vor. Wir müssen aber doch auch hievon ein Exempel geben: damit nichts unberühret bleibe, was den Wechselgesängen behülfflich seyn, und die Aufmercksamkeit der Zuhörer vermehren könne.

Fugensatz, der in der Septime aufhöret.

§. 92.

Wenn nun, bey dem Eintritt der vierten Stimme, kein abermahliger leerer Platz bleiben soll, welches wircklich zu viel wäre, so muß derselbe Eintritt nicht wie die vorigen, im Niederschlage des Tacts, sondern im Aufschlage geschehen, wie das Sternlein anzeiget. Es läßt sich auch, bey

Von einfachen Fugen. 529

der am letzten nachfolgende Stimme solche Freiheit endlich wol gebrauchen, doch nicht gerne im Anfange, bey der zwoten oder dritten.

§. 93.

Dergleichen Dinge werden manchem etwas neu und fremd scheinen, weil sie noch wenig oder zum Theil gar nicht eingeführet und vorgetragen sind. Aber ich kan aus langer Erfahrung fest versichern, daß solche Fugensätze, die dergestalt ausserordentlich anfangen und aufhören, vielmehr Veränderung an die Hand geben, und den Ohren lange nicht so eckelhafft vorkommen, als andre Themata, welche ihre eintzige und beständige Abwechselung gar zu ordentlich in der Qvint und Octave suchen.

§. 94.

Was noch weiter hiebey zu betrachten vorfallen mögte, wird sich in sieben Anmerckungen fassen lassen, deren **erste** diese seyn soll. Weil ein Fugensatz sehr offt wiederholet wird, soll derselbe nicht nur feine, liebliche Gänge und Führungen der Melodie, sondern auch, so viel möglich, unterschiedliche harmonische Figuren und Rückungen haben oder zulassen, damit er, bey so öfftern Wiederschlage, dem Gehör nicht verdrießlich falle. Hiezu ist nun nicht viel buntes oder tantzmäßiges nöthig, sondern nur ein melodisches, natürliches Wesen, welches mit seiner edlen und singbaren Einfalt insgemein die besten Fugen abgibt; dahingegen es in den gezwungenen und gekünstelten Sätzen an nichts so sehr, als an der Melodie zu gebrechen pfleget.

§. 95.

Zweitens, wenn man einen Wechsel-Gesang mit vier oder mehr Stimmen nur einiger maassen ausführen will, müssen zum wenigsten ein paar Dutzend gewöhnliche Täcte dazu angewandt werden, wenn das Thema zween bis drey lang ist. Es wäre denn, daß eine gar träge Zeitmaasse dazu erwehlet würde: in welchem Fall es auch wol mit wenigern zu bestellen ist, zumahl wo Fuge auf Fuge folgt. Alles mit Bedacht, nachdem es die Umstände, die Worte, die Instrumente, die Stimmen, die Gelegenheit und die Art des Haupt-Satzes leiden wollen. Man kan unmöglich alles vorschreiben, und wer Nutzen von einer Lehr-Art haben will, sie sey so ausführlich, als man nur wünschen kan, der muß allgemeine Wahrheiten auf besondre anwenden können.

§. 96.

Zum **dritten** ist es merckwürdig, daß man gegen hundert Fugen, die das *tempus binarium*, oder diejenige Zeitmaasse führen, welche zween Theile hat, kaum fünf von guten Meistern antrifft, die eine ungerade Mensur haben. Unter den geraden Abtheilungen kommen noch bisweilen der Zwölf- und Sechs-Achtel-Tact zum Vorschein; absonderlich in fugirten Giqven; Drey-Viertel aber und Drey-Achtel selten. Welches ein Zeichen ist, daß die Fugen überhaupt, ob sie gleich munter und frisch seyn mögen, dennoch sowol im Styl, als Tact, die leichte, hüpffende und choraische Bewegung nicht lieben; sondern bey aller Lebhafftigkeit und Kunst einen gewissen **Ernst** erfordern, welcher endlich auch wol in ungeraden Tact-Arten zu beobachten stünde, und wovon die sechste Fu|ge in der so genannten **Finger-Sprache** eine Probe gibt. Wer sich die Mühe nimmt, guter Contrapunctisten Arbeit zu untersuchen, wird diese Anmerckung wahr, und das Abzeichen der Fugen richtig befinden.

§. 97.

So dürffen auch, **viertens**, alle Fugen eben nicht gäntzlich ausgeführet werden, wenn deren verschiedene und viele kurtz auf einander folgen, wie in der Motetischen Schreib-Art zu geschehen pfleget. Vielweniger darff man sich an den Gebrauch einiger Organisten binden, die das Thema erst, ohne die geringste Verblümung, fein ehrbar und viermahl durchs gantze Clavier in lauter Consonantzien und Lämmer-Tertzien hören lassen; hernach wieder mit dem Gefährten eben so bescheidentlich von oben anfangen; immer einerley Leier treiben; nichts nachahmendes oder rückendes dazwischen bringen; sondern nur stets den blossen Accord, als ob es ein General-Baß wäre, dazu greiffen.

§. 98.

Das liebe Thema ist bey so gestalten Sachen allzeit oben oder unten; in der Mitte, bey einer Vollstimmigkeit, soll es noch der erste entdecket haben. So bald der *Comes* im Alt abgefertiget worden, wird kein Augenblick versäumet, gleich darauf den *Ducem* im Tenor anzuheben, und rein auszuspielen, damit ja Cadentz auf Cadentz richtig erfolge, und iederman vorher wisse, was er zu erwarten habe. Da es doch viel artiger klinget, wenn, nach erster Anhörung des **Gefährten**, einige Bindungen dazwischen kommen, und der Tenor mit dem **Führer unvermuthet** eintritt. Und wenn dieser also ein wenig verzögert worden, kan hergegen der Baß, oder die vierte Stimme ein wenig vor der Zeit einfallen, wo es sich schickt: damit es nicht so abgeredet und ängstig-ordentlich scheine. Wir haben zwar oben erwehnet, daß die öfftere Absonderung oder Trennung in Fugen nicht viel gutes wircke; aber eine bange Zusammenfügung ist noch ärger, und muß von einer geschickten Annäherung sehr wol unterschieden werden.

§. 99.

Man soll vielmehr, **zum fünften**, dahin trachten, daß das Thema so eingerichtet werde, zumahl, wenn es nach eigner Willkühr erfunden wird, damit es sich zum Eintritt des Gefährten eher beqveme, als bis es gantz zu Ende gehet. Denn, gleichwie es sehr armselig lautet, wenn die nachahmende Stimme just so lange verziehen muß, bis der vorhergehenden nichts mehr zu sagen übrig bleibt; so thut eine gegenseitige Einrichtung bey den öfftern Wiederholungen unvergleichliche Dienste, und bringt ein gantz anders Gewebe heraus: weil es die den Fugen sonst sehr abgehende Veränderung ungemein befördert.

§. 100.

Ie näher sich demnach, bey der zwoten oder dritten Durchführung, die Stimmen, so zu reden, auf den Fersen folgen, oder gar ins Gehäge kommen, es sey nun durch die gewöhnlichen, vorgesetzten Intervalle, oder auf canonische Art durch den Einklang und Octave[13], und ie unvermutheter diese Uiberraschung, bald oben, bald in der Mitte, bald unten vernommen wird, **ohne sich an die Reihe zu binden**, ie angenehmer wird ein solcher Wechsel-Gesang zu hören seyn. Man mögte gleichsam in Gedancken zum Themate sagen: **Siehe! bist du schon wieder da; das dachte ich nicht; an diesem Orte hätte ich dich wol nicht gesucht!**

§. 101.

Die **sechste Anmerckung** ist folgende. Zum allererstenmahl, damit der Fugen-Satz desto deutlicher begriffen werde, insonderheit wenn eine förmliche Cadentz dabey seyn soll und muß, läßt man denselben gern allein, vom Anfange bis zum Ende, oder nahe dabey, gantz rein aushören; hernach aber wird auf das geschickteste zum *Comite* modulirt, und ehe der *Dux* mit der dritten Stimme eintritt, ein kurtzes Zwischenspiel geführet, damit Gelegenheit gegeben werde, den vertieften Haupt-Satz mit guter Art, und als obs von ungefehr geschehe, einzuführen.

---

13 S. den §. 61 dieses Capitels.

§. 102.

Darauf mag sich der Gefährte im Basse, oder in der vierten Stimme, sie sey an welchem Orte sie wolle, vor der anberahmten Zeit, im Fall es thunlich, hören lassen, und hat nicht nöthig, die Endigung des versetzten Anführers abzuwarten; dafern sonst die Umstände der Harmonie den freien Eintritt vergönnen. Ist nun die erste Folge auf diese Weise vollbracht, alsdenn kann ein Uibergang, eine *transitio,* vorgenommen werden, nehmlich eine solche zierliche Vereinbarung des folgenden mit dem vorigen, daran eigentlich der Haupt-Satz keinen Theil hat, indeß die erste oder | Ober-Stimme ein wenig pausiret, und gleichsam Lufft schöpffet, damit sie bald darauf, bey fortgesetzter Vollstimmigkeit, mit der Antwort wieder eintrete, d. i. sie ergreifft nunmehr den Gefährten, falls sie vorher den Führer gehabt hat; und umgekehrt.

§. 103.

Bey solcher Gelegenheit mögen sich denn die Sätze allmählig nähern, wenn sie darnach eingerichtet sind. Die Wiederholung der förmlichen Schlüsse aber muß alsdenn aufs beste verhütet werden; es wäre denn, daß eine besondere Veranlassung zur Zierde dadurch gegeben würde. Es darff also, ohne dergleichen zufällige Ursache, kein Fugensatz, wenn er einmahl rein hindurch geführet worden, abermahl oder allemahl in seiner völligen Gestalt vom Anfange bis zum Ende erscheinen.

§. 104.

Bey dreistimmigen Fugen läßt es gar fein, wenn das Thema, nachdem es die beiden äussersten Stimmen schon gehabt haben, unvermuthet mitten eintritt, entweder im Alt oder Tenor, ohne daß sich jene deswegen im geringsten irre machen, noch ihre vorhabenden melodischen Gänge, Bindungen oder Rückungen unterbrechen lassen. Dieses muß *all'improvisto,* **wie ein Uiberfall** geschehen: nächst welchem fast die grösseste Kunst der Fugen in Vermeidung der Cadentzen, und in verkürtzter Anbringung der Wechsel-Sätze bestehet; das erste heissen die Welschen: *Cadenze sfuggite,* und die Ausdrückung schickt sich sehr wol zu den Fugen; das andre pflege ich *appropinquationem thematum* zu nennen. Findet man nun diese drey Stücke in einer Fuge nicht, nehmlich den unerwarteten Eintritt bey Bindungen und Rückungen, die Entwischung förmlicher Schlüsse, und die Annäherung der Sätze zu ihrer Zeit, so darff ein ieder nur sicherlich gedencken, daß es nur eine Noten-Kleckerey, und der Fugenmacher nicht weit her sey.

§. 105.

Noch ein kleiner, doch nicht auszusetzender Kunstgriff ist die woleingetheilte Abwechselung des Haupt-Satzes einer Fuge in ihren verschiedenen Stimmen, und die dazwischen einzuschaltende kurtze Schmückungen. Ich sage kurtze Zierathen: damit die Nebendinge nicht mehr Achtung gewinnen, als die Sache selbst, um deren willen sie da sind.

§. 106.

Was nun die gescheute Abwechselung betrifft, so verstehen wir dadurch gar nicht den alten, betretenen Weg, gerade von oben nach unten, oder von unten nach oben; (denn viele **Fugen** fangen auch im Baß oder Tenor sehr **füglich** an) sondern wir meinen eine solche Einrichtung und Austheilung, da das Thema bald diese bald jene Stelle, sie sey hoch oder niedrig, ohne Rang und Reihe einnimmt. Und denn verdient die Fuge mit Recht den Nahmen eines Wechsel-Gesanges.

532   III. Theil.   Zwantzigtes Capitel

§. 107.

Ich muß diese **siebende** Anmerckung deutlicher machen. Wenn man z. E. vier Stimmen hat, so kan die *Guida* in denselben schon viermahl ihren Ort verändern, und iedesmahl eine gantz andre Folge, gantz andre Harmonien, Bindungen und Rückungen, Eintritte, Ruhestellen und Fortgänge hervorbringen. Rechnen wir nun zu einer ieden Stimme die Einführung des Vorsatzes und Wiederschlages, so ist klar, daß die Stellen und Folgen acht und viertzigmahl abgewechselt werden können. Kommen endlich noch hiezu die kleinen nothwendigen Zwischenspiele, Füllsteine, Uibergänge und Verknüpffungen, samt den verkürtzten, unvermutheten Anbringungen der Sätze und ihrer Auszierung, o! so hat man ein sehr weites, geraumes Feld zur sinnreichen Wechsel-Arbeit vor sich, und darff den Abgang der Materialien nicht fürchten.

§. 108.

Ich nehme, um die Sache durch ein Beispiel noch mehr zu erläutern, folgenden Hauptsatz im Capell-Styl oder *allabreve*, mit der förmlichen Cadentz: und lasse denselben Anschlag zum erstenmahl rein aushören:

§. 109.

Nach fernerer Durchführung wird hernach solches Thema an verschiedenen Orten näher an einander zu bringen seyn: als erstlich zugleich bey und mit der Cadentz, zween Täcte vor dem Ende; auf diese Weise:

§. 110.

Fürs andre, bey dem Eintritt der Ober-Stimme, drey Täcte vor dem Ende des Wiederschlages im Basse, da derselbe seine Cadentz fliehet, und fliehen muß, wenn was rechtes daraus werden soll.

---

14 †† *Cadenza sfuggita*

§. 111.

Drittens, in zwo Mittel-Stimmen, vier Täcte vor Endigung des Haupt-Satzes im Alt oder gleich im andern Tact, denn der Haupt-Satz ist nur 6 Tact lang. Man mercke es, die Ober- und Unter-Stimme dürffen hiebey nicht still sitzen, wenn sie sonst gute Gelegenheit fortzufahren haben.

§. 112.

Diese Annäherung hat auch in den äussersten Stimmen sowol, als in der Mitte Stat. Der Satz aber, ob er gleich dazu auf das beqvemste eingerichtet ist, nehmlich zu solcher Annäherung der Eintritte, kan nicht umgekehrt, oder das unterste zu öberst gebracht werden, wegen der eintretenden Qvint, die bey Verwechselung der Stimmen zur Qvart wird, mit welcher, wenn sie nicht vorher am öbersten Ende gebunden ist, kein Anfang gemacht werden darff. Es ist eigentlich eine Betrachtung, die zum doppelten Contrapunct gehört, doch hier nicht schadet, wo von Einrichtung des Haupt-Satzes die Rede ist.

§. 113.

Man vergesse dabey nicht, daß diejenige Stimme, welche eintreten soll, wo möglich, ein wenig vorher pausiren, und auf das unvermuthete kommen müsse. Durch zuvorliegende Dissonanzien geschiehet solches am besten; wozu deswegen oben mit Fleiß, obzwar nur zufälliger Weise, eine und andre Anleitung gegeben worden, damit nicht ein eigener Artikel daraus werden mögte. Es soll indessen hier unten noch ein Exempel sowol im Tenor, als im Baß folgen, wo diese beide Stimmen mittelst einer Dissonantz eintreten: die erste dieser Stellen ist mit dem Sternlein bemercket. Die andre führet eine Beischrifft.

§. 114.

Viertens kan auch unser vorhabendes Thema in dreien Stimmen gantz kurtz hinter einander eingeführet werden; da es vorhin nur in zwoen geschehen ist. Zugleich sehen wir dabey noch eine Probe vermiedener Cadentz im Sopran. Weil diese Vermeidung auf vielerley Weise ins Werck gerichtet werden kan, so wollte ich rathen, man sollte sich die vornehmsten Arten aus den besten und am Ende des Haupt-Stückes zu erennenden Verfassern sammlen, und zu Mustern stellen. Hier ist das Exempel!

§. 115.

Weil wir itzo von der Ausführung handeln, da vorhin eigentlich nur von dem Anfange und Ende eines Fugensatzes geredet worden, so dürffte wol manchem damit gedienet seyn, wenn ihm der Weg gebahnet und Anlaß gegeben würde, obiges Thema, als ein Beispiel, zur Uibung auszuarbeiten. Denn obzwar das vornehmste bey den Fugen auf die Einrichtung des Führers und seines Nachfolgers ankömmt; so verdient doch die Ausarbeitung, daß man auch dabey sein Nachsinnen gebrauche.

§. 116.

Ich will versuchen, ob eine kleine Beschreibung hierunter helffen, und in so weit ein Licht anzünden könne, daß man dergleichen mehr, aus den Wercken berühmter Künstler abfasse, und seine Uibung darnach anstelle. Eine Handleitung kan es schon abgeben; und wer ihr folget, wird den Nutzen bald spüren.

§. 117.

Obgleich das Thema im Endigungs-Klange anfängt und aufhört, hindert ihm doch solches so wenig an guter Ausführung, als es dem §. 23 dieses Capitels befindlichen Satze gethan hat. Und wir wehlen es darum nur desto lieber. Man könnte denselben Führer, wie er §. 108 stehet, nun zwar gar wol rein aushören lassen; doch aber ist es nicht Unrecht gethan, wenn etwa der Alt schon bey der Note, die vor der letzten hergehet, seinen Eintritt macht. Bey dem Tenor gehet solches nicht wol an, und ist desto mehr zu verhüten, ie eckelhaffter die gar zu grosse Aehnlichkeit herauskommen würde, wenn die Stimmen auf das genaueste in einerley Distantz hinter einander herschlenterten.

§. 118.

Hiernächst nehme man in acht, daß bey dem Eintritt des Tenors, der sodann um einen Tact später, nach geendigtem Gefährten, erfolget, die Ober-Stimme ein Dissonantz zur ersten Eintritts-Note besagten Tenors treffe und aushalte, welches hieselbst die Qvarte der Ton-Art, nehmlich *b* seyn kan. Ein gleiches ist denn auch bey dem Eintritte des Basses zu bemercken. Derselbe aber verweile nur nicht so lange, als sein Vorgänger, der Tenor; sondern melde sich auf eben die Weise an, wie der Alt gethan hat, nehmlich bey derjenigen Note des Tenor-Satzes, die vor der letzten hergehet, *in nota penultima thematis*. Und also findet sich eine gescheute Um- oder Abwechselung hiebey ein. S. das Ex. §. 109.

§. 119.

Ist nun der Baß ein- und ein Paar Täcte fortgeführet, so mag man die Ober-Stimme etwas pausiren lassen; die übrigen aber indessen auf das beqvemste, mit geschickten Gängen und Rückungen, so lange weiter fortleiten, bis der Baß das Thema zu Ende gebracht hat: alsdenn kan, bey Berührung der letzten Note desselben, die Ober-Stimme wiederum den Haupt-Satz, oder vielmehr dessen Wiederschlag, in der Qvint anheben, und der Alt im dritten Tact, nachdem er vorher einen pausiret hat, mit der Endigungs-Note, d. i. mit dem *f,* nachfolgen; diesem aber der Tenor durch den herrschenden Klang, *c,* nach ebenfalls vorhergegangener kleinen Pause, und mit derjenigen Annäherung, die §. 114 angedeutet worden ist.

§. 120.

Hat der Tenor also zum andernmahl, und zwar itzo im *comite*, bis an die letzte Note seinen

Nach-Satz geführet, so dann, und nicht wol eher, kan der Baß, nachdem er 6 oder 7 Täcte pausiret haben wird, mit dem Vorsatz einfallen, wie am besagten Orte gleichfalls gewiesen ist: dabey der Sopran bis etwa auf die Helffte des Thematis fortgesetzet werden, und hernach 4 oder 5 Täcte stillschweigen mag; damit er, bey ersehener Gelegenheit, das *Subjectum* zum drittenmahl, und zwar in der Endigungs-Note, ergreiffe. Ferner kan es der Tenor wieder in der Qvint nehmen, ohne daß er pausire, oder sonst seinen Gang unterbreche; dahingegen der Baß dabey wol ein Paar *tempora*, d. i. 4 Täcte feiren mag.

§. 121.

Sobald der Tenor das *d* vor dem Ende berühret, lasse man den Führer im Alt, (wenn diese Stimme vorher eine gantz kleine Pause gemacht hat) und gleich darauf im Basse den Gefährten bey der zwoten Alt-Note des Satzes hören, indessen der Discant ein Paar Täcte schweiget. Nach deren Verfliessung nehme derselbe Discant das *Thema* zum viertenmahl in der Qvint, oder auch in der Octave, wie sichs am besten schickt (ich wehlte das erste). Worauf endlich der Baß zuletzt, doch ohne fernere Unterbrechung, im Endigungs-Klange folgen, und mit einem kleinen Zierath der Schluß gemacht werden kan.

§. 122.

Diese beschriebene Durchführung ist eine von den kürtzesten und einfältigsten, die man haben kan, weil sie sich nur etwa auf 30 *tempora* oder 60 Täcte im *allabreve* erstreckt, und wenig oder gar keine Ausschmückungen hat, mit welchen allemahl in Fugen sehr sparsam umgegangen werden muß, so daß sie nur zum blossen Uibergange, zur *transition* dienen. Der Satz kommt darin funfzehnmahl vor, welches mit der Zeitmaasse und ihrer Zahl eine gute Verhältniß weiset. Führer und Gefährte sind, ieder zweimahl, abgewechselter Weise im Sopran; im Alt ist der Gefährte nur einmahl zum Anfange; hernach der Führer dreimahl, zu verschiedenen unterbrochenen Zeiten; der Tenor hat den Führer einmahl, und den Gefährten zweimahl; der Baß aber hat sie beide, mit gehöriger Umwechselung, zweimahl. Und das wäre so die schrifftliche Zergliederung einer kurtzen Fuge.

§. 123.

Von der Länge des Haupt-Satzes etwas zu erwehnen, so kan man im ernsthafften Kirchen-Styl wol vier und mehr bis 6 Täcte, nach *Allabreven*-Art, dazu nehmen; aber nach heutiger und gebräuchlicher Weise, wo der langsame Vier-Viertel-Tact herrscht, und zwar mit besserer Melodie, als Fleiß und Müh, nicht gern über zween bis 3 Täcte. In ungeraden und kurtzen Abmessungen der Zeit hat es eine andre Bewandniß. Uiberhaupt läßt sich disfalls nichts festes oder unumstößliches vorschreiben: maassen die Worte und andre Umstände bisweilen darnach beschaffen seyn können, daß sie ein etwas längeres Thema erfordern. So will sich auch hiebey der liebe Eigensinn eines Setzers nicht gern einschräncken lassen. Alles was ich disfalls rathen und für gut ausgeben kan, ist dieses: **Lieber zu kurtz, als zu lang.** S. den 21 §. dieses Hauptstücks.

§. 124.

Vor Zeiten war es eine Regel, daß man erst, wenn die Fuge mit Singestimmen und Instrumenten gesetzt werden solte, den Hauptsatz mit seinem Wiederschlage in jenen allein durchführte, und nachgehends mit der Instrumental-Begleitung auch besonders ein kleines Zwischen-Spiel daher machte, welches sich auf das Thema beziehen muste. Das war gleichsam ein Ritornell. Doch nahm sich der Capell-Styl und das *Allabreve* hievon aus, als welche Schreib-Art immer mit Instrumenten und Singestimmen zugleich angefangen, fortgesetzet und geendiget wurde.

§. 125.

Nachhero ist ein andrer Gebrauch eingeführet worden, der fast mehr Beifall gefunden hat. Da läßt man nehmlich zwo oder drey Stimmen, nachdem das Stück starck ist, zur Bereitung vorangehen; wenn aber die letzte eintritt, fallen ihr zugleich alle Instrumente auf einmahl zu, bey denen das erste und öberste (es sey nun eine Violin oder was anders) nicht mit dem Sopran im Unison gehen, sondern eine eigne Melodie, so wie sie denn auch Melodie heissen mag, führen, und *réel*, wie mans nennet, gesetzet werden muß. Die zuletzt eintretende Sing-Stimme sey nun der Baß oder der Discant (denn eine von den beiden äussersten ist doch die beste, obgleich den übrigen kein Verbot auferleget ist) so thut solch *Tutti* eine sehr gute Wirckung, nicht nur im Anfange, sondern auch gegen das Ende einer Fuge.

§. 126.

Es wollen einige Contrapunctisten haben, man soll absonderlich den Baß, wenn er den Haupt-Satz zum erstenmahl ergreifft, im Endigungs-Klange anheben lassen. Dieses ist nun zwar eine gute natürliche Ordnung, wenn der Sopran vorher in der Qvint angefangen hat, und der Stimmen vier sind, auch der Alt und Tenor sich bereits haben hören lassen: ingleichen, wenn 2 Soprane vorhanden sind, und ein Qvinqve machen: wie ich denn glaube, daß die besagte Ordnung eine Ursache mit gewesen seyn mag, warum die Alten gern 2 Discänte gebraucht haben. Allein wenn nur 4 Sing-Stimmen da sind, deren erste im Grund-Ton anfängt, und es soll die Ordnung beibehalten werden, so muß der Baß die Qvint wehlen. Wird aber die Ordnung nicht gehalten, so fällt die Regel weg. Gleichwol könnte man sie in so weit gelten lassen, daß wenn der Baß zum allerletzten mahl das Thema führet, sowol, als wenn er allein anfängt, solches im Final-Klange geschehen mögte.

§. 127.

Vor allen Dingen richte man sein Thema so ein, daß es in der Melodie nicht zu weit um sich greiffe, zu hoch oder zu niedrig gehe, seine Gräntzen an einer Qvint oder Sext habe, worin Raum genug zu finden, und die Mittel-Parteien desto besser anzubringen Gelegenheit ist. Werden diese Gräntzen nicht beobachtet, so entstehet in den Wiederschlägen viele Schwierigkeit, zumahl bey Sing-Stimmen. Gilt aber solche Anmerckung in einer ieden Melodie, wie an seinem Orte gelehret worden; wie vielmehr hat sie bey Fugen-Sätzen guten Grund. Keines Sängers Stimme wird sich ordentlicher Weise **in gleicher Stärcke** auf zwo Octaven erstrecken; selten auf Sexten; allemahl aber auf 2 Qvinten, neun bis zehn Stuffen. Und da gehet man am sichersten. Ich rede darum in diesem Verstande von Qvinten, weil eine iede Stimme das Thema wenigstens einmahl als Führer, und einmahl als Gefährte haben muß: dazu denn der erwehnte Umfang nöthig ist.

§. 128.

In Instrument-Sachen findet eine grössere Freiheit Platz. Doch gibt es bisweilen im Spielen, noch mehr aber im Gehör einige Verwirrung, wenn die Fugen-Sätze einander **zu sehr** ins Gehäge kommen, bald auf bald nieder springen müssen, einfolglich nicht nur allen Zusammenhang der Melodie, sondern auch die Deutlichkeit verlieren, sich nicht recht ausnehmen, noch abstechen können: vornehmlich auf dem Clavier, alwo ein weiter Umfang des Haupt-Satzes der Vernehmlichkeit grossen Abbruch thut; er mag sonst so künstlich ausgearbeitet seyn, als er will.

§. 129.
Wir schlagen schlißlich unsern Kunstbefliessenen die Partituren der wenigen guten Contrapunctisten zu Mustern in der Ausübung vor, deren Arbeit man fleißig nicht nur spielen (denn viele können eine erlernte Fuge gut spielen, und wissen doch kaum, worin sie bestehet) sondern genau durchgehen, untersuchen, und nach obiger Anleitung in eine Zergliederung bringen muß, damit man ihnen die Künste ablerne, solche nachahme und unsre gegebene Grund-Sätze wol anwende. Die mit bekannten grossen Meister in Fugen sind vor andern, **Bach**, **Fux**, **Händel**, **J. Krieger**, **Kuhnau**, **Theile**, **Teleman**, **Walther** etc. Niemand zu nahe geredet.

Ein und zwantzigstes Haupt-Stück.
Von Circkel-Gesängen oder Kreis-Fugen, sonst Canones genannt.

§. 1.

Die so genannten Canones heissen wir billig deswegen Circkel-Gesänge oder Kreis-Melodien, weil sie gleichsam in die Runde herum gesungen oder gespielet werden. Mit ihrem Kunst-Worte werden sie *Fugae perpetuae*, auch wol *infinitae*, d. i. immerwährende und unendliche Fugen, auf Welsch aber *Fughe in consequenza*, Folge-Fugen betitelt. Wir mögen lieber den einen oder andern obiger teutschen Ausdrücke behalten, weil doch der Nahme *Canon* diesen Kunst-Stücken nur aus Misbrauch beigeleget wird.

§. 2.

Von dieser Sache machen die alten Contrapunctisten in ihren Schrifften zu viel; die jüngern hergegen zu wenig Wesens. Dahero wäre wol das sicherste, hierin eine Mittelstrasse zu wehlen. Der Canon ist sonst ein **kurtzes Sing- oder Kling-Stück, welches verschiedene Stimmen aus einer einzigen Vorschrifft, die offt nur eine Zeile beträgt, nach einander daher machen, und immer von vorne wieder anfangen können.**

§. 3.

Ob ich nun gleich nicht der Meinung bin, daß die Canones oder Kreis-Gesänge **an sich selbst** von gnugsamer Wichtigkeit sind, lange Zeit und Arbeit darauf zu wenden; so will ich doch auch einem Music-Beflissenen nicht abgerathen haben, sich in dieser Compositions-Gattung, um der guten Wirckung willen, gewisser maassen zu üben. Die Wirckung verstehe ich so: weil durch sothane Uibung eine grosse Fertigkeit in der Setz-Kunst **überhaupt** zu wege gebracht werden kan; wenn man sich nur nicht zu sehr daran gewöhnet, und eine Steifigkeit dadurch zuziehet wie gemeiniglich zu geschehen pfleget.

§. 4.

Wenn wir die besten Verfasser ansehen, die von der Music auf eine gelehrte Art geschrieben haben, als nehmlich: *Zarlino, Penna, Zacconi, Kircherus, Tevo, Bononcini, Artusi, Berardi* und andre, so wird kein eintziger unter ihnen seyn, der nicht wenigstens ein beträchtliches Hauptstück vom musicalischen Canon hätte mit einfliessen lassen. Wir dürfften also nur das wesentlichste aus sothanen Büchern herausziehen und hiehersetzen; wenn unser Vorhaben nicht wäre, die Sache gantz anders vorzutragen, als noch von niemand geschehen ist.

§. 5.

Wir haben sonst diese Materie, obzwar nicht auf eine lehrende, doch auf eine beurtheilende Weise, deutlich genug an einem andern Orte[1] behandelt. Ein ieder kan daraus abnehmen, was davon zu halten und nicht zu halten sey. Hier werden wir hergegen dergestalt damit verfahren, daß die Art und Weise untersuchet und gewiesen werde, mittelst welcher die Kreis-Gesänge gemacht werden müssen, auch wie vielerley Gattungen es derselben gibt.

§. 6.

Der eigentliche Gebrauch und besondre Nutz, welchen dergleichen Kunst-Stücke bey heutiger Music haben, läßt sich sehr geringe ansehen: weil aber doch überhaupt dasjenige Verfahren, womit fast in allen und ieden musicalischen Sätzen etwas nachfolgendes oder nachahmendes, *alla conseguenza*, angebracht wird, von grosser Wichtigkeit ist; so kan auch die canonische Schreib-Art, mittelbarer Weise, eins und anders hiezu beitragen.

§. 7.

Dannenhero thut mancher übel, der sich **ohne Ausnahm** über dergleichen Arbeit zieret, und ein gäntzliches ungegründetes Gespötte damit treibet, welches unter andern einem ehrlichen Thüringer[2] bey etwas schmutziger Feder entfahren ist. Es sind gemeiniglich Merckzeichen einer Seichtgelehrsamkeit, wenn man, statt nöthigen und wesentlichen Unterricht zu geben, oder auch die Sache nur sowol auf der guten, als bösen Seite bescheidentlich vorzustellen, über die Nahmen des Contrapuncts und der Canonen allerhand niederträchtige und eckelhaffte Reden vorbringt, wodurch nur den Unverständigen und Music-Hassenden ie länger ie mehr Anlaß zur Geringachtung gegeben wird.

§. 8.

Wir finden bey besagtem Verfasser, daß der musicalische *Canon* mit demjenigen groben Geschütze, welches eben also genannt wird, in eine Vergleichung kommen, und aus solchem Grunde lächerlich gemacht werden soll; da sie doch beide einerley Ursprung und Ableitung ihres Nahmens haben. Auch was wir sonst so nennen, z. E. das *jus canonicum*, oder geistliche Recht, die *Canonici* oder Domherren etc. kömmt alles von dem Griechischen Worte κανὼν her, welches eine **Richtschnur**[3] bedeutet, weil nehmlich die geistlichen Gesetze so viele Regeln, als Abschnitte, enthalten, und denn die Domherren deswegen *Canonici* gennenet werden, weil sie, **der Einsetzung nach**, sehr ordentlich und regelmäßig haben leben müssen.

§. 9.

Was aber die Canonen auf den Festungen und Wällen betrifft, so kan man leicht erachten, daß sie, um der mechanischen Werckzeuge halber, als Linial, Circkel u. d. g. ohne welche sie nicht gemacht werden können, diesen Nahmen erhalten haben. Im Frantzösischen bedeutet das Wort *regle*, und im Engländischen das Wort *rule,* nicht nur eine Regel, sondern auch ein Linial.

---

1 Im ersten Bande der musicalischen Critick, unter dem Titel der canonischen Anatomie *p. 235–368.*
2 Fried. Erhardt **Niedt** im dritten und letzten Theil seiner Handleitung *p. 26–34.*
3 *Regula, in libra, mensura & aliis.* Daher κανονικὸς, *regularis, q. a* κάνη, *quia est calamus quo longitudo examinatur,* eine Meß-Ruthe, ein Maaßstab.

§. 10.

Zarlin[4] ist mit denen nicht zufrieden, die unsrer vorhabenden Gattung musicalischer Arbeit den Titel der Canonen beilegen, und will haben, man soll sie *Conseguenza* nennen: schilt auch deswegen gar diejenigen, so nicht mit ihm eins sind, für *poco intelligenti*, d. i. für Leute von wenigem Verstande. Nun hat es zwar seine Richtigkeit, daß *conseguenza* sich nicht übel zur Sache schickt, weil doch immer eine Stimme der andern bey den Circkel-Liedern nachfolget, deren erste, wie bey den ordentlichen Fugen, *Guida*, oder die anführende, die andere *conseguente*, d. i. die nachfolgende heissen kan.

§. 11.

Allein, dem ungeachtet wüste ich nicht, warum diejenigen, welche das **allgemeine** Wort Canon gebrauchen, eben für unverständig gehalten werden sollten, so lange sie wissen, daß dieser Gebrauch aus einem kleinen Irrthum entstanden, da man das Zeichen und die bezeichnete Sache für eins genommen. Denn, wenn eine solche künstliche Noten-Zeile, eine solche unendliche Fuge hingeschrieben wurde, und es beliebte dem Verfasser anzuzeigen, an welchem Orte die nachfolgende Stimmen eintreten sollten, so setzte er entweder ein gewisses Merckmahl, als z. E. dieses .§., oder schrieb auch statt dessen das Wort **Canon** über dieselbe Stelle und Stellen, als wollte er sagen, hie ist der Ort, darnach richtet euch in der Auflösung des Rätzels. Weil nun viele Leute sothane Uiberschrifft ausgeleget, als sey dadurch der Nahme des Liedes ausgedruckt worden, so ist daher eine Irrung und längst verjahrte Gewohnheit entstanden.

§. 12.

Diejenige Meinung aber ist gantz und gar lächerlich, welche den Nahmen *Canon a canendo*, vom singen herführen will. Einige haben das Ding *Fuga a Simiglianza*, von der Gleichheit, die eine Stimme mit der andern hat, genennet; andre noch anders. Wir wollen bey dem teutschen Kreis-Gesange oder Kreis-Fuge bleiben, und auch bisweilen das Wort Canon mitnehmen, weil es bekannt und gebräuchlich ist.

§. 13.

Angelo Berardi hat in seinem vornehmsten Wercke[5] gar gut von diesen Dingen gehandelt, und zwölff Arten der Kreis-Fugen in die Rechnung gebracht, nehmlich folgende, die wir unsern teutschen Lesern erklären müssen.

1) *Canone all'unisono, al sospiro*, d. i. wo die zwote Stimmen der ersten im Unison nachfolget, und nur um ein Viertel später anhebet.
2) *Canone all'unisono, doppo mezza Pausa, sopra un Canto fermo*, d. i. wo die folgende Stimme, nach eines halben Tacts Pause eintritt, und wobey wir bemercken, daß zu der Zeit Mode gewesen, einen *Canto fermo*, oder eine gewisse Choralmäßige Melodie festzusetzen, nebst welcher denn zwo andre Stimmen den Kreis-Gesang führten. Dieser Gebrauch ist aber abgekommen, und die wenigsten Canones binden sich itzo an einen *Canto fermo*.
3) *Canone alla Seconda di sotto*, wobey die zwote Stimme nicht im Einklange, sondern einen Ton tiefer ihre Nachfolge anstellet. Und solche Beschaffenheit hat es auch mit den übrigen neun Arten: 4) *Alla Terza di sotto*. 5) *Alla Quarta di sotto*. 6) *Alla Quarta di sopra*, eine

---

4 *Institut. harmon. Parte III c. 59.*
5 *Documenti armonici L. II c. 17.*

Qvart höher, u. s. w. 7) *Alla Quinta di sopra.* 8) *Alla Sesta inferiore.* 9) *Alla Sesta superiore.* 10) *Alla Settima inferiore* und endlich 12) *Canone della Diapason inferiore*, eine Octave tiefer. Von welchen allen am besagten Orte Exempel über einen feststehenden Gesang, mit beigefügten Regeln, wie sie gemacht werden müssen, anzutreffen sind.

§. 14.

Ferner gibt es noch eine künstlichere Art dieser Kreis-Fugen, bey welchen die *Guida* oder Führstimme das **erstemahl** so gesungen wird, wie sie auf dem Papier stehet, die *conseguente* | oder Folgestimme aber durch eine Gegenbewegung der Intervalle, und durch verdoppelte, auch wol verminderte Geltung der Noten. Das **andremahl** wird aus der *Conseguente* die *Guida* gemacht, und ebenfalls, wie es stehet, vollzogen; hingegen verändert sich die *Guida* in die *Conseguente*, und bekommen die Noten eine andre Geltung. Der krebsgängigen und Rätzelmäßigen Circkel-Lieder nicht zu gedencken: Von welchen allen die Beispiele herzusetzen viel zu weitläuffig fallen würde. Und weil man leicht erachten kan, daß bey solchen Dingen sehr viel gezwungenes mit unterlauffen müsse, so ist gewiß, daß der Klang die Mühe lange nicht vergütet.

§. 15.

Es ist hiemit nicht genug, man hat über die vorige noch verschiedene höhere Kunst-Stücke dieser Art erfunden, als z. E. des *Berardi Canonem*[6] mit *32 Soprani* oder Discant-Stimmen, dazu gehört ein gantzes Castraten-Land. Und wer sich dessen verwundern mögte, dem kan man des **Kirchers** Irrgarten[7] vorlegen, da 128 Chöre nicht nur mit 512 Stimmen, sondern gar mit 256000, die alle ihre besondere canonische Weise halten, gesungen werden sollen. So sehr haben sich unsre Vorfahren hierin vertiefet; gleichwol aber dadurch die Unendlichkeit der Zusammenstimmungen und ihr unerschöpfliches Wesen einiger maassen an den Tag geleget.

§. 16.

Buononcini[8] verfähret kürtzer und deutlicher, als alle andre, in seinem Unterricht von den Kreis-Gesängen. Er theilet dieselbe in freie und gebundene, in endliche und unendliche, gibt auch einige Anleitung, wie man es mit ihrer Verfertigung anfangen soll.

§. 17.

Der nächste Weg, hierin etwas auszurichten, ist dieser: Man ersinne erstlich einen zwostimmigen Satz von 6 bis 8 Tacten, und schreibe ihn so auf, daß die zwote Stimme eben dieselbe Melodie, welche die erste hat, Tact vor Tact, nachmachen könne. Wenn sie solches nun thun soll, z. E. nach Verfliessung eines gantzen Tacts, so verstehet sich von selbsten, daß der zweite Tact des Führers so eingerichtet werden müsse, damit er zu dem ersten völlig einstimme. Und eben also muß sich der dritte zum zweiten, der vierte zum dritten etc. etc. reimen; absonderlich aber der letzte zum ersten. Alsdenn ist es Canon ohne Ende, mit zwo Stimmen. Hiebey muß die unterste Stimme allemahl vorher, und die obere hernach gesetzt werden, ein Tact nach dem andern, oder e zween und zween Täcte.

---

6   *l. c. p. 112.*
7   *Labyrintus Musicus in Musurgia Kircheri L. V. p. 403 sq.*
8   *Musico prattico di Gio. Mar. Buononcini, Parte III cap. 12 p. 47 sq.*

Von Kreis-Fugen.

§. 18.

Nächst diesem bringet man beide Stimmen und Zeilen in eine. Bey derjenigen Note aber, oder an dem Orte, wo die Folge-Stimme eintritt, wird ein Merckmahl gemacht, und darüber gesetzet, wie wir so eines als andres hier sehen. Das heißt denn ein geschlossener Canon, so wie der vorige Aufsatz ein **offener** genennet wird.

§. 19.

Man siehet hier schon aus der ersten Probe, daß gar geschickte Bindungen in diesen Kunst-Stücken (etliche wenige ausgenommen) angebracht werden mögen: und durch solche erhalten sie eben, so wie ein ieder guter Contrapunct, den grössesten Zierath und einen gantz andern Geist. | Doch wollen wir auch ein Exempel ohne Dissonantzien hersetzen, so wie die Alltags-Canones gemeiniglich beschaffen sind: wobey dem ungeachtet die Lebhafftigkeit nicht fehlet.

§. 20.

Soll der Circkel-Gesang aus dreien Stimmen bestehen, so wird es sehr wol herauskommen, und einer Doppel-Fuge in etwas ähnlich sehen, wenn die dritte Stimme ein von den übrigen unterschiedenes Subject führet, mittler weile die beiden andern fein einmüthig hinter einander hergehen. Z. E.

§. 21.

Wenn man nun einen solchen dreistimmigen Canonem in eine eintzige Zeile bringet, so werden die Stimmen der Länge nach hingeschrieben, wie sie mit den Zahlen 1. 2. 3. bemerckt sind. Wo die zwote Stimme anhebt, setzet man über ihrer ersten Note das Zeichen .§. und wo die dritte eintritt, eben dergleichen. Diese Zeichen nun sind es eigentlich, welche **Zarlin** *une Regola*, eine **Richtschnur**, einen *Canon* genannt haben will: weil sich die Folge-Stimmen in einem geschlossenen Satz darnach **richten** müssen.

§. 22.

Es werden auch wol gar die erwehnten Zeichen bey einigen Rätzel-Gesängen weggelassen, damit sie noch fester verschlossen seyn mögen. Und da muß ein erfahrner Contrapunctist das Geheimniß selber **aufzulösen**[9] wissen, wenn ihm solches vorgeleget wird, damit er das rechte Fleckgen treffe, und andeute, wo die Folge-Stimmen anheben oder eintreten. In diesem Fall kan man vielen was rechtes aufzurathen geben, und den Satz offt so einrichten, daß auch der beste seine volle Arbeit bey der Auflösung findet, wovon wir zum Beschluß dieses Haupt-Stücks ein Beispiel geben wollen. Es geschiehet dergleichen Prüfung mehrentheils bey Gelegenheit einiger vermeinten Meistergesellen, denen man etwa auf die Zähne fühlen, und von ihnen erfahren will, wie weit sich ihre Fähigkeit in den harmonischen Künsten erstrecke.

§. 23.

Denn, ungeachtet diese Circkel-Lieder anitzo nicht mehr, wie vormahls in Kirchen und Schulen viel vorkommen, so kan man doch öffters aus ihnen, und den dabey vermachten Umständen von der harmonischen Wissenschafft eines melodischen Setzers gewissermaassen urtheilen, zumahl, wenn er eine gute reine Melodie mit seiner Kunst zu vereinigen weiß. Die Uibung hierin ist gut, und wer Lust dazu hat, den wird sein Fleiß nicht gereuen, falls er nur nicht zu weit gehet, und das singbare Wesen aus den Augen setzet, worüber fast von ie her canonische Klage geführet worden ist.

§. 24.

So geringe aber als auch der Gebrauch dieser Dinge, bey förmlicher Bewerckstelligung grosser Musiken, manchem scheinen mögte, könnte man doch wol eine gewisse Art erfinden, mittelst welcher sothaner Gebrauch grösser, und zugleich angenehmer würde. Ich will meine Gedancken durch ein deutliches Exempel an den Tag legen: weil ein Nutz daraus zu hoffen stehet.

§. 25.

Wenn ich nehmlich ein Paar geschickte Canones etwa für drey Stimmen so einrichtete, daß | sie nicht allein **abgewechselt,** sondern auch, gleich den ordentlichen Fugen, auf verschiedene Art **versetzet**, und mit einer **Veränderung** von *Solo* und *Tutti* versehen werden könnten. Es stünde wol zu vermuthen, daß dergleichen Erfindung Beifall erhalten würde.

§. 26.

Man wollte, ich setze den Fall, zum Versuch die folgende, aus dem 122 Psalm genommene Worte, bey Gelegenheit einer Kirch-Weihe anbringen, und mit drey Stimmen auf die vorgeschlagene Art ausführen. **Ich freue mich deß, das mir geredt ist, daß wir werden ins Haus des Herrn gehen. Und daß unsre Füsse werden stehen in deinen Thoren, Jerusalem.** So könnte ich daraus zween Canones machen, weil es zween Versicul sind, nehmlich der erste und zweite des erwehnten Psalms. Ich könnte auch die beiden Canones durch einander flechten, indem ja der Inhalt beider Verse gar füglich vermischet werden mag.

---

[9] Man nennet die Folgestimmen auch schlechtweg *Risolutioni*, oder **Lösungen**.

Von Kreis-Fugen.

§. 27.
Nun gibt mir der erste Versicul mit seinen dreien Gliedern alsobald von selbsten drey melodische Absätze an die Hand, nehmlich für iede Stimme einen. Und obgleich der zweite Versicul nur zwey Glieder aufweiset, sind sie doch so beschaffen, daß eine Wiederholung der letzten Worte des Satzes füglich Stat findet, und dadurch der dritten Stimme Raum gemacht wird.

§. 28.
Endlich muß ich die Sang-Weise hiebey so einzurichten beflissen seyn, daß die Versetzung gute Art habe, d. i. daß sich die Melodie sowol zur grossen Ton-Art, als zur kleinen schicke. Und also mögte **der erste Canon etwa so lauten:**

Der zweite aber könnte folgende Gestalt haben:

Diese beide Kreis- oder Circkel-Gesänge könnten denn folgender maassen abgewechselt, versetzet und gehöriger Weise durchgeführt werden.

§. 29
Eine neue Art abwechselnde und versetzte Canones auszuarbeiten.

Die Instrumente fallen ein, wo das *Tutti* stehet; die erste Violine und Oboe mit dem Sopran; die andre Violine und Oboe mit dem Sing-Alt; die beiden Violen mit den zween ersten Tenören; der Violoncell mit dem dritten Tenor; der Fagott und grosse Violone mit dem Sing-Baß; die Orgel und übrigen Grund-Stimmen mit dem General-Baß. Dieses wird erinnert, daß man den Raum erspare, und nicht die gantze Partitur herzusetzen nöthig haben möge.

544 III. Theil. Ein und zwantzigtes Capitel

Von Kreis-Fugen. 545

III. Theil.   Ein und zwantzigtes Capitel

Von Kreis-Fugen.

548 III. Theil. Ein und zwantzigtes Capitel

Von Kreis-Fugen.

Dritte Abwechselung.

550　　　　　　　　III. Theil.　　Ein und zwantzigtes Capitel

Von Kreis-Fugen.

§. 30.
Es ist dieser Erfindung und ihrer Einrichtung noch kein Vorgänger bekannt, es müste denn einer mit mir eben dieselben Gedancken gehabt, und sich noch niemand entdecket haben: welches schwerlich seyn kan. Daher hat ein etwas umständliches Beispiel die Sache nothwendig erläutern müssen: damit man den rechten Begriff davon bekomme.

§. 31.
Zweierley stünde hiebey noch zu erinnern. Erstlich daß die Tenor-Stimmen sich am besten zu dergleichen Circkel-Stücken schicken, sowol wegen ihres Nachdrucks, als auch weil sie leichter und häuffiger zu haben sind, denn andre. Zweitens, daß es nur gar zu viel Wiederholens geben würde, wenn solche Canones stärcker, als mit dreien Stimmen, die den eigentlichen Runde-Satz führen, ausgearbeitet werden sollten; ja, daß es vieleicht mit zwo Stimmen lieber zu versuchen seyn mögte. So viel sey von dieser neuen Art genug. Man wird daraus hoffendlich nicht ohne Nutzen sehen, wie dergleichen ausserordentlich-abwechselnde und versetzte Kreis-Gesänge oder Fugen mit zwo bis drey Stimmen, in Begleitung eines völligen Chors, ausgeführet werden können.

§. 32.
Um nun auch ein oder anders ordentliches Muster mit vier Stimmen zu geben laßt uns folgende, kleine, frantzösische Sätze betrachten: deren erster zwar in lauter Consonantzien bestehet; aber doch recht was artiges, insonderheit dasjenige, was die Worte in sich halten, nehmlich ein Glocken-Geläute, in einem kurtzen Begriff von vier Zwo-Viertel-Täcten nicht schlimm vorstellet.

Canon a 4.

Le Son des Cloches de Vernon est bon, bon, bon, bon.

§. 33.
Der zweite hier einzurückende würdige Satz ist wircklich ein so genanntes *impromtu*, welches in einer gewissen Sommer-Gesellschafft bey heissem Wetter, da das Geträncke mit Eis erfrischet war, aufgegeben, und stehenden Fusses nicht nur zu Papier gebracht, sondern auch herum gesungen wurde.

Canon a 4.

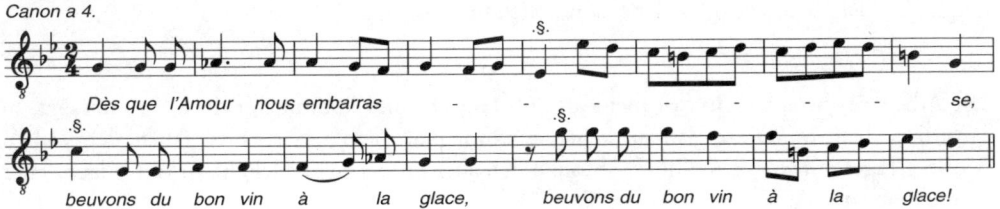

Dès que l'Amour nous embarras — — — — se, beuvons du bon vin à la glace, beuvons du bon vin à la glace!

---

10 Das gefälligste bey diesem Satze ist, daß man, wenn er etliche mahl rum gesungen worden, in dem Accord *A dur* stille halten kan, nehmlich auf den Noten, wo das Final-Zeichen ⌢ steht, doch mit einem summenden, und sich allmählig verlierenden Ton, nach Art des Geläutes.

552   III. Theil.   Ein und zwantzigtes Capitel

§. 34.

Damit wir aber endlich auch eines mit fünf Stimmen hersetzen, mag folgendes zum Muster dienen. Der Satz ist dabey so eingerichtet, daß er sich dreymahl versetzen läßt, und also gar wol, bey seiner ungezwungenen Melodie, darin die Haupt-Sache bestehet, zur Ausarbeitung irgend einer Galanterie dienen könnte.

§. 35.

Bisher haben wir mit lauter solchen canonischen Sätzen zu thun gehabt, die im Einklange ihre Stimmfolge anstellen. Es sind auch die gebräuchlichsten. Inzwischen können doch verschiedene Intervalle, ja fast ein iedes, ebenmäßig dazu dienen, wie wir im 13 §. bereits gewiesen, und die Stelle, samt dem Verfasser benennet haben, wo die Beispiele anzutreffen sind. Es geschie|het diesen Falls ungleichen Stimmen, als Alt, Tenor etc. ein Genüge, und es klingt einer Fuge ähnlicher.

§. 36.

Ein recht schönes Muster mit drey verschiedenen Stimmen, da die zwote, als der Alt, in *hypodiatessaron*, in der unterliegenden Qvart des Haupt-Tons, die dritte aber, als der Tenor, in *hypodiapason*, in der Unter-Octav desselben anhebt, finde ich bey einem Engländischen Verfasser, *William Bird*, welcher *Baccalaureus Musices* gewesen ist. Es hat sich die Großbritannische Nation mit dergleichen Kunst-Stücken von ieher sonderlich hervorgethan.

§. 37.

Die Arbeit des besagten *Bird* ist mehr als 200 Jahr alt, und kömmt mir doch, in ihrer Art, so unverbesserlich vor, daß zu glauben stehet, es würde manchem Setzer schwer fallen, dergleichen heutiges Tages mit so gutem Glück, absonderlich aber mit so guter Melodie zu verfertigen. Hier ist die Probe davon:

Von Kreis-Fugen.

§. 38.

Die beigesetzten Eintritts-Zeichen des Alts und Tenors, samt der obigen Anzeige, in welchen Intervallen die Stimmen einander folgen, mag gnug seyn, unsern Liebhaber zu rechte zu weisen. Wer aber einen Anwärter prüfen will, wie weit er es in der harmonischen Löse-Kunst gebracht habe, der schreibe ihm den Satz nur so bloß vor, und lasse so Zeichen als Erklärung weg: alsdenn wird er sich entweder verrathen, oder wol halten.

§. 39.

Dergleichen Canones, wo die zwote Stimme eine Qvint[11] oder Qvart tiefer, auch wo dieselbe eine Qvint oder Qvart höher[12], als die *Guida* eintritt, können ferner mit vieren, wie ordentliche Fugen gesetzt, und so eingerichtet werden, wiewol nicht sonder Zwang, daß sie eine Umkehrung[13] leiden; wobey man sie doch gemeiniglich aus der einen Ton-Art in die andre, wieder seinen Willen, ohne die geringste Artigkeit versetzen muß.

§. 40.

Diese Umkehrung ist so zu verstehen, daß der Gefährte dem Führer mit entgegen gesetzten Intervallen folge. Wenn nehmlich der Führer z. E. eine Qvart empor gestiegen ist, daß alsdenn der Gefährte, zu seiner Zeit, eine Qvart herunterfalle. Und so wird es mit den übrigen Gängen oder Sprüngen auch gehalten. Das ist eigentlich *al Roverscio*. S. das folgende Haupt-Stück §. 9.

§. 41.

Sothane canonische Plackerey, wenn sie noch so wol geräth, hat gemeiniglich sehr viel gezwungenes an sich, und dienet bloß zur starcken Uibung in der Harmonie: wie die höltzerne Voltigir-Pferde einem Schüler in der Reit-Kunst. Geräth die Arbeit aber nicht gut, sondern kömmt einem Sanglosen Setzer unter die Hände, so mögte man sie lieber dem Ixions-Rade zueignen, als Elisäische Ohren damit qvälen.

§. 42.

Buononcini[14] gibt uns vor andern von dieser saubern Umkehrung ein Muster, das manchem grossen Liebhaber solcher Spiel-Wercke nicht eben so gar unleidlich vorkommen mögte; einem an|dern aber, der sich einen höhern Begriff von einem solchen berühmten Capellmeister macht, gar nicht gefallen dürffte. Hier ist es!

Canone, al Roverscio, a 2.

---

11 *in Hypodiapente.*
12 *in Hyperdiapente vel Hyperdiatessaron.* Bey denen in *Hypo* fängt die Oberstimme an; bey denen in *Hyper* aber die Grund-Stimme.
13 *Al contrario riverso, overo: Al Roverscio.*
14 *Musico prattico cap. 12.*

554   III. Theil.   Ein und zwantzigtes Capitel

§. 43.

Nicht nur der Eintritt des Gefährten, woraus man sonst ein Geheimniß macht, ist hier deutlich angezeiget; sondern auch die gantze umgekehrte Folge zur Probe in Partitur beigefüget. Das ist freigebig und offenhertzig genug.

§. 44.

Eine andre Art, nach welcher eine vierstimmige Circkel-Fuge nicht nur den Gefährten allein *al contrario riverso*[15] einführet, sondern sich auch gantz und gar **mit allen vieren** so umwenden und versetzen läßt, daß sie zugleich einerley verkehrten Weg nehmen, veranlasset uns einige Beispiele davon zu geben, die ein gelehrter *Cantor* auszuführen beliebet hat, und aus deren blossen Anfangs-Täcten ein ieder leicht den Wollaut der übrigen beurtheilen mag.

---

15   Bey diesem *Roverscio* eines ordentlichen Canonis mit 4 Stimmen wird der Sopran in den Baß, der Alt in den Tenor, der Tenor in den Alt, und der Baß in den Sopran gebracht.

Von Kreis-Fugen.

§. 45.
Unter das *No*. 1. befindliche obige Rund-Stücke schreibt der Herr Verfasser also: **Wenn dieser Canon ins** *A c* **versetzet wird, nimmt er sich besser aus.** Meiner Meinung nach wäre das letztere höchst zu wünschen; wenns nur durch das erste erlanget werden könnte.

§. 46.
Wir wollen aber doch fortfahren und auch sehen, wie es mit der Umkehrung aller vier Stimmen beschaffen ist, ob vieleicht iemand mehr Trostes daraus schöpffen mögte; woran doch sehr zu zweifeln stehet, unangesehen diese Arbeit wol funfzig Jahr jünger ist, als des *Buononcini* seine. Wenn man gleichwol die Wahrheit sagen will, findet sich alhier im verkehrten noch etwas mehr Melodie, als im unverkehrten. Alles von ungefehr so schön und lieblich.

§. 47.
So viel wird erlaubet seyn hiebey anzumercken, daß unsre Angabe im Haupt-Stücke von der Melodie, bey der dritten Regel (wo ich nicht irre) von der Lieblichkeit, aus diesen und dergleichen Dingen eine ungemeine Stärcke und den äussersten Zuwachs erhalten könne. Es hat alles seinen Nutzen. Doch zum Werck!

No. 1. Idem Canon, al contrario riverso.

III. Theil.   Ein und zwantzigtes Capitel

§. 48.

Es ist sonst ein ziemlicher Vorrath von dergleichen Seltenheiten bey mir vorhanden. Aber sie finden hier keinen Raum. Thun es doch diese kaum.

§. 49.

Der berühmte **Bach**, dessen ich so wie vormahls[16], also auch itzo, absonderlich wegen seiner Faustfertigkeit in allen Ehren erwehne, hat noch vor einigen Jahren ein solches Kunst-Stück verfertiget und in Kupffer stechen lassen, auch einem grossen Kenner und Könner der Music, einem wircklich hochgelahrten Lehrer der Rechten, der mir die Ehre gethan hat, mein Zuhörer im melopoetischen *Collegio* zu seyn, solches zugeschrieben hat. So siehet es aus!

---

16 *II. Orch. p. 222.*

Von Kreis-Fugen.

§. 50.

Das ist eine Rätzel-mäßige Kreis-Fuge, auf Welsch: *Canone enimmatico*, auf Lateinisch *Canon aenigmaticus*: in welchem zwar mehr, als ein Schlüssel, hinten und vorn angeschrieben stehen, und hergegen bey keinem Zeichen .§. .§. zu erkennen ist, in welcher Ordnung die 4 Stimmen eintreten sollen; doch eben darum, weil solches von dem Componisten verschwiegen worden, wird in demselben Satze den Ausführern das Errathen desto schwerer gemacht. Man hat dergleichen Canones, die bey ihrer Runde mit allen Stimmen einen Ton tiefer eintreten müssen. Ach! welche Künste!

§. 51.

Weil das obige Rätzel nun eben von Leipzig kam den 18 Aug. 1727, wie wir in unsern Lehr-Stunden begriffen waren, so muste sich ein iedes Mitglied der anwesenden Gesellschafft darüber machen, und die Auflösung suchen und versuchen. Denn es waren, wie ieder siehet, verschlossene Thüren, und ein mit Recht so genannter *Canon clausus*.

§. 52.

Dem einen gerieth diese Auflösung so; dem anderen so: bis endlich ihrer zween, deren einer itzo | den besten Organisten-Dienst in Gröningen besitzet, und sich schon mit einem öffentlichen Werck hervorgethan hat; der andre aber zwar zu einem sonderbaren Staats-Mann des Hamburgischen Regiments gediehen, aber leider! in dem besten Lauf seines Glückes und Verdienstes am kaiserlichen Hofe unlängst verstorben ist, sich folgender maassen vereinbarten, und die Gedancken hegten, daß die Aufgabe, wenn alles mit dem *contrario riverso* bestehen sollte (wie sie aus den hinten angehängten, verkehrt bezeichneten Schlüsseln abzunehmen vermeinten) diese folgende Gestalt gewinnen müste.

§. 53.

Resolutio quaedam Canonis clausi.

558   III. Theil.   Ein und zwantzigtes Capitel

§. 54.

Ob und wie weit es nun diese Auflöser getroffen haben, mag der Herr Verfasser selber am besten urtheilen, und es mir nicht beimessen, wenn etwa sein Sinn nicht errathen wäre: wovor mir sehr grauet. Ich habe niemahls mehr Zeit und Mühe daran gewandt, als zu obiger blossen Abschrifft gehöret, und hätte auch jene lieber gar ersparet, wenn ich nicht glaubte, es könne die Anführung des Stückleins noch vieleicht manchem zum Unterricht oder Nachsinnen dienen.

§. 55.

Nun ist noch übrig der so genannte krebs-gängige *Canon, Canon cancrizans,* welcher sich nicht, wie die vorigen, einen Tact nach dem andern hinschreiben läßt; sondern von dem man erstlich die völlige Helffte zu Papier bringen, und denn darüber oder darunter einen Contrapunct anbringen muß. Wenn das geschehen ist, schreibet man die Noten der Ober-Stimme besonders hin, und hänget die Noten der Unter-Stimme, iedoch von hinten zu, daran, so ist der Krebs gesotten.

§. 56.

Es wollen sich aber zweierley Dinge hiebey nicht anbringen noch gebrauchen lassen. Dissonantzien dürffen sich nicht melden, nehmlich, weder in Rückungen, noch in Bindungen, noch in punctirten Noten. Auch die Zeichen der Erhöhung und Erniedrigung der Klänge, ♭ und ♯, müssen zu Hause bleiben; ausgenommen solche, die eigentlich zur Ton-Art gehören.

§. 57.

Wenn nun dergleichen Krebs-Fuge gesungen werden soll, so fängt der eine die Zeile von hinten, der andre dieselbe von vorn an, bis sie in der Mitte auf einander stossen; da sie alsdenn wieder umkehren, und das vorige Lied aufs neue anstimmen. Dabey auch in acht zu nehmen ist, daß in einem solchen Klange angefangen werden müsse, der mit der Ton-Art übereinkomme, und daß alle Pausen oder Unterbrechungen, nebst andern zufälligen Dingen, Urlaub haben müssen. Zur Probe kan folgendes genug seyn.

Canon clausus cancrizans.

17)

Von Kreis-Fugen.

§. 58.

Soll dieser geheime Schatz eröffnet werden, so darff man nur zu Rath ziehen, was vorher erinnert worden ist, nehmlich: daß beide Stimmen zugleich, die eine von der lincken zur rechten, bis auf die Helffte der Zeile getrost fortsinge; doch nicht weiter gehe, sondern alsdenn von neuem eben denselben Gang halte, so lange bis man daran ermüdet: welches ohne Zweifel sehr bald geschehen dürffte, weil die Melodie gar zu tröstlich ist.

§. 59.

Diese Art von Krebsen kan auch noch auf eine andre Weise zu Marckte gebracht werden, wenn man nehmlich die Noten in zwo Zeilen bringt, und solcher gestalt gegen einander schreibt, daß zwo Personen, die gerade gegen einander über stehen, die Sätze von einem eintzigen Blat, ohne Verkehrung desselben absingen mögen. Herrliche Erfindung! Z. E.

§. 60.

Hieher gehört wol billig der weise Ausspruch oder Endspruch (epiphonema) des Verfassers des andern Buchs der Maccabäer, dieses Lauts: **Hätte ichs lieblich gemacht, das wollte ich gerne; ists aber zu gering, so hab ich doch gethan, so viel ich vermogt. Denn allzeit Wein oder Wasser trincken, ist nicht lustig; sondern zuweilen Wein, zuweilen Wasser trincken, das ist lustig. Also ists auch lustig, so man mancherley lieset. Das sey das Ende.** So weit dieser Meister. Er muß Hülffe zu solchen nachdencklichen Reden gehabt haben. Allein sollte mans ihm schwerlich zutrauen.

§. 61.

Um der Sache inzwischen weder zu viel noch zu wenig zu thun, haben wir hier das Vornehmste, so zu dieser Materie gehöret, der Nothdurfft nach mit nehmen und anführen müssen. Nun wirds aber wol Zeit seyn, davon aufzuhören. Wir haben deutlich gewiesen, wie man gar wol gute singbare Kreis-Fugen, nicht nur in weltlichen, sondern auch in geistlichen Harmonien verfertigen könne; und wie hergegen die Melodie bey der alten und neuen Arbeit dieser Art erbärmlich leiden müsse. Das war der Haupt-Zweck.

§. 62.

Wer alles dieses der Länge nach vortragen, und ieden Artickel mit Beispielen belegen wollte, würde mehr Zeit und Mühe anwenden müssen, als die Sache im Grunde werth ist. Daher brechen wir nunmehr hievon ab, und besorgen schon, daß ein wenig zu viel gethan sey.

---

17 Es sollte dieser Satz billig in eine Zeile gebracht worden seyn; es hat aber im Druck nicht angehen können.

Zwei und zwantzigstes Haupt-Stück.
Vom Doppelten Contrapunct.

§. 1.

Der doppelte Contrapunct, und die von ihm herstammenden Doppel-Fugen gehören nicht nur für solche Componisten, die von Natur eine starcke Urtheils-Krafft besitzen, von grossem, unermüdeten Nachdencken und Fleiß sind, auch die Kräffte der Harmonie oder Vollstimmigkeit tief einsehen, wie man solches von dem Herrn **Zelenska** zu Dresden rühmet; sondern es gehören diese Sachen nicht weniger für gewisse, auserlesene Zuhörer, die eine tüchtige Kundschafft melodischer Künste, einen reinen Geschmack an dauerhaffter Arbeit, und ein sonst wol eingerichtetes Gehirn haben. Von beiden gibt es sehr wenige.

§. 2.

Obige Wahrheit gehet deswegen hier voran, damit sich niemand über diese Lehren mache, der nicht die dazu erforderten Eigenschafften besitzet, oder dieselbe, ehe er Hand anleget, aufs äusserste zu erlangen bemühet ist: weil sonst alles Bestreben vergeblich seyn dürffte. Den Zuhörern wird und kan man diesesmahl keinen Unterricht geben; sondern nur den Setzern, und harmonischen Künstlern.

§. 3.

Was einfache Contrapuncte und gewöhnliche Fugen sind, muß ein ieder aus dem ersten und zwantzigsten Haupt-Stücken dieses dritten Theils des vollkommenen Capellmeisters gründlich wissen, der sich mit dem doppelten Contrapunct und mit den Doppel-Fugen abzugeben gedencket; wie solches natürlicher Weise voraus gesetzet wird. Was Doppel-Fugen sind, wird im folgenden Haupt-Stück gelehret werden. Man verstehet aber unter diesem Nahmen nicht allein diejenigen Sätze, welche zwey, drey oder vier Themata durchführen; sondern auch alle andre, die sich auf irgend eine Art mit ihrer Risposta umkehren und verwechseln lassen, ob sie gleich nur einen eintzigen Unterwurff aufweisen.

§. 4.

Weil inzwischen beide Gattungen oder Aeste der Doppel-Fugen, samt ihren verschiedenen Zweigen und Gliedern, unter den Stamm und das Geschlecht des doppelten Contrapuncts gehören, als woraus sie alle, gleichwie aus einer Wurtzel entsprungen: so ist leicht zu erachten, daß dieser Nahme des doppelten Contrapuncts ein allgemeiner Nahme sey, und daß die Doppel-Fugen nur als besondre Arten desselben betrachtet werden müssen. Welchemnach zuvörderst untersucht werden soll, was es denn mit dem doppelten Contrapunct für Bewandniß habe.

§. 5.

Ein doppelter Contrapunct ist ein kurtzer harmonischer Satz von zwo[1] Stimmen, deren obere zur untern, und die untere auch zur obern gemacht werden kan, so daß sie dennoch in beiden Fällen sehr wol zusammen klingen; ungeachtet weder ein ordentliches Thema, noch die zur Fuge gehörige *Risposta* dabey vorhanden ist.

---

1 Der eigentliche Contrapunctsatz hat nur zwo Stimmen, welche aber, zur Erfüllung der Harmonie, noch mehr andre Nebenstimmen, so viel man deren verlanget, zulassen.

§. 6.

Zur Erkenntniß und Erlernung sothanen Contrapuncts-Verfertigung sowol, als zum Begriff der aus diesem Stamm hervorwachsende Aeste, dienen hauptsächlich folgende sieben Stücke: maassen ohne dieselbe, und eine vollkommene Wissenschafft vom doppelten Contrapunct, alle Mühe, Doppel-Fugen zu machen, eben so vergeblich ist, als wenn iemand tantzen wollte, der nicht zu gehen wüste. Diese sieben Dinge aber heissen so: 1.) *Motus contrarius.* 2.) *Evolutio.* 3.) *Augmentatio.* 4.) *alla Zoppa.* 5.) *alla Diritta.* 6.) *di Salto.* 7.) *Puntato e di Perfidia.* Ob nun zwar noch andre Umstände bey der Sache vorfallen, so sind doch diese die vornehmsten, und zu unserm Zweck hinlänglich. Wir wollen sie erklären.

§. 7.

Motus contrarius, zu teutsch, die Gegenbewegung hat in der musicalischen Setzkunst dreierley Bedeutung, deren erste und gemeinste ist, wenn die Stimmen **zugleich** gegeneinander gehen, wovon bereits an einem andern Orte[2] gehandelt worden, so, daß die eine fällt, wenn die andre steiget; und umgekehrt. Z. E.

Motus contrarius communis.

§. 8.

Die zwote Bedeutung ist: wenn die Stimmen nicht zugleich gehen, sondern **eine nach der andern** folgen, so daß die steigende Noten der einen Stimme bey der zwoten in fallende; diese hergegen in steigende verändert werden. Solche Bedeutung hat wieder eine Nebeneintheilung in die einfältige oder **schlechte** Gegenbewegung, wo man auf die halben Tone nicht siehet[3], und in die **genaue**, da die Intervalle auf das richtigste mit einander übereinkommen müssen, und wobey man auch so gar die halben Tone nicht aus der Acht läßt.

§. 9.

Doch gehet diese Beobachtung der halben Tone nur das diatonische Klang-Geschlecht an. Und das ist es eigentlich, was man *al Roverscio* nennet, auf Frantzösisch *à la Renverse*; auf Teutsch: **gegeneinander umgekehrt**, also daß die steigenden Intervalle zu fallenden, und die fallende zu steigenden werden. Von beiden Arten finden sich hier Beispiele, und können auch in einer Stimme angebracht werden.

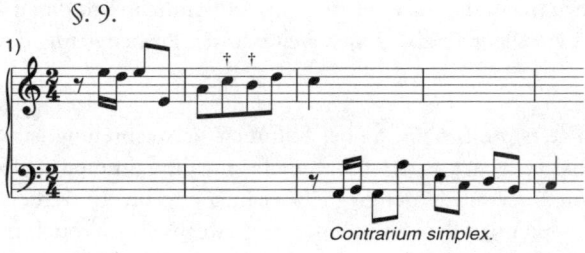

Contrarium simplex.

Contrarium stricte reversum.

---

2 Im zweiten Hauptstücke dieses Theils.
3 *in contrarium simplex, nulla semitoniorum ratione habita, & in stricte reversum.*

§. 10.

Die dritte Bedeutung des *Motus contrarii* ist, wenn die nachfolgende Stimme[4] die Noten der vorhergehenden gar von hinten anfängt, und solchen *motum* nennet man auf gut lateinisch: *retrogradum*; auf Teutsch: rückgängig; auf Welsch: *cancherizante*; auf Frantzösisch: *à Reculons*. Z. B.

Contrarium retrogradum.

§. 11.

Man kan leicht erachten, daß auch diese dritte Bedeutung verschiedene Theilungen zuläßt und erfordert: indem die rückgängigen Umkehrungen entweder in eben denselben Klängen, wie oben; oder in der Octave; oder auch in andern Intervallen angestellet werden mögen. Daß sie aber gleichfalls in einer eintzigen Stimme Platz finde, bezeuget folgendes Exempel:

motus retrogradus.

§. 12.

Und das sind Umkehrungen der Intervallen, in ihrer Folge und Ordnung. Sie werden mit ihrem allgemeinen Kunstnahmen *inversiones* genennet. Nun weiter.

§. 13.

Die *Evolutio* ist ein gantz ander Ding, und es wird darunter die **Verwechselung** oder Verkehrung, nicht der Noten oder Klänge, sondern der Stimmen selbst verstanden, welches die Italiener *Riversciamento* oder *Rivolgimento* nennen. Solche Verwechselung nun geschiehet auf dreierley Weise.

§. 14.

Erstlich, wenn aus der Ober-Stimme die untere wird, und so weiter, nach Maaßgebung der Stimmen, die man vor sich hat. Hoffentlich wird dieser Antrag wol ohne Beispiele zu verstehen seyn; allenfalls aber sollen weiter unten Proben genug davon erscheinen.

§. 15.

Die zwote Bedeutung der Stimmen-Verwechselung ist, wenn der *Motus contrarius* zugleich mit dazu gezogen wird, so daß nicht nur die Stimmen schlechter Dinge vertauschet, sondern auch die Intervalle in der Gegenbewegung angebracht werden. Und die dritte Weise endlich ist diese, wenn mit allen Stimmen die Verwechselung von hinten angefangen wird. So viel von der *Evolutione*. Die Exempel sollen zu ihrer Zeit folgen.

§. 16.

Augmentatio, oder die Vermehrung gehet hier auf die Geltung der Noten, und hat nur diese eintzige Bedeutung: daß eine Stimme der andern, ohne Veränderung des Satzes oder der Inter-

---

4 Es kan auch in einer und derselben Stimme geschehen, wie wir bald sehen werden.

valle, in solchen Noten nachfolget, die etwa um die Helffte länger und grösser am äusserlichen Gehalt sind, als die vorhergehenden.

§. 17.

Hieher gehört auch, natürlicher Weise, die *Diminutio*, oder Verringerung, als das Gegentheil der Vermehrung, und hat eben die Absicht auf die Verkürtzung der Geltung in den Noten. Auch hievon wird man am gehörigen Orte Beispiele antreffen.

§. 18.

Wenn *Zoppare* im Italienischen so viel heißt, als hincken, so ist leicht zu schliessen, daß das Kunstwort: *alla Zoppa*, einen solchen Contrapunct bedeutet, dessen Noten wieder die ordentliche Zeitmaasse so gerückt werden, daß sie gleichsam hincken oder anstossen: wie solches im so genannten *Allabreven*-Styl für künstlich gehalten wird. Ein Exempel von einer *Zoppata*, welche nicht nur einen doppelten Contrapunct, sondern auch eine Doppel-Fuge abgeben kan, will ich hiebeyfügen, um nur bey dieser Gelegenheit zu zeigen, was dergleichen Erfindung für grossen Nutzen schaffen könne; obgleich die Anweisung dazu weiter hin gehöret.

Contrapunto doppio, alla Zoppa.

Fuga doppia sopra l'istesso Soggetto zoppata, col sua Risposta e Cadenza sfuggita.

Wiederschlag und Umkehrung.

§. 19.

Contrapunto alla Diritta will so viel sagen, daß alle Noten des Gegensatzes gradweise, *directe, gradatim*, gerades Weges, durch Stuffen, auf und niedersteigen, und gar nicht den geringsten Sprung machen müssen. Ob nun der Hauptsatz, zu welchem man dergleichen Gegensatz wehlet und einrichtet, ein *Canto fermo*, ein feststehender Gesang, z. E. ein Kirchen- oder Choral-Lied oder ein sonst selbst erkohrnes *subjectum* ist, das gilt gleich. Wenn sich nur diejenige Stimme, welche durch Schritte einhergehet, mit der andern verwechseln läßt, so ist es allemahl ein **gerader Doppel-Contrapunct**. Es kan aber auch diese Art **einfach**, ohne Verwechselung, sehr nützlich gebraucht werden.

§. 20.

Das Gegentheil des vorigen ist der so genannte *Contrapunto di Salto*, wobey der Untersatz so beschaffen seyn muß, daß er keinen eintzigen Schritt, sondern lauter Sprünge thut. Und solches ist so leicht nicht zu machen, wie man sichs wol vorstellet: zumahl, wenn was singendes und geschicktes in der Melodie seyn soll. Ich nenne es den Untersatz, nicht des Ortes wegen, weil die Verkehrung auch das unterste zu öberst bringt, sondern nur in Ansehung des feststehenden Gesanges, dem der Vorzug nicht streitig gemacht wird, wenn er gleich unten stehet. Von beiden folgen hier die Muster auf das kürtzeste.

§. 21.

Der punctirte[5] Contrapunct, *Contrapunto puntato*, kan auf vielerley Art gemacht werden, nachdem nehmlich die Noten des Gegensatzes nicht nur an verschiedenen **Orten**, sondern auch bey verschiedener **Geltung**, mit Puncten versehen sind. Die gewöhnlichsten und **besten** Gattungen sind inzwischen diese folgende.

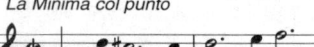

---

5 In punctirten Sachen überhaupt habe ich noch keinen Setzer gekannt, der es dem Herrn Capellmeister **Graupner** darin gleich gethan hätte, sowol was die Lebhafftigkeit, als die Melodie betrifft.

Vom doppelten Contrapunct.

§. 22.

Die vier letzt-erwehnten Arten des doppelten Contrapuncts können absonderlich einem klugen und sinnreichen Organisten und Dirigenten, es sey auf der Orgel, oder in der Capelle, unzählige Dienste leisten: sie werden, samt den folgenden, von etlichen Italienern unter dem allgemeinen Nahmen, *Perfidia*, begriffen, welches Wort zwar an sich selbst Untreu oder Treulosigkeit heisset; in diesem Theil der melodischen Setz-Kunst aber einen solchen eigensinnigen Vorsatz bedeutet, Krafft dessen der Verfasser sich nicht nur an einen gewissen Unterwurff überhaupt; sondern auch daneben an einen eignen Klang-Fuß solchergestalt bindet, als ob er dem **fetten Gesange** gar keinen Glauben mehr halten, einen gantz andern Weg einschlagen, und ihm gleichsam untreu oder gar abfällig werden wollte.

§. 23.

Solchemnach sind die so genannten *Contrapunti perfidiati* fast so mancherley, als die Zahlen und ihre Zusammensetzung, in so weit sie die verschiedene Bewegung des Klanges vorstellen, oder als die Sylbenfüsse in der Dichtkunst. Unter andern ist einer merckwürdig, den man zu nennen pfleget: *Contrapunto perfidiato di Tirate, con due Semiminime e quatro Crome*. (Ein langer Titel.) Wenn einer nehmlich seinen Sinn darauf setzet, daß er einen Gegen-Satz aus zwey Vierteln und vier Achteln, welche letztere eine Tirata[6] machen, verfertigen will, u. s. w. bis auf drey Sorten.

---

6 Die Bedeutung dieses Worts wird aus der *Modulatoria*, nehmlich aus dem dritten Hauptstück des andern Theils dieses Buches bekannt seyn. O lieber Componist, lerne singen!

§. 24.

Man darff nicht dencken, daß diese und dergleichen Erfindungen unfruchtbar sind. Mit nichten. Sie nutzen ungemein, nicht nur in geistlichen, sondern auch in weltlichen Sachen, da z. E. *No.* 1 zur Begleitung in den Violinen, *No.* 2 zum verbundenen Baß, und *No.* 3 zu einer | Sing-Arie trefflich dienen kan, wenn mans mit **Verstande** angreifft, und mit **Fleiß** ausführt.

§. 25.

Man hat auch einen doppelten Contrapunct, der den besondern Nahmen, *fugato*, d. i. **fugenmässig**, führet: weil der Gegensatz eine kurtze Clausul vor sich nimmt, und selbige, als obs eine Fuge abgeben sollte, hin und wieder, wo sichs nur wol schicken will, in verschiedenen Intervallen, gleichsam wiederschlagend anbringet. Es kan unmöglich ohne Exempel, und auch dieses ohne Beschreibung nicht, verstanden werden. Da ist es!

Contrapunto fugato.

§. 26.

Der *Contrapunto d'un sol Passo* gehöret auch hieher, da man sich einen gewissen *Modulum* vorgesetzt, um selbigen zwar beständig, **aber eben nicht fugenweise, noch durch Wiederschläge**, beizubehalten. z. E.

d'un sol Passo.

§. 27.

Fast gleichen Schlages sind die *Contrapunti ostinati*, oder *pertinaci*, die eigensinnigen Contrapuncte, worin man sich zwar zu verbinden pfleget, allemahl in dem Gegensatze etliche gewisse erwählte Noten oder Klänge in eben demselben Ton hören zu lassen; doch mit dem Unterschiede von den übrigen Gattungen, daß iederzeit eine veränderte Geltung der Noten oder ein neuer *Rhythmus* vernommen werde. Nicht eben so nach der Reihe, wie hier im Exempel: sondern bey guter Gelegenheit.

Vom doppelten Contrapunct.

§. 28.

Wiederum andre Contrapuncte setzet man im sogenannten *Saltarello*, d. i. auf eine hüpffende, und von dem ernsthafftern *Salto* oder Sprunge unterschiedene Art, z. B.

§. 29.

Noch andre werden solcher Gestalt und gewisser maassen in der gedritten Bewegung, im *tempoternario* vorgebracht, daß die eine Stimme, nehmlich der **Punct** oder Satz, mit zwey oder vier Vierteln; die andre hergegen, nehmlich der **Contrapunct** oder Wiedersatz, mit 3, 6 bis 12 Achteln, u. s. w. verfährt. Ich sage **gewisser maassen** in solchem *tempo*, oder in solcher gedritten Bewegung; und verstehe darunter gar keinen Tripel oder ungeraden Tact; sondern nur das *mouvement* desselben, in gerader Zeitmaasse. z. E.

Contrapunto in tempo ternario.

§. 30.
Dergleichen Erfindungen siehet man öffters an, als wilde Einfälle, die von ungefehr kommen; und weiß nicht, daß sie auf den guten Gründen des doppelten Contrapuncts beruhen. Der Nutz dieser Dinge erstreckt sich fast über das gantze harmonische Wesen.

§. 31.
Die *Contrapunte in sincopazione ed imitatione* sind werth, daß sie hier den Reihen schliessen, und so zu verstehen, daß eine Stimme der andern, auf canonische Art im Unison oder auch in der Octave, iedoch mit einer gerückten Bewegung nachfolgen muß, und, wie alle andre, umgekehrt werden kan.

Contrapunto sincopato.

(Mittelstimme.)

Wobey aber zu mercken, daß die Umkehrung entweder in Mittelstimmen, oder doch mit solcher Begleitung vorgenommen werden müsse, daß die Qvarten ihre gute Bedeckung bekommen: welches sich beides gar füglich thun läßt. Wiewol es nicht nöthig seyn wird, denjenigen diese Behutsamkeit anzupreisen, die der Qvart auch in den äussersten Stimmen einen Wollaut beilegen.

§. 32.
In etlichen Sätzen dieser Art macht man sich verbindlich kein *mi*, in andern kein *fa*, in einigen keine Octave, keine Qvint, keine Qvart, keine Tertz, keine Dissonantz u. s. w. einzuführen; welches aber allerdings eine Uibermaaß der Künsteley ist: daher wir es billig auf die Seite setzen. Zu viel ist zu viel.

§. 33.
Bisher sind nun solche Contrapuncte vorgekommen, die sich in ihrer Verkehrung an kein gewisses Anfangs-Intervall binden. Die eintzige Grund-Regel, wie man solche Contrapuncte verfertigen soll, ist diese: **Man muß kein andres, anschlagendes Intervall in der Harmonie gebrauchen, als die vier, den Unison, die Tertzien, die Sexten, grosse und kleine, samt der Octav.** Ursache: die übrigen lassen sich mit keinem Wolklange umkehren.

§. 34.
Wobey zu mercken, daß sich der Einklang und die Octave nicht zu offt melden, und daß die Sexten mit den Tertzien klüglich abwechseln müssen. Wer dieses wenige in die Uibung zu bringen, und sonst **singbar** zu setzen weiß, wird schon was ausrichten können.

Vom doppelten Contrapunct.

§. 35.

Nunmehro aber kömmt die Reihe an solche Contrapuncte, die nach einem gewissen Intervall benennet werden, und deren drey sind: Nehmlich 1) der doppelte Contrapunct *all' Ottava*, 2) der *alla Decima*, und 3) der *alla Dodecima*. Was die zu bedeuten haben, wollen wir itzt untersuchen; doch vorher berichten, daß in diesem Fall die *Decima* und *Tertia* so wenig, als die *Dodecima* und *Quinta* mit einander vermischet, oder für einerley gehalten werden müssen: welches wol in andern Schreib-Arten angehet; hier aber nicht.

§. 36.

Den ersten Platz behält also der doppelte Contrapunct *all' Ottava*, welcher deswegen so genannt wird, **weil Satz und Gegensatz sowol im rechten Gebrauch, als in der Verkehrung, mit einer Octav eintreten müssen.** Will man die Sätze auch mit eben demselben Intervall endigen, so ist es desto regelmäßiger: wiewol, um allen Zwang zu vermeiden, hierin gemeiniglich nachgesehen wird.

§. 37.

Die Regeln zu Verfertigung des Octaven-Contrapuncts sind folgende:
1) Soll ein ieder Satz sich in den Schrancken einer Octave halten, und solche lieber meiden, d. i. nicht gäntzlich erfüllen und berühren, als überschreiten.
2) Muß die Qvint nicht gebraucht werden, es sey denn, daß die Tertz oder Sext vorhergehe, ingleichen, wenn die Sext darauf folgt, auch in der Rückung und im Durchgange; sonst nicht: denn die Qvint wird in der Verkehrung zur Qvart.
3) Alle Dissonantzien, ausser der None, können gebraucht werden.
4) Ist die Gegenbewegung, nach ihrer allerersten und einfältigsten Bedeutung, und die Reinlichkeit der Harmonie sowol alhier, als allenthalben, ja, hier mehr, als sonst wo, in Acht zu nehmen.
5) Die Octav darff nicht offt vorkommen, weil sie in der Verkehrung den Unison hervorbringt, welcher keine Harmonie macht; es wären denn gnugsame Nebenstimmen vorhanden, die da decken und füllen.
6) Ist folgende Ordnung zu bemercken, aus welcher mit einem Blick erhellet, wie sich die Intervalle bey der Verkehrung verändern:

    1. 2. 3. 4. 5. 6. 7. 8.
    8. 7. 6. 5. 4. 3. 2. 1.

§. 38.

Nun nehme man z. E. einen Choral, als einen festen Gesang, *cantum firmum*, lasse denselben allein in einer Stimme anheben; bringe aber gleich darauf den Gegensatz mittelst einer Octave, durch eine andre Stimme ins Spiel, und falle hernach, bey ersehener Gelegenheit mit den übrigen, zur Erfüllung der Harmonie ins *Tutti* ein, etwa auf diese Weise:

§. 39.

Diese Sätze und einige der folgenden sind von mir vollstimmig, etliche Bogen starck ausgearbeitet worden, und wäre die Anbringung samt der Ausführungs-Art und Verkehrung gut daraus abzunehmen: denn daran liegt offt sehr viel. Der Raum aber läßt unmöglich zu, das gantze Werck hier einzuschalten.

§. 40.

Der Contrapunct *alla Decima* wird also benennet, **weil Satz und Gegensatz zwar bey dem rechten Gebrauch in der Octave**[7]**; bey der Verkehrung aber in der Decime anheben.** Was bey dem Octaven-Contrapunct von der Endigung gesagt worden, gilt auch hier. Die Regeln und Exempel aber sind diese:

1) Zwo Tertzien und zwo Sexten müssen nicht nach einander folgen: weil in der Verwechselung Octaven und Qvinten daraus entstehen.
2) Man kan weder fügliche Bindungen noch Rückungen anbringen, zumahl wenn die dritte Stimme mit einer von den andern beiden einerley Gänge führen soll: welches gemeiniglich Tertzienweise zu geschehen pfleget.
3) Die Reihe, wie sich die Intervalle, bey der Stimmen Verwechselung verändern, siehet so aus:

    1. 2. 3. 4. 5. 6. 7. 8. 9. 10.
   10. 9. 8. 7. 6. 5. 4. 3. 2. 1.

Nun folgen die Exempel:

---

7 Gemeiniglich in der Octav, ob es auch wol in einem andern Intervall geschehen kan, wenn nur bey der Verwechselung eine Decime daraus wird.
8 Man erinnere sich allemahl, daß verschiedene andre Stimmen hiebey zur Bedeckung dienen müssen.

§. 41.

Weil es mit der Verfertigung dieses Decimen-Contrapuncts am allerschwersten herzugehen pfleget, will ich doch noch ein Beispiel hersetzen, und zugleich zeigen, wie es damit beschaffen sey, **wenn die dritte Stimme mit einer von den andern in gleichen Schritten gehet.** Warum es aber durchgehends mit den Bindungen hiebey so hart hält, ist leicht daraus zu beurtheilen, daß, nach obiger Zahl-Ordnung der Intervalle, sich keine eintzige Dissonantz bey der Verkehrung natürlich lösen kann: man mögte es denn gelten lassen, wenn etwa die Secund in die Tertz ausweiche, weil hernach in der *evolution* die None und Octave daraus werden.

§. 42.

Da kan man nun die beiden springenden Stimmen im rechten Gebrauch unten, hernach aber in der Verkehrung oben anbringen. So kömmt die unterste Stimme in die Mitte; die mittelste in die Höhe; und die höchste in die Tiefe. Doch dabey der andern unvergessen: z. E.

572   III. Theil.   Zwei und zwantzigstes Capitel

§. 43.

Der Contrapunct *alla Dodecima* hat den Nahmen theils daher, daß sein Umfang, nehmlich eines ieden *thematis* Bezirck, in zwölff Stuffen eingeschlossen ist, hauptsächlich aber daher, **daß beide Sätze, bey der Verwechselung, in einer Duodecim gegeneinander anheben.** Bey dem rechten Gebrauch mag das Intervall eine Octav oder sonst was gewesen seyn, das gilt gleich. Ebenfalls mag man zu eben demselben Unterwurff den Contrapunct erniedrigen, oder den Unterwurff erhöhen, oder endlich zugleich den **Gegensatz** um eine Qvint tiefer, und den **Satz** um eine Octav höher anbringen, das gilt auch gleich; wenn nur eine *Dodecima* d. i. eine *Quinta composita* daraus wird. Die Regeln sind diese:

1) Das Intervall der Qvint oder Duodecime soll nicht offt vorkommen, weil bey der Verwechselung der Unison oder die Octave daraus entstehen, deren Vollstimmigkeit schlecht ist. Doch hat dieses seine Ausnahm, wenn die übrigen Stimmen alles wol ausfüllen.
2) Die Sext bleibt sonst gäntzlich ausgeschlossen, wo sie nicht in einer Rückung oder durchgehend angebracht wird: denn bey der Verwechselung entstehet eine Septime daraus.
3) Können die meisten Dissonanzien in diesem Contrapunct angebracht werden; nur die None nicht, als None; sondern als eine erhöhete Secunde. Die Sept, wenn Octave oder Qvint vorhergehen, und eine Stimme still stehet, läßt sich wol gebrauchen; aber sie muß durch die Qvint gelöset werden.
4) Ist die Ordnung, wie sich nehmlich die Intervalle verändern, so wie sie hier folget, in Acht zu nehmen:

    1. 2. 3. 4. 5. 6 . 7. 8. 9. 10. 11. 12.
    12. 11. 10. 9. 8. 7. 6. 5. 4. 3. 2. 1.

§. 44.

Um diese Vorschrifften zu erläutern, wollen wir erstlich ein Exempel von wolangebrachten Sexten geben, die sich bey der Verwechselung in guten Septimen darstellen; zum andern ein Beispiel von solchen Sexten, wie sie die Regel nimmt; drittens von Qvarten und Secunden; viertens von Septimen, und damit dieses Haupt-Stück schliessen.

Contrapunto alla Dodecima.

Vom doppelten Contrapunct.

§. 45.

Hieran ist nichts auszusetzen. Bey dem folgenden Exempel aber, wo die erste Sexte weder durchgehend noch rückend, sondern anschlagend erscheinet, wird sie, bey der Verwechselung, zu einer unleidlichen Dissonantz, und muß also, nach der zweiten Regel, gäntzlich in diesem Fall ausgeschlossen bleiben. Die andre Sexte aber ist durchgehend und gut, wo das *NB.* drunter stehet: damit der Unterschied erhelle.

§. 46.

Nun folget eine Anleitung, wie man Qvarten und Secunden im Duodez-Contrapunct gut binden und lösen *A*): auch wie sich die Septime dabey gar wol gebrauchen lassen könne *B*):

III. Theil.   Zwei und zwantzigstes Capitel

§. 47.

Alle diese Kunststücke sind vornehmlich dazu erfunden, um einen *Canto fermo*, oder Choral-Gesang damit auszuzieren. Dahingegen die Doppelfugen einen andern Gebrauch haben, und sich auf dergleichen *Cantum planum* nicht gründen, sondern ihre eigene *themata* in ordentlichen Beantwortungen oder *Risposte* durchführen. In einem Oratorio finden sowol, als auf den Orgeln beide Statt, und kan ein fleißiger Organist nicht minder, denn ein geistreicher Componist oder Capellmeister, die Tage seines Lebens Materien und Erfindungen daraus schöpffen. Wir gehen indessen weiter.

Drey und zwantzigstes Haupt-Stück.
Von Doppel-Fugen.

§. 1.

Ein Satz, dessen Stimmen sich wolklingend verwechseln lassen, wird in der melodischen Setzkunst **doppelt** genannt. Wo aber ein Satz und Gegensatz ist, das heißt ein Contrapunct; wo ein abgemessenes, richtiges Thema ist, das sich, als ein Wiederhall, oder Wiederschlag, in diesem oder jenem Intervall hören läßt, das heißt eine Fuge; und wo sich bey einer solchen Fuge die Stimmen verwechseln lassen, das heißt alsdenn eine **Doppel-Fuge**. Es gibt ihrer zwo Gattungen: deren erste nur mit einem Themate, die andre hergegen mit mehren versehen ist. Von der ersten Gattung wollen wir zuerst reden.

§. 2.

Die Doppel-Fuge in der Secund, wo die Folgestimme oder *Conseguenza* einen Ton höher oder niedriger anhebet, als ihre Vorgängerin, stehet hier oben an, und wird gemeiniglich in der Mitte eines Stücks, nicht gerne zum Anfange desselben gebraucht. In der Verwechselung wird die Secund zur Septime. z. E.

Rivolgimento.

§. 3.

Darauf folget die Doppelfuge in der grossen oder kleinen Tertz, wo die Folgestimme im besagten Intervall anhebet, wenn es nehmlich gegen der Anfangs-Note des Führers gehalten wird. Man nennet diese Fuge sonst auch eine Sexten-Fuge, weil nehmlich bey der Verwechselung aus der Tertz eine Sext wird. z. E.

Fuga doppia per Ditono overo Semiditono.

Rivolgimento alla Sesta.

Da ist die kleine Tertz, welche in der Verwechselung zur grossen Sext wird. Wer es mit der grossen Tertz versucht, wird in der Verwechselung die kleine Sext antreffen. Man darff nur die Ton-Art, *a moll*, dazu nehmen, und das Exempel darin versetzen.

§. 4.

Wer eine solche Doppelfuge in der Qvart, oder in der Qvint machen will, der thut am besten, daß er die *Risposta* durch eine Gegenbewegung, zwoter Bedeutung, anbringet, wie wir im Exempel der doppelten Qvintfuge sogleich zeigen wollen. Denn obgleich die Verwechselung der Stimmen schon den wesentlichen Unterschied zwischen der einfachen und der Doppelfuge macht, so thut doch der *motus contrarius* noch viel dazu, daß es fremd laute, und den gewöhnlichen Qvintenfugen nicht ähnlich werde.

Fuga duplex in Diatessaron.

576　　　III. Theil.　　Drey und zwantzigstes Capitel

Von Doppel-Fugen.

§. 8.

Was die Doppelfugen dieser Art in der Octave betrifft, so bedienet man sich bey dem Wiederschlage des obbesagten *motus contrarii*, weil sonst wegen des sehr gewöhnlichen Intervalls eine nähere Verwandschafft mit dem *Canone*, auch mit dem Contrapunct *all' Ottava* hervorleuchten würde. z. B.

§. 9.

§. 10.

Nun ist bey diesen Doppelfugen, die nur eigentlich einen Hauptsatz haben, noch eine übrig, nehmlich: die *alla Nona*, bey welcher einige Contrapunctisten in dem Wiederschlage durch die Gegenbewegung verfahren, um dieselbe von der *Fuga doppia per la Seconda* (§. 2) desto mehr zu unterscheiden; obgleich zum Uiberfluß: weil zwischen der Secunde und None, was sowol die Wirckung, als Ausarbeitung betrifft, ein solcher grosser Unterschied, daß ein iedes dieser Intervalle einer gar besondern Einrichtung braucht; zumahl in dieser Materie von doppelten Contrapuncten und Fugen. Wir wollen einen Versuch anstellen, ohne die Gegenbewegung zu Hülffe zu nehmen.

§. 11.

Von diesen Dingen lassen sich nun keine andre Regeln geben, als die bereits vorhin bey dem doppelten Contrapunct vorgekommen sind; die aber hier, nach dem Unterschied der Intervalle, angewandt werden müssen. Gleichwie wir nun im vorigen Hauptstücke von solchen Sätzen gehandelt, deren Stimmen die Vertauschung zulassen, in diesem aber bisher diejenigen Fugen untersucht haben, welche, nebst der Verwechselung, einen ordentlichen Wiederschlag erfordern; so werden wir | itzo weiter gehen, und noch andre Kunst-Stücke vornehmen müssen, die nehmlich, ausser den beiden obigen Eigenschafften, noch die dritte besitzen, daß sie 2, 3, bis 4 Themata zugleich aufweisen und durchführen.

§. 12.

Uiberhaupt thun bey dem gantzen Wesen, wenn man vorher die Grundregeln des doppelten Contrapuncts, als woran alles lieget, wol inne hat, die Exempel in gedruckten oder geschriebenen Sachen die besten Dienste. Insbesondere aber kan man sich, bey der Arbeit mit zwey oder drey Subjecten, wol die folgende Anmerckungen zur Richtschnur setzen.

§. 13.

„Die Qvint, als ein zur Verwechselung unbeqvemes Intervall, muß mehr als andre vermieden werden; ausser in Rückungen, Bindungen, und geschwinden Durchgängen, zu welchen auch die Wechsel-Noten, oder *note cambiate* gehören. Der Unisonus und die Octav dürffen zwar nicht ausgeschlossen; müssen iedoch nur sparsam angebracht werden. **Die Tertzien und Sexten thun**

Von Doppel-Fugen.   579

das meiste, nachdem mit ihnen klüglich, und auf eine singbare Art abgewechselt wird. Das Hauptwesen kömmt darauf an, daß man seine Fugensätze so einrichte, und sie so lange bearbeite, bis sie geschickt sind, unten, oben und in der Mitte Dienste zu thun. Endlich muß sich, so viel möglich, iedes Thema von dem andern mercklich abstechen, und im Gehör deutlich unterscheiden: welches nicht besser, als auf rhythmische Weise, geschehen kan."

§. 14.

Man wird leicht sehen, daß der Grund dieser fünf Regeln nur eine Wiederholung der vorigen ist. Doch, obgleich alles aus dem doppelten Contrapunct entspringet, sind die nöthigen Zusätze, nach Erfordern der verschiedenen Umstände, hier nicht aus der Acht zu lassen.

§. 15.

Zu Mustern dieser Arbeit der Doppel-Fugen, mit mehr als einem Haupt-Satze, und zwar, was erstlich die Ausführung mit zweien *Subjectis* anlanget, will ich von gedruckten Sachen, weil sie viel leichter, als geschriebene, in iedermanns Händen seyn können, die Kuhnauischen und Händelischen Wercke, auf alle Weise angepriesen haben. **Kuhnauens Clavier-Uibung**, davon zween Theile vorhanden, und desselben **frische Clavier-Früchte** sind alle von ihm selbst in schönen Kupfferstichen zu Leipzig nach und nach herausgegeben, und kan man sich daraus, wegen der Doppelfugen mit zwey Subjecten, ingleichen was die durch Gegenbewegung eingeführten Sätze betrifft, absonderlich aus dem ersten Theile mercken *No.* 4, 15, 57 etc. aus dem zweiten Theile *No.* 12, 32, 51, 69; aus den Früchten aber *No.* 8, 26, 40, 49 etc. als welche alle verdienen, daß man sie fleißig betrachte, und auf das genaueste nachahme.

§. 16.

Wir wollen zu solcher Untersuchung eine kleine Anweisung geben:

Aus dem ersten Theil der Kuhnauischen Clavier-Uibung.

No. 4. Doppel-Fuge mit 2 Hauptsätzen.

§. 17.

Da setzt er erstlich nur einen eintzigen Tact zum Grunde, welches ein Anfänger wol zu mercken hat, damit er nicht bey seiner Ausflucht zu verschwenderisch verfahre. Fürs andre wehlet er einen kleinen Umfang, Sprengel oder Bezirck, nehmlich nur die Gräntzen einer steigenden Tertz. Das ist auch ein Vortheil, der zur Verwechselung sowol, als zur Gegenbewegung viel hilfft.

§. 18.

Drittens, damit es nicht zu einfältig klinge, braucht er die *diminutionem*, umd macht durch die Fortsetzung des Einklanges aus dreien Noten, mit welchen es zu bestellen wäre, ihrer achte oder neun. Das gibt schon einige Lebhafftigkeit. Viertens sind die Noten des ersten Satzes von einerley Geltung; der Anfang aber mit der kleinen Pause setzt die Gleichförmigkeit artig ab.

§. 19.

Fünfftens wehlet der Verfasser einen zweiten Satz oder ein Gegen-Thema, das herunterwärts gehet, nachdem das vorige Subject hinauf gestiegen war. Sechstens hat dieses *Contra-Thema* lauter Noten, die an der Geltung von den vorhergehenden unterschieden sind. Da ist *vis rhythmica*, die Wirckung der Klang-Füsse sehr mercklich.

§. 20.

Siebendens **gehet** das erste Thema schrittweise; das andre aber **läufft** und **springet**. Achtens sind die Intervalle so beschaffen, und genau dazu ausgesucht, daß sie, nach unsern obigen Grundregeln, alle und iede zur Vertauschung beqvem fallen. Es sind acht anschlagende Klänge vorhanden, die wir mit so viel Zahlen bezeichnet haben und hier durch die Musterung gehen lassen wollen.

§. 21.

1 und 2 sind Tertzien, daraus werden, bey der Verkehrung, Sexten. 3 ist eine Qvint, die aber, als *nota cambiata*, von der Sext gefolget wird, auch den geschwinden Durchgang zum Vortheil hat, und also bey der Verwechselung, davon es zu verstehen, als eine *cam*birende Qvart durch die Tertz gut gemacht wird.

§. 22.

4 ist eine Octave, die in acht Anschlägen gleichwol nur einmahl vorkömmt, und unsre obige Anmerckung §. 13 bekräfftiget. 5 und 6 sind Tertzien, die zu Sexten werden, und, wie eben daselbst gesagt ist, das meiste zur Sache thun: sie kommen in acht Anschlägen siebenmahl vor.

§. 23.

7 ist wieder eine solche zu verwechselnde Qvint, darauf die Sext im hurtigen Lauffe folget: daher sie auch als eine Sext, und bey der Umkehrung als eine Tertz angesehen wird. 8 ist eine Sext, und wird, bey der Stimmen-Vertauschung, nach Wunsche zur Tertz. Also sind eigentlich sieben Sexten und Tertzien hier anzutreffen; aber wir finden nur eine Octave.

§. 24.

Dergleichen Untersuchung, wenn sie bey allen Exempeln angestellet wird, kan ein ungemeines Licht geben. Doch dürffte es hier zu weitläuffig werden, und die gesetzten Schrancken einer blossen Anzeige gar zu sehr überschreiten, wenn wir fernerhin auf eben die Weise vefahren wollten.

§. 25.

Warum man aber Clavier-Sachen vor andern hiezu wehlen soll, ist leicht abzunehmen, wenn wir erwegen, daß gleichwol das Clavier, bey aller seiner Unvollkommenheit, unstreitig dasjenige Haupt-Werckzeug ist, welches diese Dinge nicht nur am beqvemsten und ordentlichsten in einem kurtzen Begriff (*concinnè*) vorstellen, sondern auch den nächsten Weg zeigen kan, sich so darin zu üben, daß es Art haben möge. Wir fahren demnach in dem Kuhnauischen Wercke fort, und betrachten folgendes Beispiel. Nur ist zu beklagen, daß im Druck 3 Zeilen erfordert werden, wo es im Kupffer mit zwoen bestellet ist.

Von Doppel-Fugen. 581

a 2. Soggetti, No. 15.

§. 26.
Ist es doch nicht anders, als ob diese Stücke recht mit Fleiß zum Unterricht und zur Anweisung, wie man die Doppelfugen setzen soll, gemacht wären, weil sie gleichsam stuffenweise zum weitern Fortgange führen. In dem vorigen Muster war das erste Thema nur einen eintzigen Tact lang; hier ist es schon anderthalb. Der Bezirck war dort eine Tertz; hier eine Sext. Dort fanden sich steigende und gehende; hier fallende und springende Noten.

§. 27.
Man mercke sich sonderlich die Gegenbewegung, im gemeinsten Verstande genommen[1], welche beide Themata halten, und die schöne Abwechselung zwischen den Tertzien und Sexten; die Seltenheit der Octaven; die verschiedene Geltung der Noten und Klangfüsse etc. Summa, wer Nutzen von dieser Anführung haben will, der untersuche allemahl mit Bedacht diese acht Stücke: 1) die Länge des Hauptsatzes. 2) Den Bezirck oder die *etenduë*, welche wir den Sprengel oder Umfang, *lat. ambitum*, nennen. 3) Das Leben und die singende Art. 4) Die Gleichförmigkeit der Sätze und Gegensätze, ieden für sich. 5) Ihre wiedrige Bewegung in gemeiner Deutung. 6) Die verschiedenen *rhythmos*. 7) Die Gänge, Läuffe und Sprünge. 8) Die Intervalle.

§. 28.
Weil aber noch eins übrig ist, nehmlich der Eintritt der *Subjectorum*: so halte für nöthig, daß ein Anfänger sich erstlich selbst prüfe und zusehe, wie ihm solche Eintritte samt der Durchführung etwa gerathen wollen. Kan er nicht fortkommen, so sehe er den *Autorem* an, mercke den Vortheil, und mache es bey andrer Gelegenheit nach. Ein solches Verfahren hat seinen besondern Nutzen, den man aus gedruckten Sachen dieser Art sehr leicht ziehen kan.

§. 29.
Bey dem folgenden Exempel einer Doppelfuge sind demnach drey besondere Dinge zu bemercken. Erstlich die Eintritte; fürs andre die Wechsel-Noten, und drittens die chromatischen Gänge.

No. 57

---
1 S. das vorhergehende Hauptstück §. 7.

§. 30.

In den chromatischen Gängen des Gegensatzes, ob ihrer gleich nur ein Paar nach einander kommen, hat der Verfasser dieses mahl den grösten Unterschied gesucht, und auch in der That gefunden. Denn ein solcher Gang fällt scharf ins Gehör, und sticht sich von den andern gantz deutlich ab.

§. 31.

Die Wechsel-Noten, so alhier mit den Sternlein bemercket worden, sind ein ungemeines Hülffs-Mittel in Ausführung der Harmonie, und nicht nur eine blosse Vergünstigung, sondern ein rechter Schmuck der Setz-Kunst. Sie bringen einen gescheuten Meister offt über solche Berge, davor zehn andre stutzen, aus Beisorge, es sey etwa unrecht, anschlagende Secunden, Qvarten und dergleichen zu setzen. Freilich ist es unrecht, an und vor sich selbst; aber nicht, wenn wir die gute Folge ansehen.

§. 32.

Die im siebenden Tact mit dem Zeichen (§) unter der Baß-Note versehene Qvint ist in Absicht auf die Verwechselung bemercket worden: denn sie muß sodann in eine Qvart verwandelt werden: doch als *nota cambiata*.

§. 33.

Die geschickten mit dem Kreutz (†) versehenen **Eintritte**, unter denen der Tenor den letzten macht, dienen zu desto grösserer Deutlichkeit und zum merklichen Abstich der Subjecten, sie benehmen zugleich, durch die vorhergehende Pausen, dem Zuhörer das eckelhaffte Wesen, welches sonst aus einer unaufhörlichen Bearbeitung entstehet, dabey kein Absatz ist.

Von Doppel-Fugen. 583

§. 34.
Aus dem zweiten Theil der Kuhnauischen Clavier-Uibung haben wir ferner zum Muster erkohren die Doppel-Fuge *No.* 12.

§. 35.
Hier tritt das Gegen-Thema erst im siebenden Tact ein, welches viel besser ist, als wenns eher geschähe. Es unterscheidet sich durch vier chromatische Tritte sehr deutlich, und fängt nicht zugleich mit dem ersten Subject an, höret auch nicht zugleich mit demselben auf, welches sehr gescheut ist.

§. 36.
Ein ieder Eintritt hat seine vorhergehende Pause, die ein nöthiges Aufmercken verursacht. Der Eintritt des Alts im elfften Tact ist überaus glücklich und unvermutheter Weise veranlasset.

§. 37.
Die Abwechselung der Tertzien und Sexten kan nie besser getroffen werden, als eben hier geschehen ist. Wer Lust hat, thue desgleichen. Die Anweisung wüste ich nicht deutlicher zu

machen. Ja, ich wollte wol *viva voce* ein eignes *Collegium melo-criticum* auf diesem Fuß anstellen. Das wäre recht was neues und nützliches. Die schönsten Materien von der Welt hätte ich dazu, auch, wo ich nicht sehr irre, einige Gaben.

§. 38.

Man betrachte ferner die Veränderung-bringende Ordnung der eintretenden Stimmen: **Alt, Discant, Baß, Tenor**; Und folge nicht immer dem alten Schlentrian. Nur eine eintzige Wechsel-Note kömmt in diesem Satze vor; aber sie ist merckwürdig und deswegen mit einem Sternlein bezeichnet.

§. 39.

Das folgende Exempel ist sonderlich, wegen des Tacts und der wolangebrachten Dissonantzien. Denn was den ersten betrifft, wird man gar selten eine einfache, (wie bereits an seinem Orte erwehnet worden) geschweige eine Doppelfuge darin antreffen; wiewol es eine fast unnöthige Enthaltung ist, die der Veränderung sehr im Wege stehet.

§. 40.

Anlangend die Dissonantzien, so hat die Erfahrung, gegen und wieder alle vermeinete Regeln, deutlich gnug dargethan, daß sie mit grossem Vortheil in dieser Setzungs-Art, obwol nicht ohne Behutsamkeit, gebraucht werden können. Wir wollen auch hiebey zeigen, wie ein Anfänger es anzugreiffen habe, wenn er einem guten Verfasser nachahmen, und ihm die Künste ablernen will. Ich setze z. E. nur das blosse Thema her,  versuche denn, ob, ohne mein Muster weiter um Rath zu fragen (indem ich die Folge mit einem Blat Papier bedecke) wie mir das Gegenthema, nach obigen Grundregeln etwa gerathen mögte. Die Länge und der Bezirck sind hier schon festgesetzt, also darff ich nur auf die übrigen Sechs Stücke mein Augenmerck richten. Verfahre derowegen so:

§. 41.

Da gefällt mir erstlich die allgemeine Pause (*) und der alberne Absatz (†) am Ende des vierten Tacts gantz und gar nicht: denn es hat das Ansehen, als ob wenig oder nichts weiter kommen sollte. Die meisten würden es inzwischen eben so machen. Man versuche es.

§. 42.

Hiernächst wird sich die im dritten Tact, mit beiden Enden zugleich, einfallende Qvint bey der Verwechselung unfehlbar in die Qvart verändern müssen, welches nicht wol angehet. Drittens findet sich in dem Gegensatze weder Leben noch Unterschied im Klangfuß: weil beide Sätze darin schier übereinkommen. Sothane drey Mängel dächte ich nun folgender Gestalt auszubessern:

Von Doppel-Fugen.

§. 43.

Wenn ichs aber recht betrachte, so ist noch kein artiger Zusammenhang am Ende des zweiten Tacts durch den wiederholten Qvinten-Fall zu Wege gebracht worden. Fürs andre ist hier zwar eine verschiedene Geltung der Noten; aber weder Gegenbewegung noch Abwechselung in den Intervallen, welches **lauter** Tertzien sind, die bey der Verwechselung zu **lauter** Sexten werden: für welches **lauter** man sich sehr wol zu hüten hat.

§. 44.

Ferner scheinet mir der immerwährende Lauf, oder die beständige Wältzung des Gegensatzes etwas Gassenmäßig (*trivial*), wenig singbar und ohne Ablösung zu seyn. Endlich wollte ich auch gerne einige Dissonantzien anbringen; wenn ich nur wüste, wie es am füglichsten geschehen könnte: Ey! laßt uns immer das Deckblat ein wenig fortschieben, sehen, wie es Kuhnau gemacht hat, und mercken den Vortheil:

§. 45.

Indem nun (so zu reden) der zweite Discant hier anfängt, und man befindet, daß der Alt nicht füglich folgen, der erste Discant aber mit mehr Beqvemlichkeit den Satz ergreiffen, jener aber im Gegensatz gut eintreten kan, so stehet es ja frey, die Ordnung zu unterbrechen.

   a) Zeiget an, wie die Melodie auf eine singbare Art an einander zu hängen sey; ob es gleich der Verfasser nicht gethan hat.

   b) c) d) bemercken die schöne Abwechselung mit Tertzien und Sexten, ingleichen die verschiedenen Rhythmos und Gegenbewegungen.

   e) f) lehren, wie man mit den Dissonantzien verfahren soll: ingleichen, und zwar hauptsächlich, daß die förmlichen Schlüsse in allen Fugen auf das möglichste zu meiden sind. Wer das nicht verstehet, der sitzt alle Augenblick fest, oder auf den Sand; wer aber in den *cadenze sfuggite* gewieget ist, kan seine Melodie, wie eine Jungfrau im Tantz, herumführen, ohne irgendwo anzustossen.

g) h) sind gute Füllsteine, die zum folgenden Eintritt des Thematis im Basse vorbereiten und Gelegenheit geben. Woraus zu fassen, daß man nicht allemahl, nach Endigung des Satzes in der einen Stimme bald zuplumpen, und ihn, ohne Complimente, in einer andern anbringen; sondern erst Ort und Zeit absehen müsse.

i) ist endlich der geschickte Eintritt des Basses, welchen die Sext recht fremdklingend, und einiger maassen unvermuthet macht: wozu auch eine kleine Zögerung etwas beiträgt. Das Gegenthema ist hier in der Mitte, dabey unten und oben bedeckt, welches wol zu mercken, und nachzuahmen.

§. 46.

Auf solche Weise kan ein Lehrbegieriger seine Arbeit mit Nutzen fortsetzen: wenn er erst selbst ein Paar Versuche thut; hernach seinen *Autorem* frägt; und zuletzt die nöthigsten Anmerckungen herausziehet. Indessen ist die Verwechselung obiger Sätze auf verschiedene Weise leicht anzubringen: da z. E. aus den Secunden Septimen werden u. s. w.

§. 47.

Ehe man nun weiter gehet, und betrachtet, wie es der Verfasser gemacht hat, da er die beiden Sätze *al Roverscio*, oder mit einer solchen Umwendung einführet, wo die fallende Noten zu steigenden, und die steigende zu fallenden werden; so versuche es einer zuvor selbst, nach eignen Kräfften, mit dergleichen Umkehrung, und wenns nicht gerathen will, nehme er folgendes zum Beispiel.

§. 48.

Dort fing der Discant, hier fängt der Baß an; dort im Grund-Ton, hier im herrschenden Klange. Ist auch eine besondere Verkehrung, die wol zu mercken stehet. Man kan schon einem damit auf die Zähne fühlen, wenn ihm dergleichen zu machen aufgegeben wird.

§. 49.

Das nächste Exempel, so unsrer Untersuchung würdig ist, findet sich *No.* 51, woselbst das Gegenthema sich eher nicht, als im dreizehnten Tact meldet, auch bis in den 28sten fortgeführet wird, ohne sich mit dem Haupt-Satze zu vereinbaren, welcher Aufschub viel angenehmes hat, und des Zuhörers Verlangen, folglich auch seine Lust vergrössert.

§. 50.

Wir wollen erstlich den Satz und Gegensatz herschreiben. Zum andern soll die Verwechselung und Versetzung erscheinen. Und drittens folgt ein schöner, unvermutheter Eintritt, bey vollstimmiger Harmonie. Alles nur zur Probe und Nachahmung.

Von Doppel-Fugen. 587

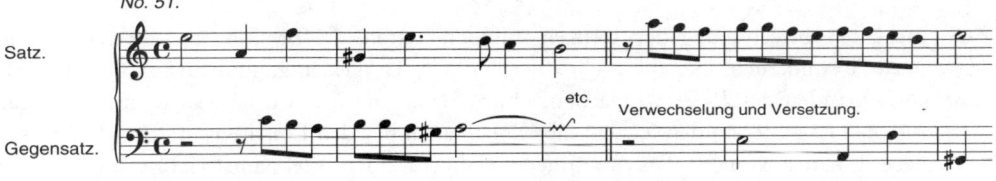

§. 51.
Insonderheit mercke man hiebey an, daß das Gegenthema nicht allenthalben gleicher Länge, vielweniger an einem ordentlichen Schluß gebunden seyn darff, da es bisweilen vorher, wie bey der Verwechselung in obigem Exempel, bisweilen hernach, wie im Gegensatz rechten Gebrauchs eintritt. Genug wenn der Nachsatz so beschaffen ist, daß man ihn vom Vorsatze deutlich unterscheiden, verwechseln, versetzen, und bald verlängern, bald verkürtzen kan; nachdem es die Umstände erfordern.

§. 52.
Noch eins, und zwar für diesesmahl das letzte Muster aus den beiden Theilen der Kuhnauischen Clavier-Uibung, ist folgendes:

§. 53.

Die gescheute Abwechselung der Tertzien mit den Sexten, die Bindungen, und vermiedene Cadentzen, absonderlich aber die nicht übelgerathene Umkehrung, sind hier zu loben. Man lasse nur iemanden das *Roverscio* machen, ohne Vorzeigung des Musters, so wird es offenbar werden. Sonst ist weder an den Sätzen selbst, noch auch bey den Eintritten in dieser Giqve was besonders. Es kan auch nicht alles zusammen verlanget werden. **Viel Kunst viel Zwang**.

§. 54.

In den Kuhnauischen so genannten **frischen Clavier-Früchten** finden wir ein paar Proben springender Doppel-Fugen-Sätze, zu denen sich die lauffende Gegenthemata nicht uneben schicken. In Sachen für Instrumente haben sie Platz; den Singstimmen aber ist ihr Umfang zu groß und weit. Auch selbst auf dem Clavier kommen diese Sätze einander offt gar zu sehr ins Gehäge. Uibrigens ist die schöne Abwechselung der Intervallen, samt der unverbesserlichen Gegenbewegung des Nachahmens wol werth. Man sehe sie an. Die Intervalle sind mit Ziefern versehen.

§. 55.

Das meiste, so an der Ausführung dieses letzten und des nächsten Exempels etwa auszusetzen seyn mögte, ist, daß die förmliche Cadentz des Haupt-Satzes nicht nur im Anfange, sondern durchgehends vorkömmt; welches aber dennoch damit vergütet wird, daß die Themata in die Secund und in die Qvart des Haupt-Tons versetzet werden, wodurch eine angenehme Veränderung entstehet.

Von Doppel-Fugen.   589

§. 56.

Folgendes ist sonderlich wegen wolangebrachter Dissonantzien merckwürdig; welche doch auch dem vorhergehenden nicht fehlen. Indessen sind die Klangfüsse hier schöner vermischt, als dorten.

§. 57.

Es fällt auch mit mercklicher Abwechselung ins Gehör, wenn der Gegensatz durch eine kleine Pause hin und wieder zerschnitten wird. z. E.

Soviel aus dem **Kuhnau**.

§. 58.

Ein paar Proben aus **Händels** Wercke, oder *Suites pour le Clavecin*, die Ao. 1720 zu London gar sauber in Kupffer gestochen herausgekommen sind, dürfften hier nicht undienlich seyn, | indem doch ein gantz andrer Geist daraus hervorleuchtet, und zwar ein solcher, der alle Auswege der Harmonie dergestalt kennet und besitzet, daß er nur damit zu schertzen oder zu spielen scheinet, wenns andern arbeitsam vorkömmt. Er macht sich so verbindlich nicht mit seinen Sätzen und Gegensätzen, als **Kuhnau**; sondern springt ab und zu. Indessen führet er das Hauptthema galant ein, und bringt es sehr offt an solchen Stellen an, da es keiner vermuthet noch suchet.

§. 59.

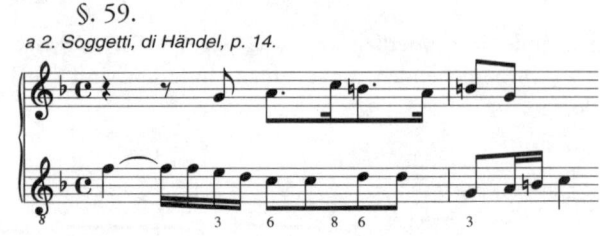

Wer sollte wol dencken, daß in diesen wenig Noten, als einem dicken kurtzen Gold-Drat, ein Faden verborgen wäre, der sich hundertmahl so lange ziehen läßt?

§. 60.

So kurtz die Sätze sind, so lang und wol hat sie doch der berühmte und geschickte Verfasser ausgeführet. Wir finden darin alles, was zu einer Doppelfuge mit zween Subjecten erfordert wird. Erstlich: die Länge, und noch dazu eine verschiedene, ist die beqvemste, so man wehlen kan, nehmlich von anderthalb Tacten. Zum andern, so ist der **Umfang** zwar in dem einen Satz bis auf die Septime gerathen; im andern aber macht er nur eine Qvart aus.

§. 61.

Drittens ist das **Leben**, oder die Lebhafftigkeit so groß, daß die Noten gleichsam mit einander sprechen und schwatzen. Viertens thun die *unisoni continuati*, welche der **Gleichförmigkeit** des punctirten Satzes entgegen stehen, den rechten Abwechselungs-Dienst, der so angenehm als nothwendig ist. Fünfftens ist die **Gegenbewegung** auf das genaueste in Acht genommen, worauf vieles ankömmt.

§. 62.

Sechstens erscheinen die **Gänge**, **Läuffe** und **Sprünge** just eins ums andre; auch fehlet es an einer Bindung nicht, die zum Eintritt Anlaß giebt. Siebendens wechseln die **Intervalle** fein ab, nehmlich so: 3, 6, 8, 6, 3. Zum achten ist der Noten **Geltung**, oder der *rhythmus* in den Klängen, durch die Puncte sehr natürlich und nett ausgedrückt. Wozu neuntens noch kömmt, die **Vermeidung der Schlüsse**, und zehntens der hie und da veranlaßte, unvermuthete Eintritt dieses oder jenen Thematis.

§. 63.

Eine neue Art, da zwar erst mit einem *Subjecto* angefangen, dasselbige aber alsobald, als ob es nicht gefiele, verlassen wird; dahingegen zwey andre eingeführet werden, die in der Verwechselung Stand halten, gibt uns folgendes Exempel an die Hand:

§. 64.

Es bleibt aber nicht dabey, sondern das verlassen-scheinende Thema wird wiederum hervorgesucht, und zum Zwischen-Spiel, als eine einfache Fuge behandelt; in der That aber, dem ungeachtet, mit der doppelten fortgefahren: welches gewiß sehr artig herauskömmt. Noch ein anders von eben demselben Meister.

Von Doppel-Fugen.

§. 65.

Alle oberzehlte zehn gute Eigenschafften sind hier wiederum anzutreffen, und noch die elffte dazu, nehmlich die **edle Einfalt** und Ernsthafftigkeit des ersten Hauptsatzes, welche durch die zwischentretende kleine Pause klüglich unterbrochen wird. Solches verursacht hier mit dem springenden oder vielmehr hüpffenden Gegensatze desto grössere Veränderung, ie mehr die Noten in der Geltung von einander unterschieden sind, als halbe Schläge gegen Achtel und Sechszehntel. Man bemercke daneben die beiden Zusätze, oder *transitiones**) *); ingleichen die vermiedene Cadentz †) und den Eintritt §). So viel aus dem **Händel**.

§. 66.

Von Doppelfugen, mit dreien Subjecten ist, so viel man weiß, nichts anders im Kupffer-Druck herausgekommen, als mein eignes Werck, unter dem Nahmen: **Der wolklingenden Fingersprache**[2]. Erster und zweiter Theil, 1735, 1737, welches ich, aus Bescheidenheit niemand anpreisen mag; sondern vielmehr wünschen mögte, etwas dergleichen von dem berühmten Herrn **Bach** in Leipzig, der ein grosser Fugenmeister ist, ans Licht gestellet zu sehen. Indessen legt dieser Mangel einer Seits die Nachläßigkeit und den Abgang gründlicher Contrapunctisten, andern Theils aber auch die geringe Nachfrage heutiger unwissenden Organisten und Setzer nach solchen lehrreichen Sachen, gnugsam vor Augen. Die Leute wollen gerne einträgliche

---

2   Es ist einigen dieser Titel, da man den Fingern eine Sprache zueignet, etwas seltsam vorgekommen; weil die guten Leute vom **Tibull**, **Marcus Manilius**, **Servius** und **Vergil** ihr Tage nicht viel gehöret haben, die gleichwol schon vor viel hundert Jahren so geredet, daß sie nicht nur den Fingern oder der Hand, sondern auch den Saiten und klingenden Instrumenten das Sprechen beigeleget, ja, so gar das *accompagnement* der Saitenspiele zu den Singstimmen eine Unterredung, ein Gespräch genannt haben. z. E.
- *Obloquitur numeris septem discrimina vocum*. VIRG. ubi Servius: *Chordarum expressit laudem, quas dicit verbis locutas.*
- *Nunc te vocales impellere pollice chordas.*
- *Nunc precor ad laudes flectere verba meas.* TIBVL.
Eodem sensu & digitos psallentis dicebant vocales sive locutos. e. g.
- *At postquam fuerant digiti cum voce locuti.* ID.
- *Et quodcunque manu loquitur, flatuque monetur.* MANIL. *Citharam jubet loqui* APUL.

592   III. Theil.   Drey und zwantzigstes Capitel

Dienste haben, und nichts thun noch lernen, als was sie umsonst erschnappen. Ehe sie einen Thaler für Bücher und Unterricht ausgeben solten, bleiben sie lieber in der grössesten Dummheit stecken, und lassen sich doch an Besoldung keinen Heller abkürtzen.

§. 67.

441/442 Sonst ist die Ausarbeitung sowol mit dreien, als vieren *thematibus* verschiedener Art, entweder, daß man ein iedes Subject erst besonders vornimmt, und sie hernach alle zusammen bringt: wel|ches die grösseste Erweiterung gibt, und auch den Zuhörer, unsers wenigen Erachtens, am besten vergnügt, weil er sich solchergestalt die Sätze schon nach einander bekannt gemacht hat, und hernach desto weniger Mühe, sondern vielmehr Lust findet, ihre Zusammensetzung zu vernehmen, und sie wol zu unterscheiden.

§. 68.

Oder aber, man bringet ein paar Hauptsätze gleich Anfangs zum Vorschein, und zwar mit und neben einander zu einerley Zeit; arbeitet sie eine weile durch; und nimmt alsdenn, gleichsam gantz unvermutheter Weise, den dritten und vierten auch so vor; bis sie auf die letzte zusammen treten.

§. 69.

Ein artiges Exempel einer Doppelfuge mit dreien Subjecten, findet sich in den Sachen, so der sel. **Johann Krieger** in Zittau ehemahls verfertiget, und mir der Zeit zum Durchsehen übergesandt hat. Es ist dieser Mann werth, daß man ihn unter die besten und gründlichsten Contrapunctisten dieses Jahrhunderts zum Andencken mit obenansetze, und wer Gelegenheit hat, seine Fugen zu untersuchen, wird grossen Nutzen daraus schöpffen; obschon die sogenannte Galanterie nicht so reichlich, als die Festigkeit der Sätze darin anzutreffen seyn mögte. Man kan nicht **seyn** und **gewesen seyn**.

Von Doppel-Fugen. 593

§. 70.
Das Haupt-Thema 1) bleibet bey der Verwechselung in seinem Ton, und wird nur eine Octave niedriger angebracht. Das dritte 3) hält gleiche Weise. Aber das zweite 2) wird um zwölff Stuffen, nehmlich um eine doppelte Qvint erhöhet. Was ist das anders, als der Contrapunct *alla Dodecima*? Wer nun den nicht zu machen weiß, wie will der mit der Doppelfuge zu recht kommen, absonderlich wenn 3 und mehr Subjecte erscheinen sollen? Denn da können sie bey der Verwechselung unmöglich alle in richtigem ordentlichen Wiederschlage stets bleiben. Eine fleissige Uibung in der ersten und leichtesten Gattung der vorhabenden Doppelfugen, davon vorher Nachricht gegeben ist, hilfft die Arbeit dieser künstlichern und schwerern Art auch um ein merckliches erleichtern.

§. 71.
Niemand darff aber wähnen, als ob sich zu dergleichen Kunststücken nur die Orgel und der Sing-Chor in der Kirche schickten. Man kan sie gar füglich in vielen andern weltlichen und galanten Sachen, vornehmlich in Ouvertüren gar wol anbringen. z. E.

a 3. Sogg. dell'Opera Cleopatra.

594   III. Theil.   Drey und zwantzigstes Capitel

§. 72.
Von Verfertigung der Doppelfugen mit vier Subjecten gibt man sonst diese Vorschrifften: 1) Die Oberstimme soll langsam und Arienmäßig etliche Tacte hergesetzet werden, und alsobald einen eignen General-Baß bekommen. 2) Die andre Stimme könne mit sechszehn oder 32 Theilen zu obbemeldten Parteien arbeiten. 3) Die dritte Stimme möge mit Sprüngen nach den obern und untern eingerichtet werden. 4) Die vierte aber bekäme kleine Pausen oder Gegensprünge.

§. 73.
Nun sind zwar dergleichen Vorschrifften keines Weges zu verwerffen; doch wird ein Lehrbegieriger gar wenig Licht daraus bekommen, wenn er nicht nach den Grundsätzen des Contrapuncts seine Themata so einzurichten trachtet, daß sie, so viel immer möglich, unten, oben, und in der Mitte dienen können, auch die Vermeidung förmlicher Schlüsse zur Durch- und Ausführung beobachtet: welches am meisten aus guten Exempeln, und deren fleißigem Gewebe, zur Nachahmung | ersehen werden kan. **Fux** ist wahrlich in dieser Arbeit ein gutes Muster. Die heutigen Italiener hergegen wissen wenig davon, und man darff sie niemand vorschlagen.

§. 74.
Der *rhythmus* hat die grösseste Krafft in Unterscheidung so vieler Hauptsätze, und wird durch die verschiedene Geltung der Noten und deren gescheute Vermischung, zu Wege gebracht, da z. E. das eine Subject mehrentheils halbe Schläge; das zweite etwa Viertel; das dritte Achtel; und denn das vierte Sechszehntel wehlen kan. Wiewol auch andre Gattungen der Klangfüsse mit unterzulauffen pflegen; ja, es muß solches fast unumgänglich geschehen: Denn niemand darff sich hieran gar zu sehr binden. Ein oder andres Exempel wird die Sache desto deutlicher machen.

Von Doppel-Fugen.

§. 75.

Hier werden die Themata nur angeführet, wie sie sich in der Zusammensetzung verhalten, nicht, wie sie nach einander eintreten und vom Anfange herbeigebracht werden: denn solches würde ein weitläuffiges Noten-Werck erfordern. Es wird auch, als zur Probe, nur bloß eine eintzige Verwechselung vorgestellet; da doch leicht zu erachten, daß es bey dieser Einrichtung verschiedene derselbigen gibt.

§. 76.

1) ist hier der erste Hauptsatz, welcher in der angeführten Verwechselung, dem Ton nach, eben so bleibet, wie er gewesen ist, nur daß er aus der äussersten in eine Mittelstimme geräth; dahingegen 2) und 4) eine Decime und Tertz herunter treten, 3) aber eine Sext hinauf versetzet wird. Aus solcher Anweisung kan man bey gleichmäßigen Vorfällen gewisse Schlüsse und Folgen ziehen.

§. 77.

So ist auch anzumercken, mit welchem Unterschiede an der Zeit die Sätze auf einander folgen. Der erste fängt mit dem Niederschlage an; der zweite nach einer Achtel-Pause; der dritte nach anderthalb Viertel; und der vierte nach drey Viertel-Pausen. Nicht weniger kommt ihre Endigung in Betracht, da der Hauptsatz zween Täcte, der andre $^5/_4$, der dritte und vierte, zu ungleichen Zeiten, $^6/_4$ ausmachen. Dieses alles muß vorher abgepasset werden: das heißt seine *mesures* nehmen, und in Gedancken messen. Nicht mit dem Circkel, der kan hiebey nichts thun.

§. 78.

Wenn man dergleichen mit Singstimmen machen will, alwo der Bezirck oder Umfang eines ieden Thematis so eingerichtet seyn muß, daß es den Wiederschlag in einer ieden Stimme beqvem zuläßt, dienen die Worte der heil. Schrifft, welche man *dicta biblica*, Biblische Sprüche nennet, in ungebundener Rede, wegen ihres ungleichen *rhythmi*, weit besser zu solchen Doppelfugen, als alle Verse: insonderheit, dafern sich vier Abschnitte, verschiedener Grösse, in einem kurtzen Spruch antreffen lassen. Oder auch, bey zwey Subjecten, wenn in den Worten *antitheses* oder Gegensprüche vorhanden sind: wie in dem zweiten zum Beschluß dieses Hauptstücks angeschlossenen ausführlichen Beispiel zu ersehen seyn wird.

596　　　　　III. Theil.　　Drey und zwantzigstes Capitel

445

§. 79.

Die Worte selbst müssen, wie leicht zu erachten, mit Fleiß dazu ausgesucht werden. z. E.

1	Nun gibst du, GOtt,	4 Sylben, mit	halben Schlägen	
2	einen gnädigen Regen	7　„	Sechzehnteln	
3	Und dein Erbe,	4　„	Achteln	
4	Das dürre ist, erqvickest du	8　„	Vierteln	

Mit 4 Subjecten.

445

Von Doppel-Fugen.

§. 80.

Weil man die Worte bey den drey- und vierfachen Fugen so zerlegen muß, ist es nöthig, daß sie vorher auf einmahl, im einfachen Contrapunct, nehmlich im **gleichen**[3] gehöret und verstanden worden seyn. Hierauf folget nun das versprochene Exempel, da das Licht der Finsterniß entgegen stehet.

Ausführliche Doppel-Fuge mit 2 Sätzen.

1 Joh. II, 8.

---

3   S. das erste Hauptstück dieses dritten Theils §§. 12, 13.

598 III. Theil. Drey und zwantzigstes Capitel

Von Doppel-Fugen. 599

600 III. Theil. Drey und zwantzigstes Capitel

Von Doppel-Fugen. 601

602 III. Theil. Drey und zwantzigstes Capitel

452

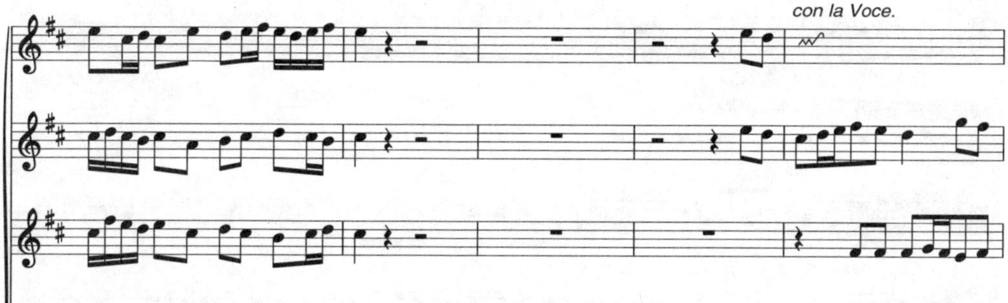
con la Voce.
Die Finsterniß ist vergangen und das wahre Licht schei-
und das wah - re
Voce.
Die Finsterniß ist vergan - - gen, und das wahre Licht schei-
Die Finsterniß ist vergan - - gen, und das wahre Licht schei-

III. Theil. Drey und zwantzigstes Capitel

Von Doppel-Fugen.

§. 81

Zeit und Raum lassen nicht zu, hierüber einige Anmerckungen zu machen; es wäre denn, daß man den geneigten Leser ersuchte, die Fehler der Abschrifft und des Drucks zu entschuldigen. Wers recht auffühlet, dem wirds eine gute Wirckung thun. *Brilliren* muß es. Ich kan das auf Teutsch mit **gläntzen** und **funckeln** nicht sagen, wenn ich auch ein Vorsitzer aller teutschen Gesellschafften wäre. Aber das ist der Affect und Character; die Gemüths-Bewegung und das Kenn- oder Abzeichen: Alle Umstände gebieten uns, dieses Hauptstück zu schliessen, mit dem Wunsch, daß unser wolgemeinter Unterricht gute Früchte bringen möge, zum Lobe GOttes und Nutzen des Nächsten.

Vier und zwantzigstes Haupt-Stück.
Von Verfertigung und Beschaffenheit der Instrumente, absonderlich der Orgeln.

§. 1.

Die Erbauung und Verfertigung klingender Werckzeuge heißt mit ihrem Kunstnahmen *Organopoeia*; ist von solchem grossen Nutzen in der Music; erstreckt sich so weit; und trägt so viel zur guten Wirckung der Ton- und Setz-Kunst bey, daß ein Instrumentalist, zu geschweigen ein Capellmeister und Vorgesetzter, schwerlich zu recht kommen kan, wenn er nicht einige Wissenschafft davon hat.

§. 2.

Betrachtet man nun diese Wahrheit, so ist höchst zu bewundern, daß sich die wenigsten Musicanten darüm bekümmern, und fast niemand noch der heutigen lehrbegierigen Welt darüber etwas in Schrifften verfaßtes vor Augen geleget. Zum wenigsten wüste ich nichts von dieser Art, das zureichlich und systematisch, anbey geschickt zum heutigen Gebrauch wäre.

§. 3.

Der eintzige **Prätorius**[1] hat, vor mehr als hundert Jahren, das Eis zwar gebrochen, und sich bey allen Kunstverständigen einen ewigen Nahmen mit seiner Arbeit gemacht, die er den Schauplatz der Instrumenten heisset: Aber es fehlt ihm, so viel mir bewust ist, bis diese Stunde an Nachfolgern und Verbesserern, welche iedoch um so viel nöthiger wären, als des Prätorius Zeiten sich mit den unsrigen keines Weges mehr reimen wollen. Denn es sind nicht nur alle Werckzeuge des Klanges seit dem um ein grosses verändert worden; sondern gedachter Verfasser hat auch seine gute Absicht mehr auf einen blossen Nahmzeiger, Abriß und Begriff[2] der damahligen Instrumente, als eigentlich auf deren Verfertigung gerichtet.

§. 4.

Dennoch hielt dieser würdige Capellmeister die Sache von solchem Nutzen und Vortheil, daß er ihre blosse Beschreibung und die Abzeichnung der Instrumente den Weltweisen, Sprachkündigen und Geschichtschreibern bestens empfielet. Vielmehr dürfften wir solches thun: wenn zugleich dabey von allen Umständen, die zur wircklichen Fabrick und Erbauung der Instrumente gehören, zulängliche Nachrichten könnten gefunden und gegeben werden.

§. 5.

Die *Organopoeia* ist also auch eine von denjenigen Wissenschafften, die noch gar nicht ausgearbeitet und zu Buche gebracht worden. Sie wartet bisher auf geschickte Schrifftsteller, die sich ihrer mit guter Lehrart annehmen mögen.

§. 6.

Weil aber dieses Gewerck nicht nur die blosse Orgelbauer-Kunst betrifft, sondern alle und iede Klang-Zeuge angehet; so siehet man gar leicht, daß es unmöglich eines eintzigen Menschen

---

1 *Mich. Praetorius in Theatro Instrumentorum, 4 Guelpherb. 1620.*
2 *S. Tom. II. Syntagm. Mus. Mich. Praetor. de Organographia. 4.* Wolffenb. 1618.

Kräffte zulassen, solche Arbeit mit gutem Fortgange allein über sich zu nehmen. Wäre dannenhero wol zu rathen, daß ein ieder dasjenige Instrument, so er zu seiner besondern Ausübung erwehlet hat, und darauf er etwa vor andern sich hervorthut, mit Fleiß untersuchte: z. E. ein Violinist seine Geige, ein Oboist sein Oboe u. s. w. Alsdenn würde was rechtes daraus werden können.

§. 7.

Zwar haben viel gelehrte Männer sich die Mühe nicht verdriessen lassen, von allerhand Werckzeugen des Klanges, auf theoretische Art und Geschichts-Weise, viel gutes zu Papier zu bringen: einige nur zufällig, als **Athenäus**[3] und seines gleichen; andre wie ein Hauptwerck, nehmlich **Bartholin**[4], **Lampe**[5] etc. davon man ein ziemliches Verzeichniß hersetzen könnte. Allein diese Verfasser dürfften weiter zu nichts dienen, als nur zum ersten Punct des gantzen Wercks, betreffend die Erfindung und den (meistentheils ungewissen, Erfinder eines Instruments, samt dessen alten[6] Gestalt, Nutzen, Gebrauch, und was weiter zur Geschicht gehöret.

§. 8.

Ob nun gleich solches eine feine Gelehrsamkeit darthun, und manchem, der die Alterthümer liebet, sehr angenehm zu lesen seyn würde; so hätte doch ein heutiger Verfasser vornehmlich dahin zu sehen, daß er, nebst obgedachtem ersten Hauptstücke, auch die folgende mit Fleiß ausarbeitete. Als da sind die Abhandlungen:

   2) Von der itzigen mechanischen Einrichtung eines ieden Instruments nach seiner Art, dessen Theilen, Abmessung, Materie etc.
   3) Von den Mängeln und Gebrechen des Instruments.
   4) Von deren Verbesserung.
   5) Von den besten Meistern, die es machen, sowol, als die es bespielen.
   6) Von der Art und Weise iedes Instrument zu handhaben, und starck darauf zu werden.
   7) Von dessen Gebrauch in Kirchen, Schauspielen und Kammern.
   8) Wie es sich mit andern Werckzeugen vertrage und vergleichen lasse etc. etc.

§. 9.

Was z. E. *M. Hotteterre*[7] von den Flöten und Oboen, *Mr. Baron*[8] von der Laute, auch einige wenige andre von ihren Leib-Instrumenten aufgezeichnet, und durch den Druck gemein gemacht haben, ingleichen was im ersten Theil meines Orchesters[9] von dieser Sache zwar kürtzlich, iedoch zum weitern Nachforschen nicht undienlich erwehnet worden, könnte schon mit hiezu helffen. Wiewol das eigne Nachdencken, die Erfahrung und Geschicklichkeit, welche ein ieder Künstler auf seinem Instrument haben muß, das allerbeste bey der Sache thun dürfften.

---

3   *Dipnosoph. L. XIV c. 5 de Fibia. c. 14 de Sambuca & Magade. c. 15 de Phoenice, Tripude, Musicis instrumentis etc.*
4   Caspar **Bartholin**, Thomä Sohn, *de tibiis veterum. 12 Romae 1677.*
5   Friedr. Adolph **Lampe** *de Cymbalis veterum. 12. Ultraj. 1703.*
6   Dazu könnten, nebst andern, behülfflich seyn: *Observations sur la Musique, la Flute & la Lyre des anciens, à Paris, chez Flahault, Libraire, Quai des Augustins du coté du Pont S. Michel, au Roi de Portugal. 1726 in 12 pp. 34. planche I. voy. Journal des Sçavans, Nov. 1726 p. 352.*
7   *Principes de la Flute traversiere de la Flute à bec du Hautbois etc.*
8   Historisch-theoretisch- und practische Untersuchung des Instruments der Laute, 8 Nürnberg.
9   *a pag. 253 ud pag. 289.*

Von Instrumenten.

§. 10.
Gewiß ist es, daß ein solches Werck, wenn es von dem Verfasser mit einer deutlichen Eintheilung, mit einer leichten, fliessenden Schreibart, mit gehöriger Einsicht, und vor allen Dingen mit saubern Rissen versehen wäre, sehr hoch zu schätzen seyn, und seine Liebhaber allenthalben in Menge finden würde. Uns mag dieses Orts genügen, den nützlichen Vorschlag überhaupt gethan zu haben, und, weil doch ein ieder sein liebstes Instrument selbst untersuchen muß, einen kleinen Versuch anzustellen, wie es desfalls mit unserm Orgelbau beschaffen sey, oder beschaffen seyn sollte. Denn, da die Orgel das vornehmste Werkzeug des Klanges ist, so verdient sie auch vor allen andern eine vorzügliche Betrachtung, die hernach ein Muster der übrigen abgeben kan.

§. 11.
Was nun den ersten Punct betrifft, nehmlich die Erfindung und den Erfinder der Orgeln, so gehören dieselbe über des H. **Augustins** Zeiten hinaus, eine Ecke von etwa 1400 Jahren[10], und sind allerdings bey den Griechen, wo nicht gar bey den Hebräern zu suchen. *Ao.* 660 sind die Orgeln in England; und *Ao.* 757 in Franckreich bekannt worden[11].

§. 12.
Wem aber viele Schriffsteller so sehnlich darüber klagen, daß der Erfinder eines solchen vortrefflichen Werckzeuges, als die Orgel ist, der Welt nicht bekannt sey, so thun sie der Sache, mit ihren frommen Wünschen, wahrlich zu viel. Denn es ist ausgemacht, daß, wie bey allen Erfindungen, so auch bey dieser, der Anfang sehr schlecht gewesen, und eben darum der Erfinder sowol, als seine Nachwelt, mit dem Stillschweigen wol zufrieden seyn mögen: massen es bey solchen Umständen jenem so wenig Ruhm, als uns Vortheil bringen kan, wenn schon alle Organisten seinen Nahmen auf das allervollständigste wissen sollten.

§. 13.
Wären die Orgelwercke alsobald, bey ihrem Ursprunge, zu solcher Vollkommenheit gediehen, wie sie ietzo sind, so verdiente der Erfinder in der That mehr atheniensische eherne Säulen, als **Demetrius**[12] **Phalereus**. Aber das kan nicht möglich gewesen seyn, indem nur noch *Ao.* 1480 der teutsche **Bernhard** das Pedal erfunden hat. Nur vor 258 Jahren.

§. 14.
Wir wollen uns dahero mit diesem ersten Articul desto weniger aufhalten, ie mehr davon in vielen Büchern, doch nicht zu vieler Nutzen, gelesen werden kan. Anlangend, fürs andre, den Bau und die Stücke unsers vom Kunstwinde getriebenen ansehnlichen Klang-Wercks, so haben wir dabey auf neunerley Dinge zu sehen, nehmlich auf die Lage und den Ort; auf die Windlade und deren Probe; auf die Blasebälge und Windwage; auf das Pfeiffwerck; auf das Schnarr- oder Rohr-Werck; auf die Stimmung und Temperatur; auf die eigentliche Claviere oder Griff-Taffeln;

---

10 S. den Göttingischen *Ephorum, p. 51. it. Cassiodor. Bulenger.* Den ersten in *Histor. Eccles.* im *Chronico, in epistol. var.* etc. den andern *L. 2 de Theatro ludisque scenicis c. 33.*
11 S. Salomon van **Till** *p. 60* seiner Sing- und Spiel-Kunst.
12 Er war ein peripatetischer Weltweiser und *omniscius* zur Zeit des grossen Alexanders, regierte 10 Jahr in Athen, und hatte zwar das Glück 360 Säulen zu seinen Ehren aufgerichtet zu sehen; aber auch den Verdruß, daß sie alle wieder übern Hauffen geworffen wurden. Ich muß es denen zu Gefallen erinnern, die in der Tonkunst Lehrer seyn wollen, und es für ein Rätzel halten, wenn ich ihnen vom Hypomacho und seinem Schüler ein Wort sage. Verstehen sie diß nicht, wie wollten sie das verstehen?

auf die Register und Austheilung der Orgelstimmen; und auf die Untersuchung des gantzen Wercks, insgemein das Examen genannt.

§. 15.

Im Göttingischen *Ephoro*[13] ist zwar bereits von dem Orte, wo eine Orgel liegen soll, eines und anders angeführet worden, mit der Erinnerung, daß es eine lächerliche Gewohnheit sey, den Altar nach Osten, die Orgel aber nach Westen zu legen; weil ich aber seit dem gefunden, daß die Kirche hierüber niemahls[14] die geringste Verordnung hat ergehen lassen, sondern daß vielmehr Pabst **Leo I** die Erklärung gethan, wie es nehmlich, zur Vermeidung gewisser abergläubischen Dinge, gleichviel gelten sollte, den Altar nach Osten zu setzen, oder nicht, und daß auch selbst in der Marien-Kirche zu Göttingen die Orgel an der nordlichen Seite stehe, ohnfern dem Chor, d. i. dem Altar[15], so habe solches zur Bestärckung erwehnen wollen.

§. 16.

Indessen soll der Ort geraum und beqvem seyn, daß sich der Schall fein über die gantze Kirche ausbreiten könne: das Werck soll nicht in abgelegenen Winckeln stehen; nicht hinter, neben, oder über den Altären; nicht angeklebt oder eingepreßt; nicht so enge, daß man kaum dazu kommen kan; nicht hart an den Mauren, am allerwenigsten aber an den äussersten Wänden.

§. 17.

Eine höltzerne Kirche ist ein solcher Ort, der ein wolangebrachtes, starck-klingendes Orgelwerck erfordert, dessen Pfeiffen meist von Metall sind. Hingegen eine steinerne und gewölbte Kirche kan es mit einem gelindern Wercke bestellen, und viele Stimmen von Holtz zulassen. So viel vom ersten Punct. Nun zum zweiten.

§. 18.

Die Windladen bestehen aus dreien Stücken. Aus der Unterlade oder dem Windbehältnisse, aus den Registern, und aus den so genannten Stöcken, darauf das Pfeiffenwerck zu stehen kömmt. Die Windlade an ihr selbst ist ein Rahm von Eichenholtz, bis vier Qveerfinger hoch, durch Schenckel in so viele Zellen oder Cancellen getheilet, als das Griffbret Tasten oder Claves haben soll.

§. 19.

Diese Cancellen werden alle mit einander fast über die Helffte, am untern Theil fest verspündet: was denn offen bleibet, unter dasselbe wird der Windkasten gelegt. In dem Windkasten sind die Haupt-Ventile oder Windklappen, welche den übrigen offengebliebenen Untertheil der Cancellen vollends bedecken.

§. 20.

Und also wird dieser Rahm zu einer förmlichen Windlade, auf welche vor diesem ein so genanntes Fundamentbret geleget wurde, nun aber eine mit Leder wolgefütterte Spündung der Cancellen

---

13 Denen zu Gefallen, die das Büchlein nicht kennen, muß ich den Titel desselben hersetzen: **Der neue Göttingische, aber viel schlechter als die alten Lacedämonischen urtheilende** *Ephorus*, wegen der Kirchen-Music eines andern belehret von *I. M.* Hamb. 1727, 4. Von der vorhabenden Sache wird daselbst *p. 47 sq.* gehandelt.
14 S. **Fischers** historische Architectur *Tab. I, II.*
15 Zeit- und Geschichtbeschreibung der Stadt Göttingen, *p. 86. Dans l'Eglise de Minerve à Rome, qui est assez longue & spacieuse, il y a deux grands Orgues, elevés des deux cotez du Maitre Autel. Trait. d'Histoir. moral. & d'Eloquen. à Paris. 1672, 8.*

angebracht wird: worauf denn weiter die Register samt ihren Dämmen, die durch die gantze Lade gehen, und ungefehr einen halben Zoll dick sind, gerichtet werden.

§. 21.

Diese Register lassen sich hin und her ziehen oder schleiffen, und es werden durch dieselben Löcher gebohret bis in die Cancellen hinein. Wenn man nun die Register anziehet, so passen die Löcher auf einander; ziehet man sie aber ab, so erfolgt das Gegentheil, und kan kein Wind durchkommen.

§. 22.

Die Dämme sind feststehende Eichenhöltzer, so zwischen den Registern befindlich, und weiter nichts thun, als daß sie dieselben unterscheiden. Auf die Register aber werden die Stöcke (welche bey andern auch Blächer oder Klötze heissen) mit Schrauben befestiget, durch welche der Wind bald gerade, bald seitwärts oder schräge, nachdem es die Lage zuläßt, den Pfeiffen zugeführet wird.

§. 23.

Diese Stöcke, ungefehr anderthalb Zoll starck, müssen so dichte unten und inwendig gefüttert seyn, daß nicht das geringste vom Winde hindurch, noch von einem Clave zum andern kommen kan. Uiber solche Stöcke oder Canäle (welche bisweilen auch von Metall verfertiget werden, und sich durch die Schrauben bald fester, bald loser auf der Windlade machen lassen, nachdem es erfordert wird) lieget endlich das Pfeiffenbrett, darin die Pfeiffen aufrecht stecken und ihre Festigkeit haben; wiewol die grossen Pfeiffen auch eben zu mehrer Befestigung angehänget werden müssen.

§. 24.

Dieser Pfeiffen untere Oeffnung muß wiederum gerade auf die Löcher der Register gerichtet seyn: und das ist die gemeine Art der so genannten Schleiff-Laden oder Schleiff-Register; welche sich aber, bey feuchtem Wetter dermaassen schwer anziehen lassen, daß sie bisweilen wol gar abbrechen und reissen.

§. 25.

Bey den Springladen hergegen, welche ihrer viele für eine neue Erfindung halten, da sie doch älter sind, als die Schleiffladen, hat ein ieder Clavis seinen eigenen Stock, und eine iede Pfeiffe auf selbigem Stocke ihr eigenes Ventil, oder besondre Windklappe: also, daß eben so viel Ventile in den Stöcken vorhanden seyn müssen, als Pfeiffen darüber stehen. Nur die Mixturen und andre vielfache Stimmen-Wercke ausgenommen.

§. 26.

Die Stöcke werden hiebey gerade auf die Cancellen gerichtet. Zu iedem Ventil aber in den Stöcken ist eine Feder und ein Drucker. Wenn nun ein Register auf die Drucker gezogen wird, springen die Ventile oder Klappen auf, und eröffnen sich; wird aber das Register wieder abgezogen, so springen die Klappen, durch den Trieb der untergesetzten Federn, von selbsten zu, und schliessen sich. Daher man diese Art Springladen nennet, welche zwar viele Arbeit erfordern; doch von einigen darum für besser gehalten werden, weil sie vornehmlich eine hurtigere Anstimmung (*intonation*) zu Wege bringen, als die Schleifladen. Wiewol auch andre Orgelbauer ausdrücklich davor warnen.

§. 27.

Das **Heulen** entstehet, wenn ein Tast stocket, und nach dem Niederdruck nicht wieder in die

Höhe springet: oder wenn eine Windklappe offen bleibet, daß die Springfeder nicht starck genug oder lahm ist. Solches **Heulen** vernimmt man denn überall.

§. 28.

Das so genannte **Durchstechen** aber ist ein ander Ding, wenn nehmlich der Wind aus einer Cancelle in die andre nebenliegende, zwischen den Registern oder anderswo hindurchstreicht, die nächste Pfeiffe berühret, und ein Schnauben verursacht. Solches ist nun, wie man leicht erachten kan, nicht so arg, als das Heulen; aber doch ein grosser Fehler.

§. 29.

Von den Ventilen, die man auch Windfangblächer nennet, ist noch zu mercken, daß sie fünferley sind. **Balg-Ventile**, wodurch der Wind in die Blasebälge tritt. **Canal-Ventile**, welche in den Canälen sind, und den Wind aus den Bälgen schöpffen, auch verhindern, daß nicht ein Balg dem andern seinen Wind entziehe. **Haupt-Ventile**, welche durch das Niederdrucken der Tasten aufgezogen werden, und den Klang verursachen. **Spring-Ventile**, welche durch die Register eröffnet werden, und **Sperr-Ventile**, mittelst deren man den Wind einsperren und zurück halten kan. Uibrigens müssen die Ventile mehr lang als breit, ihre Stiffte wol abgepaßt, alles mit gutem, gleichdickem Leder gefüttert, und von dem ältesten Eichenholtze gemacht seyn: wozu sich keines besser schickt, als alte Zaunpfähle und dergleichen.

§. 30.

Gleichwie nun die Windlade, so zu reden, das Hertz eines Orgelwercks heissen mögte, so ist der Blasebalg einigermaassen mit desselben Lunge zu vergleichen. Einige Orgeln haben der Bälge viel, andre wenig, nachdem diese eingerichtet sind, und ihre Bewegung langsamer oder geschwinder machen. Ein Werck von 30 Stimmen hat wol eher 8 Bälge mit vielen Falten erfordert. Itzo kan man es mit 3 **einfältigen** (d. i. mit solchen Bälgen, die nur einmahl zusammen gefalten werden) gar gut bestellen; wenn sie nur allgemach, und nicht auf einmahl plötzlich oder geschwinde niederfallen.

§. 31.

Die Ursache aber, warum der Wind, auch aus einem eintzigen Balge, mit einerley Gewicht beleget, mit einer eintzige Falte versehen (denn mit vielen ist es nur ärger) doch dennoch nicht gleich oder ebenträchtig seyn kan, ist diese: daß der Balg, wenn er aufgetrieben und aufgeblasen wird, iedesmahl ein Stück eines Circkel-Bogens macht, und mit dem äussern Oberende seinem Mittelpunct nothwendig näher kömmt. Wenn nun alle Bewegung, so wie diese, ie näher sie dem Centro tritt, desto stärcker und geschwinder; im Niederfallen aber, und im Entfernen desto schwächer und träger wird, indem sie vom Mittelpunct abweichet: so ist leicht zu schliessen, woher der Orgelwind seine Ungleichheit habe.

§. 32.

Man kan gleichwol einen Vortheil gebrauchen, und den Balg, an seinem breiten Ende, niedriger legen, als am schmalen, auch denselben mit einem Gegengewicht versehen. Doch gehet solches nicht an, wenn der Balg zwo oder mehr Falten hat. Heutiges Tages werden die Bälge nur mit einer eintzigen Falte gemacht, und da kan man sie durch **Roß-Adern** schon so zwingen, daß auch kein Gegengewicht nöthig ist, indem sie solches bereits durch die besagten Adern oder Sehnen bey sich führen, die Bälge mögen liegen wie und wo sie wollen.

§. 33.

Roß-Adern oder Pferde-Sehnen werden, nach vorhergeschehener Zubereitung, von den Orgelbauern zu mehrer Befestigung und Steiffigkeit der Blasebälge gebraucht. In Ermangelung derselben pflegen sie sich auch des Pergaments oder des Hanffes zu bedienen. Iedennoch sind die Pferde-Sehnen von grösserer Dauerhafftigkeit. Die Zubereitung selbst geschiehet folgender maassen.

§. 34.

Sobald die Sehnen dem Pferde ausgeschnitten sind, werden sie getrocknet, so lange, bis sie dem trockenen Leime sowol an der Gestalt, als an der Härte, nicht unähnlich sind. Hierauf werden diese Spann-Adern mit Hämmern so lange geschlagen, bis sie so fädemicht werden, wie etwa ein harter, dicker Flachs. Nach diesem werden die Fäden aus einander geleget, auf das Holtz, welches zum Blasebalge bestimmet ist, fest geleimet und so dann überledert.

§. 35.

Um nun, wie von der Windlade, also auch von den Bälgen und ihrer Bewegung eine Probe zu machen, hat man ein eigenes Werckzeug, die Windwage genannt, dazu erfunden. Diese Windwage ist ein Gefäß von Zinn, oder von anderm Metall, darauf zum Zierath ein erhabener Deckel fest gelötet ist. Aus der Mitte desselben Deckels tritt eine gläserne Röhre, fast einer Viertel-Ellen lang, oben heraus, und ist gleichfalls an das Gefäß fest gelötet, daß keine Lufft an dem Orte der Zusammenfügung herausgehen kan.

§. 36.

An einer Seite dieser Büchse oder dieses Kästleins, so etwa 2 bis 3 Zoll lang, und halb so breit und tief ist, befindet sich ein hervorragendes Mundloch, fast wie ein Zapffe gestaltet. Durch dasselbe Mundloch wird Wasser, oder sonst eine Feuchtigkeit in das Gefäß gegossen; ein Löchlein mit Fleiß in die Windröhre oder in den Canal der Windlade gebohret, und besagter Zapffe in solches Löchlein dicht und fest hineingesteckt, daß er eben so hält und gepfroffet ist, wie der Hahn in einer Tonne oder in einem Fasse.

§. 37.

So bald nun der Balg getreten wird, steiget das Wasser in die gläserne Röhre (welche etwa einen halben Zoll im Durchschnitt hat) hinauf, und wenn der Wind richtig ist, oder beständig einerley bleibet, stehet auch das Wasser an seinem Orte unbeweglich still, man mag die Bälge treten, wie man will. Ist der Wind aber unrichtig, daß er bald gelinde, bald starck anbläset, so stehet auch die Feuchtigkeit im Röhrlein nicht stille, sondern bewegt sich immer, bald auf bald nieder, mehr oder weniger, nachdem der Wind mehr oder weniger Ungleichheit heget. Hinter dem Röhrlein ist ein Täflein befestiget, auf welchem mit abgetheilten Graden und Ziefern, nach Art der Wettergläser, angedeutet wird, wie hoch eigentlich der Wind das Wasser treibet und treiben soll.

§. 38.

Die Probe des Ladens geschiehet entweder durch Hülffe eines brennenden Lichts, wenn man selbiges aller Orten, bey den Fugen vorhält, und siehet, ob nichts herausblase, wenn die Bälge getreten werden. Oder aber, man drucket, bey abgezogenen Registern, das gantze Clavier oder die Griff-Tafel mit beiden Armen nieder, welches auch, und zwar füglicher, mit kleinen Bretern und einem darauf gesetzten Gewichte geschehen kan. Vernimmt man alsdenn, bey getretenen Bälgen und | vollem Winde, kein Geschwirre und Gesäusel, so ist die Lade dicht und gut. So viel vom dritten Punct. Nun kommen wir zum Pfeiffwerck.

§. 39.
Alle Orgel-Pfeiffen werden in zwo Classen oder Ordnungen gestellet, nehmlich in Flöten und Röhren, in **Flötwerck** und **Schnarrwerck**, wie die Kunstwörter lauten. Ienes ist entweder offen, oder **zugedeckt**, daher die **Gedacte** ihren Nahmen haben. Es ist entweder von Holtz oder von Metall; hat seine *labia*, **Leffzen** oder Mundlöcher, Mundstücke; den eingelöteten **Kern**; die **Seiten-Bärte** u. s. w.

§. 40.
Man braucht bey Einrichtung der metallenen Flöt-Pfeiffen zum rechten Ton oder Klang ein **Stimmhorn**, womit die Pfeiffen etwas eingedruckt, oder auch erweitert werden können, auf daß sie ihre rechte Stimmung bekommen. Sonst darff eine blosse Pfeiffe von der ersten Classe, wenn sie einmahl von dem Orgelbauer wol gestimmt ist, nicht viel Wartens noch Corrigirens, weil sie ihren beständigen Ton behält. Ist sie aber ein- oder ausgebogen, hat **Ohren** oder **Einschnitte**, so darff man nur sicher dencken, der Meister, der sie gemacht, sey nicht weit her gewesen.

§. 41.
Die Bedeckung der Pfeiffen und Flöten werden **Hüte** oder **Stülpen** genannt. Einige haben oben Röhrlein, die spitz zugehen, und die heisset man Rohrflöten; obwol zwischen denselben und einem gewöhnlichen Gedact kein grosser Unterschied im Klange vernommen wird.

§. 42.
Das Uiberschlagen des Tons in den gedeckten Pfeiffen nennet man **Filpen**, und entstehet solches daher, daß der **Kern** zu hoch lieget. Dieser Kern muß in offenen Pfeiffen so liegen, daß man unter ihm nur eines Härleins breit hinsehen kan. Wenn der **Pfeiffenfuß** zerdruckt, oder mit Löchern durchboret ist, bemerckt solches eine Unrichtigkeit der Windlade.

§. 43.
Von dem offenen Flötwerck sind einige Arten der Pfeiffen gleichaus gestalten, und ihre Verhältnisse befinden sich allenthalben von einerley Weite, so oben, als unten, und in der Mitte. Andre aber nicht also. Einige der ersten haben lange, enge und schmale Maaß; einige sind kurtz und weit, als die sogenannten Hohl-Flöten. Weite Pfeiffen klingen prächtig und ernsthafft; enge lieblich und scharff.

§. 44.
Die ungleich-gestalte Pfeiffen sind wiederum auch zweierley. Etliche sind unten weit und oben enge, als die Gemshörner, Spitzflöten und Flachflöten. Etliche aber oben weit und unten enge, als der Dulcian etc.

§. 45.
Die zugedeckten Flötwercke sind entweder gantz gedeckt, als die **Qvintadeen**[16] und Gedacte, allerley Grösse; andre aber, als die erwehnten Rohrflöten, sind auf dem Deckel in etwas eröffnet. Alle gedeckte Pfeiffen klingen eine Octave tiefer, als wenn sie offen sind. Woher das? der Klang

---

16 Ist so viel gesagt, als ein Qvintgetön. Einige heissen es *Quinta ad una*, mit einem vorgesetzten *quasi*. Auf neu Latein *Quintitenens*, und zerstümmelter Weise *Quintatön*. Dieses tönen nennen die Frantzosen *Quintadiner*, welches zehnmahl toller ist, als alles andre. Herrliche Zeugnisse der Unwissenheit. Das *labium* ist bey diesem Flötwerck so zweideutig, daß es, nebst dem Grundklange, auch eine gelinde Qvint desselben über sich hören läßt. **S. Niedts zweiten Theil** *p. 113.*

fährt erst hinauf, und weil er oben keinen Ausgang findet, muß er wieder herunter und zum Mundloche heraus gehen. Wenn nun die Bewegung also ihren Weg verdoppelt, ist es eben so viel, als ob die Pfeiffe noch einmahl so lang wäre: woraus denn die Tiefe entstehet.

§. 46.

Mixturen haben 10, 12, ja wol 20 Pfeifflein auf einem Tasten. Die gröste derselben hat nur 4 Fuß am Ton[17]. Man nennet diese Versammlung so vieler Pfeifflein auf einem Clave gemeiniglich einen **Chor**, und zwar mit gutem Fuge. Solcher Chor aber erstreckt sich weiter nicht, als nur höchstens auf eine eintzige Octave oder 12 Tasten, und wird viermahl wiederholet, im Fall die Griff-Tafel des Claviers, oder die Einrichtung des Wercks, wie gebräuchlich, aus vier völligen Octaven bestehet. Im ersten Theil des[18] Orchesters, wie auch in meiner Ausgabe des Niedts[19] ist schon Nachricht hievon gegeben, und die Beschaffenheit des Stimmwercks der Mixturen, sowol als dessen Gebrauch gezeiget worden: wobey wirs auch, Kürtze halber, bewenden lassen.

§. 47.

Mit den Schnarr- oder Rohr-Werck hat es inzwischen eine gantz andre Bewandniß, als mit dem Pfeiff- oder Flötwerck. Man nennet jenes mit besserm Recht ein Rohr- als ein Schnarrwerck, weil gemeiniglich die Cörper desselben auf gewissen Klötzern stehen, die man **Stiefel** heisset, und ihre meßingene Blätter haben, die ein sanfftes Schnarren verursachen, als etwa ein Oboe-Rohr: wie es denn auch nicht stärcker seyn sollte.

§. 48.

Es kommen ferner dabey zu betrachen vor die **Krücken**, oder der meßingene Drat, welcher beweglich ist, und dabey man die Rohrpfeiffen stimmet, mittelst eines[20] **Stimm-Eisens**, dessen Kunst-Nahmen *plectrum*[21] ist, und mit welchem man den Drat bald ein wenig herausziehet, bald sanffte wiederum **einschläget**. Solche Ausziehung der Krücken macht den Klang um etwas tiefer, weil die Lefze der Pfeiffe dadurch erweitert wird; das Einschlagen aber erhöhet den Ton. Die Mundstücke der grössern Pfeiffen im Rohrwerck pfleget man wol mit Leder zu füttern, damit sie nicht zu sehr knastern.

§. 49.

Das beschwerlichste ist, daß die Rohr-Pfeiffen dieser zwoten Classe, weil sie mit iedem Wetter, das sich verändert, ihren Ton etwas erheben oder fallen lassen, auch eben so offt reingestimmet werden müssen. Daher einige ungedultige Organisten übel darauf zu sprechen gewesen, und das Sprichwort aufgebracht haben: **Schnarrwerck, Narrwerck!** ingleichen: **verstimmtes Regal, Organisten-Qvaal.**

---

17 Von der Bedeutung dieser Ton-Maasse soll sogleich eine Erläuterung gegeben werden.
18 *p. 258 sq.*
19 *p. III des zweiten Theils musicalischer Handleitung.*
20 Dieses Stimm-Eisen muß mit dem obigen Stimm-Horn §. 40 nicht vermischet werden; vielweniger mit den gewöhnlichen Stimm-Hämmern.
21 *Plectrum* heisset sonst ein Fidelbogen, oder dergleichen Werckzeug, wenn es von πλέκω, *plico, necto, texo* hergeleitet wird; hier aber, da es von πλήσσω, *percutio*, seinen Ursprung nimmt, bedeutet es ein Stimm-Eisen, ein Hämmerlein zum Orgelstimmen.

§. 50.

Sonst sind diese Rohr- oder Schnarr-Wercke zweierley: etliche mit offenen Pfeiffen, als Posaunen, Trommeten, Krummhörner, Regalen, Zincken, Cornette, Schalmeyen, und ins besondre die so genannte *vox humana* oder nachgeahmte **Menschen-Stimme**. Andre haben zugedeckte Pfeiffen, als der Fagot, die Sordunen[22], welche noch ein verborgenes *corpus* mit ziemlich langen Röhren in sich fassen, die Bar-Pfeiffen etc.

§. 51.

Vor allen muß man sich bey diesem Wesen in die Tonmaasse schicken lernen. Es richtet sich dieselbe nicht, wie mancher meinen mögte, nach der Pfeiffen Länge oder Kürtze: denn der Durchschnitt (*diameter*) kan allemahl mit seiner Weite oder Enge den Abgang oder Zuwachs in der Maasse einer Pfeiffe sowol ersetzen, als zu Wege bringen. Wiewol es, dem Ursprunge nach, zu der Zeit, da die Orgelwercke nur aus einem blossen Principal bestanden, mit der Abmessung so beschaffen gewesen seyn mag, daß z. E. die grösseste Pfeiffe, von ihrem Mundstücke anzurechnen, 8 Fuß in der Höhe gehalten.

§. 52.

Es bedeutet aber die in den Orgelwercken und sonst gebräuchliche Tonmaasse eigentlich nur die Qvantität des Klanges, nicht des Werckzeuges. Es mögen die Pfeiffen kurtz oder lang seyn. Die Maasse ist also, nach heutigem Verstande, nicht mechanisch, sondern physicalisch.

§. 53.

Wenn demnach ein Register von 8 Fuß Ton vorkömmt, ist solches durchgehends an Höhe und Tiefe des Klanges den menschlichen Stimmen gleich. Dieses zum Grunde gesetzt, kan man leicht erachten, daß 4 Fuß am Ton einen solchen Chor andeute, der um eine Octave höher klingt, als jener: ingleichen daß 2 Fuß abermahl eine erhöhete Octave, **durch das gantze Clavier**, erfordert, | u. s. w . Hieraus folgt ferner, daß die sechszehnfüßige Tonmaasse eine Octave tiefer; die zwey und dreißigfüßige aber die allertiefeste, **durch das gantze Werck**, andeute.

§. 54.

Wir haben bekannter maassen auf unsern gewöhnlichen Clavieren von 8 Fuß Ton fünf Tasten, die *c* heissen, daran wollen wir denen ein Exempel geben, die obiges nicht sogleich begreiffen können. Solls nun 2 Fuß Ton werden, so muß das erste oder tiefeste *c* klingen wie sonst das dritte, und alle andre Claves richten sich darnach. Solls 4 Fuß seyn, so lautet dasselbe erste *c* wie das zweite etc. Solls 16 Fuß seyn, so klingt das dritte *c* wie sonst das zweite, und wenns 32 Fuß ist, gehet dasselbe dritte *c* so tief wie sonst das erste. Die gantze Reihe desgleichen.

§. 55.

Findet man aber die Zahlen 3, 6, 12, 24 an den Orgelzügen der Register, so zielen solche auf eine Vergrösserung oder Verringerung der Höhe und Tiefe des Klanges, nicht Octaven-Weise,

---

22 Vom *surdo, sono* oder gedämpfften Klange kömmt das welsche Wort *Sordino*, welches die Teutschen Trompeter in **Sordün** verwandelt haben. Ein ungelehrter Orgelmacher hat aber etwa das S für ein B angesehen, und solches Orgel-Register **Bordun** genannt, mit welchem Nahmen es noch starck herhalten, ja sich endlich gar zum *Bourdon*, zur summenden **Wespe** machen lassen muß. Die das Wort *bourdon* aus dem Niedersächsischen herleiten wollen, fehlen gröblich. Den *crepitum emittere* heißt bey uns nicht **burden**, sondern **purten**, mit verlöf to seggen. Es heissen auch die Höltzgen, so man in die Trompeten steckt, nicht *Sordini*: denn ein Schnuptuch kans auch thun; sondern die solchergestalt gedämpffte Trompeten selbst nennet man *Sordini*, in Gegenhaltung der *Clarini*.

wie vorhin gemeldet worden, sondern durch die Qvint; ungeachtet man auch (wiewol mit Unrecht) ein wircklich zwey und dreißigfüßiges Stimmwerck, wenns nicht tiefer als bis ins *F* gehet, vier und zwanzigfüßig zu nennen pfleget. Dabey es denn wol, was der Pfeiffen Länge, nicht aber was die Klänge betrifft, seine Richtigkeit haben mag. S. §. 62.

§. 56.

Von der Temperatur ist bereits in dem dritten Hauptstück des ersten Theils *de Canonica* gehandelt, welches der günstige Leser bey dieser Gelegenheit nachschlagen, und sicherlich glauben wolle, daß kein verständiger Mensch den Nutzen der Meßkunst in der **Harmonik** leugne; wol aber dieses, daß sich die gantze **Musik** darauf gründe. Denn das allerschönste und richtigste Instrument, das Muster aller klingenden Werckzeuge, die menschliche Stimme, weiß eben so wenig von der Temperatur-Kunst, als die übrigen Instrumente, die ihrer gar nicht brauchen; ausser dem einzigen Clavier, und der Harffe oder dem Hackbret. Und wenn die Temperatur-Kunst auch bey allen Instrumenten nöthig oder nützlich wäre, so machte doch ihre richtige Stimmung eben so wenig eine Musik aus, als ein feingedeckter Tisch ohne Speisen eine Mahlzeit seyn kan.

§. 57.

Was aber das eigentliche Stimmen der Orgeln anlanget, so ist dabey dieser Vortheil in Acht zu nehmen. Wenn man z. E. ein Rohrwerck von 16 Fuß rein stimmen will, ziehet man ein Flötwerck, als nehmlich ein **Principal**[23] oder Octav von 8 Fuß dabey an: weil die Bebungen der feinern Klänge häuffiger und schärffer ins Gehör dringen, zumahl aus einer festgestimmten Pfeiffe, als die Wallungen eines gröbern Lauts in einem wanckenden Rohrwerck. Ist aber dieses, wenn es gestimmet werden soll, nur achtfüßig, so nimmt man gerne eine Octave von vier Fuß dabey zur Richtschnur, und folget derselben.

§. 58.

Zu einem Schnarrwerck hergegen von vier Fuß, weil es etwas jung[24] ist, ziehet man gerne bey dem Stimmen ein achtfüßiges Principal, als eine sogenannte *aequal*-Stimme[25], und daneben eine vierfüßige Octave, nach welchen beiden man jenes Rohrwerck am sichersten rein stimmet. Denn die Pfeiffen, so mit dem Rohrwerck gleich am Ton sind, betriegen das Gehör, dem sie nimmer rein vorkommen: und darum muß allemahl eine Ungleichheit in ihrer Maasse beobachtet werden.

§. 59.

Alles offene Pfeiff- oder Flöt-Werck wird am Klange erhöhet, wenn man die Cörper oben erweitert; es sey nun wenig oder viel. Druckt man sie aber mit dem Stimmhorn enger zusammen, so wird der Ton gröber.

§. 60.

Die Gedacte werden mittelst ihrer Stülpen oder Hüte gestimmet. Ie niedriger man dieselbe druckt oder sanfft einschlägt, ie höher wird der Klang. Löset man sie aber, und hebt sie etwas

---

23 Dieses offene Pfeiffwerck wird deswegen Principal genannt, weil es gemeiniglich **vorne an** im Gesichte stehet.
24 Jung im Klange ist so viel, als hoch und fein.
25 Achtfüßige Orgelstimmen werden deswegen *aequal* genannt, weil sie mit der Menschen-Stimme an Höhe übereinkommen.

empor, so klingt die Pfeiffe tiefer. Wenn die Gedacte oben zugelötet sind, und keine bewegliche Hüte haben, müssen sie bey ihren Bärten gestimmet werden: ie weiter man nun diese vom *labio* oder Mundloch abbieget, ie höher wird der Klang; und so umgekehrt.

§. 61.

Der eigentlichen Claviere oder Griff-Tafeln sind bald zwey, bald drey, bald vier, bald fünff, wenn wir das Pedal, worauf mit den Füssen gespielet wird, mit rechnen, wie billig ist: denn es hat auch seine Claves. Die Erfindung ist obbesagter maassen etwas über 250 Jahr alt. Sind der Claviere nur zwey, so unterscheidet man sie gern durch die blosse Benennung des Manuals und Pedals.

§. 62.

Durch gantz Welschland[26] soll gebräuchlich seyn, das Pedal nur mit Draat ans Manual anzuhangen, so daß eigentlich nur ein eintziges Clavier vorhanden ist. Z. E. die Orgel in der St.-Marcus-Kirche zu Venedig hat 9 Stimmen: *Sub-Principal-Bass,* das *F* im Gesichte, 24 Fuß (mit dem gemeinen Mann zu reden). Tiefer geht es nicht. *Principal* 16 Fuß. *Octava* 8. *Decima nona 3 f.* ist eine Qvint. *Quintadecima 3 f.* ist eine *Super-Octava. Vicesima secunda, 2 f.* (ist eine Octave *biscomposita). Vicesima sesta 1½* (ein Qvintlein). *Vicesima nona 1 f. (Octava ter composita) Flauto, 8 f.* Das ist alles, und kein ander Clavier; sondern das Pedal ist am Manual befestiget, und gibt eben dieselben Tone von sich. So schwach aber auch dieses Wercklein scheinet, so wol gefällt es mir doch, daß die Mixturen fein zertheilet sind, und in blossen Qvint- und Octav-Registern bestehen. Daher es denn auch, zumahl wegen Abgang des Rohrwercks, sehr rein klingen, und wenig Stimmens gebrauchen muß.

§. 63.

Sind der Claviere drey, so heissen die beiden Manuale das **Werck** und das **Rück-Positiv**: weil gemeiniglich bey dieser Einrichtung die Pfeiffen des letztgenannten so stehen, daß der Organist, wenn er sitzt und spielt, ihnen den Rücken zuwendet. Einige Orgeln haben, Statt dieses Rück-Positives, ein so genanntes **Seiten-Werck**: nachdem es nehmlich die Lage und Beschaffenheit des Ortes am beqvemsten zulassen will.

§. 64.

Sind der Claviere vier, so nennet man das dritte Manual die **Brust**, weil die Pfeiffen, die dazu gehören, gemeiniglich in der Höhe, als gleichsam an der Brust des Gebäudes, in kleiner Maasse ihre Stelle finden. Sind der Claviere aber fünf, so trägt das vierte Manual den Nahmen eines **Ober-Wercks**.

§. 65.

Sind die Tasten oder Tangenten zu hart, zu faul, oder fallen zu tief, so ist ein Clavier desto schwerer zu bespielen, und wird solches für einen grossen Fehler gerechnet. Ist aber die Tastatur gar zu gelinde zu greiffen, so wird sie offt hin und wieder beliegen bleiben, nicht leicht wieder in die Höhe springen; sondern viel Heulens verursachen, vornehmlich im Pedal-Clavier, wenn ein wenig hart darauf getreten, und irgend auf einem oder andern Tast etwas lange ausgehalten wird. Welcher Fehler denn noch weit grösser ist, als der vorige.

---

26 *La pluspart des Orgues en Italie n'y sont que pour servir les voix, & pour faire paroitre les autres Instrumens.* Trait. d'Hist. moral. & d'eloquence.

§. 66.

Es müssen auch die Tasten der Claviere so eingetheilet seyn, daß sie weder rasseln noch klappern. Das erste geschicht, wenn sie zu enge an einander liegen und sich reiben: das andre, wenn sie zu weit von einander sind. Dieses Uibel trifft man offt in den Pedälen an, in welchen das ungestrichene *d* gerade unter dem eingestrichenen *dis* des Manuals, oder das *c* genau unter dem *cis'* liegen muß; sonst läßt sich nicht gut darauf fortkommen. **Kurtze Octaven** sind gar nicht zu loben, das ist: die grosse Claves oder ihre Tasten *Cis, Dis, Fis, Gis*, müssen im Pedal-Baß nicht fehlen, noch im Manual samt dem *D* und *E* über einander her, sondern in völliger Länge und Ordnung da stehen.

§. 67.

Die Registerzüge und Verbindungen der Orgelstimmen sind dieses Orts nicht zu verstehen von ihrer Anlegung und Einrichtung, welche, und wie viel nehmlich in einem Wercke seyn sollen: Denn da muß man die Beschreibungen und Verzeichnisse der besten Orgeln untersuchen, und absonderlich diejenigen sammlen, die etliche 50 bis 70 Stimmen allerley Art aufweisen. Es ist zwar manchesmahl viel unnützes Zeug darunter, insonderheit an den überhäufften **Mixturen, Scharffen,** vielfächigen **Cornetten, Rausch-Pfeiffen, Qvinten, Sedecimen, Tertianen, Sesqvialtern** und dergleichen. Aber hier findet sich der Ort und Raum nicht, sich darüber auszulassen.

§. 68.

Nur ist was abgeschmacktes, wenn z. E. 50 klingende Stimmen (darunter zwo halbe) noch 14 stumme Register neben sich haben, damit ja 64 Züge herauskommen, und die **Paucken,** die **Calcanten-Glocke,** die **Engel,** die **Sonnen,** die **Adler,** die **Cymbeln** samt andern Puppen- oder Kinderspiel, ihre Figur machen. Kirchen-Vorsteher müssen hievor gewarnet werden. Ein Capellmeister kan solches am besten thun: denn viele Organisten spielen mit den Orgelbauern, die nur ihren Gewinn suchen, offmahls unter der Decke.

§. 69.

Laßt uns denn nur mit wenigen Worten anzeigen, wie man überhaupt die Orgel-Stimmen oder Register zusammen anziehen, und mit denselben allerhand Veränderungen machen, oder klüglich abwechseln könne. Da ist denn die erste Regel diese:

§. 70.

Man soll nicht gern, wenn *Solo* gespielet wird, **zwo gleiche Stimmen,** deren Pfeiffen **nicht einerley Gestalt** haben, neben oder mit einander gebrauchen: weil die Ungleichheit des Tons niemahls deutlicher und mit mehrer Wiederwärtigkeit vernommen werden mag, als eben bey der vermeinten Gleichheit. Ja, wenn auch schon zwo Stimmen um eine Octave von einander unterschieden sind, daß z. E. die eine acht- die andre vierfüßig ist, so machen doch die weiten Pfeiffen mit den engen immer einigen Mislaut.

§. 71.

Durch die **zwo gleiche Stimmen** verstehen wir solche, die beide von 8 oder von 4 Fuß Ton sind etc. Und durch die Gestalt der Pfeiffen, wenn z. E. die eine kurtz und weit; die andre aber lang und eng ist.

§. 72.
Man ziehet auch kein Flöt- und Rohrwerck zusammen auf einem und demselben Clavier an; ob es gleich auf zwein unterschiedenen Clavieren gar wol geschehen kan. Ist aber eine starcke Gemeine, und dabey eine schwache Orgel vorhanden, so hat Noth kein Gebot: bevorab, wenn mit dem Singen der gantzen Versammlung eingespielet werden soll.

§. 73.
Wer grobe und tief-klingende Stimmen anziehen will, der muß mehr Ernsthafftigkeit, als flüchtiges Wesen im Spielen gebrauchen. Wer aber vermischte Register, samt kleinem und jungen Stimmwerck unter Händen hat, und solches liebet, der kan sich nur auf geschwinde und bunte Stücke gefaßt machen.

§. 74.
Uiberhaupt theilen sich die Orgel-Züge in zwo Gattungen. Zur ersten gehört das volle Werck; zur andern zehlet man alle übrige vielfältige Veränderungen, die sich mit verschiedenen Clavieren besonders, und mit schwächern, iedoch ausgesuchten Stimmen machen lassen.

§. 75.
Wenn nun die Orgel zur Einstimmung mit der Musik gebraucht werden soll, braucht man beide Gattungen der Züge, nachdem der Chor starck oder mittelmäßig ist. Ist er gar starck besetzt, so muß das volle Werk herhalten, und ferner nach Maaßgebung, bis auf eine *Solo*, das entweder gesungen oder auf einem Instrument, z. E. auf der Geige, Oboe etc. gespielet wird, wobey es die Orgel mit dem eintzigen, achtfüßigen Gedact bestellen kan.

§. 76.
Es gehören zum vollen Werck die **Principale**, die **Sordunen**, die **Salcionale** oder **Salicete** (Weiden-Pfeiffen) die **Rausch-Pfeiffen**, die **Octaven**, die **Qvinten, Mixturen, Scharffen** (kleine Mixturen von drey Pfeiffen) **Qvintadeen, Zimbeln, Nasat**, die **Terzien, Sesqvialtern, Super-Octaven, Posaunen** im Pedal, nicht im Manual: denn die Posaunen sind ein Rohr-Werck, welches aus dem Manual, bey voller Orgel, ausgeschlossen bleibet; indem es daselbst, wegen der Höhe, zu sehr schnarren würde; da es hergegen, wegen der Tiefe des Klanges, im Pedal prächtig lautet, wenn die Mundstücke, wie billig, gefüttert sind.

§. 77.
Wegen des Wortes **Nasat** habe folgendes zu erinnern. Es ist eine ausgemachte Wahrheit, daß die meisten Verbesserungen der Orgelwercke, was absonderlich die Windladen und Register-Stimmen betrifft, vornehmlich von den Niederländern und Brabandern[27] herrühren, auch daß bey ihnen das Principal der **Vorsatz** oder Prästant, die Mixturen der **Hintersatz**, und die zum vollen Wercke gehörigen Qvint-Stimmen der **Nachsatz** (Nasat) geheissen haben.

§. 78.
Daher muß es einem Sprachkündigen sehr fremd vorkommen, wenn das letztgenannte Orgel-Register, dessen Niederländischer Nahm sich so fein zu den andern Füll-Stimmen und ihrer Benennung reimet, auch der Wirckung und dem Gebrauch einer gedeckten Qvint, sonst **Gems-**

---

27 *vid. Praetor. Organogr.* p. 107, 117, 131.

horn[28] genannt, ein völliges Genüge leistet, von den Herren Frantzosen[29] kurtzum *Nazard*, oder gar *Nasarde* (welches einen Nasenstüber bedeutet) geschrieben wird: indem sie vermeinen, der Klang habe ich weiß nicht was **nöselndes, nieselndes** oder **durch die Nase singendes** an sich.

§. 79.

Sie gründen solchen Wahn hauptsächlich auf die gantz kleine Gestalt einiger zum Nasat gehörigen Pfeiffen; da es doch bekannter maassen **Gemshörner** gibt, nicht nur von anderthalb, sondern von 2, 4, 8, bis 16 Fuß Ton, die wahrlich groß genug an der Pfeiffen-Maasse sind. Zu dem ist das vermeinte **Nöseln** und **Nieseln** eben kein so angenehmes Ding, daß man es in die Orgelwercke zu bringen Ursach hätte. Wir nennen hier in Hamburg **nüsseln** und **nählen**, wenn einer lange suchet oder klaubet, und nicht fortkömmt: weil die Leute dabey gemeiniglich viel schnauben und **puhsten**; aber was hat das mit dem **Nachsatz** zu thun?

§. 80.

Endlich ist auch das Wort *Nazard*, welches eigentlich *Nasillard* heissen sollte, eine sehr niederträchtige[30] Ausdrückung, deren man sich endlich wol im poßirlichen oder kurtzweiligen Styl, nimmer aber in ernsthafften Dingen, vielweniger in Gott-geheiligten Sachen bedienen sollte. So unmöglich es demnach ist, daß *bourdon* von **purten** herkommen kan, so wenig Grund hat es auch, wenn man die Qvelle des Nasats in der Nase suchen will.

§. 81.

Ich habe mich nur zur Probe ein wenig hiebey aufgehalten, um zu zeigen, wie grosse Ursache die Tonkünstler haben, sich vorzusehen, daß sie den Gelehrten keine Gelegenheit zum Spott oder Lachen geben mögen. Wir fahren indessen in unserm Vorhaben fort.

§. 82.

Von der zweiten Gattung unser Orgelzüge auch einige Exempel beizubringen, könnte man, bey Ausführung eines Chorals mit zwey Clavieren und dem Pedal etwa folgende Einrichtung machen:

    Im Wercke die Trommete 16 Fuß, eine Spitzflöte von 8 und eine Octave von 4 Fuß.
    Oder im **Oberwercke** Trommete 8 f. Zincke 8 f. Flöte 4 f. Nasat 3 f. Dazu
    Im **Rück-Positive** das blosse Gedact 8 f. und
    Im **Pedal** Dulcian 16 f. Trommete 8 f. *Sub-Bass* 16 f. Cornet 2 f. Posaune 16 f. und Principal 16 f.

§. 83.

Wollte man mit allen fünf Clavieren, wo ihrer so viel vorhanden sind, etwas ausführen, da die Manuale stuffenweise, eines schwächer als das andre angezogen würden, so könnte man wehlen:

    Im Wercke *Principal* 16, Octave 8, Octave 4, Octave 2, Rauschpfeiffe 2 fach, Mixtur.
    Im **Rückpositive** Principal 8, Qvintadeen 8, Octave 4, Sesqvialtern 2 und etwa ein Qvintflötgen von 1½ f.

---

28 Bey den Gelehrten *Diapente pileata*, deren Pfeiffen oben nur halb so weit, als unten sind.
29 Wie ich schon vor mehr als 20 Jahren beym *Sauveur*, in den *Mem. de l'Acad. Roy. 1702 p. 419* gelesen habe: *la Quarte de Nazard, le double Nazard.*
30 *Un mot ou expression basse, dont on se sert dans le stile comique ou burlesque.* Dict. de Boyer.

In der **Brust** Principal 8, Octave 4, Scharff, welches nicht so vielfach als die Mixtur.
Im **Oberwerck** Principal 8 und Scharff: da ist genug zur vierten Stuffe. Bey allen diesen aber müste man nehmen:
Im **Pedal** Principal 32, Groß-Posaun 32, Principal 16, Posaun 16, Octave 8, Trommet 8, Octave 4, Schallmey 4, Mixtur und Rauschpfeiffe.

§. 84.

Hiernächst klingen auch nicht übel auf einem Clavier zusammen die Rohrflöte 8, Spitzflöte 4, Waldflöte 2 und das **Sifflet** 1 Fuß. Im Pedal schicken sich dazu: Principal 16 allein. Oder, so mans stärcker verlanget, ein Gemshorn von 8 *f.* zur Gesellschaft. Diese Eintheilung ist nach hiesiger Cathrinen-Orgel gemacht.

§. 85.

Es wird hiebey gefraget, ob **Sifflet** und **Spitzflöte** einerley sey? Darauf antworte mit Nein, aus folgenden Ursachen. Erstlich, weil in vielen Orgelwercken Spitzflöten und Sifflet, als | verschiedene Register, auf einem eintzigen Clavier vorkommen[31]. Fürs zweite, weil das Siflet (nicht Ziflit, vielweniger Suifloit, wie es hin und wieder angeschrieben stehet) vom Frantzösischen *Siffler,* auf dem Maule pfeiffen, herkömmt, und nur ein gar schwaches Stimmwerck ist, so gemeiniglich aus einem eintzigen oder anderthalb Fuß Ton, aufs höheste aus 2 Fuß gearbeitet wird, gar nicht spitzig, sondern gleichaus gestaltet ist; daher sie denn auch in etlichen Orgeln mit Recht **Kleinflöte** genennet, und unter die Principal-Stimmen zum vollen Werck mitgerechnet zu werden pfleget, als eine Gattung der **Hohl- und Waldflöten**, dazu auch die so genanten **Nachthörner** gehören.

§. 86.

Hingegen ist die **Spillflöte**, so den Nahmen von **Spill**, *tenuis, subtilis,* hat, oder besser gesagt, die **Spitzflöte** eine Art von **Gemshörnern**[32], nur daß sie im Mundloche weiter, und oben etwas mehr zugespitzet ist, als diese. Ihre Cörper sind also nicht von einer gleichen Weite, wie die Pfeifflein des **Sifflets**.

§. 87.

Einige vermischen die **Spitzflöten** mit den **Block- Pflock- Flach-** oder **Plock-Flöten**. Des Klanges halber ginge es schon einiger maassen an: weil die Spitzflöten, wenn sie etwas weiter gemacht werden, als die Gemshörner, fast eben so stumpf lauten, als die **Plock-Flöten**. Es haben aber die Spitzflöten gemeiniglich 8 oder 4 Fuß Ton, selten 2 wie die Plockflöten; niemahls weniger.

§. 88.

Zu eintzeln Melodien auf einem besondern Orgel-Clavier bedienet man sich mit guter Art eines Stimmwercks, welches **Viola da Gamba** heisset; oder eines achtfüßigen Principals mit einem Cornet; oder einer so genannten **Qveerflöte**; oder eines achtfüßigen Gedacts mit einer zweifüßigen Waldflöte; oder einer Trommete 8 Fuß; oder eines **Clairon**[33] von 4; oder auch der *vocis*

---

31 Vid. *Praetor. Organogr. p. 174, 178 col. 1, 2. Anhang zur Niedtischen Handleitung p. 160 col. 1, p. 166 col. 1, 2, 3, p. 173 col I, p. 177 col. 1, p. 178 col. 1, 2, 3.*
32 Gemshörner sind unten weit und oben spitz. Nachthörner hergegen, oder Hohl-Flöten haben durchaus einerley, und zwar ziemliche Weite, und ein enges Labium.
33 *Cleron* pro *Clairon, petite Trompette d'Orgues.*

humanae, welches ein feines Rohrwerck ist. Im Pedal kan es ein Principal von 16 Fuß bestellen. Will mans aber stärcker haben, mag ein **Violone** von 16 und ein Nachthorn von 4 die Stelle des Basses vertreten.

§. 89.

Das Wort **Violone** schreiben die Orgelmacher auch unrecht, **Violon**. Sie bemercken oder wissen nicht, daß der blosse Zusatz eines eintzigen Buchstabs, e, aus einer Dicant-Geige eine Baß-Geige machen kan. **Violon** ist Frantzösisch, und heisset eine Discant-Geige; **Violone** aber ist Welsch, und heisset eine Baß-Geige.

§. 90.

Wer endlich von der sinnlichen Untersuchung und Probe eines Orgelwercks, d. i. von dem *examine* desselben, und den vielen dahin gehörigen Dingen einen völligern Unterricht haben will, als unsre Kürtze diesesmahl erlaubet, dem schlagen wir zum Lesen vor: J. Phil. **Bendelers**, *Organopoeiam, Ao.* 1690 zu Merseburg gedruckt, 4; *M. Praetorii* offterwehnte *Organographiam;* Andr. **Werckmeisters** zweimahl aufgelegte Orgel-Probe, letztens 1698 zu Qvedlinburg 4; Casp. Ernst *Carutii* zu Cüstrin 1683 herausgegebenes *Examen Organi pneumatici*. Er war Churfürstl. Brandenburgischer Kellermeister und Organist in Cüstrin: welches deswegen erinnere, weil seiner so wenig, als des folgenden, im waltherschen Wörterbuche gedacht wird. Dav. **Schmidts** Preußische Orgel-Königin, welche ich nur im *MS*. besitze, ohne daß ich sagen könnte, ob das Buch gedruckt sey oder nicht. Es wird aber darin absonderlich von den Mängeln und Gebrechen der Orgeln, ingleichen von deren Verbesserungen (als den im Anfange dieses Hauptstückes §. 8 vorgeschlagenen beiden wichtigen Puncten *No.* 3 & 4) mit ungemeinem Nachdruck gehandelt etc.

§. 91.

Weil auch die besagten Orts verzeichnete übrige 4 Artickel *No.* 5, 6, 7 und 8 mehr den Spieler, als die Instrumente selbst betreffen, so wollen wir sie im folgenden Haupt-Stücke kürtzlich betrachten, und einen kleinen Vorschmack davon geben. Ein ieder thue, nach seiner Art, Erfahrung, und mit seinem liebsten Instrument auch einen solchen Versuch. Mir mag diese Anzeige der nothwendigsten Stücke desjenigen Werckzeuges, so fast alle andre in sich begrifft, diesesmahl genug seyn.

Fünf und zwantzigstes Hauptstück.
Von der Spiel-Kunst.

§. 1.

Die Wissenschafft und Kunst auf Instrumenten wol zu spielen, gewisse Grundsätze und Regeln, die alle mit der gantzen Tonlehre aus einer Haupt-Qvelle flicssen, davon zu geben; vornehmlich aber etwas geschicktes darauf zu setzen, nennet man *Organicam*, insgemein die Instrumental-Musik: weil sie mit äusserlichen Werckzeugen zu thun hat, und auf selbigen die menschliche Stimme so nachzuahmen suchet, **daß alles gebührlich klinge und singe**.

§. 2.

Es folget demnach, als eine unumstoßliche und allererste Wahrheit in diesem Stücke, daß auch derjenige, der etwas rechtes auf Instrumenten setzen oder spielen will, nothwendig die Singekunst aus dem Grunde **verstehen**, und also fast mehr **wissen** müsse, als ein blosser Sänger. Seines eigentlichen **Thuns** halber aber darff er deswegen eben kein Vocalist seyn: maassen die Gabe einer schönen Stimme nicht einem ieden mitgetheilet ist.

§. 3.

Daher es denn auch kömmt, daß sich weit mehr Leute auf die Spiel- als auf die Sing-Kunst legen. Es sind z. E. hier in Hamburg wol hundert Instrumentalisten gegen zehn Sänger anzutreffen. So wird es wol aller Orten beschaffen seyn.

§. 4.

Hiernächst muß ein Organicus sich auf ein eintziges Haupt-Instrument vor allen andern mit Fleiß und Ernst legen; ohne zu wähnen, er könne auf einem ieden Instrumente im gleichen Grade ein Meister seyn oder werden. Aus solchen Wahn entstehet anders nichts, als daß man von allen etwas, überhaupt aber nichts rechtes zu leisten vermag.

§. 5.

Wiederum muß sich auch niemand, absonderlich von denen, die da componiren wollen, so starck und besonders eines eintzigen Instruments befleißigen, daß er darüber aller andern gar vergessen sollte; er muß wenigstens von einem ieden gebräuchlichen Instrumente so viel Kentniß haben, daß er unterscheiden könne

    I   Ihre **Stärcke**.
   II   Ihren **Sprengel oder Umfang**.
  III   Ihren **Styl oder ihre Spiel-Art**, und
  IV   Ihren **Nutzen**.

§. 6.

Wenn iemand z. E. eine Viola da Gamba mit Trompeten und Paucken streiten lassen, oder den Oboe ins *g* herunter weisen; oder den *Chalumeau* als ein Waldhorn hantieren; oder die Flöten weit häuffiger, als die Violinen brauchen wollte, der würde, wenn er gleich sonst das schönste Clavier spielte, dennoch Gelegenheit zu lachen geben. Es darff niemand gedencken, daß nicht Leute genug zu finden, die wol noch thörichter verfahren würden, wenn es nicht, aus lauter eingeführter Gewohnheit, nachbliebe. **Stax**[1] gibt uns dessen eine Probe. Aber die Gewohnheit ist keine Kunstform, und hat keine Grundsätze, die einem beizubringen, oder woraus solche Schlüsse zu ziehen wären, welche zur überzeugenden Einsicht führen könnten.

§. 7.

Hiebey fällt mir die Frage ein: warum denn doch die guten Zincken und Posaunen, welche vormahls geschwistert waren, und bey den Herren Kunstpfeiffern sowol, als bey den Setzern, wie erste Springfedern, in Ansehen stunden, anitzo so gantz und gar aus den Kirchen, wenigstens aus den hiesigen, verwiesen zu seyn scheinen, als ob sie für unfähig erkläret worden wären? Da doch

---

[1] *p. 62* des critischen Mus.

das eine Instrument, bey aller seiner Härte, sehr durchdringend ist; das andre aber überaus prächtig tönet, und eine grosse Kirche trefflich füllet. Wems beliebt, der beantworte die Frage.

§. 8.

Da nun einem ieden Virtuosen übergelassen wird, sein eignes Leib-Instrument zu untersuchen und zu beschreiben, wollen wir doch demselben, wie im vorhergehenden Hauptstücke von der äusser|lichen Beschaffenheit geschehen, auch alhier ein kleines Vorbild oder Muster an eben diesem vornehmsten Instrument von dessen Gebrauch ertheilen, und zwar erstlich von der **Stärcke** einer Orgel; zweitens von ihrem **Sprengel**; drittens von der Art und Weise sie zu **bespielen**; viertens von ihrem **Nutzen**; fünftens aber, als in einer Zugabe, von den bekanntesten und besten Meistern oder Organödis unsrer Zeiten auf das kürtzeste handeln. Es wird hernach ein leichtes seyn, diese und unsre andre Vorträge, weiter auszuarbeiten.

§. 9.

Was demnach erstlich die **Stärcke** einer grossen Orgel betrifft, so dürffte ihr wol keines von allen Instrumenten in der Welt darin zu vergleichen seyn. Sie hat fast alle Arten andrer Instrumente, ja die Menschen-Stimme selbst, mit ziemlich genauer Nachahmung, aufzuweisen.

§. 10.

Ein Organist aber muß sich dieser Stärcke seines Instruments mit desto grösserer Bescheidenheit gebrauchen, ie mehr er Gelegenheit hat, solche wol anzuwenden. Er wird demnach dahin sehen, daß er, bey Aufführung der Musiken, sich nach der Anzahl der Singestimmen und ihrer Begleitung so richte, damit sein Spielen keines Weges über jene hervorrage, sondern vornehmlich die Sänger iederzeit die Oberhand behalten.

§. 11.

Hat er hergegen ein Stück von zween oder dreien Chören vor sich, und seine Part führet die Aufschrifft: *Organo maggiore*, so mag er das volle Werck dazu anziehen. Wiewol es nicht anders seyn kan, es muß ihm sodann der Tact von einem besondern Dirigenten vorgeschlagen werden. Das darff er sich nicht zuwider seyn lassen.

§. 12.

Hier kömmt es genau auf ein richtiges musikalisches Gehör und eine gesunde Urtheils-Krafft an, daß man mit der Orgel nicht hintanschleppe, noch voraustrabe. Dem ersten Fehler sind die meisten alten Organisten unterworffen; dem andern aber diejenigen Clavieristen, die noch jung und feurig sind. Mit den Jahren wird alles träger, so in diesen, als in andern Stücken.

§. 13.

Soll die Orgel mit der Gemeine eingespielet werden, so ist ein grosser Unterschied zu machen, ob diese letzte starck oder schwach, ob sie schon gantz, oder etwa nur auf die Helffte, oder kaum ein Viertel davon versammlet ist. Denn, nachdem die Zuhörer sich nach gerade einfinden, muß auch die Orgel angezogen werden; und wie sie allgemach wieder davon gehen, sollen auch die Stimmen des Wercks sich vermindern.

§. 14.

Doch muß es allemahl so eingerichtet werden, daß die Orgel in diesem Fall herrsche, und den schreienden Laien[2] im Ton (ich mag nicht sagen im Zaum) halte; welches gerade das Gegenspiel dessen ist, so bey einer förmlichen Musik zu beobachten vorfällt. Hier ist die Orgel dem musikalischen Chor unterworffen; dort muß sich die Gemeine nach der Orgel richten, und von derselben regieren oder bemeistern lassen. Denn es ist nichts schändlichers noch ärgerlichers, als wenn die Stimmen der Gemeine sich herunter ziehen, bevorab im Winter und bey trübem Wetter, und eine schwache Orgel nicht vermögend ist, das Gleichgewicht zu halten.

§. 15.

Endlich stehet auch, wegen der **Stärcke**, die zuweilen den Organisten selbst übertäubet, annoch zu bemerken, daß es fast nöthig scheinet, einen Vorsänger, oder dergleichen iemand bey sich auf der Orgel zu haben, der auf das Singen der Gemeine, wie sie einhält und fortfähret, sonderlich Acht gebe, und dem Organisten dahin behülfflich sey, daß er mit jener in gleichen Schritten gehe. Wie offt es hierunter versehen, oder vielmehr verhöret wird, kan nicht unbekant seyn.

§. 16.

Der Bezirck oder Umfang eines Orgel-Claviers kömmt sonst mit dem gewöhnlichen Clavicimbel auf der sichtbaren Grifftafel überein, oder es sollte doch wenigstens so seyn. Derowegen es denn kein geringer Fehler ist, wie bereits erwehnet worden, wenn einige Orgeln die sogenannten kurtzen Octaven haben; in andern aber, auch wol in einem unlängst mit grossem Geschrey erbaueten Wercke das *Cis* und *Dis* sowol im Pedal, als Manual, gar umsonst gesucht werden.

§. 17.

Da hilfft nun die Entschuldigung, wegen Ersparung der Kosten, nicht das geringste: in|dem weit mehr, als selbige diesen Falls austragen können, an unnützen Kinderspiel und todten Figuren verwendet worden. Das heißt Orgel bauen, nicht für die Ohren, sondern für die Augen. Als wenn man einem Menschen die Miltz oder Leber abbrechen, und dafür zwo Nasen geben wollte. Dieses erinnere hier bey Gelegenheit, weils im vorigen Hauptstück, dahin es eigentlich gehöret, vergessen worden.

§. 18.

Wie nun die Orgel das stärckeste Instrument ist, so hat sie auch den weitesten, **innerlichen** Ton-Umfang und Bezirck. Denn derselbe erstreckt sich nicht nur in der Höhe drey gantzer Octaven weiter, sondern auf eine wundersame Weise, mit den zwey und dreißigfüßigen Bässen, auf zwo Octaven tiefer, als das gewöhnliche Clavicimbel, und enthält also am Klange gantzer neun Octaven, mit allen ihren Eintheilungen. Das sind 108 verschiedene Klang-Stuffen.

§. 19.

Was nun für erstaunenswerthe Sachen hierauf hervorgebracht werden mögen, kan einer leicht ermessen, der nur weiß, was ein Künstler im Spielen schon auf drey Octaven (z. E. auf der Geige) zu bewerckstelligen vermag. Hier hat er auf der Orgel die stärckste Vollstimmigkeit; die beiden Hände in gleicher Arbeit; beide geschäfftige Füsse daneben; und die Koppel (*copula*) verschiedener Claviere noch dazu zum Beistande, dadurch die Manual-Stimmen auch im Pedal zugleich mitgehöret, oder zwey Manual-Griff-Tafeln so mit einander verbunden werden, daß, wenn man eines bespielt, das andre sich zugleich mit beweget, und die angezogene Stimmen hören läßt.

---

2 *Laicum clamantem* nannten es die Alten, und setzten ihm entgegen *Clerum sonantem*.

§. 20.
Nun kommen wir, drittens, **zu dem Styl**, oder zu derjenigen Art und Weise, in welchem, oder mit welcher eine Orgel bespielet und gehandhabet seyn will: welches der grösseste und erheblichste Punct ist. Dieser Styl kan wol keine **Schreibart**, sondern muß nothwendig eine **Spielart** heissen: es wäre denn, daß man die gespielte oder zu spielende Sachen alle aufschriebe.

§. 21.
Da findet man nun, wenn der General-Baß, dessen Wissenschafft einem ieden Clavicimbalisten und Organisten wesentlich seyn muß, diesesmahl nicht mitgerechnet wird, vornehmlich vier Stücke: das Präludiren oder **Vorspiel**; das Fugiren oder **Fugenspiel**; die Choral, oder das **Liederspiel**, und endlich das eigentliche Fantasiren, oder **Nachspiel**.

§. 22.
Was das erste anlanget, so haben alle Vorspiele auf der Orgel einen dreifachen Nutzen, welchen wol kaum drey Organisten, von denen die ich kenne, mögen recht eingesehen und systematisch oder deutlich begriffen haben. Daß die Zuhörer, zu der folgenden Haupt-Materie, oder zum angesetzten Choral-Gesange vorbereitet werden mögen, solches ist unstritig der vornehmste Nutz des Präludirens, welches immer nachdrücklich, iedoch mehr kurtz, als lang seyn soll.

§. 23.
Der zweite Nutz bestehet darin, daß die Zeit, so zum Gottesdienst gewidmet ist, genau ab- und eingetheilet werde, da z. E. bey kurtzen Gesängen ein etwas längers; bey langen hingegen ein desto kürtzeres Vorspiel angebracht werden muß. Dadurch geschiehet es, daß die zum Singen der Gemeine bestimmte gantze oder halbe Stunde weder einer Verkürtzung, noch Verlängerung unterworfen, sondern alles, nach dem Ausspruch Pauli *1. Cor. XIV, 40* in gute Ordnung gestellet wird.

§. 24.
Der dritte Nutz des Vorspielens ist, daß man von einer bisweilen gantz-entgegen stehenden Tonart des vorhergehenden Gesanges oder Stückes, mit guter Geschicklichkeit, und gleichsam unvermerckter Weise in die andre gelange. Und ob es gleich bey heutigen lüsternen Ohren nichts neues ist, daß z. E. ein Recitativ im *G* dur schliesset, und gleich darauf eine Arie im *A* moll anhebet; (welches offtmahls zur Erweckung mehrer Aufmercksamkeit seine gute Ursachen haben mag); so gehet doch solches mit einer unmusikalischen Gemeine nicht an: braucht dannenhero einer guten Vermittelung, nehmlich eines darauf gerichteten Vorspiels.

§. 25.
Soll nun der ersten Absicht ein Genüge geschehen, so müssen die Präludien (worunter aber eigentlich weder Fugen, noch *variirte* Sachen, obwol kleine Sonaten oder Sonatinen gehören) so eingerichtet werden, daß sie auf den Haupt-Inhalt der folgenden Kirchen-Stücke oder Choräle zielen. Das ist zu sagen, die aus freiem Sinn herfliessende kurtze Vorspiele müssen eben diejenige Leidenschafft durch den figürlichen Klang auszudrucken trachten, welcher in den Worten des zu musicirenden Stückes, oder von der Gemeine anzustimmenden Kirchenliedes angedeutet wird.

§. 26.
Weil es denn solcher Kirchenstücke und Gesänge viele gibt, die gar verschiedene Gemüths-Bewegungen in sich fassen, als da sind: erhabne Freude, stille Zufriedenheit, unverstellte Demuth,

rührende Wehmuth, tiefe Reue, herbes Leid, hefftige Sehnsucht, dringendes Verlangen; festes Vertrauen, ungestörte Andacht, siegende Großmuth, billige Verachtung, heiliges Trotzen etc. welche sich aber auf zwo allgemeine Haupt-Neigungen, als Arten auf ihre Geschlechter, durch unterschiedene Stuffen einiger maassen beziehen: So hat ein kluger Spieler dahin zu sehen, daß er den vorhabenden Affect wol kenne, sich denselben im Vorspielen fest eindrücke, und seine Einfälle so darnach regiere, daß er die Zuhörer nicht zum Weinen einlade, wenn sie freudig seyn sollen; noch iemand zum Lachen bewege, dessen Hertz vielmehr eine Zerknirschung erfordert. Die Exempel liegen leider! in Menge davon zu Tage, ohne daß es fast iemand merckt: da mancher Organist, der seine Einbildungs-Krafft niemahls sonderlich beschweret, immer getrost und beständig dasjenige daher spielt, was er von Jugend auf auswendig gelernet hat; es reime sich, oder nicht.

§. 27.

Eine gute hiehergehörige Anzeige ist es auch, daß, wenn zween oder mehr Lieder-Texte einerley Melodie führen, ob sie gleich, dem Inhalt nach, wie Winter und Sommer unterschieden sind, wovon zu unsrer Verkleinerung gar zu viele Proben gegeben werden können; alsdenn auch diejenigen zu kurtz kommen, welche sich so weit versteigen dürffen, daß sie zu ieder Choral-Melodie ein eigenes Vorspiel studiret haben. Denn hier muß grosse Vorsichtigkeit und Bescheidenheit gebraucht werden. Hans von einer Weise muß Urlaub haben.

§. 28.

Ob man nun zwar solche Sangweisen, an und für sich selbst, schon so herausbringen kan, daß ein handgreiflicher Unterschied in der melodischen Führung verspüret werde; so kömmt es doch alhier hauptsächlich auf das Präludiren, als auf eine Vorbereitung an, weil die Hände dabey freier sind, und sich der Verstand besser gebrauchen läßt. Die Hertzen der Zuhörer werden desto geschickter, die abzusingenden Worte mit Nachdencken und Empfindung herauszubringen.

§. 29.

Diejenigen Organisten, welche beständig- oder vielmehr verständig-gesinnte Musici sind, lassen sich dieses von ihrem Fleisse nicht abschrecken, wenn sie eine solche grosse Menge Lieder nach einer eintzigen Melodie spielen müssen; sondern sie trachten, so viel möglich, darnach, wenn auch alle Lieder nur einerley Sangweise hätten, daß sie dieselbe stets mit neuen Erfindungen in andere Formen giessen, und zu einer ieden Gemüths-Bewegung gerecht machen. Es wäre inzwischen billig und recht, wenn nach dem Beispiele, so uns **Luther** gegeben hat, iedes Lied seine eigene, besondere Melodie hätte: könte es gleich nicht an den alten geschehen; mögte es doch bey den neuern nicht unterlassen werden.

§. 30.

Unter den bekanntesten sind die Gesänge: **Ach wie elend ist unsre Zeit!** und: **Es ist das Heil uns kommen her** etc. so beschaffen, daß das erste ein Jammer- das andre aber ein Freuden-Lied abgibt, und doch einerley Melodie haben. **Ich komm itzt, als ein armer Gast** etc. und: **Nun freut euch, lieben Christen gemein** etc. sind in eben demselben Zustande. Was für wiedrige und einander entgegenlauffende Leidenschafften wol unter den 21 Gesängen, die zu der eintzigen Melodie gehören: **Ach was soll ich Sünder machen** etc. unter den 24 auf die Melodie: **Hertzlich thut mich verlangen** etc. und unter den 55 auf die Melodie: **O GOtt, du frommer GOtt!** anzutreffen seyn mögen, will ich guter Ursachen halben diesesmahl nicht untersuchen.

§. 31.

Die zwote Absicht des Präludirens kömmt in so weit zwar auf die Bescheidenheit der Organisten an, und sind keine andern Regeln davon zu geben, als die uns bereits überhaupt in der melodischen Wissenschafft vorgeschrieben worden. Wer aber die **Zeit** seines Vorspieles genau einrichten will, muß gewiß seiner Einfälle alle Augenblick Meister, und was er spielt, muß nicht geborget, sondern dergestalt sein Eigenthum seyn, daß er demselben befehlen kan. Uiberhaupt leidet die Kirche im Vorspiel bey weitem nicht soviel Umschweifes und Ausdehnung, als im Nachspiel. Wie denn auch von ie her die künstlichsten Organisten ihre besten Einfälle zum sogenannten Ausgange aufzuheben pflegen. Es ist aber solches Nachspiel sonst nirgends gebräuchlich, als in der Kirche, und können dahero die Anmerckungen, so wir weiter unten darüber machen werden, auch insgemein zu allem Präludiren, nach bewandten Umständen, gute Dienste thun: es sey auf Clavicimbeln oder Orgeln.

§. 32.

Bey der dritten Absicht, aus einem Ton in den andern zu kommen, weiß ich kein beqvemeres Hülffs-Mittel vorzuschlagen, als den in der kleinen General-Baß-Schule *p. 130* mitgetheilten Circkel und die dabey befindlichen Anmerckungen. Wer Lust hat, schlage das Buch nach, und erhole sich Raths daraus. Ohne Lesen ist nichts zu lernen. So viel vom **Vorspiel.** Ein mehrers beym **Nachspiel.**

§. 33.

Was das **Fugenspiel** betrifft, ist solches zweierley. Eine Art der Fugen gehört zur wircklichen Ausführung der Choräle, und da werden die Fugensätze aus der Melodie der Gesänge selbst genommen. Die andre beziehet sich auf das Vor- und Nachspiel, als ein Theil oder eine Folge desselben: und da nimmt oder macht man sich die Themata nach Gefallen; richtet sie so ein, daß sie mit dem Inhalt der Worte und des Vortrages, der vorhergegangen oder folgen soll, übereinkommen; führet sie nach den Regeln, die oben im zwantzigsten Hauptstücke enthalten, richtig und künstlich aus: macht es iedoch mit ihrer Länge so, daß kein Eckel entstehe.

§. 34.

Die Wissenschafft und Fähigkeit, eine Fuge nach vorgeschriebenem *themate*, alsobald, stehenden Fusses, oder (wie man redet) *ex tempore* durchzuarbeiten, ist einem Organisten so nöthig, daß billig keiner, weder hiesiger Orten, noch anderswo angenommen werden sollte, der nicht sowol in den übrigen Artikeln, als vornehmlich in diesem, ein untadeliches Schulrecht abgeleget hätte. Wer kehrt sich aber dran? Wer folget dergleichem Anrathen?

§. 35.

Wie schlecht inzwischen die Anwärter eines Dienstes in der Fugenkunst bestehen, solches lehret die Erfahrung bey Organisten-Wahlen zum Uiberfluß. Woher kömmt das? Daher: Sie haben niemahls einen Fugen-Satz recht tüchtig zu Papier bringen, noch dessen Wiederschlag ordentlicher Weise anzustellen, vielweniger mit Bedacht schrifftlich auszuarbeiten gelernet: wie wollen sie es denn aus dem Stegreiff und ohne Bedenckzeit thun? Es gehöret ein Nachsinnen, ein *Studium* dazu: Das stehet den wenigsten an. Sie dencken, und scheuen sich auch nicht, zu sagen: **Wenn wir nur erst zum Dienste gelangen, so soll sichs wol geben.** Ja, hinter sich, wie die Bauren die Spiesse tragen. Hänsgen muß es lernen; Hans kans nicht.

§. 36.

Neulich schrieb einer von obigem Gelichter folgendes an mich: „Ich bin Organist alhier in der grossen Kirche geworden, und habe herrliche Gelegenheit die Kunst fortzusetzen, wenn ich nur das Glück hätte, von meinem Hochgeehrten Herrn **noch ein wenig Unterricht**[3] zu erlangen, der ich sehr begierig bin, den rechten ausführlichen Grund einer Fuge, wie man das *contrathema* sicher dazu machen, und wie man es vertheilen und ausführen kan, zu wissen. Ich kans wol thun; aber alles ohne Sicherheit; alles durchs Gehör; ohne rechten Grund" etc.

§. 37.

Der dritte Punct, nehmlich das Choral-Spielen, ist der **nöthigste** von allen. Und weil die Fugen ein gutes Antheil daran haben, wie §. 33 erwehnet worden, erfolget auch daraus die Nothwendigkeit derselben, andrer Umstände und Bewegungs-Gründe zu geschweigen. Wie nun aber ein Bitt- Buß- und Klagelied mit der Orgel auf unterschiedene Weise könne durchgeführt, und mit Veränderungen versehen werden, solches lehren uns folgende sehr gute[4] Anmerckungen.

§. 38.

„**Erstlich** können eines Bitt- Buß- und Klag-Liedes kurtze Themata auf rechte Fugen-Art *simpliciter* und langsam, eines nach dem andern, iedoch mit untermengten Ligaturen kurtz durch tractiret werden. **Zum andern** brauchet man des Liedes *cantum firmum* im Pedal, und arbeitet im Manual darüber mit fast lauter Syncopationen oder Ligaturen: also, daß die gantze Harmonie vierstimmig klingt.

§. 39.

Drittens spielet man den simplen Choral mit der lincken Hand; und dazu mit der rechten entweder auf selbigem, oder auf einem andern Clavier, zwostimmige *modulationes* mit Ligaturen und etlichen kurtzen Tiraten und Groppi vermenget, also, daß ein Trio, oder dreistimmige Harmo|nie nie gehöret werde. **Viertens** werden zum Baß im Pedal mit der lincken Hand im Tenor des Manual-Claviers der simple Choral, und auf einem andern Clavier einstimmig, langsame *doubles*, mit untermengten Ligaturen und etlichen kurtzen Tiraten und Groppi gemacht, so daß ein *Trio* oder dreistimmiger *concentus* gehöret werde.

§. 40.

Fünfftens macht man ein *Lamento* mit etwas *doucen* Stimm-Registern, darauf der simple Choral gespielet wird. **Sechstens** läßt man im zwostimmigen *concentu* den simplen Choral mit der lincken Hand im Baß auf einem Clavier; und dagegen die *Double* oder Variation auf dem andern Clavier, mit der rechten Hand syncopirend und *adagio* hören. **Siebendes** so auch umgekehrt, da der Choral mit der rechten und die *Double* syncopirend mit der lincken hervorgebracht wird.

---

[3] Es hatte dieser Mensch vieles von mir, aus mündlicher Unterredung, lauter umsonst erschnappet; da ihm aber, auf sein schrifftliches Ansuchen der Kern melodischer Wissenschafft und in demselben das ausführliche achte Capitel angepriesen ward, wollte der Organist in der grossen Kirche seinen halben Thaler nicht daran wenden.

[4] Diese Anmerckungen rühren von dem Herrn **Christoph Raupach**, berühmten Organisten in Stralsund her, und ich habe sie hier Wort vor Wort, nach seinem eigenhändigen Aufsatz, eingeschaltet. Sie reichen vom 38 §. bis an den 46 *inclusive*.

§. 41.

Nun folget, wie ein Freuden- Trost- und Trotz-Lied auf der Orgel, auf unterschiedene Art könne tractiret und variirt werden. **Erstlich** wird mit einem starck-lautenden Register-Zuge oder im vollen Werck eine freudig-klingende Symphonia oder Sonatina, oder, wo so viel Zeit vorhanden, eine grosse Sonata, worin eine Fuge entweder mit, oder ohne *contrasubjecto* sich befindet, gespielet, und darnach der simple Choral zum Schluß in vierstimmiger Harmonie mit angehänget. **Zweitens** werden, mit einem starcken Registerzug und in vierstimmiger Harmonie, die kurtzen Themata eines solchen Liedes zu kleinen Fugen gemacht, *allegro* kurtz durch variirt, und mit etlichen Syncopationen, eine nach der andern, durch tractirt.

§. 42.

Drittens wird der *Cantus firmus* mit der rechten Hand auf einem Clavier, und eine hurtige Variation oder *Double* auf dem andern Clavier mit der lincken Hand dagegen auf dem andern Clavier im Baß, theils mit, theils ohne Ligaturen gemacht, in zwostimmiger Harmonie. **Viertens** wird *Cantus firmus pro fundamento* mit der lincken auf einem Clavier, und der passagirende *Contrapunctus floridus*, oder die *Double*, auf dem andern Clavier mit der rechten Hand gespielet, und dieses theils mit, theils ohne Ligaturen in zwostimmiger Harmonie.

§. 43.

Fünfftens wird der *Cantus firmus pro fundamento* im Pedal genommen, und auf einem Manual-Clavier dagegen mit beiden Händen eine zwostimmige *Variation* gemacht, so daß zusammen eine dreistimmige Harmonie gehöret werde, theils mit, theils ohne Ligaturen. **Sechstens** wird auf einem Clavier der *Cantus firmus* zum Baß im Pedal, und dagegen eine Variation auf dem andern Clavier mit der lincken Hand theils mit, theils ohne Ligaturen, in dreistimmiger Harmonie gemacht.

§. 44.

Siebendens wird zum Baß im Pedal der *cantus firmus* auf einem Clavier mit der lincken Hand, als eine Mittelstimme im Tenor gespielt, und dagegen mit der rechten auf dem andern Clavier, unterweilen mit, und ohne Ligaturen, eine Variation oder *Double* gemacht. **Achtens** werden *alternativement* zwey starck-registrirte Claviere zum Pedal gebraucht, also daß anfangs auf dem ersten Clavier der Affect der Worte, im ersten Choral-Melodie-Satz, kürtzlich mit gantz absonderlicher *Fantaisie* oder *invention exprim*irt wird, und bald darauf der erste simple Satz der Choral-Melodie auf dem andern Clavier sich hören läßt, bey welchem simplen Satz alsdenn das Pedal mit einstimmet.

§. 45.

Und so wird es auch gemacht mit den folgenden Sätzen der Choral-Melodie, welcher allemahl eine kurtze *allusion* auf die Worte mit dem ersten Clavier vorgehet. *NB.* Mit allen Liedern läßt sich solches nicht durchgehends *practisi*ren, weil die Worte erst in der andern oder dritten Reim-Zeile ihren *sensum* schliessen: in welchem Fall man die zween oder drey Sätze der Choral-Melodie *simpliciter*, bald nach einander, anbringen muß.

§. 46.

Neuntens wird mit der rechten Hand auf einem rechten Clavier und dem Pedal eine Variation oder *Double* gemacht, über den simplen Choral, welchen die lincke Hand auf dem andern

Clavier im Tenor hat: also daß eine dreistimmige Harmonie gehöret wird. **Zehntens** so auch umgekehrt, da die rechte Hand auf einem Clavier den *Cantum firmum* spielet, und dabey die lincke Hand auf dem andern Clavier, samt dem Pedal, eine Variation oder *Double* machen." So weit reichen diese Anmerckungen, darin ich nichts geändert, sondern sie, wie sie hier stehen, der Vergessenheit zu entreissen würdig geschätzt, auch zu unserm Zweck dienlich erachtet habe.

§. 47.

Johann **Pachhelbels**[5] **Choräle zum prämbuliren**, deren 8 an der Zahl in nettem Kupffer, ohne Jahr und Ort, doch vermuthlich vor 1693 zu Nürnberg herausgekommen sind, können gute Dienste hiebey leisten, als unverwerffliche Muster. Das Exemplar, so ich davon besitze, führet in Druckschrifft diesen Titel: **Erster Theil etlicher Choräle, welche bey währendem Gottesdienste zum *praeambuli*ren gebraucht werden können, gesetzet, und den Clavierliebenden zum besten herausgegeben von Johann Pachelbel**, *Praedic. Organista*, **in Erfurdt**. Diese letzte Worte des Titels, nächst welchen noch eine Anrede an den Music-liebenden Leser folget, machen mich glauben, entweder daß das Werck vor 1693, da Pachhelbel noch Organist in Erfurt gewesen, welchen Dienst er 1690 verlassen, verfertiget worden; oder daß es auch, nach der Zeit, mit einem neuen Titel Blat beklebet worden. Wem daran gelegen, der mag es untersuchen. So viel mir daran liegt, habe ich es fleißig gethan, und die Personalien des ehrlichen **Pachhelbels** sind umständlich in meinen Händen. Ich schätze des Mannes Arbeit hoch, und wünschte mehr davon.

§. 48.

Keinen bessern und glücklichern Nachahmer des erwehnten berühmten Organistens wüste ich zu nennen, als den woledlen und wolgelahrten, aber am Fleisse unvergleichlichen J. G. **Walthern**, welcher mit Recht der zweite, wo nicht an Kunst der erste **Pachhelbel**, so wie *Lutherus ante Lutherum*, genennet werden mag. Das sage ich wahrhafftig ohne Schmeicheley: denn ich schmeichle ihm auch sonst nicht, wo es die Wahrheit betrifft. Es hat dieser **Walther** mir Sachen von seiner Choral-Arbeit zugeschickt, die an Nettigkeit alles übertreffen, was ich iemahls gehört und gesehen habe. Ich habe aber viel gehört und noch mehr gesehen.

§. 49.

Es finden sich in diesen **Waltherischen** geschriebenen Sachen noch verschiedene andre Erfindungen, einen Choral durchzuführen, als die in den Raupachischen Anmerckungen stehen. Unter andern ist auf das Lied: **Ach GOtt und Herr** etc. eine *Fuga in conseguenza, nella quale il conseguente segue la Guida per una Diapente grave sopra'l Soggetto, doppo una Pausa di Semiminima*. Ich mag nicht weitläuffiger seyn; aber es wäre ein ziemliches Buch von **Walthers**[6] Verdiensten zu schreiben. Ein blosser Jurist würde es nicht achten; doch kenne ich Rechtsgelehrte, die Tonkünstler sind. Ein Theologus, insgemein genommen, sieht gantz gleichgültig dabey aus; aber einige lieben es, unwissend warum. Ein Artzt sollte billig diese Künste schätzen: denn sie lauffen in die Natur, in sein *Forum*; und man findet noch wol die meisten Kenner unter den *Medicis*. Genug!

---

5 Warum aus diesem **Pachhelbel** im waltherischen Lexico zween Artickel, und dem Ansehen nach zwo Personen gemacht werden, deren Sterbens-Tage unterschieden sind, weiß ich nicht: indem nur einer des Nahmens, als ein berühmter Organist, bekannt ist, der 1653 den 1 *Sept.* in Nürnberg geboren und den 3 Märtz 1706 daselbst gestorben ist.
6 Ich besitze einige Choräle von ihm in der Handschrifft, die nicht nur auf **Pachhelbels** Art, sondern nach einiger Erfindung ausgearbeitet sind: und zwar vortrefflich reinlich, gründlich, künstlich.

§. 50.
Es war ein Mann zu Calw, im Wirtenbergischen, der nachdem besser befördert worden ist. **Johann Kurtz**, damahliger Organist und *Rector Musices* daselbst, wie er sich schreibt, hat mir seine *Classem primam Musices,* oder **nöthige Grundlegung zur Tractirung des Chorals und dessen Variation etc etc.** vor einigen Jahren zur Besichtigung eingesandt. Ich habe auch das Wercklein gut beschaffen gefunden, und es mit einer Ode versehen, die man mir erlauben wird, hieherzusetzen, weil ich fast in zweyen Jahren von dem ehrlichen Verfasser nichts vernommen, und besorgen muß, daß seine Arbeit etwa ins Stecken gerathen sey: da ichs doch besser wünsche und hoffe.

§. 51.
Ode auf Herrn Johann Kurtz über sein Werck von Variirung des Chorals.

Alle Menschen, die man rühmt,
Finden sich betrogen:
Wird es noch so sehr verblümt,
Ist es doch erlogen.
Alle Lober sind Betrieger,
Wenn man **Luthers** Worten glaubt. (*T. IV. Ps. v.*)
Und doch liebt man den Besieger, (*c. f.*)
Der die Ehre küssend raubt.

Kurtz, dir hat des Höchsten Hand
Ein Geschenck verliehen,
Das du hier wol angewandt,
Weil sich dein Bemühen
Bloß zu seiner Ehr erstrecket,
Und zum Dienst der Christenheit
Heil'ge Lust und Freud erwecket.

Hast du Mensch, denn kein Verdienst?
Wunderliche Frage!
Wenn du wie der Lorbeer grün'st,
Bist du doch voll Plage;
Was du aber gutes hegest,
Das gehöret dir nicht zu:
Weil du's nur zur Lehne trägest
Und verlierst in einem **Nu**.

Darum gib dem Geber Preis!
Rühme seine Güte!
Der das weiß, daß er nichts weiß,
Hat ein fein Gemüthe.
GOtt verleih uns Kunst und Gaben;
Ruhe, die doch Sorge trägt;
Und beym Wissen, das wir haben,
Demuth, die nicht niederschlägt.

§. 52.
Das Wercklein des Herrn **Kurtz** ist nicht lang. Das achte Capitel des ersten Theils handelt insonderheit von den benötigten Manieren des Chorals, welche *ad modulatoriam* gehören. Das erste Haupt-Stück des andern Theils von den Baß-Noten, wie sie zu variiren. Das zweite, wie solches auf andre Art geschehen könne. Das dritte, wie aus jenen beiden Arten wieder sehr viele Variationes zu erfinden; und das letzte, wie die recht Hand oder der Discant zu variiren etc. Alles sehr gut ausgeführt.

§. 53.
Unter der Anleitung zum fantasiren verstehen wir auch zwar das Vorspiel, aber hauptsächlich das **Nachspiel**, und weil man darin (zumahl auf der Orgel) mehr Freiheit und Zeit hat, als bey dem Vorspiel, so wollen wir desto weitläuffiger davon handeln, indem es an beiden Orten ein gutes Hülffs-Mittel abgeben kan. Ausser dem Gottesdienst, in besondern Concerten, absonderlich bey Kammer-Musiken findet die folgende Anzeige für alle Clavicimbalisten Statt.

§. 54.

Das so genannte Fantasiren bestehet demnach in verschiedenen Stücken, die wir ein wenig aus einander legen müssen. *Intonazioni, Arpeggi, senza e con battuta, Arioso, Adagio, Passaggi, Fughe, Fantasie, Ciacone, Capricci etc.* sind die vornehmsten, welche alle mit einander, samt ihrem Final, unter dem allgemeinen Nahmen der **Toccaten** begriffen werden können, als welche überhaupt ein Gespiele bedeuten, und obige Gattungen brauchen, oder weglassen mögen; nachdem es gut befunden wird.

§. 55.

Die *Intonatio* geschiehet am besten mit einigen wenigen vollen Griffen; wiewol auch gewisse gebrochene Accorde, es sey von oben nach unten, oder von unten nach oben, Dienste hiebey thun können. Doch muß es, so viel möglich, ungezwungen und ohne Vermerckung des Tacts geschehen.

§. 56.

Die Arten von *Arpeggi* sind unzehlich; doch thun die syncopirten eine besondere Wickung auf dem Clavier, und erfordern etwas tactmäßiges. Syncopirte *Arpeggi* aber nenne ich diejenigen, bey denen die eine Hand vorher anschlägt, und die andre ihren Accord, nach verstrichenem *Suspirio*, auf eine oder andre Weise bricht. Sie lassen sich am besten im Bassetgen oder in den obersten Octaven des Clavieres hören.

§. 57.

Arpeggi senza Battuta sind diejenigen, so zur Abwechselung gebraucht werden, und in 8 bis 10 gebrochenen Stimmen mit vollen Griffen auf und niederfahrend bestehen. Sie werden sowol zu Anfang, in der *Intonation*, oder *Intrada*, als hernach, hin und wieder gebraucht und eingestreuet.

§. 58.

Ein Arioso und *Adagio* bindet sich mehr an eine bewegliche Singart und manierliche Melodie, als an eine genaue Zeitmaasse, in diesem Fall. Man kan der Zeitmaasse im Fantasiren sehr wol entbehren, in sofern dieselbe im engern Verstande genommen wird. Und hier kömmt es auf die Singe-Kunst an, deren Mangel sich alsobald bey dem geringsten übel angebrachten Accent, Vorschlag, Schleuffer etc. verräth.

§. 59.

Durch die *Passaggi* verstehen wir hie geschwinde in dreigeschwäntzten Noten bestehende Läuffe, wobey die Abwechselung der Hände zu thun findet. Man kan dieselbe aus vielen gedruckten oder in Kupffer gestochenen Sachen[7] ersehen, wo gemeiniglich besagte Abwechselung mit R. und L. d. i. rech|te und lincke Hand angedeutet zu werden pfleget. Die *Passaggi* müssen aber in diesem Stücke von den *diminutionibus* und *melismis* unterschieden werden: indem diese einen gewissen melodischen Gang zum Grunde haben, den sie nur variiren; jene aber nichts singendes in sich fassen, sondern bloß der Fertigkeit halber, und solche zu zeigen, eingeführet werden.

---

7 Absonderlich aus des Herrn Capellmeister Graupners Clavier-Stücken und **Parthien**, worin sonst noch viel schönes enthalten ist.

§. 60.

Was Fugen sind, muß einer wissen, ehe er sie in Toccaten anbringen will; wo nicht, können sie auch wegbleiben, und an ihrer statt etwa genommen werden die *Fantasia*, in eigentlichem Verstande, als eine ungebundene Nachahmung dieser oder jener Clausul, die man stehenden Fusses aus einer vorhabenden Arie heraus suchen, und mit aller annehmlichen Freiheit, so lange es wol klinget, durchführen kan.

§. 61.

Die *Ciacone* werden auch offt mit in die Toccaten geflochten, und waren vor Alters von grossem Ansehen, welches sich allmählich zu verlieren beginnet, weil die gar zu öfftere Wiederholung des Unterwurffs, aller Variation ungeachtet, dennoch verdrießlich fällt und einen Eckel verursacht, absonderlich bey heutigen verwehnten Ohren. Indessen kan das elffte Capitel aus dem zweiten Theil von **Niedtens** Music Handleitung, zwoter Auflage, hiebey nicht ohne Nutzen gelesen werden.

§. 62.

Die *Capricci* lassen sich nicht wol beschreiben. Der eine hat diese, der andre jene Einfälle. Ie wunderlicher und ausserordentlicher sie sind, ie mehr verdienen sie ihren Nahmen. Nur nicht zu viel davon angebracht, so sind sie auch gut.

§. 63.

Noch ist eine Art von *Accompagnement*, die sich sehr wol in Toccaten hören läßt, absonderlich gegen das Ende. Es bestehet solches z. E. aus viermahliger Anschlagung eines Tons zur Zeit, mit vollen Griffen in einer Hand, und einer tactmäßigen *Modulation* in der andern. Doch muß es nicht zu lange damit währen, eben so wenig, als mit den übrigen Stücken des Präludirens, deren umsonst nicht so viel sind. Endlich muß das Final betrachtet werden, welches entweder förmlich, oder abgebrochener Weise gemacht wird. Ich mögte lieber mit einem Lauffe schliessen, als anfangen.

§. 64.

Das wären so ungefehr die zum völligen Vor- und Nachspiel oder zu einer Toccate gehörigen Materialien. Wie selbige nun zu gebrauchen, und an den Mann zu bringen, dazu werden hauptsächlich 13 Stücke erfordert, 1) daß man des Claviers mächtig sey, 2) eine hurtige Faust habe, 3) den Umfang der weichen und harten Tone kenne, 4) viele Einfälle und Clauseln im Vorrath sammle, 5) den General-Baß aus dem Grunde verstehe, 6) offt viel gutes höre, 7) wol singe, 8) allerhand Sing-Melodien im Spielen nachahme, 9) in stetiger Uibung sey, 10) seine Gedancken fleißig aufschreibe, 11) selbige einem verständigen Richter zur Untersuchung übergebe, 12) die darüber gemachte Anmerckungen beobachte, und 13) sich solche bey künfftigem Versuch zu Nutz mache. s. j. a. Kurtz, weil sinnreich und ohne Anstoß zu präludiren vielmehr heißt, als treffen, und alles, was einem vorgeleget wird, wegzuspielen, ja, weil es mit Fug der höchste practische Gipffel in der Music genannt werden mag, so ist leicht zu erachten, daß es einen tüchtigen Mann erfordert.

§. 65.

Der vierte Punct, den wir uns zu betrachten vorgenommen haben, ist der Nutz des Instruments. Und der ist bey den Orgelwercken grösser, als daß er in etlichen wenigen Abschnitten nach Würden könte beschrieben werden. Um gleichwol den ersten Grund-Riß zu dermahleinst fernerer

Ausarbeitung zu geben, stelle vor, wie sich solcher Nutz äussere, 1) in Anlockung der Zuhörer; 2) in dem darauf folgenden Lobe GOttes; 3) in der Andacht und Bewegung der Gemüther; 4) in Erleichterung der Singenden; 5) in Regierung des Gesanges; 6) in der schönen Abwechselung und angenehmen Veränderung; 7) in Eintheilung der zum Gottesdienste gewidmeten Zeit u. s. w.

§. 66.

Derowegen haben die jenigen eine desto schwerere Verantwortung, die solchen unbeschreiblichen Nutzen auch insonderheit dadurch hindern, daß sie die Orgel ein Jahr lang unbrauchbar machen, wenn etwa ein Fürst oder Landes-Herr verstorben, und doch alsofort sein Nachfolger da ist. Unrecht handeln sie, 1) weil die Trauer mehrentheils eitel, zum Staat, falsch und scheinheilig ist. 2) Weil die Traurigkeit, wenn man sie auch wirklich empfünde, vielmehr einer Aufmunterung, als eines Niederschlagens bedarff. 3) Weil man ja auch Klage-Lieder spielen kan. 4) Weil es wieder die Gewohnheit andrer Völcker läufft. 5) Weil kein Mensch Nutzen davon, sondern vielmehr dieser und | jener Schaden davon hat. 6) Weil die Kunst dabey verliert, und die Künstler faul werden. 7) Weil das Orgelwerck verdirbt. 8) Weil es wieder den Wolstand ist, und 9) weil vornehmlich GOttes Lob und Ehre darunter leiden. Ich finde mich verbunden, dieses hier zu wiederholen; obgleich bereits an einem andern Ort davon erwehnet worden. *Nunquam satis dicitur, quod nunquam satis discitur.* Mehr dabey zu erinnern stehet einem Policey-Meister besser an, als einem Capellmeister.

§. 67.

Betreffend endlich die bekanntesten und grössesten Meister auf der Orgel, so kan man überhaupt wol sagen, **daß Teutschland die berühmtesten Organisten hervor bringe.** *Frescobaldi* und *Pasquini* Ruhm ist ehmahls von Rom aus über die Alpen gestiegen; von andern Welschen hat man in diesem Stücke noch keine Wunder vernommen. Es ist was sonderliches; da doch sonst Italien iederzeit eine hohe Schule der Musik gewesen ist, und noch seyn will. Man siehets aber bey der Einrichtung ihrer Orgelwercke, daß bey ihnen nicht so viel darauf gehalten wird, als bey den Teutschen.

§. 68.

Von der eintzigen Tridentinischen Orgel wird groß Wesen gemacht. Es soll aber der Organist daselbst erstaunet seyn, wie er den *Signor Sassone* (so nannten die Italiäner den **Händel**) bey der Durchreise darauf spielen gehöret. Flandern, Holland und Braband hergegen haben der Welt manchen wackern Organisten geschenckt, und sind vormahls gleichsam die Pflantzgärten derselben gewesen: wie denn obbesagter *Frescobaldi* sich viele Jahre in Flandern aufgehalten hat. Ob es noch so sey, kan ich, ohne genauere Erkundigung, nicht sagen.

§. 69.

Insbesondre gehet wol **Händeln** so leicht keiner im Orgelspielen über; es müste **Bach** in Leipzig seyn: Darum auch diese beyde, ausser der Alphabetischen Ordnung, oben an stehen sollen. Ich habe sie in ihrer Stärcke gehöret, und mit dem ersten manchesmahl sowol in Hamburg, als Lübeck, certiret. Er hatte in England einen Schüler, Nahmens **Babel**, von dem man sagte, daß er seinen Meister überträffe.

§. 70.

Nächst diesen sind berühmt: **Böhme** in Lüneburg; **Callenberg** in Riga; *Clerambault* in Paris; *Green* in London; **Hoffmann** in Breslau; **Kuntzc** in Lübeck; **Lübeck** in Hamburg; **Lüders** in

Flensburg; *Rameau* ehmals in Clermont; **Raupach** in Stralsund; **Rosenbusch** in Itzehoe; **Pezold** in Dresden; **Stapel** in Rostock; **Vogler** und **Walther** in Weymar etc. etc. etc. Es wird hiemit bey Leibe keiner, dessen Nahm nicht hergesetzet ist, ausgeschlossen; noch auch denen, die hier benennet worden, **darum** kein Vorzug eingeräumet, vor andern, deren Kräffte mir entweder unbekannt sind, oder die mir nicht sogleich haben beifallen wollen.

§. 71.

Damit wir aber doch auch vom **Vergleich** der Orgel mit andern Instrumenten etwas zum Beschluß dieses Hauptstücks erwehnen, so fällt mir nur dieses ein, daß es wol eine vergebne Mühe seyn mögte. Warum? weil mit der Orgel kein eintziges Instrument in **Vergleich** kommen kan. Von andern klingenden Werckzeugen könte inzwischen mancherley Unterschied bemercket werden, sowol was deren Ausübung, als Vorzug betrifft. z. E. die Blase-Instrumente haben durchgehends keinen so grossen Gebrauch, und können mit Recht nicht so beliebt seyn, als die besaiteten; absonderlich unter Leuten, die kein Handwerck von der Ton-Kunst machen. Die Flöten, absonderlich die Traversen, haben sonst viele Liebhaber.

§. 72.

Unter den besaiteten haben wiederum einige vor andern etwas voraus, als die Violdigamb und Laute in der Kammer, ihrer Anständigkeit halber; die Violinen allenthalben, wegen ihrer durchdringenden Stärcke, und was dergleichen Anmerckungen etwa mehr seyn mögten, die wir unserm billigen Vorsatze zu folge, denjenigen hauptsächlich zur Untersuchung ihrer Stärcke, ihres Sprengels, ihrer Spielart und ihres Nutzens überlassen, die sothanen Instrumenten obliegen.

Sechs und zwantzigstes Hauptstück.
Von der Regierung, An- Auf- und Ausführung einer Musik.

§. 1.

Dieses ist eine wichtige Sache, und einer tüchtigen, nachdencklichen Untersuchung um so viel mehr werth, weil noch niemand etwas rechtes davon geschrieben, oder auch nur auf eine solche Weise | erinnert hat, daß man einen deutlichen Begriff *de Directione & Executione* haben könte.

§. 2.

Zwar ist in der neuern Auflage der *Histoire de la Musique de Bonnet* (wo sein Nahm weggelassen) im vierten Bande *p. 45* ein Artickel mit der Uiberschrifft: *Article second des qualités d'un Maitre de Musique & du choix des paroles*; allein er sagt weiter nichts, als daß ein Regent der Kirchen-Musik ein ehrlicher Mann und guter Priester seyn, die Worte aber alle aus der lateinischen Bibel hernehmen soll. Damit ist uns schlecht gedient.

§. 3.

Wie sich Sänger und Instrumentalisten bey der Aufführung verhalten sollen, davon finden sich hin und wieder einige Vorschrifften und Gebote; aber die Chor-Regenten sind zum Theil so sehr in sich selbst verliebt, daß sie ihr *Dic cur hic?* warum bist du hier bestellet? an ihre Thüre nicht schreiben, noch der Welt bekannt machen wollen, woran es ihnen fehlet, und was zu ihrem Amte gehöret. **Printz**[1] schreibt so: **Vom Amte des Directors werde ich hier nichts sagen.** Und da sind wir sehr wol geziert. Doch beschreibt er die Person und sein Geschäfft mit folgenden Worten: „Der Director regieret die gantze Musik; erwehlet die Stücke, so musiciret werden sollen; theilet aus die Stimmen oder *partes*; ordnet die *Subdirectores* mit ihren untergebenen Chören an ihre Stellen; formirt den Tact, und sorget um alles dasjenige, was erfordert wird, daß ein zierlich-gesetztes musikalisches Stück seinen rechten Zweck und *effect* erreiche." So weit **Printz**, dessen Absicht nur auf den Schüler-Chor oder die Currente gerichtet zu seyn scheinet.

§. 4.

Bähr (oder Bär und Beer) macht es mit allen seinen Darapti und Felapton nicht besser. Er redet in seinen musikalischen **Discursen**[2] von einer schlechten Aufführung und Regierung der Musik; von einem ungeübten Schiffer; von untüchtigen Vorstehern des Chors; vom ungeschickten Officier; von schlimmen Reutern, und endlich gar vom Schwein, durch Gleichnisse; will aber der Katze die Schelle nicht anhängen, noch ordentlich heraussagen, worin das schlechte, ungeübte, untüchtige, ungeschickte, schlimme und unflätige Wesen eines solchen Regierers bestehe.

§. 5.

Wir wollen ein wenig weiter gehen, und in diese Classe setzen nicht nur die ungelehrten und unwissenden, sondern auch die gelehrten und verkehrten, die *summos Directores*, die bey einer Königl. Trauer-Music, für Verse, Druck, Composition, Schreiben, sieben Sänger, siebzehn Instrumentalisten etc. von 50 dazu gewidmeten Thalern 5 abdingen; die scheinheiligen Geitzhälse, die 40 Thaler für einen Capellisten berechnen, und 24 davon in ihren Beutel stecken; die für einen Concertisten 120 Thaler heben und demselben kaum zween Drittel davon zukommen lassen etc. dadurch der Chor mit den schlechtesten Leuten bestellet wird, die grössesten Theils nur aus lauter Nothdurfft singen. Es gehören hieher die eigensinnigen Cantores, die da sagen, sie musiciren GOtt zu Ehren; nicht den Menschen zum Wolgefallen, da doch beides zusammen stehen soll und muß. *Luc. II, 14.*

§. 6.

Wer demnach eine Musik regieren will, der hat nicht allein alle diese Vorurtheile und Fehler zu meiden; sondern sich vor allen Dingen eines gewissen Ansehens zu befleissigen, welches offt mehr ausrichtet, als das übrige, einen Chor in gehörigen Schrancken zu halten. Er soll mit seinem Leben und Wandel auf keinerley Weise anstössig oder ärgerlich fallen, weil daraus gemeiniglich die höchste Geringachtung entstehet. Das gute Gerücht und die Vielgültigkeit sind solche zärtliche Sachen, daß mit einem eintzigen falschen Tritt alles dasjenige über einen Hauffen fallen kan, was man sich in vielen Jahren, durch grosse Geflissenheit, erworben hat.

§. 7.

Ein Vorsteher des Chores muß mit ungezwungenen Lobsprüchen nicht faul seyn, sondern dieselbe reichlich anwenden, wenn er bey seinen Untergebenen nur einigermaassen Ursache dazu findet. Soll und muß er aber iemanden einreden und wiedersprechen, alsdenn thue er dasselbe zwar ernsthafft, doch so gelinde und höfflich, als nur immer möglich ist. Die Freundlichkeit hält

---

[1] *In Mus. modulat. voc. p. 3.*
[2] *p. 2 & 3.*

man in allen Ständen für eine sehr beliebte und einträgliche Tugend: derselben soll sich denn auch ein Director allerdings befleißigen, und sehr umgänglich, gesellig und dienstfertig seyn; zumahl, wenn er ausser seiner Amtsverrichtung ist. Bey vorwährenden Beruffs-Geschäfften thut wol die geziemende Ernsthafftigkeit und genaue Beobachtung der Pflicht mehr Dienste, als die gar zu grosse Vertraulichkeit.

§. 8.

Der ehmalige Wolffenbüttelsche Capellmeister, **J. S. Cousser**, besaß in diesem Stücke eine Gabe, die unverbesserlich war, und dergleichen mir noch nie wieder aufgestossen ist. Er war unermüdet im Unterrichten; ließ alle Leute, vom grössesten bis zum kleinesten, die unter seiner Aufsicht stunden, zu sich ins Haus kommen; sang und spielte ihnen eine iede Note vor, wie er sie gern herausgebracht wissen wollte; und solches alles bey einem ieden ins besondre, mit solcher Gelindigkeit und Anmuth, daß ihn iedermann lieben, und für treuen Unterricht höchst verbunden seyn muste. Kam es aber von der **Anführung** zum Treffen und zur öffentlichen **Aufführung**, oder Probe, so zitterte und bebte fast alles vor ihm, nicht nur im Orchester, sondern auch auf dem Schauplatze: da wuste er manchem seine Fehler mit solcher empfindlichen Art vorzurücken, daß diesem die Augen dabey offt übergingen. Hergegen besänfftigte er sich auch alsofort wieder, und suchte mit Fleiß eine Gelegenheit, die beigebrachte Wunden durch eine ausnehmende Höfflichkeit zu verbinden. Auf solche Weise **führte** er Sachen **aus**, die vor ihm niemand hatte angreiffen dürffen. Er kan zum Muster dienen.

480 | 481

§. 9.

Wir haben ein Sprichwort: **Gelehrte mahlen übel.** *Docti male pingunt.* Daraus wollen einige schliessen, wer eine schlechte Hand schreibe, sey nothwendig ein gelehrter Mann. Ich kenne viele, die es mit Fleiß thun. Aber sie irren sich sehr; und ob sie sich gleich mit dem unleserlichen Schmierwerck ihrer Partituren recht groß halten, so vergrössert doch ein solcher Umstand nur den Eckel, welchen man ohne das vor ihrem elenden Gemächte beköммt. Ich weiß nicht, warum einer nicht was rechtes verstehen und machen möge, und doch dabey eine saubere Hand schreiben könne? Mich gemahnet es fast hiemit, als wie mit jenem Capaunen, welcher vermeinte, er müsse nothwendig schön singen, weil er verschnitten wäre.

§. 10.

Leute, die sich gleichsam zwingen undeutlich zu schreiben, zumahl in Noten, wo es bisweilen auf ein Pünctlein ankömmt, thun sehr übel, wenn sie nichts tüchtiges zu Marckte bringen. Noch übler aber handeln sie, wenn sie was gutes verfertigen: denn es ist keinem Menschen nach ihrem Tode damit gedienet. Derohalben wäre mein Rath, ein Capellmeister oder Chor-Regent schriebe so reine Partituren, als ihm immer möglich. Kein Mensch mahlt so elende Buchstaben, er kan sie doch, wenn er sich Zeit und Weile nimmt, deutlich und leserlich machen. Geschiehet dieses, so hat ein Abschreiber nicht halb so viel Mühe, die Stimmen auszuziehen, und es werden sich viel weniger Fehler in der Abschrifft finden, als sonst.

§. 11.

Hieraus ist zu schliessen, daß ein solches Geklecke und Geschmader viele üble Folgen nach sich ziehen, und in der **Ausführung** eine wesentliche Hinderniß abgeben müsse, ja, es wird dadurch manche derbe Sau ans Licht gebracht, die sonst noch wol zu Hause geblieben wäre. Wer es aber hierin nicht versiehet, der hat noch über alles dieses den Vortheil, daß er bey Zusammenhaltung der ausgeschriebenen Stimmen (welches ein wichtiges Stück ist, so zum Amt des Vorgesetzten gehöret) lange nicht so viel Zeit und Mühe verschwenden darff, als im Gegentheil geschehen muß. Wie kan ein Director begehren, daß die ausgezogene Stimmen recht abgeschrieben seyn sollen, wenn unter 20 Personen kaum einer seine Hand lesen kan. Ich glaube, daß mancher Componist selbst sich nicht darin finden würde, wenn er nach einiger Zeit seine eigne Noten-schrifften wieder ansehen und lesen sollte. Was es indessen für eine verdrießliche Sache sey, übelausgeschriebene Stimmen zu untersuchen und mit dem unleserlichen Original zu vergleichen, solches ist kaum auszusprechen. Ich meines Theils wollte sie lieber zehnmahl abschreiben, als nur einmahl nachsehen und ausbessern.

§. 12.

Hier muß ich den Herrn Capellmeister **Graupner** zu Darmstadt billig rühmen, dessen Partituren so rein geschrieben sind, daß sie mit einem Kupfferstiche kämpffen. Er hat mir einige derselben, worin sonst viele wesentliche Schönheiten stecken, unlängst zugesandt, und schreibt dabey folgende sehr gescheute Worte: **Ich habe mir schon lange angewehnet, auch theils gemust, meine Partituren so deutlich, als möglich ist, zu schreiben, und ändre nicht gerne etwas, um dem Notisten, wenn er zumahl nicht musikalisch ist, hierin behülfflich, und des gar zu verdrießlichen täglichen Corrigirens überhoben zu seyn. Es kostet zwar etwas mehr Mühe;** *schreibe aber selten eher, bis in Gedancken fertig bin.*

§. 13.

Die Führung des Tacts ist gleichsam die Hauptverrichtung des Regierers einer Musik bey deren Bewerckstelligung. Solche Tactführung muß nicht nur genau beobachtet werden; sondern, nachdem es die Umstände erfordern, wenn etwa von einem künstlichen Sänger eine **geschickte** Manier gemacht | wird, kan und soll der Director mit der Bewegung eine kleine Ausnahme machen, die Zeitmaasse verzögern, nachgeben; oder auch, in Betracht einer gewissen Gemüths-Neigung, und andrer Ursachen halber, den Tact in etwas beschleunigen und stärcker treiben, als vorhin.

§. 14.

Was von dem unnützen Geprügel, Getöse und Gehämmer mit Stöcken, Schlüsseln und Füssen zu halten, davon ist in der Organisten-Probe etwas erwehnet, und, wo mir recht, nicht ohne Nutzen gelesen worden: weil man seit der Zeit von diesem Unwesen so viel nicht vernommen hat. Ich bin der Meinung, daß ein kleiner Winck, nicht nur mit der Hand, sondern bloß und allein mit den Augen und Geberden das meiste hiebey ausrichten könne, ohne ein grosses Federfechten anzustellen; wenn nur die Untergebene ihre Blicke fleißig auf der Vorgesetzten gerichtet seyn lassen wollen.

§. 15.

Einen Cantorem zu finden, der nicht singen kan, dürffte wol nicht viel Suchens erfordern; ob gleich mancher einen förmlichen Wiederspruch darin antreffen mögte. Indessen sind doch Exempel am Tage, und ist mirs leid, unter die besondern Eigenschafften eines Musik-Regentens ausdrücklich mit zu rechnen, daß er singen, und zwar daß er recht gut singen müsse: zu dem Ende, daß er andre unterrichten, ausforschen und zeigen könne, wie er seine Sachen gern wolle herausgebracht und aufgeführet wissen. Denn dieser Zweck ist eigentlich hier zu beobachten. Wir haben sonst im zwoten Theil schon von den besondern Eigenschafften eines Vorstehers gehandelt; aber in der blossen Absicht auf die Setz-Kunst. Dahingegen wird itzo die Anwendung auf die Direction von jener unterschieden. Ist nun die Stimme nicht vortrefflich, wenn nur der Geschmack, die Manier oder Methode da sind.

§. 16.
In eben dem Ausführungs-Verstande soll ein Capellmeister, nächst dem Singen, billig das Clavier spielen können, und zwar recht gründlich, weil er damit bey der Vollziehung alles andre am besten begleiten, und auch zugleich regieren kan. Ich bin allzeit besser dabey gefahren, wenn ich sowol mitgespielt, als mitgesungen habe, als wenn ich bloß des Tacts wegen nur da gestanden bin. Der Chor wird durch solches Mitspielen und Mitsingen sehr ermuntert, und man kan die Leute viel besser anfrischen.

§. 17.
Wenn wir übrigens die Auf- und Ausführung einer Musik an ihr selbst ordentlich betrachten, so sind dabey zweyerley Dinge zu erwegen. Erstlich: was **vor** der rechten Bewerckstelligung vorhergehen, und fürs andere, was **in** derselben geschehen soll. Zum ersten Punct gehören drey Stücke. Die Zahl und Wahl der Personen, Sänger, Instrumentalisten und Instrumente; das reine Stimmen dieser letzten; und die Proben.

§. 18.
Von der Zahl und Wahl der **Personen** hat **Bär** in seinen Discursen etwas beigebracht, welches man daselbst im fünfften Capitel nachlesen kan. Er meinet, eine Capelle habe an acht ausnehmend-guten Personen genug: wenn zumahl der Ort so beschaffen ist, daß man die Füllstimmen durch Schüler und Stadtpfeiffer, für die Billigkeit, besetzen könne. Wenn es nun aber aller Orten solche Schüler und Stadtpfeiffer nicht geben sollte, so deucht mich, müste wol die Rechnung nicht weit von 30 gestellet werden: bevorab in grossen Stadtkirchen.

§. 19.
Unter diesen Personen will das Frauenzimmer schier unentbehrlich fallen, bevorab wo man keine Verschnittene haben kan. Ich weiß, was mirs für Mühe und Verdruß gekostet hat, die Sängerinnen in der hiesigen Dom Kirche einzuführen. Anfangs wurde verlangt, ich sollte sie bey Leibe so stellen, daß sie kein Mensch zu sehen kriegte; zuletzt aber konte man sie nie genug hören und sehen. Ich weiß die Zeit, daß alle Prediger auf die Perüken schalten; nun ist keiner, der sie nicht trägt, oder billiget. So verändern sich die Meinungen. Doch auf unsern andern Stadt-Chören will es sich hier noch nicht mit dem weiblichen Geschlechte thun lassen.

§. 20.
Die Knaben sind wenig nutz. Ich meine, die Capell-Knaben. Ehe sie eine leidliche Fähigkeit zum Singen bekommen, ist die Discant-Stimme fort. Und wenn sie ein wenig mehr wissen, oder einen fertigern Hals haben, als andre, pflegen sie sich so viel einzubilden, daß ihr Wesen unleidlich ist, und hat doch keinen Bestand.

§. 21.
Das **Stimmen**, oder die Stimmung der Instrumente betrifft nicht nur die Positive, Regalen, Clavicimbeln etc. sondern hauptsächlich die Geigen, welche, weil sie bey der Spiel-Musik gleichsam das | *corps de bataille* ausmachen, vor allen Dingen rein und sauber gestimmet seyn müssen. Hieran aber gebricht es gemeiniglich am allermeisten.

§. 22.

Der ehmalige Regente bey der Instrumental-Musik, oder Concertmeister zu Hannover, *Signore Farinelli*, ein Oheim (wie ich von guter Hand vernehme) des itzo berühmten Sängers dieses Nahmens, hatte die löbliche Gewohnheit, daß er, vor der Anhebung z. E. einer Ouvertür selbst eine Violine rein stimmte, und zwar mit Bogenstrichen, nicht mit Fingerknippen; wenn das geschehen, strich er sie dem ersten Violinisten, eine Saite nach der andern, so lange vor, bis beide gantz richtig zusammenstimmeten. Hernach that der erste Violinist die Runde, bey einem ieden insonderheit, und machte es eben so. Wenn nun einer fertig war, muste er seine Geige alsobald niederlegen, und sie so lange unberühret liegen lassen, bis alle andre, auf eben dieselbe Weise, gestimmet hatten; *G, d', a', e"* in der Ordnung. Und solches that eine schöne Wirckung. Bey uns stimmen sie alle zugleich, und halten das Instrument unter dem Arm. Das gibt niemahls eine rechte Reinigkeit.

§. 23.

Die **Proben** sind so nothwendig, daß es höchst zu bewundern, wenn man noch Leute antrifft, die denselben wiedersprechen, und doch Vernunfft haben wollen. In der Vorrede des **brauchbaren Virtuosen** ist dieserwegen eine kleine Erinnerung geschehen. Hier will ich nur so viel sagen, daß nicht nur die Untergebene, sondern auch ihre Vorgesetzte offt selber der Proben gar wol bedürffen.

§. 24.

Von dem *Josquin*[3] erzehlet **Printz**, daß, so offt er ein Stück gesetzet, habe er solches der Capelle zu versuchen gegeben: er selbst sey im Zimmer oder Saal hin und her spatzieren gegangen, und habe fleißig zugehöret. Wenn ihm nun etwas an seiner eigenen Arbeit nicht gefallen, sey sein Wort gewesen: **Schweiget stille, ich wills ändern.** Dieser Bescheidenheit halber wird er auch vom **Glarean**[4] gelobet, und gibt damit allen Setzern die Lehre, daß es keine Schande, sondern vielmehr eine Ehre sey, dasjenige zu verbessern, was nicht wol gerathen ist. Wie kan mans aber ohne Probe wissen, oder mercken?

§. 25.

Von den Dingen, die **in** der Aufführung selbst zu beobachten sind, wollen wir nur zwey berühren, nehmlich die beständige Aufmercksamkeit, und baldige Entschliessung. In der Kirche wird unter dieser **Aufmercksamkeit** auch die rechtschaffene Andacht mit begriffen, mittelst welcher sowol der Vorgesetzte, als die Untergebene ihr Hertz und ihre Seele auf nichts anders, als auf den Gottesdienst richten sollten: da sie denn, als in besonderer Gegenwart des allerheiligsten Wesens, dem sie zu Lobe erschienen, gewiß alle andre, ausschweiffende Gedancken fahren lassen, und ihren Sinn, aus Ehrfurcht, nur auf das vorhabende, heilige Werck richten müssen. Wenn dieses

---

3 *Josquinus Pratensis*, oder *Jodoque (Jodoculus) de Près*, ein Niederländer, und Königl. Frantzösischer Capellmeister, hat zu Luthers Zeiten gelebet, der von ihm zu sagen pflegte: Die Noten müsten thun, was **er** haben wollte; andre Componisten müsten thun, was die **Noten** haben wollten. **Printz** nennet ihn *cap. 10 H. M.* den Ertz-Componisten. Daß er aber den König seines Versprechens, wegen einer geistl. Pfründe, mittelst verschiedener darauf zielender Kirchenstücke erinnert, solches ist, als eine Entheiligung göttl. Wortes, mehr zu schelten, als zu loben. Wie König *Georg I* von Hannover nach England abreisete, wollte sein damahliger Concertmeister Ihn auch witziglich verbinden, mit folgenden Schrifftworten: **Herr, gedencke mein, wenn du in dein Reich kömmst.** Der König nahm es aber sehr ungnädig auf, und wies ihm die Wirckung seines Misfallens.

4 *Glarean. in Dodecach. p. 362.*

Von der Direction.

geschiehet, so wird die Vollziehung gut von statten gehen: denn alle Ferckel, die gemacht werden, rühren aus einer Unachtsamkeit und solcher Gemüths-Beschaffenheit her, dabey man mit seinen Gedancken an einem andern Orte ist.

§. 26.
Bey Hofe und auf Schaubühnen, wenn grosse Herren zugegen sind, hat man gemeiniglich so viel Ehrerbietigkeit ihrer Personen halber, daß die Fehler der Auf- und Ausführung äussersten Fleisses vermieden werden. Warum sollte man denn vor den Augen des Allerhöchsten, und wo dessen Ehre absonderlich wohnet, weniger Aufmercksamkeit hegen, als vor Fürsten?

§. 27.
Die Gelassenheit und hurtige Entschliessung sind auch nothwendige Eigenschafften bey der Direction einer Musik. Denn, der übermäßige Eifer, wenn man mit gar zu vielem Feuer versehen ist, nutzet wenig; bevorab, wo bey den Untergebenen nicht eine gleichmäßige Hitze regieret, welches was seltenes seyn mag. So kan man sich auch besser finden, besinnen, Verwirrung meiden, und alles viel genauer bemercken, wenn die Geister fein bey einander gehalten, und nicht zerstreuet werden.

§. 28.
Die Stellung und Anordnung der Personen ist auch kein geringes Stück einer guten musikalischen Regierung; iedoch muß man sich hierin offtmahls nach der Gelegenheit des Ortes viel richten. Im Gottes-Hause ist die Eintheilung anders zu machen, als in der Kammer. Auf dem Schauplatz und im Orchester wiederum anders. Hat man nur eine schwache Besetzung der Grundstimmen, so müssen diese in der Mitte seyn; sind sie aber starck, und wenigstens mit 6 Personen bestellet, so mögen sie sich wol theilen und gleichsam zu Seiten-Flügeln machen lassen.

§. 29.
Die Regale sind hiebey nichts nutz, und wundert mich, daß man noch hie und da diese schnarrende, verdrießliche Werckzeuge braucht. Die Clavicimbel, Steertstücke oder Flügel thun an allen Orten gute, und weit angenehmere Dienste, als jene: Wiewol es aus verschiedenen Ursachen nicht schlimm seyn würde, wenn in den Kirchen saubere und hurtig-ansprechende kleine Positiven, ohne Schnarrwerck, mit den Clavicimbeln vereiniget werden könten, oder doch von den letztgenannten, bey starcken Chören, ein Paar vorhanden wären.

§. 30.
Die Sänger müssen allenthalben voran stehen; ausser in Opern, wo es sich nicht anders schicken will, als daß man die Instrumente den Zuhörern zwar am nähesten, doch auch am niedrigsten setzet. Und eben deswegen sollte das Orchester sich nicht so starck hervorthun, wie geschiehet, wenn offt ein schwaches Stimmlein mit einem Dutzend Instrumenten begleitet wird. Die Wirckung ist desto schlechter, wenn der Sänger dabey fast gantz hinten auf der Schaubühne stehen muß. Des Regenten Amt erfordert es, solchem üblen Gebrauch mit guter Art abzuhelffen.

§. 31.
Ubrigens stelle man die besten Sänger, so viel möglich, allemahl in die Mitte, absonderlich die zartesten Stimmen; nicht aber, nach dem alten Herkommen, zur rechten Hand. Die Bässe und starcken Stimmen können sich ehender theilen, und so lincks als rechts auf beiden Seiten schicken.

§. 32.

Weil es auch nimmer so rein abgehet, daß nicht bey der Aufführung eines neuen Stückes bisweilen eine kleine Sau mit unterlauffen sollte, so mag ein vorsichtiger Chor-Regent sich nur darauf gefaßt machen, und gewisse Stellen bemercken, allwo man füglich, wenn ja eine kleine Verwirrung entstehen sollte, auf das gegebene und verabredete Zeichen, wieder einfallen, und in Ordnung kommen könne. Zu dem Signal, es sey was es wolle, muß der Chor mit Fleiß gewehnet werden, und solches, als eine Warnung ansehen, wenn und wo der Sammelplatz seyn soll.

§. 33.

Endlich so rechnen wir auch mit unter die guten Grundsätze eines Musik-Vorstehers, absonderlich in der Kirche, daß er andrer Leute löbliche Arbeit nicht gantz unter die Banck werffe, und nur immer in seine eigene Erfindungen verliebt sey; sondern daß er ie zuweilen, was etwa sonst von berühmten Leuten schönes verfertiget worden, auch aufführe, und zur Abwechselung hören lasse: wie ich mit **Marcells** Psalmen gethan habe. **Sartor**[5] macht hierüber eine artige Randglosse, wenn er einen Trupp vorstellet, der in seinem Fähnlein ein Paar Schu führt, mit der Umschrifft: *Voto non vivitur uno*, d. i. **Mit einem ist es nicht ausgerichtet.** Man siehet sich immer in seiner Arbeit gleich, und diese beständige Aehnlichkeit, sie mag so künstlich versteckt werden, als sie wolle, bringt nicht allemahl die gewünschte Veränderung zu Wege.

§. 34.

Die grösseste Schwierigkeit eines andern Arbeit aufzuführen, bestehet wol darin, daß eine scharffe Urtheils-Krafft dazu erfordert werde, fremder Gedancken Sinn und Meinung recht zu treffen. Denn, wer nie erfahren hat, wie es der Verfasser selber gerne haben mögte, wird es schwerlich gut heraus bringen, sondern dem Dinge die wahre Krafft und Anmuth offt dergestalt benehmen, daß der *Autor*, wenn ers selber mit anhören sollte, sein eigenes Werck kaum kennen dürffte.

Ende des vollkommenen Capellmeisters.

Sir. XVIII, 6.

Ein Mensch, wenn er gleich sein bestes gethan hat, so ists doch kaum angefangen; und wenn er meinet, er habe es vollendet, so fehlet es noch weit.

---

[5] *Erasm. Sartorius in Bello musical. vel Belligerasmo.*

Register über die Vorrede.

A.
Accompagnement, hat dreierley Bedeutung 24
Algebraischer Grund lieget unbebauet 18
Aria, was das Wort für einen Ursprung habe 23
Arithmetik, schlechtes *principium* in der
    Musik 17, 19, 21
    ein seichter Brunn 20
    ihr Amt 19
Ausdrücke, sind im Lehren mit Behutsamkeit zu
    gebrauchen 17

B.
Budé, S. **Erasmus**.

C.
Cantaten-Einrichtung 24
    wer die erste gemacht hat 25
    s. **Meder**.
Capellmeister, S. vollkommener
    Seine Nativität 25
Critischer Musikus 9
    gelobt 27

D.
Derham, wird den Mathematischen Geistern bestens
    empfohlen 21
Deutlich ist mehr als leicht 22, 23

E.
Ehren-Pforte, die musikalische, ein Werck daran
    der Verfasser arbeitet 25
Elemente, sind keine Fundamente 20
Ellen, mathematische, messen keine Gemüther ... 19
Engel, lehrten die Menschen singen .... 11 *sqq.*
Erasmus, wie er vom *Budé* beegegnet worden 10
Erfahrung lehret viel 21

F.
Fliessend ist mehr, als leicht und deutlich 22
Fundamente ohne Gebäude 18

G.
Geographie, ist dreierley 21
Gesang, dessen Ursprung .... 11. *sqq.*
Gipffel musikalischer Wissenschafft 18
Gissen, oder Gißing thut einem Steuermann viele
    Dienste 18

H.
Harmonie, ihre Schätzbarkeit 10
Herren und Diener muß man nicht vermischen .. 19
Hertz und **Seele** der Ton-Kunst, **fälschlich**
    angegeben 16, 21

I.
Jahrszeiten, ob sie in männlicher Gestalt
    vorzustellen 17

K.
Klangreden haben vor andern viel voraus 16
Klänge müssen nicht mit Tonen vermischet werden 16
    erstrecken sich ins unendliche hinein 19

L.
Leidenschafften haben keinen Zusammenhang
    mit mathematischen Dingen 18
Leser, mit Schwämmen, Stundengläsern,
    Seigebeuteln und Sieben verglichen 28
Lieblich ist was anders, als leicht, fliessend und
    deutlich 22, 23

M.
Mahler, der Pinsel macht ihn nicht 20
Mathematick, was sie zur Musik beiträgt 16
    kan unmöglich Hertz und Seele derselben seyn . 17
    hat Ancker, Tauen, Mast und Wand; aber
        keinen Compas 17, 18
    ihre Wunder verunglücken 21
Mathesis, was es sey 21
Medaillen, mit der Musik verglichen 10
Meder *n. p.* seine Nachricht von Cantaten 25
Melodie und Harmonie, welche von ihnen vorgehet,
    und warum solches behandelt wird 22
    ist unbekannt bey vielen 22
    ihre Eigenschafften muß man nicht vermischen . 22
Meßkunst, wie sie der Liebe dienet oder gerne dienen
    wollte 20
    ist ein blosses Werckzeug 20
Mi und Fa in Fugen, warum im **Kern** nichts davon
    gedacht worden 26
Milton, von der Engel und ersten Menschen
    vortrefflichen Musik 13, 14
Mittelmäßigkeit, wo sie nichts taugt 9
Monochord, enthält nur geringe harmonikalische
    Wahrheiten 17
Musik, ihr Ziel, und wie sie gegen die Mathematik
    anzusehen, ... 28
    muß öffentliche Professores haben. 27
    liegt darnieder in Kirchen und Schauplätzen ... 28
Musikalische Critik spuket nach 10
Musikus, S. **Critischer**.

N.
Nachtigall, was ihr Pfeiffen heißt 11
Natur, ist Königin 19
    ist Schönheit 20
    S. *Spectacle*.
Naturgesetze sind die besten Lehrmeister 18
Naturkunde enthält die Gründe der Musik 20

O.
Opern, schliessen bisweilen mit einem Recitativ .. 24
    die ersten Römischen, woraus sie bestunden ... 27
    sind Musik-Schulen 27
Ordnung wird offt in Acht genommen, ohne darauf
    zu gedencken 25

P.

Perioden, ob lange oder kurtze die besten? 25
Philosophie braucht keiner Ellen 19
Physica beschrieben 21
 S. Natur.
Pinsel macht keinen Mahler 20
Principium quid? 19
Proportion, muß allenthalben seyn 18
 doch mit Unterschied 19

Q.

Qvalitäten, wie und auf welche Art sie aus
 Qvantitäten entstehen mögen? 19

R.

Recitativ, muß ungezwungen fremd seyn 23
Rede, ihre Theile 25
 sind in der Melodie auf fünffache Art
  unterschieden 26

S.

Schönheit ist nicht schön: wie das zu verstehen? . . . 20
Seele, wodurch sie gerühret wird 17, 19, 20
Sexten, wie zwo kleine gut auf einander folgen . . . 15
Spanheim, von Medaillen 10
Spectacle de la Nature ein vortrefliches Buch für
 Rechnemeister 21
Stand der Unschuld, wie lange er gewähret, . . 11 *sq.*
 wie man darin gesungen und geklungen 13

Steele, Sir Richard, Mitgehülffe zum *Spectator*, von
 der künfftigen himmlischen Harmonie 10
Stoltz, ob er nothwendig eine Baß-Stimme
 erfordert 17

T.

Titelfischer, unbefugte 9, 10
Ton-Arten, ihre durch ♯ und ♭ angezeigte natürliche
 Weiche und Härte
Trompete marine, See-Trommete 19

V.

Uibung bringet Kunst 18
Verhältnisse sind viererley 16
 innerliche und unermeßliche . . . . 20 *sqq.*
Vollkommen, wie das Wort zu verstehen 9
Vollkommener Capellmeister spuket vorher 9

W.

Wiedersprecher, ihr Trost 27
Wissenschafften, ihres Reiches Aemter 19, 20

Z.

Ziel der Musik läßt sich nicht mit dem
 mathematischen Bogen treffen 21, 22
Zorn, welche Stimme sich zu seiner Ausdrückung
 am natürlichsten schickt 17
Zweck oder Absicht des Verfassers 27
 wie er am besten zu erhalten 27

[Seitenzählung der Originalausgabe]

A.

Abel, ein Altist 95
Abendlieder 166
Abend-Musik 216
Abmessung der Anzahl der Täcte 146
Abschnitt s. *Comma*.
Abschnitte der Klang-Rede .... 180. *sqq.*
Abschnitte der Rede sollen genau beobachtet
    werden 141. 145
Absicht, soll nicht auf Wörter, sondern den Verstand
    gehen 141. 149. 150
Abzeichen der Melodien . 210 *sqq.* 217 *sqq.* 224 *sqq.*
Accent, beschrieben 112
    Eintheilung 112
    wie damit zu verfahren 112
    wird springend angebracht 112
    Exempel von steigenden Accenten 113
    Stuffen-Accent 113
    Uiberschläge 113
        Probe davon .... 113 *sqq.*
    soll genau beobachtet werden 141. 148
Accentirende Note was sie sey 112
Accentuirte Note 112
Accentus melicus 174
    dessen Unterschied von der *Emphasi* 174
    die dazu gehörige Note muß lang und
        anschlagend seyn 176
    übelangebrachte in Arien 176
    im Recitativ .... 177. *sqq.*
    Regeln vom Sing-Accent 176, 178
Acciacatur, Wortforschung 120
    was für eine Zierath es sey 120
Accompagnement 213
Accorde, gebrochene .... 352. *sqq.*
    was hier brechen heißt 352
    davon hat Neidhardt gehandelt 352
    Beyspiele mit zwo Stimmen 353
    mit drey Stimmen 354
    wie ein dreistimmiger Satz auf fünferley Art
        auszuführen 354
    vierstimmiger Satz .... 355. *sqq.*
    hat sechs Wege abzuwechseln 355. 356
Achtklang das vollkommenste Intervall 45
Action, ihr Nutzen in der Rede-Kunst 34
Adagio 477
    darin wehlt man die gerade vor der ungeraden
        Zahl der Täcte 147
Aeolische Ton-Art 63
Aequal, warum achtfüßige Orgelstimmen so
    genennet werden 465
Aesopus brachte mit der Geberdenkunst einen
    grossen Reichthum zu Wege 39
Affecten s. Leidenschafften.
Agobardus *de divina Psalmodia* 76
    will die Moteten aus der Kirche geschafft
        wissen 76
Airs a deux 215
    de Mouvement .... 146. *sqq.*

Allemanda beschrieben .... 232 *ib.*
    ein sonderlicher Tanz 232
Alypius 57
Ambitus 66
Americaner brauchen bey Leibs-Gebrechen und
    Schmertzen die Music 15
Amphibrachys 168
Amphimacer 168
Analysis 180
Anapaestus, Wortforschung und Gebrauch in der
    Setz-Kunst 166, 167
Anaphora 243
Andacht, wie sie auszudrücken 72
    soll sich bey Ausführung einer Music bey
        Vorgesetzten und Untergebenen finden 483
Anfang einer guten Melodie soll mit Klängen
    gemacht werden, so die Ton-Art selbst vorstellen,
    oder ihr nah verwandt sind 142. 158
Angelo, Pellatis, Nachricht von ihm 74
Angloise 229
    Haupt-Eigenschafft 229
    daraus ein Choral .... 163 *sq.*
Antipathie hat Nutzen in der Music 13
Antiphona 74, 211
Antispastus 169
Antrag, beschrieben 236
Apostrophe 238
Arbeitsam sol ein Capellmeister seyn ..... 107. *sqq.*
Aretins Sing-Fibel 64
Aria, Wortforschung 212
    Beschreibung 212
    Eigenschafften .... 212 *sq.* 181 *sq.*
    a tre voci 216
    zum Spielen 232
Ariadner, ein Sing-Spiel 90
Arien 212
    ohne Begleitung rühren die Zuhörer
Arietta 212
Arioso 212. 477
Arion vertreibt Kranckheiten mit Singen 14
Aristides Qvintilian 33
Aristoxenus, Streit wegen des Gehörs und
    Maaßstabes .... 23 *sq.*
Arpeggi 477
Arsis 172, 297
Arzeney, deren Stelle vertritt oft die Music ... 14. 15
    zu Erhaltung der Stimme ist mäßig zu brauchen 98
Asclepiades find die Music wieder die Unsinnigkeit
    bewährt 15
Athem, auf dessen Beschaffenheit muß in Sing-
    Sachen gesehen werden 205
    dessen Ersparung erfordern auch einige Wind-
        Instrumente 206
Athenäus handelt von einigen Instrumenten 458. 164
Auflösung der Einwürfe 236
    wann und wie sie anzubringen 180
    der Dissonantzien 302
Aufschlag des Tacts 172

Aufsprung, was er sey 165
Augustin hat drey Bücher von der Music
    geschrieben 20. 31
Ausarbeitung einer Melodie 241
    wie dabey zu verfahren 241
Ausgang der Klang-Rede 236
Ausruffungs-Zeichen . . . . 193. *seq.*
Ausspielen der Instrumente 97
Ausschmückung einer Melodie 242
    was solche erfordern . . . . 242. *sq.*
Ausschreien der Menschen-Stimme 97
    wo und wie solches geschehen solle 96
Ayguino, Nachricht von ihm 74

B.

Bacchius, ein dreisylbiger Klang-Fuß 166
    dessen Wortforschung und Gebrauch in der
    Music 168
Bach, ein künstlicher und glücklicher Fugen-
    Setzer 369. 479. 413
Bähr, musikalische Discurse 480
Ballads, beschrieben 229
Balletto, Abzeichen 217
    Titel von einigen angeführt 217. 218
Baluzius, Stephan, gibt den Agobard heraus 76
Baron hat von der Laute geschrieben 459
Bartholin *de tibiis veterum* 458
Baß, obligater, was er sey 124
Battuta 171
Beben der Stimme, was es sey s. Tremolo. 114
Begierde, ihre Verwandschafft mit der Liebe . 17. 72
Bekräfftigung des Vortrags, beschrieben 236
Berardo, Nachricht von dessen *Documenti armonici* 248
Bernhardi, Christoph, Nachricht von ihm 265
Bericht, beschrieben 236
Beschluß der Klang-Rede, beschrieben 236
Beschreibungen, kleine 189
Beverini hat schon Sing-Spiele vorgestellet 24
Bewegung s. *Mouvement*.
Bewegung, wie von derselben der Klang entstehe . 9 *ss.*
    s. Klang.
Bewegung der Stimmen gegen einander geschiehet
    in gleicher Weite 249
    Probe 249
    schräge und abweichend 249
        Exempel 250
    gerade auf und nieder . . . . 249. *sq.*
        Beyspiele . . . . 250. *sq.*
    wider einander 251
        Muster davon 251. 252
Bicinium . . . . 338. *ss.*
Bier nützet männlichen Stimmen mehr, als
    Sopranisten und Altisten 98
Bimmler, ein grosser *Phonascus* 95
Bindungen der Dissonanzien 302
Blindgebohrner bringt auf dem Waldhorne mehr
    Töne heraus, als eine Orgel hat 53
Blockflöten 469

Bobisation 57
Bocedigalomani 57
Boethius, wenn er gelebt 24. 63
    ob zu seiner Zeit der Streit wegen des Gehörs und
    Maaß-Stabes noch gewähret . . . . 23. *sq.*
    hat fünf Bücher von der Music geschrieben . . . 26
Bonnet Histoire de la Musique 22. 480. 143
Bontempi Historia musica 22
Bourée 225
    Wortforschung und Abzeichen 226
    aus dem Choral: Werde munter mein Gemüthe 162
Boutades 232
Brossards *Lexicon* 22
Brust einer Orgel 466
Buononcini, dessen Cantaten 205
Buxtehude, hat die Natur und Eigenschafft der
    Planeten in sieben Clavier-Seiten artig
    abgebildet 130

C.

Cadena di Trilli 115
Cadenzen 116. 141. 150
Cäsur des Tactes 147
Canarien-Giqven 166. 227
Canon 41
Canon cancrizans 413
    wie selbiger zu verfertigen 413
    was dabey in acht zu nehmen . . . . 413. *sq.*
    Proben davon 414
Canone alla diritta a 4 Voci 135
Canonica 41. 42
Canonis clausi resolutio 413
Canonische Nachahmung, ein Weg der
    Erfindung . . . . 124 *sq.* 126
Canonische Styl, eine Gattung des Kirchen-Styls . 83
    wie solcher in der Kirche zu brauchen 83
    eine Gattung des Kammer-Styls . . . . 91. *sq.*
    dessen gröster Nutzen 91
Cantaten, deren Eigenschafften . . . . 214. *sq.*
Canticum 211
Cantor, der nicht singen kan 482
Capell-Knaben 482
Capellmeister muß die Geschicht der Music inne
    haben 27
    was er von den Ton-Arten zu wissen nöthig
    habe . . . . 61 *sq.*
    soll von der Pflege menschlicher Stimmen
    unterrichtet seyn 99
    Eigenschafften, die er ausser seiner eigentlichen
    Kunst besitzen muß . . . . 99 *seqq.*
    ob er müsse studirt haben 99. 100
    ob einer, der kaum lesen oder schreiben kan, den
    Catechismum und Donat nicht versteht, und
    weder Sprachen noch Sitten gelernet hat, einen
    Capellmeister abgeben könne 102
    diese Frage beantwortet einer mit ja 102
    dessen Gründe werden widerlegt . . . . . . 103. *sq.*
    er soll Lateinisch verstehen 100

soll das Frantzösische und Italiänische inne haben,
  daß er es geschickt verteutschen könne 101
Fehler, so aus Unwissenheit der Sprache entstehen,
  in einem Exempel gezeigt 102
soll ein Poet oder doch in der Dichtkunst
  bewandert seyn 101
soll in der Singe-Kunst wol erfahren seyn 105
  entweder selbst singen können 105
  oder doch die Natur und das rechte Wesen des
    Singens gründlich verstehen 105
soll die Stärcke und Schwäche der Kling-Zeuge
  vollkommen kennen 105. 106
  insonderheit sich das Clavier wol bekannt
    machen 106
soll ein gut Naturell .... 107. *sq.*
  Lust und Liebe zur Music haben ...... 107 *sq.*
  fleißig und arbeitsam seyn 107. 108
  fleißig schreiben 108
  ob er nach Welschland reissen müsse 108
soll die Lehre von den Temperamenten wol inne
  haben 108
muß den vorhabenden Affect selbst empfinden 108
die Gemüths-Beschaffenheit seiner Zuhörer
  erforschen 108
soll viel hören, aber wenig nachahmen 108
Capricci 232. 478
Carutius, Casper Ernst, Nachricht von ihm 469
Cavata, Beschreibung und Eigenschafften 213
  darin läst sich ein Madrigal anbringen 79
  Neben-Sprossen 213
Cesti, ob er Urheber der Sing-Spiele 24
Chaconne, deren Wortforschung 233
  Abzeichen 233
  Unterschied von der *Passecaille* 233
Chantor de la Gorge, was es heisse 97
Chironomie 34
Chor ist dreyerley 216
Choraeus s. *Trochaeus*.
Choraischer Styl, eine Gattung des Kammer-Styls 92
  dessen Gattungen 92
  Frantzösische Tantz-Lieder haben guten Nutzen 92
  Polnische sehr beliebt 92
  Schottländische Land-Täntze geben Gelegenheit
    zu schönen Erfindungen 92
Choral-Gesang, ob er eine Music zu nennen 7
  wie weit er zur Music zu rechnen 171
  aus solchen werden vermittelst der Rhythmic
    Täntze gemacht 161
      Exempel .... 161 *seqq.*
    aus Täntzen Chorale .... 161. 163. *sq.*
  wie sie auf der Orgel zu spielen .... 474. *sqq.*
Choriambus, ein viersylbiger Klang-Fuß 169
Chromatisch Klang-Geschlecht 55
Ciacona 233. 478
Cicero, dessen Gedancken von der Music 32
Circkel-Gesänge s. Kreis-Fugen.
Circolo mezzo, was er sey 116
  Exempel 117

Clairon 469
Clavicimbeln thun bey Aufführung einer Music
  gute Dienste 484
Clavier, der Componisten Werckzeug 106
  dessen Mängel 55. 56. 59
  was drauf gespielet wird, sind Hand-Sachen und
    General-Baß 104
Claviere auf den Orgeln, deren Anzahl und Alter . 466
Clausulae formales 66
  synonymae 124
Collecten 74. 211
Colon, beschrieben 191
  dessen Stellen .... 191. *sq.*
  ob er durch den Gang des Basses abzufertigen . 192
Coloraturen s. Zierathen.
Combinatoria ars 124
Combinatoriae tabulae, wie zu verfertigen 170
Comma, dessen Wortforschung 183
  Beschreibung 183. 184
  pendulum .... 185. 186. *sq.*
  perfectum .... 185. 187.
  ob es im Baß anzubringen .... 185. *sq.*
  Proben übel und wohl angebrachter .... 184. *sq.*
Componiren, der rechte Anfang hierzu muß mit
  der lautern Melodie gemacht werden 136
Componist muß die *Hypocritic* verstehen 34. 37
  muß alle *Instrumente* kennen 470
  soll die Schreib-Arten wohl inne haben 68
  was ihm von der menschlichen Stimm-Pflege zu
    wissen nöthig 98
  muß für *Instrumente* mehr auf die Melodie und
    Harmonie sehen, als für Sänger 82
  muß in der Dichtkunst bewandert seyn . 101. 196
  zu dessen Kunst gehören die Temperatur und
    mathematischen Hülffs-Mittel in der
    Harmonie 99
  muß sich bey ieder Melodie eine Gemüths-
    Bewegung zum Hauptzweck setzen 145
  soll die Accente der Rede und des Klanges inne
    haben 148
  warum sie bisweilen Fehler begehen 159
  soll die Natur u. Eigenschafften der Metric
    untersuchen 196
Composition, das vornehmste Stück der Ton-Lehre 6
  s. *Melodica*.
Concerten, deren Erfinder 221
  ihre erste Gestalt 221
  Absicht 221
Concerto grosso 234
Confirmatio 236
Confutatio 236
Consonantzien .... 252. *sq.*
  was sie sind 253
  vollkommene 253
  unvollkommene 253
  Regeln aus dem Printz erleutert .... 254. *sq.*
  aus dem Fux .... 256. *sq.*
Consonanzien-Tabelle 253

Conti, Kayserl. Vice-Capellmeister, war in
 Abbildungen der Geberden durch musicalische
 Noten ungemein erfahren 40
 Nachricht von dessen *fatalitaeten* . . . . 40. *sq.*
 Epigramma auf ihn 41
Contrapunct, dessen Eintheilungen 246
 doppelter, beschrieben 415
 was zu dessen Verfertigung gehöret . . . . . 415 *sqq.*
 gleicher 247
 figürlicher oder geschmückter 247
 schlechter 247
Contrapunctist, dessen Eigenschafften 415
Contrapunto fugato 248
 legato 248
 obligato 248
 perfidiato 248
 di salto 248
 Sincopato 248
Correlli, Fürst aller Ton-Künstler 326
 dessen Sonaten spielt man zu Amsterdam in der
 Kirche 91
 ist im Instrument-Styl anzupreisen 91
Corrente 230
Country-Dances 229
Courante 230
 ihre Leidenschafft ist die Hoffnung 231
 Exempel 231
Cousset, Muster eines geschickten
 Capellmeisters . . . . 480. *sq.*
le Creux de la voix, was es heisse 97
Crösus, Oper, dazu setzet Conti die Music, Matteis
 aber die Melodien zu Täntzen 86

D.

Dactylus, dreisylbiger Klang-Fuß 166
 dessen Wortforschung und Nutzen in der
 Setzkunst . . . . 166. *sq.*
Damascen, Joh. Nachricht von ihm 26
Decime 325
Decoratio 235
Demetrius Phalereus 459
Democritus findet die Music wider viel
 Kranckheiten bewährt 15
Demuth, wie sie in der Music vorzustellen 18
Descriptionis locus, die sicherste und wesentlichste
 Handleitung zur Erfindung 127
Deutlichkeit einer Melodie 141
 zehn Regeln davon:
 die Ein- und Abschnitte sollen genau beobachtet
 werden, nicht nur in Singe- sondern auch
 Instrument-Sachen 141. 145
 man muß sich allemal eine gewisse
 Leidenschafft zum Augenmerck setzen 141. 145
 keine Tact-Art muß ohne Ursach, Noth und
 Unterlaß verändert werden 141. 146
 der Täcte Anzahl soll einen Verhalt haben 141. 146
 wider die ordentliche Theilung des Tacts soll
 kein Schluß vorkommen 141. 147
 der Wort-Accent soll wol in acht genommen
 werden 141. 148
 die Verbrämung muß mit grosser Behutsamkeit
 vermieden werden . . . . 141. 148. *sq.*
 man muß sich einer edlen Einfalt im Ausdrucke
 befleißigen 141, 149
 die Schreibart genau einsehen und
 unterscheiden 141, 149
 die Absicht nicht auf Wörter, sondern auf deren
 Sinn und Verstand richten, nicht auf bunte
 Noten, sondern auf redende
 Klänge 141, 149, 150
Dialogi 219
 ihr Abzeichen 220
Diapason wird die Octave Griechisch genannt . . . 45
Diapente heißt die Qvint Griechisch 46
 pileata 468
Diastema, was es heisse 48
Diastolica, was sie sey 180
Diatessaron, wird die Qvart bey den Griechen
 genannt 47
Diatonisch Klang-Geschlecht 55
Dichter, was er sey 101
Dichtkunst, darin soll ein Componist
 bewandert seyn 101
Didymus entscheidet den Streit wegen des Gehörs
 und Maaßstabes 23, 24
Diminutio notarum 116, 230
Dionysius, dessen Oden in Noten . . . . 25 *sq.*
 von Halicarnaß, Nachricht von ihm 74
Director der Music 480
 soll deutlich lesen und schreiben 481
 soll die ausgeschriebenen Stimmen mit der
 Partitur zusammen halten 481
 führet den Tact 481
 soll gut singen können 482
 soll das Clavier gründlich spielen 482
 soll die Zahl und Wahl der Sänger,
 Instrumentalisten und Instrumente besorgen 482
 Pflicht vor Aufführung der Music . . . . . 482 *sq.*
 in der Aufführung 483
 stellet und ordnet die Personen an 484
 wie er sich bey einer Sau zu verhalten 484
 soll neben seiner auch anderer Arbeit aufführen 484
Dispositio 235
Dissonanzien . . . . 296 *sqq.*
 deren Nutzen 128, 129
 was sie sind 296
 rechter Gebrauch ist dreierley . . . . 296 *sq.*
 Misbrauch durch die Beispiele erläutert 300
 Gesellschafft, so sie gerne um sich leiden . . 318 *ss.*
 Bindungen und Auflösungen 302
Dissonanzien-Tabelle 299
Ditonus heißt eine Tertz im Griechischen 47
Ditrochaeus, viersylbiger Klang-Fuß 170
Donius von Melodien 137
Doppel-Fugen . . . . 427 *seqq.*
 in der Secund 427

Tertz 428
Qvart 428
Qvint . . . . 428 sq.
in *Hexachordo* und *Heptachordo* 429
in der Octav 429
im *Unisono* 429
alla Nona 430
Anweisung zu Doppelfugen mit mehr als einem
 Hauptsatz . . . . 431 sqq.
Exempel, dabey die Eintritte, Wechsel-Noten und
 chromatischen Gänge zu mercken . . . 433
noch andere von Kuhnau und andern gesetzte
 und mit Anmerckungen versehene
 Beispiele . . . . 434 sqq.
eines von Händel 441
von Kriegern mit drey und vier Subjecten 442, 444
eines zu Ouvertüren 443
für Sing-Stimmen . . . . 445, 446 seqq.
wer solche machen könne 415
was darunter zu verstehen 415
entspringen aus dem doppelten Contrapunct . 415
Doppelter Contrapunct beschrieben 415
was zu deren Verfertigung nöthig sey 415
alla Zoppa 417
alla Diritta di Salto 417, 418
Puntato e di Perfidia 418, 419
fugato 420
d'un sol Passo 420,
ostinato 420
in *Saltarello e in Tempo ternario* 421
Sincopato 422
all'Ottava, dessen Regeln . . . . 422 sq.
alla Decima 423
alla Dodecima, Regeln 423
Dorische Ton-Art 61, 62
Doubles 230, 232
Drama, beschrieben 84
Dramatische Styl, eine Gattung des Theatralischen
 Styls 84
lehrt so singen, als ob man rede 84
leidet nichts gezwungenes, will alles natürlich
 haben 84
Dreiklang davon wuste man in den alten und
 mittlern Zeiten nichts gründliches 67
läßt sich im Anfange geschickt hören 151
Dreistimmige Sachen . . . . 344 seqq.
Duette . . . . 345, 350 sq.
 Muster eines schönen von Fux . . . . 349 sq.
Durand will die Moteten aus der Kirche geschafft
 wissen 76
Durchgang, beschrieben 118
 Exempel aufwerts 118
 herunterwerts 119

E.

Ecossoise 135
Eifer, wie solcher in der Music vorzustellen 18
Eifersucht, wie sie in der Music auszudrücken . . . 18

Einfalt, derselben soll sich ein Setzer
 befleißigen 141, 149
Einklang 44
 ist weder übermäßig noch mangelhafft 45
Einrichtung der Melodien s. Melodien.
Einsaiter, beschrieben 44
Einschaltung . . . . 194 sq.
Einschnitte der Klang-Rede . . . . 180 seqq.
 die Lehre davon ist die allernothwendigste in der
  Setz-Kunst 180, 200
 ist bisher von den Ton-Künstlern versäumet
  worden 181
 selbige sind: Ausruffungs-Zeichen 193
  Colon 191
  Comma 183
  Fragzeichen 192
  Parenthesis 194
  Punct 195
  Semicolon 187
Einschränckung betrübt, wenn eine Erweiterung
 vorhergehet 155
Eintheilungs-Lehre der Klänge . . . . 41ss.
Elaboratio 235
Emphasis 174
 beschrieben 174
 ist gehörig anzubringen 148
  Proben davon 148
 Regeln 175
 Exempel 175
Emphatic, was sie sey 174
 was dazu gehöre 174
Endigungs-Note 66
 Donii Gedancken davon 67
Enharmonisch Klang-Geschlecht 55
Entrée 227
 Abzeichen und Eigenschafft 227
Entrée grotesque, damit setzt sich mancher
 bey Hof in Gnaden 87
Entlehnen, wie solches geschehen solle 131
Entsetzen, wie es in der Tonkunst vorzustellen . . . 18
Epicedia 220
Epiglottis 96
Epinicia 220
Epithalamia 220
Epitritus, ein Klang-Fuß 169
Epizeuxis 243
Erfindung, melodische, beschrieben 121
 ist nicht leicht zu lehren, noch zu lernen 121
 nimmt ein Capellmeister aus dem Glockenspiel
  her . . . . ib.
 andern dienen Morgen- und Abendlieder darzu ib.
 ihre Qvellen sind unerschöpflich 122
 ihre unzertrennliche Gefährten sind die
  Einrichtung, Ausarbeitung und Schmückung 122
 siehet nebst der Tonart und Zeitmaasse
  vornehmlich auf den Haupt-Satz 122
 den Hauptsatz zu erfinden dienen die *loci*
  topici 123, 132

eine unvermuthete, unerwartete und gleichsam
    ausserordentlich eingegebene Erfindungsart   132
Ernsthafftigkeit .... 145 *sq.*
Erweiterung ist angenehm, wenn eine Enge
    vorhergehet 154, 156
Eversio 124
Evolutio 124, 417

F.

Faber Stapulensis hilfft die alte gute Lehre von
    den Ton-Arten verderben 64. 65
Fantaisies 232. 478
Fantasia, ihr Abzeichen ist die Einbildung 232
    Gattungen 477
Fantastischer Styl, eine Gattung der Theatralischen
    Schreib-Art .... 87 *sq.*
    dessen Gattungen 87
    wesentliches Abzeichen 88
    ist an keine andre, als an die Regeln der
        Harmonie gebunden 88
    darin wird Händel gerühmt 88
    ein Paar Exempel 89
Farinelli, Nachricht von ihm 27
    Concertmeister zu Hannover 483
Fehler der Erziehung 103
    des Verstandes 103. 104
    des Willens 103
Figurae dictionis & sententiae 242
Figuren sind mit grosser Behutsamkeit
    anzuwenden .... 110. 141. 148 *sq.* 159
Finck, Heinrich und Hermann, Nachricht von
    ihnen 110
Finger-Sprache 441
    ob dieser Titel fremd scheinen könne 441
Fleiß, wie er in der Music auszudrücken 71
Fliessendes Wesen einer Melodie hat acht Regeln . 141
    man soll die Gleichförmigkeit der Ton-Füsse
        fleißig vor Augen haben 141. 150
    auch den geometrischen Verhalt gewisser ähnlicher
        Sätze genau beibehalten 141. 150
    ie weniger förmlicher Schlüsse eine Melodie hat,
        ie fliessender ist sie gantz gewiß ... 141. 150 *sq.*
    die Cadentzen müssen ausgesucht und die
        Stimmen wol herumgeführt werden, ehe man
        zu den Ruhestellen schreitet 141. 150
    im Lauff oder Gange der Melodie mussen die
        zwischenkommende wenige Ruhestellen mit
        dem, was drauf folget, eine gewisse
        Verbindung haben 141. 151
    das gar zu sehr punctirte Wesen ist im Singen
        zu fliehen, es erfordere es denn ein besonderer
        Umstand 141. 151
    die Gänge und Wege nehme man ja nicht durch
        viel harte Anstösse, durch chromatische
        Schrittlein 141. 151
    kein Thema muß die Melodie in ihrem
        natürlichen Fortgange hindern oder
        unterbrechen 141. 151. 152

Folies d'Espagne 230
de la Fond a new System of Musik, beurtheilet . 58 *sq.*
Fragzeichen 192
    was dabey zu beobachten 193
    Exempel 193
Franchin s. Gafor.
Franckreich ist die rechte Tantz-Schule 86
    daselbst singt man aus der Kehle 62
Französische Tantz-Lieder, deren Eigenschafft ... 92
Freie Künste, ob solche mit Schlägen
    einzubläuen 104
Frescobaldi, ein berühmter italiänischer Organist . 479
Freude wird durch Ausbreitung der Lebens-Geister
    empfunden 16
    ist eine Freundin des Lebens und der
        Gesundheit 17
Froberger, ein fleißiger Fantast 89. 90
    Anfang einer Toccate und Fantasie von ihm ... 89
    hat auf dem Clavier gantze Geschichte
        vorgestellet 130
Fünfklang s. Qvart.
Fünfstimmige Sachen, wie die Kunst-Uibungen
    darin anzustellen .... 360 *sqq.*
Fugae perpetuae 393
Fugen, beschrieben 366
    Wortforschung 366
    Eintheilung 366
    gebundene 366
    freie 367
    einfache und vielfache 367
    Gegen-Fugen 367
    iede Fuge hat ihren Führer und Gefährten 367
    Fugen-Satz ohne förmlichen Schluß 168
    Regeln und Anmerckungen mit Exempeln
        erleutert .... 369 *ss.*
    Klang-Leiter, wie der *Comes* dem *Duci*
        antworten müsse 372
    Richtschnur des Wiederschlags im Diatonischen
        Geschlecht 373
    Tabelle, die den Wiederschlag der Klänge bey den
        Qvinten-Fugen anweiset 374
    allgemeine Fugen-Regel 375
    wie der Gefährte einzuführen 377
    ausserordentliche Anfangs-Klänge eines Fugen-
        Satzes .... 379 *sqq.*
    ausserordentliche Schlüsse .... 382 *ss.*
    noch sieben Anmerckungen .... 387 *sqq.*
Fughe 478
Furcht, wie sie in der Music vorzustellen 18
    die allereinfältigste Leidenschafft 72

G.

Gafor, Franchin, bey demselben wird ein Fehler im
    Waltherischen *Lexico* bemerckt 64
    verdirbt die alte gute Lehre von den Ton-
        Arten .... 64 *sq.*
Galanterie-Stücklein, ob sie allemal läppisch 73
Gang, der angenehmste und natürlichste 282

Register über das Werck.

Gattungen der Melodien . . . . 210 *sqq.*
  für Sänger sind: *Aria* 212
    Balletto 217
    Cantata 214
    Cavata 213
    Choral 211
    Concerti da Chiesa 221
    Coro 216
    Dialogi 219
    Duetto 215
    Motetti 222
    Opera 219
    Oratorium 220
    Pastorale 218
    Recitativ 213
    Serenata 216
    Terzetto oder *Trio* 216
  für Instrumente:
    Allemanda 232
    Angloise 229
    Aria 232
    Bourée . . . . 225 *sq.*
    Ciacona 233
    Concerto grosso 234
    Courante 230
    Entrée 227
    Fantasia 232
    Gavotta 225
    Gique 227
    Intrada 233
    la Marche . . . . 226 *sq.*
    Menuet 224
    Ouverture 234
    Passepied 229
    Polonoise 228
    Rigaudon 226
    Rondeau 230
    Sarabanda 230
    Sinfonia 234
    Sonata 233
Gavotta, Affect und Eigenschafft 225
  warum die Frantzosen *Gavote* schreiben 225
  aus einem Choral 161
Geberden-Kunst 33
  beschrieben 34
  wird von alten Rednern hochgehalten 34
  gehört zur Music 38
  gehört nicht nur für Prediger, sondern auch für
    Sänger und Spieler . . . . 35 *sq.*
  deren eigentlicher Sitz ist die Singbühne in
    Opern 37
  dazu waren vormals eigene Schulen bestellt . . 39
  einige, so damit grossen Reichthum erworben . 39
  diese Kunst ist nicht gäntzlich verlohren
    gegangen 40
Gebundener Kirchen-Styl 73
  dessen Gattungen 74
Gedackte, wie sie zu stimmen 465

Gedult, wie sie in der Music zu behandeln . . . 18. 72
Gegen-Bewegung ist dreierley: wenn die Stimmen
  zugleich gegen einander gehen 415
    Exempel 416
  wenn eine nach der andern schlecht oder genau
    folgt 416
    Beyspiele 416
  rückgängige, in einer eintzigen Stimme 416
Gehör, Streit wegen desselben und des
  Maaßstabes . . . . 23 *sq.*
Geigen, deren Stimmung 482
  wie *Farinelli* solche angestellet 483
Geistliche sollen in der Music nicht unerfahren
  seyn 30. 31
Gelassenheit, ob es eine Gemüths-Neigung 19
Gelehrsamkeit, was es heisse 100
  ob sie an Sprachen und Universitäten gebunden 100
Gemshorn 468. 469
Gemüths-Bewegungen, wie solche in der Ton-
  Kunst vorzustellen 17. 18. 19
Gemüths-Neigungen die wahre Materie der Tugend 15
  müssen sowol durch Spieler als Sänger
    ausgedruckt werden 127. 141. 145
  die Lehre davon ist die vornehmste in der
    melodischen Wissenschafft 200
General-Baß war vor dem *Viadana* 104
Geometrische Fortschreitungen dienen den
  Instrumenten stat des Meters 209
Gerstenbüttel 220
Gesänge ohne Schwantz 67
Giga 227
Gique 227
  Abzeichen 228
Glarean verdirbt die alte gute Lehre von den Ton-
  Arten 64. 65
Glockenspiel dienet zur Erfindung 121
Gloria 121
Glottis ist das eintzige und allein richtige
  Instrument unter der grossen Menge klingender
  Werckzeuge 96
Gradualia 74
Graupner schreibt sehr saubre Partituren 481
  dessen Clavier-Stücke und Partiten 477
Griechen, die alten, zehlen ihre Klangstuffen von
  oben 63
  ihre Ton-Arten . . . . 60 *seqq.*
Griechische Lieder in Noten sind keine mehr als
  vom Dionysio übrig 25
Grimm, wie solcher in der Music auszudrücken . . 18
Groppo, Wortforschung . . . . 115 *sq.*
  wie er anzubringen 116
  Exempel 116
Grundsatz, allgemeiner der Music 1. 2

H.

Händel wird im Fantastischen Styl gelobt 88
  hat den Welschen das grosse Musicalische
    Vermögen der Teutschen vor Augen gelegt . . 36

wird von ihnen *Signor Sassone* genennet 479
    ein grosser Meister auf der Orgel 479
Hänffling will die Ordnung des grossen und
    kleinen Tons umgekehrt haben 51
Halb-Circkel, beschrieben 116
    Exempel 117
Halbe Ton, musicalischer Abgott der mittlern
    Zeiten 64, 65, 67
    wie davon *loci communes* zu machen 152
    drey oder vier hinter einander sind schon genug 153
Hammerschmidt wird in Moteten und sonst
    gelobt 74, 75
    musicalische Andachten 80
Harfen-Sprünge 355, 356, 295
Harmonic 42
    der edelste Theil canonicalischer Wissenschafft 55
Harmonie, was sie sey 134, 138
    einfache und mehrfache wol zu unterscheiden . 133
    wird aus der Melodie gezeuget .... ib.
    einfache Harmonie ist die Melodie 134
    in der einfachen folgen die Intervalle nach auf
        und hinter einander 134
    in der mehrfachen aber werden eben die Intervalle
        auf einmal und mit einander vernommen .. 134
    die vielfache ziehet ihre Regeln aus der
        Melodie 134, 136
    Harmonie ohne Melodie ist ein leerer Schall und
        kein Gesang 134
    die schönste Harmonie ohne Melodie ist offt
        abgeschmackt 136
Hartnäckigkeit, wie solche in der Music vorzustellen 18
Hasse 128
    ein guter Sänger 105
    hat den Welschen das grosse Musicalische
        Vermögen der Teutschen gezeiget 36
Haupt-Satz 122
    was dabey zu beobachten 122, 123
    zu dessen Erfindung dienen die *loci topici* 123 sqq.
    ein ieder führt allezeit eine blosse Melodie 134
Haupt-Schluß in die Endigungs-Note wird gut, artig
    und schön gleich im Anfang angebracht ... 151
Heinichen 112
    hat den Welschen gezeigt, wie starck die Teutschen
        in der Music sind 36
Hemidiapente s. Qvint die kleine.
Hemitonium s. Ton.
Heptachordon 49
Hexachordon, ein neu Wort 48
Hochmuth, wie er in der Music zu behandeln ... 18
    ob er was hohes an sich habe 71
Hoffart s. Hochmuth.
Hoffnung ist eine Erhebung des Gemüths 16
    wie sie in der Music auszudrücken 18
Hohl-Flöten 469
Hohnspruch, der in unvermuthete Freude
    ausbricht 132
Horae canonicae 74

Hornpipen, beschrieben 229
    Exempel 229
Hotteterre, von Flöten und Oboen 459
Hymni 211
Hypocrita heißt eigentlich ein Schauspieler 37
Hypocritica 33
    Bedeutung des Worts 34
    ist zur Tantz-Kunst unentbehrlich 37
Hyporchematische Schreib-Art, eine Gattung
    der Theatralischen 86
    worinne sie bestehe und ihr Abzeichen 87

I.

Iambus, ein Klang-Fuß 168
    dessen Nahme und Nutzen in der Setz-Kunst . 165
Instrumentalist muß sich ein Leib-Instrument
    wehlen 470
Instrumental-Melodie s. Spiel-Melodie.
Instrumente sind aus des Pabstes Capelle verbannet 82
    deren Grenzen sind nicht so enge, als bey
        Sängern 206
    deren Verfertigung und Beschaffenheit ... 457 sq.
    wer darauf was rechtes setzen oder spielen will,
        muß die Singekunst gründlich verstehen ... 470
Instrument-Styl gehört zu allen drey Classen
    der musicalischen Schreibart 82, 84, 91
    wie er beym Gottesdienst beschaffen seyn
        soll .... 82 sq.
    Unterschied in Kirchen und Opern 84, 86
    in Exempeln gezeigt 85
    Abzeichen und Eigenschafften und der Kammer 91
Instrumental-Music ist eine Ton-Sprache oder
    Klang-Rede 82, 109
Interjectiones 315
Intervalle 41, 135
    deren Verhalt .... 42 seqq.
    was dabey zu unterscheiden 42
    lassen sich nicht besser als durch Zahlen und
        Linien vorstellen 43
    deren sind mehr in der Natur, als Zeichen zu ihrer
        Ausdrückung 54
    zwischen melodischen und harmonischen ist kein
        wesentlicher Unterschied 134
    sind bey der Melodie natürlicher, bey der
        Harmonie künstlicher Weise 136
    kleine Intervalle sind in der Melodie mehr, als
        grosse Sprünge zu brauchen 141, 152
    Anweisung, wie hievon *loci communes* zu
        machen 152
    damit soll man gescheut abwechseln . 141, 152 sq.
    den Dissonanzien zur Begleitung dienende 328 seqq.
Intonatio 477
Intrada, ihr Affect 233, 233
Intramezzi 90
Introitus 74
*Inventio ex abrupto, inopinato, quasi ex Enthusiasmo
    musico* 132
Inversiones 416

Ionicus, ein Klang-Fuß 169
   a majori & minori . . . . *ibid.*
Ionische Ton-Art 63
Iosquin, Nachricht von ihm 483
   wie er sich bey der Probe aufgeführet 483
*Ismenias cu*rirt das Hüftweh mit der Flöte 15
Italien giebt viel Altisten und Discantisten 62
   daselbst singt man aus der Brust 62
   hohe Schule der Music 479
Jung heißt im Klange hoch oder fein 465

K.

Kämpfer-Melodie 165
Kaiser ist in Opern vortrefflich 84
   Anfang einer Opern-*Intrade* von ihm 85
Kammer-Styl, die dritte Classe der musicalischen
   Schreib-Art 90
   dessen Gattungen sind der *Instrument*-Styl . . . 91
      Canonischer . . . . 91. *sq.*
      Choraischer 92
      Madrigal- 92
      Melismatische Styl . . . . 92. *sq.*
Kehle, was sie zum Klange beytrage 11
Kirchen-Gesänge
   etliche geben sehr gute *canoni*sche Gänge an die
   Hand 83
Kirchen-Music ein beträchtlicher Theil des
   öffentlichen Gottesdienstes 31
   ob sie bey Land-Trauern mit Recht verboten
   werde . . . . 32. 478. *sq.*
   deren Wirckung 220
Kirchen-Tone, acht erdichtete 65
Kirchen-Vorsteher sollen die Music verstehen . . . 30
Klang, dessen Natur-Lehre 9
   Beschreibung, richtige 9
      verworrene und unzulängliche 9
   ist der Unterwurff der Music 9
   rühret von der Bewegung her 9. 10
   das Mittel ist die Lufft 10
   entsteht aus einer Zusammenstossung oder
      Trennung 10. 11
   wird auf viererley Art hervorgebracht 10
   diese Arten werden auf die Ton-Lehre
      angewandt . . . . 10 *sqq.*
   die Lehre vom Klange ist in der melodischen
      Wissenschafft wichtig 12
   wo man sich deßfalls Raths erholen könne . . . 12
   kein einziger Klang kan allein und ohne seine
      Vollstimmigkeit seyn 13
   dessen Länge und Kürtze . . . . 160. *seqq.*
Klang-Füsse 160
   wie offt sie sich versetzen lassen 170
   zwosylbige 164
      Exempel 165
   dreisylbige, Exempel 166
   viersylbige . . . . 168. *sq.*
   arithmetischer und geometrischer Verhalt . . . 150
Klang-Geschlechter 55

Klang-Leiter 134. 135
Klang-Rede braucht nur einen *Paragraphum* 481
Klang-Stuffen, daraus entsteht die
   Vollstimmigkeit 134
Klang-Zwisten . . . . 294. 300. *sq.*
Klänge hohe kommen von geschwinder Bewegung 11
   tieffe von der langsamen 11
Kleinmüthigkeit, wie sie in der Tonkunst
   vorzustellen 18
Kirchen-Styl, die erste Classe musicalischer
   Schreibart . . . . 69. 73. *ss.*
   dessen Gattungen sind der gebundene 73
      was dazu gehöre 74
      hieß vor Alters der Capell-Styl 74
      stat dessen bedienen wir uns der
      melismatischen Schreibart 74
   Moteten-Styl . . . . 74. *sq.*
   Madrigal-Styl . . . . 78. *sqq.*
   Instrument-Styl . . . . 82. *sq.*
   Canonischer Styl 83
Klinge-Zeuge, deren Stärcke und Schwäche muß ein
   Componist wissen . . . . 105. *sq.*
Krebs-Fuge 414
Krebsgängiger *Canon* 413
Kreis-Fugen, Beschreibung 394
   woher sie den Nahmen *Canon* haben 395
   Urtheil von ihnen 395. 414
   Berardi zehlet zwölf Arten der Kreis-Fugen . . . 395
   wie am kürtzesten dabey zu verfahren 396
   offener und geschlossener *Canon* 396
   dreistimmiger in eine Zeile zu bringen 397
   ob ihr Nutzen nicht zu vergrössern . . . . . 397 *sq.*
   neue Art abwechselnde und versetzte *Canones*
      auszuarbeiten . . . . 398. *sqq.*
   andre Exempel 408. 409
   Canone al Roverscio 410
   Canon infinitus 410
      al contrario riverso . . . . 411. *sq.*
   Bachs Rätzel-Kreis-Fuge 412
   aufgelöset 413
Künsteley zu meiden 143
Kunst, wie sie von der Wissenschafft
   unterschieden 1. 2
   eine Dienerin der Natur und zu ihrer
      Nachahmung bestellt 135. 143
Kurtz, Johann, Nachricht von dessen Schrifft von
   Variirung des Chorals . . . . 476. *sq.*
   Ode darauf 476
Kurtze Octaven an einer Orgel 466

L.

Lampe *de cymbalis veterum* 458
Land-Trauer, Verbot der Kirchen- und Hochzeiten-
   Music dabey bestritten . . . . 32. 478. *sq.*
Lapland 103
Lasso, Orlando, ist in Moteten vortrefflich 74
Lateinische Sprache, soll ein Capellmeister
   verstehen 100

Laut der Wörter 200
   der geringste Punct in der melodischen
      Wissenschafft 200
   ungerathene Beyspiele zur Erörterung und
      Warnung . . . . 200. *sqq.*
   gute Beyspiele 202
Lebens-Beschreibungen, wie sie beschaffen seyn
   sollen . . . . 26. *sq.*
Leichtigkeit einer Melodie 140
   geht nur den Zuhörer, nicht den Setzer an 144
   Regeln derselben: in allen Melodien muß etwas
      seyn, so fast iederman bekannt ist . . . 140. 142
   alles gezwungene weitgeholte schwere Wesen
      muß vermieden werden 140. 142
   der Natur muß man am meisten, dem Gebrauch
      in etwas folgen 140. 142
   man setze die grosse Kunst auf die Seite oder
      bedecke sie sehr 140. 143
   den Frantzosen soll hierin mehr, als den
      Welschen, nachgeahmet werden . 140. 141. 143
   die Melodie muß gewisse Schrancken haben, die
      iederman erreichen kan . . . . 140. 143. *sq.*
   die Kürtze wird der Länge vorgezogen . . 140. 144
Leidenschafften der Seele 141. 145
   was einem Capellmeister davon zu wissen nöthig 15
   solche zu erregen ist das rechte Ziel aller
      Melodie . . . . 207. *sqq.*
Leonora, eine Sängerin 36
Liebe hat eine Zerstreuung der Lebens-Geister zum
   Grunde 16
   wo musicalische Exempel zu finden 16
   mit derselben vereinbarte Gemüths-
      Bewegungen 17
   die höchste und nachdrücklichste Gemüths-
      Bewegung 72
   die beste Lehrmeisterin in der Music 129
Lieblichkeit einer Melodie, Regeln von
   derselben . . . . 41. *sq.*
   gerade und kleine *Intervalle* sind disfalls grossen
      Sprüngen vorzuziehen 141. 152
   mit solchen kleinen Stuffen kan man gescheut
      abwechseln . . . . 141. 152. *sq.*
   allerhand unsingbare Sätze zusammen tragen um
      sich davor zu hüten 141. 153. 154. 155
   wolklingende hingegen zu Mustern auserlesen
      und sammlen . . . . 141. 155. *sq.*
   den Verhalt aller Theile, Glieder und
      Gliedmassen wol beobachten 141. 156
   gute Wiederholungen, doch nicht zu oft,
      anbringen 142. 157
   den Anfang in reinen, mit der Ton-Art
      verwandten Klängen machen 142. 158
   mäßige Läuffer oder bunte Figuren
      brauchen . . . . 142. 159. *sq.*
Limma 53
Linien ihr gröster und vornehmster Gebrauch in der
   Music 42
   warum deren nur fünf seyn müssen 59. 60

Lob GOttes, damit soll sich die freudige Music
   beschäfftigen 17
Loci topici . . . . 123. *sq.*
   solten billig *dialectisch* heissen 123
   dienen zu Erfindung des Haupt-Satzes . . . 123. *ss.*
   Adjunctorum 130
   Causae efficientis 127
      finalis . . . . 129 *sq.*
      formalis 128
      materialis 128. 129
   Circumstantiarum 131
   Comparationis 131
   Descriptionis 127
   Effectorum 130
   Exemplorum 131
   Generis & speciei 127
   Notationes . . . . 124 *ss.*
   Oppositorum 131
   Testimoniorum 132
   Totius & partium 127
Loritz, Heinrich, Urtheil von dessen
   Dodecachordo 65
Loure 227
Lufft ist das Mittel, dadurch der Klang dem
   Gehöre mitgetheilet wird 10
Lully unterrichtet seine Acteurs in der Geberden-
   Kunst selbst 77. 86
   ist im Instrument-Styl seiner Opern sehr fleißig
      und starck 86
   wird in der Leichtigkeit der Melodie
      vorgeschlagen 143
Lunge, was sie beym Klange thue 11
Lydier, Sprichwörter von ihnen 62
Lydische Ton-Art 61
   warum wir davon keine alten Kirchen-Lieder
      haben . . . . 61 *sq.*

M.

Maaßstab, wegen desselben und des Gehörs
   Streit 23
Madrigale werden ehemals mit viel Stimmen
   *concerti*rend gesetzt 79
   wie sie in einer gantzen Cavata anzubringen . . 79
   darin läßt sich nicht viel Pausirens machen . . . 79
Madrigal-Styl, dessen Alter 78
   Wortforschung . . . . 78 *sq.*
   Beschreibung 79
   Einteilung 78
   Erfinder 79
   zu diesem Styl schicken sich Biblische Sprüche
      wol 80
   Exempel 80. 81
   gehört zu allen drey Classen der
      Schreibart 78. 90. 92
Magas, was es sey 44
Magiri Ars musica, Nachricht davon 134
Mahler 40. 100. 145
Malcolm, *Teatrise of Musik* 289

Manieren . . . . 110. 242 ss.
   s. Zierathen.
   kommen nicht bloß auf Regeln, sondern vielmehr
      den Gebrauch, Ubung und Erfahrung an . . 112
   Fehler dabey 111
Manuale sollen in Italien das Pedal durch Drat an
   sich hängen haben 466
la Marche 226
   Eigenschafft 226. 227
Melancholey vertreibt die Music 14
Melisma von Scheerenschleiffern 90
Melismatische Styl in der Kirche 74
   auf der Schaubühne 90
   in der Kammer . . . . 92 *sq*.
Melismi sind nur mäßig zu gebrauchen . . . 142. 159
Melodica, deren Beschreibung 6
Melodie, Beschreibung 138
   vor Ausfertigung des melodischen Kerns
      haben wir keine richtige Beschreibung
      gehabt 140
   in Lehr-Sachen ist nicht genug zu setzen: Was
      Melodie sey, dürfe man einem Musico wol
      nicht sagen 140
   wie sie von der Music unterschieden 8
   Kunst, dieselben aufzuschreiben 56
   Kunst, eine gute Melodie zu machen . . . . . 133 ss.
   ist der Grund der gantzen Setzkunst 133
   ist die ursprüngliche wahre und einfache
      Harmonie 134
   damit muß der Anfang zum Componiren
      gemacht werden 136
   zween Grund-Sätze, daraus dieser Schluß
      folgt 134. 135
   ist die Haupt-Sache und der höchste Gipffel
      musicalischer Vollkommenheit 136
   deren Seele ist die Zeitmaasse 146
   bey vielen Stimmen kan nicht viel und zwar recht
      gute Melodie seyn 37
   bewegt mit ihrer edlen Einfalt, Klarheit und
      Deutlichkeit die Hertzen so, daß sie offt alle
      Harmonische Künste übertrifft 138
   ihre Wirckungen 138. 139
   die wahre melodische Schönheit besteht im
      bewegenden und rührenden Wesen 140
   aus den Eigenschafften der Leichtigkeit fliessen
      sieben Regeln 140. 142
   aus der Deutlichkeit zehn Regeln 141
   aus dem fliessenden Wesen acht 141
   aus der Lieblichkeit acht Regeln . . . . 141. *sq*.
   deren Nachdruck . . . . 174. *seqq*.
   deren Ziel ist die Vergnügung des Gehörs,
      dadurch die Leidenschafften der Seele rege
      werden 207
   Gattungen und Abzeichen . . . . 210. *sqq*.
   ihre Einrichtung beschrieben 235
      was dazu gehöre . . . . 236. *sq*.
      an einer Art des Marcello gezeigt . . . . . 237. *sqq*.
      wie dabey zu verfahren 240

   ihre Ausarbeitung . . . . 241. *sq*.
   Zierde . . . . 242. *sqq*.
   Zahlmaasse 141
   elende können durch die beste Bewerckstelligung
      nicht gut gemacht werden 73
Melopoeia 6
   beschrieben 133
   begreifft das wesentlichste in der Music 133
   die vornehmsten und neuesten Meister gestehen,
      es sey fast unmöglich, gewisse Regeln davon
      zu geben 133. 136
   hier werden öffentliche Beschreibungen und
      regelmäßige Anleitung dazu gegeben . . . . . . *ibid*.
   ihr Unterschied von der Melodie 140
Melopoet muß angebohrne musicalische Gaben
   haben 101
Menschen-Stimme, deren Pflege . . . . 94. *sqq*.
   deren Werckzeuge 96
   muß ausgeschrien werden . . . . 96. *sq*.
   wo und wie solches geschehen müsse 96
   man muß mit gemäßigter Stimme immer in
      einem Athem so lange wegsingen, als
      möglich 97
   man muß sich befleißigen bisweilen mit ganz
      leiser, sodann mit halber und mittelmäßiger,
      und endlich stärckerer und ganz starcker
      Stimme zu verfahren 97
   der Klang muß nicht mitten in der schnarrenden
      Gurgel, mittelst der Zunge oder zwischen den
      Backen und Lippen seine Form bekommen,
      sondern durch die Glottis und Aushölung der
      Stimme 97
   man muß eine gute Diät halten 98
   ein Löffel Eßig ist nicht undienlich 98
   Stellung des Leibes . . . . 98. *sq*.
   ein Orgel-Register 464
Mensch-Music der Alten 6
Menschliche Stimme ist das allerschönste und
   richtigste *Instrument* 465
   ist das Muster aller klingenden Werckzeuge . . . 465
Mensur . . . . 171. 146. *sq*.
   läßt sich weisen und lernen 172
Menuet 224
   aus einem Choral gemacht 161
   daraus ein Choral durch die Rhythmic
      verfertiget . . . . 163. *sq*.
   eine zergliederte 224. 225
Merulo, Claudio, ein fleißiger Fantast . . . . 89. *sq*.
Meß-Kunst hat ihren Nutzen in der Music 465
   kan allein nicht einen einzigen tüchtigen
      Capellmeister hervor bringen 43
Mesure 171
Metric 195
   deren Natur und Eigenschafft soll ein Setzer
      fleißig untersuchen 196
Metrum, was es sey 196
   Griechische 196
   Lateinische 197

Teutsche	197	Beschreibung	5
Proben vom Jambischen Geschlechte	198. 199	und deren Erleuterung	5. 6
Dactylisches Geschlecht	199	Eintheilung	6
Welsche	198	der Alten	6
Mifa	65	in theoretische und practische	6. 7
Minen-Wissenschafft s. Geberden-Kunst.		der practischen in die Setzkunst und Ausübung	7
Missa	223	*Subjectum*	9
Missale, was es sey	73	*Objectum*, ist das Gehör	9
Exempel daraus	73	Nutzen in Leibes-Gebrechen	14 *sq.*
Mitleid, wie es in der Tonkunst vorzustellen	19	der Melancholey	14
Mixo-Lydische Ton-Art	63	wer hievon geschrieben	15
Mixtur, wo es hergeleitet worden	13. 463	Nutzen bey Gemüths-Bewegungen und Affecten	15 *sq.*
Mizler vom Nutzen und Vorzuge der Weltweisheit	21	ist vor andern eine Zucht-Lehre	15
daß die Music eine eigene Wissenschafft und ein Theil der Gelehrsamkeit sey	21	Endzweck ist GOttes Ehre, das Vergnügen und die Bewegung der Zuhörer	129
Modi	61	die Anmuth und das Wolgefallen	19
s. Ton-Arten.		alle Affecten rege zu machen	127
Modulatio, Bedeutungen dieses Worts	293. *sqq.*	Nutzen im gemeinen Wesen	28 *seqq.*
Moduliren, was es heisse	110	Schreib-Arten	68 *ss.*
Modulatoria, vocalis & instrumentalis	109. *seqq.*	Lob	28 *sq.*
Molossus, ein Klang-Fuß	166. 167	ist eine Kunst aller Künste	4
Monochordum, beschrieben	44	ist die allerälteste und vornehmste Kunst	4
Moral-Music, dazu wird Hoffnung gemacht	107	gründet sich nicht auf die Meßkunst	465
Mordant, Wortforschung	119	deren Verbesserung wird unter die Vorboten der Reformation in Teutschland gezehlet	31
Beschreibung	119	ob sie bey den alten Römern verachtet gewesen	25
wie er anzubringen	119	deren Verbot bey hohen Trauer-Fällen bestritten	32. 478
Exempel	120	ist ein ansehnlicher Theil der Gelehrsamkeit	103
Morgen-Lieder dienen zur Erfindung	121	eine der Theologie am nächsten tretende Wissenschafft	*ib.*
Moses, woher er seinen Nahmen habe	4	Music-Aufführung	482
Moteten-Styl, eine Gattung des Kirchen-Styls	74. *sq.*	was vorhergehen soll	*ib.*
Mängel, daß er die Leidenschafften und den wahren Sinn der Worte nicht ausdruckt	75. 78	was in derselben geschehen soll	483. *sq.*
ward vor Alters sehr geringe geachtet	76	dabey will das Frauenzimmer sich fast unentbehrlich machen	482
hätte die Music schier aus der Kirche verbannet	76	*Musica moralis* ist bey uns ein unbekandt Ding	33
kan und muß in geistlichen Sachen zum Theil beibehalten werden	76	Musicalische Bibliothec	21
darin sind Hammerschmidt und *Orlando Lasso* vortrefflich	74	Musicalische Geschichts-Kunde	20 *sq.*
Motetti	222	ist weitläufftig	*ib.*
deren Wortforschung	75	ward ehemals ernstlicher abgehandelt	*ib.*
Eigenschafften	75	hat drey Glieder	21
vorige Gestalt	76 *sq.*	drey *Periodi* ihrer Zeit-Rechnung	23
Probe	222. *sq.*	betrachtet die Personen und deren Lebenslauf	21
eine dreistimmige	76 *sq.*	bemühet sich um die zum Spielen erforderliche Werckzeuge	21
Verbesserung	223	wer hievon geschrieben	22
Motets, Französische	223	Musicalische Materie ist der Klang	128
Motus communis	416	Musicalischer Patrioten-Pfennig	37
contrarius	249. 415	Musicalische Zeichen	58
obligatus	249	Musiciren, weltliches, bedarf einer Obrigkeitlichen Ausbesserung	31
parallelus	249	Music-Vorsteher, dessen Eigenschafften ausser seiner Kunst	99 *seqq.*
rectus	249	s. *Director*.	
Mouvement	171		
läßt sich schwerlich in Gebote und Verbote fassen	172 *sq.*		
Music, deren allgemeiner Grund-Satz	1. 2. 3		
Praecognoscenda	3		
Wortforschung	3. 4		

Mutiren, was es heisse 94
   geschieht mehrentheils Octavenweise 95

N.

Nachahmung bedeutet dreierley 331
   beschrieben 331
   Probe einer canonischen Nachahmung 332
   muß mit der Wiederholung nicht vermischt
      werden 333
   nichts hat in der Harmonie so grossen Nutzen
      als sie 333
   ist aller Fugen Ursprung 334
   Exempel einer Arie 335
   in Ouverturen, Sonaten und Cantaten 336
   Duetten, Symphonien, Serenaten 337
Nachdruck in der Melodie . . . . 174. *seqq.*
   dazu dienen die kleinen Intervalle öffter als die
      grossen 210
   denselben nimmt die Sing-Melodie aus den
      Worten, die Instrumente aber aus dem
      Klange her 210
   ist gehörig anzubringen 148
   Proben 148
Nachspiel 477. 478
Nachthörner, ein Orgel-Register 469
Nasat, ein Orgel-Register, heist so viel als Nachsatz 467
   wird unrecht *Nazard* oder *Nasarde* genannt . . . 468
Natur, ihr fehlet es niemals an Schönheit 143
Natur und Sitten-Lehre, ohne dieselben werden die
   Ohren gekitzelt, nicht aber das Hertz gerühret . 20
Naturel, ein gutes muß ein Componist haben 106 *seqq.*
Natürlich sollen alle Schreibarten seyn 71
Nazard sollte eigentlich *Nasillard* heissen 468
Niel, Ballet des Romans, Nachricht 197. 217
Nomi 61
Nonen, deren Verhalt 322
   kleine None 299
   grosse 299
   acht Lösungs-Arten . . . . 323 *seqq.*
   übermäßige, ihr Abzeichen 326
   Gebrauch . . . . 327 *sq.*
   und Lösung 327
Notationis locus ist die reichste Erfindungs-Qvelle 124
   hat vier Wege: durch Geltung der Noten 124
      Exemp. 125
   durch Umkehrung 124
      Exempel 125
   Wiederholung oder Wiederschlag 125
      Exempel 126
   canonische Gänge . . . . 124 *sq.*
      Beyspiel 126
Note cambiate 296
Noten anschlagende 297
   durchgehende . . . . *ib.*
   gebundene . . . . *ib.*
   wechselnde . . . . *ib.*
Notirungs-Kunst, was darunter zu verstehen 56
   ist gleichsam die musicalische *Grammatic* . . . . *ib.*

sie hat ihre Orthographie und Etymologie . . . . *ib.*
ihre Prosodie und Syntaxin 57
wie darinne klüglich zu verfahren 57. 58
heutige behauptet den Preis einer klugen
   Erfindung 58
wird unbillig angefochten 58. 59
warum sie nur fünf Linien haben müsse 60
Numerus musicus 141

O.

Oberwerck bey einer Orgel 466
Obligater Baß, was er sey 124
Octave übermäßige und mangelhaffte . 54. 284. 285
   verkleinerte 253
   gewöhnliche . . . . *ib.*
   vergrösserte . . . . *ib.*
   sind *aequisoni*, nicht *unisoni* 258
   ihre Folge in der Vollstimmigkeit 284
   wie man daraus gehe in den Einklang 285
   die kleine und grosse Tertz . . . . *ib.*
   die Qvint 285, 286
   die kleine Sext 287
   die grosse Sext . . . . *ib.*
   die andre Octave 288
Ode, eine griechische führt *Niel* auf 197
Opera 219
   deren Abzeichen . . . . *ib.*
Opern, deren Anfang 24
   in Engelland 31
   in Teutschland 32
   sind die wahre hohe Schule der Music . . . . . . *ib.*
   Partituren, Französische 87
Opern-Componist muß den hyporchematischen
   Styl verstehen . . . . 86. *sq.*
Oratorien, beschrieben 220
   heutige von den alten unterschieden 79
   ihr Abzeichen 221
Orchesis 38
Organica 470
Organisten, die berühmtesten bringt Teutschland
   hervor 479
Organopoeia 457
   ist bisher noch nicht ausgearbeitet 458
   was bey solcher Ausarbeitung zu
      beobachten . . . . 458 *sq.*
   wer davon etwas geschrieben . . . . 458 *sq.*
   Nutzen solcher Arbeit 459
Orgel, das vornehmste Werckzeug des Klanges . . *ib.*
   deren Erfindung geht über Augustini Zeiten
      hinaus . . . . *ib.*
   ist bey den Griechen, oder vielleicht Hebräern
      zu suchen . . . . *ib.*
   Erfinder unbekandt . . . . *ib.*
   bey deren Bau ist zu sehen: auf die Lage und den
      Ort 460
   sie muß eben nicht nach Westen zu liegen . . . . *ib.*
   der Ort soll fein geraum seyn . . . . *ib.*
   die Windlade, so gleichsam das Hertz 461

und aus der Unterlade 460
den Stöcken 460. 461
und Registern bestehet 460
Cancellen, beschrieben .... *ib.*
Dämme, was sie sind .... *ib.*
Schleiffladen 461
Springladen .... *ib.*
Ventile .... *ib.*
woher das Heulen .... *ib.*
und Durchstechen entstehe .... *ib.*
Blasebalg und Wind-Wage 462
woher der Nutzen und die Zubereitung der
    Roß-Adern .... *ib.*
das Pfeiffwerck, welches entweder
a) Flötwerck 463
diese sind theils offen, theils gedackt oder
    zugedeckt .... *ib.*
haben ihre Lefzen, Kern, Seiten-Blätter 463
Ohren, Einschnitte, Hüte, Stülpen .... *ib.*
das Uiberschlagen des Tons verursacht das
    Filpen .... *ib.*
am Pfeiffenfuß bemerckt man der Windlade
    Unrichtigkeit .... *ib.*
sind Qvintadeen .... *ib*
Mixturen .... *ib.*
b) oder Rohr-Werck, so auch Schnarrwerck 464
dessen Krücken werden mit dem Stimm-Eisen
    eingeschlagen .... *ib.*
Stimmung der Orgeln und Temperatur 465
eigentliche Claviere oder Griff-Tafeln 466
Register und Austheilung der Orgel-Stimmen *ib. sq.*
Orgel-Züge erste Gattung 467
zweite Gattung 468
das Examen 469
was unnütz an verschiedenen Orgeln ist .. 466 *sq.*
ihre Stärcke 471
Sprengel .... *ib.*
Styl 472
Nutzen im Vorspiel .... *ib. sq.*
Fugenspiel 474
Choralspiel .... *ib. sq.*
Nachspiel 477
Beschaffenheit der Orgel in der S. Marcus-Kirche
    zu Venedig 466
alphabetisch Verzeichniß der berühmtesten
    Meister auf der Orgel 479
Orgel-Bau, wie er beschaffen seyn sollte ... 460 *sqq.*
Orontea, eine Oper 24
Ouard soll eine Geschicht von der Music geschrieben
    haben 12
Ouverture 234
Character ist die Edelmuth .... *ib.*

P.

Pachhelbel, Nachricht von ihm 476
Paeon, ein Klang-Fuß 168, 169
Palymbacchius, ein Klang-Fuß 168
Pantomimi, Nachricht von ihnen 33, 39

Papius, Andreas, Nachricht von dessen Schrifft
    de Consonantiis 307
Parallel-Bewegung 249
Exempel 249
Parasemantice 56
Paranthesis .... 194. *sq.*
Partite 232
Partituren, sollen sauber und deutlich geschrieben
    seyn 481
Pasquini, ein berühmter Italiänischer Organist ... 479
Passagaglio 233
Passaggio .... 118, 174, 178 *sq.* 477
Proben 178
Passecaille, Unterschied von der *Chaconne* 233
Passepied 229
Abzeichen 229
Passiones 210
Pastorale 218
deren Abzeichen 218, 219
Pedal 466
Periodus, Beschreibung 182
Beschaffenheit .... 182 *sq.*
Pfeiffenwerck 463
wie solches zu stimmen 465
Pfeifflein, damit bemerckten die Alten die Fehler
    der Bewegung bey den Rednern 95
Phonasci 95
Phonascia, beschrieben 94
Phrygier, Sprichwörter von ihnen 62
Phrygische Ton-Art .... 61 *sq.*
Pietro Aron, Nachricht von ihm 74
Pillen wieder die Traurigkeit 229
Plato, dessen Gedancken von der Music 32
Plock-Flöten 469
Poesie hat nicht so viel Rhythmos als die Music .. 170
stammet von der Music her 170
Polnische Tänze beliebt 92
Polonoise 228
zwo aus einem Choral gemacht .... 162 *sq.*
ihr Abzeichen 228
Polybius lobt die Music 29
le Port de voix, beschrieben 112
Posaunen, ein Orgel-Register, sind im Pedal, aber
    nicht im Manual gut 467
Positive, thun bey Auffführung einer Music gute
    Dienste 484
Praecognoscenda der Music 3
Praefationes 74
Präludiren, der höchste practische Gipfel in der
    Music 478
Pränestin verhütet, daß die Music nicht aus der
    Kirche verbannt wird 76
Praetorii Theatrum instrumentorum, Urtheil davon 458
Praeludes 232
Principal, ein offenes Pfeiffenwerck 467
warum es so genannt werde 465
Proben der Music 483
Proceleusmaticus, ein Klang-Fuß 170

Psalmus	170
Ptolemäus	23. 24
Punct	195
Punctirtes Wesen, wie es anzubringen	151
Pyrrhichius, dessen Wort-Forschung und Nutzen in der Setz-Kunst	164
Pythagoras	23

Q.

Qvart, ihr Verhalt und Probe	46 *sq.*
kommen selten mehr als zwo vor	153
ob sie eine Consonanz sey	254, 256, 270, 274
Exempel	307
ihre Auflösungen	314 *sq.*
durchdringende grössere	51, 52, 299
mangelhaffte	54
unmäßige	54
verkleinerte	307
der kleinen Gebrauch in der Melodie	290, 313, 314
ihre Auflösung	313
der gewöhnlichen Auflösung	308, 312
Quarta intermedia	254
Qveer-Flöten	469
Qveer-Stand, unharmonischer, beschrieben	288
erleutert	289
erträgliche, ja gar vortreffliche Qveer-Stände	293
machen den grösten Hauffen	290, 293
die unleidlichen den mittelmäßigen	290, 294
die vortrefflichsten den kleinesten Hauffen	290, 294
hieher gehören die grosse Qvart	290
die kleine Qvint	*ib.*
die übermäßige Qvint	*ib.*
die kleine Qvart	291
zwo kleine Tertzien	*ib. sq.*
die kleine Septime	292
Regeln	*ib.*
erleutert	293
Qvint, die gewöhnliche	253
ihr Verhalt und Probe	46
ihre Auflösung	276 *sq.*
die liebe kleine	51, 52
deren Verhalt	*ib.*
gehört unter die Consonanzien	253, 276, 290, 299
wird insgemein die falsche genennet	276
deren Folge	274
der gewöhnlichen Qvint Gänge in die kleine Tertz	274
grosse Tertz	274
kleine Sext	275
grosse Sext	275 *sq.*
Octav	270
der kleinen Qvint Lösung durch die Tertz	277
Qvart	277
Sext	278
Septime	278
Gang zu einer andern kleinen Qvint	277
der übermäßigen Gebrauch	278

R.

Rache, wie sie in der Tonkunst auszudrücken	18, 72
Rameau hält es für unmöglich, von der Melodie gewisse Regeln zu geben	133, 136 *sq.*
Ratio, multiplex	43, 48
Superparticularis	43, 46 *sq.* 50
Sesqualtera, sesquitertia, sesquiquarta	43
Superpartiens	43, 48, 40, 54
Raupach, dessen Vorschlag von der Zeit-Ordnung der musicalischen Geschichts-Kunde	23
Rechne-Kunst kan allein nicht einen einzigen tüchtigen Capellmeister hervorbringen	43
Recit, darin wechseln die Frantzosen den Tact offt ab	146
Recitativ	213
ward ehemahls tactmäßig gesungen	78
auch noch itzo bey den Frantzosen	78
Eigenschafften	214
à Reculons	416
Regale sind bey Auffführung einer Music nichts nutz	484
Regiments-Personen sollen die Music auf eine politische Art verstehen	30
sollen tüchtige Leute zur Kirchen-Music bestellen	30 *sq.*
Register-Züge einer Orgel	466
wie sie anzuziehen	467
Reim-Gebände, zur Melodie beqveme	195 *seqq.*
Beschreibung	196
Geschlechter und Gattungen	197
Proben	198 *sqq.*
Reihen-Tänze gehören zum Choraischen Styl	87
Reisen, ob es einem Componisten nöthig	108
Relatio non harmonica	288
a la Renverse	416
Repercussio	124. *sq.*
Reponse	367
Resolutio	277
Responsoria	74
Rhythmic, was sie sey	171
Unterschied von Rhythmopöie	171
Rhythmopöie	160 *sq.*
vermittelst derselben können aus Choral-Liedern Täntze	161
und aus Täntzen Chorale gemacht werden	*ibid.*
beides wird mit Exempeln bewiesen	161, 164
Rhythmus	141, 150
beschrieben	160
dessen Krafft ist in der Setz-Kunst groß	160. 444
davon hat Voßius geschrieben	160
deren hat die Ton-Kunst mehr, als die Poesie	170
Ribattuta, was sie sey	118
Rigaudon	226
Eigenschafft	*ibid.*
Risposta	367
Ritornelli	232

Römer, die alten, waren der Musik nicht abhold . 25
   sorgten für Schauspiele und musicalische
     Uibungen 31
   sangen die *Leges XII tabularum* ab 61
Rohrwerck, ... 464
   wie solches zu stimmen 465
Rondeau 230
   Abzeichen . . . . *ib.*
Roscius, dessen jährlicher Gehalt 39
Rosenmüller ist in geistlichen Sonaten vortrefflich 84
   Anfang einer Sonate von ihm 85
Roß-Adern, ihr Gebrauch bey der Orgel und
   Zubereitung 462
Roßi, Michel Angelo, ein fleißiger Fantast 90
al Roverscio 416
Rousseau, Urtheil von dessen *Methode claire, certaine*
   & facile pour apprendre à chanter la Musique . . 173
Rück-Positiv 466

S.

Sänger, Frantzösische, rühren die Leidenschafften
   der Zuhörer 36
   Teutsche achten die Geberden-Kunst nicht . . . 36
   Welsche gehen darinne fast zu weit 36
   ungeberdigen wird der Text gelesen . . . . . . 35 *sq.*
   erwecken und ermuntern den Setzer 129
   ob es besser, daß er stehe, als sitze 98
   wie er seine Stimme pflegen solle . . . . 94 *ss.*
Salinas 65
Saltatio, weitläufftige Bedeutung dieses Worts . . . 39
Sanlecqve, Jacob, hat die Druck-Noten und
   musicalische Zeichen in Franckreich
   aufgebracht 58
Sappho erfindet den *Modum Mixo-Lydium* 63
Sarabande 230
   aus einem Choral . . . . 161 *sq.*
   Leidenschafft 230
Scacchi, Marco, theilet die musicalische Schreibarten
   in drey Classen . . . . 68 *sq.*
   Gedancken von Madrigalen . . . . 80 *sq.*
   Moteten 75
Schall s. Klang
Schäumendes, tändelndes und üppiges Wesen in
   der melodischen Setzkunst 158
Schaubühne, darauf soll der gute Geschmack
   herrschen 130
Schläge, dadurch muß man freie Künste der Jugend
   nicht einbläuen 104
Schlaf-Lieder 166
Schleuffer 117
Schlüsse sollen mäßig gebraucht werden . . 141, 150
Schmidt, David, dessen Preußische Orgel-
   Königin 469
Schnarrwerck, wie solches zu stimmen 465
Schnupftoback, öligten sollen Sänger meiden . . . 98
Schottländische Land-Tänze, deren Nutzen 92
Schrecken die einfältigste Leidenschafft 72
   wie solche auszudrücken . . . . *ib.*

Schreib-Arten, musicalische . . . . 68 *ss.*
   das hohe, mittlere und niedrige sind Neben-
     Dinge und zufällige Ausdrücke . . . . 69 *ss.*
   die Eigenschafften neu, lebhafft, nachdrücklich
     etc. machen kein besonders Kennzeichen
     aus 70, 71
   deren drey Classen 69
   haben solche Benennung nicht in Ansehung des
     Orts und der Zeit . . . . *ib.*
   Kirchen-Styl . . . . 69, 73 *sq.*
   Theatralischer . . . . 83 *sq.*
   Kammer-Styl 90
   ob diese Schreib-Arten sich vermehren oder
     dereinst verringern dürfften 93
   sind wol von einander zu unterscheiden . 141, 149
Schwülstigkeit, was sie sey 71
Sebastiani 93
Secund, deren Verhalt . . . . 50 *sq.*
   der halbe kleine Ton 299
   dessen Auflösung 302
   der grosse halbe Ton 299
   der kleine Ton . . . . *ib.*
   der grosse Ton . . . . *ib.*
   übermäßiger 54, 299
   neun Wege solche aufzulösen 503, 506
Seiten-Bewegung 250
Seiten-Werck einer Orgel 466
Semeiographia 56
Semicolon, Beschreibung 187
   was dabey zu beobachten . . . . *ib.*
   Gebrauch in *Disjunctivis* 187
   Exempel 188
   in *oppositis* 188
   Beyspiele . . . . *ib.*
   in *relativis* 189
   Exempel . . . . *ib.*
   in *antithesi* 191
Semiditonus 47
Septima Diminuta . . . . 51 *sq.*
Septime, ihr Verhalt . . . . 49, 51 *sq.*
   zwiefacher Gebrauch in der Harmonie 317
   kleine 49
   grosse 49
   kleinere 51, 52
   löset sich auf neunerley Art . . . . 317 *sq.*
   die verkleinerte hat sechs Wege sich zu
     lösen . . . . 321 *sqq.*
Serenata 216
   Eigenschafften 217
Sext 54
   grosse gewöhnliche, deren Verhalt 48
   gehört zu den Consonanzien 253
   ihre Folge 279
   daraus geht man niemals gut in den
     Einklang 279. 281
   ihr Gang in die kleine Tertz . . . . 281 *sq.*
   grosse Tertz 282
   Qvint 282. 283

kleine Sext 283
   eine andre grosse Sext 283
   Octave 283
   übermässige, gehört unter die Consonanzien . . 253
   ihr Gebrauch 284
kleine deren Verhalt 49
   ist unter den Consonanzien 253
   ihre Folge in der Vollstimmigkeit 279
   geht in eine andre kleine Sext 279
      grosse Sext 279. 280
      Qvint 279
      eine andere kleine Sext . . . . 278 *sq.*
      die Octave 281
   verkleinerte, deren Gebrauch 283. 284
Setz-Kunst, kan nicht ohne General-Baß seyn . . . 104
   vollstimmige, wie dabey zu verfahren . . . . . 245 *sq.*
   melodische, warum sie vom Singen
      anzufangen . . . . 204 *sq.*
Sicilianischer Styl 165
Sifflet, ein Orgel-Register 469
   wird falsch Zifflit oder Suifloit geschrieben . . . . *ib.*
   kömmt von *Siffler* her . . . . *ib.*
   heißt auch Klein-Flöte . . . . *ib.*
   ist von Spitz-Flöte unterschieden . . . . *ib.*
Silvani 26
Sinfonia 234
Sing-Art einiger Völcker, Sprichwort davon 110
Singen, Kunst zierlich zu singen . . . . 109 *sqq.*
   gründet sich mehr auf die Ausübung, als gewisse
      Regeln 110. 112
Singe-Kunst, darin soll ein Componist erfahren
   seyn 105
   ob dadurch das Wort Music völlig ausgedruckt
      werde 3. 5
Sing-Melodien, wie sie von den Spiel-Melodien
   unteschieden . . . . 203 *sqq.*
   die Sing-Melodie ist die Mutter der Spiel-
      Melodie 204
   die Sing-Melodie geht vor, die Spiel-Melodie folgt
      nach . . . . *ib.*
   läßt keine solche Sprünge zu als das Spielen . . . 205
   dabey muß die Beschaffenheit des Athems
      beobachtet werden . . . . *ib.*
   läßt kein solch reissendes punctirtes Wesen zu,
      als die Instrumente 206
   findet bey keiner Ton-Art einige Schwierigkeit . *ib.*
   leidet trefflich gerne Verse 209
   darff ihre geometrische Fortschreitungen lange
      nicht so genau beobachten, als die Spiel-
      sonderl. Tantz-Melodien . . . . *ib.*
   nimmt den Nachdruck aus den Worten 210
Sing-Spiele, deren Ursprung 24
   sind fast alle Madrigale 78
Sing- Spiel- und Tantz-Chaconnen richten am Hofe
   mehr aus, als Contrapuncte 87
Sonata 233
   Absicht . . . . *ib.*
   fürs Clavier . . . . *ib.*

Sonometre 44
Sordunen 464
Sotto voce, was es heisse 97
Speisen, fette und klebrichte sollen Sänger meiden 98
Spiel-Melodien haben ihre richtige *Commata, Cola,*
   Puncte 145
   ihr Unterschied von den Sing-Melodien . . 203 *ss.*
   hat mehr Feuer und Freiheit, als die Sing-
      Melodie 205
   Grentzen der Instrumente sind nicht so enge,
      als bey den Sängern 206
   findet bey den Ton-Arten sehr viele und grosse
      Schwierigkeiten . . . . *ib.*
   läßt mehr Kunstwerck zu, als das Singen 207
   muß nicht vor der Sing-Melodie hervorragen . *ib.*
   hat nicht mit Worten zu thun . . . . *ib.*
   kan zwar der eigentlichen Worte, aber nicht der
      Gemüths-Bewegungen entbehren . . . . . 207 *sqq.*
   dabey hat die metrische Music nicht so zu thun,
      als bey dem Singen 209
   nimmt den Nachdruck aus dem Klange 210
Spiel-Kunst . . . . 470 *sqq.*
Spieler, ungeberdigen wird der Text gelesen . . 35 *sq.*
Spillflöte, eine Art Gemshörner 469
Spitz-Flöten, sind von Sifflet 468
   und von Plockflöten unterschieden 469
Spondaeus, dessen Nutzen in der Setz-Kunst . . . 164
Sprachen, schöne Hülffs-Mittel der Gelehrsamkeit 100
   Frantzösische, Italienische und Lateinische soll
      ein Capellmeister verstehen . . . . *ib. sq.*
   ob die Gelehrsamkeit daran gebunden . . . . . . *ib.*
Sprengel ieder Ton-Art 141
   der Trompete 53
   der Menschen-Stimme 206
   der Orgel 471
Spruch-Figuren . . . . 242 *sqq.*
Staccato, was es sey 167
Stellung des Leibes, wie sie beschaffen seyn soll 98. 99
Stimme, warum sie bey Manns-Personen verändere,
   bey Weibs-Personen aber nicht 94
   bey Verschnittenen 95
   wie man sie zierlich und aufs angenehmste führen
      soll 110
   s. Menschen-Stimme
Stimmen der Instrumente 482
   der Geigen . . . . *ib.*
   der Orgeln 465
Stimm-Eisen 464
Stimmhorn, was es sey 463
Styl s. Schreib-Art
Stylus ligatus 74
   einige Schrifftsteller davon . . . . *ib.*
Symphoniacus 82
Sympathie, ihr Nutzen in der Music 12. 13
   nicht nur in der Theorie, sondern auch *Praxi* . . 13
   äussert sich in allen Pfeiffen und Werckzeugen,
      so sich blasen lassen . . . . *ib.*
   auch in der Menschen-Stimme 14

Symphonie 234
Symphoniurgie, Beschreibung 245
  wie die meisten dabey verfahren 246
Systema, was es heisse 48

T.

Tabulatur, welsche vertheidigt 58. 59. 60
Tact 123
  ist die Seele der Melodie 146, 171
  nicht ohne Noth zu ändern 146
  soll seine gewisse Mensur haben .... *ib. sq.*
  Theilung desselben soll beobachtet werden 147 *sq.*
  Aufschlag 172
Tact-Arten, gewöhnliche sind funfzehn 172
Tact-Führung, was dabey zu beobachten .. 481 *sqq.*
Täntze haben sowol hohes, als mittlers und
  niedriges .... 70 *sq.* 72
  aus Choralen gemachte .... 161 *ss.*
  aus Täntzen gemachte Chorale .... 163 *sq.*
Tangenten der Orgel 466
Tantz-Kunst, hohe, deren Styl 86
Tantz-Melodien, darin müssen die Gemüths-
  Bewegungen wie Licht und Schatten
  unterschieden seyn 208
Tarantulen, wieder deren Biß soll ein *Rondeau*
  dienen 14
Tasten einer Orgel, wie sie sollen beschaffen seyn . 466
Taubers rechtschaffener Tantzmeister wird gelobt .. 37
il Teatro alla Moda, Nachricht von diesem Buche .. 37
  etliche Stellen daraus verteutscht 38
Telemann, ein lieblicher melodischer Setzer 156
  seine *Trio* fliessen natürlich 343
Temperamente, deren Lehre soll ein Componist
  verstehen 108
Temperatur, ihr Nutzen in der Music 465
  beschrieben 55
  drey Sätze der gemeinesten Art .... *ib.*
  wer davon geschrieben .... *ib.*
Tenuta, was es sey 115
  mit einer Ribattuta 118
Terpander vertrieb Kranckheiten mit Singen 14
Terzetto s. Trio
Tertz 253
  grosse und kleine, ihr Verhalt und Probe 47
  überflüßige 54
  mangelhaffte .... *ib.*
  ihre Folgen in der Zusammenstimmung .. 264 *ss.*
  Gänge der kleinen Tertz in den Einklang 265
  in die grosse Tertz .... *ib.*
  in die Qvint .... *ib. sq.*
  in die kleine und grosse Sext 266
  in die Octave .... *ib. sq.*
  der grossen Tertz in den Einklang .... 267 *sq.*
  in die kleine Tertz 268
  in eine andre grosse Tertz .... 269 *sq.*
  in die Qvint 278
  in die kleine und grosse Sext ..... 271. 272 *sq.*
  in die Octav .... 273 *sq.*

Tertzien, zwo bis drey einerley Art können auf
  einander folgen 153
Teufel in der Music 52
Teutschland gibt viele Baßisten und Tenoristen .. 62
Tevo, Zacharias, dessen *Testore* 74
Thalbauer in Schweden 166
Theatralischer Styl, die zweite Classe musicalischer
  Schreib-Art .... 83 *ss.*
  dessen Gattungen sind der Dramatische 84
  Instrument-Styl 48
  Hyporchematische .... 86 *sq.*
  Fantastische 87. 88
  Melismatische 90
Thebaner brauchten die Music bey Kranckheiten . 15
Thema bedeutet eine Grund- oder Neben-
  Stimme 151
  ingleichen Hauptsatz s. Haupt-Satz
Theon 33
Thilo, Geor. Ab. Nachricht von dessen *Specimine*
  Pathologiae musicae 19
Tirata, was sie sey 117
  Muster guter und misgebrauchter Tiraten 117
  kleine und grosse 118
Toccate 87. 89. 232. 477
  was erfordert werde, solche wol anzubringen .. 478
Ton, der grosse, dessen Verhalt und Probe 50
  der kleine, ist nirgend der Temperatur
  unterworffen 51
  halber, der grosse und kleine 50, 51
Ton-Arten .... 60 *sqq.*
  was sie sind 60
  ihre Haupt-Bewandtniß ist nicht verändert ... 63
  waren bey den alten Griechen nach der Höhe
  und Tieffe des Klanges unterschieden .. 61 *sq.* 64
  Aeolische 63
  Dorische 61. 62
  Ionische 63
  Lydische 61
  Mixo-Lydische 63
  Phrygische .... 61 *sq.*
  deren Beschaffenheit in mittlern Zeiten 63
  von welchen damals die alte gute Lehre verderbt
  worden 64
  wie solches zugegangen .... 65 *sqq.*
  die jüngere Lehre 67
  richtet ihre vornehmste Absicht auf den
  Dreiklang 67
  wer davon geschrieben 61
  was ein Capellmeister davon zu wissen nöthig
  habe .... *ib.*
  bey denselben findet die Singe-Kunst gar keine
  Schwierigkeit 206
  die Instrumente aber viele und grosse .... *ib.*
Ton-Füsse, deren Gleichförmigkeit ist zu
  beobachten 141
Ton-Kunst, ob dadurch *Musica* zu verteutschen .. 3
  Uiberschrifft über derselben Bildniß 37
  hat mehr Rhythmos, als die Poesie 170

Ton-Meister soll die Natur-Lehre des Klanges
    inne haben 12
    die Eigenschafften der klingenden Cörper
        verstehen 12
    muß in der Geberden-Kunst beschlagen seyn . 34
    was er von den Ton-Arten wissen müsse 61
    soll in der Modulatorie bewandert seyn 115
Transitus 118
Trauer, ob dabey Kirchen- und Hochzeit-Music zu
    verbieten . . . . 32. 478 *sq.*
Traurigkeit ist eine Zusammenziehung der Lebens-
    Geister 16
    geistliche und zeitliche 17
Tremolo was er sey 114
Trias s. Dreiklang
Tribrachys, ein Klang-Fuß . . . . 116 *sq.*
Triller s. Trillo
Trilletto 114
Trill-Kette beschrieben und mit einem Exempel
    erleutert 115
Trillo ist mit dem Tremolo nicht zu vermischen . . 114
    Wortforschung 115
    richtige und falsche Beschreibung 114
    wie ihn die Frantzosen und Welschen
        anschlagen 115
    wie er vom Trilletto unterschieden 114
Trinck-Lieder sind nicht allemahl läppisch 73
Trio 216
    ist unter allen am schwersten zu machen 344
    dreierley Gattung . . . . *ib.*
    Französisches . . . . *ib.*
    Welsches 345
        sechs Aufgaben, wie dabey zu verfahren . . . . *ib.*
        Exempel . . . . 346 *sq.* 349
Triolen, was sie sind 167
Tritonus s. Qvart die grosse.
Trochaeus, dessen Nutzen in der Setz-Kunst 166
Trompete, deren Sprengel 53
    einer Schwierigkeit dabey abgeholfen . . . . *ib.*
Tropi 61
Türckischer Gärtner-Tantz 307. 308

V.

Ventile sind fünferley: Balg- Canal- Haupt- Spring-
    und Sperr-Ventile 461
Verbrämung, ist mit grosser Behutsamkeit
    anzuwenden . . . . 141. 148 *sq.*
Verhalt, mathematischer, beschrieben 42
    der Intervalle . . . . 41 *sqq.*
    der reine . . . . 43. 45.
    übertheiliger . . . . 43. 46 *sq.* 50
    übertheilender 43. 44
    gleicher . . . . 44 *sq.*
    wie der eine doppelte 45
    und andre auf dem Einsaiter zu
        probiren . . . . 44 *ss.*
    aller Theile gegen einander . . . . . . 141. 156.
    Exempel 157

Verkehrung 417
    der Stimmen 314
Vermehrung 417
Vers-Füsse in Klängen oder Noten
    vorgestellet . . . . 164 *sqq.*
Vers-Gebände s. Reim-Gebände.
Vers-Zeilen, wie lang sie seyn sollen 199
Verschnittene, deren Stimme 95
Verwechselungs-Tabellen, wie sie zu verfertigen . . 170
Verzögerung 307
Verzweiflung, wie sie in der Ton-Kunst
    vorzustellen 19
    ist ein gäntzlicher Niedersturtz der Lebens-
        Geister 16. 72
Verzweiflenden, eines Vorstellung 189. 190. 191
Viadana, Erfinder der Kirchen-Concerte 221
Uibelgesetzte Sachen, in welcher Absicht sie
    beygebracht worden 184
Uibereinstimmung der Sitten mit der Sprache und
    Stimme bey einigen Völckern 62
Vierklang s. Qvart.
Vierstimmige Sachen, Vorschlag wie solche zu
    machen sind . . . . 357 *ss.*
Vier-Viertel-Tact 147
Viola da Gamba 469
Violon und Violone sind zu unterscheiden . . . . . *ib.*
Virdung, Sebastian 65
Vivaldi Concerten gelobt 205
Unisonus, alle zwischen demselben und der Tertz
    vorkommende Intervalle sind lauter Secunden . 45
    dessen Schritte in die Consonantzien . . . 260 *sqq.*
    in die kleine Tertz 260
    in die grosse Tertz 261
    in die Qvint 262
    in die kleine Sext . . . . *ib.*
    in die grosse Sext 263
    in die Octav 264
Unsingbare Sätze, soll man mit Fleiß
    sammlen 141. 154
    Regeln 154. 155
    Exempel . . . . 153. *sq.*
    solche finden sich bey den Contrapunctisten . . 153
Vocal-Melodie s. Sing-Melodien.
Vocal-Music behauptet den Vorzug vor
    Instrumenten 9
Vollstimmigkeit . . . . 245 *sqq.*
Vorausnahm 303. 304
Vorschlag s. Accent.
Vorspiel 478
Vorsteher der Music s. Capellmeister, *it.* Director
Vorstellungen, fürchterliche sind in der Music
    auszumustern 194
Vortanz 165
Voßius de vitibus rhythmi 160

W.

Waldhorn, darauf bringt ein Blindgebohrner mehr
    Klänge hervor, als eine Orgel hat 52

Walther, Musicalisches *Lexicon* 23
   ein berühmter Organist 476
   dessen Choral-Arbeit 476
Wechsel-Klänge 297
Weckmann hat den Propheten Esaiam sehr
   nachdrücklich vorgestellet . . . . 130 *sq.*
Wein schadet den feinen Stimmen weniger, als den
   gröbern 98
Welt-Music der Alten 6
Werck, was es bey einer Orgel heisse 466
Werck-Music der Alten 6
Werckzeuge der menschlichen Stimme 96
Werner, Christian 69
Wiederholung, ... 174. 179.
   wie sie vom Wiederschlag unterschieden 157
   gute soll nicht zu oft angebracht werden 142
   ein Muster 157
   wie Wiederschlägen vermischt klingen schön 157 *sq.*
   wie solche anzustellen 179
     Doni Gedancken davon 179
Wiederschlag 124
   was er sey 125
   Exempel 126
   wie er von der Wiederholung unterschieden . . 157
   müssen in Kirchen-Sachen mit grossen Ton-Arten
   auf grosse, mit kleinen auf kleine antworten . 159
Wiegen-Lieder sind nicht alle läppisch 73. 166
Wind-Instrumente, einige erfodern ihre eigene
   Ersparung des Athems 206
Windlade einer Orgel beschrieben 460
   besteht aus der Unterlade oder dem Wind-
      Behältniß 460
   aus den Registern 460
   und aus den Stöcken 460
   daran befinden sich die *Cancellen* und Dämme 460
   Probe der Windlade 462
Windwage, beschrieben 462
Wissenschafft, wie sie von der Kunst unterschieden 1. 2
   zu deren Erlernung bedienet man sich klüglich
   eines Entwurfs 1
Wissenschafftliche Dinge, so zur völligen Ton-Lehre
   nöthig . . . . 1 *seqq.*
Wolklingende Gänge sind zu Mustern zu
   wehlen 141. 155
   Regeln und Exempel 155. 156
   darin werden *Buononcini* und Telemann
   angepriesen 155
Wörter-Figuren 242. 243
Wort-Spiele, abgeschmackte 201
   artige 102. 203
Wut, wie sie in der Tonkunst vorzustellen 18

Z.

Zahlen, ihr Nutzen und Gebrauch in der Music . 42
Zanck, wie solcher in der Music vorzustellen 72
Zarlin gesteht, daß zu seiner Zeit die Ton-Arten
   auf eine neue Weise behandelt worden 64
Zeichen-Lehre der welschen Tabulatur 58
   wird unbillig angefochten 58. 59. 60
Zeit-Maasse 171
   beseelet und begeistert den Figural-Gesang . . . 178
   ihre Ordnung ist zweierley Art 171
   ieder Abschnitt der Zeit-Maasse hat nur zween
     Theile . . . . 171 *sq.*
   nehmlich *Thesin* und *Arsin* 172
   aus dem Verhalt des Auf- und Niederschlags ist
   die Eintheilung in den geraden und ungeraden
   Tact entstanden 172
   was für ein Unterschied zwischen dem Tact und
   der Bewegung 173
   deren äusserliche und innerliche
   Beschaffenheit . . . . 171 *sqq.*
Zeit-Rechnung der musicalischen Geschichts-
   Kunde 21. 23
Zeno, Apostolo, ein Meister und Muster
   kurtzgefaßter Reim-Gebände 198
Zerlegung einer Arie von Marcello 237. 238
Ziegler, Caspar, Beschreibung des Madrigals 79
Zierrathen musicalische . . . . 110. 242. *seqq.*
   sind mit grosser Behutsamkeit zu
   brauchen . . . . 141. 148. *sq.*
   kommen mehr auf die Uibung, als Regeln
   an 110. 112
   die vornehmsten sind:
     Accent 112. 113
     Acciacatur 120
     Circolo mezzo 116
     Durchgang . . . . 118 *sq.*
     Groppo . . . . 115 *sq.*
     Mordant 119
     Ribattuta 118
     Schleufer 117
     Tirata 117
     Tremolo 114
     Trillo . . . . 114 *sq.*
     Trilletto 114
   sieben Fehler werden dabey bemerckt 111
Zincken und Posaunen 470
Zorn, wie er in der Tonkunst vorzustellen . . . 18. 71
   ist eine recht närrische Gemüths-
   Bewegung 72
Zosimus, ein guter Musicus 25
Zusammenhang befördert das Fliessen in der
   Melodie 151
Zweigebackenes Brot ist den Sängern dienlich . . . 98
Zwischen-Noten 315
Zwischen-Spiele 90
Zwostimmige Sachen, Vorschlag, wie solche
   auszuarbeiten . . . . 338. *ss.*
   Exempel . . . . 341. *seqq.*

P. S.

Es ist nur neulich, und da dieses Werck fast gantz abgedruckt gewesen, alhier in Hamburg, auf Kosten des Verfassers, herausgekommen: **Eine Abhandlung von den musikalischen Intervallen und Geschlechten verfasset von Johann Adolph Scheibe.** 8vo. Ich hätte dieser in 9 bis 10 Bogen bestehenden sinnreichen Schrifft (falls es möglich gewesen wäre, ihrer etwas früher habhafft zu werden) sowol im siebenden Hauptstücke des ersten Theils, welches vom Verhalt der Intervallen handelt, als auch in denjenigen Capiteln des dritten Theils, da die Con- und Dissonantzien vorkommen, unfehlbar auf das rühmlichste gedencken, ein und anders daraus anführen, und sie gebührend preisen wollen: nicht nur, weil sie grössesten Theils, und dem Hauptwesen nach, (ausser einigen Kleinigkeiten) mit meinen Gründen völlig übereinstimmet; sondern auch dieselben mit gutem Fortgange etwas weiter ausführet und in ihr rechtes Licht setzet. Vornehmlich hat mir darin überaus wolgefallen, daß §. 78 gesaget wird: **es müsse die Deutlichkeit, die Behutsamkeit und eine kluge Wahl die enharmonischen Intervalle in ihrer Ausübung allemahl begleiten;** *it.* **es dürfften diese Intervalle nicht offt erscheinen; auch mehr in der Harmonie, als in der Melodie; wo man sie dem Sänger leicht und beqvem machen sollte** etc. S. das 9 Cap. des III Theils dieses Wercks *p. 290 §. 13 p. 296 §. 46 sqq.*

Doch will ich hiemit iedermann freundlich ermahnet haben, bey Gelegenheit obgedachter Haupt-Stücke die besagte Abhandlung mit mehr als gemeiner Aufmercksamkeit zu Rathe zu ziehen, alles wol zu erwegen, zumahl *pp. 44. 62. 64. 69. 74. 93*, und die grosse Bemühung des Hrn. Verfassers, die er an eine solche truckne Materie gewendet hat, mit vielem Dancke zu erkennen. Es ist das vollständigste System, das man annoch in blossen Noten aufweisen kan.

Vor 20 Jahren wies ich zum erstenmal, fast am Ende der Organisten-Probe, wie zwey ♭♭ vor einer Note zu gebrauchen, welches damals noch kein Mensch gewaget hatte. Mit zwey Kreutzen war es nur gantz sparsam geschehen. Ich wäre auch gerne zu dreien ♭♭♭ geschritten, weil ich wuste, daß es dereinst zur ordentlichen Vorstellung aller Intervallen in Noten nöthig seyn würde: wie ich mich denn hin und wieder über den Abgang deutlicher Zeichen schon zu der Zeit beklagte. Ich besorgte aber, es mögte zu viel Aufsicht geben, und den meisten fürchterlich vorkommen. Wollte man doch aus dem kleinen Anfange lauter Grillen machen. Dem ungeachtet wäre gleichwol sothane Verzeichnung, meines wenigen Erachtens, etwas leidlicher anzustellen, wenns nur durchgehends angenommen würde. Doch hievon zur andern Zeit.

Bey dem Einklange stünde zu erinnern, daß derselbe kein Intervall[1] ist noch werden kan, wenn er ein Einklang bleiben soll. Er bleibet es auch in der That und Wahrheit nicht, wenn ihm, es sey unten oder oben, das geringste zugesetzet wird. Denn sobald ein Zwischenraum da ist, so bald hört der Einklang auf. Durch den Zusatz nach oben entstehet unfehlbar die allerkleineste Secund, nehmlich der gewöhnliche kleine halbe Ton, 24–25. Das kan niemand eine Einheit nennen.

Wenn ♯c, vom c aufwärts gerechnet, ein übermäßiger Einklang heissen soll, so müssen ebenfalls ♯d vom d, ♯e vom e, ♯f vom f, ♯g vom g, ♯a ---- a, und ♯h ---- h dergleichen Benennungen und Wesen führen, sie liegen nun unten, oben, oder in der Mitten. Also bestünde die Octaven-Reihe aus nichts, als lauter übermäßigen Einklängen, und alle kleine halbe Tone gingen gäntzlich ein. Welches nicht vernünfftig zu dencken, vielweniger zu sagen ist. Ein halber Ton, er sey so klein er immer wolle, man zehle in natürlich von unten, oder wieder die Natur von oben, kan unmöglich ein Einklang seyn, so lange die Definition desselben ihre Richtigkeit hat. S. Orchest. *I. p. 47.*

---

1 *Intervallum enim est magnitudo vocis a duobus sonis circumscripta. Aristid. Quintil. L. I. p. 13.* Wir nennen es eine Stimm-Weite.

Bey dem Zusatz nach unten aber kan der Einklang noch weniger behauptet werden, und das Beiwort eines ver**kleinerten** Einklanges hebt hier die Sache nicht, weil alle Zusätze, sie geschehen unten oder oben, vielmehr das Gegentheil oder eine Vergrösserung zu Wege bringen. Zu dem verursacht solcher Zusatz nach unten folgende grosse Ungereimtheiten. Erstlich findet sich dabey kein *terminus a quo*; oder man müste eine neue Regel geben, daß die Intervalle künfftighin nicht mehr von unten auf, sondern von oben herunter abzuzehlen seyn sollten. Unsre Notenzeichen sind vortrefflich wol ersonnen; aber zu einer solchen Zeit, da kein Mensch auf die Theilung des Einklanges dachte, noch dencken konnte. Die Noten beweisen auch eigentlich nichts. Sie sind Zeichen und Mittel; keine Grundsätze. Man kan nichts bestimmtes daraus herführen, noch sich in beschaulichen Dingen immer darauf verlassen, wenn sie abgesondert, ausser der Ausübung, betrachtet werden. In solchen Sachen sollte wol vermuthlich etwas mathematisches einen bessern Ausschlag geben. Die Noten nehmen es so genau nicht, als die Zahlen. Es ist nicht gnug, wenn wir gründlich von Intervallen reden wollen, dieselbe blosserdings musikalisch zu besehen; es muß unumgänglich auch harmonikalisch geschehen. Und das stößt manchen vor den Kopf. Wenn uns gleichwol ein Mathematicus, der in der Canonic ein Wort mit zu sagen hat, von ungefehr fragen sollte: wie verhält sich euer verkleinerter Einklang, eure unmäßige Qvart etc.? so müsten wir doch nicht aus dem Tacito antworten. Eben darum habe ich bisweilen gewisse Intervalle, deren Gebrauch mir sonst nicht unbekannt ist, er sey so schlecht er wolle, nicht förmlich in die Rechnung gebracht: weil offtmahls zween Intervalle nur einerley Vorstellung in Zahlen leiden wollten, und also zweideutig waren. Wo nun kein Unterschied in der geometrischen Grösse ist, da kan kein Unterschied im | Klange seyn. Und umgekehrt: wo ein Unterschied im Klange ist, da muß auch ein Unterschied in den Zahlen oder Linien solchen beweisen. Darüber hat mir noch keiner ein Genüge gegeben. Noten wollen es nicht thun.

Fürs andere, wenn man z. E. ♭G vom g abwärts ansiehet, so gehört das unterste Ende eines solchen Intervalls gar nicht zur obern, sondern unstreitig zur untern Octaven-Ordnung, als eine verkleinerte Octave, in Betracht des tiefern G ---- ♭g wie 25 ---- 48. Das ist der Vernunfft und Meßkunst völlig gemäß. Wenns anders wäre, so hätte ja die zunächst untenliegende Octaven-Reihe einen gantzen Klang zu wenig; oder ein eintziger Klang müste in beiden Octaven sehr verschiedene Dienste thun. Das wäre eine unerträgliche Unordnung, die sich durch die gantze musikalische Leiter erstrecken würde. Denn alle Intervalle werden beständiglich nach ihrer Unterlage, (welche den *terminum a quo* ausmacht) nicht aber nach dem obern Ende (den wir *terminum ad quem* nennen) beurtheilt, berechnet, gemessen und abgezehlet. Man hat noch nie gehört, daß z. E. ein Vater, dem Wesen nach, vom Sohn entspringen und dessen Nahmen führen sollte. So macht es aber der vermeinte verkleinerte Einklang. Alle andre Intervalle in der vorhabenden Abhandlung wiedersprechen ihm ausdrücklich hierin, und zwar mit 33 Stimmen gegen eine.

Wir dürffen ja nur den so genannten übermäßigen Einklang mit zu den Secunden rechnen, und dem verkleinerten seine rechte natürliche, ursprüngliche Stelle in der nächsten Unteroctave anweisen, so hat die Sache ihre Richtigkeit; ob der Intervalle 34 oder 33 sind, darauf kömmt es nicht an.

Ich statuire also, mit Erlaubniß, nur ein eintzigen Einklang, fünf Secunden *p. 299*, vier Tertzien *p. 253*, vier Qvarten: denn obgleich die unmäßige nicht mit im ordentlichen Verzeichniß stehet, hat sie doch ihre Abfertigung, mit beigefügtem Gebrauch *p. 54* bekommen. Ich erkenne ferner vier Qvinten: denn ungeachtet die vergrösserte auch nicht mit im Verzeichniß stehet, zeiget sich doch ihr Gebrauch *p. 274*. Sodann haben wir vier Sexten *p. 253*, drey Septimen *p. 317*, drey Octaven (unnütze Kerls) *p. 253* und drey Nonen *p. 299*. Das ist alles.

Warum ich aber die übermäßige Sext ♭e ---- ♯d, und die verkleinerte None ♯c ---- ♭d' weder in dem Verzeichniß der Dissonantzien, noch ihren Gebrauch angeführet habe, kömmt daher, weil solcher Gebrauch mir annoch gar zu geringe scheinet. Man sehe doch nur die Beispiele an:

übermäßige Septime.   verkleinerte None.

 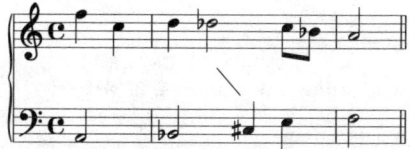

Erfahre ich dereinst, daß sie sich bessern, und mehr Nutzen schaffen, so sollen sie auch Sitz und Stimme mit haben. Wer inzwischen weis und wol überlegt, daß sich die Theilung der Klänge ins unendliche erstrecket, und daß doch zuletzt all unser Wissen auch in diesem Stück unvollkommen ist, der wird sich desto leichter handeln lassen.

Was die noch übrigen Kleinigkeiten betrifft, müssen wir deren Betrachtung, wegen Mangel der Zeit und des Raums, bis zu einer beqvemern Gelegenheit versparen. Als z. E. daß der bekannte Unterschied zwischen dem grossen und kleinen Ton, mit Hintansetzung des letztern, 9----10, gantz und gar aufgehoben werden soll; ferner, daß, nach den Claviertasten zu rechnen sowol, als nach den mathematischen Verhältnissen, der neue Einklang, nehmlich der sogenannte übermäßige, f ---- ♯f nothwendig grösser werden müste, als die verkleinerte Secunde ♭d ---- ♯d, indem diese nur einen eintzigen bemerckten Klang, jener aber deren zween begreiffe; und endlich, daß man künfftig auf dem vorgeschlagenen Fusse weder Orgel noch Clavicymbel mehr zur Musik gebrauchen könne, dafern die andern Instrumente und die Sänger selbst nicht auf das ärgste mit der neuen Einrichtung dissoniren sollen. Welchemnach reifflich zu erwegen stünde, ob bey aller vorausgesetzten gewünschten Richtigkeit der Intervallen, die Praxis dadurch mehr gewinne oder verliere.

Indessen ist und bleibt das Bestreben, sich der Vollenkommenheit ie länger ie mehr zu nähern, höchstlöblich und nützlich.

[503]

Neues Verzeichniß bisheriger Matthesonischer Wercke.

1. *Douze Sonates à 2 & 3. Flutes sans Basse*, gravées deux fois à Amsterdam par Roger & par Mortier, 1708. III. Vol. fol.
2. Die durch ein *automaton* zu findende, von *John Carte* angegebene, *Longitudo*, ins Deutsche und in Ordnung gebracht. Hamb. 1708. 4. in Verlag des Erfinders.
3. Bischoff Robinsons Predigt vor dem Parlament, aus dem Engländischen übersetzt. Hamb. 1711. 4. in Verlag des Uibersetzers.
4. *Arie scelte de l'Opera Henrico IV. Rè di Castiglia.* Hamb. 1711. fol. V. Vol. appr. l'Autore.
5. Die Eigenschafften und Tugenden des edlen Tobacks, aus dem Engländischen, Hamb. 1712. 8. in Verlag des Uibers.
6. *Orchestre*, erste Eröffnung. Hamb. 1713. 12. bey Schillers Erben.
7. Der Vernünfftler, theils aus dem Engländischen, theils von eigner Erfindung, Hamb. 1713. 4. bey Wierings Erben.
8. Geschichte Alexanders Selkirch, eines Scottländers, aus seinem eignen Munde beschrieben. Hamb. 1713. 4. bey Wierings Erben.
9. *Sonata per il Cembalo*, in Form einer Land-Charte, Kupfer. Hamb. 1713. verlegt von dem Verfasser.
10. Harmonisches Denckmahl, *XII. Suites pour le Clavecin*, in Kupfer, London, 1714. groß *fol.* Gedruckt bey Richard Meares.
11. Groß-Britannischer Gnaden-Brief. Hamb. 1714. 4. bey Wierings Erben.
12. Anrede des Lord-Groß-Meisters in England, bey Verurtheilung 6 Lords etc. Hamb. 1716. 4. bey Wierings Erben.
13. Görtzische und Gyllenborgische Briefe. Hamb. 1717. 4. in Kißners Verlag.
14. Vertheidigung des wieder die Schwedischen Gesandten in England etc. angestellten Verfahrens. Hamb. 1717. 4. bey Wierings Erben.
15. *Orchestre*, zweite Eröffnung, Hamb. 1717. 12. bey Kißnern.
16. Die Organisten-Probe im General-Baß. Hamb. 1719. 4. bey Kißnern.
17. Betrachtung über das Finantz-Werck oder den Actien-Handel, aus dem Frantzösischen, Hamb. 1720. 8. bey Wierings Erben.
18. Der brauchbare Virtuose, *XII. Sonate per il Violino, overo Flauto traverso*, Hamb. 1720. *fol.* bey Kißnern.
19. *Reflexions sur l'Eclaircissement d'un Probleme de Musique*, Hamb. 1720. 4. auf Kosten des Verfassers.
20. *Orchestre*, dritte Eröffnung, Hamb. 1721. 12. bey Kißnern.
21. *Prologo per il Rè Ludovico XV.* (Italiänische Verse.) Hamb. 1722. 4. in Verlag des Opern-Wesens.
22. *Critica musica*, Tom. I. Hamb. 1722. 4. auf eigne Kosten.
23. *Zenobia*, eine aus dem Italiänischen übersetzte Opera, Hamb. 1722. 4. in Verlag des Opern-Regiments.
24. *Arsaces*, aus dem Italiänischen, Hamb. 1722. 4. in eben demselben Verlag.
25. *Nero*, aus dem Italiänischen, mit Zusätzen, Hamb. 1723. 4 verlegt wie vorige.
26. Groß-Britannische Haupt-Verrätherey, aus dem Engländischen. Hamb. 1723. 4. in Wierings Verlag.
27. Moll Flanders, einer Engländerin, wundernswürdige Begebenheiten. Hamb. 1723. 8. in Wierings Verlag.
28. Bischof Burnets Geschichte seiner Zeit. Hamburg 1724. 4 bey vorigen Verlegern.
29. Niedtens Handleitung zur Variation des General-Basses, neue Auflage, mit Anmerckungen des Herausgebers, Hamb. 1724. 4. *obl.* bey Kißnern.
30. *Critica musica*, Tom. 2. Hamb. 1725. 4. auf Kosten des Verfassers. Von diesem Werck ist mehr nicht, als nur noch ein völliges Exemplar, bey dem Verfasser vorhanden.
31. *Mariae Scoticae* Lebens-Beschreibung, Hamb. 1726. 8. bey Wierings Erben.
32. Untersuchung der Groß-Britannischen Aufführung, aus dem Engländischen. Hamb. 1727. 4. bey Wierings Erben.
33. *Ephorus Göttingensis*, von der Kirchen-Music. Hamb. 1727. 4. in Verlag des Verfassers.
34. Die Herannäherung des Krieges aus dem Engländischen. Hamb. 1727. 4. in Wieringischem Verlag.
35. Ramsays reisender Cyrus, aus dem Engl. Hamb. 1728. 8. eben daselbst verlegt.
36. Der Musicalische Patriot. Erster Band. Hamb. 1728. 4. auf Kosten des Verfassers.
37. Einige geistliche und weltliche Poesien: als Oratorien und Texte zur Music, Gedichte auf Hochzeit- und Nahmens-Tage etc. Vorberichte bey andrer Leute Wercken, Parlaments-Reden u. d. gl. welche einen guten Qvart-Band geben, und zu verschiedenen Zeiten gedrucket worden. Gesammlet unter dem Nahmen: *Miscellanea Matthesoniana*.
38. *Aesopus*, eine aus dem Italiänischen übersetzte Opera. Hamb. 1728. 4. in Verlag des Opern-Wesens.
39. Anmerckungen über die Groß-Britannische Aufführung, in Absicht auf die Friedens- und andre Geschäffte ausserhalb Landes, aus dem Engl. Hamb. 1729. 4. bey Wierings Erben.
40. Die Wichtigkeit des Groß-Britannischen Reichthums und Gewerbes, aus dem Engl. Hamb. 1729. 4. in obigem Verlag.
41. Anmerckungen über den Sevilischen Tractat aus dem Engl. Hamb. 1730. 4. in obigem Verlag.
42. Der gelehrte Cantor, aus dem Lateinischen, Hamb. 1730. 4. in eben demselben Verlag.

43. Die grosse General-Baß-Schule, oder der Organisten-Probe zweite und vermehrte Auflage. Hamb. 1731. 4. bey Kißnern. s. *No. 16.*
44. Betrachtungen über die gegenwärtige Staats-Geschäffte. Hamburg 1731. 4. aus dem Engländischen, in Wieringischem Verlage.
45. *De eruditione musica, schediasma epistolicum. Hamb. 1732. 4. apud Felgineri viduam.*
46. Freundschafft nach dem Tode. Hamb. 1734. 8. bey Wierings Erben, aus dem Engländischen.
47. Die kleine General-Baß-Schule. Hamb. 1735. 4. bey Kißnern.
48. Bischof Burnets Geschichte seiner Zeiten. Zweiter Band. Hamb. 1735. 4. bey Wierings Erben. aus dem Engländischen. s. *No. 28.*
49. Die Finger-Sprache, ein Fugenwerck in Kupfer, groß *fol.* 1 Theil. 1735. auf eigne Kosten.
50. Anmerckungen über Burnets Geschichte. Hamb. 1737. 4 bey Wierings Erben.
51. Der Fingersprache zweiter Theil. auf eigne Kosten. 1737. groß *fol.*
52. Kern melodischer Wissenschafft. Hamb. 1737. 4. bey Herold.
53. Der vollkommene Capellmeister. Hamb. 1739. *fol.* bey Herold.

[504]

Korrekturverzeichnis

Dieses Verzeichnis schließt die nach der Emendanda-Liste der Originalausgabe ausgeführten Korrekturen ein (gekennzeichnet mit *Emend.*). Die Wiedergabe der Emendanda konnte daher im Hauptteil (zwischen »Register über das Werck« und »P. S.«) entfallen.

Vorrede, Elegia, Inhalt

Seite
18 Notenbeispiel] in der Vorlage Schrägstriche statt Kreuzchen zur Markierung; hier ausnahmsweise geändert, um ein irreführendes Lesen als Akzente (herúntér) zu vermeiden
31 Rezitativ-Zitat, Zeile 1, *del mio core*] korr. aus: *det mio core*
34 letzte Zeile, *Denn es ist wircklich wahr*] *es* ergänzt (verderbte Stelle)
38 Zeile 7, *aufgehoben*] korr. aus: *aufgehaben*
40 Fußnote 5, Zeile 2, *Professoris*] korr. aus: *Pofessoris*
44 5. Zeile v. u., *Reim-Gebände*] korr. aus: *Reim-Gebäude* (vgl. S. 296)

Erster Teil

55 § 28, Zeile 4, *hinwiederum*] korr. aus: *hinwiedernm*
56 § 34, Zeile 2, *man*] korr. aus: *mam* (Emend.)
59 § 12, Zeile 6, *Federn*] korr. aus: *Feder* (Emend.)
72 § 85, Zeile 4, *Hoffnung*] korr. aus: *Hoffuung*
73 Fußnote 1, Zeile 2, *ac res*] korr. aus: *acres* (Emend.)
77 Fußnote 7, Zeile 2, *& aliorum*] korr. aus: *ex aliorum* (Emend.)
80 § 39, Zeile 9, *Armseeligkeit*] korr. aus: *Armselichkeit* (Emend.)
82 Fußnote 19, *7/18 Jul.*] undeutlich (17./18. Juli?)
84 § 7, Zeile 2, *Blendwercken,*] korr. aus: *Blendwercken?* (Emend.)
    § 7, letzte Zeile, *stören?*] korr. aus: *stören.* (Emend.)
87 § 20, Zeile 5, *den heiligen Zweck nicht entweihen*] korr. aus: *dem heiligen Zweck nicht entweichen* (Emend.)
88 Fußnote 12, *Understandigs*] korr. aus: *Understandigs* (Emend.)
91 Fußnote 3] korr. aus: *Tertio de Oratore. Conf. Talaeus in praeceptis rhetoricis, Christoph Milaeus L. IV. univ. Histor. it. Pancirol. de reb. deperd. L. I. p. 136-139* (Emend.)
    Fußnote 4] korr. aus: *Plutarch, de liber. educ. it. de 10. Orator.* (Emend.)
92 Fußnote 5, Zeile 5, *in praecept. rhetor.*] korr. aus: *s. c. l.* (Emend.)
93 § 13, Zeile 5, *Simsons*] korr. aus: *Simsous*
97 § 33, letzte Zeile] Anführungsstriche ergänzt
    Fußnote 13, Zeile 2, *être*] korr. aus: *& re* (Emend.)

105 § 21, Zeile 4, *von Holtz*] korr. aus: *vom Holtz* (Emend.)
107 (§ 28), Zeile 4, *Bruch*] korr. aus: *Buch* (Emend.)
    (§ 28), Zeile 6, *Disdiapason*] korr. aus: *Disdiaposon* (Emend.)
109 § 41, Zeile 4, *nicht weiter erstrecken*] korr. aus: *nicht weiter* (Emend.)
110 § 42, Zeile 2/3, *die eine Klang-Stuffe von der andern*] korr. aus: *der eine Klang-Stuffe von dem andern* (Emend.)
112 (§ 51), Zeile 3, *quadru*] korr. aus: *quadra* (Emend.)
113 § 58, Zeile 3, *Geschlechter der Qvinten*] korr. aus: *Geschlechter Qvinten* (Emend.)
117 § 74, Zeile 1, *Theile*] korr. aus: *Theie*
118 § 83, letzte Zeile, *deren*] korr. aus: *deen*
    § 84, Zeile 1, *Zehlen*] korr. aus: *Zchlen*
122 § 13, Zeile 4, *dem wird dieselbe*] korr. aus: *der wird dieselbe* (Emend.)
123 § 18, Zeile 1, *Sanlecqve*] korr. aus: *Sanelcqve* (Emend.)
124 Fußnote 9, Zeile 2, *is to say*] korr. aus: *stlosay* (Emend.)
    Fußnote 9, Zeile 4, *Veil, that has for so many Years hung before that noble science. London*] korr. aus: *Veil that London* (Emend.)
132 (§ 27), Zeile 4, *ungelehrten*] korr. aus: *umgelehrten* (Emend.)
    § 31, Zeile 3, *20 Jahre*] korr. aus: *10 Jahre* (Emend.)
133 Fußnote 14, Zeile 1, *Recht Donius*] korr. aus: *Recht vom Donius* (Emend.)
134 Fußnote 19, Zeile 3, *E se alla modulatione*] korr. aus: *E se modulatione* (Emend.)
137 § 5, Zeile 5, *vermehret*] korr. aus: *vermehtet* (Emend.)
    § 6, letzte Zeile, *Ausnahm*] korr. aus: *Ansnahm*
138 (§ 7), Zeile 2, *da war der Richtplatz, und zu Epheso der Schauplatz*] korr. aus: *da war der Schau-Platz* (Emend.)
139 § 14, Zeile 7, *nimmer*] korr. aus: *nimmmer*
144 § 40, Zeile 1] Anführungsstriche ergänzt
147 Notenbeispiel, Akkolade 1, System 3] in der Vorlage c3-Schlüssel statt c2-Schlüssel zu lesen (Emend.)
148 Notenbeispiel, 3. System, Note 3] *es* statt »*fes*« (mit Versetzungszeichen vor *e*) (Emend.)
    § 53, Zeile 3, *durchgehends*] korr. aus: *durgehends*
149 § 55, Zeile 3, *gemeiniglich*] korr. aus: *gemieniglich* (Emend.)
    § 55, Zeile 8, *Baldimandi*] 2. Buchstabe unleserlich

153 § 66, Zeile 4, *Zwischen- und*] korr. aus: *Zwischen und* (Emend.)
§ 66, letzte Zeile, *Baß-Instrumente*] korr. aus: *Baß-Instrument* (Emend.)
154 § 68, Zeile 1, *Schule*] Wortende unleserlich
156 § 74, Notenbeispiel, System 1, letzter Takt] Rhythmus uneindeutig; im Original notiert: punktierte Halbe *f*", punktierte Halbe *es*", Viertel *d*", Ganze *c*", Ganze *h*'
158 § 85, Zeile 4, *saltatio*] 1. Buchstabe unleserlich
160 § 92, Zeile 4, *rechte*] Wortanfang unleserlich
162 § 100, Zeile 4, *Intramezzi*] Wortanfang unleserlich
165 § 112, Zeile 3, *seltsames*] Wortende unleserlich

Zweiter Teil

175 § 24, Zeile 14, *Belehrung*] korr. aus: *Belehnung* (Emend.)
§ 25, Zeile 7, *sondern so wol der*] korr. aus: *sondern der* (Emend.)
176 § 30, Zeile 8, *tadeln*] Wortende unleserlich
177 § 5, Zeile 3, *keinen Ort, an keine*] korr. aus: *keinem Ort, an keiner* (Emend.)
179 § 10, Zeile 7/8, *Sinn-Geburt*] korr. aus: *Sing-Geburt* (Emend.)
180 § 15, Zeile 9, *uguale*] korr. aus: *aguale* (Emend.)
189 § 69, Zeile 4, *unserm Anwerber*] korr. aus: *unsern Anwerber* (Emend.)
197 § 36, Zeile 4, *Trillsüchtigen*] korr. aus: *Trillsichtigen*
201 § 51, Notenbeispiel 2, Takt 1, Note 4, 5, 6] korr. aus: zwei Sechzehntel *c*" *h*' (Emend.)
§ 51, Notenbeispiel 2, Takt 1, Note 7–12] korr. aus: Achtel *e*', drei Sechzehntel *fis*' *gis*' *a*', zwei Zweiunddreißigstel *h*' *c*" (Emend.)
203 § 1, Zeile 4, *Mittel*] korr. aus: *MItttel*
227 § 41, Zeile 1, *Melodie*] korr. aus: *Meoldie*
229 § 50, letzte Zeile, *bunte*] Wortmitte unleserlich
236 § 82, Zeile 2, *Gut*] korr. aus: *gut* (Emend.)
238 § 93, letzte Zeile, *Unwissenheit*] korr. aus: *Unwisenheit*
244 (§ 123), letztes Notenbeispiel, Takt 2, Note 5] Verlängerungspunkt entfernt
247 § 136, Zeile 1, *hinzuthun*] Wortende unleserlich
248 § 143, Zeile 6, *Organisten*] korr. aus: *Organist* (Emend.)
254 § 5, Zeile 4, *noch*] korr. aus: *nach* (Emend.)
258 Fußnote 8, Zeile 1, *exercetur*] korr. aus: *exercerur* (Emend.)
261 § 21, Zeile 2, *Dactylus*] korr. aus: *Dactyus* (Emend.)
§ 21, Zeile 3, *- v v*] korr. aus: *v - v* (Emend.)
§ 23, Zeile 6, *oder dritte*] korr. aus: *im dritten im* (Emend.)
272 Fußnote 3, Zeile 1, *intendens*] korr. aus: *incendens* (Emend.)
274 § 23, Zeile 2, *Theil*] im Original nicht fett
278 § 45, Zeile 4, *Tropfen*] korr. aus: *Troffpen* (Emend.)
284 § 29, Notenbeispiel, System 2 und 3, *umhülln*] korr. aus: *umhüllen* (Emend.)

289 § 49, Zeile 2, *so vorstellen*] korr. aus: *sovor stellen*
291 § 54, Zeile 1, *bedeuten*] korr. aus: *bedetuen* (Emend.)
292 § 58, letzte Zeile, *sondern*] korr. aus: *sonde n*
293 § 63, Zeile 1, 2, 3; *vorzufallen, Unschlüssigkeit, Probe*] unleserlich
298 § 10, letzte Zeile, *Punct*] korr. aus: *Pnnct*
299 § 17, Zeile 2, *chacun*] korr. aus: *cachun* (Emend.)
302 § 34, Zeile 1, *worden, nicht*] korr. aus: *worden nicht,* (Emend.)
305 § 13, Zeile 1, *in*] im Original fett
307 (§ 2), Zeile 4, *solchen Melodien*] korr. aus: *solchem Melodien*
309 § 13, letzte Zeile, *geringste*] korr. aus: *gerinste*
312 § 32, Zeile 5, *meine*] korr. aus: *mene* (Emend.)
313 (§ 34), Zeile 4, *genius*] korr. aus: *Genus* (Emend.)
§ 36, Zeile 1, *eine feierliche*] korr. aus: *ein feierliche*
314 § 39, Zeile 5, *dreizehnten*] korr. aus: *zwölften* (Emend.)
§ 40, Zeile 6, *so haben*] korr. aus: *sohaben*
317 § 9, Zeile 5, *Aera*] korr. aus: *Aera aera* (Emend.)
321 § 31, Zeile 3, *Duetto.*] korr. aus: *Duetto St,* (Emend.)
322 § 36, Zeile 2, *Contrapunct*] korr. aus: *Contrapunt*
325 § 46, Zeile 6, *eines gelehrten*] korr. aus: *ienes gelehrten* (Emend.)
329 (§ 64), Zeile 8, *hergegen*] Wortbeginn unleserlich
§ 65, letzte Zeile, *worden*] korr. aus: *werden*
330 § 68, Zeile 4, *welche*] korr. aus: *weche*
331 § 74, Zeile 4, *iedem*] korr. aus: *ieden* (Emend.)
§ 74, Zeile 5, *man*] korr. aus: *mau* (Emend.)
§ 74, Zeile 5, *nimmer*] korr. aus: *immer* (Emend.)
332 § 75, Zeile 5, 6; *mögten, vorigen*] unleserlich
333 § 82, Notenbeispiel, System 2, Takt 3] Sternchen unter *e*" ergänzt (Emend.)
353 § 22, Notenbeispiel, Akkolade 2, System 1, Note 7] *a*' ergänzt (verderbte Stelle)
354 § 28, Zeile 2, *Poeten*] korr. aus: *Pocten* (Emend.)
355 (§ 30), Zeile 4, *Uibereinstimmung*] korr. aus: *Uibereinstimmueg* (Emend.)
§ 32, Zeile 3, *geringer*] korr. aus: *geringe* (Emend.)
§ 33, Zeile 6, 7, 8; *Gedancken, nothwendiger, wollte*] unleserlich
358 § 45, Zeile 1, *Wörter-*] Wortanfang unleserlich
§ 46, Zeile 2, *Clauseln*] korr. aus: *Culuseln* (Emend.)
§ 46, Zeile 6, *repetitiones*] korr. aus: *reperitiones* (Emend.)
§ 47, Zeile 5, *Epanorthosis*] korr. aus: *Epamorthosis* (Emend.)

Dritter Teil

366 § 3, Zeile 2, *[...]*] unlesbares Wort
377 § 35, Zeile 1, *Tages*] korr. aus: *Tagen*
378 § 41, Zeile 1, *als*] korr. aus: *als als*
§ 42, Zeile 1, *weiter*] korr. aus: *weitet*

Korrekturverzeichnis

§ 43, Zeile 5, 6; *Sätzen, Ich*] unleserlich
382 § 13, Notenbeispiel] Korrekturangabe (Emend.) nicht nachvollziehbar (System 4, Note 2, *h'* statt *a'*?), daher nicht ausgeführt
§ 15, Notenbeispiel, System 2, Note 1] *d'* statt *e'* (Emend.)
383 § 18, Notenbeispiel, System 2, Note 1] *d'* statt *e'* (Emend.)
384 § 23, Notenbeispiel, System 2, Note 3] Korrektur laut Emendanda so (*c'* statt *h*) nicht nachvollziehbar, offenbar aufsteigende statt absteigende Bewegung gemeint, daher korr. in *d'*
385 § 4, Zeile 1, *Gebrauch*] Wortende unleserlich
386 (§ 4), Notenbeispiel, System 1, Note 2] *g'* statt *f'* (Emend.)
388 § 14] die beiden mittleren Tonbuchstaben am rechten Rand sind unlesbar
389 § 20, Zeile 5, *in den*] korr. aus: *inden*
§ 20, letzte Zeile, *wird es*] korr. aus: *wirdes*
392 § 36, Zeile 3, *diesen*] korr. aus: *diesem*
§ 37, Zeile 1, *gelangen*] korr. aus: *grlangen*
394 § 46, Notenbeispiel, System 2, letzte Note] Hals beschädigt
395 § 47, Notenbeispiel, System 2] Markierung mit Kreuzen (und zusätzlichen Strichen) von Note 2 und 3 (*g, c'*) statt von Note 3 und 4 (*c', h*) (Emend.)
§ 48, Notenbeispiel, System 2] Kreuze unter den ersten beiden Noten entfernt (Emend.)
397 § 6, Notenbeispiel, System 1, Note 2] *es"* statt *e"* (Emend.)
§ 7, Zeile 1, *Ober-Stimme*] *Ober* unleserlich
§ 7, Notenbeispiel, System 1, Note 1] *fis"* statt *f"* (Emend.)
§ 7, Notenbeispiel, System 2, Note 3] *fis* statt *f* (Emend.)
398 § 11, Zeile 5, *die*] korr. aus: *di*
403 § 10, Notenbeispiel 1, System 1] in der Vorlage c3-Schlüssel statt c1-Schlüssel zu lesen (Emend.)
409 § 8, Notenbeispiel, System 1] Pause ergänzt; Notation uneindeutig (Rhythmus der ersten drei Noten)
410 Fußnote 2, Zeile 1, *profunda*] korr. aus: *prosunda*
411 § 16, Zeile 3, *untere*] korr. aus: *nntere*
414 Fußnote 1, Zeile 4, *zu meinem*] korr. aus: *zum einem*
432 § 12, Notenbeispiel, System 1, letzter Takt, Note 1] *b* statt *h* (Emend.)
434 § 18, Notenbeispiel, System 1, Takt 1, Note 3] Punktierung ergänzt
436 § 4, Zeile 1, *Consonantz*] korr. aus: *Consoanntz*
438 § 9, Notenbeispiel, System 1, Takt 2, Note 2 und 3] Sechzehntel statt Achtel (Emend.)
441 § 20, Zeile 3, *Heterolepsin*] korr. aus: *Meterolepsin* (Emend.)
444 (§ 28), Notenbeispiel 4, System 1, letzte Note] *g* statt *h* (Emend.)

450 § 19, Notenbeispiel, Numerierung *IX.*] korr. aus: *VIII.*
451 § 22, Notenbeispiel, Akkolade 1, System 2, Takt 4, Note 2, 3, 4] korr. aus zwei Vierteln *h' c'* (Emend.)
463 § 7, Zeile 3, *aufgehoben*] korr. aus: *aufgehaben*
464 (§ 7), Zeile 4, *nachsinget*] korr. aus: *nachklinget* (Emend.)
468 § 25, Zeile 9, *einer Ouvertür*] korr. aus: *eine Ouvertür*
475 § 23, Zeile 3, *vorbeystreichen*] korr. aus: *vorbestreichen*
488 § 6, Notenbeispiel, Takt 2, Note 8] *c'* statt *d'* (Emend.)
§ 7, Notenbeispiel, Takt 1, Note 7] *c"* statt *a'* (Emend.)
491 (§ 14), Notenbeispiel 5, Note 9] *a'* ergänzt (verderbte Stelle)
494 § 8, letzte Zeile, *desto besser von den*] korr. aus: *desto von den* (Emend.)
500 § 40, Zeile 4, *wenns*] korr. aus: *weuns*
501 Fußnote 6, Zeile 4, *Verdoppelung*] korr. aus: *Verdoppeluug*
502 § 46, Zeile 6, *Singstimme*] korr. aus: *Sing-Stimmen* (Emend.)
503 § 49, Notenbeispiel, Takt 1, *Amore*] korr. aus: *Am re*
507 § 16: Das im Text erwähnte »Sternlein« fehlt im Notenbeispiel
§ 16, Notenbeispiel, System 2, Takt 4] halbe Pause statt ganze Pause
520 § 70, Notenbeispiel, System 2, Takt 3, Note 4] *g'* statt *f'* (Emend.)
§ 70, Takt 4, Note 5 und 6] Fußnotenzeichen unter 1. statt 2. Viertel
525 § 81, Notenbeispiel, System 2, letzter Takt] halbe Pause statt Punkt
§ 82, Zeile 1, *Liedern*] korr. aus: *Leidern* (Emend.)
534 § 119, Zeile 1, *Baß ein-*] korr. aus: *Baß- ein*
551 § 33, Zeile 1, *würdige Satz ist wircklich*] korr. aus: *wirdige Satz ist würcklich* (Emend.)
§ 33, Notenbeispiel, System 2] in der Vorlage irrtümlich c3-Schlüssel statt c4-Schlüssel
552 § 34, Notenbeispiel, System 3, Takt 3, Note 2 und 3] Sechzehntel statt Achtel (Emend.; die gleichzeitige Änderung der 1. Note von *g"* in *e"* scheint ein Druckfehler zu sein und wurde daher nicht ausgeführt)
554 (§ 42), Notenbeispiel, System 2, Takt 5, Note 2] *g'* statt *f'* (Emend.)
564 § 21, Notenbeispiel 3, Note 3, 4, 5] die angegebene Korrektur (Emend.) – drei Achtel statt Viertel und zwei Achtel – war an der betreffenden Stelle schon ausgeführt
579 § 15, Zeile 4, *Kuhnauens*] korr. aus: *Kuhnauers* (Emend.)
581 § 27, Zeile 5, Numerierung *2)*] korr. aus: *1)*

583 § 34, Notenbeispiel, Akkolade 1, System 2, Takt 3, Note 2 und 3] Achtel und Viertel statt zwei Achtel (Emend.)
§ 37, Zeile 2, *wüste*] korr. aus: *wuste* (Emend.)
588 § 54, Notenbeispiel 2 (*Nr. 26*), System 2, letzter Takt, Note 2 und 3] Sechzehntel statt Achtel (Emend.)
597 § 80, Notenbeispiel, System 1, Takt 6, Note 9] *d"* statt *c"* (Emend.)
§ 80, System 7, Takt 3, Note 2] *h* statt *d'* (Emend.)
600 (§ 80), unterstes System, Takt 1 und 2] in der Vorlage *E* jeweils ohne Hilfslinie, daher Korrekturangabe: *E* statt *Fis* (Emend.)
601 (§ 80), System 2, Takt 3] Achtelpause ergänzt (Emend.)
602 (§ 80), System 7, Takt 2, Note 1] Achtelpause statt Ziffer 2 über dem *e'* (Emend.)
605 (§ 80), Akkolade 2, unterstes System, Takt 4, Note 1 und 2] punktierte Viertel und Achtel statt zwei Viertel
610 Fußnote 15, Zeile 2, *cotez*] korr. aus: *coté* (Emend.)

613 § 38, Zeile 5, *vernimmt*] korr. aus: *vermeint* (Emend.)
618 § 65, Zeile 5, *Tast*] korr. aus: *FTon*
§ 65, Zeile 6, *Fehler*] korr. aus: *fehler* (Emend.)
Fußnote 26, Zeile 1, *faire*] korr. aus: *Faire* (Emend.)
620 § 72, Zeile 1, *kein*] korr. aus: *ein* (Emend.)
621 Fußnote 29 und 30] im Original Fußnotenzeichen vertauscht; *) **) statt **) *) (Emend.)
622 Fußnote 33] im Original falsches Fußnotenzeichen; ††) statt †) (Emend.)
627 § 25, Zeile 2, *kleine*] korr. aus: *keine* (Emend.)
628 § 27, Zeile 1, *zween*] korr. aus: *zwey* (Emend.)
630 § 36, letzte Zeile] Anführungsstriche ergänzt
633 § 51, Spalte 2, Zeile 7, *Lehne*] korr. aus: *Lehre* (Emend.)
636 § 67, Zeile 2, *sagen, daß Teutschland*] korr. aus: *sagen, Teutschland* (Emend.)
640 (§ 11), Zeile 1, *Amt*] korr. aus: *Am*
§ 12, letzter Satz] im Original durch größere Schrift hervorgehoben
§ 15, Zeile 4, *rechnen*] unleserlich
668 letzter Absatz, Zeile 5, *drey*] korr. aus: *dreey*

Klassiker im Taschenbuch

Carl Philipp Emanuel Bach
Versuch über die wahre Art das Clavier zu spielen
Erster und zweiter Teil. Reprint der 1. Auflage Berlin 1753 und 1762. Mit modern geschlüsselten Notenbeispielen und einem ausführlichen Register hrsg von Wolfgang Horn. 592 S.
ISBN 3-7618-1199-3

Jacques Hotteterre
Principes de la Flute
Reprint der Amsterdamer Ausgabe von 1728. Mit deutscher Übersetzung. 131 S.
ISBN 3-7618-1418-6

Johann Joachim Quantz
Versuch einer Anweisung, die Flöte traversière zu spielen
Reprint der Ausgabe Berlin 1752. 450 S.
ISBN 3-7618-1390-2

Joseph Müller-Blattau (Hrsg.)
Die Kompositionslehre Heinrich Schützens in der Fassung seines Schülers Christoph Bernhard
3. Auflage. 156 S.
ISBN 3-7618-1267-1

Bärenreiter

Leopold Mozart
Versuch einer gründlichen Violinschule
Reprint der 1. Auflage 1756 Hrsg von Greta Moens-Haenen. 321 S.
ISBN 3-7618-1238-8

Daniel Gottlob Türk
Clavierschule oder Anweisung zum Clavierspielen
für Lehrer und Lernende. Reprint der 1. Ausgabe von 1789. Hrsg und mit einem Kommentar versehen von Siegbert Rampe. Mit modern geschlüsselten Notenbeispielen. 483 S.
ISBN 3-7618-1381-3

B ärenreiter
S tudienbücher
M usik

Eine Reihe praktischer Arbeitsbücher für Studenten, Dozenten, Schüler, Lehrer und Musiker.

Die Bücher eignen sich für das Selbststudium, als Begleitmaterial für Seminare und Orientierungshilfe und Stoffsammlung für Lehrer und Dozenten.
Sie enthalten Übungsaufgaben zum Mit- und Weiterarbeiten, kommentierte Literaturverzeichnisse, Quellentexte sowie eine Fülle an Musikbeispielen.

Herausgegeben von Silke Leopold und Jutta Schmoll-Barthel.

Band 8
Volker Scherliess
**Neoklassizismus:
Dialog mit der Geschichte**

Band 7
Walther Dürr
Sprache und Musik
Geschichte - Gattungen - Analysemodelle

Band 6
Konrad Küster
Das Konzert
Form und Forum der Virtuosität

Band 4
Clemens Kühn
Analyse lernen

Band 3
Bernhard Meier
Alte Tonarten
dargestellt an der Instrumentalmusik des 16. und 17. Jahrhunderts

Band 2
Silke Leopold (Hg.):
Musikalische Metamorphosen
Formen und Geschichte der Bearbeitung

Band 1
Nicole Schwindt-Gross:
Musikwissenschaftliches Arbeiten
Hilfsmittel - Techniken - Aufgaben

Bärenreiter Studienbücher Musik

Band 9
Clemens Kühn
Kompositionsgeschichte in kommentierten Beispielen

Eine ideale Materialsammlung für Schule und Hochschule: Über 200, nach Stilen, Gattungen, Sprechweisen und Satzstrukturen geordnete Werkbespiele werden hier besprochen.

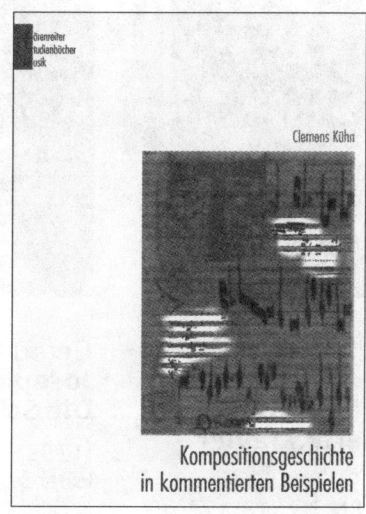

Ulrich Kaiser
Gehörbildung
Satzlehre · Improvisation · Höranalyse
Ein Lehrgang mit historischen Beispielen

Band 10
Grundkurs, mit CD

Band 11
Aufbaukurs, mit CD
mit einem Form-Kapitel von Hartmut Fladt

Diese Gehörbildung ist ein absolutes Novum und wegweisend für einen modernen, fächerübergreifenden, historisch differenzierten und didaktisch abwechslungsreichen Gehörbildungsunterricht.

 **Bärenreiter**

Bärenreiter Werkeinführungen

Alfred Dürr
**J. S. Bach
Das Wohltemperierte Klavier**

(1998). 459 S.; Tb
ISBN 3-7618-1229-9

■ In allgemeinverständlicher Form und Sprache führt Alfred Dürr in das »Universum« des Wohltemperierten Klaviers ein.

Alfred Dürr
**J. S. Bach
Die Johannes-Passion**

Entstehung, Überlieferung, Werkeinführung
3. Aufl. (1999)
152 u. 24 S.; Tb
ISBN 3-7618-1473-9

Georg Feder
**Joseph Haydn
Die Schöpfung**

(1999). ca. 280 S.; Tb
ISBN 3-7618-1253-1

■ Georg Feder informiert über historische Voraussetzungen, Entstehung, Aufführungsgeschichte und ästhetische Kritik dieses außergewöhnlichen Oratoriums und führt allgemeinverständlich in den Text und die Musik der einzelnen Sätze ein.

Alfred Dürr
**J. S. Bach
Die Kantaten**

Mit ihren Texten
7. Aufl. (1999)
1.038 S.; Tb
ISBN 3-7618-1476-3

Emil Platen
**J. S. Bach
Die Matthäus-Passion**

Entstehung, Werkbeschreibung, Rezeption
Mit einem neuen Kapitel über moderne Formen der Inszenierung (Ballett, Film etc). 3., verbesserte und ergänzte Aufl. (1999). 257 S.; Tb
ISBN 3-7618-1190-X

Die 9 Symphonien Beethovens

Entstehung, Deutung, Wirkung
Im Auftrag des Bayerischen Rundfunks hrsg von Renate Ulm.
3. Aufl. (1999)
284 S.; Tb
ISBN 3-7618-1241-8

Bärenreiter